刑法分则的解释原理

的

张明楷 著

（上册）

中国教育出版传媒集团

高等教育出版社·北京

图书在版编目(CIP)数据

刑法分则的解释原理:上下册/张明楷著.--北京:高等教育出版社,2024.2
ISBN 978-7-04-060689-8

Ⅰ.①刑… Ⅱ.①张… Ⅲ.①刑法-分则-法律解释-中国 Ⅳ.①D924.305

中国国家版本馆 CIP 数据核字(2023)第 107514 号

Xingfa Fenze De Jieshi Yuanli

| 策划编辑 | 姜 洁 肖 文 | 责任编辑 | 肖 文 | 封面设计 | 张志奇 | 版式设计 | 于 婕 |
| 责任校对 | 刘娟娟 | 责任印制 | 朱 琦 |

出版发行	高等教育出版社	网 址	http://www.hep.edu.cn
社 址	北京市西城区德外大街 4 号		http://www.hep.com.cn
邮政编码	100120	网上订购	http://www.hepmall.com.cn
印 刷	北京七色印务有限公司		http://www.hepmall.com
开 本	787mm×1092mm 1/16		http://www.hepmall.cn
本册印张	32		
本册字数	600 千字	版 次	2024 年 2 月第 1 版
购书热线	010-58581118	印 次	2024 年 5 月第 2 次印刷
咨询电话	400-810-0598	总定价	180.00 元

本书如有缺页、倒页、脱页等质量问题,请到所购图书销售部门联系调换

序　说

　　刑事立法是将正义理念与将来可能发生的事实相对应，从而形成刑法规范；刑事司法是将现实发生的事实与刑法规范相对应，进而形成刑事判决。作为解释者，心中当永远充满正义，目光得不断往返于规范与事实之间。唯此，才能实现刑法的正义性、安定性与合目的性。

　　"法的理念作为真正的正义的最终的和永恒的形态，人在这个世界上既未彻底认识也未充分实现，但是，人的一切立法的行为都以这个理念为取向，法的理念的宏伟景象从未抛弃人们。"① 正义是制定法的基本价值，是立法者的目标；与真善美一样，正义是绝对价值，以其自身为基础，而不是派生于更高的价值。一个规范，如果以无法忍受的程度违反正义理念，它就是"制定法上的不法"；一个规范，如果根本不以实现正义为目的，它就"并非法律"。"即使名称是法，但如果其中缺少正义理念，它就没有作为法的价值，而是单纯的暴力。"② 所以，只有符合正义理念的制定法，才是真正的法律。为了使成文刑法成为正义的文字表述，刑事立法必须将正义理念与将来可能发生的生活事实相对应。"法律理念（应然）以及由其所导出的一般法律原则（例如各得其份、不得侵害任何人、须履行契约、金律、绝对命令、公平原则、责任原则、宽容原则……等）以及须加以规范的、可能的且由立法者所预见的生活事实（实然）须交互地予以分析处理，以使这二者对应。也就是说，一方面法律理念须对于生活事实开放，它须被实体化、具体化以及实证化，以便于形成概念；而另一方面所预见的生活事实须以法律理念为导向来进行典型建构及形成。"③ 立法者根据正义的规则设计刑法规范，正义的规则构成制定法赖以创建的实质渊源之一。制定法在应用和解释里所获得的生机勃勃的发展中，一再追溯到正义所要求的东西，从中得到滋养。如若没有那种追溯，制定法的发展是根本无法理解的。④

　　"在法理学思想史中，正义观念往往是同自然法概念联系在一起的。"⑤ 自然法可以理解为正义的各种原则的总和。"最初，作为一种法理学学说的自然法理论，乃是一种有关制定法律的理论。法律中的旧内容应当接受这个理想的检验并通过修正以使

---

① ［德］H. 科殷：《法哲学》，林荣远译，华夏出版社 2003 年版，第 10 页。
② ［日］山田晟：《法学》（新版），东京大学出版会 1964 年版，第 72 页。
③ ［德］亚图·考夫曼：《法律哲学》，刘幸义等译，五南图书出版公司 2000 年版，第 18 页。
④ 参见 ［德］H. 科殷：《法哲学》，林荣远译，华夏出版社 2003 年版，第 165 页。
⑤ ［美］E. 博登海默：《法理学：法律哲学与法律方法》，邓正来译，中国政法大学出版社 1999
　　年版，第 271 页。

它们符合这一理想：如果它们无法与这一理想相符合，那么就应当予以否弃。"① 果真如此，则制定法依赖自然法而生存，只有表述了自然法的制定法才具有生命力。

基于同样的理由，解释者心中必须始终怀有一部自然法，以追求正义、追求法律真理的良心解释法律文本。② 解释者"面对具体的个案，永远也不可能放弃个人所感觉到的正义的活生生的声音；这种声音是永远不可能被排除的。不管法是多么努力想把正义变为原则的制度，法也不可能缺少正义，相反，只有在正义里面，法才变得生机勃勃"③。解释者或许难以定义正义是什么，但必须懂得什么是正义的。④ "通晓正义的诸方面，或者如果人们愿意，通晓自然法，是法律解释的一个必要的基础；解释犹如法律本身，也服务于正义，正义的各种原则表现在实在法的解释里。"⑤ 尽管刑法用语可能出现失误，尽管法条表述可能产生歧义，但解释者"必须作出有利于立法者的假定"⑥，相信立法者不会制定非正义的法律。当解释者对法条作出的解释结论不符合正义理念时，其不应抨击刑法规范违背正义理念，而应承认自己的解释结论本身不符合正义理念。当解释者对法条难以得出某种解释结论时，不必指责刑法规范不明确，而应反省自己是否缺乏明确、具体的正义理念。所以，解释者与其在得出非正义的解释结论后批判刑法规范，不如合理运用解释方法得出正义的解释结论；与其怀疑刑法规范本身，不如怀疑自己的解释能力与解释结论。

在经济发展的复杂社会与重视人权的法治时代，不可能直接根据正义理念或自然法认定犯罪。否则，"尤像 18 世纪自然法所展示的，走入法的不安定性和任意性"⑦。

---

① ［美］罗斯科·庞德：《法律史解释》，邓正来译，中国法制出版社 2002 年版，第 8 页。

② 在大脑一片空白的情况下，依靠查阅《新华词典》《现代汉语词典》《辞海》等工具书"解释"法律文本的做法，完全行不通。即使通过查阅这些工具书得出了合理的结论，也实属"偶然"、纯属"巧合"。

③ ［德］H. 科殷：《法哲学》，林荣远译，华夏出版社 2003 年版，第 186 页。

④ 人们对此产生的疑问是，每个解释者都有不同的正义理念，所以，让解释者以正义理念解释刑法会造成不统一的解释结论。然而，其一，如后所述，不应当夸大一般人的正义理念的差异。其二，就解释者自身而言，心中充满正义的解释永远好于大脑一片空白的解释。其三，如果所有解释者心中都没有正义，更不可能形成所谓统一的解释结论。其四，即使用法条的文字含义取代正义理念，希望解释结论统一也只是幻想而已。"法律不断演变却从未达到一致，这是一个颠扑不破的真理。它永远从生活中汲收新的原则，并总是从历史中保留那些未被剔除或未被汲取的东西。只有当法律停滞不前时，它才会达到完全一致。"（霍姆斯语，转引自明辉：《霍姆斯：法律实用主义》，黑龙江大学出版社 2009 年版，第 88 页）。

⑤ ［德］H. 科殷：《法哲学》，林荣远译，华夏出版社 2003 年版，第 213 页。

⑥ 西班牙哲学家弗朗西斯科·苏亚雷斯（Franciso Suarez）语，转引自［美］E. 博登海默：《法理学：法律哲学与法律方法》，邓正来译，中国政法大学出版社 1999 年版，第 337 页。

⑦ ［德］阿图尔·考夫曼、温弗里德·哈斯默尔主编：《当代法哲学和法律理论导论》，郑永流译，法律出版社 2002 年版，第 18~19 页。

因为，正义"随时可呈不同形状并具有极不相同的面貌"①，而"法律应当是客观的，这一点是一个法律制度的精髓"②。所以，活生生的正义必须具体化、实证化。换言之，"在论述自然法时，永远不可能是谈论一个完整的、随时随地（*hic et nunc*）都可以应用的制度，而是仅仅涉及正义的一些原则。但是，这些原则需要进行某种具体化，才能应用于某些特定的生活情景。这种必要的改造由实证化（Positiverung）来完成，实证化把那些原则变为具体的、切实可行的法的规则"③。正因为如此，以实现民主与尊重人权为己任的罪刑法定原则，要求以成文的法律规定犯罪与刑罚（成文法主义）。

刑法学鼻祖费尔巴哈极力主张罪刑法定主义的一个重要原因，是克服刑法的不安定性。18世纪后半期的德国刑事司法处于极不安定的状态。一方面，启蒙主义与启蒙时期的自然法思想的影响，已经在理论上与立法上表现出来；另一方面，历来的普通法理论与实务仍然流行。《加罗林纳刑事法典》在18世纪作为帝国的法律仍然是普通刑法的基础，但启蒙主义与启蒙时期的自然法思想使得《加罗林纳刑事法典》的宗教基础发生了动摇；法官们为了避免残酷的刑罚，拒绝适用制定法，代之以作为自然法的理性为根据。于是法的安定性受到了明显损害。④正因为如此，费尔巴哈主张，法官应当受制定法严格且直接的文字规定的拘束；法官的事务应当仅仅在于对现实的个案以法律规定的文字加以比较：如果条文规定的文字是谴责，则无须顾及制定法的意旨与精神，即应对现实个案判决有罪；反之，如果法律规定的文字是无罪，则应判决无罪。费尔巴哈还禁止人们对他起草的《巴伐利亚刑法典》进行解释。尽管如此，费尔巴哈却从未要求法官无论如何都应当遵守制定法；在服从制定法将违反法官之存在仅仅效劳于正义之原则时，费尔巴哈甚至认为，法官的不服从简直是一项神圣的义务。⑤费尔巴哈看似矛盾的观点其实并不矛盾，因为制定法吸收了自然法，自然法生活在制定法之中，自然法与制定法融为一体。

罪刑法定原则之所以派生成文法主义，在于文字可以固定法律含义，可以反复斟酌，可以广为传播，成为立法机关表达正义理念的唯一工具。然而，在所有

① ［美］E.博登海默：《法理学：法律哲学与法律方法》，邓正来译，中国政法大学出版社1999年版，第252页。
② ［英］G.D.詹姆斯：《法律原理》，关贵森等译，中国金融出版社1990年版，第50页。
③ ［德］H.科殷：《法哲学》，林荣远译，华夏出版社2003年版，第171~172页。
④ 参见［日］内藤谦：《刑法中法益概念的历史的展开（一）》，《东京都立大学法学会杂志》1966年第6卷第2号。
⑤ 参见［德］亚图·考夫曼：《法律哲学》，刘幸义等译，五南图书出版公司2000年版，第144页。

的符号中，文字虽然是最重要的，却也是最复杂的。几乎任何用语的意义都会由核心意义向边缘扩展，使其外延模糊；绝大部分用语都具有多种含义；法律制定以后，其所使用的文字还会不断产生新的含义；而且言不尽意的情况总是存在。尽管立法机关在制定刑法时对许多用语进行了科学的界定，但是，"一般而论，科学的定义要比词语的通俗意义狭隘得多，因而实际上也不精确得多、不真实得多"①。所以，成文刑法的文字表述总是存在疑问。在这种情况下，解释者必须以善意将成文刑法规范朝着正义的方向解释，使正义的自然法展示于成文刑法之中。一方面，"没有任何一个现行的法的制度能够仅仅由自身来理解，毋宁说，它必须追溯到现行法之前的或者超过现行法的即此前存在的规则——而后者当中也包括正义的规则"②。法解释学既要以正义理念为指导，又要揭示制定法中的正义理念；不是以正义理念为指导、不揭示制定法中的正义理念的法解释学，只能称为"文字法学"。所以，解释者必须把握立法者从形形色色的行为中挑选出作为犯罪科处刑罚的实质的、正义的标准，使根据正义的标准应当作为犯罪处理的行为都被尽量解释为犯罪，使相同的行为在刑法上得到相同的（或至少是相似的）处理。另一方面，不能离开刑法用语、法条文字去追求"正义"。法学解释的对象是成文的法律，完全脱离法律用语就是推测而不是解释。刑法通过文字规范人们（包括一般人与司法者）的行为，人们通过文字把握刑法的含义。如果脱离刑法用语追求所谓"正义"，人们在具体情况下便没有预测可能性，刑法本身也丧失安定性，公民的自由便没有保障，生活便不得安宁。在这个意义上，解释者保证所解释的结论不要超出刑法用语的可能范围，也成为自然法的一部分要求；以牺牲人们的预测可能性和对法律的信心为代价，去追求所谓的"正义"或"效率"，这个做法本身就因为侵犯了公民的自由而变得不正义。所以，刑法的正义，只能是刑法用语可能具有的含义内的正义。解释者所要做的，便是使文字与正义形成一体。概言之，解释者在解释刑法时，必须根据刑法规定犯罪的实质的、正义的标准，并且在刑法用语可能具有的含义内，确定犯罪的范围，使实质的、正义的标准与刑法用语的含义相对应，正确界定犯罪的内涵与外延。唯有如此，才能在实现刑法的正义性同时实现刑法的安定性。

虽然成文刑法是正义的文字表述，但并不意味着仅仅根据文字就可以发现刑法的全部真实含义。"法律系学生在审查法律问题时，用死背下来的定义（像是伤害、文书或是财产这些概念的定义）作为开头，然后接着才了解到，这些定义

---

① ［法］基佐：《欧洲文明史——自罗马帝国败落起到法国革命》，程洪逵、沅芷译，商务印书馆1998年版，第7页。

② 德国学者奥菲尔斯（Ophüls）语，转引自［德］H. 科殷：《法哲学》，林荣远译，华夏出版社2003年版，第165页。

并没有对于问题的解答提供更进一步的帮助。"① 事实上，不管是采取主观解释论，还是采取客观解释论，都不是单纯通过法条文字揭示刑法的真正含义。有的国家刑法典（如日本刑法典）制定于 20 世纪初。一百多年来，无数的学者、法官、检察官、律师都在解释刑法；而且，只要该刑法没有废止，还将继续解释下去。无论是披露立法者的原意，还是揭示法条的文字含义，都不至于花费上百年甚至更长的时间。人们一直在解释现行有效的刑法，是因为"一个词的通常的意义是在逐渐发展的，在事实的不断出现中形成的"②；活生生的正义还需要从活生生的社会生活中发现；制定法的真实含义不只是隐藏在法条文字中，还隐藏在具体的生活事实中。即使解释者单纯根据法条文字得出的结论具有正义性，也只是一般正义；而刑法的适用除了实现一般正义外，还必须在具体的个案中实现个别正义。所以，一方面，任何一种解释结论的正义性，都只是相对于特定的时空、特定的生活事实而言，生活事实的变化总是要求新的解释结论。"任何一种解释如果试图用最终的、权威性的解释取代基本文本的开放性，都会过早地吞噬文本的生命。"③ 解释者应当正视法律文本的开放性，懂得生活事实会不断地填充法律的含义，从而使法律具有生命力。另一方面，"规范必须与生活事实进入一种关系，它必须符合事物。这就是我们所称的'解释'：探求规范的法律意义。然而这种意义并非如传统法学方法论所说的，仅隐藏在制定法中，隐藏在抽象而广泛的意义空洞的法律概念中，相反地，为了探求此种意义，我们必须回溯到某些直观的事物，回溯到有关的具体生活事实。没有意义，没有拟判断之生活事实的'本质'，是根本无法探求'法律的意义'的。因此，'法律意义'并非固定不变的事物，它系随着生活事实而变化——尽管法律文字始终不变——也就是随着生活本身而变化"④。所以，法律的生命不仅在于逻辑，而且在于生活。

正因如此，刑法分则条文并非界定具体犯罪的定义，而是以抽象性、一般性的用语描述具体犯罪类型。"形式、抽象性、一般性以及概念性是对于法律的形成完全不可缺少的，否则法将没有所谓的等同对待，也将没有正义存在。如果人们在其中不保证将始终变动的生活关系的独有性及特殊性在法律的发现过程中引

---

① ［德］Ingeborg Puppe：《法学思维小学堂》，蔡圣伟译，元照出版公司 2010 年版，第 66 页。

② ［法］基佐：《欧洲文明史——自罗马帝国败落起到法国革命》，程洪逵、沅芷译，商务印书馆 1998 年版，第 7 页。

③ ［英］韦恩·莫里森：《法理学：从古希腊到后现代》，李桂林等译，武汉大学出版社 2003 年版，第 555 页。

④ ［德］亚图·考夫曼：《类推与"事物本质"——兼论类型理论》，吴从周译，颜厥安审校，学林文化事业有限公司 1999 年版，第 89 页。

入，那么纯粹从法律规范演绎出来的'正义'将会是一种'永久的、重复相同的'僵化机械论，一种自动化——或者是电脑的——'正义'，一种非人性的'正义'。"① 刑法分则所描述的犯罪类型是开放的，它虽然有一个相对固定的核心，但没有绝对固定的界限。即使是立法者当初根本没有想象到的事实，经过解释也可能完全涵摄于刑法规范中；或者相反。于是，经过解释后的刑法，不再是制定时的刑法；虽然刑法的文字仍然相同，但其内容已经改变。所以，成文刑法比立法者更聪明。②

法律实证主义的典型代表伯格鲍姆（Bergbohm）认为，"法律绝不需要从外在加以填补，因为它在任何时刻都是圆满的，它的内在丰富性，它的逻辑延展力，在自己的领域中任何时刻都涵盖了法律判决的整体需要"③。但是，"我们的时代已不再有人相信这一点。谁在起草法律时就能够避免与某个无法估计的、已生效的法规相抵触？谁又可能完全预见全部的构成事实，它们藏身于无尽多变的生活海洋中，何曾有一次被全部冲上沙滩"④？"认为立法者能够透过规范对于每个案件都预先定出完整、终局之决定的想法，已被证实是一种错觉、幻象。法律必须使用到的概念，是不精确的，而法律的规定也不会是完整的。再加上，应当要被规范的现实世界也会产生变动，这些变动往往是立法者在公布法律规范时所没有料想到，甚至在大部分的情形根本就不可能预想得到。"⑤ 为了使法律满足一个处在永久运动中的社会的所有新的需要，解释者在面对某种崭新的生活事实，同时根据正义理念认为有必要对之进行刑法规制时，总是将这种生活事实与刑法规范相对应，现实的生活事实成为推动解释者反复斟酌刑法用语真实含义的最大动因。例如，1997 年修订刑法时，盗窃虚拟财产的案件很少见，当时几乎没有将虚拟财产认定为"财物"；但是，随着网络的普及以及网民对虚拟财产的重视，刑法理论必须重新讨论"财物"的含义（财物一词不变，但其含义会发生变化）。当行为人携带刀具、棍棒等抢夺时，解释者会习惯于将"凶器"解释为一种器具；而当行为人携带含有埃博拉病毒的注射器抢夺时，或者当行为人带着凶猛的藏獒抢夺时，便会迫使解释者回答"含有埃博拉病毒的注射器是否属于凶器""藏獒是不是凶器"这样的问题。要追问立法者当初是否曾经想到过有人

---

① ［德］亚图·考夫曼：《法律哲学》，刘幸义等译，五南图书出版公司 2000 年版，第 122 页。
② 参见［德］亚图·考夫曼：《法律哲学》，刘幸义等译，五南图书出版公司 2000 年版，第 236~237 页。
③ 转引自［德］亚图·考夫曼：《类推与"事物本质"——兼论类型理论》，吴从周译，颜厥安审校，学林文化事业有限公司 1999 年版，第 7 页。
④ ［德］拉德布鲁赫：《法学导论》，米健译，中国大百科全书出版社 1997 年版，第 106 页。
⑤ ［德］Ingeborg Puppe：《法学思维小学堂》，蔡圣伟译，元照出版公司 2010 年版，第 91 页。

会携带含有埃博拉病毒的注射器抢夺、有人会带着藏獒抢夺，是不明智的。所以，当解释者将"携带凶器抢夺"作为判断案件的大前提，而面对行为人携带含有埃博拉病毒的注射器抢夺、带着藏獒抢夺的事实时，必然不断地对构成要件要素（"凶器"）进行解释，不断地对现实事实进行分析。换言之，判断者的目光应不断地往返于大小前提之间，使刑法规范与生活事实交互作用，从而发现法律、作出判决。

具体地说，"法学家必须把他应当判决的、个别的具体的个案与组成实在法的法制的或多或少是抽象把握的各种规则联系起来。规则和案件是他的思维的两个界限。他的考虑从案件到规则，又从规则到案件，对二者进行比较、分析、权衡。案件通过那些可能会等着拿来应用的、可能决定着判决的规则进行分析；反之，规则则是通过某些特定的个案或者案件类型进行解释"①。换言之，在刑法解释、适用的过程中，必须对刑法规范与案例事实交互地分析处理，一方面使抽象的法律规范经由解释成为具体化的构成要件，另一方面，要将具体的案例事实经由结构化成为类型化的案情；二者的比较内容就是事物的本质、规范的目的，正是在这一点上，形成构成要件与案例事实的彼此对应，即"规范成为'符合存在的'，案件成为'符合规范的'。并且逐步地规范变成较具体的、较接近现实的，案件变成轮廓较清楚的，成为类型"②。也就是说，一方面要将生活事实与规范拉近，另一方面要将规范与生活事实拉近。二者是一种同时且连续发展的、由规范自我开放地向事实前进和事实自我开放地向规范前进的过程。"只有在规范与生活事实、应然与实然，彼此互相对应时，才产生实际的法律：法律是应然与实然的对应。"③

例如，构成要件的内容是故意"毁坏"公私财物，当解释者面临的案情是，甲将他人的电视机从楼上摔下去，导致电视机不仅物理上毁损，而且丧失其本来用途时，他可能将"毁坏"解释为"通过对财物的全部或者一部分进行物质性破坏、毁损，以致全部或者部分不能遵从该财物的本来用途进行使用"，进而得出甲的行为符合"毁坏"这一要件的结论。但是，当解释者面临的案情是，乙故意将他人价值1万元的戒指扔入大海中时，上述"毁坏"的定义会导致乙的行为无罪。当解释者认为他人戒指值得刑法保护、乙的行为值得科处刑罚时，必然重新解释"毁坏"。解释者可能将"毁坏"解释为"对财物行使有形力，毁损财物或者损害财物的价值、效用的行为"，并且将乙的行为抽象为"对他人财物（戒

① ［德］H. 科殷：《法哲学》，林荣远译，华夏出版社2003年版，第197页。
② ［德］亚图·考夫曼：《法律哲学》，刘幸义等译，五南图书出版公司2000年版，第237页。
③ ［德］亚图·考夫曼：《法律哲学》，刘幸义等译，五南图书出版公司2000年版，第148页。

指）行使有形力导致他人丧失财物"（显然不能将乙的行为抽象为"使他人戒指转移于大海中"），从而使乙的行为符合"毁坏"这一要件。可是，当解释者面临的案情是，丙故意将他人的鸟笼打开，使他人价值1万元的鸟飞走时，上述两种"毁坏"定义都将导致丙的行为无罪。当解释者认为他人对鸟的占有与所有值得刑法保护，丙的行为值得科处刑罚时，必然再次重新解释"毁坏"。解释者可能将"毁坏"解释为"导致财物的效用减少或者丧失的一切行为"①，并且将丙的行为抽象为"使他人丧失了财物的效用"（显然不能将丙的行为抽象为"使美丽的小鸟回归美丽的大自然"），从而使丙的行为符合"毁坏"这一要件。解释者反复定义"毁坏"，是因为面临着不同的生活事实；并不简单地以第一个定义否认乙、丙行为的可罚性，是因为解释者认识到他人的戒指与动物值得刑法保护。

　　通过事实来解释规范这一做法，与将某些事实强加于规范、以某种事实限制规范的做法大相径庭。"将熟悉与必须相混淆"是人们常犯的错误。② 人们在解释具体犯罪的构成要件时，习惯于将自己熟悉的事实视为应当的事实，进而认为刑法规范所描述的事实就是自己熟悉的事实。例如，当人们熟悉了二者间的诈骗时，便习惯于认为诈骗罪的构成要件只包含二者间的诈骗，而将三角诈骗（诉讼诈骗是三角诈骗的典型形式）排除在外。当人们熟悉了秘密窃取财物的盗窃行为之后，便习惯于认为盗窃罪的构成要件不包括公开盗窃的情形。当人们熟悉了抢夺通常是乘人不备夺取他人财物之后，面对夺取有防备的被害人财物的案件时便无所适从。这显然混淆了事实与规范，而且使规范处于封闭状态。现实生活中不断出现新的犯罪，即使是传统犯罪，也不乏新的手段与方式。所以，人们所熟悉的只是部分有限的事实。而构成要件所描述的是犯罪类型，某种行为只要属于某犯罪类型，就被描述该类型的构成要件所涵摄。所以，将规范的涵摄范围限定为解释者所知的有限事实，并不合适。

　　规范与事实之所以能够取得一致，是由于存在一个第三者，即当为与存在之间的调和者——事物的本质。"从法律意义上说，'事物的本质'这一概念并不指派别之间争论的问题，而是指限制立法者任意颁布法律、解释法律的界限。诉诸事物的本质，就是转向一种与人的愿望无关的秩序，而且，意味着保证活生生的正义精神对法律字句的胜利。因此，'事物的本质'同样断言了自身的权利，是我们不得不予以尊重的东西。"③"'事物本质'是一种观点，在该观点中存在

----

① 当然，对于这一解释是否属于类推解释，可以存在争议。参见张梓弦：《论故意毁坏财物罪中的"毁坏"——"有形的影响说"之提倡》，《法学》2018年第7期。

② See David Nelken, *Contrasting Criminal Justice*, Ashgate Publishing Ltd., 2002, p. 241.

③ 严平编选：《伽达默尔集》，邓安庆等译，上海远东出版社2003年版，第195~196页。

与当为互相遭遇，它是现实与价值互相联系（‘对应’）的方法论上所在。因此，从事实推论至规范，或者从规范推论至事实，一直是一种有关‘事物本质’的推论。"① 认为将他人的戒指扔入大海与毁坏他人财物相对应，是因为刑法规定故意毁坏财物罪的目的在于保护他人利用财产的可能性，即财产的效用，保护的方式是禁止毁坏他人财物；而将他人的戒指扔入大海的行为本质，是对他人利用自己的财产加以妨害。如果不是从这一"事物本质"出发，毁坏他人财物的构成要件与将他人戒指扔入大海的行为，是难以相互对应的。由此可见，只有通过生活事实解释规范，才能实现刑法的合目的性。

综上所述，刑法的解释就是正义理念、刑法规范与生活事实的相互对应。这里首先遇到的疑问是，由于解释者的价值观不同，对于同样的解释结论，有人认为是正义的，有人可能认为是非正义的，可谓仁者见仁、智者见智，对此应当如何取舍？这虽然是一个难题，但并不意味着解释者无能为力。第一，对于一般的、基本的正义原则，解释者之间不会产生明显分歧。第二，"使法律之间相协调是最好的解释方法"（Concordare leges legibus est optimus interpretandi modus）。因为正义被实证化，正义的核心是平等，它要求对所有的人都应用一种统一的标准，所以，对刑法分则进行体系解释，使刑法条文之间保持协调，使"相同"②的犯罪得到相同的处理，就是正义的；否则，就是非正义的。③ 此外，对于不同的犯罪，得出的解释结论必须符合其轻重顺序，对于危害更轻微、可谴责性更小的行为，不应作出更重的处理。否则，法律在不同情形之间便不协调。第三，一致的价值经验是认识正义的基础。正义"原则是从在社会生活的某些特定的、反复出现的基本境况和基本事实方面法的理念和事物本质的社会道德内涵引申出来的。只要它们与某些特定的境况有关系，并且从人类本性或者事物本质的某些特定的状况出发，它们就在它们的伦理的基础里，即先验地包含着经验的要素。它们属于人的世界；它们的适用局限在人的这个世界上"④。解释者应当善于观察一般人的生活与心理，准确了解人类本性与事物本质。"人文科学的'业务'是了解人类的表示。'最重要的不是单纯地观察，毋宁是对被观察到的、有意义的人类生活表现的解释。'这点既适用于历史学家，也适用于法学家。"⑤ 第四，在

---

① ［德］亚图·考夫曼：《类推与"事物本质"——兼论类型理论》，吴从周译，颜厥安审校，学林文化事业有限公司 1999 年版，第 103 页。

② 严格地说，现实中的犯罪没有相同的，只是相似的多与少的问题。

③ 按照法条的字面含义得出不协调、非正义的解释结论，并以"刑法就是这样规定的，解释者无能为力"为由维持这种不协调、非正义的解释结论，是一种严重不负责任的态度与做法。

④ ［德］H. 科殷：《法哲学》，林荣远译，华夏出版社 2003 年版，第 165 页。

⑤ ［德］Karl Larenz：《法学方法论》，陈爱娥译，五南图书出版公司 1996 年版，第 63 页。

解释刑法时，不仅要想象"如果自己是当初的立法者，会得出何种结论"，而且还要想象"如果自己是当今的立法者，会得出何种结论"。第五，当然，"只有自己是正义的，才能认识正义的事情"①，才能揭示刑法的正义理念。"学者的良心是追求真理、阐述真理的良心。"② 只有凭着良心解释刑法，才不至于违反刑法的正义理念。

疑问还在于：如何使刑法规范与生活事实相对应？这便需要反复、合理地运用各种解释方法，准确抽象生活事实，正确理解规范与事实的本质，直至得出符合正义的结论。"相对于裁判的字义，法官在案件中有着先前判断与先前理解。法官有这些判断或理解，并不必对其责难，因为所有的理解都是从一个先前理解开始，只是我们必须把它——这是法官们所未作的——开放、反思、带进论证中，而且随时准备作修正。"③ 大部分刑法用语都具有多种含义，其可能具有的含义也会比较宽泛，而解释者总是对刑法用语（尤其是并不陌生的用语）存在先前理解。但是，解释者不要以为自己的先前理解就是所谓立法本意，也不要以为自己的先前理解就是对法条的唯一解释结论。换言之，解释者不可固守先前理解，而应当将自己的先前理解置于正义理念之下、相关条文之间、生活事实之中进行检验。如果这种先前理解符合正义理念、与相关条文相协调、能够公平地处理现实案件，便可以坚持这种先前理解。但是，当自己的先前理解有悖正义理念（或违背普通的正义标准）时，必须放弃它；当先前理解与刑法的相关条文存在矛盾与冲突时，必须放弃它；当自己的先前理解不能公平地处理现实案件时（按先前理解处理案件不能被一般人接受时），也必须放弃它。放弃先前理解之后，应当寻求新的解释结论，再将新的解释结论置于正义理念之下、相关条文之间、生活事实之中进行检验，直到得出满意的结论为止。易言之，解释者必须注意到正义的诸多层次、各种不同的可能。面对有疑问的条文时，应当想到各种可能的意义，提出各种不同的假设，对各种观点进行充分论证、反复权衡，看哪一种解释结论最符合正义理念。

要使刑法规范与生活事实相对应，就必须善于运用各种解释方法。虽然解释方法繁多，但没有一种解释方法可以将刑法所有条文都解释得符合正义，又不超出刑法用语可能具有的含义。各种解释方法的内容既不完全一致，也不完全对立。所谓"不完全一致"，是指各种解释方法本身具有差异性，甚至具有"对立"性。例如，扩大解释与限制解释，在解释技巧上明显对立。历史解释与同时

---

① ［德］H. 科殷：《法哲学》，林荣远译，华夏出版社 2003 年版，第 9 页。
② ［日］团藤重光：《法学的基础》，有斐阁 1996 年版，第 357 页。
③ ［德］亚图·考夫曼：《法律哲学》，刘幸义等译，五南图书出版公司 2000 年版，第 58 页。

代的解释，在方法上也可谓对立的：前者重视刑法制定时的历史背景；后者重视社会发展的需要。所谓"不完全对立"，是指在不同场合运用不同的解释方法，都可能达到解释目的，揭示出规范的真实含义。例如，在此条中，使用扩大解释技巧，才能实现刑法的正义；在彼条中，使用限制解释技巧，才能实现刑法的目的；如此等等。所以，解释者为了追求正义理念、实现刑法目的，必须敢于尝试罪刑法定原则所允许的各种解释方法。

要使刑法规范与生活事实相对应，就必须在刑法规范指引下准确把握生活事实的本质。事物本质是每个立法与法律发现行为中必要的"催化剂"，能够使刑法理念、法律规范与生活事实、当为与存在之间，产生一种关联、一种对应。离开具体案件事实对刑法条文所作的解释，是没有任何意义的解释；离开可能适用的刑法规范对具体案件事实所作的归纳，只能是一种非法律人的自然主义的归纳。对于个案本质的分析，应当以刑法规范的本质为导向。对于个案事实的归纳，应当向着刑法规范开放，使个案事实经由构思而成为一个与刑法规范相对应的事实。所以，刑法的解释，并不仅仅在于解释制定法。"法律人的才能主要不在认识制定法，而正是在于有能力能够在法律的——规范的观点之下分析生活事实。"①

诚然，将案件事实归入刑法规范之下的能力，并不是天生就具备的。"每一个个案的解决都从找到可能适合这一案例的法律规范开始，也即从被认真地认为适合当前案件的法律规范开始；或者，从另一角度来看，这一开始阶段也是一个确定该具体案件属于某一法律规范适用范围（尽管还需要作进一步审查）的过程。这一归入能力（Zuordnungvermögen），即正确地联想并准确无误地找到'恰当的'规范的禀赋，就是一种判断力。这种判断力，如康德曾经说过的，是无法通过教导获得，而只能通过练习得到发展。这一观点正是这样一个认识的哲学基础，如果人们愿意这么说的话，即一个好的法律人不是通过单纯的教导，而是只能通过另外的实践，也即通过判断力的训练才能造就的。"②

总之，刑法的解释就是在心中充满正义的前提下，目光不断地往返于刑法规范与生活事实的过程。当然，一方面，这并不意味着判断者一定要达到有罪结论才罢休。无论如何不能通过违反罪刑法定原则与歪曲案件事实得出有罪结论。换言之，在既不违反罪刑法定原则，又不歪曲案件事实的前提下，如果犯罪构成与案件事实彼此对应，则应得出有罪的结论。另一方面，不要以为，越是能"设

---

① ［德］亚图·考夫曼：《类推与"事物本质"——兼论类型理论》，吴从周译，颜厥安审校，学林文化事业有限公司1999年版，第87页。

② ［德］齐佩利乌斯：《法学方法论》，金振豹译，法律出版社2009年版，第129~130页。

定"刑法漏洞，就越有学术成就。因为刑法学的任务并不是设定漏洞，相反应当合理地填补漏洞。没有人会认为，能将谋杀解释为无罪是学术上的辉煌成就和罪刑法定主义的伟大胜利。因为罪刑法定原则的思想基础是民主主义与尊重人权主义，恣意地将根据普遍的正义标准应当作为犯罪处理的行为解释为刑法没有规定的行为，必然不利于保护法益，必然违反民主主义。

以上论述似乎表明：价值分析方法、实证分析方法、社会分析方法不一定是矛盾的；"刑法应当是什么""刑法是什么""刑法实际上是什么"不一定是冲突的；自然法学、实证主义法学、社会法学也不一定是对立的。

目　录

第一章　解释原理与解释方法

一、解释主体

如所周知，按解释主体进行分类，可以将刑法的解释分为立法解释、司法解释与学理解释。[①] 但是，立法机关应否对自己制定的刑法进行解释，最高人民法院与最高人民检察院应当在什么范围内对刑法进行解释，学者们自己对刑法解释的态度以及对立法解释与司法解释应当持什么态度，都是需要讨论的问题。

（一）立法解释的否定

笔者一直不主张立法机关对自己制定的刑法进行解释。

法治应当是良法之治，为了实现良法之治，对立法权（包括立法程序）作适当限制是非常必要的。制定立法解释看似与制定法律不同，但由于立法解释与法律本身具有相同的效力，[②] 导致立法解释与法律本身事实上没有实质区别。然而，立法解释的程序比制定法律的程序简单得多。例如，《立法法》第 17 条以下对法律草案发给全国人大常委会的日期以及随后审议的次数、步骤、内容等都有严格规定，但对于立法解释草案则并无相关要求。事实上，立法解释的颁布程序比法律的颁布程序要简单得多、容易得多。显然，用一种比制定法律更为简便的程序制作与法律具有相同效力的立法解释，有架空原本更严格的立法程序的危险，必然不利于实现良法之治。

法治即法的统治。法的制定者、执行者与裁判者相分离的目的，不仅在于使统治依法进行，而且在于使法具有正当性、合理性。概言之，立法权与司法权必须分离，立法者不能司法，司法者不能立法。可是，立法解释与法治原则不相符合。因为立法解释是立法机关在制定刑法后对刑法条文的含义所作的解释，而对刑法条文含义的解释应当属于司法权的内容，即法的裁判者根据立法机关制定的法律与案件事实作出裁判，至于立法机关制定的法律是何种含义，应当由法的裁判者作出解释，不能由法的制定者作出解释。法院所作出的任何判断，都含有对法律的解释内容，而不是只有最高人民法院的司法解释才是对刑法的解释。不管最高人民法院采取何种方式，其对刑法的解释，都是作为法的裁判者对刑法的适用。如果法的制定者同时也是法的解释者，意味着法的制定者介入了司法。

---

① 　其实，这只是一个很不周延的分类。因为作为个体的检察官与法官以及一般公民，都可能对刑法进行解释。

② 　《立法法》第 53 条规定："全国人民代表大会常务委员会的法律解释同法律具有同等效力。"

人们习惯于认为，立法解释不同于司法解释，因为根据《立法法》《人民法院组织法》《全国人民代表大会常务委员会关于加强法律解释工作的决议》的规定，法律的规定需要进一步明确具体含义的，以及法律制定后出现新的情况，需要明确适用法律依据的，由立法解释负责。详言之，凡关于法律、法令条文本身需要进一步明确界限或作补充规定的，由全国人民代表大会常务委员会进行解释或用法令加以规定。凡属于法院审判工作中具体应用法律、法令的问题，由最高人民法院进行解释。凡属于检察院检察工作中具体应用法律、法令的问题，由最高人民检察院进行解释。

可是，第一，从理论上说，法律本身的含义问题与具体应用法律的问题是不可能区分的。如后所述，解释不只是对制定法意义的说明，也包括使事实与规范相对应。法官在适用刑法时，离不开对制定法意义的说明。反之，立法解释对制定法意义的说明，实际上是指向某类或者某个具体案件的。第二，从事实上看，也不可能划清二者的界限。最高人民法院与全国人大常委会就相同条文作出过解释，换言之，最高人民法院能够作出解释的，全国人大常委会也能作出解释，反之亦然。例如，关于挪用公款罪的"归个人使用"的含义、关于黑社会性质组织的特征，最高人民法院与全国人大常委会都作出过解释，而且表述方式完全相同（均以条款形式出现），只是内容存在差异。如果说法律本身的含义问题与具体应用法律的问题可以区分，最高人民法院与全国人大常委会就同一概念作出解释的现象，要么意味着最高人民法院的解释越权，要么说明全国人大常委会的解释过限。第三，从法律规定上看，同样不可能划清二者的界限。《全国人民代表大会常务委员会关于加强法律解释工作的决议》第 2 条规定，"最高人民法院和最高人民检察院的解释如果有原则性的分歧，报请全国人民代表大会常务委员会解释或决定"。这本身就说明，立法解释完全可能解释应由"两高"（即最高人民法院和最高人民检察院）进行解释的问题，因而表明立法机关可以就属于法院审判工作中具体应用法律、法令的问题，以及属于检察院检察工作中具体应用法律、法令的问题进行解释。人们由此能够得出立法机关介入了司法活动的结论。①

法治与人治相对立。法治意味着公民生活在成文法律的统治之下，而不是生活在立法机关的组成人员的统治之下，也不是生活在立法机关的某个工作人员的统治之下，更不是生活在法律的起草者的统治之下。国民只能通过立法机关制定

---

① 不可否认，在最高人民法院与最高人民检察院均有权作司法解释的情况下，必然遇到最高人民检察院不赞成最高人民法院的司法解释（或者相反），以及双方的司法解释存在原则性分歧的情形。但这不是立法解释存在的理由，而且，上述情形完全可以通过其他途径合理解决。

的成文法律规制自己的行为，而不是根据立法原意规制自己的行为。人们要求立法机关作出立法解释，常常是为了使立法机关阐述立法本意或者立法原意。可是，刑法是全国人民代表大会制定和通过的，几千名全国人大代表在对刑法投赞成票时，不可能对每一个条文都有相同的想法，因此，任何人都不可能得到全国人大代表完全一致的立法原意。于是，人们习惯于认为，只有全国人大常委会常设机关的工作人员与刑法的起草者，才知道立法原意；寻求立法原意的途径，便是询问全国人大常委会常设机关的工作人员或者刑法的起草者；追求立法原意的结局，是寻求全国人大常委会常设机关的工作人员的想法，或者寻求起草者在起草刑法时的想法。事实上也是如此。一些司法机关一旦遇到了难题，便询问全国人大常委会常设机关的工作人员或者刑法的起草者；刑法的真实含义取决于这些工作人员与起草者的解释。甚至有人把全国人大常委会常设机关的工作人员编写的刑法理论书籍，视为一种立法解释。[①] 这显然不符合法治原则。

现代法治的基础是民主。从实体上来说，法必须体现民意，必须保护人民的自由与利益。否则，就不可能有社会正当性。但是，立法解释并不符合民主原则。立法解释的主体是全国人大常委会。当下，全国人大常委会不仅可以解释自己制定的法律，而且可以解释由全国人民代表大会制定的刑法等基本法律。于是，原本由代表人民的 3000 多名代表制定的刑法，后来由其中的一部分人决定其含义。这不仅与《宪法》第 62 条第 12 项有关全国人民代表大会有权"改变或者撤销全国人民代表大会常务委员会不适当的决定"的规定相矛盾，而且难以使法治建立在民主之上。

法律具有权威，人们对法律的规定深信不疑，法律的内容得到确证，是实现法治的重要条件。可是，立法解释的逻辑是谁制定法律谁解释法律，这使得制定者之外的人不能根据文字的客观含义理解法律。这种做法可能会导致人们不信赖事先制定的法律，从而损害法律的权威。以广告为例，人们在日常生活中经常看到各类广告，如经营者为了销售产品、提供服务或举行某种"酬宾"活动而在报刊上刊登广告或者在电视上播放广告，广告的内容异常吸引人，可是当人们看到广告的最后一句"本广告内容的最终解释权属于经营者"或者"本次活动的最终解释权属于举办者"时，便开始怀疑广告内容的真实性，甚至由此断定广告内容就是虚假的。因为虽然人们根据广告的字面含义可能作出有利于消费者的解释，可最后的解释权在经营者，人们不知道经营者会如何解释。法律何尝不是如此！如果由立法机关解释法律，人们无法预测立法者将会对法律作出何种解释，

---

① 其实，全国人大常委会常设机关的工作人员编写的刑法理论书籍，与普通学者出版的刑法理论书籍，在性质上没有区别，都只是一种学理解释。

就不会确信法律。因而损害法律的权威，与法治相违背。

罪刑法定原则是刑法的生命，是法治在刑法领域的表现。它既是立法机关制定刑法、司法机关适用刑法必须遵循的原则，也是任何解释者都必须遵循的原则。从逻辑上说，立法解释既然违背法治原则，当然也违反法治在刑法领域所表现出来的罪刑法定原则。在此，还是有必要进一步论述立法解释是否符合罪刑法定原则的。

人们主张立法解释的最大理由在于，刑法是立法机关制定的，当然由立法机关来解释是最妥当的，也是符合罪刑法定原则的。诚然，根据罪刑法定原则，只能由立法机关规定什么行为是犯罪，对犯罪科处何种刑罚。但是，罪刑法定原则，是指罪刑由"刑法"规定或确定，而不是由"立法者""立法机关"规定或者确定，"刑法"与"立法者""立法机关"并非一体；具有法律效力的是由文字表述出来的、具有外部形式的刑法，而不是存在于立法者大脑中的内心意思。"刑法"是由文字构成的，通过文字规定什么行为是犯罪，对犯罪如何科处刑罚，故罪刑法定原则本身就要求对刑法进行客观解释。换言之，立法机关通过文字表述立法目的与法条含义，司法机关通过文字理解立法目的与法条含义。由于存在文字含义的限制，所以司法机关不能超过文字可能具有的含义适用刑法。于是，司法权受到了适当限制，公民自由得到了保障。此外，由于白纸黑字记载了法律内容，立法机关也不能超出文字可能具有的含义作出立法解释。这既是罪刑法定原则的内容，也是法治的重要要求。

相反，要求立法解释，则可能违背罪刑法定原则。因为人们呼吁立法解释时，常常是由于自己不能作出某种解释，觉得自己的解释超出了刑法用语可能具有的含义因而属于类推解释，违反了罪刑法定原则。换言之，要求立法机关作出某种解释，实际上是想让类推解释合法化。可是，既然是立法"解释"，也必须遵守罪刑法定原则。如果立法机关事后对成文刑法作类推解释，同样损害了公民的预测可能性，侵犯了公民的人权。即使立法机关的类推解释具有某种根据，也不应当被允许。例如，在《刑法修正案（九）》之前，《刑法》第237条规定的强制猥亵罪的对象仅限于"妇女"，但现实生活中出现了女性强制猥亵男性、男性强制猥亵男性的案件。显然，司法机关只能按"妇女"一词的客观含义适用《刑法》第237条，不能认为《刑法》第237条第1款的"妇女"包括男性在内。同样，立法机关也不能作出"《刑法》第237条第1款的'妇女'包括男性在内"的类推解释。即使立法机关事后拿出诸多证据，证明从刑法的起草到通过一直使用的是"他人"一词，其本意是包含男性在内，但公布刑法时使用了"妇女"一语，也不能成为作出上述类推解释的理由。所以，《刑法修正案（九）》只能修改《刑法》第237条第1款，将其中的强制猥亵罪中的对象"妇女"修改为"他人"。再如,《刑法》第 243 条第 1 款规定,"捏造事实诬告陷害他人,意图使他人受刑事追究,情节严重的",构成诬告陷害罪。由于行为人的主观意图必须是使他人受"刑事"追究,故该条中的"事实"必须解释为犯罪事实。① 当现实生活中发生行为人诬告他人触犯《治安管理处罚法》,意图使他人受行政处罚的案件时,司法机关不能将其中的"刑事追究"类推解释为"法律追究"。同样,立法机关也不能作出这种类推解释。由此可见,立法机关不能作出属于类推解释的结论;使类推解释"合法化"的立法解释,同样违反了罪刑法定原则。

此外,立法机关在制定立法解释时,会以为自己是在从事立法活动(事实上,也是由《立法法》对立法解释作出了较为具体的规定),进而会认为自己有权作出符合需要、符合目的的解释。结局是,立法机关可能自觉或者不自觉地作出类推解释。事实上,原本可以由最高人民法院作出司法解释的,最高人民法院因为担心属于类推解释而受到批判,往往将解释推给立法机关。立法机关则不担心自己是否违反罪刑法定原则而作出解释。其实,要求立法解释的动机本身就蕴含着自相矛盾的因素:如果解释结论包含在法条的文字含义之内,立法解释就毫无必要;如果解释结论超出了法条用语可能具有的含义,立法机关也无权作出这种解释。概言之,立法解释要么不必要,要么不正当。立法解释实际上是让违反文字含义的意思优于符合文字含义的意思,有违反罪刑法定原则之嫌。

人们期待立法解释,是为了使立法机关作出一种最终的、权威性的解释,是为了避免各种争论。但是,这种立法解释既过早地吞噬了刑法文本的生命,又妨碍了刑法理论的发展,进而妨碍了刑事立法的发展。换言之,立法解释虽然有可能在短时间内解决部分问题,却是以缩短刑法文本的生命、削减刑法理论的繁荣为代价的。

人们主张立法解释,以为仅仅从刑法的文字表述中就可以发现刑法的真实含义,但事实上并非如此。由于刑法的真实含义需要从具体案件中发现,要在事实与规范的对应过程中发现,而立法机关的任务是将正义理念与将来可能发生的事实相对应,从而形成法律规范,并不是将已经发生的具体事实与法律规范相对应,因而难以从具体案件事实中发现法律的真实含义。所以,立法解释并不是发现法律真实含义的良好途径。

综上所述,"在理解法律的真正含义时,最不应当去垂问的人,就是立法者本身!事实上,这正印证了霍尔斯布雷勋爵(Lord Halsbury)在 1902 年所表达

---

① 至于对这里的"犯罪事实"应当如何解释,则是另一回事。

的观点：'在对制定法的解释上，我认为，解释的最佳人选，永远不会是负责该制定法的起草之人。'"① 所以，即使在现行法律规定立法机关具有立法解释权的情形下，立法机关也不宜对刑法作出立法解释（即使作出立法解释，也不应作出类推解释）。

（二）司法解释的限制

根据《立法法》等法律的规定，"两高"有权对法院审判工作、检察院检察工作中具体应用法律、法令的问题进行解释，解释一旦作出，即具有法律效力，下级法院与检察院必须遵守。

本书的基本态度是，"两高"应当对司法解释保持克制态度，不能动辄作出司法解释。即使不得已作出司法解释，也不能给刑法用语与条文下定义，只能采取列举式的规定，即列举对何种行为适用何种规定；不得已制定司法解释时，也只需要解释适用刑法中的疑难问题，不应作出立法式的司法解释。这是因为，司法解释不可避免会存在各种缺陷。②

1. 20 世纪以来，法律的制定不再追求具体、详细，刑法分则条文并非界定具体犯罪的定义，而是以抽象性、一般性的用语描述具体犯罪类型。一方面，刑法是正义的文字表述，但正义是活生生的，为了对纷繁复杂的具体案件作出符合正义的结论，法律必须使用抽象性、一般性的概念。过于具体、死板的规定，只能实现机械化的"正义"。例如，如果盗窃罪的成立条件以数额达到 1 000 元为绝对标准，那么，为了给亲人治病而盗窃 1 000 元的就成立犯罪，而为了赌博盗窃 999 元的就不成立犯罪。这种结论似乎很"公平"，但这种"公平"不符合一般人的正义感，所实现的是机械化的"正义"，而不是刑法的正义。另一方面，"很明显，立法者难以预见社会生活中涌现出来的大量错综复杂的、各种各样的情况"③。刑法规定越具体，就意味着外延越窄，漏洞就越多；反之，刑法规定越抽象，则外延越宽，漏洞就越少。例如，如果要求刑法对"凶器"作出具体规定，就会既导致凶器的范围过窄，也导致凶器的定义不能适应不断变化的社会生活事实；如果不对"凶器"作出具体规定，这一概念反而能适应不断变化的社会生活事实。为了权衡刑法的法益保护与人权保障的机能，刑法固然不能完全使用十分抽象的概念，但也不能走向另外一个极端，导致司法人员完全没有裁量的

---

① ［比］R. C. 范·卡内冈：《法官、立法者与法学教授——欧洲法律史篇》，薛张敏敏译，北京大学出版社 2006 年版，第 18 页。

② 本书所称司法解释，不仅包括"两高"正式的司法解释，还包括"两高"单独或联合以"立案标准""意见""规定""座谈会纪要"名义公布的解释性规定。

③ ［法］亨利·莱维·布律尔：《法律社会学》，许钧译，郑永慧校，上海人民出版社 1987 年版，第 63 页。

余地。

实际上，司法解释越追求具体、详细，结局是使刑法越无法适应社会生活。

例如，根据 2012 年 12 月 7 日发布的《最高人民法院、最高人民检察院关于办理渎职刑事案件适用法律若干问题的解释（一）》第 1 条第 1 款的规定，国家机关工作人员滥用职权或者玩忽职守，具有下列情形之一的，应当认定为《刑法》第 397 条规定的"致使公共财产、国家和人民利益遭受重大损失：（一）造成死亡 1 人以上，或者重伤 3 人以上，或者轻伤 9 人以上，或者重伤 2 人、轻伤 3 人以上，或者重伤 1 人、轻伤 6 人以上的；（二）造成经济损失 30 万元以上的……（四）其他致使公共财产、国家和人民利益遭受重大损失的情形"。姑且不讨论如此高的定罪标准是否合适，看看如此详尽的规定，就知道这种规定不仅给司法机关认定犯罪带来巨大负担，而且其所实现的完全是机械化的正义。以伤害为例，如果本来有 10 人受伤，但其中 2 人因为急于出国没有做轻伤鉴定，或者因为其他原因本人不愿意做轻伤鉴定，便不能认定为滥用职权罪。同样，滥用职权导致经济损失 25 万元、轻伤 3 人的，也不成立犯罪。按照这种司法解释适用刑法不可能实现活生生的正义，在面对质疑时，司法人员就只能以"司法解释就是这样规定的"来回答。此外，从司法实践来看，许多滥用职权、玩忽职守案件都只能适用上述第 4 项的规定。这说明，司法解释的必要性并不大。

又如，刑法条文将"数额较大"规定为盗窃罪的构成要件要素，这一抽象或者模糊的用语，除了可以解决因地区差异而产生的对数额较大的不同要求外，还有利于司法人员妥当处理各种不同类型的盗窃案件，实现刑法的正义性。例如，与普通盗窃相比，对于盗窃他人合法占有的自己所有的财物的案件，宜适当控制处罚范围，亦即，宜适当提高数额较大（巨大、特别巨大）的要求。但司法解释并没有考虑这一点，导致有些案件不能得到妥当处理。例如，行为人盗回被交警扣押的汽车的案件经常发生。按照《刑法》第 91 条第 2 款的规定，该行为属于盗窃公共财产，没有疑问成立盗窃罪。但是，由于司法解释并没有针对这种情形对数额较大、巨大、特别巨大作出特别规定，实践中出现了两种不理想的结局：一是对上述行为不以犯罪论处，二是对上述行为适用数额特别巨大的法定刑。于是，对案件的处理便不可能符合刑法的精神。再如，与普通盗窃相比，对于盗窃危险物品、窨井盖、消防设施的案件，宜适当扩大处罚范围，亦即，宜适当降低数额较大的要求。而司法解释却没有考虑这一点。比如，行为人客观上盗窃了枪支（假定价值 800 元，发现是枪支后上交公安机关），但主观上却不知道是枪支。对于这样的案件，不可能认定为盗窃枪支罪。然而，如果按照绝对的数额标准，也不能认定为盗窃罪。但这种结论是否符合刑法的真实含义，还值得研究。

追求具体、详细的司法解释，还可能使下级司法机关"违反刑法"追求刑法的公平正义。

例如，2004 年 8 月，被告单位某石化公司承包了中国某有限公司××销售分公司 0#柴油的代运业务，并签订了《成品油水上运输合同》。被告单位租赁了某港口第六作业区作为中转站，为代运 0#柴油提供服务。从 2006 年 7 月起，被告单位的法定代表人、被告人陈某决定利用为××销售分公司代运 0#柴油的机会为本公司牟利。被告单位从其他公司购进品质、价格均低于 0#柴油的燃料油，在中转站按一定比例先抽出××销售分公司的 0#柴油，然后掺入等量的燃料油。掺兑后的 0#柴油按合同约定运至湖南、湖北等地，经验收合格，进入有关油库。被告单位采取上述手段，取得××销售分公司 0#柴油共 26 283.57 吨，案值人民币12 588.06万元。

这个案件本来很简单，属于典型的（普通）侵占罪。亦即将代为保管（运输）的他人所有的财物（0#柴油）据为己有。在刑法没有规定单位可以成立侵占罪的情况下，理当对自然人以侵占罪论处。但是，最高人民法院 2001 年 1 月21 日发布的《全国法院审理金融犯罪案件工作座谈会纪要》指出："审理贷款诈骗犯罪案件，应当注意以下两个问题：一是单位不能构成贷款诈骗罪。根据刑法第三十条和第一百九十三条的规定，单位不构成贷款诈骗罪。对于单位实施的贷款诈骗行为，不能以贷款诈骗罪定罪处罚，也不能以贷款诈骗罪追究直接负责的主管人员和其他直接责任人员的刑事责任。但是，在司法实践中，对于单位十分明显地以非法占有为目的，利用签订、履行借款合同诈骗银行或其他金融机构贷款，符合刑法第二百二十四条规定的合同诈骗罪构成要件的，应当以合同诈骗罪定罪处罚。"① 于是，以属于单位行为为由，本案既不能认定被告单位成立侵占罪，也不能认定其中的自然人构成侵占罪。其实，上述座谈会纪要的观点并不妥当。② 本来还有另一条处理路径，即被告单位成立《刑法》第 140 条销售伪劣产品罪的间接正犯。因为被告单位知道××销售分公司是要销售该 0#柴油，却仍然将掺杂、掺假的 0#柴油提供给××销售分公司，而××销售分公司并不知道自己所销售的 0#柴油掺入了燃料油，故被告单位符合间接正犯的成立条件。可是，司法解释将这条路也堵死了。2001 年 4 月 9 日发布的《最高人民法院、最高人民检察院关于办理生产、销售伪劣商品刑事案件具体应用法律若干问题的解释》第 1 条

---

① 需要注意的是，该解释与 2014 年 4 月 24 日公布的《全国人民代表大会常务委员会关于〈中华人民共和国刑法〉第三十条的解释》相矛盾。后者规定："公司、企业、事业单位、机关、团体等单位实施刑法规定的危害社会的行为，刑法分则和其他法律未规定追究单位的刑事责任的，对组织、策划、实施该危害社会行为的人依法追究刑事责任。"

② 详细理由参见张明楷：《诈骗犯罪论》，法律出版社 2021 年版，第 485 页。

第 1 款规定："刑法第一百四十条规定的'在产品中掺杂、掺假',是指在产品中掺入杂质或者异物,致使产品质量不符合国家法律、法规或者产品明示质量标准规定的质量要求,降低、失去应有使用性能的行为。"而本案行为人掺杂、掺假后,柴油依然符合质量要求,因而不能认定被告单位成立销售伪劣产品罪。但是,将违法性与有责性如此严重的行为宣告为无罪是不合适的,于是,有关司法机关认定被告单位的行为构成合同诈骗罪。但是,本案并不符合合同诈骗罪的构成要件,也难以认定被告单位对于柴油购买者构成合同诈骗罪的间接正犯(因为柴油购买者并不是被告单位的对方当事人,被告单位也没有取得柴油购买者的财物)。不难看出,过于详尽的司法解释会封堵符合罪刑法定原则的解决路径,又只能通过违反罪刑法定原则解决现实案件。

再如,《刑法修正案(八)》之前的《刑法》第 68 条第 2 款规定:"犯罪后自首又有重大立功表现的,应当减轻或者免除处罚。"① 1998 年 4 月 17 日发布的《最高人民法院关于处理自首和立功具体应用法律若干问题的解释》第 7 条规定:"根据刑法第六十八条第一款的规定,犯罪分子有检举、揭发他人重大犯罪行为,经查证属实;提供侦破其他重大案件的重要线索,经查证属实;阻止他人重大犯罪活动;协助司法机关抓捕其他重大犯罪嫌疑人(包括同案犯);对国家和社会有其他重大贡献等表现的,应当认定为有重大立功表现。""前款所称'重大犯罪'、'重大案件'、'重大犯罪嫌疑人'的标准,一般是指犯罪嫌疑人、被告人可能被判处无期徒刑以上刑罚或者案件在本省、自治区、直辖市或者全国范围内有较大影响等情形。"可事实表明,越是作恶多端、罪恶重大的犯罪人,越可能掌握重大犯罪的线索,越容易"立功"。因此,是否成立重大立功,不可一概而论,需要在个案中作出具体判断。然而,根据上述司法解释,必然出现这样的问题:多次抢劫杀人、导致多人死亡的主犯,只要自首后协助司法机关抓捕了可能被判处无期徒刑以上刑罚的同案犯,就能减轻或者免除处罚。但是,这样的量刑必然违反罪刑相适应原则,也不符合预防犯罪的需要。本来,如果没有司法解释的这种僵硬规定,法官完全可能否认"协助司法机关抓捕了可能判处无期徒刑以上刑罚的同案犯"成立重大立功,进而作出合理判决。但上述司法解释的规定,迫使下级司法机关在适用"十年以上有期徒刑、无期徒刑或者死刑"的法定刑时,将判处死缓、无期徒刑也视为"减轻处罚"。可是,《刑法》第 63 条第 1 款前段规定:"犯罪分子具有本法规定的减轻处罚情节的,应当在法定刑以下判处刑罚。"上述"十年以上有期徒刑、无期徒刑或者死刑"是一个法定刑,而不是

① 此款已被《刑法修正案(八)》删除。现行《刑法》第 68 条后段规定,"有重大立功表现的,可以减轻或者免除处罚"。

多个法定刑。换言之，不能认为一个刑种就是一个法定刑，否则减轻处罚与从轻处罚就无法区分了。容易发现，过于详尽的司法解释，反而会导致下级司法机关"违反刑法"。

此外，《刑法》第 68 条前段规定，"犯罪分子有揭发他人犯罪行为，查证属实的，或者提供重要线索，从而得以侦破其他案件等立功表现的，可以从轻或者减轻处罚"。显然，刑法并没有限定立功的时间，从"犯罪分子"的表述来看，只要是犯罪后立功即可。可是，1998 年 4 月 17 日发布的《最高人民法院关于处理自首和立功具体应用法律若干问题的解释》第 5 条将立功表现的时间限定为"犯罪分子到案后"。但这一对立功时间的具体限定，并不合适。从理论上说，行为人犯罪后所实施的有利于预防、查获、制裁犯罪的行为，都在某种程度上表明行为人对犯罪行为持否定态度，其再犯罪的可能性减少，而不是只有在到案后所实施的有利于预防、查获、制裁犯罪的举止，才能成为从宽处罚的根据。从事实上说，否认到案前有立功表现也明显不当。例如，甲与乙、丙、丁等人共同实施重大犯罪后各自逃匿。过了一段时间后，甲向公安机关打电话，告知乙、丙、丁的藏匿地址，希望公安机关先抓获乙、丙、丁，并向公安机关说明："如果我先投案，乙、丙、丁肯定会杀害我的亲属。"公安机关根据甲提供的地址，抓获了乙、丙、丁。对于这样的案件，不管甲事后是自动归案，还是被公安机关抓获归案，均应认定其有立功表现。

2. 刑法条文的含义不是固定和封闭的，而是变化和开放的。"可导致法律涵义变迁的不仅仅是占主导地位的社会伦理观念的改变。事实状态的变化也会产生这一结果。事实生活关系的变化能够影响占主导地位的正义观念，从而间接地对法律解释产生影响。然而这种变化也可以以另一种方式对法律解释产生影响。法律规范总是通过当下的生活现实实现具体化的。也就是说，具体的事实及其涵摄问题的存在使得一条法律规范的涵义空间只能通过与这一事实相结合才能被评价和精确化。这种情况下，'在法律规范的适用范围内新的，事先未曾预见的事实的出现'可能会引起法律概念的发展。"① 换言之，刑法是以固定的文字表述应对变化的生活事实的，刑法适用者不可能改变生活事实，只能不断发现固定的文字表述的新的含义。刑法的固定表述又是正义的文字表述，刑法适用者不能放弃正义，只能对刑法条文作出符合文理与正义的解释。活生生的正义在不同的案件中表现为不同的要求，刑法适用者面对每一个新的案件都必须通过新的解释实现正义的要求。所以，任何一种解释的正确性都是暂时的，而不是永久的。对于某个问题而言，50 年前采取肯定说、30 年前采取否定说、10 年前采取折中说、现

---

① ［德］齐佩利乌斯：《法学方法论》，金振豹译，法律出版社 2009 年版，第 37 页。

在重新回到肯定说或者否定说，是相当正常的现象。解释者每时每刻关注的问题应当是，哪一种解释"现在"是正确的。换言之，现在是合理的解释，在过去完全可能是不合理的；反之亦然。这正是刑法永远需要解释的原因。不管刑法制定了多少年，只要没有废止，就要不断地继续解释下去。所以，一部刑法典存在一百年，就需要解释一百年；实施一千年，就需要解释一千年。概言之，法律条文的含义总是在不断变化，各种学说并非永远正确或者永远错误。任何一种解释结论的正义性，都只是相对于特定的时空、生活事实而言，生活事实的变化总是要求新的解释结论。

但是，产生司法解释的一个重要原因是，刑法理论对某个问题有争议，下级司法机关不知道适用哪一种理论，于是由司法解释确定一种"合理的解释"。但是，这样做必然导致刑法的含义固定化、封闭化。

例如，1998 年 3 月 17 日发布并实施的《最高人民法院关于审理盗窃案件具体应用法律若干问题的解释》（已废止）第 1 条前段规定，"根据刑法第二百六十四条的规定，以非法占有为目的，秘密窃取公私财物数额较大或者多次盗窃公私财物的行为，构成盗窃罪"。将盗窃固定为"秘密窃取"便导致盗窃的含义封闭化，不能适应变化的生活事实。① 一方面，从文理解释上看，就不应当将盗窃解释为"秘密窃取"；② 另一方面，在监视器无处不在的年代，仍然将"秘密"作为盗窃罪的要素，是对不断变化的生活事实的漠视与忽视。这样的规定，要么导致司法机关牵强地认定"秘密窃取"，要么导致部分盗窃行为不成立犯罪或者以其他犯罪论处。③ 再如，上述司法解释第 12 条第 4 项规定，"偷开机动车辆造成车辆损坏的，按照刑法第二百七十五条的规定定罪处罚"。这一解释的前提大体是，如果行为人归还所偷开的机动车则不成立盗窃罪。换言之，这一解释将非法占有目的的含义固定化为没有归还的意图。可是，在现代社会中，对非法占有目的不能再作如此僵硬的理解。例如，在 2022 年 5 月盗窃他人的法律职业资格考试指定用书（假定数额较大），在考试结束后归还给他人的，虽然有归还的意思与行动，但不可能妨碍盗窃罪的成立。这说明，非法占有目的已经不是传统意义上的"据为己有"的目的，而是应当根据非法占有目的要素的机能（与不可

---

① 当然可以认为，本规定并不是对盗窃罪的定义，只是列举，所以没有固定盗窃的含义。换言之，本条并没有将公开盗窃排除在盗窃罪之外。笔者也希望如此。遗憾的是，一些司法人员将本条当作司法解释对盗窃罪的定义，进而否认公开盗窃。

② "盗"不必是秘密的，否则，不能解释"强盗"；盗窃中的"窃"显然不是盗窃的定语，即不是修饰盗的，或者说，窃也是盗的意思。参见张明楷：《盗窃与抢夺的界限》，《法学家》2006 年第 2 期。

③ "两高"于 2013 年 4 月 2 日发布的《最高人民法院、最高人民检察院关于办理盗窃刑事案件适用法律若干问题的解释》没有规定盗窃的定义。

罚的盗用行为的区别以及与故意毁坏财物罪的区别）解释和认定非法占有目的。①

人们习惯于认为，司法解释有利于案件处理的统一性，亦即，如果相同案件在全国判决不相同，就极大地破坏了社会主义法制的统一性。但是，对统一性的要求常常意味着使刑法的含义固定化、封闭化。而且，对统一性的过分要求，并不妥当。

其一，就有争议的案件而言，如果没有统一的司法解释，下级司法机关的判决可能部分正确、部分不正确。可是，一旦司法解释出现错误，就会导致全国性的错误且难以改正。例如，诉讼诈骗行为明显成立诈骗罪。在刑法没有明文规定诉讼诈骗罪的德国、日本等国，诉讼诈骗几乎没有争议地被认定为诈骗罪。② 虽然该问题在我国存在不应有的争议，但在没有司法解释的情况下，至少部分地方司法机关会合理地将诉讼诈骗行为认定为诈骗罪。但是，2002 年 10 月 24 日发布并实施的《最高人民检察院研究室关于通过伪造证据骗取法院民事裁判占有他人财物的行为如何适用法律问题的答复》③ 公布后，司法机关就几乎不能合理地将诉讼诈骗认定为诈骗罪。④ 人们不能不思考的是，是全国统一作出错误处理好，还是部分正确处理、部分错误处理好。答案恐怕只能是后者。因为经过一段时间，在"部分正确处理"的带动下，经过各方面的评判，"错误处理"就会减少乃至消失。

其二，司法解释也不可避免自相矛盾或自我冲突，因而同样存在对所谓相同案件没有相同解释的现象。例如，2008 年 4 月 18 日发布的《最高人民检察院关于拾得他人信用卡并在自动柜员机（ATM 机）上使用的行为如何定性问题的批复》指出，拾得他人信用卡并在自动柜员机（ATM 机）上使用的行为，属于《刑法》第 196 条第 1 款第 3 项规定的"冒用他人信用卡"的情形，构成犯罪的，

① 参见张明楷：《诈骗犯罪论》，法律出版社 2021 年版，第 383 页。

② 参见张明楷：《论三角诈骗》，《法学研究》2004 年第 2 期。

③ 该答复的内容是："以非法占有为目的，通过伪造证据骗取法院民事裁判占有他人财物的行为所侵害的主要是人民法院正常的审判活动，可以由人民法院依照民事诉讼法的有关规定作出处理，不宜以诈骗罪追究行为人的刑事责任。如果行为人伪造证据时，实施了伪造公司、企业、事业单位、人民团体印章的行为，构成犯罪的，应当依照刑法第二百八十条第二款的规定，以伪造公司、企业、事业单位、人民团体印章罪追究刑事责任；如果行为人有指使他人作伪证行为，构成犯罪的，应当依照刑法第三百零七条第一款的规定，以妨害作证罪追究刑事责任。"

④ 《刑法修正案（九）》增加的第 307 条之一第 1 款规定了虚假诉讼罪，第 3 款又规定："有第一款行为，非法占有他人财产或者逃避合法债务，又构成其他犯罪的，依照处罚较重的规定定罪从重处罚。"该规定明显肯定了诉讼诈骗行为构成诈骗罪。但由于最高人民检察院并没有废除上述 2002 年 10 月 24 日答复，至今仍然有一些检察机关对诉讼诈骗行为不以诈骗罪提起公诉。

以信用卡诈骗罪追究刑事责任。这一解释的前提是，机器是可以被骗的，亦即，机器可以成为各种诈骗罪中的受骗者。可是，2003年4月2日发布并实施的《最高人民检察院关于非法制作、出售、使用IC电话卡行为如何适用法律问题的答复》明确指出，明知是非法制作的IC电话卡而使用，造成电信资费损失数额较大的，构成盗窃罪。据此，机器又是不能被骗的。同样是在机器上使用，司法解释有时解释为诈骗，有时解释为盗窃，这也没有做到所谓相同案件相同处理。

其三，人们总是习惯于认为现实生活中有大量相同的案件。其实，"'相同'是从来没有真正有的……在真实里，永远只有或多或少，较大的相似性及不相似性"①。也正因为如此，所谓相同的案件在德国、日本等国，也没有得到完全相同的处理。例如，在德国，对于利用他人的信用卡在自动取款机取款的行为，有的法院宣告无罪，有的法院认定为盗窃罪，有的法院认定为侵占罪。②再如，在日本，最高裁判所1970年的判决将基于报复动机的强制猥亵行为认定为强制罪，认为成立强制猥亵罪需要具有性的意图③，但1987年东京地方裁判所却将基于报复动机的猥亵行为认定为强制猥亵罪④，2014年东京高等裁判所的判决认为，成立强制猥亵罪不需要性的意图⑤，2016年大阪高等裁判所的判决也认为，成立强制猥亵罪不需要性的意图⑥，2017年日本最高裁判所变更以往的判例，认为"一律以性的意图作为本罪的成立要件并不妥当"⑦。在我国，所谓相同的犯罪也不可能得到完全相同的处理。所以，与其期待对所谓相同的案件作出相同的处理，不如追求对个案处理的妥当性。

问题还在于：我国的司法解释具有相当的稳定性，甚至比刑法本身还稳定。于是，刑法的含义完全被司法解释固定，甚至导致刑法的修改在适用上无效。

例如，我国最高人民法院、最高人民检察院、公安部、国家安全部、司法部于1983年9月14日发布的《关于人民警察执行职务中实行正当防卫的具体规定》（已废止），将人民警察面临严重暴力性犯罪而采取的职务行为，作为正当

---

① ［德］亚图·考夫曼：《法律哲学》，刘幸义等译，五南图书出版公司2000年版，第122页。
② 参见［日］长井圆：《银行卡犯罪对策法的最先端》，日本信贷产业协会2000年版，第111页。
③ 参见日本最高裁判所1970年1月29日判决，日本《最高裁判所刑事判例集》第24卷第1号，第1页。
④ 参见日本东京地方裁判所1987年9月16日判决，日本《判例时报》第1294号，第143页。
⑤ 参见东京高等裁判所2014年2月13日判决，日本《高等裁判所刑事判决速报集》（2014年度），第45页。
⑥ 参见大阪高等裁判所2016年10月27日判决，日本《高等裁判所刑事判例集》第69卷第2号，第1页。
⑦ 日本最高裁判所2017年11月29日判决，日本《裁判所时报》第1688号，第1页。

防卫处理。应当承认，在没有充分展开对法令行为研究，旧刑法①没有规定特殊正当防卫的情况下，或许对上述规定不会存在很大疑问。但是，在现行刑法之下，尤其是现行刑法规定了无过当防卫的情况下，仍然将人民警察制止犯罪的行为作为正当防卫处理，则存在诸多疑问。② 在现行刑法施行后，原本应立即废止该具体规定，但该具体规定直至 2004 年 8 月才由公安部废止。

又如，1997 年《刑法》第 345 条第 3 款前段原本规定，"以牟利为目的，在林区非法收购明知是盗伐、滥伐的林木，情节严重的，处三年以下有期徒刑、拘役或者管制，并处或者单处罚金"。2000 年 11 月 22 日发布的《最高人民法院关于审理破坏森林资源刑事案件具体应用法律若干问题的解释》对此规定作出解释。但是，全国人大常委会于 2002 年 12 月 28 日颁布的《刑法修正案（四）》删除了"以牟利为目的"和"在林区"的规定，但上述司法解释关于"在林区"的规定至今也没有修改。

倘若认为，上述司法解释中关于"在林区"的规定随着《刑法修正案（四）》的颁布也自行废止，因而不会影响刑法的适用，那么，司法解释中还存在明显影响刑法适用的过时规定。例如，1997 年《刑法》第 145 条原本规定："生产不符合保障人体健康的国家标准、行业标准的医疗器械、医用卫生材料，或者销售明知是不符合保障人体健康的国家标准、行业标准的医疗器械、医用卫生材料，对人体健康造成严重危害的，处五年以下有期徒刑，并处销售金额百分之五十以上二倍以下罚金；后果特别严重的，处五年以上十年以下有期徒刑，并处销售金额百分之五十以上二倍以下罚金，其中情节特别恶劣的，处十年以上有期徒刑或者无期徒刑，并处销售金额百分之五十以上二倍以下罚金或者没收财产。"显然，其中的"对人体健康造成严重危害"，是犯罪成立要素。据此，2001 年 4 月 9 日发布的《最高人民法院、最高人民检察院关于办理生产、销售伪劣商品刑事案件具体应用法律若干问题的解释》第 6 条第 1～3 款规定："生产、销售不符合标准的医疗器械、医用卫生材料，致人轻伤或者其他严重后果的，应认定为刑法第一百四十五条规定的'对人体健康造成严重危害'。生产、销售不符合标准的医疗器械、医用卫生材料，造成感染病毒性肝炎等难以治愈的疾病、一人以上重伤、三人以上轻伤或者其他严重后果的，应认定为'后果特别严重'。生产、销售不符合标准的医疗器械、医用卫生材料，致人死亡、严重残疾、

---

① 本书中提到的"旧刑法"（或者"1979 年刑法"），是指我国 1979 年颁布的刑法。书中通常说的现行《刑法》（《刑法》或者 1997 年《刑法》），指的是 1997 年修订的刑法。——编者注。

② 参见张明楷：《论作为犯罪阻却事由的职务行为——以司法工作人员的职务行为为中心》，《北方法学》2007 年第 1 期。

感染艾滋病、三人以上重伤、十人以上轻伤或者造成其他特别严重后果的，应认定为'情节特别恶劣'。"但是，全国人大常委会于 2002 年 12 月 28 日颁布的《刑法修正案（四）》将《刑法》第 145 条修改为："生产不符合保障人体健康的国家标准、行业标准的医疗器械、医用卫生材料，或者销售明知是不符合保障人体健康的国家标准、行业标准的医疗器械、医用卫生材料，足以严重危害人体健康的，处三年以下有期徒刑或者拘役，并处销售金额百分之五十以上二倍以下罚金；对人体健康造成严重危害的，处三年以上十年以下有期徒刑，并处销售金额百分之五十以上二倍以下罚金；后果特别严重的，处十年以上有期徒刑或者无期徒刑，并处销售金额百分之五十以上二倍以下罚金或者没收财产。"至为明显的是，本条不仅修改了法定刑，而且将原来的实害犯修改为危险犯，"对人体健康造成严重危害"已经由原来的犯罪成立要素变为法定刑升格条件，但司法解释至今也没有作出任何修改。

由此看来，"两高"不能只是考虑制定司法解释的成就，还要充分认识修改、废止司法解释的难度，重视不及时修改司法解释对下级司法实践形成的误导问题。笔者于 2022 年 6 月还见到这样的事例：某国家工作人员个人决定以单位名义将公款挪用给民营企业使用，但并非谋取个人利益。根据 2002 年 4 月 28 日发布并实施的《全国人民代表大会常务委员会关于〈中华人民共和国刑法〉第三百八十四条第一款的解释》，该行为原本不成立挪用公款罪，但司法机关仍以 1998 年 4 月 29 日发布的《最高人民法院关于审理挪用公款案件具体应用法律若干问题的解释》第 1 条的规定为根据①，认定行为人的行为构成挪用公款罪。顾雏军案的原审判决，也是如此。② 所以，"两高"不要忽视不及时修改司法解释造成的消极后果。但频繁制定司法解释必然增加修改的难度，要减轻修改的难度，最好是少制定司法解释。

---

①　该条规定：《刑法》第 384 条规定的"挪用公款归个人使用"，包括挪用者本人使用或者给他人使用。挪用公款给私有公司、私有企业使用的，属于挪用公款归个人使用。

②　最高人民法院（2018）最高法刑再 4 号判决书指出："原审认为，扬州格林柯尔系原审被告人顾雏军个人完全控股并控制的私营公司，参照 1998 年 5 月 9 日起施行的《最高人民法院关于审理挪用公款案件具体应用法律若干问题的解释》第一条第二款的规定，'挪用公款给私有公司、私有企业使用的，属于挪用公款归个人使用'，顾雏军、姜宝军挪用扬州亚星客车 6300 万元归扬州格林柯尔使用的行为，属于挪用资金'归个人使用'的情形，构成挪用资金罪。但是，2002 年 4 月 28 日全国人民代表大会常务委员会出台《关于〈中华人民共和国刑法〉第三百八十四条第一款的解释》，对挪用公款'归个人使用'作出了新的解释，只有符合下列三种情形之一的，才属于挪用公款归个人使用，即：（一）将公款供本人、亲友或者其他自然人使用的；（二）以个人名义将公款供其他单位使用的；（三）个人决定以单位名义将公款供其他单位使用，谋取个人利益的。原审在认定顾雏军、姜宝军挪用资金归个人使用时，未参照适用新的立法解释，确属不当。"

　　3. 刑法条文的真实含义是在生活事实中发现的，而不是单纯从文字中发现的。换言之，制定法的真实含义不只是隐藏在法条文字中，还隐藏在具体的生活事实中。"法律与事实共存亡，法律并非产生于事实发生之前。谈法律而不言事实，诚属荒唐！"① 其一，"一个词的通常的意义是在逐渐发展的，在事实的不断出现中形成的。因此，当一个看来是属于某一词的意义范围内的事物出现时，它好像就被自然而然地收纳进去了。这个词语的词义会逐渐伸展、逐渐扩张，直到人们根据事物本身的性质将应归入这个词名下的各种事实、各种概念都包含了进去"②。例如，1997 年修订刑法时，当时的《公司法》并未规定股东可以设立一人公司，1997 年《刑法》第 271 条的职务侵占罪中的公司，似乎不会包含一人公司。但 2005 年修改的《公司法》规定，股东可以设立一人公司。现在，我们理当承认《刑法》第 271 条中的公司包含一人公司（"公司"一词不变，但其外延在变化）。又如，1997 年修订刑法时，盗窃虚拟财产的案件很少见，当时几乎没有将虚拟财产认定为"财物"。但是，随着网络的普及以及网民对虚拟财产的重视，"有可能"（不一定是必然）将虚拟财产认定为"财物"（"财物"一词不变，但其含义在发生变化）。③ 其二，如果不面对特定事实，作为法律规范的大前提的含义是不精确、不具体的。所以，"在将特定事实涵摄于某一'大前提'之前，仍然需要借助该特定事实状态对待适用之'大前提'加以衡量，并使之精确化"④。换言之，"对于法律规范，也即'大前提'，应为了涵摄的需要，'结合具体事实以特定的方式加以处理'；规范需要'依据事实因素尽可能予以具体化'"⑤。其三，"若科学想要成为一种能够支配生活的力量，它就必须要与生活的诸多条件接轨，它必须要将法律带进一个更能与生活的要求相对应的形态中"⑥。刑法要应对不断变化的社会生活事实，于是，社会生活事实迫使解释者发现刑法条文的真实含义。在没有发生行为人牵着藏獒抢夺的案件时，人们不会思考藏獒是否属于凶器这一问题。但是，一旦发生这样的案件，人们必然思考这一问题，并且必须得出合理的结论。

　　但是，司法解释的特点刚好相反，它除了将刑法条文的含义固定化之外，还使得人们难以从社会生活中发现法律的真实含义。例如，2000 年 11 月 22 日发布

---

① 吴经熊：《法律哲学研究》，清华大学出版社 2005 年版，第 18 页。
② ［法］基佐：《欧洲文明史——自罗马帝国败落起到法国革命》，程洪逵、沅芷译，商务印书馆 1998 年版，第 7 页。
③ 法国、意大利、瑞士等国刑法将非法获取数据的犯罪规定在侵犯财产罪中。
④ ［德］齐佩利乌斯：《法学方法论》，金振豹译，法律出版社 2009 年版，第 133 页。
⑤ ［德］齐佩利乌斯：《法学方法论》，金振豹译，法律出版社 2009 年版，第 143 页。
⑥ ［德］鲁道夫·冯·耶林：《法学是一门科学吗？》，李君韬译，法律出版社 2010 年版，第 55 页。

的《最高人民法院关于审理抢劫案件具体应用法律若干问题的解释》第 6 条规定："刑法第二百六十七条第二款规定的'携带凶器抢夺'，是指行为人随身携带枪支、爆炸物、管制刀具等国家禁止个人携带的器械进行抢夺或者为了实施犯罪而携带其他器械进行抢夺的行为。"但是，这样的解释，阻碍人们从社会生活中发现凶器的真实含义。如上所述，一旦发生行为人牵着藏獒抢夺的案件，人们就只能根据司法解释，以藏獒不是器械为由，得出该行为不是携带凶器抢夺的结论。但是，这样的结论并没有揭示刑法的真实含义。

再如，2005 年 6 月 8 日发布并实施的《最高人民法院关于审理抢劫、抢夺刑事案件适用法律若干问题的意见》指出："绑架过程中又当场劫取被害人随身携带财物的，同时触犯绑架罪和抢劫罪两罪名，应择一重罪定罪处罚。"诚然，绑架罪与抢劫罪的法定刑都比较重，对绑架过程中劫取被害人随身携带财物的，择一重罪定罪处罚，似乎没有不当之处。然而，现实案件是复杂的，人们会从许多案件中发现存在应当并罚的情形。例如，甲、乙实施暴力绑架 X 后，向 X 的亲属 Y 勒索人民币 30 万元，在 Y 答应筹钱的过程中，甲、乙对 X 实施暴力，劫取 X 随身携带的手机、现金与信用卡等财物。在本书看来，对甲、乙的行为仅以绑架罪或者抢劫罪论处并不一定合适。其一，绑架与抢劫属于性质不完全相同的犯罪，前者侵犯的是他人的人身自由与安全，后者侵犯的是财产与人身权利，对甲、乙的行为仅评价为一罪，不能实现全面评价。不能因为 X 已被甲、乙控制，就对后面的抢劫行为不予评价；也不能因为甲、乙后来实施了抢劫行为，而对前面的绑架行为不予评价。其二，在甲、乙绑架 X 之后，绑架罪就已经既遂，其后在绑架过程中实施的抢劫行为，另外触犯了抢劫罪。[①] 所以，对甲、乙实行数罪并罚并没有重复评价。如同对绑架过程中强奸妇女的行为实行并罚，并没有重复评价一样。其三，与抢劫过程中（或既遂后）实施绑架行为应当并罚相比，对绑架过程中实施抢劫行为的，也应当并罚。例如，A、B 为了劫取 Z 的财物，使用暴力将 Z 拖上面包车，然后在面包车上劫取 Z 的财物。由于 Z 身上仅有 100 余元人民币，A、B 二人觉得划不来，于是继续以暴力手段控制 Z，逼着 Z 说出亲属的电话号码，然后向 Z 的亲属打电话索要赎金。在本案中，A、B 二人的抢劫行为已经既遂，后来又实施了绑架行为，应当数罪并罚。A、B 的行为与甲、乙的行为只是顺序不同，其他方法没有差异。既然如此，对甲、乙的行为也应当并罚。其四，假定甲、乙在绑架 X 的过程中，不是抢劫财物，而是故意毁坏了 X 的数额较大的财物，对甲、乙也应以绑架罪与故意毁坏财物罪论处。既然如此，对甲、乙在绑架过程中抢劫 X 财物的，更有理由并罚。由此可

[①]　既然是在绑架过程中实施抢劫，就意味着以新的暴力、胁迫等强制手段强取财物。

见，对绑架过程中的抢劫固定地以一罪论处的司法解释，并不一定符合刑法的真实含义。

4. 法律条文的真实含义也是协商、妥协形成的，而不是由权威机构事前固定的。详言之，法本来是稳定与进步的对立的妥协，是各种力量、各种价值观、各种立场、各种学说的妥协。根据加达默尔的观点，"法律不仅仅受限于立法者及其意图，法律是一系列价值观的集合"①。"威格莫尔坚持认为法律绝非一种文明因素所造就的，而是无数种因素综合作用的结果，正如在任何给定的时刻，一个行星系统的特定位置是此系统内外所有因素综合作用的结果一样。由此可以使我们认识到不同文明因素间的相互作用和历史的连续性；因此，根据一种或非全体的一些因素解释法律进化，等于将结果归因于原因之一部分，而非原因之全部。科学地讲，原因之一部分不等于原因，犹言五不等于十一样，虽然五是十的一部分。因此，虽然一种观念可能如此强大，以至于在社会上确实拥有强制力，但认为依此观念即可推导出整个法律进化的看法仍然是不科学的，这是一切非清晰思维（clear-thinking）的罪恶根源。总之，一切法律制度都是无数力量综合作用的结果，'大的、小的，相反的或一致的'。"②

法律的解释与适用也具有商谈的特点。德国联邦最高法院指出："解释具有商谈（Diskurs）的特点。在这过程中，即使是方法上无可争议的努力也不能提供绝对正确的，在专业眼光看来毫无疑问的断言，而只是提出一些理由，并列出与这相对的另一些理由，最后选择（其中相比较之下）较好的理由。"③"迪莫克（Demogue）说，司法工作的目的，不是逻辑综合，而是妥协。"④ 卡多佐也指出："司法过程是一种妥协，一种矛盾与矛盾之间、确定性与不确定性之间、崇尚书面文字的拘泥字义与破坏规律及有序的虚无主义之间的妥协。"⑤ 对刑法条文的适用，是一个事实与规范是否相对应的具体判断过程，而不是一种抽象的说理。没有一个案件是与另一个案件完全相同的，因此，每个案件都需要有检察官与律师，同时由法官作出中立的判决。法官必须斟酌各种不同的观点。"法律思维不是完全以系统为中心，它更多的是以问题为中心。占据绝对优势的不是一个来自

---

① ［挪威］斯坦因·U. 拉尔森主编：《社会科学理论与方法》，任晓等译，上海人民出版社 2002年版，第 75 页。

② 吴经熊：《法律哲学研究》，清华大学出版社 2005 年版，第 282~283 页。

③ 转引自 ［德］齐佩利乌斯：《法学方法论》，金振豹译，法律出版社 2009 年版，第 68~69 页。

④ ［美］本杰明·N. 卡多佐：《法律的成长：法律科学的悖论》，董炯、彭冰译，中国法制出版社 2002 年版，第 86~87 页。

⑤ ［美］本杰明·N. 卡多佐：《演讲录：法律与文学》，董炯、彭冰译，中国法制出版社 2005 年版，第 31 页。

于系统中的形式的、逻辑推导（演绎），而是辩论的方法。事实上，绝大多数新的解释法律思维的学说认为法律思维是一个辩论性的，在正方和反方之间衡量的裁决理由模式。""辩论是指，在一个多人参与的对话（讨论）中发展和权衡正理由和反理由，以获得一个决定。""通过这些辩论交换，法官作为中立方可以做出一个理由充分的决定。"① 哈贝马斯认为："真理不是存在于孤立的个人心中，而是存在于人与人之间的互动、交往和对话之中。""立法和司法都是沟通理性的体现，在立法中，人们就规范的证成进行理论讨论，而在司法中，人们则就规范在具体案件中的适用进行理论讨论。"② 概言之，"法律解释的证立是解释者与听者之间的对话，因而是一种交往形式"③。

但是，司法解释事先固定了刑法条文的真实含义，导致法官不是根据辩论结果裁判案件，而是根据事先的司法解释作出判决。于是，一方面，律师在法庭上的辩论意见，就不会受到重视。律师也深知这一点，因此，他们将重点放在寻找对被告人有利的法规与司法解释上，倘若不能找到有利于被告人的法规或司法解释，就只能听任法官判决了。另一方面，没有经过协商、妥协所形成的个案判决的妥当性就必然受到怀疑。例如，对一个案件是认定为抢劫还是认定为敲诈勒索，完全可能取决于各方的协商与妥协。再如，在确定了应当适用的法定刑之后，如何在法定刑范围内裁量具体刑罚，是不可能事先由司法解释规定的。一方面，法官必须充分考虑控方与辩方的量刑意见；另一方面，被告人在法庭上的具体表现（包括表情在内）完全可能影响量刑。所以，量刑是协商、妥协所形成的结果，不能事先由司法解释决定。

5. 由于刑法用语具有一般性、抽象性，而刑法的解释则十分具体、细致，因而容易操作，于是，下级司法机关一旦遇到问题，就看司法解释如何规定，逐渐形成了刑法和其他法律的效力低于司法解释的局面。

例如，在司法解释与刑法存在冲突时，按司法解释处理，而不按刑法处理。1998 年 3 月 17 日发布并实施的《最高人民法院关于审理盗窃案件具体应用法律若干问题的解释》（已废止）第 6 条，将盗窃数额较大财物的累犯作为"严重情节"和将盗窃数额巨大财物的累犯作为"特别严重情节"对待，明显违反了《刑法》第 65 条对累犯只能从重处罚的规定（该解释导致对盗窃罪的累犯提高法定刑，比加重处罚有过之而无不及）。但是，在该解释生效期间，下级司法机

---

① ［德］N. 霍恩：《法律科学与法哲学导论》，罗莉译，法律出版社 2005 年版，第 145~146 页。
② 陈弘毅：《从哈贝马斯的哲学看现代性与现代法治》，载高鸿钧主编：《清华法治论衡》（第三辑），清华大学出版社 2002 年版，第 20、27 页。
③ ［荷］伊芙琳·T. 菲特丽丝：《法律论证原理——司法裁决之证立理论概览》，张其山、焦宝乾、夏贞鹏译，商务印书馆 2005 年版，第 130~131 页。

关毫不动摇地适用这一司法解释。①

又如，2000 年 11 月 15 日发布的《最高人民法院关于审理交通肇事刑事案件具体应用法律若干问题的解释》第 7 条规定："单位主管人员、机动车辆所有人或者机动车辆承包人指使、强令他人违章驾驶造成重大交通事故，具有本解释第二条规定情形之一的，以交通肇事罪定罪处罚。"作出这样的规定，显然是因为在当时就已经存在机动车辆所有人等指使、强令他人违章驾驶的生活事实。但生活事实不断变化，会出现司法解释不曾想到的案件。例如，2009 年 10 月 31 日深夜，甲、乙喝酒后从某 KTV 出来，甲乘坐乙驾驶的轿车至某医院大门口时，对乙提出驾驶该汽车的要求，乙明知甲饮过酒，也未问甲是否取得机动车驾驶资格，便将车辆交给甲驾驶，并坐在副驾驶位。几分钟后，甲驾驶车辆将横穿马路的 X、Y 撞倒，致一人死亡、一人重伤。经交警鉴定，甲负事故主要责任，被害人负次要责任。甲构成交通肇事罪没有疑问，问题是乙的行为是否成立交通肇事罪。《道路交通安全法》第 22 条规定："机动车驾驶人应当遵守道路交通安全法律、法规的规定，按照操作规范安全驾驶、文明驾驶。饮酒……的，不得驾驶机动车。任何人不得强迫、指使、纵容驾驶人违反道路交通安全法律、法规和机动车安全驾驶要求驾驶机动车。"乙纵容甲酒后驾驶的行为无疑违反了该条规定，其纵容行为与死伤结果之间具有因果关系，且主观上具有监督过失，理当成立交通肇事罪（共同正犯）。② 但有的司法人员认为，《道路交通安全法》隶属于行政法体系，其对社会危害性的判断标准要低于隶属于刑法体系的《刑法》及相关刑事司法解释。因此，虽然《刑法》第 133 条是空白罪状，但不宜直接适用《道路交通安全法》的规定将某种行为作为犯罪处理。这种观点的实质是，可以直接适用刑事司法解释认定为交通肇事罪，而不能直接适用《道路交通安全法》认定为交通肇事罪。然而，在上述司法解释作出第 7 条的规定时，当时的《道路交通管理条例》（已废止）并没有类似上述第 22 条的规定，只有司法解释的规定。司法工作人员对司法解释规定的"指使、强令"违章驾驶行为构成交通肇事罪不持疑问；现在《道路交通安全法》有了禁止"指使、强令、纵容"违章驾驶行为的明文规定时，司法工作人员反而认为纵容违章驾驶行为不成立交通肇事罪（因为没有司法解释）。这种观点实际上肯定了立法机关制定的《道路交通安全法》的地位低于司法解释，真是匪夷所思！

---

① 2013 年 4 月 2 日发布的《最高人民法院、最高人民检察院关于办理盗窃刑事案件适用法律若干问题的解释》删除了该规定。

② 在《刑法修正案（八）》增设了危险驾驶罪之后，倘若甲是在醉酒驾驶的过程中致人伤亡，乙也并非仅成立危险驾驶罪的教唆犯，而是与甲一样要承担交通肇事罪的刑事责任。

再如，下级司法人员在进行理论研究时，重点不是讨论刑法条文使用的概念，而经常只是讨论司法解释所使用的概念。例如，《刑法》第 388 条之一规定了利用影响力受贿罪，此罪名为司法解释所确定，但法条中根本没有"影响力"的概念，然而司法人员却研究何为"影响力"。①

6. 司法解释过多不利于发挥检察官、法官的主观能动性。现在，下级司法机关遇到了疑难案件就向上级请示，上级再向上级请示，适用刑法的难题几乎全部交由"两高"处理，"两高"便以司法解释的形式解决这些难题。于是，下级司法人员缺乏研究法理的积极性。而且，即使有的司法人员具有研究的积极性，但他们的研究结论常常被周边的人士"以没有法律根据""没有司法解释的根据"为由而加以否定。

因为司法解释具有法律效力，下级法官、检察官不得不围绕司法解释思考法律规定与案件事实，易形成单一的思维方式。这种局面也导致二审终审、审判监督形同虚设。

过多的司法解释导致下级司法机关几乎形成了没有司法解释不办案的局面。特别是在刑法分则条文规定了数额较大、情节严重、情节恶劣的场合，如果没有司法解释对数额较大、情节严重、情节恶劣的具体规定，下级司法人员常常以没有司法解释为由，而不适用刑法的规定。不仅如此，即使司法解释对情节严重有列举性的规定，下级司法机关也只是对有明文列举的情形适用刑法的规定。例如，2013 年 4 月 2 日发布的《最高人民法院、最高人民检察院关于办理盗窃刑事案件适用法律若干问题的解释》第 12 条第 1 款规定："盗窃未遂，具有下列情形之一的，应当依法追究刑事责任：（一）以数额巨大的财物为盗窃目标的；（二）以珍贵文物为盗窃目标的；（三）其他情节严重的情形。"这一规定明明只是举例说明了情节严重的情形，亦即，情节严重并不限于其所列举的情形，但是，下级司法机关却仅对司法解释列举的两种情形认定盗窃未遂。当然，主张"两高"多作司法解释的人们可能认为，这不是司法解释的错，而是下级司法人员的错。可是，如果没有过多的司法解释，下级司法人员也就不会依赖司法解释了。

以上对司法解释的批判态度可能有些激烈，但本书也并不完全否定司法解释。

其一，"两高"应当对司法解释持克制态度，不能动辄作出司法解释。可以由下级司法机关自行处理的事项，没有必要作司法解释。例如，《刑法》第 435

_____

① 参见邹山中：《何为利用影响力受贿罪中的"影响力"》，《检察日报》2010 年 10 月 18 日，第 3 版。

条第 1 款规定："违反兵役法规，逃离部队，情节严重的，处三年以下有期徒刑或者拘役。"本条没有限定为战时脱离部队，故非战时逃离部队，情节严重的，当然应当适用本条。2000 年 12 月 5 日发布的《最高人民法院、最高人民检察院关于对军人非战时逃离部队的行为能否定罪处罚问题的批复》指出："军人违反兵役法规，在非战时逃离部队，情节严重的，应当依照刑法第四百三十五第一款的规定定罪处罚。"显然，这一解释根本没有必要。即使有关部门反复请示如何理解《刑法》第 435 条，即使《刑法》第 435 条与《兵役法》表述不一致，也没有必要以司法解释的形式作出解释。基于同样的理由，即使对某个事项有作出司法解释的必要，在司法解释中，也不应当解释没有必要解释的事项。例如，2004 年 12 月 8 日发布的《最高人民法院、最高人民检察院关于办理侵犯知识产权刑事案件具体应用法律若干问题的解释》对"违法所得数额较大""假冒他人专利"的行为类型等作出解释具有一定的必要性。但是，其第 16 条规定的"明知他人实施侵犯知识产权犯罪，而为其提供贷款、资金、账号、发票、证明、许可证件，或者提供生产、经营场所或运输、储存、代理进出口等便利条件、帮助的，以侵犯知识产权犯罪的共犯论处"，却是完全没有必要的。因为根据刑法总则关于共同犯罪的规定，上述行为原本构成共犯。而且，一旦一个司法解释出现了有关共犯的规定，其他的司法解释也必须作出有关共犯的规定，否则，下级司法机关将误认为凡是司法解释没有作出共犯规定的，就不能以共犯论处。

其二，"两高"应当对司法解释的内容持慎重态度，不能作出不合理的司法解释。司法解释的合理性，不是以多数人同意为标准，也不是以权威学者同意为标准，更不是以相关的国家机关同意为标准，而是以符合刑法条文的真实含义、使刑法相协调、使案件得到妥当处理为标准。2009 年 12 月 3 日发布的《最高人民法院、最高人民检察院关于办理妨害信用卡管理刑事案件具体应用法律若干问题的解释》（已修改）规定，"刑法第一百九十六条第一款第（三）项所称'冒用他人信用卡'，包括以下情形：……（三）窃取、收买、骗取或者以其他非法方式获取他人信用卡信息资料，并通过互联网、通讯终端等使用的"。就本规定而言，既然肯定行为人通过互联网、通讯终端等使用所窃取的他人信用卡信息资料属于冒用了他人信用卡，就必须肯定行为人窃取了他人信用卡。然而，《刑法》第 196 条第 3 款规定："盗窃信用卡并使用的，依照本法第二百六十四条的规定定罪处罚。"既然如此，对上述行为就必须认定为盗窃罪，而不是认定为信用卡诈骗罪。或许有人认为，在上述情形下，行为人没有窃取他人信用卡，只是窃取了他人的信用卡信息资料。可是，如果这样解释，那么，通过互联网、通讯终端等使用所窃取的他人信用卡信息资料时，也就不属于冒用他人信用卡，只是冒用了他人的信用卡信息资料。概言之，难以认为，判断行为人是否冒用他人信用卡时，其中的信用卡包括信用卡信息资料，而判断行为人是否盗窃信用卡时，其中的信用卡必须是包含了信用卡信息资料的有体物。

其三，即使不得已作出司法解释，也不能给刑法用语与条文下定义，只能采取列举式的规定，即列举对何种行为适用何种规定。法律中的任何定义都是危险的，也正因为如此，刑法不对某些概念下定义。既然如此，司法解释就更不能给概念下定义，否则，只能导致法条含义的僵化，导致司法机关难以处理相关案件。例如，1998年4月17日发布的《最高人民法院关于处理自首和立功具体应用法律若干问题的解释》第1条第1款第1项规定，"自动投案，是指犯罪事实或者犯罪嫌疑人未被司法机关发觉，或者虽被发觉，但犯罪嫌疑人尚未受到讯问、未被采取强制措施时，主动、直接向公安机关、人民检察院或者人民法院投案"。然而，这一规定并不周延，一方面不得不在同一条中和相关司法解释中作出多种"应当视为自动投案"的规定，另一方面导致下级司法机关机械地认定自动投案。再如，2009年11月16日发布的《最高人民法院关于审理非法制造、买卖、运输枪支、弹药、爆炸物等刑事案件具体应用法律若干问题的解释》第8条第2款与第3款分别规定："刑法第一百二十八条第一款规定的'非法持有'，是指不符合配备、配置枪支、弹药条件的人员，违反枪支管理法律、法规的规定，擅自持有枪支、弹药的行为"；"刑法第一百二十八条第一款规定的'私藏'，是指依法配备、配置枪支、弹药的人员，在配备、配置枪支、弹药的条件消除后，违反枪支管理法律、法规的规定，私自藏匿所配备、配置的枪支、弹药且拒不交出的行为"。但这样的区分其实没有任何意义，给下级司法机关增加了不必要的麻烦。

其四，尽量不要作出对某些行为适用"口袋罪"的规定，而是规定适用其他明确的分则条文。换言之，当一个行为确实值得科处刑罚，也有可以适用的明确法条时，司法解释不应规定对这种行为适用"口袋罪"的规定。即使适用明确的法条可能导致量刑较轻，也应规定按该较轻的规定处罚。因为我国当下应当朝着刑罚的轻缓化发展，而且不明确的法条原本就有违反罪刑法定原则之嫌。例如，最高人民法院、最高人民检察院、公安部联合制定并于2020年3月16日发布实施的《关于办理涉窨井盖相关刑事案件的指导意见》规定，"盗窃、破坏人员密集往来的非机动车道、人行道以及车站、码头、公园、广场、学校、商业中心、厂区、社区、院落等生产生活、人员聚集场所的窨井盖，足以危害公共安全，尚未造成严重后果的，依照刑法第一百一十四条的规定，以以危险方法危害公共安全罪定罪处罚"。然而，一方面，即使在上述地点盗窃窨井盖，也并不必然产生后果不能控制的公共危险，一概认定为以危险方法危害公共安全罪明显不合适。另一方面，上述指导意见规定："盗窃、破坏正在使用中的社会机动车通行道路上的窨井盖，足以使汽车、电车发生倾覆、毁坏危险，尚未造成严重后果的，依照刑法第一百一十七条的规定，以破坏交通设施罪定罪处罚；造成严重后果的，依照刑法第一百一十九条第一款的规定处罚。"盗窃、破坏机动车通行道路上的窨井盖与盗窃人行道等地方的窨井盖，危险性并不完全相同。而上述两条规定导致对两种行为适用的法定刑相同，这显得不协调。此外，如果盗窃窨井盖的行为致人伤亡，认定为故意杀人罪、故意伤害罪或者过失致人死亡罪、过失致人重伤罪，也完全能做到罪刑相当。在没有造成人员伤亡的情况下，首先考虑按盗窃罪处罚；如果不符合盗窃罪的构成要件，也属于对道路的毁坏（道路当然属于财物），因而成立故意毁坏财物罪，这一点没有疑问。① 这样处理也能做到罪刑相适应。

其五，只有当某类行为中的多数情形符合法定的构成要件时，司法解释才宜规定对某类行为适用相应的法条；如果某类行为中只有个别情形可能符合法定的构成要件，司法解释则不宜规定对该行为适用相应的法条，否则，就会导致下级司法机关对不符合法定构成要件的行为也适用相应的法条定罪量刑。换言之，如果某类行为基本上不可能符合 A 罪的成立条件，即使司法解释要求行为符合 A 罪的成立条件时才适用 A 罪的法条，下级司法机关基本上会将不符合 A 罪的成立条件的行为也适用 A 罪的法条。2019 年 10 月 21 日发布并实施的《最高人民法院关于依法妥善审理高空抛物、坠物案件的意见》规定，"故意从高空抛弃物品，尚未造成严重后果，但足以危害公共安全的，依照刑法第一百一十四条规定的以危险方法危害公共安全罪定罪处罚"。倘若高空抛物行为通常能产生《刑法》第 114 条所要求的具体公共危险，这一规定当然可取。可是，现实生活中的绝大多数高空抛物案都不可能危害公共安全，或者即使危害公共安全也不可能与放火、爆炸、决水相当，那么，上述规定就必然导致下级司法机关将没有危害公共安全的高空抛物行为认定为以危险方法危害公共安全罪。事实上，下级司法机关所认定的以危险方法危害公共安全罪的判决，都没有产生《刑法》第 114 条所要求的具体公共危险。相反，假如真有某个高空抛物案件具备具体、紧迫的公共危险，此时直接按《刑法》第 114 条认定即可，司法解释作出上述提示是多余的。概言之，在绝大多数高空抛物行为原本不足以危害公共安全的情形下，将足以危害公共安全规定为构成要件要素，就很难得到下级司法机关的遵循。

其六，司法解释对某类行为构成犯罪设置的条件，必须是可以具体判断的条件。否则，所设置的条件必然形同虚设。例如，2013 年 7 月 15 日发布的《最高

---

① 德国帝国法院曾认定，被告人将树木横在道路上导致车辆不能通行的行为构成故意毁坏财物罪（RGSt 74，14）。窨井盖是道路的一部分，盗窃道路上的窨井盖的行为，更是对道路的毁坏。

人民法院、最高人民检察院关于办理寻衅滋事刑事案件适用法律若干问题的解释》第2条规定："随意殴打他人，破坏社会秩序，具有下列情形之一的，应当认定为刑法第二百九十三条第一款第一项规定的'情节恶劣'：（一）致1人以上轻伤或者2人以上轻微伤的；（二）引起他人精神失常、自杀等严重后果的；（三）多次随意殴打他人的；（四）持凶器随意殴打他人的；（五）随意殴打精神病人、残疾人、流浪乞讨人员、老年人、孕妇、未成年人，造成恶劣社会影响的；（六）在公共场所随意殴打他人，造成公共场所秩序严重混乱的；（七）其他情节恶劣的情形。"其实，本罪真正难以判断的要素是"破坏社会秩序"；但是，除了上述第6项以外，其他各项都不能表明殴打行为"破坏社会秩序"，下级司法机关也根本不可能在上述具体规定之外另行判断殴打行为是否"破坏社会秩序"。于是，上述解释对于理解"破坏社会秩序"的要素没有任何意义。既然如此，倒不如通过对时间、场所、行为次数等方面的限定将"破坏社会秩序"的要素具体化，从而使下级司法机关避免寻衅滋事罪的滥用。

其七，司法解释没有必要体系化，亦即，不应像制定法律那样制定司法解释。一方面，司法解释只需要解决法律适用中的具体问题，而不应重复刑法与其他法律的相关规定。另一方面，在相关案件完全能够适用刑法规定的情形下，司法解释对刑法条文及其含义的重复规定原本只是一种注意规定或者提示性规定，但下级司法机关常常会将司法解释中的注意规定理解为特别规定，导致没有注意规定的也不适用刑法规定，这显然人为限制了刑法规定本身的适用范围。例如，司法解释中关于共犯的规定，都是多余的规定。因为下级司法机关只需要根据刑法总则关于共犯的规定认定共犯案件，而不需要根据司法解释认定共犯。

其八，司法解释虽然具有法律效力，但本身并不是法律。在不断变化的当今社会，要想保持刑法的稳定性都相当困难，司法解释就更不应当追求稳定性了。在媒体相当发达的今天，人们可以迅速通过多种途径了解法律与司法解释，所以，即使放弃对司法解释稳定性的追求，也不至于损害公民的预测可能性。"两高"不应期待司法解释像刑法一样稳定，相反，需要及时修改已有的司法解释。

（三）学理解释的态度

与有权解释（立法解释、司法解释）不同，刑法学者对刑法规范的解释属于不具有法律效力的学理解释。因此，做学问与办案件不完全相同。由于有权解释具有法律效力，法官、检察官不得不按照有权解释办理案件。但是，学术研究不能迷信有权解释。有权解释具有法律效力，只是因为解释主体是立法机关或最高司法机关，而不是因为其解释结论必然正确。反之，学理解释不具有法律效力，只是因为解释主体为理论研究人员，而不是因为其解释结论错误。事实上，学理解释更多地指导着司法实践。

既然是学理"解释"，就不能动辄批评刑法条文。将刑法学研究的重心置于批判刑法，不仅偏离了刑法学的研究方向与目标，而且存在诸多不当。首先，批判刑法本身的做法，不利于维护刑法的权威性。其次，即使在批判刑法的基础上，提出了良好的立法建议，也不能及时解决司法实践中面临的现实问题。况且，修改刑法的成本过高，远不如解释刑法简便。最后，批判刑法不利于提高刑法解释能力与水平。在笔者看来，我国的刑法学比较落后，原因之一在于解释者乐于批判刑法。人们在针对刑法的文字表述难以得出满意结论时，并没有通过各种解释方法寻求满意的结论，而是以批判刑法、建议修改刑法完成自己的学术任务。其实，撇开技术细节，当今立法者不可能设立不合理、不妥当的刑法规范。所以，解释者要以善意解释刑法，而不能像批评家一样，总是用批判的眼光对待刑法。况且，除了数字等实在难以解释的用语以外，其他法律用语都有很大的解释空间。所谓的刑法缺陷，大体上都是解释者解释出来的，而不是刑法本身就存在的。就一个条文来说，A 学者在没有得出妥当的解释结论时，会认为刑法存在缺陷；而 B 学者在得出了妥当的解释结论时，会认为刑法没有缺陷。这表明，并非任何人都认为 A 条文存在缺陷。再者，即使人们一时不能得出妥当的解释结论，也不能匆忙地认为"刑法不妥当"，而应在反复研究之后得出结论。

学理解释者在研究刑法时，不应当也没有必要动辄要求立法机关作出立法解释，要求司法机关作出司法解释。一方面，学理解释者要为立法解释、司法解释提供理论依据；而不能事先要求有权机关作出解释，然后将有权解释内容录入自己的论著。另一方面，学理解释者自己不通过研究得出解释结论，总是要求立法解释、司法解释先得出解释结论的做法，不仅可能导致立法解释与司法解释不当，造成全国的司法适用不当，而且导致刑法解释学落后。试想，如果刑法学者一旦遇到难题就要求立法机关、最高司法机关作出有权解释，学者们还研究什么呢？如果刑法学者只在论著中表述简单问题，将复杂问题都留给立法机关与最高司法机关作解释，刑法学怎么能发展呢？

可是，我们经常遇到这样的现象，当学理解释者遇到某个存有争议或者疑难问题时，就会在论著中说"这个问题有待立法解释""这个问题有待司法解释"。在笔者看来，理论界一有难题就"上交"，是我国的刑法学难以深入发展的一个重要原因。

出现这种现象，可能是因为解释者采取了主观解释论，以为解释的最终目标是揭示立法原意，而立法原意只有立法者知道。其实，刑法的解释目标是揭示刑法的客观含义。立法原意或者根本不存在，或者即使存在也不必然具有现实的妥当性（立法原意存在缺陷的情况并不罕见）；立法机关由众多代表组成，其对同一刑法规范的理解不可能完全相同；况且，立法原意的存在，也不意味着只能由立法者解释，因为解释自己比解释他人更难。事实上，常常是那些没有论据论证自己观点的解释者，才声称自己的解释是立法原意。可是，解释者的立法原意从何而来呢？如果来源于刑法的表述、立法的背景、客观的需要等，则已经不属于所谓立法原意了。由此可见，采取客观解释论，才不至于动辄要求立法解释，才可能促使解释者发现刑法的客观含义。

出现上述现象，还可能是因为解释者存在误解：认为有权解释可以作类推解释与扩大解释，而学理解释不能作类推解释与扩大解释。换言之，人们要求有权解释时，总是因为自己不能作出这种解释，觉得自己的解释超出了刑法用语可能具有的含义，违反了罪刑法定原则，才要求有权解释。可是，其一，刑法学者的解释结论只要具有合理性，符合罪刑法定原则，就可以指导司法实践，并不是任何妥当的学理解释都必须转化为有权解释。其二，理论上不能得出的结论，立法解释与司法解释也不可能得出，因为立法解释与司法解释都必须遵循罪刑法定原则。立法机关在制定刑法时可以设立法律拟制规定，即使某种行为不符合某条款的要件，也可以规定按某条款论处（如携带凶器抢夺并不符合抢劫罪的规定，但《刑法》第 267 条第 2 款仍规定携带凶器抢夺的以抢劫罪论处）。但是，立法解释不同。解释是对现有条文的解释，而不是制定法律。所以，立法解释只能在现有条文用语可能具有的含义内进行解释，绝不能进行类推解释，否则就会损害人们的预测可能性和行动自由。例如，如果没有《刑法》第 267 条第 2 款的规定，立法机关就不能作出"携带凶器盗窃的以抢劫罪论处"的解释结论；同样，立法机关也不能作出"《刑法》第 236 条的'妇女'包括男子"或者"《刑法》第 236 条的'妇女'等同于'他人'"的解释（但立法机关可以将《刑法》第 236 条的"妇女"修改为"他人"）。立法解释受罪刑法定原则的制约，司法解释更应受罪刑法定原则的制约。既然如此，学理解释者就没有必要动辄要求立法解释与司法解释。其三，不管是扩大解释还是限制解释，都是罪刑法定原则允许的解释方法（或解释技巧），但由一般意义上合理的解释方法所得出的具体解释结论并不都是合理的。"不同的解释方法必须根据解释需求来确定。解释需求来自不同的案例所应当适用的不同的规范，在具体的工作步骤依次运用于同一规范的词上。然后在此基础上总结出法律解释结果；如果得到不同的部分结果，则必须以一个统一的眼光来衡量并论证其中哪一种结果更为适合。"① 所以，一方面，类推解释是任何解释者都不能采用的方法；另一方面，其他解释方法都是学理解释与有权解释共用

① ［德］N. 霍恩：《法律科学与法哲学导论》，罗莉译，法律出版社 2005 年版，第 132 页。

的解释方法。因此，学理解释不能将部分解释方法分配给有权解释，将另一部分解释方法归属于自己。

事实上，许多要求立法解释的内容，只要有学理解释即可。例如，何谓携带凶器抢夺，何谓入户抢劫，何谓财物，只需要有学理解释即可，不需要立法解释与司法解释，更不需要修改刑法。例如，2014 年 4 月 24 日发布并实施的《全国人民代表大会常务委员会关于〈中华人民共和国刑法〉第二百六十六条的解释》规定："以欺诈、伪造证明材料或者其他手段骗取养老、医疗、工伤、失业、生育等社会保险金或者其他社会保障待遇的，属于刑法第二百六十六条规定的诈骗公私财物的行为。"然而，这完全不需要立法解释。形成这样的立法解释，显然是因为学理解释过于落后。再以死缓为例。《刑法修正案（八）》之前的 2009 年《刑法》第 50 条规定："判处死刑缓期执行的，在死刑缓期执行期间，如果没有故意犯罪，二年期满以后，减为无期徒刑；如果确有重大立功表现，二年期满以后，减为十五年以上二十年以下有期徒刑；如果故意犯罪，查证属实的，由最高人民法院核准，执行死刑。"学理上完全可以对"故意犯罪"作限制解释，即必须是表明行为人抗拒改造、情节恶劣的故意犯罪，而不是泛指任何故意犯罪。① 但作出限制解释后，出现了另一问题：对于死缓犯人在死缓期间实施了轻微（并不表明死缓犯人抗拒改造、情节恶劣）故意犯罪的，应当如何处理？人们习惯于建议通过修改刑法或者立法解释延长考验期限。其实，根据《刑法修正案（八）》之前的刑法，并不需要立法解释，更无必要修改刑法。2009 年《刑法》第 51 条前段规定，"死刑缓期执行的期间，从判决确定之日起计算"。对死缓犯人在死缓期间所犯的轻微故意犯罪与原先判处的死缓实行并罚，决定执行死缓，就自然地延长了缓期执行期间。例如，甲于 2020 年 2 月 1 日被宣告死缓，在考验期经过 1 年时，犯故意伤害（轻伤）罪。人民法院于 2021 年 2 月 1 日将新犯的故意伤害罪与死缓实行并罚，决定执行死缓。于是，该死缓的缓期执行期间理当从新判决确定之日（2021 年 2 月 1 日）起计算，这自然地延长了死缓的缓期执行期间。②

由此看来，即使没有立法解释与司法解释，学理解释也能得出相当合理的结论。由于学理解释事实上指导着司法实践，所以，学理解释者应当不负使命。学

---

① 参见张明楷：《刑法学者如何为削减死刑作贡献》，《当代法学》2005 年第 1 期。

② 《刑法修正案（九）》将《刑法》第 50 条第 1 款修改为："判处死刑缓期执行的，在死刑缓期执行期间，如果没有故意犯罪，二年期满以后，减为无期徒刑；如果确有重大立功表现，二年期满以后，减为二十五年有期徒刑；如果故意犯罪，情节恶劣的，报请最高人民法院核准后执行死刑；对于故意犯罪未执行死刑的，死刑缓期执行的期间重新计算，并报最高人民法院备案。"显然，即使不修改，也可以解释出修改后的含义。

理解释对不断出现的新问题得出合理结论，正是刑法学繁荣发展的一个标志。

二、解释目标

在解释目标上，存在主观解释论与客观解释论的对立。主张或者强调立法解释是为了追求立法原意或者立法本意的，在解释目标上采取的是主观解释论。其逻辑理由是，刑法是立法者制定的，制定者才知道刑法的本意，刑法的解释就是要揭示刑法的本意，所以，立法者解释刑法是最妥当的。但是，主观解释论存在缺陷，或者说，追求立法原意是存在疑问的。

"立法原意"是什么，并不是十分明确的问题。就立法者而言，探知立法原意是一个自我认识的过程。"对于我来说，我自己是什么只能通过我自己生活的客观化而表现出来。自我认识也是一种解释，它不比其他的解释容易，的确可能比其他的解释更难，因为我只有通过给我自己的生活以符号才能理解我自己，并且这种符号是由他人反馈给我的。所有的自我认识都以符号作为中介。"① 而且，立法者不是一个人，参与立法的许多人的意图并不总是一致的。正如哈里·W. 琼斯（Harry W. Jones）所言："如果'立法意图'被期待来表示上下立法两院的全部成员对法规术语所作的一种一致解释，那么显而易见，它只是一个纯属虚构的概念而已。"② 因为全国人民代表大会在审议通过刑法时，并不是逐条审议通过的，况且代表们对每个条文的理解不可能相同，这意味着代表们是按照各自不同的理解投下赞成票的。事实上，代表们很可能更多的只是关注部分条文，而对许多条文并不深入了解。所以，要了解全国人民代表大会的立法原意，根本不可能。现代各国立法者都较少甚至并不进行立法解释，即使在刑法理论与审判实践出现了极大分歧时，立法者也"袖手旁观"，并不轻易站出来说几句"公道话"。这既表明立法原意是难以确定的，也表明立法者允许解释者在法文可能具有的含义内进行客观解释。

立法者在制定刑法时，常常以过去已经发生的案件作为模型来表述构成要件，而难以甚至不可能想象到刑法在适用过程中发生的形形色色的案件，面对立法时未曾发生过、立法者未曾预想过的案件，立法者不可能有立法原意。正如美国联邦最高法院法官斯卡里亚（Antonin Scalia）所言："法院所争议的解释论上的争论点中，有99.99%是不存在议会意图的。"③ 因为在法院所争议的案件中，

---

① ［法］保罗·利科尔：《解释学与人文科学》，陶远华等译，河北人民出版社1987年版，第50页。
② 转引自［美］E. 博登海默：《法理学：法律哲学与法律方法》，邓正来译，中国政法大学出版社1999年版，第516页。
③ ［美］A. 斯卡里亚：《法律解释中立法史的利用》，［日］中川太久译，《法学家》1998年第5期。

有 99.99% 的案件是非典型的案件，立法者在制定时未曾想到过，当然也就未曾有立法原意。例如，行为人虚开增值税专用发票，但不以骗取税款为目的，客观上也没有骗取税款的，能否依《刑法》第 205 条定罪？这是修订刑法之前未曾预想过的案件，立法者对这类案件的处理不可能存在原意或者本意。再如，立法者认为应当处罚盗窃罪、侵占罪与诈骗罪，于是在《刑法》分则第五章规定了这些犯罪。可是，如何处理这三罪之间的关系，是司法机关经常遇到的问题。但立法机关在制定刑法时不可能考虑这些犯罪的边缘情形以及犯罪之间的各种关系问题，因而也不可能在此问题上存在原意。在这些并不存在立法原意的场合，任何解释者声称其解释符合立法原意时，实际上是在欺骗他人。同样，在这些并不存在立法原意的场合，如果立法机关作出解释，就不可能是在揭示原本并不存在的立法原意，而只能是在刑法用语可能具有的含义内进行客观解释。

即使认为立法原意是指制定刑法时的人民群众的意志，也不能采取主观解释论。诚然，难以否认的是，刑法是人民群众意志的反映，因此，刑法解释必然受人民群众意志的拘束。但是，这并不意味着刑法解释受制定刑法时人民群众意志的拘束，而是意味着刑法解释受解释时的人民群众意志的拘束。虽然刑法在制定时是人民群众意志的体现，但解释者的根本标准，是解释时的人民群众意志。①例如，《刑法》制定于 1979 年，反映了当时的人民群众的意志，但不一定反映了 2022 年的（解释时）人民群众的意志，如果人民群众在这两个时期的意志没有发生变化，也应以解释时的人民群众的意志为标准；如果人民群众的意志发生变化，即立法当时的人民群众意志不能表现解释时的人民群众意志时，就必须通过解释来使之变更。所以，解释者要在解释中反映不断变化的人民群众意志。正因为如此，刑法理论总是不断出现新观点。作为罪刑法定原则思想基础的民主主义，要求国家的大事由当今的人民决定。由此看来，对刑法进行客观解释不仅符合罪刑法定原则的形式要求，而且符合其实质要求与思想基础。

即使立法者在制定刑法时对某些条文存在立法原意，该立法原意也可能具有缺陷。立法原意的缺陷可能表现为两种情况：一是在制定刑法时，立法原意就可能存在缺陷；二是制定刑法时没有缺陷的立法原意，在社会发展之后显露出缺陷。因为刑法是人制定的，而不是神制定的；一般人可能出现的疏忽，在立法者那里也可能出现；刑法是立法机关制定的，但立法机关的成员并非都是刑法学家；即使都是刑法学家，刑法的缺陷也无可避免。正如德国学者雅科布斯（Grünther Jakobs）所言，法律草案的理由与议会审议时发表的意见，充其量只是若干议员意见的征表；多数议员因为欠缺专业知识或利害关系的考量而没有顾及

---

① 参见［日］渡边洋三：《法社会学与法解释学》，岩波书店 1959 年版，第 109 页。

法律规定的目的；作为制定法律的前提的状况事后会发生变化，采取主观解释论便不合适。① 换言之，在立法原意存在缺陷的情况下，如果坚持主观解释论，这些立法原意的缺陷就不能得到补正。例如，《刑法》第336条第2款前段规定，"未取得医生执业资格的人擅自为他人进行节育复通手术、假节育手术、终止妊娠手术或者摘取宫内节育器，情节严重的，处三年以下有期徒刑、拘役或者管制，并处或者单处罚金"。倘若说本款规定的立法原意旨在落实计划生育政策、控制人口增长，那么，这一立法原意已经明显落后或者说存在缺陷。在鼓励生育的当下，不可能按这一立法原意解释本款，只能朝着相反方向解释，亦即，将未取得医生执业资格的人擅自实施堕胎的行为认定为犯罪。

刑法是成文法，它通过语词表达立法精神与目的，因此，解释者应当通过立法者所使用的语词的客观意义来发现立法精神与目的。文字是传递信息的工具。从一般意义上说，除了文字以外，还有其他东西也能传递信息，如说话、红绿灯、电报代码、数学符号、化学公式、眼神、手势、动作等。但是，成文刑法所要求的是用文字表述法律。因为文字可以固定下来，人们可以通过文字反复斟酌法律含义；文字还可以广为传播，使人们通晓；更重要的是，以文字表述法律，可以防止立法机关"说话不算数"，防止司法机关"言出即法"。除了文字之外，不允许采用其他任何符号固定法律，这是罪刑法定原则的要求。既然立法者表达立法精神与目的的唯一工具是文字，文字中渗透着立法精神与目的，要把握立法精神与目的就必须从文字中找根据。所以，解释者必须从法律文字的客观含义中发现立法精神与目的，而不是随意从法律文字以外的现象中想象立法精神与目的。这是对刑法进行客观解释的逻辑结论。正如英国法学家詹姆斯所言："议会的意图不是根据它的用心来判断，而是根据此用心在制定法中所作的表述来判断的。"② 所以，采取主观解释论，并不符合罪刑法定原则。

刑法一经制定与颁布，就是一种客观存在，与立法原意产生距离，这为客观解释提供了根据。"写下的'话语'带有一系列使文本脱离说话时条件的特点，黎克尔（即利科，Paul Ricoeur——引者注）称之为'远化'（Distantiation）。它有四种主要形态：一是听说的意义超出说话这件事；写下的是'意义'；'语言行为'变了。二是写下的话与原来的说话人有了距离。说话时说话人想讲的意义和说话当时讲出的话的意义时常重叠；写下的文本就不是如此；文本的意义和原有的心理的意义分离了。三是写下的话和原来的听者有了距离。原先是有限的听众，现在是不定数的未知的读者。文本脱离了'上下文'，离开了产生它的社会

---

① Vgl. Grünther Jakobs, Strafrecht Allgemeiner Teil, 2. Aufl., Walter de Gruyter, 1993, S. 76.

② ［英］G. D. 詹姆斯：《法律原理》，关贵森等译，中国金融出版社1990年版，第50页。

历史条件。四是文本脱离了表面的'参照'（reference 大概兼有自然科学与社会科学双方的意义，也是符号学的用语）的限制，有了与说话不同的'参照''方面'（dimension，'维'、'元'、'度'，因为'参照'是'多维'的）。"① 利科的上述观点表明，当作者创造出一个文本之后，该文本就脱离了作者的原意，按照其自足的生命存续下去。我们现在随处可见《唐诗鉴赏辞典》《宋词鉴赏辞典》之类的书籍，读一读也会发现当代作者对唐诗、宋词的解释相当精妙。但是，当代作者绝不是寻求唐宋代作者在创作诗词当时是什么原意，而是根据客观存在的诗词本身进行分析、解释。同样，当 A 对 B 说"B 是混蛋"时，B 一定是按照这句话的客观含义理解它，而不可能问 A "你这句话的本意是什么"。即使 A 向 B 辩解说"我的本意是你这个人相当好"时，B 也不会同意 A 的辩解，其他人也不会同意 A 的辩解。换言之，A 说"B 是混蛋"这句话的本意是什么，已经不是人们关心的问题；"B 是混蛋"这句话的客观含义也不会随着 A 的意志的改变而改变。基于同样的理由，刑法被立法者制定出来以后，就成了一种脱离立法者的客观存在，人们应当根据客观存在本身去理解它、解释它，而不是询问立法者当初是何种本意。

刑法具有相对的稳定性，但它同时必须适应社会发展的需要，否则便没有生命力。然而，立法原意是制定刑法当时的意图，即使承认它的存在，它也不能随时发生变化，故主观解释论不能适应社会发展的需要。"并入制定法中的意义，也可能比立法者在他们工作中所想到的一切更加丰富——即使他们想到了，人们可能并不总是强调议员们对制定法表决所说出的东西。制定法本身和它的内在内容，也不是像所有的历史经历那样是静止的（'往事保持着永恒的寂静'），而是活生生的和可变的，并因此具有适应力。……新的技术的、经济的、社会的、政治的、文化的、道德的现象，强烈要求根据现有的法律规范做出法律判断。在法律被迫迎合一些历史的立法者完全不可能了解和思考的现象和情势时，就超越了立法者。'制定法一旦出现，就踏入社会效力领域，从那时起，制定法就从社会效力领域那里……对自己的内容作进一步的改造。'因此，我们就处在比历史的立法者自己所作的理解'更好地去理解'制定法的境地之中。设想我们从当代，带着几十年的问题，回到与我们根本无涉的立法者的意志中，不可能是我们的使命。"② 语词的客观含义是多种多样的，在此时代，我们可以取其中的此含义；在彼时代，我们则可以取其中的彼含义。不仅如此，语词的含义还可能随着时代的发展而发展，这又使刑法能适应时代的变化。英国 1215 年的《大宪章》

① 金克木：《比较文化论集》，生活·读书·新知三联书店 1984 年版，第 239 页。
② ［德］卡尔·恩吉施：《法律思维导论》，郑永流译，法律出版社 2004 年版，第 109～110 页。

是当时的贵族、僧侣及市民为了抑制国王的专制、保护其既得利益而迫使英王制定的，可以说是封建契约文件。其第 29 条规定："不得剥夺任何自由人的财产、自由及自由习惯。"这里的"自由及自由习惯"，原意是指古代的和封建的自由习惯。但是，后来由于交易的需要，英国人解释说，贸易自由也包括在"自由及自由习惯"之内，并宣称，贸易自由是英国人自古享有的权利，受到《大宪章》的保护，国王和其他任何人都不得随意干涉。此外，其中的"自由人"也与原意不一样，被解释为所有人、任何人。结局是，这条规定在都铎王朝末期成为英国人民反对封建制度的强大法律武器，使《大宪章》原本具有的封建性逐渐淡化，其宪法性日益突出。① 如果要追求原意，将原意作为解释目标，那么《大宪章》不可能产生如此重大的作用。美国宪法在 200 多年中保持其稳定性，而又能适应美国社会的现实，原因之一是对宪法进行客观解释。换言之，同时代的解释，使得美国宪法一直适应美国社会的不断变迁；不断的客观解释，使得美国宪法可以稳定 200 多年。如果采取主观解释论，美国宪法条文就不可能不发生变化，也就不可能如此稳定且适应美国现实。刑法何尝不是如此！日本现行刑法颁布于 1907 年，从 1907 年至今，日本国内的政治、经济等形势发生了翻天覆地的变化，却一直没有通过新刑法典（有过多次修改）。其中的原因之一是，其司法人员能够在罪刑法定主义指导下，将现行刑法的作用发挥得淋漓尽致；其中，学者们功不可没，他们既不指责现行刑法的缺陷，也不企盼国会制定出理想的新法典，更不企盼国会作出立法解释，而是在宪法精神指导下，充分进行客观解释、目的论解释、同时代的解释，从而使这部 100 多年前颁布的刑法典仍然适应现在的需要。最令人感叹的是，对于这部受新派刑法理论影响所制定的刑法典，日本刑法理论与审判实践通常是在旧派刑法理论指导下进行解释的。如果日本的学者与法官总是追求立法原意，则不仅不能使这部刑法典适应当代的日本社会，而且意味着日本人都生活在古人的统治之下。这是不可思议的！

强调主观解释论，多多少少反映出人治的观念。依法治国，要求立法者也受其所制定的成文法的统治。"法律概念一如其他人类创造力的表征，往往本身具有生命，使得创造它们的作者反被它们左右而非左右它们。"② 但是，一旦采取主观解释论，就意味着法律概念不能左右其作者（立法者），而是作者（立法者）左右着法律概念，何况左右着法律概念的"作者"还未必完整地代表了立法者。事实上，如前所述，在我国，由于人们不可能了解全国人民代表大会的立法原意，所以，常常将全国人大常委会常设机构中的工作人员的意思或者其他参

---

① 参见程汉大主编：《英国法制史》，齐鲁书社 2001 年版，第 222 页。
② ［英］丹尼斯·罗伊德：《法律的理念》，张茂柏译，新星出版社 2005 年版，第 239~240 页。

与起草的人员的意思，理解为立法原意。于是，某种解释结论是否合适，就由参与起草的人员决定。这种做法不符合法治精神。

国外有学者主张主客观理论，即将主观解释论与客观解释结合起来形成所谓折中说，从而将两个矛盾观点的论据都考虑进来。① 在本书看来，如果从解释方法的角度来说，既要考察立法背景、立法动机与立法沿革等因素，也要考虑当下的现实、结论的妥当性等因素，是理所当然的。但从解释目标来说，难以对主观解释论与客观解释论进行折中。当立法原意并不符合当下的现实，不能据以得出妥当结论，只能采用法条文字可能具有的其他含义时，就意味着采取了客观解释论。当所谓立法原意符合当下的现实，能够据以得出妥当结论时，也必须为立法原意提供论据，对解释结论最终起决定性作用的仍然是法律适用者的价值判断及其说理，而不是立法原意本身，此时仍然是客观解释论。

近年来，国内有学者主张所谓的"主观的客观解释论"：以客观解释为基本解释方法，在客观解释论的适用中贯彻主观解释论对"刑法条文之语言原意解释"之要求，以之作为客观解释之限定。② 然而，"语言原意"是一个极为含混的表达，而且语言本身并无原意可言；倘若认为"语言原意"就是"立法原意"，则上述观点仍然是地地道道的主观解释论。

总之，对刑法的解释不能采取主观解释论，只能采取客观解释论。③ 旁观者清，读者不仅能从作品中读出作者的意思，更能读出作者未曾有过而又的确存在的意思。由读者解释作品比作者解释作品更有说服力，同样，由适用者解释刑法比立法者解释刑法更有优越性。所以，以主观解释论为根据要求立法解释的观点，是难以成立的。当然，反对主观解释论，并不意味着在刑法解释的过程中不需要考察立法背景与立法沿革或立法史。但是，对立法背景或者立法沿革的考察，绝对不意味着在适用刑法时应当按照立法者当初的本意解释刑法。相反，考察立法背景与立法沿革，常常是为客观解释提供依据的。

如前所述，法律本身的含义问题与具体应用法律的问题是不可能区分的。更

---

① 参见［德］托马斯·M.J.默勒斯：《法学方法论》（第 4 版），杜志浩译，李昊等校，北京大学出版社 2022 年版，第 356~357 页。

② 参见刘艳红：《网络时代刑法客观解释新塑造："主观的客观解释论"》，《法律科学：西北政法大学学报》2017 年第 3 期。

③ 国外有观点认为，在实行客观解释论的国家，法官简直就是对自由的威胁；由于客观解释是不能证伪的，法官就有可能在它的掩蔽下，求助于空白公式（即本身根本无从证明）而违背"方法论上的诚实"（参见［德］托马斯·M.J.默勒斯：《法学方法论》（第 4 版），杜志浩译，李昊等校，北京大学出版社 2022 年版，第 348、356 页）。在本书看来，这样的表述也同样适用于对主观解释论的批判，因为立法原意是什么，同样也不清楚，法官照样可以将自己的价值判断称为立法原意。

为重要的是，法律本身的含义是在具体应用中发现和发展的，二者不可分离。虽然成文刑法是正义的文字表述，但并不意味着仅仅根据文字就可以发现刑法的全部真实含义。人们一直不停地解释现行有效的刑法，是因为活生生的正义还需要从活生生的社会生活中发现；制定法的真实含义不只是隐藏在法条文字中，还隐藏在具体的生活事实中。

正因如此，刑法分则条文并非界定具体犯罪的定义，而是以抽象性、一般性的用语描述具体犯罪类型，使刑法分则所描述的犯罪类型具有开放性。犯罪类型虽然有一个相对固定的核心，但没有绝对固定的界限。即使立法者当初根本没有想象到的事实，经过解释也可能完全涵摄在刑法规范中；或者相反。于是，经过解释后的刑法，不再是制定时的刑法；虽然刑法的文字仍然相同，但其内容已经改变。所以，成文刑法比立法者更聪明。[①]

为了使法律满足一个处在永久运动中的社会的所有新需要，解释者在面对某种崭新的生活事实，同时根据正义理念认为有必要对之进行刑法规制时，总是将这种生活事实与刑法规范相对应，现实的生活事实成为推动解释者反复斟酌刑法用语真实含义的最大动因。当行为人携带刀具、棍棒等抢夺时，解释者会习惯于将"凶器"解释为一种器具；而当行为人携带含有新冠病毒的注射器抢夺时，便会迫使解释者回答"含有新冠病毒的注射器是否为凶器"这样的问题。要追问立法者当初是否曾经想到过有人会携带含有新冠病毒的注射器抢夺，是不明智的。所以，当解释者将"携带凶器抢夺"作为判断案件的大前提，而面对行为人携带含有新冠病毒的注射器抢夺的事实时，必然不断地对构成要件要素（"凶器"）进行解释，不断地对现实事实进行分析。换言之，解释者的目光应不断地往返于大小前提之间，使刑法规范与生活事实交互作用，从而发现法律、作出判决。

三、解释态度

严格解释与灵活解释是既对立又统一的两种解释态度。在中世纪，就存在严格解释与灵活解释的争论。在近代西方国家，法律解释问题首先是围绕法官的解释权与议会的立法权的关系展开的。一般来说，严格解释否认法解释的创造性，主张法解释的功能仅限于探求立法者明示或可推知的意思（在刑法学上，严格解释还可能有更特殊的含义与要求）；灵活解释则承认法解释的创造性，主张法解释的功能是根据社会发展需要灵活地阐明法文的含义。要明确对刑法的解释必须采取哪一种立场，首先必须明确严格解释是什么含义。以下就几种可能的含义进

---

① 参见［德］亚图·考夫曼：《法律哲学》，刘幸义等译，五南图书出版公司 2000 年版，第 236~237 页。

行分析。

第一，概念法学意义上的严格解释，不具有合理性。

19 世纪的欧洲大陆各国兴起了法典编纂，使概念法学在大陆法系国家占支配地位。概念法学否认法解释的创造性，法官只能机械地适用法律：法律如同自动售货机，具体案件如同硬币，只要法官将硬币（具体案件）投入自动售货机（法律），货物（结论）就自然地出来。法官对法律的适用固然也可以说是一种解释，但它只是"探究立法者明示的或可得推知的意思，并依严格的逻辑方法加以操作"①。"即使如此开明的 Paul Johann Anselm v. Feuerbach 仍然要求从他那儿所催生的 1813 年巴伐利亚刑法典（总的说来，这是第一部现代的刑法典），禁止作刑法的解释，而且理由甚至是基于法治国的缘故：……法官应该受到'严格的、赤裸的法律语言义'的拘束，'他的工作无非只是将现有的案件与法律文字作比较，不必考虑法律的意义与精神，当字义是诅咒时，就诅咒，是赦罪时，就赦罪'。Montesquieu 早就描绘了这种法官作为制定法奴隶的情形，甚至更极端地说：法官的判决只具有'权力中立'的意义。法官严格地说可以从国家权力中加以排除，因为他是一个不被赋予自我意志的机器。法官的判决无非是'制定法的精确复写'，因此'他所需要的只是眼睛'，法官只是'宣告及说出法律的嘴巴'而已，一种'无意志的生物'，不能减弱制定法的效力与严格，因此，法官的权力'在某种形式上等于零'。"②

概念法学固然具有一定的历史进步意义，但它不能适应社会发展的需要。社会处在不断的变动与发展之中。很明显，立法者的预见能力有限，所以，成文法的局限性必然是明显的。只有承认成文法的局限性，赋予法官一定的自由裁量权，让法官比较灵活地解释法律，使法解释具有一定的灵活性，才能使法律具有社会发展的适应性，目的论法学、利益法学与自由法学便相继出现。

与其他成文法一样，刑法是正义的文字表述。"不管法是多么努力想把正义变为原则的制度，法也不可能缺少正义，相反，只有在正义里面，法才变得生机勃勃。在法官的身上，实现抽象的正义制度和个人的正义的这种生动活泼的结合，因此，法官是法律生活中占主导地位的形象。在他身上，个人的正义和制度的正义的对立，通过个人的、社会道德的决定而被克服。在他的工作中，法得到完善。"③ 在任何个案中，真正的法官必然追求判决结论的合理性。当对某个案

---

① 杨仁寿：《法学方法论》，三民书局 1987 年版，第 64 页。
② ［德］亚图·考夫曼：《法律哲学》，刘幸义等译，五南图书出版公司 2000 年版，第 55 页。
③ ［德］H. 科殷：《法哲学》，林荣远译，华夏出版社 2003 年版，第 196 页。

件的判决结论不符合法官的正义感觉时，法官要么会重新审视自己的正义感，要么会对法条作出新的解释或者对案件事实进行新的归纳，从而使个案的判决既令法官个人满意，也令社会一般人满意。所以，要求法官成为"无意志的生物"是不现实的。

刑法是制定法，是成文法。但是，对任何一个用语或者法条都可以作出两种以上的解释，任何一个用语的含义都可能随着社会的变化而变化，还有一些法条的用语本身就不一定明确。如果说法官只是"宣告及说出法律的嘴巴"，那么，在面对一个法条可以作出两种以上的解释时，法官应当宣告和说出该法条的哪一个含义呢？例如，《刑法》第139条之一规定："在安全事故发生后，负有报告职责的人员不报或者谎报事故情况，贻误事故抢救，情节严重的，处三年以下有期徒刑或者拘役；情节特别严重的，处三年以上七年以下有期徒刑。"就本条而言，"安全事故"是什么事故？是仅限于过失造成的安全事故，还是包括他人故意造成的事故，抑或包括自然事故（如地震）？哪些人属于"负有报告职责的人员"？造成事故的当事人是否属于"负有报告职责的人员"？企业的普通工人是否可能成为"负有报告职责的人员"？什么叫谎报？例如，事故已经发生，并造成10人死亡，但没有抢救的余地，负有报告职责的人向上级报告发生了安全事故，但谎称仅造成1人死亡的，是否属于谎报事故情况？如此等等，都有疑问。既然如此，判决就不可能成为"制定法的精确复写"。换言之，制定法不可能精确，判决当然不可能成为制定法的精确复写或者复印。

制定法的真实含义不是仅仅隐藏在法条文字中，而是需要从生活事实中发现。一种新的社会生活事实，必然使人们发现法律的新的含义。所以，法解释总是具有创造性，对刑法的解释也不例外。例如，《刑法》第417条规定："有查禁犯罪活动职责的国家机关工作人员，向犯罪分子通风报信、提供便利，帮助犯罪分子逃避处罚的，处三年以下有期徒刑或者拘役；情节严重的，处三年以上十年以下有期徒刑。"国家机关工作人员向犯罪分子通风报信，使应当受到刑罚处罚的犯罪分子没有受到刑罚处罚的，无疑符合第417条的规定。那么，国家机关工作人员甲向犯罪分子通风报信，使得原本应受到实刑处罚的犯罪分子仅受到缓刑处罚的，或者，国家机关工作人员乙向犯罪分子通风报信，使得原本应受到10年有期徒刑处罚的犯罪分子仅受到3年有期徒刑处罚的，是否符合第417条"逃避处罚"的规定呢？这不是依照逻辑规则操作就可以解决的问题，也不是按照对制定法的先前理解就可以解决的问题。

正因为如此，"那些在客观上是最具'创造性'的法官也会感到他们仅仅是法律规范的喉舌，因为他们只是解释和适用法律规范，而不是创造它们；即使这些法官具有潜在的创造性也是如此"①。马克斯·韦伯所描述的这一事实表明，适用法律规范与创造性的解释不是矛盾的，而是一致的；甚至可以认为，没有创造性的法官只是在适用成文刑法的文字，而不是在适用真正的刑法。概言之，刑法的解释不可避免地具有创造性，这种创造性并不是指将法无明文规定的行为解释为犯罪，而是必须并且善于从新的生活事实中发现刑法的真实含义。

第二，"文本论"的严格解释，不具有现实性。

"文本论"的严格解释论认为，所有的法律解释必须立基于法律文本之上。②但是，这种意义上的严格解释，没有现实意义。刑法是成文法，解释者当然必须基于刑法文本作出解释。问题在于，什么样的解释是或者不是"基于刑法文本作出的解释"？这是"文本论"的严格解释概念没有回答的问题。例如，将上述国家机关工作人员甲与乙的行为认定为帮助犯罪分子逃避处罚罪，是不是"基于刑法文本作出的解释"呢？对此问题的回答，必然因人而异。此外，基于刑法文本作出的解释，就符合了严格解释的要求吗？倘若果真如此，则"文本论"的严格解释概念并没有提出"严格"的要求。

第三，"字面论"的严格解释，不具有妥当性。

"字面论"的严格解释认为，严格解释涉及刑法文本的字面而非目的解释。③在本书看来，按照所谓刑法文本的字面含义解释刑法，意味着没有解释。例如，解释者作出"出售是指出卖""家庭成员是指共同生活的家庭成员""遗忘物就是所有人遗忘之物""聚众斗殴就是聚集多人进行斗殴""毁坏就是指砸毁、撕毁、压毁等"之类的"解释"，其实是不具有任何实际意义的解释，甚至不能称之为解释。换言之，这种"解释"要么只是用另一个相同的用语替代刑法条文中的用语，要么只是同义反复。

刑法条文的字面含义是任何一般人都可能读出来的含义，但是，一般人读出来的含义，并不一定是刑法条文的真实含义。例如，在一般人看来，凡是通过欺骗行为获得他人财物的，都是"诈骗"。但是，《刑法》第 266 条所规定的诈骗，

---

① 转引自［德］K. 茨威格特、H. 克茨：《比较法总论》，潘汉典等译，贵州人民出版社 1992 年版，第 233~234 页。这段话的另一译文是："正如有必要再次强调的那样，客观地观察，'有创造性的'法律事务实践者们主观上仅仅感到作为口头流传的作品——哪怕可能是潜在的——已经是适用的准则，感到自己是准则的阐释者和应用者，而不是准则的'创造者'，这并非是特别现代的东西，而恰恰曾经是他人最经常有的特征性。"（［德］马克斯·韦伯：《经济与社会》（下卷），林荣远译，商务印书馆 1997 年版，第 214 页）。

② 参见［美］劳伦斯·索伦：《法理词汇：法学院学生的工具箱》，王凌皞译，中国政法大学出版社 2010 年版，第 185 页。

③ 参见［美］劳伦斯·索伦：《法理词汇：法学院学生的工具箱》，王凌皞译，中国政法大学出版社 2010 年版，第 185 页。

仅限于使他人产生处分财产的认识错误的欺骗行为，而不是任何欺骗行为。再如，在一般人看来，盗窃只能是秘密窃取，但是在刑法上，盗窃完全可能是公开的。[①] 又如，在一般人看来，故意伤害致死也是故意杀人，但二者在刑法上却是两种不同的犯罪。

在某些场合，人们也很难明确法条的字面含义是什么。例如，《刑法》分则第五章所规定的侵犯财产罪的对象均为"财物"。那么，财物的字面含义是什么呢？是仅指有体物，还是包括无体物乃至财产性利益呢？这不是根据字面含义可以回答的问题。再如，刑法分则条文中大量使用了"公司"概念，在有的条文中公司是被害人，在有的条文中公司是行为人（或者公司的工作人员），那么，其中的公司是否包含一人公司呢？这也不是依靠公司的字面含义可以回答的问题。

其实，成文刑法需要应对不断变化的生活事实。于是，"法学的永久的重大任务就是要解决生活变动的要求和既定法律的字面含义之间的矛盾"[②]。如果既定法律的字面含义不能满足现实生活变动的要求，法官就必须寻找既定法律的用语可能具有的新的含义。例如，几十年前，同性恋现象很少，同性向同性提供有偿性服务的现象也相当罕见。因此，当时人们都认为"卖淫"只限于向异性卖淫（甚至只限于妇女向男性卖淫）。但是，随着同性恋现象的增加，同性向同性提供有偿性服务的现象也不少见。于是，必须承认，组织男性向男性提供有偿性服务的行为，也成立组织卖淫罪。显然，如果认为对刑法的严格解释是指采取字面含义的解释，就意味着刑法不能适应不断变化的社会生活，因而也就使刑法丧失了存在的意义。

第四，"原意论"的严格解释，不具有可取性。

"原意论"的严格解释认为，严格解释是指某种形式的原意论，或者是原初意图原意论，或者是原初意义原意论。前者注重制定者的意图，而后者注重刑法颁布后公民理解文本的方式。[③] 一方面，如前所述，原初意图原意，即制定者的原意，是根本不存在的；即使存在，也可能具有缺陷或者不能适应不断变化的社会生活事实。所以，不应当也不可能按照制定者的原意解释刑法。另一方面，原初意义原意（原初公共意义）也只是一种虚构而已。解释者何以知道刑法的某个条文在颁布时形成了所谓原初公共意义呢？大多数声称"立法原意如

[①] 参见张明楷：《盗窃与抢夺的界限》，《法学家》2006 年第 2 期。

[②] ［奥］欧根·埃利希：《法社会学原理》，舒国滢译，中国大百科全书出版社 2009 年版，第442 页。

[③] 参见［美］劳伦斯·索伦：《法理词汇：法学院学生的工具箱》，王凌皞译，中国政法大学出版社 2010 年版，第 185 页。

何如何"的解释者，都没有注明立法原意源于何处，因而都是解释者自己的解释结论，只不过将自己的解释结论抬高为立法原意，或者自以为自己的解释结论就是所谓立法原意，或者是在缺乏解释理由时用"立法愿意"来欺骗人或者吓唬人。

第五，"有利于被告"意义的严格解释，不具有可行性。

我国台湾地区学者陶龙生指出："所谓'严格解释'指两种情况：在条文明晰而其文字并无疑义时，法院对其解释与适用应正确客观，取真实而平常之解释为其意义。当条文发生疑问时，则就两处或多种合理看法中，取其最有利于被告之意义而适用之，在此法则下，论理解释或扩张解释之说，似无可取之处。"① 我国也有学者指出："各种解释都是允许的，但最终都要服从于一个解释原则：有利于被告。"② 本书认为，严格解释并不意味着所谓法律存在疑问时作出有利于被告的解释。

首先，按照我国台湾地区学者陶龙生的观点，刑法就不需要解释了。一方面，法条文字没有疑问时，谁都知道按法条文字解释刑法。另一方面，法条文字有疑问时，只需要知道采用哪一种含义有利于被告，就采用哪一种含义。显而易见，现实并非如此。此外，在条文产生疑问时，虽然可能存在多种解释的可能性，但怎么可能存在多种"合理"的解释？既然多种解释不完全一致，那么它们必定或多或少存在对立之处，不可能认为几种解释都合理。

其次，存疑时有利于被告的原则，产生于19世纪初的德国③，它只是刑事诉讼法上的证据法则，这一点在德国、日本以及英美法上没有什么争议。例如，罗克辛（C. Roxin）教授指出："罪疑唯轻原则（即存疑时有利于被告的原则——引者注）并不适用于对法律疑问之澄清。判例（BGHSt14，73）认为'罪疑唯轻原则只与事实之认定有关，而不适用于法律之解释'。因此当法律问题有争议时，依一般的法律解释之原则应对被告为不利之决定时，法院亦应从此见解。"④ 再如，耶赛克（H. Jescheck）和魏根特（T. Weigend）教授指出："如果对被告人的责任具有重要意义的事实得不到证明，就适用存疑时有利于被告的原则。与此相反，对法律问题而言，并不存在这样的原则（存疑从轻，存疑时有利于自由），亦即，在法律的解释具有多种可能性时，法官没有义务选择有利于被告人的解

---

① 陶龙生：《论罪刑法定原则》，载蔡墩铭主编：《刑法总则论文选辑》（上），五南图书出版公司1984年版，第128页。

② 邓子滨：《中国实质刑法观批判》，法律出版社2009年版，第194页。

③ 参见［日］松尾浩也：《日本刑事诉讼法》（新版）（上卷），丁相顺译，金光旭校，中国人民大学出版社2005年版，第246页。

④ ［德］Claus Roxin：《德国刑事诉讼法》，吴丽琪译，三民书局1998年版，第145页。

释。在对法规范的解释存在疑问的场合，法院不是选择最有利于被告人的解释，而是必须选择正确的解释。"①

诚然，中国不同于德国。尽管如此，笔者也不赞成以国情不同为由，将存疑时有利于被告的原则适用于法律疑问之澄清。因为任何法律条文都可能有疑问；即便原本没有疑问，在遇到具体案件时，也会有人为了某一方的利益而制造疑问；如果一有疑问就作出有利于被告人的解释，刑法就会成为一纸废文；如果一有疑问就必须作出有利于被告人的解释，刑法理论就不需要展开争论，只要善于提出疑问并知道何种解释有利于被告即可。此外，如果要求刑法解释有利于被告，必然导致定罪混乱，亦即，可以根据案件的具体情况分别适用完全不同甚至相反的学说。

最后，事实表明，在法律有疑问时，要一概作出有利于被告人的解释是不可能的。例如，刑法中的"贩卖"是否仅限于购买后再出卖，这是有疑问的。在面对行为人出卖了其所拾得的 500 克海洛因的案件时，恐怕不能得出有利于被告人的无罪结论。再如，在一个案件事实清楚，却存在抢夺罪与抢劫罪之争时，不可能不考虑其他根据，就以认定抢夺对被告有利为由认定为抢夺罪。即便是主张形式解释论的学者，也会经常得出不利于被告人的结论。②

基于同样的理由，限制解释意义上的严格解释，也是不可行的。因为不可能对刑法的任何条文都作限制解释，从而使处罚范围得到最大限制。例如，没有解释者会对《刑法》第 232 条"故意杀人"中的"人"进行限制解释。相反，在必要时，作出扩大解释也是完全可能的。例如，对《刑法》第 194 条的印鉴作扩大解释，即"签发……与其预留印鉴不符的支票"包含"签发与其预留签名式样不符的支票"，就具有合理性。③ 概言之，对刑法的解释，"既可能是限缩的（限制的），也可能是扩大的（扩张的）"④，而不可能对任何法条都只作限制解释。

综上所述，"'严格解释'的意义实在是不够清晰。实际上，一旦你赋予严格解释这个理念以实质内容，那么这个标签就算不上是什么特别准确的描述，我们可以找到更好的名字来指称这种理念"⑤。在刑法上，严格解释不外乎就是遵

① Hans-Heinrich Jescheck/Thomas Weigend, Lehrbuch des Strafrechts: Allgemeiner Teil, 5. Aufl., Duncker & Humblot, 1996, S. 154.

② 参见张明楷：《实质解释论的再提倡》，《中国法学》2010 年第 4 期。

③ 参见张明楷：《罪刑法定与刑法解释》，北京大学出版社 2009 年版，第 180 页。

④ Claus Roxin, Strafrecht Allgenmeiner Teil, Band I, 4. Aufl., C. H. Beck, 2006, S. 150.

⑤ ［美］劳伦斯·索伦：《法理词汇：法学院学生的工具箱》，王凌皞译，中国政法大学出版社 2010 年版，第 186 页。

守罪刑法定原则的解释。

法国《刑法》第 111—4 条明文规定"刑法应严格解释之"，但是，"刑法'严格解释规则'并不强制刑事法官仅限于对立法者有规定的各种可能的情形适用刑法。只要所发生的情形属于法定形式范围之内，法官均可将立法者有规定的情形扩张至法律并无规定的情形"①。达维指出："在法国，法官不喜欢让人感到自己是在创造法律规则。当然，实践中他们的确是在创造；法官的职能不是也不可能只是机械地适用那些众所周知的和已经确定的规则。"② 1969 年 1 月 3 日，法国最高法院认定反复使用电话骚扰他人的行为属于使用暴力，将每晚敲打地板对邻居造成精神影响的行为认定为故意伤害罪。③ 由此可见，在刑法明文规定了"应当严格解释刑法"的法国，严格解释充其量也只是意味着不得违反罪刑法定原则。

英国学者指出："的确，在刑法中，法治意味着在法律面前平等的观念和警察权力范围应严格限定的观念的结合。这种意义上的法治用源于 19 世纪自由主义的格言来表达，就是'法无明文规定不为罪'。杰罗姆·霍尔教授指出，这句格言至少包含四个观念：第一，它意味着犯罪的种类应该由或多或少固定化了的一般规则来确定；第二，它意味着除犯有属于这些一般规则规定的罪行外，任何人都不应受到惩罚；或者，正如戴雪精当的分析那样（如果他所说的被看作仅与刑法有关，然而事实上却不是）：'非经通常法院以通常的法律方式确定其为明显的违法，任何人都不应受惩罚……'第三，它可能意味着应该对刑事法规进行严格解释，从而使法规未包括的行为不致被确定为犯罪；第四，它还意味着刑法绝不溯及既往。"④ 不难看出，英国的严格解释，也只是意味着法无明文规定不为罪。

由此看来，对刑法的严格解释，只是意味着必须遵循罪刑法定原则；在符合罪刑法定原则的前提下，当然可以进行灵活解释。不能首先将灵活解释定义为违反罪刑法定原则的解释，然后反证严格解释的合理性。"严格解释"的说法要么没有实质的、合理的内涵，要么只是罪刑法定原则的重申。在此意义上说，对刑法的解释应当采取"严格解释"与灵活解释相结合的态度，即灵活解释应受到

① ［法］卡斯东·斯特法尼等：《法国刑法总论精义》，罗结珍译，中国政法大学出版社 1998 年版，第 143 页。

② 转引自［德］K. 茨威格特、H. 克茨：《比较法总论》，潘汉典等译，贵州人民出版社 1992 年版，第 233 页。

③ 参见［法］雅克·博里康：《法国二元论体系的形成和演变：犯罪——刑事责任人》，朱琳译，中国民主法制出版社 2011 年版，第 82~83 页。

④ ［英］W. Ivor. 詹宁斯：《法与宪法》，龚祥瑞、侯健译，贺卫方校，生活·读书·新知三联书店 1997 年版，第 36 页。

罪刑法定原则的制约。

四、解释方法

我国刑法理论的通说，一般将刑法解释方法分为文理解释与论理解释。"文理解释，就是对法律条文的文字，包括单词、概念、术语，从文理上所作的解释。""论理解释，就是按照立法精神，从逻辑上所作的解释。论理解释又分为当然解释、扩大解释与限制解释。"① 姑且不讨论扩大解释与限制解释是否属于所谓的论理解释，但可以肯定的是，这种分类所列举的解释方法是极为有限的。例如，人们常讲的体系解释、历史解释、目的解释等，在刑法理论的通说中都没有地位。

笔者也曾按照通说的观点，将刑法解释方法区分为文理解释与论理解释，论理解释主要包括扩大解释、缩小解释、当然解释、反对解释、补正解释、体系解释、历史解释、比较解释，并认为，任何解释都必须符合刑法的目的，任何解释都或多或少包含了目的解释。②

但是，上述区分并不严谨，至为明显的是混淆了形式的分类与实质的分类。日本学者井田良教授指出，如果进行形式的分类，解释方法主要有平义解释、当然解释、扩大解释、缩小解释、类推解释与反对解释；如若进行实质分类，解释方法主要有文理解释、体系解释、历史解释与目的解释。③ 在明确区分形式的分类与实质的分类意义上说，井田良教授的分类是合理的。

文理解释、体系解释、历史解释与目的解释，都是为了论证作为大前提的法律规范的真实含义，或者说，都是为特定的大前提的真实含义提供理由的解释方法。但是，论证大前提的真实含义，并非仅限于这四种方法。正如德国学者考夫曼所言："论证理论重要认知之一，是由 Savigny 不断谈论且直到今日都无法超越之解释学，依该学说仅有四项封闭之'要素'（论证之模态）：即文理的、逻辑的、历史的及体系（实证论者要求限于此四种解释），经证明洵非正确。除此上种论证外，尚有许多可作为司法判决之说理，譬如法律安定性、正义、结果评价、是非感、应用性、法律一致性……原则上，可论证之方法是不可限量的。"④

日本学者笹仓秀夫将解释方法分为解释的参照事项与条文的适用方法，法文自身的含义、条文之间的体系关联、立法者的意思、立法的历史背景、法律意思

---

① 高铭暄、马克昌主编：《刑法学》（第十版），北京大学出版社、高等教育出版社 2022 年版，第 20~21 页。
② 参见张明楷：《刑法学》（第三版），法律出版社 2007 年版，第 37 页。
③ 参见［日］井田良：《讲义刑法学·总论》（第 2 版），有斐阁 2018 年版，第 56~58 页。
④ ［德］亚图·考夫曼：《法律哲学》，刘幸义等译，五南图书出版公司 2000 年版，第 47 页。

（即正义、事物的逻辑、解释的结果），属于解释的参照事项；平义解释（按文字字面含义适用）、宣言解释、扩张解释、缩小解释、反对解释、当然解释、类推、比附、反制定法的解释（变更解释或者补正解释），则属于条文的适用方法。相当清楚的是，在解释法规范时，可以同时参考法文自身的含义、条文之间的体系关联、立法者的意思、立法的历史背景等；但是，不可能同时采取平义解释、宣言解释、扩大解释、缩小解释等。换言之，在对一个法条（或法条用语）进行解释时，解释的参照事项是可以并用的，而条文的适用方法不可能并用，只能采用其中一种方法。①

借鉴笹仓秀夫教授的观点，本书将平义解释、宣言解释、扩大解释、缩小解释、当然解释、反对解释、类推解释、比附以及补正解释，称为解释技巧；将文理解释、体系解释、历史解释、比较解释、目的（论）解释、合宪性解释等，称为解释理由。对一个刑法条文的解释（尤其是一个法条中的一个概念），只能采用一种解释技巧，但采用哪一种解释技巧，取决于解释理由，而解释理由是可以多种多样的。例如，对《刑法》第 275 条的"毁坏"概念，不可能既作平义解释，又作扩大解释；也不可能既作平义解释，又作缩小解释；更不可能既作扩大解释，又作缩小解释。解释者采取其中哪一种解释技巧是需要解释理由来支撑的。不管人们是采取物理的毁坏说（物质的毁坏说），还是采取效用侵害说，抑或采取有形侵害说，都需要有解释理由。② 但是，解释理由不可能只有一种，也不可能仅限于文理解释、体系解释、历史解释与目的解释四种，除了目的解释外，也不可能要求在任何一方面都具有理由。

由于刑法实行罪刑法定原则，所以，对于上述解释理由与解释技巧还有必要进一步分析。

首先，按照本书的观点，一方面，立法者的原意不是主要的解释理由（如前所述，本书不赞成主观解释论），立法目的则是具有决定性的理由（不过需要注意的是，即使法条文字没有变化，条文的目的也可能发生变化）。另一方面，除了文理解释、体系解释、历史解释、比较解释、目的解释外，还有其他诸多解释理由，只是没有形成特定的概念而已。例如，一种观点在理论上具有可取性，但是在司法实践中根本不可能得到应用时，就难以被采纳。要求解释结论具有可行性，或者说具有可行性、可应用性的解释，可谓可行性解释或者可应用性解释，但理论上并没有形成这一概念。以非法取得死者身上财物的行为为例。如所周知，盗窃罪的对象只是他人占有的财物，而侵占罪的对象则可以是脱离他人占有

---

① 参见［日］笹仓秀夫：《法解释讲义》，东京大学出版会 2009 年版，第 4、25 页。
② 参见张明楷：《罪刑法定与刑法解释》，北京大学出版社 2009 年版，第 207 页。

的财物（如遗忘物）。第一种观点认为，死者不可能成为占有主体，故上述行为不成立盗窃罪，仅成立侵占罪。第二种观点认为，应当肯定死者仍然占有其身上的财物，故上述行为成立盗窃罪。第三种观点认为，在他人死后不久取得其财物的是盗窃罪，在他人死后很久取得其财物的是侵占罪；或者取得死者的财物可以与取得死者生前财物同等看待时，就认定为盗窃罪，否则认定为侵占罪。① 显然，第三种观点因为具有不明确性而不具有可行性。这便成为人们批判这种观点的理由，反过来也成为支持第一种或第二种观点的理由。再如，某种解释可能具有充分的理论根据，但是，完全违背一般人的直觉，也难以被采纳。解释结论符合一般人的直觉（或是非感），是一种很好的解释理由，可谓直觉解释，但刑法理论基本上不使用这一概念。概言之，解释的理由是无限的，形成了特定概念的解释理由，只是常用的理由而已。

其次，平义解释、宣言解释、扩大解释、缩小解释、当然解释、反对解释、类推解释、比附以及补正解释这些解释技巧中，类推解释、比附是罪刑法定原则所禁止的技巧（当然，有利于被告人时除外），于是，称某种解释为类推解释或比附，就成为人们反对该解释的理由，或者说成为该解释不能被采纳的理由。当然解释，是指在所面临的案件缺乏可以适用的法条时，通过参照各种事项，从既有的法条获得指针，对案件适用既有法条的一种解释。当然解释有两种样态，就某种行为是否被允许而言，采取的是举重以明轻的判断；就某种行为是否被禁止而言，采取的是举轻以明重的判断。例如，倘若法律允许在林中骑马，那么，根据举重以明轻的原理，当然可以在林中徒步旅行。再如，如若法律规定禁止将狗带入公园，那么，根据举轻以明重的原理，当然禁止将狮子带入公园。② 但是，由于刑法实行罪刑法定原则，不得直接采取当然解释认定行为构成犯罪。换言之，在适用举轻以明重的解释原理进行当然解释时，也要求案件事实符合刑法规定的构成要件，而不能简单地以案件事实严重为由以犯罪论处。亦即，当然解释的结论，也必须能为刑法用语所包含。所以，在刑法解释中，当然解释只是成为一种解释理由。例如，《刑法》第 329 条第 1 款规定："抢夺、窃取国家所有的档案的，处五年以下有期徒刑或者拘役。"倘若行为人以暴力相威胁"抢劫"国有档案，应当如何处理？或许人们会解释道："既然刑法只规定了抢夺，而没有规定抢劫，根据罪刑法定原则，当然应以无罪论处。"可是，既然抢夺、窃取国有档案能成立犯罪，比之更严重的抢劫档案的行为，也应当以犯罪论处。但这只是一种解释理由，根据罪刑法定原则，在刑法解释中，如果解释结论不能为刑法用

---

① 参见［日］松原芳博：《刑法各论》（第 2 版），日本评论社 2021 年版，第 206~207 页。
② 参见［日］笹仓秀夫：《法解释讲义》，东京大学出版会 2009 年版，第 96 页。

语所包含，即使是当然解释的结论，也不能被采纳。从规范意义上说，抢劫行为已经在符合抢夺、窃取要求的前提下超出了抢夺、窃取的要求，既然如此，当然可以将抢劫国有档案的行为认定为抢夺、窃取国有档案罪。① 换言之，抢劫行为并不缺少抢夺、窃取的要素。② 这与"禁止牛马通过"时是否禁止大象通过的问题，并不相同。再如，刑法规定了聚众淫乱、组织淫秽表演等侵犯性行为秩序的犯罪，却没有规定公然猥亵罪；但刑法关于聚众淫乱、组织淫秽表演等罪的文字表述，不可能包含夫妻在公共场所发生性交行为，所以，无论如何进行当然解释，也不可能得出夫妻公然性交的行为构成犯罪的结论。不难看出，当然解释也只能成为刑法解释中的一种解释理由。此外，补正解释只是刑法典存在编辑错误时的一种解释技巧。补正解释的核心，在于纠正刑法的文字表述错误与体系安排错误，以阐明法条的真实含义，而不是将刑法没有明文规定的"犯罪"补充解释为犯罪，否则便违反了罪刑法定原则。

最后，各种解释理由也可能形成相互冲突的结论，于是出现了解释理由的位阶关系问题。"在具体个案中，当数个解释方法分别导出对立的结论时，为了要决定应采哪一种解释，方法论长久以来都在努力试着订出各种解释方法间的抽象顺位，但是并没有成功。"③ 本书并不认为体系解释、历史解释（沿革解释）、比较解释等解释理由具有决定性，而是认为目的解释、合宪性解释具有决定性。但是，由于刑法实行罪刑法定原则，故文理解释也具有决定性。不过，目的解释、合宪性解释的决定性与文理解释的决定性具有不同的含义。文理解释的决定性在于：所有的刑法解释，都要从法条的文理开始，而且不能超出刑法用语可能具有的含义；凡是超出刑法用语可能具有的含义的解释，都是违反罪刑法定原则的解释（有利于被告人的类推解释除外④），即使符合刑法条文的目的，也不能被采纳。目的解释的决定性在于：在对一个法条可以作出两种以上符合罪刑法定原则的解释结论时，只能采纳符合法条目的的解释结论。所以，本书赞成德国学者的以下观点："所有对于法条的解释都要从文义开始。如果一个具体个案很清楚地不能被包摄到法条之下，那么这个法条就不能直接适用于此一个案。如果目的论

---

① 当然，如果以国有档案也具有财物的属性，而且抢劫罪不要求数额较大为由，主张对抢劫国有档案的行为以抢劫罪论处，也是一种思路。笔者只是以抢夺与抢劫的关系为例，说明可以通过当然解释将抢劫国有档案的行为认定为抢夺国有档案罪。至于对抢劫国有档案的行为是认定为抢劫罪，还是认定为抢夺国有档案罪，这是另外一个需要讨论的问题。

② 如何理解《刑法》第 269 条中的"犯盗窃、诈骗、抢夺罪"，也涉及这一问题（参见本书第五章）。

③ ［德］Ingeborg Puppe：《法学思维小学堂》，蔡圣伟译，元照出版公司 2010 年版，第 108 页。

④ 恳请读者注意，罪刑法定原则允许有利于被告人的类推解释，但这并不意味着法律存在疑问时必须作出有利于被告人的解释。

解释还是倾向这个法条的可适用性，那么就只可能透过类推解释的途径才能适用，只要没有禁止类推的限制。如果具体个案清楚的可被包摄到法条文义之下，但目的性衡量的结果却是反对将该法条适用于此案件，那么这个法律的适用范围就可能透过所谓的'目的性限缩'来限制，使其不再涵盖这个案件。除此之外，在不同的解释方法之间便没有其他抽象的优先规则。"① 因此，"正确的解释，必须永远同时符合法律的文言与法律的目的，仅仅满足其中一个标准是不够的"②。合宪性解释的决定性主要在于：对法条目的的确定必须符合宪法规定。

我国台湾地区民法学者黄茂荣将文理解释、历史解释、体系解释、目的解释与合宪性解释表述为文义因素、历史因素、体系因素、目的因素与合宪性因素，并且认为："在法律解释的过程中，这些因素各自担任不同的任务，发挥不同的功能，在互相联系与相互制约的作用下，协力完全发现法律之规范意旨（der normative Sinn des Gesetzes）的任务。而不是由法律适用者依其所好，或视哪一个解释因素适合于所希望之解释结果，而赋予文义、历史、体系或目的因素（或方法）以不同强度之重要性。……文义因素首先确定法律解释活动的范围，接着，历史因素对此范围再进一步加以调整界定，同时并对法律的内容，即其规定意旨，作一些提示（der Hinweis）。紧接着体系因素与目的因素开始在该范围内进行规范意旨之内容的发现与确定工作。这个时候，合宪性因素也作了一些参与，并终于获得了解释的结果。最后，再复核一下看它是否合乎'宪法'的要求。"③

本书难以完全赞成黄茂荣教授的观点。其一，诚然，在实行罪刑法定原则的时代，对刑法的解释不可能超出刑法用语可能具有的含义，但是，用语的含义并不是事先就存在的，只是在与具体案件相关联时，用语的含义才会显现出来。换言之，用语在"休息"时是没有什么含义的，或者说其含义是不确定的，只有当用语"工作"时它才具有含义。然而，一旦联系具体案件，解释者就必然期待一种理想的法律适用后果。对理想的法律适用后果的追求，会迫使解释者发现用语可能具有的各种含义。所以，"我们对语词的每一次新使用都是在黑暗中的一次跳跃"④。反过来说，事先确定用语的含义只会机械性地适用法律。其二，虽然

① ［德］Ingeborg Puppe：《法学思维小学堂》，蔡圣伟译，元照出版公司 2010 年版，第 115～116 页。

② Claus Roxin, Strafrecht Allgemeiner Teil, Band I, 4. Aufl., C. H. Beck, 2006, S. 151.

③ 黄茂荣：《法学方法与现代民法》（第五版），法律出版社 2007 年版，第 360 页。

④ 索尔·克里普克（Saul Kripke）语，转引自［英］蒂莫西·A. O. 恩迪科特：《法律中的模糊性》，程朝阳译，北京大学出版社 2010 年版，第 30 页。

各种解释因素（理由或方法）的功能可能不同，但都是为了寻找解释结论的理由，然而，不可能要求任何一个解释结论必须在任何一种解释因素方面都有理由。例如，当得出某种解释结论能在文理、体系、目的与合宪性方面找到理由时，即使在历史因素中不能找到理由，也不能否认这种解释结论的合理性与可取性。其三，合宪性因素既可能在先前起作用，也可能在最后起作用。例如，当某种解释结论明显违反宪法时，就基本上不需要讨论体系、历史等因素。其四，解释者只有达到法律目的才算完成解释任务。在此意义上说，目的解释的重要性是历史解释、体系解释难以比拟的。正如德国学者 Tipke/Lang 所言："法律解释应取向于法律目的……是故，将文义、历史/发生、体系解释与目的解释并列是不正确的。一个文义、历史/发生、体系解释如果不回归法律目的是不合适的。文法学、起源学、体系学都只是确认法律目的之工具。"① 当然，如前所述，在刑法解释领域，不能为了追求目的而超出刑法用语可能具有的含义作出解释。

本书也不赞成历史解释具有优先地位的观点。以遗弃罪的"扶养"为例。我国刑法学者在肯定"随着社会的发展，扶养也呈现出社会化的趋势"的同时指出："对于扶养义务，存在一个如何解释的问题。根据语义解释，……扶养包括家庭成员间的扶养和社会扶养机构的扶养。就此而言，由于我国《刑法》第261条并没有将扶养义务明文规定为是家庭成员间的扶养义务，因而将非家庭成员间的扶养义务，这里主要是指社会扶养机构的扶养义务解释为遗弃罪的扶养义务似乎并无不妥。但从立法沿革上来说，我国刑法中的遗弃罪从来都是家庭成员间的遗弃，而并不包括非家庭成员间的遗弃。""至于语义解释与沿革解释之间存在矛盾，到底是选择语义解释还是选择沿革解释，这是一个值得研究的问题。自从萨维尼以来，法律解释方法一般都分为语义解释、逻辑解释、沿革解释和目的解释。关于这四种解释方法之间是否存在位阶关系，在理论上并无定论。一般认为，虽然不能说各种解释方法之间存在着固定不变的位阶关系，但也不应认为各种解释方法杂然无序，可由解释者随意选择使用。我赞同这种观点，尤其是在两种解释方法存在冲突的情况下，应当根据一定的规则进行选择以便确保解释结论的合理性。在一般情况下，语义解释当然是应当优先考虑的，在语义是单一的、确定的情况下，不能进行超出语义可能范围的解释。但在语义是非单一的、不明确的情况下，则应根据立法沿革进行历史解释以符合立法精神。在这种情况下，沿革解释具有优于语义解释的效力。对于扶养的解释也是如此，根据语义解释，扶养包括家庭成员间的扶养和非家庭成员间的扶养。那么，非家庭成员间的

---

① 转引自黄茂荣：《法学方法与现代民法》（第五版），法律出版社 2007 年版，第 360 页。

扶养是否包括在遗弃罪的扶养概念中呢？根据沿革解释，遗弃罪属于妨害婚姻、家庭罪，自不应包括非家庭成员间的扶养。如此解释，才是合乎法律规定的。"① 法理学界的学者也指出："在 1997 年修订的刑法中，遗弃罪被纳入侵犯公民人身权利、民主权利罪，扶养义务是否扩展至非亲属间的呢？从文义上解释，似无不可，但有歧义。这时应寻求历史解释，此时历史解释优于文义解释。因此对非亲属间的遗弃行为若要作为犯罪处理，需要在《刑法》中加以专门规定。"② 本书不赞成上述观点。

第一，上述两种观点虽然都得出了遗弃仅限于遗弃家庭成员的结论，但只是在文理解释与历史（沿革）解释之间进行比较。没有考虑刑法规定遗弃罪的客观目的。只要认为非家庭成员也可能存在扶养问题，那么，承认非家庭成员之间的遗弃就不可能违反罪刑法定原则。接下来就需要考虑法条的目的。遗弃罪的保护法益应是被害人的生命安全。换言之，遗弃罪是对被害人的生命产生危险的犯罪。③ 既然如此，就应将遗弃行为解释为对被害人的生命产生危险的行为；或者说应当将"拒不扶养"解释为导致被害人的生命产生危险的行为。显然，并非只有家庭成员之间的遗弃行为才能产生对被害人生命的危险，非家庭成员但负有扶养义务的其他人的遗弃行为，也可能对被害人的生命产生危险。既然如此，就不应当继续将遗弃罪限定于家庭成员之间。

第二，上述两种观点，也没有考虑同时代的解释。既然学者承认，随着社会的发展，扶养呈现出社会化的趋势，如各种养老院和福利院成为专门的社会扶养机构，也承认我国目前非家庭成员间的遗弃以及不履行救助义务的遗弃行为是客观存在的，且有多发趋势，就应当作出同时代的解释（"现时取向解释"），使刑法条文实现保护法益的目的。"现时取向（gegenwartsbezogen）的根据在于：现时有效的法的效力之合法性并非立基于过去，而是立基于现在。今天的法律共同体任何时候都可以改变，甚至废除流传下来的法。或者，按照 Thomas Hobbes 的思想，人们也可以认为，对于当今社会而言，具有决定意义的不是曾经颁布法律的权威（Autorität），而是使法律得以继续存在的权威。这个问题换个角度来看，等于是说，如果该法律于今日始被颁布的话，那么它应该以哪一种正义观念为标准呢？如果说，存在至今的法的合法性的基础应从当今的状态中去找的话，毫无疑问，法律的解释也只能以当今（ex nunc）的状态为基础，也即应采用最符合

① 陈兴良：《非家庭成员间遗弃行为之定性研究——王益民等遗弃案之分析》，《法学评论》2005 第 4 期。

② 郑永流：《法律方法阶梯》，北京大学出版社 2008 年版，第 170 页。

③ 对身体造成危险的行为是否构成遗弃罪，在国外存在争议。参见［日］山中敬一：《刑法各论》（第 3 版），成文堂 2015 年版，第 107~108 页。本书对此不展开讨论。

当今占主导地位的观念的解释。"①

第三，在语义解释与沿革解释之间存在矛盾的情况下，不应当一概以沿革解释优先。如上所述，如果语义解释得出符合刑法目的的结论，就应当采取这一解释。换言之，既然"根据语义解释，扶养包括家庭成员间的扶养与非家庭成员间的扶养"，而且这样解释完全符合刑法保护被害人生命安全的目的，就应当认为遗弃罪可以发生在非家庭成员之间，而不应当产生"非家庭成员间的扶养是否包括在遗弃罪的扶养概念中"的疑问。反之，如果沿革解释不能得出符合刑法目的的结论，就不应当采取沿革解释；如果沿革解释超越了刑法语义的范围，就更不应当采取沿革解释。将遗弃限定为家庭成员之间，虽然可谓一种沿革解释，但不利于实现刑法保护法益的目的，也没有语义上的根据。而且，如果一概以沿革解释优先，刑法的修改就没有意义了。笔者也不赞成法理学者的前述观点，即只要解释有歧义，就必须寻求历史解释，而且历史解释结论优于文义解释的结论。因为在刑法学上，几乎任何概念都有歧义，如果一有歧义就寻求历史解释，刑法学就不可能发展了。我国司法实践存在的重大问题之一，恰恰在于过于重视沿革解释（过于重视某个概念在旧刑法时代的含义），忽视了刑法的修改，甚至为了使解释符合沿革，无视了罪刑法定原则。例如，1979 年《刑法》第 160 条将"侮辱妇女"规定为流氓罪的一种表现形式，而流氓罪属于扰乱公共秩序的犯罪。现行《刑法》第 237 条所规定的强制猥亵、侮辱罪中也有"侮辱妇女"的表述。一方面，现行刑法所规定的侮辱妇女，要求行为人采取"暴力、胁迫或者其他方法"。这里的"其他方法"显然不是指任何方法，而必须是与暴力、胁迫一样具有强制性的方法。另一方面，现行刑法已将"侮辱妇女"规定为对妇女人身权利的犯罪。然而，有的教科书一方面认为，本罪的"其他方法，是指暴力、胁迫方法以外的使妇女不能反抗的方法，如用酒灌醉、用药物麻醉等"。同时又认为，本罪的行为包括"向妇女显露生殖器"的行为。② 许多论著都将男性的单纯露阴行为归入强制猥亵、侮辱妇女罪的行为。然而，其一，这是不顾刑法对犯罪性质的重新确定，原封不动地将旧刑法流氓罪的"侮辱妇女"的行为与"其他流氓活动"照搬过来了。其二，与公然性交相比，露阴行为的危害显然轻得多；如果认为露阴行为构成强制猥亵、侮辱罪，也与公然性交无罪不相适应。这正是所谓沿革解释造成的违反罪刑法定原则的局面。概言之，"一条法律规范的解释不能

---

① ［德］齐佩利乌斯：《法学方法论》，金振豹译，法律出版社 2009 年版，第 36 页。

② 参见高铭暄、马克昌主编：《刑法学》（下编），中国法制出版社 1999 年版，第 831 页。当然，作者是否认为单纯向妇女显露生殖器的行为构成本罪，还不能肯定，但其表述至少包含了这种可能性。

总是停留在其产生当时被赋予的意义之上。其在适用之时可能具有哪些合理功能的问题也应得到考虑。法律规范总是处于特定社会关系以及社会—政治观念的环境之中，并在这样的环境当中发挥其作用。其内容可以，也必须根据具体情况与这些社会关系以及社会—政治观念的变迁一起变迁。这一点尤其适用于在法律规范产生之初到其适用之时的期间内生活关系以及法律观念已经发生了深刻变化的情况……"①

总之，广义的解释方法包括解释理由与解释技巧（当然，各种解释理由与解释技巧，也依然可以称为解释方法），刑法的解释应当从用语的文义出发，并且在用语可能具有的含义内得出符合法条目的（当然必须符合宪法规定）的解释。对于此外的各种解释理由，不存在一种解释理由优越于另一种解释理由的规则。

五、解释理由

解释理由无穷无尽，以下仅就刑法解释中几种常见的解释理由进行探讨。

（一）文理解释

作为解释理由的文理解释，是指对刑法用语可能具有的含义的解释。文理解释成为解释理由，是因为在刑法解释中，用语具有提供线索与限制意义两方面的机能。提供线索的机能意味着，解释者从用语中发现了用语的含义；限制意义的机能意味着，不能超出用语可能具有的含义作出其他解释。

当某个用语仅具有 A 含义时，作出符合 A 含义的解释，当然是一种理由，而且是一种重要理由。这是显而易见的道理。但是，这种情况只是理论上的假设，在现实中几乎不存在。除了数字以外，一般难以断言某个用语仅有一种意思。

当某个用语具有 A、B 两个含义，但在刑法条文中不可能是 B 含义时，得出符合 A 含义的解释结论，就是一种重要理由。例如，《刑法》第 241 条规定了"收买"被拐卖的妇女、儿童罪，"收买"一词具有两个含义：一是收购，二是用钱财或者其他好处笼络人，使受利用。② 显然，《刑法》第 241 条中的"收买"不可能是第二个含义，只能作出符合第一个含义的解释。再如，《刑法》第 104 条第 2 款规定："策动、胁迫、勾引、收买国家机关工作人员、武装部队人员、人民警察、民兵进行武装叛乱或者武装暴乱的，依照前款的规定从重处罚。"显

---

① ［德］齐佩利乌斯：《法学方法论》，金振豹译，法律出版社 2009 年版，第 38 页。

② 参见中国社会科学院语言研究所词典编辑室编：《现代汉语词典》（第 5 版），商务印书馆 2005 年版，第 1252 页。

然，对本款中的"收买"不可能作出符合第一个含义的解释结论，只能作出符合第二个含义的解释结论。

当某个用语具有 A、B 两个含义时，解释者作出符合 B 含义的解释（而不作出 C、D 含义的解释），也是一种理由，只不过解释者必须添加其他理由。例如，《刑法》第 224 条规定了合同诈骗罪，合同可以分为口头合同与书面合同，认为合同诈骗罪中的合同既包括口头合同也包括书面合同，或者认为合同诈骗罪中的合同仅限于书面合同，都可谓具有文理解释的理由。但在这种场合，仅停留在文理解释层面的结论是不可能令人信服的，任何一种观点都必须添加其他解释理由。

当法条在表述某种含义时通常使用 A 用语，但在某法条中却使用了 B 用语时，即使在日常生活中，B 用语与 A 用语的含义相同或者相近，解释者对 B 用语作出不同于 A 用语的解释结论，也是一种解释理由。例如，刑法分则条文在要求行为人使用某种工具或者方法时，通常采用"以……""使用"等用语，但《刑法》第 267 条第 2 款规定，"携带凶器抢夺的，依照本法第二百六十三条的规定定罪处罚"。于是，对于"携带凶器抢夺"就不应解释为"使用凶器抢夺"，而只能按照"携带"的本来含义进行解释。当然，这种文理解释的理由可能缺乏说服力，因为我国刑法分则对用语的使用并不严谨，故需要其他解释理由进一步论证。例如，《刑法》第 240 条将"奸淫被拐卖的妇女"规定为法定刑升格的情节，而没有使用"强奸"一词。于是，认为本规定既包括强奸妇女，也包括征得妇女同意而与之性交（和奸）的情形，就具有文理解释的理由。但是，这一解释是否具有合理性，则需要展开进一步讨论。因为和奸原本不是犯罪，仅因在拐卖妇女的过程中与妇女和奸，便加重法定刑，就意味着间接处罚，明显违反了罪刑法定原则。

作为解释理由的文理解释，还包含刑法条文为什么不使用某个概念，为什么添加某个概念的理由。例如，《刑法》第 358 条规定，"组织他人卖淫或者强迫他人卖淫的"构成犯罪，在《刑法修正案（八）》实施之前，该条第 1 款第 4 项将"强奸后迫使卖淫的"规定为法定刑升格条件之一。那么，对于女性使用暴力、胁迫方法强行与男子发生性交后迫使男子卖淫的案件，能否适用"强奸后迫使卖淫的"规定？持否定说的人，不能轻易认为肯定说违反了罪刑法定原则。这是因为，《刑法》第 236 条规定强奸罪的对象为女性，并不当然意味着刑法分则其他条文中所规定的"强奸"对象也仅限于女性。既然强迫卖淫罪包括强迫男子卖淫，而且法条没有表述为"强奸妇女后迫使卖淫"，就有可能认为，女性使用暴力、胁迫方法强行与男子发生性交后迫使男子卖淫的，也属于"强奸后迫使卖淫的"（不存在文理解释的障碍）。持反对观点的人会认为，在刑法中"强奸"

就是指强奸妇女，将强行与男子性交的行为认定为强奸违反了罪刑法定原则。其实，强奸妇女是仅就《刑法》第 236 条而言（《刑法》第 259 条第 2 款属于注意规定，行为对象也仅限于现役军人的妻子）；肯定说只是将强行与男子性交认定为《刑法》第 358 条的"强奸"，而不是认定为第 236 条的"强奸"。随着性观念与生活事实的变化，"强奸"一词的内涵与外延也必然发生变化，这是不以人们的意志为转移的。不难看出，否定说是以强奸的一般含义为根据的，亦即，只要使用"强奸"一词，其对象就是指妇女；而肯定说则是以第 358 条特意没有使用"妇女"一词为根据的。于是，没有使用某个特定概念，也成为一种解释理由。以上只是说明，肯定说具有文理解释的理由，或者说在文理解释上是成立的。因此，一方面，仅从文理解释上推翻肯定说，是没有说服力的。另一方面，也可能存在更为有力的解释理由，推翻肯定说。

作为普通法法律解释原则之一的文义解释原则的内容是，"如果某部法律的用语清晰，只有一种含义，那么必须认为该立法的真实含义和目的，就是它所清晰表述的含义；以清楚明白的词句颁布的法律必须得到执行，无论这会引起何等荒谬的、有害的结果"①。然而，"某部法律的用语清晰"根本不可能，某个词句只有一种含义的情形也极为罕见，而且，即使只有一个含义时，也可能存在用语错误因而需要补正解释。易言之，由于用语具有模糊性、多义性等原因，将文理解释作为解释理由，其说服力总是有限的。亦即，只有超出用语可能具有的含义的解释是无效的，在其他场合，仅凭文理解释得出结论是不可靠的。因为文理解释只是诸多解释理由中的一种，而不是全部。所以，其一，认为"如果可供选择的日常含义不止一个，应当优先考虑和采用相对比较明显的日常含义"② 的观点，虽有一定合理性，但难以成为解释规则。因为哪种含义比较明显是缺乏判断标准的；即使是比较明显的含义，也不一定是刑法用语的真实含义；日常含义也只是常用含义的一种情形，或者说，日常含义不等于常用含义。其二，平义解释优先的观点（根据该观点，清晰明确地表达的法律规定不需要任何解释），也是不成立的。"看起来清晰的文义可能与同一法律的其它规定产生矛盾，也可能与以后颁布的或者更高位阶的法律的要求内容产生冲突。在'明晰地'表达的法律规定中最终也可能包含编纂疏忽或者立法机关的评价矛盾，这些都应当在法律适用时被考虑，也许还应当被纠正。"③ 其三，"一切认为文义绝对优先于其他任何解释论据的解释理论的观点都是错误的。所谓的指示理论（Andeutungstheorie）

---

① ［英］雷蒙德·瓦克斯：《法律》，殷源源译，译林出版社 2016 年版，第 30 页。
② 郑永流：《法律方法阶梯》，北京大学出版社 2008 年版，第 143 页。
③ ［德］伯恩·魏德士：《法理学》，丁小春、吴越译，法律出版社 2003 年版，第 323 页。

也属于其中之一。该理论认为，在规范文义不清晰不明确的时候，只允许得出文义中有所表述的（即使是不完美的），也就是有所'指示'的解释结果"①。

由于用语具有不确定性、多义性等原因，在进行文理解释时，首先应当考虑用语的常用含义；常用含义不明确时，或者按照常用含义得出的结论不合理时，就必须通过其他途径确定用语的真实含义。② 常用含义主要包括三类：（1）用语在日常生活中的含义。刑法分则并不是完全由专业用语构成，而是大量使用了日常用语，所以，在解释分则条文时，不可避免首先考虑用语在日常生活中的含义。不过，"首先考虑"并不意味着必须采纳用语在日常生活中的含义。例如，在解释《刑法》第 262 条中的"拐骗"的含义时，解释者必须首先考虑该用语在日常生活中的含义，但是，解释者最终很可能不会采纳这种含义。（2）用语在司法实务上的含义。有些概念的含义，是在司法实务中形成的，如果不能采纳用语在日常生活中的含义，就有可能采纳其在司法实务中的含义。（3）用语在刑法上或者刑法学上的特定含义。有的用语在刑法与刑法学上有特定的含义，可谓专业术语。在这种情形下，就不能按照用语的日常含义进行解释。

当然，文理解释并非仅限于用语解释，在进行文理解释时，必然要考虑语法、标点符号、用语顺序等产生或决定的含义。

（二）体系解释

一般来说，体系解释，是指根据刑法条文在整个刑法中的地位，联系相关法条的含义，阐明其规范意旨的解释方法。体系解释是一种非常重要的解释理由。

从解释论上说，首先，"整体只能通过对其各部分的理解而理解，但是对其各部分的理解又只能通过对其整体的理解"③。同样，只有将刑法作为一个整体，才能理解各个条文的含义；但对各个条文的理解，又依赖于对刑法这一整体的理解。这是因为，"一部制定法的含义并不是个别语词含义的总和。毋宁是，制定法作为一个整体总是要达成某些目的，这些目的弥漫于制定法的各个部分，并赋予其含义。要确定一部制定法的含义，必须将制定法的安排当作一个整体，因为只有作为一个整体，我们才能将制定法看作指向某些总体性目的的设计的工具"④。例如，如果离开了规定"贩卖""倒卖"概念的条文，解释者便不能理解《刑法》第 363 条所规定的"贩卖"是否包括单纯的出卖行为。倘若将刑法使用某种概念的所有条文进行比较，则很容易确定这种概念的含义。因为"法律条文只有当它处于与它有关的所有条文的整体之中才显出其真正的含义，或它所出现的项

---

① ［德］伯恩·魏德士：《法理学》，丁小春、吴越译，法律出版社 2003 年版，第 324~325 页。
② 参见［日］笹仓秀夫：《法解释讲义》，东京大学出版会 2009 年版，第 5 页。
③ 金克木：《比较文化论集》，生活·读书·新知三联书店 1984 年版，第 243 页。
④ ［美］罗伯特·萨默斯：《大师学述：富勒》，马驰译，法律出版社 2010 年版，第 206~207 页。

目会明确该条文的真正含义。有时，把它与其他的条文——同一法令或同一法典的其他条款——一比较，其含义也就明确了"①。例如，《刑法》第 328 条第 1 款规定了盗掘古文化遗址、古墓葬罪，其中第 4 项将"盗掘古文化遗址、古墓葬，并盗窃珍贵文物或者造成珍贵文物严重破坏"规定为法定刑升格情节，据此，可以认为，所谓盗掘，并不要求出于非法占有目的，只要未经有权机关批准的挖掘，即为盗掘。《刑法》第 345 条第 1 款规定了盗伐林木罪，其罪状是"盗伐森林或者其他林木，数量较大"。那么，是否意味着只要没有经过林业主管部门批准的砍伐就是盗伐呢？答案显然是否定的。因为该条第 2 款规定了滥伐林木罪，而滥伐林木所指的情形之一就是没有经过林业主管部门批准的砍伐。因此，盗伐林木必须是未经林业主管部门批准，并且违反林木占有者、所有者的意志，非法砍伐他人占有的林木的行为。又如，《刑法》第 273 条前段规定："挪用用于救灾、抢险、防汛、优抚、扶贫、移民、救济款物，情节严重，致使国家和人民群众利益遭受重大损害的，对直接责任人员，处三年以下有期徒刑或者拘役。"孤立地面对这一条时，解释者很难确定其中的"挪用"是否限于挪归个人使用。一旦联系《刑法》第 384 条的规定，解释者会得出结论认为，《刑法》第 273 条的"挪用"并不要求挪归个人使用。

其次，只有进行体系解释，才能妥当处理各种犯罪的构成要件之间的关系，使此罪与彼罪之间保持协调。例如，各国刑法理论与审判实践普遍认为，诈骗罪（既遂）在客观上必须表现为一个特定的行为发展过程：行为人实施欺骗行为——对方产生或者继续维持认识错误——对方基于认识错误处分（或交付）财产——行为人获得或者使第三者获得财产——被害人遭受财产损失。② "通说认为，交付行为的存在是必要的；交付行为这一要素，是'没有记述的构成要件要素'。"③ 对诈骗罪的客观要件作出如此解释，显然是体系解释的结果。换言之，进行这样的解释，尤其是要求受骗人基于认识错误形成交付意思进而处分财产，是为了使诈骗罪与盗窃罪尤其是盗窃罪的间接正犯相区别。④ 再如，对抢劫罪中的胁迫与强奸罪中的胁迫作出不同解释，是因为财产罪中有敲诈勒索罪，而对妇女的性的自己决定权的犯罪中，没有类似于敲诈勒索的犯罪。于是，强奸罪

---

① ［法］亨利·莱维·布律尔：《法律社会学》，许钧译，郑永慧校，上海人民出版社 1987 年版，第 70 页。

② Vgl. Gunther Arzt/Ulrich Weber, Strafrecht Besonderer Teil Lehrbuch, Verlag Ernst und Werner Gieseking, 2000, S. 458ff；［日］平野龙一：《刑法概说》，东京大学出版会 1977 年版，第 212 页；［日］西田典之著、桥爪隆补订：《刑法各论》（第 7 版），弘文堂 2018 年版，第 205 页。

③ ［日］平野龙一：《犯罪论的诸问题（下）》（各论），有斐阁 1982 年版，第 329 页。

④ 参见张明楷：《论三角诈骗》，《法学研究》2004 年第 2 期。

中的胁迫就必须包括类似于敲诈勒索罪中的胁迫行为。

最后，当解释者对某个用语得出某种解释结论时，常常会心存疑虑，在这种情况下，如果解释结论能够得到其他条文的印证，解释者便会解消疑虑。因为"对一个本文某一部分的诠释如果为同一本文的其他部分所证实的话，它就是可以接受的；如果不能，是应舍弃"①。换言之，面对一些所谓不明确的规定时，可以通过明确的规定来阐释不明确的规定。明确性是罪刑法定原则的要求，但是，期待一部刑法明确到不需要解释的程度，那只是一种幻想。体系解释有利于通过明确的规定阐释不明确的规定。例如，孤立地将《刑法》第363条的"贩卖"解释为出卖时，解释者或许有些不安的感觉，因为贩卖的日常含义是买进后再卖出。但当将"贩卖"解释为出卖能够得到《刑法》第155条、第240条、第347条的印证时，不仅会消除解释者不安的感觉，而且会使解释者坚定其解释结论。又如，孤立地将《刑法》第262条规定的拐骗儿童罪中"拐骗"解释为既包括使用欺骗方法的拐骗，也包括使用强制方法的拐骗时，多少会有些疑虑（这是人们受日常生活用语的影响所致）。但是，联系《刑法》第240条对"拐卖"所作出的规定时，就会认为，上述对拐骗的解释是可以接受的。所以，遇到不明确的规定时，应当通过明确的规定来阐释不明确的规定，"不应当由于某种不明确的规定而否定明确的规定"（Non sunt neganda clara propter quaedam obscura）。

从实质上说，成文法是正义的文字表述。"法理念是以三个基本价值的紧张关系表现出来的，这三个基本价值是正义、合目的性与法的安定性。……正义是形式的理念，无数的法规范根据正义采取其形式，即采取对万人平等对待和由法律规制的普遍性。而其内容必须由与正义不同的、因而与正义并列的、也属于法理念的原理来决定，这个原理就是合目的性。"② 但实质合目的性是相对的，需要制定法律予以确定。于是产生法的安定性理念，即法是实定的，实定法本身是安定的，作为法的基础的事实必须尽可能准确无误地被予以确定，不轻易变更实定法。③ 显然，上述作为法理念之一的正义，是指狭义的正义，即平等或公平，而三个法理念可以用广义的正义理念来概括。④ 人们对于正义存在不同的理解，但大体可以肯定的是，正义的基本要求是，"相同"的案件必须得到相同的或者至少相似的处理，只要这些案件按照普遍的正义标准在事实上是"相同"或者

---

① 奥古斯丁在《论基督教义》中所述，转引自［意］艾柯等：《诠释与过度诠释》，王宇根译，生活·读书·新知三联书店1997年版，第78页。其中的"本文"即人们通常所称的"文本"。
② ［德］拉德布鲁赫：《法学入门》，碧海纯一译，东京大学出版会1973年版，第33~34页。
③ 参见［德］拉德布鲁赫：《法学入门》，碧海纯一译，东京大学出版会1973年版，第36页。
④ 参见［德］亚图·考夫曼：《法律哲学》，刘幸义等译，五南图书出版公司2000年版，第155页。

相似的。换言之，对于"相同"的事项应相同处理，对于不同的事项应不同处理，是正义的基本要求。所以，使刑法条文之间保持协调，使"相同"的犯罪得到相同的处理，就是正义的，否则就是非正义的。例如，在刑法上，如果某种解释导致严重侵害法益的行为无罪，而轻微侵害法益的行为有罪，或者解释导致重罪只能判处轻刑，轻罪反而应当判处重刑，那么，这种解释就是不协调的，因而也是不正义的。要实现刑法的正义性，就必须保持刑法的协调性，故"使法律之间相协调是最好的解释方法"（Concordare leges legibus est optimus interpretandi modus）；而要保持刑法的协调，就必须避免矛盾。概言之，体系解释意味着对刑法的解释不仅要避免刑法规范的矛盾，而且也要避免价值判断的矛盾。

有德国学者提出，体系解释是以下述四个要求作为出发点的：（1）无矛盾的要求，即法律不会自相矛盾；（2）无赘言的要求，即法律不说多余的话；（3）完整性的要求，即法律不允许规定漏洞；（4）体系秩序的要求，即法律规定的编排都是有意义的。[①]

如后所述，无矛盾的要求具有特别重要的意义（参见本书第五章）。亦即，对法条的解释结论使得该法条与其他法条无矛盾、不冲突，是相当重要的理由；反之，如果一种解释结论导致法条之间相互矛盾，这种解释结论就难以被采纳。

无赘言的要求意味着解释者必须充分珍重刑法条文中的每一个用语。一般来说，刑法分则条文在提出 A 要求的同时，另外再表述 B 要求，就意味着适用该法条必须同时具备 A、B 两个要求，而且 A、B 两个要求没有逻辑上的包含关系。但是，刑法是由人起草的，起草者也会犯错误，因而完全可能出现多余的表述（参见本书第十六章）。此外，刑法分则中过多的注意规定，也在一定程度上违背了无赘言的要求。所以，无赘言的要求是难以全面贯彻的一个要求。

完整性的要求是一项十分重要的要求。刑法的机能不只是保障自由，还有保护法益，因而并不是漏洞越多越好。所以，解释刑法分则时，要尽量不使刑法产生漏洞（参见本书第四章）。但是，一部刑法不可能毫无遗漏地规定各种值得科处刑罚的行为，刑法不可避免地存在断片性。由于刑法实行罪刑法定原则，故在刑法分则的解释中，完整性也只能作为次要的要求。

体系秩序的要求当然是一种重要的解释理由。例如，刑法将某种具体犯罪规定在分则的某一章，就是基于特定的考虑。因此，在解释这一具体犯罪时，就不能脱离该罪在分则中所处的位置。显然，解释者不应当脱离侵犯财产罪的性质去

---

① 参见［德］Ingeborg Puppe：《法学思维小学堂》，蔡圣伟译，元照出版公司 2010 年版，第 77 页。

解释破坏生产经营罪。例如，某村自己修建了一条公路。后来，该村的一片土地被一造纸厂征用，造纸厂的进出车辆均必经该公路。由于造纸厂污染严重，村民将公路挖断，使得造纸厂停工停产。由于村民的行为并没有直接侵犯造纸厂的财产，故不可能成立破坏生产经营罪。当然，刑法分则体系的编排也不是十全十美的，故在某些场合不可避免要进行补正解释。例如，重婚罪就不是对公民人身权利、民主权利的犯罪，而是对社会法益的犯罪。所以，任何人的承诺都不应当影响重婚罪的成立。

还有德国学者对体系解释（系统解释）提出了六个类型：（1）如果某个法律章节的内容受其标题的限制，则该章节中的某项规定亦受此限制。（2）如果法律在不同的地方采用相同的概念与规定，则应认为这些概念与规定实际上是一致的；有疑义时某项概念的内容则与另一处的相同。（3）如果其他法律或规定中的表述含义不同，则应对讨论中的规定作出不同的解释。（4）在某项法律规范或概念存有疑义时，对其作出的解释不应使得其他的某项规定变成为多余的。（5）允许从法律所依赖的原则中得出结论。（6）解释遇到难度较大的问题时，亦可考虑外国法（比较法解释）。①

本书针对以上几点相应地发表如下看法：（1）不可否认，对刑法分则各种具体犯罪的法益确定与构成要件的解释，要受其章节标题的限制。如上所述，刑法分则第五章规定的犯罪，其保护法益是财产，对各种具体犯罪构成要件的解释，要受到"侵犯财产罪"的限制。但是，刑法是人制定的，也会存在归类错误。在对具体犯罪存在归类错误时，解释者必须进行补正解释。（2）在我国刑法分则中，用语的含义不可能是绝对统一的。当 A、B 两个条文都使用了"甲"用语，而且对两个条文中的"甲"用语必须作出不同解释时，应当承认用语的相对性。当 C、D 两个条文都使用了"乙"用语，只能明确"乙"用语在 C 条文中的含义，而对 D 条文中的"乙"用语存在疑问时，就需要考虑"乙"用语在 C 条文中的含义。倘若对 D 条文中的"乙"用语作出与 C 条文相同的解释，能得出合理结论，就必须作出相同解释。不过，如果具备充分理由（包括结论的合理性），也可能作出与 C 条文不同的解释。概言之，不同法条中的相同概念，也可能具有不同含义。这种形式上的反体系解释，却是真正的、实质上的体系解释。（3）一般来说，不同的用语具有不同的含义，但也不尽然。在刑法分则中，不同的用语表述相同含义的情形并不少见。这也是真正的、实质的体系解释的要求所造成的。（4）刑法的简短价值原本要求法条中没有多余的表述，但遗憾的是，我国刑法分则中的确有不少多余的表述。（5）对刑法分则的解释当然允许从刑法所依

---

① 参见［德］伯阳：《德国公法导论》，北京大学出版社 2008 年版，第 24~25 页。

赖的原则中得出结论。不过，各项原则所处的地位可能不同，如果从其他原则中得出的结论违反罪刑法定原则，就不应被采纳。(6) 比较法解释虽然是一种具有一定说服力的解释理由，但不宜将其作为体系解释的一项内容或要求。

其实，体系解释的具体要求是难以穷尽的（有关避免矛盾、防止漏洞、保持协调、总则与分则的关系等要求，本书还将以专章展开讨论）。合宪性解释虽然也可谓体系解释的要素，但下文将专门说明。就刑法解释而言，要做好体系解释，需要特别注重以下几点：

1. 以刑法总则规定为指导解释刑法分则

刑法总则规定应当贯穿于刑法分则，所以，对于刑法分则的解释必须以刑法总则的规定为指导（参见本书第二章）。例如，刑法总则规定了故意犯罪及其处罚原则。《刑法》分则第236条所规定的奸淫幼女犯罪是故意犯罪，其成立以行为人明知自己的行为会发生侵害幼女的性的不可侵犯权的结果为前提，进而以行为人明知行为对象为幼女为前提。倘若认为奸淫幼女犯罪为严格责任犯罪，则违反罪刑法定原则与责任主义。

2. 同类解释规则

刑法分则的许多条文在列举具体要素之后使用"等""其他"用语。例如，《刑法》第114条规定："放火、决水、爆炸以及投放毒害性、放射性、传染病病原体等物质或者以其他危险方法危害公共安全，尚未造成严重后果的，处三年以上十年以下有期徒刑。"仅从条文的文理上说，放火、决水、爆炸等，是危险方法的例示。一方面，如果某个案件事实属于放火，解释者就不应当再思考该事实是否属于"其他方法"。另一方面，法条通过放火、决水、爆炸的例示将所谓"危险方法"的情形传达给司法工作人员。[①] 换言之，只有与放火、决水、爆炸等相当的方法，才属于其他危险方法。这便是同类解释规则的要求。

问题在于，在刑法分则使用"等""其他"概念时，同类的"类"指什么？换言之，应当在什么意义上理解"等""其他"之前所列举的要素？对此，不能从形式上得出结论，必须根据法条的法益保护目的以及犯罪之间的关系得出合理结论。从"行为"的角度来说，大体而言，刑法分则的"等"与"其他"主要存在如下几种情形：

（1）行为的危险性质的同类。上述《刑法》第114条中的"其他危险方法"即是如此。

---

① 参见［德］Ingeborg Puppe：《法学思维小学堂》，蔡圣伟译，元照出版公司2010年版，第60页。

（2）行为手段强制性的同类。例如，《刑法》第 237 条第 1 款规定："以暴力、胁迫或者其他方法强制猥亵他人或者侮辱妇女的，处五年以下有期徒刑或者拘役。"根据同类解释规则，这里的"其他方法"仅限于与其前面列举的暴力、胁迫的强制作用相当的方法，而非泛指一切其他方法，否则必然扩大处罚范围，违反罪刑法定原则。显然，按照同类解释规则进行的解释，与罪刑法定原则所禁止的类推解释存在本质区别。因为同类解释是对刑法所规定的"其他""等"内容的具体化，而不是将法无明文规定的行为以犯罪论处。《刑法》第 236 条中的"其他手段"，第 121 条、第 122 条、第 263 条中的"其他方法"，都是如此。

（3）行为类型的同类。例如，《刑法》第 224 条规定了合同诈骗罪，前 4 项列举了合同诈骗罪的具体类型，第 5 项规定的行为类型是"以其他方法骗取对方当事人财物"。于是，前 4 项之外的、凡是利用了经济合同并且符合诈骗罪构造的行为，均属于"以其他方法骗取对方当事人财物"。

（4）行为的法益侵害性质的同类。例如，《刑法》第 246 条所规定的侮辱罪的构成要件是"以暴力或者其他方法公然侮辱他人"。显然，其中的"其他方法"并不限于像暴力一样具有行为手段强制性的方法，而是指其他毁损他人名誉的方法。因此，文字、语言、举止等毁损他人名誉的方法，都包含在内。显然，在这样的场合，只需要判断行为的法益侵害性质，而不需要对行为方式与手段作出特别限制。再如，《刑法》第 238 条第 1 款前段规定："非法拘禁他人或者以其他方法非法剥夺他人人身自由的，处三年以下有期徒刑、拘役、管制或者剥夺政治权利。"拘禁之外的非法剥夺他人人身自由的行为，都包含在"其他方法"之中。又如，《刑法》第 162 条之二规定："公司、企业通过隐匿财产、承担虚构的债务或者以其他方法转移、处分财产，实施虚假破产，严重损害债权人或者其他人利益的，对其直接负责的主管人员和其他直接责任人员，处五年以下有期徒刑或者拘役，并处或者单处二万元以上二十万元以下罚金。"其中的"其他方法"没有限定，任何转移、处分财产的行为，都属于虚假破产罪的行为方法。事实上，第 238 条与第 162 条之二中的"其他方法"，没有自身实质的含义，是可以删去的多余用词；"其他方法"之后紧接的行为，已经完整地描绘了其法益侵害性质。

刑法分则对结果的规定也有"其他"之类的表述。在这种情况下，要根据同类解释规则进行解释，而不是无限扩大结果的范围。例如，《刑法》第 236 条第 3 款第 6 项将"致使被害人重伤、死亡或者造成其他严重后果"规定为强奸罪的法定刑升格条件。"其他严重后果"必须是与重伤、死亡相当的后果，而不包括轻微或者较轻的后果。例如，2010 年 3 月 1 日晚，被告人王某在某宾馆慢摇吧演唱歌曲并喝酒后，在去上厕所途中，看到醉酒的在该酒吧当服务员的被害人彭某，即尾随被害人彭某至走廊，将其抱进一空房内的沙发上，采用暴力手段，强行将被告人彭某的裤子脱下，与其发生了性关系，致使彭某怀孕。案发当晚，被告人王某即与被害人就此事进行了协商并愿意赔偿被害人 1 万元作为补偿，因为其经济困难而没有兑现。被害人彭某怀孕后第四个月进行了人工流产，手术顺利，对被害人没有造成其他严重伤害。案发后，被告人的家属于同年 7 月 22 日赔偿被害人彭某用于流产的医疗费用 5 000 元，于同年 8 月 5 日赔偿被害人彭某 1 000 元。公诉机关认为被告人王某的行为构成强奸罪，且后果严重，属于《刑法》第 236 条第 3 款第 6 项规定的情形，应适用"十年以上有期徒刑、无期徒刑或者死刑"的法定刑。在本书看来，不应当认定王某的行为造成了其他严重后果。因为强奸行为造成成年妇女怀孕的后果，与强奸行为造成重伤、死亡结果明显不具有同类性。①

3. 刑法用语的相对性

"维特根斯坦曾经说过，如果我们想要理解我们的概念，就必须在它们'工作时'对其进行思考，而不是在它们'闲着'或者'休假'的时候。"② 用语一定是在特定的语境下工作，语境不同用语的含义也就发生变化。用语就是为了实现一定的目的而工作的，所以，使用该用语的目的不同，用语的含义也就不同。概言之，同一个刑法用语，可能具有不同的含义；之所以如此，其实也是体系解释的结果。显然，如果对任何一个用语，在任何场合都作出完全相同的解释，其结论必然违反罪刑法定原则的本旨。例如，对刑法分则中的"暴力""胁迫"不可能作出完全相同的解释，否则必然导致罪刑法定原则的实质侧面所禁止的不均衡的刑罚。再如，对于作为盗窃罪情形之一的"多次"盗窃与作为法定刑升格条件的"多次"抢劫中的"次"的认定，就不宜相同，对后者的认定应当比前者严格（参见本书第十七章）。

4. 对解释结论的检验

体系解释不只是使法条文字相协调，更要求解释结论的协调。如前所述，当解释者对某个用语得出某种解释结论时，常常会心存疑虑，在这种情况下，需要得到其他条文的印证。亦即，一种心存疑虑的解释结论能够得到其他条文

---

① 倘若强奸导致幼女怀孕，则有可能认定为其他严重后果。因为强奸行为所导致的幼女怀孕的事实，严重侵害了幼女的身心健康。所以，强奸行为导致成年妇女怀孕和导致幼女怀孕，会使判断者得出不同的结论。当然，这只是笔者的评价，不同的学者可能得出不同的结论。

② 哈特语，转引自［德］鲁道夫·冯·耶林：《法学的概念天国》，柯伟才、于庆生译，中国法制出版社 2009 年版，第 28 页。

的印证时，大体上就可以消除疑虑；反之，如果心存疑虑的解释结论不能得到其他条文的印证，就难以采纳这种解释结论。这是因为，刑法是正义的文字表述，解释者必须将一部刑法视为具体法条协调一致的统一体，而不能视为杂乱无章的集合体。对一个法条的解释与适用，其实是对整部刑法的解释与适用。所以，解释者要善于使自己的解释结论得到相关法条的印证。例如，故意致人轻伤的行为得到了被害人的承诺时，其违法性被阻却，不应当认定为故意伤害罪。那么，重伤行为得到被害人承诺的是否阻却违法性，亦即应否认定为故意伤害罪呢？这是国内外刑法理论界都激烈争论的问题。我国刑法规定了聚众斗殴罪，虽然聚众斗殴罪不是针对人身权利的犯罪，但是任何一方行为人在明知自己与对方斗殴，明知自己的身体会受到伤害时仍然与对方斗殴，就表明任何一方的行为人对伤害是有承诺的，这也是刑法不将聚众斗殴罪规定在《刑法》分则第四章的一个重要原因。可是，《刑法》第292条第2款规定："聚众斗殴，致人重伤、死亡的，依照本法第二百三十四条、第二百三十二条的规定定罪处罚。"这便表明，被害人对重伤、死亡的承诺是无效的。再者，被害人对杀人（生命）的承诺绝对无效，故对死亡的危险的承诺，也应当是无效的；由于重伤一般具有死亡的危险，因此，即使有死亡危险的重伤行为得到被害人的承诺，也应认定为故意伤害罪。反之，在不构成聚众斗殴罪的相互斗殴中，其中一方将另一方殴打至轻伤的，应认为承诺是有效的，不成立故意伤害罪。①

5. 以基础法条为中心

对刑法进行体系解释，要使刑法条文之间相协调。但是，"使刑法条文相协调是最好的解释方法"这句话，是有前提的。亦即，对法条（尤其是基础法条）作出了合理解释。因为一个解释结论与公认为合理的解释结论不协调时，就难以被人接受。由于刑法条文之间具有密切关系，对一个条文作出不恰当解释后，为了保持条文之间的"协调"，可能甚至必然导致对相关的另一个条文作出不合理解释。换言之，进行体系解释时，应防止因为错释一条进而错释一片的局面。与之密切相关的是，应当选择哪一个法条作为基础法条，使之成为被比照、被类比的对象，也显得特别重要。

例如，根据《刑法》第226条的规定，以暴力、威胁手段强买强卖商品、强迫他人提供服务或者强迫他人接受服务，构成强迫交易罪。倘若将本条作为基础法条，认为凡是存在交易的行为，都仅成立强迫交易罪，而不成立财产犯罪，那

---

① 《刑法》第333条第2款规定，非法组织他人出卖血液并对他人造成伤害（从法定刑来看应是指重伤）的，以故意伤害罪论处。这一规定也表明被害人对重伤害的承诺是无效的。

么，必然导致体系性的错误。详言之，倘若解释者认为，行为人使用严重暴力迫使他人用 1 000 元购买自己价值 2 元的圆珠笔的，仅属于强买强卖商品，仅成立强迫交易罪，那么，该解释者就会认为，只要有交易存在就不成立抢劫、敲诈勒索等罪，否则就违反了罪刑法定原则（第一种协调，如后所述，这种协调只是表面的）。反之，倘若解释者认为，强迫交易罪不是财产犯罪，其成立不以给被害人造成财产损失为条件，那么，该解释者就会认为，使用严重暴力迫使他人用 1 000 元购买自己价值 2 元的圆珠笔的行为，成立抢劫罪。即使认为该行为同时触犯了强迫交易罪，也只是一种想象竞合，而不能否认其行为成立抢劫罪（第二种协调）。不难看出，在《刑法》第 226 条与第 263 条之间，存在两种不同的协调，采取哪一种协调解释，就至关重要了。

笔者认为，在上述场合，解释者不能事先根据《刑法》第 226 条的字面含义，将部分抢劫、敲诈勒索行为也仅解释为强迫交易罪。换言之，解释者在解释《刑法》第 226 条时，应当考虑到强迫交易罪与抢劫罪、敲诈勒索罪之间的关系；应当考虑使用严重暴力迫使他人用 1 000 元购买自己价值 2 元的圆珠笔的行为，是认定为抢劫罪合适，还是认定为强迫交易罪合适；还应当考虑到强迫交易罪与抢劫罪、敲诈勒索罪是一种对立关系，还是非对立关系；而且要认识到，有关抢劫罪、敲诈勒索罪的法条是基础法条，是被比照的对象。概言之，要以有关抢劫罪、敲诈勒索罪的法条为基础解释强迫交易罪，而非以有关强迫交易罪的法条为基础解释抢劫罪与敲诈勒索罪；而不能用含义更不清楚的强迫交易罪限缩抢劫罪、敲诈勒索罪的范围，更不能臆想一种本不存在的对立关系。在笔者看来，由于强迫交易罪的保护法益是自愿、平等交易的市场秩序，并不以造成他人财产损失为要件（可以表明这一点的是，本罪以情节严重为前提，而且法定刑较轻），故对于造成他人财产损失的行为，必须再次判断其是否符合更重的财产犯罪的构成要件。即使认为造成了他人财产损失的行为符合强迫交易罪的构成要件，也不妨碍认定该行为符合财产犯罪的构成要件。换言之，即使认为，使用严重暴力迫使他人用 1 000 元购买自己价值 2 元的圆珠笔的行为，成立强迫交易罪，也不妨碍将该行为认定为抢劫罪。

其实，上述"第一种协调"的解释，并不协调。比较两例就可以说明这一点。根据"第一种协调"的解释，使用严重暴力迫使他人用 1 000 元购买自己价值 2 元的圆珠笔的行为，成立强迫交易罪，不成立抢劫罪；但使用严重暴力迫使他人单纯交付 500 元人民币的行为，因为不存在交易，只能成立抢劫罪。然而，就对被害人造成财产损失而言，后者轻于前者，可"第一种协调"解释却得出了相反结论。姑且不论抢劫罪是对个别财产的犯罪，即使认为抢劫罪是对整体财产的犯罪，也应当认为上述两种行为都成立抢劫罪。①

再如，在司法实践中，为了区分所谓诈骗罪与民事欺诈的界限，常常以是否存在交易为标准。从体系解释的角度来说，存在如何理解《刑法》第140条与第266条的关系问题。《刑法》第140条规定："生产者、销售者在产品中掺杂、掺假，以假充真，以次充好或者以不合格产品冒充合格产品，销售金额五万元以上不满二十万元的，处二年以下有期徒刑或者拘役，并处或者单处销售金额百分之五十以上二倍以下罚金……"本条所规定的生产、销售伪劣产品罪，也表现为一种交易行为。倘若解释者认为，本条规定表明，只要有交易行为存在，就不可能构成诈骗罪，那么，该解释者就会认为，诈骗罪只能是"空手套白狼"或者"无对价取得"，行为人在使用欺骗手段取得他人财物的同时支付了一定对价的，只能是销售伪劣产品罪或者民事欺诈（第一种协调解释）。反之，倘若解释者认为，《刑法》第140条所规定的生产、销售伪劣产品罪与诈骗罪存在想象竞合，即使存在交易关系，也可能构成诈骗罪，那么，该解释者就会认为，诈骗罪并不限于"空手套白狼"与"无对价取得"，即使行为人在使用欺骗手段取得他人财物的同时支付了一定对价，也不妨碍诈骗罪的成立（第二种协调解释）。例如，甲使用欺骗手段，将仅有1万吨储煤量的煤矿谎称为有100万吨储煤量的煤矿，以700万元的成交价出卖给乙。按照"第一种协调"解释，由于存在交易，而不是"空手套白狼"与"无对价取得"，甲的行为既不成立诈骗罪，也不成立生产、销售伪劣产品罪，仅属于民事欺诈。但按照"第二种协调"解释，甲的行为依然成立诈骗罪。

笔者认为，在上述场合，解释者不能事先根据《刑法》第140条的字面含

---

① 对个别财产的犯罪，是指对被害人的个别财产（如某个财物、债权等）进行侵害的犯罪。其特点是，只要使被害人丧失了特定的个别财产，即使同时使被害人获得了相应的利益，也成立犯罪。盗窃罪、侵占罪等都属于对个别财产的犯罪。对整体财产的犯罪，是指对被害人的财产状态整体进行侵害的犯罪。其特点是，将财产的丧失与取得作为整体进行综合评价，如果没有净损失就否认犯罪的成立。德国、日本刑法所规定的背信罪（或背任罪）就属于对整体财产的犯罪。我国刑法分则第五章所规定的侵犯财产罪，均为对个别财产的犯罪。例如，甲想得到乙从国外花5 000元人民币购买的一部手机，趁乙上卫生间之机，把自己的6 000元放在乙的办公桌上，将乙的手机拿走。由于盗窃罪是对个别财产的犯罪，所以，甲的行为成立盗窃罪。因为刑法要保护乙对手机（个别财产）的占有与所有，而甲却违反乙的意志将乙占有的手机转移为自己占有，因而侵害了乙的财产法益。甲将6 000元放在乙的办公桌上，并不影响其盗窃罪的成立。因为甲虽然损失6 000元，但这是他自愿给付乙的，而乙损失手机却不是自愿的，故二者不可以相抵。简单地说，不能将赠送与盗窃相抵，不能因为甲赠送给乙6 000元人民币，就否认其拿走乙的手机构成盗窃罪。概言之，不能认为，"乙不仅没有财产损失，而且多得了1 000元，故甲的行为不成立盗窃罪"。相反，必须认定甲的行为使乙丧失了手机的占有与所有（财产损失），并且违反了乙的意志，因而成立盗窃罪。

义，将生产、销售伪劣产品罪与诈骗罪解释为对立关系，进而认为诈骗罪仅限于无对价取得的情形。换言之，解释者在解释《刑法》第140条时，应当考虑到生产、销售伪劣产品罪与诈骗罪的关系；应当考虑对使用欺骗手段使他人遭受财产损失的行为，是认定为诈骗罪合适，还是认定为生产、销售伪劣产品罪合适；还应当考虑《刑法》第140条与第266条是一种对立关系，还是非对立关系。而且，要以刑法有关诈骗罪的法条为基础解释生产、销售伪劣产品罪，而非以有关生产、销售伪劣产品罪的法条为基础解释诈骗罪。在笔者看来，由于生产、销售伪劣产品罪的保护法益为诚实交易的经济秩序，并不以造成他人财产损失为要件，故对于造成他人财产损失的行为，必须再次判断其是否符合更重的财产犯罪的构成要件。即使认为造成了他人财产损失的行为符合生产、销售伪劣产品罪的构成要件，也不妨碍认定该行为符合财产犯罪的构成要件。

同样，上述"第一种协调"的解释，并不协调。稍作比较就可以说明这一点。根据"第一种协调"的解释，上述甲的行为不成立任何犯罪，仅属于民事欺诈。可是，根据《刑法》第140条的规定，倘若行为人销售的是其他伪劣商品，"销售金额二百万元以上的，处十五年有期徒刑或者无期徒刑，并处销售金额百分之五十以上二倍以下罚金或者没收财产"。而上述甲的销售金额为700万元，却反而不构成任何犯罪。这说明，"第一种协调"解释得出的结论，并不协调。此外，金融诈骗罪与合同诈骗罪大多存在交易关系，倘若认为诈骗罪只能是"空手套白狼"或者"无对价取得"（上述"第一种协调"的解释），就使得诈骗罪与金融诈骗罪、合同诈骗罪之间不协调。

大体而言，刑法分则有关自然犯的规定，属于基础法条，对法定犯以及新增加的犯罪的解释，要以基础法条为中心，同时要善于承认行为触犯数罪名时的想象竞合关系。

6. 当然解释原理的运用

当然解释，是指刑法规定虽未明示某一事项，但依形式逻辑、规范目的及事物属性的当然道理，将该事项解释为包括在该规定的适用范围之内的解释方法。如前所述，当然解释属于一种解释技巧，但在刑法中，当然解释原理成为一种解释理由。

当然解释的解释方法，在适用刑法上，蕴含了出罪时举重以明轻、入罪时举轻以明重的当然道理。举重以明轻意味着，如果刑法没有将更严重的 A 行为规定为犯罪，那么，比 A 行为更轻微的 B 行为，就应无罪；举轻以明重意味着，如果刑法将较轻的甲行为规定为犯罪，那么，比甲行为更严重的乙行为，应当构成犯罪。显然，举重以明轻，是就出罪而言；举轻以明重，是就入罪而言。

举重以明轻和举轻以明重，是解释刑法时应当遵循的一项规则，这一规则的突出意义表现在，法官在解释刑法时，必须维护刑法的公平正义性；在处理案件时，必须实现案件之间的协调一致性。因此，法官不应孤立地解释任何一个刑法条文，而必须将一个刑法条文作为刑法整体下的一个部分进行解释。

举重以明轻规则的适用，要求法官确定哪些与案件相关的行为在刑法上没有被规定为犯罪；然后，将刑法没有规定为犯罪的行为，与自己所面对的案件事实进行比较，判断孰轻孰重；再不断对构成要件进行解释，将面对的案件事实排除在犯罪之外。但是，在适用举轻以明重的解释原理进行当然解释时，也要求案件事实符合刑法规定的构成要件，而不能简单地以案件事实严重为由以犯罪论处。换言之，当然解释的结论，也必须能为刑法用语所包含。否则，即使是当然解释的结论，也不能被采纳。例如，《刑法》第 225 条将"未经许可经营法律、行政法规规定的专营、专卖物品或者其他限制买卖的物品"规定为非法经营罪的一种行为类型。据此，甲未经许可经营香烟买卖业务的，构成非法经营罪。那么，乙未经许可销售假冒他人注册商标的香烟的，是否成立非法经营罪？根据举轻以明重的规则，既然未经允许经营合格香烟的成立非法经营罪，那么，未经允许经营伪劣香烟的更应成立非法经营罪。但是，在本案中，还必须论证伪劣香烟也是"法律、行政法规规定的专营、专卖物品或者其他限制买卖的物品"。显然，得出这一结论并不困难。因为香烟属于专卖物品，假冒他人注册商标的香烟以及其他伪劣香烟，都属于香烟。再如，《刑法》第 227 条第 2 款规定了倒卖车票、船票罪，而没有规定倒卖飞机票罪，以前也曾出现过倒卖飞机票的行为。应当说，倒卖飞机票的行为对法益的侵害性更为严重，似乎可以由"举轻以明重"的解释原理来说明其构成犯罪。但是，车票、船票的概念不能包含飞机票，所以，不可能根据《刑法》第 227 条第 2 款的规定处罚倒卖飞机票的行为。如有可能，只应在其他刑法条文中寻找处罚根据。不难看出，对不同性质的行为，是不可能进行所谓当然解释的，否则必然违反罪刑法定原则。因为刑法分则条文对不同性质的行为使用了不同的用语，对于与刑法规定的行为性质不同的行为，不可能解释为刑法用语所包含的行为。

特别有争议的是，对真正的军警人员抢劫的，能否适用《刑法》第 263 条关于"冒充军警人员抢劫"的规定？从实质上说，军警人员显示其真实身份抢劫比冒充军警人员抢劫，更具有提升法定刑的理由。因为，刑法将"冒充军警人员抢劫"规定为法定刑升格的条件，主要是基于两个理由：其一，由于军警人员受过特殊训练，其压制他人反抗的能力高于一般人，故冒充军警人员抢劫给被害人造成的恐惧心理更为严重，因而易于得逞；其二，冒充军警人员抢劫，会严重损害国家机关的形象。然而，真正的军警人员显示军警人员身份抢劫时，同样具备这两个理由。而且，非军警人员抢劫后，由于被害人及其他人事后得知行为人不是军警人员的真相，可以挽回国家机关的形象；而真正的军警人员抢劫，对国家机关形象的损害更为严重。既然如此，真正的军警人员显示军警人员身份抢劫的，应当比冒充军警人员抢劫的，受到更为严厉的制裁。由此可见，根据举轻以明重的当然解释原理，对真正的军警人员抢劫适用"冒充军警人员抢劫"的规定，具有实质的合理性。法理学者也指出："对于真军警实施抢劫行为如何量刑，通常认为，不仅应比一般人，还应比冒充军警人员更重。……真正的理由是，冒充军警人员抢劫比一般人抢劫量刑要重，是以军警人员抢劫为前提的，无军警人员抢劫便无冒充者抢劫，冒充军警人员抢劫是从军警人员抢劫发展而来，只有军警人员抢劫是犯罪，冒充军警人员抢劫才是犯罪，二者先在犯罪上具有递进关系；既然对冒充军警者抢劫量刑要重，对被冒充者抢劫量刑要更重，这又在量刑上形成递进关系，递进引起加重。"[1] 这一理由无疑是成立的。联系共同犯罪考虑，也可以得出相同结论。例如，某县一派出所民警王某与无业青年苏某商议以"抓嫖"为名到旅社抢劫旅客财物。是日凌晨 1 时许，王某穿好警服，拿起一支电警棍，并让苏某也换上一套警服并带上一副手铐，两人来到该县某镇"抓嫖"。几经踩点，王、苏二人决定对"幸福旅社"动手。二人径直进入旅社大门后，王某声称自己是警察要例行查房，并以警棍威胁，逼迫旅社服务员面向墙壁蹲下，然后从服务台抽屉内取出 500 元放入自己的裤袋。苏某则径直冲上二楼，也声称自己是警察，命令旅客开门接受检查，并拿出手铐相威胁，强行搜检旅客房间、旅行袋和衣物，将搜到的人民币共计 1 200 元装入自己腰包。后经被害人报案，王某和苏某相继落网。第一种意见认为，王某和苏某都成立抢劫罪，但王某只适用基本的法定刑，苏某则适用加重的法定刑。因为苏某不是警察，其声称自己是警察而实施的抢劫行为，符合"冒充军警人员抢劫"这一抢劫罪中的法定刑升格条件；而王某是警察，刑法没有规定警察显示其真实身份抢劫也要加重处罚，因而只适用基本法定刑。第二种意见认为，王某和苏某都成立抢劫罪，并都适用加重的法定刑。[2] 第一种意见显然使罪重者轻判，不符合罪刑均衡的原理。第二种意见中，也可能有人认为，苏某是冒充军警人员抢劫的正犯，王某只是冒充军警人员抢劫的共犯。果真如此，对王某就可能按照冒充军警人员抢劫的从犯论处，但这种结论明显不协调。[3] 显然，只有认定王某本身就是冒充军警人员抢劫的正犯，才能得出协调、合理的结论。以上只是基于当然解释提出的实质

---

[1] 郑永流：《法律方法阶梯》，北京大学出版社 2008 年版，第 200 页。

[2] 参见张理恒：《警察伙同他人抢劫应当如何量刑》，《检察日报》2010 年 8 月 8 日，第 3 版。

[3] 况且，能否成立冒充军警人员抢劫的共犯还有疑问。如若认为量刑身份是责任要素，不能在共犯间连带，则王某只能成立普通抢劫罪。

理由，问题是，在适用刑法关于"冒充军警人员抢劫"的规定时，仍然必须说明，真军警人员抢劫的行为，属于或者符合"冒充军警人员抢劫"。换言之，对"冒充"的解释必须能够涵摄真军警。《刑法》也有条文使用了"假冒"一词，故或许可以认为，冒充不等于假冒。亦即，"冒充"包括假冒与充任①，其实质是使被害人得知行为人为军警人员，故军警人员显示其身份抢劫的，应认定为冒充军警人员抢劫。有学者针对笔者的这一观点指出："我国刑法中使用冒充一词的也不限于冒充军警人员抢劫一处，在《刑法》第279条招摇撞骗罪中，也采用了冒充一词。招摇撞骗罪是指冒充国家机关工作人员进行招摇撞骗的行为。张明楷教授指出冒充国家机关工作人员的身份进行招摇撞骗存在三种情况，此处的冒充为什么又不解释为假冒与充当呢？由此可见，其对同一用语的解释并不能前后一贯。事实上，在刑法中同一用语有不同解释或者不同用语有相同解释，这种现象都是存在的，对此，应当结合不同的语境加以解释。"② 其实，上述批评观点已经回答了笔者为什么对《刑法》第263条中的"冒充"与第279条中的"冒充"不作相同解释的原因。既然刑法理论承认用语的相对性，就不应当要求其他解释者对同一用语的解释必须前后一贯。笔者对不同法条中的冒充作出不同解释，正是为了实现刑法的体系性、协调性。因为，仅将《刑法》第279条中的冒充解释为假冒，就能实现该条的目的，而且不会造成不协调、不均衡的现象。但是，仅将《刑法》第263条中的冒充解释为假冒，就会造成不协调、不均衡的现象。换言之，在《刑法》第279条的语境中，不可能将冒充解释为假冒与充任，否则，就会导致完全合法的行为（如警察到达案发现场时声称自己是警察的行为）也会受到刑罚处罚，因而违反刑法的正义性；但在《刑法》第263条的语境中，则可以将冒充解释为假冒与充任，否则，得出的结论就违反了刑法的正义性。

不难看出，当然解释其实是体系解释的需要，它是一种目的性推论，而不是演绎性推论。在根据当然解释的原理试图得出某种解释结论时，必须使案件事实与刑法规范相对应。

7. 对解释结论的适用后果的考察

"将对各种相互竞争的解释论据的衡量和选择交给对正义的寻求这一目标去引导，也就是说，最终确定的解释论据应当能够使得裁定之案件获得公平的处理，是符合法的基本功能，即为法律问题寻找正义之解决的。……人们可以认为，在法律解释过程中，对正义结果的关注贯穿于论辩的始终。""在各项解释

---

① 参见张明楷：《侵犯人身罪与侵犯财产罪》，北京大学出版社2021年版，第257~259页。
② 陈兴良：《形式解释论的再宣示》，《中国法学》2010年第4期。

可能性之间的选择应以这样的考虑为旨归，即这些不同的解释分别会产生哪些实际后果，以及这些后果当中哪些应合乎正义地得到优先考虑。"① 显然，如果适用一种解释结论的后果是，不法与责任较重的行为受到较轻的处罚，而不法与责任较轻的行为受到较重的处罚，或者不法与责任较重的行为被宣告无罪，而不法与责任较轻的行为被宣告有罪，那么，这种解释结论就是不协调的、非正义的，因而是不可取的。例如，倘若认为不能将合同诈骗行为评价为诈骗罪，那么，犯普通诈骗罪为窝藏赃物而当场使用暴力的，成立抢劫罪，实施合同诈骗行为为窝藏赃物而当场使用暴力的，仅成立合同诈骗罪，这样的适用后果显然违反了刑法的公平正义性。所以，应当认为，凡是可以评价为诈骗罪的行为（合同诈骗行为当然可以评价为诈骗罪），都可能转化为抢劫罪。这样的解释并不意味着改变了《刑法》第 269 条的规定，亦即，并没有在第 269 条所规定的前提犯罪中增加合同诈骗罪。换言之，这样的解释并没有修改制定法（第 269 条），而是经由适用后果的考察进一步明确了第 269 条的真实含义。

"后果考察被看作是一种目的论的解释；因为，目的论解释的正当性并不是来自于立法者的权威，也不是来自于其从法条文本推导出结果的正确性，而是从这些结果的有益性（Nützlichkeit）导出。也就是说，在特别的程度上，后果考察必须能够用'有益性'的标准来衡量。因此，不只是那些作为目的论解释基础的目的必须要被证明为有益且公平，还必须要避免解释的结果除了这个有益的作用外，一并带来其他会抵销（甚至超过）实现该目的之有益性的负面效果。"② 所以，法律适用后果的考察，也不只是考察法益保护的适用后果，还要考察自由保障的适用后果。

8. 法秩序的统一性

"'体系'解释要将个别的法律观念放在整个法律秩序的框架当中，或者如萨维尼所说，在'将所有法律制度和法律规范连接成为一个大统一体的内在关联'当中来考察。"③ 所以，对刑法分则的解释，不仅要与宪法、刑法总则相协调，还需要顾及法秩序的统一性。例如，对于侵害财产罪的构成要件的解释，不可能完全脱离民法的相关规定。倘若某种利益在民法上并不受到保护，就不宜作为刑法上的法益予以保护。例如，行为人欺骗卖淫女说"发生性关系后给钱"，但发生性关系后，行为人没有给钱就溜走了。发生性关系本身不是财物，卖淫产生的"债权"并不是受民法保护的债权。与之相适应，不应当认定行为人的行为构成诈骗罪。再如，侵占罪的保护法益包括所有权与债权等财产性利益，如果

① ［德］齐佩利乌斯：《法学方法论》，金振豹译，法律出版社 2009 年版，第 82、84 页。

② ［德］Ingeborg Puppe：《法学思维小学堂》，蔡圣伟译，元照出版公司 2010 年版，第 103 页。

③ ［德］齐佩利乌斯：《法学方法论》，金振豹译，法律出版社 2009 年版，第 61 页。

被害人不存在民法上的所有权与债权等财产性利益，行为人就不可能成立侵占罪。例如，甲基于不法原因将财物交付给乙之后，就不再享有返还请求权。乙取得该财物的，并不成立侵占罪。

当然，在顾及法秩序的统一性时，也需要重视刑法的特殊性。刑法并不完全从属于民法，并且具有不同于民法的目的，故不可能在任何场合都以民法等法律为根据。例如，即使是民法上的私人财产，也可能在刑法上成为公共财产（参见《刑法》第91条第2款）。民法上的所有权人窃取刑法上属于公共财产的财物时，依然成立盗窃罪。

基于刑法的谦抑性以及罪刑法定原则，一般来说，民法上明确具有正当化事由的行为，不可能成为刑法上的违法行为，就此而言，刑法判断不应当具有独立性与特殊性。然而民法上的违法行为，并不当然具有刑法上的违法性，在此方面，应当强调刑法判断的独立性与特殊性。

以上论述表明，单纯使得刑法条文之间的"文字含义"协调，还称不上是最好的解释方法，只有既使刑法条文之间的文字含义协调，又使案件事实得到协调处理的解释方法，才是最好的解释方法。

（三）历史解释

历史解释，是指根据制定刑法时的历史背景以及刑法发展的源流，阐明刑法条文真实含义的解释方法。在对刑法进行解释时经常使用的资料主要有，关于草案的说明，审议结果报告，立法机关的审议意见或者有关部门的意见，起草、审议、审查、讨论草案过程中各方面的意见等。[1] 此外，还需要考察立法时的相关背景与一般人的价值观念等。

进行历史解释，是为了通过历史参考资料寻找刑法的真实含义，而不是只探讨立法原意。正如德国学者所言："把对法律的运用生硬地限制在立法者在历史上所着眼的出发点上，是为法律所不能接受的。'因为，法律不是僵化的字母，而是在不断发展中的有生命的精神；它要求在不突破对它原本设置的形式范围内与当前的生活变化齐头并进，积极适应新的情况而继续有效'。根据法律的意思和目的，是做扩张（ausdehnend）（＝扩充）还是做限制（einschränkend）（＝严格）解释，取决于具体的情况。"[2] 因此，不可将历史解释与主观解释论混为一谈。[3]

---

[1]　参见郑永流：《法律方法阶梯》，北京大学出版社2008年版，第167页。

[2]　［德］约翰内斯·韦塞尔斯：《德国刑法总论》，李昌珂译，法律出版社2008年版，第25页。

[3]　有学者指出："历史解释，又称为立法沿革解释，也就是上述的主观解释，指解释法律条文时以立法过程之相关资料探求立法者的真意，立法或修法的立法理由是其中最为重要的参考资料。"（林钰雄：《新刑法总则》（9版），元照出版公司2021年版，第49页）本书不赞成这种观点。

　　进行历史解释，意味着要考虑法条在制定时的含义，但是，这并不意味着不得在适用时采纳新的含义。"法律文本不是为自己而存在的、在任何时候都为一切法律适用者传达相同命令的客体。法律对法院如同乐谱，它离不开法院不断更新的解释，就像乐谱离不开钢琴家一样。法律文本总是不受时间限制地传达着一种客观的、永恒的规范内容这一命题是法律形而上学的非现实主义（unrealistisch）信条。"① 在适用刑法时的相关条件不同于制定刑法时的相关条件时，必须得出不同于制定刑法时的解释结论。因为刑法是人民意志的反映，不仅在制定时必须符合人民意志，在解释时也必须符合人民意志，解释者要在解释中反映不断变化的人民意志。所以，历史解释与同时代的解释是一种对立统一关系。

　　进行历史解释，意味着要参考法条的来龙去脉等因素得出解释结论。但是，这并不意味着对某个概念的解释必须永远采用该概念在刑法史上的意图与含义。"一部制定法无法'摆脱不断发展的生活，它原本就是为此种生活而设计的'。"② 在刑法对法条的文字或者体系地位进行了修改时，就不能仍然按照该法条原来的意图与含义解释该法条。例如，1979 年《刑法》第 183 条将遗弃罪规定在妨害婚姻家庭罪一章中，该条规定："对于年老、年幼、患病或者其他没有独立生活能力的人，负有扶养义务而拒绝扶养，情节恶劣的，处五年以下有期徒刑、拘役或者管制。"据此，遗弃者与被遗弃者之间必须存在婚姻家庭关系；亦即，其中的"扶养义务"只限于具有婚姻家庭关系的配偶与亲属之间。但是，现行《刑法》第 261 条将遗弃罪规定在侵犯公民人身权利、民主权利罪一章中，虽然对遗弃罪的构成要件表述没有变化，但遗弃罪的体系地位及其保护法益发生了变化。因此，不能完全按照旧刑法解释现行刑法中的遗弃罪的构成要件。质言之，对于非亲属之间的遗弃行为，也能认定为遗弃罪。再如，寻衅滋事罪原本是旧刑法中的流氓罪的一种表现形式。1984 年 11 月 2 日发布并实施的《最高人民法院、最高人民检察院关于当前办理流氓案件中具体应用法律的若干问题的解答》（已废止）指出："在刑法上，流氓罪属于妨害社会管理秩序罪。流氓罪行虽然往往使公民的人身或公私财产受到损害，但它的本质特征是公然藐视法纪，以凶残、下流的手段破坏公共秩序，包括破坏公共场所和社会公共生活的秩序。"然而，现行刑法已经取消了流氓罪，而是分别规定了聚众斗殴、寻衅滋事等罪，故不能再将流氓动机作为寻衅滋事罪的主观要素。

　　进行历史解释，并不意味着仅仅考察现行刑法制定时的历史背景，相反，在必要情况下，还可能需要考虑某个概念、某个法条的发展史，从而寻找该概念与

---

① ［德］伯恩·魏德士：《法理学》，丁小春、吴越译，法律出版社 2003 年版，第 78 页。
② ［美］罗伯特·萨默斯：《大师学述：富勒》，马驰译，法律出版社 2010 年版，第 207 页。

法条的真实含义。例如，对刑法关于遗弃罪规定的解释，固然要考察遗弃罪在旧刑法中的体系地位。但是，如若要进行历史解释，还必须考察遗弃罪在以往的刑法与刑法草案中的地位。例如，1950 年的《中华人民共和国刑法大纲草案》就将遗弃罪规定在刑法分则第十章的"侵害生命健康与自由人格罪"中，1956 年以后的刑法草案才将遗弃罪移于"妨害婚姻家庭罪"一章。① 而现行刑法取消了"妨害婚姻家庭罪"一章，将遗弃罪规定在"侵犯公民人身权利、民主权利罪"一章。如果追溯至民国时期的刑法，就会发现，遗弃罪一直属于对生命、身体的犯罪，而不是对婚姻家庭的犯罪。不可否认，我国 1956 年以后的刑法草案与 1979 年刑法均受到了苏联刑法的影响，但苏联刑法也是将遗弃罪规定在"侵害生命、健康、自由和人格的犯罪"一章的。② 由此看来，将遗弃罪视为对婚姻家庭的犯罪只是刑法历史长河中的一段回流。换言之，倘若要真正进行历史解释，就必须承认遗弃罪是对生命、身体的犯罪。

我们所处的社会变幻莫测，所以，历史解释的作用是有限的，或者说，作为一种解释理由的历史解释，其说服力是有限的。

（四）比较解释

将刑法的相关规定或外国立法与判例作为参考资料，借以阐明刑法规定的真实含义，是一种有效的解释方法（比较解释）。在我国的刑法规定与外国的刑法规定相同的情况下，将外国的刑法理论与判例的解释结论作为一种解释理由，当然具有一定的说服力。

例如，各国刑法关于财产罪的规定，并没有特别大的区别。抢劫、盗窃、诈骗、敲诈勒索、侵占、故意毁坏财物，是任何一国刑法都有规定的犯罪。于是，任何国家都面临着盗窃与诈骗、盗窃与侵占、盗窃与抢劫的关系问题。在此问题上，借鉴法学发达国家的刑法理论与其他法治国家的审判实践，显然有利于我国解决这方面的问题。

在进行比较解释时，不可忽视中外刑法在实质、内容、体例上的差异，不能只看文字上的表述与犯罪的名称，而应注重规定某种犯罪的条文在刑法体系中的地位，从而了解相同用语在不同国家的刑法中所具有的不同含义。不能因为某种行为在国外属于刑法规定的 A 罪，而我国刑法没有规定 A 罪，便得出在我国"将某种行为认定为犯罪违反罪刑法定原则"的结论。

例如，就某类犯罪而言，有的国家刑法规定得非常详细（可能有多个罪

---

① 参见高铭暄等编：《新中国刑法立法文献资料总览》（上），中国人民公安大学出版社 1998 年版，第 162 页。

② 参见《苏俄刑法典》，郑华译，法律出版社 1956 年版，第 65 页。

名），有的国家刑法则规定得十分简单（可能只有一个罪名）。在这种情况下，后者的一个罪名可能包含了前者的多个罪名的内容；故不能简单地认为，后者只处罚一种情形，前者处罚多种情形。例如，德国《刑法》第211条、第212条、第216条、第220条a分别规定了谋杀罪、故意杀人罪、受嘱托杀人罪、灭绝种族罪；而我国《刑法》仅第232条规定了故意杀人罪。我们显然不能认为，谋杀、受嘱托杀人以及灭绝种族的行为，没有被我国刑法规定为犯罪，如果对其定罪量刑便违反罪刑法定原则；相反只能认为，这些行为都包含在我国《刑法》第232条规定的故意杀人罪中。再如，日本《刑法》第246条规定了诈骗罪，第246条之二规定了使用计算机诈骗罪，第248条规定了准诈骗罪①；而我国刑法没有规定后两种罪名。我们当然不能认为，使用计算机诈骗与准诈骗的行为，没有被我国刑法规定为犯罪，根据罪刑法定原则不得定罪处刑；相反只能认为，这些行为包含在我国《刑法》第264条规定的盗窃罪与第266条规定的诈骗罪中。由此看来，我们不能只比较文字上的表述与犯罪的名称，而应注重规定某种犯罪的条文在刑法体系中的地位，从而了解相同用语在不同国家的刑法中所具有的不同含义。

再以遗弃罪为例。反对我国刑法中的遗弃罪包括非家庭成员间的遗弃行为的学者指出："外国刑法与我国刑法关于遗弃罪的规定是有所不同的。例如，日本刑法中遗弃的犯罪，是指将需要扶助的人置于不受保护的状态，由此使其生命、身体遭受危险的犯罪，基本上是针对被遗弃者的生命、身体的危险犯，但是，另一方面也一并具有作为遗弃者对被遗弃者的保护义务懈怠罪的性质。因此，日本刑法中的遗弃犯罪分为单纯遗弃罪、保护责任者遗弃罪、不保护罪和遗弃等致死伤罪。由此可见，日本刑法中的遗弃罪是十分宽泛的，既包括不履行扶养义务遗弃，又包括不履行救助义务的遗弃。确实，日本刑法关于遗弃罪的规定是值得我国立法借鉴的，但在刑法没有修改的情况下，不能根据日本刑法对遗弃罪的规定来解释我国刑法中的遗弃罪。……因此，借鉴外国立法只是对立法者而言的。对于司法者来说，只能根据我国刑法定罪而不能根据外国刑法规定解释我国刑法的规定。毕竟，罪刑法定是具有国别性的。"② 笔者完全赞成"不能根据日本刑法对遗弃罪的规定来解释我国刑法中的遗弃罪"的观点，但是，需要明确我国刑法关于遗弃罪的规定与日本刑法关于遗弃罪的规定究竟存在什么区别。其实，二者的区别仅在于以下两点：其一，日本刑法规定了作为的遗弃罪，由于行为表现为

① 准诈骗罪，是指利用未成年人的知虑浅薄或者他人的心神耗弱，使之交付财物，或者取得财产上的不法利益或者使他人取得的行为。

② 陈兴良：《非家庭成员间遗弃行为之定性研究——王益民等遗弃案之分析》，《法学评论》2005年第4期。

作为，所以不以行为人具有保护义务为前提；其二，日本刑法规定了遗弃致死伤罪，而我国刑法没有规定。就保护责任者的不作为成立遗弃罪而言，日本刑法与我国刑法的规定只是表述不同，实质上并无区别。换言之，日本刑法所规定的保护责任者遗弃罪与我国现行刑法所规定的遗弃罪实际上是等同的，后者的范围甚至宽于前者。日本《刑法》第218条所规定的保护责任者遗弃罪的主体是"对于老年人、幼年人、身体障碍者或者病人负有保护责任"的人；我国《刑法》第261条规定的遗弃罪的主体是"对于年老、年幼、患病或者其他没有独立生活能力的人，负有扶养义务"的人。从中可以看出，我国刑法所规定的遗弃对象宽于日本刑法所规定的遗弃对象。日本刑法所规定的遗弃行为包括"遗弃，或者对其生存不进行必要保护"，我国刑法规定的遗弃行为是"拒绝扶养"。表面上看，日本刑法除规定了不作为方式的不保护行为外，还规定了作为方式的遗弃，而我国刑法仅规定了不作为的遗弃。其实，具有扶养义务的人，将扶养对象移置于危险场所（如将年迈的母亲置于无人扶养的他乡）的行为，完全可以评价为拒绝扶养。更为重要的是，日本刑法将遗弃罪规定在杀人罪、伤害罪之后，我国刑法也将遗弃罪规定在"侵犯公民人身权利、民主权利罪"一章；日本刑法没有将保护责任者遗弃罪限定在家庭成员之间，我国现行刑法也没有将遗弃罪限定在家庭成员之间。既然如此，至少就行为主体与行为对象而言，我们当然可以借鉴日本刑法关于保护责任者遗弃罪的解释。在这一点上，不存在违反罪刑法定原则的问题。

在进行比较解释的过程中，即使发现中外刑法在体例、表述上存在差异，也不意味着因为有差异而必然得出不同的结论。换言之，不能过分夸大不同规定、不同表述对解释结论的影响。例如，是否承认公开盗窃，就与刑法是否规定了抢夺罪有一定关系。如所周知，德国、日本等国刑法并没有规定抢夺罪，而是视抢夺的不同情形分别认定为盗窃罪与抢劫罪。德国刑法理论也没有争议地认为，盗窃行为并不需要秘密窃取。① 日本刑法理论也不要求盗窃行为具有秘密性。如日本学者大塚仁指出："'窃取'是指单纯地盗取。即不依赖暴力、胁迫，违反占有者的意思，侵害占有者对财物的占有，将财物转移为自己或者第三者占有。虽然使用'窃'取的用语，但并非必须秘密取得，公然侵害占有的也可以。"② 我国有人认为，德国、日本刑法理论与审判实践不要求盗窃罪具有秘密性，是因为德国、日本刑法没有规定抢夺罪；我国刑法规定了抢夺罪，所以要求盗窃罪

---

① Vgl. Arzt/Weber, Strafrecht Besonderer Teil, Verlag Ernst und werner Gieseking, 2000, S. 310ff.

② ［日］大塚仁：《刑法概说（各论）》（第3版增补版），有斐阁2005年版，第191页。另参见日本大审院1925年3月1日判决，日本《大审院刑事判决录》第21卷，第309页；日本最高裁判所1957年9月5日判决，日本《最高裁判所刑事判例集》第11卷第9号，第2143页。

具有秘密性。例如，有人在比较了各国刑法关于盗窃罪的规定后指出："必须在立法上和理论上强调'行为具有秘密性'是盗窃行为的本质特征。因此，在刑事立法上规定盗窃罪的手段时，要充分考虑到盗窃罪与其他财产犯罪的界限问题，尤其是与抢夺罪的界限问题。中国刑法典中规定有抢夺罪，因而在考虑盗窃罪的手段时，就应考虑到盗窃罪与抢夺罪的犯罪手段的联系与本质区别。从共同性上来分析，与抢劫、诈骗比较，盗窃与抢夺有一个共同特征：行为人盗取财物都违背了所有人或持有人的意思，同时未对所有人或持有人使用暴力或胁迫；而二者的本质区别，笔者认为，即在于盗窃手段具有'行为秘密性'的本质特征，而抢夺罪的犯罪手段则不具有这种属性。""在盗窃罪中，行为的秘密性是相对的，这种相对性表现在行为人在主观上是自认为其行为是在他人不知觉的情况下实施的，而在客观上是否被人发觉则非所问。"① 可是，这种传统观点存在如下疑问：

第一，将公开取得他人财物的行为一概评价为抢夺罪的观点，没有回答"为什么行为不具有秘密性，就可以被自动评价为抢夺"的问题。从字面解释的角度来看，如果说公开取得他人财物的不符合"盗窃"的字面含义，那么，公开取得他人财物的也并不当然符合"抢夺"的字面含义。换言之，主张盗窃与抢夺的区别在于秘密与公开的区别的观点，充其量可以在文理上寻找出盗窃必须秘密窃取的理由，但这一理由并不表明公开取得他人财物就当然属于"抢夺"。蔡枢衡先生曾指出："抢夺实是强夺、剽掠或抢虏的概括，而含义不尽相同。抢者，突也。突者，猝也。夺是争取。抢夺是猝然争得。特点在于抢者出其不意或乘其不备；被抢者措手不及。取得虽非平稳，究未行使威力，显不同于强盗，亦有异于窃盗，情节在强窃之间，颇与恐吓相当，但有用智、用力之别。故其处罚亦重于窃盗而轻于强盗。"② 由此可见，并非只要行为具有公开性就成立抢夺。换言之，以"平稳"的方式取得财物的，即使具有公开性，也并不当然属于抢夺。依据论理解释（如当然解释、目的解释等），也不能得出公开取得财物的行为均属于抢夺的结论。盗窃罪与抢夺罪不是 A 与非 A 的关系，所以，体系解释方法也不可能得出公开取得财物的行为构成抢夺的结论。再来考察历史解释方法可能得出的结论。民国时期的 1928 年《刑法》既规定了抢夺罪，也规定了盗窃罪，其关于盗窃罪的第 337 条第 1 款规定："意图为自己或第三人不法之所有，而取他人所有物者，为窃盗罪，处五年以下有期徒刑、拘役或五百元以下罚金。"其中的"取"并不限于秘密窃取。民国时期的最高法院 1943 年上字第 2181 号判例指出：

① 《盗窃行为特征的认定》（原文未署名），载于中国刑事法律网。
② 蔡枢衡：《中国刑法史》，广西人民出版社 1983 年版，第 145 页。

"抢夺罪以乘人不及抗拒，公然掠取其财物为成立要件，虽掠夺之际或不免于暴行，然与强盗罪之暴行，必须至使人不能抗拒之情形，迥然有别。"① 其中的"掠取""掠夺""不免于暴行"的表述，都意味着只有某种行为能够被评价为"掠取""掠夺"时，才可能构成抢夺。② 此外，与德国、日本刑法及其审判实践的比较，也不能得出公开取得他人财物构成抢夺罪的结论。诚然，德国、日本刑法没有规定抢夺罪，所以，公开取得他人财物的，认定为盗窃罪或抢劫罪。但这并不意味着在刑法规定了抢夺罪的我国，公开取得他人财物的，都必须认定为抢夺罪。因为在刑法规定了抢夺罪的情况下，抢夺罪是介于盗窃与抢劫之间的行为，而不是将盗窃罪中的公开盗取规定为抢夺罪；也正因为如此，在没有规定抢夺罪的德国、日本，对抢夺行为视情形分别认定为盗窃罪与抢劫罪，而非一概认定为盗窃罪。此外，盗窃与抢劫的区别不在于秘密与否（秘密抢劫也是可能的），盗窃与抢夺的区别也便不在于秘密与否。

第二，将公开取得他人财物的行为一概评价为抢夺罪的观点，没有考虑以下问题：在刑法规定了抢夺罪的情况下，是将以平和手段公开取得他人财物的行为评价为抢夺罪合适，还是评价为盗窃罪合适？例如，《刑法》第 267 条第 2 款规定："携带凶器抢夺的，依照本法第二百六十三条的规定定罪处罚。"如果将公开取得他人财物的行为都评价为抢夺，那么，携带凶器却又以平和方式公开取得他人财物的，都必须认定为抢劫罪。这是人们难以接受的。例如，被害人 A 在自己家里的三楼阳台上掏钱包时，不慎使钱包掉在楼下马路上。A 立即让妻子 B 下楼取钱包，自己在阳台上看着钱包。携带管制刀具的被告人甲看见马路上的钱包欲捡起时，A 在楼上喊："是我的钱包，请不要拿走。"甲听见 A 的喊声后，依然不慌不忙地拿走钱包。如果因为甲的行为具有公开性而认定甲的行为属于抢夺，那么，对甲便应认定为携带凶器抢夺，进而认定为抢劫罪，这恐怕不具有合理性。③ 传统观点即使以其他理由否认甲的行为成立抢劫罪，但在其他类似案件

---

① 转引自林山田：《刑法各罪论》（上册），作者发行 1999 年版，第 327 页。

② 民国时期最高法院 1933 年上字第 1334 号判例指出："……抢夺罪，系指公然夺取而言。若乘人不备窃取他人所有物，并非出于公然夺取，自应构成窃盗罪。"这一判例只是说明乘人不备窃取财物的，肯定成立盗窃罪，并非否认不能评价为"夺取"的公开盗窃行为也成立盗窃罪。

③ 需要指出的是，不能认定甲的行为仅成立侵占罪。侵占罪没有侵犯他人对财物的占有；盗窃罪与抢夺罪都是不法取得他人占有的财物的行为。从客观上说，刑法上的占有是指事实上的支配，不仅包括物理支配范围内的支配，而且包括社会观念上可以推知财物的支配人的状态。从主观上说，刑法上的占有只要求他人对其事实上支配的财物具有概括的、抽象的支配意识，既包括明确的支配意识，也包括潜在的支配意识。占有意思对事实的支配的认定起补充作用。在上例中，即使钱包掉在马路上，但由于 A 有强烈的占有意思，也不能认定钱包属于遗忘物，而应认定钱包属于 A 占有的财物。

中，也必然导致抢劫罪的范围被扩大。

第三，将公开取得他人财物的行为一概评价为抢夺的观点，没有充分考虑盗窃与抢夺在对象上的差异。在我国，盗窃行为并不限于窃取有体物，而是包括窃取无体物乃至财产性利益的情形[①]；而抢夺罪只能夺取有体的动产，难以夺取无体物与财产性利益。如果说凡是公开取得他人财物的行为都是抢夺，那么，对于行为人公开使用复制的电信设备、设施的，将电信卡公开非法充值后并公开使用的，公开利用他人公共信息网络上网账号、密码上网，造成他人电信资费损失的，都认定为抢夺罪。[②] 取得他人账号、密码后，公然转走他人微信、支付宝账户余额的行为，也都认定为抢夺罪。这是不可思议的。

第四，将公开取得他人财物的行为一概评价为抢夺的观点，没有充分考虑定罪的协调性。例如，刑法规定了入户盗窃但没有规定入户抢夺。如果凡是公开取得财物的都是抢夺，那么，行为人入户公开取得他人财物，没有达到数额较大标准的，就不成立抢夺罪，也不构成盗窃罪。可是，既然入户秘密窃取他人财物的行为能成立盗窃罪，就没有理由认为入户公开取得他人财物的行为，反而不构成盗窃罪。或许有人将这种不协调归责于刑事立法，但这样的不协调明显是不当解释造成的，而不是刑法本身所固有的。其实，只要认为抢夺与盗窃不是对立关系，盗窃不需要秘密窃取，那么，抢夺与盗窃就是特别关系，所有的抢夺同时符合盗窃罪的构成要件（但不能认为所有盗窃都符合抢夺罪的构成要件），进而可以保持定罪的协调性。例如，即使是两次盗窃、一次抢夺的，也可以评价为多次盗窃，但不能评价为多次抢夺。

第五，将公开取得他人财物的行为一概评价为抢夺的观点，没有充分考虑主客观内容的关系问题。如果将行为人的主客观内容综合起来进行考察，可以发现以下四种情形：（1）行为在客观上是秘密窃取，行为人也认识到自己在秘密窃取。这种情形成立盗窃罪当无疑问。（2）行为在客观上是公开取得，行为人却认为自己在秘密窃取。根据传统观点，这种行为仍然成立盗窃罪。但传统观点没有回答如下问题：为什么客观上公开取得他人财物时，也能满足"秘密窃取"的要求？为什么秘密性存在于行为人主观上就够了？（3）行为在客观

---

① 例如，行为人甲侵入银行电脑终端，将被害人乙的存款转入自己的账户内。即使甲尚未提取存款，也应认定为盗窃罪，但其盗窃的是存款债权。

② 2000 年 5 月 12 日发布的《最高人民法院关于审理扰乱电信市场管理秩序案件具体应用法律若干问题的解释》第 7 条指出："将电信卡非法充值后使用，造成电信资费损失数额较大的，依照刑法第二百六十四条的规定，以盗窃罪定罪处罚。"该解释第 8 条指出："盗用他人公共信息网络上网账号、密码上网，造成他人电信资费损失数额较大的，依照刑法第二百六十四条的规定，以盗窃罪定罪处罚。"

上是公开取得他人财物，行为人也认识到自己在公开取得他人财物。根据传统观点，这种行为成立抢夺罪。但这种观点没有思考"抢夺"的意义何在，只是由于自己要求盗窃必须秘密窃取，便将公开盗窃归入抢夺。（4）行为人在客观上是秘密取得他人财物，行为人却认为自己是在公开取得。按照传统观点，这种情形属于客观上符合盗窃罪的特征，主观上却是抢夺罪的故意。换言之，行为人自认为自己是在抢夺他人财物时，具有抢夺罪的故意；而其客观上表现为秘密取得他人财物，符合盗窃罪的特征。果真如此，这种跨越了不同构成要件的认识错误，应当属于抽象的事实认识错误。可是，一方面，传统观点从来不认为这种情况属于抽象的事实认识错误，更没有运用抽象的事实认识错误的处理原则来解释这种现象。另一方面，即使按照抽象的事实认识错误来处理这种现象，也只会导致案件的处理过于复杂。这不仅因为理论上对抽象的事实认识错误的处理原则存在争议，还因为盗窃罪与抢夺罪的法定刑基本相同，很难区分重罪与轻罪，结局必然导致处理上的混乱。而且，即使按照处理抽象的事实认识的通说，即在二者重合的限定内肯定轻罪的既遂犯的对立，但由于传统观点将盗窃与抢夺表述为对立关系，也会导致二者不存在重合，因而充其量只能按未遂犯处理，这显然不符合案件事实。

第六，许多人想当然地认为，本书观点照搬了德国、日本的学说。亦即，德国、日本刑法没有规定抢夺罪，故对公然抢夺的行为大多认定为盗窃，于是承认公开盗窃。但我国刑法规定了抢夺罪，故只需要将秘密窃取行为认定为盗窃，将公开取得的行为认定为抢夺罪即可。然而，这种将公开取得他人财物的行为一概评价为抢夺罪的观点，没有考虑从其他角度区分盗窃罪与抢夺罪的可能性。我国民国时期刑法规定了抢夺罪，但当时的刑法理论也并不一概将盗窃限定为秘密窃取。如有学者指出："窃盗，指夺取他人财物之行为而言。所谓夺取，即丧失他人之所持有，而移入自己所持有是也。"[1] 再如，我国台湾地区"刑法"规定了抢夺罪，但传统观点并不认为盗窃行为仅限于秘密窃取。如林山田教授指出："窃取只要以非暴力之和平手段，违反持有人之意思，或未得持有人之同意，而取走其持有物，即足以当之，并不以系乘人不知不觉，且以秘密或隐密之方法为必要。因此，动产之所有人或持有人虽于行为人窃取时有所知觉，或行为人之窃取行为并非秘密或隐密，而系另有他人共见之情况，均无碍窃取行为之成立，而构成窃盗罪。"[2] 张丽卿教授在论述盗窃罪的客观构成要件时指出："对于破坏持有的手段，并不要求必须'秘密行之'。……窃取只要是以非暴力的手段，未经

---

① 郑爱诹编：《中华民国刑法集解》，朱鸿达修正，世界书局 1928 年版，第 394 页。

② 林山田：《刑法各罪论》（增订 2 版）（上册），作者发行 1999 年版，第 277~278 页。

持有人同意或违背持有人意思，而取走其持有物即可，行为是否秘密或公然，和持有的被破坏无关。因此，持有人虽于行为人窃取时有所知觉，窃取行为虽非秘密或隐密，乘他人对物的一时支配力松弛之际，即使在有人看见的情况下，均无碍窃取行为的成立。"① 曾淑瑜在论述盗窃罪、抢夺罪、抢劫罪的区别时也指出："'密行'并非界定窃盗罪及抢夺罪、强盗罪之主要不同所在，毋宁认为窃取是使用非暴力之手段，未经持有人同意或违背持有人之意思，而取走其持有物即可，行为是否秘密或公然，和持有的被破坏无关。因此，乘他人对物一时支配松弛之际，即使在有人共见之情况下，均无碍窃取行为之成立。"② 上述主张盗窃行为不限于秘密窃取的学者，不可能否认盗窃与抢夺的构成要件不同。这说明，刑法理论完全可以在秘密与否之外处理盗窃罪与抢夺罪的关系。

第七，从沿革上看，我国民国时期刑法对抢夺罪规定了致人重伤、死亡的结果加重犯，这显然是因为，抢夺行为通常可能致人伤亡。如果抢夺行为不可能致人伤亡，刑法就没有必要也不可能规定致人伤亡的结果加重犯。例如，任何国家的刑法都没有规定盗窃致死伤罪，因为盗窃行为本身不太可能致人伤亡。任何国家的刑法都规定了抢劫致死伤罪，因为抢劫行为通常可能致人伤亡。可是，抢夺罪并不等同于抢劫，即抢夺行为并不使用暴力、胁迫或者其他足以压抑被害人反抗的强制行为，既然如此，抢夺罪何以可能致人伤亡呢？这是因为，"抢夺虽未以实施强暴胁迫为其实质，然既乘人不备而掠夺之，则掠夺之际，容有害及人之身体或健康者，条文于因而致人于死或重伤者，特设加重其刑之规定，亦出于必要耳"③。与抢劫不同的是，抢劫是对人实施暴力等行为致人伤亡，而抢夺行为一般是对物暴力致人伤亡。因此，可以认为，抢夺行为是具有伤亡可能性的行为。当然，由于抢夺行为并不直接对人使用严重暴力，所以，只要抢夺行为具有致人伤亡的一般危险性即可，而不要求抢夺行为具有致人伤亡的较大危险性。换言之，只要夺取他人财物的行为有可能致人伤亡，即使可能性较小，也不妨碍抢夺罪的成立。那么，何种抢夺行为具有致人伤亡的可能性呢？显然，必须同时具备两个条件：其一，行为人所夺取的财物必须是被害人紧密占有的财物。直截了当地说，必须是被害人提在手上、背在肩上、装在口袋等与人的身体紧密联结在

① 张丽卿：《窃盗与抢夺的界限》，载蔡墩铭主编：《刑法争议问题研究》，五南图书出版公司1999年版，第504页。
② 曾淑瑜：《刑法分则实例研习——个人法益之保护》，三民书局2004年版，第198页。另参见甘添贵：《体系刑法各论》（修订再版），瑞兴图书股份有限公司2004年版，第40～41页；林东茂：《刑法综览》（修订五版），中国人民大学出版社2009年版，第291～292页；陈子平：《刑法各论》（第四版）（上），元照出版公司2019年版，第455页；等等。
③ 潘恩培：《刑法实用》（三），商务印书馆1941年版，第638页。

一起的财物；其二，行为人必须对财物使用了非平和的手段，即可评价为对物暴力的强夺行为。例如，在他人手提或身背提包时，行为人突然使用强力夺取提包的，由于可能导致他人摔倒进而造成伤亡，故应认定为抢夺罪。再如，行为人使用强力夺取他人佩戴的耳环、项链等首饰的，可能致人伤亡，得认定为抢夺罪。又如，在被害人将财物安放在自行车后架或者前面篮筐中骑车行走时，行为人突然使用强力夺取财物的，因为可能导致骑车人摔倒进而造成伤亡，宜认定为抢夺罪。还如，行为人用绳子套住被害人自行车后轮，趁被害人下车查看时，迅速拿走其放在自行车车筐中的提包的，从整体上看具有致人伤亡的可能性，可认定为抢夺罪（单纯转移他人视线，乘机取得财物的，宜认定为盗窃罪）。反之，如果仅具备上述条件之一的，宜认定为盗窃罪。由此可以得出以下结论：（1）对离开被害人身体的财物实施非法取得行为的，宜认定为盗窃罪；（2）虽然对被害人紧密占有的财物实施非法取得行为，但行为本身平和、平稳，而不能评价为对物暴力，因而不可能致人伤亡的，也宜认定为盗窃罪；（3）如果行为人所取得的并非被害人紧密占有的财物，也没有使用强力夺取财物，即使被害人在场，也不能认定为抢夺罪，而宜认定为盗窃罪。

不难看出，比较解释会得出两种相反的解释结论：其一，我们对某个法条的解释应当借鉴国外的解释。要得出这一结论，除了需要法条的规定大体相同外，还需要国情、国民的价值观等对法条解释的影响不大。其二，我们对某个法条的解释不应当借鉴国外的解释。要得出这一结论，除了因为法条的规定有较大差异外，还因为国情、国民的价值观等的不同对法条解释的影响较大。

例如，关于盗窃罪的保护法益（客体），我们是应当借鉴苏联的刑法理论（不借鉴日本等国的刑法理论），将财物的所有权作为保护法益，还是应当借鉴日本等国的刑法理论（不借鉴苏联的刑法理论），将一定的占有作为保护法益？如所周知，日本刑法理论对盗窃罪的保护法益存在本权说与占有说的争论，其中即便是本权说也并不等同于所有权说。在本书看来，所有权说是计划经济的产物，各种占有说可谓市场经济的产物。因为在计划经济时代，所有权的各项权能相分离的现象并不普遍，财物的所有人一般占有着自己的财物，所以，采取所有权说不存在明显缺陷。但在市场经济下，所有权的各项权能相分离的现象极为普遍，只有以占有说为基础的学说，才能适应市场经济下财产关系复杂化的现状，才能有效地保护财产与财产秩序。我国现在实行的是社会主义市场经济，显然有必要借鉴占有说，而不是所有权说。因此，当自己所有的财物由他人合法占有时，行为人盗窃他人占有的该财物的，当然成立盗窃罪；盗窃他人占有的违禁品的行为，应认定为盗窃罪；盗窃他人用于违法犯罪的财物的行为，构成盗窃罪；

如此等等。

（五）目的解释

目的解释（或目的论解释），是指根据刑法规范的目的，阐明刑法条文真实含义的解释方法。与其他的法解释一样，在解释刑法时，必须考虑刑法最终要实现何种目的，进而作出符合该目的的合理的解释。在采用文理解释、历史解释、体系解释等解释理由不能得出唯一解释结论时，以及在采取上述解释理由提示了解释结论时，必须由目的解释来最终决定。如果说刑法解释与其他法解释有什么不同，也仅仅在于刑法的目的与其他法律的目的不同。① 在此意义上说，目的解释也未必是一种具体的解释方法，而可谓一种解释方向或解释规则。

立法活动与司法活动，都是有目的的活动。耶林（Jhering）认为，法是为了人而存在的，法的任务是为人的目的服务。他"在一部他所撰写的重要的法理学著作的序言中指出，'本书的基本观点是，目的是全部法律的创造者，每条法律规则的产生都源于一个目的，即一种实际的动机。'他宣称，法律是根据人们欲实现某些可欲的结果的意志而有意识地制定的。他承认，法律制度中有一部分是植根于历史的，但是他否认历史法学派关于法律只是非意图的、无意识的、纯粹历史力量的产物的论点。根据他的观点，法律在很大程度上是国家为了有意识地达到某个特定目的而制定的"②。耶林还认为，法学的最高使命是探究法的目的。③ 依此类推，目的是刑法的创造者，刑法是国家为了达到特定目的而制定的，刑法的每个条文尤其是规定具体犯罪与法定刑的分则性条文（本条）的产生，都源于一个具体目的。刑法学的最高使命，便是探究刑法目的。

考夫曼教授指出，"从哪里获得对目的的评价"是耶林的目的法学的唯一致命的弱点。④ 从刑法学角度而言，刑法目的究竟是什么，什么目的具有正当性，一直存在争议。可以认为，在这个世界上，并没有彻底认识也没有充分实现刑法目的。但大体能够肯定的是，刑法的确是在特定目的指导下制定的，也是在特定目的指导下适用的，刑法目的从来没有被抛弃过。所以，考夫曼教授也认为，"在法学方法中，主要不是形式逻辑的方法，而是一种'目的论的'方法"⑤。

庞德将耶林视为社会功利主义者，认为需要借助心理学和社会学来修正耶林

---

① 参见［日］町野朔：《刑法总论讲义案 I》（第 2 版），信山社 1995 年版，第 68 页。

② ［美］E. 博登海默：《法理学：法律哲学与法律方法》，邓正来译，中国政法大学出版社 1999 年版，第 109 页。

③ 参见［日］木村龟二编：《刑法学入门》，有斐阁 1957 年版，第 110 页。

④ 参见［德］阿图尔·考夫曼、温弗里德·哈斯默尔主编：《当代法哲学和法律理论导论》，郑永流译，法律出版社 2002 年版，第 166~167 页。

⑤ ［德］亚图·考夫曼：《类推与"事物本质"——兼论类型理论》，吴从周译，颜厥安审校，学林文化事业有限公司 1999 年版，第 39 页。

的目的法学。庞德指出："实际的情形是，我们在立法和司法决策过程中并没有那么精确地根据各种各样的目的来对各种权益进行考量或评价。实际进行的调整在层出不穷的各种主张、要求和预期的压力下往往会走样，并且扰乱法律秩序。"① 在庞德看来，立法与司法并不完全是由目的决定的，偏离目的的现象总是不断地出现。但是，庞德又承认："社会功利主义法学的不可磨灭的贡献就是它提醒我们有意识地并且明智地去做那些我们曾经下意识地和莽撞从事的行为，并且使我们不断地思考法律的目的，思考这些目的在实践中被律令规则推进的程度。"② 由此看来，庞德似乎认为，耶林的"目的是全部法律的创造者"的观点不是实然，而是应然。本书主张，解释者需要将实然与应然统一起来，将刑法条文解释得符合应然要求，是最好的解释结论。"当依据目的处理规则时，'是'与'应当'便不可避免地融为一体；相反，倘若竭力保留'是'与'应当'之间的那种肤浅而僵硬的分离，将会使得我们把规则看作与其目的相分离的东西。"③ 动辄声称法律的现实规定不符合法律应然要求的解释者，其实并没有对法律进行解释。

总之，"解释生来就是对目的的表述"④。"规则及其他各种形式的法一旦被创设，则应当根据其服务的目标被解释、阐述和适用。"⑤ "事实上，相对于所有至今被提到的解释方法，现代的法律者甘愿置所谓的'目的的'解释方式于一定的优先地位，这个方法是根据法律规定的目的、'理性'（ratio）、'理由思想'来研究，并从中考虑这些规定的'意义'。"⑥ 此外，目的解释也有助于明确规定的意义。哈特"举例说，'禁止带车辆进入公园'这一禁令就具有不确定性，由于'车辆'的范围具有'开放性结构'。这里的'车辆'这一术语是否包括玩具车、自行车或者救护车呢？哈特的分析的明显含义是：由于法律规则是以语言来规范的，无论如何，潜在于法律规则中的不确定性都应归因于刻画它的语词意义的不确定性"⑦。显而易见的是，只要明确了公园设立"禁止带车辆进入公园"

---

① ［美］罗斯科·庞德：《法理学》（第一卷），余履雪译，法律出版社 2007 年版，第 111 页。
② ［美］罗斯科·庞德：《法理学》（第一卷），余履雪译，法律出版社 2007 年版，第 111 页。
③ ［美］罗伯特·萨默斯：《大师学述：富勒》，马驰译，法律出版社 2010 年版，第 208 页。
④ 德沃金语，转引自［英］蒂莫西·A.O. 恩迪科特：《法律中的模糊性》，程朝阳译，北京大学出版社 2010 年版，第 215 页。
⑤ ［美］罗伯特·S. 萨默斯：《美国实用工具主义法学》，柯华庆译，中国法制出版社 2010 年版，第 3 页。
⑥ ［德］卡尔·恩吉施：《法律思维导论》，郑永流译，法律出版社 2004 年版，第 85 页。
⑦ ［美］托马斯·莫拉维茨：《作为经验的法律：法律理论与法律的内在观点》，载［英］尼尔·达克斯伯里等著、陈锐编译：《法律实证主义：从奥斯丁到哈特》，清华大学出版社 2010 年版，第 321~322 页。

这一规则的目的，"车辆"的范围就相当清楚了。

我国《刑法》第 1 条规定："为了惩罚犯罪，保护人民，根据宪法，结合我国同犯罪作斗争的具体经验及实际情况，制定本法。"第 2 条明确规定："中华人民共和国刑法的任务，是用刑罚同一切犯罪行为作斗争，以保卫国家安全，保卫人民民主专政的政权和社会主义制度，保护国有财物和劳动群众集体所有的财物，保护公民私人所有的财产，保护公民的人身权利、民主权利和其他权利，维护社会秩序、经济秩序，保障社会主义建设事业的顺利进行。"尽管从立法学的角度而言，上述两条的表述还有研究的余地，但可以肯定以下几点：其一，《刑法》第 2 条关于刑法任务的规定，是《刑法》第 1 条的"为了惩罚犯罪，保护人民"的具体化。其二，《刑法》第 1 条中的"惩罚犯罪"与第 2 条中的"用刑罚同一切犯罪行为作斗争"都可谓实现刑法目的、完成刑法任务的手段。其三，完成任务的过程，就是实现目的的过程；《刑法》第 2 条关于刑法任务的规定，就是关于刑法目的的规定；应当从刑法目的的角度理解《刑法》第 2 条[①]。其四，刑法的任务与目的是保护法益。[②]

刑法整体目的的变易性很小，在任何时候，都可以将刑法目的归纳为保护法益。但是，具体目的会经常变化，对具体目的的认识与确定比对整体目的的认识与确定更困难。即使人们能够有根据地肯定法益保护目的的正当性，但由于法益并不像人的生命一样是预先给定的，而是可以通过立法者创设的，所以，在有些情况下，对于具体法益的认识与确定，以及具体法益是否值得刑法保护，会产生困惑。"通常来说，在一个既定的法律部门中，需要许许多多的法官或其他官员对相关的手段—目的关系的长时间摸索，理想的、确定的目的才会浮现出来。"[③]于是，出现了以下现象：其一，以往没有意识到某种现实存在属于法益，现在、将来意识到该现实存在属于法益，或者相反。例如，我国立法机关一直没有意识到私文书的公共信用是一种法益，或许将来会意识到这一点。其二，以往没有意识到某种利益值得刑法保护，现在、将来可能意识到该利益值得由刑法保护，或者相反。例如，以前没有将环境作为法益予以保护，但现在将环境视为值得刑法保护的重要法益。再如，进出国（边）境的管理秩序，现在由刑法保护，将来或许会认为这种法益不值得刑法保护。其三，以往一直以为刑法的某个条文是为了此目的，后来才发现该条文是为了彼目的。例如，以往认为盗窃罪的保护法益是

[①]　参见张明楷：《刑法的基础观念》，中国检察出版社 1995 年版，第 41 页。

[②]　参见张明楷：《法益初论》（增订本）（上册），商务印书馆 2021 年版，第 332 页。当然，主张刑法的任务是维护社会伦理秩序的人会认为，其中的维护社会秩序就是指"维护社会伦理秩序"。但笔者不赞成这样的解释，本书也不讨论此问题。

[③]　［美］罗伯特·萨默斯：《大师学述：富勒》，马驰译，法律出版社 2010 年版，第 111 页。

财产所有权，但现在发现盗窃罪的保护法益是对财物的一定的占有，而不限于财物的所有权。

基于同样的原因，还会出现以下现象：虽然法条文字没有变化，但对保护内容（法益）的解释会发生变化。换言之，即使法条表述没有发生变化，但法条目的也可能发生变化。例如，有关淫秽物品的罪刑规范、有关卖淫的罪刑规范，其法条文字不一定变化，但法条目的可能发生变化。所以，不能机械地理解"目的是全部法律的创造者"这句名言。因为刑法目的并不等于立法者的纯粹心愿和喜好，某种利益是否值得作为法益由刑法保护，不由立法者是否喜欢该利益来决定，而取决于诸多要素。概言之，任何一个刑法条文都是立法者在特定目的指导下形成的，但在时过境迁之后，即使法条文字没有任何变化，法条目的也可能已经改变。时过境迁之后的新的目的，是时过境迁之后的法律的真实含义的创造者。

进行目的解释时，是仅考虑整体目的还是需要考虑具体罪刑规范的目的？有人认为，目的论解释中的目的，是指某法的整体目的，非指某法条之立法趣旨或立法本旨。[①] 我国台湾地区学者杨仁寿指出，解释法律应以贯彻法律目的为主要任务，法律目的的发现有三种情形：一是法律明定其目的；二是法律虽未明定其目的，但可从法律名称觅得其目的；三是在法律既未明定目的，也不能从法律名称觅得其目的时，必须采取逆推法，先发现个别规定或多数规定所欲实现的基本价值判断，进而加以分析、整合，探求法律目的。[②] 这也是从整体目的的角度而言的。本书认为，目的论解释并非仅仅考虑整体目的，而是既要考虑整体目的，也要考虑具体目的。因为仅考虑整体目的，不一定能够得出妥当结论；只有同时考虑具体目的，才能实现具体法条的目的。"立法者的思维比较从法律原理，从他所希望现实化的一般正义出发，而法官的思维则主要取向于他依据的个别衡平标准加以判决的个案。"[③] 例如，仅考虑法益保护目的，并不能妥当解释侵犯财产罪的构成要件；只有考虑具体目的，即考虑刑法规定侵犯财产罪的目的是保护所有权、本权还是某种占有，才能妥当地解释侵犯财产罪的构成要件。

进行目的解释，意味着考虑文字背后的真实目的。"概念没有类型是空洞的，类型没有概念是盲目的。立法之目的：完全将类型概念化，是不可能达到的，因此，在具体的法律发现中必须一再地回溯到制定法所意涵的类型，回溯到作为制

---

① 参见高仰止：《刑法总则之理论与实用》，五南图书出版公司1986年版，第112页。

② 参见杨仁寿：《法学方法论》，三民书局1987年版，第127页。

③ ［德］亚图·考夫曼：《类推与"事物本质"——兼论类型理论》，吴从周译，颜厥安审校，学林文化事业有限公司1999年版，第167页。

定法基础的模范概念。因而'目的论解释'的本质在于：它并非以抽象的—被定义的法律概念，而是以存于该概念背后的类型来进行操作的，亦即，它是从'事物本质'来进行论证的。……当我们把盐酸视为'武器'时，这并非从武器的概念得出，而是从加重强盗罪的类型得出的。"①

　　进行目的解释，意味着解释者在采用各种解释理由、使用不同解释技巧之前，就有一个达到目的的预断。"'解释就是结论——它自己的结论。只有在已经得出结论时，才选定解释手段。所谓解释手段的作用事实上只是在于事后从文本当中为已经作出的对文本的创造性补充寻求根据。不论这一创造性补充内容如何，总是会存在这样或那样的解释手段，比如类比推理（der Schluß aus der Ähnlichkeit）或反面推理（der Umschluß），可以为其提供根据。'换句话讲，面对案件的法官首先根据自己的法意思对该案件作出应如何裁决的一个'预断'（Vorurteil）。这个预断引导着对法律的解释；法官以此为其判决提供根据。"② 真正的法官在采用各种解释手段之前，就在内心中存在一个符合目的的预断，这种预断源于他的司法经验、法意识、正义感等。所以，"罗蒂认为，解释者'只是把文本敲打成能为自己的目的服务的形状而已'，并坚持认为在那种活动与文本解释之间不存在任何差别"③。由此看来，法条是铁块，法官是铁匠。

　　进行目的解释，意味着解释者需要灵活运用不同的解释技巧。"法律规则应该根据其目的来解释。当法律条文字面含义的适用损害到它的目的时，那么这个规则就当经由解释排除直接适用。同样，如果法律的精神能够藉由规则适用而得以实现，则法官应当给予这个规则以扩张解释。"④ 换言之，选择哪一种解释技巧，都必须由法条的目的来决定。

　　进行目的解释，也需要遵循罪刑法定原则。"虽然现今许多法律学者都赋予目的解释方法最高的位阶，但这应该要从以下的意义来理解：目的论解释方法体现为法律人最重要、要求最高并且也是最具创造性的行为；而不应将之理解为：目的论解释无论如何都必须要贯彻，甚至当其与法条文义抵触时亦应得到贯彻。"⑤ 换言之，为了实现法益保护目的而解释刑法分则条文时，应当注重公民

① ［德］亚图·考夫曼：《类推与"事物本质"——兼论类型理论》，吴从周译，颜厥安审校，学林文化事业有限公司 1999 年版，第 119 页。

② ［德］齐佩利乌斯：《法学方法论》，金振豹译，法律出版社 2009 年版，第 17~18 页。

③ ［英］蒂莫西·A. O. 恩迪科特：《法律中的模糊性》，程朝阳译，北京大学出版社 2010 年版，第 18 页。

④ ［美］劳伦斯·索伦：《法理词汇：法学院学生的工具箱》，王凌皞译，中国政法大学出版社 2010 年版，第 222 页。

⑤ ［德］Ingeborg Puppe：《法学思维小学堂》，蔡圣伟译，元照出版公司 2010 年版，第 108 页。

自由的保障。

（六）合宪性解释

刑法是根据宪法制定的，所以，刑法解释不仅不能违反宪法，而且必须自觉地以宪法为指导进行解释。合宪性解释意味着将刑法及其他部门法置于宪法之下的法律体系中进行解释。换言之，"合宪性解释是体系解释的一种情形，它同样是以'法律秩序的统一性'与层级结构，也就是各种法律渊源的顺序等级为出发点。根据层级结构理论，下层级规范的解释不能与上层级规范相抵触"[1]。合宪性解释不仅是解释理由，而且是解释规则。如果某种解释结论与宪法相冲突，则应当舍弃这种解释结论。合宪性解释也意味着宪法的价值标准影响刑法与其他法律，在刑法条文目的存在歧义或者存在多种可能时，应当将宪法的价值判断放在首位[2]，在有数个解释可能时，应优先选择符合宪法的解释。[3] 解释包含了对法条的补正（也可谓一种批判），所以，合宪性解释还包含对刑法以及其他部门法的合宪性审查；如果对刑法条文的解释，无论如何都得出违反宪法的结论，那么该条文就是不符合宪法的。

从解释经验来看，从宪法上寻找刑法解释的根据，对于刑法的解释与适用至少具有三个突出的具体意义。

第一，如果刑法的某个原则（包括规则、制度等）具有宪法根据，那么，除非宪法有明确的例外规定，否则不允许对这个原则提出例外。法谚云："没有无例外的原则。"如果说某个原则只是刑法原则，人们很可能以任何原则都可能有例外为由，提出一些例外情形。但是，宪法是根本大法，《宪法》第5条第3款明文规定："一切法律、行政法规和地方性法规都不得同宪法相抵触。"所以，如果刑法上的某个原则是宪法原则或者具有宪法上的根据，那么，除非宪法有例外规定，否则，就必须禁止提出例外情形。例如，责任主义是宪法原则，[4] 故不能承认严格责任的犯罪。又如，不得设立对被告人不利的溯及既往规定是具有宪法根据的原则，因此不能将刑法条文解释为具有不利的溯及既往效力（如《刑法》第12条第1款关于追诉时效的规定）。

第二，从宪法上寻找刑法解释的根据，可以根据宪法规定与宪法原理，判断某种法益是否值得刑法保护，以及在利益冲突时如何根据宪法进行权衡。刑法的任务与目的是保护法益。有关法益的定义五花八门，但由于宪法的价值标准影响

---

[1] ［德］伯恩·魏德士：《法理学》，丁小春、吴越译，法律出版社2003年版，第335页。

[2] Vgl. H. Jescheck/T. Weigend, Lehrbuch des Strafrechts：Allgemeiner Teil, 5. Aufl., Duncker & Humblot, 1996, S. 156f.

[3] 参见林钰雄：《新刑法总则》（9版），元照出版公司2021年版，第50页。

[4] 参见张明楷：《责任论的基本问题》，《比较法研究》2018年第3期。

和制约刑法，所以，法益概念都不能离开宪法的基本规定与基本原理。诚然，如何根据宪法规定与宪法原理，判断某个法益是否值得刑法保护是一个难题，但如果根据宪法规定与宪法原理对利益冲突进行权衡，进而判断哪些行为不具有实质的违法性或者具有阻却违法性的实质理由，则相对容易且具有说服力。例如，对于公民行使宪法所确认的权利的行为，即使在程序等方面存在轻微违法，也不宜认定为犯罪。

第三，当刑法条文具有多重含义或者含义不明确时，可以从宪法规定中寻找线索，确定刑法条文的含义。换言之，合宪性解释使刑法解释多了一个新的视角，即宪法的视角，或者说为刑法的解释提供了一个有效的解释路径。如何理解刑法上的"住宅"和"户"，亦即，"住宅"和"户"是指"家庭生活场所"还是"个人生活场所"，学生的集体宿舍是否属于"住宅"和"户"，一个人租用的三居屋是否属于"户"，刑法上的"住宅"和"户"是否存在区别，等等，在刑法理论上存在争议，在司法实践中也不一致。在这种场合，考察我国《宪法》第 39 条关于"公民的住宅不受侵犯"的规定，及其与《宪法》第 49 条第 1 款关于"婚姻、家庭、母亲和儿童受国家的保护"的规定的关系，也许会使"住宅"和"户"的内涵与外延更为清晰。①

六、解释技巧

如前所述，平义解释、宣言解释、限制解释、扩大解释、类推解释、反对解释、补正解释等均属于解释技巧。对每个用语的解释，只能采用其中一种解释技巧。不过，类推解释是刑法禁止的解释方法，在此意义上说，不需要讨论类推解释。但是，类推解释与扩大解释的区别，是刑法解释学无法回避的问题。

（一）平义解释

平义解释一般是针对法律中的日常用语而言，即按照该用语最平白的字义进行解释。对专门的法律术语不会采取平义解释。例如，对于"战时""故意"等概念，只能按照刑法的解释性规定作出解释。

"平义解释并不扩大或限制字面含义，看山是山，看水是水，似无难处。"②但是，平义也可以分为日常生活上的平义与法律上的平义，制定刑法时的平义与适用刑法时的平义。不过，对某个用语不采用日常生活上的平义，而采用法律上的平义时，或者不采用制定刑法时的平义而采用适用刑法时的平义时，常常意味

---

① 参见杜强强：《论宪法规范与刑法规范之诠释循环——以入户抢劫与住宅自由概念为例》，《法学家》2015 年第 2 期。

② 郑永流：《法律方法阶梯》，北京大学出版社 2008 年版，第 143 页。

着对该用语进行了扩大或者限制解释。例如，《刑法》第138条前段规定，"明知校舍或者教育教学设施有危险，而不采取措施或者不及时报告，致使发生重大伤亡事故的，对直接责任人员，处三年以下有期徒刑或者拘役"。其中的"教育教学设施"可谓日常用语，但其外延宽泛，应当从法条的保护目的出发，将其理解为与人身安全有关联的教育教学设施。这样的含义既可以说是法律上的平义，也可谓一种限制解释。再如，在旧刑法时代，"卖淫"只限于妇女向男性卖淫；现行刑法虽然将"妇女"修改为"他人"，但仍然使用了卖淫一词。如果注重所谓沿革解释，那么，卖淫似乎仅限于与异性发生性交。但是，"在今天其字义的外延发生了变化，'卖淫'也可以发生于同性之间，包括组织男性向男性以及组织女性向女性卖淫的情形"①，还可以由男性向女性卖淫。同样，我们也可以认为，这一解释已经不是平义解释，而是一种扩大解释。

相对于其他解释技巧而言，平义解释是较为简单的。但显而易见的是，单纯对刑法分则条文作出平义解释，不可能得出妥当结论。在某种意义上说，如果对某个法条或者用语的平义解释结论是合理的，就意味着对该法条或者用语不需要解释。仅对法条或者用语进行平义解释，不可能揭示法条与用语的真实含义，只是一种"'草率的'或者'机械'法学"②。

如果单纯以解释是否符合罪刑法定原则为标准，平义解释似乎不可能违反罪刑法定原则。但如后所述，如果平义解释过于宽泛，应当作出限制解释而不作出限制解释的，也会违反罪刑法定原则。

（二）宣言解释

所谓宣言解释（die deklarative Interpretation），是指法文的含义不明确，或者对法文存在争议，或者以往对法文的解释不妥当时，解释者通过论理分析、体系解释、历史解释等，主体性地确定不明确的法文的含义，或者选择与以往不同的更为妥当的含义，或者对以往的解释进行修正的一种解释方法。也可以认为，宣言解释就是对法文概念的再定义、对法文含义的再选择。因此，宣言解释依然是以文理解释为前提的。③

我国刑法学对刑法分则中许多概念的定义，形成于20世纪80年代初。当时刑法学的研究基本上处于恢复阶段，在定义概念时，没有足够的案件事实，也未能借鉴国外的合理定义，故许多定义经不起推敲。40多年过去了，原本应当对许多概念重新作出定义，但是，许多解释者对过去的定义依依不舍、念念不忘，

---

① 郑永流：《法律方法阶梯》，北京大学出版社2008年版，第150页。
② ［美］劳伦斯·索伦：《法理词汇：法学院学生的工具箱》，王凌皞译，中国政法大学出版社2010年版，第223页。
③ 参见［日］笹仓秀夫：《法解释讲义》，东京大学出版会2009年版，第44页。

甚至将过去的定义视为绝对真理，导致一些案件难以得到妥当处理。

例如，关于盗窃的定义"秘密窃取公私财物"，几十年来没有任何变化。但是，如前所述，这一定义存在缺陷，需要重新定义。

首先，传统观点要求盗窃具有秘密性，是为了区分盗窃与抢夺（盗窃是秘密的，抢夺是公开的）。但是，这种区别难以成立。根据传统观点，"秘密"是指行为人自认为没有被所有人、保管人发现。如果行为人已经明知被被害人发觉，公然将财物取走，不构成盗窃罪，而应认定为抢夺罪。据此，只要行为人认识到自己是在秘密窃取他人财物，就属于盗窃；如果认识到自己是在公开取得他人财物，就成立抢夺；至于客观行为本身是秘密还是公开，则无关紧要。但传统观点存在以下问题：（1）传统观点在犯罪客观要件中论述盗窃罪必须表现为秘密窃取，但同时提出，只要行为人主观上"自认为"没有被所有人、占有人发觉即可，不必客观上具有秘密性，这便混淆了主观要素与客观要素的区别。（2）根据传统观点，在客观上同样是公开取得他人财物的行为，当行为人自认为所有人、占有人没有发觉时成立盗窃罪，当行为人认识到所有人、占有人发觉时成立抢夺罪。这种观点颠倒了认定犯罪的顺序，形成了"客观行为类型完全相同，主观认识内容不同，就构成不同犯罪"的不合理局面。（3）实践中经常发生行为人在非法取得他人财物时，根本不考虑自己的行为是否被他人发觉的案件。根据传统观点，便无法确定该行为的性质；或者不得不以客观行为是否秘密为标准区分盗窃与抢夺，但这与传统观点定义的秘密窃取相冲突。（4）由于盗窃行为客观上完全可能具有公开性，所以，传统观点只好将"秘密"解释为行为人"自认为"秘密。可是，传统观点不符合认定故意的原理。众所周知，客观构成要件规制故意的认识内容。一方面，凡属于构成要件客观要素的事实，都是故意的认识内容（客观的超过要素除外）。另一方面，除了该当违法阻却事由的事实外，凡不属于构成要件客观要素的事实，就不可能成为故意的认识内容。但是，传统观点一方面认为，客观的盗窃行为既可以是公开的，也可以是秘密的，另一方面又要求行为人必须"自认为"没有被所有人、保管人发现；换言之，即使行为在客观上表现为公开盗窃时，行为人主观上也必须认识到秘密窃取。这便不可思议了！既然客观上可以表现为公开盗窃，主观上就可以表现为认识到自己是在公开盗窃。如果认为客观上公开盗窃时，主观上也必须认识到秘密窃取，那便意味着：行为人不必认识到客观构成事实（不必认识到公开盗窃），但必须认识到客观构成事实之外的内容（必须认识到秘密窃取）。

其次，传统观点不说明盗窃对象的属性，因而不可能区分盗窃罪与普通侵占罪（将代为保管的财物据为己有）。可以认为，盗窃与普通侵占是一种对立关系。虽然刑法仅将盗窃罪的对象规定为"公私财物"，但是，联系普通侵占、遗忘物侵占考察盗窃罪的对象时，必然认为盗窃罪的对象只能是他人占有的财物。因为盗窃意味着将他人占有的财物转移为自己或者第三者占有，对于自己占有的他人财物不可能成立盗窃罪。所以，对于《刑法》第270条第1款规定的"代为保管"，必须理解为受委托而占有他人的财物。只有这样解释，才使盗窃罪与普通侵占罪之间既不重叠，又无漏洞：对他人占有的财物成立盗窃罪；对自己占有的他人财物成立普通侵占罪。更为重要的是，普通侵占罪是仅侵害所有、未侵害占有的犯罪，故应当将代为保管解释为占有，从而与盗窃罪相区别。概言之，盗窃罪的对象只能是他人占有的财物，而普通侵占罪的对象必须是自己占有的他人财物。所以，一个行为不可能既成立盗窃罪，又成立普通侵占罪。不难看出，仅指出窃取的对象是公私财物，而不说明是他人占有的财物，便不可能准确认定盗窃罪。司法实践中，常常难以区分盗窃罪与普通侵占罪，重要原因之一是没有注重两种犯罪之间在行为对象属性上的差异。

再次，传统观点不说明"窃取"行为的具体内容，因而不可能区分盗窃罪与诈骗罪。盗窃罪与诈骗罪一样，都是转移占有的犯罪。但是，盗窃罪是违反被害人意志取得财物的行为，被害人不存在处分财产的认识错误与处分行为；而诈骗罪（既遂）是基于被害人有瑕疵的意志取得财物的行为，被害人存在处分财产的认识错误与处分行为。易言之，在面对行为人企图非法取得某财物的行为时，占有该财物的被害人不可能既作出财产处分决定，又不作出财产处分决定。所以，盗窃与诈骗不可能重合或者竞合。于是，可以得出以下结论：就既遂案件而言，诈骗与盗窃的关键区别在于被害人是否基于认识错误而处分财产；在未遂案件中，诈骗与盗窃的关键区别在于，行为是否属于足以使对方产生处分财产的认识错误的欺骗行为。显而易见，不说明窃取行为的具体内容，也不利于准确认定盗窃罪。换言之，为了合理区分盗窃罪与诈骗罪，必须说明窃取行为的具体含义。

最后，应当认为，盗窃，是指以非法占有为目的，违反被害人的意志，将他人占有的财物转移给自己或者第三者占有的行为。"以非法占有为目的"使得盗窃罪与挪用资金罪、故意毁坏财物罪相区别，后者不具有刑法意义上的非法占有目的；"违反被害人的意志"使得盗窃罪与诈骗罪、敲诈勒索罪相区别，因为诈骗罪与敲诈勒索罪是基于被害人有瑕疵的意志而取得财物的；"将他人占有的财物转移"使得盗窃罪与侵占罪相区别，因为侵占罪是将自己占有的财物或者将脱离他人占有的财物据为己有；"转移为自己或者第三者占有"使得盗窃罪与故意毁坏财物罪、破坏生产经营罪相区别，后两种犯罪并不是转移财产的占有，而是毁弃财产；"将他人占有的财物转移给自己或者第三者占有"，表明了两个方面的内容：一是破坏或者排除了他人对财物的占有，二是建立了新的占有，使行为人或第三者具有类似于所有权人的地位。① 行为是否具有秘密性，并不直接决定是否存在排除占有与建立占有的事实，故不应作为盗窃行为的要素。换言之，客观上的公开窃取行为，仍然可能实现排除他人对财物的占有和建立新的占有的效果。

再如，刑法理论长期以来将抢夺定义为"乘人不备，公然夺取"。但是，这一定义并不妥当。其一，"乘人不备"具有秘密性，事实上，将"乘人不备"称作盗窃特征的，也并不罕见。如前所述，民国时期最高法院 1933 年上字第 1334 号判例指出："……抢夺罪，系指公然夺取而言。若乘人不备窃取他人所有物，并非出于公然夺取，自应构成窃盗罪。"② 再如，有的学者指出："行为秘密是指'乘人不备'，亦即，乘人不知不觉之际，以秘密或隐密的方法行之。"③ 所以，不可能通过"乘人不备"一词处理抢夺与盗窃的关系。其二，既然乘人不备的夺取行为能够成立抢夺罪，那么，在被害人严加防备、行为人也知道其严加防备时夺取其财物的，更能成立抢夺罪。所以，"乘人不备"的要求是多余的。其三，或许传统定义包含以下含义：秘密窃取时，被害人一般不能立即发现；而乘人不备抢夺时，被害人一般能够立即发现，所以，传统的抢夺定义还有"公然"二字。这似乎意味着：盗窃时，秘密性的持续时间较长；抢夺时，秘密性的持续时间较短。司法实践中也存在按秘密性持续的长短区分盗窃与抢夺的做法。例如，甲与乙预谋后，在被害人 A 驾驶轿车在马路上缓慢行驶时，甲突然窜到 A 的车前，佯装被车撞伤。待 A 下车查看时，乙乘机将轿车后座门打开，将 A 放在后座位上的提包拿走；在 A 追赶乙时，甲乘机逃跑。某检察院以盗窃罪起诉甲和乙，某人民法院以"甲乙行为的秘密性差一点"为由，认定甲乙的行为构成抢夺罪。所谓的"秘密性差一点"，大体上是指秘密性的持续时间较短。④ 可是，这种区分标准的妥当性值得怀疑。例如，在公共汽车上扒窃的行为人，一般是在汽车即将到站时扒窃，待汽车到站开门时，立即下车逃走。这种行为的秘密持续时间并不长，但司法实践没有争议地认定为盗窃罪。再如，一些顺手牵羊式的盗窃，其秘密性的持续时间也非常短暂，但均被认定为盗窃罪。转走他人银行账户的余额，被害人通过银行短信立刻得知的，也被认定为盗窃罪。所以，无论如何

① Vgl. Wessels/Hillenkamp, Strafrecht Besonderer Teil/2, 23. Aufl., C. F. Müller, 2000, S. 51.
② 转引自林山田：《刑法各罪论》（增订 2 版）（上册），作者发行 1999 年版，第 278 页。
③ 张丽卿：《窃盗与抢夺的界限》，载蔡墩铭主编：《刑法争议问题研究》，五南图书出版公司 1999 年版，第 504 页。
④ 通说所谓的"秘密"一般是指行为人主观上自认为秘密，但本案的特点在于难以判断行为人主观上是否自认为秘密，于是只能借助客观上是否秘密作出判断。由此看来，"秘密"有时是主观的，有时又是客观的，让人捉摸不定。

解释有关抢夺的传统定义，都难以令人承认其合理性。既然如此，就需要对抢夺进行宣言解释，即重新定义。本书的看法是，抢夺是以非法占有为目的，当场直接夺取他人紧密占有的财物的行为。

（三）限制解释

在法条的含义过于宽泛时，限制法文的文义，缩小法文外延的解释，是一种常用的解释技巧。

由于刑法分则条文都是典型的罪刑规范，所以，限制解释一般意味着缩小处罚范围。于是，在应当作出而不作出限制解释的情况下，也会损害人们的预测可能性。例如，《刑法》第345条规定的滥伐林木罪的行为对象是"森林或者其他林木"。倘若按照字面含义将所有林木都解释在内，必然过于限制公民的自由，因而违反罪刑法定原则的本旨。正因为如此，司法解释将房前屋后、自留地种植的林木排除在本罪对象之外。①

事实上，对于刑法分则的许多用语，刑法理论都需要作限制解释。例如，《刑法》第253条之一规定了侵犯公民个人信息罪，对其中的"公民个人信息"就不可能按字面含义解释，而应适当作限制解释。例如，不可能将行为人单纯打听他人职业或者专业的行为，认定为非法获取公民个人信息。

什么样的情形下应当进行限制解释？在进行限制解释时，应限制到什么范围？对此问题的回答，既要考虑法条的法益保护目的，也要考虑公民的自由保障，还要考虑法条之间的协调关系等诸多因素。例如，《刑法》第111条规定了为境外窃取、刺探、收买、非法提供国家秘密、情报罪，如果仅按字面含义解释"情报"，而不将其限制解释为"关系国家安全和利益、尚未公开或者依照有关规定不应公开的事项"，则必然造成两个方面的负面后果：一方面，导致我们不敢与境外人员交流，一定程度上限制了我们的自由；另一方面，导致刑法保护了完全不值得保护的东西。再如，如果不将《刑法》第301条第1款的聚众淫乱限制解释为具有一定公然性的聚众淫乱，就导致刑法介入公民的道德生活领域，使伦理秩序成为刑法所保护的法益，也不利于保障公民的自由。又如，在《刑法》第263条对"抢劫银行或者其他金融机构"规定了加重的法定刑时，如果不将金融机构限制解释为经营资金、有价证券与客户资金，而按字面含义将金融机构的办公用品等也包含在内，那么，就必然造成刑罚处罚不公平的局面：抢劫金融机构办公用品的处罚很重，抢劫其他机构办公用品的处罚则相对较轻。概言之，限制解释并不是随心所欲地对法条或者用语的限制解释，而是需要以前述文理解

---

① 参见2000年11月22日发布的《最高人民法院关于审理破坏森林资源刑事案件具体应用法律若干问题的解释》第3、9条。

释、体系解释等解释理由为根据的。

需要指出的是，对消极的构成要件要素和有利于被告人的减免处罚的适用条件作限制解释，可能（但不是必然）违反罪刑法定原则。例如，《刑法》第389条第3款规定："因被勒索给予国家工作人员以财物，没有获得不正当利益的，不是行贿。"倘若将其中的"被勒索"限制解释为"被严重胁迫的勒索"，或者将其中的"没有获得不正当利益"解释为"没有实际获取不正当利益，而且没有得到获取不正当利益的许诺"，就会不当扩大处罚范围，进而违反罪刑法定原则。但是，这并不意味着对轻罪的构成要件都不能作限制解释，更不意味着对轻罪的构成要件作限制解释就违反了罪刑法定原则。而且，对轻罪的构成要件作限制解释，也不意味着原本符合轻罪构成要件的行为一定构成重罪。

（四）扩大解释

罪刑法定原则不禁止扩大解释，但这并不意味着扩大解释的结论都符合罪刑法定原则。换言之，扩大解释方法本身并不违反罪刑法定原则，但其解释结论可能与罪刑法定原则相抵触。因为不合理的"扩大解释"，也可能超出公民的预测可能性，侵犯公民的自由，从而违反罪刑法定原则，因而是实质上的类推解释。在此意义上说，扩大解释与类推解释的界限是相对的。换言之，违反罪刑法定原则的"扩大解释"，实际上是类推解释。当然，由于类推解释与扩大解释之间的界限具有相对性，区分扩大解释与类推解释的界限，与衡量扩大解释是否具有合理性，也是相对的和模糊的。

关于扩大解释与类推解释的区别，我们可以列举许多：（1）从形式上说，扩大解释所得出的结论，没有超出刑法用语可能具有的含义，即在刑法文义的"射程"之内进行解释；而类推解释所得出的结论，超出了用语可能具有的含义，即在刑法文义的"射程"之外进行解释。（2）从概念的相互关系来说，扩大解释没有提升概念的阶位；类推解释是将所要解释的概念提升到更上位的概念作出的解释。例如，将《刑法》第236条中的"妇女"解释为"人"，进而认为妇女强奸男性的行为也成立强奸罪的解释，就是类推解释。因为"人"是"妇女"的上位概念。（3）从着重点上说，扩大解释着眼于刑法规范本身，仍然是对规范的逻辑解释；类推解释着眼于刑法规范之外的事实，是对事实的比较。（4）从论理方法上说，扩大解释是扩张性地划定刑法的某个概念，使应受处罚的行为包含在该概念中；类推解释则是认识到某行为不是刑法处罚的对象，而以该行为与刑法规定的相似行为具有同等的恶害性为由，将其作为处罚对象。（5）从实质上而言，扩大解释没有超出公民预测可能性的范围；而类推解释则超出了公民预测可能性的范围。

大体而言，人们迄今为止就区分类推解释与扩大解释所提出的标准，可以分为具体的标准与抽象的标准。上述第（1）种和第（2）种标准可谓具体的区分标准；第（3）种至第（5）种标准可谓抽象的区分标准。但是，即使采取相同的区分标准的人，也可能对同一解释持不同结论。例如，将《刑法》第 259 条的"同居"概念解释为包括长期通奸或导致严重后果的通奸，既可能被人们认定为类推解释，也可能被人们认定为扩大解释。即使一些习以为常的解释，仔细思索后也会发现问题。尽管类推解释与扩大解释的界限模糊，我们依然要对二者作出适当区分。

本书认为，同时从罪刑法定原则的形式侧面与实质侧面出发，在判断扩大解释的结论是否违反罪刑法定原则时，应当特别注意以下问题：

第一，判断某种解释是否违反罪刑法定原则，在考虑用语可能具有的含义的同时，还必须考虑处罚的必要性。在判断解释的容许范围时，必须衡量与语言的本来的意义（核心）的距离和处罚的必要性。[①] 对一个行为的处罚必要性越高，将其解释为犯罪的可能性越大，但如果行为离刑法用语核心含义的距离越远，则解释为犯罪的可能性越小。换言之，处罚的必要性越高，作出扩大解释的可能性就越大。但是，如果行为超出了刑法用语可能具有的含义，则不管处罚的必要性有多高，也不得解释为犯罪。因为即使危害再严重的行为，如果事先没有告知其可罚性，就不得对该行为定罪科刑。考虑处罚的必要性，是民主主义原理决定的；考虑用语可能具有的含义，是尊重人权主义的原理要求的。"可能具有的含义"，是指依一般语言用法，或者立法者标准的语言用法，该用语还能够指称的意义。[②] "用语可能具有的含义"大体分为三种情况：一是一般人能预想到的含义（核心内部）；二是一般人难以想到的边缘部分；三是上述二者的中间部分。如果行为符合第一种含义，应当肯定构成要件符合性。在第二种情况下原则上应否定构成要件符合性；[③] 对于第三种情况，则应通过考虑处罚的必要性、合理性来决定。[④]

需要特别指出的是，刑法用语可能具有的含义，并不完全等同于用语的日常含义或者口语含义；按日常含义或者口语含义解释刑法用语，也有可能违反罪刑法定原则。德国学者罗克辛指出，对于行为人将盐酸泼洒到被害人脸上的案件，可以适用德国《刑法》第 224 条第 1 款第 2 项所规定的"使用武器"（或译为

[①] 参见［日］前田雅英：《刑法总论讲义》（第 7 版），东京大学出版会 2019 年版，第 63 页。

[②] 参见［德］Karl Larenz：《法学方法论》，陈爱娥译，五南图书出版公司 1996 年版，第 227 页。

[③] 能否在处罚的必要性很高且没有侵犯公民的预测可能性的情况下，肯定构成要件符合性，则是需要慎重处理的问题。

[④] 参见［日］前田雅英：《罪刑法定主义与实质的构成要件解释》，《现代刑事法》2001 年第 1 期。

"使用凶器"）伤害他人。因为作为口语的"化学武器"概念是众所周知的。①

但本书认为，这并不意味着按照某种用语的口语含义解释刑法，都符合罪刑法定原则。例如，在我国，"思想武器""精神武器"的概念十分普遍，但不能认为刑法中的"武器"包括"思想武器"与"精神武器"。再如，刑法分则有许多条文使用了"暴力"概念。现在，媒体与普通百姓经常使用"冷暴力""语言暴力""网络暴力"的概念，但至为明显的是，绝对不能认为"冷暴力""语言暴力""网络暴力"也属于刑法分则条文中的"暴力"。对于父母为了反对女儿嫁给外国人，而不和女儿讲话的案件，不可能因为父母实施了"冷暴力"而构成暴力干涉婚姻自由罪。由此可见，用语的日常含义或者口语含义并不是区分类推解释与扩大解释的基本标准。此外，按照日常含义决定刑法条文的意思，完全可能将没有侵害法益的行为纳入构成要件，导致处罚不当罚的行为，反而违反了罪刑法定原则。

第二，某种解释是扩大解释还是类推解释，应当根据本国的刑法及其用语进行判断，而不能根据外国刑法用语得出结论。例如，德国、日本等国刑法均规定了要求（索取）、约定与收受三种受贿方式，而我国刑法只规定了索取与收受。但我们显然不能认为约定贿赂的行为在我国不成立犯罪。相反，我们完全能够以谁提出约定为标准，将约定归入索取与收受：国家工作人员先提出约定的，属于索取；对方先提出约定的，国家工作人员属于收受。再如，日本《刑法》第197条之二规定了向第三者供贿罪，即公务员就其职务接受请托，使请托人向第三者提供贿赂，或者要求、约定请托人向第三者提供贿赂。我国刑法虽然没有将这种行为规定为独立的犯罪，但完全应当将这种行为解释到普通受贿罪之中。由此看来，孤立地就一个概念与外国刑法进行比较，进而得出某种解释是否为类推解释的结论，是不妥当的。

第三，判断某种解释是扩大解释还是类推解释，在考虑用语原有含义的同时，还要考虑用语的发展趋势。如果解释结论符合用语的发展趋势，一般不宜认定为类推解释。例如，信件原本是书面邮件。但是，随着网络的发展，人们普遍使用电子邮件。于是，认为《刑法》第252条所规定的侵犯通信自由罪中的"信件"包括电子邮件，就成为符合用语发展趋势的解释，因而不是类推解释。再如，随着手机的普遍使用，通过手机短信发送广告的现象也十分普遍。所以，认为《刑法》第222条所规定的虚假广告罪中的"利用广告"作虚假宣传，包括利用手机短信作虚假宣传，就是符合用语发展趋势的解释，因而不是类推解释。再如，随着数据的用途越来越重要，完全有可能将具有财产价值的数据解释为刑

---

① Vgl. Claus Roxin, Strafrecht Allgenmeiner Teil, Band I, 4. Aufl., C. H. Beck, 2006, S. 150.

法分则第五章规定的"财物"。由此可见，以前属于类推解释的，以后可能属于扩大解释乃至普通的平义解释。

第四，判断某种解释是扩大解释还是类推解释，在考虑用语基本含义的同时，还要考虑相关法条的保护法益。保护法益不同，对构成要件的解释就不同。所以，虽然分则的两个条文对行为对象使用了相同的概念，但是，倘若两个条文所保护的法益不同，则完全可能对这种相同的概念作出不同的解释。在这种情况下，不能轻易认为其中一种解释是类推解释。例如，2014 年 8 月 12 日发布的《最高人民法院、最高人民检察院关于办理走私刑事案件适用法律若干问题的解释》第 4 条第 1 款前段规定，"走私各种弹药的弹头、弹壳，构成犯罪的，依照刑法第一百五十一条第一款的规定，以走私弹药罪定罪处罚"。应当认为，这一解释不是类推解释。但是，如果认为持有弹头、弹壳的行为构成非法持有弹药罪，就属于类推解释。因为走私弹药罪与非法持有弹药罪的保护法益不同，故对于弹药的范围应作出不同的解释。由此可见，相对于此条文属于类推解释的，相对于彼条文可能属于扩大解释。

第五，判断某种解释是扩大解释还是类推解释，不能只考虑某个用语在其他法律中的基本含义，还要考虑该用语在刑法中应有的含义。我国刑法分则所规定的犯罪不限于自然犯，而是广泛地包括了法定犯。法定犯大多是因为违反行政法、经济法等法律，造成严重后果或者具有严重情节而成立的。于是，法定犯的成立以行为违反行政法、经济法等法律为前提。问题是，对于刑法分则在规定法定犯时所使用的概念，是否应与行政法、经济法的相同概念作完全相同的解释？换言之，倘若对刑法分则所使用的概念，作出与行政法、经济法不同的解释，尤其扩大了行政法、经济法概念的外延时，是否属于违反罪刑法定原则的类推解释？例如，A 公司就一项重大工程招标时，意欲投标的 B 公司委托 C 公司代理投标事项。C 公司的甲为了能够使 B 公司中标，而与 A 公司中参与管理投标事项的乙串通，乙将其他投标公司的投标报价告诉甲，甲以最低报价使 B 公司中标，导致 A 公司的重大工程遭受损失。甲与乙的行为是否成立串通投标罪？《刑法》第223 条第 2 款规定，"投标人与招标人串通投标，损害国家、集体、公民的合法利益的"，以串通投标罪论处。问题在于，如何理解其中的投标人与招标人？《招标投标法》第 8 条规定："招标人是依照本法规定提出招标项目、进行招标的法人或者其他组织。"第 25 条第 1 款规定："投标人是响应招标、参加投标竞争的法人或者其他组织。"据此，只有 A 公司与 B 公司分别是招标人与投标人，C 公司以及甲与乙都不是招标人与投标人。但是，本书认为，不能完全按照《招标投标法》的规定，解释《刑法》第 223 条所规定的招标人与投标人。其一，从实质上说，刑法规定串通投标罪，是为了保护招标投标竞争秩序，但并不是只有法人或者其他组织的行为才能侵害招标投标竞争秩序。上例中的甲与乙的行为严重侵害了招标投标竞争秩序。其二，从法律规定上说，《刑法》第 231 条规定："单位犯本节第二百二十一条至二百三十条规定之罪的，对单位判处罚金，并对其直接负责的主管人员和其他直接责任人员，依照本节各该条的规定处罚。"这表明，《刑法》第 223 条所规定的串通投标罪的行为主体原则上就是自然人。倘若按照《招标投标法》的规定解释《刑法》第 223 条的招标人与投标人，就意味着自然人不可能成为串通投标罪的行为主体，《刑法》第 231 条关于单位犯罪的规定就成了多余的。其三，在司法实践中，串通投标既可能是招标、投标的法人或者单位之间进行串通，也可能是主管、负责、参与招标、投标的人，为了谋取个人利益，就招投标事项进行串通。倘若将后一种情形排除在串通投标罪之外，必然不利于保护招标投标竞争秩序。基于上述理由，本书认为，应当将《刑法》第 223 条中的招标人与投标人，解释为主管、负责、参与招标、投标事项的人。这一解释虽然不符合《招标投标法》的规定，但符合刑法的规定。符合刑法规定的解释，不会违反罪刑法定原则。对刑法的概念没有必要完全按照其他法律的规定作出解释。因为刑法具有独立性，有其特定的目的与特定的规制对象，对刑法概念的解释应当在刑法用语可能具有的含义内，选择符合刑法目的的解释。将《刑法》第 223 条中的招标人与投标人，解释为主管、负责、参与招标、投标事项的人，也没有超出该用语可能具有的含义。由此可见，即使刑法条文使用了行政法、经济法等法律中的概念，也并不意味着必然按照行政法、经济法等法律的规定解释刑法上的概念。

第六，解释结论与刑法的相关条文内容以及刑法的整体精神相协调时，不宜认定为类推解释。反之，当扩大解释与相关条文产生冲突，与刑法的整体精神相矛盾时，很容易形成类推解释。例如，当 A 条文规定对某种行为按 B 条文所规定的犯罪处罚时，如果不是法律拟制，只是注意规定，那么，对 A 条文所使用的用语能否作出扩大解释，要取决于 B 条文的规定。如《刑法》第 241 条第 2 款规定："收买被拐卖的妇女，强行与其发生性关系的，依照本法第二百三十六条的规定定罪处罚。""发生性关系"的通常含义是性交行为，但即使是在日常生活中，也会对该用语作扩大解释，即完全可能存在性交以外的性关系。但是，由于《刑法》第 236 条规定的是强奸罪，《刑法》第 237 条又规定了强制猥亵、侮辱罪与猥亵儿童罪，故强奸罪只能限于性交行为。既然如此，对《刑法》第 241 条第 2 款中的"发生性关系"就不能作扩大解释，只能按通常含义解释。[1]　又如，当

---

[1]　只有对强奸罪中的"奸"作扩大解释，才有可能相应地对《刑法》第 241 条第 2 款中的"发生性关系"作扩大解释。而且，也无法认为本款是特殊的法律拟制，否则相当于将强奸罪与收买被拐卖的妇女、儿童罪拟制为一罪，而不实行并罚，但这种解释没有任何正当性根据。

刑法条文一直明确将两种现象分别规定时，如果某个分则条文只是规定了一种现象，那么，原则上就不能将没有规定的另一现象解释为刑法分则条文所规定的现象，或者说不能将该分则条文的规定扩大解释为包括其没有规定的现象，否则，会被人们视为类推解释。例如，《刑法》第 67 条所规定的准自首的主体为"被采取强制措施的犯罪嫌疑人、被告人和正在服刑的罪犯"，第 316 条第 1 款规定的犯罪主体为"依法被关押的罪犯、被告人、犯罪嫌疑人"，该条第 2 款规定的对象为"押解途中的罪犯、被告人、犯罪嫌疑人"，第 400 条规定的是"在押的犯罪嫌疑人、被告人或者罪犯"。这说明，刑法严格区分了罪犯与被告人、犯罪嫌疑人。因此，当刑法明文将犯罪主体限于"依法被关押的罪犯"时（《刑法》第 315 条），不能将"罪犯"解释为罪犯、被告人与犯罪嫌疑人，否则便有类推解释之嫌。但是，刑法总则与分则对"犯罪分子"与"犯罪的人""有罪的人"的规定，则并不限于已被法院依法判决有罪的罪犯，因而可能包括被告人与犯罪嫌疑人。这种解释不是类推解释，甚至不是扩大解释，而是刑法用语的相对性的体现。

第七，某种解释是否是违反罪刑法定原则的类推解释，不能仅从解释者的文字表述上作出判断，还要联系解释结论的合理性作出判断。换言之，有的解释理由与解释结论的文字表述，给人以违反罪刑法定原则的感觉，但实际上却不一定如此。[1] 在不影响处罚范围的前提下，只要变换文字表述，就不会给人以违反罪刑法定原则的感觉。例如，根据《刑法》第 264 条的规定，盗窃公私财物"数额较大"的，构成盗窃罪。根据 1998 年 3 月 17 日发布并实施的《最高人民法院关于审理盗窃案件具体应用法律若干问题的解释》（已废止）第 3 条第 1 款第 1 项的规定，盗窃公私财物价值人民币 500 元至 2 000 元以上的，为"数额较大"。但该司法解释第 6 条第 1 项同时规定："盗窃公私财物接近'数额较大'的起点，具有下列情形之一的，可以追究刑事责任：1. 以破坏性手段盗窃造成公私财产损失的；2. 盗窃残疾人、孤寡老人或者丧失劳动能力人的财物的；3. 造成严重后果或者具有其他恶劣情节的。"有学者针对这一司法解释指出，这实际上是在《刑法》第 264 条的规定之外另立盗窃罪之罪与非罪的其他区分标准，明显属于类推解释。2002 年 7 月 16 日发布的《最高人民法院关于审理抢夺刑事案件具体应用法律若干问题的解释》（已废止）等司法解释中也存在这种现象。[2] 诚然，倘若仅从文字表述来说，上述司法解释的确违反罪刑法定原则。因为《刑法》

---

[1]　当然也存在相反的情形，即解释理由与解释结论的文字表述似乎并不违反罪刑法定原则，但实际上却可能违反罪刑法定原则。

[2]　参见陈志军：《刑法司法解释应坚持反对类推解释原则》，《中国人民公安大学学报（社会科学版）》，2006 年第 2 期。

第 264 条明文规定只有盗窃公私财物"数额较大"才成立盗窃罪，但司法解释却说盗窃公私财物"接近""数额较大"时，也成立盗窃罪。换言之，司法解释的文字表述给人们的感觉是，即使盗窃行为不符合刑法所规定的"数额较大"的要求，也构成盗窃罪。然而，在笔者看来，《刑法》第 264 条所规定的"数额较大"，应是一个相对的概念。首先是相对于地区而言：由于中国地域辽阔，各地经济发展不平衡，故各省、自治区、直辖市高级人民法院可根据本地区经济发展状况，并考虑社会治安状况，在上述数额幅度内，分别确定本地区执行的"数额较大"标准。其次是相对于情节而言：如果其他方面的情节严重，数额要求则应相对低一些；如果其他方面的情节轻微，数额要求则应相对高一些。所以，司法解释作出了上述规定。倘若司法解释变换文字表述，则不会给人以违反罪刑法定原则的感觉。亦即，倘若司法解释首先规定一般情形下的"数额较大"标准（假定为 500 元），再规定具有严重情节时的"数额较大"标准（假定为 300元）①，最后规定情节较轻时的"数额较大"标准（假定为 1 000 元），那么，尽管处罚范围没有变化，但不会有违反罪刑法定原则之嫌。2013 年 4 月 2 日发布的《最高人民法院、最高人民检察院关于办理盗窃刑事案件适用法律若干问题的解释》第 1 条第 1 款规定了盗窃罪"数额较大"的标准，其第 2 条规定："盗窃公私财物，具有下列情形之一的，'数额较大'的标准可以按照前条规定标准的百分之五十确定：（一）曾因盗窃受过刑事处罚的；（二）一年内曾因盗窃受过行政处罚的；（三）组织、控制未成年人盗窃的；（四）自然灾害、事故灾害、社会安全事件等突发事件期间，在事件发生地盗窃的；（五）盗窃残疾人、孤寡老人、丧失劳动能力人的财物的；（六）在医院盗窃病人或者其亲友财物的；（七）盗窃救灾、抢险、防汛、优抚、扶贫、移民、救济款物的；（八）因盗窃造成严重后果的。"虽然上述第 1、2 项的规定明显不当（将表明预防必要性的要素作为不法要素对待），但其他几项规定体现的是数额较大的相对性，并不属于类推解释。

第八，应当通过一般人的接受程度判断某种解释是否会侵犯公民的预测可能性、是否违反罪刑法定原则。一种解释结论能否被一般人接受，常常是判断解释结论是否侵犯公民的预测可能性的重要线索。因为当解释结论被一般人接受时，就说明其没有超出一般人预测可能性的范围；当一般人对某种解释结论大吃一惊

---

① 例如，在将一般情形的盗窃数额较大的起点规定为价值人民币 500 元至 2 000 元的前提下，上述司法解释第 6 条第 1 项，宜采取以下表述："盗窃公私财物，具有下列情形之一的，'数额较大'的起点为价值人民币 300 元至 1 000 元：1. 以破坏性手段盗窃造成公私财产损失的；2. 盗窃残疾人、孤寡老人或者丧失劳动能力人的财物的；3. 造成严重后果或者具有其他恶劣情节的。"

时，或者说当一般人对某种解释感到特别意外时，常常表明该解释结论超出了一般人预测可能性的范围。例如，我国民国时期刑法与国外刑法都将非法侵入住宅罪的构成要件规定为"无故侵入他人住宅或者经要求退出但仍不退出"。我国的新旧刑法均只有"非法侵入他人住宅"的表述，但刑法理论千篇一律地将本罪定义为"未经允许非法进入他人住宅或者经要求退出无故拒不退出的行为"①，人们却习以为常而没有异议。但当笔者提出，非法吸收公众存款包括"公众有权提取存款时不允许公众提取存款"②，人们却提出了疑问。③ 其实，两者的解释原理完全相同。如果说将不支付存款解释为"非法吸收"存在疑问，那么，将不退去解释为"侵入"也存在问题。反之，如果将不退去解释为"侵入"是合理的，那么，将不支付存款解释为"非法吸收"也是合理的。由此看来，一种解释结论被人们接受的程度是一个重要问题。所要强调的是，解释者不仅要考虑刑法学家、司法人员的接受程度，还要考虑一般人的接受程度。

犯罪可以大体上分为自然犯与法定犯。一般人容易理解自然犯的可罚性，故对有关自然犯的法条的扩大解释，不致侵害公民的预测可能性；一般人难以理解法定犯的可罚性，故对有关法定犯的法条的扩大解释，容易侵害公民的预测可能性。所以，与对有关法定犯的法条的扩大解释的允许程度与范围相比较，对有关自然犯的法条的扩大解释的允许程度与范围，可以略为缓和、宽泛。

特别要指出的是，禁止类推解释，并不意味着完全按照法条字面含义理解和适用刑法，因为这种做法不可能发现刑法的真实含义与立法精神。"不论神学教义学还是法教义学的历史都清晰地表明，教义学的功能'并不在于束缚精神，而是恰好相反要在处理各种经验及文本的过程中提高精神的自由程度'。只有坚守教义学的扭曲形象者才会对这项说明感到惊异；所有曾严肃地进行教义学工作的人都会接受前述说法。众所周知，与受过教义学训练的法律人相比，非法律专业人士往往更'忠于文字本身'，会对规定作严格、但经常是较少合理性的解释。因此，人们必须同意卢曼的观点：教义学的抽象性'在并且恰好在社会期待拘束性的地方，使得保持一定距离成为可能'。它促成'怀疑的再持，提高尚可承受的不确定性'。"④ 成文刑法是正义的文字表述，"我们必须维护正义的一般品质，

---

① 高铭暄、马克昌主编：《刑法学》（第十版），北京大学出版社、高等教育出版社 2022 年版，第 482 页。

② 张明楷：《刑法学》（下），法律出版社 1997 年版，第 633 页。

③ 参见马克昌主编：《经济犯罪新论：破坏社会主义经济秩序罪研究》，武汉大学出版社 1998 年版，第 321 页。

④ ［德］卡尔·拉伦茨：《法学方法论》（全本·第六版），黄家镇译，商务印书馆 2020 年版，第 297 页。

也要保留它兼顾个性与特性的能力。尽管先例或成文法无论多么苛刻也应当得到严格遵守，但公正与良知的良好规诫同样应当得到尊重，而后者在很多时候都不能拘泥于文字"①。本书并非主张超出刑法用语可能具有的含义进行类推解释，而是不赞成将对法条进行平义解释视为对罪刑法定原则的坚守。有时，直接采用法条文字的日常含义，甚至可能处罚不当罚的行为，违反罪刑法定原则适正性的侧面。此外，就某种解释是否属于类推解释进行争论时，持不同观点的人应当就争议点展开具体讨论，而不能简单地将自己不赞成的解释归入类推解释。例如，就用语可能具有的含义而言，将不退去解释为"侵入"住宅的一种类型是不是类推解释？需要讨论不退去能否被"侵入"一词所涵摄；将"冒充军警人员抢劫"中的"冒充"分解为"假冒"与"充任"是不是类推解释？需要具体讨论能否这样拆解词义。简单地得出肯定或者否定结论，都不可取。同样，在判断某个解释结论是否超出公民的预测可能性时，需要实证资料的支撑，任何解释者都不能自觉或者不自觉地将自己作为全体或者多数公民的代表。

总之，某种解释是类推解释还是扩大解释，并不是单纯的用语含义问题。换言之，某种解释是否被罪刑法定原则所禁止，要通过权衡刑法条文的目的、行为的处罚必要性、公民的预测可能性、刑法条文的协调性、解释结论与用语核心含义的距离等诸多方面得出结论。在许多情况下，甚至不是用语的问题，而是如何考量法条目的与行为性质，如何平衡法益保护机能与人权保障机能的问题。

笔者一直认为："扩大解释与类推解释没有固定不变的界限，以前属于类推解释的，以后可能属于扩大解释，或者相反。相对于此条文属于类推解释的，相对于彼条文可能属于扩大解释。"② 有学者针对笔者的上述观点指出："如此主张'扩大解释与类推解释没有固定不变的界限'的论断，实在令人惊讶。揣摩论者的初衷，无非是想强调要用发展的眼光、相对的眼光来看待扩张解释与类推解释的界限问题。殊不知，如此一来，就在不经意间偷换了概念，即将所讨论的'某种解释是类推解释还是扩大解释'的问题，偷换成为'某一用语在不同的文本中是类推解释还是扩大解释'的问题。诚然，同一用语在不同的文本中可能具有不同的含义，如果文本发生了变化（如法律条文的修改），相同的解释结论，就有可能分别属于类推解释或者扩张解释，甚至是文理解释；同样地，对不同文本中的同一用语所作的相同解释结论，也有可能分别属于类推解释或者扩张解释，甚至是文理解释。问题在于，'某种解释是类推解释还是扩大解释'是针对特定

---

① ［美］本杰明・N. 卡多佐：《法律的成长：法律科学的悖论》，董炯、彭冰译，中国法制出版社 2002 年版，第 86~87 页。

② 张明楷：《刑法学》（第三版），法律出版社 2007 年版，第 50 页；张明楷：《刑法学》（第六版）（上），法律出版社 2021 年版，第 73 页。

的文本中的解释结论而言的。而此特定的情形中，用语可能具有的含义是固定的，扩张解释与类推解释的界限也是固定的。那种认为'扩张解释与类推解释没有固定不变的界限'的论断，看似符合辩证法，但其实质却是不自觉地陷入了不可知论的泥潭，无助于厘定类推解释与扩张解释的界限。"①

首先，笔者的主张是就对同一文本的用语所作的解释而言，并不是批评者所"揣摩"的不同文本。所以，不存在批评者所称的偷换概念的问题。

其次，笔者的观点明显具有两个意思：（1）就同一文本的用语而言，以前作出某种解释属于类推解释，现在作出这种解释就可能属于扩大解释。例如，1997年制定刑法时，虚拟财产实属罕见，在当时的情况下，将虚拟财产解释为刑法上的"财物"，基本上属于类推解释。但在当下，将虚拟财产认定为刑法上的"财物"，基本上属于扩大解释。至于这种扩大解释合理与否，则是另一回事。反过来，也可能出现这样的现象：以前作出某种解释属于扩大解释，现在作出这种解释则可能属于类推解释。（2）就同一用语而言，在 A 条文中作出某种解释可能是扩大解释，而在 B 条文作出这种解释则可能是类推解释，反之亦然。前述关于"弹药"的解释就说明了这一点。

再次，即使在一个法律文本中，一个用语或者概念的含义，也会发生变化。因为法律的真实含义是从社会生活事实中被发现的，尽管法条中的用语不变，但随着社会生活事实的变化，人们价值观念的变化，该用语的含义也会发生变化。认为在特定的法律文本中，"用语可能具有的含义是固定的"观点，并不成立。

最后，即使在一个法律文本中，在不同的条文中的同一个用语，因为涉及法益保护的不同、处罚范围的限制不同、与相关条文的关系不同等原因，也可能具有不同含义。刑法用语的这种相对性，也能佐证笔者的前述观点具有合理性。

当然，相对于一个给定的社会生活环境，对于一个既定的条文，我们可以发现该条文用词的真实含义，进而合理地判断哪些解释是类推解释、哪些解释是扩大解释。因此，尽管承认类推解释与扩大解释的界限在不同的时空下会发生变化，也并不意味着在给定的环境中不可能区分类推解释和扩大解释，因而笔者的观点不是不可知论。

（五）反对解释

反对解释（或反向推论、反面推论），是指据刑法条文的正面表述，推导其反面含义的解释技巧。反对解释包括两种主要类型：其一，当存在甲与乙相反的情形时，根据刑法条文的正面表述，推导其反面含义；其二，当存在 A 与 B 两种类似的事实时，如果刑法仅就 A 事实作出了规定，那么，应当就 B 事实得出与 A

---

① 利子平：《论刑法中类推解释与扩张解释的界限》，《华东政法大学学报》2010 年第 4 期。

相反的结论。

第一种类型的反对解释只有在以下两种情况下才能采用：一是法条所确定的条件为法律效果的全部条件（充分必要条件）；二是法条所确定的条件为法律效果的必要条件。例如，《刑法》第 257 条第 1 款规定了暴力干涉婚姻自由罪的构成要件与法定刑，其第 3 款规定："第一款罪，告诉的才处理。"据此，可以得出如下反对解释的结论：没有告诉的不得处理，因为"告诉"是"处理"的必要条件。再如，《刑法》第 241 条第 6 款规定："收买被拐卖的妇女……按照被买妇女的意愿，不阻碍其返回原居住地的，可以从轻或者减轻处罚。"对此，可以得出如下反对解释的结论：收买被拐卖的妇女，阻碍其返回原居住地的，不得根据本款从轻或减轻处罚。反过来说，如果法条所确定的条件只是法律效果的充分不必要条件，则不能进行反对解释。例如，《刑法》第 241 条第 5 款规定："收买被拐卖的妇女、儿童又出卖的，依照本法第二百四十条的规定定罪处罚。"对此，不能作出如下反对解释："没有收买、单纯出卖妇女、儿童的，不得依照刑法第二百四十条的规定定罪处罚。"因为"从'一个特定条件对于某个特定效果系属充分'这个语句，根本不能对于这些充分条件不存在的案例导出任何的结论。对于这个效果的发生而言，除了这组充分条件外，还可能会有其他的充分条件。只有当我们确认了，对于此一法律效果的发生，除了这个基础规范（Ausgangsnorm）外，别无任何其他的充分条件存在，并且也没有类推适用基础规范的余地，那么才能进而确认该法律效果不会发生，也就是说，所谓的反面推论，不过就是一种'拒绝类推'（die Ablehnung einer Analogie）的表示"①。

第二种类型的反对解释实际上是与类推解释相反的一种解释技巧。例如，《刑法》第 236 条仅将妇女作为强奸罪的对象。在遇到女性使用胁迫方法与男性发生性关系的案件时，如果将其认定为强奸罪，就是类推解释；如果以刑法仅规定了妇女是强奸罪的对象为由，得出对男性不成立强奸罪的结论，则是反对解释。当然，运用此种反对解释，不能直接得出行为人无罪的结论，还必须考虑行为人构成其他犯罪的可能性。例如，国家工作人员利用职务上的便利窃取公共财物，数额和情节不能满足贪污罪的构成要件的，不妨碍其构成盗窃罪。

（六）补正解释

一般来说，补正解释是指在刑法文字发生错误时，统观刑法全文加以补正，以阐明刑法真实含义的解释技巧。例如，《刑法》第 191 条第 1 款前段规定，"为掩饰、隐瞒毒品犯罪、黑社会性质的组织犯罪、恐怖活动犯罪、走私犯罪、贪污

---

① ［德］Ingeborg Puppe：《法学思维小学堂》，蔡圣伟译，元照出版公司 2010 年版，第 121～122 页。

贿赂犯罪、破坏金融管理秩序犯罪、金融诈骗犯罪的所得及其产生的收益的来源和性质，有下列行为之一的，没收实施以上犯罪的所得及其产生的收益，处五年以下有期徒刑或者拘役，并处或者单处罚金；情节严重的，处五年以上十年以下有期徒刑，并处罚金……"其中"没收"概念的使用，就是错误的。因为《刑法》第 64 条规定："犯罪分子违法所得的一切财物，应当予以追缴或者责令退赔；对被害人的合法财产，应当及时返还；违禁品和供犯罪所用的本人财物，应当予以没收。没收的财物和罚金，一律上缴国库，不得挪用和自行处理。"据此，应当将贪污犯罪、金融诈骗犯罪的所得及时返还被害人，而不能一律上缴国库。因此，对《刑法》第 191 条中的"没收"应当解释为没收或者返还被害人。不言而喻，补正解释必须符合立法目的，符合刑法的整体规定。所以，一般来说，补正解释只限于根据刑法的目的与相关规定，对使用不当的用语作出与刑法整体相协调的解释。①

从广义上说，对刑法条文的补正解释，还发生在对于犯罪性质的补正解释上。例如，德国旧刑法将非法侵入住宅罪规定在其刑法分则第七章"对公共秩序的重罪与轻罪"中；德国现行刑法也将非法侵入住宅罪规定在其刑法分则第七章"妨害公共秩序的犯罪"中。但是，德国刑法理论的通说认为，非法侵入住宅罪的法益是住宅权，属于对个人法益的犯罪。② 受德国旧刑法的影响，日本现行刑法将非法侵入住宅罪规定在对社会法益的犯罪中。但日本刑法理论几乎没有争议地认为，非法侵入住宅罪属于对个人法益的犯罪；各种教科书都是在"对自由的犯罪"中讨论非法侵入住宅罪。正如大谷实教授所言："关于本罪（即非法侵入住宅罪——引者注）的特性与保护法益，立法上并不一致。过去的立法例大多将本罪视为对社会法益之罪的一种，我国旧刑法也将本罪规定在对社会法益的犯罪中。而且，从本罪在现行刑法典的位置来看，也可以认为，现行刑法的立法者是将本罪理解为对社会法益的犯罪的。这样的立法，立足于侵害住宅给家族整体或者近邻造成了不安的观点，但在现在，将侵入住宅罪理解为对个人法益之罪的一种的个人法益说，成为通说。"③ 显而易见的是，在将刑法典中的侵害社会法益的犯罪补正解释为侵害个人法益的犯罪时，对构成要件的解释也必然随之发生变化。类似这种对犯罪性质的补正解释，在国外（尤其是德国）并不罕见。

那么，我国是否也存在需要进行类似补正解释的情形呢？回答是肯定的。例

---

① 根据刑法规定的犯罪构成要件及其关联性，增加不成文的构成要件要素时，一般不认为是补正解释。例如，"非法占有目的"是盗窃罪的不成文的主观的构成要件要素，但不宜认为这是一种补正解释。同理，将某些文字解释为表面的构成要件要素，也不宜认为是补正解释。
② 参见张明楷：《法益初论》（增订本）（下册），商务印书馆 2021 年版，第 674 页。
③ ［日］大谷实：《刑法讲义各论》（新版第 4 版），成文堂 2013 年版，第 133 页。

如，《刑法》第 323 条规定："故意破坏国家边境的界碑、界桩或者永久性测量标志的，处三年以下有期徒刑或者拘役。"司法解释认为本条规定了两个犯罪，即破坏界碑、界桩罪与破坏永久性测量标志罪。由于破坏永久性测量标志罪被规定在"妨害国（边）境管理罪"一节中，且根据条文的表述，本罪的永久性测量标志，似应限于国家边境的永久性测量标志。然而，许多永久性测量标志，如水准点、地形点、天文点、导线点、炮控点等，并不位于国家边境，却值得刑法保护（其在旧刑法中也受到保护），但破坏这些永久性测量标志的行为，并不会妨害国（边）境管理。因此，可以认为，本罪虽然规定在"妨害国（边）境管理罪"一节中，但并不属于妨害国（边）境管理的犯罪，永久性测量标志也不限于"国家边境的永久性测量标志"。这便是对本罪性质的补正解释。就本罪而言，对犯罪性质的补正解释的结果是扩大了本罪的处罚范围。

仔细研究刑法分则条文就会发现，对于许多条文所规定的犯罪，都有可能作补正解释。例如，在现行刑法中，引诱未成年人聚众淫乱罪、强迫他人吸毒罪、妨害兴奋剂管理罪、强迫卖淫罪、引诱幼女卖淫罪都属于对社会法益的犯罪，但完全有可能将这些犯罪补正解释为对个人法益的犯罪。当然，从我国解释现状来看，这些犯罪是属于对社会法益的犯罪还是对个人法益的犯罪，似乎对构成要件的解释并无直接影响。但是，就某些犯罪而言，对犯罪性质进行补正解释，会对构成要件直接产生重要影响。下面以诬告陷害罪和引诱未成年人聚众淫乱罪为例作简要说明。

关于诬告陷害罪的保护法益的争议，主要涉及诬告自己、得承诺的诬告、诬告虚无人以及向外国刑事司法机关诬告是否构成犯罪的问题（参见本书第六章）。我国刑法将诬告陷害罪规定在刑法分则"侵犯公民人身权利、民主权利罪"一章中，换言之，刑法将诬告陷害罪规定为对个人法益的犯罪。那么，是否需要对此进行补正解释，使之成为对国家法益的犯罪（"妨害司法罪"）呢？本书目前持否定回答。首先，我国《刑法》第 243 条将诬告陷害罪的对象限定为"他人"，这意味着诬告自己不可能构成诬告陷害罪。其次，《刑法》第 243 条使用了"陷害"他人的表述，亦即，只有"陷害"他人的行为才可能成立诬告陷害罪。而"陷害"他人，意味着对个人法益的侵害。再次，旧刑法将诬告陷害罪与伪证罪均规定在"侵犯公民人身权利、民主权利罪"一章中。1997 年修订刑法时，虽然将伪证罪从对个人法益的犯罪调整到对国家法益的犯罪（"妨害司法罪"）中，但并没有将诬告陷害罪调整到"妨害司法罪"中。这表明，现行刑法鉴于"文革"的历史教训，依然将诬告陷害罪的保护重点放在个人法益上。最后，倘若将诬告陷害罪补正解释为妨害司法罪，还有可能不利于保障人权。

总之，我国刑法所规定的诬告陷害罪，仍然是对个人法益的犯罪。如果诬告行为没有侵犯个人法益，即使妨害了刑事司法，也不能将其认定为诬告陷害罪。所以，诬告自己、得承诺的诬告①、诬告虚无人三种情形，因为没有侵犯他人的法益，不成立诬告陷害罪。但是，向外国刑事司法机关诬告我国公民的，虽然没有妨害我国的刑事司法，却侵犯了我国公民的个人法益，应认定为诬告陷害罪。

《刑法》第 301 条规定了聚众淫乱罪与引诱未成年人聚众淫乱罪，该条位于刑法分则第六章第一节"扰乱公共秩序罪"中。可以肯定的是，聚众淫乱罪是对社会法益的犯罪。既然如此，就不能按字面含义从形式上理解聚众淫乱罪的罪状。刑法理论没有争议地将"众"解释为三人以上，但不能认为三人以上聚集起来实施淫乱活动的，一律构成本罪。刑法规定本罪并不只是因为该行为违反了伦理秩序，而是因为这种行为侵害了公众对性的感情。② 因此，三个以上的成年人，基于同意所秘密实施的性行为，因为没有侵害公众对性的感情，不属于刑法规定的聚众淫乱行为。只有当三人以上的聚众淫乱行为具有某种程度的公然性，即以不特定或者多数人可能认识到的方式实施淫乱行为时，才宜以本罪论处。问题在于，《刑法》第 301 条第 2 款规定的引诱未成年人聚众淫乱罪，是否属于对社会法益的犯罪？本书持否定回答。换言之，刑法理论应当将引诱未成年人聚众淫乱罪补正解释为对个人法益的犯罪，亦即，刑法规定本罪是为了保护未成年人的身心健康。因此，一方面，对本罪中的"参加"应作广义解释，不要求引诱未成年人实际从事淫乱活动，引诱未成年人观看他人从事淫乱活动的，也成立本罪。另一方面，本罪中的聚众淫乱活动不要求具有公然性。换言之，引诱未成年人参加秘密聚众淫乱活动的，也应以本罪论处。

刑法学中的补正解释的核心解释在于"正"，而不是在于"补"，即在于纠正刑法的文字表述错误与体系安排错误，以阐明法条的真实含义，而不是将刑法没有明文规定的"犯罪"补充解释为犯罪，否则便违反罪刑法定原则。

---

① 当然，由于对生命的承诺是无效的，故诬告他人所犯之罪应当判处死刑时，即使得到被害人承诺，也应以犯罪论处。但这种诬告行为仅成立故意杀人罪的间接正犯，而不成立诬告陷害罪。
② 参见 ［日］平野龙一：《刑法概说》，东京大学出版会 1977 年版，第 268 页。

第二章　分则与总则

一、分则与总则的关系

从沿革上考察，刑事立法都是先有分则性规定，后以分则性规定为基础形成总则性规定的。在我国，《唐律·名例》已经明显属于刑法总则的规定。在欧洲，刑法典的总则规定，是在 17 世纪的意大利刑法学影响下，经过 18 世纪德国各州的刑法典、奥地利刑法典等而逐渐发展，直至 19 世纪初的法国刑法典而最终形成的。至于刑法学的总论体系，则是由费尔巴哈首先完成的。[①]

总则规定犯罪与刑罚（以及其他法律后果）的一般原则、原理，分则规定具体的犯罪及其法定刑。所以，总的来说，总则规定与分则规定大体上是一般与特殊、抽象与具体的关系。但严格来说，一般与特殊、抽象与具体的关系并不是对总则与分则关系的完整表述。因为总则的大部分规定并没有抽象出分则的全部内容，或者说没有全面抽象分则的规定。例如，对于分则条文规定的表明客观不法的罪状，总则并没有也不可能作出抽象规定。同样，就许多要素而言，在总则作出一般性规定后，分则并不作出具体规定。例如，刑法分则没有一个条文规定责任年龄与责任能力。显然，总则关于责任年龄与责任能力的规定，并不是从分则规定中抽象出来的。因此，应当认为，总则是关于犯罪与刑罚的共通规定，分则原则上是关于犯罪与刑罚的具体或特别规定。[②] 因为总则是共通规定，所以，它一方面指导分则，另一方面也补充分则。由于分则是具体或特别规定，所以，它完全可能在总则要求之外另设特别或例外规定。所以，不能要求分则规定完全"符合"总则规定。

分则没有规定某个犯罪的某一成立条件时，解释者不能简单地否定该条件，而应考察总则是否存在一般性规定。例如，《刑法》第 17 条对主体的责任年龄作了规定；第 18 条对主体的责任能力作了规定。因此，当具体犯罪的成立在行为主体的责任要素方面没有特别要求时，刑法分则条文便没有、也无必要重复规定主体的责任年龄与责任能力。在这种情况下，并非不需要主体达到责任年龄和具有责任能力，而是具备刑法总则规定的责任年龄与责任能力要件即可。再如，刑法分则对大多数犯罪没有规定"故意"，在这种没有规定"故意"的场合，并不

---

① 参见［日］大塚仁：《刑法各论》（上卷），青林书院新社 1968 年版，第 4 页。

② 由于立法技术等方面的原因，我国的刑法分则事实上存在一些一般性规定。如分则关于"毒品""淫秽物品""战时"等概念的解释性规定，也是可以纳入总则规定的。

是不需要行为人具有故意。因为根据《刑法》第 14 条、第 15 条的规定，如果刑法分则没有规定过失也应当负刑事责任的，当然只能由故意构成。

分则规定不同于总则的一般规定时，应当认为该规定是分则的特别或例外规定，而不能简单地否认分则的规定。例如，《刑法》第 241 条第 6 款规定："收买被拐卖的妇女、儿童，对被买儿童没有虐待行为，不阻碍对其进行解救的，可以从轻处罚；按照被买妇女的意愿，不阻碍其返回原居住地的，可以从轻或者减轻处罚。"解释者不能认为，本款内容违反了总则的一般规定。事实上，该款是基于政策理由以及为了更好地保护妇女、儿童的人身自由所作的特别规定。再如，《刑法》第 272 条第 1 款规定了挪用资金罪的罪状与法定刑，第 3 款规定："有第一款行为，在提起公诉前将挪用的资金退还的，可以从轻或者减轻处罚。其中，犯罪较轻的，可以减轻或者免除处罚。"解释者不能作出如下批判："该行为不是自首，对其规定适用自首的法律后果，违反总则关于自首的规定。"也不能说："该行为不是中止，故规定适用中止的法律效果是错误的。"因为上述规定具有刑事政策方面的特别理由。

"分则规定犯罪的具体要件，总则规定犯罪的共同要件"的说法，大体上成立。但严格来说，也并非没有疑问。因为分则并没有完整地规定各种犯罪的全部具体要件，总则也没有完整地规定各种犯罪的共同要件。人们对犯罪构成究竟有多少要件存在争议，原因之一也在于此（但这并不是说总则应当完整规定犯罪的全部共同要件）。事实上，对于任何一个具体犯罪的成立要件，都需要同时根据总则与分则的规定予以确定。基于同样的理由，对于所谓犯罪构成的共同要件，也需要同时根据总则与分则的规定予以确定。

"分则规定基本的犯罪构成，总则规定修正的犯罪构成"的说法，同样需要研究。按照日本刑法理论以往的通说，构成要件以既遂为模式，但是，由于刑法明文规定对许多犯罪处罚未遂，于是，不得不认为既遂犯的构成要件是基本的构成要件，而未遂犯的构成要件是修正的构成要件。[①] 以故意杀人罪为例。其基本构成要件是致人死亡，而就未遂犯所形成的修正构成要件是只要有杀人的着手实行即可。这种说法在日本的犯罪论体系中也存在疑问。首先，如果说构成要件是犯罪类型，同时认为杀人既遂与杀人未遂分属不同类型的犯罪，那么，完全应当说杀人既遂罪与杀人未遂罪各自具有不同的构成要件，前一犯罪类型要求发生死亡结果（侵害犯），后一犯罪类型不要求发生死亡结果（危险犯），而不是基本构成要件与修正构成要件的问题。如果认为杀人既遂与杀人未遂属于同一犯罪类型，那么，它们的构成要件就应当相同，即死亡结果不是杀人罪的构成要件。其

---

① 笔者没有在德国文献中见到"修正的构成要件"的概念。

次，认为分则规定的是基本的构成要件，总则规定的是修正的构成要件，似乎并不完全符合立法现实。因为日本刑法总则只是规定了未遂的定义与处罚原则，而哪些犯罪处罚未遂皆由分则明文规定。当分则条文在规定了杀人罪之后接着规定"前条犯罪的未遂亦罚"时，就需要根据分则条文对构成要件的规定以及保护法益来决定何谓着手、何谓未遂。在此意义上，分则实际上也规定了作为修正的构成要件的犯罪未遂。最后，将构成要件分为基本的构成要件与修正的构成要件还存在其他缺陷。例如，修正的构成要件理论似乎存在一种不该存在的"但书"关系：成立故意杀人罪以发生死亡为条件，但是没有发生死亡结果的，也成立故意杀人罪。再如，"修正的构成要件"概念容易使人误认为只有未遂犯、共犯的构成要件是"正确的构成要件"[1]；也容易使人通过对通常的构成要件理论进行修正来处理未遂与共犯理论；更没有说明未遂犯、共犯的性质与处罚根据。[2] 我国的立法体例也难以接受修正的构成要件理论。刑法总则规定原则上处罚犯罪未遂，如果认为分则规定的犯罪以既遂为模式，则几乎所有故意犯罪的未遂，都可能受刑罚处罚。在一些犯罪中，还可能得出与犯罪本质相违背的结论。例如，行为人多次（3 次以上）盗窃，即使没有取得数额较大财物的，也成立盗窃罪。如果认为多次盗窃是分则条文规定的既遂模式，那么，很可能认为两次盗窃（未达到数额较大）时就是犯罪未遂。实际上，后者并不成立犯罪。所以，能否说总则规定的是修正的犯罪构成，也是值得进一步研究的问题。当然，基于约定俗成的缘故，也可以继续使用基本的犯罪构成与修正的犯罪构成概念，但是需要明确这两个概念的真实含义，不能望文生义，进而产生误解。

二、总则对分则的指导

刑法总则存在许多一般原则、一般概念的规定。这种一般原则、一般概念的规定不仅指导总则的规定与对总则的解释、适用，而且指导分则的规定与对分则的解释、适用。所以，在解释分则时，一定要以总则的规定为指导。下面仅就几个问题进行讨论。

（一）构成要件的解释

《刑法》第 13 条规定了犯罪的一般概念："一切危害国家主权、领土完整和安全，分裂国家、颠覆人民民主专政的政权和推翻社会主义制度，破坏社会秩序和经济秩序，侵犯国有财产或者劳动群众集体所有的财产，侵犯公民私人所有的财产，侵犯公民的人身权利、民主权利和其他权利，以及其他危害社会的行为，

---

① 参见 ［日］ 平野龙一：《刑法总论Ⅱ》，有斐阁 1975 年版，第 307 页。
② 参见 ［日］ 前田雅英：《刑法总论讲义》（第 7 版），东京大学出版会 2019 年版，第 46 页。

依照法律应当受刑罚处罚的，都是犯罪，但是情节显著轻微危害不大的，不认为是犯罪。"不管人们如何认识犯罪的基本特征，可以肯定的是，只有严重危害社会（严重侵害法益），依照法律应当受刑罚处罚的行为，才是犯罪。还可以肯定的是，犯罪构成以犯罪概念为指导。因此，对犯罪构成及其要件、要素的解释，应以犯罪概念为指导，具体表现为，对分则所规定的具体犯罪构成要件的解释，必须使行为的社会危害性（法益侵害性）达到应受刑罚处罚的程度，而不能离开《刑法》第 13 条的规定，对分则条文进行形式主义的解释。

如所周知，贝林（Beling）的行为构成要件论，实际上是形式的构成要件论。他认为构成要件所描述的事实具有价值中立性，于是，构成要件与违法性没有关系。构成要件要素也仅被限定为客观的、记述的要素，而不包括规范的、主观的要素。贝林如此解释，源于德国旧《刑法》第 59 条第 1 款。该款规定："没有认识到存在属于法定的构成要件的事实或加重刑罚的事实时，不得对该事实进行归责。"上述条款相当于德国现行《刑法》第 16 条第 1 款。贝林在定义构成要件时，是根据该规定，从"故意所必须认识的事实是什么"这一点出发的。由于故意属于主观的要素，其认识的对象只能是客观事实，而不包括违法性。因此，联系上述规定，构成要件只能包含客观要素，也与违法性无关。否则，在构成要件的故意规制机能的影响下，违法性认识也必须成为故意的一部分。换言之，作为犯罪成立条件之一的客观要素，同时也是故意犯罪的成立必须认识到的客观要素，此即构成要件。于是，主观的要素不属于构成要件。因为要求行为人认识到自己的主观认识，不仅没有意义，而且不具有合理性。正因为如此，构成要件具有故意的规制机能（故意的认识内容由客观的构成要件决定）。[1] 根据贝林的观点，对构成要件只能进行形式的解释。但是，如果对构成要件进行形式的解释，就必然导致在构成要件外就违法性进行伦理的判断；也可能导致实质上不值得科处刑罚的行为也被科处刑罚。[2] 换言之，在构成要件之外寻找违法性的基础，反而违反罪刑法定原则。亦即，"只能将引起了立法者所设定的构成要件框架内的法益侵害、危险作为处罚的积极的基础，正是罪刑法定主义的要求"[3]。于是，后来的德国学者对构成要件进行实质的、机能的考察，使构成要件成为违法类型，即行为只要符合构成要件，原则上便具有实质的违法性。因为刑法总是将值得科处刑罚的犯罪行为类型化为构成要件，故构成要件不可能成为价值中立的概念；换言之，因为立法者认为一定类型的行为具有当罚性才制定刑罚法规，故构

---

[1] 参见［日］平野龙一：《犯罪论的诸问题（上）》（总论），有斐阁 1981 年版，第 2~3 页。

[2] 参见［日］西田典之：《构成要件的概念》，载西田典之、山口厚编：《刑法的争点》（第 3 版），有斐阁 2000 年版，第 14 页。

[3] ［日］山口厚：《刑法总论》（第 3 版），有斐阁 2016 年版，第 31 页。

成要件是当罚行为的类型。况且，行为构成要件理论无法回答现代刑法中何以存在大量的规范构成要件要素，也无法指导如何解释这些要素。既然如此，立法者在描述构成要件时，必然对符合构成要件的行为进行实质评价，即构成要件中蕴含了违法性的判断。为什么德国旧《刑法》第 59 条第 1 款（德国现行《刑法》第 16 条第 1 款）规定"故意"必须认识到符合构成要件的事实呢？显然，只是认识到一定的事实，还不能成为作为有故意进行非难的决定因素，因为值得非难的故意必须认识到的应是"违法的事实"。因此，故意的认识对象并不只是价值中立的裸的事实，还包括行为的实质违法性，即法益侵害性。这样一来，刑法关于故意和事实认识错误的规定，无法得出行为构成要件理论。于是，构成要件不是单纯的行为类型，而是（至少是）违法行为的类型。这种观点直到现在仍然是德日等大陆法系国家刑法理论的通说。正如德国学者罗克辛（Roxin）所说，所有的刑法规则都命令公民实施一定行为或者禁止公民实施一定行为；这些规定同时也对违反规则的行为进行了评价：它们至少在原则上是需要被谴责的。当立法者在刑罚法规中规定了盗窃、敲诈勒索等行为时，他们并不是这么想的："我在一个段落中描写了一个法律值得注意的行为，但我不想发表我的看法，我不肯定我所描述的行为是好的还是不好的；我的描写只是说明，这些行为不是无足轻重的，它要么是合法的，要么是违法的。"事实上，立法者在想："我描写的这些行为是社会无法忍受的，我要对这些行为进行谴责；所以我要通过构成要件规定这些行为并惩罚它们。"①

我国刑法分则对构成要件的规定是以《刑法》总则第 13 条关于犯罪的一般规定为指导的，故应认为，分则所规定的客观构成要件都是为了使行为的法益侵害性达到应受刑罚处罚的程度。因此，解释者对分则规定的客观构成要件必须作出实质的解释。

不可否认的是，成文法的特点导致刑法分则的文字表述可能包含了不值得科处刑罚的行为，即客观上存在符合刑法的文字表述、实质上却不值得处罚的现象。对于这个冲突，应当以刑法总则关于犯罪的一般概念为指导、通过实质的犯罪论来解决。详言之，由于刑法只是将值得科处刑罚的行为规定于刑法之中，故刑法所规定的行为必然是值得科处刑罚的行为。在由于语言的特点导致刑法的文字表述可能包含了不值得科处刑罚的行为时，应当对刑法作出实质的解释，使刑法所规定的行为仅限于值得科处刑罚的行为。否则，根据刑法被定罪量刑的行为，完全可能是没有侵害法益或者侵害程度轻微的行为。这违反了罪刑法定原则

---

① Claus Roxin, Offene Tatbestande und Rechtspflichtmerkmale, Walter de Gruyter & Co., 1970, S. 171.

的民主主义的思想基础以及禁止处罚不当罚的行为的实质性要求。例如，《刑法》第 253 条第 1 款规定："邮政工作人员私自开拆或者隐匿、毁弃邮件、电报的，处二年以下有期徒刑或者拘役。"我们不能认为，这一规定包含了不值得科处刑罚的一切私自开拆、隐匿或者毁弃邮件、电报的行为。例如，一名邮政工作人员，出于集邮的爱好，将一封并无重要内容的信件上的邮票撕下，并将信件毁弃，但没有造成其他任何后果。如果仅从形式上考察，这一行为也符合《刑法》第 253 条第 1 款的文字表述，但我们不能认为该行为符合《刑法》第 253 条第 1 款的构成要件，因为该行为不值得科处刑罚。换言之，我们只能将值得科处刑罚的私自开拆或者隐匿、毁弃邮件、电报的行为，解释为符合《刑法》第 253 条第 1 款的罪状的行为。再如，《刑法》第 389 条第 1 款规定："为谋取不正当利益，给予国家工作人员以财物的，是行贿罪。"这里没有数额上的限制，如果从字面上解释，为了谋取不正当利益，给予国家工作人员一袋普通茶叶的行为，也构成行贿罪。可是，2016 年 4 月 18 日发布并实施的《最高人民法院、最高人民检察院关于办理贪污贿赂刑事案件适用法律若干问题的解释》第 7 条规定："为谋取不正当利益，向国家工作人员行贿，数额在三万元以上的，应当依照刑法第三百九十条的规定以行贿罪追究刑事责任。行贿数额在一万元以上不满三万元，具有下列情形之一的，应当依照刑法第三百九十条的规定以行贿罪追究刑事责任：（一）向三人以上行贿的；（二）将违法所得用于行贿的；（三）通过行贿谋取职务提拔、调整的；（四）向负有食品、药品、安全生产、环境保护等监督管理职责的国家工作人员行贿，实施非法活动的；（五）向司法工作人员行贿，影响司法公正的；（六）造成经济损失数额在五十万元以上不满一百万元的。""两高"为什么作出这样的规定呢？显然是因为从字面上或形式上解释《刑法》第 389 条，会导致许多危害轻微的行贿行为乃至一般馈赠行为也构成行贿罪；只有对罪状作出实质的解释，使其反映、说明实质的违法性，才能合理地限制处罚范围。

　　日本刑法学者的通常说法是，构成要件符合性是形式判断、类型判断，而违法性是实质判断、个别判断。[①] 我国也有学者指出："罪刑法定原则首先考虑一个行为在刑法有没有规定，首先是看其犯罪构成要件。而在'三阶层'理论中，一个行为是否构成犯罪也是先看其是否具有犯罪构成要件，这其实是一种形式判断，当一个行为具有构成要件该当性，实质判断是放在违法性当中进行判断的，若这个行为不具有构成要件该当性就不会再进行到违法性阶段。因此，'三阶层'理论对犯罪论逻辑的安排本身就是使得形式判断先于实质判断的，不可能作

[①] 参见 ［日］大塚仁：《刑法概说（总论）》（第 4 版），有斐阁 2008 年版，第 123 页；［日］山口厚：《犯罪论体系的意义与机能》，付立庆译，《中外法学》2010 年第 1 期。

出逆向的判断，这是由'三阶层'理论特有的理论结构所造成的。"①

在三阶层体系的语境下，倘若仅仅从构成要件与违法性的关系，将构成要件符合性的判断称为形式判断、类型判断，将违法性的判断称为实质判断、个别判断，并在此意义上说形式判断优于实质判断，也无可厚非。但是，我们不能据此误认为，构成要件符合性的判断只是一种价值中立的判断。换言之，虽然日本学者强调从形式到实质地判断犯罪，但这并不意味着构成要件符合性的判断就是价值中立的判断，只是意味着违法性阶层的判断比构成要件符合性的判断更为实质。

首先，日本刑法理论的通说认为构成要件是违法类型，既然如此，至少在没有正当化事由的情况下，构成要件就是违法性的存在根据，符合构成要件的行为就是违法行为。即使认为构成要件是违法有责类型，也能得出这一结论。例如，大谷实教授指出："由于构成要件是违法且有责的行为类型，所以，符合构成要件的行为，原则上就具备违法性与责任。因此，其一，在违法性的层面，只要是符合构成要件的行为，就应以是否存在违法阻却事由这种消极的方法来确定违法性。其二，在责任的层面，只要是符合构成要件的行为，就应以是否存在责任阻却事由这种消极的方法来确定责任。"② 既然违法性阶层的判断只是消极判断，就意味着构成要件必须为违法性提供积极根据。所以，在解释构成要件时，当然必须使符合构成要件的行为具有违法性，而且是值得科处刑罚的违法性。当然，这并不意味着凡是具有可罚的违法性的行为，都必须被解释到构成要件中去。因为刑法并非处罚任何违法行为，而是仅处罚符合构成要件的违法行为。

其次，倘若将构成要件符合性完全演变为纯形式判断，不仅意味着构成要件丧失了违法性推定机能，而且意味着只能对构成要件进行平义解释，导致刑法各论没有实际意义。正因为如此，日本学者们一般对构成要件符合性进行实质判断。例如，日本《刑法》第100条第1项规定："以使依照法令被拘禁的人脱逃为目的，提供器具或者实施其他使其容易脱逃的行为的，处三年以下拘禁刑。"据此，脱逃的帮助行为无疑构成援助脱逃罪。问题是教唆脱逃的行为是否构成援助脱逃罪。从文言上看，教唆脱逃是否属于"使其容易脱逃的行为"尚存在疑问，但不能仅从文言上形式化地得出否定结论。反对实质解释论的山中敬一教授明确表示"包含教唆脱逃的情形"③。再如，关于损坏器物罪中的"损坏"的含义，大谷实教授认为："本罪的行为是损坏……所谓损坏，是指①物质性地变更

---

① 陈兴良：《定罪的四个基本规则》，《检察日报》2009年11月5日，第3版。
② ［日］大谷实：《刑法讲义总论》（新版第4版），成文堂2012年版，第97页。
③ ［日］山中敬一：《刑法各论》（第3版），成文堂2015年版，第792页。

器材物自身的形状，或者使其灭失，②使他人在事实上或感情上不能按照该物的本来用途使用，亦即，使该物丧失本来的效用（损坏器物罪）。如在他人的餐具里撒尿，或出于妨害利用的目的而将物隐匿，如将告示牌摘下扔到空地上的行为，在违反《公共选举法》的布告上贴纸条的行为，都是损坏。"① 山中敬一教授对毁坏的解释，与大谷实教授的解释完全相同。② 不难看出，大谷实等教授并未对损坏进行形式解释。又如，日本《刑法》第 104 条规定："隐灭、伪造或者变造有关他人刑事案件的证据，或者使用伪造、变造的证据的，处二年以下拘禁刑或者二十万元以下罚金。"采取行为构成要件论的曾根威彦教授解释道："隐灭，不限于物理的灭失，而是指妨碍证据的显出（如隐匿证人）以及使其价值灭失、减少的一切行为。"③ 大谷实教授也得出了相同结论。④ 可以肯定，大谷实等教授将隐匿证人解释为隐灭证据是一种实质解释。⑤

在我国，反对实质解释论的学者，也并非没有在构成要件阶段进行实质判断。例如，主张形式解释论的学者认为，组织男性进行同性性交易行为成立组织卖淫罪（笔者也赞成这一结论）。其理由是："以卖淫而言，其本质含义是性交易，在一般情况下指异性之间的性交易。但在特殊情况下，将同性之间的性交易包含在卖淫的内涵之中，并不违反该词的基本含义。"⑥ 显然，这是在对卖淫作实质解释，这种实质解释不是在违法性阶层作出的，而是在构成要件符合性阶层作出的。⑦

再次，如所周知，构成要件中有许多规范的要素。"规范的构成要件要素的判断，是一种价值判断"⑧，而不可能只是一种形式判断。

最后，倘若认为对构成要件只能进行形式判断，实质判断应当在违法性阶层进行，那么，就会出现如下问题：在违法性阶层进行实质判断的资料是什么？一

---

① ［日］大谷实：《刑法讲义各论》（新版第 4 版），成文堂 2013 年版，第 360~361 页。

② 参见［日］山中敬一：《刑法各论》（第 3 版），成文堂 2015 年版，第 495 页。

③ ［日］曾根威彦：《刑法各论》（第 5 版），弘文堂 2012 年版，第 303 页。

④ 参见［日］大谷实：《刑法讲义各论》（新版第 4 版），成文堂 2013 年版，第 607 页。

⑤ 需要说明的是，也许大谷实教授认为自己的上述解释依然是形式解释，但即使是中国的形式解释论者，恐怕也不认为上述解释只是一种形式解释。在此意义上，大谷实教授所说的形式与我国学者所称的形式未必相同。所以，存在两种可能性：一是大谷实教授的形式解释论与其对构成要件作实质解释之间矛盾；二是我国的一些学者误解了大谷实教授的形式解释论。

⑥ 陈兴良：《判例刑法学》（上卷），中国人民大学出版社 2009 年版，第 47 页。

⑦ 根据语义解释或者公众理解，卖淫是指"妇女出卖身体"，嫖宿是指"嫖妓（强调在一起过夜）"，嫖是指"男子玩弄女子"，妓指"妓女"（中国社会科学院语言研究所词典编辑室编：《现代汉语词典》（第 5 版），商务印书馆 2005 年版，第 913、1045、646 页）。显而易见，这样的解释根本不可能适用于刑法。

⑧ ［日］大塚仁：《刑法概说（总论）》（第 4 版），有斐阁 2008 年版，第 123 页。

方面，因为在三阶层体系中，"违法性"标题下研究的是违法阻却事由①，违法性判断只是消极判断，不存在专门的违法要素（违法要素都被纳入构成要件中）。既然没有判断资料，就不可能进行违法性判断，实质判断就成为一句空话，结局必然导致将不具有可罚性的行为作为犯罪处理。另一方面，倘若形式解释论者主张，在违法性阶层进行实质判断的资料，仍然是与构成要件相关的事实，那么，三阶层体系就演变成"形式构成要件→违法性（实质构成要件+违法阻却事由）→有责性"。但笔者不认为这种体系具有合理性。换言之，与其在违法性阶层对构成要件重新进行实质判断，不如在构成要件阶层进行实质判断（当然以不违反罪刑法定原则为前提）。在三阶层体系中，由于违法性实际上是由行为符合构成要件和缺乏违法阻却事由两个判断所形成，只要缺乏违法阻却事由就具有违法性，所以，符合构成要件的行为必须具有实质的违法性。也因为如此，笔者认为构成要件具有实质内容。

既然违法（有责）类型说的三阶层体系决定了对构成要件必须进行实质解释，既然日本学者都在对构成要件进行实质解释，为什么又称构成要件符合性是形式判断，而违法性是实质判断呢？② 这是因为违法性阶层的判断是更为实质的判断。亦即，在违法性阶层承认超法规的违法阻却事由，而在构成要件阶段，不可能存在超法规的构成要件符合性。除了这一点以外，构成要件和违法性判断的内容和目标没有本质的差别，也不妨说，"构成要件与违法性同属一个阶层"③。所以，笔者一直认为，不管是在中国还是在外国，对构成要件的解释必然是在坚持罪刑法定原则下的实质解释（也可谓形式判断与实质判断的统一）。

在此依然不能回避何谓形式解释、形式判断的问题。倘若形式解释意味着

---

① 参见［德］冈特·施特拉腾韦特、洛塔尔·库伦：《刑法总论 I——犯罪论》，杨萌译，法律出版社 2006 年版，第 81 页。

② 笔者没有见过德国刑法学者说构成要件符合性的判断只是形式判断。相反，德国学者认为，"符合构成要件的行为，在价值上无疑并非是中立的。"（［德］冈特·施特拉腾韦特、洛塔尔·库伦：《刑法总论 I——犯罪论》，杨萌译，法律出版社 2006 年版，第 80 页）；"根据犯罪论的现状，可以认为，必须将为犯罪行为的实质的不法内容奠定基础的要素纳入构成要件。"（H. Jescheck / T. Weigend, Lehrbuch des Strafrechts: Allgemeiner Teil, 5. Aufl., Duncker & Humblot, 1996, S. 245）。如前所述，罗克辛（Roxin）教授指出，所有的刑法规则都命令公民实施一定行为或者禁止公民实施一定行为；这些规定同时也对违反规则的行为进行了评价：它们至少在原则上是需要谴责的（Vgl. Claus Roxin, Offener Tatbestande und Rechtspflichtmerkmale, Walter de Gruyter & Co., 1970, S. 171）。德国的刑法教科书在构成要件论中讨论行为无价值论与结果无价值论，也表明其构成要件并非只是形式，而是具有实质内容。当然，笔者也不认为，在此问题上，德国刑法理论与日本刑法理论存在分歧，而是认为，日本学者只是用不同的表述方式来阐释构成要件与违法性的关系。

③ 张明楷：《刑法学》（第六版）（上），法律出版社 2021 年版，第 134 页。

"只能在可能的语义（及于语义的最大射程，包括语义的核心与边缘）内解释"①，那么，对法定的违法阻却事由的判断、对责任的判断，也是形式判断与实质判断的统一，而不只是实质判断。因为不按照刑法条文的规定判断正当防卫与紧急避险，不按照刑法条文的规定判断故意、过失与责任年龄、责任能力，必然导致判断的恣意性，也不一定符合罪刑法定原则。

我国主张形式解释论的学者指出："就形式判断与实质判断之间的关系而言，先作形式判断，其后是可以再作实质判断的，形式判断不可能取代实质判断，而能够为实质解释提供存在的空间。而先作实质判断，则其后就不可能再作形式判断，形式判断必然被实质判断所取代，实质判断的出罪功能无从发挥。"② 倘若这段话所表述的是构成要件符合性的判断与违法性判断的关系，则适用笔者以上的论述。倘若这段话仅仅就构成要件符合性的判断而言，则多少显得不公道。如上所述，在构成要件符合性阶段，不可能只有形式判断，而是必须有实质判断。如果说在构成要件符合性阶段之内，可以先作形式判断后作实质判断，那么，当然也可以先作实质判断后作形式判断。认为实质解释论只进行实质判断，是不符合事实的。即便在实行类推解释的时代，解释者遇到值得科处刑罚的案件时，也还要寻找最相类似的条文，判断行为是否与某个条文最相类似；在罪刑法定主义时代，没有人会认为，只要行为具有可罚性，就可以直接定罪量刑。因为即使先进行实质判断，也必须将其"归属于某一法条之下"，其中的"归属"当然是指行为符合法条规定的构成要件。

在形式判断与实质判断的问题上，不得不讨论可罚的违法性概念的必要性与地位。

大谷实教授指出："在解释构成要件时，应在进行处罚的必要性或者合理性的实质判断之前，从是否符合具有通常能力的一般人理解的见地出发，进行形式的解释……以处罚的必要性、合理性为基准的实质的判断，只要在查明符合构成要件之后，在违法性与责任阶段进行个别的、具体的判断就够了。"③ 换言之，大谷实教授认为，在解释构成要件时只进行形式的思考，一个行为实质上是否值得处罚，只能在违法性与有责性阶层进行。但是，这种说法是否真实，还存在疑问。

其一，如前所述，凡是违法要素都属于构成要件要素，在违法性阶层并不积极判断违法性，只是判断有无违法阻却事由。所以，所谓仅在违法性阶层进行实

① 陈兴良：《走向学派之争的刑法学》，《法学研究》2010 年第 1 期。
② 陈兴良：《走向学派之争的刑法学》，《法学研究》2010 年第 1 期。
③ ［日］大谷实：《刑法讲义总论》（新版第 4 版），成文堂 2012 年版，第 83~84 页。

质判断是不现实的。况且，如前所述，大谷实教授实际上是在对构成要件进行实质的解释。

其二，正是因为违法性领域没有独立于构成要件之外的违法要素，所以，大谷实教授不得不采用可罚的违法性概念。例如，在日本，就盗窃一张报纸之类的案件而言，实质解释论否认盗窃罪的构成要件符合性；而形式解释论则认为该行为符合盗窃罪的构成要件，只是在违法性阶层以缺乏可罚的违法性为由使之无罪。可是，在构成要件要素之外，并没有判断有无可罚的违法性的要素，怎么可能对行为是否可罚进行判断呢？结局是，要么在构成要件要素之外寻找可罚的违法性的根据，要么对符合构成要件的事实再次进行判断。前一种做法必然导致可罚的违法性判断的恣意性，于是大谷实教授采取了后一种做法："违法性的判断对象是相当于（也可译为该当于——引者注）违法性要素的事实，违法性的判断基准是可罚的违法性。因此，首先，要以包含刑罚法规在内的全体法秩序为基准判断违法性的有无；其次，以该行为对于法益保护以及社会伦理规范是否具有刑法上不能放任不管的质与量的违法性为基准判断可罚的违法性。"[①] 但在笔者看来，大谷实教授提出的这种判断，至少存在两个方面的问题：一方面，主张在违法性阶层再对相当于违法性要素的事实进行重新判断，与其提倡的犯罪论体系不相符合。因为如前所述，大谷实教授认为，违法性层面的判断只是消极判断，而且相当于违法性要素的事实都是构成要件事实，故不可能在违法性层面对违法性要素的事实再次进行积极判断。另一方面，大谷实教授提出的可罚的违法性判断基准，只能形成因人而异、具有相当恣意性的判断。

我国刑法理论上也存在同样问题。亦即，对于不值得科处刑罚的行为，是通过实质的解释认定其不符合构成要件，还是形式地判断其符合构成要件之后，再以《刑法》第13条但书为根据宣告无罪？笔者采取前一种做法。例如，就邮政工作人员私拆一封并无重要内容的信件、并未造成严重后果的行为而言，实质解释论认为，只能将值得科处刑罚的法益侵害行为解释为符合违法构成要件的行为，因此，这种行为并不符合《刑法》第253条规定的犯罪构成要件；而形式解释论会认为其符合《刑法》第253条的犯罪构成要件，但通过直接引用第13条的但书宣告无罪。然而，立法者规定具体犯罪的构成要件时，是以该行为值得科处刑罚为根据的。反过来，解释者、适用者在解释和适用刑法规定的构成要件时，也必须从实质上理解，即只能将值得科处刑罚的行为解释为符合构成要件的行为。因此，对于不值得科处刑罚的行为，应以行为不符合构成要件为由宣告无罪，而不是直接以《刑法》第13条的但书为根据宣告无罪。虽然结论一样，但

---

① ［日］大谷实：《刑法讲义总论》（新版第4版），成文堂2012年版，第241页。

是，其一，形式解释论更具有恣意性。因为实质解释者是通过构成要件要素进行判断的，而形式解释论并非根据具体的判断资料得出结论。其二，与形式解释论相比，实质解释论更早地得出了有利于被告人的无罪结论。因此，只要将构成要件实质地理解为违法类型，就不需要引入可罚的违法性的判断，也不需要将《刑法》第13条但书作为独立的出罪根据。

总之，刑法分则的解释与适用，绝不是一种极为简单的逻辑过程，即不是对某种事实以法律规范形式所作的归纳。"法律发现实质上表现为一种互动的复杂结构。这种结构包括着创造性的、辩证的，或者还有动议性的因素，任何情况下都不会仅仅只有形式逻辑的因素，法官从来都不是'仅仅依据法律'引出其裁判，而是始终以一种确定的先入之见，即由传统和情境确定的成见来形成其判断。"[1] 所以，"一种唯理的（在广义上）法哲学必须是不仅只注重法权形式、概念和逻辑上的结构，而且还要首先关注其内容"[2]。

（二）犯罪故意的要素

我国《刑法》第14条与第15条分别规定了故意犯罪与过失犯罪的定义。根据《刑法》第14条的规定，故意是认识因素与意志因素的统一；直接故意与间接故意同属于故意，二者虽然存在差异，但本质相同。显然，在解释具体犯罪的故意形式与内容时，必须以《刑法》第14条的规定为指导。例如，不可认为，"刑法分则条文规定的某些具体犯罪只能由间接故意构成，不能由直接故意构成"。因为，既然间接故意都能成立，直接故意更能成立；事实上也不存在"某种行为出于直接故意时成立此罪、出于间接故意时成立彼罪"的情况。同样，也不可轻易说"某种犯罪只能由直接故意构成，不能由间接故意构成"。因为在刑法分则中，凡是由故意构成的犯罪，刑法分则条文均未排除间接故意；当人们说某种犯罪只能由直接故意构成时，只是根据有限事实所作的归纳，并非法律规定。即使解释者了解现实所发生的一切盗窃案件，得出了所有的盗窃犯都是出于直接故意，这也只是事实，而刑法规范并没有将间接故意排除在盗窃罪之外。只有解释者不将间接故意排除在盗窃罪之外，那么，当将来发生了间接故意的盗窃时，才能够适用刑法关于盗窃罪的规定；倘若解释者将间接故意排除在盗窃罪之外，那么，当将来发生了间接故意的盗窃时，就难以适用刑法关于盗窃罪的规定。所以，不能以有限的事实限定规范的内容。

再如，故意是认识因素与意志因素的统一，因此，既不能用意志因素代替故

---

[1] ［德］阿图尔·考夫曼：《后现代法哲学：告别演讲》，米健译，法律出版社2000年版，第21~22页。

[2] ［德］阿图尔·考夫曼：《后现代法哲学：告别演讲》，米健译，法律出版社2000年版，第21~22页。

意，也不能用认识因素代替故意。用"具有……目的"代替故意，或者认为"认识到违反规章制度时是故意"，都不合适。前者会缩小故意的范围，后者会扩大故意的范围。因为间接故意没有追求犯罪结果的目的，用目的代替故意可能将间接故意排斥在故意之外；认识到行为违反规章制度，并不表明行为人一定认识到了危害结果发生，更不表明行为人希望或者放任危害结果发生，故"认识到违反规章制度时是故意"的观点，会将一部分过失心理归入故意。因此，司法工作人员一定要牢记故意是认识因素与意志因素的有机统一。基于上述理由，对于所谓"双重罪过"的概念应慎重对待。如人们常说，在交通肇事罪中，行为人虽然对致人死亡的结果为过失，但其违反交通运输管理法规的行为可能是故意的；于是形成了对行为持故意、对结果持过失的所谓双重罪过。实际上，单纯认识到自己的行为违反交通运输管理法规，并不等于刑法上的故意。因为仅仅认识到自己的行为违反交通运输管理法规并可能发生交通肇事的结果时，并不表明行为人希望或者放任危害结果的发生，故意的认识因素与意志因素并没有统一于一体，故不成立刑法上的故意（充其量只是过于自信过失的一个因素）。在这个意义上"双重罪过"内不存在真正的故意，只存在过失。

（三）责任形式的确定

根据《刑法》第 14 条与第 15 条的规定，"故意犯罪，应当负刑事责任"；"过失犯罪，法律有规定的才负刑事责任"。从实质上说，上述两款规定表明，我国刑法以处罚故意犯罪为原则，以处罚过失犯罪为例外，这也是当今世界各国刑法的通例。[①] 从形式上讲，上述两条规定说明，刑法分则（以及"其他有刑罚规定的法律"）条文仅描述客观要件、没有规定责任形式（或罪过形式）的犯罪，只能由故意构成；只有当"法律"对处罚过失犯罪"有规定"时，才能将该犯罪确定为过失犯罪。因此，确定责任形式的核心任务，在于判断哪些犯罪属于"法律有规定"的"过失犯罪"（其余均为故意犯罪）。如果刑法仅规定处罚故意犯罪，而理论上与实践上却认为该犯罪属于"法律有规定"的"过失犯罪"，就违反了罪刑法定主义原则，侵犯了行为人的自由。而且，在没有法律根据的情况下，对过失行为与故意犯罪适用同一法定刑，也有悖于罪刑相适应原则。

但是，我国的刑法学论著在确定具体犯罪的责任形式时，大多没有重视《刑法》第 15 条第 2 款的规定，没有分析"法律有规定"的含义，也没有讨论确定

---

① 参见德国《刑法》第 15 条、法国《刑法》第 121—3 条、意大利《刑法》第 42 条、奥地利《刑法》第 7 条、西班牙《刑法》第 12 条、瑞士《刑法》第 18 条、俄罗斯《刑法》第 24 条、日本《刑法》第 38 条、韩国《刑法》第 13 条等。

责任形式的标准与方法。例如，有的论著在论述《刑法》第 186 条规定的违法发放贷款罪的责任形式时指出："本罪的主观方面，可以是过失，即行为人应当预见违法发放的贷款有可能给银行造成重大损失，但由于疏忽大意而没有预见，或者已经预见但轻信可以避免；也可以是间接故意，即行为人已经预见其违法发放贷款的行为可能给银行造成重大损失，而放任损失的发生。但行为人对违法发放贷款则可能出于故意（包括直接故意与间接故意）。"[①] 有的教科书在论述《刑法》第 189 条规定的对违法票据承兑、付款、保证罪的责任形式时指出："行为人在主观方面对违法票据予以承兑、付款或者保证的行为，往往出于故意，也可能出于过失，但对违法票据承兑、付款或者保证所造成的重大损失，一般出于过失，也不排除间接故意。"[②] 不难看出，类似这样的论述，都只是对相关行为人的心理事实进行分析与归纳，仅仅考虑了行为人通常可能出于何种心理状态实施某种犯罪的客观行为，而没有关注相关犯罪是否属于《刑法》第 15 条第 2 款所称的"法律有规定"的过失犯罪，也未能提出确定责任形式的标准与方法。结局是，只要行为人事实上可能出于过失心理状态实施《刑法》第 186 条、第 189 条规定的客观行为，就成立过失犯罪。于是，是否追究过失行为的刑事责任，不是取决于"法律有无规定"，而是取决于"事实上能否出于过失"。应当认为，类似的观点与做法，不符合罪刑法定原则。

有的学者提出了确定责任形式的基本方法，即区分条文规定的犯罪是行为犯、危险犯，还是结果犯：行为犯只能是直接故意犯罪；犯罪为危险犯时则需要比较法定刑；犯罪为结果犯时应当分析结果与行为人的主观愿望是否矛盾。[③] 但是，这种确定责任形式的方法存在缺陷。首先，这种方法由于完全没有考虑将某个犯罪的责任形式确定为过失是否属于《刑法》第 15 条第 2 款的"法律有规定"，因而容易违反罪刑法定原则。其次，行为犯是与结果犯相对应的概念，危险犯是与侵害犯（实害犯）相对应的概念，行为犯完全可能是侵害犯；是否以及应否存在过失的危险犯也存在争议，而且行为犯与结果犯的区分标准并不统一。[④] 况且，危险犯与结果犯不是非此即彼的关系，危险犯与实害犯才是对应的

---

① 马克昌主编：《经济犯罪新论：破坏社会主义经济秩序罪研究》，武汉大学出版社 1998 年版，第 331 页。

② 高铭暄、马克昌主编：《刑法学》（第四版），北京大学出版社、高等教育出版社 2010 年版，第 460 页。该教科书后来对本罪的责任形式作了修改："本罪在主观上为故意，即对违反票据法规定的票据予以承兑、付款或者保证持故意心态，但对造成重大损失的结果可能出于过失"（高铭暄、马克昌主编：《刑法学》（第十版），北京大学出版社、高等教育出版社 2022 年版，第 417 页）。

③ 参见侯国云：《论新刑法典中若干新罪名罪过性质的认定》，《法学家》1998 年第 3 期。

④ 参见张明楷：《刑法学》（第六版）（上），法律出版社 2021 年版，第 216 页。

概念。但是，故意杀人既遂是实害犯，而故意杀人未遂是危险犯，二者的责任形式都是故意。所以，以犯罪是行为犯、危险犯、结果犯为基准确定责任形式，既不全面，也难以得出具有说服力的结论。例如，认为行为犯只能由直接故意构成的观点，便缺乏法律根据。最后，所谓分析结果与行为人的主观愿望是否矛盾，实际上是根据部分案件事实确定刑法规定之罪的责任形式，以"事实上能否出于过失"的归纳替代"法律有无规定"的判断。例如，该学者在分析《刑法》第188条规定的违规出具金融票证罪的责任形式时指出："行为人为他人出具信用证或者其他保函、票据、存单、资信证明的行为虽然是故意的，但他的目的决不是为了给金融机构造成损失，而是为了给对方提供一点帮助。如果他知道会造成损失，他也就不会出具此类证明了，除非他是为了与对方合谋进行诈骗。绝大多数情况下，所以会造成损失，都是由于行为人对对方产生了轻信心理，或者说，他是由于轻信对方的经济实力，才出具了此类证明，以致造成了较大的损失，因而其主观上应属于过于自信的过失。……本罪在个别情况下也可以由间接故意构成。"[①] 显然，这是基于所谓"常理"对行为人的心理事实进行的一般性分析，而不是根据刑法对故意、过失的规定作出的判断，其中的"虽然是故意的"，也不是刑法意义上的说明。诚然，我们应当从社会生活事实中发现法，但是，通过事实解释规范，并不意味着将某些事实强加于规范和以某种事实限制规范。我们不能将自己"熟悉的事实"解释为"必须的规范"，不能将自己了解的部分行为人的心理状态，声称为刑法规定的责任形式。实际上，《刑法》第188条的文字表述，并没有表明其规定的犯罪可以由过失构成。

　　有的学者虽然注意到了《刑法》第15条第2款的规定，但在将某种犯罪的责任形式确定为过失时，也没有考虑该犯罪是否属于"法律有规定"的过失犯罪；不仅只根据行为人的心理状态确定责任形式，而且认为，刑法分则条文没有明文规定哪些犯罪属于过失犯罪，是为了"有意扩大犯罪主观方面，强调对这类犯罪的预防和打击"[②]。这种观点不仅导致《刑法》第15条第2款丧失了限制处罚过失犯罪的机能，而且有悖刑法以处罚故意犯罪为原则、以处罚过失犯罪为例外的精神。

　　正因为刑法理论在确定具体犯罪的责任形式时，没有考虑《刑法》第15条第2款的规定，只是将行为人的心理状态归纳为法定的责任形式，所以对同一犯罪的责任形式出现了形形色色的观点。例如，关于《刑法》第337条规定的妨害

---

① 侯国云：《论新刑法典中若干新罪名罪过性质的认定》，《法学家》1998年第3期。
② 金泽刚：《若干个罪的罪过性质问题研究——兼论犯罪故意的含义》，《中国刑事法杂志》1998年第6期。

动植物防疫、检疫罪（在《刑法修正案（七）》颁布之前为逃避动植物检疫罪）的责任形式，一种观点认为，"本罪的主观方面为故意"①。另一种观点认为，本罪"主观方面由过失构成。但行为人对自己的行为违反进出境动植物检疫法的规定，是明知的，而对于行为可能引起重大动植物疫情的结果是持过失心态"②。还有一种观点指出：本罪"主观方面一般出于过失，但也可以是故意"③。对《刑法》第 129 条、第 169 条、第 186 条、第 188 条、第 189 条、第 219 条第 2 款、第 250 条、第 284 条、第 330 条、第 331 条、第 332 条、第 334 条、第 339 条第 2 款、第 397 条、第 403 条、第 405 条规定的犯罪，也存在类似的争议。

更重要的是，由于刑法理论没有充分考虑《刑法》第 15 条第 2 款的规定，没有分析何种犯罪属于"法律有规定"的过失犯罪，从而导致罪刑法定原则、罪刑相适应原则未能得到充分贯彻，造成了不当扩大过失犯罪处罚范围的局面。

本书认为，责任形式的确定，主要取决于如何理解和贯彻《刑法》第 15 条第 2 款的"法律有规定"这一法定的标准。与此同时，还需要牢记并落实尊重人权主义、责任主义以及刑法的谦抑性等原理。

1. 法定的标准

《刑法》第 15 条第 2 款的"法律有规定"，显然是指法律对"过失"犯罪有规定。联系国外刑法理论的相关学说④，大体而言，对"法律有规定"可能出现以下见解：

第一，将"法律有规定"理解为"法律有明文的规定"，即只有当法律条文对某种犯罪使用了"过失""疏忽""失火"等明确指示过失犯罪的用语时，该犯罪才属于"法律有规定"的过失犯罪（以下简称"明文规定说"）。⑤

明文规定说特别忠实于罪刑法定主义，明确划定了过失犯的处罚范围。但是，我们还不能贯彻这种学说。因为我国刑法分则并没有对所有过失犯罪使用

---

① 马克昌主编：《刑法学》，高等教育出版社 2003 年版，第 606 页。

② 周道鸾、张军主编：《刑法罪名精释》（第四版）（下），人民法院出版社 2013 年版，第 855 页。

③ 杨春洗、杨敦先主编：《中国刑法论》（第二版），北京大学出版社 1998 年版，第 590 页。

④ 例如，日本《刑法》第 38 条第 1 项规定："没有犯罪故意的行为，不处罚，但法律有特别规定的，不在此限。"日本刑法分则，对于过失犯罪都有明文规定，但日本附属刑法（行政刑法）对是否处罚过失犯罪并无明文规定，而日本《刑法》第 8 条规定："本编（即刑法典总则）的规定也适用于其他法令规定的犯罪。"这意味着，附属刑法也只有在"有特别规定"时才处罚过失犯罪。但是，如何理解"有特别规定"，在理论上存在争议，判例也不完全一致。

⑤ 日本学者木村龟二、野村稔认为，只有当法律使用了"因过失""因失火"等用语时，才能处罚过失犯罪，否则便违反了罪刑法定主义。参见［日］木村龟二：《刑法总论》（增补版），有斐阁 1978 年版，第 79 页；［日］野村稔：《刑法总论》（补订版），成文堂 1998 年版，第 104 页。

"过失""疏忽"等概念。例如，刑法分则关于重大飞行事故罪、交通肇事罪、重大责任事故罪的规定，没有使用"过失""疏忽"等概念，但无疑属于过失犯罪。再如，根据明文规定说，《刑法》第 400 条第 2 款规定的"司法工作人员由于严重不负责任，致使在押的犯罪嫌疑人、被告人或者罪犯脱逃，造成严重后果的"行为，也因为法条没有使用"过失""疏忽"等概念而成为故意犯罪。于是，本罪与该条第 1 款规定的私放在押人员罪属于法定刑不同的两类故意犯罪。这显然有悖罪刑相适应原则。从立法体例与立法技术考虑，分则条文也不可能将故意致使在押人员脱逃的行为分为法定刑不同的两类故意犯罪。

第二，将"法律有规定"理解为"法律有实质的规定"，即为了实现分则刑法条文的法益保护目的，只要有必要处罚过失行为，即使没有"明文规定"，也应认定为"法律有规定"（以下简称"实质规定说"）。①

实质规定说着眼于刑法的法益保护目的，试图使侵害法益的过失行为受到处罚，似乎具有合理性。因为刑法的目的是保护法益，所以，行为所侵害的法益是否具有重大性，是否需要通过处罚过失行为实现法益保护目的，是决定能否处罚过失行为的重要根据。尽管如此，本书仍然不赞成实质规定说。根据罪刑法定原则的"法律主义"的要求，即使行为侵害了重大法益，但如果刑法没有明文将其规定为犯罪，也不得定罪处罚；根据罪刑法定原则的"禁止处罚不当罚的行为"的要求，对于轻微的法益侵害行为，不得以犯罪论处。所以，"'法益保护'概念，如果不被严格解释，就有被滥用的危险"②。换言之，刑法只能在罪刑法定原则的框架内发挥法益保护的机能。例如，妇女（包括幼女）的性的自主权是值得特别保护的法益，但如果仅从法益保护的观念出发，就可能肯定过失强奸罪。再如，国家安全也是特别值得保护的法益，但如果不考虑法条的文理，就会肯定过失非法提供国家秘密、情报罪与过失资敌罪。不难看出，仅以法益保护目的或者实质的处罚根据为由，将"法律有规定"理解为"法律有实质的规定"，必然架空罪刑法定原则，使过失犯处罚具有恣意性。

第三，将"法律有规定"理解为"法律有文理的规定"，即法条虽然没有使

---

① 日本 20 世纪 80 年代以前的判例大多采取这种观点。如日本最高裁判所 1953 年 3 月 5 日的判决指出，虽然没有明文规定，但根据"规制事项的本质"，也可以作为过失犯罪处罚（参见日本《最高裁判所刑事判例集》第 7 卷第 3 号，第 510 页）。再如，日本最高裁判所 1968 年 1 月 13 日的判决指出，虽然没有明文规定，但通过合理判断"法规的旨趣、目的"等，能够得出处罚过失犯的结论时，应认为具有处罚过失犯的"特别规定"（参见日本《判例时报》第 524 号，第 85 页）。德国的旧刑法时代，判例在缺乏法律明文规定的情况下，也常常根据法规的旨趣、目的处罚过失犯（参见 ［日］荻原滋：《罪刑法定主义与刑法解释》，成文堂 1998 年版，第 258 页）。

② ［日］甲斐克则：《责任原理与过失犯论》，成文堂 2005 年版，第 85 页。

用"过失""疏忽""失火"之类的用语，但根据具体条文的文理，能够合理认为法律规定了过失犯的构成要件时，就属于"法律有规定"，因而处罚过失犯（以下简称"文理规定说"）。①

本书赞成文理规定说。一方面，以成文刑法规定犯罪与刑罚，是罪刑法定原则的基本要求。"一切法律规范都必须以'法律语句'的语句形式表达出来。可以说，语言之外不存在法。只有通过语言，才能表达、记载、解释和发展法。"②换言之，"一个刑罚法规的目的，必须在它实际使用的语言中去寻找，根据它明显的和清晰的含义来解释"③。所以，我们应当根据刑法条文使用的文字及其文理，确定某种犯罪是否属于"法律有规定"的过失犯罪。另一方面，"法律有规定"并不一定指明文规定。刑法要以简短的语言表述罪刑规范，当分则条文对一个方面的表述足以表明另一方面的含义时，往往省略对另一方面的明文规定。所以，"法律有规定"既包括明文的规定，还包括隐含的规定。例如，我国刑法理论既承认犯罪构成的法定性，也肯定不成文的构成要件要素与责任要素④；后者虽然是法律规定的要素，却不是法律"明文规定"的要素，而是经由文理解释与论理解释形成的要素。我国刑法分则的具体规定，也能说明这一点。例如，《刑法》第400条第1款规定了私放在押人员罪（故意犯罪），其第2款虽然没有使用"过失"概念，但从其使用的"严重不负责任"的表述，要求"造成严重后果"的规定，以及较轻的法定刑来看，应认为其规定了过失犯罪。否则，就不可能说明该条第2款与第1款的关系。再如，《刑法》第412条第1款规定了商检徇私舞弊罪（故意犯罪），其第2款规定："前款所列人员严重不负责任，对应当检验的物品不检验，或者延误检验出证、错误出证，致使国家利益遭受重大损失的，处三年以下有期徒刑或者拘役。"如果仅着眼于"对应当检验的物品不检验，或者延误检验出证"的规定，难以将本罪确定为过失犯罪；但是，从"严重不负责任""错误出证"的表述、要求"致使国家利益遭受重大损失"的规定、较轻的法定刑以及该条第2款与第1款的关系来考察，也应认为第2款规定的是过失犯罪。

刑法条文的文理是否表明某种犯罪为过失犯罪，首先需要通过分析其用语含

① 如日本学者福田平指出："在有'因过失'的规定的场合，认定为过失犯的构成要件是没有问题的，但即使没有这样的明文规定，只要在各个构成要件的解释上，能够认为该构成要件所规定的是过失犯的构成要件，就可以处罚过失犯。"［日］福田平：《全订刑法总论》（第3版增补），有斐阁2001年版，第124页。

② ［德］伯恩·魏德士：《法理学》，丁小春、吴越译，法律出版社2003年版，第73页。

③ Jane C. Ginsburg, *Legal Methods*, 2nd ed., Foundation Press, 2003, p.271.

④ 参见高铭暄、马克昌主编：《刑法学》（第十版），北京大学出版社、高等教育出版社2022年版，第47、506页。

义得出结论。① （1）分则条文使用"过失"概念的，其规定的犯罪无疑属于"法律有规定"的过失犯罪。② （2）分则条文使用"严重不负责任"表述的，一般应确定为"法律有规定"的过失犯罪。应当承认，"严重不负责任"首先是对行为的描述，换言之，"严重不负责任"属于客观构成要件要素。但是，"严重不负责任"也明示了行为人主观上的严重疏忽或者过于自信。换言之，因为重大疏忽而没有预见危害结果就实施某种职务行为的，预见了危害结果却没有采取充分有效措施而实施某种职务行为的，其行为属于"严重不负责任"。③ 故意造成危害结果的行为，一般不会被描述为"严重不负责任"。所以，只要不存在其他文理冲突，就可以认为"严重不负责任"的表述，明示了该犯罪为过失犯罪。④ （3）分则条文使用的"发生……事故"之类的表述，虽然是对客观构成要件要素的规定，但通常也能表明该犯罪属于"法律有规定"的过失犯罪。首先，在日常用语中，"事故"一般是指过失或者意外造成的事件。人们习惯于将过失致人死亡的案件称为事故，但一般不会将故意杀人案件称为事故。其次，分则条文在使用"发生……事故"表述时，一般同时要求"致人重伤、死亡"等严重结果，这符合《刑法》第 15 条对过失犯罪的规定。最后，分则条文使用了"发生……事故"用语的犯罪，法定刑一般较为轻缓，这也从一个侧面说明其为过失犯罪。⑤ 所以，只要不存在其他文理矛盾，就可以认为"发生……事故"之类的表述，明示了该犯罪为过失犯罪。⑥ （4）分则条文使用的"玩忽职守"一词，首先是对行为的描述，同时也表明该犯罪属于"法律有规定"的过失犯罪。一方面，在日常生活用语中，"玩忽"的含义是不严肃认真对待、忽视、忽略，因而与过失相一致。另一方面，《刑法》第 397 条将玩忽职守与滥用职权并列规定、第

---

① 这里所称的用语，仅限于刑法分则条文就基本罪状所使用的用语，不包括在加重、减轻罪状中所使用的用语。

② 《刑法》第 115 条第 2 款、第 119 条第 2 款、第 124 条第 2 款、第 233 条、第 235 条、第 324 条第 3 款、第 369 条第 2 款、第 398 条、第 432 条即是。

③ 《刑法》第 229 条第 3 款使用的"失实"一词也能表明行为人主观上为过失，但由于该款具有"严重不负责任"的表述，故没有必要另行讨论。

④ 《刑法》第 167 条、第 168 条（国有公司、企业、事业单位人员失职罪）、第 229 条第 3 款、第 335 条、第 399 条第 3 款（执行判决、裁定失职罪）、第 400 条第 2 款、第 406 条、第 408 条、第 409 条、第 412 条第 2 款、第 413 条第 2 款、第 419 条所规定的犯罪，应是过失犯罪。但如前所述，《刑法》第 304 条犯罪的责任形式存在疑问。

⑤ "造成严重后果"与较轻的法定刑，只是确定责任形式时需要考虑的要素，而非表明犯罪由过失构成的用语。因为分则条文完全可能针对故意犯罪规定"造成严重后果"与较轻的法定刑。

⑥ 《刑法》第 131 条至第 139 条、第 408 条（与"严重不负责任"重叠）、第 436 条属于此类。但第 143 条的"足以造成……事故"主要是对行为属性的规定，不是表明过失的用语。此外，《刑法》第 339 条第 2 款的规定还存在疑问。

425 条将玩忽职守与擅离职守并列规定。由于对应的滥用职权与擅离职守属于故意犯罪①，所以，可以认为"玩忽职守"表明了该犯罪属于"法律有规定"的过失犯罪。

仅以分则条文的用语含义为根据，也可能难以确定责任形式或者得出不同的结论。在这种情况下，需要根据条款关系进行逻辑分析。一般来说，当一个条文的第 1 款规定的犯罪属于故意犯罪，而第 2 款规定的客观行为与第 1 款规定的客观行为相同或者基本相同，具有上述表明过失犯罪的用语，并明确要求发生严重结果，且法定刑轻于第 1 款的法定刑时，可以从文理上认为第 2 款规定的犯罪属于"法律有规定"的过失犯罪。如《刑法》第 229 条第 3 款、第 400 条第 2 款、第 412 条第 2 款，以及第 413 条第 2 款，就属于这种情形。令人困惑的是同一条文使用了相互冲突的用语（既有表明故意的用语，也有表明过失的用语）的情形，对此，应当根据用语之间的关系、条文的体系地位等诸多信息，判断该条文规定的犯罪是否属于法律有文理规定的过失犯罪。

例一，《刑法》第 304 条规定："邮政工作人员严重不负责任，故意延误投递邮件，致使公共财产、国家和人民利益遭受重大损失的，处二年以下有期徒刑或者拘役。"其既使用了象征过失的"严重不负责任"一语，也使用了"故意"概念，因而完全可能产生以下三种不同观点：其一，本条规定的是故意犯罪，据此，过失延误投递邮件的行为，不构成犯罪；其二，本条规定的是过失犯罪，刑法没有规定相应的故意犯罪；其三，本条规定的犯罪既包括故意犯罪，也包括过失犯罪。可是，如后所述，在刑法分则没有明文规定的情况下，肯定一个犯罪既可以由故意构成，也可以由过失构成，是存在重大疑问的。

《刑法》第 304 条的规定，涉及总则的"故意"与分则的"故意"的关系。或许可以认为，分则的"故意"分为两种情形：一种情形与总则的故意含义相同。如《刑法》分则第 232 条规定的"故意杀人"中的"故意"，与总则的故意含义相同，要求行为人明知自己的行为会发生他人死亡的结果，并且希望或者放任这种结果发生。另一种情形仅表明行为人有意识地实施某种行为，但不一定表明行为人希望或者放任某种危害结果发生。但后一种情形会导致"故意"概念的混乱。所以，本书认为，将《刑法》第 304 条的"故意"理解为前一种情形，即非仅对延误投递的行为有故意即可，这样一来，《刑法》第 304 条的"故意"（只是表明了总则的"故意"的部分要素）与总则的"故意"具有一致性。如果认为《刑法》第 304 条规定的是过失犯罪，那么，分则的"故意"便与总则的

---

① 虽然也有论著主张滥用职权罪一般由过失构成（参见周道鸾、张军主编：《刑法罪名精释》（第四版）（下），人民法院出版社 2013 年，第 1082 页），但这种观点缺乏法律的文理根据。

"过失"相一致，这是不能令人接受的。此外，"延误"不一定意味着过失，除
《刑法》第 304 条外，《刑法》第 380 条也有"故意延误"军事订货的规定，而
该条没有"严重不负责任"的表述。将这两条相联系进行体系性解释，应认为
《刑法》第 304 条规定的是故意犯罪。① 概言之，凡是分则条文使用了"故意"
用语的，都不宜确定为过失犯罪，否则，不仅产生文理上的混乱，而且导致分则
条文与总则条文的冲突。

　　例二，《刑法》第 134 条第 2 款规定："强令他人违章冒险作业，或者明知存
在重大事故隐患而不排除，仍冒险组织作业，因而发生重大伤亡事故或者造成其
他严重后果的，处五年以下有期徒刑或者拘役；情节特别恶劣的，处五年以上有
期徒刑。"《刑法》第 138 条前段规定，"明知校舍或者教育教学设施有危险，而
不采取措施或者不及时报告，致使发生重大伤亡事故的，对直接责任人员，处三
年以下有期徒刑或者拘役"。这两个法条既有表明过失的"发生……事故"一
语，又有象征故意的"明知"一词，因而从用语上会得出不同结论。

　　这涉及总则的"明知"与分则的"明知"的关系。应当承认，刑法分则中
的"明知"原则上是作为总则故意中的"明知"的具体化而规定的（注意规
定）。在此意义上，强令、组织他人违章冒险作业罪与教育设施重大安全事故罪
属于故意犯罪。可是，要求上述两罪的行为人对伤亡事故持希望或者放任态度，
也并不现实。也因为如此，一种观点认为，强令、组织他人违章冒险作业罪的
"主观要件为过失和间接故意，行为人通常是出于侥幸心理，故而主观上多为间
接故意"；教育设施重大安全事故罪的"主观方面是过失，但应明知校舍和教育
设施存在危险、隐患"②。但在本书看来，上述观点可能存在疑问。其一，如果
说强令、组织他人违章冒险作业罪的主观方面为过失和间接故意，就不仅对过失
与间接故意进行了等值评价，而且导致直接故意另成立其他犯罪或者不构成犯
罪，这不合适。其二，在刑法总则的规定中，过失包括疏忽大意的过失与过于自
信的过失，为什么《刑法》第 138 条仅处罚过于自信的过失犯罪，而不处罚疏忽
大意的过失犯罪？这或许是上述观点难以回答的。其三，上述两个法条都使用了
"明知"一词，为何前者的责任形式是过失与间接故意，而后者的责任形式只能
是过失？这是仅基于对有限事实的归纳，还是能由法定刑的差异来说明这一点？
对此也不无疑问。

　　本书初步看法是，可以将上述两罪归纳为故意犯罪，但"重大伤亡事故或者

① 当然，也可能将《刑法》第 304 条的"致使公共财产、国家和人民利益遭受重大损失"，解释
　 为客观的超过要素，但行为人对邮件被延误投递这一结果必须具有故意。
② 高铭暄、马克昌主编：《刑法学》（第十版），北京大学出版社、高等教育出版社 2022 年版，
　 第 366、369 页。

造成其他严重后果"是客观的超过要素，不需要行为人具有认识与希望或放任态度。即从主观方面来说，只要行为人明知存在重大事故隐患或者危险，并且希望或者放任危险的存在，就具备了故意的认识因素与意志因素。换言之，要求行为人对危险结果具有故意，但不要求行为人对实害结果具有故意。就《刑法》第134 条第 2 款规定的犯罪行为而言，如果行为人虽不明知存在隐患，但主观上有过失，则只能认定为《刑法》第 134 条第 1 款规定的重大责任事故罪。就《刑法》第 138 条规定的犯罪行为而言，如果行为人不明知危险的存在，但主观上有过失，则只能认定为其他犯罪（如过失致人死亡罪）或者不作为犯罪处理。①

总之，"法律有规定"是确定过失犯罪的基本前提。在根据法条文理不能得出某种犯罪属于"法律有规定"的过失犯罪的结论时，即使行为人实际上可能基于过失心理状态实施该罪的客观行为，也不能将该犯罪确定为过失犯罪。

2. 实质的理由

上述法定的标准，为确定责任形式提供了重要依据。但是，相同的用语可能导致人们得出不同的结论，而且单纯根据形式的标准确定责任形式，也会不当扩大过失犯的处罚范围，所以，对责任形式的确定需要更为实质的理由。概言之，只有当法律有文理规定，而且具有处罚过失犯罪的实质理由时，行为才属于"法律有规定"的过失犯罪；对于此外的犯罪只能将其确定为故意犯罪。

第一，根据尊重人权主义的原理，即使具有法律的文理规定，也只有当客观行为严重侵害了法益时，才能将其确定为过失犯罪。

在民主国家，刑法原则上只能将违反禁止规范的"作为"规定为犯罪；通过刑罚威慑强制人们履行实施积极行为的义务属于极为例外的情形。否则，就不当限制了公民的自由，不利于保障人权。虽然过失犯罪也可能是作为犯罪，但过失犯罪的本质是违反注意义务，而注意义务常表现为作为义务，因此过失犯罪中不作为犯的底色浓厚；对过失犯罪的广泛处罚，意味着漫无边际地以刑罚强制公民履行实施积极行为的义务，因而不符合民主理念。对过失犯罪的广泛处罚，还意味着公民的行动受到严格限制，进而导致公民的行为萎缩，严重限制公民的自由。所以，对过失犯的处罚必须进行实质的限定。

刑法分则明确规定的过失犯罪，主要有三种类型：一是过失侵害生命、身体的犯罪，包括过失危害公共安全的犯罪，如《刑法》第 115 条第 2 款、第 119 条第 2 款、第 233 条、第 235 条规定的犯罪；二是过失行为间接地侵害生命、身体的犯罪，如《刑法》第 370 第 2 款规定的过失提供不合格武器装备、军事设施罪；三是负有特定职责的国家工作人员严重违反注意义务造成严重危害后果的犯

---

① 当然，将教育设施重大安全事故罪解释为过失犯罪，也是可能的。

罪，如《刑法》第167条规定的签订、履行合同失职被骗罪，第168条规定的国有公司、企业、事业单位人员失职罪，以及《刑法》分则第九章规定的过失渎职罪。[①] 这也说明，只有当过失行为侵害了重大法益，或者行为主体因为特殊身份而严重侵害了法益时，才宜将其确定为过失犯罪。

基于上述考虑，本书认为，只有当过失行为直接或者间接侵害了他人生命、身体，或者国家工作人员严重违反注意义务造成法益侵害结果时，才有可能被确定为过失犯罪。此外的情形，不宜被确定为过失犯罪。

（1）对于仅造成财产损失的行为，不宜将其确定为过失犯罪。

《刑法》分则第五章仅规定了故意毁坏财物罪，没有规定过失毁坏财物罪。这说明，对于仅造成财产损失的行为，不应确定为过失犯罪。即使以《刑法》第115条第2款的规定为根据（该条表面上肯定了过失造成重大财产损失的行为构成失火、过失爆炸等罪），也不能得出仅造成重大财产损失的行为可成立过失犯罪的结论。

我国刑法理论的通说认为，危害公共安全罪，是指故意或者过失危害不特定或者多数人的生命、健康或者重大公私财产安全的行为。[②] 据此，仅侵害重大公私财产安全的行为，也属于危害公共安全的行为。但这种观点值得反思。其一，如果说只要行为侵害了价值重大的财产就属于危害公共安全罪，那么，一方面，盗窃银行、博物馆并取得价值重大财产的行为，就属于危害公共安全罪；另一方面，还会出现明确的不协调现象：刑法在财产罪中只处罚故意毁坏财物罪，而过失毁损价值重大的财产时，反而成立危害公共安全罪。这都是难以令人理解的。其二，如果说只要行为侵害了不特定或者多数人的财产就属于危害公共安全罪，那么，面向不特定或者多数人实施的集资诈骗行为，流窜犯盗窃多人财物的行为，都应成立危害公共安全罪。这也是难以令人接受的。

所以，本书认为，《刑法》分则第二章所规定的过失危害公共安全的犯罪，都是以危害不特定或者多数人的生命、身体安全为前提的。换言之，只有当某种过失行为具有危害不特定或者多数人的生命、身体安全的性质，并造成人身伤亡或者财产损失后果时，才能将其认定为过失危害公共安全的犯罪。例如，失火行为单纯造成重大财产损失，而没有危害不特定或者多数人的生命、身体安全的，

---

① 其他类型的过失犯罪较为罕见与特殊（如过失损毁文物罪），在缺乏明文规定的情况下，不宜将其作为参照条文。

② 参见高铭暄、马克昌主编：《刑法学》（第十版），北京大学出版社、高等教育出版社2022年版，第333页。有的表述为危害"不特定多数人"的生命、健康或者重大公私财产安全（参见周道鸾、张军主编：《刑法罪名精释》（第四版）（上），人民法院出版社2013年版，第74页）。

不能被认定为失火罪。再如，过失破坏交通工具的行为，倘若没有危害不特定或者多数人的生命、身体的安全，就不能被认定为过失损坏交通工具罪。所以，《刑法》第 115 条第 2 款的"使公私财产遭受重大损失"，应是以危害不特定或者多数人的生命、身体安全为前提的（从《刑法》第 115 条与第 114 条的关系也能得出这一结论）。《刑法》第 119 条第 2 款、第 124 条第 2 款所规定的过失犯罪，也均以危害不特定或者多数人的生命、身体安全为前提。[①]

基于以上考虑，对于刑法分则中仅将造成财产损失作为构成要件结果的犯罪，不宜将其确定为过失犯罪。例如，《刑法》第 186 条规定的违法发放贷款罪、第 187 条规定的吸收客户资金不入账罪、第 188 条规定的违规出具金融票证罪、第 189 条规定的对违法票据承兑、付款、保证罪等，虽然属于妨害金融管理秩序的犯罪，但也有"造成重大损失"的要求，又由于其中的"损失"是指财产损失，而对过失造成财产损失的行为不宜以过失犯罪论处，所以，不宜将上述犯罪确定为过失犯罪。

（2）对于过失破坏经济秩序与过失扰乱公共秩序的行为，不宜确定为过失犯罪。

真正意义上的破坏经济秩序与扰乱公共秩序的犯罪，其结果往往表现为无形的、非物质性的形态。与物质性结果相比，非物质性结果是难以认定的。例如，保险诈骗行为对保险秩序的侵害结果难以认定，但对保险诈骗行为造成的财产损失结果，则容易判断。事实上，当行为的结果表现为非物质性的形态时，司法机关只是认定行为是否符合构成要件，而不考虑是否发生了非物质性结果。这或多或少表明，即使将非物质性结果作为构成要件要素予以规定，也难以起到限制处罚范围的作用。然而，《刑法》第 15 条第 1 款明文规定，只有发生了危害社会的结果，才能认定为过失犯罪。可见，如果将难以认定的非物质性结果作为过失犯罪的危害结果，进而肯定过失行为导致非物质性结果时也构成过失犯罪，结局必然是，只要过失实施一定行为，不管是否发生危害结果就成立过失犯罪。这便明显违反了《刑法》第 15 条的规定，不当扩大了过失犯罪的处罚范围。

例如，《刑法》第 284 条规定："非法使用窃听、窃照专用器材，造成严重后果的，处二年以下有期徒刑、拘役或者管制。"有学者指出："本罪主体为一般主体，如果是合法拥有窃听、窃照专用器材者，对于非法使用的危害后果一般是能够认识的；如果是出于好奇等动机，非法获得这类器材并非法使用，这时行为人

[①] 危害公共安全，是指危害不特定或者多数人的生命、身体安全，还是指危害不特定多数人的生命、身体安全，需要根据具体犯罪分别得出结论。本书认为，《刑法》第 114 条与第 115 条所规定的犯罪，应当是危害不特定多数人的生命、身体安全的犯罪（参见张明楷：《高空抛物案的刑法学分析》，《法学评论》2020 年第 3 期）。

对造成的结果可能是出于过失。无论是持故意还是持过失的心理态度，只要造成了严重后果，都是严重扰乱公共秩序的行为，都应以本罪论处。"① 但是，这种观点不仅只是从事实上分析非法使用窃听、窃照专用器材的行为能否出于过失，没有注意这种行为是否属于"法律有规定"的过失犯罪，而且没有分析过失使用窃听、窃照专用器材的行为是否侵害了重大法益，没有考虑是否可能因为"严重后果"的范围宽泛与难以认定而扩大该罪的成立范围。本书认为，如果重视"法律有规定"的法定标准，考虑非法使用窃听、窃照专用器材罪所侵害的法益不具有重大性，就会否认本罪可以由过失构成。

（3）对于侵犯知识产权的行为，不宜确定为过失犯罪。

《刑法》第219条第1款规定了侵犯商业秘密罪的三种表现形式，《刑法修正案（十一）》之前的该条第2款规定："明知或者应知前款所列行为，获取、使用或者披露他人的商业秘密的，以侵犯商业秘密论。"一种观点认为，"在明知的情况下，实施侵犯商业秘密行为，应当是故意犯罪。在应知情况下而实施侵犯行为时又没有认识到，符合疏忽大意过失的心理状态"②。

应当认为，上述文理解释具有一定道理。因为"明知"通常是对故意的认识因素的表述；"应知"是指行为人应当知道而现实上没有知道，因而属于疏忽大意的过失。但是，侵犯商业秘密本身不是重罪，商业秘密并非重大法益；与《刑法》第219条第1款规定的行为相比，其第2款规定的行为更为轻微；而且，对过失侵犯商业秘密的行为，通过民事侵权损害赔偿的途径就足以保护被害人的权益，将其作为过失犯罪处罚，并不符合刑法严格限制过失犯处罚范围的精神。所以，将侵犯商业秘密罪确定为故意犯罪具有实质的合理性。

从文理上说，在《刑法修正案（十一）》之前，应当将本罪中的"应知"理解为，根据案件的各种证据，可以推定行为人知道他人是以不正当手段获取权利人的商业秘密，却仍然希望或者放任非法获取、使用或者披露权利人商业秘密的侵害结果发生。换言之，"应知"是一种推定的"明知"。③ 事实上，"两高"的一些司法解释也使用"应知"或"应当知道"的概念表示推定的"明知"。④

---

① 金泽刚：《若干个罪的罪过性质问题研究——兼论犯罪故意的含义》，《中国刑事法杂志》1998年第6期。
② 高铭暄主编：《新编中国刑法学》（下册），中国人民大学出版社1998年版，第663页。
③ 参见张明楷、黎宏、周光权：《刑法新问题探究》，清华大学出版社2003年版，第243页。
④ 参见"两高"2001年4月9日发布的《关于办理生产、销售伪劣商品刑事案件具体应用法律若干问题的解释》第6条；"两高"2004年12月8日发布的《最高人民法院、最高人民检察院关于办理侵犯知识产权刑事案件具体应用法律若干问题的解释》第9条；"两高"、公安部、原国家工商行政管理局1998年5月8日发布的《关于依法查处盗窃、抢劫机动车案件的规定》第17条；等等。

《刑法修正案（十一）》删除了"应知"的规定，仅有"明知"的规定①，但"明知"包括有证据证明行为人明知以及根据事实推定行为人明知。

（4）对于非国家工作人员实施的没有侵害重大法益的行为，不宜确定为过失犯罪。

由于国家工作人员负有与一般人不同的高度的注意义务，所以，以国家工作人员为主体的过失侵害法益的行为，可能被确定为过失犯罪。这从另一角度说明，一般人违反注意义务的过失行为，如果只是侵害了非重大法益，便不宜将其认定为过失犯罪。因此，普通业务人员，没有履行注意义务，签订履行合同失职被骗的，没有被刑法规定为犯罪。基于同样的理由，当刑法分则条文所规定的犯罪主体不要求是国家工作人员，所规定的犯罪并没有侵害生命、身体等重大法益时，不宜将其确定为过失犯罪。前述《刑法》第 186 条至第 189 条规定的犯罪，也能以此为由，将其限定为故意犯罪。②

第二，按照责任主义原理以及刑法的基本原则，将某种犯罪确定为过失犯罪时，以存在对应的故意犯罪为前提。③ 换言之，如果将某种犯罪确定为过失犯罪时，并无对应的故意犯罪，那么，这种确定结论就不具有妥当性。

故意与过失是两种不同的责任形式。根据责任主义原理，成立犯罪要求行为人主观上具有责任；责任的形式不同，非难可能性的程度就不同，刑罚也不同。从非难可能性程度来说，故意行为时，因为行为人认识到了符合构成要件的客观事实，应当产生反对动机放弃实施行为，但行为人不仅不放弃行为，而且希望或者放任行为的危害结果，其非难可能性严重。过失行为时，由于行为人没有认识到符合构成要件的客观事实，或者虽然认识到了符合构成要件的客观事实，但相信自己能够避免犯罪的实现而实施行为，其非难可能性较小。因此，在客观事实相同或基本相同的情况下，不应出现非难可能性小的行为构成犯罪，非难可能性大的行为反而不构成犯罪的局面。从立法上说，故意犯罪的法定刑通常远远重于对应的过失犯罪的法定刑。从量刑上说，在客观事实相同或基本相同的情况下，对过失犯罪的量刑也远远轻于对故意犯罪的量刑。

① 经《刑法修正案（十一）》修改后的《刑法》第 219 条第 2 款规定："明知前款所列行为，获取、披露、使用或者允许他人使用该商业秘密的，以侵犯商业秘密论。"
② 即使这些犯罪的主体包括了国家工作人员，也不能以此为由将其确定为过失犯罪。更不能认为，国家工作人员实施上述行为时，不管故意与过失，都构成犯罪；非国家工作人员实施上述行为时，只有出于故意时，才构成犯罪。因为同一犯罪不可能因为主体不同而导致对责任形式的要求不同。
③ 当然，并不要求一一对应。从我国的刑法分则体例来看，一个过失犯罪可能有几个对应的故意犯罪，一个故意犯罪也可能有几个对应的过失犯罪。

因此，在刑法分则缺少对应的故意犯罪的情况下，将某种犯罪确定为过失犯罪，是存在疑问的。

例如，《刑法》第 129 条规定："依法配备公务用枪的人员，丢失枪支不及时报告，造成严重后果的，处三年以下有期徒刑或者拘役。"一种观点认为，本罪是过失犯罪。[①] 这便出现了如下疑问：对于丢失枪支不报告造成严重后果持故意时，应当如何处理？既然过失可以成立某种犯罪，那么故意更能构成犯罪。所以，主张丢失枪支不报罪属于过失犯罪的学者，必须考虑行为人出于故意时构成何罪。如果声称某种犯罪由过失构成，而根本不考虑故意行为是否符合其他犯罪的构成要件，至少会出现不协调、不公平的现象。

或许有人认为，如果行为人丢失枪支不报告，对他人利用该枪支实施杀人行为持故意态度，就可以认定为故意杀人罪。可是，丢失枪支不报告的行为，即使间接地引发了杀人案件，也不可能符合故意杀人罪的客观构成要件。这是因为，"作为杀人罪实行行为的'杀人行为'，必须是类型性地导致他人死亡的行为，凡是不具有致人死亡的危险性的行为，就不能说是'杀人行为'。仅有对结果的意欲、意图，还不能实行了杀人罪"[②]。行为人主观上认识到并希望或者放任死亡结果发生，并不意味着其行为必然是杀人行为。何况，即便行为人依法报告，也未必能阻止杀人事件的发生，从不作为犯的角度看，结果回避可能性也存在疑问，因此不能一概认定为故意杀人罪。否则，刑法分则对客观构成要件的规定便形同虚设，罪刑法定主义也荡然无存。基于同样的理由，当行为人丢失枪支不报告，对拾得枪支的他人事后可能利用该枪支实施抢劫行为持"故意"态度时，也不能认定丢失枪支不报告的行为构成抢劫罪。因为这种行为完全不符合《刑法》第 263 条所规定的抢劫罪的客观构成要件；行为人不知道谁拾到枪支，也不符合片面的不作为帮助犯的成立条件。

也许有人主张，丢失枪支不报告对严重后果持故意态度的，可以认定为以危险方法危害公共安全罪。但是，这种观点也有违反罪刑法定主义之嫌。《刑法》第 114 条、第 115 条所规定的"其他危险方法"，仅限于与放火、决水、爆炸、投放危险物质相当的方法，而不是泛指任何具有危害公共安全性质的方法。因为《刑法》将本罪规定在第 114 条与第 115 条之中，根据同类解释规则，它必须与前面所列举的行为相当；根据该罪所处的地位，"其他危险方法"只是《刑法》第 114 条、第 115 条的"兜底"规定，而不是刑法分则第二章的"兜底"规定。

---

① 参见高铭暄、马克昌主编：《刑法学》（第十版），北京大学出版社、高等教育出版社 2022 年版，第 355 页；何秉松主编：《刑法教科书》（2000 年修订）（下卷），中国法制出版社 2003 年版，第 711 页。

② ［日］前田雅英：《刑法总论讲义》（第 7 版），东京大学出版会 2019 年版，第 83 页。

换言之，对那些与放火、爆炸等危险方法不相当的行为，不管是否危害公共安全，都不宜认定为本罪。所以，丢失枪支不报告并不符合以危险方法危害公共安全罪的客观要件。

也有一种观点认为，丢失枪支不报罪，既可能是过失犯罪，也可能是间接故意犯罪。① 这种观点同样难以成立。因为在我国刑法中，间接故意与直接故意均属于故意，而且直接故意的非难可能性甚至重于间接故意的非难可能性。如果认为本罪可以由间接故意构成，不可能由直接故意构成，或者认为本罪由间接故意构成，若出于直接故意则构成其他犯罪，便明显违反刑法关于故意与过失的规定。② 此外，将过于自信的过失与间接故意作为一类责任形式的观点（复合罪过说），③ 只是一种立法建议。但解释者不应根据自己的立法设想解释现行的刑法规定，否则，行为人对死亡结果持过于自信的过失时，也可能被认定为犯有故意杀人罪。所以，认为某些犯罪只能由过失或者间接故意构成，而不能由直接故意构成的观点，也缺乏合理性。④

许多条文都存在类似问题。例如，《刑法》第339条第2款前段规定，"未经国务院有关主管部门许可，擅自进口固体废物用作原料，造成重大环境污染事故，致使公私财产遭受重大损失或者严重危害人体健康的，处五年以下有期徒刑或者拘役，并处罚金"。按照文理规定说，将擅自进口固体废物罪确定为过失犯罪，具有文理的根据（"造成重大环境污染事故"）。但问题是，如果将本罪确定为过失犯罪，就意味着刑法并没有规定与之相应的故意犯罪。可以肯定，"擅自进口固体废物用作原料"的行为，既不符合以危险方法危害公共安全罪的客观构成要件，也不符合故意杀人、故意伤害等罪的构成要件。所以，只有将本罪确定为故意犯罪，才能解决这一问题。

再如，倘若将违法发放贷款罪确定为过失犯罪，就必须考虑故意违法发放贷款的行为构成何罪。事实上，在排除了共同犯罪的情形下，故意违法发放贷款的行为，不可能符合其他更为严重的故意犯罪的构成要件。既然如此，就不能将违法发放贷款罪确定为过失犯罪。

诚然，将某种犯罪确定为过失犯罪时，如果没有对应的故意犯罪，对故意实

---

① 参见中国检察理论研究所编写：《刑法新罪名通论》，中国法制出版社1997年版，第34页。
② 在现行立法体例下，不应当也不可能出现就同一客观事实，间接故意构成此罪、直接故意构成彼罪的情形。
③ 参见储槐植、杨书文：《复合罪过形式探析——刑法理论对现行刑法内含的新法律现象之解读》，《法学研究》1999年第1期。
④ 这一观点也只是通过对行为人的心理状态进行归纳得出的结论，而不是根据刑法规定得出的结论。

施的行为也可能以过失犯罪论处，从而消除上述不正常现象。因为故意与过失不是对立关系，而是位阶关系。因为故意责任的本质是认识到了构成要件事实，过失责任的本质是具有认识构成要件事实的可能性。"因此，不应将预见义务违反作为过失犯的要素。故意与过失存在大小关系或者阶段关系，两者都是为责任提供根据的心理要素。过失中并非没有任何心理状态，而是存在可能预见犯罪事实特别是法益侵害的心理状态。"① 据此，对于故意行为可能认定为过失犯罪。②

但是，我国刑法仅承认故意犯的共同犯罪。如果说丢失枪支不报罪只能由过失构成，同时对于故意行为也以过失犯论处，那么，当乙丢失枪支后准备报告，而甲反复劝说乙不报告，致使乙没有报告，进而造成严重后果的，对甲就难以认定为丢失枪支不报罪的教唆犯，但这明显不当。再如，如果说违法发放贷款罪是过失犯罪，也意味着本罪不能成立共同犯罪，这显然不符合客观现实。

诚然，《刑法》第 398 条、第 432 条明文将故意与过失规定为泄露国家秘密与泄露军事秘密的责任形式，并就故意责任与过失责任规定了相同的法定刑。③这似乎表明，刑法理论也可以像这两个条文一样，肯定同一犯罪既可以由故意构成，也可以由过失构成。但是，本书不以为然。首先，上述两个法条明文规定既处罚故意行为，也处罚过失行为，在解释论上，刑法理论不可能否定过失可以构成泄露国家秘密罪、泄露军事秘密罪；然而，这种规定并不寻常，在没有法律明文根据的情况下，刑法理论不能认为某种犯罪同时包括故意与过失两种责任形式。其次，上述《刑法》第 398 条与第 432 条规定的犯罪，被司法解释分别确定为故意泄露国家秘密罪与过失泄露国家秘密罪、故意泄露军事秘密罪与过失泄露军事秘密罪。这意味着，一个犯罪只有一个责任形式，而不可能同时包含故意与过失。然而，丢失枪支不报罪、违法发放贷款罪、违规出具金融票证罪等，只是一个独立罪名，如果将其责任形式确定为故意与过失，就必须分解为两个罪名，即将丢失枪支不报罪分为故意丢失枪支不报罪与过失丢失枪支不报罪，将违法发放贷款罪分为故意违法发放贷款罪与过失违法发放贷款罪，将违规出具金融票证罪分为故意违规出具金融票证罪与过失违规出具金融票证罪。但事实上并非如此，在缺乏法律根据的情况下也不应当如此。最后，从立法论上而言，对客观行为与结果相同的故意犯罪与过失犯罪规定相同的法定刑，并不完全符合责任主义原理与罪刑相适应原则，也不利于预防犯罪。在此意义上说，《刑法》第 398 条、

① ［日］高山佳奈子：《故意与违法性的意识》，有斐阁 1999 年版，第 137 页。
② 参见张明楷：《犯罪构成体系与构成要件要素》，北京大学出版社 2010 年版，第 259 页。
③ 由于旧刑法没有明文规定处罚过失泄露国家秘密的行为，故理论上存在争议（参见王作富：《中国刑法研究》，中国人民大学出版社 1988 年版，第 739 页）。立法机关只是简单地在条文中增加了"故意或者过失"的规定，以避免争议，而没有分别规定法定刑。

第 408 条之一、第 432 条乃至第 397 条，也存在立法缺陷。法谚云："有利的应当扩充，不利的应当限制"（Favorse ampliandi，odia restringenda）。具有立法缺陷的条文，不应当作为体系解释的根据，相反，应严格限制其适用范围。所以，不能以具有立法缺陷的条文为根据，将其他诸多犯罪的责任形式解释为同时包括故意与过失。否则，便会导致立法缺陷蔓延。

第三，依循刑法的谦抑性与刑罚的目的，对责任形式的确定，不能以其他法律领域规定的过错形式为标准。换言之，在其他法律针对同一事实既处罚故意行为，又处罚过失行为，刑法也处罚该行为时，不能直接以其他法律规定为依据，将刑法中的犯罪确定为过失犯罪。

由于过失犯罪的非难可能性小，预防的必要性小，而且采用民事的、行政的甚至道德的制裁就足以防止许多过失违法行为，所以，就过失犯而言，尤其应贯彻刑法的谦抑性原则。质言之，民法、商法、经济法、行政法等规定的违法行为，并不必然也无必要全部成为刑法上的犯罪行为。基于同样的理由，其他法律领域中的过失违法行为，并不当然成为刑法上的过失犯罪。对于过失侵犯商业秘密、过失非法使用窃听、窃照专用器材等行为，给予经济法、行政法上的制裁便能充分发挥抑止效果，完全没有必要确定为刑法上的过失犯罪。

民法、商法等法律规定的法律后果的目的，主要在于赔偿被害人的损失，因此，只要行为人有过失，就应当承担赔偿责任，甚至还存在无过错责任，主观过错形式并不是特别重要的问题。所以，民法、商法，甚至经济法、行政法中的违法行为，大多可以由过失构成。但是，刑罚的目的与其他法律制裁的目的并不相同。刑罚是对犯罪人最严厉的谴责，其目的是预防犯罪；而在考量能否实现预防犯罪目的时，必然以行为人的责任形式与内容为重心。因此，近现代刑法特别重视区分故意与过失。同一过失行为，在民法、商法、经济法等领域，可能需要承担责任，但不一定要承担刑事责任。例如，公司基于过失提供了虚假财务会计报告的，也应承担商法规定的法律后果，但不可能承担刑事责任。所以，不能直接将其他法律领域的过失违法行为，作为刑法上的过失犯罪处理。换言之，不能以其他法领域规定的过错形式为标准确定刑法上的责任形式。

3. 简要的结论

综上所述，在确定具体犯罪的责任形式时，不能以"事实上能否出于过失"的归纳取代"法律有无规定"的判断，而应当充分考虑并贯彻《刑法》第 15 条第 2 款"过失犯罪，法律有规定的才负刑事责任"的规定。将某种犯罪确定为过失犯罪的法定标准，是"法律有规定"；"法律有规定"是指法律有文理规定。在符合"法律有规定"的前提下，还需要考察是否存在将某种犯罪确定为过失犯罪的实质理由：根据尊重人权主义的原理，对于法益侵害并非严重的行为，不宜确定为过失犯罪；依照责任主义原理以及刑法的基本原则，不能出现某种犯罪只能由过失构成、不能由故意构成的局面，也不能出现某种犯罪只能由过失与间接故意构成、不能由直接故意构成的现象；依循刑法的谦抑性与刑罚的目的，在确定责任形式时，不能以其他法律规定的过错形式为标准；其他法律领域中的过失违法行为，不一定属于刑法中的过失犯罪。

根据上述分析，一方面，对于《刑法》第 129 条、第 169 条、第 186 条、第 188 条、第 250 条、第 284 条、第 330 条、第 332 条、第 337 条、第 403 条、第 405 条规定的犯罪，以及第 397 条规定的滥用职权罪，因为缺乏"法律有规定"的前提，只能确定为故意犯罪。《刑法》第 331 条、第 334 条第 2 款规定的犯罪，虽然几乎没有争议地被确定为过失犯罪[1]，但由于缺乏"法律有规定"的文理根据，将其确定为故意犯罪似乎更为合理。另一方面，《刑法》第 138 条、第 339 条第 2 款规定的犯罪，虽然存在"法律有规定"的（部分）文理根据，但由于缺乏确定为过失犯罪的实质理由，也宜确定为故意犯罪。[2] 当然，将上述犯罪确定为故意犯罪时，应当根据刑法总则关于故意犯罪的规定，合理确定其认识内容与意志内容。在某些情况下，宜将行为直接侵害法益的结果作为认识内容与意志内容；将刑法为了限制处罚范围所规定的结果，作为客观的超过要素对待（参见本书第八章）。

以上观点可能遭受的质疑是，如果将上述条文规定的犯罪确定为故意犯罪，就会排除行为人故意实施上述条文规定的行为可能构成其他严重犯罪的情形。事实上，刑法理论之所以将上述条文规定的犯罪确定为过失犯罪，常常是以故意行为可能构成其他严重犯罪为根据的。例如，有的论著在讨论对违法票据承兑、付款、保证罪的责任形式时指出：本罪"主观方面为过失，即行为人虽然明知是违法票据而予以承兑、付款、保证，但对由此而造成的重大损失，并不希望，也不持放任的心理态度，否则构成诈骗、侵占等其他故意犯罪"[3]。然而，其一，在客观行为完全相同的情况下，仅因责任形式不同而认定行为符合不同犯罪的客观构成要件，是存在疑问的。换言之，当客观行为是对违法票据予以承兑、付款、保证时，因为行为人主观上对结果是过失，就认为其行为符合对违法票据承兑、

---

[1]　参见高铭暄、马克昌主编：《刑法学》（第十版），北京大学出版社、高等教育出版社 2022 年版，第 584、587 页；周道鸾、张军主编：《刑法罪名精释》（第四版）（下），人民法院出版社 2013 年版，第 834、845 页；陈兴良：《规范刑法学》（第四版）（下册），中国人民大学出版社 2017 年版，第 1056、1063 页。

[2]　以上是从解释论角度进行论述得出结论的。从立法论来考察，刑法有必要在分则及其他有刑罚规定的法律中明文规定过失犯罪的处罚范围。

[3]　周道鸾、张军主编：《刑法罪名精释》（第四版）（上），人民法院出版社 2013 年版，第 368 页。

付款、保证罪的客观构成要件，因为行为人主观上对结果是故意，就认为其行为符合诈骗罪、侵占罪的客观构成要件，并不合适，因为对违法票据予以承兑、付款、保证罪与诈骗罪、侵占罪的客观构成要件并不相同。其二，即使按照本书的观点，将上述条文规定的犯罪确定为故意犯罪，当故意实施的行为的确同时构成其他严重犯罪时，也可以按照想象竞合犯处理。例如，银行工作人员与持有伪造的票据的人员通谋为其付款的，既触犯了对违法票据付款罪，也触犯了其他故意犯罪（视性质与情节成立票据诈骗罪、贪污罪、职务侵占罪、故意毁坏财物罪等）。在这种情况下，可以按想象竞合从一重罪处罚，既不会导致重罪轻罚的局面，又维护了罪刑法定原则。

（四）犯罪未遂的认定

《刑法》总则第 23 条规定了犯罪未遂的定义与处罚原则；但总则条文只是一般性规定，在解释分则时，不可避免对故意犯罪提出具体的着手标准、既遂与未遂的区分标准，而这种标准不能与总则规定相冲突。既然未遂要求"未得逞"，就不能完全离开行为人的主观心理态度确定"未得逞"的含义。此外，刑法分则规定犯罪是为了保护法益，对法益的现实侵害与危险是既遂的基本标志，因此，只能在行为对法益的现实侵害与危险范围内考虑行为人的主观心理态度。由于未遂要求"未得逞"，故"已经着手实行犯罪"实际上意味着已经开始实施可能得逞的行为。因此，仅仅从形式上确定各种犯罪的着手，会与总则的规定相矛盾。尤其应注意的是，由于具体犯罪千差万别，法益侵害与危险的表现形式各种各样，因而实行行为具有相对性，即某种行为相对于此犯罪而言，是实行行为，而相对于彼犯罪而言，可能是预备行为或者帮助行为。因此，解释刑法分则时，必须明确各具体条文的保护法益（具体犯罪的侵害法益），从而确定着手与既遂的标准。

例如，行为人乙向甲出售"假币"，但事实上甲所购买的根本不是假币，而是冥币或者废纸。对于这样的案件，司法机关几乎均认定乙成立诈骗罪，甲成立购买假币（未遂）罪。[①] 但是，这样的做法明显存在缺陷。甲虽然有购买假币的故意，但并没有购买"假币"的行为，不能将客观上购买冥币或者废纸的行为，也评价为购买假币的行为。因为在客观上完全不存在假币的案件中，没有人可能购买到假币。换言之，甲的行为是不可能得逞的行为。既然是不可能得逞的行为，就是不可能具有法益侵害危险的行为；未遂犯是危险犯，既然甲的行为不具有侵害法益的危险，就不可能成立购买假币罪的未遂犯。将甲的行为认定为购买

---

① 参见沈义、陈楠、官正：《买来一堆白纸也是犯罪》，《检察日报》2010 年 6 月 9 日，第 7 版；李自庆：《买来假币也是"假"的》，《检察日报》2010 年 6 月 24 日，第 7 版。

假币的未遂犯，仅仅是根据其主观想法定罪，可谓典型的主观归罪。

再如，刑法理论的通说对着手的认定采取形式的客观说。按照形式的客观说，保险诈骗罪的着手时期，应是行为人开始实施刑法分则所规定的具体犯罪构成客观要件的行为时期。由于保险诈骗罪的具体客观要件是，虚构保险标的、编造未曾发生的保险事故、夸大损失程度、制造保险事故以及骗取保险金的行为，因此，本罪是双重实行行为（复合实行行为），应以开始实施第一行为，即手段行为，作为犯罪的着手。换言之，开始实施虚构保险标的、编造未曾发生的保险事故、夸大损失程度、制造保险事故的行为，就是保险诈骗罪的着手。

形式的客观说借鉴日本以往的通说，但这种学说并不符合中国的立法现实。着手实际上是未遂犯的处罚根据，如果行为没有产生侵害法益的紧迫危险，就不能认定为未遂犯。即使按照我国刑法理论的通说，认为着手是实行行为的起点，也意味着着手实际上是实行行为的一部分。既然如此，着手必须具备实行行为的实质，不具备实行行为的实质的行为，不可能成为实行行为，也不存在实行的着手。实行行为的实质，是侵害法益或者具有侵害法益的紧迫危险。当国外学者认为其刑法分则规定的行为都是实行行为时，可以提出开始刑法分则所规定的实行行为为着手；但解释者应当分析本国刑法分则的规定，当本国刑法分则规定的行为并不具有实行行为的实质，事实上规定了犯罪预备行为时，就不能照搬国外的学说。

笔者一直认为，实行行为只能是具有侵害法益的紧迫危险性的行为。具体到保险诈骗罪而言，只有当行为人向保险公司索赔时，才能认为保险秩序与保险公司的财产受侵害的危险性达到了紧迫程度。因此，"到保险公司索赔的行为或者提出支付保险金的请求的行为，才是实行行为；开始实施索赔行为或者开始向保险公司提出支付保险金请求的行为，才是本罪的着手"[①]。

根据《保险法》第27条第2款的规定，投保人、被保险人以诈骗保险金为目的，故意造成财产损失的保险事故后，并不编造虚假的原因的，根本不可能骗取保险金。投保人以诈骗保险金为目的，故意杀害被保险人后，并不向保险人编造虚假的原因的，不可能骗取保险金。既然如此，解释者就不能以刑法分则条文规定了"投保人、被保险人故意造成财产损失的保险事故""投保人、受益人故意造成被保险人死亡"为由，将制造保险事故的行为认定为保险诈骗罪的着手。换言之，当某种行为本身根本不可能造成法益侵害结果时，将该行为认定为实行行为，将该行为的开始认定为着手，是过于形式化的观点。而且，按照形式的客观说，保险诈骗罪几乎没有预备行为。

---

① 张明楷：《保险诈骗罪的基本问题探究》，《法学》2001年第1期。

事实上，保险事故是产生保险补偿关系的法律事实，是保险人赔偿或者给付保险金的前提条件，如果没有发生合同约定的保险事故，就不能根据合同约定索赔。制造保险事故的行为，只是为诈骗保险金创造了前提条件；如果行为人造成保险事故后并未到保险公司索赔，保险金融秩序与保险公司的财产受侵害的危险性就比较小；只有当行为人向保险公司索赔时，才能认为保险金融秩序与保险公司的财产受侵害的危险性达到了紧迫程度。从保险索赔、理赔程序来看，如果行为人不在法定的时间内提出索赔请求，保险人不可能主动理赔。而且，根据《保险法》第 26 条的规定，即使发生了真实的保险事故，如果投保人、被保险人、受益人未在法定期间内行使索赔权，其请求给付保险金的权利便丧失，不可能获得保险金。既然如此，行为人只是单纯制造保险事故的行为，就不可能骗取保险金。因此，对于保险诈骗罪而言，行为人到保险公司索赔的行为或提出支付保险金的请求的行为，才是实行行为。① 由此可见，形式的客观说不免在一些情况下使着手过于提前。②

形式的客观说也不能解决罪数问题。例如，投保人、受益人为了骗取保险金而故意杀害被保险人，但还没有向保险公司索赔时，便被司法机关抓获。根据通说的观点，行为人的行为已经成立保险诈骗罪的未遂。而根据《刑法》第 198 条第 2 款的规定，对于这种行为应当实行并罚。于是出现了这样的现象：仅有一个杀人行为，却同时按故意杀人既遂与保险诈骗罪未遂实行并罚。这是本书难以赞成的。事实上，只有当投保人、受益人故意杀害被害人后，向保险公司索赔保险金，才能被认定为数罪。因为索赔行为已经超出了故意杀人罪的范围，换言之，不能将索赔行为评价在故意杀人罪之中，只能另外评价为保险诈骗罪。有学者为了维护形式的客观说，而认为形式的客观说的上述缺陷是由《刑法》第 198 条第 2 款的规定造成的，如果删除了该款，则不存在问题。③ 其实，《刑法》第 198 条第 2 款没有不当之处，或者说，只要不采取形式的客观说就不存在问题。亦即，如果认为投保人、受益人以骗取保险金为目的故意杀害被害人，只是保险诈骗罪的预备，其与故意杀人就构成想象竞合（因为只有一个行为），而不可罚并罚，当然不适用《刑法》第 198 条第 2 款的规定。但如果行为人在故意杀人后再骗取保险金，则应当并罚。如果删除《刑法》第 198 条第 2 款，则可能导致对这种情

---

① 参见张明楷：《未遂犯论》，法律出版社、成文堂 1997 年版，第 130 页。

② 持通说的学者也意识到，通说不能说明保险诈骗罪的着手（导致着手提前，使预备行为成为实行行为）。既然如此，就应当修正、补充通说或者摒弃通说，但持通说的人却认为"这并非传统理论、通说观点滞后造成，而在于立法本身的矛盾"，即主张修改刑法以适应自己的学说。笔者不敢苟同。

③ 参见李文燕主编：《金融诈骗犯罪研究》，中国人民公安大学出版社 2002 年版，第 389 页。

形认定为牵连犯，仅从一重罪处罚。所以，《刑法》第 198 条第 2 款并不需要删除。当从国外搬来的理论学说不符合中国刑法规定时，解释者没有理由要求修改中国刑法以适应该理论学说，而应根据中国刑法规定调整理论学说；解释者应当根据刑法规定作出解释结论、归纳刑法理论，而不应根据自己的先前理解评价刑法、批判刑法。

国外刑法理论与审判实践普遍认为，保险诈骗时，开始向保险人索赔为着手。例如，法国法院的判例认为，"投保人故意毁坏其已经保险的财产，在其未向保险人提出任何赔偿请求的情况下，不能构成着手实行犯罪"[1]。日本刑法理论与审判实践也没有争议地认为，在诈骗保险金的场合，不以设定索赔原因为着手，则是以请求保险公司支付保险金时为着手。例如，行为人为了骗取保险金而事先放火烧毁自己的房屋或使船舶沉没，或者伪装成失火或由于不可抗力而沉没，仅仅实施设定索赔原因的行为时，还不是诈骗罪的着手；只有当行为人基于上述原因向保险公司提出支付保险金的请求时，才是诈骗罪的着手。[2] 而且，即使就着手采取形式的客观说的日本学者（如团藤重光）也认为，为了骗取保险金而放火的，只要没有提出索赔请求，就不是诈骗罪的着手。[3] 英国判例也认为，只有当行为人向保险人实际索赔的，才认定为着手。例如，珠宝商 D 对其货物投保后，将投保的部分货物隐藏在房屋内，然后用绳子将自己捆绑后呼救，向警察声称有人破门而入后将其打昏进行了抢劫。珠宝商的保险额为 1 200 英镑。警察怀疑珠宝商的陈述，并在其房屋内发现了被其隐藏的货物。D 承认想借此骗取保险金。法官认定 D 的行为不构成未遂罪。[4] 国外的这些理论与实践是有借鉴意义的。

还有学者指出："行为人公然开始实行保险诈骗罪的构成要件行为之时即为保险诈骗的着手。所谓'公然'，是指行为人无视刑法规范要求，以明显显示其犯罪危险性的方式实施刑法规定的犯罪构成要件行为。换言之，行为人以表现于外的客观行为明确显示其犯罪意图，显示了对法益侵害的危险时，即可认为其着

---

[1] ［法］卡斯东·斯特法尼等：《法国刑法总论精义》，罗结珍译，中国政法大学出版社 1998 年版，第 236 页。

[2] 参见日本大审院 1932 年 6 月 15 日判决，日本《大审院刑事判例集》第 11 卷，第 859 页；［日］大塚仁：《刑法概说（各论）》（第 3 版增补版），有斐阁 2005 年版，第 254 页；［日］前田雅英：《刑法各论讲义》（第 6 版），东京大学出版会 2015 年版，第 225 页。

[3] 参见［日］团藤重光：《刑法纲要（总论）》（第 3 版），创文社 1990 年版，第 354 页；［日］团藤重光：《刑法纲要（各论）》（第 3 版），创文社 1990 年版，第 613 页。

[4] 参见［英］J. C. 史密斯、B. 霍根：《英国刑法》，马清升等译，法律出版社 2000 年版，第 352 页。

手实行犯罪。"① 但在本书看来，这其实是主观主义学说的征表说，即行为显示出行为人的犯罪意图，就是着手。即使如此，"公然"的要求也没有任何法律与事实根据。此外，该观点要求显示了对法益侵害的危险才是着手。可是，在我国刑法处罚预备犯的背景下，将任何对法益侵害有危险的情形都归入着手或者未遂，就导致将预备犯均提升为未遂犯，难言妥当。

总之，不管何种类型的保险诈骗罪，行为人开始向保险公司人员实施索赔行为或者开始向保险公司人员提出支付保险金请求时，才是实行行为的着手。② 行为人在索赔之前所实施的虚构保险标的、故意造成保险事故等行为，只不过是保险诈骗罪的预备行为。不能因为《刑法》第198条将预备行为写入法条，就将预备行为认定为实行行为。单纯以分则的文字表述确定着手时期，是没有以总则所规定的"着手"与"未得逞"的实质含义为指导而形成的结论。

（五）共同犯罪的认定

刑法总则对共同犯罪作了专门规定，刑法分则既有关于共同犯罪的例外规定，也有关于共同犯罪的注意规定。在刑法分则没有对共同犯罪作出例外规定时，必须以刑法总则关于共同犯罪的规定为指导认定共同犯罪。

例如，《刑法》第26条第3款规定："对组织、领导犯罪集团的首要分子，按照集团所犯的全部罪行处罚。"根据责任主义原理，首要分子也只能对自己直接实施的、参与实施的、组织实施的、策划实施的、指挥实施的罪行承担刑事责任。刑法规定犯罪集团中的首要分子对集团所犯的全部罪行负责，就是因为集团所犯的全部罪行，是由首要分子组织、策划、指挥实施的。如果集团成员所实施的罪行，在任何意义上都不属于首要分子组织、策划、指挥实施的罪行，此时就不属于"集团"所犯的罪行，首要分子就不应当承担刑事责任。所以，对犯罪集团的首要分子，是按"集团"所犯的全部罪行处罚，不是按"全体成员"所犯的全部罪行处罚，否则便违反了个人责任原则。上述规定与原理，对于黑社会性质组织、恐怖活动组织的首要分子同样适用，不能因为刑法分则特别规定了组织、领导、参加黑社会性质组织罪与组织、领导、参加恐怖组织罪，就扩大其中的首要分子承担刑事责任的范围。

又如，《刑法》总则第27条第1款规定："在共同犯罪中起次要或者辅助作用的，是从犯。"据此，故意帮助正犯实行犯罪的，就是从犯。这一规定当然适用于分则。例如，《刑法》第198条第4款规定："保险事故的鉴定人、证明人、财产评估人故意提供虚假的证明文件，为他人诈骗提供条件的，以保险诈骗的共

---

① 谢望原：《保险诈骗罪的三个争议问题》，《中外法学》2020年第4期。
② 参见张明楷：《诈骗犯罪论》，法律出版社2021年版，第990页。

犯论处。"这一规定只是有关共同犯罪的注意规定，而不是关于共同犯罪的例外规定与法律拟制（参见本书第十四章）。所以，一方面，其他人故意为正犯诈骗保险金提供条件的，也必须根据《刑法》总则第 27 条的规定，认定为共犯。另一方面，任何人为他人进行集资诈骗、贷款诈骗、票据诈骗等提供条件的，也应当认定为共犯。基于同样的理由，故意帮助他人受贿的、故意帮助他人挪用公款的，均成立共犯。

再如，《刑法》第 382 条第 3 款规定："与前两款所列人员勾结，伙同贪污的，以共犯论处。"这一款只是注意规定，而不是对总则的例外规定与法律拟制（参见本书第十四章）。所以，与国家工作人员相勾结伙同受贿的，当然成立受贿罪的共犯。例如，教唆国家工作人员受贿的，成立受贿罪的教唆犯。刑法总则有关共犯人的规定已经指明了这一点。《刑法》第 29 条第 1 款前段规定，"教唆他人犯罪的，应当按照他在共同犯罪中所起的作用处罚"。其中的"教唆他人犯罪"并不限于普通犯罪，而是包含了身份犯。于是可以得出以下结论：教唆他人犯受贿罪的，应当按照他在共同犯罪中所起的作用处罚。

还如，《刑法》第 97 条规定："本法所称首要分子，是指在犯罪集团或者聚众犯罪中起组织、策划、指挥作用的犯罪分子。"据此，当刑法分则所规定的某种犯罪中有处罚首要分子的规定时，就表明该犯罪要么是集团犯罪，要么是聚众犯罪，如果特定案件既无集团性、又无聚众的情节，就不可能成立该犯罪。

（六）刑罚制度的适用

在解释和适用刑法分则所规定的法定刑时，必须以总则规定的刑罚制度为指导。

例如，对于任何单位犯罪，都应当没有例外地适用自首的规定。从总则与分则的关系上说，刑法总则关于自首的规定，并没有将单位犯罪排除在外。从认定自首的实质理由来说，单位犯罪的自首，也具备自首的实质根据：一方面，单位本身再犯罪的可能性减少，特殊预防的必要性减少；另一方面，使单位犯罪案件得以及时查处和审判。反之，对单位犯罪不可能适用累犯制度。因为刑法总则规定的累犯以前罪被判处有期徒刑以上刑罚、后罪应当判处有期徒刑以上刑罚为前提，而对单位犯罪只能判处罚金，因而不可能符合累犯的成立条件。

再如，分则条文存在许多"处××年以上有期徒刑""处××年以下有期徒刑"的规定。显然，这里的"以上""以下"的含义只能以总则规定为依据予以确定。

三、分则对总则的例外

总则虽然指导分则，但分则完全可能作出例外规定，即不同于总则的规定，所以，总则有时出现"本法分则和其他法律另有规定的，依照规定"的表述。不仅如此，即使总则条文没有出现这种表述，也完全可能发现并承认分则的例外规定。如前所述，在这种情况下，不能认为分则的规定违反了总则。因为总则与分则的关系，决定了总则不可能将分则的全部内容纳入总则，分则必然出现一些例外规定。下面略举几例。

《刑法》第31条规定："单位犯罪的，对单位判处罚金，并对其直接负责的主管人员和其他直接责任人员判处刑罚。本法分则和其他法律另有规定的，依照规定。"该条规定了单位犯罪的双罚制，但刑法分则并没有对一切涉及单位的犯罪实行双罚制。双罚制存在两种例外情况：一是仅处罚单位而不处罚直接负责的主管人员和其他直接责任人员。《全国人民代表大会常务委员会关于惩治生产、销售伪劣商品犯罪的决定》（已废止）第9条第2款规定："企业事业单位犯本决定第一条罪（生产、销售伪劣产品罪——引者注）的，对单位判处罚金，情节恶劣的，并对直接负责的主管人员和其他直接责任人员依照本决定第一条的规定追究刑事责任。"也就是说，单位生产、销售伪劣产品，情节并不恶劣时，只追究单位的刑事责任，不追究直接负责的主管人员和其他直接责任人员的刑事责任（现行刑法中没有这种例外情况）。二是仅处罚直接负责的主管人员和其他直接责任人员，而不处罚单位。现行刑法是否存在这种情况还值得研究。刑法分则法条表述的行为主体是单位，但只处罚直接负责的主管人员和其他直接责任人员（有的法条规定仅处罚直接责任人员）的情形主要有三类：（1）并非为本单位谋取利益，而是以单位名义实施的私分国有资产、私分罚没财物罪，法条表述的主体是国家机关、国有公司、企业、事业单位、人民团体与司法机关、行政执法机关，但只处罚直接负责的主管人员与其他直接责任人员；（2）将部分过失犯罪的行为主体表述为单位（如《刑法》第137条表述的行为主体为建设单位、设计单位、施工单位、工程监理单位），但仅处罚直接责任人员；（3）虽然将行为主体表述为单位（如《刑法》第161条第1款表述的行为主体为依法负有信息披露义务的公司、企业），但因处罚单位会损害无辜者的利益，所以仅处罚直接负责的主管人员与其他直接责任人员以及作为控股股东或实际控制人的单位，而不处罚具有披露义务的公司、企业本身。问题是，上述几种情形是属于单位犯罪但仅采取单罚制，还是否认单位犯罪仅认定为自然人犯罪？人们判断一个行为是否构成犯罪，并不是只看法条对行为主体的表述，而是要看刑法是否针对该行为主体规定了刑罚。既然刑法没有针对单位规定法定刑，当然就意味着单位本身不构成犯罪。不仅如此，如果将私分国有资产罪、私分罚没财物罪当作单位犯罪，就会出现单位自己对自己犯罪，形成犯罪单位与被害单位是同一单位的异常现象。事实上，上述第（1）类情形主要是为了与贪污罪相区分，法条才将行为主体表述为单位；第（2）类情形从事实上看无法表述为个人；第（3）类情形的义务主体本身就是单位，也不可能表述为个人。所以，就上述只处罚直接负责的主管人员与其他直接责任人员的情形而言，即使刑法分则条文将行为主体表述为单位，也不宜认定为单位犯罪。

《刑法》第23条第2款规定："对于未遂犯，可以比照既遂犯从轻或者减轻处罚。"那么，是否存在由于分则已经为未遂犯规定了独立的法定刑，因此不需要适用《刑法》第23条第2款的例外情形呢？这是尚有争议的问题。刑法分则有不少条文，起先规定了危险犯，后来规定了实害犯或结果加重犯。如果认为刑法分则规定的犯罪均以既遂为模式，那么，危险犯便以发生危险为既遂标准，于是不存在例外情形。但是，如果认为危险犯不以发生危险为既遂标准，而是以实害为既遂标准，则可能存在例外情形。例如，《刑法》第116条、第117条分别规定了破坏交通工具、破坏交通设施，"足以使火车、汽车、电车、船只、航空器发生倾覆、毁坏危险，尚未造成严重后果"的情形。尚未造成严重后果包括造成轻微后果与没有造成任何侵害后果。如果认为，上述犯罪仍以造成了交通工具的倾覆、毁坏为既遂标准，那么，《刑法》第116条、第117条规定的就是未遂犯或者其中至少包含了未遂犯；既然分则对未遂犯已经规定了独立的法定刑，那么就不能再适用总则关于未遂犯从轻、减轻处罚的规定。不过，以上两种不同观点，并不一定产生处理结论上的区别。再如，如果认为刑法分则规定的犯罪以既遂为模式，《刑法》第264条规定的"多次盗窃"并没有要求取得他人财物，那么，即使多次盗窃的行为人分文未得、被害人分文未失时，也成立犯罪既遂，因而不得适用总则关于未遂犯从轻、减轻处罚的规定。但是，如果认为盗窃罪必须以使被害人丧失对财物的控制或者行为人控制财物为既遂标准，那么，"多次盗窃"也可能成立未遂。在"多次盗窃"存在未遂的情况下，又存在是否适用总则关于未遂犯从轻、减轻处罚的规定的问题。如果仍然适用总则的规定，则分则关于"多次盗窃"的规定不是例外规定；如果不适用总则规定，则分则的上述规定属于例外规定。

《刑法》第27条规定了从犯及其处罚原则，其中包括了帮助犯。但是，刑法分则也可能将帮助行为规定为独立犯罪（帮助犯的正犯化，参见本书第十章）。例如，《刑法》第358条第4款规定了协助组织卖淫罪。如果刑法没有规定本罪，对协助组织他人卖淫的，应认定为组织卖淫罪的共犯。但刑法考虑到这种行为的严重危害程度，为避免将本罪主体以从犯论进而从轻、减轻或者免除处罚，从而导致刑罚畸轻现象，也为了避免将协助组织卖淫的行为当作组织卖淫罪的正犯处罚，从而导致刑罚畸重现象，便将协助组织他人卖淫的行为规定为独立犯罪。据此，对于协助组织他人卖淫的行为与组织他人卖淫的行为，应当分别定罪量刑处罚。不能认为《刑法》第 358 条的上述规定违反总则关于共同犯罪的原理，因为分则不是总则的演绎，相反，总则是分则的抽象。

《刑法》第 29 条第 1 款明确规定了共犯中的教唆犯。根据该规定，教唆犯与已经实施犯罪的被教唆犯构成共同犯罪。但是，分则也可能对某种犯罪的教唆行为作出特别规定，从而导致不再适用总则关于教唆犯的处罚原则（教唆犯的正犯化，参见本书第十章）。《刑法》第 104 条第 1 款规定："组织、策划、实施武装叛乱或者武装暴乱的，对首要分子或者罪行重大的，处无期徒刑或者十年以上有期徒刑；对积极参加的，处三年以上十年以下有期徒刑；对其他参加的，处三年以下有期徒刑、拘役、管制或者剥夺政治权利。"该条第 2 款规定："策动、胁迫、勾引、收买国家机关工作人员、武装部队人员、人民警察、民兵进行武装叛乱或者武装暴乱的，依照前款的规定从重处罚。"这里的策动、胁迫、勾引、收买都是教唆他人实施武装叛乱或者武装暴乱的方式。基于教唆对象的特殊性，刑法将其规定为法定的从重情节，所以，不再适用《刑法》第 29 条第 1 款。同理，即使被教唆者没有实施武装叛乱与武装暴乱，对教唆者也不得适用《刑法》第 29 条第 2 款。

但应注意的是，在刑法分则规定的实行行为为煽动行为时，则并不排除对教唆行为仍然适用刑法总则关于教唆犯的规定。例如，《刑法》第 373 条规定："煽动军人逃离部队或者明知是逃离部队的军人而雇用，情节严重的，处三年以下有期徒刑、拘役或者管制。"煽动，应是以口头、书面或者其他方式鼓动、唆使、怂恿不特定军人擅自离开部队的行为。唆使特定的军人逃离部队的，应属于《刑法》第 435 条的逃离部队罪的教唆犯。有学者认为："刑法第 373 条规定的煽动逃离部队罪，这里的煽动是一种教唆行为，是我国刑法规定的逃离部队罪的教唆犯。刑法将这种教唆行为正犯化，规定为独立罪名。"[1] 但是，煽动与教唆不是等同概念，其关键区别在于对象是否特定，是否限于引起他人犯意（煽动包括使已有犯意的人强化犯意的情况）。从整体上说，煽动是比教唆更为缓和的概念。[2] 所以，如果行为人在平时或者战时教唆军人逃离部队的，应当分别适用《刑法》第 435 条第 1 款或第 2 款，同时适用刑法总则关于教唆犯的处罚规定。

关于有些条文的规定是否属于总则的例外，还存在疑问。例如，《刑法》第 107 条规定了资助危害国家安全犯罪活动罪，其中是否包括共同犯罪，还需要研究。有学者认为："这里的资助是指明知他人进行危害国家安全的犯罪活动，而

---

① 陈兴良：《共犯行为的正犯化：以帮助信息网络犯罪活动罪为视角》，《比较法研究》2022 年第 2 期。

② 参见［日］大塚仁：《刑法概说（总论）》（第 4 版），有斐阁 2008 年版，第 315 页；郑健才：《刑法总则》（修订再版），三民书局 1982 年版，第 219 页。

向其提供金钱、物品、通信器材、交通工具等，以用于危害国家安全的犯罪，使犯罪分子得到物质上的帮助，更加有恃无恐地进行危害国家安全的犯罪活动。因此，所谓资助是一种物质上的帮助。立法机关将这种帮助行为正犯化，规定为独立罪名。"[1] 本书认为，所谓资助，是指向有危害国家安全行为的境内组织、个人提供经费、场所和物资；向境内组织、个人提供用于进行危害国家安全活动的经费、场所和物资。资助的具体方式没有限制；资助的时间也没有限定，在境内组织或个人实施上述特定犯罪之前、之中、之后进行资助的，都成立本罪。如果境内外机构、组织或者个人的行为超出了资助的范围，与境内组织或者个人，共同故意组织、策划、实施《刑法》第102条至第105条规定的犯罪的，应以上述犯罪的共犯论处。本罪主观上要求行为人认识到境内组织或者个人即将实施、正在实施或者已经实施了上述特定的危害国家安全犯罪行为，否则不能以本罪论处。因此，不能简单地认为，刑法只是将特定共同犯罪中的帮助行为规定为独立的犯罪。换言之，本罪既包括特定共同犯罪中的部分帮助行为，又包括不符合共同犯罪成立条件的资助行为，但不包括符合共同犯罪成立条件的组织、策划、实行、煽动、教唆行为。如果认为本罪包括特定共同犯罪中的部分帮助行为，那么，它也是刑法总则关于共同犯罪规定的例外。[2]

刑法总则关于自首的规定，在分则中是否存在例外，即分则规定的某些犯罪不可能成立自首，这是一个值得讨论的问题。例如，对交通肇事罪能否适用总则关于自首的规定？

持否定说的学者指出："刑法规定自首的用意在于鼓励犯罪分子在犯罪之后主动投案，以降低侦查破案的成本。那么，哪些犯罪分子需要鼓励其主动投案呢？当然是容易藏匿且不容易破案的故意犯罪。对于那些明明知道犯罪之后逃不了也不能逃（逃了就要加重处罚）的交通肇事者，法律没必要再用自首制度鼓励他们主动投案，立法者更不会一方面以法定的义务强制肇事者主动报警，另一方面又以自首制度鼓励其主动报警。"[3]

本书不能同意这种观点。其一，姑且不论自首制定的根据何在，这种观点明显将主动报警等同于自首。然而，行为人甲肇事后，立即报警声称某地发生交通事故的，即使否认自己是肇事者，也属于主动报警，但并非自首。其二，所谓"逃不了也不能逃（逃了就要加重处罚）"，并不是客观上不能逃，只是规范意

① 陈兴良：《共犯行为的正犯化：以帮助信息网络犯罪活动罪为视角》，《比较法研究》2022年第2期。

② 当然，如果资助行为同时触犯其他危害国家安全罪，形成想象竞合，进而从一重罪处罚，则不一定属于刑法总则关于共同犯罪规定的例外。

③ 侯国云：《交通肇事后报警不以自首论的法理解读》，《人民检察》2009年第18期。

义上的不能逃。事实上，肇事后逃逸的并不少见，这也是刑法将其规定为法定刑升格情节的一个原因（倘若肇事后逃逸的很罕见，刑法就不一定将其规定为法定刑升格情节之一）。而且，否定说承认逃逸之后再自动投案的，仍然成立自首。这表明，否定说的上述观点既不符合事实，也自相矛盾。其三，上述观点认为只有对"容易藏匿且不容易破案的故意犯罪"才应鼓励其投案自首，这便没有根据地限制了自首制度的适用范围，使得责任较轻的过失犯罪不成立自首，因而与责任较重的故意犯罪能够成立自首的现状明显不协调。其四，不管是故意犯罪，还是属于过失犯的交通肇事罪，都至少存在"容易藏匿且不容易破案"与"不容易藏匿且容易破案"两种情形，而上述观点所导致的结局是，是否适用自首制度，取决于是否"容易藏匿且不容易破案"。这种明显不合理的观点，实在难以被人们接受。

持否定说的学者还指出：《刑法》第 133 条"对交通肇事罪规定了三档法定刑，其中第二档专门适用于肇事后逃逸和具有恶劣情节的交通肇事罪。交通肇事后逃逸的，应适用第二档法定刑，交通肇事后不逃逸的，才适用第一档法定刑。所谓交通肇事后不逃逸，其实就是主动报警、保护现场、等候处理或者护送被害人去医院。可见，从逻辑上分析，刑法第一百三十三条的立法原意，本来就没有把肇事后主动报警的行为按自首论"[1]。按照这种观点，《刑法》第 133 条对逃逸加重法定刑的规定，就意味着将不逃逸的情形隐含在较轻的量刑幅度之中。

诚然，"大体上"可以说，交通肇事后逃逸的适用《刑法》第 133 条规定的第二档法定刑，不逃逸的适用第一档的法定刑。然而，上述观点实际上将不逃逸解释为自首，这明显不当。因为不逃逸并不等于自首，其间存在诸多中间形态。例如，A 肇事（致一人死亡，没有其他特别严重情节）后，既没有主动报警，也没有保护现场和救助被害人，仅仅是等候在现场，事后也不如实供述自己的交通肇事罪行。按照现行司法解释[2]，A 的行为既不是逃逸（没有逃跑），也不是自首（不符合自首条件），只能适用第一档法定刑。即使将"不逃逸"解释为"主动报警、保护现场、等候处理或者护送被害人去医院"，也不意味着这种行为是自首。例如，B 肇事（致一人死亡，没有其他特别严重情节）后保护现场、抢救伤者、向公安机关报告发生了交通肇事案件，且承认自己肇事，但在警察处理完现场后逃往外地。按照本书的观点，对 B 既不能认定为逃逸（因为 B 履行了救

① 侯国云：《交通肇事后报警不以自首论的法理解读》，《人民检察》2009 年第 18 期。
② 2000 年 11 月 15 日发布的《最高人民法院关于审理交通肇事刑事案件具体应用法律若干问题的解释》第 3 条规定："'交通运输肇事后逃逸'，是指行为人具有本解释第二条第一款规定和第二款第（一）至（五）项规定的情形之一，在发生交通事故后，为逃避法律追究而逃跑的行为。"

助义务），① 也不能认定为自首，只能适用第一档法定刑。再如，C 肇事（致一人死亡，没有其他特别严重情节）后保护现场、抢救伤者、向公安机关报告发生了交通肇事案件，但不承认自己肇事，并谎称自己是事故的被害人。不管如何理解《刑法》第 133 条规定的"逃逸"，C 都既没有逃逸，也没有自首（没有如实供述自己的罪行），同样只能适用第一档法定刑。以上几例表明，不逃逸并不等于自首。既然如此，对于不逃逸并符合自首条件的，当然应认定为自首。例如，D 肇事（致一人死亡，没有其他特别严重情节）后保护现场、抢救伤者、向公安机关报告且如实供述自己的罪行，接受审查与裁判。显然，D 肇事后的行为与A、B、C 肇事后的行为存在明显区别，亦即，A、B、C 只是未逃逸②，D 不仅未逃逸，而且符合自首条件，故对 D 应认定为自首。概言之，在逃逸与自首之间，存在诸多既未逃逸也未自首的情形，并非单纯的非此即彼的关系。但否定说想象得过于简单，没有考虑案件情况的复杂性。在没有全面考虑各种可能性的情况下，根据部分可能性得出的结论，不可能具有普遍的合理性。

正因为未逃逸不等于自首，所以，持否定说的另一种观点指出："的确，履行道路交通安全法规定的前置义务与交通肇事罪中的未逃逸、不履行道路交通安全法规定的前置义务与逃逸的内容不完全吻合。未逃逸状态确实有既不报警也不抢救伤员的情形，逃逸状态也有既报警又救人的情形。不过，未逃逸与履行义务、逃逸与不履行义务的绝大部分是重合的，不重合的只是例外，是个别。交通肇事罪中的逃逸，是可以代表没有履行道路交通安全法规定的前置义务的。因为立法上要求交通肇事后不得逃逸，并不是让肇事者留在现场什么都不干，而是要求肇事者必须报警、保护现场、抢救伤员，因此履行道路交通安全法规定的前置义务应当被认定为是未逃逸的常态。而且，从实证角度看，未逃逸但又完全不履行或者部分不履行法律规定义务的情况是极其个别的，立法者不可能以个别状态作为立法的依据。因此，未逃逸就是针对未逃逸且积极履行行政前置义务的情形，把积极作为情况排除在未逃逸之外，是仅仅局限在字面解释，没有考虑到立法者的真实意图，严重脱离社会实际和司法实践。"③

但是，第一，虽然《刑法》第 133 条对逃逸提高法定刑，意味着要求肇事者必须报警、保护现场、抢救伤员，但这并不意味着《刑法》第 133 条将自首作为肇事者的法定义务。要求犯罪人犯罪后自首，违背了期待可能性的原理，

① 参见张明楷：《刑法学》（第六版）（下），法律出版社 2021 年版，第 926～928 页。
② 按照现行司法解释，对 A 不能认定为逃逸，但根据笔者的观点，对 A 应认定为逃逸。
③ 浙江省高级人民法院刑事审判调研组：《论交通肇事后报警不构成自首》，《人民法院报》2009年 9 月 30 日，第 6 版。

既不能解释为什么窝藏罪的主体只能是本犯以外的人，也不能解释为什么刑法不将逃逸规定为其他犯罪的法定刑升格条件。第二，未逃逸与履行行政义务的重合，不等于履行行政义务与自首的重合，更不等于逃逸与不自首的重合。换言之，即使将未逃逸理解为履行《道路交通安全法》规定的行政义务，也不能将未逃逸理解为自首，因为自首与履行行政义务的条件并不相同。所以，以未逃逸与履行行政义务的重合为由否认自首，实际上是通过偷换概念否认自首。何况，如果将未逃逸理解为履行救助义务，则其条件与自首更不相同。第三，姑且不论未逃逸与履行行政义务、逃逸与不履行行政义务的绝大部分是否重合，以及不重合的是否仅为例外、极其个别①，即便如此，也没有丝毫理由否认这种例外与个别。因为是否承认这种例外与个别，事关行为人的人身自由等权益，不能忽略不计。不能因为多数肇事者事后履行行政义务的行为通常（多数）符合自首条件，就否认这些多数肇事者成立自首，进而将这些符合自首条件的多数肇事者与肇事后履行行政义务却不符合自首条件的少数肇事者等同看待。所以，司法机关不应认为自首制度只能适用于少数犯罪人。相反，在刑法设立了自首制度的前提下，倘若所有的犯罪人犯罪后都自首，司法机关也必须无一例外地认定为自首。再如，《刑法修正案（七）》修改了《刑法》第201条，对逃税罪规定了有利于行为人的处罚阻却事由。《刑法修正案（七）》颁行之后，绝大多数逃税行为都没有受刑事追究。即使所有的逃税者为了避免刑事追究，在税务机关依法下达追缴通知后，补缴应纳税款，缴纳滞纳金，接受行政处罚，导致司法实践中几乎不可能追究逃税罪的刑事责任（亦即，导致处罚阻却事由适用于绝大多数逃税者），司法机关也不能因此限制《刑法》第201条有关处罚阻却事由规定的适用。诚然，"立法者不尊重稀罕之事"，但这是针对立法者而言，而不是针对司法者而言。在立法已经对某种事项作出规定的情况下，不管这种事项在司法上多么罕见，都必须遵守立法的规定。所以，以"立法者不可能以个别状态作为立法的依据"为由否认交通肇事后的自首，并不合适。刑法理论与司法实践坚持罪刑法定原则，不承认超法规的犯罪行为，但承认超法规的违法阻却事由与责任阻却事由。这足以说明，不能否定刑法的从宽规定对少数、例外行为人的适用。那些肇事后逃逸，后来又投案自首的，也是例外、个别，但我们没有理由否认其行为成立自首。

总之，只要刑法分则没有特别规定，刑法总则的规定就必须适用于分则。所以，刑法总则规定的自首制度，应当适用于刑法分则规定的每一个犯罪。《刑

---

① 从笔者收集的案例来看，这种情形并不是"例外"，更不是"极其个别"。

法》第133条关于交通肇事罪的规定，并没有排除自首制度的适用。①

四、分则对总则的补充

所谓分则对总则的补充，是指刑法原本应当在总则中规定某种原则或者规则，但由于总则没有规定，分则在相关法条中规定了这种原则或规则，形成了分则补充总则的现象。在我国，分则对总则的补充主要表现在罪数及其处理方面。

如所周知，德国、日本等国刑法均在总则规定了罪数的认定与处理原则，但我国刑法总则对此并无规定，刑法分则中有近20个法条规定，有前（两）款行为，同时（又）构成其他犯罪的，"依照处罚较重的规定定罪处罚"。这一规定是什么性质，对于一个行为同时构成其他罪但分则中却没有这一规定的情形，是否依照处罚较重的规定定罪处罚，就成为需要研究的问题。

（一）"依照处罚较重的规定定罪处罚"的对应形态

罪数论或竞合论将罪数分为不同的形态，其中主要有单纯的一罪、包括的一罪（评价的一罪）、科刑的一罪（想象竞合与牵连犯）与并罚的数罪。② "依照处罚较重的规定定罪处罚"所表述的并非单一罪数形态，而是对应着多种罪数形态，或者说这一表述包含了对多种罪数形态的规定。

1. 关于想象竞合的规定

想象竞合，是指一个行为触犯了数个罪名（或实现了数个构成要件）的情形。③ 虽然我国刑法没有使用想象竞合这一概念，但"依照处罚较重的规定定罪处罚"所表述的内容大多是想象竞合的情形。

例如，《刑法》第291条之二第1款规定了高空抛物罪，其第2款规定："有前款行为，同时构成其他犯罪的，依照处罚较重的规定定罪处罚。"从高空抛物罪的体系地位可以看出，本罪属于扰乱公共秩序的犯罪。倘若高空抛物行为导致他人死亡，行为人对死亡结果具有故意，因而同时构成故意杀人罪，则是一个行为触犯了数个罪名，属于典型的想象竞合。

① 其他详细理由，参见张明楷：《论交通肇事罪的自首》，《清华法学》2010年第3期。
② 参见［日］西田典之著、桥爪隆补订：《刑法总论》（第3版），弘文堂2019年版，第446页；［日］前田雅英：《刑法总论讲义》（第7版），东京大学出版会2019年版，第391页；［日］山口厚：《刑法总论》（第3版），有斐阁2016年版，第391页以下；［日］井田良：《讲义刑法学·总论》（第2版），有斐阁2018年版，第576页；德国刑法理论虽然将罪数问题分为法条竞合、想象竞合（科刑的一罪）、实质竞合三类，但牵连犯被分别归入想象竞合或者法条竞合中的吸收关系，包括的一罪也基本上被归入法条竞合的吸收关系（参见张明楷：《罪数论与竞合论探究》，《法商研究》2016年第1期）。
③ Vgl. C. Roxin, Strafrecht Allgemeiner Teil, Band Ⅱ, C. H. Beck, 2003, S. 797；［日］西田典之著、桥爪隆补订：《刑法总论》（第3版），弘文堂2019年版，第452~453页。

又如，《刑法》第 236 条之一第 1 款规定了负有照护职责人员性侵罪，其第 2 款规定："有前款行为，同时又构成本法第二百三十六条规定之罪的，依照处罚较重的规定定罪处罚。"本款规定的情形也是想象竞合。亦即，如果负有照护职责的人员使用暴力、胁迫或者其他方法与已满 14 周岁不满 16 周岁的女性（以下简称"少女"）发生性关系的，同时触犯本罪与强奸罪，而两罪的保护法益并不相同。强奸罪的保护法益是性行为的自己决定权（或者性的自由）。刑法增设负有照护职责人员性侵罪，是为了使少女的身心健康成长不受负有照护职责人员对之实施性交行为的妨碍。① 反过来说，负有照护职责人员性侵罪的保护法益不是少女的性行为自己决定权，否则，无法解释为什么少女的同意对部分行为人有效、对部分行为人无效。由于《刑法》第 236 条之一的法定刑轻于《刑法》第 236 条的法定刑，"依照处罚较重的规定定罪处罚"其实通常是指依照强奸罪定罪处罚。但这并不足以否认第 263 条之一第 2 款是关于想象竞合的规定，不能因为法条指明了重法条的适用，就否认两个法条所规定的犯罪属于想象竞合。类似情形如，《刑法》第 308 条之一规定了泄露不应公开的案件信息罪，其第 2 款规定："有前款行为，泄露国家秘密的，依照本法第三百九十八条的规定定罪处罚。"该规定也指明了应当适用的重法条，同样属于对想象竞合的规定。

再如，《刑法》第 260 条之一第 1 款与第 2 款分别规定了自然人与单位实施的虐待被监护、看护人罪，其第 3 款规定："有第一款行为，同时构成其他犯罪的，依照处罚较重的规定定罪处罚。"虐待被监护、看护人罪与虐待罪是交叉关系，两罪之间属于想象竞合，而不是法条竞合。

此外，《刑法》第 286 条之一第 3 款、第 287 条之一第 3 款、第 287 条之二第 3 款、第 307 条之一第 3 款与第 4 款、第 329 条第 3 款、第 342 条之一第 2 款等规定，大体上都属于对想象竞合的规定。

2. 关于牵连犯的规定

一般认为，牵连犯，是指犯罪的手段行为或原因行为，与目的行为或结果行为分别触犯其他罪名的情况。在犯罪行为可分为手段行为与目的行为、原因行为与结果行为时，如两个行为分别均构成犯罪，便成立牵连犯。② 我国刑法虽然没

---

① 刑法实行罪刑法定原则，不可能抽象地规定犯罪行为，只能将可以具体判断的、侵害法益的类型性行为规定为犯罪。例如，刑法要保护未成年人的健康成长，但不可能设置"妨碍未成年人健康成长罪"（这样的规定缺乏明确性），只能将奸淫幼女、猥亵儿童、拐卖儿童、雇用童工从事危重劳动、拐骗儿童、组织儿童乞讨、引诱未成年人聚众淫乱等典型的妨碍未成年人健康成长的类型性行为规定为犯罪。《刑法》第 236 条之一的目的就是使少女的健康成长不受负有照护职责人员的性行为的妨碍。

② 参见［日］西田典之著、桥爪隆补订：《刑法总论》（第 3 版），弘文堂 2019 年版，第 454~455 页。

有使用牵连犯的概念，但司法实践普遍使用这一概念，可以认为，"依照处罚较重的规定定罪处罚"的规定中也包含了牵连犯。

例如，《刑法》第 280 条之一第 1 款规定了使用虚假身份证件、盗用身份证件罪，其第 2 款规定："有前款行为，同时构成其他犯罪的，依照处罚较重的规定定罪处罚。"当行为人使用虚假身份证件、盗用他人身份证件骗取他人财物时，就属于典型的牵连犯，即手段行为触犯了使用虚假身份证件、盗用身份证件罪，目的行为触犯了诈骗罪。同样，当行为人使用虚假的身份证件、盗用他人的身份证件骗领信用卡时，一般属于使用虚假身份证件、盗用身份证件罪与妨害信用卡管理罪的牵连犯（在具体案件中不排除想象竞合的情形）。

3. 关于包括的一罪的规定

包括的一罪，一般是指存在数个法益侵害事实，但通过适用一个法条就可以对数个事实进行包括的评价的情形。所谓数个法益侵害事实，既可能是一个行为侵害了数个法益，也可能是多个行为多次侵害同一法益。存在数个法益侵害事实时却适用一个法条进行包括的评价，主要是因为法益侵害的一体性或者行为的一体性。①

例如，《刑法》第 142 条之一第 1 款规定了妨害药品管理罪，其第 2 款规定："有前款行为，同时又构成本法第一百四十一条、第一百四十二条规定之罪或者其他犯罪的，依照处罚较重的规定定罪处罚。"当行为人实施的妨害药品管理罪的行为同时构成生产、销售、提供假药罪或者生产、销售、提供劣药罪时②，虽然一个行为触犯了两个罪名，但由于侵害的是同一个公共法益（法益侵害的一体性），不应认定为想象竞合与牵连犯，而应认定为包括的一罪。③

类似情形如，《刑法》第 241 条第 1 款规定了收买被拐卖的妇女、儿童罪，其第 5 款规定："收买被拐卖的妇女、儿童又出卖的，依照本法第二百四十条的规定定罪处罚。"其中的"依照本法第二百四十条的规定定罪处罚"就是"依照处罚较重的规定定罪处罚"。行为人虽然实施了两个行为，但两个行为侵害的是同一对象的同一个法益，应作为包括的一罪，即从一重罪论处，否则就会造成处罚的不公正。例如，甲以出卖为目的收买儿童 X 后将 X 出卖给他人，显然仅成

---

① 参见［日］虫明满：《包括一罪的研究》，成文堂 1992 年版，第 113 页,；［日］西田典之著、桥爪隆补订：《刑法总论》（第 3 版），弘文堂 2019 年版，第 447 页；［日］前田雅英：《刑法总论讲义》，东京大学出版会 2019 年版，第 395 页；［日］山口厚：《刑法总论》（第 3 版），有斐阁 2016 年版，第 399 页；［日］井田良：《讲义刑法学·总论》（第 2 版），有斐阁 2018 年版，第 584 页。

② 如行为人未取得药品相关批准证明文件而生产、进口药品并销售，且该药品属于假药或者劣药。

③ 当然，《刑法》第 142 条之一还规定了又构成"其他犯罪"的情形。如果同时构成侵犯其他法益的犯罪，则属于想象竞合。

立拐卖儿童罪。再如，乙以自己收养为目的收买儿童 Y 后将 Y 出卖给他人。在乙的前行为没有出卖目的的情况下，其行为的不法性与有责性不可能重于甲的行为，如果对乙实行数罪并罚，就明显形成处罚不公正的局面。所以，应当肯定这种情形属于包括的一罪。

4. 包含不同罪数形态的规定

刑法分则一个法条中"依照处罚较重的规定定罪处罚"的规定并不限于单一罪数形态，完全可能包含多种罪数形态。例如，《刑法》第 338 条第 1 款规定了污染环境罪，其第 2 款规定："有前款行为，同时构成其他犯罪的，依照处罚较重的规定定罪处罚。"在本书看来，这一规定至少可能包括两种罪数形态。其一，污染环境的行为同时触犯投放危险物质、以危险方法危害公共安全、故意杀人等罪时，是典型的想象竞合。其二，污染环境的行为同时触犯《刑法》第 339 条规定的非法处置进口的固体废物罪时，由于侵害的法益相同，应评价为包括的一罪，而非想象竞合。

5. 关于罪数的拟制规定

《刑法》第 399 条第 1、2、3 款分别规定了徇私枉法罪，民事、行政枉法裁判罪，执行判决、裁定失职罪，执行判决、裁定滥用职权罪，其第 4 款规定："司法工作人员收受贿赂，有前三款行为的，同时又构成本法第三百八十五条规定之罪的，依照处罚较重的规定定罪处罚。"这一规定一直被司法解释视为特别规定，亦即，第 399 条第 4 款将数罪拟制规定为一罪。例如，2012 年 12 月 7 日发布的《最高人民法院、最高人民检察院关于办理渎职刑事案件适用法律若干问题的解释（一）》第 3 条规定："国家机关工作人员实施渎职犯罪并收受贿赂，同时构成受贿罪的，除刑法另有规定外，以渎职犯罪和受贿罪数罪并罚。"[1] 笔者也一直持这一主张，认为《刑法》第 399 条第 4 款是将数罪拟制为一罪的规定。[2]

《刑法修正案（十一）》修改了《刑法》第 229 条第 2 款，使刑法分则中增加了一项与《刑法》第 399 条第 4 款性质相同的规定。亦即，《刑法》第 229 条第 1 款规定了提供虚假证明文件罪，修改后的第 2 款规定："有前款行为，同时索取他人财物或者非法收受他人财物构成犯罪的，依照处罚较重的规定定罪处罚。"可能有观点认为，这一规定将修正前的情节加重犯调整为想象竞合犯，也就是说，如果中介组织人员在提供虚假证明文件的同时，索取他人财物或者非法

① 另参见 2012 年 11 月 15 日最高人民检察院检例第 8 号（杨某玩忽职守、徇私枉法、受贿案）；"两高" 2016 年 4 月 18 日发布并实施的《最高人民法院、最高人民检察院关于办理贪污贿赂刑事案件适用法律若干问题的解释》第 17 条；"两高"、公安部 2020 年 3 月 16 日发布并实施的《关于办理涉窨井盖相关刑事案件的指导意见》。
② 参见张明楷：《刑法学》（第六版）（下），法律出版社 2021 年版，第 1652~1653 页。

收受他人财物构成犯罪的，适用提供虚假证明文件罪与非国家工作人员受贿罪的想象竞合犯，从一重罪处罚。然而，这一观点存在疑问。即使中介组织人员"同时"实施了上述行为，也必须肯定其实施了两个行为，而不是一个行为，故不符合想象竞合的基本特征。有学者认为，"对于这一规定应当依照牵连犯的认定规则来理解与适用"。只有当行为人索取、收受他人财物（受贿）的行为与提供虚假证明文件的行为之间存在原因与结果、手段与目的的牵连关系——"从受贿人／提供虚假证明文件的人的角度看，得人钱财就要给人提供虚假证明文件，即原因与结果的关联；从行贿人／接受虚假证明文件的人的角度看，与人钱财就是为了取得虚假证明文件，即手段与目的的关联"，且主观上对此有认知，存在牵连意图时，才能适用上述规定。"如果中介组织人员为他人提供虚假证明文件后，索取、收受他人财物构成犯罪的，则不适用该款，应当数罪并罚。"[①] 如果说《刑法》第 229 条第 2 款是关于牵连犯的规定，或许也有一定道理。但是，上述区分或许会给司法实践增加适用的难度，实际上会导致相同行为受到不同处罚。更重要的是，提供虚假证明与受贿既难以互为手段行为与目的行为，也难以互为原因行为与结果行为。这是因为，牵连关系中的手段行为与目的行为的牵连，既不是仅指目的本身与手段行为的牵连，也不是指相对方的手段行为与目的行为的牵连，而是首先要求行为人实施的手段行为与目的行为之间存在客观的、类型性的牵连关系。[②] 显然，"从行贿人／接受虚假证明文件的人的角度看，与人钱财就是为了取得虚假证明文件，即手段与目的的关联"，不可能成为《刑法》第 229 条第 2 款属于牵连犯的法律依据。同样，所谓原因行为与结果行为的牵连，首先也必须是行为本身的牵连（如伪造身份证件后使用伪造的身份证件）[③]，而不是动机与结果行为的牵连。所以，"从受贿人／提供虚假文件的人的角度看，得人钱财就要给人提供虚假证明文件，即原因与结果的关联"，只是一种动机关系，而不是原因行为与结果行为的牵连。由此看来，难以认为《刑法》第 229 条第 2 款规定的是想象竞合与牵连犯，而应认为该规定将数罪拟制为一罪。亦即，提供虚假证明文件罪与非国家工作人员受贿罪（或受贿罪）是两个独立的应当并罚的数罪，但《刑法》第 229 条第 2 款将其拟制为一罪处罚。

综上所述，刑法分则部分条文中的"依照处罚较重的规定定罪处罚"包含

---

① 王彦强：《〈刑法修正案（十一）〉中竞合条款的理解与适用》，《政治与法律》2021 年第 4 期。

② 参见［日］西田典之著、桥爪隆补订：《刑法总论》（第 3 版），弘文堂 2019 年版，第 454 页；［日］前田雅英：《刑法总论讲义》（第 7 版），东京大学出版会 2019 年版，第 402 页；［日］山口厚：《刑法总论》（第 3 版），有斐阁 2016 年版，第 408 页；［日］井田良：《讲义刑法学·总论》（第 2 版），有斐阁 2018 年版，第 596 页。

③ 参见［日］大谷实：《刑法讲义总论》（新版第 4 版），成文堂 2012 年版，第 494 页。

了多种罪数形态。应当认为，这一立法规定并不理想。

（二）"依照处罚较重的规定定罪处罚"的法条性质

"依照处罚较重的规定定罪处罚"这一规定虽然仅存在于刑法分则中，但能否认为其是总则性规定，或者说是对总则的补充？讨论这一问题旨在明确，在分则没有这一规定的情形下，对相同或者相似案件能否适用这一规定。

本书的看法是，虽然"依照处罚较重的规定定罪处罚"均存在于刑法分则中，但可以将《刑法》第229条第2款与第399条第4款作为分则性规定，而将其他规定视为总则性规定。分则的哪些规定可以纳入总则予以规定，虽然难以一概而论，但大体而言，只要具有共性，可以适用于分则的数个法条，就可以纳入总则予以规定。例如，我国刑法总则规定了"国家工作人员""重伤"等概念，但"毒品""淫秽物品""战时"等概念则规定在分则中。其实，将"毒品""淫秽物品""战时"等概念的解释性规定置于刑法总则中，也未尝不可。在刑法总则原本应当规定罪数形态却没有规定的立法例之下，我们可以将虽仅存在于分则少数条文中但应当普遍适用于分则的规定，视为总则性规定①，从而认为，即使分则法条缺乏"依照处罚较重的规定定罪处罚"的规定，但对于相同与类似情形，也应当依照处罚较重的规定定罪处罚。

例如，《刑法修正案（十一）》增加的《刑法》第293条之一规定："有下列情形之一，催收高利放贷等产生的非法债务，情节严重的，处三年以下有期徒刑、拘役或者管制，并处或者单处罚金：（一）使用暴力、胁迫方法的；（二）限制他人人身自由或者侵入他人住宅的；（三）恐吓、跟踪、骚扰他人的。"该条不仅没有"依照处罚较重的规定定罪处罚"的规定，而且删除了《刑法修正案（十一）》草案中"有前款行为，同时构成其他犯罪的，依照处罚较重的规定定罪处罚"的规定。但本书认为，如果行为同时构成敲诈勒索、抢劫等罪的，应当作为想象竞合从一重罪处罚。而且，使用暴力、胁迫方法实施本罪的行为通常会触犯敲诈勒索、抢劫等罪。诚然，《刑法修正案（十一）》虽然是考虑到了司法实践中的一些不合理现象而增设本罪的，但既然是高利放贷等产生的非法债务，就不受民法保护，进而意味着被害人"没有"债务。行为人以此为由采取暴力、胁迫等手段催收的，理当成立敲诈勒索罪或者抢劫罪，而不应当按本罪处罚。只有承认想象竞合，才能解决这一法条面临的困境。

再如，《刑法》第355条之一第1款与第2款分别规定："引诱、教唆、欺骗运

---

① 虽然刑法学分为总论与各论，但各论中也存在小总论。参见［日］井田良：《讲义刑法学·各论》（第2版），有斐阁2020年版，第5页。同样，虽然刑法分为总则与分则，但分则中也可以存在小总则。我们至少可以将"依照处罚较重的规定定罪处罚"的规定视为分则中的小总则规定。

动员使用兴奋剂参加国内、国际重大体育竞赛，或者明知运动员参加上述竞赛而向其提供兴奋剂，情节严重的，处三年以下有期徒刑或者拘役，并处罚金。""组织、强迫运动员使用兴奋剂参加国内、国际重大体育竞赛的，依照前款的规定从重处罚。"本条位于《刑法》分则第六章第七节，其规定的犯罪属于毒品犯罪。《刑法》第 357 条第 1 款规定："本法所称的毒品，是指鸦片、海洛因、甲基苯丙胺（冰毒）、吗啡、大麻、可卡因以及国家规定管制的其他能够使人形成瘾癖的麻醉药品和精神药品。"兴奋剂属于精神药品。《刑法》第 353 条规定了引诱、教唆、欺骗他人吸毒罪与强迫他人吸毒罪，既然如此，引诱、教唆、欺骗、强迫运动员使用兴奋剂的，就完全可能触犯《刑法》第 353 条规定的犯罪。问题是，《刑法》第 355 条之一规定的犯罪与第 353 条规定的犯罪是法条竞合，还是想象竞合抑或包括的一罪？如果说是法条竞合，则意味着第 355 条之一是特别减轻法条，可是，减轻处罚的根据何在？本书对此存在疑问。从不法的角度来说。毒品犯罪的保护法益是公众健康，既然引诱、教唆、欺骗、强迫任何人吸毒的行为均成立《刑法》第 353 条规定之罪，处罚较重；就没有理由对引诱、教唆、欺骗、强迫运动员吸毒的行为，反而仅科处较轻的刑罚。否则，就意味着刑法对运动员健康的保护轻于、低于对一般人健康的保护，这明显违反法律面前人人平等的宪法原则。[①] 从责任的角度来说，没有理由认为，引诱、教唆、欺骗、强迫运动员使用兴奋剂的行为人的任何一个责任要素的程度应降低。所以，引诱、教唆、欺骗、强迫运动员使用兴奋剂，同时触犯《刑法》第 353 条之规定，应当按照处罚较重的规定定罪处罚。

特别需要指出的是，只有当"依照处罚较重的规定定罪处罚"是关于科刑的一罪（想象竞合、牵连犯）与包括的一罪的规定时，其才属于总则性规定。如前所述，"依照处罚较重的规定定罪处罚"主要是关于想象竞合的规定，又由于"异种类的构成要件间的想象竞合具有无数的可能性"[②]，刑法分则不可能就无数的可能性作出规定，所以，在刑法分则没有这一规定的场合，司法机关无论如何都不能将典型的想象竞合理解为法条竞合，否则会导致处罚的不合理性。但我国的司法实践中的确存在错将想象竞合当作法条竞合适用刑法的不合理的现象，亦即，原本应"依照处罚较重的规定定罪处罚"，却错误地确定特别法条进而按所谓特别法条定罪量刑。例如，国有媒体记者以发表批评曝光相要挟的手段，以收取顾问费、广告费或者委托调解费等形式，向多家单位索要财物。法院认定该行为同时符合刑法关于敲诈勒索罪与受贿罪的构成要件，系法条竞合，适用特别法

① 刑法将妨害兴奋剂管理罪置于"走私、贩卖、运输、制造毒品罪"一节，其保护法益当然是运动员的健康，而不是体育竞赛的公平性。否则，刑法就会将本罪置于《刑法》第 284 条之一（组织考试作弊等罪）之前或之后，而且会规定对运动员使用兴奋剂的行为予以刑罚处罚。

② C. Roxin, Strafrecht Allgemeiner Teil, Band Ⅱ, C. H. Beck, 2003, S. 822.

条优于一般法条的原则，构成受贿罪。① 可是，敲诈勒索罪是侵犯财产的犯罪，而受贿罪是侵害职务行为的不可收买性或者公正性的犯罪，二者的法益既不重合也没有包容关系，无论如何都不可能属于法条竞合，只能认定为想象竞合。② 况且，既然两罪的构成要件没有包容关系，那么互不包容的两罪应处于平等的位置上，为何能选择受贿罪作为"特别"法条，也很有疑问。在本案中，由于受贿罪的法定刑较重，按受贿罪处罚或许不会导致处罚的不均衡，但如果认为二者属于法条竞合，当非国有工作人员利用职务之便勒索财物时，也会以特别法条优于普通法条为由仅认定为非国家工作人员受贿罪，这便明显不当。例如，某建材城经理王某以断电、不出租场地等相要挟，向建材城用户索要 60 余万元。一审法院认定王某的行为构成敲诈勒索罪。③ 但二审判决却认为，王某利用了职务上的便利，其行为既符合非国家工作人员受贿罪的构成要件，也符合敲诈勒索罪的构成要件，"但该两罪是法规竞合关系，对王某的行为应按特别法优于普通法的原则，以特别法规定的罪名即非国家工作人员受贿罪定罪。原判决未认定王某利用职务便利的事实，对王某的行为以敲诈勒索罪定罪，系认定事实和定罪有误"④。但在本书看来，认定事实和定罪有误的是二审法院的判决。王某利用职务上的便利这一事实，并不能否认其行为构成更重的敲诈勒索罪⑤；敲诈勒索罪与非国家工作人员受贿罪是想象竞合，应当依照处罚较重的规定定罪处罚。

综上所述，在解释论上，可以将刑法分则就科刑的一罪、包括的一罪所作出的"依照处罚较重的规定定罪处罚"视为总则性规定，或者说是分则对总则的补充。但从立法论的角度来说，将来的刑事立法应当在刑法总则就罪数形态作出具有合理性与可行性的规定。在刑法总则中规定了罪数形态后，分则条文只需要作特别规定或者拟制规定，而不必作出注意规定。否则，就容易导致注意规定与特别规定的混淆，进而导致刑法适用的混乱。

（三）"依照处罚较重规定定罪处罚"的适用条件

从法条表述可以看出，"依照处罚较重的规定定罪处罚"的适用条件是，

---

① 参见浙江省杭州市中级人民法院（2007）年杭刑终字第 1 号刑事判决书。

② 德国、日本刑法理论的通说与判例均认为是想象竞合（Vgl. R. Rengier, Strafrecht Besonderer Teil Ⅱ, Delikte gegen die Person und die Allgemeinheit, 21. Aufl. , C. H. Beck, 2020, S. 576; BGHSt 9, 245；［日］山中敬一：《刑法各论》（第 3 版），成文堂 2015 年版，第 850 页；日本最高裁判所 1964 年 12 月 8 日判决，日本《最高裁判所刑事判例集》第 18 卷第 10 号，第 952 页）。

③ 参见北京市大兴区人民法院（2020）京 0115 刑初第 993 号刑事判决书。

④ 北京市第二中级人民法院（2020）京 02 刑终字第 610 号刑事判决书。

⑤ 此外，本案被告人的相对方没有获得任何不正当利益，是敲诈勒索罪的被害人。但二审却判决将被告人的违法所得"上缴国库"，这也明显不当。

"有前（两）款行为，同时构成其他犯罪"。显然，在此需要讨论两个问题：一是"有前款行为"是什么含义，或者说具备什么条件才属于"有前款行为"；二是"同时构成其他犯罪"是否仅限于前款行为本身同时构成其他犯罪。

1. "有前款行为"

单纯从字面含义上说，"有前款行为"似乎意味着只要行为人实施了前款规定的构成要件行为即可。但事实上并非如此。换言之，"有前款行为"应是指完全符合前款犯罪的犯罪成立条件。

例一：《刑法》第 142 条之一第 1 款规定："违反药品管理法规，有下列情形之一，足以严重危害人体健康的，处三年以下有期徒刑或者拘役，并处或者单处罚金；对人体健康造成严重危害或者有其他严重情节的，处三年以上七年以下有期徒刑，并处罚金：（一）生产、销售国务院药品监督管理部门禁止使用的药品的；（二）未取得药品相关批准证明文件生产、进口药品或者明知是上述药品而销售的；（三）药品申请注册中提供虚假的证明、数据、资料、样品或者采取其他欺骗手段的；（四）编造生产、检验记录的。"该条第 2 款规定："有前款行为，同时又构成本法第一百四十一条、第一百四十二条规定之罪或者其他犯罪的，依照处罚较重的规定定罪处罚。"

那么，能否认为只要行为人实施了第 1 款的 4 项客观行为之一，即使没有"足以严重危害人体健康"，也应按处罚较重的规定定罪处罚呢？例如，甲未取得药品相关批准证明文件就生产新冠疫苗，注射该疫苗的人确实产生了抗体，而且没有产生其他副作用，即并不"足以严重危害人体健康"。再如，乙未取得药品相关批准证明文件，擅自从国外进口未经国内批准上市的某药物，该药物确实对丙型肝炎具有疗效，不会"足以严重危害人体健康"。对甲、乙的行为能否认定为非法经营罪？一种观点认为，"有成立非法经营罪的可能。根据现行《药品管理法》第五十一条规定，从事药品批发和零售活动，应当经所在地政府药品监督管理部门批准，取得药品经营许可证。无药品经营许可证的，不得经营药品。而根据《关于办理危害药品安全刑事案件适用法律若干问题的解释》（已废止——引者注）的规定，违反国家药品管理法律法规，未取得药品经营许可证，非法经营药品，情节严重的，以非法经营罪定罪处罚"[1]。但本书难以赞成上述观点。

首先，如果认为《刑法》第 142 条之一第 2 款所规定的"有前款行为"是

---

[1] 孙菲：《〈刑法修正案（十一）〉施行〈我不是药神〉的命运会改变吗？》，《中国市场监管报》2021 年 4 月 16 日，第 3 版。另参见陆锋：《刑法修正案（十一）视野下——无证经营药品是否适用非法经营罪辨析》，《检察日报》2021 年 1 月 21 日，第 3 版。

仅指有前款规定的构成要件行为（客观行为），而不要求"足以危害人体健康"，就表明仅有前款规定的客观行为的，并不成立妨害药品管理罪。既然不成立妨害药品管理罪，就不可能适用《刑法》第 142 条之一第 1 款；既然不能适用《刑法》第 142 条之一第 1 款，就不可能将该款规定的法定刑与其他犯罪相比较。简言之，只有同时构成多个犯罪，才有不同犯罪之间处罚"较重"和"较轻"的区分。反过来说，只有当行为完全符合妨害药品管理罪的全部成立条件，因而能够适用《刑法》第 142 条之一第 1 款的法定刑时，才可以将本罪的法定刑与其他犯罪的法定刑相比较，进而"依照处罚较重的规定定罪处罚"。

其次，倘若行为人未取得药品相关批准证明文件生产、进口药品或者明知是上述药品而销售，且足以危害人体健康的，最高只能处 7 年有期徒刑。如果不足以危害人体健康的，却以非法经营罪论处，反而最高可以处 15 年有期徒刑。这显然违反刑法的公平正义性。换言之，既然"足以危害人体健康"的也仅成立轻罪，那么，在不足以危害人体健康时，就不得以更重的罪追究刑事责任。或许有人认为，不管甲、乙的行为是否足以危害人体健康，均同时触犯非法经营罪，《刑法》第 142 条之一也肯定了这种行为可能同时触犯其他犯罪，所以，对上述行为同时触犯非法经营罪的，应当依照处罚较重的规定定罪处罚。可是，倘若持这一主张，《刑法》第 142 条之一第 1 款第 2 项的规定，就几乎没有适用的余地，从而淹没了刑法增设本罪的旨趣。换言之，立法机关修改《药品管理法》并增设妨害药品管理罪，就是为了使上述甲、乙的行为不以犯罪论处，否则，立法机关就会删除"足以危害人体健康"的成立条件。① 这反过来说明，《刑法》第 142 条之一第 2 款中的"有前款行为"是指行为构成前款规定之罪。

再次，也许有人认为，《刑法》第 142 条之一第 2 款明文规定，有前款行为，同时又构成生产、销售、提供假药罪的，依照处罚较重的定罪处罚，而生产、销售、提供假药罪并不以"足以危害人体健康"为前提，这表明第 142 条之一第 2 款的"有前款行为"仅指有前款客观行为。然而，只要将本罪与生产、销售、提供假药罪的关系略加梳理，就可以发现这一观点难以成立。（1）倘若生产、销售、提供假药罪的行为对人体健康造成严重危害或者有其他严重情节的，以及致人死亡或者有其他特别严重情节的，根本不需要引用《刑法》第 142 条之一第 2 款的规定，而是直接认定为生产、销售、提供假药罪。（2）如若行为人未取得药品相关批准证明文件生产、进口的是假药或者明知是生产、进口的假药而销售

---

① 特别需要强调的是，不能为了认定为妨害药品管理罪而忽略"足以危害人体健康"的要件，也不能认为凡是实施上述行为的均足以危害人体健康。换言之，司法机关不能将本罪当作抽象的危险犯对待。

的，也完全可以直接认定为生产、销售、提供假药罪，不需要引用《刑法》第142条之一第2款的规定。（3）未取得药品相关批准证明文件生产、进口药品或者明知是上述药品而销售的行为，足以严重危害人体健康，但该药品并非假药的，只能认定为妨害药品管理罪，不可能适用《刑法》第141条。（4）未取得药品相关批准证明文件生产、进口药品或者明知是上述药品而销售的行为，足以严重危害人体健康，且该药品属于假药的，才需要比较法定刑的轻重，决定按哪一犯罪处罚。但如前所述，这种情形是包括的一罪，同样以行为足以严重危害人体健康为前提。

最后，上述观点所引用的《最高人民法院、最高人民检察院关于办理危害药品安全刑事案件适用法律若干问题的解释》不仅是在《刑法修正案（十一）》之前作出的，而且是在《药品管理法》修正之前作出的。在以往将未取得药品相关批准证明文件生产、进口的药品认定为假药的情况下，上述解释或许具有可行性。但上述司法解释的规定明显与《刑法》第142条之一的规定相冲突，且已废止，不能作为非法经营罪的定罪依据。2022年3月发布并实施的《最高人民法院、最高人民检察院关于办理危害药品安全刑事案件适用法律若干问题的解释》也删除了对非法经营药品以非法经营罪定罪处罚的规定。

例二：《刑法》第133条之二第1、2款分别规定："对行驶中的公共交通工具的驾驶人员使用暴力或者抢控驾驶操纵装置，干扰公共交通工具正常行驶，危及公共安全的，处一年以下有期徒刑、拘役或者管制，并处或者单处罚金。""前款规定的驾驶人员在行驶的公共交通工具上擅离职守，与他人互殴或者殴打他人，危及公共安全的，依照前款的规定处罚。"其第3款规定："有前两款行为，同时构成其他犯罪的，依照处罚较重的规定定罪处罚。"根据2019年1月8日发布并实施的《最高人民法院、最高人民检察院、公安部关于依法惩治妨害公共交通工具安全驾驶违法犯罪行为的指导意见》的规定，"乘客在公共交通工具行驶过程中，随意殴打其他乘客，追逐、辱骂他人，或者起哄闹事，妨害公共交通工具运营秩序，符合刑法第二百九十三条规定的，以寻衅滋事罪定罪处罚"。即使在《刑法修正案（十一）》施行之后，也难以认为上述规定不成立。不仅如此，乘客在公共交通工具行驶过程中，随意殴打驾驶人员，妨害公共交通工具运营秩序，情节恶劣的，也成立寻衅滋事罪。亦即，根据《刑法》第293条的规定，行为人随意殴打驾驶人员，妨害公共交通工具运营秩序，情节恶劣的，原本就成立寻衅滋事罪。这似乎意味着，即使对行驶中的公共交通工具的驾驶人员使用暴力，且不危及公共安全，也可能成立更重的寻衅滋事罪，因而说明"有前款行为"是指仅有前款的客观行为。但在本书看来，这一说明也难以成立。

一方面，上述行为成立寻衅滋事罪，并非仅因行为人对他人使用暴力，而是由于行为人随意殴打驾驶人员，妨害公共交通工具运营秩序，情节恶劣。这不能说明"有前款行为"仅指有前款客观行为。在这种情形下，如果行为并不危及公共安全，则不可能引用《刑法》第133条之二，也不需要比较法定刑的轻重。因为如前所述，既然不符合《刑法》第133条之二第1、2款规定的成立条件，比较法定刑就没有意义。

另一方面，如果行为人随意殴打驾驶人员，妨害公共交通工具运营秩序，情节恶劣，同时危及公共安全，则应认定为想象竞合，说明行为人的一个行为构成数罪，只是从一重罪处罚。这说明，"有前款行为"是指构成前款犯罪。

由上可见，虽然刑法分则中的"犯前款罪"可能仅指行为符合前款罪的客观构成要件或成立犯罪的部分条件，但"有前款行为"反而是指符合前款犯罪的全部成立条件。这似乎难以被人接受。其实，这是由其后的"依照处罚较重的规定定罪处罚"所决定的：只有当行为同时构成两个以上的犯罪时，才能适用这一规定；如若一个行为虽然是甲罪的客观行为，但不符合其他条件，并不构成甲罪，但仅构成乙罪，就不可能适用这一规定。批评立法者的用语不当或许是可以的，① 但这充分说明，单纯对刑法条文作出平义解释，往往不可能得出妥当结论。

2. "同时构成其他犯罪"

应当认为，"同时构成其他犯罪"，是指前款行为同时构成其他犯罪。这主要存在两种情形：其一是前款行为同时完全符合另一较重犯罪的全部成立条件，例如，高空抛物行为完全符合了故意杀人罪的犯罪构成的情形。这一情形一般属于想象竞合。其二是前款行为同时是另一较重构成要件事实的重要组成部分。例如，使用伪造的身份证件骗领信用卡时，使用伪造的身份证件的行为，就是妨害信用卡管理罪（骗领信用卡）的构成要件事实的一部分。这种情形一般属于牵连犯（但也不排除想象竞合）。

一方面，从相关法条的表述来看，"同时构成其他犯罪"，一般不是指除前款行为外，另有其他行为（前款行为之外的行为）同时构成其他犯罪的情形。前述《刑法》第229条第2款与第399条第4款的表述就说明了这一点。另一方面，如果认为"同时构成其他犯罪"包括前款行为之外的其他行为另外构成其他犯罪的情形，则这一规定既无必要性，也无合理性。倘若要作出这样的规定，则对所有个罪都必须作出这样的规定。反过来说，只有当"有前款行为"，同时又有此外的行为触犯其他犯罪，却不实行并罚、仅从一重罪处罚时，才有作出特

---

① 如应当将"有前款行为"改为"犯前款罪"。但如前所述，"犯前款罪"也具有不同含义。此外，"犯前款罪，同时构成其他犯罪"的表述也并不顺畅。

别规定的必要（如《刑法》第229条第2款与第399条第4款）。尽管如此，仍然有两个法条的规定值得探讨。

其一，《刑法》第120条之二第1款规定了准备实施恐怖活动罪，其第2款规定："有前款行为，同时构成其他犯罪的，依照处罚较重的规定定罪处罚。"以本条第1款第1项规定的"为实施恐怖活动准备凶器、危险物品或者其他工具"的行为为例。倘若行为人为实施恐怖活动非法购买、运输、储存了爆炸物，则该一个行为同时触犯了准备实施恐怖活动罪与非法买卖、运输、储存爆炸物罪，属于典型的想象竞合。对此，应适用其第2款的规定，依照处罚较重的规定定罪处罚。

问题是，如果行为人为实施恐怖犯罪准备了爆炸物，然后又利用所准备的全部爆炸物实施了爆炸行为的，应当如何处理？如果仔细分析，就会发现其中存在多种情形与可能性。例如，如果从预备到既遂，则属于包括的一罪中的共罚的事前行为（或发展犯），应按既遂犯处罚。[1] 例如，对从杀人预备到着手杀人再到杀人既遂的，仅认定为故意杀人既遂，既不是想象竞合与牵连犯，更不会实行数罪并罚。其中，相对于杀人既遂而言，之前的杀人未遂，就属于共罚的事前行为。相对于杀人未遂，之前的杀人预备，也属于共罚的事前行为。但是，难以用共罚的事前行为解释上述问题。因为在共罚的事前行为中，都是既遂犯吸收预备犯与未遂犯。可是，倘若爆炸行为没有造成严重后果，对爆炸罪适用的法定刑是"三年以上十年以下有期徒刑"，姑且将非法买卖、运输、储存爆炸物罪搁置一边，准备实施恐怖活动罪的最高刑却是15年有期徒刑。所以，在这种情形下，不可能作为共罚的事前行为处理。反之，倘若仅以准备实施恐怖活动罪处罚，却不同时处罚爆炸罪，则明显不当。再如，如果为实施恐怖活动而准备的危险物品只有一部分用于实施爆炸罪，则没有理由不实行数罪并罚，而不是仅适用处罚较重的规定。既然如此，如果为实施恐怖活动而准备的危险物品全部用于实施爆炸罪，则更应实行数罪并罚。又如，如果为实施恐怖活动实施了爆炸以外的其他准备行为，后来又实施了爆炸罪的，显然应当数罪并罚。[2] 由此看来，不应当认为《刑法》第120条之二第2款规定中的"同时构成其他犯罪"包括前款行为之外的其他行为同时构成其他犯罪，只要解释为前款行为本身构成其他犯罪的情形即可，否则，会导致诸多不协调。

---

[1] 参见［日］山口厚：《刑法总论》（第3版），有斐阁2016年版，第401页；［日］松原芳博：《刑法总论》（第2版），日本评论社2017年版，第473~474页。

[2] 在普通犯罪的情形下，准备危险物品进而实施爆炸行为的，通常属于包括的一罪（发展犯），从一重罪论处；但在恐怖犯罪的情形下，由于刑法分则存在预备犯的正犯化特别规定，对相同行为实行数罪并罚，与前一种情形的处理并无矛盾而且协调一致。

其二，《刑法修正案（十一）》增加的第 280 条之二第 1、2 款分别规定："盗用、冒用他人身份，顶替他人取得的高等学历教育入学资格、公务员录用资格、就业安置待遇的，处三年以下有期徒刑、拘役或者管制，并处罚金。""组织、指使他人实施前款行为的，依照前款的规定从重处罚。"其第 3 款规定："国家工作人员有前两款行为，又构成其他犯罪的，依照数罪并罚的规定处罚。"可以肯定的是，如果仅有前两款行为，又构成其他犯罪，充其量仅成立想象竞合或者牵连犯，但其第 3 款却规定"依照数罪并罚的规定处罚"。这似乎意味着"又构成其他犯罪"是指前两款行为之外的行为又构成其他犯罪，而且只有这样理解才符合罪数原理。但是，法条并没有像《刑法》第 229 条第 2 款和第 399 条第 4 款那样，规定前两款行为之外另有其他行为，所以，数罪并罚的根据何在，不无疑问。

大体而言，对《刑法》第 280 条之二第 3 款规定的理解，可能存在如下主张：（1）不管是法条竞合还是包括的一罪、科刑的一罪，均实行数罪并罚；（2）除法条竞合外，对包括的一罪、科刑的一罪均实行数罪并罚；（3）仅指对科刑的一罪实行数罪并罚；（4）仅指对科刑的一罪中的想象竞合实行数罪并罚；（5）仅指对科刑的一罪中的牵连犯实行数罪并罚；（6）仅对有数行为触犯数罪名的情形实行数罪并罚。

在本书看来，上述第（1）（2）种主张明显不当，因为对法条竞合、包括的一罪无论如何都不应当实行数罪并罚。第（3）（4）种主张也缺乏合理性，因为对于只有一个行为的想象竞合按数罪并罚处理，不符合罪数的基本原理。有学者指出："对新增的第 280 条之二第 3 款最合理的理解是，该条款是立法者为实现'从严惩治'目的而创设的，对国家工作人员构成该罪与其他犯罪的想象竞合时特别适用数罪并罚加以处置的法律拟制条款。"[1] 可是，倘若说对只有一个行为的想象竞合可以实行数罪并罚，对有两个行为的牵连犯更有理由实行数罪并罚。第（5）种观点似乎具有一定的道理，但也存在疑问。例如，可能有人认为，牵连犯在一般情况下并不实行数罪并罚，《刑法》第 280 条之二第 3 款对本罪的牵连犯作出了实行数罪并罚的明确规定，该条款对冒名顶替罪的牵连犯的处理规定，要求行为主体具有"国家工作人员"的身份，这意味着在成立本罪牵连犯但不具有这种身份的情况下，仍应按照"从一重罪从重处罚"的原则作出处理。不可否认的是，犯冒名顶替罪一般要实施使用虚假身份证件等手段行为，因而会同时触犯其他罪名，存在牵连犯的情形。对原本的牵连犯实行并罚，在刑法分则

---

① 王彦强：《〈刑法修正案（十一）〉中竞合条款的理解与适用》，《政治与法律》2021 年第 4 期。

中似乎也有先例。① 但在本书看来，如果形式上属于牵连犯，但刑法分则规定实行数罪并罚时，就不必归入牵连犯。② 换言之，如果刑法分则规定实行数罪并罚，就意味着从立法上否认了客观的、类型的牵连关系。此外，将上述情形归入牵连犯，导致国家工作人员与一般人实施相同行为时，分别实行数罪并罚与从一重罪处罚。但这种单纯由身份决定是否实行数罪并罚的观点，并不具有合理根据。总之，当行为人实施的前款行为（冒名顶替罪）本身构成其他犯罪时，没有理由实行数罪并罚（缺乏拟制为数罪的根据与合理性），只能按科刑的一罪从一重罪处罚。

反过来说，只有当行为人在冒名顶替罪之外另实施的其他行为构成其他犯罪时，才能实行数罪并罚。立法机关工作人员指出："从相关案件可见，冒名顶替行为涉及的环节和行为较多，可能涉嫌多个罪名。如国家机关工作人员在招收公务员、学生工作中徇私舞弊的，可能构成刑法第四百一十八条'招收公务员、学生徇私舞弊罪'；存在行贿、受贿等腐败行为的，可能涉嫌刑法第一百六十三条'非国家工作人员受贿罪'、第一百六十四条'对非国家工作人员行贿罪'、第三百八十五条'受贿罪'、第三百八十九条'行贿罪'等；存在伪造学籍档案、公文、证件、印章等行为的，可能涉嫌刑法第二百八十条'伪造、变造、买卖国家机关公文、证件、印章罪''伪造、变造、买卖身份证罪'；存在截留、隐藏他人录取通知书的，可能涉嫌刑法第二百五十二条'侵犯通信自由罪'、第二百五十三条'私自开拆、隐匿、毁弃邮件、电报罪'；泄露考生相关信息、篡改考生电子数据信息等行为的，可能涉嫌刑法第二百五十三条之一'侵犯公民个人信息罪'、第二百八十五条'非法侵入计算机信息系统罪''非法获取计算机信息系统数据罪'、第二百八十六条'破坏计算机信息系统罪'等。对此，本款明确，国家工作人员实施本条前两款行为，又构成其他犯罪的，依照数罪并罚的规定处罚。"③ 不难看出，以上所列举的基本上都是前款行为之外的其他行为构成其他犯罪的情形。例如，即使是国家机关工作人员组织、指使他人盗用、冒用他人身份，顶替他人取得的高等学历教育入学资格、公务员录用资格、就业安置待遇，但如果没有另外利用职务上的便利在招收公务员、学生工作中徇私舞弊，原本仅成立冒名顶替罪，而不可能直接构成招收公务员、学生徇私舞弊罪。虽然也可能

---

① 例如，《刑法》第 157 条第 2 款规定："以暴力、威胁方法抗拒缉私的，以走私罪和本法第二百七十七条规定的阻碍国家机关工作人员依法执行职务罪，依照数罪并罚的规定处罚。"不过，严格地说，本款规定的情形并不具有客观的、类型的牵连犯。

② 参见张明楷：《刑法学》（第六版）（上），法律出版社 2021 年版，第 652 页。

③ 许永安主编：《中华人民共和国刑法修正案（十一）解读》，中国法制出版社 2021 年版，第 299~300 页。

存在类似牵连犯的情形，但未必具有客观的、类型性的牵连关系。既然如此，就可以将《刑法》第 280 条之二第 3 款中的"又构成其他犯罪"，例外地理解为前两款行为之外的其他行为又构成其他犯罪，因而实行数罪并罚。于是，不管行为主体是不是国家工作人员，只要冒名顶替行为之外的行为又构成其他犯罪，就实行数罪并罚。如果一个行为触犯两个罪名，就不应当实行数罪并罚。例如，国家机关工作人员利用职务之便，在招录工作中违规操作，帮助他人冒名顶替，同时构成滥用职权罪与冒名顶替罪的，属于想象竞合，不应当数罪并罚。在这种场合，国家机关工作人员的行为必然符合徇私舞弊的特征，因而适用《刑法》第397 条第 2 款的法定刑，不会导致处罚过轻。

基于上述观点与理由，可以认为《刑法》第 280 条之二第 3 款只是一项注意规定。亦即，不管是国家工作人员还是其他行为主体，犯前两款行为，同时又有其他行为构成其他犯罪的，均应依照数罪并罚的规定处罚；如果前两款行为本身又构成其他犯罪的，则按科刑的一罪（想象竞合）处理。

（四）"依照处罚较重的规定定罪处罚"的司法适用

如前所述，"依照处罚较重的规定定罪处罚"主要是对想象竞合、牵连犯的规定，问题是，如何说明对想象竞合、牵连犯认定为数罪但仅按重罪处罚的观点符合"依照处罚较重的规定定罪处罚"的规定。因为"依照处罚较重的规定定罪处罚"这一表述，容易使人以为仅认定为一个重罪，而不认定轻罪。那么，在对想象竞合、牵连犯"依照处罚较重的规定定罪处罚"时，是否只能认定为一个重罪？本书持否定回答。

既然行为"同时构成其他犯罪"，就表明行为并非仅构成一个重罪。一方面，检察官与法官在"依照处罚较重的规定定罪处罚"时，必须确定哪一个罪是较重的犯罪，即比较此罪与彼罪的轻重，这便肯定了行为同时构成数罪。另一方面，在确定了处罚较重的犯罪之后，对一个重罪的评价并不能当然包括对另一轻罪的评价。所以，起诉书与判决书必须写明行为构成哪些犯罪（实现想象竞合、牵连犯的明示机能），否则既不能说服被告人，也不可能"依照处罚较重的规定定罪处罚"。更为重要的是，起诉书与判决书不可能既肯定行为构成数罪，又否认较轻犯罪的成立。例如，当高空抛物行为同时构成故意杀人罪，最终按故意杀人罪处罚时，不可能因此否认行为人的行为构成高空抛物罪。否则，就会使行为人与一般人误认为，高空抛物致人死亡才成立犯罪，而所成立的犯罪却不是高空抛物罪。这显然不合适。因此，所谓"依照处罚较重的规定定罪处罚"，是指检察官、法官在起诉书与判决书中认定、说明行为同时构成数罪，但由于两个行为属于科刑的一罪，而仅按照行为所构成的较重犯罪选择法定刑。例如，《刑法》第 287 条之二第 1、2 款针对自然人与单位规定了帮助信息网络犯罪活动罪的构成要件与法定刑，其第 3 款规定："有前两款行为，同时构成其他犯罪的，依照处罚较重的规定定罪处罚。"以行为同时构成诈骗罪为例，可作如下理解与适用：行为人帮助他人实施信息网络犯罪，同时构成了诈骗罪，故应认定行为同时构成帮助信息网络犯罪活动罪与诈骗罪，即认定为数罪；由于只有一个行为，不能实行数罪并罚，所以要确定哪一个罪是处罚较重的罪；由于诈骗罪是处罚较重的罪，所以最终要按诈骗罪处罚（从一重罪处罚）。概言之，就科刑的一罪而言，"依照处罚较重的规定定罪处罚"，是指在定罪时认定为数罪，在量刑时仅依照处罚较重的规定处罚。

当然，当"依照处罚较重的规定定罪处罚"属于对包括的一罪的规定时，则可以仅认定为一个重罪。因为在包括的一罪的场合，仅认定为一罪就能包括地评价另一轻罪，故不宜认定为数罪。例如，行为人未取得药品相关批准证明文件生产、进口的药品属于假药或者明知是上述药品而销售，对人体健康造成严重危害的，就只需要以生产、销售假药罪论处。

五、分则与总则的协调

只要分则不存在特别或者例外规定，在解释分则时，就必须始终注意并实现分则与总则的协调，对分则的解释不得违反总则的规定。下面联系几例来讨论。

（一）分则责任形式与总则责任形式的协调

刑法总则将故意分为直接故意与间接故意，同时将过失分为疏忽大意的过失与过于自信的过失。因此，间接故意与过于自信的过失是两种不同的责任形式。而且，刑法总则以处罚故意犯罪为原则，以处罚过失犯罪为例外。既然如此，解释者就不能认为，分则规定的某种犯罪既可以由间接故意构成，也可以由过失构成。这是因为，第一，除了刑法分则有明文规定之外，一种犯罪要么是故意，要么是过失，不可能既可以是故意，也可以是过失。所以，认为一个犯罪的责任形式同时包括过失与间接故意的观点，不符合刑法总则的规定。第二，既然间接故意也构成犯罪，直接故意更能构成犯罪；显然，某种犯罪只能出于间接故意而不能出于直接故意的观点，是难以被人接受的。其实，认为某种犯罪只能是间接故意与过失而不能是直接故意的解释者，只是根据自己所掌握的有限事实得出了上述结论，而没有考虑总则规定，因而混淆了事实与规范的关系。第三，如果说就同一行为而言，间接故意实施时构成此罪，直接故意实施时构成彼罪，则明显违反总则规定。因为总则条文明显将直接故意与间接故意规定为故意的两种表现形式，并没有承认它们之间的性质区别。第四，如果认为，间接故意与过于自信的过失合并为一种责任形式具有合理性，无论正确与否，都只是一种立法论上的建议。在刑法没有接受这种建议时，不能直接根据这种建议解释刑法分则所规定的具体犯罪的责任形式。①

（二）分则中的明知与总则中的明知的协调

刑法总则规定犯罪故意的认识因素是"明知"自己的行为会发生危害社会的结果；刑法分则某些条文对犯罪规定了"明知"的特定内容。这两种"明知"既有联系又有区别。刑法总则上的"明知"是故意的一般构成因素，刑法分则上的"明知"是故意的特定构成因素；只有具备分则中的"明知"，才能产生总则中的"明知"；但分则中的"明知"不等于总则中的"明知"，只是总则中的"明知"的前提。② 也可以说，分则中的"明知"只是总则中的"明知"的一部分。例如，《刑法》第 312 条规定的有关赃物的犯罪，以行为人明知是犯罪所得及其收益为成立条件。行为人明知是犯罪所得，然后才能明知自己行为的危害性质与危害结果；如果不明知是犯罪所得，则不可能明知自己行为的危害性质与危害结果；如果行为人明知可能是犯罪所得，则意味着行为人明知自己的行为可能是窝藏、收购、转移或代为销售犯罪所得的行为，明知自己的行为可能产生妨害司法活动的危害结果，倘若行为人放任该结果的发生，便成立间接故意。显然，分则中的"明知"既不是总则中的"明知"的全部内容，更不可能等同于完整的故意。由于分则中的"明知"其实只是总则中的"明知"的部分内容，故应当认为，分则中的"明知"只是总则中的"明知"的注意规定。因此，当分则规定以"明知"为要件时，也不排除间接故意的可能性。

当然，分则中的明知与总则中的明知的协调，并不意味着一个犯罪存在两种故意，而是说，对具体犯罪的故意内容的确定必须同时符合总则的规定，而不能违反总则的规定。例如，《刑法》第 171 条第 1 款前段规定，"出售、购买伪造的货币或者明知是伪造的货币而运输，数额较大的，处三年以下有期徒刑或者拘役，并处二万元以上二十万元以下罚金"。不可能根据本规定的字面含义认为，出售、购买假币成立犯罪的，不需要明知是伪造的货币。因为这一解释并不符合总则关于故意的规定，而是违反了总则的规定。反过来说，只要以总则为指导确定出售、购买假币罪的故意内容，就会要求行为人明知是伪造的货币。反过来说，当分则具体规定了必须明知的内容时，如果行为人并不明知，就表明行为人的主观心理状态不可能符合刑法总则关于故意的规定。

一种观点认为，分则中的"明知"都是主观的超过要素，即不需要与之对

① 刑法理论普遍存在将解释论与立法论相混同的现象，这是应当克服的。因为解释论必须以现行刑法为依据，而立法论则完全可以否认现行刑法的规定；如果将二者混同，就可能出现违反罪刑法定原则的局面。

② 参见郑健才：《刑法总则》（修订再版），三民书局 1982 年版，第 6 页。

应的客观事实，是对特定事实认识的强调。① 但本书认为，这一观点存在误解。例如，《刑法》第 172 条前段规定，"明知是伪造的货币而持有、使用，数额较大的，处三年以下有期徒刑或者拘役，并处或者单处一万元以上十万元以下罚金"。其中的"明知"不可能是主观的超过要素，必须存在与之对应的客观事实，即行为人客观上持有、使用了伪造的货币；如果客观上没有持有、使用伪造的货币，就不可能因为行为人的"明知"而成立本罪。如果货币的虚伪性是主观的超过要素，那么即便是持有真实货币的行为，只要主观上误认为是假币，也能构成本罪的既遂，这是不可想象的。在客观上持有、使用了伪造的货币的前提下，行为人明知是伪造的货币，才具备本罪的故意内容。

　　不管是总则中的"明知"还是分则中的"明知"，都是一种现实的认识，而不是认识的可能性，即"明知"是指行为人已经知道某种事实的存在或者可能存在（如明知自己窝藏的是犯罪所得或者可能是犯罪所得），而不包括应当知道某种事实的存在（不包括应当知道是犯罪所得），否则便混淆了故意与过失。但有些司法解释却将"应当知道"解释为"明知"，这是存在疑问的。例如，《刑法》第 145 条规定，"销售明知是不符合保障人体健康的国家标准、行业标准的医疗器械、医用卫生材料，足以严重危害人体健康的"，是犯罪行为。2001 年 4 月 9 日发布的《最高人民法院、最高人民检察院关于办理生产、销售伪劣商品刑事案件具体应用法律若干问题的解释》第 6 条第 4 款指出："医疗机构或者个人，知道或者应当知道是不符合保障人体健康的国家标准、行业标准的医疗器械、医用卫生材料而购买、使用，对人体健康造成严重危害的，以销售不符合标准的医用器材罪定罪处罚。"再如，2000 年 11 月 22 日实施的《最高人民法院关于审理破坏森林资源刑事案件具体应用法律若干问题的解释》指出：《刑法》第 345 条规定的非法收购明知是盗伐、滥伐的林木中的"明知"，是指知道或者应当知道。如果认为将"明知"解释为"知道与应当知道"属于扩大解释，那么，就需要进一步考虑，这种解释与刑法的相关条文、整体精神是否协调。如果得出否定结论，就必须否定这种扩大解释。从《刑法》总则第 14 条、第 15 条关于故意犯罪与过失犯罪的规定来看，"明知"表明的是故意心理，"应当知道"反映的是一种过失心理。从事实上看，"明知"是一种现实的认识；"应当知道"，只是具有明知的可能性，而并没有现实的认识。刑法没有明文规定过失可以构成的犯罪，只能由故意构成；换言之，当根据总则原理以及分则规定，某种犯罪要求行为人明知符合构成要件的事实时，该犯罪属于故意犯罪，过失不可能成立该罪。如果将该故意犯罪解释为包含过失犯罪，则违反罪刑法定原则。所以，将"明

---

① 参见刘艳红：《洗钱罪删除"明知"要件后的理解与适用》，《当代法学》2021 年第 4 期。

知"解释为"知道与应当知道"，便是将故意犯罪解释为包含故意犯罪与过失犯罪，明显违反罪刑法定原则。如果要对上述司法解释的内容进行妥当解释，则应当认为，上述司法解释所规定的"应当知道"，是指根据事实推定行为人明知。不过，根据客观事实推定行为人明知时，就可以认定行为人已经明知，即已经具有现实的认识，而不能视为"应当知道"。更不能认为，只要行为人具备明知的可能性，就可以一概地推定行为人已经明知，推定必须符合证据法上认定行为人明知特定事实的证明标准。因为推定方法是"从被告已经实施了违禁行为的事实中，推断出被告是自觉犯罪或具有犯罪意图，如果被告未作任何辩解，推断通常成立"①。换言之，推定是根据客观事实推断行为人心理状态，客观事实正是检验行为人心理状态的根据；通过运用证据而得出结论与通过推定而得出结论之间没有本质区别，只有一定程度上的区别。在这个意义上，司法解释关于"应当知道"的规定只是关于证据和证明的注意规定，不能理解为将过失与故意同视，更不能理解为只要具备过失就能成立某些故意犯罪。

（三）监督过失与疏忽大意过失、过于自信过失的协调

由于业务及其他社会生活上的关系，在特定的人与人之间、人与物之间形成了一种监督与被监督关系。监督者对被监督者的行为，在事前要进行教育、指导、指示、指挥，在事中要进行监督，在事后要进行检查；对自己所管理的事项，要确立安全的管理体制。进行这种监督与管理，是监督者的义务或职责。如果监督者不履行或者不正确履行自己的监督或者管理义务，导致被监督者产生过失行为引起了危害结果，或者由于没有确立安全管理体制，而导致危害结果发生，则监督者主观上对该危害结果就具有监督过失。监督过失可以分为两种类型：一是因缺乏对被监督者的行为的监督所构成的狭义的监督过失；二是由于没有确立安全管理体制所构成的管理过失。

在狭义的监督过失中，存在着被监督者的过失行为（也可能是意外事件），即被监督者的过失行为直接造成了危害结果的发生，但监督者对被监督者的行为负有监督义务，即有义务防止被监督者产生过失行为，却没有履行这种义务，从而导致了危害结果的发生。例如，在外科手术时，医生对护士的行为有监督义务，如果因护士的过失导致事故的发生，医生同样应对这种事故承担监督过失的责任。由此可见，狭义的监督过失实际上一般是二人以上的过失竞合，即被监督者的一般过失与监督者的监督过失竞合在一起导致了结果的发生。在管理过失中，行为人因为过失没有采取必要的防范措施，或者没有指示他人采取防范措

---

① ［英］鲁珀特·克罗斯、菲利普·A.琼斯著，理查德·卡德修订：《英国刑法导论》，中国人民大学出版社1991年版，第56页。

施，导致了危害结果的发生，或者由于自然原因或第三者的意外事件导致了危害结果的发生。例如，驾校教练在教授学员进行倒桩训练时，只是上车做两次示范动作，然后便下车离开，让学员自己练习，学员导致他人死亡的，教练成立过失犯罪。① 再如，工厂负责人随意决定将贵重设备堆放在露天，由于雷电起火而烧毁了设备。该负责人主观上就存在没有确立安全管理体制的管理过失。

监督过失并不是独立于疏忽大意过失与过于自信过失之外的一种过失，相反，监督过失仍然具有刑法所规定的过失的基本特征。（1）狭义的监督过失与疏忽大意的过失。在一般疏忽大意过失的情况下，行为人应当预见自己的行为可能直接造成危害社会的结果，因为疏忽大意而没有预见，即自己的行为→危害结果。在监督过失的情况下，监督者应当预见自己不履行或者不正确履行监督义务的行为可能引起被监督者的过失行为，从而发生危害结果，因为疏忽大意而没有预见。这里存在一个中间项（被监督者的过失行为），即自己的行为→中间项→危害结果。事实上二者没有本质区别。（2）狭义的监督过失与过于自信的过失。在一般的过于自信过失的情况下，行为人往往因为轻信自己的技术、经验等而轻信能够避免结果的发生；在监督过失的情况下，监督者是轻信了被监督者不会有过失行为，这也符合过于自信过失的特征。（3）管理过失与一般过失。在管理过失的情况下，监督人应当预见自己没有确立安全管理体制的行为，可能造成危害结果，或者可能由于自然因素或第三者的意外行为导致危害结果发生，因为疏忽大意而没有预见，或者已经预见而轻信能够避免。行为人可能轻信自己所确立的管理体制是安全的，也可能轻信不会有自然因素与第三者的意外行为造成危害结果。

（四）对向犯的处罚范围与总则的共同犯罪规定的协调

对向犯，是指以存在二人以上相互对向的行为为要件的犯罪。贿赂罪是其适例。刑法规定的对向犯分四种情况：一是双方的罪名与法定刑相同，如重婚罪；二是双方的罪名不同但法定刑相同，如出售、购买假币罪，出售者的行为成立出售假币罪，购买者的行为成立购买假币罪，但二者的法定刑相同；三是双方的罪名与法定刑都不同，如贿赂罪中的行贿与受贿；四是只处罚一方的行为，如贩卖淫秽物品牟利罪，只处罚贩卖者，不处罚购买者。② 问题是，在第四种情况下能否直接根据刑法总则的规定将购买者作为共犯处理？国外刑法理论对此存在激烈

---

① 参见孟焕良、胡育萍：《杭州一驾校教练被控过失致人死亡》，《人民法院报》2016 年 6 月 23 日，第 3 版。

② 第四种情况并不是共同犯罪，称为对向"犯"并不合适，但这种犯罪以存在购买方的行为为要件，故刑法理论仍然称之为对向犯。事实上，前三种对向犯也不必然构成共同犯罪，但人们均认为它们是对向犯（参见［日］大塚仁：《刑法概说（总论）》（第 4 版），有斐阁 2008 年版，第 275 页）。

争论。

立法者意思说认为，在具有对向犯性质的 A、B 两个行为中，立法者仅将 A 行为作为犯罪类型予以规定时，当然预想到了 B 行为，既然立法者没有规定处罚 B 行为，就表明立法者认为 B 行为不可罚。如果将 B 行为以教唆犯或帮助犯论处，则不符合立法意图。在立法者意思说看来，B 行为之所以不可罚，是考虑其对向性的参与行为的定型性、通常性；因此，如果参与行为超出了定型性、通常性的程度，就应以教唆犯、帮助犯论处。① 例如，购买淫秽物品的人即使主动请求卖主出售给自己，也不构成教唆犯与帮助犯。但是，如果对方原本不出售淫秽物品，而购买者积极地推动对方，劝导其出售淫秽物品给自己，则成立教唆犯。

实质说主张个别地、实质地说明片面的对向犯的参与行为的不可罚性。一方面，当处罚规定以保护实施参与行为的被害人为目的时，参与行为由于缺乏违法性而不可罚。例如，即使甲唆使乙杀害甲，对甲也不能认定为故意杀人罪的教唆犯，因为甲对自己不可能成立故意杀人罪。另一方面，参与者不具备有责性时不可罚。例如，犯人毁灭证据的行为，也侵犯了国家的司法作用，因而具有违法性，但刑法不处罚该行为，是因为行为人不具有期待可能性。所以，犯人教唆他人为自己毁灭证据、教唆他人窝藏自己的，也因为不具有期待可能性而不可罚。② 但是，这种学说难以解决上述购买淫秽物品的行为是否成立共犯的问题。

可罚的规范目的说认为，不处罚片面的对向犯的一方的参与行为，是基于犯罪论上的实质理由与处罚的必要性意义上的政策判断的。持本说的学者认为，实质说所举的缺乏违法性与缺乏责任之例，并不是完全没有违法性与责任，只是缺乏可罚的违法性与可罚的责任。将参与行为排除在构成要件之外，本来是立法性的政策的当罚性判断。不处罚片面的对向犯的一方的参与行为，是因为从规范的目的出发，基于对处罚目的的考虑和刑事政策的可罚性评价的判断而认为其不可罚。③ 这种学说提出的基准并不一定明确。

其实，实质说与可罚的规范目的说，不只是讨论必要的共犯的处罚范围问题，更多的是超出对向犯的范围讨论何种教唆行为、帮助行为不具有违法性、有责性与可罚性。本书认为，虽然立法者意思说存在基准不明确的缺陷，但这种不明确性只是表现在部分情形中。换言之，在某些场合，立法者意思说的确可以较为清晰地确定哪些必要参与行为不可罚。立法者意思说为不处罚部分对向犯的必要参与行为提供了线索，并且为我们判断处罚某种必要参与行为是否符合罪刑法

---

① 参见［日］团藤重光：《刑法纲要总论》（第 3 版），创文社 1990 年版，第 431~432 页。

② 参见［日］西田典之：《必要的共犯》，载阿部纯二等编：《刑法基本讲座》第 4 卷，法学书院 1992 年版，第 266~267 页。

③ 参见［日］山中敬一：《刑法总论》（第 3 版），成文堂 2015 年版，第 839 页。

定原则、罪刑相适应原则提供了体系解释的依据。例如，刑法分则中有的法条对必要参与行为规定了与正犯相同的法定刑，有的法条却规定了明显轻于正犯的法定刑，有的法条仅规定处罚部分必要参与行为，有的法条则没有规定处罚必要参与行为。倘若可以按照共犯处罚一切必要参与行为（从轻、减轻乃至免予刑罚处罚），为什么法条会针对部分参与行为规定明显轻于正犯的法定刑？为什么会规定仅处罚部分参与行为？立法者意思说不是要求我们考虑立法者的原意，而是要求我们考虑刑法的真实含义，考虑立法精神。立法者意思说实际上要求我们考虑法条之间的协调关系，实现刑法的公平正义。此外，犯罪的实体是违法与责任，对是否处罚必要参与行为，只能从违法与责任这两个方面寻找实质理由。其一，必要参与行为不具有违法性时，不得予以处罚；其二，必要参与人没有责任时，即使在不法层面构成共犯，也不得予以处罚；其三，虽然必要参与行为具有违法性与有责性，但由于违法与责任较轻或者减轻，因而不值得科处刑罚。前两种实质理由容易理解，后一种则是可罚的规范目的说的内容。由于刑法分则条文的规定错综复杂，又由于不同犯罪中的必要参与行为的违法与责任程度不完全相同，所以，既可能以立法者意思说限制实质说的处罚结论，也可能以实质说限制立法者意思说的处罚结论。①

在《刑法修正案（九）》颁行之前，《刑法》第 280 条并没有规定处罚买卖身份证件的行为。但司法实践中，却将购买伪造的居民身份证的行为认定为伪造居民身份证罪的共犯。这种做法的理由往往是，购买人提供了照片，预付了现金，而照片是伪造居民身份证不可缺少的要素，预付的现金实际上是伪造居民身份证所需的成本，故购买人客观上为伪造者提供了帮助；此外行为人主观上也具有伪造居民身份证的共同故意。因此，完全具有伪造居民身份证罪的共同行为与共同故意。但是，如此片面和形式地理解共同犯罪的成立条件并不合适。在认定疑难共同犯罪案件时，既要考察行为是否符合共同犯罪的成立条件，还要考虑刑法的相关规定以及行为的基本性质。犯罪是有定型的，同样，部分非罪行为也是有定型的；如果行为符合非罪的定型，就不能认定为犯罪。应当肯定的是，刑法并不处罚购买伪造的居民身份证的行为，即刑法分则并未明文规定购买伪造的居民身份证的行为成立犯罪；相反，《居民身份证法》第 17 条明文规定，对"购买、出售、使用伪造、变造的居民身份证的"，只能"由公安机关处二百元以上一千元以下罚款，或者处十日以下拘留，有违法所得的，没收违法所得"。提供照片、预付现金等只是购买伪造的居民身份证不可缺少的行为，易言之，提供照片与预付现金，没有超出购买伪造的居民身份证的行为范围，既然如此，就不宜

---

① 参见张明楷：《对向犯中必要参与行为的处罚范围》，《比较法研究》2019 年第 5 期。

认定为犯罪。例如，购买淫秽物品的行为不成立犯罪；倘若有人贩卖淫秽物品，那么，只要购买淫秽物品者的行为没有超出购买的范围，其无论如何（如预付现金、告诉住址让贩卖者送货上门等）也不能被认定为贩卖淫秽物品牟利罪的共犯。否则便导致刑法的不协调，损害刑法的公平正义性。因为一般来说，伪造行为的危害程度远远重于购买行为。如伪造增值税发票的行为，在《刑法修正案（八）》之前最高刑为死刑，经《刑法修正案（八）》修改后最高刑为无期徒刑，而购买伪造的增值税发票的行为，最高刑为 5 年有期徒刑。所以，即使刑法处罚某些购买伪造的物品的行为，其法定刑也远远低于伪造行为的法定刑。而在刑法没有规定处罚购买伪造的居民身份证的情况下，上述做法使购买行为与伪造行为相提并论，这就形成了不公平局面。《刑法修正案（九）》在《刑法》第 280 条第 3 款中增加规定了"买卖"身份证件的行为，就表明司法机关以往的做法缺乏法律根据。

前述 2001 年 4 月 9 日发布的《最高人民法院、最高人民检察院关于办理生产、销售伪劣商品刑事案件具体应用法律若干问题的解释》第 6 条的规定，在这一方面也存在疑问。既然《刑法》第 145 条规定的是生产、销售不符合标准的医用器材罪，那么，购买不符合标准的医用器材的行为，充其量只是销售的对向行为。由于刑法在规定销售行为时必然预想到了购买行为，并且没有明文将购买行为规定为犯罪，所以，也不能认为购买行为成立生产、销售不符合标准的医用器材罪。[①]

基于同样的理由，当刑法分则条文对多众犯只处罚部分行为人时，对没有规定的其他人也不能根据总则的规定科处刑罚。多众犯是指以多数人实施向着同一目标的行为为要件的犯罪。在我国刑法中包括聚众共同犯罪与集团共同犯罪，前者如《刑法》第 317 条第 2 款的聚众持械劫狱罪，后者如《刑法》第 120 条的组织、领导、参加恐怖组织罪。其中，有的条文规定了首要分子、积极参加者及其他参加者的法定刑；有的条文只规定了首要分子与积极参加者的法定刑。在后一种情况下，不能根据总则规定处罚其他参与行为。因为多众犯涉及的人员较多，立法者规定只处罚几种参与行为，正是为了限定处罚范围；如果另外根据总则规定处罚其他参与行为，则违反了立法精神。

（五）共同犯罪与独立犯罪的处罚协调

例如，《刑法》第 262 条之二规定："组织未成年人进行盗窃、诈骗、抢夺、敲诈勒索等违反治安管理活动的，处三年以下有期徒刑或者拘役，并处罚金；情

[①] 购买、使用不符合标准的医用器材，造成事故的，可能符合其他犯罪（如医疗事故罪）的构成要件。

节严重的，处三年以上七年以下有期徒刑，并处罚金。"对此，需要注意以下几个方面的协调关系：

第一，法条表述为"违反治安管理活动"，显然意味着不要求未成年人的行为符合刑法所规定的犯罪客观构成要件。如果认为，本条规定"违反治安管理活动"，是因为未成年人不具有刑法上的责任年龄与责任能力，其行为不可能构成犯罪，即使未成年人客观上盗窃、诈骗、抢夺、敲诈勒索数额较大或者巨大，只要其没有达到法定年龄，就必须认定为本罪，那么，就导致共同犯罪与独立犯罪处罚的不协调。换言之，如果行为人组织未成年人进行盗窃、诈骗、抢夺、敲诈勒索等犯罪活动，则必然同时触犯盗窃、诈骗、抢夺、敲诈勒索等罪的构成要件，行为人要么是相关犯罪集团的首要分子，要么是相关犯罪的教唆犯或者间接正犯，但从总体来说，盗窃、诈骗、抢夺、敲诈勒索罪的法定刑重于组织未成年人进行违反治安管理活动罪的法定刑。既然如此，就不能对盗窃、诈骗、抢夺、敲诈勒索等罪的首要分子，也仅按组织未成年人进行违反治安管理活动罪予以处罚。

第二，如上所述，法条表述为"违反治安管理活动"，只是不要求未成年人的行为符合刑法所规定的犯罪客观构成要件，而不是说未成年人的行为不得符合刑法所规定的犯罪客观构成要件。这是因为，既然组织未成年人进行盗窃、诈骗、抢夺、敲诈勒索等违反治安管理活动的行为，能够成立组织未成年人进行违反治安管理活动罪，那么，即使未成年人盗窃、诈骗、抢夺、敲诈勒索的财物数额较大，也完全符合违反治安管理活动的条件。所以，当行为人组织未成年人进行盗窃、诈骗、抢夺、敲诈勒索等活动，未成年人盗窃、诈骗、抢夺、敲诈勒索的财物数额较大或者巨大时，就属于一个行为同时触犯两个罪名的想象竞合。例如，当行为人甲组织未成年人盗窃，盗窃数额较大时，如果按盗窃罪处罚，只能适用"三年以下有期徒刑、拘役或者管制，并处或者科处罚金"的法定刑；如果认定甲的行为属于《刑法》第262条之二规定的情节严重的情形，则应依照想象竞合的原理，以组织未成年人进行违反治安管理活动罪论处。

第三，不排除组织未成年人进行盗窃、诈骗、抢夺、敲诈勒索等活动的行为，既触犯盗窃、诈骗、抢夺、敲诈勒索等罪，也触犯组织未成年人进行违反治安管理活动罪，并且应当数罪并罚或按包括的一罪处理的情形。例如，行为人既组织未成年人进行盗窃、诈骗、抢夺、敲诈勒索等违反治安管理活动，又组织未成年人进行盗窃、诈骗、抢夺、敲诈勒索等犯罪活动的，应当根据案件的具体情况，考虑量刑的均衡性，分别实行数罪并罚或者按包括的一罪处理。

再如，《刑法》第358条第1款规定了组织卖淫罪的构成要件与法定刑，其第4款规定："为组织卖淫的人招募、运送人员或者有其他协助组织他人卖淫行为的，处五年以下有期徒刑，并处罚金；情节严重的，处五年以上十年以下有期徒刑，并处罚金。"问题是，能否全面肯定组织卖淫罪的从犯？本书对此持否定回答。

首先，全面肯定组织卖淫罪的从犯，就意味着对部分组织卖淫罪的从犯可以适用《刑法》第27条的规定进而予以免除处罚，这一点恐怕与刑法对协助组织卖淫罪规定独立的法定刑不协调。亦即，刑法对协助组织卖淫罪规定的独立法定刑轻于组织卖淫罪的法定刑，一方面，这使组织卖淫罪的从犯所受到的处罚较轻，即与组织卖淫罪的主犯（包括正犯与共同正犯，下同）①　相比，事实上能够得到较轻的处罚。另一方面，刑法对协助组织卖淫罪规定独立的法定刑，就表明对协助组织卖淫罪的主犯不得免除处罚。如果全面肯定组织卖淫罪的从犯，就必然导致部分组织卖淫罪的从犯可能被免除处罚，而所谓组织卖淫罪的从犯的不法程度完全可能重于协助组织卖淫罪的主犯，后者却不可能被免除处罚。这不仅不符合刑法的基本精神，而且必然导致对组织卖淫罪的从犯的处罚与对协助组织卖淫罪的主犯的处罚不协调。

或许有人认为，本书的观点导致对协助组织卖淫罪的处罚过重。但事实上不会如此。原因在于，协助组织卖淫罪是一项独立的犯罪，对协助组织卖淫的行为并非均以正犯、共同正犯论处。如果教唆他人协助组织卖淫的行为人在协助组织卖淫的共同犯罪中起次要作用，则适用《刑法》第27条的规定，应当从轻、减轻或者免除处罚；同样，对协助组织卖淫罪中的从犯（帮助犯）、胁从犯也完全可能免除处罚。

显然，将组织卖淫案件中虽然实施了部分形式意义上的组织行为（如被组织者受雇仅安排嫖客与卖淫人员发生性关系），但并非组织卖淫罪的主犯的行为认定为协助组织卖淫罪，然后在协助组织卖淫罪中区分主犯、从犯、胁从犯，才最有利于实现量刑的合理化。②

其次，全面肯定组织卖淫罪的从犯，导致组织卖淫罪的从犯与协助组织卖淫罪的区分成为难题，不利于司法机关认定犯罪。诚然，组织行为与协助组织的行为，在用语上是可以区分的，但除了教唆犯之外，在具体案件中难以甚至不可能区分组织卖淫罪的帮助犯与协助组织卖淫罪。一方面，除了前述理由外，还因为

①　笔者认为，正犯与共同正犯是两种不同参与类型，刑法分则条文规定的均为正犯，《刑法》第26条关于主犯的规定，实际上包括了正犯与共同正犯（含实行共同正犯与共谋共同正犯）。所以，主犯实际上是指共犯与共同正犯（参见张明楷：《共犯人关系的再思考》，《法学研究》2020年第1期）。

②　只有对构成要件的实现起到了重要作用的人才可能是正犯或共同正犯，虽然实施了构成要件行为但在共同犯罪中起次要作用的人，仍然是从犯。

"组织"是一个外延相当宽泛的概念。例如，租用卖淫场地、招聘管理人员、招募卖淫人员、控制或者管理卖淫人员、招揽嫖客、管理卖淫场所、安排嫖客与卖淫人员发生性关系等行为，都可谓组织他人卖淫的行为内容。另一方面，既然是"协助组织卖淫"，所协助的当然是组织行为，但参与组织卖淫与协助组织卖淫，在日常用语中也不会存在什么区别。例如，即使将广义的组织限定为组建卖淫组织和策划、指挥卖淫活动，在现实生活中也难以区分参与组建、策划、指挥与协助组建、策划、指挥。所以，除教唆犯以外，试图从客观行为方面区分组织卖淫罪的从犯与协助组织卖淫罪，不具有可操作性。例如，一种观点指出："通常情况下，组织卖淫中的控制包括对卖淫人员的人身控制或财物控制，两者居其一即可。只有如此，方能使卖淫活动具有协调性及组织性。所谓人身控制，是指设置或变相设置卖淫场所，通过制定上下班及考勤制度、收取押金等方式，对卖淫人员在营业时间段的人身进行管理或控制；所谓财物控制，是指通过统一定价、收取嫖资、安排嫖客、对卖淫人员发放分成或工资等手段对卖淫人员的收入予以直接管理或控制。"[1] 然而，组织卖淫罪中的主犯，一般不会以自己的身体动作直接控制卖淫人员的人身与财物，而是指使、安排员工直接控制卖淫人员的人身与财物；而受指使、被安排从事控制卖淫人员的行为人，也只是协助主犯组织卖淫，而并非组织卖淫的主犯。

还有观点认为，组织卖淫罪的从犯不构成协助组织卖淫罪。因为组织卖淫罪共犯中的从犯与协助组织卖淫罪是两种不同的罪，各有其独立的犯罪构成要件。这两种罪的界限清晰，不管是理论上还是实践中，都不能混淆。对组织卖淫共犯的从犯应当按照组织卖淫罪定性，并按照他们在共同犯罪中起的作用和《刑法》第 27 条规定处刑，而决不能把组织卖淫共同犯罪中的从犯，作为协助组织卖淫罪定性处罚。[2]

但在本书看来，这种观点难以成立。其一，虽然从刑法规定方式来说，组织卖淫罪共犯中的从犯与协助组织卖淫罪是两种不同的罪，各有其独立的犯罪构成要件，但协助组织卖淫罪原本就包含了帮助犯的正犯化，也可谓从犯的主犯化，对于没有被正犯化的帮助犯，也必须适用协助组织卖淫罪的规定。既然如此，就不能将组织卖淫罪的部分从犯保留在组织卖淫罪中，将另一部分从犯归入协助组织卖淫罪。按照上述观点，对同样是在组织卖淫犯罪中起次要或者辅助作用的参与人，却适用不同的法定刑予以处罚，这可能导致处罚的不均衡。其二，从司法

---

① 　陈兵：《组织、协助组织卖淫罪相关问题实证研究》，《人民司法》2020 年第 19 期。

② 　参见孙华璞：《组织卖淫罪从犯与协助卖淫罪关系问题的研究》（下），《人民法院报》2017 年 6 月 7 日，第 6 版。

实践上说，认为组织卖淫罪的从犯与协助组织卖淫罪的界限清晰，也不符合事实。即使持上述观点的作者设立了有无共同的直接故意的区分标准，但如前所述，这种区分标准没有法律根据，也并非在任何场合都容易区分。

总之，没有必要全面肯定组织卖淫罪的从犯，对于在组织卖淫罪中起次要作用或者帮助作用的行为，均认定为协助组织卖淫罪，既不违反罪刑法定原则，也能充分实现罪刑相适应原则（因为《刑法》第358条第4款对协助组织卖淫罪所规定的法定刑并不轻）。试图全面肯定组织卖淫罪的从犯的观点，只会给司法机关徒增麻烦。

当然，对于教唆他人组织卖淫的，只能认定为组织卖淫罪，而不可能认定为协助组织卖淫罪。这是因为，教唆行为的特点是引起他人实施符合组织卖淫罪的构成要件的不法行为，不可能被评价为协助组织卖淫的行为。既然如此，就不可能将组织卖淫罪的教唆行为认定为协助组织卖淫罪。但是，这并不意味着组织卖淫罪的教唆犯均为组织卖淫罪的主犯。根据我国《刑法》第29条第1款的规定，如果教唆者在共同犯罪中起主要作用，就按主犯处罚，如果起次要作用，就按从犯处罚。所以，组织卖淫罪的教唆犯，完全可能成立组织卖淫罪的从犯，而不可能成立协助组织卖淫罪。问题是如何判断教唆者起主要作用还是起次要作用？本文的看法是，由于教唆犯以被教唆犯原本没有产生犯意为前提，所以，倘若只是引起了被教唆者实施构成要件行为的意思，那么，在此范围内各教唆犯所起的作用不会有什么区别。所以，所谓在共同犯罪中所起的作用，实际上是指在引起被教唆者实施构成要件行为的意思之外，是否就如何实施犯罪进行了共谋、被教唆犯是否按照共谋内容实施犯罪，或者是否实施了其他促进构成要件实现的行为。如果得出肯定结论，就应认为教唆者在共同犯罪中起到了主要作用，构成共谋共同正犯。①

（六）分则的再犯与总则的累犯的协调

根据《刑法》第356条的规定，因走私、贩卖、运输、制造、非法持有毒品被判过刑，又实施毒品犯罪（刑法分则第六章第七节规定之罪）的，从重处罚。这是关于再犯从重处罚的规定。不论前罪何时受处罚，不论判处何种刑罚，不论处刑轻重，对新罪一律从重处罚。这是鉴于毒品犯罪的特殊危害所作的特殊规定。需要研究的问题是：对其中符合累犯条件的，是仅适用刑法总则关于累犯的规定，还是仅适用本规定，抑或同时适用累犯规定与本规定？

最高人民法院2000年4月4日印发的《全国法院审理毒品犯罪案件工作座谈会纪要》（已废止）指出："关于同时构成再犯和累犯的被告人适用法律和量

---

① 参见张明楷：《协助组织卖淫罪的重要问题》，《中国刑事法杂志》2021年第5期。

刑的问题。对依法同时构成再犯和累犯的被告人，今后一律适用刑法第三百五十六条规定的再犯条款从重处罚，不再援引刑法关于累犯的条款。"但这一观点存在疑问。本来，《刑法》第 356 条是鉴于毒品犯罪的严重性才作出再犯规定的，如果对符合累犯条件的也仅适用该再犯规定，则意味着对符合累犯条件的毒品犯罪人仅以再犯论，因而完全可以适用缓刑、假释规定，而其他犯罪的累犯则不得适用缓刑与假释，这显然有失公允。

最高人民法院 2008 年 12 月 1 日印发的《全国部分法院审理毒品犯罪案件工作座谈会纪要》指出："对同时构成累犯和毒品再犯的被告人，应当同时引用刑法关于累犯和毒品再犯的条款从重处罚。"但是，这一规定也并非没有疑问。亦即，同时构成累犯和毒品再犯的，是否具有两个法定从重处罚情节？如果持肯定回答，显然是对一个事实进行了不利于被告人的重复评价。如果持否定回答，就意味着完全没有必要同时引用刑法总则关于累犯和分则关于毒品再犯的条款，只需要引用总则关于累犯的规定即可。因此，应当认为，对于符合累犯条件的，必须适用总则关于累犯的条款，而不再适用（引用）《刑法》第 356 条。易言之，《刑法》第 356 条应仅适用于不符合累犯条件的毒品再犯。

最高人民法院 2015 年 5 月 18 日印发的《全国法院毒品犯罪审判工作座谈会纪要》规定："对于因同一毒品犯罪前科同时构成累犯和毒品再犯的被告人，在裁判文书中应当同时引用刑法关于累犯和毒品再犯的条款，但在量刑时不得重复予以从重处罚。"可是，累犯的从重幅度一般会大于再犯，既然不得重复从重处罚，实际上就只能以累犯论处。既然如此，就没有必要引用《刑法》第 356 条。

（七）法定刑升格条件与从重处罚情节的协调

刑法分则有许多条文规定了几个档次的法定刑，其中有的条文规定了法定刑升格的具体条件，有的条文只是概括地将"情节严重"或者"情节特别严重"规定为法定刑升格的条件。至于哪些情节属于严重或者特别严重，则需要法官的正确判断。但可以肯定的是，不能将法定的从重处罚情节，归入法定刑升格的情节。否则，便明显与总则规定不协调。例如，1998 年 3 月 17 日发布并实施的《最高人民法院关于审理盗窃案件具体应用法律若干问题的解释》（已废止）指出："盗窃数额达到'数额较大'或者'数额巨大'的起点，并具有下列情形之一的，可以分别认定为'其他严重情节'或者'其他特别严重情节'：1. 犯罪集团的首要分子或者共同犯罪中情节严重的主犯；2. 盗窃金融机构的；3. 流窜作案危害严重的；4. 累犯；5. 导致被害人死亡、精神失常或者其他严重后果的；6. 盗窃救灾、抢险、防汛、优抚、扶贫、移民、救济、医疗款物，造成严重后果的；7. 盗窃生产资料，严重影响生产的；8. 造成其他重大损失的。"但是，其中的第 4 项将盗窃数额较大财物的累犯作为"严重情节"和将盗窃数额巨大财物的累犯作为"特别严重情节"的做法，值得商榷。《刑法》第65条规定，累犯从重处罚，而非加重处罚；而上述第4项内容导致对盗窃罪的累犯提高法定刑，比加重处罚有过之而无不及。因为加重只是在法定刑以上一格判处刑罚，而上述解释导致累犯在法定刑以上几格判处刑罚。例如，根据《刑法》第264条和第65条的规定，对于盗窃数额较大财物的累犯，只能在"三年以下有期徒刑、拘役或者管制，并处或者单处罚金"的法定刑幅度内从重处罚；而上述司法解释第4项规定，导致对盗窃数额较大财物的累犯，在"三年以上十年以下有期徒刑，并处罚金"的法定刑幅度内处罚。再如，根据《刑法》第264条的规定，对于盗窃数额巨大财物的累犯，应当在"三年以上十年以下有期徒刑，并处罚金"的法定刑幅度内从重处罚，而上述司法解释第4项规定，导致对盗窃数额巨大财物的累犯，在"十年以上有期徒刑或者无期徒刑，并处罚金或者没收财产"的法定刑内处罚。而且，由于刑法规定累犯应当从重处罚，法官还可以在选择了高一档法定刑后再从重处罚。应当认为，这一解释违反了刑法总则的规定，正因为如此，2013年4月2日发布的《最高人民法院、最高人民检察院关于办理盗窃刑事案件适用法律若干问题的解释》删除了上述规定。

但是，现行有效的司法解释依然存在类似的规定。例如，《刑法》第300条第1款规定："组织、利用会道门、邪教组织或者利用迷信破坏国家法律、行政法规实施的，处三年以上七年以下有期徒刑，并处罚金；情节特别严重的，处七年以上有期徒刑或者无期徒刑，并处罚金或者没收财产；情节较轻的，处三年以下有期徒刑、拘役、管制或者剥夺政治权利，并处或者单处罚金。"2017年1月25日发布的《最高人民法院、最高人民检察院关于办理组织、利用邪教组织破坏法律实施等刑事案件适用法律若干问题的解释》第2条规定："组织、利用邪教组织，破坏国家法律、行政法规实施，具有下列情形之一的，应当依照刑法第三百条第一款的规定，处3年以上7年以下有期徒刑，并处罚金：……（七）曾因从事邪教活动被追究刑事责任或者二年内受过行政处罚，又从事邪教活动的……"这一规定实际上将累犯以及不构成累犯的情形，提升为法定刑升格的条件。难以认为这样的规定与总则关于累犯的规定相协调。

第三章 "……的，" 与 "处……。"

一、"……的，处……。" 表述罪刑规范

刑法分则各本条（规定具体犯罪与法定刑的条文）的表述方式，均为"……的，处……。"（少数条文表述为"……的，对……，处……。"）"……的，"所表述的内容为罪状（假定条件），"处……。"所表述的内容为法定刑（法律后果）。例如，《刑法》第 221 条规定："捏造并散布虚伪事实，损害他人的商业信誉、商品声誉，给他人造成重大损失或者有其他严重情节的，处二年以下有期徒刑或者拘役，并处或者单处罚金。"其中"的，"之前的内容为罪状，"处"之后的内容为法定刑。这种规范被认为是典型的罪刑规范。

罪刑规范与刑法分则条文具有密切联系。刑法分则条文表达罪刑规范，是罪刑规范的载体，因此，罪刑规范是刑法分则条文的内容与实质。但规范与条文并非等同。由于规范的内容是禁止做什么（禁止规范）、应当做什么（命令规范）、可以做什么（允许规范）、不必做什么（豁免规范），故刑法分则中的少数解释性条文，并不属于罪刑规范;[1] 一个条文可能表达几个规范，几个条文可能表达一个规范；刑法分则条文是直观的，而罪刑规范不是直观的。

刑法分则条文本身对罪刑规范的表述并不完整，这主要表现在，其对罪状的规定只是包含成立具体犯罪所必须具备的特有要件与要素，而共性（或共通）的要件与要素规定在刑法总则中，因此，只有以总则规定为指导，才能确定具体犯罪的全部成立条件。上述《刑法》第 221 条规定的罪状，只限于客观（不法）的构成要件要素，至于犯罪表明有责性（责任）的要素，则必须根据刑法总则关于责任能力、责任年龄、故意等规定予以确定。此外，一些法定刑的具体期限，如《刑法》第 221 条的有期徒刑的最低期刑与拘役的刑期，也必须根据刑法总则的规定予以确定。

罪刑规范首先表现为裁判（或审判）规范，即指示或命令司法工作人员如何裁定、判断行为是否构成犯罪、如何处罚犯罪的一种规范。裁判规范所指向的对象是司法工作人员，旨在限定司法权力，故司法工作人员具有遵守裁判规范的义务，违反义务者将受到法律制裁。例如，前述《刑法》第 221 条的规定，首先

---

① 例如，《刑法》第 357 条关于毒品的解释性规定、第 367 条关于淫秽物品的解释性规定，并不构成一个罪刑规范，但它们与罪刑规范仍然具有密切关系，在解释和适用有关毒品犯罪与淫秽物品犯罪的罪刑规范时，必须根据上述规定确定毒品、淫秽物品这一构成要件要素的含义。

表现为裁判规范，它指示司法工作人员如何认定和处罚损害商业信誉、商品声誉罪。在刑法上，保障司法工作人员执行裁判规范的是《刑法》第 399 条第 1 款。根据该款规定，如果司法工作人员对明知是无罪的人而使他受追诉，对明知是有罪的人而故意包庇不使他受追诉，或者在刑事审判活动中故意违背事实和法律作枉法裁判，就要承担徇私枉法罪的刑事责任。可以说，裁判规范就是要求司法工作人员遵守的行为规范。①

罪刑规范虽然并不表述为"禁止……，违者，处……"，但假定条件与法律后果之间的密切关系（"……的，处……。"）也体现出行为规范。罪刑规范作为行为规范时，所指向的对象是一般人，主要表现为两个方面的作用：其一，禁止一般人实施犯罪行为，为一般人提供评价行为的标准，以期一般人不实施犯罪行为。亦即，罪刑规范主要通过"……的，处……"的规定方式明确告诉人们，犯罪后将受到刑事制裁，从而使人们作出不实施犯罪行为的意识决定。其二，告诉一般人对于什么样的行为可以防止、阻止、制止乃至防卫。可见，行为规范存在于罪刑规范之中，而不是独立于罪刑规范之外。② 此外，刑法分则也有少量的允许规范、豁免规范，一般人在特殊情况下可以按照允许规范、豁免规范行事。

罪刑规范的实质是法益保护规范与人权保障规范。刑法将侵犯法益的行为类型化为犯罪构成要件，并针对符合构成要件的违法、有责行为规定法律后果，从而形成了刑法规范。对侵犯法益的行为宣示刑罚，对侵犯法益的犯罪行为科处刑罚，正是为了实现法益保护的目的。刑法对犯罪成立条件的规定，限制了司法工作人员的自由裁量权力，司法工作人员只能依照刑法的规定定罪量刑，一般公民的自由与被告人的人权都得到了刑法的保障。

二、"……的，"标示罪状的表述完结

刑法分则各本条中的"……的，"是罪状的标志，即只要分则条文所规定的是具体犯罪与法定刑，那么，"处……"之前的"……的，"所规定的必然是罪状或假定条件。

"……的，"即分则条文中表述罪状后使用了"的"字，并且"的"后面紧接着有逗号，表明该条文对一种罪状（或具体犯罪的一种情形）的表述已经

---

① 参见［德］乌尔斯·金德霍伊泽尔：《刑法总论教科书》（第六版），蔡桂生译，北京大学出版社 2015 年版，第 25 页。

② 德国学者宾丁（Binding）认为罪刑规范只是裁判规范，而没有透过裁判规范看清其中的行为规范，并认为行为规范独立于罪刑规范之外。这种观点难以被我们接受。同样，认为法律规范只是行为规范而非裁判规范的观点，也不合理。

完结；如果"……的，"后面还有其他表述，则是另一种罪状（或具体犯罪的另一种情形）的表述，而不是对前一种罪状的补充或递进要求。例如，《刑法》第177条之一第1款第1项对罪状的表述是"明知是伪造的信用卡而持有、运输的，或者明知是伪造的空白信用卡而持有、运输，数量较大的"。前一种行为类型（明知是伪造的信用卡而持有、运输）因为有"……的，"这一表示罪状已经完结的标识，所以，后面的"数量较大"不是对前一行为类型的要求，而只是对后一行为类型（明知是伪造的空白信用卡而持有、运输）的要求。

又如，《刑法》第244条之一第1款规定："违反劳动管理法规，雇用未满十六周岁的未成年人从事超强度体力劳动的，或者从事高空、井下作业的，或者在爆炸性、易燃性、放射性、毒害性等危险环境下从事劳动，情节严重的，对直接责任人员，处三年以下有期徒刑或者拘役，并处罚金；情节特别严重的，处三年以上七年以下有期徒刑，并处罚金。"据此，雇用童工从事危重劳动罪表现为三种情况：（1）违反劳动管理法规，雇用未满16周岁的未成年人从事超强度体力劳动；（2）违反劳动管理法规，雇用未满16周岁的未成年人从事高空、井下作业；（3）违反劳动管理法规，雇用未满16周岁的未成年人在爆炸性、易燃性、放射性、毒害性等危险环境下从事劳动。问题是，"情节严重"这一构成要件，是仅就第（3）种情形而言，还是同时就第（1）（2）（3）种情形而言？正确的答案应是前者。因为条文在第（1）种与第（2）种情形的后面已经使用了"的，"，这表明其对这两种情形的罪状的表述已经完结，"情节严重"的要求，只是针对第（3）种情形而言，而非同时针对第（1）（2）种情形。详言之，违反劳动管理法规，雇用未满16周岁的未成年人从事超强度体力劳动的，或者从事高空、井下作业的，即成立雇用童工从事危重劳动罪，不要求"情节严重"；而违反劳动管理法规，雇用未满16周岁的未成年人在爆炸性、易燃性、放射性、毒害性等危险环境下从事劳动的，只有"情节严重"，才成立雇用童工从事危重劳动罪。疑问在于，为什么前两种情形不要求情节严重，而后一种情形反而要求情节严重？一方面，第（1）种情形可以认定为已经造成了实害，第（2）种情形造成的危险很大，故不再要求情节严重。另一方面，"危险环境"的外延很广，如果不需要情节严重，就会不当扩大处罚范围，故第（3）种情形要求情节严重。

如果条文表述了两种以上罪状（或具体犯罪的两种以上情形，为了论述方便，这里仅表述为"两种罪状"），而在对第一种罪状的表述中没有使用"……的，"，在第二种罪状的表述后，又有补充或者递进规定时，原则上应认为，后面的补充或递进规定，同时也是第一种罪状的内容。例如，《刑法》第

296 条规定："举行集会、游行、示威，未依照法律规定申请或者申请未获许可，或者未按照主管机关许可的起止时间、地点、路线进行，又拒不服从解散命令，严重破坏社会秩序的，对集会、游行、示威的负责人和直接责任人员，处五年以下有期徒刑、拘役、管制或者剥夺政治权利。"不难看出，非法集会、游行、示威罪表现为两种情况：（1）未依照法律规定申请或者申请未获许可，而举行集会、游行、示威；（2）未按照主管机关许可的起止时间、地点、路线进行集会、游行、示威。问题是，"又拒不服从解散命令，严重破坏社会秩序"这一要素是仅针对第（2）种情形而言，还是同时针对第（1）（2）种情形而言？一种观点认为，在第（1）种情况下，只要未申请或申请未获许可而举行集会、游行、示威，便成立本罪。① 如果《刑法》第 296 条在"举行集会、游行、示威，未依照法律规定申请或者申请未获许可"后使用了"的，"，则意味着对第一种罪状已经表述完结，后面的其他表述不是对前一种罪状的补充或递进说明，因而该观点是成立的。但《刑法》第 296 条并非如此，易言之，由于《刑法》第 296 条对第一种罪状的表述后没有使用"的，"，不存在表明罪状表述已经完结的标志，这就需要从实质上考察：未依照法律规定申请或者申请未获许可而举行集会、游行、示威，在有权机关发出解散命令后，又服从解散命令，并未严重破坏社会秩序的行为，是否具有应受刑罚处罚程度的法益侵害性？笔者持否定回答。行为人虽然在没有申请或者申请未获许可的情况下举行集会、游行、示威，但在有权机关发布解散命令后解散集会、游行、示威的，根据社会的一般观念进行评价时，应当得出法益侵害性并没有达到犯罪程度的结论。况且，集会、游行、示威是宪法赋予公民的权利，对于公民行使宪法所规定的权利的行为，即使在程序等方面存在轻微违法，也不宜认定为犯罪。所以，"又拒不服从解散命令，严重破坏社会秩序"这一要素就是同时针对第（1）（2）种情形而言的。

又如，《刑法》第 145 条规定："生产不符合保障人体健康的国家标准、行业标准的医疗器械、医用卫生材料，或者销售明知是不符合保障人体健康的国家标准、行业标准的医疗器械、医用卫生材料，足以严重危害人体健康，处三年以下有期徒刑或者拘役，并处销售金额百分之五十以上二倍以下罚金；对人体健康造成严重危害的，处三年以上十年以下有期徒刑，并处销售金额百分之五十以上二倍以下罚金；后果特别严重的，处十年以上有期徒刑或者无期徒

---

① 参见张穹主编、最高人民检察院法律政策研究室编著：《修订刑法条文实用解说》，中国检察出版社 1997 年版，第 385 页；陈兴良主编：《刑法疏议》，中国人民公安大学出版社 1997 年版，第 477 页。

刑，并处销售金额百分之五十以上二倍以下罚金或者没收财产。"显而易见，本罪包括两种情况：（1）生产不符合保障人体健康的国家标准、行业标准的医疗器械、医用卫生材料；（2）销售明知是不符合保障人体健康的国家标准、行业标准的医疗器械、医用卫生材料。问题是，"足以严重危害人体健康"的构成要件要素，是仅就第（2）种情形而言，还是同时针对上述两种情形而言？由于法条在规定第（1）种情形时，并没有使用"的，"，因而不能表明第（1）种罪状的表述已经完结；又由于销售不符合标准的医用器材的行为，对法益的侵犯并不轻于生产不符合标准的医用器材的行为，所以，"足以严重危害人体健康"既是对销售行为的要求，也是对生产行为的要求。换言之，如果生产不符合保障人体健康的国家标准、行业标准的医疗器械、医用卫生材料的行为，并不足以严重危害人体健康，则不成立本罪。对《刑法》第 146 条、第 147 条、第 159 条也应作出相同解释。

又如，《刑法》第 291 条之一第 1 款规定："投放虚假的爆炸性、毒害性、放射性、传染病病原体等物质，或者编造爆炸威胁、生化威胁、放射威胁等恐怖信息，或者明知是编造的恐怖信息而故意传播，严重扰乱社会秩序的，处五年以下有期徒刑、拘役或者管制；造成严重后果的，处五年以上有期徒刑。"根据"的，"这一标识，本条所规定的三种行为，都只有"严重扰乱社会秩序"时，才成立犯罪。

当刑法分则条文规定了两种并列的情形，前一种情形后不仅没有使用"的，"而且没有使用逗号，相反以"或者""和"等词或者顿号并列两种犯罪情形时，一般来说，后面所表述的构成要件要素是同时针对前面的两种（以上）犯罪情形而言的，而不是仅针对最后一种犯罪情形的。例如，《刑法》第 168 条第 1 款规定："国有公司、企业的工作人员，由于严重不负责任或者滥用职权，造成国有公司、企业破产或者严重损失，致使国家利益遭受重大损失的，处三年以下有期徒刑或者拘役；致使国家利益遭受特别重大损失的，处三年以上七年以下有期徒刑。"本款规定了两种犯罪情形，一是国有公司、企业人员的失职行为；二是国有公司、企业人员的滥用职权行为。"严重不负责任"与"滥用职权"之间没有"的，"，也没有逗号，而是以"或者"一词使其并列，因此，后面表述的构成要件要素，便同时适用于前两种情况，即"造成国有公司、企业破产或者严重损失，致使国家利益遭受重大损失"，既是国有公司、企业人员失职罪的构成要件要素，也是国有公司、企业人员滥用职权罪的构成要件要素。再如，《刑法》第 251 条规定："国家机关工作人员非法剥夺公民的宗教信仰自由和侵犯少数民族风俗习惯，情节严重的，处二年以下有期徒刑或者拘役。"非法剥夺宗教信仰自由与侵犯少数民族风俗习惯两种情形，只有分别在整体上能被评价为"情节严重"时，才成立犯罪。还如，《刑法》第 309 条规定："有下列扰乱法庭秩序情形之一的，处三年以下有期徒刑、拘役、管制或者罚金：（一）聚众哄闹、冲击法庭的；（二）殴打司法工作人员或者诉讼参与人的；（三）侮辱、诽谤、威胁司法工作人员或者诉讼参与人，不听法庭制止，严重扰乱法庭秩序的；（四）有毁坏法庭设施，抢夺、损毁诉讼文书、证据等扰乱法庭秩序行为，情节严重的。"第（三）项的"不听法庭制止，严重扰乱法庭秩序"是对侮辱、诽谤、威胁这三种行为的要求；① 第（四）项的"情节严重"，也是对本项在前面列举的所有行为的要求。

明确上述解释规则，有助于正确解释分则条文规定的犯罪成立要件。例如，《刑法》第 155 条规定："下列行为，以走私罪论处，依照本节的有关规定处罚：（一）直接向走私人非法收购国家禁止进口物品的，或者直接向走私人非法收购走私进口的其他货物、物品，数额较大的；（二）在内海、领海、界河、界湖运输、收购、贩卖国家禁止进出口物品的，或者运输、收购、贩卖国家限制进出口货物、物品，数额较大，没有合法证明的。"根据"的，"这一判断标识，就第（一）项而言，直接向走私人非法收购国家禁止进口物品，构成走私罪的，不要求具备"数额较大"的要件；直接向走私人非法收购走私进口的其他货物、物品的，只有符合"数额较大"的要件时，才成立走私罪。就第（二）项而言，在内海、领海、界河、界湖运输、收购、贩卖国家禁止进出口物品，成立走私罪的，不要求具备"数额较大"与"没有合法证明"的要件；而运输、收购、贩卖国家限制进出口货物、物品的，只有同时具备"数额较大"与"没有合法证明"的要件，才能认定为走私罪。再如，《刑法》第 159 条第 1 款规定："公司发起人、股东违反公司法的规定未交付货币、实物或者未转移财产权，虚假出资，或者在公司成立后又抽逃其出资，数额巨大、后果严重或者有其他严重情节的，处五年以下有期徒刑或者拘役，并处或者单处虚假出资金额或者抽逃出资金额百分之二以上百分之十以下罚金。"该款规定了两种情形，一是虚假出资，二是抽逃出资。但虚假出资后没有使用"的，"以表示罪状已经表述完结，因此，虚假出资行为，也只有"数额巨大、后果严重或者有其他严重情节的"，才成立犯罪。

有必要对《刑法》第 385 条与第 163 条进行比较分析。《刑法》第 385 条第 1 款规定："国家工作人员利用职务上的便利，索取他人财物的，或者非法收受他人财物，为他人谋取利益的，是受贿罪。"由于该条所规定的"索取他

---

① 不能将"不听法庭制止"解释为与"侮辱、诽谤、威胁司法工作人员或者诉讼参与人"相并列的一种行为。

人财物"后使用了"的,"这一表示罪状已经表述完结的标识,故刑法理论一直认为,索取他人财物构成受贿的,不要求"为他人谋取利益"。应当认为,这一解释是完全合理的。但问题在于对《刑法》第 163 条的解释。《刑法》第 163 条第 1 款规定:"公司、企业或者其他单位的工作人员,利用职务上的便利,索取他人财物或者非法收受他人财物,为他人谋取利益,数额较大的,处三年以下有期徒刑或者拘役,并处罚金;数额巨大或者有其他严重情节的,处三年以上十年以下有期徒刑,并处罚金;数额特别巨大或者有其他特别严重情节的,处十年以上有期徒刑或者无期徒刑,并处罚金。"本条也规定了索取与收受贿赂两种情形,有一种观点认为,本罪的索取贿赂不要求为他人谋取利益。① 但这种观点显然是根据《刑法》第 385 条的规定来解释《刑法》第 163 条的。然而,《刑法》第 163 条的表述与第 385 条的表述存在重要区别,《刑法》第 163 条除了明文要求"数额较大"以外,在"索取他人财物"之后没有使用"的,"这一标识。既然如此,为他人谋取利益与数额较大这两个条件,便同时适用于索取他人财物与非法收受他人财物,即不管是索取他人财物,还是收受他人财物,都必须为他人谋取利益,而且索取或者收受的财物必须数额较大。因为刑事立法认为,公司、企业或者其他单位的非国家工作人员的受贿与国家工作人员的受贿,在侵害的法益性质与不法程度上存在差异,前者确实轻于后者,故对前者索取贿赂的,要求为他人谋取利益,对后者索取贿赂的,不要求为他人谋取利益。

明确"的,"的功能与上述解释规则,还有利于正确认识具体犯罪的构造。易言之,我们从"……的,"所描述的内容,可以得知该犯罪是实害犯还是危险犯,是具体的危险犯还是抽象的危险犯,如此等等。例如,《刑法》第 127 条第 1 款规定:"盗窃、抢夺枪支、弹药、爆炸物的,或者盗窃、抢夺毒害性、放射性、传染病病原体等物质,危害公共安全的,处三年以上十年以下有期徒刑;情节严重的,处十年以上有期徒刑、无期徒刑或者死刑。"根据"的,"这一标识,我们可以得知,盗窃、抢夺枪支、弹药、爆炸物的行为,属于抽象的危险犯,而盗窃、抢夺毒害性、放射性、传染病病原体等物质的,属于具体的危险犯。因此,当行为人盗窃、抢夺毒害性、放射性、传染病病原体等物质时,除了需要满足盗窃、抢夺行为本身的构造以外,还需要根据具体情况判断是否存在公共危险,从而判断行为是成立盗窃、抢夺危险物质罪还是普通盗窃罪、抢夺罪。再如,《刑法》第 127 条第 2 款规定:"抢劫枪支、弹药、爆炸物的,或者抢劫毒害性、放射性、传染病病原体等物质,危害公共安全的,或者

① 参见王作富主编:《刑法分则实务研究》(第五版)(上),中国方正出版社 2013 年版,第 311 页。

盗窃、抢夺国家机关、军警人员、民兵的枪支、弹药、爆炸物的，处十年以上有期徒刑、无期徒刑或者死刑。"根据"的，"这一判断标识，我们可以清楚地认识到，抢劫枪支、弹药、爆炸物的，属于抽象的危险犯；抢劫毒害性、放射性、传染病病原体等物质的，属于具体的危险犯；盗窃、抢夺国家机关、军警人员、民兵的枪支、弹药、爆炸物的，属于抽象的危险犯。

由于"……的，"标示罪状的表述完结，而罪状是对犯罪具体状况的描述，所以，"……的，"所描述的不只是形式，而是实质内容。[1]

三、"……的，"与罪名的关系

罪名就是犯罪名称，是对具体犯罪本质或主要特征的高度概括。由于基本罪状都对具体犯罪本质或主要特征进行了描述，故可以认为，罪名以罪状为基础，包括在罪状之中。

罪名的确定有两个含义：一是司法机关对已经发生的犯罪行为如何定罪，即对某种犯罪行为适用何种罪名；二是如何根据刑法分则的规定概括各种具体犯罪的罪名。例如，对《刑法》第 238 条的规定，是概括成非法拘禁罪，还是概括成非法剥夺人身自由罪？当然，这两个问题又具有密切联系。这里主要侧重对后一种含义进行讨论。

不管现实中发生的犯罪行为性质如何，我们都可以事先根据刑法分则的规定，概括出各种具体犯罪的罪名。如果事先概括出的具体罪名是合适的，司法机关在定罪时就应适用这种罪名，不能随意进行变更。在此意义上说，事先根据刑法的规定概括出各种具体犯罪的罪名，是司法机关正确定罪的前提之一，因而具有十分重要的意义。

罪名确定实际上包含两个方面的内容：其一，确定刑法分则的某一条款所规定的是一个罪名还是数个罪名。例如，《刑法》第 277 条规定的是一个犯罪（一个罪名）、两个犯罪（两个罪名）还是五个犯罪（四个罪名）？《刑法》第 415 条规定的是一个犯罪还是数个犯罪？这个意义上的罪名确定不仅直接影响一罪与数罪的区分，而且也会间接影响此罪与彼罪的认定。其二，确定每一个具体犯罪的名称。例如，《刑法》第 360 条所规定的犯罪，是概括成传播性病罪合适，还是概括成性病患者卖淫、嫖娼罪合适？

现行刑法颁布后，刑法理论对部分罪名的确定存在分歧。在罪名以司法解释

---

[1] 本书第二章已有详述，另参见张明楷：《刑法的基本立场》（修订版），商务印书馆 2019 年版，第 118 页。

形式确定之后①，理论上对罪名的争论已经平息。尽管如此，司法解释所确定的某些罪名，仍有商榷的余地。

首先，司法解释关于罪名数量的确定，有一些值得研究。

例一：《刑法》第118条规定："破坏电力、燃气或者其他易燃易爆设备，危害公共安全，尚未造成严重后果的，处三年以上十年以下有期徒刑。"司法解释将本条规定的犯罪确定为两个罪名：破坏电力设备罪与破坏易燃易爆设备罪。如此确定的理由，可能是实践中破坏电力设备的犯罪比较频繁和严重。但是，在本罪中，电力设备也属于易燃易爆设备，而且是与燃气或者其他易燃易爆设备并列的、可选择的对象，即只要行为人故意破坏其中一种对象并危害公共安全的，便成立本条犯罪；破坏电力设备与破坏其他易燃易爆设备，只是对象不同，而其他构成要件完全相同。事实上，司法解释对其他具有选择性要件的犯罪，并没有确定为数个罪名。例如，对《刑法》第116条与第117条均分别概括为破坏交通工具罪、破坏交通设施罪，而未将其中的破坏某种特殊交通工具或某种特殊交通设施的行为，作为独立的犯罪。再者，《刑法》第118条与第119条对破坏电力、燃气或者其他易燃易爆设备的行为所规定的法定刑较重，即使行为人破坏了包括电力设备在内的几种易燃易爆设备，只认定一罪，即所谓的"狭义的包括一罪"，也可以实现罪刑相适应。所以，司法解释将《刑法》第118条规定的罪状确定为两个罪名的合理性，还是值得怀疑的。

例二：《刑法》第128条第2款与第3款分别规定了"依法配备公务用枪的人员，非法出租、出借枪支的"的犯罪，与"依法配置枪支的人员，非法出租、出借枪支，造成严重后果的"的犯罪。司法解释将这两款规定的犯罪一并概括为非法出租、出借枪支罪。然而，这两种犯罪在构成要件上存在重要区别：就行为主体而言，前者为依法配备公务用枪的人员，后者为依法配置枪支的人员；就枪

① 最高人民法院审判委员会于1997年12月9日通过了《最高人民法院关于执行〈中华人民共和国刑法〉确定罪名的规定》（已被修改），最高人民检察院检察委员会于1997年12月11日通过了《最高人民检察院关于适用刑法分则规定的犯罪的罪名的意见》（已被修改），"两高"于2002年3月15日公布了《最高人民法院、最高人民检察院关于执行〈中华人民共和国刑法〉确定罪名的补充规定》，2003年8月15日公布了《最高人民法院、最高人民检察院关于执行〈中华人民共和国刑法〉确定罪名的补充规定（二）》，2007年10月25日公布了《最高人民法院、最高人民检察院关于执行〈中华人民共和国刑法〉确定罪名的补充规定（三）》，2009年10月14日公布了《最高人民法院、最高人民检察院关于执行〈中华人民共和国刑法〉确定罪名的补充规定（四）》，2011年4月27日公布了《最高人民法院、最高人民检察院关于执行〈中华人民共和国刑法〉确定罪名的补充规定（五）》，2015年10月30日公布了《最高人民法院、最高人民检察院关于执行〈中华人民共和国刑法〉确定罪名的补充规定（六）》，2021年2月26日公布了《最高人民法院、最高人民检察院关于执行〈中华人民共和国刑法〉确定罪名的补充规定（七）》。

支的类型而言，前者为公务用枪，后者为配置枪支；就结果而言，前者不要求造成严重后果，后者要求造成严重后果。将类似在构成要件上存在重要区别的不同犯罪概括为一个罪名，也是值得研究的。

例三：《刑法》第 270 条第 1 款规定的是普通侵占，其第 2 款规定的是遗忘物、埋藏物侵占，虽然法定刑相同，但两种行为类型并不相同。严格地说，普通侵占的行为主体是具有特殊身份的人，即基于委托关系占有了他人财物的人，而遗忘物、埋藏物侵占的行为主体不要求特殊身份；普通侵占的对象是基于委托而占有的他人财物，遗忘物、埋藏物侵占的对象是非基于他人本意而脱离其占有的财物。既然如此，就不应当确定为一个罪名。事实上，在我国民国时期的刑法以及国外刑法中，普通侵占与遗忘物、埋藏物侵占都是两个不同的罪名。

例四：《刑法》第 277 条规定了五种情形：第一是阻碍国家机关工作人员依法执行职务；第二是阻碍人大代表依法执行代表职务；第三是阻碍红十字会工作人员依法履行职责；第四是阻碍国家安全机关、公安机关依法执行国家安全工作任务；第五是暴力袭警。其中，前三种行为均要求以暴力、威胁方法实施，但不要求造成严重后果；第四种行为不要求以暴力、威胁方法实施，但要求造成严重后果。不难看出，上前四种行为在构成要件上仍然存在区别，更为重要的是，本罪的法定刑较轻，如果对多次实施上述不同行为的人仅以一罪论处，恐怕难以实现罪刑相适应。所以，将本条规定的构成要件概括成五个罪名，或许更为合适。

例五：《刑法》第 408 条之一第 1 款规定："负有食品药品安全监督管理职责的国家机关工作人员，滥用职权或者玩忽职守，有下列情形之一，造成严重后果或者有其他严重情节的，处五年以下有期徒刑或者拘役；造成特别严重后果或者有其他特别严重情节的，处五年以上十年以下有期徒刑：（一）瞒报、谎报食品安全事故、药品安全事件的；（二）对发现的严重食品药品安全违法行为未按规定查处的；（三）在药品和特殊食品审批审评过程中，对不符合条件的申请准予许可的；（四）依法应当移交司法机关追究刑事责任不移交的；（五）有其他滥用职权或者玩忽职守行为的。"司法解释将本款规定的罪名概括为食品、药品监管渎职罪。但这一概括导致故意犯与过失犯可属一个罪名，而且也与司法解释对《刑法》第 397 条罪名的概括不协调。

例六：《刑法》第 425 条第 1 款规定："指挥人员和值班、值勤人员擅离职守或者玩忽职守，造成严重后果的，处三年以下有期徒刑或者拘役；造成特别严重后果的，处三年以上七年以下有期徒刑。"司法解释将本条规定的罪状概括为一个选择性罪名：擅离、玩忽军事职守罪。但是，应当认为，擅离职守属于故意行为，而玩忽职守则属于过失行为，所以，认为本条规定了两个罪名较为合适。与《刑法》第 168 条、第 397 条相比较，也应认为《刑法》第 425 条第 1 款规定了两个罪名。

从上述分析可以看出,在"……的,"中包含了几种行为、对象时,对罪名数量的确定应当综合考虑以下几个因素:(1)"……的,"所列举的几种要素是选择性行为、选择性对象,还是几种犯罪?对于选择性要件的罪状,不宜概括为数个罪名。(2)不同行为之间是否在构成要件上存在重要区别?如果存在重要区别,则宜概括为数个罪名。(3)确定为一罪,是否难以实现罪刑相适应?当"……的,"中包含了数种行为时,如果法定刑较轻,则宜确定为数个罪名。(4)"……的,"所描述的行为是一种责任形式还是两种责任形式?如果明显具有两种责任形式,则应确定为两个罪名。

我国刑法理论对同种数罪是否并罚一直存在争议,在司法实践中,对同种数罪一般不实行并罚。本书认为,在司法解释将异种犯罪确定为一个罪名时,只有对同种数罪实行并罚,才能避免司法解释的缺陷。如前所述,《刑法》第277条规定了五种行为类型,但司法解释将前四种行为类型确定为一个罪名(妨害公务罪),如果对该同种数罪不实行并罚,就会造成量刑的不均衡。例如,甲在1年内,以暴力方法分别阻碍国家机关工作人员、人大代表、红十字会工作人员执行职务、履行职责,还阻碍国家安全机关依法执行国家安全工作任务,造成严重后果。按照司法解释的规定,甲仅触犯了一个罪名。但是,如若采取同种数罪不并罚的做法,便明显违反罪刑相适应原则。只有实行并罚,才能克服这一缺陷。再如,甲起先依法配置枪支,并非法出租枪支,造成严重后果,情节严重;后来成为配备公务用枪的人员,并非法出租枪支,情节严重。倘若仅以一罪论处,而不实行数罪并罚,就不符合罪刑相适应原则。

其次,司法解释关于罪名名称的确定,也有一些值得商榷。①

例一:在《刑法修正案(六)》公布后,司法解释将《刑法》第163条规定的犯罪确定为非国家工作人员受贿罪,旨在说明本罪不是国家工作人员受贿。但是,这样的归纳并不理想。一般公民都是非国家工作人员,但他们不能成为《刑法》第163条的行为主体(教唆犯、帮助犯除外)。可是,将《刑法》第163条确定为非国家工作人员受贿罪,给一般人的印象是,任何非国家工作人员都可能构成本罪,但事实上并非如此。所以,将《刑法》第163条规定的犯罪确定为公司、企业、单位工作人员受贿罪,才是合适的。

例二:《刑法》第236条之一第1款规定:"对已满十四周岁不满十六周岁的

---

① 笔者深知,在此提出商榷意见是不会使"两高"改变相应罪名的。但是,所提出的商榷意见,或许对"两高"或刑法理论今后确定新罪名具有一定意义。此外,笔者也并不在意如何确定犯罪的名称,只是觉得犯罪名称的确定有一个最低要求:不让司法工作人员与一般人产生误解。

未成年女性负有监护、收养、看护、教育、医疗等特殊职责的人员，与该未成年女性发生性关系的，处三年以下有期徒刑；情节恶劣的，处三年以上十年以下有期徒刑。"司法解释将罪名概括为负有照护职责人员性侵罪。然而，"性侵"是一个外延特别宽泛的概念，至少可以包括猥亵行为；而法条所称的发生性关系就是指性交行为，而非任何性侵行为。所以，将本条规定的犯罪概括为准强奸罪或者负有照护职责人员奸淫罪更为合适。

例三：《刑法》第 339 条第 1 款规定："违反国家规定，将境外的固体废物进境倾倒、堆放、处置的，处五年以下有期徒刑或者拘役，并处罚金；造成重大环境污染事故，致使公私财产遭受重大损失或者严重危害人体健康的，处五年以上十年以下有期徒刑，并处罚金；后果特别严重的，处十年以上有期徒刑，并处罚金。"将本罪概括为"非法处置进口的固体废物罪"也存在缺陷。这是因为，一方面，"进境"与"进口"并不是等同概念。例如，某外国的公司将一船固体废物倾倒于中国领海内的，属于"进境"倾倒固体废物，理当成立本罪，但不能说其行为属于"非法处置进口的固体废物"。另一方面，将本罪概括为"非法处置进口的固体废物罪"，就意味着本罪的成立必须先有进口固体废物的行为，其次必须有非法倾倒、堆放、处置的行为，但这种要求没有法律依据，也不利于处理本罪与走私废物罪的关系。所以，本书认为，宜将本罪概括为"非法进境倾倒、堆放、处置固体废物罪"。

例四：《刑法》第 360 条规定："明知自己患有梅毒、淋病等严重性病卖淫、嫖娼的，处五年以下有期徒刑、拘役或者管制，并处罚金。"司法解释将本罪概括为传播性病罪，也得到了理论上的赞同。但本书认为，该罪名并不妥当。（1）我国刑法将本罪规定为抽象的危险犯，而没有将本罪规定为侵害犯，但传播性病罪的罪名使本罪成为侵害犯，这便不利于构成要件的确定，使罪名与犯罪性质不相符合，而且可能人为地缩小犯罪的成立范围。例如，严重性病患者卖淫、嫖娼时采取有效措施防止性病传染的，以及卖淫者与嫖娼者患相同性病的，根据刑法规定仍应认定为犯罪，但很难说该行为是传播性病的行为。（2）将本罪确定为传播性病罪，便要求行为人具有传播性病的故意，希望或者放任性病的传播，事实上，成立本罪并不需要这种故意内容。（3）有些国家的刑法规定了传染性病罪。例如，意大利《刑法》原第 554 条第 1 款规定："明知患有梅毒，隐瞒而与他人为有传染危险之行为，并因而传染于人者，处一年以上三年以下徒刑。"其第 2 款规定："明知患有淋病，隐瞒而为前款行为，致传染于他人并使发生严重之伤害结果者，亦同。"日本 1948 年的《性病预防法》也有类似规定。我国民国时期 1935 年《刑法》第 285 条也规定了传染性病罪："明知自己有花柳病或者麻风，隐瞒而与他人为猥亵之行为或者奸淫，致传染于他人者，处一年以下有期徒刑、拘役或五百元以下罚金。"显然,上述规定都是以将性病传染给他人为犯罪成立条件的,所以称为传染性病罪。但我国现行刑法既没有将"导致性病传染给他人"规定为构成要件,也没有将"发生传播性病的具体危险"规定为构成要件,因此将本罪称为传播性病罪存在疑问。(4)将本罪确定为传播性病罪,不利于处理本罪与故意伤害等罪的关系。因为传播性病(尤其是已经使他人染上严重性病)的行为,很可能成立故意伤害等罪。例如,艾滋病患者以伤害甚至杀人为目的卖淫、嫖娼的,事实上导致他人重伤或者死亡的,虽可谓传播性病,但宜分别认定为故意伤害罪或故意杀人罪。将本罪确定为传播性病罪,可能会导致一些司法工作人员误以为本条是特别法条,进而在致死或致重伤的情形中也不适用故意杀人罪或故意伤害罪的规定。(5)与上一点相联系,将本罪确定为传播性病罪,还可能导致人们认为传播其他疾病的行为不成立犯罪。例如,向特定的人传播某种严重传染病、使对方感染该病的行为,本应认定为故意伤害罪。但由于传播性病罪罪名的存在,导致人们认为"刑法只是规定了传播性病罪,而没有规定传播其他疾病的犯罪,故传播其他疾病的行为不成立犯罪"。但事实上并非如此。所以,本书认为将本罪的罪名概括为"性病患者卖淫、嫖娼罪",是比较合适的。

顺便指出的是,罪名本身并不是确定和解释该犯罪具体构成要件的依据;换言之,在确定具体犯罪的构成要件时,应以刑法分则明文规定的罪状、总则条文的相关规定以及其他相关条文的内容为依据,而不能直接以罪名为依据。尤其是在所确定的罪名没有反映犯罪的本质与结构时,根据罪名确定构成要件会导致偏差。例如,如果忽视《刑法》第360条的规定,直接根据"传播性病罪"的罪名确定该罪的构成要件,就会要求行为人主观上具有传播性病的故意、客观上具有传播性病的具体危险甚至实害;如果直接根据《刑法》第360条规定的罪状确定该罪的构成要件,则不致提出这种不合理要求。

四、"……的,"与犯罪构成的关系

罪状可以分为两大类:一类是对具体犯罪构成特征的描述(基本罪状),另一类是对加重或减轻法定刑的适用条件的描述(加重、减轻罪状)。例如,《刑法》第232条前半段规定的是基本罪状,后半段规定的"情节较轻"就属于减轻罪状,它已不是对故意杀人罪构成特征的描述,而是对法定刑降低条件的描述。再如,《刑法》第236条第1款规定的是强奸罪的基本罪状,其第3款规定了强奸罪的五种加重罪状,它们是法定刑升格的条件。刑法分则对所有犯罪都规定了基本罪状,但并非任何犯罪都有加重、减轻罪状。

基本罪状与犯罪构成(犯罪成立条件)具有密切联系,这主要表现在,基本罪状实际上是对具体犯罪的特有构成要件与责任要素的描述。其中,有的法条

只是描述了具体犯罪的构成要件，有的法条描述了具体犯罪的构成要件与责任要素。例如，《刑法》第338条规定的环境污染罪的基本罪状，实际上是该罪的特有构成要件。《刑法》第236条规定的强奸罪的基本罪状，实际上是强奸罪的特有构成要件。再如，《刑法》第399条第1款不仅描述了徇私枉法罪的构成要件，而且描述了部分责任要素。但是，基本罪状通常并没有完整地描述具体犯罪的全部成立条件，即便叙明罪状也是如此，较多的基本罪状只是描述具体犯罪的客观构成要件（包括行为主体的特殊身份）。[1] 这是因为犯罪的故意与过失的含义在总则中已有规定，人们可以根据总则的规定以及分则所描述的客观构成要件，概括出具体犯罪的故意与过失的内容，分则只需就特定的目的进行规定；责任能力与责任年龄在刑法总则中已有规定，分则不需要再作规定。由此可见，只有将刑法分则规定的基本罪状与总则的规定结合起来，才能确定具体犯罪的全部成立要件。

虽然基本罪状没有规定某一犯罪的全部成立条件，但如果没有刑法分则对罪状的规定，就不可能形成某一犯罪的全部成立条件。换言之，对任何具体犯罪的成立条件的确定，都要以分则对基本罪状的描述为核心，然后根据总则的规定以及成立条件之间的相互关系确定具体犯罪的全部成立条件。即使分则对罪状的描述相当详细，也要联系总则规定与相关条文确定其全部成立条件。如《刑法》第305条前段规定，"在刑事诉讼中，证人、鉴定人、记录人、翻译人对与案件有重要关系的情节，故意作虚假证明、鉴定、记录、翻译，意图陷害他人或者隐匿罪证的，处三年以下有期徒刑或者拘役"。本条对伪证罪的特征描述得比较具体，但是否任何作虚假证明的证人都能成立本罪，仍应根据《刑法》第17条的规定予以确定。未满16周岁的人可能成为证人，其伪证行为却不能成立本罪，因为行为人欠缺责任能力。联系《刑法》第306条来考虑时，还应得出以下结论：刑事诉讼中的辩护人与诉讼代理人，教唆他人作伪证的，不成立伪证罪的教唆犯，而成立辩护人、诉讼代理人妨害作证罪。因此，认为罪状与犯罪构成无关或者罪状等于犯罪构成的观点，是存在疑问的。

我国刑法理论长期以来将犯罪构成分为普通的犯罪构成与派生的犯罪构成。"普通的犯罪构成，又称独立的犯罪构成，是指刑法条文对具有通常社会危害程度的行为所规定的犯罪构成。……普通的犯罪构成相对于派生的犯罪构成（包括加重的犯罪构成和减轻的犯罪构成）而言，是犯罪构成的基本形态。派生的犯罪

---

[1] 本书在等同意义上使用构成要件与客观构成要件这两个概念；犯罪构成则是指犯罪的全部成立条件。

构成，包括加重的犯罪构成和减轻的犯罪构成两种。"① 根据这种观点，情节严重、情节特别严重这类抽象的升格条件与数额巨大、入户抢劫等具体的升格条件，都属于加重的犯罪构成；情节较轻则属于减轻的犯罪构成。② 但是，这种通说至少存在以下三个问题：

其一，刑法理论将犯罪构成分为普通的犯罪构成与加重、减轻的犯罪构成，同时认为犯罪构成是区分罪数的基本标准。既然如此，就意味着加重、减轻的犯罪构成不同于普通的犯罪构成，一个行为人以 A 行为实现了普通的犯罪构成，又以 B 行为实现了加重的犯罪构成时，理应认为行为触犯了两个不同的犯罪构成，成立两个不同的犯罪。既然是两个不同的犯罪，就表明触犯的是两个不同的罪名。例如，甲一次拦路抢劫，一次入户抢劫，两个行为分别符合了一个普通（抢劫罪）的犯罪构成与一个加重（抢劫罪）的犯罪构成，应当认定为两个犯罪。可事实上，刑法理论与司法解释又没有根据加重、减轻的犯罪构成确定罪名，只是根据普通的犯罪构成确定罪名，这是很矛盾的现象。要解决这个问题，必须重新确定分则条文的罪名。例如，至少可以将《刑法》第 263 条规定的犯罪确定为两个罪名：抢劫罪与加重抢劫罪；将《刑法》第 234 条规定的犯罪确定为故意伤害罪、重伤罪、伤害致死罪与残忍伤害罪；将《刑法》第 239 条规定的犯罪确定为绑架罪、绑架杀人罪、绑架伤人罪、绑架伤人致死罪。显然，这似乎是一个牵一发动全身的问题，本书不可能在有限的篇幅内对此展开全面论述。况且，有关权力机关会以重新确定罪名过于复杂、不利于司法实践认定犯罪为由予以拒绝，因而不会通过推翻以前确定的罪名来解决这一自相矛盾的问题。理论界的一些人也会以各种理由（如成本过高、不能照搬国外）和心态予以拒绝。

其二，如所周知，《刑法》第 232 条所规定的"情节较轻"，也被刑法理论称为减轻的犯罪构成。其实，这种归类并不妥当。罪刑法定原则决定了刑法必须将各种犯罪进行分类，即使是侵害相同法益的行为，为了避免构成要件过于抽象与概括，也必须尽可能进行分类，否则罪刑法定原则就不可能在任何程度上得以实现。所以，通过设定某些要素对犯罪进行分类，既是为了明确处罚范围，也是为了标明此罪与彼罪（或同一犯罪的不同行为类型）的关系（界限）。从立法技术上说，"所谓不法，是对于行为的一个负面（因此该入罪）的评价。因此构成不法之要件，必然也是能够符合此一基本性质。逻辑上不可能的是，一个概念被

---

① 高铭暄主编：《刑法学原理》第一卷，中国人民大学出版社 1993 年版，第 450~451 页。
② 加重的犯罪构成有时也被称为加重的构成要件。虽然我国的犯罪构成与三阶层体系中的构成要件不是等同概念，但由于加重的犯罪构成实际上也只是不法的加重，故在这一点上一般不会产生歧义。

列为某一犯罪类型的不法要件的同时，此一要件的负面概念也被列为同一犯罪类型的不法要件。""用一个比喻的说法：如果'凶狠'被列为杀人罪的不法要件，那么'仁慈'就不可能也是杀人罪的不法要件。如果在杀人罪的犯罪条文体系中，在'凶狠'作为不法要件的同时，又出现'仁慈'的文字，那么后者并不是在表达一个构成犯罪的要件，而是在强调其与凶狠杀人的不法（因此影响法定刑）程度上的区别而已。"[1] 基于同样的理由，在我国刑法分则中，当法条已经规定了基本罪状时，"情节较轻"不可能同时成为一个犯罪的构成要件要素。所以，《刑法》第232条规定"情节较轻"，只是为了区分不法、责任程度不同的故意杀人（进而分别规定不同的法定刑），而不是所谓减轻的犯罪构成。

其三，刑法理论在使用加重犯罪构成概念的同时，也使用法定刑升格条件的概念，而且二者的外延相同。亦即，所有法定刑升格的条件，也都是加重的犯罪构成要件；反之亦然。然而，加重的犯罪构成与法定刑升格的条件，不应当是外延相同的概念。因为前者侧重的是构成要件，后者侧重的是法定刑，法定刑加重并不一定意味着构成要件发生变化。换言之，刑法理论所确定的加重、减轻的犯罪构成过于宽泛，没有区分真正的加重、减轻的犯罪构成与单纯的量刑规则（单纯的法定刑升格或者减轻条件），而是将单纯的量刑规则也纳入加重、减轻的犯罪构成。

关于加重、减轻的犯罪构成与单纯的量刑规则的关系，有必要先考察德国刑法规定及其刑法理论的观点。

在德国，基本构成要件所规定的犯罪与构成要件的变异所形成的犯罪，当然属于不同的犯罪。例如，德国《刑法》第212条规定了普通的故意杀人罪（基本犯罪），德国《刑法》第216条第1款规定："受被害人明确且认真的要求而杀人的，处六个月以上五年以下自由刑。"该款规定的基于要求的杀人罪（即得承诺杀人罪）可谓减轻的构成要件，但它依然以符合普通的故意杀人罪的构成要件与责任要素为前提。例如，行为人必须实施了杀人行为并致人死亡，必须具有杀人故意等。再如，德国《刑法》第249条规定了普通抢劫罪，第250条规定的则是加重抢劫罪（加重的构成要件）。只有当行为实现了普通抢劫罪的构成要件，并且具备了加重的构成要件要素，才能适用加重的构成要件的法律后果。概言之，加重、减轻构成要件的实现，都以符合基本犯罪构成要件为前提，所以，加重、减轻构成要件并没有修改基本构成要件，只是增加或者减少了不法内容。由于基本构成要件与加重构成要件所规定的是不同的犯罪，因此，原本存在加重构成要件事实，但行为人误认为仅存在基本构成要件事实的情况，就属于构成要件

---

[1] 黄荣坚：《基础刑法学》（上），元照出版公司2006年版，第485页。

的事实认识错误，只能按基本犯罪处理。所以，德国《刑法》第 16 条第 2 款规定："行为人在实施行为时错误地以为是较轻的法律的构成要件，可以因为故意的实施只受到该较轻的法律的处罚。"据此，当行为客观上符合德国《刑法》第250 条规定的加重抢劫罪的构成要件，但行为人仅认识到了普通抢劫罪的事实时，就只能认定为普通抢劫罪。以我国《刑法》第 263 条的规定为例，当行为人误将军用物资当作普通财物抢劫时，不能适用抢劫军用物资的法定刑，只能认定为普通的抢劫罪。①

以上所说的加重、减轻构成要件都属于构成要件的变异，而德国刑法与刑法理论明确区分构成要件的变异与单纯作为量刑规则的通例。例如，德国《刑法》第 242 条规定了普通盗窃罪的构成要件与法定刑，其第 243 条第 1 款规定："犯盗窃罪情节特别严重的，处三个月以上十年以下自由刑。具有下列情形之一的，通常属于情节特别严重：（1）在实施行为时侵入、翻越、用假钥匙或者其他不属于正当开启的工具进入建筑物、办公或者商业空间或者其他封闭的空间或者隐藏在该空间中；（2）从封闭的容器或者其他有防盗设备的场所盗窃物品的；（3）职业盗窃的；（4）从教堂或者其他服务于宗教活动的建筑物或者空间中盗窃被献于神职或者服务于宗教崇敬的物品；（5）盗窃处于一般可进入的收集场所中的或者被公开展览的具有科学、艺术或者历史或者用于技术发展意义的物品……"这种规定的特点是，虽然法条所列举的事例"通常"属于情节特别严重，但在具体案件中，即使存在法条所列举的通例，法官依然可能不认定为情节特别严重；反之，即使不存在法条所列举的通例，法官也可能认定为情节特别严重。由于存在法条列举的通例也不一定加重刑罚，不存在法条列举的通例也可能加重刑罚，所以，法条所列举的通例就不具有构成要件的特点，因而仅属于单纯的量刑规则的通例。②

本书的基本观点是，刑法分则条文单纯以情节（特别）严重、情节（特别）恶劣以及数额或数量（特别）巨大、首要分子、多次、违法所得数额巨大、犯罪行为孳生之物数量（数额）巨大作为升格条件时，只能视为量刑规则（当然，其含义与德国刑法中的量刑规则存在区别）；刑法分则条文因为行为、对象等构成要件要素的特殊性使行为类型发生变化，进而导致不法增加，并加重法定刑时，才属于加重的犯罪构成。③加重的犯罪构成，可能存在未遂犯；而量刑规则

① 如果数额巨大，则适用《刑法》第 263 条第 4 项的规定。
② 以上参见［德］约翰内斯·韦塞尔斯：《德国刑法总论》，李昌珂译，法律出版社 2008 年版，第 64 页；Claus Roxin, Strafrecht Allgemeiner Teil, Band I, 4. Aufl., C. H. Beck, 2006, S. 341f.
③ 相应地，当刑法分则条文因为行为、对象等构成要件要素的特殊性使行为类型发生变化，进而导致违法性减少，并减轻法定刑时，才属于减轻的犯罪构成。

是不存在所谓未遂犯的。

"构成要件是刑罚法规规定的行为类型，其具体内容是通过刑罚法规的解释决定的。因此，构成要件并不一定等同于刑罚法规的文言。"换言之，"并不是使行为成为犯罪的当罚的、可罚的要素，都属于构成要件要素；只有某犯罪中所固有的、类型的可罚的要素，才是构成要件要素"①。根据违法类型说的观点，只有表明违法行为类型的特征才属于构成要件要素。而情节严重、数额巨大、首要分子、多次（或者对多人实施）、犯罪行为孳生之物数量（数额）巨大、违法所得数额巨大，虽然是表明违法性加重的要素，但并不属于表明违法行为类型的特征。

第一，数额巨大（数额特别巨大；数量巨大与数量特别巨大）。例如，盗窃他人 2 000 元人民币与盗窃他人 5 万元人民币及盗窃他人 50 万元人民币的行为类型或特征是完全相同的，所不同的只是不法程度。同样，盗伐林木 5 立方米（数量较大）、盗伐林木 50 立方米（数量巨大）、盗伐林木 500 立方米（数量特别巨大）②三种情形的行为类型完全相同，只是不法程度存在差异。③ 联系刑法分则的相关规定，也能得出数额（特别）巨大仅属于量刑规则的结论。例如，《刑法》第 382 条规定了贪污罪的罪状（构成要件），《刑法》第 383 条规定了贪污罪的处罚标准。不可能认为《刑法》第 383 条第 1 款第 2 项与第 3 项的内容属于加重的犯罪构成，相反只能认为其是关于量刑规则的规定。除了数额不影响行为类型之外，还有其他理由。例如，对受贿罪的处罚也适用《刑法》第 383 条的规定，倘若认为《刑法》第 383 条第 1 款第 2 项与第 3 项的内容是贪污罪的加重构成，那就意味着受贿罪的加重构成与贪污罪的加重构成是完全相同的。可是，这种结论是不成立的，因为两种犯罪的行为构造完全不同。但我们可以说，受贿罪与贪污罪的量刑规则是相同的。既然刑法分则中对数额（特别）巨大的具体规定属于量刑规则，那么，盗窃、诈骗等罪中的数额（特别）巨大，当然也是量刑规则。

第二，情节严重（情节特别严重；情节恶劣与情节特别恶劣）。例如，《刑法》第 152 条第 1 款规定："以牟利或者传播为目的，走私淫秽的影片、录像带、录音带、图片、书刊或者其他淫秽物品的，处三年以上十年以下有期徒刑，并处罚金；情节严重的，处十年以上有期徒刑或者无期徒刑，并处罚金或者没收财产；情节较轻的，处三年以下有期徒刑、拘役或者管制，并处罚金。"2000 年 9 月 26 日发布的《最高人民法院关于审理走私刑事案件具体应用法律若干问题的解释》（已废止）第 5 条第 2 款至第 4 款规定，"走私淫秽物品达到下列数量之一

① ［日］町野朔：《犯罪论的展开 I》，有斐阁 1989 年版，第 52、59 页。
② 参见 2000 年 11 月 22 日发布的《最高人民法院关于审理破坏森林资源刑事案件具体应用法律若干问题的解释》第 4 条。
③ 其中的数额较大与数量较大仍然是构成要件要素。

的,属于走私淫秽物品罪'情节较轻',处三年以下有期徒刑、拘役或者管制,并处罚金:(一)走私淫秽录像带、影碟五十盘(张)以上至一百盘(张)的;(二)走私淫秽录音带、音碟一百盘(张)以上至二百盘(张)的;(三)走私淫秽扑克、书刊、画册一百副(册)以上至二百副(册)的;(四)走私淫秽照片、画片五百张以上至一千张的;(五)走私其他淫秽物品相当于上述数量的"。"走私淫秽物品在本条第二款规定的最高数量以上不满最高数量五倍的,处三年以上十年以下有期徒刑,并处罚金"。"走私淫秽物品在本条第二款规定的最高数量五倍以上,或者虽不满最高数量五倍,但具有是犯罪集团的首要分子或者使用特种车进行走私等严重情节的,属于走私淫秽物品罪'情节严重',处十年以上有期徒刑或者无期徒刑,并处罚金或者没收财产。"这一司法解释表明,情节较轻、情节一般与情节严重,也只是量的变化(不法程度的变化),而不是违法行为类型的改变。所以,情节严重这类要素,并不会使违法行为类型发生变化,故不应属于加重的犯罪构成,只能视为量刑规则。[1]

第三,首要分子。首要分子并不是特殊主体,而是在犯罪过程中起组织、策划、指挥作用的人,其行为的不法程度大于其他参与行为。换言之,在犯罪过程中,首要分子所组织、策划、指挥的犯罪与参加者具体实施的犯罪,是行为类型与性质完全相同的犯罪。所以,当刑法分则将首要分子作为法定刑升格条件时,并不意味着其违法行为类型发生了变化。

第四,多次。多次只是对行为次数的要求,而不是违法行为类型的变化。例如,多次抢劫时,每次抢劫都必须符合抢劫罪的犯罪构成。换言之,多次抢劫只是3次以上抢劫的集合,并没有使抢劫罪的构成要件发生变化,故不属于加重的犯罪构成。同样,对多人实施犯罪(如强奸妇女多人),也只是使法益侵害范围增加(也可谓"多次"的另一种表述),而不会使强奸罪的构成要件发生变化。

第五,违法所得数额巨大(特别巨大)。例如,《刑法》第175条第1款规定:"以转贷牟利为目的,套取金融机构信贷资金高利转贷他人,违法所得数额较大的,处三年以下有期徒刑或者拘役,并处违法所得一倍以上五倍以下罚金;数额巨大的,处三年以上七年以下有期徒刑,并处违法所得一倍以上五倍以下罚金。"假定违法所得数额较大的起点为5万元,违法所得数额巨大的起点为25万元,不管行为人高利转贷违法所得是5万元还是25万元,其违法行为的类型没有丝毫变化。

---

[1]　当然,作为构成要件要素的"情节严重",则是一种整体的评价要素,而不是量刑规则。参见张明楷:《犯罪构成体系与构成要件要素》,北京大学出版社2010年版,第238页。

第六，犯罪行为孳生之物数量（数额）巨大（特别巨大）。《刑法》第170条第2项将"伪造货币数额特别巨大"规定为法定刑升格的条件。不可否认，伪造的货币数额越大，违法性就越严重。但这种仅表明不法程度的要素，不会使伪造货币罪的违法行为类型发生变化。

在行为没有满足加重的量刑规则所要求的前提时，不能适用升格的法定刑并适用未遂犯的规定。不可否认，从表面上看，"某人盗窃数额巨大未遂"的说法，似乎没有不合理之处。但是，"某人盗窃情节严重，但其严重性未遂"（或"某人的盗窃行为有达到情节严重的可能性，故认定为情节严重的未遂"）的说法，是绝对不成立的。当情节严重是法定刑升格条件时，只有当案件已经现实地属于情节严重时，才能适用升格的法定刑。将"具有情节严重的可能性"或者"具有情节严重的危险"情形，认定为情节严重的未遂犯，是不可能被人接受的。换言之，即使"具有情节严重的可能"的说法是成立的，也不可能适用情节严重的法定刑，再适用刑法总则关于未遂犯的规定予以处罚。所以，情节严重作为法定刑升格条件，只是量刑规则，而不可能成为加重的犯罪构成。数额（特别）巨大实际上也只是情节严重的一种表现形式。如所周知，司法解释针对情节（特别）严重所规定的情形，首先就是数额较大或者巨大。[①] 既然如此，说"某人盗窃数额巨大未遂"就是难以成立的。否则，就会出现如下令人不可思议的现象：不存在情节严重未遂，但当司法解释将情节（特别）严重量化为数额（特别）巨大时，则存在数额巨大未遂；根据刑法条文的规定，原本不存在情节严重未遂，但经由司法解释便存在情节严重未遂。显然，只有将数额（特别）巨大作为量刑规则看待，才可以避免上述不当现象。基于同样的理由，"某人成为首要分子未遂"的说法，并不成立。亦即，即使在聚众犯罪或者集团犯罪中，某人已经是骨干成员，具有成为首要分子的可能性，但只要他还不是首要分子，就不能适用首要分子的法定刑再适用未遂犯的规定。"某人实施了两次抢劫，属于多次抢劫的未遂"的说法，也不成立。亦即，即便行为人已经实施了两次行为，并且意欲第三次实施抢劫行为，也不可能认定多次抢劫的未遂（不能适用多次抢劫的法定刑）。显然，在行为"有违法所得数额巨大的可能"时，同样不可能适用升格的法定刑。

我国刑法分则之所以存在大量以情节严重、数额巨大、首要分子、多次、犯

[①] 参见2000年9月26日发布的《最高人民法院关于审理走私刑事案件具体应用法律若干问题的解释》（已废止）第5条，2009年12月3日发布的《最高人民法院、最高人民检察院关于办理妨害信用卡管理刑事案件具体应用法律若干问题的解释》（已修改）第7条，2010年3月2日发布的《最高人民法院、最高人民检察院关于办理非法生产、销售烟草专卖品等刑事案件具体应用法律若干问题的解释》第3条，等等。

罪行为孳生之物数量（数额）巨大、违法所得数额巨大作为法定刑升格条件的规定，只是为了限制法官的自由裁量权。一方面，我国人口数量多、国土面积大、各地各方面的差异很大，相同的行为在不同地方所受到的否定评价程度并不相同，所以，一个犯罪的法定刑幅度不能太小。否则，刑法就难以在全国普遍适用。另一方面，重刑观念不仅影响我国的刑事司法，也影响我国的刑事立法，导致犯罪的法定最高刑普遍较重。以上两点决定了我国刑法分则对常见犯罪、较为严重犯罪所规定的法定刑幅度必须较大（最低刑至最高刑之间的幅度较大）。为了防止法官恣意裁量刑罚，刑事立法便将一个犯罪的法定刑细分为 2~3 个档次，于是出现了许多将情节（特别）严重、数额（特别）巨大、首要分子、多次、犯罪行为孳生之物数量（数额）（特别）巨大、违法所得数额（特别）巨大等分别作为第二档次、第三档次的法定刑的适用标准的规定。

与各地发展平衡、没有重刑观念的一些国家的刑法相比，就可以明白这一点。例如，日本《刑法》第 235 条规定："窃取他人财物的，是盗窃罪，处十年以下拘禁刑或者五十万元以下罚金。"日本《刑法》第 246 条第 1 项规定："欺骗他人使之交付财物的，处十年以下拘禁刑。"显然，这两个罪的法定刑，分别相当于我国《刑法》第 264 条与第 266 条所规定的前两档法定刑。日本刑法没有将"十年以下拘禁刑"细分为两个档次，大体是因为立法者相信法官会作出公正的裁量；没有规定更重的法定刑，是因为日本没有重刑观念，或者说在日本的立法者看来，对任何严重的盗窃罪与诈骗罪，判处 10 年拘禁刑就足够了。这反过来说明，我国刑法就盗窃罪、诈骗罪所规定的数额巨大、特别巨大、情节严重、情节特别严重，就是为了规范量刑，而没有其他特别意义，或者说并不意味着盗窃罪、诈骗罪有三个犯罪构成。再如，经过 2004 年修改后的日本《刑法》第 199 条规定："杀人的，处死刑、无期或者五年以上拘禁刑。"在 2004 年之前，该条的规定是："杀人的，处死刑、无期或者三年以上拘禁刑。"不难看出，该法定刑与我国《刑法》第 232 条规定的法定刑完全相同。但日本的立法者并没有将这一法定刑细分为两个档次的法定刑，而是完全由法官公正裁量。① 这反过来说明，我国《刑法》第 232 条对故意杀人罪规定两个档次的法定刑（单独规定情节较轻的法定刑），也只是为了规范量刑，而不是意味着故意杀人罪有两个犯罪

---

① 从立法论上而言，我国《刑法》第 232 条区分了普通杀人与情节较轻的杀人，似乎可以限制法官的自由裁量权。但事实上不一定如此。因为何谓情节较轻，也是需要法官自由裁量的。只有当最高人民法院限制或者规定了情节较轻的具体情形时，才对下级法官有限制作用。可是，即使我国《刑法》第 232 条的规定是"故意杀人的，处三年以上有期徒刑、无期徒刑或者死刑"，最高人民法院同样可以规定对何种情形的杀人处 10 年以下有期徒刑，对何种情形的杀人处 10 年以上有期徒刑。

构成。

区分量刑规则与加重的犯罪构成、减轻的犯罪构成具有重要意义，其突出地表现在如何处理犯罪形态以及如何适用法定刑的问题上。[①] 我国刑法总则规定对未遂犯原则上予以处罚，虽然事实上对情节较轻的故意犯罪的未遂不会追究刑事责任，但对严重犯罪的未遂一般以犯罪论处。未遂是相对于既遂而言的，按照刑法理论的通说，刑法分则所规定的基本的犯罪构成与加重的犯罪构成，都以既遂为模式。所以，故意的基本犯存在未遂犯，故意的加重犯（如故意的结果加重犯）也存在未遂犯。概言之，当行为人的行为符合加重的犯罪构成的行为类型，只是没有发生既遂结果时，就成立加重犯的未遂犯，在适用加重法定刑的同时适用未遂犯的规定。[②] 只有当行为人对加重犯罪构成所规定的加重结果仅有过失时，才不存在未遂犯。例如，入户抢劫未遂的，适用入户抢劫的法定刑，同样适用刑法总则关于未遂犯的规定。再如，在公众场所当众强奸妇女未遂的，适用《刑法》第 236 条第 3 款规定的加重法定刑，同时适用刑法总则关于未遂犯的规定。但是，量刑规则是不可能存在所谓未遂的。换言之，只有当案件事实完全符合某个量刑规定时，才能按照该规定量刑。例如，假定盗窃罪的数额较大、巨大与特别巨大的起点分别为 1 000 元、5 万元与 50 万元，甲潜入某博物馆，意图窃取价值 100 万元的一幅画，虽然已经着手，但由于意志以外的原因未得逞。如果认为，《刑法》第 264 条对数额特别巨大及其法定刑的规定内容，属于加重的犯罪构成，那么，对甲理所当然地要适用数额特别巨大的法定刑，并适用刑法总则关于未遂犯的处罚规定。如若认为，《刑法》第 264 条对数额特别巨大及其法定刑的规定内容，只是量刑规则，亦即，只有盗窃数额客观上达到了巨大或者特别巨大，才能适用相应的法定刑，那么，对甲就不能适用数额特别巨大的法定刑，而只能适用基本犯的法定刑（数额较大的法定刑），同时适用刑法总则关于未遂犯的处罚规定。当然，如果认定甲的行为属于情节严重，就应当适用情节严重的法定刑，但由于盗窃罪是转移占有的犯罪，甲的行为仍然属于情节严重的盗窃未遂，需要同时适用未遂犯的规定。但如前所述，这里所说的构成"严重性"的相关事实必须是已经现实发生的事实，如甲现实地侵入博物馆这一情节，而不包括

[①] 实际上还涉及一罪与数罪的区分、同种数罪与不同种数罪的区分问题，在此不展开讨论。

[②] 当然，由于法条表述等原因，不排除个别情形存在例外或者存在争议。例如，按照本书的观点，《刑法》第 236 条第 3 款第 4 项所规定的"二人以上轮奸的"属于加重的犯罪构成，但是否存在轮奸未遂，则存在争议。再如，根据本书的观点，《刑法》第 239 条第 2 款规定的"杀害被绑架人"属于加重的犯罪构成，但对杀人未遂的是否适用本规定（同时适用刑法总则关于未遂犯的规定），则存在争议。参见张明楷：《绑架罪中"杀害被绑架人"研究》，《法学评论》2006 年第 3 期。

客观上尚未成为现实的可能性。

如前所述,本书认为刑法关于情节严重、数额巨大的规定只是量刑规则,因而主张后一种做法。事实上,后一种做法才符合罪刑相适应原则。例如,A 盗窃 48 万元既遂,B 意图盗窃 51 万元未遂。按照上述第一种做法,对 A 可能判处的最低刑为 3 年有期徒刑,可能判处的最高刑为 10 年有期徒刑,而对 B 可能判处的最低刑为 10 年有期徒刑,可能判处的最高刑为无期徒刑。诚然,对 B 可以适用刑法总则关于未遂犯的处罚规定,尽管如此,对 B 的处罚仍然会重于对 A 的处罚。然而,A 的盗窃行为已经给他人财产造成了实害,B 的盗窃行为只是有造成他人财产损失 51 万元的危险,所以,B 的盗窃行为的不法程度肯定轻于 A 的盗窃行为的不法程度。① 不难看出,上述第一种做法有悖罪刑相适应原则。这又说明,对于刑法分则所规定的情节严重、数额巨大,只能视为量刑规则,而不能理解为加重的犯罪构成。

再如,《刑法》第 217 条前段规定,"以营利为目的,有下列侵犯著作权或者与著作权有关的权利的情形之一,违法所得数额较大或者有其他严重情节的,处三年以下有期徒刑或者拘役,并处或者单处罚金;违法所得数额巨大或者有其他特别严重情节的,处三年以上十年以下有期徒刑,并处罚金"。根据 2004 年 12 月 8 日发布的《最高人民法院、最高人民检察院关于办理侵犯知识产权刑事案件具体应用法律若干问题的解释》第 5 条的规定,违法所得数额在 3 万元以上的,属于违法所得数额较大,非法经营数额在 5 万元以上的,属于有其他严重情节;违法所得数额在 15 万元以上的,属于违法所得数额巨大,非法经营数额在 25 万元以上的,属于有其他特别严重情节。按照本书的观点,上述违法所得数额巨大与有其他特别严重情节,并不是所谓加重的犯罪构成,只是量刑规则。所以,既不存在违法所得数额巨大情形的未遂犯,也不存在情节特别严重情形的未遂犯。换言之,只要行为的违法所得数额客观上没有达到 15 万元以上,不管行为人主观上意欲获得的违法数额是多少,都不可能适用违法所得数额巨大的法定刑。同样,只要非法经营数额客观上没有达到 25 万元以上(也没有司法解释规定的其

---

① 也许有人认为,B 的主观恶性(或人身危险性)大于 A,但本书不赞成这种说法。首先,主观恶性是一个没有特定含义的概念,被司法机关任意使用。如果说 B 的责任重于 A,也难以成立。因为责任是对客观不法的责任,不存在独立于不法事实之外的责任。所以,不能认为 B 的责任重于 A 的责任。换言之,A 是对 48 元财产实害的责任,B 只是对 51 万元财产危险的责任。其次,不能将影响特殊预防必要性大小的因素,与责任要素混为一谈。在上述假定的 A 与 B 的案件中,并没有假定特殊预防必要性大小的因素。最后,B 的主观恶性大或者责任重的说法也不可能得到贯彻。例如,甲仅以盗窃数额较大财物的故意,盗窃了价值 8 000 元的财物,乙以盗窃得越多越好的故意,盗窃了价值 8 000 元的财物。没有人会认为对乙应当适用数额巨大或者特别巨大的法定刑。

他特别严重情节），就不可能适用有其他特别严重情节的规定。

司法实践中经常发生一个行为人有时盗窃既遂，有时盗窃未遂的案件。例如，甲一次盗窃他人价值 4 万元的财物既遂，另一次盗窃价值 51 万元的财物未遂。这种案件在我国司法实践中均被认定为一个盗窃罪。于是，如果认为，《刑法》第 264 条对数额特别巨大及其法定刑的规定内容，属于加重的犯罪构成，那么，对甲理所当然地要适用数额特别巨大的法定刑，既要适用刑法总则关于未遂犯的处罚规定，又将盗窃 4 万元财物作为从重处罚的情节。① 但是，这种做法明显不当。其一，明明存在盗窃 4 万元财物既遂的情形，却要认定为盗窃未遂，违背了事实与常理。其二，一方面认为盗窃数额特别巨大是加重的犯罪构成，另一方面又不将甲的行为认定为两个盗窃罪（前者盗窃既遂，后者盗窃未遂），这与罪数原理相冲突。其三，在适用刑法总则关于未遂犯的处罚规定的同时，又将盗窃 4 万元财物作为从重处罚情节的结果是，对甲判处的刑罚明显过重，因而不符合罪刑相适应原则。其四，难以确定公平的规则，进而会导致处罚不均衡。例如，按照司法解释的规定，A 一次意图盗窃 5 万元财物（客观上也有既遂可能性）但未遂的，适用"三年以上十年以下有期徒刑"的法定刑，同时适用未遂犯的规定。单看这一规则似乎没有疑问。但是，倘若 B 一次盗窃 4 万元既遂、另一次盗窃 1 万元未遂，C 一次盗窃 1 万元既遂、另一次盗窃 4 万元未遂，如何适用法定刑以及是否适用未遂犯的规定，就不无疑问。B、C 的不法与责任均重于 A，但按司法解释的规定，很可能认为对 B、C 只能在盗窃罪的基本犯法定刑之内从重处罚，即判处 3 年以下有期徒刑。两相比较，对 A 的处罚明显过重。对某类疑难问题的解决，应当先确定一般性的公平规则，再相对灵活地解决特殊问题，而不应当先确定一个不公平的规则，再利用灵活性达到公平。如若按照本书的观点，将《刑法》第 264 条对数额特别巨大及其法定刑的规定内容作为量刑规则，那么，对甲就应当适用数额较大的法定刑（因为量刑规则规定的"盗窃数额特别巨大"没有现实发生），不适用未遂犯的规定，同时将盗窃 51 万元未遂的事实作为在数额较大法定刑内量刑的从重情节。对 A 也应适用基本犯（数额较大）的法定刑，并适用未遂犯的规定；对 B、C 则应直接认定为基本犯的既遂（未遂部分作为包括一罪被吸收），这样便不会产生任何不均衡的现象。从这里也可以看出将情节严重、数额（特别）巨大作为量刑规则的合理性。基于同样的理由，对同一行为人诈骗数额较大既遂、诈骗数额巨大未遂的，或者同一行为人抢夺数额较大既遂、抢夺数额巨大未遂的，也应分别认定为诈骗既遂、抢夺既

---

① 参见 2013 年 4 月 2 日发布的《最高人民法院，最高人民检察院关于办理盗窃刑事案件适用法律若干问题的解释》第 12 条。

遂，并且只能适用数额较大的法定刑。

反过来，也不能将加重的犯罪构成理解为量刑规则。如果将加重的犯罪构成理解为量刑规则，就会导致"一旦符合加重的犯罪构成，就没有未遂"的不当结论。例如，关于抢劫罪的法定刑升格情形，一种观点认为："对于具有第 263 条规定的 8 种情节之一的抢劫罪，属于结果加重犯和情节加重犯，只要抢劫行为具有其中任何一情节，无论财物是否抢劫到手，都应视为抢劫既遂。"[①] 另一种观点则认为："《刑法》第 263 条基本情节规定的一般抢劫罪，应以是否劫得财物为既遂与未遂的界限。加重情节规定的情节加重犯和结果加重犯，应该具体情况具体分析，抢劫致人重伤、死亡的，不存在未遂问题，情节加重犯则仍然存在以是否抢得财物作为区分既遂与未遂界限的标准。"[②] 除了结果加重犯是否存在未遂的具体争议之外，上述两种不同观点的实质区别在于对《刑法》第 263 条规定的八种加重情形的理解不同。显然，前一种观点基本上将其理解为量刑规则，后一种观点则基本上将其理解为加重的犯罪构成。

本书的基本观点是，《刑法》第 263 条所规定的八种情形中，第 4 项规定的"多次抢劫或者抢劫数额巨大"属于量刑规则，其他规定内容都属于加重的犯罪构成。所以，第 1 项至第 3 项、第 6 项至第 8 项，都存在犯罪未遂。反过来说，即使发生了符合加重的构成要件要素的事实，抢劫罪也未必既遂。例如，对于入户抢劫但没有取得任何财物的，既要适用入户抢劫的法定刑，又要适用刑法总则关于未遂犯的处罚规定。在公共交通工具上抢劫但没有取得任何财物，冒充军警人员抢劫未遂或者持枪抢劫未遂的，也是如此。但是，对于行为人原本打算抢劫 3 次以上，实际上却只抢劫了 1 次或者 2 次的，以及行为人原本想抢劫数额巨大财物，实际上仅抢劫了数额较大财物或者分文未取的，只能适用普通抢劫的法定刑（"三年以上十年以下有期徒刑，并处罚金"）。至于第 5 项规定的抢劫致人重伤、死亡的结果加重犯问题，本书的基本看法是，这种结果加重犯也是加重的犯罪构成。一方面，行为人原本打算故意造成被害人重伤、死亡后强取财物，并已着手实行重伤、杀害行为，但由于意志以外的原因而未能致人重伤、死亡的，即使强取了数额较大的财物，也应适用加重法定刑，并适用总则关于未遂犯的处罚规定（结果加重犯的未遂）。另一方面，行为人致人重伤、死亡后未能强取财物的，严格地说，属于基本犯未遂，结果加重犯既遂（未遂的结果加重犯）。剩下的只是是否适用刑法总则关于未遂犯的处罚规定的问题。由于我国的法定刑较

---

① 高铭暄主编：《新编中国刑法学》（下册），中国人民大学出版社 1998 年版，第 769 页。

② 高铭暄、马克昌主编：《刑法学》（下编），中国法制出版社 1999 年版，第 896 页。

重，法官量刑也偏重，本书倾向于适用未遂犯的规定。[①]

根据以上分析，刑法分则条文关于法定刑升格条件的规定，可以分为以下三类：（1）有的分则条文所规定的法定刑升格条件，仅属于量刑规则。如当刑法分则条文将情节严重、情节恶劣、罪行严重或者数额巨大等规定为法定刑升格条件时，它们属于量刑规则，而不属于加重的犯罪构成。（2）有的分则条文所规定的法定刑升格条件，属于加重的犯罪构成。例如，《刑法》第 121 条规定："以暴力、胁迫或者其他方法劫持航空器的，处十年以上有期徒刑或者无期徒刑；致人重伤、死亡或者使航空器遭受严重破坏的，处死刑。"本条后段规定的是加重的犯罪构成，而不只是量刑规则。再如，《刑法》第 234 条第 2 款前段规定，"犯前款罪，致人重伤的，处三年以上十年以下有期徒刑；致人死亡或者以特别残忍手段致人重伤造成严重残疾的，处十年以上有期徒刑、无期徒刑或者死刑"。本款规定的法定刑升格条件均为加重的犯罪构成，而不是单纯的量刑规则。（3）有的分则条文所规定的法定刑升格条件中，既包括加重的犯罪构成，也包括单纯的量刑规则。例如，《刑法》第 236 条第 3 款规定了六种法定刑升格条件："（一）强奸妇女、奸淫幼女情节恶劣的；（二）强奸妇女、奸淫幼女多人的；（三）在公共场所当众强奸妇女、奸淫幼女的；（四）二人以上轮奸的；（五）奸淫不满十周岁的幼女或者造成幼女伤害的；（六）致使被害人重伤、死亡或者造成其他严重后果的。"按照本书的观点，第 1 项与第 2 项属于量刑规则，剩余 4 项属于加重的犯罪构成。再如，《刑法》第 318 条第 1 款对组织他人偷越国（边）境罪规定了七种法定刑升格条件："（一）组织他人偷越国（边）境集团的首要分子；（二）多次组织他人偷越国（边）境或者组织他人偷越国（边）境人数众多的；（三）造成被组织人重伤、死亡的；（四）剥夺或者限制被组织人人身自由的；（五）以暴力、威胁方法抗拒检查的；（六）违法所得数额巨大的；（七）有其他特别严重情节的。"按照本书的观点，第 3 项至第 5 项的规定内容属于加重的犯罪构成，其他各项属于量刑规则。

综上所述，刑法分则条文所规定的抽象升格条件（情节严重、情节特别严重等），都是量刑规则；刑法分则条文所规定的具体升格条件中，一部分是量刑规则（数额巨大、数量巨大、违法所得数额巨大、首要分子、多次等），一部分是加重的犯罪构成（如入户抢劫、持枪抢劫、在公共场所当众强奸妇女等）。所以，抽象的升格条件与量刑规则不是等同概念，具体的升格条件与加重的犯罪构成也不是等同概念。

另需说明的是，当刑法分则将某种犯罪的加重或者减轻情形规定为独立的犯

[①] 参见张明楷：《刑法学》（第六版）（上），法律出版社 2021 年版，第 449 页。

罪时, 这种罪状又成为独立犯罪的基本罪状, 因而成为对该罪特有构成要件的描述。例如,《刑法》第 171 条第 1 款规定了购买假币罪, 而该条第 2 款将"银行或者其他金融机构的工作人员购买伪造的货币"的行为规定为另一独立的犯罪(金融工作人员购买假币罪), 并且不要求利用职务上的便利。作此规定, 即不将该行为规定为《刑法》第 171 条第 1 款的法定刑升格的条件, 是因为金融机构工作人员的主体身份, 使其很容易将假币转换为真币。我们或许可以认为,《刑法》第 171 条第 2 款将购买假币罪的加重情形之一(金融工作人员购买假币)规定为独立的犯罪, 也正因如此, 上述罪状不再属于加重罪状, 而成为基本罪状, 因而其是对构成要件的描述。再如, 一般来说, 基于被害人同意的杀人, 属于《刑法》第 232 条规定的"情节较轻"的杀人。假设刑法分则将基于被害人同意的杀人规定为独立的犯罪, 那么, 条文对基于被害人同意的杀人的罪状的描述, 则是对"同意杀人罪"的特有构成要件的描述, 而不再是法定刑减轻的条件。

五、"处……。"标明法定刑

所谓法定刑, 是指刑法分则各本条及其他刑事法律中的分则性规范对各种具体犯罪所规定的刑种与刑度(刑罚的幅度)。刑法总则规定了管制、拘役、有期徒刑、无期徒刑、死刑五种主刑和罚金、剥夺政治权利、没收财产、驱逐出境四种附加刑。刑法分则各本条及其他刑事法律的分则性规范中的法定刑, 是依照刑法总则的规定、根据具体犯罪的危害程度而确定的刑种与刑度。

法定刑与刑种不是等同概念, 一个法定刑中既可能只有一个刑种, 也可能包括几个刑种。例如,《刑法》第 232 条规定的故意杀人罪, 共有两档法定刑, 前一档法定刑为"死刑、无期徒刑或者十年以上有期徒刑", 其中包含了三个刑种, 但应认为只是一个法定刑, 而不能认为其中有三个法定刑。因此, 当适用这一法定刑减轻处罚时, 只能判处低于 10 年有期徒刑的刑罚。判处死缓、无期徒刑或者 10 年以上有期徒刑时, 不属于减轻处罚。

法定刑首先反映出国家对犯罪行为的否定评价和对犯罪人的谴责态度。犯罪是刑法所禁止的行为, 刑法通过法定的刑种与刑度来禁止犯罪行为。法定刑还反映出国家对罪行(有责的违法性)程度的评价。因为具体犯罪法定刑的确定, 是以通常情况下该具体罪行可能达到的最高程度和最低程度为依据的。如果国家认为某种具体罪行严重, 就会规定较重的法定刑; 反之, 就会规定较轻的法定刑。如果形势发生变化, 对具体罪行的评价发生变化, 原来的法定刑显得过重或者过轻, 国家就会修改法定刑, 使重新确定的法定刑与该罪行的轻重相适应。因此, 国家对具体犯罪规定的法定刑, 实际上是在刑事立法上实践罪刑相适应原则。

刑事立法上的罪刑相适应，是刑事司法上的罪刑相适应的前提。这一方面表明，如果法定刑与犯罪不相适应，刑事司法上就不可能做到罪刑相适应；另一方面表明，法定刑是人民法院量刑的法律依据，即在通常情况下，人民法院只能在法定刑的范围内选择与犯罪相适应的刑种与刑度。在法律有减轻的特别规定时，人民法院的量刑可以低于法定刑，但这种减轻仍应以法定刑为依据，而不是摆脱法定刑任意减轻。

根据立法实践与刑法理论，以法定刑的刑种、刑度是否确定以及确定的程度为标准，可以将法定刑分为绝对不确定的法定刑、绝对确定的法定刑、相对确定的法定刑与浮动法定刑：

（1）绝对不确定的法定刑，是指在刑法条文中不规定刑种与刑度，只笼统规定对某种犯罪应予惩处。如对具体犯罪只规定"依法制裁""依法严惩""依法追究刑事责任"等，至于如何具体处刑，完全由审判机关决定。这种法定刑没有统一的量刑幅度①，实际上没有提供处刑标准，不利于贯彻罪刑相适应的原则，也不利于法制的统一。设立、承认绝对不确定的法定刑，与法治理念相抵触。在实行罪刑法定原则的前提下，不得认可绝对不确定的法定刑；易言之，当刑法只是规定对某种行为依法追究刑事责任，而事实上没有规定法定刑，也没有可以援引的法定刑时，对该行为不得以犯罪论处。例如，2001年《刑法》第339条第3款规定："以原料利用为名，进口不能用作原料的固体废物的，依照本法第一百五十五条的规定定罪处罚。"而2001年《刑法》第155条只是规定，"逃避海关监管将境外固体废物运输进境的""以走私罪论处，依照本节的有关规定处罚"。可是，在2001年刑法分则第三章第二节，事实上对走私固体废物的行为没有规定法定刑，也没有可以援引的法定刑，故对走私固体废物的行为并不存在量刑依据。② 正因为如此，《刑法修正案（四）》对走私废物罪规定了相对确定的法定刑。所以，"依法制裁""依法严惩""依法追究刑事责任"等，并不是对法定刑的规定。严格地说，在法治社会，"绝对不确定的法定刑"这一概念本身就没有存在的余地。

（2）绝对确定的法定刑，是指在条文中只规定单一的刑种与固定的刑度。例如，1951年颁布的《惩治反革命条例》（已废止）第5条前段规定，"持械聚众叛乱的主谋者、指挥者及其他罪恶重大者处死刑"。这就是绝对确定的法定刑。由于这种法定刑缺乏灵活性，司法机关没有自由裁量的余地，难以针对案件的具

① 严格地说，不能称之为法定刑。
② 一段时期内，司法解释［2000年9月26日发布的《最高人民法院关于审理走私刑事案件具体应用法律若干问题的解释》（已废止）］试图填补这一"空白"，但这种权宜之计本身就存在疑问。因为法定刑只能由"法"定，而不能由司法解释定。

体情况判处轻重适当的刑罚，不利于贯彻区别对待的政策，故我国 1979 年颁布的《刑法》没有规定这种法定刑。此后的单行刑法也大多没有采取这种法定刑。但是，有的单行刑法少量地规定了绝对确定的法定刑。现行刑法也规定了少量的绝对确定的法定刑。例如，《刑法》第 121 条规定："以暴力、胁迫或者其他方法劫持航空器的，处十年以上有期徒刑或者无期徒刑；致人重伤、死亡或者使航空器遭受严重破坏的，处死刑。"应当认为，该条后段规定的是绝对确定的法定刑。但是，一方面，它只是针对劫持航空器罪中"致人重伤、死亡或者使航空器遭受严重破坏"的情形而言，并不是针对该种犯罪的所有情形；另一方面，它不是出于对法官的不信任，而是因为立法者认为对劫持航空器并发生上述结果的犯罪，应当而且只能判处死刑。从这个意义上说，它有别于一般意义上的绝对确定的法定刑。[①]

（3）相对确定的法定刑，是指在条文中规定一定的刑种与刑度，并明确规定最高刑与最低刑。其特点是立法上有确定的刑种与刑度，司法上有具体裁量的余地。这种法定刑适应我国的实际情况，有利于法制的协调统一；适应惩罚犯罪的需要，有利于贯彻区别对待的政策；适应具体犯罪的不同情况，有利于实践罪刑相适应的原则；适应犯罪的危害程度变化，有利于刑法的相对稳定。但是，我们既不能认为法定刑的幅度越宽越好，也不能认为法定刑的幅度越窄越好。法定刑的幅度过宽，或许在正常情况下有利于实现个别正义，但不利于实现一般正义，在法官滥用裁量权的情况下，也不利于实现个别正义；法定刑的幅度过窄，或许有利于限制法官的自由裁量权，但不利于实现个别正义。人们习惯认为中国刑法的法定刑幅度宽于其他国家刑法的法定刑幅度，但与德国、日本等大陆法系国家的刑法相比，这一结论并无根据。换言之，德国、日本等国刑法规定的法定刑幅度事实上宽于我国的法定刑幅度。

（4）浮动法定刑，也称浮动刑、机动刑，是指法定刑的具体期限或具体数量并非确定的，而是根据一定的标准升降不居，处于一种相对不确定的游移状态。例如，《刑法》第 158 条规定，犯虚报注册资本罪的，并处或者单处虚报注册资本金额 1% 以上 5% 以下罚金。再如，《刑法》第 227 条规定，犯倒卖车票、船票罪的，并处或单处票证价额 1 倍以上 5 倍以下罚金。浮动法定刑具有以下特点：其一，只见之于罚金刑，这显然是因为罚金刑的数额可以根据刑法规定的某种事实标准予以确定。其二，只适用于经济犯罪、财产犯罪，对其他犯罪难以甚至不可能规定浮动法定刑。其三，刑罚（罚金）的具体幅度（数量）要根据案件的

[①] 在这种情况下，如果被告人具有法定的减轻处罚情节，就必须减轻处罚。如果没有法定的减轻处罚情节，但判处死刑过重，就需要适用《刑法》第 63 条第 2 款的规定。

一定事实确定。这是浮动法定刑与相对确定法定刑的区别。在刑法规定的法定刑相对确定时，不管案件发生与否，人们可以事先得知刑罚的具体幅度（如《刑法》第 162 条规定的罚金数量为 2 万元以上 20 万元以下）；而刑法规定浮动法定刑时，只有查清了刑法规定的特定事实，才能得知刑罚的具体幅度（如查明了行为人虚报注册资本金额为 100 万元时，才得知罚金数额为 1 万元以上 5 万元以下）。所以，浮动法定刑不同于相对确定的法定刑。但必须肯定的是，浮动法定刑与相对确定的法定刑，在既限制司法权力、又允许司法机关根据案件的具体情况进行一定的自由裁量这一实质上，具有相同点。又由于浮动法定刑中的浮动的幅度是相对确定的，在此意义上，也可以认为浮动法定刑属于相对确定的法定刑。

将罚金刑规定为浮动刑，具有以下优点：其一，有利于体现罪刑相适应原则。决定罚金数额时，应以犯罪情节为根据，而犯罪数额是经济犯罪、财产犯罪的一个重大情节。根据犯罪数额确定罚金的幅度，在此幅度内再考虑其他情节，就能做到罪刑相适应。其二，有利于考虑犯罪人的经济状况。罚金刑的缺陷之一在于其效果因贫富之差而完全不同，这就决定了确定罚金数额时，必须考虑犯罪人的经济状况以实现罚金刑的实质公平性。浮动的罚金刑则有利于人民法院考虑犯罪人的经济状况。其三，能够同时适用于自然人犯罪与单位犯罪，并实现罪刑相适应。一般来说，单位犯罪的数额高于自然人犯罪数额，根据浮动刑的特点，对单位的罚金数额便高于对自然人的罚金数额。因此，在犯罪主体既可以是自然人，也可以是单位时，浮动罚金刑比数额相对确定的罚金刑（如上述《刑法》第 162 条）更具有实用性与妥当性。其四，有利于刑法的稳定。刑法的相对稳定性要求法条能够适应社会形势变化后的各种情况。各国立法者都对罚金数额的规定感到棘手，即使好不容易规定了相对确定的罚金数额，但出现通货膨胀后，原来规定的罚金数额必然显得过低，不得不修改刑法。浮动的罚金刑不存在上述问题，因而有利于刑法的稳定。

从立法上看，法定刑经历了三个阶段：一是与罪刑擅断相适应的绝对的专断刑主义（绝对不确定的法定刑）。在这里，没有法治可言。二是绝对的法定刑主义（绝对确定的法定刑）。这显然是出于对法官的不信任，是形式法治的表现。在这种情况下，法官不能应情科处相应的刑罚，难以实现实质正义、个别正义。三是相对的法定刑主义（相对确定的法定刑，浮动法定刑）。一方面，这表现为对法官的不信任，避免法官恣意量刑；另一方面，也反映出立法的局限性，相对确定的法定刑有利于使法官实现量刑的公平与合理。这是形式法治与实质法治统一的表现。同样，禁止不定（期）刑现在也不只是对司法机关的要求，同样限制立法机关。其一，立法机关不能笼统规定"犯……罪的，处以刑罚"（不定刑）。

如果出现这样的规定，则应认为其规定的行为并不成立犯罪，因为在立法上，"法律明文规定为犯罪行为的，依照法律定罪处刑"（《刑法》第 3 条），亦即，如果刑法没有对某种行为规定法定刑，就无法依据法律处刑，该行为就不是犯罪。其二，立法机关不能规定"犯⋯⋯罪的，处徒刑"（不定期刑）。如果出现这样的规定，则应认为其规定无效，因为该规定极不明确。基于同样的理由，法官在判决时必须宣告具体的刑罚，而不能宣告不定（期）刑。

关于法定刑的概念及其适用，有以下几点值得说明：

第一，法定刑与处断刑不是等同概念。

在德国、日本等国，对具体犯罪适用法定刑时，往往要对法定刑进行修正。详言之，当存在刑罚的加重或者减轻事由时，就要对法定刑本身进行加重或者减轻，从而确定处断范围。对法定刑本身进行加重与减轻后所形成的处断范围，就是处断刑。可见，这里的加重与减轻事由，是加重与减轻法定刑的事由，因而是修正法定刑的事由，而不是直接加重与减轻宣告刑的事由。这是因为在德国、日本等国刑法中，所谓的加重、减轻刑罚，与我国的加重、从重、减轻处罚并非等同概念。我国刑法中的从重、减轻处罚，并不改变法定刑，而德国、日本刑法中的加重、减轻刑罚必须修正法定刑。例如，日本刑法规定对累犯应加重刑罚，加重的幅度是对其犯罪所规定的拘禁刑的最高刑期的 2 倍以下（日本《刑法》第 57 条）。假如行为人犯甲罪，又是累犯，而甲罪的法定刑为 3 年以上 10 年以下拘禁刑，由于应当加重刑罚，所以必须将最高刑期提高到其 2 倍，于是形成了 3 年以上 20 年以下拘禁刑的处断范围，即行为人所犯甲罪的法定刑为 3 年以上 10 年以下拘禁刑，由于累犯应加重刑罚，法官应在 3 年以上 20 年以下拘禁刑的幅度内裁量刑罚，这个 "3 年以上 20 年以下拘禁刑" 就是处断刑。再如，根据日本《刑法》第 68 条的规定，有期拘禁刑减轻时，将其最高刑期与最低刑期减去 1/2。例如，犯罪人心神耗弱，应当减轻刑罚。假如其所犯之罪的法定刑为 3 年以上 10 年以下拘禁刑，那么，减轻刑罚时，应当将该法定刑减为 1 年 6 个月以上 5 年以下的拘禁刑，然后法官在该幅度内裁量刑罚，这个 "1 年 6 个月以上 5 年以下的拘禁刑" 就是处断刑。

显然，处断刑不是我国刑法中的概念，在刑法规定了基于法定事由可以对法定刑进行修正的国家，才有真正意义上的处断刑。但是，我国也会出现类似处断刑的现象。例如，刑法规定了数罪并罚的原则与方法，当一个人犯数罪时，会出现处断刑。甲犯 A、B 两罪，A 罪的法定刑为 3 年以上 10 年以下有期徒刑，法官决定判处 6 年有期徒刑；B 罪的法定刑为 2 年以上 7 年以下有期徒刑，法官决定判处 4 年有期徒刑。根据数罪并罚的原则与方法，法官必须进一步在 6 年以上 10 年以下的有期徒刑的幅度内裁量需要执行的刑罚。这个 "6 年以上 10 年以下有期徒刑"，就可谓处断刑。再如，当刑法条文规定，犯 A 罪具有加重情节时，按照 B 罪定罪处罚或者适用 B 罪的法定刑，但 B 罪的法定最低刑可能低于 A 罪的法定最低刑。在这种情况下，对行为人的处罚不得轻于 A 罪的最低刑，否则便有悖刑法的正义理念。这里也会出现类似处断刑的现象（详见下述内容）。

第二，结果加重犯的法定刑，往往明显重于基本犯的法定刑与相应的过失犯的法定刑之和，因此需要正确认识和处理结果加重犯。

例如，行为人 A 实施一般情节的强奸罪，另有行为过失致他人重伤。前者的法定刑为 3 年以上 10 年以下有期徒刑，后者的法定刑为 3 年以下有期徒刑或者拘役，A 最多只能被判处 13 年有期徒刑。反之，如果行为人 B 实施强奸行为并过失导致被害妇女重伤，那么，其法定刑便是 10 年以上有期徒刑、无期徒刑或者死刑，B 最高可能被判处死刑。再如，行为人甲实施一般情节的抢劫罪，另过失致人死亡（排除情节较轻的情形）。前者的法定刑为 3 年以上 10 年以下有期徒刑，后者的法定刑为 3 年以上 7 年以下有期徒刑，甲最多只能被判处 17 年有期徒刑。反之，如果行为人乙实施抢劫行为并过失导致被害人死亡，那么，其法定刑便是 10 年以上有期徒刑、无期徒刑或者死刑，乙可能被判处死刑。不仅中国刑法如此，其他国家的刑法都是如此。这种规定的理由何在，还是需要进一步研究的问题。

笔者的基本看法是，各种学说都难以圆满说明结果加重犯的加重处罚根据。所以，不能不承认，结果加重犯的加重法定刑，是结果责任在各国刑法中的残余。"不法者对不法行为产生的一切结果承担责任"（*Versanti in illicito imputantur omnia*，*quae sequuntur ex delicto*）的古老法律格言，被理论上称为 Versanti 原则，其含义是，行为人对其不法行为所产生的一切结果，无条件地承担责任。Versanti 原则表达了结果责任、间接处罚的意思，虽然遭到了当今刑法理论的强烈批判，但是，其对各国刑事立法与刑事司法的影响深远，结果加重犯便是 Versanti 原则的产物。正因为如此，应当严格限制结果加重犯的范围。①

刑法规定了诸多结果加重犯，刑法理论一般认为，结果加重犯的成立，以行为人对加重结果至少为过失为前提。② 如果不提出这一要求，则与结果加重犯的加重法定刑不协调，而且有悖责任主义原则。但是，由于结果加重犯的法定刑相当重，不能排除行为人对加重结果持故意的情况（当然对此应具体分析，并非任何结果加重犯都可以对加重结果持故意）。例如，为了强奸妇女，而故意使用暴力导致妇女重伤的，成立强奸罪的结果加重犯；再如，2001 年 5 月 23 日发布的

---

① 参见张明楷：《严格限制结果加重犯的范围与刑罚》，《法学研究》2005 年第 1 期。

② 德国《刑法》第 18 条规定："如果法律因为特别结果而规定了较重的刑罚，只有当正犯与共犯对该结果至少具有过失时，才能适用该刑罚。"

《最高人民法院关于抢劫过程中故意杀人案件如何定罪问题的批复》指出："行为人为劫取财物而预谋故意杀人，或者在劫取财物过程中，为制服被害人反抗而故意杀人的，以抢劫罪定罪处罚。"既然如此，当行为人对加重结果持故意也仅成立结果加重犯时，如果加重结果没有发生，则应以结果加重犯的未遂论处，否则会造成处罚的不公平，有损刑法的正义性。例如，2002年6月17日晚，被告人朱某、房甲、房乙共谋抢劫出租车司机。朱某提议，将出租车司机骗至乡村偏僻路段，先杀人再劫货，然后将尸体藏入出租车后备箱，驾车驶离作案现场后弃车。朱某等3人携带水果刀、尼龙绳，租乘罗某驾驶的出租车，次日零时许，3人将罗某骗至偏僻处，用尼龙绳套住罗某颈部，并用水果刀刺罗某的手臂及腹部，致罗某不省人事；劫得罗某手机1部，人民币100余元。后将罗某推至路坡下，3人弃车逃逸。罗某苏醒后，经鉴定所受损伤为轻伤。对此，有人主张认定为故意杀人罪。[①] 显然，在这种观点看来，如果不认定为故意杀人罪，而认定为抢劫罪，那么，由于只是造成了轻伤，不成立结果加重犯，只能适用3年以上10年以下有期徒刑的法定刑；而单纯的杀人案件，则适用死刑、无期徒刑或者10年以上有期徒刑的法定刑。这显然不公平。但是，如果认定为故意杀人罪，则会出现以下现象：行为人为劫取财物而预谋故意杀人，或者在劫取财物过程中，为制服被害人反抗而故意杀人，因而致人死亡的，以抢劫罪定罪处罚；没有致人死亡的，以故意杀人罪论处。这也是一种不合理、不正常的现象。因为同一性质的行为，除刑法条文有特别规定的以外，是否发生结果，只是既遂与未遂的区别而已，不能因为是否发生某种结果而成立不同的犯罪。为了克服上述两个方面的缺陷，必须承认某些结果加重犯存在未遂。亦即，在行为人故意造成加重结果、存在发生加重结果的可能性，却没有发生加重结果的情况下，应认为成立结果加重犯的未遂。不难看出，对上例中的朱某等被告人以抢劫罪处罚，同时认定为结果加重犯的未遂，适用加重的法定刑，并适用总则关于未遂犯的规定，则可以克服上述两个方面的缺陷。[②]

第三，当刑法分则以一个独立的条文规定了某种犯罪的加重法定刑，而该种犯罪本身又具有几个不同档次的法定刑时，应当根据协调、公平的原则，决定加重法定刑的适用条件。

例如，《刑法》第102条至第112条规定了危害国家安全的具体犯罪，《刑法》第113条第1款规定："本章上述危害国家安全罪行中，除第一百零三条第

---

① 参见卞文斌：《为劫财而杀人一概定抢劫不妥》，《检察日报》2003年3月11日，第3版。
② 当然，由于朱某等人的抢劫行为同时触犯了故意杀人罪，所以朱某的行为是抢劫致人死亡的未遂犯与故意杀人的未遂犯的竞合。

二款、第一百零五条、第一百零七条、第一百零九条外，对国家和人民危害特别严重、情节特别恶劣的，可以判处死刑。"表面上看，对于《刑法》第 102 条、第 103 条第 1 款、第 104 条、第 108 条、第 110 条至第 112 条所规定的各种犯罪，只要对国家和人民危害特别严重、情节特别恶劣的，都可以判处死刑。其实不然。因为这些条文所规定的犯罪，往往区分了首要分子或者罪行重大者、积极参加者与其他参加者，而且针对不同的犯罪主体规定了不同的法定刑；与首要分子或者罪行重大者的法定刑相比，积极参加者与其他参加者的法定刑都较轻。根据刑法分则规定死刑的立法例，死刑通常与无期徒刑相并列，没有任何一个犯罪的法定刑表现为"处死刑或者五年以下有期徒刑""处死刑或者十年以下有期徒刑"。否则，便明显造成刑罚适用的不公平、不协调、不均衡现象。因此，只有当上述可以适用死刑的条文所规定的最高法定刑为无期徒刑时，才有可能适用《刑法》第 113 条第 1 款。

以《刑法》第 104 条第 1 款为例，该款规定："组织、策划、实施武装叛乱或者武装暴乱的，对首要分子或者罪行重大的，处无期徒刑或者十年以上有期徒刑；对积极参加的，处三年以上十年以下有期徒刑；对其他参加的，处三年以下有期徒刑、拘役、管制或者剥夺政治权利。"那么，武装叛乱或者武装暴乱的行为，对国家和人民危害特别严重、情节特别恶劣时，除对首要分子或者罪行重大者，可以判处死刑外，是否可以对积极参加者、其他参加者判处死刑呢？回答是否定的。首先，本款对积极参加者所规定的最高法定刑为 10 年有期徒刑，对其他参加者所规定的最高法定刑为 3 年有期徒刑，不管他们的行为造成了何种危害结果，不管其犯罪情节如何恶劣，都不可能对最高刑分别为 10 年与 3 年的犯罪适用死刑。只有当最高法定刑原本为无期徒刑时，才可能因为危害特别严重、情节特别恶劣而"可以判处死刑"。其次，本款实际上规定的是必要的共犯，并且鉴于危害国家安全犯罪的严重性，为了避免司法人员对危害国家安全的犯罪分子恣意地免除刑罚处罚，针对不同的参与者规定了轻重不同的法定刑，因而不再适用总则关于从犯、胁从犯应当从轻、减轻或者免除处罚的规定；但本款对法定刑的规定与刑法总则关于从犯、胁从犯的处罚原则的规定具有一致性，即从犯、胁从犯的处罚必须轻于主犯。如果对积极参加者与其他参加者，也适用《刑法》第 113 条第 1 款"可以判处死刑"的规定，则违反了区别对待的刑法精神，违背了刑法的正义理念。最后，根据本条表述，积极参加者、其他参加者的罪行不能达到"重大"的程度。这样一来，就不能既承认其罪行不重大，又认为其危害特别严重、情节特别恶劣。质言之，《刑法》第 113 条第 1 款与《刑法》第 104 条前段之间是位阶关系，不可能在不满足《刑法》第 104 条前段的前提下直接适用更严格的《刑法》第 113 条第 1 款。因此，就《刑法》第 104 条而言，《刑法》

第 113 条第 1 款"可以判处死刑"的规定，只适用于首要分子与罪行重大者。就《刑法》第 103 条第 1 款而言，也是如此。

　　与《刑法》第 103 条、第 104 条不同，《刑法》第 108 条、第 110 条至第 112 条，根据不同情节规定了不同的法定刑。显然，当条文将犯罪分为情节较轻、情节一般（严重）、情节特别严重并规定了不同的法定刑时，只有"情节特别严重"并符合《刑法》第 113 条第 1 款的规定时，才可以判处死刑。如《刑法》第 111 条规定："为境外的机构、组织、人员窃取、刺探、收买、非法提供国家秘密或者情报的，处五年以上十年以下有期徒刑；情节特别严重的，处十年以上有期徒刑或者无期徒刑；情节较轻的，处五年以下有期徒刑、拘役、管制或者剥夺政治权利。"显然，只有当为境外的机构、组织、人员窃取、刺探、收买、非法提供国家秘密或者情报的行为，情节特别严重，又符合《刑法》第 113 条第 1 款的规定时，才"可以判处死刑"；对于情节较轻或者情节一般的行为，不可能适用《刑法》第 113 条第 1 款。基于同样的理由，当条文将犯罪分为情节轻微与情节严重并规定了不同法定刑时，只有"情节严重"并符合《刑法》第 113 条第 1 款的规定时，才可以判处死刑。如《刑法》第 112 条规定："战时供给敌人武器装备、军用物资资敌的，处十年以上有期徒刑或者无期徒刑；情节较轻的，处三年以上十年以下有期徒刑。"对情节较轻的资敌行为，无论如何也不能评价为"对国家和人民危害特别严重、情节特别恶劣"，因而不能适用《刑法》第 113 条第 1 款。概言之，只有当条文原本规定的最高刑为无期徒刑时，才可能适用《刑法》第 113 条第 1 款的规定。

　　再如，《刑法》第 240 条第 1 款规定："拐卖妇女、儿童的，处五年以上十年以下有期徒刑，并处罚金；有下列情形之一的，处十年以上有期徒刑或者无期徒刑，并处罚金或者没收财产；情节特别严重的，处死刑，并处没收财产：（一）拐卖妇女、儿童集团的首要分子；（二）拐卖妇女、儿童三人以上的；（三）奸淫被拐卖的妇女的；（四）诱骗、强迫被拐卖的妇女卖淫或者将被拐卖的妇女卖给他人迫使其卖淫的；（五）以出卖为目的，使用暴力、胁迫或者麻醉方法绑架妇女、儿童的；（六）以出卖为目的，偷盗婴幼儿的；（七）造成被拐卖的妇女、儿童或者其亲属重伤、死亡或者其他严重后果的；（八）将妇女、儿童卖往境外的。"显然，其中的"情节特别严重的，处死刑"，仅限于具有七种加重情节之一的情形。如果行为人不具有七种情节之一，无论其他情节多么严重，也不可能适用"情节特别严重"的规定。

　　又如，《刑法》第 397 条第 1 款与第 2 款分别规定："国家机关工作人员滥用职权或者玩忽职守，致使公共财产、国家和人民利益遭受重大损失的，处三年以下有期徒刑或者拘役；情节特别严重的，处三年以上七年以下有期徒刑。本法另有规定的，依照规定。""国家机关工作人员徇私舞弊，犯前款罪的，处五年以下有期徒刑或者拘役；情节特别严重的，处五年以上十年以下有期徒刑。本法另有规定的，依照规定。"至为明显的是，其第 2 款前段所称的"犯前款罪"仅指犯前款前段所规定的犯罪。亦即，行为人滥用职权或者玩忽职守的行为原本应当适用"三年以下有期徒刑或者拘役"的法定刑，但由于其徇私舞弊，便"处五年以下有期徒刑或者拘役"。反之，如果行为人滥用职权或者玩忽职守的行为原本应当适用"三年以上七年以下有期徒刑"的法定刑，在其具备徇私舞弊的情节时，就不能适用"五年以下有期徒刑或者拘役"的法定刑，而必须适用"五年以上十年以下有期徒刑"的法定刑。

但是，有的条款所规定的加重法定刑，则不以具有其他严重情节为前提。例如，《刑法》第 321 条第 1 款规定："运送他人偷越国（边）境的，处五年以下有期徒刑、拘役或者管制，并处罚金；有下列情形之一的，处五年以上十年以下有期徒刑，并处罚金：（一）多次实施运送行为或者运送人数众多的；（二）所使用的船只、车辆等交通工具不具备必要的安全条件，足以造成严重后果的；（三）违法所得数额巨大的；（四）有其他特别严重情节的。"其第 2 款规定："在运送他人偷越国（边）境中造成被运送人重伤、死亡，或者以暴力、威胁方法抗拒检查的，处七年以上有期徒刑，并处罚金。"问题是，行为人运送他人偷越国（边）境，并不具有该条第 1 款所列举的四种情节，但造成被运送人重伤、死亡，或者以暴力、威胁方法抗拒检查的，能否适用该条第 2 款规定的法定刑呢？本书持肯定回答。① 可以认为，《刑法》第 321 条第 1 款规定的四种情形，属于运送他人偷越国（边）境罪的情节加重犯；同样，《刑法》第 321 条第 2 款规定的两种情形，也是运送他人偷越国（边）境罪的情节加重犯。但是，由于《刑法》第 321 条第 2 款规定的两种情节加重犯的危害程度，重于该条第 1 款规定的四种情节加重犯的危害程度，故刑法规定了不同的法定刑。或许有人认为，本书的这一解释造成了刑法的"空档"：一般情节的运送他人偷越国（边）境的行为，处 5 年以下有期徒刑、拘役或者管制，并处罚金；而运送他人偷越国（边）境致人重伤、死亡，或者以暴力、威胁方法抗拒检查的，处 7 年以上有期徒刑，并处罚金；中间不存在可以处高于 5 年低于 7 年有期徒刑的情形。其实，这种所谓的"空档"并非缺陷。因为一般情节的运送他人偷越国（边）境与运送他人偷越国（边）境致人重伤、死亡，或者以暴力、威胁方法抗拒检查，在危害程度上存在重大差异，从前者到后者，其

---

① 如果行为人具有《刑法》第 321 条第 1 款所列举的四种情节之一，同时具有该条第 2 款所规定的情节之一，也只能适用该条第 2 款。

危害程度并不是持续性或者连续性地由低到高变化，而是跳跃性地由低到高变化。因此，对一般情节的运送他人偷越国（边）境的行为，处 5 年以下有期徒刑、拘役或者管制，并处罚金，并无不当；对运送他人偷越国（边）境致人重伤、死亡，或者以暴力、威胁方法抗拒检查的，处 7 年以上有期徒刑，并处罚金，也无不妥。

第四，当刑法条文规定，犯 A 罪具有加重情节时，按照 B 罪定罪处罚或者适用 B 罪的法定刑，但 B 罪的法定最低刑低于 A 罪的法定最低刑时，对行为人的处罚不得轻于 A 罪的最低刑，否则便有悖刑法的正义理念。

例如，根据《刑法》第 333 条的规定，非法组织或者强迫他人出卖血液造成伤害的，应以故意伤害罪论处。《刑法》第 333 条规定的"伤害"，从字面意义上看可能包括轻伤。但是，如果这样理解，则存在不合理现象。因为非法组织卖血罪的法定最高刑为 5 年有期徒刑，强迫卖血罪的法定最高刑为 10 年有期徒刑，而故意伤害致人轻伤的法定最高刑为 3 年有期徒刑；本来，根据立法精神，对于非法组织、强迫他人出卖血液造成伤害的，应当处以更重的刑罚，而如果认为《刑法》第 333 条第 2 款中的"造成伤害"包括造成轻伤，则意味着非法组织、强迫他人出卖血液没有造成轻伤的，分别可处的最高刑为 5 年有期徒刑与 10 年有期徒刑；而造成轻伤时，反而可处的最高刑只有 3 年有期徒刑，这显然违反罪刑相适应原则，有损刑法的正义性。因此，《刑法》第 333 条中的"伤害"不应当包括轻伤。

将轻伤排除在《刑法》第 333 条第 2 款的"伤害"之外，可以使非法组织卖血罪与故意伤害罪的刑罚得以协调。但在强迫他人出卖血液致人重伤的情况下仍然存在问题。因为强迫卖血罪的法定刑为 5 年以上 10 年以下有期徒刑，并处罚金，高于故意伤害致人重伤的法定刑（3 年以上 10 年以下有期徒刑）。如果在没有致人重伤的情况下处 5 年以上 10 年以下有期徒刑，并处罚金，而在致人重伤的情况下按故意伤害罪论处，只能处 3 年以上 10 年以下有期徒刑，则显失公平。为了弥补这种缺陷，必须确立以下原则：当刑法特别条款的立法精神，是对轻罪中的特定行为依照某一重罪处罚，而重罪的法定最低刑轻于轻罪的法定最低刑时，虽然应当依照重罪定罪量刑，但量刑时所判处的刑罚不得低于轻罪的法定最低刑。行为人强迫他人卖血造成重伤的，根据《刑法》第 333 条第 2 款的明文规定，应当以故意伤害致人重伤论处，一方面应当适用故意重伤的法定刑，另一方面，所判处的刑罚不能低于强迫卖血罪的法定最低刑，即不能低于 5 年有期徒刑；结局是，只能在 5 年以上 10 年以下有期徒刑内判处刑罚。这里的"5 年以上 10 年以下有期徒刑"显然不是强迫卖血罪的法定刑，而是故意重伤的法定刑受到强迫卖血罪最低刑限制后所形成的量刑幅度

（处断刑）。

或许有人认为，对上述情况以想象竞合从一重处罚便可以克服缺陷，即对强迫他人卖血，只要没有造成死亡或者以特别残忍手段致人重伤造成严重残疾的，即使造成了重伤，也认定为强迫卖血罪，而不认定为故意伤害罪。但是，这种解释方法与结论明显违反了《刑法》第 333 条第 2 款的明文规定。而且《刑法》第 333 条第 2 款明显与该条第 1 款具有特别关系，在符合该条第 2 款的情况下，必须适用特别法条拟制为故意伤害罪，而不属于想象竞合的情形。不仅如此，即使对有些犯罪可以采取想象竞合的从一重罪处罚或者法条竞合时的特别法条优于普通法条原则，也不能判处低于轻罪法定最低刑的刑罚。例如，国家机关工作人员违反保守国家秘密法的规定，故意向境外的机构、组织、人员非法提供国家秘密。假定就行为触犯《刑法》第 398 条而言，不属于情节特别严重，故适用的法定刑为"三年以下有期徒刑或者拘役"；同时假定就行为触犯《刑法》第 111 条而言，属于情节较轻，应适用的法定刑为"五年以下有期徒刑、拘役、管制或者剥夺政治权利"。显然，《刑法》第 111 条的法定刑重于《刑法》第 398 条的法定刑，应当选择适用《刑法》第 111 条。可是，《刑法》第 111 条的法定最低刑却低于《刑法》第 398 条的法定最低刑。如果对上述行为适用《刑法》第 111 条，而判处管制或者单处剥夺政治权利，则轻于《刑法》第 398 条的法定最低刑。矛盾便出现了：本来是从一重罪论处或适用重法优于轻法的原则，实际上却可能判处比轻罪更轻的刑罚。为了克服这种矛盾现象，应当确定一条规则：在行为触犯两个以上的法条因而从一重罪论处时，所判处的刑罚不能低于轻罪的最低法定刑。在想象竞合中，这被称为轻罪的封锁效力。因此，就上述行为而言，虽然应当适用《刑法》第 111 条，但所判处的刑罚不得低于《刑法》第 398 条所规定的最低刑，即不得判处管制与单处剥夺政治权利。否则便有损刑法的正义性。[①]

或许有人认为，重罪的法定最低刑轻于轻罪的法定最低刑，是刑事立法的缺陷，只能通过修改法定刑来解决。其实，一概要求重罪的法定最高刑与最低刑都重于轻罪的法定最高刑与最低刑，并不妥当。因为有些犯罪的性质与特点，决定了必须对其规定较宽的法定刑幅度，即这种犯罪或者会很严重，或者会较轻微；而有些犯罪的性质与特点，决定了只能对其规定较窄的法定刑幅度。正因为如此，重罪的法定最低刑轻于轻罪的法定最低刑的现象，在任何国家刑法中都不可避免。既然如此，解释者便不能不顾一切地提出修改法定刑的主张，而应确立相应的处理原则。即使就某些条文而言，必须承认立法的缺陷，但在没有修改法定

---

① 参见张明楷：《故意伤害罪探疑》，《中国法学》2001 年第 3 期。

刑的情况下，上述规则的确立（或者进行补正解释），也有利于克服缺陷。由此看来，面对所谓的"立法缺陷"时，解释者不应单纯等待修改刑法，而应积极地通过各种解释方法克服"立法缺陷"。

第四章　防止漏洞与减少对立

一、漏洞与包容的不可避免性

法律实证主义的典型代表"Bergbohm（伯格鲍姆—引者注）嘲讽地说道：'热带地区的原始法律还在假借无辜的类推之名表现出其本质；人们总是企图从事物本质来导出根本不存在的法律规范；人们所拥有的混乱而四处弥漫的衡平感情还想假借衡平之名试图瘫痪实证法'——上述这些，都是一种'以非恣意的方式恣意地建构法律'，其实毫无存在必要。因为它们的'前提要件必须是：实证法有漏洞'。然而这只不过是一种'思想的虚妄性'，'这个前提要件是错的：因为实证法根本没有漏洞'——任何自以为发现漏洞的地方，其实这种漏洞只有'在从事法律的研究者中，并非在法律中：前者需要补充他的知识，而非补充他所研究的法律规范'。'一个法律，当它几乎不包含任何规定的素材时，这是一个无漏洞而完整的存在物。谁可以不自居于法源地位而补充法律呢？法律绝不需要从外在加以填补，因为它在任何时刻都是圆满的，它的内在丰富性，它的逻辑延展力，在自己的领域中任何时刻都涵盖了法律判决的整体需要'。"①

但是，上述法律实证主义的观点是虚幻和不真实的。认为成文刑法毫无遗漏，是明显的虚构；希望成文刑法毫无遗漏，是天真的幻想。罪刑法定原则之所以成为刑法的生命，也是由来于刑法的漏洞（不完整性）；正是因为存在利用类推解释弥补漏洞的诱惑，才有必要反复重申罪刑法定原则；如果刑法没有漏洞，罪刑法定原则便没有多大意义；反过来说，在罪刑法定原则之下，无论如何解释刑法分则条文，都会存在漏洞。换言之，总有一些行为，根据法益侵害的严重程度与普遍的正义标准，应当作为犯罪处理，但由于立法者难以预见到将来可能发生的一切应当作为犯罪处理的行为，导致不可能将所有应当作为犯罪处理的行为都类型化为构成要件；由于成文刑法所使用的文字具有相对确定的含义，并非可以包容一切；由于法无明文规定不为罪的罪刑法定原则不允许类推解释，导致解释者只能在刑法用语可能具有的含义内选择解释结论，因而不得不承认法律的漏洞。所以，只要实行罪刑法定原则，只要肯定刑法的渊源仅限于成文刑法，只要否认类推解释，就必然存在漏洞。

人们可以列举许多"漏洞"。例如，拐卖已满14周岁男子的行为（构成非

---

① ［德］亚图·考夫曼：《类推与"事物本质"——兼论类型理论》，吴从周译，颜厥安审校，学林文化事业有限公司1999年版，第7页。

法拘禁、故意伤害等罪的除外），强制他人实施其没有义务实施的行为（构成强迫交易等罪的除外），公然猥亵行为（如夫妻在公共场合发生性交），都是应当作为犯罪处理的行为（其在国外刑法和我国民国时期刑法中都被规定为犯罪），但在我国现行刑法上没有处罚根据。如果不使用类推解释方法，恐怕也没有解释者能够将这些行为解释为犯罪，但类推解释又为罪刑法定原则所禁止。

面对这样的漏洞，解释者确实无能为力。善良的人们总是希望一切应当以犯罪论处的行为在现实上都被论罪科刑，但成文刑法的局限性与罪刑法定原则使这一愿望难以实现。在法治社会，解释者必须牢固树立法无明文规定不为罪的信念，充分认识到罪刑法定原则的贯彻所形成的对法治的信仰、对其思想基础与基本理念的弘扬、对公民自由的保障所具有的重大意义。所以，"在刑法上，还有所谓刑法的片断性格（der sog. Franmentarische Charakter），也就是说，规定的无漏洞性（die Lückenlosigkeit der Regelung）在这个领域中只会是法律解释的次要目标"①。

但是，罪刑法定原则并不意味着漏洞越多越好。漏洞过多的刑法同样是罪刑法定原则的失败。因为罪刑法定原则的思想基础是民主主义与尊重人权主义，漏洞过多导致法益难以受到保护时，必然违反民主主义。漏洞过多的刑法会影响罪刑法定原则的贯彻。因为漏洞过多的刑法，导致司法工作人员产生类推定罪的强烈欲望；特别是当刑法遗漏了危害重大的行为时，司法工作人员可能违反罪刑法定原则，以类推解释方式定罪量刑。漏洞过多的刑法同样损害刑法的正义性。因为漏洞过多意味着相同的行为不能得到相同的处理，甚至导致轻微的法益侵害行为受到制裁、严重的法益侵害行为逍遥法外。所以，在既定刑法之下，解释者必须通过罪刑法定原则所允许的合理解释方法，减少刑法上的漏洞，更要防止因为解释方法不当而不自觉地增加刑法上的漏洞。

实际上，各国刑事立法都在尽力避免漏洞的存在，但由于立法者不可能预见到应当作为犯罪处理的一切行为，所以不得不采取其他途径减少漏洞。例如，刑法常常使用一些抽象性、概括性因而涵盖力强、包容性大的用语；分则条文只是描述具体犯罪的类型，而不是给具体犯罪下定义。所以，成文刑法不具体列举可能致人伤亡的器具，而仅使用"凶器"一词；不详细规定致人死亡的各种方式，而只是使用"杀人"一语。又如，由于事物具有多重属性，犯罪现象十分复杂，为了防止过多的漏洞，刑法往往从不同侧面作出规定。于是，刑法分则的许多条文之间不可避免地存在包容关系或者交叉关系。

一方面，普通用语一般具有多义性，多义性产生于客观事物的复杂性与用语

---

① ［德］Ingeborg Puppe：《法学思维小学堂》，蔡圣伟译，元照出版公司 2010 年版，第 89 页。

的有限性。"文化越悠久的民族，它的语言中的多义词就越丰富。"① 另一方面，用语的含义总是不断发展的，单一含义的用语常常逐渐形成具有多种含义的用语。况且，一般用语的意义都会由核心意义向边缘扩展。于是，用语之间常常具有交叉或包容关系。刑法用语大多使用普通用语，这便导致同一行为可能同时符合几个条文所规定的构成要件。

不仅如此，在某种情况下，为了实现刑法的正义性和处罚的公正性，必须承认某些条文之间的包容关系。例如，甲以伤害的故意砍了乙两刀，乙说："我以后会报复你全家的。"于是，甲又以杀人的故意砍了乙两刀。乙因一刀致命伤而死亡，剩下三刀都没有造成轻微伤。但是，无论如何也不能查明致命的一刀是前两刀中的一刀，还是后两刀中的一刀。如果否定规定故意杀人罪的法条与规定故意伤害罪的法条之间的包容关系，不承认故意杀人罪包含了故意伤害罪，那么，根据刑事诉讼法上的事实存疑时有利于被告人的原则，对甲的前两刀只能认定为故意伤害未遂（因为不能证明前两刀中的某一刀致人死亡，故不能认定为故意伤害致死），对甲的后两刀只能认定为故意杀人未遂（因为不能证明死亡是由后两刀中的某一刀造成的）。② 于是出现了两个问题：其一，乙的死亡肯定是甲的行为造成的，却只能认定甲的行为成立两个犯罪未遂，使甲不对乙的死亡负责。其二，对甲所犯的两个犯罪都必须适用刑法总则关于未遂犯的规定。或许有人认为，由于《刑法》第 23 条第 2 款规定，"对于未遂犯，可以比照既遂犯从轻或者减轻处罚"，在这种情形下，也可以对甲不予从轻、减轻处罚。但是，这样的观点实际上是在定罪时否认甲成立故意杀人既遂，在量刑时承认甲成立故意杀人既遂，依然不符合事实存疑时有利于被告人的原则。只有承认故意杀人罪与故意伤害罪之间的法条包容关系，才能妥当处理这一案件。亦即，凡是符合故意杀人罪构成要件的行为，一定也是符合故意伤害罪构成要件的行为，因为任何杀人都必然经过一个伤害过程（即使过程很短暂）。所以，司法机关不仅应当将甲的前两刀行为认定为故意伤害罪，而且可以将甲的后两刀行为认定为故意伤害罪（将故意杀人行为评价为故意伤害罪，并不违反罪刑法定原则）。于是，甲只实施了一个故意伤害行为，死亡结果就是由伤害行为造成的（至于是哪一刀造成了死亡结果，则并不重要），以故意伤害（致死）罪论处。③ 这样，既肯定了乙的死亡是甲的行为造成的（没有违背客观事实，也没有违反事实存疑时有利于被告人的原

---

① 高名凯、石安石主编：《语言学概论》，中华书局 1987 年版，第 114 页。

② 甚至有可能认定甲砍的后两刀属于不能犯。因为乙的致命伤完全可能由甲的前两刀中的某一刀造成，果真如此，则后两刀属于不可能导致死亡结果的不可罚的不能犯。于是，对甲的行为就只能以故意伤害未遂论处。但这种结论恐怕难以令人赞成。

③ 参见蔡圣伟：《刑法问题研究（一）》，元照出版公司 2008 年版，第 48 页。

则），也能够使刑罚与罪行相适应（不需要适用未遂犯的规定）。

不可否认，有些条文之间是一种对立关系。不管是从法条之间的关系来说，还是从案件事实来讲，针对一个行为对象而言，或者说就一个结果而言，一个行为不可能同时触犯具有对立关系的两个法条。例如，甲违反乙的意志将乙的手机据为己有。如果手机原本由乙占有，甲的行为就是盗窃；如若手机原本由甲基于委托在先占有，则甲的行为就是委托物侵占。甲的行为不可能既触犯盗窃罪，又触犯委托物侵占罪。但可以肯定的是，解释者确立的对立关系越多，刑法的处罚漏洞便会越多，处理结论的不公正现象也会越来越多。例如，《刑法》第 240 条第 1 款规定了拐卖妇女、儿童罪的罪状与法定刑，其第 2 款规定："拐卖妇女、儿童是指以出卖为目的，有拐骗、绑架、收买、贩卖、接送、中转妇女、儿童的行为之一的。"《刑法》第 262 条规定："拐骗不满十四周岁的未成年人，脱离家庭或者监护人的，处五年以下有期徒刑或者拘役。" 如果解释者以《刑法》第 240 条为根据，将《刑法》第 260 条规定的拐骗儿童罪解释为"不以出卖为目的，拐骗不满十四周岁的未成年人，脱离家庭或者监护人的行为"，就必然产生处罚漏洞。亦即，当司法机关既不能证明拐骗儿童的行为人具有出卖目的，也不能证明行为人不具有出卖目的时，对其行为就既不能认定为拐卖儿童罪，也不能认定为拐骗儿童罪。反之，倘若解释者对拐骗儿童罪并不提出"不以出卖为目的"的要求，则在不能查明行为人目的时，也能认定其行为成立拐骗儿童罪。所以，解释者也必须通过合理的解释，尽量避免不必要、不合理的对立关系。

二、避免不应有的漏洞

封建刑法的一个重大特点是干涉性，即刑法干涉个人生活的所有领域，包括个人的私生活。原因之一在于，法律与伦理、宗教没有分离：古代统治者在法律名义下强制推行宗教与伦理，是司空见惯的现象；而伦理无处不在、无处不有，于是刑法便干涉个人生活的所有领域；国家的刑罚权没有受到限制，个人的自由与权利普遍遭受侵害。启蒙思想家们意识到，要保障公民的自由与权利，必须限制国家的刑罚权。费尔巴哈确立了刑事审判中的法治国思想，主张从三个方面限制国家的刑罚权：第一是通过法律进行限制，这便是法无明文规定不为罪、法无明文规定不处罚的罪刑法定原则；第二是通过行为进行限制，科处刑罚应以行为为标准而不能以行为人为标准，据此保障法的安定性，保障个人自由；第三是通过法律与伦理的分离进行限制，犯罪不是违反伦理而是违反法律的行为，立法者应当尊重良心的自由，法律不是伦理的审判者。[①] 近现代刑法普遍接受了这一主

---

① 参见［日］木村龟二编：《刑法学入门》，有斐阁 1957 年版，第 50 页。

张，从而形成了刑法的谦抑性。

刑法谦抑性具有以下三个含义："第一是刑法的补充性。即使是有关市民安全的事项，只有在其他手段如习惯的、道德的制裁即地域社会的非正式的控制或民事的规制不充分时，才能发动刑法。……第二是刑法的不完整性。如果像上述那样承认刑法的补充性，发动刑法的场合自然只能是不完整的。刑法处罚的行为不仅是单纯违法、有责的行为，而且是符合构成要件的行为，即法律特别规定为可罚的行为，也是由来于刑法的不完整性。……第三是刑法的宽容性，或者可以说是自由尊重性，即使市民安全受到侵犯，其他控制手段没有充分发挥效果，刑法也没有必要无遗漏地处罚。在现代社会，人不或多或少地侵犯他人就不能生存下去，因此，各人在某种程度上必须相互忍耐他人的侵犯。如果对所有的侵犯行为都禁止，反过来就容易阻碍个人的活动。"① 不难看出，刑法的不完整性由来于刑法自身的特点。首先，刑法的目的是保护法益，而不是保护伦理秩序；那些虽然侵犯了伦理秩序却没有侵害法益的行为，不可能被刑法规定为犯罪。易言之，可以由伦理进行规制的行为，不得作为犯罪处罚。其次，刑法是其他法律的保障法，一般部门法与刑法不是平行并列的关系，当一般部门法的实施没有效果时，才动用刑法。那些完全可以由民事法等一般部门法进行规制的行为，没有必要作为犯罪处罚。再次，由于现代社会关系复杂，人们之间的交往频繁，导致人们的行为都在不同程度地侵犯他人的利益。因此，刑法只能处罚那些严重侵害法益的行为，而轻微的法益侵害行为不得作为刑法规制的对象。就是说，立法者只是将值得科处刑罚的行为规定为犯罪。最后，现代刑法都是成文法，成文法必然具有局限性，立法者在制定刑法时不可能预见到应当科处刑罚的一切犯罪行为；罪刑法定原则是刑法的铁则，对于没有明文规定的行为，刑法也只能容忍。

刑法的不完整性既具有客观性，也具有合理性。但是，这并不意味着刑法的漏洞越多越好。"任何法律都必须有其根据，即根据某种明确的观点或信念，否则便无法解释和毫无意义。"② 立法者总是根据一定的标准，从社会现象中挑选出值得作为犯罪科处刑罚的行为，而不是预想到何种行为就规定何种行为。一旦挑选犯罪的标准确立，而且该标准具有合理性，为人们所认同，那么，符合该标准的行为，就应当被规定为犯罪。否则，便有悖正义的理念。因为正义的理念要求，"相同的人和相同的情形必须得到相同的或至少是相似的

---

① ［日］平野龙一编：《现代法Ⅱ——现代法与刑罚》，岩波书店1965年版，第21~22页。
② ［英］鲍桑葵：《关于国家的哲学理论》，汪淑钧译，商务印书馆1995年版，第73页。

待遇，只要这些人和这些情形按照普遍的正义标准在事实上是相同的或相似的。"① 换言之，当刑法根据正义的标准将 A 行为规定为犯罪时，那么，与 A "相同"的其他行为也应当被规定为犯罪。具体地说，当刑法将"行为对法益侵害的严重程度以及其他法律是否足以抑制该行为"，作为区分罪与非罪的正义标准时，只要是严重侵害法益并且其他法律不足以抑制的行为，就应当被规定为犯罪，否则便有悖正义的理念，有违刑法的本质。如果刑法的漏洞过多，导致诸多根据上述正义标准应当作为犯罪科处刑罚的行为没有被规定在刑法中，那么，该刑法就不是正义的法律。

同样，我们在解释刑法时，也必须根据刑法规定犯罪的实质的、正义的标准，并且在刑法用语可能具有的含义内，确定犯罪的范围。换言之，在解释刑法时，我们一方面要把握立法者从形形色色的行为中挑选出作为犯罪科处刑罚的实质的、正义的标准，另一方面要考察刑法用语可能具有的含义，使实质的、正义的标准与刑法用语的含义相对应，正确界定犯罪的内涵与外延，使根据正义的标准应当作为犯罪处理的行为都是犯罪，使相同的或行为在刑法上得到相同的或至少是相似的处理。唯有如此，才能体现刑法的正义性。从解释方法来说，体系解释和目的解释的一个重要出发点就是不使刑法出现漏洞。如果解释结论导致刑法存在过多的漏洞，就意味着解释者没有进行体系解释，没有将制定刑法的实质的、正义的目标贯彻到解释中。

当然，将应当作为犯罪处理的一切行为都规定在刑法中确实不可能，因而刑法不可能没有漏洞。当刑法确实存在漏洞而又不可能填补时，我们必须遵循罪刑法定原则，对此没有疑问。但是，为了实现刑法的正义，我们必须尽可能地在不违反罪刑法定原则的前提下，减少和避免刑法的漏洞。不要以为，能够"证明"应当作为犯罪处理而实际上不能被作为犯罪处理的现象越多，罪刑法定原则的胜利就越辉煌。因为罪刑法定原则的思想基础是民主主义与尊重人权主义，恣意地将应当作为犯罪处理的行为解释为刑法没有规定的行为，必然不利于保护法益，必然违反民主主义。不要以为，解释结论使刑法漏洞越多就越有成就。因为刑法学的任务并不是设定漏洞，而是合理地填补漏洞。

事实上，各国的刑法解释者（包括法官与检察官）都是在遵守罪刑法定原则的前提下，尽量减少和避免刑法的漏洞。例如，虽然法国新《刑法》第 111—4 条明文规定"刑法应严格解释之"，但是，"刑法'严格解释规则'并不强制刑事法官仅限于对立法者有规定的各种可能的情形适用刑法。只要所发生的情形

---

① ［美］E. 博登海默：《法理学：法律哲学与法律方法》，邓正来译，中国政法大学出版社 1999 年版，第 286 页。

属于法定形式范围之内，法官均可将立法者有规定的情形扩张至法律并无规定的情形"①。在意大利，由于禁止类推解释，允许扩大解释，司法实践便"倾向于将那些看来更像类推解释的做法视为合理的扩张解释"；也就是说，"在需要维护某种法益时，只要侵犯这种法益的行为与法律规定的行为实质上相似，都可能发生这种情况：但由于禁止类推，人们应尽力地（如果说不是直接玩弄诡计的话）把一切类推性适用都往扩张解释里塞"②。

本书并不赞同类推解释，而是主张在法定形式范围之内，将值得科处刑罚的行为合理地解释为犯罪。我们可以设想和看到许多情形：假如刑法没有规定抢夺罪，人们也绝对不会将抢夺财物的行为解释为无罪，而会将其解释为盗窃罪或者抢劫罪。因为与一般盗窃行为相比，抢夺行为的可罚性有过之而无不及。一部刑法只处罚一般盗窃而不处罚抢夺，有损其正义性。正因为如此，虽然德国、日本等多数国家刑法都没有规定抢夺罪，但没有解释者认为抢夺财物的行为不构成犯罪，相反都认为，抢夺行为通常成立盗窃罪，而利用行驶的机动车抢夺财物的行为，可以评价为使用暴力夺取财物，故应认定为抢劫罪。③ 我国旧刑法没有规定绑架罪，但司法实践中出现了绑架案件。没有任何解释者认为绑架行为不成立犯罪，也没有任何解释者认为对绑架行为应当类推为犯罪，而是通过对抢劫罪（有人主张将绑架行为认定为抢劫罪）、敲诈勒索罪与非法拘禁罪（有人主张对绑架行为以敲诈勒索罪与非法拘禁罪实行数罪并罚）的解释，为绑架行为寻找法律适用依据。这是因为，根据刑法规定犯罪的实质的、正义的标准，绑架行为不可能无罪。同样，旧刑法只是在反革命破坏罪中规定了劫持航空器的行为，但现实中发生过不以反革命为目的而劫持航空器的案件。可以肯定的是，没有任何解释者认为劫持航空器的行为不成立犯罪，也没有任何解释者认为对劫持航空器的行为应当类推为犯罪，而是通过对破坏交通工具罪的解释，为不以反革命为目的劫持航空器的行为寻找法律适用依据。因为将劫持航空器行为宣告无罪的做法，如同劫持航空器行为一样，不能被社会容忍。

再来比较理论上与审判上对抢劫罪与强奸罪的解释。《刑法》第263条前段规定，"以暴力、胁迫或者其他方法抢劫公私财物的，处三年以上十年以下有期徒刑，并处罚金"。《刑法》第236条第1款规定："以暴力、胁迫或者其他手段强奸妇女的，处三年以上十年以下有期徒刑。"不难看出，就手段行为而言，刑法对抢劫罪

---

① ［法］卡斯东·斯特法尼等：《法国刑法总论精义》，罗结珍译，中国政法大学出版社1998年版，第143页。

② ［意］杜里奥·帕多瓦尼：《意大利刑法学原理》，陈忠林译，法律出版社1998年版，第32页。

③ 参见［日］西田典之：《刑法各论》（第7版），弘文堂2018年版，第183页；［日］前田雅英：《刑法各论讲义》（第6版），东京大学出版会2015年版，第187页。

与强奸罪使用的文字表述基本相同：都是"暴力、胁迫或者其他"方法或手段。但是，刑法理论几乎没有争议地解释道："抢劫罪的胁迫方法，是指行为人为了使被害人不敢反抗，以便当场占有其财物，以当场实施暴力相威胁。胁迫的内容是以立即实施暴力相威胁。"而强奸罪的"胁迫，是指以杀害、伤害、职权、地位、揭发隐私等相威胁、恫吓，对被害人进行精神强制的手段，意图使其不敢反抗"。[①]显然，强奸罪中的"胁迫"的外延比抢劫罪中的"胁迫"的外延宽得多，同样，强奸罪中的"其他手段"的外延也比抢劫罪中的"其他方法"的外延广得多。但是，没有人认为这种解释存在缺陷。本书也认为，在强奸罪中的胁迫、其他方法（手段）的外延应当宽于抢劫罪中的胁迫、其他方法这一点上，上述解释完全具有合理性。这是因为，刑法在规定抢劫罪的同时，规定了敲诈勒索、盗窃等罪；由于抢劫罪重于敲诈勒索罪与盗窃罪，所以，抢劫罪的成立标准高于敲诈勒索罪、盗窃罪，于是，必须限定抢劫罪的手段范围；但刑法除规定强奸罪之外，没有规定一种类似于敲诈勒索的侵犯妇女性的自己决定权的犯罪，也没有规定一种类似盗窃的侵犯妇女性的自己决定权的犯罪，而该行为又值得科处刑罚（乘妇女熟睡时取得其财物的，成立盗窃罪，不成立抢劫罪；乘妇女熟睡时与之性交的，只能认定为强奸罪，刑法没有规定所谓的"偷奸罪"），所以，强奸罪中的"胁迫""其他手段"的外延必须宽于抢劫罪中的"胁迫""其他方法"。如果像解释抢劫罪那样解释强奸罪，就必然形成刑法的漏洞。

行文至此，大体上可以得出以下结论：为了实现刑法的正义，必须尽量减少乃至避免漏洞，即减少和避免应当作为犯罪处理却不作为犯罪处理的现象。

我国的刑法理论与司法实践中，存在着夸大刑法漏洞的现象，因而形成了一些不应有的漏洞。所谓不应有的漏洞，是指一些行为按照规定犯罪的正义标准应当作为犯罪处理，根据刑法用语可能具有的含义也构成犯罪，但却被人们解释为无罪的现象。不应有的漏洞的形成，在很大程度上是由解释方法运用不当所致。下面选择若干现象进行分析。

（一）因为判断方法不当造成不应有的漏洞

例如，《刑法》第193条规定了贷款诈骗罪，但没有规定单位可以成为本罪的主体。在2014年立法机关作出相关立法解释之前，[②] 存在这样的争论问

[①] 高铭暄、马克昌主编：《刑法学》（第十版），北京大学出版社、高等教育出版社2022年版，第499~500、469页。

[②] 全国人大常委会于2014年4月24日发布的《全国人民代表大会常务委员会关于〈中华人民共和国刑法〉第三十条的解释》规定："公司、企业、事业单位、机关、团体等单位实施刑法规定的危害社会的行为，刑法分则和其他法律未规定追究单位的刑事责任的，对组织、策划、实施该危害社会行为的人依法追究刑事责任。"

题：单位贷款诈骗的，应当如何处理？最高人民法院 2001 年 1 月 21 日发布并实施的《全国法院审理金融犯罪案件工作座谈会纪要》指出："单位不能构成贷款诈骗罪。根据刑法第三十条和第一百九十三条的规定，单位不构成贷款诈骗罪。对于单位实施的贷款诈骗行为，不能以贷款诈骗罪定罪处罚，也不能以贷款诈骗罪追究直接负责的主管人员和其他直接责任人员的刑事责任。但是，在司法实践中，对于单位十分明显地以非法占有为目的，利用签订、履行借款合同诈骗银行或其他金融机构贷款，符合刑法第二百二十四条规定的合同诈骗罪构成要件的，应当以合同诈骗罪定罪处罚。"也有人认为，单位贷款诈骗的，不成立任何犯罪（以下简称"无罪论"）。[1] 于是，刑法在此存在一个"漏洞"。但可以肯定的是，立法者在制定《刑法》第 193 条时，当然预想到了单位可能实施贷款诈骗行为，因为单位贷款比个人贷款更为容易，因而单位的贷款诈骗行为会多于个人贷款诈骗行为。根据规定犯罪的实质的、正义的标准，对所谓单位贷款诈骗的行为不可能认定为无罪。所以，对单位贷款诈骗不以犯罪论处，是一个不应有的漏洞。而这个"漏洞"的形成，是因为无罪论者采取了不当的判断方法。

详言之，无罪论者采取了以下判断方式：首先将行为人为了单位利益而骗取贷款的行为概括为单位贷款诈骗，然后说刑法没有规定单位可以成为贷款诈骗罪的主体，最后得出单位贷款诈骗无罪的结论。

无罪论的解释方式的一个特点是：将单位实施了贷款诈骗的事实作为大前提，将法律规定作为小前提，然后再得出无罪的结论。然而，这种判断方式存在重大疑问。"从形式逻辑规则的观点来看，对法律案件的决定是根据三段论法做出的，其中法律规范是大前提，案件的情况是小前提，案件的决定是结论。把案件的决定看作是按照三段论法的规则得出的结论，对于彻底确立法制原则具有重要的意义，法制的实质就在于使所有主体的行为符合法律规范的要求。而在法的适用方面，只有当适用法的机关准确地和正确地把法律规范适用于一定的具体情况，即按照三段论法的规则决定法律案件时，才能出现这种相符合的情况。"[2] 因此，我们在判断构成要件符合性时，应当以法定的构成要件为大前提，以具体的事实为小前提，从而得出结论。就判断所谓单位贷款诈

---

① 参见孙军工主编：《金融诈骗罪》，中国人民公安大学出版社 1999 年版，第 59 页。

② ［苏］C. C. 阿列克谢耶夫：《法的一般理论》（下册），黄良平、丁文琪译，孙国华校，法律出版社 1991 年版，第 729 页。另参见［德］Karl Larenz：《法学方法论》，陈爱娥译，五南图书出版公司 1996 年版，第 168 页；［日］团藤重光：《法学的基础》，有斐阁 1996 年版，第 213页；［美］E. 博登海默：《法理学：法律哲学与法律方法》，邓正来译，中国政法大学出版社1999 年版，第 491 页；等等。

骗的行为是否成立犯罪而言，应当采取以下方法：首先确定贷款诈骗罪的构成要件，然后，判断案件事实是否符合贷款诈骗罪的构成要件，再得出行为是否构成犯罪的结论。采取这样的判断方式，无罪论便不成立了。贷款诈骗罪的构成要件是：以编造引进资金、项目等虚假理由，诈骗银行或者其他金融机构的贷款，数额较大；责任要素是，行为主体是已满 16 周岁，具有辨认控制能力的自然人；主观上必须具有故意，而且以非法占有为目的，而非法占有目的包括使行为人或第三者（包括单位）非法占有的目的。再来看所谓单位贷款诈骗的事实：行为人肯定实施了采取各种欺诈手段骗取金融机构数额较大贷款的行为；决策者与直接责任者也达到了法定年龄，具有辨认控制能力；主观上同样具有故意，非法占有的目的表现为使第三者非法占有贷款。将这些事实（小前提）与贷款诈骗罪的构成要件以及责任要素（大前提）进行对比，必然得出行为构成贷款诈骗罪的结论（只是不能追究单位的刑事责任，只能追究自然人的刑事责任）。

无罪论者不仅在判断方式上存在缺陷，而且有违反罪刑法定原则之嫌。因为根据罪刑法定原则，必须先考虑刑法的规定，即先有大前提，然后再审视现实中的某种行为是否构成犯罪，这样便限制了司法权力。这表现为司法机关总是被动的，只有发现某种行为符合刑法规定时才适用刑法；如果事先随意确定各种行为的性质，再拿来与刑法相对照，必然不利于限制司法权力，因而与罪刑法定原则的精神相抵触。人们不难发现，无罪论者的上述判断方法完全可以做到为所欲为，即"想入罪便入罪，想出罪即出罪"。例如，当判断者想将某种行为认定为抢劫罪时，他便可以进行如下推理：该行为是抢劫行为，我国刑法规定了抢劫罪，所以对该行为应当以抢劫罪定罪处刑。又如，当判断者欲将某种行为认定为受贿罪时，他就能够进行如下推理：该行为是受贿行为，我国刑法规定了受贿罪，所以对该行为应当以受贿罪论处。反之亦然。例如，当判断者不想将某抢劫行为认定为抢劫罪时，他便可以进行如下推理：该行为是一种强制行为，我国刑法没有规定强制罪，所以对该行为不得定罪处刑；当判断者不愿将溺婴行为认定为故意杀人罪时，他就能够进行如下推理：该行为属于溺婴行为，我国刑法没有规定溺婴罪，所以对该行为不得定罪处刑。质言之，解释者应当用刑法规定的"（自然人）贷款诈骗""抢劫""杀人"的犯罪构成作为判断的大前提，而不是超越刑法规定，将并非法律概念的"单位贷款诈骗""强制""溺婴"作为大前提。或许读者认为上述说法是杞人忧天，其实不然，事实上，这种现象已经随处可见。例如，有学者认为，单位盗窃时，对单位中的直接负责的主管人员和其他直接责任人员不得以盗窃罪论处。其判断仍然是：该行为属于单位盗窃行为，应以单位犯罪论处，但刑法没有规定单位可以成为盗窃罪的主体，故该行为无罪。① 不难发现，倘若人们将刑法规范由小前提回到大前提，则会得出相反结论。

由此看来，当人们自觉或者不自觉地将三段论中的大前提与小前提倒置时，所造成的混乱是相当严重的。无论是司法人员办案还是刑法学者著书，都不应当出现这样的现象，否则便有违法治精神。

（二）因为对案件归纳不当造成不应有的漏洞

与上一点相联系，不考虑案件事实可能适用的法条，径直对案件事实作自然主义的归纳，或者将案件事实固定化，是形成不应有漏洞的原因之一。②

例如，对于将伪造的、变造的国库券等国家有价证券出售给知情的对方的行为应当如何处理？首先，应当肯定，这种行为完全不符合诈骗罪的构造（行为人没有实施欺骗行为，购买者没有产生认识错误），因而不可能构成有价证券诈骗罪。有人指出："关于出售、购买伪造的货币，刑法规定了专门的罪名，而对出售、购买伪造的有价证券，刑法则无明文规定。在司法实践中，有人提出此种行为应以非法经营罪论处。这种看法……也不十分妥当。非法经营罪虽然是从1979年刑法规定的投机倒把罪中派生出来的，但绝不能将非法经营罪理解为投机倒把罪在1997年刑法中的翻版，成为无所不包的'口袋罪'。非法经营罪的行为对象是法律、法规规定限制买卖的物品以及买卖进出口许可证等，侵害的对象是市场管理秩序，不包括伪造、变造的物品。所以，在刑法增设出售、购买伪造的有价证券罪之前，对这种行为不宜作为犯罪处理，必要时可作行政、经济处罚。"③本书虽然不赞成将出卖伪造、变造的国家有价证券的行为认定为非法经营罪，但也不同意将这种行为宣告无罪的观点。

认为无罪的观点，一方面没有周全地考虑对于倒卖伪造的有价证券的行为可能适用的刑法条文，另一方面将案件事实固定化为倒卖伪造的有价证券。其实，国库券虽然在《刑法》第178条、第197条中属于有价证券，但这并不意味着在任何案件中都必须将国库券评价为有价证券。从刑法的公平正义角度来考虑，既然倒卖伪造的有价票证是犯罪，倒卖伪造的国库券的行为就不能无罪。解释者完全可以将倒卖伪造的国库券的行为，归纳为倒卖伪造的有价票证。人们可能难以接受这样的观点，因为《刑法》第227条所规定的倒卖伪造的有价票证并不包括伪造的有价证券，或者说有价证券与有价票证是两个完全不同的概念。其实，在

---

① 参见陈兴良：《盗窃罪研究》，载陈兴良主编：《刑事法判解》（第1卷），法律出版社1999年版，第35页。
② 上述（二）的观点与上述（一）的观点没有本质不同，只是侧重点不同。
③ 王晨：《诈骗犯罪研究》，人民法院出版社2003年版，第243页。

刑法中，两者不是对立关系，而是包容关系。就伪造和使用伪造的国家有价证券进行诈骗而言，其中的有价证券不包括有价票证；但就倒卖伪造的有价票证而言，其中的有价票证完全应当包括有价证券。这是因为：在刑法上，根据当然解释的原理，虽然有价票证不能被评价为有价证券（有价票证缺乏有价证券的特征），但是有价证券完全可能被评价为有价票证。换言之，有价证券除具备有价票证的特征外，还具备有价票证并不具备的其他特征；既然有价证券并不缺少有价票证的特征，而且多于有价票证的特征，当然可以将有价证券评价为有价票证。人们之所以认为"有价证券与有价票证是两个不同概念"，或者认为"伪造的国家有价证券不属于伪造的有价票证"，都是没有考虑到国库券既是有价证券也是有价票证，而且在事前就陷入了两个概念的外延没有重合之处这一错误的刻板印象。

再如，从 2008 年 8 月开始，被告人都某组织韦某、李某、杨某三名妇女在四川省简阳市某大街招揽嫖客，然后带至都某事先布置好的出租房内从事卖淫嫖娼活动，都某则趁机潜入室内用假币调换嫖客衣服内的现金。被告人都某用此手段组织上述卖淫妇女多次进行卖淫活动，调换嫖客真币 5 000 余元，被告人都某与上述卖淫妇女将赃款平分。2009 年 3 月 24 日，公安机关将都某抓获归案，在其驾驶的奥拓车内查获假人民币 171 张共计 15 000 元。四川省简阳市人民检察院指控被告人都某组织卖淫罪、持有假币罪。①

不起诉盗窃罪的理由显然是，被告人都某的行为是以假币换取真币，但《刑法》第 171 条第 2 款仅将金融机构工作人员利用职务上的便利以假币换取真币的行为规定为犯罪，而没有将一般主体以假币换取真币的行为规定为犯罪；都某不是金融机构工作人员，也不可能利用金融机构工作人员的职务之便换取真币，故其行为不成立犯罪。这样的推理便导致刑法多了一个漏洞：对一般主体以假币换取真币的行为不能依法定罪量刑。诚然，对都某的行为不可能适用《刑法》第 171 条第 2 款的规定定罪量刑。但是，只要司法人员大脑中想着盗窃罪的构成要件，就会发现，都某的行为明显属于违反被害人意志，将他人占有的现金转移给自己占有的盗窃行为，完全符合盗窃罪的构成要件。至于向被害人的衣服口袋装入假币，只是掩盖盗窃事实的行为而已，根本不影响盗窃罪的成立。所以，刑法在此问题上并不存在漏洞。退一步说，即使删除《刑法》第 171 条第 2 款的规定，对于金融机构工作人员利用职务上的便利以假币换取真币的行为，也能适用盗窃、职务侵占、贪污等罪的规定，而不会有漏洞。

---

① 参见庄志全、胡培俊：《组织卖淫调换假币，自作聪明终究露馅》，《检察日报》2009 年 11 月 8 日，第 2 版。笔者事后了解到，人民法院也仅宣告了组织卖淫罪与持有假币罪的成立。

以上论述表明，案件事实总是具有多个侧面、多重属性，解释者要对案件事实进行妥当归纳，就必须找到可能适用的刑法条文。一方面，只能在相关条文所规定的构成要件指导下，规范地归纳案件事实，而不能离开可能适用的刑法条文以自然主义的观点归纳案件事实。例如，行为人甲将幼女乙带到宾馆过了一夜，征得乙同意与之发生性关系，事后给了乙 800 元人民币。面对这样的案件，解释者首先会想到刑法关于奸淫幼女类型的强奸罪的规定，进而判断甲的行为是否成立强奸罪。① 甲在法庭上所作的"我的行为是一夜情，刑法没有将一夜情规定为犯罪"的辩解，不可能被接受。再如，一家五口人生活贫困，于是五人共谋盗窃。面对这一案件，解释者无疑想到的就是盗窃罪的法律规定，判断五人的行为是否符合盗窃罪的构成要件。律师在法庭上所作的"本案属于家庭盗窃，刑法没有规定家庭可以成为盗窃罪主体"的辩护，不可能被法官采纳。② 又如，甲是某国家机关的科长，为了被提升为处长，向有决定权的领导乙提供了 10 万元人民币，乙收到后立即上交给纪委，并说明了真相。倘若有人不以有关行贿罪的法律规范为指导，将案件事实归纳为"甲为了进步而奉献了 10 万元人民币"，那么，甲的行为无论如何也不是行贿罪。还如，A 将 B 的鱼池闸门打开，让 B 饲养的鱼游进大河。假如有人不以有关故意毁坏财物罪的刑法规范为指导，将案件事实归纳为"A 使活鱼游入大河"，那么，A 的行为无论如何也不构成故意毁坏财物罪。同样，将许霆案归纳为"恶意取款"，将诉讼诈骗归纳为"恶意诉讼"后，都会不当地得出无罪的结论。只有根据盗窃罪、诈骗罪的构成要件归纳许霆案与诉讼诈骗的事实，才能使案件依法得到妥当处理。概言之，如若不以刑法规范为指导归纳案件事实，任何行为都不可能构成犯罪。所以，必须在一定的法律规范指导下归纳和评价案件事实。据以指导的法律规范不同，对案件事实得出的结论就不同。另一方面，即使是相对"固定"的事实，适用的法条不同，对该事实所下的结论就不同。在按照 A 法条规定的构成要件归纳案件事实得出无罪结论之后，还要再次按照 B、C 法条规定的构成要件归纳案件事实。如上所述，当行为人伪造国库券时，解释者要将国库券认定为有价证券，但当行为人倒卖伪造的国库券

① 在刑法废除嫖宿幼女罪之前，还需要同时判断甲的行为是成立强奸罪还是成立嫖宿幼女罪。

② 将为了单位利益而骗取贷款的行为概括为单位贷款诈骗进而主张其中的自然人不成立贷款诈骗罪的学者或许会说，刑法没有规定家庭犯罪，当然不可以将某种案件事实归纳为家庭盗窃，但是刑法规定了单位犯罪，故完全可以将为了单位利益而骗取贷款的行为概括为单位贷款诈骗。诚然，刑法规定了单位犯罪，但是，犯罪都是具体的，而不是抽象的。刑法分则仅规定了具体的单位犯罪，其中并没有所谓的"单位贷款诈骗"。既然如此，解释者就不能以"单位贷款诈骗"的概念归纳案件事实。一言以蔽之，不能以刑法分则中并不存在的概念归纳案件事实。在这个意义上，将案件事实归纳为"单位贷款诈骗"与归纳为"家庭盗窃"，两种做法没有什么本质的不同。

时，解释者必须将国库券认定为有价票证。再如，当行为人故意将国家秘密文件交付给境外机构、组织、人员时，解释者应当将其行为评价为为境外非法"提供"国家秘密；但是，当行为人过失将国家秘密文件交付给境外机构、组织、人员，因而不符合《刑法》第 111 条规定的主观要素时，解释者就必须想到另一法条（《刑法》第 398 条），将其行为评价为过失"泄露"国家秘密，而不能得出"为境外非法提供国家秘密罪只能出于故意，由于行为人出于过失，所以不构成犯罪"的结论。

（三）因为比较方法不当造成不应有的漏洞

国家工作人员要求、暗示请托人向第三者提供贿赂的现象，在现实生活中并不罕见。例如，丙有求于国家工作人员甲的职务行为，甲则要求或暗示丙向乙提供财物，乙欣然接收；或者甲利用职务上的便利为丙谋取了利益，事后丙欲向甲提供作为职务行为的不正当报酬的财物时，甲便要求或暗示丙将财物提供给乙，乙没有拒绝。甲的行为是否成立受贿罪？无罪论者不乏其人，于是，形成了一个漏洞：对国家工作人员要求、暗示请托人向第三者提供贿赂的行为，不能以犯罪论处。

首先应当明确的是，上述行为是否值得科处刑罚。关于受贿罪的立法形式，一直存在两种立场：起源于罗马法的立场是，受贿罪的保护法益是职务行为的不可收买性（Unentgeltichkeit Amtshandlung）；起源于日耳曼法的立场是，受贿罪的保护法益是职务行为的纯洁性（Reinheit der Amtshandlung）或公正性、职务行为的不可侵犯性。[①] 职务行为的不可收买性与职务行为的纯洁性、公正性密切联系：防止权力滥用、保障权力公正行使的最起码、最基本的措施，就是防止权力与其他利益的相互交换；古今中外的客观事实不可置疑地告诉人们，职务行为的纯洁性、公正性首先取决于职务行为的不可收买性。现实与常识告诉人们，国家工作人员要求、暗示请托人向第三者提供财物时，该第三者必定与国家工作人员具有某种亲密关系：要么国家工作人员需要报答第三者或者需要满足第三者的需求，要么第三者在接受财物后将所接受的财物私下转交给国家工作人员，要么第三者会采取其他方式报答国家工作人员。说到底，国家工作人员仍然是为了自己的利益而要求、暗示请托人向第三者提供财物。同样，请托人也必然认识到第三者与国家工作人员的密切关系，否则，也不会向第三者提供财物；现实生活中，一些请托人在有求于国家工作人员的职务行为却又无法接触国家工作人员时，想方设法通过与国家工作人员有密切关系的人牵线搭桥，进而实现行贿的事实，也充分说明了这一点；请托人以及其他知情者都清楚地认识到，在国家工作人员要

[①] 参见［日］大塚仁：《刑法各论》（下卷），青林书院新社 1968 年版，第 678 页。

求、暗示向第三者提供财物的情况下，向第三者提供财物当然是满足国家工作人员的要求或欲望的一个途径，因而也是收买国家工作人员职务行为的一种方式。既然如此，我们就应当肯定这种行为侵犯了国家工作人员职务行为的不可收买性，进而也侵犯了职务行为的纯洁性、公正性，理当以受贿罪论处。不难看出，国家工作人员与第三者存在何种关系，并不影响国家工作人员的行为成立受贿罪。

那么，无罪论者是如何解释刑法以致使上述行为无罪的呢？众所周知，关于使请托人向第三者提供财物构成犯罪的刑事立法，大体上有三种体例：一是对受贿罪的构成要件规定得比较简洁，没有明文指出使请托人向第三者提供财物是否构成受贿罪。例如，我国台湾地区"刑法"第 121 条第 1 款规定："公务员或仲裁人对于职务上之行为，要求、期约或收受贿赂或其他不正利益者，处七年以下有期徒刑，得并科五千元以下罚金。"二是以德国刑法为代表，所规定的受贿罪构成要件包含了使请托人向第三者提供利益的情况。例如，德国《刑法》第 331 条第 1 款规定："公务员或者对公共职务特别负有义务的人员就其职务活动为自己或者第三者要求、约定或者接受利益的，处三年以下自由刑或者罚金。"其第 332 条第 1 款规定："公务员或者对公共职务特别负有义务的人员就其已经从事或者将要从事的职务行为和因此侵害了或者可能侵害其职务义务，作为回报，为自己或者第三者要求、约定或者接受利益的，处六个月以上五年以下自由刑。在较轻的严重情形中处三年以下自由刑或者罚金。"三是以日本刑法为代表，将使请托人向第三者提供贿赂规定为独立的罪名。例如，日本《刑法》第 197 条之二规定："公务员就其职务上的事项，接受请托，使请托人向第三者提供贿赂，或者要求、约定向第三者提供贿赂的，处五年以下拘禁刑。"无罪论者的理由往往是：我国实行罪刑法定原则，对于刑法没有明文规定的行为不得定罪处刑；日本、德国刑法明文将该行为规定为犯罪，而我国刑法对此没有明文规定，所以，在我国不得对该行为定罪处刑。显然，这种过于简单的比较解释造成了不应有的漏洞。

如前所述，解释刑法不可缺少比较方法，尤其是在刑法条文表述相同或者相似、条文适用背景相同或者相似的情况下，参考外国的刑法学说与审判实践解释本国的刑法规范，可能得出发人深省的结论。但是，在进行比较解释时，不可忽视中外刑法在实质、内容、体例上的差异。例如，就某类犯罪而言，有的国家刑法规定得非常详细（可能有多个罪名），有的国家刑法则规定得十分简单（可能只有一个罪名）。在这种情况下，后者的一个罪名可能包含了前者的多个罪名的内容；而不能简单地认为，后者只处罚一种情形，前者处罚多种情形。例如，法国《刑法》第 221—1 条、第 221—3 条、第 221—5 条分别规定了故意杀人罪、谋杀罪、毒杀罪；而我国《刑法》仅第 232 条规定了故意杀人罪。我们显然不能认为，谋杀、毒杀行为，没有被我国刑法规定为犯罪，因而不得定罪处刑；相反只能认为，谋杀与毒杀行为都包含在我国《刑法》第 232 条规定的故意杀人罪中。再如，日本《刑法》第 246 条规定了诈骗罪，其第 246 条之二规定了使用计算机诈骗罪，第 248 条规定了准诈骗罪[①]；而我国刑法没有规定后两种罪名。我们当然不能认为，使用计算机诈骗与准诈骗的行为，没有被我国刑法规定为犯罪，因而不得定罪处刑；相反只能认为，这些行为包含在我国《刑法》第 266 条规定的诈骗罪或第 264 条规定的盗窃罪中。由此看来，我们不能只看文字上的表述与犯罪的名称，而应注重规定某种犯罪的条文在刑法体系中的地位，从而了解相同的用语在不同国家的刑法中可能具有的不同含义。[②] 而无罪论者在进行比较解释时，恰恰忽视了这一点。

我国现行刑法根据主体的差异规定了几种不同的受贿犯罪，而没有根据行为的不同类型规定不同的受贿罪。与外国刑法进行比较之际，必须对此予以充分注意。例如，日本《刑法》第 197 条之三明文规定了事后受贿罪[③]，我国刑法没有设置该罪名，然而也不能由此推论：某行为属于事后受贿，我国刑法没有规定事后受贿罪，所以不得对该行为定罪处刑。相反，现实的妥当做法是："国家工作人员利用职务上的便利为请托人谋取利益，并与请托人事先约定，在其离退休后收受请托人财物，构成犯罪的，以受贿罪定罪处罚。"[④]

诚然，我国刑法并没有规定使请托人向第三者提供贿赂罪，但是，从客观上说，刑法所规定的收受他人财物，包括直接收受与间接收受；对方提供给第三者的财物，仍然是国家工作人员（所许诺的）职务行为的不正当报酬，因而具有贿赂性质；对方之所以提供给第三者，是有求于国家工作人员的职务行为或者国家工作人员已经为其实施了职务行为，这表明国家工作人员利用了职务上的便利。从主观上说，刑法所规定的受贿罪也并没有要求行为人具有接受贿赂据为己有的意图；退一步言，即使认为受贿罪要求行为人主观上具有不法占有贿赂的目的，但刑法从来没有将非法占有目的限定为本人占有的目的，而是包含了使第三者非法占有的目的，这是因为，行为人是为了本人非法占有还是为了第三者非法

[①] 准诈骗罪，是指利用未成年人的知虑浅薄或者他人的心神耗弱，使之交付财物，或者取得财产上的不法利益或者使他人取得的行为。

[②] 如上所述，在德国，故意杀人罪是指除谋杀罪、得承诺杀人罪、灭绝种族罪以外的故意杀人罪；在中国，故意杀人罪则包括一切故意杀人的行为。同样，在日本与中国，诈骗罪的外延也不完全相同。

[③] 该条第 2 款规定："曾任公务员的人，就其在职时接受请托在职务上曾实施不正当行为，或者不实施适当行为，收受、要求或者约定贿赂的，处五年以下拘禁刑。"

[④] 2000 年 7 月 13 日发布的《最高人民法院关于国家工作人员利用职务上的便利为他人谋取利益离退休后收受财物行为如何处理问题的批复》。

占有，对法益的侵犯程度并不产生影响。凡此种种，都证明国家工作人员使请托人向第三者提供财物的行为，完全符合受贿罪的犯罪构成。了解我国台湾地区学者的观点，会更增强我们作出这种解释的信心。如前所述，我国台湾地区"刑法"并没有明文规定使请托人向第三者提供贿赂罪，但学者们所作的解释则使该行为成立受贿罪。如林山田教授明确指出："行为人之收受亦不以直接收受为限，即使为间接收受，亦可构成本罪之收受行为。"① 这便包括了使请托人向第三者提供贿赂的情况。陈朴生教授更为具体地指出："日本刑法第一百九十七条之二并规定公务员或仲裁人关于其职务受请托，使交付于第三者，或要求期约其交付者，亦成受贿罪。本法虽无此项规定；但第一百二十一条第一项（该项规定了普通受贿罪——引者注）并无意图为自己或第三人不法所有之限制。故该条所称要求期约或收受贿赂或其他不正利益，并不以直接受贿为必要：即使对于第三人为交付者，亦包括在内。惟第三人如系知情者，则应依共犯之例或收受赃物等罪论处。"②

由上可见，国家工作人员使请托人向第三者提供贿赂的，成立受贿罪，刑法就此并无漏洞。一种观点认为，上述行为不符合受贿罪的构成要件，这一漏洞要通过立法来填补，而且事实上由《刑法修正案（七）》所规定的利用影响力受贿罪填补了这一漏洞。③ 但本书认为，《刑法》第 385 条所规定的受贿罪，并没有将索取贿赂限制为索取给自己，所以，对于国家工作人员要求请托人向第三者提供贿赂的行为，完全应当直接认定为受贿罪。而且，这不属于扩大解释，如同行为人违反被害人的意志，将被害人的财物转移给第三者也成立盗窃罪一样。况且，《刑法修正案（七）》所规定的利用影响力受贿罪与国家工作人员要求请托人向第三者提供贿赂的行为，不只是"些微不同"，而是根本不同。④

（四）因为没有作出同时代的解释造成不应有的漏洞

例如，我国刑法理论与审判实践中一直将盗窃解释为"秘密窃取公私财物"。诚然，窃取行为虽然通常具有秘密性，其原本含义也是秘密窃取，在财产关系、财产的存在状态相当简单的时代，作出这种解释不会存在许多问题。但是，随着经济的发展、社会关系的复杂化，在财产关系与财产的存在状态也表现

---

① 林山田：《刑法各罪论》（增订 2 版）（下册），作者发行 1999 年版，第 51 页。
② 陈朴生编著：《刑法各论》（第 6 版），正中书局 1978 年版，第 24 页。
③ 参见邓子滨：《中国实质刑法观批判》，法律出版社 2009 年版，第 163 页。
④ 附带指出的是，即便某个刑法修正案明文增加了某种犯罪，也并不必然意味着所增加的行为原本无罪。刑法修正案将原本构成犯罪的行为独立出来规定的现象，并不罕见。在这种情况下，不能认为刑法是填补漏洞。例如，《刑法修正案（七）》第 4 条增加的组织、领导传销活动罪，原本就构成非法经营、集资诈骗等罪；第 5 条增加的"非法从事资金支付结算业务"，原本也属于非法经营罪的其他类型。

得十分复杂的时代，如果仍然将盗窃限定为秘密窃取，则必然存在处罚上的空隙，造成不公正现象。例如，甲与乙共谋盗窃乙所在工厂的旧铝缸体。某星期日，甲与乙开车到工厂，因大门已锁上，乙叫值班员丙开门，甲乙开车进去装旧铝缸体时，丙说：“这是我的班，你们不能装，领导知道会扣我的奖金。”乙说：“没事，都是旧的。”丙表示：“反正我也认识你们，你们爱装不装。明天跟领导汇报。”甲乙运走了价值4 000余元的旧铝缸体。丙事后向领导作了汇报。甲、乙的行为不可能成立其他财产罪，只能认定为盗窃罪。但如果固守“秘密窃取”的解释，则会导致这种行为无罪。或许有人主张这种行为成立抢夺罪，可是，行为人没有实施任何表现为对物暴力的“抢夺”行为。换言之，认定为抢夺反而不符合罪刑法定原则。更为重要的是，即使按照通说的抢夺定义判断，本案甲、乙的行为也不符合通说所要求的“乘人不备”的条件，因而不成立抢夺罪。概言之，在到处都是摄像头、监视器的时代，我们需要作出同时代的解释，使刑法适应不断变化的社会生活事实。事实上，司法实践中出现了许多类似现象：违反占有者的意思，公然将他人占有的数额较大的财物转移为自己或者第三者占有，但又不符合抢劫、抢夺、诈骗、敲诈勒索、聚众哄抢等财产罪的构成要件。唯有对盗窃概念进行同时代的解释，才不至于形成不应有的漏洞，从而实现刑法的法益保护目的。

刑法具有稳定性，但同时必须适应社会发展的需要，否则它便没有生命力。为了使固定的文字表述适应不断变化的社会现实，就需要对刑法规范进行客观的解释、同时代的解释，而不只是探索所谓立法原意、立法本意。例如，关于遗弃罪的构成要件，在社会抚养机构越来越多的时代，探讨没有社会抚养机构时代的立法本意，进而将该立法本意作为当今立法的意图，明显不合适。

刑法分则的每个条文都是有目的的，但是，“制定的目的可能会发生变化”[1]。即使法条表述没有变化，但社会生活事实的变化，可能使法条目的发生变化；法条目的的变化，必然导致法条用语的含义发生变化。

当然，并不是说“最好的解释必然是那种使得制定法‘与时俱进’的解释。相反，被时代所抛弃是很多制定法不可避免的宿命”[2]。问题在于，是只有抛弃现有的制定法、重新制定新的法律，才能适应变化的社会生活事实，还是只需要对现有的制定法进行新的解释？本书的看法是，只要对现有的制定法进行同时代的解释能适应变化的社会生活事实，而且这种解释没有超出制定法用语可能具有的含义，亦即并不违反罪刑法定原则，就没有必要重新制定新的法律。

---

① ［美］罗伯特·萨默斯：《大师学述：富勒》，马驰译，法律出版社2010年版，第207页。
② ［美］罗伯特·萨默斯：《大师学述：富勒》，马驰译，法律出版社2010年版，第207页。

同时代的解释也不只是具有"入罪"的一面，同样具有"出罪"的一面。例如，猥亵概念便随着时代的变化而变化。换言之，随着人们的性道德观念和社会的性风尚的变化，猥亵行为的外延会发生变化。强制猥亵行为是侵犯他人的性行为自主权的行为，但人们的性行为自主权内容是会发生变化的，哪些行为会被评价为性行为也是会发生变化的，这种变化必然影响强制猥亵行为范围的变化。例如，40 年前，男女自愿公然接吻或者搂抱的行为，必然遭到社会大众的谴责，可被认为是公然猥亵（只是刑法没有将公然猥亵规定为犯罪而已）。但现在，这种现象已经随处可见，原本属于公然猥亵行为的，经过同时代的解释，已经不再是猥亵行为了。正如日本学者町野朔所说："强制猥亵罪中的猥亵概念，和淫秽文书罪中的淫秽概念一样，不免随着时代的变化而变化。麦耶（M. E. Mayer）曾经认为，行为人用手挽着身穿紧身上衣的妇女的腰部的行为构成强制猥亵罪，但现在的日本已经没有人这样认为了。"①

（五）因为忽视用语在不同法律中的不同含义造成不应有的漏洞

《刑法》第 247 条前段规定，"司法工作人员对犯罪嫌疑人、被告人实行刑讯逼供或者使用暴力逼取证人证言的，处三年以下有期徒刑或者拘役"。按照刑事诉讼法的规定，证人不包括被害人，证人证言不包括被害人陈述。但是，实践中存在司法工作人员对被害人使用暴力逼取被害人陈述的现象。不会有人认为，对被害人使用暴力逼取被害人陈述的行为，其法益侵害程度轻于使用暴力逼取证人证言的行为。但如果完全按照刑事诉讼法以及相关司法解释的规定，将被害人排除在《刑法》第 247 条的"证人"之外，将"被害人陈述"排除在第 247 条的"证人证言"之外，则会导致刑法的漏洞。然而，《刑法》第 247 条的目的，与刑事诉讼法区分证人与被害人的目的完全不同，既然如此，就不应当完全按照刑事诉讼法的规定解释刑法上的证人。事实上，认为刑法上的证人包括被害人也不属于类推解释，因为被害人的陈述与证人证言一样，都是证据的一种；人们在日常生活中也时常将被害人陈述视为广义的证人证言。② 诚然，如果《刑法》第247 条明文表述为"使用暴力逼取证人证言或者被害人陈述"，是比较理想的。但是，一方面，刑法分则条文不是对具体犯罪的描述，而是将具体犯罪进行抽象后作出的类型化表达，过于细化的规定，反而增加刑法的漏洞。另一方面，司法机关对于眼前的真实案件，必须依据现行刑法处理，不可能等到修改刑法后再处理。

---

① ［日］町野朔：《犯罪各论的现在》，有斐阁 1996 年版，第 284 页。
② 不应强求《刑法》用语必须与《刑事诉讼法》的用语一致。《刑事诉讼法》第 62 条第 2 款规定："生理上、精神上有缺陷或者年幼，不能辨别是非、不能正确表达的人，不能作证人。"但是，当司法工作人员使用暴力向这些人逼取证言时，恐怕无可争议地成立暴力取证罪。

再如,《刑法》第194条所规定的票据诈骗罪的行为类型之一是"签发……与其预留印鉴不符的支票,骗取财物"。一般来说,所谓"签发与其预留印鉴不符的支票",是指票据签发人在其签发的支票上加盖与其预留于银行或者其他金融机构处的印鉴不一致的财务公章或者支票签发人的名章。但是,《票据法》第82条第3款规定:"开立支票存款账户,申请人应当预留其本名的签名式样和印鉴。"于是,支票的签章可能只是签名,也可能是签名加盖章。因此,行为人完全可能通过签发与其预留签名式样不符的支票骗取财物,而且这种行为和签发与其预留印鉴不符的支票骗取财物,性质完全相同。如果以该行为不符合《刑法》第194条的规定为由,宣告无罪,明显不合适。本书认为,没有必要完全按照票据法的规定解释刑法条文中的印鉴,应当认为刑法上的印鉴包含了票据法所规定的狭义的印鉴与签名式样。这样的解释也没有超出刑法用语可能具有的含义。印,除具有印章的含义外,还有痕迹与相互符合之意,手印、指印等是痕迹之意;而印证、心心相印则是相互符合之意;现实生活中也存在签名章;鉴则是审察之意。所谓预留印鉴,实际上就是出票人事先在银行留下的某种痕迹,由银行审察某种支票是否由出票人所签发。所以,预留签名式样与预留印章底样所起的作用完全相同,一般也不会认为二者存在实质差异。将签发与其签名式样不符的支票归入"签发与其预留印鉴不符的支票"的行为类型,不会侵害公民的预测可能性。

(六)因为没有作出当然解释造成不应有的漏洞

《刑法》第262条规定:"拐骗不满十四周岁的未成年人,脱离家庭或者监护人的,处五年以下有期徒刑或者拘役。"刑法理论一般认为,拐骗儿童罪的行为,表现为采用蒙骗、利诱或其他方法,使不满14周岁的未成年人脱离家庭或者监护人。问题是,使用盗窃、抢夺甚至抢劫的方法,将儿童偷走、抢走的行为是否成立本罪?无罪论者也不乏其人。其理由是,刑法所规定的是"拐骗",而盗窃儿童、抢夺儿童或者对监护人实施暴力、胁迫等方法抢走儿童的行为,不属于拐骗,因此不成立拐骗儿童罪。然而,与骗走儿童相比,盗窃、抢夺、抢劫儿童的行为,更具有可罚性,于是,刑法存在漏洞。所以,无罪论者不得不主张,刑法应当增加关于盗窃、抢夺、抢劫儿童罪的规定。

但是,就性质相同的行为进行举轻以明重的解释,是实现刑法的协调进而实现刑法正义的有效解释方法。同样是使儿童脱离家庭或者监护人的行为,既然使用平和的方法成立犯罪,那么,使用暴力、胁迫等非平和的方法,更应成立犯罪。再者,联系《刑法》第240条考虑,"拐"并不限于欺骗、利诱等方法,而是包括暴力、胁迫等强制方法。换言之,《刑法》第240条规定的拐卖妇女、儿童罪中的"拐卖",包括"以出卖为目的,有拐骗、绑架、收买、贩卖、接送、中转妇女、儿童的行为"，这表明，"拐"并不限于平和方式。既然如此，《刑法》第 262 条中的"拐骗"也不应限于平和方式，而是包含暴力、胁迫等方式。[1] 其实，根据人们的日常用法，也可以将抢劫、抢夺、窃取儿童的行为解释为拐骗儿童。例如，一名农村妇女下地干活时，将两岁的女儿带到田边。行为人乘妇女没有注意时，将其女儿强行抱走。农村妇女在报案时会说自己的女儿被"拐"走了。所以，将抢劫、抢夺、窃取儿童的行为解释为拐骗儿童，是没有超出刑法用语可能具有的含义的当然解释。

（七）因为进行不合理的限制解释造成不应有的漏洞

刑法分则规定了各种类型的伪造罪，如伪造货币、伪造金融票证、伪造有价证券、伪造股票或者公司债券、伪造增值税专用发票、伪造车票或者船票，还有伪造国家机关公文、证件、印章以及伪造武装部队公文、证件、印章等。刑法理论一般将伪造解释为，没有制作权的人，仿照真实的样本制造货币、金融票证、有价证券等。这样一来，许多应当作为犯罪处理的行为便没有处理依据。

例如，在他人并没有向银行提供存款的情况下，银行工作人员为他人开具银行存单。根据通行的解释，银行工作人员的行为不属于伪造金融票证，于是没有定罪的法律依据。其实，通说对伪造的解释只限于有形伪造（不合理的限制解释），而忽略了无形伪造，后者是指具有制作权的人制作内容虚假的文书等行为。银行工作人员制作内容虚假的金融票证的行为，便属于无形伪造。事实上，认为伪造包括有形伪造与无形伪造，并不是一种扩大解释，而是平义解释。从本质上看，无形伪造的法益侵害程度可能比有形伪造的法益侵害程度更严重，因为无形伪造具有真实的形式，导致人们（包括金融机构的工作人员与一般人）更难识别其虚假性。

再如，伪造货币罪，包括伪造境外货币的行为。没有疑问的是，行为人仿照真实的货币进行伪造的行为，当然成立伪造货币罪。值得研究的是另一种情况，即自行设计制作足以使一般人误认为是货币的假货币，如根据人民币的一般形状、基本特征等自行设计制作出面值为 200 元的假货币。在这种情况下，不存在与伪造的货币相当的真货币。对此，能否认定为伪造货币罪？根据通行的限制解释，该行为不成立伪造货币罪。[2] 但这种通说可能人为地缩小了伪造货币罪的成立范围。事实上，行为人完全可能设计制作一种外观上足以使一般人误认为是货币的假货币，特别是可能设计出所谓外国货币以侵犯货币的公共信用，因此，不

---

[1]　或许也可以将"拐骗"解释为"拐走"与"骗走"。

[2]　参见高铭暄、马克昌主编：《刑法学》（第十版），北京大学出版社、高等教育出版社 2022 年版，第 400 页；周道鸾、张军主编：《刑法罪名精释》（第四版）（上），人民法院出版社 2013 年版，第 296 页。

能排除后一种情况也是伪造货币。①

又如，关于变造货币的解释，通行表述是："以真货币为基础，采用挖补、揭层、涂改、拼接等手段，改变货币的真实形态、色彩、文字、数目等，使其升值，且数额较大的行为。"② 要求变造货币的行为必须使货币"升值"（增加面额）就是一种不合理的限制解释。诚然，在司法实践中，很少出现将 50 元人民币变造为 10 元人民币的案件。但是，这只是事实，不能将事实强加于规范，或者说不能以有限的事实限制规范的含义。况且，司法实践中已经出现不增加货币面额的变造货币的案件。例如，将 1967 年、1964 年发行的面值 1 分的硬币，变造为具有收藏价值的 1961 年发行的面值 1 分的硬币。根据上述定义，这种行为不成立变造货币罪，于是形成了处罚漏洞。再如，行为人减少金币的含量（将金币周边的黄金剥离下来），但没有使金币的面值减少。从任何角度来看，该行为都没有使金币升值，但应当属于变造货币。③ 所以，对变造货币不能作上述限制解释。④

（八）因为进行形式的解释而造成不应有的漏洞

例如，《刑法》第 271 条第 1 款规定："公司、企业或者其他单位的人员，利用职务上的便利，将本单位财物非法占为己有，数额较大的，处三年以下有期徒刑或者拘役；数额巨大的，处三年以上十年以下有期徒刑，并处罚金；数额特别巨大的，处十年以上有期徒刑或者无期徒刑，并处罚金。"《刑法》第 270 条也有"非法占为己有"的表述。司法实践常常对其中的"非法占为己有"进行形式的解释，即只有当正犯本人将本单位财物转移为"本人"所有时，才成立职务侵占罪，于是形成了处罚上的空隙。例如，甲为某公司出纳，其朋友乙意欲购房缺

---

① 2010 年 10 月 20 日发布的《最高人民法院关于审理伪造货币等案件具体应用法律若干问题的解释（二）》第 1 条第 1 款规定："仿照真货币的图案、形状、色彩等特征非法制造假币，冒充真币的行为，应当认定为刑法第一百七十条规定的'伪造货币'。"笔者并不认为这一解释否定了本书的见解。其一，所谓自行设计的假币，也一定仿照了真货币的图案、形状、色彩等特征，否则不可能足以使一般人误认为是真货币。其二，上述司法解释的这一规定，只是列举了伪造货币的行为，而不是对"伪造货币"的定义。

② 周道鸾、张军主编：《刑法罪名精释》（第四版）（上），人民法院出版社 2013 年版，第 307 页。另参见陈兴良：《规范刑法学》（第四版）（上册），中国人民大学出版社 2017 年版，第 633 页。

③ 正因为如此，2010 年 10 月 20 日发布的《最高人民法院关于审理伪造货币等案件具体应用法律若干问题的解释（二）》第 1 条第 2 款规定："对真货币采用剪贴、挖补、揭层、涂改、移位、重印等方法加工处理，改变真币形态、价值的行为，应当认定为刑法第一百七十三条规定的'变造货币'。"

④ 顺便指出的是，上述定义非常形式化。根据这种定义，行为人将日元涂改成欧元的，也仅成立变造货币罪。其实，这种行为已经使货币发生了本质变化，应当认定为伪造货币罪。

乏现金，甲得知后，将公司现金转出 50 万元给某房地产公司，然后想方设法平账（本案中，乙缺乏成立共犯的行为与故意）。如果对"非法占为己有"进行形式的解释，一定要求甲将本单位的 50 万现金转移为甲本人所有，则甲的行为难以成立职务侵占罪。可是，这种解释结论没有任何合理性可言。

与盗窃、诈骗等取得罪一样，职务侵占罪主观上都要求有非法占有的目的，客观上都要求有非法占有的行为。之所以如此，一方面是为了与非罪相区别，例如，利用职务上的便利，暂时盗用本单位财物的行为，不成立职务侵占罪；另一方面是为了使职务侵占罪与挪用资金罪、故意毁坏财物罪相区别。例如，单纯挪用本单位公款的不成立职务侵占罪，单纯毁坏本单位财物的也不成立职务侵占罪。反过来说，只要行为性质是剥夺单位的财产，而且采用的手段是利用职务上的便利将已经占有的财物转化为所有，而不是毁坏财产，就具备了职务侵占罪的本质特征。不难发现，行为人将财物转化为自己所有时，符合上述本质特征；同样，行为人将财物转化为第三者所有时，也符合上述本质特征，因为将财物转化为第三者所有时，也剥夺了单位的财产。不可能认为，只有实行犯本人取得了财产，单位财产才遭受侵害；如果是第三者取得财产，单位财产便没有遭受侵犯。也不可能认为，只有实行犯本人取得了财产，单位财产才受刑法保护；如果是第三者取得财产，单位财产便只受民法保护而不受刑法保护。同样不能认为，只有正犯本人取得财产，才具有责任；如果第三者取得财产，正犯本人便没有责任。因为是否具有责任，不在于行为人是否获取利益，而在于行为人是否明知自己的行为会侵害单位的财产，并且希望或者放任这种结果发生。所以，对《刑法》271 条的"非法占为己有"，不能从形式上理解为正犯本人占为己有，而应解释为行为人一方（己方）所有。显然，只要将本单位财产转移为行为人本人、行为人的亲友、行为人的公司、与行为人具有某种关系的其他个人或公司等不法所有，而不是仍然由本单位所有，就应属于"非法占为己有"。这或许被认为是扩大解释，但本书认为，这种扩大解释并没有违反罪刑法定原则。另外，行为人非法将单位财物转移为他人所有时，实际上是行为人非法处分了单位财物。既然行为人非法以所有人自居处分单位财物，当然也能认定行为人"非法占为己有"。

进行这样的解释后，我们就会发现，即使行为人将本单位财产转移给自己的公司等单位的，也同样成立职务侵占罪。例如，A 注册了自己的甲公司（股东为 A 及其妻子 B），同时任乙公司（乙公司的股东与甲公司的股东不同）的总经理。甲公司与丙公司具有经济往来关系，当甲公司已经获取巨额利润但应支付丙公司 20 万元时，A 利用职务上的便利，指使乙公司财会人员从乙公司支付 20 万元给丙公司。如果形式上理解"非法占为己有"，A 的行为似乎不成立职务侵占罪。但是，A 的行为同样剥夺了乙公司 20 万元的财产，而且实际上将该财产转移给甲公司所有（进而处分给丙公司），并不是毁坏该财产。所以，A 的行为仍然具备职务侵占罪的本质特征。不难发现，即使甲公司的股东除 A 之外，不是其妻子，而是其朋友 C，上述性质也依然没有丝毫变化。由此可见，只要单位财产被转移为他人（包括单位）所有，而不管谁取得财产，都侵害了单位的财产。或者说，只要有人取得了财产，便侵害了单位的财产，至于何人取得财产，与单位财产遭受侵害没有关系。

（九）因为进行孤立的解释造成不应有的漏洞

例如，被告人李某携带海洛因 3 000 余克，至被告人于某住处，要求于某为其藏匿毒品。于某同意后，将这些毒品藏匿于自己家里卫生间的天花板上。公安机关查获后，只能认定李某属于非法持有毒品，而不能认定其行为成立走私、贩卖、运输、制造毒品罪。[①] 有人认为，于某的行为既不成立窝藏毒品罪与窝藏赃物罪，也不成立非法持有毒品罪，即不构成犯罪。于是，刑法分则存在漏洞：对于某的行为应当作为犯罪处理，但没有法律依据。

诚然，于某的行为不成立窝藏毒品罪，因为根据《刑法》第 349 条的规定，只有为走私、贩卖、运输、制造毒品的犯罪分子窝藏毒品的，才成立窝藏毒品罪，而李某只是非法持有毒品。于某的行为也不成立窝藏赃物罪，因为窝藏赃物罪的对象是他人"犯罪所得的赃物"，而相对于非法持有毒品而言，本案中的海洛因属于组成犯罪行为之物。但这并不意味着于某的行为不成立犯罪，而是成立非法持有毒品罪的正犯。持有是一种事实上的支配，行为人与物之间存在一种事实上的支配与被支配的关系。所谓持有毒品，也就是行为人对毒品的事实上的支配。持有具体表现为直接占有、携有、藏有或者以其他方法支配毒品；换言之，窝藏毒品也是持有毒品的一种方式。持有不要求物理上的握有，不要求行为人时时刻刻将毒品握在手中、放在身上和装在口袋里，只要行为人认识到它的存在，能够对之进行管理或者支配，就是持有。持有并不要求行为人是毒品的"所有者""占有者"；即使属于他人"所有""占有"的毒品，但事实上置于行为人支配之下时，行为人即持有毒品；行为人是否知道"所有者""占有者"，不影响持有的成立。因此，于某窝藏毒品时，也属于持有毒品。持有并不要求直接持有，即介入第三者时，也不影响持有的成立。如行为人认为自己管理毒品不安全，将毒品委托给第三者保管时，行为人与第三者均持有该毒品。第三者为直接持有，行为人为间接持有。持有不要求单独持有，二人以上共同持有毒品的，也成立本罪；持有也不要求具有排他性，完全可以由二人以上重叠持有。所以，李某将海洛因交给于某保管时，李某与于某共同持有海洛因，因而李某构成非法持

---

① 参见肖裕国：《为持有毒品者窝藏毒品应定何罪》，《检察日报》2003 年 5 月 23 日，第 3 版。

有毒品罪的共同正犯，于某是非法持有毒品罪的正犯。

无罪论者（以及认为构成窝藏赃物罪的人）的观点得以产生，是因为对刑法用语进行了孤立的解释，将持有与窝藏视为两个完全不同的概念。其实，窝藏是持有的一种表现形式，因为窝藏毒品也是对毒品的一种事实上的支配。不能因为刑法分则的某个条文规定了窝藏毒品行为，便一概将窝藏排除在持有概念之外。刑法分则是一个体系，对刑法分则的任何一个用语，都必须置于刑法分则的整体中进行体系解释；当窝藏毒品的行为符合刑法分则条文所规定的窝藏毒品罪的构成要件时，可能不需要认定为非法持有毒品罪；但当窝藏毒品的行为不符合窝藏毒品罪的构成要件时，则完全符合非法持有毒品罪的构成要件。孤立地解释持有与窝藏必然会导致刑法分则存在漏洞。例如，解释者显然不能因为刑法分则中存在"储存"概念，就认为储存假币、储存毒品的行为不成立犯罪。事实上，储存也是持有的一种表现形式，储存假币或毒品的行为，依然成立持有假币罪或者非法持有毒品罪。

（十）因为作出片面的解释造成不应有的漏洞

例如，《刑法》第 266 条规定了诈骗罪，但对诈骗罪构成要件的规定非常简短。刑法理论与司法实践常常对诈骗罪进行比较片面的解释，即诈骗罪必须是行为人实施虚构事实、隐瞒真相的行为，使被害人因为受骗而"自愿地"交付财物给行为人。这一解释至少在两个方面表现出片面性：其一，要求受骗人同时是被害人，于是导致三角诈骗（典型的是诉讼诈骗）不能构成诈骗罪；其二，要求被害人"交付"财物，从而导致使对方免除债务的行为不能构成诈骗罪，即导致行为人积极财产增加时才成立诈骗罪，而消极财产减少时则不成立诈骗罪。于是，刑法关于诈骗罪的规定也存在漏洞。

事实上，诈骗罪（既遂）的基本构造为：行为人以非法占有为目的实施欺骗行为→对方产生错误认识（或继续维持认识错误）→对方基于错误认识处分财产→行为人取得财产→被害人遭受财产上的损害。其中的"对方"不一定是被害人；易言之，欺骗行为的对方只要求是具有处分财产的权限或者处于可以处分财产地位的人，不要求一定是财物的所有人或占有人。"对方"因为陷入错误而处分财产，而不只是单纯地交付财产；处分财产表现为直接交付财产，或者承诺行为人取得财产，或者承诺转移财产性利益，或者承诺免除行为人的债务。所谓行为人获得财产，包括两种情况：一是积极财产的增加，如将被害人的财物转移为行为人所有；二是消极财产的减少，如使对方免除或者减少行为人的债务。后者还包括使用欺诈方法使自己不缴纳应当缴纳的费用（但法律有特别规定的除外），如伪造或者租用武装部队车辆号牌，骗免养路费、通行费等各种规费，数额较大的，成立诈骗罪。作出这样的解释后，上述所谓的漏洞便不存在了。

　　以三角诈骗为例。根据上述解释，在诈骗罪中，被害人与被骗人既可以是同一人，也可以不是同一人。例如，乙上班后，其保姆丙在家做家务。被告人甲敲门后欺骗保姆说："你们家的主人让我上门取他的西服去干洗。"丙信以为真，将乙的西服交给甲。乙回家后才知保姆被骗。丙为被骗人，但不是被害人；乙是被害人，但没有被骗。这种财产处分人与被害人不同一的情况称为三角诈骗。相信没有人否认甲的行为成立诈骗罪。诉讼诈骗是典型的三角诈骗。行为人以提起民事诉讼为手段，提供虚假的陈述、出示虚假的证据，使法院作出有利于自己的判决，从而获得财产的行为，成立诈骗罪。在诉讼诈骗中，法院的法官是被骗人，而不是被害人；但法院的法官具有作出财产处分的权力，因而是财产处分人。所应指出的是，在三角诈骗中，虽然被骗人与被害人可以不是同一人，但被骗人与财产处分人必须是同一人。因为如果被骗人与财产处分人不是同一人，就缺乏"基于错误而处分财产"这一诈骗罪的本质要素。不难看出，三角诈骗与普通诈骗没有任何实质区别。然而，2002 年 10 月 24 日发布的《最高人民检察院法律政策研究室关于通过伪造证据骗取法院民事裁判占有他人财物的行为如何适用法律问题的答复》指出："以非法占有为目的，通过伪造证据骗取法院民事裁判占有他人财物的行为所侵害的主要是人民法院正常的审判活动，可以由人民法院依照民事诉讼法的有关规定作出处理，不宜以诈骗罪追究行为人的刑事责任。如果行为人伪造证据时，实施了伪造公司、企业、事业单位、人民团体印章的行为，构成犯罪的，应当依照刑法第二百八十条第二款的规定，以伪造公司、企业、事业单位、人民团体印章罪追究刑事责任；如果行为人有指使他人作伪证行为，构成犯罪的，应当依照刑法第三百零七条第一款的规定，以妨害作证罪追究刑事责任。"这一答复完全忽视了诉讼诈骗行为对被害人财产的侵害[①]，也误解了诈骗罪的构造，人为地造成了刑法的漏洞，应当废止。

　　再以骗免债务为例。并非只有被害人"交付"财物给行为人时，行为人才成立诈骗罪；行为人使用欺诈方法，使对方产生认识错误，对方基于认识错误免除行为人的债务的，同样成立诈骗罪。例如，2002 年 4 月 10 日发布的《最高人民法院关于审理非法生产、买卖武装部队车辆号牌等刑事案件具体应用法律若干问题的解释》（已废止）第 3 条第 2 款指出，使用伪造、变造、盗窃的武装部队车辆号牌，骗免养路费、通行费等各种规费，数额较大的，依照诈骗罪的规定定罪处罚。这一解释具有合理性。基于同样的理由，行为人借用武装部队车辆号牌，骗免养路费、通行费等各种规费，数额较大的，也应成立诈骗罪。因为行为

[①]　这一答复本末倒置。民事审判本来就是为了保护当事人的财产的，但这种解释却只保护民事审判本身，而不保护民事审判所要保护的当事人的财产。

人借用武装部队车辆号牌的行为，使收费人员误以为不应收取行为人的养路费、通行费等，从而免除行为人的缴纳义务，即免除行为人的债务。收费人员免除规费的行为，也是一种处分行为；这种由行为人的欺诈行为所产生的处分行为，既导致行为人的消极财产减少，也导致国家遭受财产上的损失。没有理由否认行为人的行为成立诈骗罪。经过《刑法修正案（七）》修改后的《刑法》第375条第3款规定："伪造、盗窃、买卖或者非法提供、使用武装部队车辆号牌等专用标志，情节严重的，处三年以下有期徒刑、拘役或者管制，并处或者单处罚金；情节特别严重的，处三年以上七年以下有期徒刑，并处罚金。"本款所规定的"使用"不以获得财产性利益为条件，故本款规定并不是对上述司法解释的否定。换言之，行为人使用武装部队车辆号牌等专用标志骗免养路费、通行费等各种规费，数额较大的，成立诈骗罪与非法使用武装部队专用标志罪的想象竞合犯。

（十一）因为误解犯罪的结构造成不应有的漏洞

SARS是一种严重的传染病，在2003年引起了全社会的关注。法律界所关注的是，故意使特定他人感染SARS病毒而生病的，如何处理？[①] 有人认为，《刑法》第360条只规定了传播性病罪，而没有规定传播SARS的行为构成犯罪。于是，形成了一个漏洞：故意使特定他人感染SARS的行为，依照现行刑法无法处理。依照这一观点，故意使特定他人感染霍乱、鼠疫的，也因为刑法只规定了传播性病罪，而无法处理。刑法果真存在这样的漏洞吗？

如前所述，虽然学理与司法解释将《刑法》第360条规定的犯罪概括为传播性病罪，但罪名本身并不是确定和解释该犯罪具体构成要件的依据。该款规定的犯罪为抽象的危险犯，具有严重性病的人卖淫、嫖娼的，即成立本罪；既不需要卖淫嫖娼的行为引起传播性病的具体危险与实害结果，也不需要行为人具有传播性病的故意。如果正确理解了《刑法》第360条所规定的犯罪的基本结构，也就可以正确区分所谓传播性病罪与故意伤害罪、故意杀人罪的关系。即行为人具有传播性病的故意，实施卖淫、嫖娼或者其他传播性病的行为，导致他人感染性病的，应认定为故意伤害罪；对于故意使他人感染艾滋病的，还可能认定为故意杀人罪。因为这种行为完全超出了《刑法》第360条规定的构成要件，而且完全符合故意伤害罪（故意杀人罪）的构成要件。基于同样的理由，行为人采用任何

---

① 根据2003年5月14日发布的《最高人民法院、最高人民检察院关于办理妨害预防、控制突发传染病疫情等灾害的刑事案件具体应用法律若干问题的解释》第1条的规定，故意传播突发传染病病原体，危害公共安全的，构成以危险方法危害公共安全罪。

方式使特定他人感染 SARS 的，都应认定为故意伤害罪甚至故意杀人罪。① 同样，行为人以使他人感染疾病的故意，采取任何方式使他人感染该疾病的，也应认定为故意伤害罪甚至故意杀人罪。② 这里不存在处理上的漏洞，立法机关完全没有必要再增加一个所谓的传播 SARS 罪。

（十二）因为误解刑法与其他法律的关系造成不应有的漏洞

在刑法理论与司法实践中，经常出现"某行为属于民法上的不当得利，因而不成立刑法上的犯罪"的说法与做法。换言之，在刑事案件事实属于民法上的不当得利时，一些人习惯于以"该行为属于民法上的不当得利"为由，得出不成立财产犯罪的结论。但是，这种观念与做法并不可取。

调整和处理财产关系，是民法的重要内容。任何故意或者过失（乃至无过错地）侵犯他人财产的行为，不管其是否触犯了刑法，都可谓违反了民法，成为需要承担民事责任的行为。但是，刑法仅将部分值得科处刑罚的侵犯财产的行为类型化为财产犯罪，这些被类型化为财产犯罪的行为，并不因为被刑法禁止后而不再成为民事违法行为。换言之，财产犯罪都具有双重性质，一是违反了刑法，二是违反了民法。所以，侵犯财产的行为，只有不触犯刑法时，才可以仅依照民法处理。刑法并没有规定不当得利罪，所以，民法上的不当得利不可能一概成为刑法上的犯罪行为。但是，民法上的不当得利行为，也可能触犯刑法上的侵占、盗窃等罪。如同不能因为杀人、伤害行为是民法上的侵权行为而否认其构成刑法上的犯罪一样，也不能因为某种行为在民法上是不当得利，而否认其构成刑法上的财产犯罪。

如果认为，只要某种案件事实符合其他法律的规定，就不得再适用刑法，那么，刑法必然成为一纸空文。例如，遇到杀人、伤害等案件时，人们都可以说"这在民法上属于侵权行为"，事实上，民法理论也经常将杀人、伤害案件作为侵权案例讨论。但是，法官绝不能以此为由，否认杀人、伤害行为构成刑法上的故意杀人罪、故意伤害罪。因为杀人行为、伤害行为既是民法上的侵权行为，也是刑法上的犯罪行为。遇到抽逃巨额出资的案件时，人们都可以说"这是违反公司法的行为"。可是，检察官与法官依然不能以此为由，否认该案件成立刑法上的抽逃出资罪。因为抽逃巨额出资的行为，既是公司法上的违法行为，也是刑法上的犯罪行为。所以，以案件事实符合其他法律为由否认其符合刑法规定的构成

---

① 令笔者百思不得其解的是，既然采用有形或者无形方法，使他人患精神病（成为精神病人）的，构成伤害罪，为什么采取传染的方式使他人患严重传染病的，反而就无罪呢？

② 至于行为是否同时触犯妨害传染病防治罪、投放危险物质罪、以危险方法危害公共安全罪，则是另一回事。

要件，并不妥当。基于同样的理由，以案件事实属于不当得利为由否认其构成刑法上的财产犯罪，明显不当。

或许有人认为，如果将民法上的不当得利认定为刑法上的财产犯罪，就混淆了民事违法与刑事违法的界限。其实，所谓民事违法与刑事犯罪的界限，基本上是一个假命题。例如，人们经常讨论诈骗罪与民事欺诈的界限，认为存在区分二者的标准。可是，诈骗罪与民事欺诈的关系，如同男人与人的关系、汽车与财物的关系。二者之间不是界限问题，基本上是特别与普通的关系问题。既然是男人，就必然是人；既然是汽车，就一定是财物。所谓诈骗罪与民事欺诈的界限，实际上只能是诈骗罪与不构成诈骗罪的民事欺诈的界限。于是，问题便在于：以什么为标准将民事欺诈中构成诈骗罪的行为挑选出来以犯罪论处？显然，凡是符合了诈骗罪的犯罪构成的行为，就成立诈骗罪。检察官与法官通常不必再追问该行为在民法上是否属于民事欺诈。财产犯罪与不当得利，大体上是一种交叉关系，部分场合只是财产犯罪，部分场合只是不当得利，但也有不分场合既是财产犯罪又是不当得利；所谓财产犯罪与不当得利的界限，也只能是财产犯罪与不构成财产犯罪的不当得利的界限。而认定财产犯罪的标准，是看行为是否符合财产犯罪的成立条件。所以，凡是符合财产犯罪成立条件的行为，就成立财产犯罪，而不必追问该行为在民法上是否属于不当得利，更不能因为该行为属于民法上的不当得利就不以犯罪论处。

如上所述，不管案件事实是否属于民法上的不当得利，只要其与刑法规定的犯罪构成相符合，就能够适用刑法。所以，司法工作人员必须把应当判决的具体个案与规定犯罪成立条件的刑法规范联系起来；要从案件到规范，又从规范到案件，对二者进行比较、分析、判断。对于案件事实，要以可能适用的刑法规范为指导进行分析；反之，对于刑法规范，要通过特定个案或者案件类型进行解释。如果司法工作人员不能妥当解释侵占罪的犯罪构成，就会将侵占事实认定为其他犯罪或者宣告无罪。

例如，甲有某套猫熊金币，借给乙观赏，乙擅自将之让售于善意之丙，取得价金。这在民法上属于非给付不当得利中的侵害他人权益不当得利的情形。[①] 但这种行为在刑法上构成《刑法》第 270 条第 1 款规定的侵占罪（以下简称"委托物侵占罪"）。委托物侵占罪，是指将代为保管的他人财物非法据为己有，数额较大，拒不退还的行为。行为对象是自己代为保管的他人财物。"代为保管"是指受委托而占有，即基于委托关系对他人财物具有事实上支配力的状态，即事实上的占有。事实上的占有，与盗窃罪对象——"他人占有的财物"中的占有

---

① 参见王泽鉴：《债法原理》（第二册不当得利），中国政法大学出版社 2002 年版，第 24、30 页。

含义相同。① 只要行为人对财物具有事实上的支配即可，不要求事实上握有该财物。因此，事实上的支配（或占有）不同于民法上的占有，只要根据社会的一般观念可以评价为行为人占有，即使在民法上不认为是占有，也可能成为本罪的对象。在上述案例中，乙征得甲的同意事实上占有了甲的金币，已经符合了"代为保管的他人财物"的对象要件；乙将金币出卖给不知情的丙，取得价金，表明其已经将金币据为己有；乙具有侵占罪的故意与非法占有目的，自不待言。综上所述，只要乙侵占的财物达到法定的数额标准，就成立委托物侵占罪。

再如，2006 年 3 月 15 日 11 时许，褚某在某超市捡到失主章某遗失在该超市的取包牌之后，拿着取包牌从超市的保管人员那里将章某存在寄存处的一只皮包取出，包内有价值人民币 1.03 万余元的笔记本电脑一台。当天下午，褚某被公安人员抓获后即承认占有该包的事实。对此存在三种处理结论：民法上的不当得利、遗忘物侵占罪与诈骗罪。② 首先，褚某的行为虽然在民法上是不当得利，但如前所述，只要该行为触犯了刑法，就不能仅按不当得利处理。其次，主张褚某的行为构成遗忘物侵占罪的观点，难以成立。虽然超市的取包牌没有任何个人的标记，但取得取包牌并不等于取得了笔记本电脑；褚某是在捡得取包牌后另实施其他违法行为，才取得笔记本电脑的。最后，褚某是通过欺骗保管人员（假冒存包人）而取得章某的笔记本电脑的，该欺骗行为是盗窃罪的间接正犯还是诈骗罪（三角诈骗），则是需要研究的问题。在受骗人（财产处分人，案例中的管理人员）与被害人（章某）不同一的情况下，要认定为三角诈骗，前提是受骗人具有处分（交付）被害人财产的权限或处于可以处分被害人财产的地位。换言之，盗窃罪的间接正犯与三角诈骗的关键区别在于：被骗人是否具有处分被害人财产的权限或地位。对此，需要综合以下因素判断：受骗人是否为被害人财物的占有辅助者，是否属于被害人阵营，受骗人转移财产的行为（排除被骗的因素）是否得到社会一般观念的认可，如此等等。在本例中，认为管理人员具有处分被害人财产的权限，进而认定褚某的行为构成诈骗罪，是有道理的。据此，民法上的不当得利，完全能够成立刑法上的财产犯罪。即使认为褚某的行为成立盗窃罪的间接正犯，也说明民法上的不当得利可以成立刑法上的财产犯罪。

---

① 就"代为保管"中的事实上的占有而言，只有这样解释，才使盗窃罪与侵占罪之间既不重叠，又无漏洞：对他人占有的财物成立盗窃罪；对自己占有的财物成立侵占罪。如果将代为保管解释得比占有宽，就意味着一部分代为保管与他人占有相重叠，导致盗窃罪与侵占罪难以区分；如果将代为保管解释得比占有窄，就意味盗窃罪与侵占罪之间存在漏洞。更为重要的是，侵占罪是仅侵害所有、没有侵害占有的犯罪，故应当将代为保管解释为占有（普通用语的规范化）。

② 参见李义欣、沈兆堂：《拾得取包牌在超市冒领皮包该定何罪》，《检察日报》2006 年 7 月 21 日，第 3 版。

总之，违反其他法律的行为，并不当然排除犯罪的成立。所以，不能以行为属于不当得利、侵权行为等为由，否认行为成立刑法上的犯罪。

三、减少不必要的对立

由于犯罪错综复杂，为了避免处罚空隙，刑法不得不从不同侧面、以不同方式规定各种类型的犯罪。因此，部分条文规定的犯罪之间具有相似性，一些条文之间形成了包容关系与交叉关系。此外，由于行为人并非按照刑法规定的构成要件实施犯罪，一个行为可能具有多重属性，侵犯多个法益，因而触犯多个罪名。于是，刑法理论与司法实践特别希望在此罪与彼罪之间找出所谓关键区别或者区分标志；"此罪与彼罪的界限"成为刑法教科书不可或缺的内容，成为司法实践经常讨论的话题。但是，在绝大多数情况下，寻找犯罪之间的界限，实际上是使犯罪之间形成对立关系，既非明智之举，也非有效之策。在本书看来，与其重视和增加犯罪之间的对立，莫如注重犯罪之间的竞合，减少犯罪之间的对立。

（一）犯罪之间的关系

综合国内外学者的归纳，刑法规定的具体犯罪类型之间的关系（恳请读者注意，法条关系并不等于法条竞合关系），主要存在如下情形：（1）排他关系（或对立关系、异质关系），即肯定行为成立甲罪，就必然否定行为成立乙罪；反之亦然。如后所述，盗窃与诈骗的关系便是如此。因为盗窃罪是违反他人的意志取得他人财物，而诈骗罪是使他人产生认识错误取得他人财物。针对一个结果而言，一个行为不可能既成立盗窃罪，也成立诈骗罪。（2）同一关系，即符合甲罪构成要件的行为，必然同时符合乙罪的构成要件，反之亦然。显然，这意味着两个法条规定的犯罪类型完全相同，因而一般不可能存在于同一刑法体系内，但可能存在于国际刑法中。（3）中立关系，即肯定行为成立甲罪时，既可能肯定也可能否定行为成立乙罪。换言之，两个犯罪类型原本不同，但既不是对立关系，也不是并存关系，二者的联系取决于案件事实。故意毁坏财物罪与故意伤害罪、盗窃罪与故意杀人罪的关系便是如此。（4）交叉关系，即甲犯罪类型中的一部分属于乙犯罪类型，但甲犯罪类型中的另一部分并不属于乙犯罪类型；反之亦然。例如，虐待罪与虐待被监护、看护人罪就是如此。（5）特别关系（或包摄关系），即肯定行为成立此罪，就必然肯定行为同时成立彼罪。在这种场合，由于特别关系实际上是广义概念与狭义概念、上位概念与下位概念的关系，所以，狭义概念、下位概念优先于广义概念、上位概念适用。例如，就强奸罪与强奸猥亵罪的关系而言，强奸是狭义概念、下位概念，一旦行为构成强奸罪，就不再认定为强制猥亵罪。但可以肯定的是，触犯强奸罪的行为，必然触犯强制猥亵罪。在本书看来，抢夺罪与盗窃罪也是特别关系，即凡是成立抢夺罪的行为，也同时成立盗窃罪，但成立盗窃罪的不必然成立抢夺罪。（6）补充关系，即为了避免基本法条对法益保护的疏漏，有必要补充规定某些行为成立犯罪。补充法条所规定的构成要件要素，或者少于、低于基本法条的要求，或者存在消极要素的规定。如日本《刑法》第 108 条规定了对现住建筑物等放火罪，第 109 条规定了对非现住建筑物等放火罪，第 110 条规定"放火烧毁前两条规定以外之物，因而发生公共危险的，处一年以上十年以下拘禁刑"。日本刑法理论认为，该规定属于明示的补充规定。① 据此，我国刑法分则也存在这种补充关系的犯罪。例如，我国《刑法》第 205 条规定虚开增值税专用发票、用于骗取出口退税、抵扣税款发票罪，法定刑较重。《刑法》第 205 条之一第 1 款规定："虚开本法第二百零五条规定以外的其他发票，情节严重的，处二年以下有期徒刑、拘役或者管制，并处罚金；情节特别严重的，处二年以上七年以下有期徒刑，并处罚金。"可以认为，我国《刑法》第 205 条之一的规定与第 205 条就是一种补充关系。不过，如后所述，这种补充关系实质上是特别关系（参见本书第十五章）。

　　显然，在上述同一关系的场合，不存在犯罪之间的区别问题。在中立关系的场合，如果明确了各自的构成要件，没有必要论述二者之间的区别（例如，没有人讨论盗窃罪与故意杀人罪的区别）。在交叉关系的场合，同样只需要说明各自的构成要件，论述二者之间的区别也属多余。因为两罪之间原本存在交义，刑法理论只需说明一个行为符合甲罪与乙罪相交叉部分的构成要件时的处理原则。就没有交叉的部分而言，两罪之间可能是异质、中立等关系。在特别关系的场合，并非普通犯罪与特别犯罪的区别，而是一旦行为符合特别法条，就应以特殊法条定罪处罚的问题（特别法条优于普通法条）。不难看出，一方面认为诈骗罪与金融诈骗罪、诈骗罪与合同诈骗罪之间是特别关系②，另一方面又讨论它们之间的区别，是不明智的。因为一个行为在符合了诈骗罪构成要件的前提下，一旦符合了金融诈骗罪、合同诈骗罪的构成要件，就应认定为金融诈骗罪、合同诈骗罪，不涉及二者的区别问题。如果讨论二者之间存在区别，就意味着讨论人与男人的区别、人与儿童的区别、财物与汽车的区别。在补充关系的场合，似乎存在所谓区别或界限问题。例如，《刑法》第 205 条规定的虚开增值税专用发票、用于骗取出口退税、抵扣税款发票罪与第 205 条之一规定的虚开发票罪之间的区别，似乎在于发票的性质不同。但是，如果过于强调这一点，会使二者之间产生排他关系，进而形成不应有的难题。例如，在行为人误以为是普通

---

① 参见［日］山口厚：《刑法总论》（第 3 版），有斐阁 2016 年版，第 395 页。
② 当然，它们之间是不是特别关系，是值得研究的。亦即，完全有可能认为它们之间不是特别关系。

发票而虚开，但事实上虚开的是抵扣税款的增值税专用发票时，就只能宣告无罪，这显然不妥当。再如，在行为人虚开增值税专用发票，但并没有抵扣税款的可能性与主观故意时（如只是为了显示公司业绩），要么不顾犯罪的实质认定为虚开增值税专用发票罪，要么认定为无罪，这也难言妥当。如果不认为二者是对立关系，只是补充关系，对这种情形就可以认定为虚开发票罪。所以，就《刑法》第205条与第205条之一的关系而言，主要不是如何区分两者之间的界限问题，而是需要确立"一旦符合《刑法》第205条，就不得适用第205条之一"的原则。① 事实上，补充法条所规定的"以外""其他"往往都是不征表不法的表面构成要件要素，用以提醒司法工作人员普通法条的存在，而不是成立该犯罪必须具备的条件。易言之，发票"不属于增值税专用发票"这一点不是虚开发票罪的真正构成要件要素，成立本罪不以发票不是增值税专用发票为前提。

由上可见，仅在排他关系或对立关系的场合，刑法理论才需要讨论此罪与彼罪的区别或界限。因为在对立关系的场合，不管是从构成要件而言，还是从案件事实而言，一种行为要么成立此罪，要么成立彼罪，而不可能同时触犯此罪与彼罪，因而需要讨论行为究竟成立何罪。具体而言，对立关系基本上存在于以下情形（需要讨论犯罪之间的区别或界限的情形）。

第一，在刑法根据不同实行行为区分不同犯罪的场合，仅当行为具有相互排斥的性质时，行为的区别成为此罪与彼罪之间的基本界限。②

例如，盗窃与诈骗之间具有相互排斥的性质。因为盗窃罪是违反被害人意志取得财物的行为，被害人不存在财产处分行为（也不存在处分财产的认识错误）；而诈骗罪是基于被害人有瑕疵的意志取得财物的行为，被害人存在财产处分行为（存在处分财产的认识错误）。

在司法实践中，经常遇到难以区分盗窃与诈骗的案件。究其原因，在于没有明确盗窃与诈骗是相互排斥的行为。人们习惯于简单地认为，盗窃罪是秘密窃取公私财物的行为，诈骗罪是虚构事实、隐瞒真相骗取数额较大公私财物的行为。于是，只要行为人实施了"骗"的行为，并取得了财物，便触犯了诈骗罪。这样，诈骗罪与盗窃罪产生了交叉。另外，为了合理地认定犯罪，刑法理论上提出了一些并不合理的区分标准。如主要手段是"骗"的，成立诈骗罪；主要手段是"偷"的，成立盗窃罪。或者说，根据起决定性作用的是偷还是骗，来区分盗窃

---

① 下文会进一步说明：讨论上述关系中的此罪与彼罪的界限缺乏意义。
② 当刑法分则条文根据行为的特定条件、状况分别规定为不同的犯罪时，也是如此。不过，这种情形很罕见。

与诈骗。① 但类似的说法，并没有为合理区分盗窃罪与诈骗罪提供标准。例如，A 为了非法占有商店的西服，在假装试穿西服时向营业员声称照镜子，待营业员接待其他顾客时，逃之夭夭。A 取得西服的手段主要是"骗"还是"偷"呢？这是难以回答的问题。再如，B 将被害人约在某餐厅吃饭时，声称借用被害人的手机。被害人将手机递给 B 后，B 假装拨打电话，并谎称信号不好，一边与"电话中的对方"通话，一边往餐厅外走，然后乘机逃走。许多法院将 B 的行为认定为诈骗罪，大概也是因为 B 主要实施了"骗"的行为。可是，认定 B 的行为主要是"骗"是存在疑问的。

其实，针对一个财产损失而言，一个行为不可能同时既属于盗窃，也属于诈骗。易言之，在面对行为人企图非法取得某财产的行为时，占有某财产的被害人不可能既作出财产处分决定，又不作出财产处分决定。所以，盗窃与诈骗不可能重合或者竞合。此外，如果认为盗窃与诈骗之间存在竞合关系，那么"这个看法会陷入困境。因为，不在构成要件上清楚地区分窃盗与诈欺，必然要面对竞合论处理上的难局。如果认为同时是窃盗与诈欺，那么，究竟是法条竞合，还是想象竞合？假如认为是法条竞合，要用什么标准决定哪一个法条必须优先适用？倘若认为是想象竞合，又该如何圆说：被破坏的法益只有一个？"② 稍有不当，就会违背刑法的正义理念。所以，日本学者平野龙一正确地指出："交付行为的有无，划定了诈骗罪与盗窃罪的界限。被害人交付财物时是诈骗罪而不是盗窃罪；被害人没有交付财物时，即行为人夺取财物时是盗窃罪。诈骗罪与盗窃罪处于这样一种相互排斥的关系，不存在同一行为同时成立诈骗罪与盗窃罪，二者处于观念竞合关系的情况。"③ 于是，可以得出以下结论：在行为人已经取得财产的情况下，诈骗与盗窃的关键区别在于被害人是否基于认识错误而处分财产。显然，上述A、B 的行为均不成立诈骗罪，因为被害人并没有基于认识错误处分财产。从没有处分能力的幼儿、高度精神病患者那里取得财产的，因为不符合欺骗特点，被害人也无处分意识与处分行为，故不成立诈骗罪，只构成盗窃罪。机器不可能被骗，因此，向自动售货机中投入类似硬币的金属片，从而取得售货机内的商品的行为，不构成诈骗罪，只能成立盗窃罪。利用他人信用卡从自动取款机取得财物的，也成立盗窃罪。基于同样的理由，在行为人未取得财产（未遂）的情况下，诈骗与盗窃的关键区别在于，行为是否属于足以使对方产生处分财产的认识错误

---

① 参见陈兴良：《盗窃罪研究》，载陈兴良主编：《刑事法判解》（第 1 卷），法律出版社 1999 年版，第 69 页。

② 林东茂：《一个知识论上的刑法学思考》（增订三版），中国人民大学出版社 2009 年版，第 143 页。

③ ［日］平野龙一：《犯罪论的诸问题（下）》（各论），有斐阁 1982 年版，第 330 页。

的欺骗行为。

但是，在大多数场合，不同罪名的犯罪行为之间，并不是相互排斥的，而可能是相互包容的。在这种情况下，就不能简单地说："甲罪的行为只能是 X 行为，乙罪的行为只能是 Y 行为。"其中，最典型的是以下两种情形：

其一，就低程度行为的甲罪与高程度行为的乙罪之间的关系而言，不应当说："甲罪只能是低程度的行为，不能是高程度的行为。"这是因为，既然低程度行为能够成立甲罪，那么，高程度的行为更能成立甲罪。而应当说："成立甲罪，只要行为达到低程度即可。如果行为达到高程度，则另触犯乙罪（重罪）。"

例如，不应当简单地说："抢劫罪是以足以压制他人反抗程度的暴力、胁迫手段强取财物，敲诈勒索罪只能是以没有达到足以压制他人反抗程度的暴力、胁迫手段取得财物。"因为这种说法明显不当：（1）既然以没有达到足以压制他人反抗程度的暴力、胁迫手段取得财物的行为，能够成立敲诈勒索罪，那么，以达到了足以压制他人反抗程度的暴力、胁迫手段取得财物的行为，更能成立敲诈勒索罪。（2）在 A 以抢劫故意实施达到足以压制他人反抗程度的暴力，B 以敲诈勒索故意实施没有达到足以压制他人反抗程度的暴力，共同对 X 实施犯罪时，按照"抢劫罪是以足以压制他人反抗程度的暴力、胁迫手段强取财物，敲诈勒索罪只能是以没有达到足以压制他人反抗程度的暴力、胁迫取得财物"的说法，A 与 B 不成立共同犯罪，因为二者只有相互对立的行为，而没有共同行为。这显然不妥当。（3）按照"敲诈勒索罪只能是以没有达到足以压制他人反抗程度的暴力、胁迫手段取得财物"的说法，当司法机关不能确定行为是否达到了足以压制他人反抗的程度时，只能宣告行为无罪。因为在这种情况下，根据存疑时有利于被告的原则，既不能认定行为人以足以压制他人反抗程度的暴力、胁迫手段强取财物，因而不能认定为抢劫罪；也不能认定行为人以没有达到足以压制他人反抗程度的暴力、胁迫手段取得财物，故而不能认定为敲诈勒索罪。但这显然不合适。所以，在讨论敲诈勒索罪与抢劫罪的关系时，应当说："敲诈勒索罪的成立，不要求暴力、胁迫手段达到足以压制他人反抗的程度；如果暴力、胁迫手段达到足以压制他人反抗的程度，则以抢劫罪论处。"

再如，遗弃与不作为的故意杀人的关系也是如此。虽然不能将遗弃行为评价为不作为的故意杀人，但不作为的故意杀人行为完全可能符合遗弃罪的构成要件。因为遗弃罪是给被害人生命、身体造成危险的犯罪，不作为的故意杀人是剥夺被害人生命的犯罪；二者并非相互排斥的关系，而是低程度行为与高程度行为的关系。

同样，非法拘禁行为与绑架行为并不是相互排斥的，虽然不能将非法拘禁评价为绑架，但可以将绑架评价为非法拘禁。明确这一点，对于犯罪的认定具有意义。例如，15 周岁的 A 绑架 X 后，使用暴力过失致使 X 死亡，但 A 既没有杀人故意，也没有伤害故意。对此应如何处理？由于绑架可以评价为非法拘禁，根据《刑法》第 238 条的规定，非法拘禁使用暴力致人死亡的，应以故意杀人罪论处，故对 A 应以故意杀人罪论处。倘若认为非法拘禁行为与绑架行为是相互排斥的关系，则对 A 的行为只能宣告无罪（因为根据《刑法》第 17 条第 2 款的规定，甲既不对绑架负责，也不对过失致人死亡负责）。本书难以赞成这种观点。[①]

其二，就单一行为的甲罪与复合行为的乙罪之间的关系而言，不应当说："成立甲罪只能是单一行为，不能是复合行为。"因为就甲罪而言，既然单一行为能够成立犯罪，那么，包含了单一行为的复合行为更能成立犯罪。而应当说："成立甲罪，只需要单一行为即可。如果行为人实施了复合行为，则另触犯乙罪（重罪）。"

例如，关于盗窃罪、抢夺罪与抢劫罪的关系，不应当说："成立盗窃罪，只能是窃取财物的行为，不能包含有暴力行为。"也不应当说："成立抢夺罪，只能是对物暴力行为，不能包含对人暴力行为。"一方面，在行为人盗窃数额较大财物，为了窝藏赃物而当场使用暴力，但暴力行为没有达到足以压制他人反抗的程度时，不能认定为事后抢劫（《刑法》第 269 条），依然只能认定为盗窃罪。倘若坚持"盗窃罪、抢夺罪不能包含有暴力行为"的说法，便意味着只要行为人实施了暴力就不成立盗窃罪、抢夺罪，于是不可避免产生不当结论（导致盗窃、抢夺时实施了暴力但不构成抢劫罪的行为不成立犯罪）。另一方面，行为人完全可能在不触犯抢劫罪的前提下，使用对人暴力抢夺财物。例如，A 伺机夺取他人财物，手持小竹竿，看见 X 手握钱包在路上行走时，突然用竹竿轻轻敲打 X 的手背，X 本能的反应导致其钱包掉在地上。A 捡起钱包后迅速逃离。如果认为抢夺行为不得包含对人暴力，对 A 的行为就不能认定为抢夺罪；[②] 要么认定为抢劫罪，要么宣告无罪。这显然不妥当。

第二，在刑法根据不同对象区分不同犯罪的场合，仅当不能对同一对象作出双重评价或者对象非此即彼而不能亦此亦彼时，对象的区别才成立两罪之间的基本界限。

例如，不能将人评价为野生动物，也不能将野生动物评价为人；在二者之间，一个活体要么是人，要么是野生动物，不可能既是人也是野生动物。所以，故意杀人罪与危害珍贵、濒危野生动物罪的基本界限在于对象不同。即使行为人

[①]　这涉及《刑法》第 238 条第 2 款后段的规定是注意规定还是法律拟制的问题，参见本书第十四章。

[②]　如果认为 A 的行为构成盗窃罪，也表明案件事实中存在暴力行为时，并不妨碍盗窃罪的成立。其实，职务侵占等罪都有可能包含暴力行为。

以危害珍贵、濒危野生动物的故意开枪，但客观上杀死他人的，也不能评价为危害珍贵、濒危野生动物既遂。因为虽然在某种意义上说"人也是动物"，但人不是"野生"的。窃取国有档案罪与盗窃枪支、弹药罪之间的关系，也是如此。

不过，当刑法条文虽然针对普通对象规定了此罪，针对特殊对象规定了彼罪，但对同一对象能够作出双重评价，一个对象亦此亦彼时，此时的对象就不是此罪与彼罪的关键区别。

例如，不应当说："盗窃罪与盗窃枪支罪的关键区别在于：前者盗窃的对象只能是普通财物，后者盗窃的对象只能是枪支。"理由如下：（1）枪支也是财物，在许多国家，盗窃枪支的行为都构成盗窃罪。（2）倘若说盗窃枪支的行为不可能构成盗窃罪，便会产生处罚空隙。例如，A 以盗窃普通财物的故意，窃取了他人的提包。可是提包中并没有普通财物，只有两支手枪，但两支手枪的价值达到了数额较大的标准。如若认为盗窃罪的对象不能是枪支，便只能得出如下结论：A 针对普通财物成立盗窃未遂，针对枪支成立过失盗窃枪支。结局是，盗窃未遂一般不受处罚，过失盗窃枪支的不成立犯罪。于是，A 的行为不成立犯罪，或者充其量认为 A 的盗窃未遂情节严重，以盗窃未遂处理。然而，既然 A 以盗窃的故意，窃取了可以评价为财物的枪支，认定为无罪或者盗窃未遂，就不妥当。换言之，既然枪支可以评价为财物（盗窃枪支罪的对象可以评价为盗窃罪的对象），那么，对 A 的行为就应当以盗窃既遂论处。由此表明，刑法理论在论述盗窃罪的构成要件时应当说："盗窃罪的对象是财物，但是，如果故意盗窃了枪支，则应以盗窃枪支罪论处。"而不应当说："盗窃罪的对象只能是普通财物，如果盗窃枪支的，不成立盗窃罪。"盗窃罪与窃取国有档案、盗伐林木等罪的关系，抢劫罪与抢劫枪支罪，抢夺罪与抢夺枪支罪的关系，都是如此。

再如，虽然从构成要件上说，走私普通货物、物品罪与走私珍贵动物制品罪的对象不同，但不能认为二者是对立关系。不应当说："走私普通货物、物品罪的对象只能是普通货物、物品，如果走私珍贵动物制品，就不成立走私普通货物、物品罪。"因为这样的说法，会导致许多案件得不到妥当处理。例如，根据这种说法，对于甲误将珍贵动物制品当作普通物品走私入境的案件，就不能以犯罪论处。于是出现了以下奇怪现象：即使甲客观上走私普通物品，主观上仅有走私普通物品的故意时，也成立走私普通物品罪；而当甲客观上走私了珍贵动物制品，主观上也有走私普通物品的故意时，反而不成立任何犯罪，或者仅成立走私普通物品罪的未遂。不能不认为，这种说法有悖刑法的公平正义性。因此，应当说："走私普通货物、物品罪的对象是没有特别要求的货物、物品，如果行为人故意走私珍贵动物制品，则应以走私珍贵动物制品罪论处。"据此，对于甲误将珍贵动物制品当作普通物品走私入境的案件，依然可以认定为走私普通物品罪。

或许有人认为，走私普通物品罪以"偷逃应缴税额"达到一定标准为条件，因此，走私普通物品罪的对象只能是应当缴纳税款的物品，而珍贵动物制品等禁止进出口的物品是不应当缴纳税款的物品，故对甲的行为不能认定为走私普通物品罪。本书不以为然。因为即使珍贵动物制品等禁止进出口的物品入境，也需要缴纳税款，只是按普通物品计算税款而已。对违禁品的认定也是如此。例如，乙误将枪支当作普通物品走私入境，此时，应按正常进口枪支计算应缴税款，只要达到《刑法》第153条规定的数额标准，就应认定为走私普通物品罪。基于同样的理由，丙误将淫秽影片、光盘、书籍当作普通物品走私入境时，应按进口普通影片、光盘、书籍计算应缴税款，只要达到《刑法》第153条规定的数额标准，就应认定为走私普通物品罪。

第三，当刑法单纯根据特定结果规定了不同的犯罪时，是否发生了特定结果，成为区分此罪与彼罪的标准。

例如，根据《刑法》第247条的规定，刑讯逼供致人伤残、死亡的，应分别以故意伤害罪、故意杀人罪论处。该规定属于法律拟制，而非注意规定，即只要刑讯逼供致人伤残、死亡的，即使其没有伤害、杀人的故意，也应认定为故意伤害罪、故意杀人罪。[①] 因此，刑讯逼供没有致人伤残、死亡的，应认定为刑讯逼供，不能认定为故意伤害、故意杀人罪。

显然，将特定结果发生与否作为区分此罪与彼罪的基本界限，基本上仅限于法律拟制的场合。在其他情形下，特定结果发生与否难以成为此罪与彼罪的基本界限。

例如，死亡结果并不是故意杀人罪与故意伤害罪之间的基本界限，因为故意杀人也可能没有发生死亡的结果，故意伤害也可能发生了死亡结果（故意伤害致死）。

又如，不能根据行为是否造成了轻伤结果来区分寻衅滋事罪与故意伤害罪。换言之，不能认为，"凡是造成轻伤以上结果的都不成立寻衅滋事罪，没有造成轻伤以上结果的才成立寻衅滋事罪"。这是因为，既然没有造成轻伤的行为都能构成寻衅滋事罪，造成轻伤以上结果的行为更能成立寻衅滋事罪。再者，倘若采纳这种区分标准，那么，当部分鉴定结论认定行为造成了轻伤，部分鉴定结论认为行为造成了轻微伤时，司法机关就束手无策。而且，轻伤害的法定刑轻于寻衅

[①]　当然，在这种场合，行为事实上也可能触犯了刑讯逼供罪，只是根据刑法的规定不能再认定为刑讯逼供罪。在此意义上说，也可能认为，拟制的故意伤害罪、故意杀人罪与刑讯逼供罪也是特别法条和普通法条的关系，而不存在界限。但是，即使刑讯逼供行为致人伤残、死亡的场合，即使刑讯逼供行为本身没有达到成立刑讯逼供罪的标准，也应以故意伤害罪、故意杀人罪论处。

滋事罪的法定刑，如果说没有造成轻伤以上结果的才成立寻衅滋事罪，就会导致量刑的不均衡。

再如，关于故意伤害罪与妨害公务罪的关系，不应当说："如果妨害公务导致国家机关工作人员轻伤或者轻微伤的，成立妨害公务罪；如果妨害公务行为导致国家机关工作人员重伤的，成立故意伤害罪。"尽管这样的表述，在一般情况下不会产生疑问，但至少存在如下两个问题：（1）如果几份鉴定结论不一致，一部分鉴定结论认定被害人为轻伤，另一部分鉴定结论认定被害人为重伤时，就会增加定罪的疑问。（2）既然造成轻伤与轻微伤的行为能够成立妨害公务罪，造成重伤的行为更能成立妨害公务罪。所以，是否造成重伤，不是妨害公务罪与故意伤害罪的基本界限。换言之，以暴力妨害公务造成国家机关工作人员重伤的，虽然是如何适用法律的问题，但不是两罪之间的界限问题，而是竞合的问题。

大体而言，抽象危险犯与具体危险犯、具体危险犯与实害犯、轻实害犯与重实害犯之间的关系，都是如此。例如，刑法理论在说明抽象危险犯（甲罪）与具体危险犯（乙罪）的关系时，不能说："甲罪只能发生抽象的危险，乙罪要求发生具体的危险。"而应当说："甲罪只要求发生抽象的危险，如果行为发生了具体的危险，则触犯了乙罪（重罪）。"再如，刑法理论在说明具体危险犯（甲罪）与实害犯（乙罪）的关系时，不能说："甲罪只能发生具体的危险，乙罪要求发生实害结果。"而应当说："甲罪只要求发生具体的危险，如果行为造成实害结果，则触犯了乙罪（重罪）。"

第四，在刑法单纯根据身份的不同规定了不同犯罪的场合，仅当身份具有排他性，而且是区分此罪与彼罪的唯一标准时，身份的有无才成为此罪与彼罪的基本界限。

例如，国有公司、企业、事业单位直接负责的主管人员，在签订、履行合同过程中，因严重不负责任被诈骗，致使国家利益遭受重大损失的，成立《刑法》第167条规定的签订、履行合同失职被骗罪；国家机关工作人员实施上述行为、造成上述结果的，成立《刑法》第406条规定的国家机关工作人员签订、履行合同失职被骗罪。

但是，当刑法并不单纯根据身份规定不同的犯罪，而是同时根据其他要素规定了不同犯罪时，身份对于区分此罪与彼罪仅具有相对的意义。

例如，根据《刑法》第271条第1款的规定，职务侵占罪的行为主体是公司、企业或者其他单位的人员。刑法理论可以指出，一般公民不能成为职务侵占罪的行为主体（正犯），但不应当说："职务侵占罪的行为主体必须是非国有的公司、企业或者其他单位的工作人员。"也不应当说："国有公司、企业或者其他国有单位中从事公务的人员和国有公司、企业或者其他国有单位委派到非国有公司、企业以及其他单位从事公务的人员，不能成为职务侵占罪的行为主体。"这是因为，虽然国家工作人员利用职务上的便利侵占公共财物的，应认定为贪污罪，但刑法并非仅以身份为标准区分贪污罪与职务侵占罪。一方面，国家机关、国有公司、企业、事业单位中并未从事公务的非国家工作人员，可以成为职务侵占罪的行为主体。另一方面，国家工作人员利用职务上的便利，侵占非公共财物的，依然成立职务侵占罪，而不是贪污罪。所以，刑法理论应当说："职务侵占罪的行为主体是公司、企业或者其他单位的人员。但是，国家工作人员利用职务上的便利，侵吞、窃取、骗取公共财物的，则以贪污罪论处。"

（二）现行理论的缺陷

我国刑法理论与司法实践一直注重犯罪之间的界限，而且习惯于找出此罪与彼罪之间的关键区别，实际上旨在使此罪与彼罪形成对立关系。但仔细考察各种观点提出的界限或区别，发现其中存在不少缺陷。

1. 区分标准缺乏法律根据

众所周知，犯罪构成具有法定性，只有刑法规定的要素，才是构成要件要素。虽然存在不成文的构成要件要素，但是，肯定不成文的构成要件要素，必须具有法律根据（如刑法用语之间的关系、条文之间的关系等）。

可是，我国刑法理论与司法实践中，出现了在论述甲罪的构成要件时，不承认 X 要素为构成要件要素，而在论述甲罪与乙罪的区别时，却明确提出或者暗示甲罪具有 X 要素的现象。然而，这种为区分甲罪与乙罪的界限所提出的要素，没有任何法律根据。

例如，刑法理论与司法实践在论述故意伤害罪的构成要件时，一般会指出，故意伤害罪的成立不需要出于特定动机。言下之意，出于任何动机故意伤害他人的，都成立故意伤害罪。可是，当实践中发生了行为人随意殴打他人致人轻伤的案件时，刑法理论与司法实践为了说明随意殴打类型的寻衅滋事罪与故意伤害罪的界限，便会说："寻衅滋事罪出于流氓动机，而故意伤害罪并非出于流氓动机。"言下之意，如果行为人出于流氓动机，便不成立故意伤害罪，仅成立寻衅滋事罪。[1] 这便存在以下问题：（1）既然成立故意伤害罪并不要求出于特定动机，那就表明，出于任何动机故意伤害他人的，都不能排除在故意伤害罪之外。可是，为什么在区分故意伤害罪与寻衅滋事罪时，要把出于流氓动机的故意伤害排除在故意伤害罪之外呢？（2）即使基于可以宽恕的动机（如激愤）故意伤害他人的，也能成立故意伤害罪，既然如此，基于流氓动机的故意伤害行为，更能成立故意伤害罪。（3）主张寻衅滋事罪必须出于流氓动机的刑法理论同时认为，

---

[1]　参见李希慧主编：《妨害社会管理秩序罪新论》，武汉大学出版社 2001 年版，第 164 页。

如果寻衅滋事行为致人重伤、死亡的，不能认定为寻衅滋事罪，而应认定为故意伤害罪或者故意杀人罪。[①] 这表明，故意杀人罪、故意伤害（重伤）罪，也是可以出于流氓动机的。可是，为什么同属于故意伤害罪中的故意轻伤，不能出于流氓动机，而故意造成重伤因而构成故意伤害罪的，却又可以出于流氓动机呢？出现这些难以甚至不能回答的问题，显然是因为刑法理论与司法实践所提出的作为区分标准的"流氓动机"，缺乏法律根据。

再如，关于强拿硬要类型的寻衅滋事罪与敲诈勒索罪的区别，刑法理论与司法实践上提出两个区别：（1）强拿硬要是出于流氓动机，而不是为了非法占有他人财物；而敲诈勒索是以非法占有为目的，不是出于流氓动机。（2）强拿硬要构成寻衅滋事罪的，只能是获得数额较小的财物，而不能是获得数额较大的财物；而敲诈勒索必须以获得数额较大为前提。[②] 可是，这两个区分没有任何法律根据。其一，行为人因无钱给母亲治病而敲诈勒索他人数额较大财物的，也能够成立敲诈勒索罪；出于流氓动机敲诈勒索数额较大财物的，更能够成立敲诈勒索罪。其二，既然没有取得数额较大财物的强拿硬要行为都能构成寻衅滋事罪，取得数额较大财物的强拿硬要行为更能成立寻衅滋事罪（是否同时成立其他犯罪，则是另一回事）。

不难看出，为了区分此罪与彼罪，而在法定构成要件之外添加要素的做法，既不能得出合理结论，也有违反罪刑法定原则之嫌。这些做法，本质上是在将本该放在罪数论讨论的竞合问题，转变成分则解释的问题。希望将分则中的每个犯罪解释成互相排斥的，从而回避讨论行为人同时构成多个犯罪时如何处理的问题。但这个目标从一开始就是不可能实现的，这也注定了这些做法无法提出任何合理、一致的标准去区分原本就不可能区分开的犯罪。

2. 区分标准曲解构成要件

与上一点相联系，刑法理论提出的一些区分此罪与彼罪的标准，虽然可能使此罪与彼罪的区分较为容易，似乎具有某些实用价值，却曲解了构成要件内容。

例一：关于故意杀人罪与放火、爆炸、投放危险物质等罪的关系，刑法理论公认的区分标准是，如果行为危害公共安全，就不成立故意杀人罪。[③] 于是形成了以下局面：杀一人的是故意杀人，杀多人的就不是故意杀人。显然，在通说看来，故意杀人罪的构成要件中作为行为对象的"人"只能是个别的人，不能是

---

① 参见王作富主编：《刑法分则实务研究》（第五版）（中），中国方正出版社 2013 年版，第 1135~1137 页。

② 参见耿梅玲：《居某的行为是寻衅滋事还是敲诈勒索》，载于中国法院网。

③ 参见高铭暄、马克昌主编：《刑法学》（第十版），北京大学出版社、高等教育出版社 2022 年版，第 460 页。

不特定或多数人。然而，令人百思不得其解的是，为什么杀多人的，反而不成立故意杀人罪？认为《刑法》第 232 条只是禁止杀一两个人的行为的根据何在呢？[①] 在本书看来，将故意杀人罪的构成要件限制为杀一两个人的观点，既没有法律根据，也对故意杀人罪的构成要件作了不适当的限定。

例二：《刑法》第 263 条并没有规定抢劫罪必须"当场"强取财物，但刑法理论为了区分抢劫罪与敲诈勒索罪的界限，对抢劫罪提出了"两个当场"的要求（当场实施暴力、胁迫，当场强取财物）。[②] 其实，强取财物的"当场"性，不应成为抢劫罪的构成要件要素。强取财物意味着，行为人以暴力、胁迫等强制手段压制被害人的反抗，与夺取财产之间必须存在因果关系。一方面，只要能够肯定上述因果关系，就应认定为抢劫（既遂），故并不限于"当场"取得财物。例如，明知被害人当时身无分文，但使用严重暴力，压制其反抗，迫使对方次日交付财物的，应认定为抢劫罪（视对方次日是否交付成立抢劫既遂与未遂）。另一方面，如果不能肯定上述因果关系，即使当场取得财物，也不能认定为强取财物。例如，实施的暴力、胁迫等行为虽然足以抑制反抗，但实际上没有抑制对方的反抗，对方基于怜悯心而交付财物的，只成立抢劫未遂。所以，将"当场"强取财物作为抢劫罪的构成要件，实际上是对抢劫罪构成要件的曲解。

例三：为了区分盗窃罪与抢夺罪的界限，刑法理论普遍将盗窃限定为"秘密窃取"，又不对"抢夺"进行合理限制。于是"秘密"与"公开"成为盗窃罪与抢夺罪的区分标准，或者说公开盗窃的行为一概成立抢夺罪。然而，如前所述（参见本书第一章），盗窃与抢夺未必是对立关系，抢夺行为必然符合了盗窃罪的构成要件。另一方面，公开的窃取行为（没有表现为对物暴力），则并不符合抢夺罪的构成要件。

例四：为了区分强奸罪与强制猥亵、侮辱罪（以及奸淫幼女与猥亵儿童罪），刑法理论提出，猥亵行为只能是性交以外的行为的观点。[③] 但这种观点人为缩小了强制猥亵罪与猥亵儿童罪的构成要件和处罚范围。诚然，如果强行与妇女或者幼女性交的行为，成立强奸罪，但这并不意味着性交行为不是猥亵行为。例如，猥亵幼男的行为就包括性交行为，即已满 16 周岁的妇女与幼男性交的，

---

① 参见张明楷：《论以危险方法杀人案件的性质》，《中国法学》1999 年第 6 期。倘若认为危害公共安全的故意杀人行为同时触犯了危害公共安全罪与故意杀人罪，属于想象竞合，也应以故意杀人罪处罚（故意杀人罪的法定刑重于放火、爆炸等罪的法定刑）。

② 参见高铭暄、马克昌主编：《刑法学》（第十版），北京大学出版社、高等教育出版社 2022 年版，第 497 页；周道鸾、张军主编：《刑法罪名精释》（第四版）（下），人民法院出版社 2013 年版，第 625 页。

③ 参见高铭暄主编：《新编中国刑法学》（下册），中国人民大学出版社 1998 年版，第 704 页。

构成猥亵儿童罪。① 从理论上看，将与幼男性交的行为解释为猥亵行为，符合罪刑法定原则。即使对猥亵概念不作规范性解释，而按照汉语词义理解为淫乱、下流的语言或动作②，非法性交也应当是最淫乱、最下流的行为。换言之，猥亵行为本来是包括强奸行为的，只是由于刑法对强奸罪有特别规定，才导致对强奸行为不认定为强制猥亵罪；但在刑法没有对其他非法性交行为作出特别规定的情况下，其他非法性交行为当然应包括在猥亵概念之中。从实践上看，如果一概认为猥亵行为必须是性交以外的行为，那么，妇女对幼男实施性交以外的行为构成猥亵儿童罪，而与幼男发生性交的反而不构成犯罪，这明显导致刑法的不协调（参见本章第十七章）。

在本书看来，之所以出现曲解构成要件的现象，重要原因之一是，人们为了区分此罪与彼罪的界限，将自己所知道的某种犯罪的通常事实，当做刑法规定的构成要件。换言之，人们在区分此罪与彼罪的界限时，习惯于将自己熟悉的事实视为刑法规定的构成要件。于是，由于盗窃通常是秘密窃取，人们便将"秘密"窃取当作盗窃罪的构成要件；因为猥亵通常表现为性交以外的行为方式，人们便将猥亵限定为性交以外的行为。由此看来，解释者必须时刻警惕自己不要犯"将熟悉与必须相混淆"的错误。

3. 区分标准没有现实意义

仔细阅读司法解释与刑法理论关于区分此罪与彼罪的表述，发现许多区分标准并无现实意义。例如，人们在提出区分标准时，常常说："甲罪的行为一般（主要）表现为 X，乙罪的行为一般（主要）表现为 Y。"可是，当案件中的行为并不"一般（主要）"而比较特殊时，这种区分标准便没有意义。又如，人们在提出区分标准时，往往说："甲罪只能是 X，而乙罪既可以是 X，也可以是 Y。"可是，当案件事实是 X 时，究竟是成立甲罪还是成立乙罪，便不明确。下面略举几例具体说明。

例一：2005 年 6 月 8 日发布并实施的《最高人民法院关于审理抢劫、抢夺刑事案件适用法律若干问题的意见》指出："寻衅滋事罪是严重扰乱社会秩序的犯罪，行为人实施寻衅滋事的行为时，客观上也可能表现为强拿硬要公私财物的特征。这种强拿硬要的行为与抢劫罪的区别在于：前者行为人主观上还具有逞强好胜和通过强拿硬要来填补其精神空虚等目的，后者行为人一般只具有非法占有他

---

① 民国司法院 1932 年院字第 718 号解释便认定，妇女诱令未满 16 岁男子与其相好的行为，构成猥亵儿童罪。参见林山田：《刑法特论》（上册），三民书局 1978 年版，第 681 页。至于幼男本人具有好淫的意图时，妇女的行为能否构成猥亵儿童罪，则另当别论。

② 参见中国社会科学院语言研究所词典编辑室编：《现代汉语词典》（第 5 版），商务印书馆 2005 年版，第 1421 页。

人财物的目的；前者行为人客观上一般不以严重侵犯他人人身权利的方法强拿硬要财物，而后者行为人则以暴力、胁迫等方式作为劫取他人财物的手段。司法实践中，对于未成年人使用或威胁使用轻微暴力强抢少量财物的行为，一般不宜以抢劫罪定罪处罚。其行为符合寻衅滋事罪特征的，可以寻衅滋事罪定罪处罚。"其中多处使用"一般"的表述，就表明该意见所提出的区分标准并非适用于所有案件。例如，以非法占有为目的抢劫他人财物的人，完全可能具有逞强好胜和填补其精神空虚等动机，这并不妨碍成立抢劫罪。[①] 再如，既然强拿硬要成立寻衅滋事罪不要求采用严重侵犯他人人身权利的方法，那么，以严重侵犯他人人身权利的方法强拿硬要财物的，更可能构成寻衅滋事罪。所以，上述区分标准并不具有现实意义。

例二：有的教科书在论述寻衅滋事罪与聚众哄抢罪的区别时指出："寻衅滋事罪的表现形式之一是'强拿硬要或者占用公私财物'，这就使本罪与聚众哄抢罪有相似之处。二者的区别是：第一，犯罪客体不同。本罪侵犯的客体是社会公共秩序；聚众哄抢罪侵犯的只是公私财产所有权。第二，犯罪客观方面不完全相同。本罪中的'强拿硬要或者任意占用公私财物'只是本罪的表现形式之一，此外本罪还有其他表现形式；而聚众哄抢罪只有'聚众哄抢'一种形式。第三，对犯罪主体要求不同。本罪主体为一般主体，凡参与寻衅滋事者，均可成为犯罪主体；而聚众哄抢罪的主体则限于实施聚众哄抢行为的首要分子和其他积极参与者。第四，犯罪的主观方面不同。本罪行为人常常是出于卖弄淫威、逗乐开心等心态而实施犯罪；而聚众哄抢罪的行为人通常是出于非法占有公私财物的目的而实施犯罪。"[②] 上述区分标准虽然具有法条文字表述的根据，但没有考虑到一个案件事实完全可能具有双重内容与性质。例如，当行为人聚集多人在公共场所哄抢他人财物时，上述第一个区别便丧失了意义；同样，当行为人聚集多人哄抢他人财物时，上述第二个区别也丧失了作用；当公安机关查获了案件的首要分子与积极参与者时，上述第三个区别丧失了价值；当行为人不仅具有非法占有财物的目的，而且具有卖弄淫威、逗乐开心等动机时，上述第四个区别也丧失了机能。不难看出，上述四个区别对于处理疑难案件不起作用。

例三：有的教科书在论述敲诈勒索罪与抢劫罪的区别时指出："两罪的区别主要是：（1）威胁实施的方法不同。本罪的威胁既可以是当着被害人的面，也可以通过书信或第三者转达；而抢劫的胁迫必须是面对被害人直接实施。（2）威胁

---

① 成立抢劫罪要求有故意与非法占有目的，但对动机并无任何限定；逞强好胜和填补精神空虚的动机与非法占有目的并不相互排斥。

② 高铭暄、马克昌主编：《刑法学》（第十版），北京大学出版社、高等教育出版社 2022 年版，第 552 页。

内容不同。本罪的威胁内容比较广泛，除以实施暴力相威胁外，还可以毁坏名誉、破坏财产等相威胁，而且威胁的不利行为，也不以违法为必要条件；而抢劫罪威胁的内容以实施暴力为限。如以杀害、伤害相威胁。（3）威胁的程度不同。本罪的威胁和要挟，主要是以以后将实施暴力或其他对被害人不利的行动相威胁（但包括要求承诺于指定的时间、地点交付财物，否则将当场实现威胁的内容），被害人在威胁面前尚有选择的余地；而抢劫罪的威胁是以当场实施暴力相威胁，被害人在威胁面前无选择的余地。（4）索取利益的性质不同。本罪取得的可以是动产或不动产，也可以是财产性的利益；而抢劫罪获取的一般只能是动产。（5）获取利益的时间不同。本罪既可以在当场取得，而绝大多数情况下是在事后取得财物；而抢劫罪只能是在当场取得。"① 不可否认，上述区分标准在"一般"案件中具有意义，可是，在"一般"案件中原本就不存在区分此罪与彼罪的困难，恰恰是在疑难案件中难以区分此罪与彼罪，而上述标准在疑难案件中便丧失了意义。其一，既然敲诈勒索罪也可以直接威胁被害人，那么，当案件事实为行为人直接威胁被害人时，上述第（1）个区别就没有意义。其二，既然敲诈勒索可以实施暴力相威胁，那么，当行为人以暴力相威胁时，上述第（2）个区别就没有作用。其三，既然威胁行为使被害人尚有选择余地时，能够成立敲诈勒索罪，那么，威胁行为导致被害人没有选择余地时，更能成立敲诈勒索罪。问题只是在于需要判断行为是否另成立抢劫罪。换言之，只是敲诈勒索罪与抢劫罪的竞合问题。于是，上述第（3）个区别缺乏价值。况且，其中的"主要是"以及特殊情况下又可以"当场实现威胁内容"的表述，不能解决"非主要"的案件。其四，既然敲诈勒索取得的可以是动产，而抢劫罪获取的一般只能是动产，那么，一方面，当行为人获得的是动产时，上述第（4）个区别便没有意义。另一方面，既然抢劫罪获取的"一般"只能是动产，那么，当特殊情况下行为人抢劫了动产以外的财产时，也可能成立抢劫罪。上述第（4）个区别也没有意义。其五，既然敲诈勒索罪可以在当场取得财物，抢劫罪只能是当场取得财物，那么，当行为人当场取得财物时，上述第（5）个区别就形同虚设。概言之，在疑难案件中，上述五个区分标准都难以发挥作用。

4. 区分标准增加认定难度

笔者还注意到，刑法理论与司法实践有时提出的标准，不仅没有使得犯罪之间的界限更加明确，反而增加了认定犯罪的难度。

例一：关于目的犯与非目的犯的区别，刑法理论不仅指出此罪必须具有何种

---

① 马克昌主编：《刑法学》，高等教育出版社 2003 年版，第 529 页。另参见张明楷：《刑法学》（下），法律出版社 1997 年版，第 771 页。

目的，而且还指出彼罪必须不具有何种目的。于是，导致认定犯罪的困难。

例如，《刑法》第 240 条规定的拐卖妇女、儿童罪，要求"以出卖为目的"。由于拐卖妇女儿童的行为包括以出卖为目的收买妇女、儿童的行为，于是，刑法理论普遍认为，收买被拐卖的妇女、儿童罪的行为人必须"不以出卖为目的"。①但这样要求是存在疑问的。因为如果明确要求行为人不以出卖为目的，那么，在不能查明收买者是否具有出卖目的时，根据存疑时有利于被告人的原则，一方面，不能认定收买者具有出卖目的，故不能认定为拐卖妇女、儿童罪；另一方面，不能认定行为人"不以出卖为目的"，也不能认定为收买被拐卖的妇女、儿童罪。这显然不合适。只有不要求收买被拐卖的妇女、儿童罪的行为人"不以出卖为目的"时，上述行为才成立本罪。所以，没有必要强调行为人"不以出卖为目的"，只需说明：如果具有出卖目的，便成立拐卖妇女、儿童罪。《刑法》第 241 条在规定收买被拐卖的妇女、儿童罪时，没有要求"不以出卖为目的"，正是为了解决这一问题②，而我们却没有发现成文刑法的奥妙之处！

再如，关于非法吸收公众存款罪与集资诈骗罪、骗取贷款罪与贷款诈骗罪、挪用公款罪与贪污罪、挪用资金罪与职务侵占罪的界限，刑法理论不仅指出上述对应犯罪的后者具有非法占有目的，而且还说对应犯罪的前者"具有归还的意图"。诚然，从逻辑上说，行为人如果没有非法占有目的，就具有归还的意图。在此意义上说，刑法理论并无不当之处。可是，作为定罪根据的不是自然事实与逻辑事实，而是法律事实。在许多情况下，司法机关虽然不能证明行为人具有非法占有目的，但也不能证明行为人具有归还意图。根据刑法理论的观点，对行为人便不能以任何犯罪论处。这显然不合适。事实上，只要不能查明行为人具有非法占有目的，就可以认定为非法吸收公众存款、骗取贷款罪、挪用公款、挪用资金罪。因此，在论述非法吸收公众存款、骗取贷款、挪用公款、挪用资金等罪的主观构成要件时，只需说明："本罪的责任形式为故意，不要求具有特定目的。如果行为人具有非法占有目的，则按照相应的金融诈骗罪或者其他犯罪论处。例如，以非法占有为目的，非法吸收公众存款的，成立集资诈骗罪；以非法占有为

---

① 参见高铭暄、马克昌主编：《刑法学》（第十版），北京大学出版社、高等教育出版社 2022 年版，第 479 页；陈兴良：《规范刑法学》（第四版）（下册），中国人民大学出版社 2017 年版，第 818 页；张明楷：《刑法学》（第二版），法律出版社 2003 年版，第 893 页；等等。

② 《刑法》第 363 条规定的传播淫秽物品牟利罪要求"以牟利为目的"，于是，刑法理论普遍认为，《刑法》第 364 条规定的传播淫秽物品罪"主观上必须没有牟利目的"或者"不以牟利为目的"。参见高铭暄、马克昌主编：《刑法学》（第十版），北京大学出版社、高等教育出版社 2022 年版，第 620 页；陈兴良：《规范刑法学》（第四版）（下册），中国人民大学出版社 2017 年版，第 1140 页；张明楷：《刑法学》（第二版），法律出版社 2003 年版，第 708 页。基于同样的理由，这种要求也不妥当。

目的，骗取银行贷款的，成立贷款诈骗罪。"

例二：关于动机犯与非动机犯的区别，刑法理论不仅没有根据地要求此罪必须具有何种动机，而且还指出彼罪必须不具有何种动机。于是，导致定罪的困难和处罚的失衡。

寻衅滋事罪与故意伤害、敲诈勒索、故意毁坏财物、聚众扰乱社会秩序等罪的界限，一直成为困扰司法机关的问题。这是因为刑法理论与司法机关总是希望在寻衅滋事罪与故意伤害、敲诈勒索、故意毁坏财物等罪之间划出明确的界限；而要划出明确的界限，就必须提出明确的区分标准。于是提出，寻衅滋事罪必须出于流氓动机，而其他犯罪不得出于流氓动机。例如，有论著指出："犯寻衅滋事罪有时也会造成交通堵塞、公共场所混乱，甚至会造成国家机关、企业、事业单位、人民团体停工、停产，学校停课等后果，在形式上与聚众扰乱社会秩序罪、聚众扰乱公共场所秩序、交通秩序罪基本相同。它们之间的主要区别在于：本罪的行为人多是无事生非，肆意挑起事端，具有耍个人威风，寻求精神刺激的动机；而聚众扰乱社会秩序罪、聚众扰乱公共场所秩序、交通秩序罪，行为人往往是要达到某种个人目的，用聚众闹事的方式要挟政府，施加压力，没有寻衅滋事的动机。"① 然而，一方面，行为人要达到某种个人目的，与其耍个人威风、寻求精神刺激的动机，完全可能并存；另一方面，司法机关可能难以查明行为人出于何种目的与动机。可是，上述观点要求司法机关做难以做到的事情，不利于司法机关处理案件。

如前所述，以是否出于流氓动机区分故意伤害罪与寻衅滋事罪，几乎成为刑法理论的通说。于是，出现了以下现象：行为原本造成他人伤害，但由于行为人出于所谓流氓动机，便认定为寻衅滋事罪。这便无缘无故地给故意伤害罪添加了一个消极要素：成立故意伤害罪不得出于流氓动机。更为重要的是，当不能查明行为人主观上是否出于流氓动机时，便产生了定罪的困难。例如，A 同一些人在酒店里喝酒，因为声音过大，被人说了几句。于是，A 打电话给 B，声称自己被人欺负，叫 B 带刀过来。B 带刀过来交给 A，A 用刀砍伤了被害人（轻伤）。人们习惯于首先讨论 A 与 B 是否出于流氓动机，然后区分寻衅滋事罪与故意伤害罪。然而，在这类案件中，几乎不可能对 A、B 是否出于流氓动机得出令人信服的结论。

（三）解决问题的途径

由上可见，刑法理论与司法实践迄今为止为区分此罪与彼罪所付出的努力，未必是有效的。在本质上，以往的许多学说是在用缺失了罪数论的刑法总论去解

---

① 周道鸾、张军主编：《刑法罪名精释》（第四版）（下），人民法院出版社 2013 年版，第 728 页。

释刑法各论，否认各种犯罪存在重合部分，否认同时构成多种犯罪的可能。有鉴于此，本书认为，刑法理论应当改变方向，寻求正确适用刑法、准确定罪量刑的有效途径。

1. 不必重视犯罪之间的区分标准

笔者接触司法实践所形成的感觉是，在一般案件中，即使刑法理论没有提出明确的区分标准，司法机关都能合理区分此罪与彼罪；在特殊案件中，即使按照刑法理论提出的区分标准，司法机关依然不能妥当区分此罪与彼罪。联系前述分析，或许可以得出以下几个结论：

其一，刑法理论关于此罪与彼罪的区分标准的论述，基本上都是多余的，故不必讨论所谓此罪与彼罪的界限（如前所述，或许对立关系的场合除外）。即使认为此罪与彼罪之间存在区别，其区别也是构成要件的区别，而不可能是构成要件之外的区别。因为构成要件之外的区别，对于区分犯罪没有任何意义。既然刑法理论已经论述了此罪与彼罪各自的构成要件，就没有必要再讨论此罪与彼罪的界限。这与教授分辨学生是同样的道理。教授们在辨认学生时，只要记住甲、乙、丙、丁学生的特征，就能分辨学生，而不是在记住了甲、乙、丙、丁各学生的特征后，还要记住甲与乙有何区别、乙与丙有何界限、丙与丁有何差异。另外，刑法理论在论述一个犯罪的构成要件时，应当且必然对构成要件要素作完整的说明，而不应当将一部分要素放在"构成要件"中论述，将另一部分要素放在"此罪与彼罪的界限"中论述。

其二，许多犯罪之间，原本是不可能划清界限的，故没有必要也不应当讨论犯罪之间的界限。一方面，法条规定的绝大多数犯罪之间，根本不是排他关系；另一方面，案件事实原本具有多重属性，而非单一性质。例如，关于生产、销售有毒、有害食品罪与投放危险物质罪，笔者曾提出二者之间的区别："（1）二者的行为方式不同：前者表现为生产、销售了掺入有毒、有害的非食品原料的食品；后者表现为在食品、河流、水井乃至公众场所等地投放毒害性、放射性等危险物质。（2）行为发生的条件不同：前者是在客观的生产、经营活动中实施其行为；后者一般与生产、经营活动没有关系。（3）处罚根据不同：本罪是抽象的危险犯；后者是具体的危险犯。"[①] 其实，上述区别（尤其是前两个区别）是没有任何意义的，二者之间原本就没有明确界限，当然也不可能划清界限。

其三，越是所谓界限模糊的犯罪，越不宜讨论此罪与彼罪的界限。因为越是界限模糊，越表明两罪之间的关系复杂、难以区分。强行区分的结局，至少会曲

[①] 张明楷：《刑法学》（第三版），法律出版社 2007 年版，第 557 页。

解其中之一的构成要件，或者将非构成要件要素作为区分标准，结局必然损害构成要件的法定性。

例如，交通肇事罪与以危险方法危害公共安全罪并不是对立关系。

首先，从客观方面来说，二者不是对立关系。只要行为违反交通运输管理法规，造成了伤亡实害结果，行为人对伤亡实害结果具有过失，就成立交通肇事罪；但是，倘若行为人违反交通运输管理法规的驾驶行为，产生了与放火、爆炸、投放危险物质相当的具体的公共危险，且行为人对具体的公共危险具有故意，就不能仅认定为交通肇事罪，而应认定为以危险方法危害公共安全罪。所以，以危险方法危害公共安全罪的成立，并不是对交通肇事罪的否定。

其次，从主观方面来说，二者也不是对立关系，并非出于故意的就是以危险方法危害公共安全罪，出于过失的就是交通肇事罪。故意和过失处于一种位阶关系，即在不清楚一个行为是出于故意还是出于过失（至少有过失）时，根据存疑时有利于被告人的原则，能够认定为过失犯罪。换言之，故意与过失之间的规范性位阶关系，亦即，与过失相比，对故意的要求更多。① 所以，过失具有到达故意心理状态的可能性，过失是故意的可能性。② 不管是认为故意犯比过失犯的不法重，还是认为故意犯比过失犯的责任更重，都只表明二者是一种阶段关系或位阶关系，而不能表明它们是对立关系。因为从不法角度来说，结果回避可能性是故意与过失的共同要件，从责任角度来说，他行为可能性是故意与过失的共同前提（或基础）。换言之，回避可能性是故意与过失的基础概念。"故意概念与过失概念在刑法上的意义是确立入罪的要件，从此一目的来看，一个较低回避可能性的主观状态（过失）可以跨过入罪的门槛，一个高回避可能性的主观状态（故意）当然也可以跨过入罪的门槛。"③ 所以，只要承认故意与过失是责任要素，故意与过失之间的关系就是责任的高低度关系，也是刑罚意义的高低度关系，因而是一种位阶关系。④

基于上述理由，可以得出如下结论：（1）行为人实施危险驾驶行为，对具体的公共危险与伤亡的实害结果仅有过失时，可能同时触犯交通肇事罪与过失以危险方法危害公共安全罪，形成竞合关系。例如，行为人应当预见到刹车存在缺陷，仍然以危险的高速度驾驶车辆的，属于一个行为同时触犯交通肇事罪与过失以危险方法危害公共安全罪，一般宜认定为交通肇事罪。（2）行为人实施危险驾驶行为，客观上存在与放火、爆炸、投放危险物质相当的具体的公共危险，行为

---

① Vgl. Claus Roxin, Strafrecht Allgemeiner Teil, Band I, 4. Aufl., C. H. Beck, 2006, S. 1091.

② 参见［日］山口厚：《刑法总论》（第3版），有斐阁2016年版，第252页。

③ 黄荣坚：《基础刑法学》（上），元照出版公司2006年版，第483～484页。

④ 参见张明楷：《论表面的构成要件要素》，《中国法学》2009年第2期。

人对具体的公共危险具有认识和希望或放任态度，但对已经发生的伤亡实害结果仅有过失的，应当认定为以危险方法危害公共安全罪。概言之，任何危险驾驶行为，凡是造成伤亡实害结果的，只要不是意外事件，首先成立交通肇事罪；但是，在此前提下，还需要作出进一步的判断：其一，行为是否已经产生了与放火、爆炸、投放危险物质相当的具体的公共危险，行为人对具体的公共危险是否具有故意，如得出肯定结论，就应认定为以危险方法危害公共安全罪；其二，在行为产生了与放火、爆炸、投放危险物质相当的具体的公共危险且发生了伤亡实害结果的前提下，如果行为人对伤亡实害结果持过失，则是过失的结果加重犯，适用《刑法》第115条第1款；如果行为人对伤亡实害结果有故意，则是结果犯（也可能被人们认定为故意的结果加重犯），依然适用《刑法》第115条第1款；不过，对二者的量刑是应当有区别的。

再如，《刑法》第338条规定的污染环境罪（违反国家规定，排放、倾倒或者处置有放射性的废物、含传染病病原体的废物、有毒物质或者其他有害物质）与第114条、第115条规定的投放危险物质罪（投放毒害性、放射性、传染病病原体等物质）之间，不可能存在对立关系。在认定相关案件时，只要明确各自的构成要件即可；不要试图在二者之间"划清界限"；也不要试图论证，符合污染环境罪的行为就必然不符合投放危险物质罪。换言之，必须承认一个行为可能同时触犯上述两个罪名的情形。对此，只能按照想象竞合的原理处理。[①]

又如，《刑法》第224条之一规定的组织、领导传销活动罪与集资诈骗罪也不是对立关系。可以肯定的是，以传销为名骗取财物的行为，完全可能构成更重的诈骗犯罪（主要是集资诈骗罪）。一方面，不法分子在集资诈骗的过程中采用传销的模式诱骗他人钱财的案件并不少见；另一方面，在传销过程中，以销售林地、墓地等名义，以高利率、高回报为诱饵吸引社会公众投资，将非法募集的资金据为己有的案件也并不陌生。所以，符合组织、领导传销活动罪构成要件的行为，也可能完全符合集资诈骗罪的构成要件。如果认为二者是对立关系，就必然导致以传销形式实施的集资诈骗行为，反而会受到更轻的处罚。这便有悖刑法的正义性。[②]

2. 正确判断犯罪构成的符合性

犯罪构成是成立犯罪的法律标准。既然是犯罪构成，就表明是成立犯罪的最

[①] 2023年8月施行的《最高人民法院、最高人民检察院关于办理环境污染刑事案件适用法律若干问题的解释》第9条规定："违反国家规定，排放、倾倒、处置含有毒害性、放射性、传染病病原体等物质的污染物，同时构成污染环境罪、非法处置进口的固体废物罪、投放危险物质罪等犯罪的，依照处罚较重的规定定罪处罚。"

[②] 参见张明楷：《传销犯罪的基本问题》，《政治与法律》2009年第9期。

低要求（或者是成立既遂犯罪的最低要求），所以，不能在最低要求之外另提出最高的限制条件。在此前提下，初步判断案件事实可能触犯的罪名，既可能由重罪到轻罪作出判断，也可能由轻罪到重罪作出判断。

刑法以保护法益为目的，将值得科处刑罚的法益侵害行为，类型化为具体犯罪的构成要件。所以，一方面，刑法理论应当以法益保护为指导，准确理解、正确解释各种犯罪的构成要件。只要行为所侵害的法益处于刑法条文的保护范围内，只要行为、结果等事实处于刑法条文的用语可能具有的含义内，就应当将该行为解释为符合构成要件的行为。另一方面，刑法所规定的各种犯罪的构成要件，只是表述了成立（既遂）犯罪所必须具备的最低要求，所以，刑法理论只需要表述这种最低要求的内容。道理很明显，当刑法条文规定"实施 X 行为，造成财产损失'数额较大'，成立犯罪"时，刑法理论不可以说："实施 X 行为，要求造成的财产损失为数额较大；如果造成的财产损失数额巨大，就不成立本罪。"画蛇添足的做法，不仅没有任何实际意义，而且形成歪曲刑法的局面。

认定犯罪的过程，是将案件事实与犯罪构成进行符合性判断的过程，需要把握三个关键：一是对犯罪构成的解释，二是对案件事实的认定，三是对案件事实与犯罪构成的符合性的判断。如果法官不能妥当解释抢劫罪的犯罪构成，就会将抢劫事实认定为其他犯罪；同样，纵使法官妥当地解释了抢劫罪的犯罪构成，但如若将抢劫事实认定为抢夺或者盗窃，也会导致将抢劫事实认定为其他犯罪。其实，在案件发生之前，或者说即使没有发生任何案件，学者与司法工作人员都可能事先对具体的犯罪构成作出一般性解释。但是，案件事实是在案件发生后才能认定的，而案件事实总是千差万别，从不同的侧面可以得出不同的结论。许多案件之所以定性不准，是因为人们对案件事实认定有误。因此，对案件事实的认定，成为适用刑法的关键之一。在某种意义上说，"法律人的才能主要不在认识制定法，而正是在于有能力能够在法律的——规范的观点之下分析生活事实"[1]。

一方面，法官必须把应当判决的、具体的个案与规定基本的犯罪构成、法定刑升格条件的刑法规范联系起来。对于案件事实，要以可能适用的刑法规范为指导进行分析；反之，对于刑法规范，要通过特定个案或者案件类型进行解释；刑法规范与案件事实的比较者就是事物的本质、规范的目的，正是在这一点上，形成基本的犯罪构成、法定刑升格条件与案例事实的彼此对应。[2] 另一方面，一个

---

[1] ［德］亚图·考夫曼：《类推与"事物本质"——兼论类型理论》，吴从周译，颜厥安审校，学林文化事业有限公司 1999 年版，第 87 页。

[2] 参见［德］亚图·考夫曼：《法律哲学》，刘幸义等译，五南图书出版公司 2000 年版，第 237 页；［德］H. 科殷：《法哲学》，林荣远译，华夏出版社 2003 年版，第 196 页；［法］雅克·盖斯旦、吉勒·古博：《法国民法总论》，陈鹏等译，法律出版社 2004 年版，第 40 页。

案件发生后，司法机关工作人员自然或者通常会想到该案件可能触犯的罪名，必然首先判断案件事实是否符合其中最重犯罪的犯罪构成，如得出肯定结论，而且案件只有一个行为，则不会再作其他判断；如果得出否定结论，则会继续判断案件事实是否符合较轻犯罪的犯罪构成。

例如，对于以暴力、胁迫手段强取他人财物的一个行为，是构成抢劫罪、敲诈勒索罪还是强拿硬要类型的寻衅滋事罪的判断，宜遵守如下路径：首先判断案件事实是否符合抢劫罪的犯罪构成；如若符合，则不必对是否构成敲诈勒索另作判断，如若不符合，则再判断是否符合敲诈勒索罪的犯罪构成；如仍得出否定结论，还需判断是否符合寻衅滋事罪的犯罪构成。例如，2021 年某日，马某用机动三轮车拉木材（属乱砍滥伐木材），被林站工作人员发现，被罚款 300 元。马某怀疑系村民曹某举报所致，于第二天纠集数人殴打曹某，并向曹某索要 500 元钱，补偿损失。曹某无钱，被继续殴打，无奈借钱 300 元，交给马某后，马某才带人离去，临走时，马某威胁曹某不许报案。显然，如果本案马某的暴力、威胁行为没有达到足以压制他人反抗的程度，则不能认定为抢劫罪。又由于马某敲诈勒索的数额没有达到数额较大标准，也不成立敲诈勒索罪。但是，可以将马某的行为评价为强拿硬要情节恶劣，故应认定为寻衅滋事罪。①

有时，人们可能根据自己的先前理解，先判断案件事实符合了轻罪的犯罪构成。在这种情形下，判断者还需要反省自己的先前理解，检验判断的合理性，进一步判断案件事实是否可能符合重罪的犯罪构成。例如，A 对正在执行逮捕的公安人员 X 和 Y 实施暴力，导致 X 身受重伤、Y 受轻微伤。司法工作人员的第一印象可能是，A 的行为符合妨害公务罪或者袭警罪的构成要件。但是，司法工作人员不能认为这是唯一正确的、终局性的判断，还需要考虑 A 的行为有无可能构成其他重罪。诚然，A 的行为的确符合妨害公务罪与袭警罪的犯罪构成。可是，A 的行为也符合故意伤害罪（重伤）的犯罪构成。与妨害公务罪和袭警罪相比，故意伤害罪（重伤）是重罪。所以，应认定 A 的行为同时构成故意伤害罪，量刑时适用故意伤害罪的法定刑。

明确犯罪构成的最低要求，不限定犯罪构成的最高要求，往返于轻罪与重罪之间作出判断，不仅可以防止将轻罪事实判断为重罪和将重罪事实判断为轻罪（无罪），从而使案件得到合理的处理，还有利于防止形成不应有的漏洞，并贯彻事实存疑时有利于被告的刑事诉讼原则。

例如，倘若认为"侵害性的自己决定权的行为属于猥亵行为"（提出了构成

---

① 在行为人强拿硬要数额较大财物，以敲诈勒索罪论处，只能适用"三年以下有期徒刑、拘役或者管制"的法定刑时，如若行为同时构成寻衅滋事罪，则宜以寻衅滋事罪处罚。

要件行为的最低要求），同时提出"猥亵行为不得是性交行为"（限定了构成要件行为的最高要求），就会产生如下问题：（1）对于成年妇女与幼男性交的，不能认定为猥亵儿童罪。这显然不合理。反之，只提出猥亵行为的最低要求，而不作出"不得是性交行为"的最高限制，则可以将成年妇女与幼男性交的行为认定为猥亵儿童罪。（2）当成年妇女对幼男实施了广义的性行为，但不能证明成年妇女是否与幼男有性交行为时，便无法定罪。这显然不合适。因为既然成年妇女仅对幼男实施性交以外的猥亵行为都能成立猥亵儿童罪，那么可能实施了性交行为的场合更应成立。反之，只提出猥亵行为的最低要求，而不作出"不得是性交行为"的最高限制，则可以认定成年妇女至少对幼男实施了性交以外的猥亵行为，因而能认定为猥亵儿童罪。（3）当不能证明男子强制实施的行为是否属于与妇女性交的行为时，便无法定罪。这也不合适。反之，只提出猥亵行为的最低要求，就可以将男子的该行为认定为强制猥亵罪。

再如，关于故意杀人罪与故意伤害罪的关系，存在对立理论与单一理论。对立理论认为，杀人与伤害是两个相互排斥的概念，杀人故意排除伤害故意，故杀人不包含伤害。单一理论认为，杀人故意必然同时包含伤害故意。[1] 在我国，这两种理论会就以下问题产生分歧：（1）在不能查明行为人是杀人故意、还是伤害故意时，根据对立理论只能宣告无罪，而根据单一理论可以认定为故意伤害罪。（2）在 A 以杀人故意、B 以伤害故意共同攻击 X 时，如果采取犯罪共同说或者部分犯罪共同说，根据对立理论不构成共同犯罪，根据单一理论在故意伤害罪的限度内（故意的重合部分）成立共同犯罪。显然，不能采取对立理论，而应采取单一理论。根据单一理论，故意杀人罪同时触犯了故意伤害罪，由于故意杀人罪重于故意伤害罪，故意杀人罪与故意伤害罪通常是特别关系（特殊情形下也可能是想象竞合，参见本书第十五章），故应以故意杀人罪论处。所以，不能说"故意伤害罪不得造成他人死亡"，也不能说"故意杀人罪的行为人不具有伤害意图"。

3. 充分运用想象竞合与法条竞合的法理

刑法虽然具有不完整性，但刑法所规定的犯罪之间不可能都具有绝对明确的界限。大部分犯罪之间并不是非此即彼的关系，一个案件事实完全可能亦此亦彼。换言之，由于用语具有多义性、边缘模糊性等特征，使得一个案件事实符合多个犯罪构成的现象极为普遍。在这种情况下，刑法理论与司法实践不应为了区分两罪之间的界限而随意添加犯罪成立条件或者要素，相反，应当承认一个案件

---

[1] Vgl. R. Schmidt/S. Seidel, Strafgesetzbuch Besonderer Teil I, 4. Aufl., Verlag Rolf Schmidt, 2000, S. 109.

事实可能触犯多个罪名。一方面，即使是从法条关系上看毫不相干的两个犯罪，也可能由一个行为同时触犯，从而成立想象竞合。根据公认的处罚原则，对于想象竞合犯，应当从一重罪处罚。另一方面，为了准确适用刑法条文，还必须注重法条竞合关系。

（1）盗窃罪与故意杀人罪的关系。盗窃罪与故意杀人罪似乎毫不相干，但二者完全可能竞合。例如，A 与严重心脏病患者 X 外出，A 明知 X 的心脏病发作后如不及时吃救心丸，就会死亡，但 A 在 X 的心脏病随时可能发作的情形下，盗窃了 X 随身携带的救心丸（扒窃或者价值达到数额较大标准），导致 X 在心脏病发作时，因为没有救心丸而死亡。A 仅实施了一个行为，但该行为既触犯了盗窃罪，也触犯了故意杀人罪，属于想象竞合，从一重罪（故意杀人罪）处罚。倘若随意确定盗窃与杀人的界限，认为"盗窃行为不可能致人死亡，杀人行为不可能造成他人财产损失"，就极有可能否认 A 的行为触犯盗窃罪或故意杀人罪，其结论必然不当。

（2）诬告陷害罪与故意杀人罪的关系。诬告陷害罪与故意杀人罪好像并无关联，但二者也完全可能竞合。从立法论上而言，规定诬告反坐与对诬告陷害规定相对确定的法定刑，各有利弊。旧刑法实际上规定了诬告反坐。在这种情况下，行为人诬告他人故意杀人的，对行为人参照故意杀人罪的法定刑处罚。这在某种程度上有利于做到罪刑相适应。但是，这种做法违反了罪刑法定原则，也没有考虑诬告行为本身的情节与危险程度。但是，刑法对诬告陷害罪规定相对确定法定刑也存在缺陷。例如，捏造多种证据诬告他人故意杀人的，也只能判处 3 年以下有期徒刑，这便难以实现罪刑相适应。妥当运用想象竞合的理论，则可以克服这一缺陷。例如，如果诬告陷害行为导致他人被错判死刑的，应认定为诬告陷害罪与故意杀人罪（间接正犯）的想象竞合，按故意杀人罪处罚。

（3）徇私枉法罪与故意杀人罪的关系。徇私枉法罪与故意杀人罪表面上也没有联系，但二者同样可以竞合。例如，法官 A 明知 X 犯故意伤害罪，但因为徇私情，通过伪造证据等手段而以故意杀人罪判处 X 死刑，导致 X 被执行死刑。A 的行为同时触犯了徇私枉法罪与故意杀人罪（间接正犯），量刑时应适用故意杀人罪的法定刑。

（4）抽逃出资罪与职务侵占等罪的关系。如何看待抽逃出资与职务侵占等罪的关系，是司法实践中经常遇到的问题。因为出资人出资后，资金属于公司所有，抽逃出资意味着非法占有公司所有的资金。对此存在许多思路：第一，抽逃出资经过了其他股东同意的，成立抽逃出资罪，否则成立职务侵占等罪；第二，具有归还出资的意思的，成立抽逃出资罪（但存在与挪用资金罪的关系问题），否则成立职务侵占等罪；第三，经过其他股东同意且具有归还意思的，成立抽逃出资罪，否则成立职务侵占等罪；第四，在公司成立前抽逃出资的，成立抽逃出资罪，在公司成立后抽逃出资的，成立职务侵占等罪；第五，凡属于公司法中的抽逃出资的行为，均认定为抽逃出资罪，不管其是否触犯职务侵占等罪；第六，规定抽逃出资罪的法条与规定职务侵占罪的法条，是特别法条与普通法条的关系，对抽逃出资行为适用特别法条，以抽逃出资罪论处；第七，实施抽逃出资罪行为触犯职务侵占等罪的，属于想象竞合，从一重罪处罚；如此等等。显然，前六种思路都会导致两罪之间的区分缺乏合理性，只有采取第七种思路，才有利于公平地处理案件。

（5）寻衅滋事罪与相关犯罪的关系。寻衅滋事罪，与故意伤害、敲诈勒索、故意毁坏财物等罪的界限，一直是困扰司法机关的问题。这是因为刑法理论与司法机关一直希望在寻衅滋事罪与故意伤害、敲诈勒索、故意毁坏财物等罪之间划出明确的界限；而要划出明确的界限，就必须提出明确的区分标准。其中，是否出于流氓动机被认为是区分寻衅滋事罪与相关犯罪的关键标准。其实，解释者不应对寻衅滋事罪提出"出于流氓动机"的要求，更不能对故意伤害、敲诈勒索、故意毁坏财物等罪提出"不得出于流氓动机"的要求。那么，应当如何处理寻衅滋事罪与其他罪的关系呢？显然，应注意此罪与彼罪的想象竞合，并根据想象竞合的处罚原则，从一重罪处罚。

第一，随意殴打类型的寻衅滋事罪与故意伤害罪的关系。

如前所述，随意殴打他人致人轻伤的行为，完全可能既符合故意伤害罪的犯罪构成，也符合寻衅滋事罪的犯罪构成。对此，按想象竞合一重罪处罚即可。所以，刑法理论只需说明，成立故意伤害罪不需要出于特定动机。此外，不应为了强调寻衅滋事与故意伤害罪的区别，而主张凡是造成轻伤以上结果的都不成立寻衅滋事罪，因为既然没有造成轻伤的行为都能构成寻衅滋事罪，造成轻伤以上结果的行为更能成立寻衅滋事罪。刑法理论只需要说明，随意殴打他人构成寻衅滋事罪的，不以造成轻伤结果为前提。

例如，马某与王某在小公共汽车上因买票问题与售票员肖先生发生口角。两人将肖先生拳打脚踢后仍不解气，下车后购买了3把西瓜刀，纠集另一同伙一起持刀找到正在打电话的肖先生，将其砍成轻伤，造成经济损失4 700多元。第一种意见认为，马某的行为仅仅是一种寻衅滋事的行为。他随意殴打肖先生，致其轻伤，符合寻衅滋事罪的特征。第二种意见认为，马某的行为已构成故意伤害罪。因为马某殴打的对象明确，并非针对不特定多数人。[①] 两种观点都是就寻衅滋事罪与故意伤害罪的区别而言的，前者抓住随意性的特征，后者抓住并非针对

---

① 参见陈实、蒲延红：《从本案看寻衅滋事罪的界定》，载于中国法院网。

不特定多数人的事实，但都难以说服对方。其实，马某的行为既符合寻衅滋事罪的犯罪构成，也符合故意伤害罪的犯罪构成，属于想象竞合，从一重罪处罚即可。

第二，辱骂他人类型的寻衅滋事罪与侮辱等罪的关系。

辱骂他人造成严重结果，完全可能既符合侮辱罪或者其他犯罪的犯罪构成，也符合寻衅滋事罪的犯罪构成。同样，侮辱罪的成立不要求出于特定动机，故出于流氓动机侮辱他人的，也可以成立侮辱罪。所以，当辱骂他人情节严重的行为，同时触犯寻衅滋事罪与侮辱罪时，按照想象竞合从一重罪处罚即可，不必在两者之间寻找所谓关键区别。

例如，2003 年 8 月份，涉嫌强奸犯罪的嫌疑人张某在某县看守所第四监舍羁押期间，强迫同舍的李某吃屎、喝尿、舔刘某屁股，逼迫李某头朝下倒立在厕所里张开嘴，让同监舍的人往其嘴里撒尿，玩"倒栽葱"游戏，并让同舍的人用小绳拴住了李某生殖器拉着转圆圈，戏称"放羊娃"；且多次随意用沾水的鞋底殴打李某和同监舍其他人员。对本案有三种不同的意见。第一种意见认为，张某在看守所的行为只构成侮辱罪，理由是看守所不属于公共场所，且张某殴打同舍人员的目的主要是强迫同舍其他人受其侮辱，故属牵连犯，只应定侮辱罪。第二种意见认为，张某在看守所的行为构成侮辱罪和破坏监管秩序罪。因为破坏监管秩序罪指依法被关押的罪犯，有法定破坏监管秩序的情形之一，情节严重的行为。第三种意见认为其在看守所的行为构成侮辱罪和寻衅滋事罪。[①] 倘若不是看重寻衅滋事罪与相关犯罪之间的似是而非的区别，而是注重判断行为符合何种犯罪的犯罪构成，是容易得出合理结论的。其一，张某虽然以暴力手段侮辱李某，但并没有辱骂他人，所以，该行为触犯了侮辱罪，但并没有触犯辱骂他人类型的寻衅滋事罪。其二，张某多次随意用沾水的鞋底殴打李某和同监舍其他人员的行为，既触犯了寻衅滋事罪，也触犯了破坏监管秩序罪。由于寻衅滋事罪的法定刑重于破坏监管秩序罪的法定刑，故对该行为应按寻衅滋事罪处罚。其三，以暴力手段侮辱李某的行为，与多次随意用沾水的鞋底殴打李某和同监舍其他人员的行为，明显属于两个性质不同的行为，应当实行数罪并罚。结局是，对于张某的行为应以侮辱罪与寻衅滋事罪实行数罪并罚。

第三，强拿硬要类型的寻衅滋事罪与敲诈勒索、抢劫罪的关系。

如前所述，强拿硬要数额较大财物的行为，完全可能既符合敲诈勒索罪的犯罪构成，也符合寻衅滋事罪的犯罪构成。对此，宜按想象竞合犯从一重罪处罚。不必为了强调寻衅滋事罪与敲诈勒索罪的区别，而主张敲诈勒索罪不得出于流氓

---

① 　参见李新春：《是寻衅滋事罪、侮辱罪还是破坏监管秩序罪》，载于正义网。

动机。

对于寻衅滋事罪与抢劫罪的关系，也应当作上述理解。例如，苏某与同伴杨某酒后来到一加油站内，由杨某持刀在站长室门口"放哨"，苏某闯入站长室内，无故殴打李站长，致李站长轻微伤。当苏某强行拿走李站长手机时，同伴杨某通知他警察即将赶到，苏某将手机还给了李站长，并一直等到警察出现。第一种意见认为，苏某、杨某的行为已构成抢劫罪。因为苏某殴打李站长，以暴力手段夺取李站长的手机，只因警察及时赶到，才没能得逞，所以，应是抢劫未遂。第二种意见认为，苏某、杨某的行为应定性为寻衅滋事罪。苏某犯罪的动机不在谋财而在滋事，寻求的并非财物而是刺激。[①] 可是，苏某明明强行拿走李站长的手机，手机就是财物，怎么能认为苏某"不在谋财""寻求的并非财物"呢？如果苏某、杨某的暴力行为达到了足以压制他人反抗的程度，当然符合抢劫罪的犯罪构成。但是，符合抢劫罪的构成要件的行为，也完全可能符合强拿硬要类型的寻衅滋事罪的犯罪构成。所以，应当认为，苏某、杨某的行为同时符合抢劫罪与寻衅滋事罪的犯罪构成，宜从一重罪处罚。

总之，对于以暴力、胁迫手段强取他人财物的，首先判断是否符合抢劫罪的犯罪构成；如若不符合，再判断是否符合敲诈勒索罪的犯罪构成；如仍得出否定结论，还需判断是否符合寻衅滋事罪的犯罪构成。

第四，强拿硬要、任意占用类型的寻衅滋事罪与聚众哄抢罪的关系。

行为人不以聚众方式强拿硬要、任意占用他人财物的，当然不可能成立聚众哄抢罪；反之，行为人以聚众方式强拿硬要、任意占用他人财物的，完全可能同时符合寻衅滋事罪与聚众哄抢罪的构成要件，因而以想象竞合从一重罪处罚。

第五，任意损毁财物类型的寻衅滋事罪与故意毁坏财物罪的关系。

任意损毁公私财物的行为，既可能构成故意毁坏财物罪，也可能构成寻衅滋事罪。不能认为，"任意"损毁公私财物的，不成立故意毁坏财物罪；因为成立故意毁坏财物罪，并不以"非任意"为要件。也不能认为，任意损毁公私财物数额较大的，不成立寻衅滋事罪；因为任意损毁数额较小财物的行为可能成立寻衅滋事罪，任意损毁数额较大财物的，更能成立寻衅滋事罪。所以，当任意损毁公私财物的行为，同时触犯上述两罪时，司法机关的任务，不是在两罪之间找出区别，而是以想象竞合从一重罪处罚。

例如，在公路收费站，乙驾驶的汽车与甲驾驶的汽车抢道，甲即大发雷霆，过了收费站便将乙的汽车拦下，并用随车携带的工具砸碎乙车的挡风玻璃，造成严重损失（达到故意毁坏财物罪的数额标准）。倘若以甲的行为是否指向特定的

---

① 参见陈实、蒲延红：《从本案看寻衅滋事罪的界定》，载于中国法院网。

人与物、主观上是否出于耍威风、逞意气的动机为标准，区分甲的行为是构成故意毁坏财物罪还是构成寻衅滋事罪，是缺乏说服力的。本书认为，应认定甲的行为同时触犯上述两罪，宜从一重罪处罚。

第六，起哄闹事类型的寻衅滋事罪与聚众扰乱公共场所秩序、交通秩序罪的关系。

在公共场所起哄闹事，造成公共秩序严重混乱的行为，既可能构成寻衅滋事罪，也可能成立聚众扰乱公共场所秩序、交通秩序罪。虽然可以认为，是否聚众是该两罪之间的重要区别。可是，起哄闹事类型的寻衅滋事罪，既可以一个人单独实施，也可能以聚众方式共同实施。当行为人以聚众方式在公共场所起哄闹事，造成公共秩序严重混乱时，"是否聚众"便不再是两罪之间的区别。所以，司法机关面对具体案件时，依然要首先判断行为是否符合聚众扰乱公共场所秩序、交通秩序罪的犯罪构成要件，再判断行为是否符合寻衅滋事罪的犯罪构成。如只能对其中之一得出肯定结论，则以该罪论处；如对两者都得出肯定结论，则以想象竞合从一重罪处罚，或者作为包括的一罪从一重罪论处。

（6）盗窃罪与盗伐林木罪的关系。盗窃罪与特殊的盗窃罪（如盗窃枪支罪、盗伐林木罪）等并不是对立关系，而是交叉关系，因为枪支、林木等完全可以评价为财物。于是，在某些情况下，对客观上盗窃枪支或者盗窃林木的行为，也完全可以认定为盗窃罪。

一般认为，规定盗伐林木罪的《刑法》第 345 条第 1 款与规定盗窃罪的第264 条之间，是特别法条与普通法条的关系（特别关系）。在通常情况下，对于盗伐林木的行为，应适用特别法条优于普通法条的原则，以盗伐林木罪论处。详言之，由于 2000 年 11 月 22 日发布的《最高人民法院关于审理破坏森林资源刑事案件具体应用法律若干问题的解释》（以下简称《解释》）与通说认为盗伐林木罪以具有非法占有目的为前提，又由于林木也是财物，于是，与盗窃罪相比，盗伐林木罪多出了一个特别要素——行为对象为生长中的林木。所以，盗伐林木罪必然符合盗窃罪的成立条件，盗伐林木罪就成为特别法条。

但是，《刑法》第 264 条所规定的普通盗窃罪的法定最高刑为无期徒刑，而《刑法》第 345 条对盗伐林木罪所规定的最高刑为 15 年有期徒刑。如果认为规定盗伐林木罪的法条是特别法条，就意味着盗伐林木罪是减轻构成要件。可是，不能不追问的是，刑法规定减轻构成要件的根据何在？既然盗窃罪的保护法益只是财产，而盗伐林木罪的保护法益是森林资源及其合理利用以及他人的财产，就没有理由认为盗伐林木罪的不法轻于盗窃罪的不法。相反，在财产价值相同的情况下，盗伐林木罪的不法程度重于盗窃罪的不法程度。所以，如若认为盗伐林木罪是盗窃罪的特别减轻法条，就既不符合客观事实，也会导致处罚不公平。例如，

《解释》第 15 条规定，"非法实施采种、采脂、挖笋、掘根、剥树皮等行为，牟取经济利益数额较大的，依照刑法第二百六十四条的规定，以盗窃罪定罪处罚"。显然，倘若行为人剥下 100 棵树皮的盗窃行为，财产价值数额达到 200 万元而应判处无期徒刑，那么，行为人盗伐了相同的 100 棵树，价值远远超过 200 万元时，不可能因为其行为符合了盗伐林木罪的构成要件，就认为（或者声称立法者认为）其不法程度低于盗窃罪，也不可能认为仅判处 15 年以下有期徒刑是合适的。再如，甲等人为了种植某种植物将大量的国有林木锯倒后堆放在一边，乙等人事后盗走该林木（数额特别巨大）。如果仅认定甲等人的行为成立盗伐林木罪，而不认为同时触犯盗窃罪，就会导致对甲等人的处罚反而轻于对乙等人的处罚。这明显违反罪刑相适应原则。"正确的刑罚裁量终究是整个竞合理论的目的。"① 离开竞合理论的目的确定特别关系，缺乏实质的合理性。在上述情形下，只有承认甲等人的行为构成盗窃罪与盗伐林木罪的想象竞合，才能妥当地解决定罪与量刑问题。②

森林资源及其合理利用，是盗伐、滥伐林木罪共同保护的法益。但应注意的是，森林与其他林木具有双重属性，既作为森林资源受到森林法与刑法的保护，又作为财产受到民法与刑法的保护。例如，《民法典》第 331 条规定："土地承包经营权人依法对其承包经营的耕地、林地、草地等享有占有、使用和收益的权利，有权从事种植业、林业、畜牧业等农业生产。"而林地承包经营权人通常同时对其种植的林木享有所有权。即使森林与其他林木具有作为森林资源保护的价值，也不能否认林木所有权人对之享有的财产权。如果森林与其他林木不再具有作为森林资源保护的价值时，就只能作为财产予以保护。所以，盗伐林木罪保护的法益还包括国家、集体、他人对生长中的林木的财产所有权。正是因为盗伐林木罪侵害了双重法益，所以，其不法程度重于滥伐林木罪，这便是盗伐林木罪的法定刑重于滥伐林木罪的根据所在。

《解释》第 3 条规定："以非法占有为目的，具有下列情形之一，数量较大的，依照刑法第三百四十五条第一款的规定，以盗伐林木罪定罪处罚：（一）擅自砍伐国家、集体、他人所有或者他人承包经营管理的森林或者其他林木的；（二）擅自砍伐本单位或者本人承包经营管理的森林或者其他林木的；（三）在林木采伐许可证规定的地点以外采伐国家、集体、他人所有或者他人承包经营管理的森林或者其他林木的。"问题是，将非法占有目的作为盗伐林木罪的主观要

---

① ［德］Ingeborg Puppe：《基于构成要件结果同一性所形成不同构成要件实现之想象竞合》，陈志辉译，《东吴法律学报》2006 年第 3 期。

② 参见张明楷：《法条竞合与想象竞合的区分》，《法学研究》2016 年第 1 期。

素是否合适？对于不以非法占有为目的的盗伐他人林木的行为，应当如何处理？

在本书看来，非法占有目的并不是盗伐林木罪的特别要素，只要行为人擅自采伐并非自己所有的林木，就构成盗伐林木罪。

林木所有权具有不同于普通有体物所有权的特点。盗伐林木罪保护的法益虽然包括他人对林木的所有权，但这是指他人对生长中的林木的所有权，而不是指对已被采伐后的木材所有权。盗伐林木罪的法益侵害性就表现为将他人生长中林木采伐为木材。[①] 行为人采伐他人生长中的林木后，即使并不运走其所砍伐的木材，其行为也侵害了他人对生长中的林木的所有权。既然如此，就没有必要将非法占有目的作为盗伐林木罪的主观要素。另外，只要行为人明知是他人所有的林木而采伐，就具备了盗伐林木罪的故意。即使没有非法占有目的，也同样说明行为人的非难可能性重于滥伐林木罪的非难可能性。所以，没有必要将非法占有目的作为盗伐林木罪的主观责任要素。

例如，自 2016 年 3 月始，犯罪嫌疑人杨某某、张某某没有林木采伐许可证，且未经许可，共同在国家所有的某村石树顶山开荒种植沉香，经专业机构现场调查，林木被砍伐面积约 18 亩，蓄积量为 98 立方米。被告人与现场勘查可以证明，被砍伐的林木并没有被杨某某、张某某挪用他用，而是遗留在原地（种植沉香采伐案）。公诉机关认为，两被告人"无视国家法律，违反森林法及相关规定，未经林业行政主管部门及法律规定的其他主管部门批准并核发采伐许可证，私自采伐集体所有的林木，破坏森林资源，数量较大，应当以滥伐林木罪追究刑事责任"。辩护人也认为两被告人的行为成立滥伐林木罪，但法院判决指出：虽然控辩双方均认为两被告人的行为构成滥伐林木罪，但根据《最高人民法院关于审理破坏森林资源刑事案件具体应用法律若干问题的解释》第 3 条之规定，以非法占有为目的，"擅自砍伐国家、集体、他人所有或者他人承包经营管理的森林或者其他林木的"，数量较大，构成盗伐林木罪。该解释第 5 条规定，未取得核发的林木采伐许可证，或者违反林木采伐许可规定的时间、数量等，任意采伐本单位所有或者本人所有的森林或者其他林木等行为，则构成滥伐林木罪。经查，涉案林木权属为国家，两被告人为在涉案地块种植沉香谋取非法利益，擅自砍伐国家所有的林木，并已实际非法占有，其是否出售牟利并不影响非法占有的认定，故两被告人的行为应构成盗伐林木罪。[②]

公诉机关显然是按照《解释》规定起诉的，亦即，由于杨、张二人没有非法

---

① 参见董玉庭：《盗伐林木相关犯罪的司法认定研究——以对〈关于审理破坏森林资源刑事案件具体应用法律若干问题的解释〉的评析为切入点》，《人民检察》2008 年第 16 期。

② 参见广东省深圳市南山区人民法院（2019）粤 0305 刑初 236 号刑事判决书。

占有目的，不能认定为盗伐林木罪，故只能认定为滥伐林木罪。按照本书前述观点，杨、张二人的行为也的确符合滥伐林木罪的成立条件（但不符合《解释》第5条的规定），因为没有取得采伐许可证而采伐林木的行为，都属于滥伐林木。但是，其一，如果将杨、张二人的行为仅认定为滥伐林木罪，就没有评价其行为侵害了国家对林木的所有权这一不法内容，因而评价不全面。其二，倘若因为杨、张二人的行为没有非法占有目的而不符合《解释》第5条的规定，便仅认定行为人的行为构成故意毁坏财物罪，则仅评价了行为对国家财产的侵害，并没有评价行为对森林资源的侵害。其三，只有以盗伐林木罪论处，才能全面评价本案事实，实现罪刑的合理化。而要评价为盗伐林木罪，就不能将非法占有目的作为本罪的主观要素。上述一审判决认定行为人具有非法占有目的，并不符合客观事实。因为非法占有目的包括排除意思与利用意思①，杨、张二人显然没有利用意思。

反之，在滥伐林木案件中，行为人也可能具有非法占有目的。这是因为，所谓非法占有目的只是意味着行为人具有非法占有采伐后的木材的目的，而不是指非法占有生长中的林木的目的；"非法"既包括违反实体法的情形，也包括违反程序法的情形。行为人没有取得采伐许可证而采伐自己所有的林木时，其对所采伐的林木的占有，虽然不是违法所得，但由于其滥伐行为违反了森林法关于必须取得采伐许可证的规定，因而其目的本身也具有非法性。所以，将非法占有目的作为盗伐林木罪的主观要素，就可能导致下级司法机关将具有非法占有目的的滥伐林木的行为也不当地认定为盗伐林木罪。

概言之，盗伐林木罪与滥伐林木罪，不应以是否具有非法占有目的来区分。对于没有林木采伐许可证，而采伐他人所有的属于国家森林资源一部分的林木的，不管行为人是否具有非法占有目的，均应以盗伐林木罪论处；对于虽取得了林木采伐许可证，但超过林木采伐许可证规定的地点、数量、树种采伐他人所有的林木的，也应以盗伐林木罪论处。没有取得林木采伐许可证，采伐自己所有的属于国家森林资源一部分的林木的，仅成立滥伐林木罪；虽然取得了林木采伐许可证，但违反林木采伐许可证规定的地点、数量、树种、方式采伐自己所有的林木的，也成立滥伐林木罪。

按照本书的观点，非法占有目的不是盗伐林木罪的主观要素，所以，盗伐林木罪的行为不一定符合盗窃罪的成立条件，于是，盗伐林木罪与盗窃罪就不是法条竞合中的特别关系。两者究竟是什么关系，则仅取决于案件事实。行为人以非法占有为目的盗伐他人所有的林木时，由于行为同时符合盗窃罪的成立条件，故

① 参见张明楷：《刑法学》（第六版）（下），法律出版社2021年版，第1248页。

构成盗伐林木罪与盗窃罪的想象竞合；行为人不以非法占有为目的盗伐他人所有的林木的，则不成立盗窃罪，仅以盗伐林木罪论处，二者既不是法条竞合也不是想象竞合。

由于盗伐林木罪与盗窃罪既不是对立关系，也不是特别关系，故不能以主观目的或动机区分盗伐林木罪与盗窃罪。一方面，盗伐林木罪的成立虽然不要求非法占有目的，但不排除行为人事实上具有非法占有目的；另一方面，非法占有目的的具体内容，也不能成为盗伐林木罪与盗窃罪的区分标准。由于"盗伐"是指违反林木所有权人的意志，擅自采伐他人所有的生长中的林木的行为，故所有的盗伐林木行为都毁坏了他人财物。据此，可以认为，盗伐林木罪是故意毁坏财物罪的特别法条。行为人不以非法占有为目的盗伐他人所有的林木时，由于行为并不符合盗窃罪的成立条件，故属于盗伐林木罪与故意毁坏财物罪的法条竞合。行为人以非法占有为目的盗伐他人林木的，也必然触犯故意毁坏财物罪，二者同样形成法条竞合中的特别关系。

总之，刑法理论与司法实践需要以犯罪的保护法益为指导，正确解释各种犯罪的构成要件，减少犯罪之间的对立关系，合理归纳案件事实，妥当判断案件事实符合哪种或哪些犯罪的构成要件，并善于运用想象竞合与法条竞合的原理，认定相关犯罪。

第五章　避免矛盾与保持协调

一、避免矛盾与保持协调的必要性

按照体系解释的要求，解释者在解释一个刑法条文时，必须根据该条文在整个刑法中的地位，联系相关法条的含义，阐明其规范意旨。体系解释的重要目的之一在于避免断章取义与自相矛盾，以便刑法整体协调。此外，刑法是存在于法律体系中的一个整体，它不仅要与宪法协调，而且本身也要协调，当然还要与其他法律相协调。只有使刑法条文之间没有矛盾，保持协调，才能实现刑法的正义性。正因为如此，"法律解释的古典规则早就指出，对规范的解释应尽可能避免使规范之间出现冲突"①。

本章所称的避免矛盾与保持协调二者之间，并没有明确的界限。一般而言，如果避免了刑法条文之间的相互矛盾，就基本上能够实现刑法条文之间的协调。但严格地说，避免矛盾只是保持协调的最低限度要求，解释者应当在避免矛盾的前提下，进一步追求协调性。一方面，刑罚总是与定罪联系在一起，定罪不同，适用的法定刑就不同。对两个案件的处理是否协调，主要是以处罚程度是否均衡为标准作出判断的。不管两个犯罪行为的性质是否相同，只要将原本应当判处较轻刑罚的犯罪判处了较重的刑罚，或者将原本应当判处较重刑罚的犯罪判处了较轻的刑罚，社会的一般观念就会认为二者是矛盾的、不协调的。另一方面，即使 A 罪与 B 罪的法定刑相同，刑法也不允许将 A 罪认定为 B 罪，将 B 罪认定为 A 罪，这既是罪刑法定原则决定的，也是刑法的公平正义性决定的。例如，诈骗罪的数额较大与盗窃罪的数额较大的法定刑相同。对于以借打手机为由乘机溜走而将他人手机据为己有的案件，有的地方认定为盗窃，有的地方认定为诈骗，于是出现了不协调的现象：其一，如果手机价值为 1 000 余元，那么，认定为盗窃罪就可能达到了数额较大的标准；认定为诈骗就没有达到数额较大的标准，于是导致相同的行为有的受处罚，有的不受处罚。其二，倘若手机价值为 3 000 余元，虽然达到了诈骗罪的数额较大的标准，但如果认定为盗窃罪，其量刑就会比诈骗罪重。这也造成了不协调现象。

不言而喻，只有避免矛盾、保持协调，才能实现刑法的平等正义。如果法官有时将此案件当作 a 处理，有时将此案件当作非 a 处理，就必然损害刑法的正义性。同样，如果同一地区的法官在同一时期，对于罪行相同、特殊

① ［德］齐佩利乌斯：《法学方法论》，金振豹译，法律出版社 2009 年版，第 57 页。

预防与一般预防必要性相同的案件，量刑差别明显，就必然损害刑法的平等性。

显而易见，只有避免矛盾、保持协调，才能保障公民的预测可能性。"没有人能够在同一个情况中，执行 a 又同时不执行 a。"① 也不能要求人们在同一种情形下，既选择 a 也选择非 a。

当法条字面上出现所谓矛盾或者不协调的表述时，解释者就必须通过各种解释方法排除矛盾，实现法条之间的协调。"在各种排除矛盾的方法中，最简单的方法就是去确认这两个相互矛盾的语句里，哪个语句应当排除另一个语句。"② 还可能出现这样的现象：在此种背景下，由 A 语句排除 B 语句；在另一种背景下，由 B 语句排除 A 语句。如后所述，对外表相同的行为，有时会认定为法条竞合，采取特别法条优于普通法条的原则，有时则可能认定为想象竞合，从一重罪处罚，就是为了排除刑法适用效果的不协调（参见本书第十五章）。当然，更多的情形需要具体分析，得出协调的结论。

避免矛盾与保持协调，是体系解释最主要的要求。换言之，法律的无矛盾性，应当无例外地贯彻到刑法分则的解释中。也正因为如此，国外刑法学者对此予以高度重视。例如，日本《刑法》第 199 条所规定的杀人罪的法定刑为"死刑、无期或者五年以上拘禁刑"，第 181 条规定的强奸致死罪的法定刑为"无期或者六年以上拘禁刑"。问题是，行为人在强奸妇女时对死亡具有故意的应当如何处理？日本的判例采取的观点是，对这种情形应当认定为强奸致死罪与杀人罪的想象竞合。③ 但山口厚教授认为，最高裁判所的观点导致对死亡结果进行了双重评价，这是不理想的；更为重要的是，将上述情形认定为强奸罪与杀人罪的想象竞合，也不会产生刑罚不均衡的问题。既然如此，就应当认定为强奸罪与杀人罪的想象竞合。④ 但是，日本《刑法》第 240 条对抢劫致死罪所规定的法定刑为"死刑或者无期拘禁刑"。于是，又产生了如下问题：抢劫致死时，行为人对死亡具有故意的，应当如何处理？判例与通说均认为仅成立抢劫致死罪，而

---

① ［德］Ingeborg Puppe：《法学思维小学堂》，蔡圣伟译，元照出版公司 2010 年版，第 78 页。
② ［德］Ingeborg Puppe：《法学思维小学堂》，蔡圣伟译，元照出版公司 2010 年版，第 78 页。
③ 参见日本最高裁判所 1956 年 10 月 25 日判决，日本《最高裁判所刑事判例集》第 10 卷第 10 号，第 1455 页。
④ 参见［日］山口厚：《刑法各论》（第 2 版），有斐阁 2010 年版，第 116 页。这也是日本刑法理论的通说，另参见［日］大塚仁：《刑法概说（各论）》（第 3 版增补版），有斐阁 2005 年版，第 104 页；［日］大谷实：《刑法讲义各论》（新版第 4 版），成文堂 2013 年版，第 132 页；［日］西田典之著、桥爪隆补订：《刑法各论》（第 7 版），弘文堂 2018 年版，第 108 页。

不再认为是杀人罪与抢劫致死罪的想象竞合。① 山口厚教授指出："肯定杀人罪与抢劫致死罪的成立，就对死亡进行了双重评价，但如果仅肯定杀人罪与抢劫罪的成立，那么，刑罚就会比对死亡结果仅有过失的场合（抢劫致死罪）还要轻，有失均衡，因此，判例、通说的见解是妥当的。"② 由此可以归纳如下：根据日本刑法理论的通说，在强奸致死的场合，强奸犯对被害人死亡有故意的，成立强奸罪与杀人罪的想象竞合；在抢劫致死的场合，抢劫犯对被害人死亡有故意的，不成立抢劫罪与杀人罪的想象竞合，也不成立抢劫致死罪与杀人罪的想象竞合，而仅认定为抢劫致死罪。在认定是否成立想象竞合的问题上，日本刑法理论的通说似乎不一致，但是，是否认定想象竞合的成立，正是为了使犯罪得到均衡的处理。不难看出，避免实质上的、处罚上的矛盾，才是最有意义的。

如上所述，避免矛盾与保持协调，没有明显的区别与界限，甚至可能是一个意思。不过，本章所称的矛盾，除了解释结论的不协调之外，还包括解释理由的自相矛盾。诚然，解释理由的自相矛盾（不讲逻辑），也可能是为了使案件得到协调处理。但是，在刑法解释学上，不应当允许自相矛盾的解释理由。"因为，'从矛盾中可以导出一切'是一个逻辑上的基本认识。对此认知，在逻辑上有个最简单的说明提供给那些好奇的读者：假设，在一个语句体系中'a'和它的否定（也就是'非a'）都被承认为正确的。现在我们拿一个任意的语句'x'，我们可以用语句'a'与语句'非a'来证明语句 x 是正确的。如果语句'a'是正确的，那么语句'a 或 x'就也是正确的。因为在二者择一（非此即彼）的逻辑（Alternative）中，只要其中一个组成语句为真（＝正确），这个择一语句便为真。但如果语句'非a'为真，那么语句'a'就是伪（＝假、不正确）。如果语句'a'为伪，但语句'a 或 x'为真，那么语句'x'就必须为真。我们不应该只把这当作一个实务上不具意义的逻辑游戏。因为，如果推导的过程更长、更加错综复杂，就绝对有可能发生从矛盾中推出某些事物的结果。"③

---

① 参见日本最高裁判所 1957 年 8 月 1 日判决，日本《最高裁判所刑事判例集》第 11 卷第 8 号，第 2065 页；［日］团藤重光：《刑法纲要（各论）》（第 3 版），创文社 1990 年版，第 595 页；［日］平野龙一：《刑法概说》，东京大学出版会 1977 年版，第 211 页；［日］大谷实：《刑法讲义各论》（新版第 4 版），成文堂 2013 年版，第 249 页；［日］西田典之著、桥爪隆补订：《刑法各论》（第 7 版），弘文堂 2018 年版，第 199 页；［日］前田雅英：《刑法各论讲义》（第 6 版），东京大学出版会 2015 年版，第 212 页。

② ［日］山口厚：《刑法各论》（第 2 版），有斐阁 2010 年版，第 337 页。

③ ［德］Ingeborg Puppe：《法学思维小学堂》，蔡圣伟译，元照出版公司 2010 年版，第 78 页。

二、矛盾现象的分析

不可否认，几乎没有一个解释者愿意使自己的解释结论与解释理由自相矛盾。但是，认识自己比认识别人更难。在不少情况下，人们要么不自觉地得出了自相矛盾的解释结论，或者采取了自相矛盾的解释理由，但自己并没有认识到；要么认识到解释结论自相矛盾，但将责任推给立法者，认为立法者制造了矛盾，于是与自己无关。前一种情形的存在，证实了学术批判的重要性。每一位解释者都要善于在相互的学术批判中，反省自己的解释理由与解释结论，进而提高自己的解释能力，校正自己的解释结论。后一种情形存在，表明解释者没有处理好立法与解释的关系。"制定法时常十分含糊，不承认这一事实是愚蠢的。"[①] 同样，制定法的表述有时看上去也不协调，不承认这一事实也是愚蠢的。但是，解释的目的之一就是去除制定法中不协调的现象，亦即，通过解释使得制定法十分协调。换言之，即使立法者制造了矛盾，但只要有可能解释得没有矛盾，就必须作出没有矛盾的解释（当然，这种解释不能违反罪刑法定原则）。

下面按照具体犯罪在分则中的先后顺序，对刑法理论与司法解释出现的自相矛盾、不协调现象略作分析。

（一）《刑法》第 124 条

《刑法》第 124 条第 1 款与第 2 款分别规定："破坏广播电视设施、公用电信设施，危害公共安全的，处三年以上七年以下有期徒刑；造成严重后果的，处七年以上有期徒刑。""过失犯前款罪的，处三年以上七年以下有期徒刑；情节较轻的，处三年以下有期徒刑或者拘役。"

单纯从文字表述与形式逻辑关系上理解上述两款的规定，就会得出如下结论：过失损坏广播电视设施、公用电信设施尚未造成严重后果的也成立犯罪。但如果这样解释，则会导致诸多矛盾现象：

第一，与《刑法》总则第 15 条关于过失犯的规定相矛盾。因为《刑法》第 15 条明确规定，只有当过失行为"以致"危害社会的实害结果发生时，才成立过失犯罪。而《刑法》第 124 条第 1 款前段的"危害公共安全"显然是就行为性质与具体危险而言，并不要求造成严重的实害结果。如果认为过失损坏广播电视设施、公用电信设施，尚未造成严重后果的也构成过失犯罪，就明显与《刑法》第 15 条相矛盾。

第二，与过失损坏交通工具、交通设施等犯罪相冲突。破坏交通工具、破坏交通设施、破坏电力设备、破坏易燃易爆设备等罪的法益侵害性，重于破坏广播电视设施、公用电信设施罪，两者的法定刑高低就能说明这一点。相应地，过失

损坏交通工具、过失损坏交通设施、过失损坏电力设备、过失损坏易燃易爆设备等罪的法益侵害性，也重于过失损坏广播电视设施、公用电信设施罪。但是，过失损坏交通工具、过失损坏交通设施、过失损坏电力设备、过失损坏易燃易爆设备等罪的成立，以行为"造成严重后果"为前提（参见《刑法》第119条）；如果认为过失损坏广播电视设施、公用电信设施罪的成立，不以造成严重后果为前提，就导致其与上述几种过失犯罪不协调。显然，在这种场合，不能否认过失损坏交通工具、过失损坏交通设施、过失损坏电力设备、过失损坏易燃易爆设备等罪的成立，以行为"造成严重后果"为前提，因为这是《刑法》第119条的明确规定。既然如此，就只能以该明确规定为根据，解释《刑法》第124条不明确的规定。

第三，与故意破坏广播电视、公用电信设施尚未造成严重后果的处罚不协调。在我国刑法分则中，对故意犯的处罚明显重于相应的过失犯。但是，如果认为过失损坏广播电视设施、公用电信设施尚未造成严重后果的也成立犯罪，就意味着在本条中，对过失犯的处罚与对故意犯的处罚完全相同。这便造成了过失犯与故意犯的处罚不协调。

但是，2004年12月30日发布的《最高人民法院关于审理破坏公用电信设施刑事案件具体应用法律若干问题的解释》就没有处理好《刑法》第124条两款之间的关系。该解释第1条规定："采用截断通信线路、损毁通信设备或者删除、修改、增加电信网计算机信息系统中存储、处理或者传输的数据和应用程序等手段，故意破坏正在使用的公用电信设施，具有下列情形之一的，属于刑法第一百二十四条规定的'危害公共安全'，依照刑法第一百二十四条第一款规定，以破坏公用电信设施罪处三年以上七年以下有期徒刑：（一）造成火警、匪警、医疗急救、交通事故报警、救灾、抢险、防汛等通信中断或者严重障碍，并因此贻误救助、救治、救灾、抢险等，致使人员死亡一人、重伤三人以上或者造成财产损失三十万元以上的；（二）造成二千以上不满一万用户通信中断一小时以上，或者一万以上用户通信中断不满一小时的；（三）在一个本地网范围内，网间通信全阻、关口局至某一局向全部中断或网间某一业务全部中断不满二小时或者直接影响范围不满五万（用户×小时）的；（四）造成网间通信严重障碍，一日内累计二小时以上不满十二小时的；（五）其他危害公共安全的情形。"显然，这一解释是将《刑法》第124条第1款中的用来表示危险犯的"危害公共安全"的概念，当作用于表示实害犯的概念了。对第1款的"危害公共安全"设立如此高的定罪标准，旨在避免在没有造成实害的情况下处罚过失行为。但是，这样的规定虽然使过失犯的处罚获得了一定的合理性，却使故意犯罪的成立范围不当缩小，现在的司法实践表明，这样的解释已经行不通了。

　　因此，2011 年 6 月 7 日发布的《最高人民法院关于审理破坏广播电视设施等刑事案件具体应用法律若干问题的解释》第 1 条规定："采取拆卸、毁坏设备，剪割缆线，删除、修改、增加广播电视设备系统中存储、处理、传输的数据和应用程序，非法占用频率等手段，破坏正在使用的广播电视设施，具有下列情形之一的，依照刑法第一百二十四条第一款的规定，以破坏广播电视设施罪处三年以上七年以下有期徒刑：（一）造成救灾、抢险、防汛和灾害预警等重大公共信息无法发布的；（二）造成县级、地市（设区的市）级广播电视台中直接关系节目播出的设施无法使用，信号无法播出的；（三）造成省级以上广播电视传输网内的设施无法使用，地市（设区的市）级广播电视传输网内的设施无法使用三小时以上，县级广播电视传输网内的设施无法使用十二小时以上，信号无法传输的；（四）其他危害公共安全的情形。"显然，这一条规定的成立标准低于前一司法解释规定的成立标准。但是，如果过失造成上述结果、而尚未形成实害的，也不应当以犯罪论处，否则会形成明显的不协调现象。

　　其实，与《刑法》第 114~119 条相比较，就知道《刑法》第 124 条第 1 款前段所表示的是尚未造成严重后果的情形。唯一不同的是，《刑法》第 114 条、第 116~118 条使用了"尚未造成严重后果"的表述。但是，"尚未造成严重后果"只是表面的构成要件要素，而不是真正的要素。

　　不管采取何种犯罪论体系，构成要件都必须具有实质作用。如果采取违法类型说，表明违法性的要素，就成为构成要件要素；如果采取违法有责类型说，则表明违法性的要素与表明有责性的要素都是构成要件要素。但是，倘若仔细研究刑法关于构成要件要素的规定，就会发现，刑法明文规定的某些要素并不是为违法性提供根据，只是为了区分相关犯罪（包括同一犯罪的不同处罚标准）的界限。这种构成要件要素称为"表面的构成要件要素"或"虚假的构成要件要素"，也可以称为分界要素。从实体法的角度而言，表面的构成要件要素不是成立犯罪必须具备的要素；从诉讼法的角度而言，表面的构成要件要素是不需要证明的要素。《刑法》第 114 条、第 116~118 条中的"尚未造成严重后果"显然不是为违法性提供根据的要素，更非表明"倘若造成严重后果"便不构成犯罪之意，仅仅在于说明其规定的违法程度分别轻于《刑法》第 115 条、第 119 条规定的违法程度（故法定刑有区别），因而属于表面的构成要件要素。相比之下，《刑法》第 124 条第 1 款的表述更为合适、可取。例如，行为人甲故意投放危险物质，且足以危害公共安全，虽然客观上发生了他人死亡的结果，但不能查明该死亡结果是否由甲的行为所引起，根据存疑时有利于被告人的原则，不能适用《刑法》第 115 条。那么，能否直接适用《刑法》第 114 条呢？倘若认为，适用《刑法》第 114 条的前提是"尚未造成严重后果"，在不能证明行为"尚未造成严重后果"时，对甲的行为就不适用该条。可是，这样的结论不可能得到认可。其实，《刑法》第 114 条中的"尚未造成严重后果"并不是为违法性提供根据的要素，只是为了根据罪行轻重规定不同法定刑所设定的分界要素，因而属于表面的构成要件要素。换言之，只要行为属于投放危险物质，且足以危害公共安全，就能够适用《刑法》第 114 条。据此，对本案中的甲可以直接适用《刑法》第 114 条定罪量刑。基于同样的理由，对刑法分则第二章中的其他条款所规定的"尚未造成严重后果"，都应解释为表面的构成要件要素；从另一角度说，应解释为"不论是否造成严重后果"。在法条规定"不论是否造成严重后果"也成立犯罪时，造成严重后果的案件，当然也符合了该规定。所以，"尚未造成严重后果"的规定，其实是没有实际意义的。这是因为，既然《刑法》第 115 条规定了造成严重后果的犯罪的法定刑，那么，即使第 114 条没有使用"尚未造成严重后果"的表述，也当然是指不能认定为造成了严重后果的情形。既然《刑法》第 119 条规定了造成严重后果犯罪的法定刑，那么，即使《刑法》第 116~118 条不使用"尚未造成严重后果"的表述，也必然是指不需要造成严重后果的情形。显而易见，《刑法》第 124 条第 1 款前段没有使用"尚未造成严重后果"的表述，是更为合理、可取的。亦即，即使客观上发生了严重后果，但不能认定该严重后果由行为人的行为造成时，也无可争议地适用第 1 款前段的规定。①

既然如此，解释者就应当认为，由于《刑法》第 124 条第 1 款后段所规定的是造成严重后果的情形，所以，前段当然就是指不需要造成严重后果的情形；《刑法》第 124 条第 2 款规定的"过失犯前款罪"仅指过失犯前款后段所规定的造成严重后果的犯罪。这种解释只是一种限制解释，不仅完全符合罪刑法定原则，而且实现了刑法的协调。

从以上论述可以看出，对刑法分则条文的解释是需要讲逻辑的，但是这并不意味着根据形式逻辑得出的结论当然是合理的、协调的。解释需要从文理出发，但是必须得出符合刑法分则条文目的的结论。这也并不意味着结论的合理性一概重于逻辑的合理性，就上例而言，进行限制解释后，在逻辑上与结论上都是合理的。此外，在遇到根据形式逻辑得出不当结论的场合，解释者不能以"刑法规定原本如此，解释者无能为力"为由，维持不协调、不正义的局面。

（二）《刑法》第 196 条

《刑法》第 196 条规定了信用卡诈骗罪。争论问题之一是，行为人拾得他人信用卡之后在 ATM 机上取款的行为，是否成立信用卡诈骗罪？质言之，机器能

---

① 详细论述参见张明楷：《犯罪构成体系与构成要件要素》，北京大学出版社 2010 年版，第 255 页。

否成为各种诈骗罪中的受骗者？

在本书看来，不管规定信用卡诈骗罪的《刑法》第196条与规定普通诈骗罪的《刑法》第266条是不是特别法条与普通法条的关系，信用卡诈骗罪必须符合诈骗罪的构造，因为《刑法》第196条明文要求行为人进行了"诈骗活动"。但有学者指出："以信用卡诈骗罪是诈骗罪的一种特别类型为根据，完全用传统诈骗罪的观念来解释信用卡诈骗罪是行不通的。"① 根据这种观点，由于信用卡诈骗罪不必具备使人受骗、使人处分财产的要素，所以，规定信用卡诈骗罪的第196条应是规定诈骗罪的第266条的补充条款。但是，这种观点存在矛盾。

根据上述观点，相对于《刑法》第266条关于诈骗罪的规定而言，规定信用卡诈骗罪的第196条就不是特别规定，而成为补充规定。因此，用拾得的信用卡在ATM机上取款的行为，虽然不具有诈骗罪的"因受欺骗而处分财产"的本质要素，也成立信用卡诈骗罪。然而，倘若《刑法》第196条是《刑法》第266条的补充规定，根据法条适用的规则（在法条之间具有补充关系时，应当适用基本规定，而非适用补充规定），某种行为既符合《刑法》第196条的规定（补充规定），又符合《刑法》第266条的规定（基本规定）时（如用拾得的信用卡在商店购物），就不应适用补充规定（第196条），而应适用基本规定（第266条）。可是，其一，这本身就违反了《刑法》第266条关于"本法另有规定的，依照规定"的规定。因为《刑法》第266条的这一规定，明显没有将《刑法》第196条理解为补充规定。其二，相信提出上述观点的学者也不会主张对用拾得的信用卡在商店购物的行为以普通诈骗罪论处。既然如此，上述否认用传统诈骗罪的观念来解释《刑法》第196条，主张第196条为补充规定的观点，就出现了自相矛盾的现象。其三，倘若认为用拾得的信用卡在ATM机上取款的成立信用卡诈骗罪；而用拾得的信用卡在特约商户购物的，虽然完全符合基本法条（《刑法》第266条）的规定，也认定为信用卡诈骗罪，那就意味着相对于《刑法》第266条而言，第196条既是补充条款，也是特别条款或者基本条款。这显然是不能成立的。

不能不提的是相关司法解释亦存在矛盾。2008年4月18日发布的《最高人民检察院关于拾得他人信用卡并在自动柜员机（ATM机）上使用的行为如何定性问题的批复》指出："拾得他人信用卡并在自动柜员机（ATM机）上使用的行为，属于刑法第一百九十六条第一款第（三）项规定的'冒用他人信用卡'的情形，构成犯罪的，以信用卡诈骗罪追究刑事责任。"但是，2003年4月2日发布并实施的《最高人民检察院关于非法制作、出售、使用IC电话卡行为如何适

---

① 刘明祥：《用拾得的信用卡在ATM机上取款行为之定性》，《清华法学》2007年第4期。

用法律问题的答复》明确指出："明知是非法制作的 IC 电话卡而使用或者购买并使用，造成电信资费损失数额较大的，应当依照刑法第二百六十四条的规定，以盗窃罪追究刑事责任。"前一司法解释承认机器可以被骗，而后一司法解释不承认机器可以被骗。因为如果认为机器可以被骗，那么，使用非法制造的电话卡拨打电话的，也应当以诈骗罪追究刑事责任。可见，在机器能否被骗问题上，最高人民检察院的司法解释是自相矛盾的。在本书看来，前一司法解释存在缺陷。行为人拾得他人信用卡后在 ATM 取款的，没有任何"诈骗"行为，即使行为人对着 ATM 说"我的信用卡是拾得的"，只要密码正确，也能取出现金。反之，如果行为人拿着信用卡到银行柜台取款，对银行职员说"我的信用卡是拾得的"，就不可能取出现金。同样，真正的持卡人忘记密码时，即使对着 ATM 机反复说"确实是我的银行卡"，也不可能从 ATM 机中取出现金；但持卡人可以通过在柜台挂失后取出现金。这充分说明，机器不存在被"诈骗"的可能，或者说，只能对人实施"诈骗"行为。既然如此，就不能认为用拾得的信用卡在机器上取款的行为属于"进行信用卡诈骗活动"。

根据本书的观点，即传统诈骗罪的观念，用拾得的信用卡在 ATM 机上取款的，是盗窃罪；用拾得的信用卡在银行柜台取款或者特约商户购物的，因为欺骗了自然人，成立信用卡诈骗罪。结论之间没有任何矛盾，也没有任何漏洞。

（三）《刑法》第 237 条

《刑法》第 236 条规定了强奸罪（包括奸淫幼女），第 237 条规定了强制猥亵、侮辱罪与猥亵儿童罪（包括猥亵男童，但没有使用"侮辱"概念）。

其一，区分猥亵、侮辱会导致矛盾。

有的教科书写道："猥亵妇女，是指对妇女实施奸淫行为以外的，能够满足性欲和性刺激的有伤风化的淫秽行为，例如，搂抱、接吻、捏摸乳房、抠摸下身，等等。侮辱妇女，是指对妇女实施猥亵行为以外的、损害妇女人格、尊严的淫秽下流的、伤风败俗的行为，例如，在公共场所用淫秽下流语言调戏妇女；剪开妇女裙、裤，使其露丑；向妇女显露生殖器；强迫妇女为自己手淫；扒光妇女衣服示众，等等。猥亵行为必然是行为人的身体直接接触妇女的身体，通过对妇女身体的接触达到性心理的满足。而侮辱行为，则不一定以自己的身体接触妇女的身体，来满足精神上的性刺激，这是二者在形式上的一点区别。"[①] 本书不赞成这种观点，如后所述，剪开妇女裙、裤，使其露丑，强迫妇女为自己手淫，扒

---

① 高铭暄主编：《新编中国刑法学》（下册），中国人民大学出版社 1998 年版，第 702～703 页。还有其他一些教科书也持这样的观点。参见高铭暄、马克昌主编：《刑法学》（下编），中国法制出版社 1999 年版，第 831 页。

光妇女衣服示众等行为，本身就是典型的猥亵行为（参见本书第十六章）。

《刑法》第 237 条第 1 款虽然将猥亵与侮辱并列，但其第 3 款却只规定了猥亵儿童一种行为。如果认为侵犯性的自主权或不可侵犯权的行为果真可以分为猥亵行为与侮辱行为，必然造成以下两种结局之一：（1）猥亵儿童的是犯罪行为，但侮辱儿童的不是犯罪行为。这显然有矛盾。因为刑法对儿童的合法权益都是给予特殊保护的，就本罪而言，不仅在客观上不要求采用暴力、胁迫等强制手段，而且应当从重处罚。既然侮辱妇女的行为是犯罪，那么，侮辱儿童的行为也必然是犯罪。（2）猥亵儿童的行为成立猥亵儿童罪，侮辱儿童的行为成立《刑法》第 246 条的侮辱罪。这显然不协调。因为儿童也有性的不可侵犯权，而不是只有人格、名誉权，而且儿童的性的不可侵犯权这一法益高于其人格权、名誉权的法益，将侵犯儿童性的不可侵犯权的侮辱行为均归入《刑法》第 246 条规定的侵犯人格、名誉的行为，必然造成刑法保护的不协调现象。（3）猥亵儿童的行为成立猥亵儿童罪，侮辱女童的行为成立强制侮辱罪，侮辱男童的行为成立侮辱罪或者不成立犯罪。这个观点显然也不协调。既然猥亵行为不区分男童女童，那么同样针对性的不可侵犯权利的侮辱行为也不应区分男童女童。这种说法无法解释为何法律有时区分男童女童，有时又不区分。或许有人认为，《刑法》第 237 条第 1 款中的猥亵与侮辱是相互区别的概念，但第 3 款中的猥亵则包含了侮辱（亦即，在第 3 款中不承认猥亵与侮辱的区别）。这样就可以避免上述矛盾现象。但是，一方面，既然在第 3 款不承认猥亵与侮辱的区别，就没有必要在第 1 款中承认区别；另一方面，承认猥亵与侮辱的区别，反而导致难以认定犯罪。

为了避免这种有矛盾、不协调的局面，必须承认《刑法》第 237 条第 1 款的猥亵行为与侮辱行为没有区别。换言之，猥亵是更规范的表述，只使用猥亵一词即可。虽然从表面上看，强制猥亵、侮辱罪是一个选择性罪名，可以分解为强制猥亵罪与强制侮辱罪，但没有必要因此而强行区分猥亵与侮辱。从刑法理论上看，猥亵行为是一个外延甚广的概念，凡是与性有关的，侵犯他人的性的自由决定权的行为均包括在内，而不论行为人的行为是否接触被害人的身体（参见本书第十六章）。相反，单纯损害名誉但完全不具有性的意义的行为，不论针对男性还是女性、成人还是儿童，都既不属于猥亵，也不属于本条所称的"侮辱"。不能认为，因为被害人是女性，所以其名誉便必定带有性的意味。

其二，将猥亵行为限定为性交以外的行为会导致矛盾。

有的教科书在论述猥亵儿童罪的客观构成要件时指出："犯罪的客观方面，表现为对儿童实行猥亵行为。所谓'猥亵'，是指奸淫行为以外的，为寻求刺激而对他人实行的淫秽性的行为。猥亵儿童，主要表现为抠摸幼女生殖器、让儿童为自己手淫、鸡奸儿童、脱光幼女衣服进行搂抱、玩弄，等等。"① 根据这一观点，女性将男童阴茎握在手中，含在口中的，或者插入肛门的，成立猥亵儿童罪，但是，女性将男童阴茎插入其阴道的，反而不成立猥亵儿童罪。这明显自相矛盾。

所以，不能将猥亵限定为奸淫行为以外的行为。质言之，必须承认妇女与男童性交的，成立猥亵儿童罪。因为性交是最猥亵的行为，只是由于刑法特别规定了奸淫幼女的犯罪，才对奸淫幼女的行为不适用猥亵儿童罪的规定，但这并不意味着性交行为不是猥亵行为。基于同样的理由，倘若刑法规定了公然猥亵罪，那么，夫妻、情人等在公开场所性交的，也成立公然猥亵罪。

以上论述表明，为了使犯罪之间保持区别与界限，人为地提出一些区别标准，反而会导致犯罪之间的不协调。即使讨论犯罪之间的区别与界限，也不能以偏概全。例如，不能为了强调强奸罪与强制猥亵妇女、猥亵幼女的区别，而忽视强奸罪与猥亵幼男的关系。

（四）《刑法》第 264 条

《刑法》第 264 条规定的是盗窃罪，其与抢夺罪的关系，是需要明确的问题。

刑法理论一直认为，盗窃是指秘密窃取公私财物。但是，其中就存在矛盾。例如，有的学者在论述盗窃罪的罪体（即客观构成要件）时指出："盗窃罪在客观上是以秘密方式实施的……秘密应当从以下三个方面加以理解：（1）特定性。……（2）主观性。盗窃罪之所谓秘密，是指行为人自以为采取了一种背着财物的所有人或保管人的行为。因此，这种秘密性具有主观性。在某些情况下，行为人在众目睽睽之下扒窃，自以为别人没有发现，是在秘密窃取，但实际上已在他人注视之下。这时，行为人仍然可以被视为是在秘密窃取。（3）相对性。"② 可是，既然说盗窃罪在"客观上"要求以秘密方式实施，又将秘密解释为"自以为"秘密即可，就有自相矛盾之嫌。因为主观上自以为是秘密的，并不当然意味着在客观上就是秘密的。尤其是赞成德国、日本的三阶层体系的学者，必须承认客观构成要件对故意的规制机能，绝对不可以得出"盗窃罪客观上可以是公开的，但要求盗窃犯'自以为'是秘密的"结论。换言之，如果要求盗窃犯主观上必须"自以为"秘密窃取，就应当在主观要素中说明这一点，从而使"自以为秘密"成为主观的超过要素。

诚然，要求盗窃必须秘密窃取是为了与抢夺罪相区别。但是，将公开盗窃一概认定为抢夺是不合适的。从立法沿革上看，以往的刑法都对抢夺罪规定了致人

---

① 高铭暄主编：《新编中国刑法学》（下册），中国人民大学出版社 1998 年版，第 704 页。
② 陈兴良：《规范刑法学》（第四版）（下册），中国人民大学出版社 2017 年版，第 869 页。

伤亡的结果加重犯。我国民国时期 1928 年《刑法》第 343 条规定："意图为自己或第三人不法之所有而抢夺他人所有物者，处六月以上五年以下有期徒刑。因而致人于死或重伤者，比照故意伤害罪从重处断。"民国时期 1935 年《刑法》第 325 条规定："意图为自己或第三人不法之所有，而抢夺他人之动产者，处六月以上五年以下有期徒刑。因而致人于死者，处无期徒刑或者七年以上有期徒刑。致重伤者，处三年以上十年以下有期徒刑。"我国台湾地区现行"刑法"第 325 条的规定也是如此。规定了抢夺罪的还有泰国《刑法》，其第 336 条规定："当场夺取他人财物的是抢夺罪，处五年以下有期徒刑，并处一万铢以下罚金。抢夺致使他人身心伤害的，处二年至七年有期徒刑，并处四千至一万四千铢罚金。抢夺致使他人重伤的，处三年以上十年以下有期徒刑，并处六千至二万铢罚金。抢夺致使他人死亡的，处五年至十五年有期徒刑，并处一万至三万铢罚金。"刑法为什么对抢夺罪规定了致人伤亡的结果加重犯，而没有对盗窃罪规定致人伤亡的结果加重犯？这显然是因为，抢夺行为通常可能致人伤亡。如果抢夺行为不可能致人伤亡，刑法就没有必要、也不可能规定致人伤亡的结果加重犯。例如，没有任何国家的刑法规定了盗窃致死伤罪、诈骗致死伤罪，因为盗窃、诈骗行为本身不可能致人伤亡。任何国家的刑法都规定了抢劫致死伤罪，因为抢劫行为通常可能致人伤亡。可是，抢夺罪并不等同于抢劫，即抢夺行为并不使用暴力、胁迫或者其他足以压抑被害人反抗的强制行为，既然如此，抢夺罪何以可能致人伤亡呢？这是因为抢夺是一种对物暴力行为。换言之，抢夺是介于盗窃与抢劫之间的行为。盗窃行为本身不可能致人伤亡，抢劫罪的暴力、胁迫等手段行为以及强取财物的行为可能致人伤亡。所以，要求介于盗窃与抢劫之间的抢夺行为，具有致人伤亡的可能性，也在情理之中。但与抢劫不同的是，抢劫是对人暴力等行为致人伤亡，而抢夺行为是对物暴力致人伤亡。相反，以公开性作为抢夺的特征，则无法解释抢夺行为何以蕴含致人伤亡的可能性。

我国现行刑法虽然没有对抢夺罪规定致人伤亡的结果加重犯，但规定了情节严重与情节特别严重的情形，在本书看来，其中的"情节特别严重"包含致人重伤、死亡的情形。2002 年 7 月 16 日发布的《最高人民法院关于审理抢夺刑事案件具体应用法律若干问题的解释》（已废止）第 5 条规定："实施抢夺公私财物行为，构成抢夺罪，同时造成被害人重伤、死亡等后果，构成过失致人重伤罪、过失致人死亡罪等犯罪的，依照处罚较重的规定定罪处罚。"但这一解释明显不当。例如，根据刑法规定，倘若行为人在抢夺数额巨大财物的同时具有其他特别严重情节，便应处 10 年以上有期徒刑或者无期徒刑；可是，根据司法解释，如若行为人在抢夺数额巨大财物的同时过失造成被害人死亡的，仅依处罚较重的规定定罪处罚，由于抢夺数额巨大财物的法定刑重于过失致人死亡罪，于是只能按照抢夺罪判处 3 年以上 10 年以下有期徒刑。这显然不协调。再如，根据刑法规定，单纯抢夺数额巨大财物的，便应处 3 年以上 10 年以下有期徒刑；可是，根据司法解释，如若行为人在抢夺数额较大财物的同时过失造成被害人死亡的，仅依处罚较重的规定定罪处罚，由于过失致人死亡罪的法定刑重于抢夺数额较大财物的法定刑，于是只能按照过失致人死亡罪判处 3 年以上 7 年以下有期徒刑。这显然有矛盾。① 反之，如果认为抢夺罪中的"情节特别严重"包含抢夺行为过失致人重伤、死亡的情形，则有利于实现罪刑均衡。正因为如此，2013 年 11 月 11 日发布的《最高人民法院、最高人民检察院关于办理抢夺刑事案件适用法律若干问题的解释》第 3 条规定，抢夺公私财物，导致他人重伤的，应当认定为《刑法》第 267 条规定的"其他严重情节"；第 4 条规定，抢夺公私财物，导致他人死亡的，应当认定为《刑法》第 267 条规定的"其他特别严重情节"。总之，现行刑法关于抢夺罪的情节加重的规定，事实上也包括了抢夺行为致人伤亡的情形。所以，依然可以认为，抢夺行为是具有致人伤亡可能性的行为。

总之，盗窃与抢夺的关系，既不是单纯客观上的"秘密"与"公开"的区别，也不是单纯主观上的"自以为秘密"与"自以为公开"的区别。盗窃是违反被害人的意志，将他人占有的财物转移为自己或者第三者占有的行为；抢夺则是一种针对他人紧密占有的财物所实施的对物暴力行为（因此可能致人伤亡）（参见本书第一章）。解释者不能固守先前理解，而应使刑法相协调。

（五）《刑法》第 268 条

根据《刑法》第 268 条的规定，聚众哄抢罪，是指以非法占有为目的，聚众哄抢公私财物，数额较大或者有其他严重情节的行为。聚众哄抢的特点是，利用多人聚集的形势夺取公私财物，参与哄抢的人员处于随时可能增加或者减少的状态；哄抢人不必使用暴力、胁迫等强制手段，而是依靠人多势众取得财物。概言之，聚众哄抢并不要求形成多人的共同抢劫与共同抢夺，而是多人实施的使被害人难以阻止的公然盗窃（不排除少数情形下属于抢夺），其中的任何一人都难以按自己的意思支配其他人。"聚众"是一种行为方式，并不要求存在所谓"聚众"与"哄抢"两个行为。所以，没有首要分子时，也不妨碍本罪的成立。例如，被害人驾驶的卡车侧翻后，周围众人自发哄抢财物的，即便没有首要分子，也应对积极参加者追究刑事责任。"哄抢"，一般表现为多人一哄而上争相取得

---

① 倘若认为司法解释所称的"依照处罚较重的规定定罪处罚"，是指抢夺致人死亡的行为同时触犯了情节特别严重的抢夺罪与过失致人死亡罪，进而从一重罪处罚，就意味着对致人死亡的结果进行了重复评价。

他人堆放或者散落以及其他难以管控的财物。①

《刑法》第 268 条与第 264 条究竟是什么关系，还值得进一步研究。亦即，为什么单个人盗窃或者共同盗窃的最高刑是无期徒刑，而聚众哄抢罪的最高刑仅为 10 年有期徒刑？② 这是难以用一般预防的必要性大小来说明的。可以肯定的是，不管聚众哄抢是同时犯还是共同犯罪，其与盗窃罪都不是对立关系，亦即，本罪行为应当同时构成盗窃罪。如果认为，聚众哄抢时参与人的期待可能性减少，刑法因此设置了特别减轻法条，那么，对聚众哄抢行为就不能以盗窃罪论处，只能适用特别法条，即以聚众哄抢罪论处。这一说法在聚众哄抢表现为同时犯的场合，或许是成立的。但是，在原本无人或者少数人参与哄抢，而首要分子聚集他人哄抢的场合，难以认为首要分子的期待可能性减少，因而缺乏适用特别减轻法条的实质根据。所以，在首要分子聚集他人哄抢数额特别巨大财物（按盗窃罪的数额标准判断）时，就可能对其以盗窃罪处罚（此时不是法条竞合而是想象竞合）。

（六）《刑法》第 269 条

《刑法》第 269 条规定："犯盗窃、诈骗、抢夺罪，为窝藏赃物、抗拒抓捕或者毁灭罪证而当场使用暴力或者以暴力相威胁的，依照本法第二百六十三条的规定定罪处罚。"只有"犯盗窃、诈骗、抢夺罪"的，才可能进而成立事后抢劫。那么，能否将部分普通抢劫评价为盗窃，使其也可以"转化为"事后抢劫？或许不少人认为笔者的以上问题很荒唐，因为盗窃与抢劫是性质不同的犯罪，既然《刑法》第 269 条并没有规定普通抢劫可以转化为事后抢劫，怎么能认为普通抢劫还可以转化为事后抢劫呢？③

但是，日本刑法理论的确讨论此问题。日本《刑法》第 238 条规定："盗窃犯在窃取财物后为防止财物的返还，或者为逃避逮捕或者隐灭罪迹，而实施暴行或者胁迫的，以强盗论。"一种观点认为，日本的事后强盗罪中的盗窃犯"不包含强盗犯。强盗犯人为了逃避逮捕等目的实施暴行造成他人伤害的，另成立伤害

---

① 哄抢他人身上的财物的，应当认定为抢夺罪。在哄抢案件中，一部分人以暴力、胁迫等方法阻拦被害人保护自己财物的行为，另一部分人转移财物的，对所有参与者都应当认定为抢劫罪（实行共同正犯）。在本书看来，聚众哄抢既可能是同时犯，也可能是共同犯罪。在同时犯的场合，参与者只能对自己的罪行承担责任；在共同犯罪的场合，参与者应对与自己的行为具有因果性的全部结果承担责任。

② 倘若认为公开盗窃的行为成立抢夺罪，那么，如何使聚众哄抢罪与抢夺罪的处罚相协调，同样是需要讨论的问题。而且，这种说法还必须解释的问题是：既然行为的公开性影响行为的严重程度，那么为何公然的哄抢行为的法定刑反而轻于秘密窃取呢？

③ 这或许是我国刑法理论从来不讨论此问题的原因。

罪"①。另一种观点则认为，"由于可以认为强盗罪包含了盗窃罪，所以，没有必要做出这样限定的理解"②。

其实，只要对相关案件进行比较，权衡定罪量刑是否协调，就可以得出肯定结论。例如，甲傍晚侵入某大厦的办公室，窃取现金 5 000 元后，刚出办公室门即被大楼保安抓获。为抗拒抓捕，甲当场使用暴力，导致保安重伤。甲的行为无疑符合《刑法》第 269 条的规定，成立事后抢劫；根据《刑法》第 263 条的规定，对其适用的法定刑为"十年以上有期徒刑、无期徒刑或者死刑"。乙傍晚潜入某大厦的办公室，原本打算盗窃，但发现办公室的职员还在加班，便使用暴力导致某职员昏迷（事后鉴定为轻伤），抢劫 5 000 元现金。乙刚出办公室门即被大楼保安抓获，为抗拒抓捕，对保安使用暴力，导致保安重伤。倘若认为，不能将乙先前的普通抢劫评价为盗窃，因而不能对乙适用《刑法》第 269 条，就意味着乙的行为成立普通抢劫与故意伤害两个罪；数罪并罚的结局是，对乙可能判处的刑罚为 3 年以上 20 年以下有期徒刑。可是，没有人会认为，乙行为的法益侵害性与有责性轻于甲。既然如此，就不能使乙承担较甲更轻的刑事责任。人们习惯于说，乙的处罚轻于甲的处罚是法律问题，不是解释问题。但本书认为，这是解释问题而不是法律问题。只要妥当地理解盗窃的含义（放弃"秘密窃取"的要求吧），只要认为盗窃与抢劫不是对立关系而是包容关系，亦即抢劫中包含了盗窃③，就能将乙的行为评价为事后抢劫，进而适用"十年以上有期徒刑、无期徒刑或者死刑"的法定刑，从而实现刑法的公平正义。④

由此可见，不仅考虑刑法所规定的构成要件之间的包容关系，而且注重案件事实的不同侧面，对于实现刑法的协调，具有重要意义。

（七）《刑法》第 303 条

在司法实践中存在这样的现象，行为人诱使他人参与赌博，但实际上，行为人事先设置了骗局，使被诱骗者误以为自己是赌博输方，而将财物交付给行为人或第三者。对这种行为应如何处理，在我国司法实践中还没有达成一致。

1995 年 11 月 6 日发布的《最高人民法院关于对设置圈套诱骗他人参赌又向索还钱财的受骗者施以暴力或暴力威胁的行为应如何定罪问题的批复》指出："行为人设置圈套诱骗他人参赌获取钱财，属赌博行为，构成犯罪的，应当以赌

---

① ［日］大谷实：《刑法讲义各论》（新版第 4 版），成文堂 2013 年版，第 243 页。

② ［日］山口厚：《刑法各论》（第 2 版），有斐阁 2010 年版，第 227 页。

③ 笔者并不是将刑法所规定的抢劫等同于盗窃，更不会认为盗窃也符合抢劫罪的构成要件，只是认为抢劫行为并不缺乏盗窃罪的构成要件（当然数额除外）。

④ 甚至还有可能将乙先前的暴力致职员轻伤的行为，另评价为故意伤害罪，对故意伤害罪与事后抢劫实行并罚。这样的做法既实现了全面评价，也没有重复评价。

博罪定罪处罚。参赌者识破骗局要求退还所输钱财，设赌者又使用暴力或者以暴力相威胁，拒绝退还的，应以赌博罪从重处罚；致参赌者伤害或者死亡的，应以赌博罪和故意伤害罪或者故意杀人罪，依法实行数罪并罚。"这个解释实际上是将赌博诈骗认定为赌博罪①，但这个解释结论存在疑问，并且与相关的司法解释相冲突。

赌博，是指就偶然的输赢以财物进行赌事或者博戏的行为。换言之，赌博的输赢必须取决于偶然事实，如果对于一方当事人而言，胜败的结果已经确定，则不能称为赌博。赌博诈骗，是一种形似赌博的行为，输赢原本没有偶然性，但行为人伪装成具有偶然性，诱使对方参与赌博，从而不法取得对方财物。这种行为已经不属于赌博行为，完全不符合赌博的构成要件，所以，不应认定为赌博罪。

上述司法解释之所以不将赌博诈骗认定为诈骗罪，主要原因可能是，受骗者

---

① 此外，根据 1991 年 3 月 12 日发布并实施的《最高人民法院研究室关于设置圈套诱骗他人参赌获取钱财的案件应如何定罪问题的电话答复》（已废止），对于行为人以营利为目的，设置圈套，诱骗他人参赌的行为，需要追究刑事责任的，应以赌博罪论处。有学者指出："上述两个解释仅是指出，对于以营利为目的、设置圈套诱骗他人参赌的行为（俗称'诱赌行为'），应以赌博罪论处；至于在赌博过程中采取欺诈手段赢取他人财物的行为（俗称'赌博骗局'），对此应如何定性，上述两个解释并未给出明确意见。"李立众编：《刑法一本通：中华人民共和国刑法总成》（第七版），法律出版社 2010 年版，第 310 页。在本书看来，虽然可以认为 1991 年的解释对赌博诈骗并未给出明确意见，但 1995 年的司法解释明显将赌博诈骗认定为赌博罪。其中的"参赌者识破骗局要求退还所输钱财"就表明行为人不只是诱赌，而且设置了赌博骗局。当然，如果说上述两个司法解释都不否认设置赌博骗局的行为成立诈骗罪，则皆大欢喜。但是，从笔者了解的实际情况来看，下级司法机关并没有这样理解。略举二例。例一：2007 年 3 月份的一天，被告人周某江在其家中使用由程序控制的麻将机操纵输赢，骗取被害人杨某某现金 65 000 元。河南省许昌市魏都区人民检察院指控原审被告人周某江犯赌博罪，魏都区人民法院经审理认为，被告人周某江以营利为目的，设置圈套诱骗他人参赌，其行为已构成赌博罪，判处有期徒刑 6 个月。河南省许昌市中级人民法院（2009）许中刑二终字第 201 号判决维持原判。例二：海南省人民检察院海南分院指控：在 2000 年 7 月至 2001 年 3 月间，被告人罗中军、林海、田厚林及同伙"高"（另案处理），采取"压翻规"手法，骗取他人财物，其中被告人罗中军、林海参与作案 11 次，骗取财物价值人民币 236 175 元，被告人田厚林参与作案 5 次，骗取财物价值人民币 73 120 元。公诉机关据此认为，被告人罗中军、林海、田厚林无视国法，以非法占有为目的，骗取他人财物，数额特别巨大，其行为均已触犯《刑法》第 266 条的规定，构成诈骗罪。海南省海南中级人民法院指出："经审理查明，被告人罗中军、林海、田厚林及同伙'高'商量好到文昌市文城镇设置圈套，采用'压翻规'赌博手法，引诱他人参赌，获取财物。""被告人罗中军、林海、田厚林无视国法，以营利为目的，以赌博为业，引诱他人参赌，其中被告人罗中军、林海参与引诱他人参赌 11 次，获取人民币 217 800 元、金戒指 10 枚、手机 1 部、手表 1 块；被告人田厚林参与引诱他人参赌 5 次，获取人民币 70 900 元、金戒指 2 枚，其行为均已触犯《中华人民共和国刑法》第三百零三条之规定，构成赌博罪。公诉机关指控三被告人的行为触犯《中华人民共和国刑法》第二百六十六条之规定，构成诈骗罪不当，应予纠正。"于是，认定各被告人的行为构成赌博罪。类似的判决并不少见。

参与"赌博"的行为也是非法的，不能将其视为被害人。据此，行为人实施欺骗行为，使他人产生认识错误并基于不法原因给付财物的，不成立诈骗罪。但这种观点并不可取。事实上，行为人以非法占有为目的实施欺骗行为，使他人产生认识错误，并基于不法原因给付财物的案件，完全符合诈骗罪的构成要件。

众所周知，诈骗罪（既遂）在客观上表现为一个特定发展过程，我国民国时期的判例指出："诈欺取财罪之构成要件，在行为者欺罔他人，使其陷于错误，而为交付，从而取得本人或第三者所持之财物是也。故本罪之成立，要以加害者有不法而取得财物之意思，实施诈欺行为，被害者因此行为致表意有所错误，而其结果为财产上之处分受其损害，若取得之财物不由于被害者交付之决意，不得认为本罪之完成。"① 英美刑法理论也认为，成立诈骗财物罪，除了主观上必须故意或者轻率地实施欺骗行为，不诚实地取得财物并怀有永久性剥夺他人财产的意图之外，客观上必须存在欺骗行为，欺骗行为必须作用于人的大脑，行为人或第三者取得了财物（结果），欺骗行为与被禁止的结果之间必须存在因果关系。②

当行为人实施欺骗行为使受骗者陷入认识错误后，受骗者也可能同时基于不法动机而处分财产。例如，行为人将头痛粉冒充毒品予以出卖。一方面，受骗者如果知道是头痛粉，就不会购买，因此，受骗者将头痛粉误认为是毒品而购买，是因为行为人的欺骗行为。另一方面，购买毒品的行为本身也是非法的，所以，受骗者交付财物购买"毒品"也是基于不法原因。再如，女方原本没有卖淫的意思，却声称向男子卖淫，使男子向其交付费用，但女方收取费用后逃之夭夭。男子之所以交付费用，是因为女方实施了欺骗行为；但男方嫖娼本身是非法的，故其交付费用"嫖娼"便属基于不法原因。于是，产生了以下问题：受骗者基于不法原因进行财产处分的，是否存在财产损失，应否认定行为人的行为构成诈骗罪？

德国的判例认为，行为人使用欺骗手段，使对方陷入错误并基于不法原因给付财产的，不影响诈骗罪的成立。例如，行为人将没有效能的、原价为30~40芬尼③的堕胎药诈称为具有效能的堕胎药，以10马克的价格卖给某孕妇。由于堕胎在德国是犯罪行为，故孕妇购买堕胎药品而支付金钱的行为，属于不法原因给付。德国帝国法院1910年的判决认定本案被告人的行为成立诈骗罪。

① 大理院1913年上字第34号，转引自褚剑鸿：《刑法分则释论》（2次增订版），台北商务印书馆1995年版，第1239页。
② See Janet Dine & James Gobert, *Cases & Materials on Criminal Law*, 2nd ed., Blackstone Press Limited, 1998, pp. 391~393. Richard Card, *Criminal Law*, 14th ed., Butterwords, 1998, pp. 303~316.
③ 芬尼是德国以前的辅币单位，等于1%马克。

在法国，行为人使用欺骗手段使他人基于不法原因给付财物的，既不承认"受骗者没有财产损害因而不成立诈骗罪"的主张，也不接受"欺骗行为没有达到刑法所要求的欺骗行为的程度"的观点，而是认定为诈骗罪。①

日本的审判实践也持肯定态度。如日本大审院的判决指出："虽然在民法上不能请求其返还，但并不因此而妨碍诈骗罪的成立。因为既然以欺骗手段使他人陷入错误而交付财物，那么，其行为就不法地侵害了他人财产权。"② 日本最高裁判所将赌博诈欺认定为诈骗罪，因而表明了肯定态度。③ 日本刑法理论的通说同样持肯定态度。肯定的理由大体如下：第一，在不法原因给付的场合，"由于所交付的财物、财产性利益本身不具有不法性，所以，认定诈骗罪的成立也不是不可能的"④。第二，在不法原因给付的场合，"如果对方不受欺骗就不会交付财物，所以，可以认为受骗者基于欺骗者的行为而作出了不法原因给付，能够认定诈骗罪的成立"⑤。第三，在基于不法原因给付的场合，虽然给付者"没有民法上的返还请求权，但在刑法上值得保护"⑥。第四，在这种场合，"由于不法的原因只是存在于受益者，所以，应适用（日本）民法第708条但书的规定，承认给付者具有返还请求权，因此可以认定诈骗罪的成立"⑦，即通过否认给付者的行为属于不法原因给付，肯定行为人的行为成立诈骗罪。第五，财产损失不是诈骗罪的独立要件，所以，财产转移本身就具有法益侵害性；既然不法原因给付时基于认识错误转移了财产，当然成立诈骗罪。⑧

我国台湾地区学者也指出："交付之原因，出于不法之事实，双方对此均有认识，但交付者为此不法原因之交付，由于受行为人之欺骗，在行为人仍属以诈术使人交付财物，无碍其诈欺罪之成立。如甲骗乙可代购吗啡，甲（应为乙——引者注）信以为真，给付款项，甲诈取而去，自应成立诈欺罪。如以伪品冒充真吗啡，出售诈财亦同。"⑨

本书赞成肯定说。主要理由如下：第一，在诈骗不法原因给付物的情况下，

---

① 参见［日］浅田和茂：《恒光彻〈不法原因给付的法理与诈欺罪、横领罪的成否〉》，《法律时报》第65卷第13号，第259页。

② 日本大审院1910年5月23日判决，日本《大审院刑事判决录》第16辑，第906页。

③ 参见日本最高裁判所1935年11月28日判决，日本《最高裁判所刑事判例集》第14卷，第1246页。

④ ［日］平野龙一：《刑法概说》，东京大学出版会1977年版，第220页。

⑤ ［日］大塚仁：《刑法概说（各论）》（第3版增补版），有斐阁2005年版，第253页。

⑥ ［日］前田雅英：《刑法各论讲义》（第6版），东京大学出版会2015年版，第155页。

⑦ ［日］西田典之著、桥爪隆补订：《刑法各论》（第7版），弘文堂2018年版，第229页。

⑧ 参见［日］山口厚：《刑法各论》（第2版），有斐阁2010年版，第273页。

⑨ 褚剑鸿：《刑法分则释论》（2次增订版），台北商务印书馆1995年版，第1234页。

由于诈骗行为在前，被害人的不法原因给付在后，没有行为人的诈骗行为被害人就不会处分财产，故被害人的财产损害是由行为人的诈骗行为造成，这就说明行为人侵犯了他人财产，当然成立诈骗罪。第二，从为了实现不法目的而言，被害人处分财产属于基于不法原因给付，但是，被害人处分财产的更重要原因是行为人的欺骗行为。正是因给付财产的主要原因是行为人的欺骗行为，所以，应当认定被害人具有财产损失。第三，一般来说，基于不法原因给付财物后，给付者没有返还请求权①，但是，在给付之前，被害人所给付的财产并不具有违法性。与侵占罪不同，诈骗罪不是针对返还请求权的犯罪，而是针对占有的犯罪。只要诈骗行为侵犯了被害人对财物原本的事实上的支配，就足以成立诈骗罪，在民法上是否有权请求返还，与此没有必然关系。第四，诈骗罪表现为基于被害人有瑕疵的意思而取得财物，至于被害人交付财产的动机，则不影响诈骗罪的成立。严格地说，在诈骗罪中，所谓基于不法原因给付，只是基于"不法动机"给付。② 亦即，在行为人实施欺骗行为的过程中，被害人客观上并没有实施不法行为，只是主观上存在不法的动机而已。例如，行为人诱使被害人参与自己设置的诈赌骗局时，虽然被害人误以为自己在参与赌博，但其客观上并没有参与赌博，因为如前所述，这种行为并不符合赌博的要件。既然如此，就不能认为被害人客观上实施了不法行为，更不能认为被害人将财产作为不法工具（如不能将被害人给付的财物作为赌资），因而不能否认被害人存在财产损失。再如，行为人将普通光盘冒充淫秽光盘出卖给被害人时，被害人客观上并没有购买淫秽光盘，不存在任何意义上的不法行为，只是存在不良的动机而已。显然，不能因为被害人的主观动机不良，就否认行为人的行为成立诈骗罪。第五，从刑事政策的角度来考虑，如果对被害人基于不法原因给付财产不承认财产损失，进而否认行为人的行为构成诈骗罪，那么，不仅不利于预防诈骗犯罪，而且给诈骗犯人指明了逃避刑事制裁的方向与手段。

1991 年 4 月 2 日发布并实施的《最高人民检察院关于贩卖假毒品案件如何定

---

① 基于不法原因给付财产后，是绝对没有返还请求权还是存在例外，在我国民法上似乎没有定论。在国外也存在不同观点。法律格言云："任何人不得援用自己的背德行为。"关于这一格言的适用基准，理论上存在不同学说。第一种学说认为，应当区别违法原因与不道德原因。如果基于违法原因给付，就不得请求返还；如果基于不道德的原因给付，就可以请求返还。第二种学说认为，应当以维持现状对公共秩序是否有利来决定是否返还。如果维持现状对公共秩序有利，就不得请求返还；如果维持现状对公共秩序不利，则可以请求返还。第三种学说认为，应当以双方当事人的背德性的程度来决定是否返还。如果给付者一方的背德性大或者与对方相等，则不得请求返还；如果给付者一方的背德性小，则可以请求返还（参见［日］浅田和茂：《恒光彻〈不法原因给付的法理与诈欺罪、横领罪的成否〉》，《法律时报》第 65 卷第 13 号，第 258 页）。

② 严格地说，不法动机的说法是不成立的，因为动机本身并不存在违法与否的问题。在此意义上说，所谓诈骗罪中被害人基于不法原因给付，只是基于不良动机给付。

性问题的批复》（已废止）指出："对贩卖假毒品的犯罪案件，应根据不同情况区别处理：明知是假毒品而以毒品进行贩卖的，应当以诈骗罪追究被告人的刑事责任……"最高人民法院 1994 年 12 月 20 日印发的《关于执行〈全国人民代表大会常务委员会关于禁毒的决定〉的若干问题的解释》（已废止）第 17 条也规定，"明知是假毒品而冒充毒品贩卖的，以诈骗罪定罪处罚"。由于非法持有毒品、吸食毒品、贩卖毒品都是非法的，所以为了购买毒品而支付财物的行为，属于基于不法原因给付。显然，这两个司法解释表明，行为人实施欺骗行为，使他人产生认识错误并基于不法原因交付财物的，成立诈骗罪。这表明，前述最高人民法院关于赌博诈骗的司法解释与这两个司法解释是相互矛盾的。

　　总之，即使被害人误以为自己参与赌博，因为"输"而交付财物属于不法原因给付，也应认为对方的行为成立诈骗罪。因为诈骗罪的成立并不要求对方的财产处分行为出于特定动机，而且行为人的欺骗行为对被害人设置了不法动机；如果没有行为人的诈骗行为，被害人不可能产生认识错误，也不可能处分自己的财产。因此，行为人的行为完全符合诈骗罪的构成要件。如果该行为人的其他赌博行为已构成赌博罪，则应将赌博罪与诈骗罪实行并罚。基于同样的理由，受骗者当场发现被骗事实后要求退还所输钱财，设置圈套的人当场使用暴力或者以暴力相威胁的，则完全符合《刑法》第 269 条的规定，应认定为抢劫罪。

　　附带指出的是，在基于不法原因给付的情况下，肯定诈骗罪的成立，而否认侵占罪的成立，并不是自相矛盾的。根据笔者的观点，侵占不法原因给付物的行为，不成立侵占罪。例如，甲欲向国家工作人员行贿，而将财物委托给乙转交，但乙将该财物据为己有，乙的行为是否构成侵占罪？刑法理论上存在不同学说：肯定说认为，虽然甲在民法上没有返还请求权，但并没有因此丧失财物的所有权，相对于乙而言，该财物仍然属于"自己占有的他人财物"；刑法与民法的目的不同，即使上述委托关系在民法上不受保护，也不影响侵占罪的成立。否定说认为，甲对该财物没有权利请求返还，故可以认为该财物所有权已经不属于甲，因此，乙没有将"他人财物"据为己有；如果将乙的行为认定为犯罪，则破坏了法秩序的统一性，违反了刑法的谦抑性；侵占罪不只是侵犯财产，还有破坏委托信任关系的一面，而甲的委托与乙的收受之间，并不存在一种法律上的委托信任关系。折中说主张分清不法原因给付与不法原因委托，前者是基于不法原因终局性地转移财物，后者只是基于不法原因将财物暂时委托给他人。将不法原因给付物据为己有的，不成立犯罪；但将不法原因委托物据为己有的，则成立侵占罪。[1] 本书

---

[1]　参见［日］平泽修：《不法原因给付与诈欺、横领罪》，载阿部纯二等编：《刑法基本讲座》第 5 卷，法学书院 1993 年版，第 244 页。

赞成否定说。因为一方面，甲毕竟没有财物返还请求权，不能认定乙侵占了甲的财物；另一方面，由于财物由乙占有，也不能认为该财产已经属于国家财产。此外，采取肯定说，还可能促进贿赂等不法行为。当然，这并不意味着乙取得财物是合法的，由于该财物事实上具有非法性质，应当予以没收。① 不难看出，诈骗不法原因给付物与侵占不法原因给付物存在本质区别：前者的被害人只有不法动机，后者的被害人则有不法行为；前者的行为人是在给付人原本没有给付意思的情况下通过欺骗手段使其给付，后者的行为人是在给付人主动基于不法原因给付之后将给付物据为己有。换言之，前者的给付人之所以丧失财产，是由于行为人的欺骗行为所致，故应将财产损失归因于行为人的欺骗行为；后者的给付人之所以丧失财产，是给付人自己基于不法原因所致，而且其给付行为导致其丧失返还请求权，故不能归因于行为人的侵占行为。

（八）《刑法》第 307 条第 2 款

《刑法》第 307 条第 2 款规定："帮助当事人毁灭、伪造证据，情节严重的，处三年以下有期徒刑或者拘役。"显然，行为人毁灭自己作为当事人案件的证据的，不成立本罪。

当事人教唆第三者为当事人毁灭、伪造证据的，第三者接受教唆实施了毁灭、伪造证据行为的，第三者当然成立帮助毁灭、伪造证据罪。问题是，犯罪人教唆第三者为犯罪人毁灭、伪造证据的，犯罪人是否成立本罪的教唆犯？德国刑法明文采取肯定说（参见德国《刑法》第 257 条），但在没有明文规定的国家，便存在激烈争论。肯定说存在三种观点：（1）以共犯从属性为根据的学说：既然被教唆的第三者成立帮助毁灭、伪造证据罪，那么，根据共犯从属性说，犯罪人当然成立本罪的教唆犯。但是，共犯从属性只是意味着教唆犯的成立至少要求被教唆者实施实行行为，并不意味着只要被教唆者有实行行为，教唆者就一定成立教唆犯。（2）以期待可能性为根据的学说：犯罪人本身的毁灭、伪造证据的行为因为缺乏期待可能性而不可罚，但是教唆他人犯帮助毁灭、伪造证据罪的行为，则使他人陷入了犯罪，而不缺乏期待可能性。但是，既然犯罪人本身毁灭、伪造证据的行为缺乏期待可能性，那么，让他人帮助毁灭、伪造证据也是缺乏期待可能性的。诚然，犯罪人使他人陷入了犯罪，但只要不采取责任共犯论作为共犯的处罚根据，就不能因此肯定行为人具有期待可能性。（3）以滥用自己防御权以及法益侵害性的危险增高为根据的学说：犯罪人本身的毁灭、伪造证据行为不可罚，是因为这种行为属于刑事诉讼法中被告人的防御自由范围内的行为，而教唆他人毁灭、伪造证据的行为，已经超出了防御自由的范围；而且，犯罪人本身的

---

① 参见张明楷：《刑法学》（第六版）（下），法律出版社 2021 年版，第 1263 页。

毁灭、伪造证据的行为与教唆他人毁灭、伪造证据的行为，对刑事司法作用的侵害性存在差异。但是，犯罪人本身的毁灭、伪造证据的行为，实际上也引起了侦查等司法活动的混乱，教唆他人毁灭、伪造证据的行为不一定增加了违法性。

否定说也存在三种观点：（1）以共犯独立性为根据的学说：犯罪人本身实施的毁灭、伪造证据的实行行为不可罚，而教唆行为也是实行行为，犯罪人教唆他人帮助毁灭、伪造证据的行为，也是犯罪人实施的毁灭、伪造证据的实行行为，故不可罚。但是，共犯独立性说已经被完全否认，故现在已没有人赞成这种观点。（2）以不存在期待可能性为根据的学说：既然不能期待犯罪人不毁灭、伪造证据（正犯行为），那么，对于犯罪人而言，作为更轻的犯罪形式的教唆犯，也是没有期待可能性的。但是，上述肯定说中的第（2）（3）种观点，以自己的理由对此学说进行了批判。（3）以必要的共犯的观点为根据的学说：帮助毁灭、伪造证据罪实际上属于必要的共犯，但刑法不处罚犯罪的当事人，犯罪人教唆他人帮助自己毁灭、伪造证据的，也属于定型的不受处罚的范围。但是，这种观点缺乏实质的理由。①

应当认为，上述否定说中的第（2）种观点具有合理性。教唆犯是比正犯更轻的一种参与形式，当犯罪人并不成立正犯的情况下，理所当然也不应成立教唆犯。但是，联系我国《刑法》第307条第1款的规定，却又存在疑问，即当事人以暴力、威胁、贿买等方法阻止证人作证或者指使他人作伪证的，成立妨害作证罪。换言之，当事人指使他人作伪证的，成立妨害作证罪。依此类推，似乎当事人教唆他人为自己毁灭、伪造证据的，也应认定为犯罪。否则，有可能存在自相矛盾之嫌。尽管如此，本书依然认为，当事人教唆他人为自己毁灭、伪造证据的，不成立犯罪。首先，就对司法活动的客观公正性的妨害而言，犯罪人毁灭、伪造证据与他人帮助犯罪人毁灭、伪造证据，并没有实质区别。既然犯罪人直接毁灭、伪造证据不成立犯罪，那么，教唆他人为自己毁灭、伪造证据的，更不应成立犯罪。从期待可能性的角度而言，如果认为犯罪人直接毁灭、伪造证据的行为，缺乏期待可能性，那么，犯罪人教唆他人为自己毁灭、伪造证据的，也缺乏期待可能性。其次，与毁灭、伪造证据的行为相比，阻止证人作证和指使证人作伪证的行为，更为直接地妨害了司法活动的客观公正性。所以，《刑法》第307条第2款以"情节严重"为要件，而第1款并不以"情节严重"为要件。因此，当事人阻止他人作证或者指使他人作伪证的行为构成犯罪，与当事人教唆他人为自己毁灭、伪造证据的行为不构成犯罪，完全是协调的，即就严重妨害司法的犯罪而言，当事人的教唆作伪证的行为成立犯罪；就相对轻微的犯罪而言，当事人

① 以上参见东京法律思维：《刑法Ⅲ·各论》（第3版），东京法律思维2006年版，第448页。

教唆他人毁灭、伪造证据的行为不成立犯罪，具有实质的合理性。

（九）《刑法》第 314 条

《刑法》第 314 条规定："隐藏、转移、变卖、故意毁损已被司法机关查封、扣押、冻结的财产，情节严重的，处三年以下有期徒刑、拘役或者罚金。"

对于行为人转移、变卖已被司法机关扣押的在民法上属于自己所有的财产的行为，许多司法机关一概认定为非法处置扣押的财产罪。这种做法形成两个方面的不协调。其一，根据《刑法》第 91 条第 2 款的规定，"在国家机关、国有公司、企业、集体企业和人民团体管理、使用或者运输中的私人财产，以公共财产论"。既然财产已经被司法机关依法扣押，就表明该财产属于公共财产；既然属于公共财产，行为人擅自转移、变卖的，就侵犯了公共财产；而侵犯财产罪的法定刑一般重于非法处置查封、扣押、冻结的财产罪，因此，在符合侵犯财产罪构成要件的情况下，应当认定为侵犯财产罪。而司法机关的做法造成了不协调的局面：行为人转移、变卖国家机关管理的其他私人财产的，成立较重的侵犯财产罪；而行为人转移、变卖司法机关扣押的财产的，虽然其行为性质更为严重，却反而成立较轻的非法处置扣押的财产罪。其二，如果行为人转移、变卖的是司法机关扣押的财产的，成立非法处置扣押的财产罪；如果行为人转移、变卖的是公安机关或者其他国家机关（如城管部门）扣押的财产的，成立侵犯财产罪。这也明显不协调。之所以如此，是因为没有正确理解《刑法》第 314 条与刑法关于侵犯财产罪的相关规定之间的关系。

本书的观点是，行为人（包括财产的原所有人）以非法占有为目的，采取非法变卖等方式取得由司法机关管理的财产，或者故意毁坏该财产的，实际上也符合侵犯财产罪的犯罪构成。由于侵犯财产罪的法定刑重于非法处置扣押的财产罪的法定刑，故实施非法处置扣押的财产，同时符合侵犯财产罪的犯罪构成的，属于想象竞合，应从一重罪处罚。

有学者指出："窃取被司法机关扣押的本人财物，如果不以非法占有为目的，则是非法处置扣押的财产罪；如果以非法占有为目的，则是非法处置扣押的财产罪的想象竞合。这里的是否具有非法占有目的，应根据事后是否具有索赔行为确定。"[1] 但是，这一观点存在疑问。其一，这一观点实际上将《刑法》第 91 条第 2 款视为注意规定，使《刑法》第 91 条第 2 款仅对所有权人以外的行为人起作用。可是，即使没有《刑法》第 91 条第 2 款的规定，对于第三者窃取、骗取国家机关、国有公司、企业、集体企业和人民团体管理、使用或者运输中的私人财产的，都成立侵犯财产罪，所以，将《刑法》第 91 条第 2 款理解为注意规定是

---

[1] 陈兴良：《判例刑法学》（下卷），中国人民大学出版社 2009 年版，第 297 页。

没有意义的。反之，应当将《刑法》第 91 条第 2 款理解为法律拟制，亦即，即使是行为人所有的财产，但只要处于国家机关等管理、使用、运输过程中，就属于公共财产；即使所有者窃取、骗取该财物的，也成立盗窃罪、诈骗罪。其二，不管是将目的理解为违法要素，还是将目的理解为责任要素，目的必须与行为同时存在。以行为人事后是否具有索赔行为来确定先前的行为是否成立侵犯财产罪，并不合适。持上述观点的学者或许认为，事后索赔只是一种判断资料，而不是指事后才产生非法占有目的。可是，既然事后索赔只是判断资料，那么，非法占有目的的判断资料显然不能仅限于事后索赔。质言之，以行为时的判断资料为基础判断行为人是否具有非法占有目的，更为准确、更加合适。其三，在行为人窃取了属于以公共财产论的财产后，盗窃罪已经既遂。行为人事后再索赔的，实际上另成立诈骗罪。① 行为人实施了两个行为，所针对的是两个对象，前者所针对的是国家机关占有且以公共财产论的财物，后者所针对的是国家机关占有且所有的金钱。因此，上述观点实际上是将事后有无诈骗行为当作前面的行为是否成立盗窃罪的根据，难以被接受。其四，上述观点没有根据非法占有目的的机能得出解释结论，或许误解了非法占有目的的含义，本书难以赞同。非法占有目的的机能是使盗窃行为与不可罚的盗用行为、毁坏行为相区别。为了与不可罚的盗用行为相区别，非法占有目的必须具有排除权利人的意思；为了与毁坏财产罪相区别，非法占有目的必须包括利用意思。在转移、变卖司法机关扣押的财产案件中，所有权人窃取被扣押的财产的，明显具有排除权利人的意思，也具有利用意思，当然具有非法占有目的（参见本书第八章）。亦即，即使没有索赔行为，所有权人单纯偷回已被司法机关管理的财产供自用的，也可以认定非法占有目的，进而成立盗窃罪。非法占有目的不等于进一步实施诈骗的行为计划。

（十）《刑法》第 385 条

《刑法》第 385 条第 1 款规定："国家工作人员利用职务上的便利索取他人财物的，或者非法收受他人财物为他人谋取利益的，是受贿罪。"据此，国家工作人员利用职务上的便利索取他人财物构成受贿罪的，就不要求为他人谋取利益，非法收受财物构成受贿罪的才要求为他人谋取利益。

首先，"为他人谋取利益"是主观要素还是客观要素？如果说是主观要素，那么，那些客观上非法收受他人财物，主观上也打算为请托人谋取利益的，就成立受贿罪；而那些客观上非法收受他人财物，尽管声称为请托人谋取利益，但并没有谋取利益的主观想法的，就不具备为他人谋取利益的主观要素，因而不成立受贿罪。这种观点明显不协调，而且只能起到鼓励国家工作人员只收钱不办事的

① 当然，由于行为人最终侵害的是一个财产法益，可以作为包括的一罪，从一重罪论处。

作用。只有解释为客观要素，才能避免这种不协调。

其次，"为他人谋取利益"是指要有为他人谋取利益的客观行为与结果，还是只要有为他人谋取利益的许诺即可？如果采取前一种解释，就必然出现不协调现象。例如，有两个人各自找到两个户籍警察，都要求把农村户口转为城市户口，而且都符合法律规定，可是两个警察都不给请托人转户口。于是，找甲警察的人送给甲5万元，找乙警察的人也送给乙5万元，甲帮助对方转了户口，但乙嫌钱少仍然不帮对方转户口，此时案发。如果采取前一种解释，"为他人谋取利益"必须是有行为有结果，则甲成立受贿罪，乙因为没有为他人谋取利益，不成立受贿罪（或者至少不成立既遂）。可是，按照一般人的观念，乙比甲更"坏"，收了钱还不给人家办该办的事，结果他反而无罪了。这肯定不公平。在谋取的利益是非法利益的场合，这种解释还会导致本罪包括评价了滥用职权的行为，而无法使其与本罪并罚。所以，不能像以往那样，将为他人谋取利益解释为要有具体行为与结果。

本书认为，为他人谋取利益，是客观构成要件要素。但为他人谋取利益只要是一种许诺即可。当然，如果超出了许诺要求，已经为他人谋取了利益，更成立犯罪。这种许诺既可以是明示的，也可以是暗示的。明示意味着给他人以国家工作人员的职务行为可以收买的印象，此时已经侵害了受贿罪的法益。因为受贿罪保护职务行为的不可收买性，如果行为给人们的印象是，职务行为可以收买，就侵害了受贿罪的法益，构成犯罪。暗示的时候也是如此。对方有求于国家工作人员的职务行为时，国家工作人员虽然没有明说"我给你办"，但是在对方有求于他时收受财物的，本身就是一个默示的承诺。这种不予拒绝的行为给对方传递了如下信息："国家工作人员会给我办事的，要不然他会拒绝。"所以，只要没有拒绝接受财物，就属于暗示为他人谋取利益；对方也会认为，国家工作人员的职务行为可以收买，同样侵犯了职务行为的不可收买性，所以，也要按犯罪处理。于是，利用职务上的便利的含义，就是财物与职务有关，既不是要求利用职务上的便利收受财物，也不是要求利用职务便利为他人谋取利益。国外和我国民国时期的刑法都规定，公务员索取、约定、收受与职务有关的贿赂的，成立受贿罪；或者规定，公务员就职务行为索取、约定、收受贿赂的，成立受贿罪。所以，不能按字面含义理解利用职务上的便利。严格地说，是行贿一方要利用国家工作人员的职务上的便利。了解了利用职务上的便利在不同犯罪中的不同含义后，就会发现，受贿罪中的利用职务上的便利并不是要求为他人谋取利益，而是指收受的贿赂与职务有关联：如果甲没有某种职务，对方就不会把财物送给甲；国家工作人员在收受财物时也认识到，对方之所以交付财物给自己，是想利用自己的职务。只要利用了职务上的便利收受财物，就几乎总能认定"为他人谋取利益"。不少人主张，"为他人谋取利益"这句话纯属多余，应当删掉。从立法学上来说，笔者也主张删掉这句话，但既然这句话仍然存在，就要把它解释得合情合理。

（十一）《刑法》第 399 条

刑法分则有十几个条文规定了"徇私"，下面主要以《刑法》第 399 条为例展开说明。

关于徇私的性质，刑法理论上存在不同观点。其中一种观点认为，徇私既是客观的构成要件要素，也是主观的构成要件要素（所谓"动机与行为说"）。如有人指出："徇私是作为许多渎职罪的罪状特征加以规定的。这种特征与具体的违反职责、弄权渎职行为不是一种选择关系，而是在具有徇私情节的渎职罪中，把徇私作为不可或缺的罪状特征加以规定的，也就是说，是把徇私作为某种犯罪客观方面的法定构成要件。"同时认为："徇私在主观方面，表现为行为人实施具体的渎职行为的犯罪动机，并且是构成该种犯罪的法定构成要件，也就是说，犯罪动机成为主观方面的法定要件。"[1]

但是，这种观点至少存在两个疑问：第一，既然将徇私作为客观的构成要件要素，就不能同时将其作为主观方面的要素。因为在故意犯罪中，除客观的超过要素外，客观的构成要件要素都是需要行为人认识的要素。例如，追诉无罪的人或者包庇有罪的人使之不受追诉，是徇私枉法罪的客观行为（客观要素）。因此，司法工作人员要成立徇私枉法罪，就必须明知是无罪的人而使他受追诉，或者明知是有罪的人而故意包庇不使他受追诉。虽然客观的构成要件要素是故意的认识内容，但不能认为客观的构成要件要素同时属于主观方面的要素。第二，既然认为徇私不是故意的内容，而是犯罪的动机，那么，就不能要求有与徇私相对应的客观事实。所以，认为徇私既是客观的构成要件要素，又是主观的超过要素（犯罪的动机），存在自相矛盾之嫌。

本书认为，徇私属于犯罪动机。当国家机关工作人员不是因为法律素质、政策水平、技术能力不高造成差错，而是基于徇私的内心起因违背职责时，便以渎职罪论处。所以，将徇私解释为犯罪的动机，是比较符合刑法规定与现实情况的（参见本书第八章）。

三、保持协调的方法

为了得出协调的解释结论，解释者必须具有合理的解释理念，并掌握体系解释的基本理念与基本方法。

---

[1] 李文生：《关于渎职罪徇私问题的探讨》，《中国刑事法杂志》2002 年第 4 期。

（一）基本理念

第一，解释者必须心中永远充满正义理念。刑事立法是将正义理念与将来可能发生的事实相对应，从而形成刑法规范。法官（包括解释者）是将现实的案件事实与刑法规范相对应，从而形成判决（解释结论）。只有时时刻刻想着正义，才会时时刻刻追问自己的解释与判决是否公平、合理。法官在对任何条文得出解释结论后，要不断追问：这样解释合理吗？公平吗？法官在打算作出某种判决时，也要反复追问：这样判决公平吗？正义吗？不以正义理念为指导，只是通过查阅《现代汉语词典》等工具书得出的解释结论必然使刑法不协调，所作出的判决极有可能不公平。即使偶尔得出了公平的结论，那也只是一种巧合而已。诚然，每个解释者的正义感可能存在差异，但是，对任何一个解释者而言，心中充满正义所得出的解释结论，总比大脑一片空白所得出的解释结论要好。

第二，解释者不可固守先前理解，而应当将自己的先前理解置于正义理念之下、相关条文之间、生活事实之中进行检验。如果这种先前理解符合正义理念、与相关条文相协调、能够公平地处理现实案件，便可以坚持这种先前理解。但是，当自己的先前理解有悖正义理念（或违背普通的正义标准）时，必须放弃它；当先前理解与刑法的相关条文存在矛盾与冲突时，也必须放弃它；当自己的先前理解不能公平地处理现实案件时（按先前理解处理案件不能被一般人接受时），必须放弃它。放弃先前理解之后，应当寻求新的解释结论，再将新的解释结论置于正义理念之下、相关条文之间、生活事实之中进行检验，直到得出满意的结论为止。易言之，法官必须注意到正义的诸多层次，各种不同的可能。面对有疑问的条文时，应当想到各种可能的意义，提出各种不同的假设，对各种观点进行充分的论证、反复权衡，看哪一种解释结论最符合正义理念。

第三，解释者必须尽可能熟悉所有的刑法条文以及其他法律中与刑法相关的条文，并且正确认识各条文之间的相互关系。有的条文之间看似没有什么关系，实际上存在密切关系。熟悉所有的刑法条文，不仅有利于使不明确的概念得以明确，而且可以使条文之间保持协调，从而实现刑法的正义性。例如，在认定引诱未成年人聚众淫乱罪时，要想到刑法还规定了猥亵儿童罪，从而判断对案件事实应当适用哪一法条。易言之，引诱未成年人聚众淫乱的行为完全可能属于聚众猥亵儿童。在这种情况下，就应当以猥亵儿童罪论处，而不能仅认定为引诱未成年人聚众淫乱罪。又如，在面对行为人投放危险物质的案件时，只有同时想到《刑法》第114条、第115条、第144条、第232条、第338条等可能适用的法条，才能做到正确地适用刑法，实现刑法的协调性。

第四，解释者要善于通过对刑法用语的解释，实现刑法的协调性。例如，当刑法在不同条文使用了同一用语，但对同一用语作出相同解释会导致刑法不协调时，应当承认刑法用语的相对性。同一个刑法用语，可能具有不同的含义；之所以如此，其实也是体系解释的结果。如果对任何一个用语，在任何场合都作出完全相同的解释，其结论必然违反罪刑法定原则的本旨。例如，如果因为暴力抢劫致人死亡成立抢劫罪，便认为暴力妨害公务致人死亡的也仅成立妨害公务罪，就必然导致处罚的不均衡。对同一用语作完全同一的解释，表面上看是体系解释的要求，实际上却并非如此。再如，如果平义解释得出的结论导致法条之间不协调，就要善于使用扩大解释或者缩小解释技巧。

第五，不仅要使刑法条文之间保持协调，而且要使刑法与宪法及其他法律相协调。就刑法与宪法的协调而言，应当特别注重以下几点：其一，对于刑法的解释，不能得出与宪法规定及其精神相冲突的解释结论；其二，对于宪法要求保护的法益，刑法应当保护；其三，对于公民行使宪法权利的行为，不要仅因违反程序规定便认定为犯罪，只有当不当行使权利的行为所产生的危害非常严重和高度现实化时，才宜认定为犯罪，否则必然违反宪法精神。刑法虽然是独立的法律，其目的与民法等不同，但是，由于刑法与民法等法律处于同一法律体系中，所以，解释刑法时，应当考虑其他法律的规定，使刑法与相关法律保持协调关系。例如，刘某为了谋取不正当利益，意欲向国家工作人员张某行贿。刘某将30万元送至张某家时，张某不在家，刘某便将钱交给张某的妻子 A，并说明了真相。张某回家后，A 将收钱事实告知张某，张某大怒，痛骂 A 不该收钱，并责令其次日将钱退回。A 答应退钱，但事实上，A 次日以自己名义将 30 万元存入银行。A 的行为是否构成侵占罪？在回答这一问题时，不能不考虑刑法与民法的关系。首先，根据民法有关不法原因给付的原理，刘某对 30 万元已经没有返还请求权；侵占罪所保护的法益不是占有而是所有权（或返还请求权），既然如此，A 的行为便没有侵犯刘某的所有权。其次，由于国家并没有现实没收该 30 万元，故 A 的行为也没有侵犯国家的财产所有权。或许有人认为，由于该 30 万元应当由国家没收，或者说国家有权没收该 30 万元，故 A 的行为侵犯了国家的财产所有权。但是，一方面，在国家没有现实没收的情况下，国家并不享有所有权，故 A 的行为没有侵犯国家的财产所有权。另一方面，如果认为 A 的行为侵犯了国家的财产所有权，那么，那些以赌博为业但不将所赢财产交归国有的行为人，都构成赌博罪与侵占罪，因为他们没有将国家应当没收的财产交给国家。这显然是不能令人接受的。最后，A 的行为也没有侵犯张某的财产所有权，因为张某并没有接受 30 万元的贿赂。既然如此，就不能认定 A 的行为构成侵占罪，否则便与民法不协调。至于 A 的行为是否构成利用影响力受贿罪，则是另一码事。

（二）基本方法

如前所述，避免矛盾、保持协调，是需要具体犯罪具体解决的。下面从几个方面举例说明避免矛盾、保持协调的基本方法（或者需要考虑的基本要素）。

1. 法益的考量

犯罪的本质是侵害法益，刑法分则每个条文都有自己的法益保护目的。解释者应当根据不同犯罪所侵犯的法益，或者说根据刑法条文所要保护的法益，确定犯罪构成要件的内容，使刑法分则条文之间保持协调。

例如，招摇撞骗罪与诈骗罪所侵犯的法益不同，前者侵犯的是国家机关的威信及其正常活动（这一表述不一定理想，但下文仍采用这一表述）①；后者侵犯的是财产，因此两者的构成要件不同：招摇撞骗罪必须是冒充国家机关工作人员进行招摇撞骗；而诈骗罪的行为可以是虚构事实、隐瞒真相的任何手段。招摇撞骗罪不要求客观上骗取财物，也不要求以非法占有为目的；而诈骗罪（既遂）要求客观上骗取财物，并要求以非法占有为目的。因此，笔者认为，虽然在冒充国家机关工作人员招摇撞骗的过程中，偶然骗取少量财物的，不影响招摇撞骗罪的认定，但只要冒充国家机关工作人员骗取财物的行为符合了诈骗罪的犯罪构成，就应认定为想象竞合，从一重罪处罚，而不能仅认定为招摇撞骗罪。如果行为人在骗取财物的行为以外，还有单独的冒充国家机关工作人员的行为，也完全可能并罚两罪。因为冒充国家机关工作人员骗取数额较大以上财物的行为，侵犯了两个法益（国家机关的威信及其正常活动与他人财产），而招摇撞骗罪的保护法益仅仅是国家机关的威信及其正常活动，诈骗罪的保护法益仅仅是他人财产；两个法条原本没有包容与交叉关系，一个行为并不必然同时触犯两个法条。所以，不管从实质上考虑，还是从形式上判断，冒充国家机关工作人员骗取数额较大以上财物的行为都属于想象竞合。

有学者指出："招摇撞骗罪与诈骗罪之间有法条竞合关系，如果冒充国家机关工作人员主要是为了骗取财物，而且数额特别巨大，则其侵犯的客体已主要不是国家机关的威信，而是财产权利，而且对这种行为，按照招摇撞骗罪处理会失之过轻，所以应依照诈骗罪论处。"② 亦即，"在招摇撞骗骗取数额较大的公私财物的情况下，本罪与诈骗罪之间存在法条竞合关系，应按照重法优于轻法的原则适用法条"③。但是，规定诈骗罪的《刑法》第266条指出："本法另有规定的，依照规定"，即诈骗行为符合其他条文规定的（尤其在法条竞合的场合），应依

---

① 参见高铭暄、马克昌主编：《刑法学》（第十版），北京大学出版社、高等教育出版社2022年版，第533页。

② 周光权：《刑法各论》，中国人民大学出版社2008年版，第357页。持这一观点的学者后来修改了观点，认为"招摇撞骗罪和诈骗罪之间存在想象竞合关系，而不宜理解为法条竞合"。周光权：《刑法各论》（第四版），中国人民大学出版社2021年版，第392页。

③ 陈兴良主编：《刑法疏议》，中国人民公安大学出版社1997年版，第457页。

照其他条文规定处理。如果采取重法优于轻法的原则，便违反《刑法》第 266 条的规定。然而，诈骗罪的法定最高刑为无期徒刑，而招摇撞骗罪的法定最高刑为 10 年有期徒刑，如果对冒充国家机关工作人员骗取财物的行为均以招摇撞骗罪论处，则会造成明显的罪刑不均衡现象。例如，冒充国家机关工作人员骗取他人 500 万元现金的，成立招摇撞骗罪，最高处 10 年有期徒刑；而冒充国家机关工作人员的亲属骗取他人 500 万元现金的，成立诈骗罪，最高处无期徒刑。这明显不协调。显然，只有将冒充国家机关工作人员骗取数额较大以上财物的行为作为想象竞合处理，才有利于正确处理招摇撞骗罪与诈骗罪的关系，有利于公平处理相关案件，也不至于违反刑法规定。

有的论著针对笔者的观点提出了批判性意见。该论著首先分析了想象竞合与法条竞合的区别，认为区分想象竞合与法条竞合的关键在于，想象竞合所触犯的规定不同种罪名的数个法条之间，不存在重合或交叉关系；法条竞合所涉及的规定不同种罪名的数个法条之间，必然存在重合或交叉关系。想象竞合犯中规定不同种罪名的数个法条发生关联，是以行为人实施特定的犯罪行为为前提或中介；法条竞合所涉及的规定不同种罪名的法条的重合或交叉，并不以犯罪行为的实际发生为转移。进而得出结论："《刑法》第 279 条关于招摇撞骗的规定与《刑法》第 266 条关于诈骗罪的规定，存在着交叉关系，即行为人以冒充国家机关工作人员的手段诈骗他人财物数额较大的行为既触犯了《刑法》第 279 条又触犯了第 266 条，而这种交叉不是由特定的具体发生的犯罪行为所引起的，是由于刑法的直接规定所引起的，因此，我们认为，招摇撞骗罪与诈骗罪的关系不是想象竞合犯，而是法条竞合关系。"[①] 其实，交叉关系不应作为法条竞合处理，《刑法》第 279 条与第 266 条是否存在法条竞合关系，取决于两罪之间是否具有特别关系，而这一点又取决于如何解释招摇撞骗罪：如果认为骗取数额较大以上财物不是招摇撞骗罪的构成要件内容，则二者之间没有法条竞合关系；如果认为骗取数额较大财物本身就是招摇撞骗罪的构成要件内容，则二者之间可能存在法条竞合关系。既然如此，关键便在于：认为骗取数额较大财物属于招摇撞骗罪的构成要件内容是否合适。

笔者对此持否定回答，原因如下：（1）刑法规定诈骗罪是为了保护财产，不管行为人采取何种方法骗取财产，除另有规定的以外，都应以诈骗罪论处。因此，冒充国家机关工作人员骗取数额较大财物的，也成立诈骗罪。（2）刑法在诈骗罪之外另规定招摇撞骗罪，是为了保护国家机关的威信及其正常活动；而冒充国家机关工作人员骗取财产的行为，不仅侵犯了国家机关的威信及其正常活动，

---

① 王作富主编：《刑法分则实务研究》（第五版）（中），中国方正出版社 2013 年版，第 1049 页。

而且侵犯了更为重要的法益，即财产，不应认为这种行为仅符合招摇撞骗罪的构成要件。持上述观点的论著还指出："从《刑法》第 279 条规定的招摇撞骗罪的罪状中，无法将骗取财物排除出去，而为了处理招摇撞骗罪与诈骗罪的关系将招摇撞骗行为限制解释为不包括骗取财物情况的观点，未免牵强。"① 实际上，招摇撞骗罪的保护法益决定了骗取财物不是招摇撞骗罪的构成要件内容，但这并不是说骗取财物的都不能构成招摇撞骗罪，所以本书并非主张骗取财物的情形与招摇撞骗罪是对立关系，前者没有被后者排除出去。相反，主张骗取数额较大以上财物本身属于招摇撞骗罪的构成要件内容的观点，似乎只是注重了条文中的"骗"字，而忽视了本罪的保护法益，这反而不当地限制了本罪的范围，使得没有骗取财物的冒充国家机关工作人员的行为不符合本罪的构成要件。（3）从文理解释的角度而言，"招摇撞骗"一词是不需宾语的，亦即，行为人冒充国家机关工作人员到处炫耀，即使没有任何人相信其是国家机关工作人员的，也不妨碍招摇撞骗罪的成立。（4）冒充国家机关工作人员骗取数额较大以上财物这种特定的具体事实，才引起了一个行为符合两个犯罪的构成要件的现象，这刚好符合想象竞合的基本特征。认为"这种交叉不是由特定的具体发生的犯罪行为所引起的，是由于刑法的直接规定所引起的"观点，也是难以成立的。（5）更为重要的理由是，如前所述，如果认为骗取数额较大以上财物是招摇撞骗罪的构成要件内容，则因为《刑法》第 266 条明文规定了特别法条优于普通法条的适用原则，会导致处罚上的不协调。对此，持上述观点的论著指出："至于《刑法》第 266 条所规定的'本法另有规定的，依照规定'，我们认为，首先，对这一规定立法者的原意在于将合同诈骗罪、金融诈骗罪与诈骗罪区别开来，并不是对招摇撞骗罪与诈骗罪关系的规定，之所以出现招摇撞骗罪与诈骗罪在处理上的矛盾，其实质是立法技术问题……在招摇撞骗骗取数额较大财物的情况下，招摇撞骗罪与诈骗罪之间存在法条竞合的关系，应按照重法优于轻法的原则处理。"② 可问题是，是否存在"立法者的原意"？我们如何知道"立法者的原意"？既然认为骗取数额较大以上财物属于招摇撞骗罪的构成要件内容，为什么又认为《刑法》第 266 条的"本法另有规定"仅指合同诈骗罪、金融诈骗罪的规定，而不包括招摇撞骗罪的规定？我们通过何种信息得知了这一"立法者的原意"？我们可不可以说，《刑法》第 266 条的"本法另有规定"的原意是仅包括金融诈骗罪的规定，而不包括合同诈骗罪的规定？或者可不可以认为，《刑法》第 266 条的"本法另有规定"的原意是仅包括合同诈骗罪的规定，而不包括金融诈骗罪的规定？抑或

---

① 王作富主编：《刑法分则实务研究》（第五版）（中），中国方正出版社 2013 年版，第 1049 页。
② 王作富主编：《刑法分则实务研究》（第五版）（中），中国方正出版社 2013 年版，第 1049 页。

可不可以认为，《刑法》第 266 条的"本法另有规定"的原意是仅包括招摇撞骗罪的规定，而不包括合同诈骗罪、金融诈骗罪的规定？答案大概不可能是肯定的。实际上，只要人们将骗取数额较大以上财物解释为招摇撞骗罪的构成要件内容，《刑法》第 279 条关于招摇撞骗的规定就属于《刑法》第 266 条的"本法另有规定"。否则，《刑法》第 266 条以及类似条文中的"本法另有规定"，便没有明确的界限，从而导致刑法适用的恣意性。况且，一面主张两罪是法条竞合关系，另一面主张应当采取"重法优于轻法"，原本就是自相矛盾的。之所以要区分法条竞合与想象竞合，正是在于两者的处断原则不同；前者应从特别法条，不论该特别法条是较轻的还是较重的，而后者应从一重罪处断。既然上述论著也同意按照想象竞合的方法处断，就应当认定为想象竞合，而不是既否认想象竞合，又要借用想象竞合的处断方法。

事实上，只要认为骗取数额较大以上财物不是招摇撞骗罪的构成要件内容，一切问题都迎刃而解了：首先，这样解释不会存在漏洞，冒充国家机关工作人员骗取数额较大以上财物的，成立招摇撞骗罪与诈骗罪的想象竞合，从一重罪处罚；同样，冒充国家机关工作人员为境外刺探国家秘密的，成立招摇撞骗罪与为境外刺探国家秘密罪的想象竞合，从一重罪处罚；冒充国家机关工作人员实施其他招摇撞骗行为，没有触犯其他罪名的，或者招摇撞骗所取得的财物数额没有达到较大的，仅成立招摇撞骗罪。其次，这样解释避免同样的行为因为骗取的财物数额不同，而适用不同条文的局面。亦即，避免了定罪不协调的现象。再次，这样解释还有利于处理与《刑法》第 269 条的关系（冒充国家机关工作人员骗取数额较大财物的，因为构成诈骗罪，也能成立事后抢劫）。最后，这样解释避免了对《刑法》第 266 条的"本法另有规定"作出不合理的限制解释，也避免了违反《刑法》第 266 条。

2. 法定刑的考量

对于侵犯相同法益的犯罪，应在符合刑法用语含义的前提下，将轻重不同的罪行归入法定刑不同的罪状（构成要件），尤其不能将轻罪行归入重罪的构成要件。

罪状说明罪行的轻重。例如，对于"故意杀人"这一罪状，人们不看其法定刑，也知道其为重罪；对于"邮政工作人员私自开拆或者隐匿、毁弃邮件、电报"这一罪状，人们不看其法定刑，也知道其为轻罪。但是，有些罪状所表示的罪行轻重并非那么明显，这一方面是因为人们对该罪状所包含的行为没有全面认识，另一方面是因为不同的人对于该行为可能作出不同的评价。在这种情况下，通过法定刑便可以认识其对应罪行的轻重：法定刑重的，其对应的罪行便重；反之亦然。解释者在解释侵犯相同法益的犯罪的构成要件时，应注意将轻罪行归入轻罪的构成要件，将重罪行归入重罪的构成要件；尤其不能将轻罪行归入重罪的构成要件。否则，便会造成不公平现象，有损刑法的正义。

例一：《刑法》第 310 条第 1 款规定："明知是犯罪的人而为其提供隐藏处所、财物，帮助其逃匿或者作假证明包庇的，处三年以下有期徒刑、拘役或者管制；情节严重的，处三年以上十年以下有期徒刑。"旧刑法没有规定帮助毁灭、伪造证据罪，故以往的刑法理论对"作假证明"进行了扩大解释，认为消灭罪迹与毁灭罪证的行为构成包庇罪。① 这一解释在旧刑法时代具有合理性。因为消灭罪迹与毁灭罪证的行为严重妨害了司法活动，具有可罚性。但在现行刑法增设了帮助毁灭、伪造证据罪（《刑法》第 307 条）之后，就不能认为包庇罪包括帮助湮灭罪迹和毁灭罪证的行为。因为这样解释的结局是，帮助犯罪人湮灭罪迹和毁灭罪证的行为，既符合包庇罪的构成要件，又符合帮助毁灭证据罪的构成要件。于是《刑法》第 310 条与第 307 条之间又产生了法条竞合关系，增加了刑法适用的困难。本书认为，既然现行刑法已经将帮助毁灭、伪造证据的行为规定为独立的犯罪，就不能将这种行为解释为包庇罪的表现形式。因此，包庇罪应仅限于作假证明使犯罪的人难以被发现，帮助犯罪人毁灭或者伪造证据的行为不成立包庇罪，仅成立帮助毁灭、伪造证据罪。

例二：绑架罪的法定刑很重，即使《刑法修正案（七）》降低了绑架罪的法定刑，其法定最低刑依然高于故意杀人罪的法定最低刑。2000 年 7 月 13 日发布的《最高人民法院关于对为索取法律不予保护的债务非法拘禁他人行为如何定罪问题的解释》规定："行为人为索取高利贷、赌债等法律不予保护的债务，非法扣押、拘禁他人的，依照刑法第二百三十八条的规定定罪处罚。"其目的之一也是限制绑架罪的适用。除此之外，对于绑架罪的手段与目的也必须作适当限定。一方面，对于没有使用暴力、胁迫与麻醉方法的，或者虽然使用了暴力、胁迫方法但没有达到压制他人反抗程度的行为，不能认定为绑架罪；另一方面，如果行为人扣押人质，索取微不足道的财物或提出其他轻微不法要求的，不应认定为绑架罪。"比如行为人借岳母造访之机，扣住岳母，要求妻子早日从娘家返回"②，只能认定为非法拘禁罪，不应认定为绑架罪。基于同样的理由，不能将使用轻微暴力取得财物的行为解释为抢劫罪，也不能将使用严重暴力取得财物的行为仅评价为敲诈勒索罪。

例三：非法持有、私藏枪支、弹药罪与非法储存枪支、弹药罪的法定刑相差很大。2009 年 11 月 16 日发布的修正后的《最高人民法院关于审理非法制造、买

① 参见高铭暄主编：《中国刑法学》，中国人民大学出版社 1989 年版，第 551 页。
② 阮齐林：《刑法学》，中国政法大学出版社 2008 年版，第 562 页。

卖、运输枪支、弹药、爆炸物等刑事案件具体应用法律若干问题的解释》第 8 条第 1 款规定："刑法第一百二十五条第一款规定的'非法储存'，是指明知是他人非法制造、买卖、运输、邮寄的枪支、弹药而为其存放的行为，或者非法存放爆炸物的行为。"这一解释将单纯持有枪支、弹药的行为排除在非法储存枪支、弹药罪之外，其解释宗旨是值得肯定的。[①]

例四：非法持有毒品罪与运输毒品罪的关系。根据我国刑法的规定，吸食毒品与购买毒品的行为本身不成立犯罪。但是，如果行为人持有一定数量的毒品，即使为了吸食，也可能成立非法持有毒品罪。在司法实践中，经常发生的案件是，吸食毒品的人从外地购买毒品后，在乘坐交通工具返回居住地的途中，其毒品被查获。司法机关对此一般以运输毒品罪论处。这便使没有贩卖危险的持有行为，受到与贩卖毒品相同的刑罚处罚，明显不均衡。所以，本书认为，对于为了自己吸食、注射而将毒品从此地带往彼地的，不应认定为运输毒品。换言之，只有与走私、贩卖、制造具有关联性的行为，才宜认定为运输毒品。

以上所举几例都是侧重于对客观构成要件的解释而言的，在行为符合了几个犯罪构成要件如何确定罪名时，也需要考虑法定刑，从而保持处罚的协调。以下以强制猥亵、侮辱致人重伤、死亡为例予以说明。

从理论上说，强制猥亵、侮辱行为完全可能导致人重伤、死亡。因为本罪是以暴力、胁迫或者其他强制手段实施的，猥亵、侮辱行为本身也可能就是暴力行为；既然是暴力行为，当然可能导致被害人重伤乃至死亡。从司法实践上看，也确实存在强制猥亵、侮辱致人重伤、死亡的现象。例如，赵某（男）强制猥亵15 岁的李某（女）案，赵某先用镰刀割李某的阴毛，后又强迫李某拔自己的阴毛，然后将树枝插入李的阴道，导致李某大出血，后经法医鉴定为重伤。那么，在刑法没有明文规定强制猥亵、侮辱罪与猥亵儿童罪的结果加重犯的情况下，对强制猥亵、侮辱他人以及猥亵儿童致其重伤或者死亡的，应当如何处理呢?[②]

经《刑法修正案（九）》修改后的《刑法》第 237 条第 2 款规定："聚众或者在公共场所当众犯前款罪的，或者有其他恶劣情节的，处五年以上有期徒刑。"其中并无关于强制猥亵致人重伤、死亡的规定。本书发表如下看法：

第一，如果行为人为了猥亵他人而以杀人的故意对他人实施足以致人死亡的暴力，在他人死亡后侮辱尸体的，那么，前行为是故意杀人罪与强制猥亵（未遂）罪的想象竞合，后行为成立侮辱尸体罪，实行数罪并罚。如果行为人为了猥

[①]　此外，根据笔者的观点，对于非法保存、控制大量枪支、弹药、爆炸物的行为，即使其与非法制造、买卖、运输、邮寄没有关联，也应认定为储存。

[②]　猥亵儿童的行为也完全可能致儿童重伤或者死亡，为了论述的方便，下述仅以强制猥亵为例进行说明。所得出的结论仍然适用于猥亵儿童致其重伤或死亡的情形。

亵他人而以杀人的故意对他人实施足以致人死亡的暴力，在他人昏迷期间猥亵他人，不管他人事后是否死亡，都应认定为故意杀人罪与强制猥亵罪的想象竞合。

第二，在行为人缺乏杀人故意的场合，一般成立强制猥亵罪与故意伤害罪的想象竞合。（1）强制猥亵致人伤亡，要么是其中的暴力行为致人重伤、死亡，要么是猥亵行为本身致人重伤、死亡。既然客观行为已经导致他人重伤或者死亡，就表明行为本身已经具有了伤害的性质，或者至少包含了伤害的内容，符合了故意伤害罪的构成要件。（2）由于暴力、猥亵行为本身就具有伤害的性质，行为人实施这种行为时，主观上就具有了伤害的故意（包括间接故意）。（3）在刑法没有规定强制猥亵罪的结果加重犯的情况下，强制猥亵致人重伤或者死亡的行为，便与故意伤害罪成立想象竞合。行为人只实施了一个强制猥亵他人的行为；该行为具有双重属性，既是强制猥亵行为又是伤害行为；该行为造成了双重结果。因此，一个行为触犯了两个罪名。（4）将强制猥亵致人重伤、死亡的行为认定为想象竞合从一重罪处罚，能够做到罪刑相适应，符合刑法的基本原则。根据上述理由，可以得出以下具体结论：（1）不管是否聚众或者是否在公共场所强制猥亵他人，只要造成他人死亡的，就应认定为想象竞合，适用故意伤害致死的法定刑。（2）非聚众并且在非公共场所强制猥亵他人，但致人重伤的，能够评价为有其他恶劣情节，仍适用《刑法》第237条第2款的法定刑。（3）聚众或者在公共场所当众强制猥亵他人致人重伤的，仍适用《刑法》第237条第2款的法定刑。①

第三，如果在例外情况下，行为人对重伤、死亡只有过失，则成立强制猥亵罪与过失致人重伤罪或过失致人死亡罪的想象竞合。如果能认定行为具有恶劣情节，则应适用《刑法》第237条第2款的法定刑。

3. 犯罪结构的考量

在解释刑法分则规定的犯罪构成要件时，应当根据犯罪的结构或者构造，妥当处理相关犯罪之间的关系，使犯罪之间保持协调。

刑法分则的许多条文，只是简单地表述了罪状，而对犯罪的结构或构造没有叙明。解释者应当通过正确把握相关犯罪之间的关系，揭示犯罪的结构。完全按条文字面的汉语含义解释刑法条文的做法，实不足取。诚然，罪刑法定，法由文字、用语表述，但文字、用语不等于法；千万不可使刑法学成为文字法学，解释

---

① 2013年10月23日发布的《最高人民法院、最高人民检察院、公安部、司法部关于依法惩治性侵害未成年人犯罪的意见》规定："对已满十四周岁的未成年男性实施猥亵，造成被害人轻伤以上后果，符合刑法第二百三十四条或者第二百三十二条规定的，以故意伤害罪或者故意杀人罪定罪处罚。"在《刑法修正案（九）》将"其他恶劣情节"增加为法定刑升格条件之后，对上述行为应认定为强制猥亵罪与故意伤害罪、故意杀人罪的想象竞合。如果造成被害人轻伤以上后果的行为属于具有"其他恶劣情节"，则应按强制猥亵罪处罚。

者应通过各种途径揭示法的真义。

例如，各种诈骗罪的构造是相同的，而贪污罪、职务侵占罪中的狭义的侵占或者侵吞，并不要求欺骗他人，而是将自己基于职权或者职务占有的财物转变为自己或者第三者所有的财物。只有认识到这两类犯罪的结构不同，才能协调处理所谓内外勾结的案件。

以金融诈骗罪与贪污罪、职务侵占罪的关系为例。金融诈骗罪必须是使用欺骗手段，使具有财产处分权限或者地位的人陷入认识错误进而处分财产。所以，如果一般主体与金融机构中具有财产处分权限或者地位的工作人员相勾结，非法占有金融机构财产的，由于一般主体没有欺骗财产处分者，财产处分者没有陷入认识错误，因而不可能成立金融诈骗罪。只能根据金融机构工作人员的身份与财产性质，分别认定为贪污罪或者职务侵占罪。

例如，甲为国有银行某支行行长，乙为该行信贷员，甲、乙与一般公民丙、丁内外勾结，由丙、丁编造引进资金、项目等虚假理由，向甲、乙所在银行多次申请贷款。丙、丁取得"贷款"后与甲、乙私分，造成银行300余万元损失。从形式上看，丙、丁具有非法占有目的，采取了"编造引进资金、项目等虚假理由"的贷款诈骗手段，也获取了银行的贷款，似乎完全符合贷款诈骗罪的构成要件，其实不然。因为甲具有处分金融机构财产的权限，但他并没有受欺骗，没有陷入处分财产的认识错误，而是与丙、丁通谋将银行财产进行非法转移；甲、乙将银行资金以"贷款"形式转移给丙、丁，并不是贷款诈骗罪中的处分行为，而是贪污的一种形式。所以，只能认定甲、乙、丙、丁成立贪污罪的共犯。在这种场合，所谓的"欺骗"只是使贪污更难以被发现的手段，而不是造成财产损害的原因。同样，如果甲、乙不属于国家工作人员，则甲、乙、丙、丁的行为成立职务侵占罪的共犯，也不成立贷款诈骗罪。

再如，某民办银行工作人员 A，与其朋友 B 串通后，由 B 持一张伪造的支票（票面金额 2 万元）到 A 所在的银行柜台提现，A 为该伪造的支票付款，然后二人分赃。事后，A 谎称付款当时没有发现是伪造的支票。A 虽然只是银行的一般工作人员，但由于 A 直接将银行现金交付给 B，所以，B 的行为不可能成立票据诈骗罪。虽然 A 事后欺骗了银行管理人员，但是，这是在已经造成财产损失后为隐瞒真相所实施的欺骗行为，而不是为了取得财产所实施的使他人陷入处分财产的认识错误的欺骗行为，故 B 的行为不属于票据诈骗行为。另外，由于 A 与 B 基于相互串通而非法占有银行财产，所以 B 根本不存在票据诈骗行为。显然，A、B 只成立职务侵占罪的共犯。

不难看出，在行为不符合诈骗罪的构造，因而不可能认定为金融诈骗罪的情况下，即使有金融机构工作人员的参与，也不可能就金融诈骗罪成立共同犯罪。

由此看来，仅以一般主体的行为外观为依据，不考察整体行为是否符合金融诈骗罪的构造，便认定为金融诈骗罪的共犯或者认定为金融诈骗罪与其他犯罪的竞合的做法，是存在疑问的。

可是，在司法实践中存在不少仅以一般主体的行为外观为依据，将贪污罪、职务侵占罪的共犯认定为金融诈骗罪的情形。究其原因，主要有二：一是断章取义地理解刑法规定，没有将相关条文的项中规定与项前规定结合起来理解，更没有将金融诈骗罪作为诈骗罪的特殊表现形式予以认定。例如，只要行为人使用虚假的证明文件取得贷款，不管有无受骗者，不管受骗者是谁，都认定为贷款诈骗罪。再如，只要行为人使用伪造、变造、作废的汇票、本票、支票，也不管有无受骗者，不管受骗者是否基于认识错误处分财产，都认定为票据诈骗罪。只要行为人使用作废的信用证，不管其是否与银行工作人员勾结，不管银行工作人员是否具有财产处分权限，都认定为信用证诈骗罪。由此看来，司法机关应当体系性地阅读刑法，完整地理解刑法条文，正确把握金融诈骗罪的构造。二是在以往为了判处重刑而将职务侵占罪认定为金融诈骗罪。例如，一般主体与非国有金融机构中具有处分权限的工作人员相勾结，使用伪造的票据，造成数额特别巨大财产损失的案件，时有发生。由于在《刑法修正案（十一）》施行之前，职务侵占罪的最高法定刑为15年有期徒刑，而金融诈骗罪的最高法定刑大多为无期徒刑，司法机关工作人员可能明知行为人的行为构成职务侵占罪，但为了判处更重的刑罚认定为票据诈骗罪。显然，应当杜绝这种现象。因为这种"为量刑而定罪"的做法，不仅违反罪刑法定原则，而且完全可能构成徇私枉法等罪，应当追究相关司法工作人员的刑事责任。即使在《刑法修正案（十一）》将职务侵占罪的法定最高刑提高到无期徒刑之后，也应当按照诈骗罪的结构或者构造认定金融诈骗罪，而不能减少金融诈骗罪的构成要件。当然，也不能将构成金融诈骗罪的案件认定为职务侵占罪。

4. 犯罪形态的考量

在某些情况下，对一个行为既可能认定为此罪的未遂或者预备，也可能认定为彼罪的既遂。对此，必须权衡犯罪形态对定罪与量刑的影响，作出协调的解释。

例如，《刑法》第177条之一第1款规定："有下列情形之一，妨害信用卡管理的，处三年以下有期徒刑或者拘役，并处或者单处一万元以上十万元以下罚金；数量巨大或者有其他严重情节的，处三年以上十年以下有期徒刑，并处二万元以上二十万元以下罚金：（一）明知是伪造的信用卡而持有、运输的，或者明知是伪造的空白信用卡而持有、运输，数量较大的；（二）非法持有他人信用卡，数量较大的；（三）使用虚假的身份证明骗领信用卡的；（四）出售、购买、为他人提供伪造的信用卡或者以虚假的身份证明骗领的信用卡的。"根据《刑法》

第 196 条第 3 款的规定，盗窃信用卡并使用的，以盗窃罪论处。盗窃罪的第一档法定刑为"三年以下有期徒刑、拘役或者管制，并处或者单处罚金"。2009 年 12 月 3 日发布的《最高人民法院、最高人民检察院关于办理妨害信用卡管理刑事案件具体应用法律若干问题的解释》（已被修改）规定，非法持有他人信用卡 50 张以上的，应当认定为《刑法》第 177 条之一第 1 款规定的"数量巨大"。甲盗窃他人提包后，发现其中有 50 余张信用卡，但没有其他财物，此后一直持有这些信用卡。对此应考虑以下问题：（1）如果说信用卡本身就是财物，50 多张信用卡本身的价值达到盗窃罪数额较大的起点，则甲的行为成立盗窃罪（对象为信用卡本身），非法持有信用卡的行为（妨害信用卡管理罪）与盗窃罪成立吸收关系，根据从一重罪论处的原则，应认定为妨害信用卡管理罪。（2）如果说信用卡本身不是财物，或者虽然是财物，但数额没有达到较大标准，也必须认定为妨害信用卡管理罪。（3）如果行为人原本认识到被害人提包中有许多信用卡，打算盗窃信用卡再使用，但事实上没有使用，也必须认定为妨害信用卡管理罪，既不能认定为盗窃未遂，也不能认定为盗窃预备。（4）如果行为人使用了部分信用卡，就必须对盗窃罪与妨害信用卡管理罪实行并罚。因为即使不使用信用卡也成立妨害信用卡管理罪，而使用所盗窃的信用卡的行为，另触犯了盗窃罪，二者之间不存在以一罪论处的根据与理由。

再如，行为人为了实施金融诈骗行为，先伪造、变造金融票证，后使用该伪造、变造的金融票证骗取财物的，应当如何处理？这是刑法理论激烈争论的问题。本书的基本观点是，对这种行为可能认定为牵连犯，从一重罪处罚，而不实行并罚。但对"从一重罪处罚"要确定一个基本原则与一个补充原则。[①]

基本原则是：在行为所触犯的罪名之间，结合对应情节的轻重，依照较重的法定刑处罚。

一方面，虽然票据诈骗罪、金融凭证诈骗罪、信用证诈骗罪、信用卡诈骗罪的法定刑并不低于甚至高于伪造、变造金融票证罪的法定刑，但由于各种犯罪都具有多个法定刑幅度，所以，在认定这类犯罪时，必须按照具体案件所应当适用的法定刑比较法定刑的轻重，从而实现从一重处罚。例如，甲伪造汇票情节严重，根据《刑法》第 177 条的规定，应当适用"五年以上十年以下有期徒刑，并处五万元以上五十万元以下罚金"的法定刑，但其使用伪造的汇票骗取的财物只是"数额较大"，故就票据诈骗罪而言，根据《刑法》第 194 条的规定，只能适用"五年以下有期徒刑或者拘役，并处二万元以上二十万元以下罚金"的法定

---

① 关于各种观点的争论以及笔者观点的详细论证，参见张明楷：《诈骗犯罪论》，法律出版社 2021 年版，第 586 页。

刑。因此，对甲的行为应以伪造金融票证罪处罚。

另一方面，在决定所应适用的法定刑时，不能只考虑金融诈骗的数额，同时要考虑其他情节。因为刑法对金融诈骗罪所规定的法定刑，并非以诈骗数额作为选择法定刑与量刑的唯一标准，而是同时考虑了其他情节。例如，《刑法》第194条至第196条，都将"数额巨大或者有其他严重情节"规定为一种法定刑升格的情节；将"数额特别巨大或者有其他特别严重情节"规定为更重的法定刑升格情节。所以，不能仅以骗取的财产数额为根据决定法定刑的选择。

问题是，在对于行为所触犯的两个罪名所应选择的法定刑完全相同时，应当如何处理？例如，A伪造信用卡情节特别严重，根据《刑法》第177条的规定，应当适用"十年以上有期徒刑或者无期徒刑，并处五万元以上五十万元以下罚金或者没收财产"的法定刑；同时，A使用伪造的信用卡骗取了数额特别巨大的财物，根据《刑法》第196条的规定，也应适用"十年以上有期徒刑或者无期徒刑，并处五万元以上五十万元以下罚金或者没收财产"的法定刑。在这种情况下，需要进一步根据量刑情节比较罪行的轻重。完全可能出现这样的情况：A的行为刚刚达到信用卡诈骗罪的数额特别巨大的起点，所以，根据信用卡诈骗罪的法定刑，只宜判处10年有期徒刑；但是，A伪造信用卡的行为不仅情节特别严重，而且重于其他情节特别严重的情形（即属于情节特别严重中的较重情形），根据伪造金融票证罪的法定刑，宜判处15年有期徒刑或者无期徒刑。显然，在这种情况下，适用伪造金融票证罪的法定刑，判处15年有期徒刑或者无期徒刑是合适的，而不能按信用卡诈骗罪判处10年有期徒刑。正因为这样处理具有合理性，所以，有的国家的刑法对此作出了明文规定。例如，日本《刑法》第54条规定了牵连犯："作为犯罪的手段或者结果的行为触犯其他罪名的，按照其最重的刑罚处罚。"而日本《刑法》第10条就刑罚的轻重所作的规定指出："两个以上的死刑，或者最高刑期、最高数额及最低刑期、最低数额相同的同种类的刑罚，按照犯罪情节决定其轻重。"易言之，在牵连犯触犯的两个犯罪的法定刑完全相同时，并不是按照目的行为所触犯之罪的法定刑处罚，而是按照情节轻重定罪：如果手段行为情节重，就按手段行为触犯之罪的法定刑处罚；如果目的行为情节重，就按目的行为触犯之罪的法定刑处罚。

或许有人认为，在上述情况下，认定A的行为构成信用卡诈骗罪并从重处罚，也可以保持罪刑协调关系。可是，第一，与将伪造信用卡的行为作为信用卡诈骗罪的从重情节，从而判处15年有期徒刑或者无期徒刑相比，以伪造信用卡本身的情节为根据判处15年有期徒刑或者无期徒刑，更具有合理性。第二，完全可能存在这样的情形：虽然依照伪造、变造金融票证罪所确定的法定刑与依照金融诈骗罪所确定的法定刑相同，但后者反而存在未遂等从轻、减轻甚至免除处罚的情节，如果依目的行为触犯之罪的法定刑处罚，必然不能实现罪刑相适应。例如，甲利用自己伪造、变造的支票实施票据诈骗行为时，自动放弃票据诈骗行为。假如对甲触犯的两个罪名应适用相同的法定刑，那么，如果按目的行为触犯之罪（即票据诈骗罪）的法定刑处罚，意味着必须认定甲的行为构成票据诈骗罪中止。而对于中止犯没有造成损害的，应当免除处罚。这显然不利于实现罪刑相适应。①

补充原则是：如果根据法定刑较重的法定刑处罚，而法定刑较重的犯罪具有法定减免情节，则应具体权衡根据不同罪名所应判处的具体刑罚的轻重，按处罚较重的犯罪处罚。

例一：伪造金融票证后并使用伪造的金融票证进行诈骗，但由于犯罪人意志以外的原因而未得逞，应如何处理？例如，1998 年 10 月 18 日，被告人王某在某县城市信用社存款 130 元，至同年 11 月 25 日已分两次支取 125 元，存折上余额为 5 元。1999 年 6 月 29 日，王某在自己家中将存折余额涂改为 10 805 元。同年 7 月 1 日上午 10 时许，王某持涂改后的存折到本县城关一发廊按摩嫖娼，结账时无现金支付，便同发廊老板、卖淫女三人乘三轮车到城关信用社取款，信用社工作人员发现存折被涂改后即报警，公安人员遂将王某抓获。从本案的情节来看，如果对王某以变造金融票证罪处断，应适用的法定刑为"五年以下有期徒刑或者拘役，并处或者单处二万元以上二十万元以下罚金"；如果以金融凭证诈骗罪处罚，应适用法定刑为"五年以下有期徒刑或者拘役，并处二万元以上二十万元以下罚金"。显然，后一法定刑重于前一法定刑（前者可能单处附加刑），于是有人认为，对王某的行为应按金融凭证诈骗罪（未遂）处罚。②

可是，如果对王某的行为以金融凭证诈骗罪处罚，那么，由于王某因意志以

① 或许有人认为，在这种情况下，由于甲伪造了支票，所以应认定其行为造成了损害。可是，其一，既然认定甲的行为成立票据诈骗罪，在其没有骗取财物的情况下，难以认定其行为造成了损害。其二，即使认定甲的行为造成了损害，但根据刑法规定也应当减轻处罚。显然，只有认定为伪造金融票证罪，才能避免不合理现象。

② 在讨论本案时，有人认为王某的行为属于牵连犯，同时指出："刑法第一百九十四条第二款已规定，使用伪造、变造的委托收款凭证、汇款凭证、银行存单等其他银行结算凭证的，以金融凭证诈骗罪处罚。这里所说的使用伪造、变造金融凭证，当然包括使用本人伪造、变造金融凭证的情况在内。尽管伪造、变造的行为也可单独构成伪造、变造金融票证罪，但刑法第一百九十四条第二款的规定，已从立法上排除了伪造、变造金融凭证罪的适用。"祝铭山主编：《典型案例与法律适用（刑事类）·破坏金融管理秩序罪》，中国法制出版社 2004 年版，第 99~100 页。可是，一方面，如果认为使用伪造、变造金融凭证，当然包括使用本人伪造、变造金融凭证的情况在内，那么，就不能认定王某的行为属于牵连犯。另一方面，如果认定王某的行为属于牵连犯，就存在以手段行为定罪的可能性，而不能认为从立法上排除了伪造、变造金融票证罪的适用。

外的原因未得逞，就必须适用刑法总则关于未遂犯的规定。不难看出，虽然变造金融票证罪的第一档法定刑轻于金融凭证诈骗罪的第一档法定刑，但如果在变造金融票证罪既遂与金融凭证诈骗罪未遂之间进行比较，应当肯定，在主刑相同的情况下，对既遂的量刑理当重于对未遂的量刑。换言之，就应当判处的具体刑罚而言，变造金融票证罪既遂的刑罚重于金融凭证诈骗罪未遂的刑罚。既然如此，对王某以变造金融票证罪处罚更为合适。否则会形成这样的局面：如果王某没有持变造的存折取款，便以变造金融票证罪的既遂论处，王某也不具有任何法定的从轻、减轻处罚情节；倘若王某持变造的存折取款，由于意志以外的原因而未得逞，便以金融凭证诈骗罪的未遂犯处罚，王某因而具有法定的从轻、减轻处罚情节。这似乎存在明显的不协调现象。①

例二：伪造金融票证后并使用伪造的金融票证进行诈骗，但由于犯罪人自动放弃而没有造成财产损失的，应如何处理？例如，刘某将自己金额为1万元的定期存单，涂改为101万元的定期存单，然后持该变造的存单到银行柜台取款。刘某将存单递给银行职员陈某后，陈某将存单放在桌上后对刘某说："请等一下，我接一个电话后来给您办。"刘某便说："那你将存单给我吧！"陈某将存单递给刘某后，刘某将该存单撕毁，次日，刘某以存单丢失为由，向银行挂失。刘某在陈某并未发现存单变造的情况下要回并撕毁存单的行为，显然符合犯罪中止的成立条件。从本案的情节来看，如果对刘某以变造金融票证罪处罚，应适用的法定刑为"五年以下有期徒刑或者拘役，并处或者单处二万元以上二十万元以下罚金"；如果以金融凭证诈骗罪处罚，则可能适用"五年以上十年以下有期徒刑，并处五万元以上五十万元以下罚金"的法定刑。根据前述"从一重处罚"的基本原则，对刘某的行为似应以金融凭证诈骗罪处罚。

但是，如果对刘某的行为以金融凭证诈骗罪处罚，则意味着对刘某应当免予刑罚处罚。因为就金融凭证诈骗罪本身而言，刘某的行为完全符合犯罪中止的条件，而且没有造成任何损害。既然如此，就应免予刑罚处罚。可是，这样处理有损刑法的公平正义性：如果刘某没有使用其变造的存单，便成立变造金融票证罪既遂，处"五年以下有期徒刑或者拘役，并处或者单处二万元以上二十万元以下罚金"；当刘某使用其变造的存单进而中止时，则成立金融凭证诈骗罪的中止犯，并免予刑罚处罚。这恐怕是一般人难以接受的。在这种情况下，应适用前述补充原则，即具体地考察：如果以变造金融票证罪处罚，对刘某应当判处何种刑罚；

---

① 也许有人认为，由于对于未遂犯只是"可以"从轻或者减轻处罚，所以，对王某的行为以金融凭证诈骗罪未遂处罚，也可以不从轻、减轻处罚，因而结局上仍然是协调的。但是，"可以"表明了刑法的倾向性意见，如果一方面认定为金融凭证诈骗罪的未遂犯，另一方面以金融凭证诈骗罪以外的事实否认"可以"从轻或者减轻处罚，便缺乏合理性。

如果以金融凭证诈骗罪处罚，对刘某应当判处何种刑罚。这样考察的结局是，按变造金融票证罪处罚重于按金融凭证诈骗罪处重。所以，对刘某的行为应按变造金融票证罪的既遂犯处罚。

5. 共犯与正犯关系的考量

对于某种具体犯罪构成要件作出解释时，应充分注意该罪的正犯行为与其他犯罪的教唆行为、帮助行为的区别，避免矛盾的解释结论。

一般认为，刑法分则所规定的行为为正犯行为（实行行为）①，但根据刑法总则的规定，教唆行为与帮助行为也成立犯罪。正犯行为、教唆行为、帮助行为都具有相对性，即某种行为相对于此罪而言是帮助行为，但相对于彼罪而言则可能是正犯行为；或者某种行为相对于此罪而言是教唆行为，但相对于彼罪而言则正犯行为，如此等等。例如，提供虚假证明文件的行为，相对于提供虚假证明文件罪而言，属于正犯行为；但如果行为人明知他人实施保险诈骗行为而为其提供虚假证明文件时，该行为则是保险诈骗罪的帮助行为。因此，在解释某种具体犯罪的构成要件时，要注意该罪的正犯行为与其他犯罪的教唆行为、帮助行为的关系。下面以介绍贿赂罪为例进行讨论。

刑法理论通说就介绍贿赂罪所设之例为："介绍贿赂通常表现为以下两种形式：其一，受行贿人之托，为其物色行贿对象，疏通行贿渠道，引荐受贿人，转达行贿的信息，为行贿人转交贿赂物，向受贿人传达行贿人的要求。其二，按照受贿人的意图，为其寻找索贿对象，转告索贿人的要求等。"② 稍加思索，就会发现一系列问题：能否说前一种行为属于行贿罪的帮助行为呢？难道不能认定后一行为是受贿罪的帮助行为吗？如果回答"能"，那么，它们又为什么会成为介绍贿赂罪的正犯行为呢？立法者是否将行贿罪与受贿罪的帮助行为独立出来作为介绍贿赂罪，而不再分别以行贿罪、受贿罪的共犯论处呢？果真如此，这种立法的根据何在呢？如果不是，则意味着在介绍贿赂罪之外，仍然存在行贿罪、受贿罪的帮助犯，那么，如何认识二者的关系呢？③

首先必须证实的是，上述通说所列举的第一种行为属于行贿罪的帮助行为，第二种行为则构成受贿罪的帮助行为。④ 从共犯原理来看，行为人受行贿人之托所实施的上述行为，是促成行贿得以实现的行为，其主观上也当然认识到自己是

---

① 这一说法或许总体上是成立的，但还存在着若干疑问。

② 高铭暄主编：《新编中国刑法学》（下册），中国人民大学出版社 1998 年版，第 996 页。

③ 教唆行贿或受贿的行为，应分别以行贿罪或受贿罪论处，不会与介绍贿赂罪混淆（参见高铭暄主编：《刑法学》，法律出版社 1984 年版，第 569 页）。故以下仅讨论行贿、受贿的帮助行为与介绍贿赂罪的区别。

④ 甚至有可能认为，两种行为都既是行贿的帮助行为，也是受贿的帮助行为。

在帮助行贿人实施行贿行为。这完全符合行贿罪的共同犯罪的成立条件。同样，行为人按照受贿人的意图所实施的上述行为，是促成受贿得以实现的行为，其主观上也必然认识到自己是在帮助受贿人实施受贿行为。这完全符合受贿罪的共同犯罪的成立条件。或许人们会说，上述行为毕竟属于一种"介绍"行为。但本书依然认为，对向犯中的介绍行为同样属于共犯行为。从法律规定而言，刑法有的条款明文将介绍或类似介绍的行为规定为正犯行为，既然如此，这类行为就更能成立共犯。例如，《刑法》第240条将接送、中转妇女、儿童的行为规定为拐卖妇女、儿童行为；换言之，在他人拐骗、贩卖妇女、儿童的过程中，行为人明知事实真相而接送、中转妇女、儿童的，本身就成立拐卖妇女、儿童罪的正犯。再如，根据《刑法》第205条的规定，介绍他人虚开增值税专用发票的，也属于虚开增值税专用发票的行为；易言之，行为人介绍他人虚开增值税专用发票时，便与实际上虚开增值税专用发票的人一样构成该罪的正犯。从司法实践来看，对向犯中的介绍、居间等行为历来被认定为共犯行为。例如，"办理贩卖毒品案件，应当准确认定居间介绍买卖毒品行为，并与居中倒卖毒品行为相区别。居间介绍者在毒品交易中处于中间人地位，发挥介绍联络作用，通常与交易一方构成共同犯罪，但不以牟利为要件；居中倒卖者属于毒品交易主体，与前后环节的交易对象是上下家关系，直接参与毒品交易并从中获利。居间介绍者受贩毒者委托，为其介绍联络购毒者的，与贩毒者构成贩卖毒品罪的共同犯罪；明知购毒者以贩卖为目的购买毒品，受委托为其介绍联络贩毒者的，与购毒者构成贩卖毒品罪的共同犯罪；受以吸食为目的的购毒者委托，为其介绍联络贩毒者，毒品数量达到刑法第三百四十八条规定的最低数量标准的，一般与购毒者构成非法持有毒品罪的共同犯罪；同时与贩毒者、购毒者共谋，联络促成双方交易的，通常认定与贩毒者构成贩卖毒品罪的共同犯罪。居间介绍者实施为毒品交易主体提供交易信息、介绍交易对象等帮助行为，对促成交易起次要、辅助作用的，应当认定为从犯；对于以居间介绍者的身份介入毒品交易，但在交易中超出居间介绍者的地位，对交易的发起和达成起重要作用的被告人，可以认定为主犯"[1]。又如，"介绍买卖枪支、弹药、爆炸物的，以买卖枪支、弹药、爆炸物罪的共犯论处"[2]。这些都表明，通说所列举的介绍贿赂的行为，实际上是行贿的帮助行为或者受贿的帮助行为。此外，《刑法》第392条第1款明文规定的罪状是"向国家工作人员介绍贿赂"，故按照国家工作人员的意图，"为其寻找索贿对象，转告索贿人的要求"

---

[1] 最高人民法院 2015 年 5 月 18 日发布的《全国法院毒品犯罪审判工作座谈会纪要》。

[2] 2009 年 11 月 16 日发布的《最高人民法院关于审理非法制造、买卖、运输枪支、弹药、爆炸物等刑事案件具体应用法律若干问题的解释》第 1 条第 2 款。

等行为，也似乎并不属于"向国家工作人员介绍贿赂"。

其次应当说明的是，行贿罪的帮助行为与受贿罪的帮助行为，不应当独立成为介绍贿赂罪。一方面，我们无论如何也不能发现将上述帮助行为规定为独立犯罪的任何理由；另一方面，教唆行为与帮助行为都是共犯行为，为什么教唆行贿与教唆受贿分别成立行贿罪与受贿罪，而帮助行为却独立成罪呢？我们也难以发现其中的道理。或许有人联系协助组织卖淫罪来反驳这一观点，但本书以为，这种反驳难以成立。《刑法》第358条第4款规定的协助组织卖淫罪，确实将组织卖淫罪的帮助行为设置为独立犯罪，该规定大体属于帮助犯的正犯化。但该规定源于1991年的《全国人民代表大会常务委员会关于严禁卖淫嫖娼的决定》（已修订），而在卖淫嫖娼绝迹几十年后的当时，组织卖淫嫖娼的行为，被视为极为严重的犯罪行为，所以立法机关欲对该行为重拳出击；但如果将协助组织卖淫的行为认定为组织卖淫罪的从犯，司法机关仍然可能根据刑法总则的规定，对协助组织卖淫的行为以从犯论处，进而从轻、减轻处罚甚至免除处罚。于是，立法机关对协助组织卖淫的行为规定了独立的、较重的法定刑。可见，立法者只有当为了重处（或轻处）某种犯罪的共犯行为时，才可能将其规定为独立的犯罪。但对于《刑法》第392条所规定的介绍贿赂罪，则不能作出这种解释。如果说帮助行贿与帮助受贿的罪行严重，需要将其独立成罪予以重处，则不符合立法现状。因为与帮助行为相比，教唆行为更需要重处，可是，刑法并没有将教唆行贿与教唆受贿规定为独立犯罪。而且《刑法》第392条规定，介绍贿赂情节严重才成立犯罪，法定最高刑也仅为3年有期徒刑，此外还将追诉前主动交代规定为减免情节。如果说需要轻处行贿、受贿的帮助行为，也不符合客观现实。修订刑法时面临着严峻的贪污贿赂现象，立法机关正是为了严厉打击贪污贿赂犯罪，才将"贪污贿赂罪"独立成章的，不可能为了轻处行贿、受贿的帮助行为，而将其独立成罪。但将行贿、受贿的帮助行为解释成为介绍贿赂罪的正犯行为，不仅会导致重罪轻判，还会不当地导致罪数的混淆。例如，甲一方面帮助乙行贿给A，另一方面帮助丙向B索取、收受贿赂。如果将帮助行贿、受贿的行为认定为介绍贿赂罪，则甲只是犯了同种数罪，且通常不并罚；如果说帮助行贿、受贿的行为分别成立行贿罪与受贿罪的共犯，则甲触犯了两个不同的罪名，应当实行数罪并罚。显然，上述通说可能导致数罪不并罚。所以，从罪刑均衡的角度而言，行贿、受贿的帮助行为不可能独立成为介绍贿赂罪的正犯行为。此外，将行贿、受贿的帮助行为解释为介绍贿赂罪也会导致刑法的不协调。因为《刑法》第163条、第164条分别规定了公司、企业人员受贿罪与对公司、企业人员行贿罪，但没有规定向公司、企业人员介绍贿赂罪。如果行贿、受贿的帮助行为成立介绍贿赂罪而不成立行贿、受贿罪的共犯，那么，对向公司、企业人员介绍贿赂的行为便可能不成立犯罪。这种导致刑法不协调的解释结论，是不宜保留的。因为使法律相冲突、相矛盾的解释结论是最糟的解释结论。

刑法理论与司法实践习惯于讨论此罪与彼罪的区别。按照这种做法，区分行贿、受贿的帮助行为与介绍贿赂罪的标准是什么？

一种可能是，以行为人是否获得利益为标准：帮助受贿并参与分赃（实际分得受贿款物）的，成立受贿罪的共犯；帮助行贿并为了谋取自己的不正当利益的，成立行贿罪的共犯；帮助受贿但没有分赃、帮助行贿却不是为了谋取自己的不正当利益的，成立介绍贿赂罪。但从犯罪的本质来考察，便不难发现这种做法不可取。

《刑法》第2条的规定，清楚地说明刑法的目的是保护法益，也说明犯罪的本质是侵害法益。因为惩罚恶就是保护善，即惩罚恶行就是为了保护恶行所侵害的利益。《刑法》第13条的规定也直接表明犯罪的本质是侵害法益，刑法之所以禁止犯罪，正是因为犯罪侵害了法益。既然刑法的目的是保护法益，犯罪的本质是侵害法益，那么，犯罪人主观上对利益的追求、客观上所获得的利益就不是本质问题，也非重要问题，即定罪与量刑，从根本上考虑的是行为对法益的侵害程度（损人），而不是行为人获取利益的有无与多少（利己）。因为损人与利己并非绝对的对应关系，有的行为既损人又利己，有的行为只损人不利己，有的行为只利己不损人。由于犯罪的本质是侵害法益，所以，在犯罪人事实上没有获得利益、被害人的法益却遭受侵害的情况下，我们首先要考虑的是法益受侵害的事实。或许有人认为，刑法的一些条文规定了某些犯罪的成立要求行为人主观上出于追求利益的目的或者客观上已经获得一定利益，因而说明仍需考虑行为人主观上对利益的追求与客观上所获的利益。但是，本书认为，刑法作出这些规定是为了使构成要件所反映的行为对法益的侵害性达到犯罪程度，或者是为了明确此罪与彼罪的关系。例如，高利转贷罪，刑法要求行为人主观上"以转贷牟利为目的"，客观上"违法所得数额较大"。这是因为，一方面，如果主观上不是"以转贷牟利为目的"，客观上就不可能实施套取金融机构信贷资金高利转贷他人的行为，也就不可能侵犯金融秩序；另一方面，如果客观上不是"违法所得数额较大"，就表明行为人套取的信贷资金数额不大而且转贷利率不高，故对金融秩序的侵犯性没有达到犯罪程度。可见，即使在行为侵害了法益又获得了利益的情况下，我们的着眼点仍然在行为对法益的侵害性上。如果不是这样考虑，而是自觉或者不自觉地认为，犯罪的本质在于行为人获得利益、刑法的目的在于禁止行为人获得利益，那么，必然不断出现以往所出现过的那种将科技人员利用业余时间为企业排忧解难因而获得适当报酬的行为认定为受贿罪的现象，也会在其他许多方面出现偏差。所以，以行为人是否分得贿赂款物为标准来区分介绍贿赂罪与受贿罪的共犯，是歪曲犯罪本质的表现。

退一步考虑。就行贿而言，虽然《刑法》第 389 条将"为谋取不正当利益"规定为行贿罪的主观要件，但可以肯定的是，"为谋取不正当利益"是驱使行为人实施行贿行为的动因；同样可以断定的是，行为人具有"为他人谋取不正当利益"的心态时，也会驱使其实施行贿的帮助行为。从论理上解释，为自己谋取不正当利益而行贿与为他人谋取不正当利益而行贿，对国家工作人员职务行为的不可收买性的侵害程度，没有任何区别。从文理上解释，刑法并没有将"为谋取不正当利益"限定为"为自己谋取不正当利益"，故"为谋取不正当利益"当然包含为自己谋取不正当利益与为他人谋取不正当利益。因此，当甲出于为自己谋取不正当利益的目的，乙出于为甲谋取不正当利益的目的，而共同实施行贿行为时，乙与甲当然成立行贿罪的共犯，而不能因为乙没有为自己谋取不正当利益的意图，将其认定为介绍贿赂罪。就受贿而言，虽然《刑法》第 385 条规定了受贿罪的客观行为是索取或者收受他人财物，但可以肯定的是，索取、收受他人财物是归自己占有还是归第三者占有，都表现为一种权钱交易，二者对国家工作人员职务行为的不可收买性的侵害程度，不存在差异。同样，刑法并没有要求行为人必须为自己索取、收受他人财物。因此，当 A 为了索取财物归自己占有，B 为了索取财物归 A 占有而帮助 A 实施索取贿赂的行为时，B 便与 A 成立受贿罪的共犯，而不能因为 B 没有为自己索取财物的意图，而将其认定介绍贿赂罪。

另一种可能是，以非国家工作人员是否参与了国家工作人员利用职务便利为他人谋取利益来区分受贿罪的共犯与介绍贿赂罪。这一区分标准也值得研究。

可以肯定的是，非国家工作人员与国家工作人员相勾结，参与了国家工作人员利用职务便利为他人谋取利益的行为时，当然成立受贿罪的共犯。但不能由此得出相反的结论，即不能认为，非国家工作人员没有参与国家工作人员利用职务便利为他人谋取利益的行为便属于介绍贿赂罪。刑法理论上就如何理解受贿罪中的"为他人谋取利益"，展开过激烈争论。但现在比较一致的看法是，为他人谋取利益只是受贿人的一种许诺，而不要求客观上有为他人谋取利益的行为与结果[1]；许诺既可以是明示的，也可以是暗示的；当他人主动行贿并提出为其谋取利益的要求后，国家工作人员虽然没有明确答复实现其要求，但又不予拒绝时，

---

[1] 当然，如果已有为他人谋取利益的外部行为与结果，则无疑实现了"为他人谋取利益"的要件。

就应当认为是一种暗示的许诺。① 因为在此情形中，他人已经认识到国家工作人员的职务行为可以收买，因而国家工作人员职务行为的不可收买性遭受了侵害。许诺既可以是直接对行贿人作出的，也可以是通过第三者对行贿人作出的。因为不管是直接许诺还是间接许诺，都呈现出一种以权换利的交易关系。许诺既可以是真实的，也可以是虚假的。所谓虚假许诺，是指国家工作人员具有为他人谋取利益的职务条件，在他人有求于自己的职务行为时，虽然并不打算为他人谋利益，却又谎称为他人谋取利益。② 既然"为他人谋取利益"只要表现为许诺即可，而不要求有为他人谋取利益的实际行为与结果，那么，在国家工作人员即使没有为他人谋取利益的实际行为与结果也成立受贿罪的情况下，将是否参与了国家工作人员利用职务便利为他人谋取利益作为区分受贿罪的共犯与介绍贿赂罪的标准，就必然不当地缩小受贿罪共犯的成立范围。

那么，可否以行为人所处的立场来区分介绍贿赂罪与行贿、受贿罪的共犯行为呢？即能否说仅站在行贿人一方为其实施帮助行为的，便是行贿罪的共犯；仅站在受贿人一方为其实施受贿的帮助行为的，就是受贿罪的共犯；同时站在双方立场或者中间立场的，则成立介绍贿赂罪呢？本书不得不给予否定回答。因为就法益侵害的程度而言，同时站在双方立场的行为（所谓站在中间立场实际上也是站在双方立场），比只站在一方立场的行为更为严重；将这种法益侵害更为严重的犯罪反而认定为较轻的介绍贿赂罪，有损刑法的正义性。这是无论如何都必须舍弃的观点。同样，也不能认为，当行贿与受贿既遂时，在行贿者与受贿者之间的勾通、撮合行为，成立行贿或者受贿的共犯；当行贿与受贿未遂时，在行贿者与受贿者之间的勾通、撮合行为，成立介绍贿赂罪。因为共犯的成立并不以犯罪既遂为前提，行贿与受贿的既遂与未遂，不应影响勾通、撮合行为的性质。

或许有人认为，既然法律上的介绍贿赂与行贿、受贿罪共犯的区别存在疑问，那么就必须朝有利于被告人的方向解释，即凡是可能成立介绍贿赂罪的，均不得认定为行贿罪、受贿罪的共犯。但本书不能同意该观点。因为如前所述，存疑时有利于被告之原则只与事实之认定有关，而不适用于法律之解释；不能因为难以从法律上区分介绍贿赂罪与行贿罪、受贿罪的共犯，便一概以轻罪论处。

① 2016 年 4 月 18 日发布并实施的《最高人民法院、最高人民检察院关于办理贪污贿赂刑事案件适用法律若干问题的解释》第 13 条规定："具有下列情形之一的，应当认定为'为他人谋取利益'，构成犯罪的，应当依照刑法关于受贿犯罪的规定定罪处罚：（一）实际或者承诺为他人谋取利益的；（二）明知他人有具体请托事项的；（三）履职时未被请托，但事后基于该履职事由收受他人财物的。国家工作人员索取、收受具有上下级关系的下属或者具有行政管理关系的被管理人员的财物价值三万元以上，可能影响职权行使的，视为承诺为他人谋取利益。"
② 参见张明楷：《论受贿罪的客观要件》，《中国法学》1995 年第 1 期。

可能还有人认为，在行、受贿者可以到案的场合，介绍贿赂者成立行、受贿罪的共犯；而在行、受贿者无法到案，或者部分事实无法查明的场合，只能成立介绍贿赂罪。可是，处罚介绍贿赂者，是基于其自己的行为，与同案人潜逃或到案、对同案人能否定罪的问题，没有必然的关系。是否实际抓获了行、受贿者，也不应影响介绍贿赂者的行为性质。

总之，通过对构成要件与法定刑的考察，可以得出如下结论，对于帮助行贿或帮助受贿的行为，不应当认定为介绍贿赂。易言之，根据刑法分则关于行贿罪、受贿罪的规定以及刑法总则关于共同犯罪成立条件的规定，凡是行贿罪、受贿罪的帮助行为，都是行贿罪、受贿罪的共犯行为，理当分别认定为行贿罪与受贿罪，而不得以介绍贿赂罪论处。如果某行为同时对行贿、受贿起帮助作用，则属于一行为触犯数罪名，应从一重罪处罚[1]，也不宜以介绍贿赂罪论处。即使认为一个行为可能同时触犯行贿罪的帮助犯、受贿罪的帮助犯与介绍贿赂罪，也应当以行贿罪的帮助犯或者受贿罪的帮助犯论处。

那么，对哪些行为仅以介绍贿赂罪论处呢？这的确是难以回答的问题。根据刑法的规定，只有情节严重的介绍贿赂行为，才成立本罪。而刑法之所以要求情节严重，显然是因为介绍贿赂行为本身对法益的侵犯性还没有达到值得科处刑罚的程度，否则立法者不会设置"情节严重"的规定。[2] 既然如此，对介绍贿赂行为就不应当提出过多的要素与过高的要求。所谓"向国家工作人员介绍贿赂"，是指行为人明知某人欲通过行贿手段使国家工作人员通过职务行为为其谋取不正当利益，而向国家工作人员提供该信息；在此基础上，情节严重的才成立介绍贿赂罪。在行为人主动为甲疏通行贿渠道，主动向国家工作人员乙表达对方要求，旨在促成贿赂事实的情况下，甲、乙双方均没有着手实行犯罪的，对行为人可以按介绍贿赂罪论处。亦即，本罪是用以将共犯从属性造成的不可罚的情形转变为可罚，而在行、受贿一方已经着手实行的场合，应当认定为对应犯罪的共犯，其与介绍贿赂罪成立包括的一罪，一般不再认定介绍贿赂罪。

顺便指出的是，读者不难发现，上述观点导致介绍贿赂罪的成立范围极为窄小甚至取消，这或许是一个当然结论。众所周知，德国、日本等大陆法系国家刑法以及我国民国时期刑法，均不见介绍贿赂罪的规定。我国旧刑法与现行刑法均规定的介绍贿赂罪，源于《苏俄刑法典》。但是，在苏俄时代，关于介绍贿赂罪

---

[1]　有学者认为，如果行为同时对行贿与受贿都起帮助作用，则视对哪一方所起的作用大，而分别认定为行贿罪或者受贿罪的共犯（参见刘明祥：《简析全国人大常委会〈补充规定〉对贿赂罪的修改》，《法学》1988 年第 6 期），但本书对这种观点持怀疑态度。

[2]　参见张明楷：《犯罪构成体系与构成要件要素》，北京大学出版社 2010 年版，第 238 页。

的成立范围的确呈由宽到窄的局面①；1996 年《俄罗斯联邦刑法典》则取消了介绍贿赂罪的规定，其解释的变化与立法的变迁值得我们思考。从立法论上而言，介绍贿赂罪没有存在的必要，即介绍贿赂可以分别视为行贿或受贿的教唆犯、帮助犯，没有必要规定为独立的罪名。从刑法没有规定向公司、企业人员介绍贿赂罪来看，将介绍贿赂的行为分别认定为行贿、受贿的共犯也无不当之处。

6. 案件事实的考量

即使刑法的文字表述达到了完全明确的程度，法律也不是仅从法文中发现的，司法人员还必须从生活中发现法律。换言之，刑法条文的许多含义，并不是人们根据文字表述就可以充分揭示出来的。解释者要通过社会生活事实不断地发现法律、揭示条文的意义，实现刑法的协调。

例如，不能习惯于认为对公法益的侵害重于对私法益的侵害。对诉讼诈骗如何处理，在很大程度上取决于如何评价诉讼诈骗事实。如果认为"诉讼诈骗主要侵犯了司法活动而非财产"，就会否认诉讼诈骗行为构成诈骗罪。但是，一方面，这种评价违背事实。诉讼诈骗明显通过欺骗法官，使法官处分了被害人的财产，进而导致被害人的财产遭受损失，故不能得出诉讼诈骗主要侵犯了司法活动的结论。这种评价明显认为公法益一概优于私法益，但这种观点已落后于时代。另一方面，上述观点导致矛盾现象：行为人通过欺骗代理人，进而骗取被害人财产的，成立诈骗罪，而行为人通过欺骗法官，进而骗取被害人财产的，成立更轻的犯罪或者不成立犯罪。这明显不当。

再如，当一个案件事实不仅符合法条规定的构成要件要素，而且不法程度超出了该法条规定的要求，但也没有其他可适用的法条时，就应当适用该法条。例如，《刑法》第 280 条第 1 款规定了抢夺国家机关公文、证件、印章罪。倘若行为人以暴力相威胁"抢劫"国家机关公文、证件印章时，应当如何处理？或许人们会解释道："既然刑法只规定了抢夺，而没有规定抢劫，根据罪刑法定原则，当然应以无罪论处。"可是，从规范意义上说，抢劫行为已经在符合抢夺要件的前提下不法程度超出了抢夺的要求，既然如此，当然可以将抢劫国家机关公文、证件、印章的行为认定为抢夺国家机关公文、证件、印章罪。② 否则，就导致明显的不协调。

再如，通过事实比较，能够确定某种解释结论导致所处罚的犯罪的违法性明

---

① 参见［苏］沃尔仁金：《贿赂中介之定罪问题》，单周华译，《中外法学》1981 年第 3 期。

② 当然，如果以国家机关公文、证件、印章也具有财物的属性和抢劫罪不以数额较大为起点为由，主张对抢劫国家机关公文、证件、印章的行为以抢劫罪论处，也是一种思路。但是，在某些情况下，将国家机关公文、证件评价为财物，可能存在疑问。

显轻于不可能受处罚的行为时，就不应当接受这种解释结论。例如，《刑法》第 140 条前段规定，"生产者、销售者在产品中掺杂、掺假，以假充真，以次充好或者以不合格产品冒充合格产品，销售金额五万元以上不满二十万元的，处二年以下有期徒刑或者拘役，并处或者单处销售金额百分之五十以上二倍以下罚金"。问题是，对于销售金额没有达到 5 万元的，是否以犯罪未遂论处？

肯定说认为："行为人生产、销售伪劣商品，实际销售金额 5 万元以上的，构成生产、销售伪劣产品罪，属于既遂。生产者已经生产出了伪劣产品或正在生产伪劣产品，或者销售者已经购进了伪劣产品正在销售，销售金额可达到 5 万元以上，即经营数额在 5 万元以上，但实际销售金额尚不足 5 万元即被查获的，应以犯罪未遂论，而不能认为不构成犯罪。……因为，依据我国刑法总则的规定，刑法分则所有的故意犯罪都存在着既遂与未遂的区分。对于生产、销售伪劣产品的行为人来说，将金额 5 万元以上伪劣商品销售到市场上去，就是其所造成的危害结果，而这一结果是行为人所极力希望的、追求的，行为人放任而不是追求这一结果发生的情况是根本不存在的。如果认为仅生产了伪劣产品但尚未销售，就不是犯罪，只有将伪劣商品销售出去才是犯罪，那么生产伪劣产品罪就不可能是一个独立的罪名了，立法者也没必要将生产伪劣产品的行为与销售伪劣产品的行为并列规定为犯罪，而只规定销售伪劣产品罪就可以了。"[1] 在肯定说看来，只要生产者生产了伪劣产品、销售者购入了伪劣产品，如果将来销售后的金额可能达到 5 万元，即使并没有销售的也构成本罪未遂。这种观点显然认为，销售金额是犯罪既遂条件，没有达到法定销售金额的便是犯罪未遂。

2001 年 4 月 9 日发布的《最高人民法院、最高人民检察院关于办理生产、销售伪劣商品刑事案件具体应用法律若干问题的解释》第 2 条第 2 款指出："伪劣产品尚未销售，货值金额达到刑法第一百四十条规定的销售金额三倍以上的，以生产、销售伪劣产品罪（未遂）定罪处罚。"这一解释既不同于否定说，也不完全同意肯定说，而是多少在肯定说与否定说之间有所折中。这一解释的思路大体是："销售金额五万元以上"不是犯罪成立要件，只是犯罪既遂条件；但并非任何犯罪的未遂都应处罚，只有情节严重的未遂才处罚[2]；伪劣产品尚未销售，但货值金额达到《刑法》第 140 条规定的销售金额 3 倍以上的，应认为情节严重，宜追究刑事责任。

---

[1] 何秉松主编：《刑法教科书》（2000 年修订）（下卷），中国法制出版社 2003 年版，第 742~743 页。

[2] 参见 1998 年 3 月 17 日发布并实施的《最高人民法院关于审理盗窃案件具体应用法律若干问题的解释》（已废止）中关于盗窃未遂的规定；1996 年 12 月 16 日发布并实施的《最高人民法院关于审理诈骗案件具体应用法律的若干问题的解释》中关于诈骗未遂的规定。

采取否定说有诸多理由，换言之，有许多理由可以推翻上述肯定说与折中说，[①] 但事实的比较最具有说服力。例如，甲已经销售了 4.8 万元的伪劣产品，没有储存伪劣产品；乙储存了 5 万元以上的伪劣产品，但是没有销售。从法益侵害的角度来说，甲的行为肯定重于乙的行为。[②] 可是，甲的行为无论如何都不可能成立犯罪（也不可能成立未遂犯）。既然如此，就不应当将乙的行为认定为犯罪。

总之，避免矛盾、保持协调是体系解释的最重要的要求之一。解释者得出了有矛盾、不协调的解释结论时，不要以为刑法本身或者刑法与其他法律有矛盾、不协调，而要知道是自己的解释使得刑法有矛盾、不协调。所以，责任在自己而不是在刑法与其他法律本身。换言之，当解释者得出了有矛盾、不协调的解释结论时，首先应当怀疑自己的解释理念、能力与方法，然后重新解释刑法，直至得出协调的、正义的解释结论为止。

---

① 参见张明楷：《刑法第 140 条"销售金额"的展开》，载马俊驹主编：《清华法律评论》第二辑，清华大学出版社 1999 年版，第 177 页。

② 仅生产或者仅购入伪劣产品的行为，还没有将伪劣产品推向市场，因此，一方面没有破坏市场竞争秩序，另一方面也没有侵犯消费者的合法权益。我们可以这样考虑：如果一个生产者只是生产伪劣产品，一个销售者只是购入伪劣产品，而不销售所购入的伪劣产品，那么，其行为只会给自己带来各种损失，因为没有参与市场竞争而不可能破坏市场竞争秩序，由于没有将伪劣产品销售给消费者而不可能侵犯消费者的合法权益。不难看出，侵犯市场竞争秩序与消费者合法权益的行为，不在于单纯生产伪劣产品，也不在于单纯购入伪劣产品，而在于销售伪劣产品。这也正是刑法将销售金额规定为构成要件要素的重要理由。大体可以肯定的是，生产者生产伪劣产品、销售者购入伪劣产品，在主观上都是为了销售。但是，仅有主观上的销售故意，客观上没有销售行为的，既不可能破坏市场竞争秩序，也不可能侵犯消费者的合法权益。因此，主观上的销售故意并不能等于也不能代替客观上的销售行为。

第六章　保护法益与构成要件

一、犯罪的实体

从实质的观点进行考察，只有具备以下两个条件，才能认定为犯罪：其一，发生了违法事实（违法性）；其二，能够就违法事实进行非难（有责性）。①

"虽然从形式上说，刑法上的违法性，是指对刑法规范（评价规范）的违反，但是，由于违法性是基于刑法规范应当作出否定评价的事态的属性、评价，故其内容便由作为刑法规范的评价基准的刑法目的来决定。将什么行为作为禁止对象，是由以什么为目的而禁止来决定的，所以，对实质违法性概念、违法性的实质的理解，是基于对刑法的任务或目的的理解而推导出来的。"② 刑法的目的与任务是保护法益，所以刑法禁止侵犯法益的行为与结果。换言之，刑法只能将侵害或者威胁了法益的行为规定为犯罪。这种法益侵犯性，就是实质的违法性。因为刑法禁止侵犯法益的行为，所以，即使行为人主观上没有故意与过失，侵犯法益的行为也是被刑法所禁止的，不能认为刑法允许精神病患者杀人，也不能认为刑法允许不满 14 周岁的人抢劫。况且，认为客观上侵犯法益的行为不具有社会危害性，也不符合事实。例如，甲客观上将国家绝密泄露给境外敌对组织的，即使主观上没有故意与过失，也无疑具有法益侵害性。再如，乙客观上导致无辜的他人死亡，即使没有责任，也肯定具有法益侵害性。刑法不处罚这种行为，不是因为该行为没有法益侵害性，而是因为行为人不具有非难可能性（责任）。

概言之，"犯罪行为必须是有社会侵害性的行为这个基本前提……是在我们现代刑法所奠基的启蒙时代中所努力挣到的，并且因而有其较浓厚的历史根源，而作为今天各国的国家宪法，同时这种基本前提，尽管受到一些质疑和漠视，演变成法益保护理论已有两个世纪之久。作为刑事不法领域内所有目的论的论证基础，社会侵害原则或法益保护原则仍然是不可或缺的"③。

由于刑法实行罪刑法定原则，将侵犯法益的行为类型化为构成要件，所以，只有当行为人所实施的行为符合某种犯罪的构成要件时，才可能属于刑法上的不

---

① 参见［日］前田雅英：《刑法总论讲义》（第 7 版），东京大学出版会 2019 年版，第 27 页。

② ［日］山口厚：《刑法总论》（第 3 版），有斐阁 2016 年版，第 105 页。

③ ［德］许迺曼：《刑事不法之体系》，载许玉秀、陈志辉编：《不移不惑献身法与正义——许迺曼教授刑事法论文选辑》，春风煦日学术基金 2006 年版，第 201 页。

法行为。① 但是，仅有侵害法益的不法行为，还不足以成立犯罪。根据人们可以接受的观点，只有在可以就不法行为对行为人进行非难时，才能将这种行为规定为（认定为）犯罪。换言之，只有当行为人对所实施的不法行为具备有责性，应当受到谴责时，这种行为才是犯罪。或者说，只有当能够将不法行为及其结果归责于行为人时，才能认定该行为成立犯罪。这是刑法的人权保障机能决定的。公民的自由以其具有预测可能性为前提。如果不管在行为时如何小心谨慎，只要发生法益侵害结果就要受到刑罚处罚，那么，公民就没有任何自由可言。换言之，只有当行为人在具有实施其他行为的可能性的同时，故意或者过失造成了法益侵害（危险）结果，才能以犯罪论处。这一要求从主观层面保障了公民的预测可能性，进而保障了公民的自由。所以，非难可能性（责任）是犯罪的另一特征。②

"从两个价值层面，应该可以适当地对现行法加以重组：即行为特别明显的（刑法所特有的）客观无价值和行为人对行为的个别责任，这两个基本价值，可以各引申出两个次价值：只有当第一，行为无论如何是被禁止的，第二，行为在所认可的形式下是不被期待的（亦即当一个值得保护的法益受到严重的侵害，而且对于具体的侵害而言，刑法的保护是有效的、必要的并且相当的），方才有刑法特有的无价值（刑法的不法）可言；而个别的罪责，首先在行为对于个别的行为人而言，无论如何都是可以避免的（等于可以责备于他）为前提，其次以行为动机具有适格的无价值（等于有刑罚的必要性）为必要。刑法体系根本的基础因而是由价值标准所构成的，也就是由刑法的不法和罪责所构成的，而二者都属于适格的无价值。"③

将违法与责任作为犯罪的支柱，也符合我国刑法关于犯罪概念的规定。《刑法》第 13 条规定："一切危害国家主权、领土完整和安全，分裂国家、颠覆人民民主专政的政权和推翻社会主义制度，破坏社会秩序和经济秩序，侵犯国有财产或者劳动群众集体所有的财产，侵犯公民私人所有的财产，侵犯公民的人身权利、民主权利和其他权利，以及其他危害社会的行为，依照法律应当受刑罚处罚的，都是犯罪，但是情节显著轻微危害不大的，不认为是犯罪。"虽然刑法理论一直都认为刑法的这一规定表明犯罪具有三个基本特征，即社会危害性、刑事违

① 符合构成要件且违法的行为，在刑法理论上称为"不法"。本书没有严格区分不法与违法这两个概念。

② 请注意，这里的"责任"是犯罪的成立条件，与作为法律后果的"刑事责任"不是等同的含义。

③ ［德］许逎曼：《刑法体系思想导论》，载许玉秀、陈志辉编：《不移不惑献身法与正义——许逎曼教授刑事法论文选辑》，春风煦日学术基金 2006 年版，第 293 页。

法性与应受刑罚处罚性，但在笔者看来，完全可以对《刑法》第 13 条作另外的或许更合理的解释。一方面，刑法的目的是保护法益，所以，刑法要禁止危害社会的行为，即法益侵害行为。这是法益保护主义决定的，是对一般人（包括国家、社会）的合理性。另一方面，并不是任何法益侵害行为都要受刑罚处罚，联系刑法的相关规定，只有具备以下三个条件，才能受刑罚处罚：其一，根据罪刑法定原则，法益侵害行为必须被法律类型化为构成要件，亦即刑法分则或其他刑罚法规明文规定处罚这种行为（对法益侵害行为规定了法定刑）。没有被类型化为构成要件的行为，即使侵害了法益，也不应当受刑罚处罚。这是"依照法律应当受刑罚处罚"的第一层意思。其二，根据刑法的谦抑性，法益侵害行为不是情节显著轻微危害不大的行为，换言之，根据《刑法》第 13 条的规定，情节显著轻微危害不大的行为，依法不受刑罚处罚。这是"依照法律应当受刑罚处罚"的第二层意思。其三，根据责任主义，仅有法益侵害行为还不能受刑罚处罚，只有根据刑法的相关规定，当行为人对侵害法益的行为与结果具有故意（《刑法》第 14 条）或者过失（《刑法》第 15 条），行为人达到责任年龄（《刑法》第 17 条）、具有责任能力（《刑法》第 18 条），并且具有期待可能性时（《刑法》第 16 条），才能受刑罚处罚。这是"依照法律应当受刑罚处罚"的第三层意思。概言之，根据《刑法》第 13 条以及相关规定，严重的法益侵害性与有责性，是犯罪的实体。

总之，思考刑法概念时，必须以刑法目的为出发点，由于刑法的目的是保护法益，所以，以刑法目的为出发点，意味着对于被害人（包括国家、社会与个人）的合理性；同时要考虑到对于行为人的合理性。[1] 正因为如此，"今日的现代社会所具有的刑法目标大都一致，所以在是否要区分不法与罪责这个根本问题上没有正当理由作出不同抉择：当我们将这些目标看做是法益保护而这系藉由一般预防、合理的报应或是由罪责原则正当化的特别预防时，必定有两种不同的评价观点产生：其一，由社会损害性产生与强调被害人观点的行为非价；其二，强调行为人观点的个人可避免性，亦即可非难性"[2]。

由于犯罪的实体是违法与责任[3]，所以，刑法理论必须进一步说明，具备哪些要件行为才具有违法性，具有哪些要素行为才具备有责性。那些表明行为的违

---

[1] 参见［德］许逎曼：《千禧年后的德国刑法学》，载许玉秀、陈志辉编：《不移不惑献身法与正义——许逎曼教授刑事法论文选辑》，春风煦日学术基金 2006 年版，第 173 页。

[2] ［德］许逎曼：《区分不法与罪责的功能》，载许玉秀、陈志辉编：《不移不惑献身法与正义——许逎曼教授刑事法论文选辑》，春风煦日学术基金 2006 年版，第 429 页。

[3] 详细理由参见张明楷：《犯罪构成体系与构成要件要素》，北京大学出版社 2010 年版，第 49 页。

法性所不可缺少的要件，就是构成要件或者称为犯罪构成要件；那些表明行为的有责性所不可缺少的要素，就是责任要素。①

我国刑法理论与司法实践普遍使用"犯罪构成"这一概念，并且认为犯罪构成是认定犯罪的唯一依据。在本书中，犯罪构成包括表明违法性的要件即构成要件（同时不具有违法阻却事由）与表明有责性的要素。可以肯定的是，行为、结果、行为对象等要素是表明行为的违法性的要素，属于构成要件的内容。行为主体本身与特殊身份，也是构成要件的内容②；但一个行为如果虽然符合构成要件，而同时具备违法阻却事由，则该行为不具有违法性，不需要进一步判断行为人有没有责任。只有当行为符合构成要件并且没有违法阻却事由时，才需要判断行为人是否对违法事实负有责任。故意、过失是表明违法性的要素，还是表明有责性的要素，是行为无价值论与结果无价值论的分歧所在。结果无价值论认为，刑法在防止过度干预、采取自由主义原则的同时，要将违反刑法目的的事态作为禁止的对象。刑法的目的或任务是保护法益，所以，引起法益侵害及其危险（结果无价值），就是刑法禁止的对象，违法性的实质就是引起结果无价值。③ 由于行为是否引起了结果无价值是一种客观事实，所以，主观要素原则上不影响违法性的判断。本书的基本观点是，在我国，犯罪构成是违法有责类型，犯罪构成必须包括表明违法性的要件与表明有责性的要素。但故意、过失这种主观要素不是表明违法性的要素，而是表明有责性的要素；责任年龄、责任能力、违法性认识的可能性以及期待可能性，是责任要素。目的、动机是表明违法性的要素，还是表明有责性的要素，是结果无价值论的内部争论问题之一，在国内外都存在争议，本书对此不展开系统讨论。

由于责任是对违法的责任，所以，一方面，不存在独立于违法事实之外的责任；另一方面，如果认定了违法事实，就必须围绕违法事实判断责任，违法与责任必须同时存在。例如，责任能力是对行为人所实施的特定违法事实的认识与辨认控制能力，故意、过失是对行为人所实施特定的客观违法事实的故意与过失，如此等等。由于构成要件是表明违法性的要件，所以，只有明确了具体犯罪的构成要件，才能明确针对构成要件事实的责任要素的具体内容。也正因为如此，刑法分则条文所规定的基本上是表明违法性的要素，责任要素由总则规定。基于同样的理由，对刑法分则的解释，主要是对构成要件的解释。

---

① 本书一般对表明违法的条件使用"构成要件"的概念，对于表明非难可能性的条件使用"责任要素"的概念，不使用责任要件这一概念。

② 虽然可能存在责任身份，但可以肯定的是，刑法分则条文所规定的绝大多数特殊身份都是违法身份（表明违法性的要素）。

③ 参见 [日] 山口厚：《刑法总论》（第3版），有斐阁2016年版，第105页。

既然刑法的任务是保护法益，而违法的本质是侵害法益，那么，对表明违法的构成要件的解释理所当然必须以法益概念为指导。

二、法益的概念

（一）法益的含义

尽管可以将法益概念简略地定义为法所保护的利益，但学者们为法益概念作出了许多定义①，定义的分歧主要表现在以下几个方面：法益是前实定法的概念还是实定法的概念，即在实定法将法益予以保护之前，是否已经存在法益或法益的内容？法益是刑法保护的对象，还是一般法或所有法都保护的对象？法益是观念的东西（或精神的东西）还是感觉的东西（或物质的东西）？法益的内容是状态还是利益？法益的主体是谁，即除了个人之外，国家与社会是否法益的主体？如此等等。

本书认为，界定法益概念必须遵循下列原则：（1）法益必须与利益相关联。利益是能够满足人们需要的东西，当某种状态所反映的是人们所需求的一种秩序时，它便是利益。所有的法律，都是为着社会上的某种利益而生；离开利益，就不存在法的观念；"说法是利益的规律，和说法是正义的规律，不相抵触。利益是法所规律的目的，而正义则是法所规律的最高标准"②。（2）法益必须与法相关联，某种利益尽管能够满足主体的需要，但当它并不受法保护时，无论如何也不能称之为法益。后述前实定法的法益概念，也只是意味着法益的内容，即利益本身，在实定法之前就已经存在，法对这种利益予以确认并加以保护，就使之成为或上升为法益。（3）法益作为犯罪所侵害或者威胁的利益，必须具有可侵害性。所谓侵害或者侵害的危险，都必须是一种事实的或因果的现象，故禁忌、价值观本身不是法益。（4）法益必须与人相关联。刑法目的是保护人的利益，故只有人的利益才能称为法益，只有人的利益才值得刑法保护。（5）法益必须与宪法相关联。刑法将什么作为利益予以保护，必须符合宪法的原则；宪法要求刑法保护的利益，应当成为刑法上的法益。根据上述界定法益的原则，本书认为，法益，是指根据宪法的基本原则，由法所保护的、客观上可能受到侵害或者威胁的人的生活利益。其中由刑法所保护的人的生活利益，就是刑法上的法益。

从受侵犯的角度而言，法益被称为被害法益，即犯罪所侵害或者威胁的利益。从受保护的角度而言，法益被称为保护法益，即法所保护的利益，或者被称为保护客体。显然，将二者联系起来就会发现，法益实际上是我国刑法传统理论

---

① 参见张明楷：《法益初论》（增订本）（上册），商务印书馆2021年版，第9页。
② ［日］美浓部达吉：《法之本质》，林纪东译，台北商务印书馆1993年版，第43页。

上所说的犯罪客体。我国刑法理论的通说认为，犯罪客体是刑法所保护的，而为犯罪行为所侵犯的（社会主义）社会关系（社会关系说）。① 诚然，刑法所保护的利益，都可以用社会关系来概括，但不免有些牵强。如刑法规定破坏环境资源保护罪，是为了保护生态环境与自然资源，用法益来概括就比用社会关系来表述更为合适。由于社会关系的内容是权利与义务关系，故社会关系说容易演变为"犯罪客体是刑法所保护的权利"，因而不能说明许多犯罪。此外，"社会关系"的表述，容易将一切犯罪都解释为对国家、对社会的犯罪，例如杀人罪不是对生命的犯罪，而是对生命权、对国家保护公民生命的法律制度的犯罪。于是，就几乎不存在对个人法益的犯罪。事实上，采用"社会关系"的概念，更有导向主观主义、威权主义的危险。例如，杀人的不能犯，没有侵犯作为个人法益的生命，但却可能侵犯了保护生命权的制度。所以，本书采用保护法益的概念与表述。事实上《刑法》第2条与第13条都说明了刑法的任务是保护法益，犯罪的本质是侵犯法益，将犯罪客体理解为法益具有法律根据。刑法分则没有一个章节将社会关系作为犯罪客体，相反明文将权利、秩序、利益等作为犯罪客体，用法益来概括它们是合理的。

（二）法益的类型

刑法理论一般认为，法益概念分为自由主义的法益概念（前实定的法益概念、实质的法益概念、批判立法的法益概念）与实定的法益概念（形式的法益概念、方法论的法益概念）。② 前者是指基于国家的任务在所有犯罪中作为核心要素所要求的法益概念，这一概念是实质的犯罪概念的前提，是基于保障公民自由的观念的前实定的概念，它前置于刑事立法或者说直接指向刑事立法者。③ "这种法益概念首先具有批判立法的功能：刑法学认为那些不符合保护目的要求的罪刑条文在实质上是错误的，并尽可能地对其加以限制；同时，人们也要求立法者进行改革。"④ 后者将法益理解为法所保护的利益，是指刑法分则罪刑规范的目的，故法益不是前实定的概念。

本书同时承认实质的法益概念与形式的法益概念。实质的法益概念侧重的是立法规制机能（刑事政策的机能），即考虑的是刑法应当保护什么利益。如果没

---

① 参见高铭暄、马克昌主编：《刑法学》（第十版），北京大学出版社、高等教育出版社2022年版，第49页。

② 参见［德］阿敏·英格兰德：《通过宪法振兴实质的法益理论？》，马寅翔译，载《当代德国刑事法研究》2016第1卷，法律出版社2017年版，第94页。

③ Vgl. Claus Roxin, Strafrecht Allgemeiner Teil, Band Ⅰ, 4. Aufl., C. H. Beck, 2006, S. 14；陈志龙：《法益与刑事立法》，台湾大学丛书编辑委员会1992年版，第103页。

④ ［德］乌尔斯·金德霍伊泽尔：《法益保护与规范效力的保障：论刑法的目的》，陈璇译，《中外法学》2015年第2期。

有实质的法益概念，就不能确保刑事立法的合法性、正当性。方法论的法益概念侧重的是解释规制机能，即所讨论的是刑法正在保护什么利益。虽然后者只是用于指导对罪刑规范的解释，但它在教义学上的意义不可低估。"如果没有方法论上的法益概念，那我们就无法对重要的教义学问题作出回答。譬如，规范所保护的究竟是某种个人法益——例如某人身体的完整性，还是某种集体法益——例如司法机关的运行能力，这对于我们解释某一罪刑条文来说具有根本性的意义。因为，只有对于个人的法益，被害人的承诺才能取消行为的不法。相反，对集体法益造成损害的行为，则不具有成立被害人承诺的可能。因此，对于现今的刑法教义学而言，方法论上的法益概念是不可或缺的。"① 本书虽然承认形式的法益概念，但并不认为随便一种利益都能成为刑法分则条文的保护法益。换言之，对形式的法益概念的理解与对实质的法益概念的理解，是不可分离的。

首先应当承认，形式的法益概念中的法益也必须具有能被称为法益的实质内容，即必须是由来于宪法的基本权利的人的生活利益，不能说任何一种利益都是刑法上的法益。从逻辑上讲，完全不保护任何利益的刑法条文是不存在的，"即使是所谓的恶法也有其得到利益的人。……对于不同意识形态的说法（例如地球绕着太阳转）或做法（例如援助交际……与配偶以外之人的性行为）的斗争或入罪，就可以使社会上的一些人，或甚至是多数人感觉到快乐与兴奋"②。所以，发掘刑法实际保护的法益（形式的法益概念）的过程，也必须受实质的法益概念的制约，不能漫无边际地确认某种利益是法益。立法机关原本是在实质的法益概念指导下制定的分则条文。既然如此，我们在解释分则条文时，就只能确定出具有实质内容的法益，而不可能将任何一种利益都确定为分则条文的保护法益。

不仅如此，即使是形式的法益概念，也具有立法批判功能，只不过这种批判是通过解释论表现出来的。例如，刑法理论根据法益概念将犯罪区分为侵害犯与危险犯。如果没有明文规定侵害结果，但若处罚危险犯明显侵害公民的自由时，刑法理论会解释为侵害犯。③ 又如，学者们在解释论上对虚开增值税专用发票罪提出的限制条件，如必须以骗取税款为目的，或者必须具有骗取增值税款的危险，就是因为虚开增值税专用发票罪的保护法益并不只是发票管理秩序，而是包括国家的增值税财产利益。再如，在解释论上，承认保险诈骗罪与诈骗罪在部分情形下的法条竞合，在部分情形下属于想象竞合，其实是以法益概念为根据对法定刑设置不当的无形批判。

---

① ［德］乌尔斯·金德霍伊泽尔：《法益保护与规范效力的保障：论刑法的目的》，陈璇译，《中外法学》2015 年第 2 期。

② 黄荣坚：《基础刑法学》（上），元照出版公司 2012 年版，第 20~21 页。

③ 参见［日］嘉门优：《法益论》，成文堂 2019 年版，第 93 页。

　　正因为我们在确定具体犯罪的保护法益时，不可能不考虑实质的法益概念，所以，从法益的实际内容来说，形式的法益概念与实质的法益概念不是对立关系。因为形式的法益概念旨在说明现行刑法保护了哪些法益，而实质的法益概念旨在说明，哪些法益需要刑法保护因而需要增设新罪，哪些不是法益不能由现行刑法保护因而现行刑法应当删除某些法条，或者通过解释将某些行为排除在犯罪之外。换言之，法益的内容本身是前实定的，但这种内容要受到刑法保护还必须依靠实定刑法。于是经常出现这样的现象：前实定的法益中一部分受到了刑法的保护，另一部分还没有受到刑法的保护。就已经受到刑法保护的部分而言，刑法理论既要以保护法益为根据解释法条，又要反思该利益是否值得刑法保护；就没有受到刑法保护的部分而言，刑事立法要考虑在社会发展变化后，其中哪些利益值得刑法保护。对形式的法益概念的归纳，有助于掌握实质的法益概念的内涵与条件；对实质的法益概念的内涵与条件的把握，也有利于对形式的法益概念的理解。①

　　（三）法益的机能

　　法益的机能，是指法益在现实上已经或正在起到的，以及应当起到的作用。法益具有以下几个方面的机能。②

　　1. 法益的刑事政策机能

　　法益的刑事政策机能，也称为立法规制机能，是指法益概念在刑事立法上的机能或指导刑事立法的机能。这种机能主要表现在以下几个方面：（1）使刑事立法具有合目的性的机能。立法是一种有目的的活动，刑法的目的便是刑事立法的目的，它指导立法者确定犯罪的性质、范围与种类，是立法者规定犯罪与刑罚的意义所在。刑事立法以保护法益为目的，才使其具有合理性：一方面，刑法不会无缘无故地处罚那些没有侵犯法益的行为，从而使行为人的自由最大限度地受到法律的保障，人们在互不侵犯法益的前提下生存和发展；另一方面，由于刑法所处罚的是侵犯法益的行为，故法益受到了保护，这便有利于法益主体的生存与发

---

① 也许有人会反问，既然法益是法所保护的利益，既然实质的法益概念存在于刑法之前，怎么能说是法益呢？其实，可以认为，两个法益概念中的"法"并不完全相同。实质的法益概念中的"法"，主要是指宪法，也就是说，我们要根据宪法确定刑事法立法应当保护哪些利益；而形式的法益概念中的"法"，主要是指刑法，也就是说，现行刑法保护了什么样的法益。二者显然有共同点，都要基于宪法进行解释和说明。二者只是侧重点不同：形式的法益概念重点说明现行刑法保护了什么利益，实质的法益概念重点说明刑法应当保护什么样的利益。所以，不保护任何利益的法条，就既不符合形式的法益概念，也不符合实质的法益概念。此外，也可以这样解释，实质的法益概念中的法益，是指刑法应当保护的法益，形式的法益概念中的法益是指刑法现实保护的法益。

② 参见张明楷：《法益初论》（增订本）（上册），商务印书馆2021年版，第227页。

展。（2）使刑法的处罚范围具有合理性的机能。刑法的适用关系每个人的生命、身体、自由、名誉与财产，如果刑法的处罚范围过于宽泛，则会使较多人的利益受到剥夺。但是，如果刑法的处罚范围过于狭窄，则意味着许多法益得不到刑法的保护，二者均违反刑法的目的。因此，将哪些行为列入刑法的处罚范围，需要公认的、公平的标准。在现实生活中，并不是受到任何否定评价的行为都应当受到刑法的处罚。对于某种行为，人们或者会根据伦理规范予以否认，或者会根据一般生活习惯进行谴责。但是，在伦理或生活习惯上受到否定评价的行为，不一定是侵犯法益的行为，因而不一定在法律上受到否定评价。一个人在内心里想奸淫妇女时，便在伦理上受到否定评价，却因为没有侵犯法益而不成为刑法的评价对象。所以，法益概念不仅使社会危害性概念具体化，而且使刑法的处罚范围限定在侵犯法益的行为。进一步而言，并不是一切侵犯法益的行为都应当受到刑法的处罚，只有当法益受到严重侵犯时，或者说只有当其他措施不足以保护法益、值得用刑法来保护时，才发动刑法。（3）使刑法的处罚界限具有明确性的机能。之所以如此，是因为法益具有清晰的内涵与外延。利益具有客观性，法益是一种客观存在，是人的生活利益，而不是禁忌、价值观或者其他纯观念现象或纯思维现象；法益是否受到侵犯，可以根据客观因果法则进行认定。

2. 法益的违法性评价机能

法益的违法性评价机能，是指法益概念对于评价实质的违法性所起的作用。这一机能主要表现在以下两个方面：（1）法益概念揭示违法性的实质。根据法益侵害说，只有当行为侵害或者威胁了法益，才可能具有实质的违法性，即行为是否具有实质的违法性，是根据法益是否受到了侵害或者威胁来评价的，而不是根据行为本身是否违反伦理来决定的。（2）法益概念揭示违法阻却事由的实质。在不少情形下，侵犯法益的行为同时保护了另一法益，这就需要判断该行为是否具有实质的违法性，而判断的基本标准就是法益的比较衡量，即侵犯法益的行为是否救济了另一同等或者更高价值的法益，乃判断是否存在违法阻却事由的基本标准。由于刑法不可能毫无遗漏地规定各种违法阻却事由，故在判断是否存在超法规的违法阻却事由（法律没有明文规定的违法阻却事由，如义务冲突、推定的承诺等）时，或者说在确定超法规的排除违法的事由的实质理由时，起作用的是法益概念。

3. 法益的解释论机能

法益的解释论机能，是指法益具有作为构成要件解释目标的机能，即对构成要件的解释结论，必须使符合这种构成要件的行为确实侵犯了刑法规定该犯罪所要保护的法益，从而使刑法规定该犯罪、设立该条文的目的得以实现。解释的方法无穷无尽，但最终起决定性作用的是目的论解释，因为目的是全部法律的创造者，每条法律规则的产生都源于一种目的。刑法的目的是保护法益，所以法益成为刑法解释的重要工具。对此，有如下几点值得注意：（1）法益的确定与犯罪的构成要件的关系。由于法益具有解释论的机能，故对某个刑法规范所要保护的法益内容理解不同，就必然对犯罪的构成要件理解不同，进而导致处罚范围的宽窄不同。"例如，刑法规定盗窃罪，是为了保护所有权及其他本权，还是为了保护占有，这是有争议的。如果认为刑法规定本罪是为了保护所有权及其他本权，则所有权者从盗窃犯人那里窃回自己财物的，不成立盗窃罪；但是，如果认为刑法规定本罪是为了保护占有，则所有权者从盗窃犯人那里窃回自己财物的行为，也侵害了盗窃犯人的占有，因而成立盗窃罪。于是，论定刑法的各条文将什么作为保护法益，是刑法各论的构成要件解释中的重要部分。"① 所以，一方面，刑法理论必须探讨分则各条文的目的，即制定该条是为了保护何种法益；另一方面，必须根据所确定的法益内容来解释犯罪的构成要件。（2）法益的变更对构成要件的影响。刑法以前规定某种犯罪可能是为了保护彼法益，但现行刑法规定该犯罪则是为了保护此法益。在这种情况下，应当根据新的法益解释犯罪的构成要件。例如，我国 1979 年《刑法》将私自开拆、隐匿、毁弃邮件、电报罪规定在渎职罪中，而现行刑法将其规定在侵犯公民人身权利、民主权利罪中。这表明，刑法规定本罪的目的，已由原来的保护邮政部门的职能变更为保护公民的通信自由权利。所以，不能继续按照原来的规定解释本罪的构成要件。

4. 法益的分类机能

法益的分类机能，是指法益具有作为犯罪分类标准的机能。例如，刑法分则根据法益将犯罪分为十类。刑法上还可以进一步根据法益主体，将十类犯罪分为对个人法益的犯罪与对超个人法益的犯罪。再如，根据法益受侵犯的形态，可以将犯罪分为侵害犯与危险犯。前者是以侵害一定法益作为处罚根据的犯罪，后者是以发生法益侵害的危险作为处罚根据的犯罪。

5. 法益的其他机能

除了上述机能之外，法益还具有其他机能。（1）法益影响事实认识错误的处理。例如，甲原本打算诬告 A，但由于误写了被诬陷人的姓名、年龄、性别、地址等，实际上诬告了 B（打击错误或行为差误）。如果认为诬告陷害罪侵害的是个人法益（个人的人身权利），同时采取具体符合说，那么，甲的行为对 A 成立诬告陷害未遂，对 B 成立过失诬告陷害（因而不成立犯罪）；如果采取法定符合说，则甲的行为仍然成立诬告陷害既遂。但是，倘若认为诬告陷害罪侵犯的是国家法益（即刑事司法的作用），那么，不管是采取具体符合说还是采取法定符合

---

① ［日］平野龙一：《刑法概说》，东京大学出版会 1977 年版，第 40 页。

说，上述甲的行为均成立诬告陷害既遂。（2）法益影响故意犯罪形态的认定。例如，乙出于贩卖的目的购买了大量毒品，但由于意志以外的原因，没有出卖给任何人。如果认为贩卖毒品罪侵犯的是国家对毒品的管制，则可以认为，乙购买毒品的行为本身便侵害了国家对毒品的管制，因而成立贩卖毒品罪的既遂；倘若认为贩卖毒品罪侵犯的是公众健康，则由于乙尚未将毒品卖给他人，因而只成立贩卖毒品罪的未遂或者预备（参见本书第九章）。（3）法益影响犯罪构造的认定。例如，关于绑架罪的构造，理论上存在争议。继续犯说认为，本罪的法益主要是被害人的自由，所以，当对被害人自由的侵害处于继续状态时，犯罪就在继续，因而是继续犯。状态犯说认为，本罪的法益是监护权以及人与人之间的保护关系，所以，本罪属于状态犯。继续犯或者状态犯说认为，本罪的保护法益原则上是被害人的自由，因而本罪原则上是继续犯。但是当行为人所略取或诱拐的是没有行动自由的婴幼儿或严重的精神病患者时，由于其保护法益是人身保护关系，故应认为是状态犯。[①]（4）法益影响犯罪类型（危险犯与实害犯）的确定。例如，倘若认为伪证罪的保护法益是刑事诉讼过程中的证明过程的纯洁性，那么，本罪就是实害犯；假若认为伪证罪的保护法益是刑事司法的客观公正性，那么，本罪就是危险犯。又如，如若认为受贿罪的保护法益是职务行为的不可收买性，本罪就是实害犯；如若认为受贿罪的保护法益是职务行为的公正性，本罪就是危险犯。再如，假若认为盗窃枪支、弹药罪的保护法益是他人对枪支、弹药的占有，本罪（既遂时）就是实害犯；假若认为盗窃枪支、弹药罪的保护法益是公共安全，本罪就是危险犯。（5）法益影响罪数的认定。例如，丙伪造货币后使用所伪造的货币。如果认为伪造货币罪的法益与使用假币罪的法益完全相同——都是国家的货币管理制度，那么，由于丙的行为只侵犯了一个法益，故仅以伪造货币罪处罚即可。如果认为伪造货币罪与使用假币罪的法益并不完全相同，即前者侵犯的是货币的公共信用与国家的货币发行权，后者侵犯的是货币的公共信用与他人的财物等，那么，由于丙的行为侵犯了不同的法益，并且具有不同的行为，因而应当认定为伪造货币罪与使用假币罪，实行数罪并罚。（6）法益还影响犯罪数额的认定。例如，丁盗窃了被害人 A 的一辆摩托车（价值 4 000 元），后借给 B 使用，由于 B 违章驾驶，摩托车被警察 C 扣押。B 将真相告知丁后，丁将扣押的摩托车窃回。如果认为盗窃罪的法益是所有权整体，则丁的盗窃数额为 4 000 元；如果认为盗窃罪的法益是财物的占有，则丁的两次盗窃行为分别侵害了摩托车所有者 A 的占有与警察的占有，因此其盗窃数额为 8 000 元（也可谓同种数罪）。

---

① 参见张明楷：《外国刑法纲要》（第三版），法律出版社 2020 年版，第 437 页。

（四）法益的确定

由于刑法的目的是保护法益、犯罪的本质是侵犯法益，法益对于犯罪构成要件的解释具有指导作用，所以在解释某种犯罪的构成要件时，首先必须明确刑法规定该罪是为了保护何种法益。这里所说的"法益的确定"，是指确定具体罪刑规范的保护法益。例如，《刑法》第234条有关故意伤害罪的规定，是为了保护什么法益？这是需要确定的。因为关于刑法保护的法益的总体内容，可以从《刑法》第2条与第13条的相关规定中得以明确；关于刑法分则各章所保护的法益内容，也可以从刑法分则各章的章名中得以明确；而刑法分则具体条文所保护的法益内容，一般没有明文规定，故需要确定。

不可否认的是，"与行为客体不同，刑法条文大多没有明示保护客体"①。我们从一些条文的构成要件表述中看不出来行为损害了什么，因而不知道法条要保护什么。在这种情况下，我们只能根据相关法条等诸多要素，按照法益的实质要求或者内涵确定刑法条文保护的是什么法益。我们不会把我们不认为是法益的东西当作法条的保护目的。比如，我们从《刑法》第301条第1款关于聚众淫乱罪构成要件的规定中，看不出本罪的保护法益是什么。如果说形式的法益概念是没有实质要求与内容的，就会说这个犯罪保护的只是人们"抵触任何形式的聚众淫乱"的道德感情。但法益这个概念明显排除对道德感情本身的保护，所以，我们必须排斥本罪的保护法益是道德感情本身的结论。更为重要的是，我们在确定聚众淫乱罪的保护法益时，必须以刑法总则的规定为指导。如前所述，我国《刑法》第2条的规定表明，刑法的目的与任务是保护法益；《刑法》第13条的规定表明，犯罪的本质是侵害法益。这是解释者在确定具体犯罪的保护法益时，必须时刻牢记上述两条的规定并以此为指导。一旦以《刑法》第2条与第13条为指导，就不可能将道德感情作为聚众淫乱罪的保护法益。一方面，对于《刑法》第13条中的"其他危害社会的行为"必须联系《刑法》第2条规定的刑法任务来确定，但《刑法》第2条并没有将保护道德感情作为刑法的任务。另一方面，对于《刑法》第13条中的"其他危害社会的行为"必须遵循同类解释规则予以确定，而《刑法》第13条列举的前述行为，都不包括单纯侵害人们道德感情的行为，所以，必须将道德感情本身排除在保护法益之外。由于应当将道德感情本身排除在外，故只能从人们的生活利益中确定聚众淫乱罪的保护法益（如性的非公开性）；如果不能确定具有实质的法益概念内容的法益，则只能认为这个犯罪不符合法益保护的要求，因而应当废止。

确定法益的内容，实际上是确定刑法目的的内容。确定刑法分则具体条文的

---

① ［日］平野龙一：《刑法概说》，东京大学出版会1977年版，第40页。

保护法益的内容，就是确定规定该具体犯罪的刑法条文的目的。例如，《刑法》第288条第1款规定："违反国家规定，擅自设置、使用无线电台（站），或者擅自使用无线电频率，干扰无线电通讯秩序，情节严重的，处三年以下有期徒刑、拘役或者管制，并处或者单处罚金；情节特别严重的，处三年以上七年以下有期徒刑，并处罚金。"如果确定了本条的保护法益为无线电通讯秩序，那么，《刑法》第288条的目的，就在于保护"无线电通讯秩序"。

确定法益内容，应以刑法规定为依据。基本方法如下：

1. 根据具体犯罪所属的类罪确定法益内容

各种具体的犯罪，总是隶属于某一类罪，而刑法对类罪的同类法益内容都作了明确或提示性规定，明确了具体犯罪所属的类罪，便可以通过同类法益的内容，大体上明确分则具体条文所要保护的法益内容。例如，刑法分则第四章是为了保护公民的各种人身权利与民主权利，故本章具体条文的保护法益，必须在各种人身权利与民主权利中予以确定。例如，强制猥亵、侮辱罪，属于侵犯人身权利的犯罪，刑法规定本罪的保护法益应是他人的性的自己决定权，而不是社会管理秩序。

当刑法规定某种犯罪是为了保护多种法益时，应当根据其所属类罪的同类法益内容，确定刑法条文的主要目的，而不能本末倒置。例如，规定在刑法分则第二章的犯罪，都是危害公共安全的犯罪。因此，凡属于这一类罪中的具体犯罪，不仅其侵犯的法益都是特定领域的公共安全，而且在侵犯多种法益的情况下，其主要内容也是特定领域的公共安全。例如，由于《刑法》第123条将暴力危及飞行安全罪规定在危害公共安全罪一章，故该条的主要目的首先是保护飞行安全，其次才是航空器上的人员的人身权利。再如，刑法将侵犯公民个人信息罪规定在刑法分则第四章，这表明本罪的保护法益是公民个人法益，而不是所谓公法益。[①] 由于具体犯罪隶属于类罪，因此，对具体犯罪的法益内容的确定，不得超出同类法益的范围。例如，刑法将盗窃、侮辱尸体罪规定在刑法分则第六章第一节"扰乱公共秩序罪"中，因此，不能超出类罪的法益范围，认为本罪的保护法益为死者的人格、名誉。

但是，成文法也可能存在缺陷，有可能需要进行补正解释的情形。当然，补正解释必须具有充分的依据。换言之，当法条有特别规定，或者有充分理由表明刑法对具体犯罪的归类存在错误时，就不能按照类罪确定该具体犯罪的法益。例

---

① 也不可能因为某种犯罪行为侵犯了许多公民的个人法益，就将该犯罪归入对公法益的犯罪。例如，不能因为盗窃罪发案率高，侵犯了许多公民的财物，就认定盗窃罪是对社会秩序或者公共安全的犯罪。

如，德国旧刑法将非法侵入住宅罪规定在第七章"对公共秩序的重罪与轻罪"中，^① 德国现行刑法也将本罪规定在第七章"妨害公共秩序的犯罪"中^②，但德国刑法理论的通说则将本罪归入侵犯个人法益的犯罪，而非侵犯公共法益的犯罪。^③ 再如，日本刑法将强制猥亵罪、强制性交等罪与公然猥亵、散布淫秽物品、重婚等罪规定在同一章，从刑法分则体系地位上看，它们都属于侵犯公共法益的犯罪，但刑法理论没有争议地将强制猥亵罪、强制性交等罪纳入对个人法益的犯罪。^④ 我国刑法分则也存在类似情形。例如，我国刑法分则将重婚罪归入侵犯公民人身权利、民主权利罪，但难以在人身权利、民主权利的范围内确定重婚罪的法益。再如，我国刑法将金融诈骗罪规定在分则的第三章，使人们认为金融诈骗罪的主要法益是金融管理秩序，但刑法分则第三章又没有将金融诈骗罪规定在"破坏金融管理秩序罪"一节，况且金融诈骗罪主要侵犯的是财产。所以，应当认为，金融诈骗罪的主要法益依然是财产；与之相应，金融诈骗罪的既遂与未遂的区分，不是以行为是否侵害了金融管理秩序为标准，而是以是否骗取了他人财产为标准。又如，我国刑法分则将"妨害司法罪"规定在第六章"妨害社会管理秩序罪"中，然而，妨害司法罪显然属于对国家法益的犯罪。所以，应当从国家法益的角度，而不是从社会管理秩序的角度确定妨害司法罪的法益。

2. 依据刑法对具体犯罪的规定确定法益内容

刑法分则条文对具体犯罪的规定，或明或暗、或直接或间接地揭示了其保护的法益内容，因此，要善于依据刑法对具体犯罪的规定以及各种规定之间的关系，确定分则条文的保护法益。

（1）通过刑法条文对保护法益的明确规定确定具体犯罪的法益内容。有的

---

① 德国旧《刑法》第 123 条第 1 款规定："不法侵入他人住宅、事务所或者围绕墙垣的土地，或者用于公务或交通所围绕之场所，或者无故滞留其内，经权利人要求仍不退去的，是侵入住宅罪，处罚金或者 3 个月以下自由刑。"第 2 款规定："携带武器或者数人共同实施本条行为的，处罚金或者 1 年以下自由刑。"第 3 款规定："犯本罪的告诉才处理。撤回告诉的，应当允许。"

② 德国现行《刑法》第 123 条第 1 款规定："不法侵入他人住宅、事务所或者围绕墙垣的土地，或者用于公务或交通所围绕的场所，或者无故滞留其内，经权利人要求仍不退去的，处 1 年以下自由刑或者罚金。"第 2 款规定："犯本条之罪的，告诉的才处理。"

③ Vgl. R. Rengier, Strafrecht Besonderer Teil II, Delikte gegen die Person und die Allgemeinheit, C. H. Beck, 2020, 21. Aufl., S. 273.；参见［日］关哲夫：《住居侵入罪的研究》，成文堂 1995 年版，第 23 页。

④ 参见［日］平野龙一：《刑法概说》，东京大学出版会 1977 年版，第 179 页；［日］西田典之著、桥爪隆补订：《刑法各论》（第 7 版），弘文堂 2018 年版，第 97 页；［日］前田雅英：《刑法各论讲义》（第 6 版），东京大学出版会 2015 年版，第 93 页；［日］山口厚：《刑法各论》（第 2 版），有斐阁 2010 年版，第 105 页；［日］井田良：《讲义刑法学·各论》（第 2 版），有斐阁 2020 年版，第 110 页；等等。

条文明确规定了保护法益，在这种情况下，应根据明文规定确定法益内容。例如，《刑法》第252条规定："隐匿、毁弃或者非法开拆他人信件，侵犯公民通信自由权利，情节严重的，处一年以下有期徒刑或者拘役。"该条明文规定了保护法益为公民的通信自由权利，我们不可擅自确定为其他内容。《刑法》第253条规定了邮政工作人员私自开拆、隐匿、毁弃邮件、电报的犯罪，虽然没有指明法益内容，但从其与《刑法》第252条的关系来看，其法益内容也应是公民的通信自由权利。

（2）通过刑法条文规定的行为特征确定法益。犯罪是侵犯法益的行为，因此，可以通过行为特征确定法益内容。例如，从《刑法》第223条所描述的"投标人相互串通投标报价""投标人与招标人串通投标"的行为特征就可以看出，串通投标罪所保护的法益是平等竞争的市场秩序。

（3）通过刑法条文规定的结果特征确定法益。由于对法益的侵害表现为结果，故可以通过对结果内容的规定确定法益内容。例如，《刑法》第334条第2款规定："经国家主管部门批准采集、供应血液或者制作、供应血液制品的部门，不依照规定进行检测或者违背其他操作规定，造成危害他人身体健康后果的，对单位判处罚金，并对其直接负责的主管人员和其他直接责任人员，处五年以下有期徒刑或者拘役。"其中的"造成危害他人身体健康后果"是作为构成要件结果规定的，说明刑法规定本罪是为了保护公众的健康。

（4）通过刑法条文规定的行为对象特征确定法益。一般来说，犯罪行为要通过作用于行为对象来侵犯法益，而行为对象本身又是体现法益的，故可以通过刑法对行为对象特征的规定确定法益内容。例如，《刑法》第221条规定："捏造并散布虚伪事实，损害他人的商业信誉、商品声誉，给他人造成重大损失或者有其他严重情节的，处二年以下有期徒刑或者拘役，并处或者单处罚金。"显而易见，本罪的法益是商业信誉、商品声誉。再如，《刑法》第254条规定："国家机关工作人员滥用职权、假公济私，对控告人、申诉人、批评人、举报人实行报复陷害的，处二年以下有期徒刑或者拘役；情节严重的，处二年以上七年以下有期徒刑。"由于报复陷害的对象仅限于控告人、申诉人、批评人与举报人，这说明本罪侵犯的是民主权利，即控告权、申诉权、批评建议权与举报权。

（5）通过刑法条文规定的犯罪所违反的法规内容确定法益。任何法律、法令都以保护法益为目的，刑法条文指明的某种犯罪所违反的法规，也以保护法益为目的，因此，通过该法规所保护的法益，可以确定分则条文的保护法益。例如，《刑法》第322条前段规定，"违反国（边）境管理法规，偷越国（边）境，情节严重的，处一年以下有期徒刑、拘役或者管制，并处罚金"。国（边）境管理法规的目的是保护国家对国（边）境的正常管理秩序，因此，刑法规定本罪是为了保护国家对出入国（边）境的正常管理秩序。

（6）通过刑法条文规定的犯罪孳生之物、供犯罪行为使用之物、犯罪行为组成之物的性质确定法益。例如，毒品是危害公众健康的物品，刑法规定制造毒品罪所要保护的法益就是公众健康。对于制作、复制、出版淫秽物品的犯罪而言，淫秽物品为犯罪孳生之物；对于传播淫秽物品的犯罪而言，淫秽物品是供犯罪行为使用之物；淫秽物品"是指具体描绘性行为或者露骨宣扬色情的诲淫性的书刊、影片、录像带、录音带、图片及其他淫秽物品"（《刑法》第 367 条第 1 款）。如若认为淫秽物品危害的是性的秩序①，则刑法规定该罪的保护法益就是性的秩序。如若认为淫秽物品危害是成年人的性欲控制权与儿童的性方面的健康成长，则淫秽物品犯罪的保护法益是"成人的性欲自己控制权，以及为保障未成年人获得性信号的正当接受能力（性的社会化）的环境"②。

在确定具体犯罪的法益时，还必须善于使用各种解释方法，认真分析条文之间的相互关系，注重刑法分则条文之间的协调性。

三、法益对构成要件解释的指导

由于犯罪的本质是侵害法益，故对构成要件进行实质的解释，意味着发挥法益作为构成要件解释目标的机能。亦即，对某种犯罪的构成要件的解释结论，必须使符合这种犯罪的构成要件的行为确实侵犯了刑法规定该犯罪所要保护的法益，从而使刑法规定该犯罪、设立该条文的目的得以实现。换言之，解释一个犯罪的构成要件，首先必须明确该犯罪的保护法益，然后在刑法用语可能具有的含义内确定构成要件的具体内容。

任何一个用语都可能有两种以上的含义，对任何一个法条都可能作两种以上的解释，如果没有解释方向与目的，就不可能对构成要件作解释。刑法的目的是保护法益，刑法分则将严重侵犯法益的行为规定为犯罪；规定的方式是将严重侵犯法益的行为具体化、类型化为构成要件，使符合犯罪的违法构成的行为确实属于严重侵犯法益的行为；否则，立法者的意图不但会落空，而且会使意欲保护的法益受到侵害。既然如此，刑法理论与司法实践在解释犯罪的构成要件时，就必须以保护法益为指导，对犯罪的构成要件作实质的解释，从而实现刑法的目的。

---

① 参见［日］山口厚：《刑法各论》（第 2 版），有斐阁 2010 年版，第 504 页。平野龙一教授认为，淫秽物品犯罪侵犯的是人们的性的感情，亦即侵犯的是不想看到具有性的意义的物品的人的"不看的自由"与未成年人的身心健康（参见［日］平野龙一：《刑法概说》，东京大学出版会 1977 年版，第 268 页）。据此，将淫秽物品出卖给想看到的成年人，就不成立贩卖淫秽物品罪。

② ［日］松原芳博：《刑事违法性与法益论的现在》，《法律时报》2016 年第 7 号。

对具体犯罪的构成要件的解释是刑法解释的重要内容。刑法解释方法奥妙无穷，但任何解释都必须从文理出发，达到刑法分则条文的目的。目的论解释，就是指根据刑法规范的目的，阐明刑法条文含义的解释方法；质言之，是根据保护法益及其内容解释刑法。任何解释都或多或少包含了目的论解释；当不同的解释方法得出多种结论或者不能得出妥当结论时，就必须以目的论解释为最高准则（当然应受罪刑法定原则的制约）。

之所以由目的论解释起最终决定作用，显然是因为目的是全部法律的创造者，每条法律规则的产生都源于一种目的（耶林的观点）。[①] 同样，每个刑法分则条文（本条）的产生都源于一种目的，然后在此目的下设计条文（规定构成要件与法定刑）。正如我国台湾地区学者林山田所说："一切犯罪之构成要件系针对一个或数个法益，构架而成。因此，在所有之构成要件中，总可找出其与某种法益的关系。换言之，即刑法分则所规定之条款，均有特定法益为其保护客体。因之，法益可谓所有客观之构成要件要素与主观之构成要件要素所描述之中心概念。准此，法益也就成为刑法解释之重要工具。"[②] 既然条文是在保护某种法益的目的下制定的，既然犯罪构成要件是在保护特定法益的目的下设计的，那么，对构成要件的解释理所当然必须以法益内容为指导。下面联系一些分则条文，说明法益概念的解释论机能，尤其说明法益内容对犯罪的构成要件的影响。

（一）公共危险罪的保护法益对确定该罪构成要件的指导机能

简单地说，公共危险罪（危害公共安全罪）的保护法益是公共安全，但公共安全究竟是什么含义，则需要研究。

关于"公共"的含义，国外刑法理论上存在不同观点：第一种观点认为，公共危险是指对不特定人的生命、身体或者财产的危险；第二种观点认为，不问是否特定，只要是对多数人的生命、身体或者财产的危险，就是公共危险；第三种观点认为，公共危险是指对不特定并且多数人的生命、身体或者财产的危险；第四种观点认为，公共危险是指对不特定或者多数人的生命、身体或财产的危险。[③] 我国刑法理论以往大多采取上述第三种观点[④]，现在既有学者采取第三种

[①] 参见［美］E. 博登海默：《法理学：法律哲学与法律方法》，邓正来译，中国政法大学出版社1999年版，第109页。

[②] 林山田：《刑法特论》（上册），三民书局1978年版，第6页。

[③] 参见［日］大塚仁：《刑法概说（各论）》（第3版增补版），有斐阁2005年版，第358页。

[④] 参见高铭暄主编：《刑法学》，法律出版社1982年版，第354页；高铭暄主编：《中国刑法学》，中国人民大学出版社1989年版，第369页；高铭暄、马克昌主编：《刑法学》（下编），中国法制出版社1999年版，第609页。

观点，① 也有学者采取第四种观点。② 但是，"不特定多数人"的表述意味着，特定的多数人的生命、身体等安全，以及少数不特定人的生命、身体等安全，都不是公共安全。这似乎缩小了危害公共安全罪的范围，也与司法实践不相符合。例如，有些违反交通规则造成事故的行为只是危害了特定多数人生命、身体等安全，或者只是危害了少数不特定人的生命、健康等安全，但司法实践中没有争议地将其认定为危害公共安全的交通肇事罪。

本书认为，作为危害公共安全罪的保护法益的公共安全中的"公共"，一般是指不特定或者多数人（如后所述，《刑法》第114条与第115条除外）。因为危害公共安全罪，是以危害公众的生命、健康等为内容的犯罪，故应注重行为对"公众"利益的侵犯；刑法规定危害公共安全罪的目的，是将生命、身体等个人法益抽象为社会利益作为保护对象的，故应当重视其社会性。"公众"与"社会性"要求重视量的"多数"。换言之，"多数"是"公共"概念的核心，"少数"的情形应当排除在外。但是，如果是"不特定的"，则意味着随时有向"多数"发展的现实可能性，会使多数人遭受危险和侵害。因此，不特定或者多数人的生命、健康等安全，就是"公共"安全。

我国刑法理论只是笼统讨论刑法分则第二章的"公共安全"的含义，而没有针对具体犯罪分别讨论其保护法益。然而，公共安全包括不同的内容，如果不分别确定具体犯罪的保护法益，必然导致具体案件的处理不当。所以，虽然刑法分则第二章保护的是公共安全，但如何理解公共安全，则要根据刑法对具体犯罪的规定予以确定。

《刑法》第114条、第115条明文规定的犯罪行为，不仅在行为时不能由行为人控制结果范围，而且在行为终了后结果范围仍然可能扩大。例如，行为人在放火后，伤亡人数的范围仍然可能扩大，即使建筑物内的人员脱离了危险，火灾对消防员等人的生命、健康还在产生危险。再如，行为人在实施爆炸行为后，由于爆炸会引起周围对象物的燃烧，或者导致周围的房屋倒塌，伤亡人数的范围也可能扩大。又如，行为人在决水后，面临伤亡危险的范围必然不断增加。同样，行为人向河流、水井、自来水管等投放危险物质后，面临伤亡危险的范围也会不断扩大。由此可见，上述四种犯罪不只是给多数人的生命、身体造成具体危险，

① 参见周道鸾、张军主编：《刑法罪名精释》（第四版）（上），人民法院出版社2013年版，第73页；陈兴良：《规范刑法学》（第四版）（上册），中国人民大学出版社2017年版，第470页；阮齐林：《中国刑法各罪论》，中国政法大学出版社2016年版，第19页。
② 参见高铭暄、马克昌主编：《刑法学》（第十版），北京大学出版社、高等教育出版社2022年版，第333页；黎宏：《刑法学各论》（第二版），法律出版社2016年版，第17页；周光权：《刑法各论》（第四版），中国人民大学出版社2021年版，第713页。

而且是对不特定多数人的生命、身体造成具体危险，典型的表现是在行为终了后结果范围还会扩大。既然如此，我们就应当认为，《刑法》第114条、第115条的保护法益是不特定且多数人的生命、身体的安全。

我国的司法实践中大多将"不特定"理解为"对象不确定性"，或者说将"不特定"理解为"不确定是哪一个对象"，通俗一点说就是"谁碰到谁倒霉"。例如，2019年10月21日发布并实施的《最高人民法院关于依法妥善审理高空抛物、坠物案件的意见》（以下简称《审理高空抛物意见》）规定："故意从高空抛弃物品，尚未造成严重后果，但足以危害公共安全的，依照刑法第一百一十四条规定的以危险方法危害公共安全罪定罪处罚；致人重伤、死亡或者使公私财产遭受重大损失的，依照刑法第一百一十五条第一款的规定处罚。"在高空抛物的场合，即使楼下有许多行人，但如果行为人仅抛出一个物品（如一块砖头、一部手机等），只能表明侵害的对象和可能造成的结果事先无法确定，但不可能导致具体危险或侵害结果随时扩大或增加。同样，在楼下只有一两个人时，而行为人抛出诸多物品的，也只能导致确定的少数人伤亡，而不可能导致具体危险或侵害结果随时扩大或增加。显然，上述规定实际上采取的是对象不确定性说，有不少判决也是这样理解"不特定"的含义的。[1] 但是，将"不特定"单纯理解为被害对象的事先不确定性，存在明显的缺陷。

杀害或者伤害事先能确定是谁的一个人与事先不能确定是谁的一个人，法益侵害程度与行为性质完全相同，不管是采取事前判断的立场还是采取事后判断的立场，二者的法益侵害与行为性质不可能存在区别。例如，甲知道X要从自家楼下通过，将一个花盆扔下去，砸中X的头部，致X死亡。乙不知道谁会从自家楼下通过，将一个花盆扔下去，刚好砸中Y的头部，致Y死亡。在两种情形都是没有第三者在附近的情况下，甲、乙的行为都只能侵害一个人的生命。即使有其他人在附近，花盆也不可能同时砸死多人。既然如此，就不可能认为甲、乙的行为具有公共危险。

如果将"不特定"理解为"不确定是哪一个对象"，那么，在行为人实施侵犯个人法益的犯罪时，只要是存在择一的故意、概括的故意的情形，就成立危害公共安全的犯罪。例如，逃犯甲的手枪只有一发子弹，警察乙、丙在后面追捕，甲认识到回头射击只能打中一名警察，但不知道会打中谁。又如，乙在电话亭里放置一小瓶加入了毒药的饮料，不知道谁会饮用。再如，丙向一群人投掷一把刀，不确定该刀会导致一人还是几人伤亡。根据"对象不确定性说"，甲、乙、丙的行为均构成危害公共安全罪。然而，这一结论并不成立。换言之，对上述行

---

[1]　参见重庆市第五中级人民法院（2008）渝五中刑初字第56号刑事判决书。

为都只能认定为故意杀人罪或者故意伤害罪。

正因为对象不确定性说存在明显的缺陷，本书采取危险不特定扩大说。所谓"不特定"，是指犯罪行为可能侵犯的对象数量和可能造成的结果范围事先无法确定，行为人对此既无法具体预料也难以实际控制，而且行为造成的危险或者侵害结果可能随时扩大或增加。只有这样理解"不特定"，才能符合"公共"的含义。①

接下来需要讨论的是"安全"的内容。可以肯定的是，公众生命、身体的安全，属于公共安全。问题是，单纯的财产安全，是否属于公共安全？我国刑法理论均将重大公私财产的安全作为公共安全的内容，但这种观点值得反思。其一，如果说只要行为侵害了价值重大的财产就属于危害公共安全罪，那么，一方面，盗窃银行、博物馆并取得重大价值财物的行为，构成危害公共安全罪；另一方面，还会出现明显的不协调现象：刑法只处罚故意毁坏财物罪，而过失毁损价值重大的财产时，反而成立危害公共安全罪。这都难以令人理解。其二，倘若说只要行为侵害了不特定或者多数人的财产就属于危害公共安全罪，那么，面向不特定或者多数人实施的集资诈骗行为，流窜犯盗窃多人财物的行为，都成立危害公共安全罪。这也难以令人接受。事实上，《刑法》第115条规定的"使公私财产遭受重大损失"，是以危害不特定或者多数人的生命、身体安全为前提的。② 反对笔者观点的学者指出："是否构成危害公共安全罪，还取决于行为人的行为方式。银行、博物馆的财产不仅不属于公众重大财物，而且盗窃等行为方式并不属于刑法分则第二章所规定的行为方式。所以，将公众重大财产纳入公共安全的范围，并非意味着'只要是取得'重大财产的行为就属于危害公共安全罪，而是以危险方式'危害'公众之重大财产的方能构成危害公共安全罪。"③ 可是，行为是否危害公共安全，并不是仅取决行为方式本身，更重要的是取决于行为所侵害的法益是不是属于公共安全。如果认为公众的重大财产安全就是公共安全，那么，盗窃、骗取公众重大财产的行为，就成为"危害"公共安全的行为。按照上

---

① 在德国旧刑法时代，刑法理论上对"不特定"存在两种理解：一种理解是"危险化对象物的个性（individuell）的不特定"，即对象不确定性说。哈尔希勒（Hälschner）认为，行为人从窗户扔出一个木棒导致刚好偶然通过的一位行人具有受伤的可能性时，这位通行人是谁是不特定的，该行为在这一点上就具有公共危险性。齐白哈尔（Siebenhaar）指出，对个人的危险与对公共的危险不是对立的，公共危险包含对一个人的危险。另一种理解是危险不特定扩大说。如李斯特认为，放火、决水这种通过自然力的解放而形成的危险的扩大，是行为人不可能限定的，或者其扩大的范围是不能预测的。后一种学说得到了多数学者的赞成，成为德国旧刑法典制定后的通说（参见［日］星周一郎：《放火罪的研究》，东京大学出版会2004年版，第95页）。

② 从《刑法》第115条与第114条的关系也能得出这一结论。

③ 曲新久：《论刑法中的"公共安全"》，《人民检察》2010年第9期。

述反对意见，盗窃、骗取公众重大财产的行为，在本质上危害了公共安全，只不过刑法分则没有将其规定为危害公共安全罪，但笔者难以赞成这样的结论。刑法还规定了以危险方法危害公共安全罪，诚然，其中的危险方法仅限于与放火、爆炸等相当的方法。可是，如果将公众的重大财产本身作为公共安全，依然可能得出集资诈骗行为成立以危险方法危害公共安全罪的结论。例如，按照持反对意见学者的观点，行为人甲对公众的重大财产（假定价值 1 亿元）放火时，即使不可能造成生命、身体的危险，也成立放火罪。既然如此，行为人乙实施集资诈骗行为，骗取几百人总共几十亿元资金，就造成的财产损失而言，集资诈骗在手段上或行为方式上比放火有过之而无不及，因而可以成立以危险方法危害公共安全罪。但是，恐怕没有人会赞成这种结论。事实上，《刑法》第 115 条规定的"使公私财物遭受重大损失"，只不过是侵害公众生活的平稳与安宁的物质表现，而不是单纯的财产损失。

再如，《刑法》第 116 条规定："破坏火车、汽车、电车、船只、航空器，足以使火车、汽车、电车、船只、航空器发生倾覆、毁坏危险，尚未造成严重后果的，处三年以上十年以下有期徒刑。"交通工具发生倾覆危险时，交通工具中乃至附近的人的生命、身体就处于危险之中。问题是，如何理解其中"毁坏危险"？按照本书的观点，仅仅使交通工具本身发生毁坏危险，而不可能导致人的生命、身体的安全遭受危险的行为，不可能成立破坏交通工具罪。换言之，由于破坏交通工具罪是危害公共安全的犯罪，所以，本罪中的"毁坏危险"仅限于足以危害人身安全的毁坏危险。亦即，只有当交通工具的毁坏危险导致人的生命、身体的安全遭受危险时，才成立破坏交通工具罪。

此外应当注意的是，规定在危害公共安全罪中的犯罪，并不都是侵害、威胁生命、身体的犯罪。例如，《刑法》第 124 条规定的破坏广播电视设施、公用电信设施罪以及对应的过失犯罪，通常并不直接侵害和威胁人的生命、身体，而是扰乱了公众生活的平稳与安宁。在当今社会，如果某种行为使得多数人不能观看电视、不能使用电话，就会使公众生活陷入混乱。《刑法》第 124 条的规定，就是为了保护公众生活的平稳与安宁。

反对将"公众生活的平稳与安宁"作为公共安全内容的学者指出："对于司法实践中发生的破坏广播电视设施行为来说，没有危害而且也不可能威胁公众生命、身体健康，而只是危害重大财产安全的，若是财产属于公众，那么行为就具有公共危险性，应当以破坏广播电视设施罪论处。反之，若是属于个人财产法益，应当归入故意毁坏财物罪，过失者，不构成犯罪。"[1] 可是，这种观点基本

---

[1] 曲新久：《论刑法中的"公共安全"》，《人民检察》2010 年第 9 期。

上废除了破坏广播电视设施罪。其一，破坏广播电视设施的行为，一般不可能危害公众的生命、身体安全；其二，广播电视设施虽然一般是公共财产，但难以认定为公众的重大财产，而且，破坏广播电视设施的行为，通常不可能危害重大财产安全。在本书看来，《刑法》第124条的法定刑明显轻于《刑法》第114~119条的法定刑，就是因为其仅侵犯了公众生活的平稳与安宁，而没有（也不要求）侵犯公众的生命、身体安全。

还有一种观点指出："虽然广播电视设施、公用电信设施不直接危及生命、健康，但间接地影响着不特定或者多数人的生命、健康以及重大财产安全。因而，第124条规定的犯罪，具有对公共安全的抽象的危险，也正因为如此，它的法定刑比其他具体危险犯或者实害犯要轻，但这并非是它与传统的公共安全无关，也并非只涉及公众生活的平稳与安宁，只涉及广播电视节目的收看或日常生活领域内的通信联络。"① 然而，《刑法》第124条明文规定的是具体危险犯，既然如此，就不能将对生命、健康的抽象危险作为本罪的处罚根据。况且，认为破坏广播电视设施的行为均存在对生命、健康的抽象危险，也不无疑问。反过来说，只有承认公众生活的平稳与安宁属于公共安全的内容，才能妥当地解释《刑法》第124条属于具体危险犯。

最后需要说明的是，公众的安全感本身难以成为刑法分则第二章的保护法益。否则，只要有人扬言要杀害、伤害多人，就构成危害公共安全的犯罪，但在我国事实上并非如此。退一步说，即使公众的安全感值得刑法保护，也不可能归入公共安全。例如，《刑法》第291条之一规定了投放虚假危险物质罪，编造、故意传播虚假恐怖信息罪与编造、故意传播虚假信息罪。这些犯罪行为可能侵害了公众的安全感，但刑法没有将其纳入危害公共安全罪。② 《审理高空抛物意见》关于对高空抛物行为按以危险方法危害公共安全罪定罪处罚的规定，其实是将公众的安全感本身作为公共安全的内容，难言妥当。

（二）洗钱罪的保护法益对确定该罪构成要件的指导机能

通说认为，洗钱罪是复杂客体（复杂客体说），即洗钱罪保护双重法益。③诚然，将金融管理秩序作为洗钱罪的（主要）保护法益是成立的。问题是，能否同时将司法机关的正常活动作为洗钱罪的保护法益？本书对此持否定态度。第

---

① 马克昌主编：《百罪通论》（上卷），北京大学出版社2014年版，第31页。

② 其实，这些犯罪并不只是侵害了公众的安全感，而是因为公众产生了紧迫的不安全感并为了避免危险的现实化而导致客观的生活秩序遭到侵害。

③ 参见王作富主编：《刑法分则实务研究》（第五版）（上），中国方正出版社2013年版，第488页；安汇玉、汪明亮：《自我洗钱行为当罚性分析》，《苏州大学学报：法学版》2020年第3期。

一，如果认为洗钱罪的保护法益是金融管理秩序与司法机关的正常活动，就不能说明，为什么 A 为保险诈骗犯 B 跨境转移资产的行为成立洗钱罪，而甲为普通诈骗犯乙跨境转移资产的行为不成立洗钱罪。第二，如果说洗钱罪的保护法益包括司法机关的正常活动，就不能说明，为什么自洗钱成立犯罪，而本犯实施的"自掩饰、自隐瞒"行为并不成立《刑法》第 312 条的赃物犯罪。第三，如果认为洗钱罪的保护法益是金融管理秩序与司法机关的正常活动，就难以说明，洗钱罪与赃物犯罪，窝藏、转移、隐瞒毒赃罪之间究竟是什么关系。

与上述复杂客体说不同，少数观点采取了单一客体说，其中主要包括两类学说。司法作用说认为，洗钱罪的保护法益与赃物犯罪的保护法益一样，都是司法机关的正常活动，而不包括金融管理秩序。金融秩序说则认为，洗钱罪的保护法益只是金融管理秩序，而不包括其他法益。

主张司法作用说的学者，从正反两个方面提出了自己的理由。

正面肯定司法机关的正常活动是洗钱罪的保护法益的理由，主要是洗钱罪的性质与赃物犯罪的性质相同。例如，有学者指出："洗钱不仅是一种逃避犯罪惩处的妨害司法犯罪，而且更是一种有关赃物处置的妨害司法犯罪。它与伪证罪、妨害作证罪、扰乱法庭秩序罪等非赃物罪有区别，但与窝藏、转移、收购、销售赃物罪相近似。洗钱罪与赃物罪都是对赃物的非法处置，只不过赃物罪是直接的掩盖和隐瞒，而洗钱罪是更进一步的掩饰，使非法所得合法化。但两者在妨害司法活动这一点上并无本质区别。既然赃物犯罪被视为妨害司法罪，与其相同性质的洗钱罪也应作为赃物罪，归属于妨害司法罪中。"[①] 概言之，"洗钱罪的本质在于使违法所得及其产生的收益得以存续和维持，从而妨害刑事侦查和诉讼，使司法机关无法追缴犯罪所得"[②]。亦即，只有司法机关的正常活动，才是洗钱罪的保护法益。

然而，所谓洗钱犯罪与赃物犯罪的性质相同，只是解释者的主观判断，却不符合刑法的规定。亦即，刑法将洗钱罪置于"破坏金融管理秩序罪"一节，就意味着没有将其评价为与赃物犯罪性质相同的犯罪。换言之，倘若重视洗钱罪对金融管理秩序的危害，则不会认为其与赃物犯罪的性质相同。事实上，上述观点只是着眼于构成要件行为方式与行为对象得出的结论，即两种犯罪都是对犯罪赃物的非法处置。但是，即使二者的构成要件行为方式与行为对象基本相同[③]，也难以认为侵犯的保护法益完全相同。更为重要的是，如果不是只从构成要件行为推

① 卢勤忠：《我国洗钱罪立法完善之思考》，《华东政法学院学报》2004 年第 2 期。
② 李云飞：《洗钱危害的二维性及对客体归类的影响》，《中国刑事法杂志》2013 年第 11 期。
③ 严格地说，二者的构成要件行为与对象存在明显区别：洗钱罪是掩饰、隐瞒七类上游犯罪的所得及其产生的收益的来源和性质；赃物犯罪掩饰、隐瞒的是犯罪所得及其收益本身。

导出保护法益，而是从保护法益解释构成要件行为，就会认为洗钱罪的构成要件行为与赃物犯罪存在明显区别。正如开篇所言，如果认为洗钱罪的保护法益主要是金融管理秩序，就不会认为本罪的构成要件行为与赃物犯罪相同。而且，如前所述，如果认为洗钱罪的保护法益与赃物犯罪相同，就难以解释为什么上游犯罪的本犯成立洗钱罪（自洗钱），却不成立赃物犯罪。在保护法益都是司法机关的正常活动的前提下，不可能认为本犯对洗钱罪具有期待可能性，而对赃物犯罪缺乏期待可能性。只有承认洗钱罪的保护法益不同于赃物犯罪，才可能回答这一问题。

主张司法作用说的学者，反面否定金融管理秩序是洗钱罪的保护法益的理由，主要有以下几点：

第一个理由是，将金融管理秩序作为洗钱罪的保护法益，是着眼于社会的整体情况，并非单个个体的洗钱行为。亦即，主张洗钱罪的保护法益是或主要是金融管理秩序的学者犯了一个共同的错误，就是将整体洗钱行为的社会危害性等同于个体洗钱行为的社会危害性。可是，面对我国庞大的经济体，如果认为个体洗钱行为能对金融安全造成危害无疑是天方夜谭。据此，不应将金融管理秩序作为洗钱罪的保护法益。①

在本书看来，倘若说金融安全是洗钱罪的保护法益，这种反对观点便忽略了洗钱罪的累积犯特点。当人们说洗钱罪的危害是国家金融安全时，并不是说任何一个具体的洗钱罪，都能导致国家金融安全被破坏，而是从累积犯的角度而言的。所谓累积犯，是指个别的构成要件行为不足以对法益造成实害，只有同种类的行为大量累积之后才可能对法益造成实害。② 一般来说，对国家存在及其制度、国家运作条件，以及经济制度或秩序的犯罪，属于累积犯。③ 一起洗钱案件不可能给国家金融安全造成实害，但同种类行为的大量积累，则会使金融机构成为服务于犯罪的机构，使金融系统变质，金融管理秩序与金融安全就必然遭受侵害。显然，只要承认洗钱罪是累积犯，第一个理由就难以成立。

第二个理由是，"洗钱犯罪侵害金融安全的宏观视角过于抽象，相比之下，洗钱对国家司法活动的侵害更具有现实性、直观性，而对国家司法活动的侵害，就是对国家司法权的侵害，司法活动是司法权得以实现的具体体现"④。

将金融管理秩序或者金融安全确定为洗钱罪的保护法益，的确比较抽象。但

---

① 参见李云飞：《洗钱危害的二维性及对客体归类的影响》，《中国刑事法杂志》2013 年第 11 期。
② Vgl. L. Kuhlen, Der Handlungserfolg der strafbaren Gewässerverunreinigung, GA, 1986, S. 389ff.
③ Vgl. Roland Hefendehl, Kollektive Rechtsgüter im Strafrecht, Carl Heymanns Verlag KG, 2002, S. 116ff.
④ 李云飞：《洗钱危害的二维性及对客体归类的影响》，《中国刑事法杂志》2013 年第 11 期。

是，刑法理论完全可以进一步在金融管理秩序的范围内，对保护法益进行具体描述。金融活动是具体的，金融管理秩序当然是可以把握的实体；金融安全与公共安全法益一样，具有经验的实在性。况且，将金融安全作为洗钱罪的保护法益，意味着洗钱罪是抽象危险犯；刑法理论不可能脱离刑法的规定与犯罪的本质，一般否认抽象危险犯的保护法益，将所有的抽象危险犯都解释为实害犯。概言之，解释者不能用普通实害犯的逻辑，来论证抽象危险犯的保护法益。

第三个理由是，"只有某种社会关系必然地遭到某种犯罪的侵害，且法律规定处罚该种犯罪正是为了维护该种社会关系，该社会关系才是该种犯罪侵犯的客体，进而根据该种犯罪侵犯的客体来认识该种犯罪的本质。按照这一规则，金融管理秩序或金融管理活动等都不能成为洗钱罪的客体，因为，按照法律的规定，并不是所有洗钱犯罪都会侵害到金融管理秩序或金融管理活动。从本质上看，洗钱犯罪属于赃物犯罪的范畴。赃物犯罪作为一种对先前犯罪所得的赃物进行处置的行为……赃物犯罪实际是对司法机关追究犯罪行为的正常活动的侵害。因此，笔者赞同赃物犯罪侵犯的客体是司法机关正常活动的观点"[1]。还有学者所称的"以金融管理秩序作为洗钱罪的主要客体不具周延性"[2]，也可谓相同理由。

上述观点所确立的这一规则是成立的，本书完全赞成。尽管如此，本书也难以赞成上述观点的其他结论。首先，认为洗钱犯罪属于赃物犯罪的范畴，只是解释者的归纳，缺乏法律根据。因为刑法分则是借助法益对犯罪进行体系安排的，刑法没有将洗钱罪与赃物犯罪规定在同一节，而是规定在"破坏金融管理秩序罪"一节，就表明洗钱罪不属于赃物犯罪的范畴。只有当刑法将洗钱罪规定在赃物犯罪之后时，才能得出洗钱罪属于赃物犯罪的范畴的结论。其次，持上述观点的学者是以自己设定的构成要件为根据推导出保护法益，而不是以保护法益为指导解释构成要件。例如，持上述观点的学者指出："我国刑法规定的洗钱手段，既有通过金融手段的洗钱，也有其他非金融手段的洗钱。金融手段的洗钱是指通过金融机构使用融资手段对犯罪所得及其收益的不法性质和来源进行掩饰和隐瞒。我国《刑法》第 191 条规定的五种具体洗钱行为中，前四种具体洗钱行为主要是金融手段的洗钱行为，第五种洗钱行为主要是非金融手段的洗钱行为。"[3]不难看出，上述观点之所以认为金融管理秩序不是洗钱罪的保护法益，是因为只有金融手段的洗钱侵犯了金融管理秩序，而非金融手段的洗钱没有侵犯金融管理

---

① 张翔飞：《洗钱罪构成要件探析》，《宁波大学学报：人文科学版》2001 年第 3 期。
② 卢勤忠：《我国洗钱罪立法完善之思考》，《华东政法学院学报》2004 年第 2 期。
③ 张翔飞：《洗钱罪构成要件探析》，《宁波大学学报：人文科学版》2001 年第 3 期。

秩序，故不可能将金融管理秩序作为洗钱罪的保护法益。这一观点显然是以自己设定的洗钱行为类型为根据，来否认洗钱罪的保护法益包括金融管理秩序，而不是先确定洗钱罪的保护法益，再根据该保护法益确定构成要件。相反，完全有可能认为上述第五种洗钱行为也必须是金融手段的洗钱。

本书肯定金融管理秩序是洗钱罪的保护法益。但不能不承认的是，仅将金融管理秩序作为洗钱罪的保护法益仍然存在疑问。最为明显的是，倘若行为人通过金融系统对《刑法》第 191 条规定的七类上游犯罪以外的其他犯罪实施《刑法》第 191 条规定的掩饰、隐瞒行为，同样破坏了金融管理秩序时，为什么刑法不将其纳入洗钱罪，而只能由赃物犯罪规制？例如，如若认为，行为人 A 为保险诈骗犯 B 跨境转移资产的行为破坏了金融管理秩序，就难以否认行为人甲为普通诈骗犯乙跨境转移资产的行为同样破坏了金融管理秩序。换言之，如果认为洗钱罪的保护法益只是金融管理秩序，那么，对 A 与甲的行为均应以洗钱罪论处。可是，按照现行刑法规定，对 A 的行为应按洗钱罪论处，而对甲的行为只能按赃物犯罪论处。倘若认为，对甲的行为也应以洗钱罪论处，显然只是一种立法论，而不是解释论。不难看出，只有认为洗钱罪的保护法益不仅是金融管理秩序，而且还存在另一种保护法益，甲的行为没有侵犯另一种法益，才能从实质上说明甲的行为不成立洗钱罪。

在本书看来，洗钱罪的保护法益首先是金融管理秩序（主要客体），其次还包括上游犯罪的保护法益。

首先，确定洗钱罪的主要保护法益是金融管理秩序具有充分的根据。在刑法一直存在赃物犯罪的立法例之下，《刑法》另在"破坏金融管理秩序罪"一节规定洗钱罪，显然是基于洗钱罪对金融管理秩序的危害，旨在保护金融管理秩序。诚然，本节罪名标明的是行为的性质与结果，但结果其实是保护法益的反面表述。当一个构成要件行为的结果是侵害他人财产时，该犯罪的保护法益当然是他人的财产。同样，当一个行为的性质与危害结果是破坏金融管理秩序时，该犯罪的保护法益当然是金融管理秩序。《反洗钱法》第 1 条也明确规定："为了预防洗钱活动，维护金融秩序，遏制洗钱犯罪及相关犯罪，制定本法。"这充分说明，洗钱罪的主要危害是破坏金融秩序，国家反洗钱以及规定洗钱罪就是为了保护金融秩序。

其次，应当确定作为洗钱罪保护法益的金融管理秩序的具体内容。本书的初步看法是，作为洗钱罪保护法益的金融管理秩序包括两个层面：阻挡层的保护法益是金融系统不服务于犯罪所得及其收益的隐匿、转移的管理秩序，或者说，是金融系统不能使犯罪所得及其收益合法化的管理秩序。背后层的保护法益是公民对金融系统的信赖以及金融安全。① 相对于金融系统不能使犯罪所得及其收益合法化的管理秩序这一阻挡层保护法益而言，洗钱罪可谓实害犯；由于任何利用金融系统的洗钱行为必然同时侵害这一阻挡层保护法益，在此意义上说，洗钱罪也是行为与结果同时发生的行为犯（不需要判断因果关系）；相对于公民对金融系统的信赖以及金融安全这一背后层保护法益而言，洗钱罪可谓抽象危险犯。

再次，洗钱罪的次要保护法益是上游犯罪的保护法益。如前所述，仅将金融管理秩序作为洗钱罪的保护法益，不能说明为什么通过金融系统掩饰、隐瞒《刑法》第191条规定的七类上游犯罪之外的其他犯罪所得及其收益的来源与性质的行为，不成立洗钱罪，仅成立赃物犯罪。只有认为洗钱罪的保护法益还包括上游犯罪的保护法益，才能解决这一问题。上游犯罪的保护法益分为两大类：第一大类是组织、领导、参加黑社会性质组织罪与组织、领导、参加恐怖活动组织罪的保护法益，以及这两类犯罪组织可能实施之犯罪的保护法益。众所周知，黑社会性质组织与恐怖活动组织的一个重要特点是，将犯罪收益投资于将来的再犯罪，从而获得更大的收益或者造成更严重的恐怖事件，并且对合法的经济活动造成恶劣影响。② 刑法将这两类组织的犯罪规定为洗钱罪的上游犯罪，是为了预防这两类犯罪组织再犯罪。所以，这两类犯罪组织所犯之罪的保护法益也是洗钱罪的保护法益。第二大类是毒品犯罪、走私犯罪、贪污贿赂犯罪、破坏金融管理秩序犯罪、金融诈骗犯罪五类犯罪的保护法益。从事实上看，实施这些犯罪的主体虽然不一定是犯罪组织，但行为人再犯罪（如毒品犯罪、走私犯罪、贪污贿赂犯罪）或者持续、连续犯罪（破坏金融管理秩序犯罪、金融诈骗犯罪）的危险性很大，行为人会将犯罪所得用于对相关犯罪的再投资，实施新的犯罪。所以，刑法将这五类犯罪规定为洗钱罪的上游犯罪，就是为了防止行为人再次或者持续、连续实施这些犯罪。这同样说明，洗钱罪针对这五类犯罪具有预备罪的性质，即洗钱行为同时也是这五类犯罪的预备行为；刑法为了预防这五类犯罪而将其规定为洗钱罪的上游犯罪。③ 同理，这五类犯罪的保护法益也是洗钱罪的保护法益。

最后，金融管理秩序是洗钱罪的主要法益，上游犯罪的保护法益则是洗钱罪的次要法益。一方面，由于《刑法》将洗钱罪规定在"破坏金融管理秩序罪"一节，所以，金融管理秩序应当是洗钱罪的主要法益；另一方面，上述两个法益

---

① 关于"阻挡层法益构造"，参见张明楷：《受贿犯罪的保护法益》，《法学研究》2018年第1期；［日］和田俊宪：《贿赂的见方》，载高山佳奈子、岛田聪一郎编：《山口厚先生献呈文集》，成文堂2014年版，第367~375页。

② 参见［日］川出敏裕：《日本洗钱罪的规制》，载佐伯仁志、金光旭编：《日本经济刑法的比较研究》，成文堂2011年版，第176页。

③ 参见［日］西田典之编：《金融业务与刑事法》，有斐阁1997年版，第84页。

不是选择关系，不是只要侵犯一个法益就可以成立洗钱罪。如果将两个法益确定为选择关系，就导致对既遂犯的处罚（侵犯金融管理秩序时）与预备犯的处罚（没有侵犯金融管理秩序，只具备上游犯罪的预备性质时）相同，这显然不符合罪刑相适应原则。

根据本书的上述观点，只有当行为人利用金融机构、金融产品、金融手段等对七类上游犯罪的所得及其收益的来源与性质实施掩饰、隐瞒行为的，才成立洗钱罪。如果掩饰、隐瞒犯罪所得及其收益的来源与性质的行为，与金融系统没有任何关系，就意味着没有侵犯金融管理秩序，因而不成立洗钱罪。例如，国家工作人员甲收受乙行贿的一套房屋，丙知情却仍然用一幅价值 800 万元的名画与甲交换了房屋。倘若认为洗钱罪的保护法益是或者主要是金融管理秩序，就难以认为丙的行为构成洗钱罪。如果行为人利用金融机构、金融产品、金融手段等对七类上游犯罪以外的其他犯罪的所得及其收益的来源与性质实施掩饰、隐瞒行为的，虽然侵犯了金融管理秩序，但因为没有侵犯洗钱罪上游犯罪的保护法益，也不成立洗钱罪。

（三）非法拘禁罪的保护法益对确定该罪构成要件的指导机能

非法拘禁罪，是指故意非法拘禁他人或者以其他方法非法剥夺他人人身自由的行为。可以肯定的是，本罪的法益是人的身体活动的自由。问题是，刑法规定本罪是仅保护现实的自由（限定说），还是既保护现实的自由也保护可能的自由（无限定说）？例如，行为人甲将已入睡的乙反锁在房间，待其醒来前又将锁打开的，是否成立本罪？换言之，非法拘禁罪的成立是否以被害人认识到自己的自由被剥夺为前提？根据限定说，只有当乙提前醒来而门依然被反锁时，才可能成立非法拘禁罪；根据无限定说，不管乙是否提前醒来，甲的行为都成立非法拘禁罪。

在以诡计实施拘禁行为的案件中，限定说与无限定说的结论有时会存在区别。例如，电梯司机 A 为了拘禁 B，在 B 进入电梯后，将电梯的电源切断，然后欺骗 B 说"停电了"。B 虽然误以为停电了，但他仍然意识到自己被关在电梯中；B 实际上并非同意关闭在电梯中，只是认为电梯事故使得自己只能待在电梯中。换言之，B 意识到了自己被拘禁的事实。所以，不管是根据限定说还是无限定说，A 的行为都属于非法拘禁。再如，甲隐瞒强奸的意图，欺骗乙女说"我把你送回家"，然后使乙女乘坐自己的车进而行驶。根据无限定说，甲的行为触犯非法拘禁罪①；但根据限定说，由于乙女以为自己是在回家的路上，而没有意识到

①   至于甲的行为是否触犯强奸罪，则是另一回事。

自己被拘禁的事实，因而甲的行为没有触犯非法拘禁罪。①

本书采取限定说，即只有当行为侵犯了他人的现实自由时，才宜认定为非法拘禁罪。首先，由于非法拘禁罪所保护的是人的身体活动自由，故只要在被害人意欲现实地进行身体活动时进行刑法上的保护就够了；在被害人还没有意欲现实地进行身体活动时，没有必要提前进行刑法上的保护。上述被害人没有意识到自己被拘禁的场合，都是没有现实地意欲进行身体活动的场合。其次，非法拘禁罪不是对人身自由的危险犯，而是侵害犯，上述甲的行为只具有侵害乙的身体活动的危险，而没有现实地侵害其身体活动自由，故不能成立非法拘禁罪。最后，由于非法拘禁罪是侵犯个人法益的犯罪，而且该法益可以由个人处分，故应当以违反被害人的意志为前提。诚然，上述甲的行为可以说违反了被害人的"推定的意志"，但这种"推定的意志"不是被害人具体的意志，只是一般人视角中的抽象意志；如果将违反这种抽象意志的行为认定为非法拘禁罪，则过于扩大非法拘禁罪的处罚范围。② 因此，根据限定说，如果某人没有认识到自己被剥夺自由，就表明行为没有妨害其意思活动，因而没有侵犯其人身自由；换言之，本罪的对象必须认识到自己被剥夺自由的事实。

（四）绑架罪的保护法益对确定该罪构成要件的指导机能

如前所述，根据《刑法》第 239 条的规定，以及绑架罪与相关犯罪的关系，绑架罪，是指利用被绑架人的近亲属或者其他人对被绑架人安危的忧虑，以勒索财物或满足其他不法要求为目的，使用暴力、胁迫或者麻醉方法劫持或以实力控制他人的行为。绑架行为使用了暴力、胁迫等强制手段，因而严重侵犯了被绑架人在本来的生活场所的安全与行动自由。问题是，就"以勒索财物为目的绑架他人"而言，财产是否为绑架罪的保护法益？

如果认为，刑法规定绑架罪不仅是为了保护被害人的人身自由，而且同时保护被害人的近亲属或其他人的财产，换言之，只有当行为同时侵犯了他人的人身自由与财产时才成立绑架罪，那么，绑架罪的客观构成要件就必须同时具备两个方面的要素：一是绑架他人，二是向被绑架人的近亲属或者其他人勒索财物。因为只有当行为人绑架他人后，已经向被绑架人的近亲属或其他人实施了勒索财物的行为时，才侵犯了他人的财物；如果没有实施勒索行为，只是主观上具有勒索的目的，还不能认为其行为侵犯了他人财产（否则，凡是主观上想盗窃他人财产的，都侵犯了他人财产，这是不可思议的）。反之，如果认为，刑法规定绑架罪就是为了保护被害人的自由，勒索财物只是目的，规定该目的主要是与非法拘禁

---

① 参见 ［日］西田典之著、桥爪隆补订：《刑法各论》（第 7 版），弘文堂 2018 年版，第 82 页。
② 参见 ［日］前田雅英：《刑法各论讲义》（第 5 版），东京大学出版会 2011 年版，第 113 页。

罪相区别，那么，绑架罪的客观构成要件便不包含勒索财物的要素，只要有绑架行为本身即可。

在本书看来，刑法分则将绑架罪规定在侵犯公民人身权利、民主权利罪一章，以及将勒索财物仅规定为目的，说明刑法规定本罪是为了保护公民的人身权利。因此，本罪的客观构成要件是以暴力、胁迫或者麻醉方法将他人置于自己或者第三者的实力支配下，而不要求客观上实施勒索财物的行为。正因为如此，行为人以勒索财物的目的将他人绑架后，即使后来产生怜悯之情，没有实施勒索行为的，也成立绑架罪的既遂，而非成立绑架中止或未遂。这里要说明的是，行为必须侵犯何种法益才构成犯罪与犯罪行为实际上侵犯了何种法益不是等同问题。绑架罪的成立要求行为侵犯被害人的人身权利，但这并不意味着现实中的绑架行为客观上只能侵犯人身权利，事实上，绑架行为完全可能现实地侵犯他人生命与财产。所以，刑法条文的法益保护范围与现实行为所侵犯的法益不可等同，不能以行为现实侵犯的法益为根据解释刑法条文的法益保护范围。此外，绑架罪的基本犯的保护法益与绑架罪的加重犯的保护法益不可能完全相同，换言之，绑架罪的加重犯的保护法益多于基本犯的保护法益。刑法理论讨论具体犯罪的保护法益，一般是指基本犯的保护法益。

接下来需要讨论的是，作为绑架罪保护法益的人身权利究竟指什么？这一问题的回答，涉及许多具体问题的处理。第一，在被害人没有监护人的情况下，是否成立本罪？第二，监护人能否成为本罪的主体？第三，经过监护人同意的，是否成立本罪？第四，征得被绑架者本人同意，但违反监护人意志，使被害人脱离监护人监护的，是否成立本罪？

第一种观点认为，本罪的保护法益是被绑架者的自由。理由是，绑架罪所预想的自由概念，不是现实的自由概念，而是抽象的自由概念。所以，只要对被害人设定了不法的实力支配，就具有本罪的违法性。① 这一观点对上述前三个问题都持肯定回答，但对第四个问题持否定回答（当然，如果对象为未成年人，则由于其承诺无效，依然成立绑架罪）。根据这一观点，绑架婴幼儿或处于无意识状态的人，就不一定构成绑架罪。因为被绑架者的自由以意思决定自由为前提，而这些人不一定有意思决定能力。但是，我国《刑法》第 239 条明确将婴幼儿规定为绑架罪的对象，故这一观点与我国刑法的规定不相符合，也不利于保护未成年人的法益。

第二种观点认为，本罪的保护法益是对被绑架者的监护权或者人与人之间的保护关系。理由是，将自由作为本罪的法益，不仅缺乏明确性，而且导致不能意

① 参见［日］内田文昭：《刑法各论》（第 2 版），青林书院新社 1984 年版，第 127 页。

识到自由的婴幼儿不能成为本罪的对象。只有将监护权与亲权作为本罪法益，才能解决这一问题。① 这一观点对上述前三个问题都持否定回答，却对第四个问题持肯定回答。显然，这一观点虽然考虑到了对婴幼儿及精神病患者法益的保护，但走向了另一极端，既没有充分考虑到绑架正常成年人的犯罪情况，也没有考虑到监护人也可以成为本罪行为主体的情况。

第三种观点认为，本罪的法益原则上是被绑架者的自由，但当被绑架者为未成年人或精神病患者时，也包括被害人与监护人之间的人身保护关系（监护关系）。② 持这一观点的人，对上述第一个问题持肯定回答，但对上述第二至第四个问题，却存在争议。但是，将抽象的监护权作为保护法益并不妥当。发生绑架事件时，不免使监护人产生精神上的痛苦，与子女被杀害父母也会产生精神上的痛苦一样，不能认为监护人产生了精神痛苦就是对本罪法益的侵害。

第四种观点认为，绑架罪的保护法益不仅包括被绑架人的生命、身体利益，而且包括担忧被绑架者的安危的第三者的精神上的自由，即自己决定是否向他人交付财物的自决权。③ 本书也不赞成这种观点。其一，生命、身体利益的表述过于抽象，不利于指导绑架罪构成要件的解释。其二，勒索财物只是绑架罪的一种目的，而不是全部目的，法条并没有要求行为人实施勒索行为。所以，将相关第三者决定是否向他人交付财物的自决权作为绑架罪的保护法益，并不合适。其三，这种观点不能解释绑架分子向政府提出其他不法要求的犯罪现象。其四，按这种观点，如果第三者完全不担忧被绑架者的安危，那么就不成立绑架罪，但这明显不当。

第五种观点认为，本罪的法益是被绑架者的行动自由以及被绑架者身体的安全。理由是，本罪以使被绑架者脱离原本的生活环境（并不意味着必须转移场所）将其置于不法的实力支配内为本质，故其保护法益是人的自由；婴儿也能成为本罪的对象，但在这种场合，由于监护状态的改变，侵害了婴儿的生存与生活的安全。监护权并没有与保护未成年人相区别的独立意义，将侵害监护权的正当行使的行为理解为侵害被拐取者的安全即可。④ 本书赞成这一观点，在被绑架

---

① 参见［日］吉田敏雄：《行动的自由的保护——逮捕监禁罪、略取诱拐罪》，载阿部纯二等编：《刑法基本讲座》（第6卷），法学书院1993年版，第83页。
② 参见［日］团藤重光：《刑法纲要各论》（第3版），创文社1990年版，第476页；［日］大塚仁：《刑法概说（各论）》（第3版增补版），有斐阁2005年版，第82页。
③ 参见黎宏：《刑法学各论》（第二版），法律出版社2016年版，第243页。
④ 参见［日］平野龙一：《刑法概说》，东京大学出版会1977年版，第176页；［日］大谷实：《刑法讲义各论》（新版第4版），成文堂2013年版，第98页。

人没有监护人的情况下，绑架行为当然成立绑架罪；绑架婴儿的行为，虽然没有侵犯其行动自由，但使婴儿脱离了本来的生活状态，侵害了其身体安全；父母绑架未成年子女的行为，也侵害了子女在本来的生活状态下的身体安全与行动自由；即使经过监护人同意，但如果绑架行为对被绑架者的自由或身体安全造成侵害的，也成立绑架罪；至于征得被绑架者本人同意，但违反监护人意志，使被害人脱离监护人监护的案件，如果本人的同意是有效的，被告人的行为不成立绑架罪；如果本人的同意是无效的，则被告人的行为成立绑架罪。

（五）诬告陷害罪的保护法益对确定该罪构成要件的指导机能

关于诬告陷害罪的保护法益，显然只能在以下几种观点中进行选择：一是人身权利说，即刑法规定诬告陷害罪是为了保护被诬陷人的人身权利（个人法益说）[①]；据此，诬告陷害行为必须具有侵犯他人人身权利的性质，否则不成立该罪。二是司法（审判）作用说，即刑法规定诬告陷害罪是为了保护国家的司法作用尤其是审判作用或司法机关的正常活动（国家法益说）[②]；据此，即使诬告行为没有侵犯他人的人身权利，但只要妨害了客观公正的司法活动本身，就成立该罪。三是择一说，即刑法规定诬告陷害罪既是为了保护公民的人身权利，也是为了保护司法作用[③]；据此，只要诬告陷害行为具有其中一种性质，就成立该罪。择一说中也存在侧重点的不同，即有的将国家法益放在首位，有的将个人法益放在首位，有的认为二者没有主次之分、轻重之分。四是并合说，即只有既侵犯公民的人身权利，又侵害司法机关的正常活动的行为，才能成立诬告陷害罪。[④]

与上述分歧直接相关的问题是，没有侵犯他人人身权利的诬告行为是否构成诬告陷害罪？有三种典型情况：第一，甲得到被害人承诺的诬告行为是否构成诬告陷害罪？第二，乙诬告虚无人的行为是否构成犯罪？第三，丙向外国司法机关诬告中国公民的是否成立诬告陷害罪？根据人身权利说，甲与乙的行为不成立犯罪，因为这两种行为要么实际上没有侵犯被害人的人身权利，要么不可能侵犯他人的人身权利；丙的行为构成犯罪，因为丙的行为依然侵犯了中国公民的人身权利。根据司法作用说，甲与乙的行为构成诬告陷害罪，虽然没有侵犯人身权利，但客观上妨害了国家的司法作用；丙的行为不成立诬告陷害罪，因为丙的行为并

---

① 参见［日］平野龙一：《刑法概说》，东京大学出版会1977年版，第290页。
② 参见［日］团藤重光：《刑法纲要各论》（第3版），创文社1990年版，第108页。
③ 参见［日］大塚仁：《刑法概说（各论）》（第3版增补版），有斐阁2005年版，第613页。
④ 德国、日本刑法都将诬告罪规定为独立的一章，而没有归入其他章节中。

没有侵犯我国司法机关的正常活动。① 根据择一说，甲、乙、丙的行为都构成诬告陷害罪，因为甲、乙的行为侵犯了司法机关的正常活动，丙的行为侵犯了他人的人身权利。根据并合说，甲、乙、丙的行为均不成立诬告陷害罪，因为三人的行为都只是侵犯了其中一种法益。

我国刑法将诬告陷害罪置于"侵犯公民人身权利、民主权利罪"一章中，这说明刑法规定本罪是为了保护公民的人身权利；刑法没有将本罪规定在刑法分则第六章第二节的"妨害司法罪"中，说明立法者规定本罪不是为了保护司法活动。因此，我们应当采取人身权利说，而不能采取司法作用说、择一说与并合说。或许有人认为，任何诬告陷害行为都必然侵犯司法活动，因为刑法规定本罪必然保护司法作用。但这只是客观事实（况且肯定会有例外），而不是法律规定。对此，可以联想伪证罪来考虑。伪证罪在旧刑法中属于侵犯人身权利、民主权利的犯罪，但其构成要件中却包含了"隐匿罪证"的情况；而隐匿罪证的行为并没有侵犯他人的人身权利，只不过妨害了司法活动。为了克服这种保护法益与构成要件内容不协调的现象，现行刑法将伪证罪调整到分则第六章第二节"妨害司法罪"中。妨害司法罪的法益是司法活动，伪证行为根本没有侵犯他人的人身权利，但妨害了司法活动时，也成立伪证罪。可是，现行刑法并没有将诬告陷害罪调整到"妨害司法罪"中，仍然将人身权利作为该罪的法益，故我们必须坚持人身权利说的立场。据此，基于被害人承诺的诬告行为以及诬告虚无人的行为，不属于刑法所规定的诬告陷害行为。

日本学者主张司法作用说或者择一说有两个原因：第一，日本刑法分则明显是按对国家法益的犯罪、对社会法益的犯罪、对个人法益的犯罪这一顺序来排列各章的，其第二十一章所规定的诬告罪与第二十章的伪证罪均被视为对国家法益的犯罪；日本刑法理论对此也没有任何争议。于是，诬告罪成为对司法作用的犯罪。第二，日本刑法分则对犯罪分类后，并没有明确规定各类罪的法益内容。诬告罪是独立的一章，章名就叫"诬告罪"。既然立法没有限定法益内容，就给解释者留下了较大的空间，于是择一说具有存在的理由。我国刑法的规定方式与日本刑法不同，故难以采取司法作用说与择一说。②

① 如果认为诬告陷害罪的法益是国家的司法作用，那么，自我诬告（诬告自己犯罪）行为也侵害了该法益。但由于我国刑法明文限定为诬告陷害"他人"，故不管采取何种观点，自我诬告在我国都不可能成立犯罪。
② 或许有人会问，为什么诬告陷害罪的法益不是人身权利与司法活动的择一，而只能是人身权利？这是因为，人身权利与司法活动不属于同一类罪的法益，刑法是将诬告陷害罪规定在侵犯公民人身权利、民主权利罪之中的，如果将妨害了司法活动但没有侵犯人身权利的诬告行为认定为犯罪，就意味着本罪不是侵犯人身权利的犯罪。这便违反了立法宗旨。

（六）寻衅滋事罪的保护法益对确定该罪构成要件的指导作用

可以肯定的是，刑法规定寻衅滋事罪，旨在保护公共秩序或社会秩序。一方面，刑法将寻衅滋事罪规定在刑法分则第六章"妨害社会管理秩序罪"的第一节"扰乱公共秩序罪"中。另一方面，《刑法》第 293 条项前规定，"破坏社会秩序"的行为才成立寻衅滋事罪。

但是，公共秩序与社会秩序是十分抽象的概念，将寻衅滋事罪的保护法益概括为公共秩序或者社会秩序，不仅不利于解释本罪的客观构成要件，而且有损于罪刑法定原则的贯彻。因为分则条文都是为了保护具体的法益，而非保护抽象的法益；对保护法益的抽象程度越高，其所包含的内容就越宽泛，受刑罚处罚的范围就越广，从而具有将不值得科处刑罚的行为解释为犯罪的危险。换言之，保护法益的抽象化，必然导致对构成要件的解释缺乏实质的限制，从而使构成要件丧失应有的机能；导致不值得科处刑罚的行为，也被认为侵犯了过于抽象的法益，进而以犯罪论处。

不可否认的是，在确定具体犯罪的保护法益时，应当以该罪在刑法典中的顺序与地位、宪法的旨趣、罪刑法定主义的理论为根据。但与此同时，必须考虑在判断犯罪的成立与否时，能否根据确定的保护法益，对具体案件得出妥当的结论。[①]

显然，要对前述作为保护法益的"公共秩序"或者"社会秩序"作出更为具体的表述，并无现实意义。详言之，即使人们将作为寻衅滋事罪保护法益的"公共秩序"解释为公共场所的秩序，将"秩序"进一步解释为有序性、稳定性、连续性，也几乎无济于事。所以，本书主张根据寻衅滋事罪的具体类型确定其具体的保护法益。一方面，法益是人的生活利益。社会法益只是个人法益的集合，是以个人法益为其标准所推论出来的。个人的一切法益都是得到法律的承认和受法律保护的，而社会法益的保护是受到限制的。因此，只有当某种社会利益与个人法益具有同质的关系、能够分解成为个人法益（即系个人法益的多数之集合）、是促进人类发展的条件且具有重要价值和保护必要时，才能成为刑法所保护的社会法益。换言之，保护社会法益的目的也是保护个人的法益；社会法益必须能够还原为个人法益时，才值得刑法保护。所以，有必要联系个人法益确定寻衅滋事罪的保护法益。另一方面，《刑法》第 293 条规定的具体行为类型，明显包含了对个人法益的保护，故应当联系《刑法》第 293 条所规定的具体行为类型确定本罪的保护法益。质言之，由于寻衅滋事罪存在 4 种类型，所以，需要具体

---

① 参见［日］前田雅英：《财产犯论的现代的课题——"保护法益的具体化"》，载西田典之等编：《现代社会型犯罪的诸问题》，劲草书房 2004 年版，第 294 页。

考察各种类型的具体法益。

就"随意殴打他人"类型而言，其保护法益显然是个人的身体安全（身体的不可侵犯性）。既然刑法禁止随意殴打他人，而殴打意味着对他人身体安全的侵犯，那么，本罪的法益当然包含个人的身体安全。但是，联系"破坏社会秩序"的规定来考虑，禁止"随意殴打他人"的规定所欲保护的法益，应是社会一般交往中的个人的身体安全，或者说是与公共秩序相关联的个人的身体安全。否则，难以说明寻衅滋事罪在刑法分则中的顺序与地位。正因为如此，行为人随意殴打家庭成员的，或者基于特殊原因殴打特定个人的，没有侵犯该法益，不可能成立寻衅滋事罪。

就"追逐、拦截、辱骂、恐吓他人"类型而言，其保护法益应当是个人的行动自由（包括意思活动自由）与名誉。因为追逐、拦截、恐吓行为明显侵犯的是他人的行动自由，而辱骂行为侵犯的是他人的名誉。但是，联系"破坏社会秩序"的规定分析，禁止"追逐、拦截、辱骂、恐吓他人"的规定所欲保护的法益，也应是一般人在公共生活、公共活动中的行动自由与名誉。所以，在没有多人在场的情况下，辱骂特定个人的，不属于寻衅滋事罪中的辱骂他人。

就"强拿硬要或者任意损毁、占用公私财物"的类型而言，由于其行为对象是公私财物，故其保护法益应是公私财产。但是，联系"破坏社会秩序"的规定考察，刑法禁止这类行为所欲保护的法益，不只是单纯的财产[①]，而是包括与财产有关的社会生活的安宁或平稳。例如，行为人多次使用轻微暴力或者胁迫手段，在自由市场任意损毁他人小商品，导致他人被迫放弃商品经营（情节严重）的，成立寻衅滋事罪。在这种情况下，任意损毁行为实际上侵犯了他人社会生活的平稳，而这种社会生活与财产密切相关。因此，行为人侵入他人住宅损毁他人财物的，或者已婚子女强拿硬要父母财物的，不成立寻衅滋事罪。

就"在公共场所起哄闹事"类型而言，联系"破坏社会秩序"的规定，其保护法益显然是不特定人或者多数人在公共场所从事自由活动的安全与顺利。

（七）催收非法债务罪保护法益对确定该罪构成要件的指导作用

关于催收非法债务罪的保护法益，刑法理论上存在不同观点。

一种观点认为，本罪的保护法益是公共秩序与公民的人身、财产权益。例如，有学者指出："催收非法债务罪的客体是复杂客体，与寻衅滋事罪的客体具有一致性。主要客体是社会公共秩序，行为人在实施非法讨债过程中具有的暴

---

① 更不能认为本罪是为了保护数额不大的财产，否则，就不能说明刑法为什么对侵犯财产罪要求数额较大。换言之，如果刑法保护数额较小的财产，那么，就不会在侵犯财产罪中设置数额较大的条件。

力、胁迫、非法拘禁等行为，尤其是上门滋扰、侵入住宅的行为，使被害人及其亲属、朋友、邻居等有关人员产生不安全感，严重扰乱社会秩序；同时，行为人采取的暴力、胁迫等具体行为，可能侵犯他人的人身权利、财产权利等。"①

不能不承认的是，确定一个具体犯罪的保护法益，首先要考虑该罪在刑法分则中的体系地位。"因为刑法分则大体上是按保护法益将具体犯罪进行分类的，所以，每一章的犯罪就有一个同类保护法益。一般来说，对具体犯罪保护法益的确定不能超同类法益。"②《刑法修正案（十一）》将催收非法债务罪规定在刑法分则第六章"扰乱公共秩序罪"之中，而且规定在寻衅滋事罪之后，因而有理由认为，本罪的保护法益至少包括了公共秩序或社会秩序。但是，立法总会存在缺陷，对具体犯罪的归类错误在国内外刑事立法中并不少见。在出现归类错误的场合，刑法理论需要进行补正解释。

《刑法修正案（十一）》虽然将催收非法债务罪规定在"扰乱公共秩序罪"中，但从法条对成立条件的表述中，得不出本罪侵犯了公共秩序的结论。一方面，一般来说，构成要件结果是保护法益的反面。从立法程序来说，立法机关是因为某种行为造成什么危害结果，才将这种行为规定为犯罪的，反过来就知道保护法益是什么。但《刑法》第 293 条之一没有将扰乱公共秩序规定为构成要件结果。另一方面，法条规定的构成要件行为与对象等也是确定保护法益的重要线索，但本罪的行为只是针对特定的个人，而不是针对不特定的人，法条也没有要求行为发生在公共场所。既然如此，就难以认为催收非法债务罪的保护法益包括公共秩序。

按照立法机关工作人员的说法，"催收非法债务的行为常演变、发展成组织性、职业性的团伙行为。一些已经被依法查处的黑社会性质组织、赌博犯罪集团的案件中披露，有组织犯罪集团也大量从事催收非法债务的行为……有的通过虚假诉讼、虚假公证为催收提供所谓的法律依据，制造合法讨债的假象，在实施非法拘禁、非法侵入他人住宅以及对他人实施威胁、恐吓、跟踪、骚扰等行为时，公然误导群众，对抗行政司法机关执法，严重扰乱了社会秩序"③。诚然，设置犯罪构成要件，以构成要件行为具有真实的危害为前提。④ 但是，分则条文的保护法益并不是直接根据某种行为的所有直接危害与间接危险确定的，而是取决于

---

① 杨万明主编：《〈刑法修正案（十一）〉条文及配套〈罪名补充规定（七）〉理解与适用》，人民法院出版社 2021 年版，第 311 页。

② 张明楷：《侵犯人身罪与侵犯财产罪》，北京大学出版社 2021 年版，第 4 页。

③ 许永安主编：《中华人民共和国刑法修正案（十一）解读》，中国法制出版社 2021 年版，第 311 页。

④ 参见［日］井田良：《讲义刑法学·总论》（第 2 版），有斐阁 2018 年版，第 27 页。

构成要件内容。例如，故意杀人行为大体都会使普通公民产生恐惧感，但故意杀人罪的保护法益只是公民的生命，难以认为公民的安全感是故意杀人罪的保护法益。再如，诈骗行为大体上都会使普通公民感到诚实信用的缺乏，但诈骗罪的保护法益只是财产，不可能认为诚实信用是诈骗罪的保护法益。同样，上述对催收非法债务行为的危害内容的描述，只是扫黑除恶过程中出现的部分客观事实。催收非法债务罪的构成要件，并不要求行为人是黑社会性质组织成员，也不要求行为公然误导与对抗行政机关执法。因此，催收非法债务的行为本身与公共秩序之间并无必然联系。不仅如此，《刑法修正案（十一）》还删除了草案一次审议稿中的"并以此为业"的规定。既然如此，就不能将社会秩序作为本罪的保护法益。

事实上，即使按照人们对《刑法修正案（十一）》颁行之前的催收非法债务行为危害性的描述，也难以认为催收非法债务的行为本身扰乱了公共秩序。事实上，只是由于以前催收非法债务的行为多发，而且行为人大多是黑社会性质组织成员或者恶势力犯罪集团的成员，才得出了催收非法债务行为扰乱公共秩序的结论。然而，其一，不能因为某种案件的多发，就认为这类案件扰乱了公共秩序。例如，在以往盗窃罪是发案最多的，但不能认为盗窃罪是扰乱公共秩序的犯罪。现在，危险驾驶罪是发案最多的，也不能认定其是扰乱公共秩序的犯罪。其二，催收非法债务的行为主体实施其他犯罪扰乱公共秩序的，是与催收行为无关的另一回事，不能归入催收非法债务的不法内容。例如，黑社会性质组织成员催收非法债务的，构成参加黑社会性质组织罪与催收非法债务罪，前一犯罪扰乱了公共秩序，不代表后一犯罪必然也扰乱了公共秩序。

总之，虽然将公共秩序作为催收非法债务罪的保护法益具有一定的形式依据（本罪在分则中的体系地位），但这一结论难以成立。

还有一种观点认为："本罪保护的是合法、正当的民间借贷秩序以及民间借贷关系中债务人的人身、财产不受侵犯的利益。民法典第六百八十条第一款规定：'禁止高利放贷，借款的利率不得违反国家有关规定。'这一规定意味着，只有合法的民间借贷关系才能受到法律保护，行为人通过高利放贷等方式产生的非法债务不受法律保护。此外，催收非法债务行为往往涉及对债务人人身权利和财产权利的侵害，刑法之所以规定本罪，正是为了保护债务人的相关权益不受侵犯。"[①] 这一观点也认为催收非法债务罪的保护法益包括公共法益与个人法益，但公共法益的内容不同于前一种观点。

① 劳东燕主编：《刑法修正案（十一）条文要义：修正提示、适用指南与案例解读》，中国法制出版社 2021 年版，第 252 页。

持上述观点的学者指出："在民间借贷尤其是网络民间借贷日渐普遍化的当下，催收非法债务行为之于社会公众对正当借贷关系信赖的冲击和破坏极为严重。在'欠债还钱，天经地义'之传统盛行的中国社会，通过刑法手段在全社会范围内确立其合法借贷、有序讨债的氛围和风气，极为必要。"① 但能否据此认为催收非法债务罪的保护法益包括合法、正当的民间借贷秩序，可能存在疑问。

首先，合法、正当的民间借贷秩序包括诸多内容。反过来说，侵害合法、正当的民间借贷秩序的不法行为多种多样。即使承认催收非法债务罪的保护法益是合法、正当的民间借贷秩序，从目前的刑法规定来看，其涵盖的具体内容也只不过是不得"以故意伤害、非法拘禁、侮辱、恐吓、威胁、骚扰等非法手段催收贷款"的秩序，但这一内容似乎只是催收非法债务罪的行为规范内容，难以称为本罪的保护法益。而且，如后所述，这些行为侵犯的是公民人身权利。易言之，上述观点无法解释为何不把高利放贷等各种不正当借贷行为全部规定为犯罪，反而只禁止相对边缘的催收行为。同理，这种观点也无法解释为何不把对合法民间贷款的过当催收行为全部规定为犯罪。

其次，在立法过程中，曾经有一种考虑，就是将催收非法债务罪放在强迫交易罪之后，使之成为破坏社会主义市场经济秩序的犯罪，但经研究后将本罪规定在扰乱公共秩序罪中。② 这表明刑事立法并不认为催收非法债务罪属于破坏经济秩序的犯罪。既然如此，将合法、正当的民间借贷秩序作为本罪的保护法益就不一定合适。

最后，即使是合法的债务，如果行为人以刑法禁止的手段予以催收，也会成立犯罪。但在这样的场合，只是按行为的手段确定犯罪的性质及其保护法益，而不是为了保护债务的正当履行这一经济秩序。例如，《刑法》第238条前两款规定了非法拘禁罪的构成要件与法定刑，第3款规定："为索取债务非法扣押、拘禁他人的，依照前两款的规定处罚。"据此，行为人以非法拘禁手段迫使他人履行合法债务，仅成立非法拘禁罪，此时的保护法益是被害人的身体活动自由，而不可能是债务的正当履行。就催收高利贷等债务而言，刑事立法既不希望对这种行为以寻衅滋事罪论处，也不愿意放任这种行为，但由于刑法没有规定暴行、胁迫、恐吓、跟踪等罪，于是将基于发放高利贷等特定原因而实施暴行、胁迫、恐吓、跟踪等行为规定为犯罪。所以，设立催收非法债务罪只是为了保护公民的人身权利。

---

① 劳东燕主编：《刑法修正案（十一）条文要义：修正提示、适用指南与案例解读》，中国法制出版社2021年版，第252~253页。
② 参见许永安主编：《中华人民共和国刑法修正案（十一）解读》，中国法制出版社2021年版，第312页。

综上所述，公共秩序、社会秩序以及合法、正当的民间借贷秩序，都不应是催收非法债务罪的保护法益。

在本书看来，根据《刑法》第 293 条之一对构成要件行为的表述，催收非法债务罪的保护法益只能是个人法益，即个人的人身权利，主要内容是身体、人身自由、住宅不受侵犯的权利以及意思决定自由与住宅权。对此不必赘言。另外，本书也不认为财产法益是本罪的保护法益。从催收非法债务罪的构成要件来看，只要行为人为了催收非法债务而实施暴力、胁迫等行为，并达到情节严重的程度，即使被害人分文未还，行为人也构成本罪的既遂，而不是本罪的未遂。如果认为本罪的保护法益包括财产法益，使本罪包括了财产罪的内容，则难以说明本罪的既遂标准。

由于本罪属于侵犯人身权利的犯罪，所以，应当将本罪置于刑法分则第四章。换言之，由于刑法分则第四章没有规定暴行罪、胁迫罪、恐吓罪、跟踪罪等侵犯人身权利的犯罪，才导致刑法增设催收非法债务罪。反之，如果刑法分则像德国、日本等国刑法那样规定上述侵犯人身权利的犯罪，则完全不需要增设催收非法债务罪。[①]

由于本罪属于侵犯人身权利的犯罪，所以，催收高利放贷等产生的非法债务，是指催收基于高利放贷等非法行为产生的本金以及合法利息，不以催收高息部分为前提。换言之，催收高利放贷等产生的非法债务，是指催收基于高利放贷等非法行为形成的合法限度内的、行为人有权催收的债务。例如，即使行为人高利放贷后仅催收其中的本金与相关规定（如司法解释）认可的民间借贷利息（合法本息），但只要采取上述暴力、胁迫、恐吓、跟踪等手段且情节严重的，也成立催收非法债务罪的既遂犯。如果行为人以上述手段催收合法本息以外的债务（如合法本息之外的高额利息）的，则另触犯其他犯罪（如抢劫、敲诈勒索等罪）。[②]

（八）骗取出境证件罪的保护法益对确定该罪构成要件的指导作用

规定骗取出境证件罪的《刑法》第 319 条，属于刑法分则第六章第三节，该节的标题为"妨害国（边）境管理罪"。所以，应当认为，本条的保护法益是国家的出境管理秩序。出境，包括中国公民与外国公民的出境；出境管理秩序，是指中国公民与外国公民按照中国的出境管理法规规定的条件、程序、方式出境的有序性、稳定性。从现实来看，出境管理秩序所要防止的主要是两类现象：一是

---

① 正是出于上述的考虑，笔者在参与《刑法修正案（十一）》的讨论时，主张增设暴行罪、胁迫罪等侵犯人身权利的犯罪，而不主张增设催收非法债务罪。

② 参见张明楷：《催收非法债务罪的另类解释》，《政法论坛》2022 年第 2 期。

不经过规定的出境口岸、边防站等地点出境，二是不使用有效的出境证件出境。换言之，如果所有中国公民与外国公民都在规定的出境口岸、边防站持有效证件出境，那么，出境管理秩序就完全正常，没有受到任何侵犯。

由于具体犯罪隶属于类罪，因此，对具体犯罪的法益内容的确定，不应超出同类法益的范围（存在立法分类错误时除外）。我们不能超出妨害国（边）境管理秩序的范围来确定《刑法》第 319 条的保护法益或目的。

《刑法》第 319 条的目的不在于保护入境管理秩序。因为《刑法》第 319 条规定的基本行为是"骗取护照、签证等出境证件"，而不包括入境证件。所以，外国人骗取中国签证进入中国境内的，不成立本罪。

《刑法》第 319 条的目的不在于保护取得护照、签证的正当方式与秩序。因为根据《刑法》第 319 条的规定，单纯骗取护照、签证等出境证件的行为并不构成犯罪，只有"为组织他人偷越国（边）境使用"而骗取出境证件的，才构成犯罪。"为组织他人偷越国（边）境使用"的规定，不仅是为了限制处罚范围，而且表明本条的目的在于防止组织他人偷越国（边）境。与刑法其他条文略加比较便能得出这一结论。例如，《刑法》第 280 条规定了伪造、变造、买卖、盗窃、抢夺、毁灭国家机关公文、证件、印章的犯罪，但并没有规定骗取国家机关公文、证件罪。[①] 例如，某公民已领有一张身份证，但谎称该身份证丢失，又骗领一张身份证的，并不会被认定为犯罪。从刑法协调的角度来看，骗取出境证件的行为本身也不应当成立犯罪。况且，与护照、签证相比，国家机关的许多公文、证件更具重要性。既然如此，就不能认为《刑法》第 319 条的规定是为了保护取得护照、签证的正当方式与秩序。

《刑法》第 319 条的目的不在于保证中国公民在境外不实施违法犯罪行为，换言之，中国公民出境后在境外是否实施违法犯罪行为，不是本条所要解决的问题，而应适用刑法关于管辖的规定以及行为所触犯的相关法条。根据刑法关于管辖原则的规定，中华人民共和国公民在中华人民共和国领域外犯刑法规定之罪的，有条件地适用中国刑法。例如，中国公民甲持有效证件在规定地点出境，在国外犯故意杀人罪的，在适用中国刑法时，也只是适用《刑法》第 232 条，认定为故意杀人罪，与《刑法》第 319 条没有关系。如果中国公民出境后在外国实施某种违法行为，但并不违反中国法律，则是相关外国法所要解决的问题。例如，中国公民持护照和旅游签证到达韩国后，在韩国非法就业的，只能由韩国根据其法律处罚。《刑法》第 319 条也与此无关。

---

① 这里的"骗取"是指与《刑法》第 319 条的"骗取"意义相当的骗取，而不是指非法转移占有的骗取。

《刑法》第319条的目的不在于保护国家声誉。不可否认的是，中国公民在国外的言行举止，会在一定程度上影响中国的国家声誉。但是，第一，国家声誉并不是主要靠公民在国外的表现来赢得，而是靠国家的综合实力赢得。第二，即使是合法出境的中国公民也可能在国外实施违法犯罪行为，反之，即使是非法出境的中国公民也并非都在国外实施违法犯罪行为。所以，公民如何出境，与国家声誉没有任何必然联系。

总之，一个分则条文不可能保护所有的法益。但司法实践中存在将《刑法》第319条的保护法益的范围无限扩大的倾向，导致犯罪构成要件丧失罪刑法定主义的机能，需要反思。

首先，骗取出境证件罪属于目的犯。《刑法》第319条所规定的"为组织他人偷越国（边）境使用"，并不只是单纯限制处罚范围，更重要的是为了限定骗取出境证件行为的性质，即只有"为组织他人偷越国（边）境使用"而骗取出境证件的，才属于《刑法》第319条的骗取出境证件罪。换言之，并不是任何骗取出境证件的行为都符合《刑法》第319条的犯罪构成。

其次，根据《刑法》第318条的表述以及刑法与出入境管理法规的关系，认定某人的行为成立组织他人偷越国（边）境罪，必须具备一个当然的前提：被组织者的出入境行为属于偷越国（边）境。当然，虽并不要求被组织者的行为构成偷越国（边）境罪，但其行为至少属于违反出入境管理法的偷越国（边）境的行为。如果被组织者的出入境行为不属于偷越国（边）境，就不可能认定组织者的行为构成组织他人偷越国（边）境罪。《刑法》第321条规定的运送他人偷越国（边）境罪也是如此。如果被运送者的出入境行为不具有偷越国（边）境的性质，那么，运送者的行为也不成立运送他人偷越国（边）境罪。基于同样的理由，骗取出境证件罪也存在着这样的前提。不过，由于行为人所骗取的出境证件既可能用于自己组织他人偷越国（边）境，也可能用于第三者组织他人偷越国（边）境；既可能已被实际使用，也可能未被实际使用，所以，其前提略显复杂。但可以肯定的是，仍以现实的或可能的被组织者的行为具有偷越国（边）境性质为前提。

再次，应当合理认定偷越（国）边境的行为，进而合理认定行为人"组织他人偷越国（边）境"的目的。《出境入境管理法》第71条规定，对有下列行为之一的，给予罚款或者拘留处罚：（1）持用伪造、变造、骗取的出境入境证件出境入境的；（2）冒用他人出境入境证件出境入境的；（3）逃避出境入境边防检查的；（4）以其他方式非法出境入境的。问题是，利用骗取的出入境证件出入境的行为，是否属于刑法上的偷越国（边）境？本书持否定回答。一方面，在行为人通过一定程序取得了出境证件后，即使是采取弄虚作假的手段取得的出境证件，也只有经过相应权威机构的确认，才能宣布为无效证件，不能随意将骗取的签证等视为无效证件。另一方面，对出境所要求的出境证件，进行形式的判断即可，不必进行实质审查。联系其他犯罪也可以说明这一点。例如，没有取得驾驶执照而驾驶机动车辆的，违反了交通管理法规，如果造成交通事故，则构成交通肇事罪。但是，取得驾驶执照需要具备一定的条件、通过一定的考试，如果行为人没有通过考试，而是通过"开后门"等方式从交通管理部门取得了形式上合法的驾驶执照，那么，刑法就不能对此进行实质审查，不能认定其持该驾驶执照驾驶机动车辆的行为本身违反了交通管理法规。即使其造成了交通事故，也只能通过考察其是否违反了交通管理法规的其他内容进行判断，而不能从取得驾驶执照的方式上进行判断。再如非法行医罪，其行为主体必须是未取得医生执业资格的人。同样，取得医生执业资格需要具备一定的条件、经过一定的考试。如果行为人未能通过考试，但通过"开后门"或其他欺骗方式从卫生主管部门取得了医生执业资格，并从事行医活动，就不能认定其为非法行医；即使其造成了就诊人伤亡的结果，也只能视性质与情节认定为医疗事故罪或者过失致人重伤、过失致人死亡罪。不仅如此，对出境证件进行实质判断也几乎不可能。因为在我国，公民取得护照并不需要特别条件，出境的关键证件便是签证。但签证由外国相关机构颁发，所以，即使是出入境管理机构，也不可能将每一个人的签证交由外国相关机构确认。事实上，只要形式上真实，就认定为有效的出境证件。况且，从现实情况来看，由于签证种类繁多、签证手续过于复杂，人们为顺利取得签证，又为了减少麻烦，或多或少会使用某种欺骗手段。如果将类似采用一定欺骗手段取得签证并出境的行为认定为偷越国（边）境，必然造成处罚面过宽的局面，不符合我国的刑事政策。

基于以上分析，就以下两类常见案件可以得出不构成骗取出境证件罪的结论：（1）使用以劳务输出、经贸往来或者其他名义骗取的签证出境的，不应认定为偷越国（边）境。既然如此，以劳务输出、经贸往来或者其他名义骗取出境证件的行为，就不可能属于"为组织他人偷越国（边）境使用"，因而不成立骗取出境证件罪。① 例如，赵某为某公司经理，为了营利，超出经营范围为他人办理签证。赵某制作虚假公司文书，证明 7 名出境人员为其公司人员，并出具财产（担保）证明，为 7 名出境人员办理旅游签证，使 7 名人员得以出境。由于持该签证出境的行为并不构成偷越国（边）境，骗取出境证件的行为也不属于"为组织他人偷越国（边）境使用"，所以，该行为不成立骗取出境证件罪。但由于

---

① 其实，即使使用无效证件出境的，也不必然属于偷越国（边）境。因为《刑法》第 320 条的目的，也是防止偷越国（边）境和组织偷越国（边）境的行为，但该条只是将为他人提供伪造、变造的护照、签证等出入境证件规定为犯罪，而没有将为他人提供无效的护照、签证等出入境证件规定为犯罪。

行为人只是（无形）伪造公司文书，而伪造公司文书的行为并不构成任何犯罪，所以，对该行为只能宣告无罪。如果将该行为以骗取出境证件罪论处，则违反罪刑法定原则。（2）通过伪造中小学校印章、中小学生的成绩单等，为中小学生去国外就读骗取签证。对于这种行为只能认定为伪造事业单位印章罪，而不能认定为骗取出境证件罪。

（九）破坏永久性测量标志罪的保护法益对确定该罪构成要件的指导机能

刑法分则第六章第三节规定的是妨害国（边）境管理罪，其中的最后一条即第 323 条规定，"故意破坏国家边境的界碑、界桩或者永久性测量标志的，处三年以下有期徒刑或者拘役"。司法解释与刑法理论认为本条规定了两个罪名：破坏界碑、界桩罪与破坏永久性测量标志罪。由于本罪被规定在"妨害国（边）境管理罪"一节中，另根据条文的表述（条文中的"国家边境的"定语既可能只是限定"界碑、界桩"，也可能同时限定"永久性测量标志"），根据法益确定的一般原则与方法，破坏永久性测量标志罪的法益应当是对国家边境永久性测量标志的管理秩序。果真如此，则作为本罪对象的永久性测量标志，仅应限于国家边境的永久性测量标志。然而，许多永久性测量标志，如水准点、地形点、天文点、导线点、炮控点等，并不位于国家边境，却值得刑法保护（在旧刑法中也受到保护），但破坏这些永久性测量标志的行为，并不会妨害国（边）境管理。因此，也可能认为，本罪虽然规定在"妨害国（边）境管理罪"一节中，但并不属于妨害国（边）境管理的犯罪[①]，即本罪的法益是国家对永久性测量标志的管理秩序。因此，作为本罪对象的永久性测量标志也不限于"国家边境的永久性测量标志"，而是包括境内的永久性测量标志。[②]

（十）毒品犯罪的保护法益对确定该罪构成要件的指导机能

传统刑法理论将毒品犯罪的保护法益表述为国家对毒品的管理制度。[③] 这样的表述存在诸多疑问与缺陷。

第一，大多数教科书都没有进一步解释"国家对毒品的管理制度"的具体内容，如此抽象的表述不可能揭示出刑法分则规定毒品犯罪的目的。有的论著略有进一步的描述，但仍然没有实际内容。例如，有的论著指出："所谓国家对毒

---

① 这样的解释也不是没有可能的。因为立法总是存在缺陷的，因此，只要为了实现刑法的正义所作的补正解释没有违反罪刑法定原则，不与刑法的相关条文产生冲突与矛盾，那么，就是可以接受的。

② 这一解释是否有违反罪刑法定原则之嫌，还值得进一步研究。

③ 参见高铭暄、马克昌主编：《刑法学》（第十版），北京大学出版社、高等教育出版社 2022 年版，第 604 页；王作富主编：《刑法分则实务研究》（第五版）（下），中国方正出版社 2013 年版，第 1438 页；周道鸾、张军主编：《刑法罪名精释》（第四版）（下），人民法院出版社 2013 年版，第 894 页。

品的管理制度，是指国家颁布的一系列法律、法规，对麻醉药品、精神药品进行严格管理……国家通过这些法律和行政法规对麻醉药品、精神药品进行管理，便形成了国家对毒品的管理制度。"[1] 还有论著指出："走私毒品罪直接侵害国家对毒品进出口的管制；贩卖毒品罪直接侵害国家对毒品购销活动的管制；运输毒品罪直接侵害国家对毒品运输活动的管制；制造毒品罪直接侵害国家对毒品制造活动的管制；非法提供毒品罪直接侵害国家对毒品供应活动的管制；等等。"[2] 但是，这些对"国家对毒品的管理制度"的进一步描述，基本上是同义反复，缺乏指导司法实践的现实意义。而且，说毒品犯罪"侵害了国家对毒品的管理制度"，只是意味着如果走私、出售、制造、运输毒品等行为没有违反国家相关规定，而是经过法律、法规允许的，就不成立犯罪。但这不是对保护法益的说明，充其量只是对有无违法阻却事由的表述。例如，有论著指出："同样是麻醉药品和精神药品，如果经国家指定的单位或者部门按照规定的程序申请获批后，生产、运输和销售即为合法，而未经审批的即为非法。原因不在于麻醉药品和精神药品有损公众健康，出于医学目的的使用反而有利于病人的健康，而在于国家基于这类药品的滥用对公众健康的潜在威胁而加以严格管制。因此，本罪侵犯的直接客体只能是国家对毒品的管理制度。"[3] 换言之，经过合法批准而生产、运输麻醉药品与精神药品的，不构成毒品犯罪；而国家批准与否就形成一套管理制度，于是，对毒品的管理制度就是毒品犯罪的保护法益。不难看出，这种观点只是根据行为是否具备违法阻却事由的形式条件，来确定毒品犯罪的保护法益，而没有揭示出为什么围绕毒品的行为原则上要被禁止，为什么经"合法批准"后行为又能被允许，因而不无疑问。

第二，将"国家对毒品的管理制度"确定为毒品犯罪的保护法益，不能说明毒品犯罪的处罚范围。例如，国家禁止吸食、注射毒品，因此，吸食、注射、购买毒品的行为也侵犯了国家对毒品的管理制度，但是，该行为并不成立犯罪。这足以说明，将毒品犯罪的法益确定为国家对毒品的管理制度，既与刑法规定相冲突，也自相矛盾：一方面，认为国家对毒品的管理制度是刑法保护的法益；另一方面，侵害国家对毒品的管理制度的行为（如吸毒、注射、购买毒品）又不成立犯罪。不仅如此，由于毒品是违禁品，代购毒品的行为同样违反了国家对毒品的管理制度，但这种行为与吸毒者为了吸毒购买毒品的行为既相似又有别，于是，造成了处理上的困难与混乱。

---

[1]　赵长青主编：《中国毒品问题研究——禁毒斗争的理论与实践》，中国大百科全书出版社 1993 年版，第 262 页。

[2]　欧阳涛、陈泽宪主编：《毒品犯罪及对策》，群众出版社 1992 年版，第 38 页。

[3]　马克昌主编：《百罪通论》（下卷），北京大学出版社 2014 年版，第 1085 页。

第三，将"国家对毒品的管理制度"确定为毒品犯罪的保护法益，不能对毒品犯罪的构成要件起到指导作用。例如，对贩卖毒品罪中的"贩卖"的解释，就需要以本罪的保护法益为指导。如果离开本罪的保护法益，就既可能将"贩卖"解释为先购入后出售，也可能将单纯的购买行为解释为"贩卖"，还可能否认所有代购行为属于"贩卖"。显然，"国家对毒品的管理制度"这一内容，对"贩卖"的解释并不能起到指导作用。再如，运输毒品时同时持有了毒品，持有毒品时也可能运输了毒品，"国家对毒品的管理制度"这一保护法益不可能对运输毒品罪与非法持有毒品罪的认定起到任何作用。

第四，将"国家对毒品的管理制度"确定为毒品犯罪的保护法益，不能说明各种具体毒品犯罪在违法程度上的差异。针对一项制度，只有违反和不违反之分，难以认为某种行为违反了50%的制度，而另一种行为违反了80%的制度。例如，贩卖毒品的行为与非法种植毒品原植物的行为，在违反"国家对毒品的管理制度"方面，不存在任何差异。可是，这两种行为的不法程度明显不相同。再如，运输毒品罪与非法持有毒品罪都同样违反了"国家对毒品的管理制度"，但二者的法定刑相差很大，这显然不可能用"国家对毒品的管理制度"这一保护法益来说明。

第五，将"国家对毒品的管理制度"确定为毒品犯罪的保护法益，导致对某些毒品犯罪既遂的认定过于提前。从逻辑上说，只要与毒品相关的行为是刑法与其他相关法律、法规禁止的行为，都必然已经违反了国家对毒品的管理制度，于是，任何违反国家对毒品的管理制度的行为，都是既遂。一方面，毒品犯罪的既遂标准提前，即完全可能将毒品犯罪的未遂认定为既遂；另一方面，毒品犯罪的着手标准提前，即处于预备阶段的行为也完全可能被认定为实行行为。刑法理论与司法实践普遍认为，贩卖包括出卖以及为了出卖而购买。于是，为了出卖而购买的行为成为贩卖毒品罪的实行行为，而且都被认定为贩卖毒品的既遂。[1] 之所以如此认定，一个重要原因是，为了出卖而购买毒品的行为，已经侵害了"国家对毒品的管理制度"。然而，将为了出卖而购买的行为认定为贩卖毒品罪的既遂，事实上是"将使尚未构成本罪的行为通过解释认定成本罪的既遂，而使本罪不当地扩张适用，故属违背罪刑法定原则的用法，亟待修正"[2]。

可能还有学者认为，毒品犯罪的本质是导致"二次犯罪"危险，换言之，刑法处罚毒品犯罪，是因为毒品犯罪行为可能引发其他诸多犯罪。如诱发吸毒品者

---

[1]　2012年5月16日发布并实施的《最高人民检察院、公安部关于公安机关管辖的刑事案件立案追诉标准的规定（三）》第1条第3款规定："本条规定的'贩卖'是指明知是毒品而非法销售或者以贩卖为目的而非法收买的行为。"

[2]　林山田：《刑法各罪论》（修订5版）（下册），北京大学出版社2012年版，第370页。

为获得毒资进行犯罪，贩毒的巨额利润刺激更多的人从事犯罪，经常使一些国家机关工作人员尤其是司法工作人员被拉拢而进行共同犯罪。据此，刑法处罚毒品犯罪就是为了防止这些"二次犯罪"。①

但是，毒品犯罪行为与所谓因毒品而发生的其他犯罪之间是否具有确定的因果关系，还存在疑问。事实上，毒品与二次犯罪之间并不具有必然性与通常性。即使认为存在确定的因果关系，这种观点也仅适用于部分情形。在我国的司法实践中，许多未遂犯都没有受刑事追究，既然如此，将有可能导致自己或者他人二次犯罪危险的行为当作犯罪处理，就明显不协调。况且，最可能二次犯罪的正是吸毒者本人，可是刑法并不处罚吸毒行为本身，反而处罚边缘的参与者，"二次犯罪"的说法显然无法解释这一点。更为重要的是，这种观点完全不能对毒品犯罪的构成要件起到任何指导作用。例如，在确定贩卖毒品罪中的"贩卖"的含义以及确定贩卖毒品罪的既遂标准时，是否需要考虑贩卖毒品可能引发二次犯罪？如果出售毒品的行为没有引发二次犯罪的危险性时，是否认定为贩卖毒品罪？如果毒品已经出售给他人时，是否只有当他人具有二次犯罪的危险时，才认定出售者的行为成立贩卖毒品既遂？这些都是"二次犯罪"危险理论难以回答的问题。

任何国家都对毒品实行严格的管制，管制的直接目的似乎是不使毒品泛滥。然而，必须追问的是，国家为什么不允许毒品泛滥？显然是因为毒品危害公众的健康。所以，本书认为，毒品犯罪的保护法益是公众健康。② 因为毒品不仅能使人形成瘾癖，而且足以危害人的身体健康；接触毒品的人，可能吸食、注射毒品，其身体健康受到侵害的危险性很大。也正因为如此，刑法不仅处罚已经侵害了公众健康的毒品犯罪行为，而且基于毒品的特殊性对公众的健康进行提前保护。所以，毒品犯罪是"以公众的健康为保护法益的抽象危险犯"③。显然，作为毒品犯罪的保护法益的公众健康，并不是指特定个人的身体健康，而是作为社

---

① 诚然，以上内容只是对毒品犯罪的危害性的描述，而不是对毒品犯罪保护法益的描述。然而，二者实际上是同一性质的问题。一个犯罪的具体危害内容，与刑法分则条文规定该罪的目的是完全对应的。例如，杀人罪的危害在于侵害了人的生命，而《刑法》第232条的保护法益就是人的生命。同样，如果说毒品犯罪的危害是导致他人犯罪，那么，这一表述就意味着刑法规定毒品犯罪的目的是防止他人犯罪。

② 参见［日］大谷实：《刑法讲义各论》（新版第4版），成文堂2013年版，第420页。这也是日本刑法理论的通说。例如，西田典之教授指出：刑法禁止毒品犯罪，"是为了保护不特定、多数人的健康"（［日］西田典之著、桥爪隆补订：《刑法各论》（第7版），弘文堂2018年版，第345页）。前田雅英教授与山口厚教授分别将毒品犯罪归入"对国民健康的犯罪""对公众健康的犯罪"（参见［日］前田雅英：《刑法各论讲义》（第6版），东京大学出版会2015年版，第346页；［日］山口厚：《刑法各论》（第2版），有斐阁2010年版，第413页）。

③ ［日］大谷实：《刑法讲义各论》（新版第4版），成文堂2013年版，第420页。

会法益的公众健康。① 换言之，毒品犯罪不是对个人法益的犯罪，而是对超个人法益的犯罪。

有学者指出，毒品犯罪"侵犯的客体是国家对毒品的管制，不应包括公民的身体健康……走私毒品行为致毒品到达吸食者手中使用后无疑危害身体健康，但其犯罪行为即走私行为却不直接损害公众的健康"，同时认为，国家基于毒品的滥用"对公众健康的潜在威胁而加以严格管制"②。这一说法显然存在疑问。

一方面，主张毒品犯罪的保护法益是公众的身体健康，并不意味着只有当毒品损害了公众健康时，才成立毒品犯罪。例如，杀人既遂时侵害了他人的生命，杀人未遂时只是产生了侵害他人生命的具体危险，杀人预备时则只有侵害他人生命的抽象危险，但我们不能因为后两种情形的存在，就否认故意杀人罪的保护法益是生命。再如，盗窃枪支罪是抽象危险犯，其保护法益是不特定或者多数人的生命、身体的安全。但这并不意味着只有当行为人手持所盗枪支杀人、伤人时，才能认定为盗窃枪支罪。由于枪支具有重大杀伤力，所以，只要行为人盗窃了枪支，就可以认定对不特定或者多数人的生命、身体形成了抽象的危险。不能因为盗窃枪支的行为没有侵害人的生命、身体，就将盗窃枪支罪的保护法益解释为国家对枪支的管理制度。毒品犯罪是抽象危险犯，只要行为人走私、制造、运输、贩卖毒品，或者实施了其他行为（如非法持有毒品），就意味着毒品具有扩散以及滥用的危险，因而对不特定人或者多数人的健康产生抽象危险。

另一方面，既然承认"毒品到达吸食者手中使用后无疑危害身体健康"，同时认为国家基于毒品的滥用"对公众健康的潜在威胁而加以严格管制"，那就清楚地表明，国家对毒品的管制本身并不是目的，国家对毒品进行管制是为了保护公众健康。亦即，对毒品进行管制只是手段，目的是保护公众健康。既然如此，就应当承认公众健康是毒品犯罪的保护法益。

将毒品犯罪的保护法益理解为公众健康，就可以说明刑法规定的不同毒品犯罪。例如，由于毒品犯罪的保护法益是公众的健康，非法种植毒品原植物与贩卖毒品对法益的侵害程度就明显不同，因而两种犯罪的法定刑相差很大。亦即，与非法种植毒品原植物的行为对公众健康的侵害较为间接相比，贩卖毒品对公众健康的侵害更为直接。再如，运输毒品罪的法定刑之所以重于非法持有毒品罪，就是因为运输毒品与贩卖毒品有密切关系，因而侵害公众健康的危险性大。而非法持有毒品罪并不与贩卖毒品行为有密切关系，所以，侵害公众健康的危险性相对

① 《刑法》第349条规定包庇毒品犯罪分子罪与窝藏、转移、隐瞒毒品、毒赃罪，不仅是为了保护公众健康，而且是为了保护司法活动。
② 马克昌主编：《百罪通论》（下卷），北京大学出版社2014年版，第1085页。

小一些。又如，自己吸食毒品的行为以及为了自己吸食而购买少量毒品的行为之所以不构成犯罪，就是因为这种行为只是侵害了自己的健康，而不会对公众健康造成危险。但是，如果吸食者持有数量较大的毒品，则意味着有可能将毒品扩散给他人，因而对公众健康存在抽象危险，所以应当认定为非法持有毒品罪。

由于毒品犯罪的保护法益是公众健康，故不能将毒品犯罪解释为对个人法益的犯罪。否则，"凡第一次购买毒品之成年人，或是未上瘾之人，会被评价为对于自己行为具有自我决定能力且足以对自己行为自我负责之人。因此，其施用毒品行为，乃是一种在自由状态下自我决定之行为，不能说是受到贩卖者之危害。就如同消费者明知槟榔有致癌可能，仍决定购买并食用，或明知不当服用安眠药，会对人体形成损害，仍决定购买安眠药并不当服用之情形一样。如果购买槟榔与安眠药之人，是心智成熟的成年人，则其食用槟榔或服用安眠药真的因此而受到健康损害，也只是消费者个人自我决定的问题，而不能说是受到槟榔或安眠药贩卖者的危害。因此，从'被害人自我负责性'的观点来看，贩卖者提供毒品之行为，会因被害人自己决定自陷毒品危害，而排除其客观归责性……这种见解，不管在理论上或实际上都存有诸多问题"①。

由于毒品犯罪的保护法益是公众健康，而且毒品犯罪是抽象危险犯，所以，不管行为人将毒品贩卖给没有吸毒的人还是贩卖给正在吸毒的人，不管是将毒品出卖给特定的一个人还是多个人，不管能否证明吸毒者的身体健康是否恶化，都不影响贩卖毒品罪的成立。基于同样的理由，即使吸毒者同意或者承诺自己的身体恶化，也不可能阻却贩卖毒品罪的违法性。再如，将为了出售而购买毒品的行为认定为贩卖毒品的实行行为乃至既遂，就是不合适的。因为这种行为还没有形成对公众健康的危险。又如，将为了自己吸食而从外地购买毒品后带回居住地的行为认定为运输毒品的做法，也是不妥当的。因为这种行为只是以行为人自己为被害对象的。②

四、法益变更对构成要件的影响

"法益没有自然法的永恒效力，而是跟随宪法基础和社会关系的变迁而变化。"③ 有的利益原本值得刑法保护，但立法者可能没有认识到；反之亦然。有的法条原本旨在保护此法益，但社会关系的变迁使得该法条保护彼法益。有的法条的表述虽然没有变化，但该法条在分则体系中的变化，必然也使得其保护法益产生变更。现行刑法将少数具体犯罪作了类的调整，从而使这些具体犯罪的保护

---

① 王皇玉：《论贩卖毒品罪》，《政大法学评论》2005 年总第 84 期。
② 当然，如果数量较大则可以认定为非法持有毒品罪。
③ ［德］克劳斯·罗克信：《刑法的任务不是法益保护吗?》，樊文译，载陈兴良主编：《刑事法评论·第 19 卷（2006）》，北京大学出版社 2007 年版，第 164 页。

法益发生了变化。在这种情况下，刑法理论必须根据刑法规定重新确定保护法益内容，进而对犯罪构成要件作出新的解释。

（一）旧《刑法》第 160 条流氓罪中的"侮辱妇女"行为的法益变更

旧《刑法》第 160 条规定的流氓罪，"属于妨害社会管理秩序罪。流氓罪行虽然往往使公民的人身或公私财产受到损害，但它的本质特征是公然蔑视法纪，以凶残、下流的手段破坏公共秩序，包括破坏公共场所的和社会公共生活的秩序"。因此，其中的"侮辱妇女"的行为包括下列情形："1. 追逐、堵截妇女造成恶劣影响，或者结伙、持械追逐、堵截妇女的；2. 在公共场所多次偷剪妇女的发辫、衣服，向妇女身上泼洒腐蚀物，涂抹污物，或者在侮辱妇女时造成轻伤的；3. 在公共场所故意向妇女显露生殖器或者用生殖器顶擦妇女身体，屡教不改的；4. 用淫秽行为或暴力、胁迫的手段，侮辱、猥亵妇女多人，或人数虽少，后果严重的，以及在公共场所公开猥亵妇女引起公愤的。"[1] 由于流氓罪侵犯的法益是公共秩序，故其中侮辱妇女的对象常常也是不特定的。[2]

现行刑法对流氓罪进行了分解，将流氓罪的各种行为按其行为性质与保护法益规定在不同的章节中。其中，现行《刑法》第 237 条第 1 款规定的强制猥亵、侮辱罪中的"侮辱妇女"的行为就是从旧刑法的流氓罪中分解出来的。但由于现行刑法已将本罪规定在侵犯公民人身权利、民主权利罪一章之中，这表明本罪的法益已经不是公共秩序，而是他人的性行为自主权（或自己决定权）；换言之，虽然破坏了社会公共场所秩序或社会公共生活秩序，但并没有侵犯他人性的自己决定权的行为，不属于强制猥亵、侮辱罪的构成要件行为。正因为强制猥亵、侮辱罪侵犯的是他人性的自己决定权，所以，只有当行为人以暴力、胁迫或者其他强制方法实施猥亵、侮辱行为时，才成立强制猥亵、侮辱罪。显然，在现行刑法作出修订之后，仍然将属于旧《刑法》第 160 条中的"侮辱妇女"的所有行为乃至其他流氓行为全部强加于现行《刑法》第 237 条的强制猥亵、侮辱罪的行为之中，是不合适的。

但是，许多教科书与论著却忽视新旧刑法中"侮辱妇女"行为的性质差异，即法益的区别，仍然将旧《刑法》第 160 条的"侮辱妇女"的行为内容搬入现行《刑法》第 237 条的"侮辱妇女"规定之中。例如，有的教科书指出："猥亵妇女，是指对妇女实施奸淫行为以外的，能够满足性欲和性刺激的有伤风化的淫秽行为，例如，搂抱、接吻、捏摸乳房、抠摸下身，等等。侮辱妇女，是指对妇

---

[1] 1984 年 11 月 2 日发布的《最高人民法院、最高人民检察院关于当前办理流氓案件中具体应用法律的若干问题的解答》（已废止）。

[2] 参见高铭暄主编：《中国刑法学》，中国人民大学出版社 1989 年版，第 561 页。

女实施猥亵行为以外的、损害妇女人格、尊严的淫秽下流的、伤风败俗的行为，例如，在公共场所用淫秽下流语言调戏妇女；剪开妇女裙、裤、使其露丑；向妇女显露生殖器；强迫妇女为自己手淫；扒光妇女衣服示众，等等。"① 但是，"在公共场所用淫秽下流语言调戏妇女"，虽然是破坏公共秩序的行为，但由于只是使用下流语言调戏妇女，不属于《刑法》第237条规定的侵犯妇女的性行为自主权的强制侮辱行为；"向妇女显露生殖器"是比较典型的公然猥亵行为，不具有强制性，也不属于侵犯妇女性的自己决定权的行为。② 将这些行为归入《刑法》第237条的强制侮辱罪，显然是没有考虑保护法益的变化，也不当扩大了强制猥亵、侮辱罪的处罚范围。

再如，有学者在论述强制猥亵、侮辱罪与侮辱罪的区别时指出："侮辱罪针对的是特定的妇女"；而强制猥亵、侮辱罪"侮辱的对象具有不特定性、随意性，行为人往往并不认识被侮辱的妇女"③。一方面，旧刑法中的流氓罪的法益是公共秩序，所以，理论上要求行为人侮辱的对象必须是不特定的；但现行刑法规定的强制猥亵、侮辱罪的法益是他人的性行为自主权，行为人针对特定妇女实施强制猥亵、侮辱行为时，也完全可能侵犯其性行为自主权，故要求本罪必须针对不特定对象，是缺乏道理的。实际上，强制猥亵、侮辱罪与侮辱罪的区别并不在于对象的特定与否，而在于侵犯的法益不同。《刑法》第246条规定的侮辱罪是为了保护公民的人格、名誉，第237条规定的强制猥亵、侮辱罪是为了保护他人的性行为自主权。不管行为人出于什么动机与目的，不管行为发生在何种场合，不管对象是否特定，强行剥光妇女衣裤等行为都属于《刑法》第237条规定的强制猥亵、侮辱行为，而不只是第246条的侮辱行为。另一方面，如果强制猥亵、侮辱的行为同时侵害了他人的名誉，则宜认定为想象竞合，从一重罪处罚。此外，如前所述，没有必要区分强制猥亵与强制侮辱，或者说两者是相同的意思，因而不应该为了强制侮辱区别于强制猥亵，而专门扩大前者的成立范围。

（二）遗弃罪的法益变更

关于遗弃罪的法益，有必要从国外的立法例与刑法理论开始讨论。

德国刑法将遗弃罪规定在"侵犯他人生命的犯罪"一章中，并将遗弃行为

---

① 高铭暄主编：《新编中国刑法学》（下），中国人民大学出版社1998年版，第702页。还有其他一些教科书也持类似观点，如高铭暄、马克昌主编：《刑法学》（下），中国法制出版社1999年版，第831页。

② 如果在显露生殖器的同时，以暴力、胁迫等方法强迫妇女观看，则侵犯了妇女的性行为自主权，应以强制猥亵、侮辱妇女罪论处。

③ 欧阳涛、魏克家、刘仁文主编：《易混淆罪与非罪、罪与罪的界限》，中国人民公安大学出版社1999年版，第208页。

分为两种：一是不作为的遗弃；二是作为的移置，即将他人移置于无援状态下。具有保护责任的人，其遗弃行为既可以是不作为的遗弃，也可以是作为的移置；没有保护责任的人，只有在实施移置这种作为时，才成立遗弃罪。① 但不管是哪一种遗弃，都不要求行为人与被害人属于同一家庭成员。之所以不这样要求，是因为德国刑法将遗弃罪视为对生命的犯罪，即刑法规定本罪是为了保护生命法益。这种遗弃罪与杀人罪的区别在于：前者是给被害人的生命造成危险的犯罪（如造成实害则属于结果加重犯）；后者是现实地剥夺被害人生命的犯罪。

日本刑法将遗弃罪规定在堕胎罪之后，将其作为对生命、身体的犯罪，换言之，遗弃罪是使他人的生命、身体处于危险状态的犯罪，刑法规定本罪是为了保护生命与身体法益。遗弃罪分为单纯遗弃罪与保护责任者遗弃罪。其中，单纯遗弃罪，是指将因年老、年幼、身体障碍或者疾病而需要扶助的人移置于危险场所的行为。由于行为表现为作为，故不要求行为人负有特定的作为义务，更不要求行为人与被害人之间具有亲属关系。例如，将生活上需要扶助的任何人移置于危险场所的行为，都构成遗弃罪。② 保护责任者遗弃罪，是指对老年人、幼年人、身体障碍者或者病人负有保护责任的人，遗弃上述人员或者不给予其生存所必要的保护的行为，包括积极移置、消极离去以及单纯不保护的行为。③ 保护责任者遗弃罪的主体虽为特殊主体，但也不限于与被害人具有亲属关系的人。易言之，保护责任者的范围，不是根据亲属关系确定的，而是根据不作为犯罪的义务来源确定的。例如，汽车司机撞人后，便成为保护责任者，其逃逸行为可能构成保护责任者遗弃罪。④

我国旧刑法将遗弃罪规定在"妨害婚姻家庭罪"一章中，其法益便是"被害人在家庭中受扶养的权利"⑤，"被害人在家庭中的平等权利"⑥，"家庭成员之间互相扶养的权利义务关系"⑦，如此等等。因此，作为遗弃罪对象（或被害人）的"年老、年幼、患病或者其他没有独立生活能力的人"，显然只能是家庭成员。另外，作为遗弃罪主体的"负有扶养义务"的人，也就限于因婚姻家庭关系而负有扶养义务的人；"拒绝扶养"也被狭义地限定为没有尽婚姻法或亲属法等规定的扶养义务。

① 参见［日］大塚仁：《刑法概说（各论）》（第3版增补版），有斐阁2005年版，第58页。
② 参见［日］西田典之著、桥爪隆补订：《刑法各论》（第7版），弘文堂2018年版，第32页。
③ 参见［日］前田雅英：《刑法各论讲义》（第6版），东京大学出版会2015年版，第62页。
④ 参见日本最高裁判所1959年7月24日判决，日本《最高裁判所刑事判例集》第13卷第8号，第1163页。
⑤ 高铭暄主编：《中国刑法学》，中国人民大学出版社1989年版，第593页。
⑥ 林准主编：《中国刑法教程》（修订本），人民法院出版社1994年版，第550页。
⑦ 王作富主编：《中国刑法适用》，中国人民公安大学出版社1987年版，第539页。

现行刑法将旧刑法中的妨害婚姻家庭罪全部转移至侵犯公民人身权利、民主权利罪。本书不想探讨起草者进行这种转移的主观动机，而是想得出如下结论：既然遗弃罪已经归属于侵犯公民人身权利、民主权利罪，那么，就不能像旧刑法时代那样，认为其法益是家庭成员间的权利义务关系等，而应认为其法益是生命、身体的安全。一方面，犯罪所处章节的改变导致了同类法益的改变；另一方面，刑法关于本罪构成要件的表述并不能说明其是对婚姻家庭关系的犯罪。或许起草者以及立法者并没有这样的想法，继续认为遗弃罪的法益是婚姻家庭关系。但是，刑法是成文法，它通过文字（包括语词、体例、标点等）表达立法目的，因此，解释者应当通过立法者所使用的文字的客观含义来发现立法目的。文字是传递信息的工具。从一般意义上说，除文字外，还有其他许多传递信息的方法，但罪刑法定原则的成文法主义所要求的是用文字将罪刑固定下来。所以，立法者表达立法目的的唯一工具是文字，文字中渗透着立法目的；文字又是具有客观含义的，故解释者必须从法文的客观含义中发现立法目的，而不是随意从法文以外的现象中想象立法目的。正如英国法学家詹姆斯所言："议会的意图不是根据它的用心来判断的，而是根据此用心在制定法中所作的表述来判断的。"① 根据这种客观解释论的观点，再考虑遗弃罪的规定在刑法体系中的地位，得出"遗弃罪是对生命、身体的犯罪""其法益是生命、身体的安全"的结论，应当没有多大疑问。②

如果上述观点得以成立，那么，对遗弃罪的构成要件就必须重新解释。

首先，必须对"拒绝扶养"作出符合法益的解释。扶养实际上是指扶助没有独立生活能力的人，使其能够像人一样生存下去。因此，除了提供生存所必需的条件外，在其生命、身体处于危险状态的情况下，必须给予救助，更不能将其置于危险境地。所以，"拒绝扶养"应意味着使他人生命、身体产生危险，以及在他人生命、身体处于危险状态时不予救助。即使将扶养的内容解释为"除了向受扶养人提供物质的即经济的供给外，对生活不能自理的还应包括必需的生活上的照顾"③，但是根据举重以明轻的解释方法④，将他人生命、身体置于危险境

---

① ［英］G. D. 詹姆斯：《法律原理》，关贵森等译，中国金融出版社 1990 年版，第 50 页。

② 实际上，在旧刑法时代就有学者得出了本罪法益是生命、身体安全的结论。如江任天教授曾指出：遗弃罪的"客观方面的法律特征，主要是行为人负有扶养义务而'拒绝扶养'，使他人陷于危险状态"；"遗弃罪的主观方面，只能是行为人明知自己对被害人负有扶养义务，并且意识到由于自己的弃置行为，会使对方的生命、健康陷于危险状态，而又希望或者放任这种状态发生"（江任天：《弃婴行为定性问题探疑》，《中南政法学院学报》1986 年第 3 期）。

③ 高铭暄主编：《中国刑法学》，中国人民大学出版社 1989 年版，第 593 页。

④ 举重以明轻与举轻以明重，属于解释原则或解释方法，不同于类推适用（王泽鉴：《民法学说与判例研究》第八册，中国政法大学出版社 1998 年版，第 7 页）。

地，或者不救助他人生命、身体的行为，也应属于"拒绝扶养"的遗弃行为。因此，本书认为，江任天教授在三十多年前就提出的以下观点至今仍然具有重要的实践意义与理论价值："把刑法第183条（即现行刑法第261条——引者注）所指的'拒绝扶养'，狭义地解释为消极行为，不但不尽符合汉语的固有含义，而且脱离现实生活和司法实践。无论从法理、文理或者情理的角度说，都应该对此作广义的解释，即包括消极地不给予被害人必要的生活照应的不作为和积极地移置被害人于孤立无援的场所、造成场所隔离或者逃离被害人的行为。"①

其次，对遗弃罪的行为主体与对象的解释也必须随着法益的变化而变化，即遗弃罪的行为主体与对象不需要是同一家庭成员。就实施作为的移置行为而言，遗弃罪的主体是一般主体；但由于《刑法》第261条的明文规定，现在还不能断定任何一般主体的积极移置行为本身都构成遗弃罪。但任何人实施作为的移置后，都会产生必须解除危险状态的作为义务，而放任这一状态延续的行为显然能构成不作为的遗弃。就实施不作为的单纯不保护行为而言，只要是对他人的生命、身体负有扶助、救助义务的人即可。事实上，《刑法》第261条规定的遗弃罪的主体也是"对于年老、年幼、患病或者其他没有独立生活能力的人，负有扶养义务"的人。而哪些人具有扶养义务，不能仅根据民法典等来确定，而应根据不作为义务来源的理论与实践（如对危险源的监督义务、对脆弱的法益的保护义务等）来确定。基于同样的理由，遗弃罪的对象也不限于家庭成员。

例如，1996年至1999年8月间，被告人刘晋新、田玉莲、沙依丹·胡加基、于永枝，在乌鲁木齐精神病福利院院长王益民的指派下，安排该院工作人员将精神病福利院的28名"三无"公费病人遗弃在甘肃省及新疆昌吉附近。经四病区科主任被告人刘晋新的认可和护士长田玉莲的参与，送走"三无"公费病人4次、病人19名。被遗弃的"三无"公费病人中，只有杜建新已安全回到家中，其他27名被遗弃的病人均下落不明。乌鲁木齐新市区人民法院依照《刑法》第261条的规定，对被告人的行为以遗弃罪论处。这一判决值得肯定。②

再如，甲驾车过失撞倒他人后，在旁人的要求下，拦一辆出租车，请求出租车司机乙协助将被害人送往医院抢救。去医院途中，甲谎称买烟送给医生而乘机逃走。乙见甲逃走，在行驶的途中将被害人拖下出租车，没有送往医院，被害人因失血过多而死亡。认定乙的行为构成故意杀人罪是非常牵强的，那么，其行为是否成立遗弃罪呢？本书倾向于得出肯定结论。首先，乙的自愿接受行为与职业

---

① 江任天：《弃婴行为定性问题探疑》，《中南政法学院学报》1986年第3期。
② 参见张明楷：《罪刑法定与刑法解释》，北京大学出版社2009年版，第151页。

内容使其负有将被害人送往医院的作为义务，即具有救助被害人生命的义务；特别是在甲逃走后，被害人的生命安全完全依赖于乙的救助行为，导致乙的救助义务程度更高。其次，乙能够救助而拒不救助，并且将被害人弃置路边，从而使被害人的生命从一种危险状态转变为更加危险的状态，进而造成了死亡结果。最后，行为人主观上对自己的行为与结果具有不救助的故意心理状态。因此，乙的行为成立遗弃罪。

（三）私自开拆、隐匿、毁弃邮件、电报罪的法益变更

旧《刑法》第191条将私自开拆、隐匿、毁弃邮件、电报罪规定在渎职罪中，因此，其法益必然是"邮电部门的正常活动"[①] "国家邮电事业单位的正常活动"[②] "国家邮电部门的职能"[③]。但是，现行《刑法》第253条将本罪规定在侵犯公民人身权利、民主权利罪中，其法益显然变更为"公民的通信自由权利"[④]，而不再是邮电部门的职能[⑤]。

旧刑法将本罪规定在渎职罪中，目的是保护国家邮电部门的职能这一法益，因此，即使旧刑法的条文中没有写明"利用职务上的便利"，但由于其法益是国家邮电部门的职能，本罪的行为必须是邮电工作人员利用职务上的便利实施的，或者是滥用职权或不正当履行职责而实施的，否则不成其为渎职，不会妨害邮电部门的职能。现行刑法将本罪规定在侵犯公民人身权利、民主权利罪中之后，法益是公民的通信自由权利，而不再是邮政部门的职能，那么，是否仍然要求邮政工作人员利用职务上的便利实施开拆、隐匿、毁弃邮件、电报的行为呢？邮政工作人员没有利用职务上的便利实施的上述行为是否侵犯了公民的通信自由权利呢？这又涉及本罪与破坏通信自由罪的关系问题，即邮政工作人员没有利用职务上的便利而开拆、隐匿、毁弃邮件、电报的，成立什么罪？

现在，主张本罪法益是"公民通信自由权利"的学者仍然认为，"犯罪的客观方面，表现为邮政工作人员私自开拆、隐匿、毁弃邮件、电报的行为。上述行为是邮政工作人员利用职务上的便利而实施的，亦即属于违背职责的行为"[⑥]。

① 高铭暄主编：《中国刑法学》，中国人民大学出版社1989年版，第625页。

② 林准主编：《中国刑法教程》（修订本），人民法院出版社1994年版，第589页。

③ 何秉松主编：《刑法教科书》，中国法制出版社1995年版，第866页。

④ 参见高铭暄主编：《新编中国刑法学》（下册），中国人民大学出版社1998年版，第740页；高铭暄、马克昌主编：《刑法学》（下编），中国法制出版社1999年版，第868页。

⑤ 现行刑法颁行后，仍然有人认为本罪的客体是国家邮电部门的职能（何秉松主编：《刑法教科书》（2000年修订）（下卷），中国法制出版社2003年版，第888页），显然不当。

⑥ 高铭暄主编：《新编中国刑法学》（下册），中国人民大学出版社1998年版，第740页；高铭暄、马克昌主编：《刑法学》（下编），中国法制出版社1999年版，第868页。

这便值得进一步研究。在本书看来，根据现行刑法的规定，本罪与一般公民实施的破坏通信自由罪的法益相同，而是否利用"职务上"的便利，与是否侵犯公民的通信自由没有必然联系，即邮政工作人员私自开拆、隐匿、毁弃邮件、电报的行为与其职务无关时，也严重侵犯了公民的通信自由权利。但刑法考虑到邮政工作人员的工作环境，认为邮政工作人员破坏通信自由的行为，相对于一般公民实施的破坏通信自由罪而言，法益侵害更为严重，故本罪的法定刑重于破坏通信自由罪的法定刑。换言之，本罪中的邮政工作人员，虽然是违法身份①，但并不要求邮政工作人员像报复陷害、职务侵占等典型的职务犯罪那样利用职务上的便利，只要邮政工作人员利用工作的方便条件或者利用工作的环境、机会私自开拆、隐匿、毁弃邮件、电报的，就应以本罪论处。例如，在邮局仅负责邮政汇款事务的邮政工作人员，利用工作的机会私自开拆、隐匿、毁弃与邮政汇款没有关系的邮件、电报的，也应认定为本罪。

可以证明上述观点的还有现行《刑法》第 253 条第 2 款。旧《刑法》第 191 条第 2 款规定，邮政工作人员犯本罪而窃取财物的，依照贪污罪的规定定罪从重处罚。因为在国家机关、国有企业、事业单位、人民团体管理、使用或运输中的私人财产，以公共财产论；行为人属于国家工作人员，又利用了职务上的便利，以贪污罪定罪并从重处罚，是理所当然的。但现行《刑法》第 253 条规定，邮政工作人员犯本罪而窃取财物的，依照盗窃罪定罪从重处罚。而现行《刑法》第 91 条第 2 款也规定了"在国家机关、国有公司、企业、集体企业和人民团体管理、使用或运输中的私人财产，以公共财产论"。邮政工作人员一般也是国家工作人员（非国有性质企业的邮政部门的工作人员除外），如果要求本罪客观上必须利用职务上的便利，那就意味着《刑法》第 253 条第 2 款将邮政工作人员的部分贪污行为规定为盗窃罪，这就没有任何道理了。只有认为本罪不需要利用职务上的便利，才能肯定《刑法》第 253 条第 2 款的合理性：因为邮政工作人员犯本罪而窃取财物的，包括没有利用职务上便利的情况，不能一概认定为贪污罪，而应认定为盗窃罪。

（四）私藏枪支、弹药罪的法益变更

旧《刑法》第 163 条规定："违反枪支管理规定，私藏枪支、弹药，拒不交出的，处二年以下有期徒刑或者拘役。"私藏枪支、弹药罪在旧刑法中属于妨害社会管理秩序罪。但现行刑法将非法持有、私藏枪支、弹药罪规定在危害公共安全罪中。《刑法》第 128 条第 1 款规定："违反枪支管理规定，非法持有、私藏枪支、弹药的，处三年以下有期徒刑、拘役或者管制；情节

---

① 当然，能否认为本罪的邮政工作人员是责任身份，还值得进一步研究。

严重的，处三年以上七年以下有期徒刑。"据此，私藏枪支、弹药罪是抽象的公共危险犯。

当私藏枪支、弹药罪属于妨害社会管理秩序罪时，不需要判断私藏枪支、弹药的行为是否具有公共危险，因而枪支、弹药的范围就可能相对宽泛一些。但是，当私藏枪支、弹药罪属于危害公共安全罪时，即使是抽象的公共危险犯，也需要以一般的社会生活经验为根据判断行为是否具有公共危险，所以，枪支、弹药的范围就可能相对窄小一些。例如，倘若私藏弹药罪属于妨害社会管理秩序的犯罪，那么，单纯私藏弹药的弹壳的行为，也可能成立私藏弹药罪。但是，当私藏弹药罪属于危害公共安全的犯罪时，单纯私藏弹药的弹壳的行为，就不应当成立私藏弹药罪；至于私藏报废或者无法组装并使用的各种弹药的弹头、弹壳的行为，就更不成立私藏弹药罪了。

基于同样的理由，刑法上的枪支不应当等同于《枪支管理法》所规定的枪支。《枪支管理法》第 46 条规定："本法所称枪支，是指以火药或者压缩气体等为动力，利用管状器具发射金属弹丸或者其他物质，足以致人伤亡或者丧失知觉的各种枪支。"这一规定当然可以作为刑事司法机关判断枪支的法律依据。但刑事司法机关在进行判断时，必须以枪支犯罪的保护法益为指导，而不是单纯以行政机关的规定为依据。这是因为，刑法之所以将有关枪支的犯罪规定在危害公共安全罪中，就是因为枪支具有显著的杀伤力，具有导致不特定人或者多数人伤亡的危险。换言之，刑法分则规定的枪支犯罪，不是以保护枪支管理秩序为目的，而是以保护公众的生命、身体为目的。因此，不能将行政机关出于枪支管理目的所认定的枪支，直接作为刑法上的枪支。诚然，抽象的危险是不需要司法工作人员具体判断的危险，但是，如果具体案件中的特别情况导致行为根本不存在任何危险，则案件中一定也缺乏某些构成要件要素，如根本不可能致人伤亡的"枪支"不属于刑法意义上的"枪支"。[1] 亦即，既然抽象的危险是某个犯罪的处罚根据，那么，当行为确实不存在抽象的危险时，就应当否认行为的构成要件符合性与违法性。[2]

当然，有一些犯罪的法益变更并不是真正意义上的变更，而是因为旧刑法的分类存在缺陷，现行刑法作出了正确分类。例如，虽然旧刑法将伪证罪规定在侵

---

[1] 参见［日］内田文昭：《刑法各论》（第 3 版），青林书院新社 1996 年版，第 442 页；［日］曾根威彦：《刑法各论》（第 5 版），弘文堂 2012 年版，第 215 页；［日］中森喜彦：《刑法各论》（第 4 版），有斐阁 2016 年版，第 185 页；［日］山口厚：《刑法各论》（第 2 版），有斐阁 2010 年版，第 377 页。

[2] 参见张明楷：《避免将行政违法认定为刑事犯罪：理念、方法与路径》，《中国法学》2017 年第 4 期。

犯公民人身权利、民主权利罪中，但伪证罪包括"隐藏罪证"的情形，而这种伪证行为并没有侵犯公民的人身权利与民主权利，而是妨害了司法。正因为如此，现行刑法将伪证罪规定在妨害司法罪中。刑法理论不可以按照旧刑法的分类解释现行刑法中的伪证罪的构成要件。

第七章 客观要素与主观要素

一、犯罪成立要素的分类

所谓犯罪成立要素，就是指成立犯罪所必须具备的全部要素。我国刑法理论所称的"犯罪构成"，就是指成立犯罪所需要具备的全部要素，也可谓犯罪成立条件。不管采取什么样的犯罪论体系，这一体系都必须能够包含成立犯罪所必须具备的全部要素。当然，某个具体要素在体系中所处的地位、所起的作用是什么，则存在不同观点。

如所周知，根据我国刑法理论的传统观点，犯罪成立要素分为表明犯罪客体的要素（如对象）、客观方面的要素（如行为、结果、因果关系）、主体要素（责任年龄与责任能力）与主观方面的要素（故意、过失、目的与动机）。在采取构成要件符合性、违法性与有责性的三阶层体系中，行为（包括行为本身以及行为的状况与条件①）、行为对象（行为客体）、结果、因果关系②等都是为违法性提供根据的构成要件要素。责任能力、责任年龄、违法性认识的可能性、期待可能性则属于责任要素。至于故意、过失、目的、内心倾向等是属于表明违法性的构成要件要素，还是责任要素，抑或既是违法要素也是责任要素，还存在争议。

无论如何，对于犯罪成立要素，可以根据不同标准进行不同的分类。

（一）犯罪成立要素可分为违法要素与责任要素

由于犯罪的实体是违法与责任，故可以将犯罪成立要素区分为违法要素（表明行为具有法益侵害性的要素）与责任要素（表明行为具备非难可能性的要素）。

传统的格言是，违法是客观的，责任是主观的。因此，大体而言，行为、结果等客观要素属于表明违法性的要素；与此相对，故意、过失以及责任能力、责任年龄等则是责任要素。但是，有三点值得注意：

第一，国外一些学者认为故意、过失既是违法要素，又是责任要素；在三阶层体系中，如果这些学者对构成要件采取违法类型说，则故意、过失既是表明违

---

① 有的构成要件要求行为在一定的状况或条件下实施，这种构成要件所要求的行为的状况或条件，也是构成要件的要素。例如，德国《刑法》第 111 条第 1 款规定："公然在集会中或者通过散布文书，煽动他人为违法行为者，与教唆犯的处罚相同。"这里的"在集会中"就属于行为的状况，是构成要件的要素。

② 对于因果关系本身是不是构成要件要素，在国内外都存在争议。

法的构成要件要素，又是责任要素。本书不赞成这种观点。在本书看来，故意、过失是类型化的责任要素，是两种不同的责任形式。即使将故意、过失纳入三阶层的构成要件中去，它们也是责任要素，而不是违法要素。

第二，许多学者认为，违法性的判断对象并不仅限于客观的要素，目的、内心倾向等也是违法性的判断对象，因而认可所谓主观的违法要素。于是，目的、内心倾向等被认为是主观的违法要素（因为有些犯罪不考虑这些要素，就不能认定其为违法）。例如，日本《刑法》第148条第1项规定："以行使为目的，伪造或者变造通用的货币、纸币或者银行券的，处无期或者三年以上惩役。"许多学者认为，由于"行使的目的"为侵害伪造货币罪的保护法益——货币的公共信用之危险奠定了基础，因而属于违法要素（因而作为违法要素纳入构成要件）。① 这是值得进一步研究的问题，限于篇幅，本书难以对此展开充分讨论。但应当说明的是，即使认为目的、内心倾向是主观的违法要素，它们也不可能成为故意的认识对象。换言之，在目的犯中，只要行为人内心具有法定的某种目的即可，而不要求行为人认识到自己具有某种目的。

第三，适法行为的期待可能性，被一些学者当作客观要素②，但它属于责任要素，而不是违法要素。在此意义上说，客观要素与作为违法类型的构成要件要素、主观要素与责任要素，并不是等同的概念。成为问题的是，在三阶层体系中，当某种客观的责任要素被刑法分则条文纳入构成要件予以规定时，如何认识其性质？例如，《刑法》第307条第2款规定："帮助当事人毁灭、伪造证据，情节严重的，处三年以下有期徒刑或者拘役。"言下之意，当事人自己毁灭、伪造证据的，不构成犯罪，因为既不能期待当事人保护证据，也不能期待当事人不伪造证据。于是，国外有学者认为，构成要件是违法有责类型，构成要件中不仅包括违法要素，而且包含责任要素，构成要件中的客观的责任要素也是故意的认识内容。倘若行为人误将"当事人"的证据当作自己的犯罪证据而予以毁灭，就应当否认其具有犯罪的故意，因而不成立毁灭证据罪。③ 持相反观点的学者则认为，将毁灭证据罪中的证据限定为自己以外的当事人的证据，虽然是考虑到责任（期待可能性）而纳入构成要件的，但是，一旦纳入构成要件，就是作为违法类型的构成要件要素，而不是责任要素。这是因为，如果完全将"当事人"的证据

---

① 参见［日］平野龙一：《刑法概说》，东京大学出版会1977年版，第43页；［日］山口厚：《刑法总论》（第3版），有斐阁2016年版，第98页；［日］井田良：《讲义刑法学·总论》（第2版），有斐阁2018年版，第104页。

② 其实，严格地说，期待可能性的有无不等于某种客观要素的存在与否，而是根据客观的附随情况对行为人心理的影响作出的规范判断。

③ 参见［日］西田典之著、桥爪隆补订：《刑法总论》（第3版），弘文堂2019年版，第77页。

作为责任要素，那么，行为人是否毁灭了"当事人"的证据，就不是客观事实问题，而只是行为人是否认识到自己毁灭的是"当事人"的证据问题。于是，当行为人客观上毁灭了自己犯罪的证据，但主观上却误以为毁灭的是其他"当事人"的证据时，就不能认为其责任减少，反而应当认定为毁灭证据罪。这显然不合适。① 在笔者看来，在采取德国、日本的三阶层或者两阶层体系时，即使刑法分则条文是基于期待可能性的考虑，将某种客观要素纳入构成要件的，也宜认为这种要素是作为违法类型的构成要件要素。换言之，当行为人客观上毁灭的是自己犯罪的证据时，首先要否认其行为符合构成要件，而不是待认定其行为具有构成要件符合性、违法性之后，才（再）否认其行为没有责任。在上述情况下，既然否认了构成要件符合性，也就否定了刑法上的违法性。这是因为，刑法不可能禁止一切法益侵害行为，在将罪刑法定主义作为刑法基本原则的前提下，刑法所禁止的只能是符合构成要件的违法行为。故可以说，刑法并不禁止行为人毁灭、伪造自己犯罪的证据。诚然，当犯罪人毁灭自己的犯罪证据时，第三者也是可以为了保护证据而实施防卫行为的。但是，在这种情况下，应当认为防卫人并不是针对刑事违法行为的防卫，而是针对一般违法行为（参见《治安管理处罚法》第60条）的防卫。

（二）犯罪成立要素可区分为客观要素与主观要素

作为行为的外观、客观方面的要素，就是客观要素，如行为的客观面、行为主体、行为对象、结果、行为的状况。作为行为人的内心、主观方面的要素，就是主观要素。故意、过失、目的等属于这一类。这种分类也是具有意义的。因为故意的认识对象只能是客观的要素，而不可能是主观的要素。也正因为如此，在三阶层体系中，主张构成要件是违法有责类型的学者，以及将故意纳入作为违法类型的构成要件的学者，都会将构成要件要素分为客观的构成要件要素与主观的构成要件要素，前者规制故意的认识内容（故意规制机能），后者使犯罪个别化（个别化机能）。②

由于客观要素与主观要素的分类仍然具有意义，所以本章对此展开讨论。

二、客观要素与主观要素的确定

行为、结果、行为对象等属于客观要素，对此不可能存在争议。故意、过失、目的与动机属于主观要素，也不会存在疑问。我国传统刑法理论一般将行为

---

① 参见［日］山口厚：《刑法总论》（第 3 版），有斐阁 2016 年版，第 33~34 页。

② 关于构成要件要素的其他分类，参见张明楷：《犯罪构成体系与构成要件要素》，北京大学出版社 2010 年版，第 117 页。

主体、主体的责任年龄、责任能力、特殊身份归入主体要件（主观要素）。但在本书看来，这种分类存在疑问。

行为主体本身与主体的特殊身份，是一种客观的、外在的要素，也是表明违法性的要素。因为法是人类共同体的规范，只能对人的行为作出违法与否的评价。特殊身份基本上都是表明法益侵害的违法要素。例如，在排除共犯的情形下，如果行为人没有国家工作人员的特殊身份，其索取、收受他人财物的行为不可能侵犯受贿罪的保护法益（职务行为的不可收买性）。所以，行为主体本身与特殊身份既是客观要素，也是表明违法性的要素，而不应当归入主观要素。

诚然，责任能力与责任年龄也是客观的，不以任何人的意志为转移的。但是，在三阶层体系中，没有争议的是，责任能力与责任年龄只是责任的要素或者前提，不可能成为违法要素。即使主张构成要件是违法有责类型的学者，也只是为了使构成要件具有个别化机能，而仅将故意、过失纳入构成要件，从而使故意杀人罪、故意伤害致死罪与过失致人死亡罪的构成要件不同。但责任能力与责任年龄不可能影响犯罪类型，因而不可能纳入构成要件。① 因此，不能因为责任能力、责任年龄与故意、过失同属责任要素，就将前者也当作主观要素对待。故意犯的成立，也不以明知责任能力、责任年龄的成立为必要。

这里涉及的一个问题是：故意的成立需要认识到哪些因素？故意的成立必须对属于犯罪构成客观要件的事实具有认识（当然也有例外，本书承认客观的超过要素，参见本书第八章），但不要求对属于主观要素的心理事实具有认识（例如，故意本身不可能是故意的认识内容，不可能要求故意犯罪的行为人认识到"自己已经明知自己的行为会发生危害社会的结果"）。一方面，主体的特殊身份实际上是故意的成立所必须认识的要素。例如，行为人没有认识到自己是严重性病患者时，不可能成立传播性病罪；行为人具有合理根据地认为自己取得了医生执业资格时，不可能成立非法行医罪。既然如此，就不能因为主体要件中有一个"主"字，就将其归入主观要素。另一方面，虽然责任能力与责任年龄也是客观的，但没有必要、也不应当将其归入客观要素。因为成立故意犯罪时，并不要求行为人认识到自己具有责任能力和达到责任年龄。一个精神正常的人在实施抢劫罪时，即使误以为自己是没有责任能力的精神病患者，也不影响其行为成立抢劫罪；一个年满16周岁的人在实施盗窃行为时，即便误以为自己只有15周岁，

① 在我国，可能因为责任年龄的不同而导致承担责任的范围不同，因而对不同行为人所确定的罪名不同，但这并不意味着责任是构成要件要素。例如，已满16周岁的人在拐卖妇女的过程中强奸妇女的，依照《刑法》第240条的规定，认定为拐卖妇女罪的加重犯，不另认定为强奸罪；但已满15周岁不满16周岁的人在拐卖妇女的过程中强奸妇女的，依照《刑法》第17条的规定，只能认定为强奸罪。

也不影响其行为构成盗窃罪。如果将责任能力与责任年龄归入客观的构成要件要素，就会得出相反的不当结论，因而不可取。

由此可以发现，将行为主体本身必须具备的所有条件归入一个主体要素所面临的困境：如果认为行为主体是主观要素，则意味着主体的要素不是故意必须认识的内容，但事实上并非如此（如前所述，特殊身份是需要主体认识的①）；如果说主体是客观要素，则意味着主体的全部要素都是故意必须认识的内容，可事实上也非如此（故意的成立并不需要主体认识到自己的责任年龄与责任能力）。所以，将所有与主体相关的要素（主体本身、责任年龄与责任能力、特殊身份）归入一个要件，其实是忽视了其中的不同要素的性质与功能。换言之，将所有与主体相关的要素归入一个要件，其实是没有区分违法与责任。

可以肯定的是，刑法分则条文对罪状的描述，主要限于客观要素（构成要件），但也有不少条文在描述客观要素的同时，以各种不同方式标明了主观要素。这里先就标明主观要素的表述作一番概述，并就有争议的规定作一番讨论。

"故意"。在刑法分则条文中，"故意"显然是对主观要素的表述。如《刑法》第 232 条的"故意"杀人、第 234 条的"故意"伤害他人身体，是对主观要素的表述。但故意的具体内容，得根据总则关于故意的一般规定以及分则关于具体犯罪的客观构成要件的描述予以确定。如故意杀人罪的故意内容是：明知自己的行为会发生他人死亡的危害结果，并且希望或者放任这种结果发生。

"过失"。在刑法分则条文中，"过失"同样也是对主观要素的表述。如《刑法》第 233 条的"过失"致人死亡、第 235 条的"过失"致人重伤，是对主观要素的表述。对过失的具体内容，得根据总则关于过失的一般规定以及分则关于具体犯罪的客观要素的描述予以确定。如过失致人死亡罪的主观要素应当是：应当预见自己的行为可能发生致人死亡的危害结果，因为疏忽大意而没有预见或者已经预见而轻信能够避免。不过，如前所述，奠定过失责任的本质的是预见的可能性，而不是"没有预见"或"过于自信"的心理事实。后者只是用以区分故意和过失的界限要素。

"以……为目的"。刑法分则条文规定了"以非法占有为目的""以营利为目的""以牟利为目的""以牟利或者传播为目的""以转贷牟利为目的""以勒索财物为目的"和"以出卖为目的"。"以……为目的"标明的是一种主观要素，但它不是故意的内容，不是直接故意的意志因素，而是故意内容之外的主观要

---

① 行为主体（自然人）本身虽然是客观要素，但没有必要要求行为主体在实施犯罪时必须认识到自己是自然人；此外，即使提出这一要求，任何行为主体在实施犯罪时也必然认识到了自己是自然人。

素。从目的与刑法规定的关系来看，目的犯中的目的表现为两种情形：一是刑法分则明文规定的目的，如《刑法》第 152 条、第 175 条、第 192 条、第 193 条等；二是刑法分则虽无明文规定（也可谓有意的省略），但根据条文对客观要件的表述以及条文之间的关系，而为成立犯罪所必须具备的目的，如《刑法》第 194~198 条规定的几种金融诈骗罪，条文本身虽未标明"以非法占有为目的"，但根据金融诈骗罪的特征，该目的实际上属于主观要素。据此，大体上可以得出如下结论：当某些具体犯罪具有完全相同的性质（只是因为对象不同或者手段不同而被规定为不同的犯罪，如各种金融诈骗罪），刑法只是对其中的部分犯罪明文规定了特定主观要素时，其他犯罪也必须具备该特定主观要素；当普通条款要求特定的主观要素，特别条款只是增加了其他构成要件要素的规定时，即使特别条款没有明文规定特定的主观要素，普通条款所要求的特定的主观要素也是特别条款应有的内容。

需要说明的是，"非法占有目的"中的"非法"其实是需要基于客观事实、根据法律规定进行判断的，而不是只要行为人自以为非法即可，也不是只要行为人自以为合法就不是非法。例如，甲明知摩托车由乙占有和所有，而将其转移为自己占有。刑法理论与司法实践会认为甲具有非法占有目的，其行为成立盗窃罪。A 误以为摩托车是自己所有而被 B 盗走的摩托车，而将其转移为自己占有，其实，该摩托车就是 B 合法占有和所有的。刑法理论与司法实践会认为 A 不具有非法占有目的，其行为不成立盗窃罪。在后一种情形下，我们可以认为，A 其实具有占有目的，只是没有认识到自己占有摩托车的行为是"非法"的。或者说，A 对"非法"并没有认识。果真如此，则作为主观要素中的"非法占有目的"中的"非法"，也是需要行为人认识到的内容。于是，"非法占有目的"就不是单纯的主观要素，而是既有主观要素，也有客观要素。但我们也可以认为，A 不是因为没有非法占有目的而不构成盗窃罪，而是因为没有盗窃罪的故意而不构成盗窃罪，因为 A 没有认识到摩托车是他人占有和所有的，没有认识到自己行为的社会意义，也没有认识到自己的行为会发生危害他人财产的结果，更没有希望或者放任他人的财产损失。在这个意义上，"非法"只是对构成要件和违法阻却事由的提示，所以对相关事实的认识错误会产生阻却故意的效果。由此看来，不管将"非法占有目的"作为违法要素还是责任要素，其与权利行使是什么关系，还是需要进一步研究的问题。

"意图"。"意图"标明的是犯罪的主观要素。如《刑法》第 243 条第 1 款前段规定："捏造事实诬告陷害他人，意图使他人受刑事追究，情节严重的，处三年以下有期徒刑、拘役或者管制"。再如，《刑法》第 305 条前段规定："在刑事诉讼中，证人、鉴定人、记录人、翻译人对与案件有重要关系的情节，故意作虚假证明、鉴定、记录、翻译，意图陷害他人或者隐匿罪证的，处三年以下有期徒刑或者拘役"。"意图……"与"以……为目的"似乎表达的是同一含义，二者没有明显区别。例如，即使将《刑法》第 243 条第 1 款前段的罪状改写为"以使他人受刑事追究为目的，捏造事实诬告陷害他人，情节严重"，也不会影响其含义。

"明知"。"明知"肯定是对主观要素的表述，只是其表述的是故意还是过失，尚存疑问。例如，《刑法》第 138 条前段规定："明知校舍或者教育教学设施有危险，而不采取措施或者不及时报告，致使发生重大伤亡事故的，对直接责任人员，处三年以下有期徒刑或者拘役"。本条虽然使用了"明知"这一通常表明故意的概念，但刑法理论一般认为，本罪主观上只能由过失构成。如果说教育设施重大安全事故罪是过失犯罪，则本条中的"明知"与《刑法》第 14 条中的"明知"并不是相同的概念。如果说教育设施重大安全事故罪是故意犯罪，本条中的"明知"与《刑法》第 14 条中的"明知"的含义相同，则只能要求行为人对危险具有故意，即明知校舍或者教育教学设施有危险，仍然希望或者放任危险的发生，"发生重大伤亡事故"只是客观的超过要素，不需要行为人明知。

"为……"。刑法分则有许多"为……"的规定（而不是"为了……"）。至于"为……"所标明的究竟是主观要素还是客观要素，则需要具体分析。大致有以下几种情况：

第一，明显属于主观要素的情形。

《刑法》第 191 条第 1 款规定的洗钱罪的罪状包括："为掩饰、隐瞒毒品犯罪、黑社会性质的组织犯罪、恐怖活动犯罪、走私犯罪、贪污贿赂犯罪、破坏金融管理秩序犯罪、金融诈骗犯罪的所得及其产生的收益的来源和性质，有下列行为之一的，没收实施以上犯罪的所得及其产生的收益，处五年以下有期徒刑或者拘役，并处或者单处罚金。"这里的"为掩饰、隐瞒……来源和性质"明显属于主观要素，因为客观行为是在本款的各项中规定的。

《刑法》第 319 条前段规定，"以劳务输出、经贸往来或者其他名义，弄虚作假，骗取护照、签证等出境证件，为组织他人偷越国（边）境使用的，处三年以下有期徒刑，并处罚金"。"为组织他人偷越国（边）境使用"，应属于主观要素。因此，如果行为人出于为组织他人偷越国（边）境的目的，采取上述手段骗取了护照、签证等出境证件的，即使实际上还没有用于组织他人偷越国（边）境，也成立本罪。反之，如果行为人不是为了组织他人偷越国（边）境使用，而以劳务输出、经贸往来或者其他名义，弄虚作假，骗取了护照、签证等出境证件的，则不成立本罪。

第二，明显属于客观要素的情形。

《刑法》第 110 条规定的间谍罪的行为类型之一是"为敌人指示轰击目标"，这显然是指行为人客观上向敌人指示轰击目标，因而属于客观要素。《刑法》第 120 条之一第 2 款规定的"为恐怖活动组织、实施恐怖活动或者恐怖活动培训招募、运送人员"，第 120 条之二规定的"为实施恐怖活动准备凶器、危险物品或者其他工具"，"为实施恐怖活动与境外恐怖活动组织或者人员联络"，"为实施恐怖活动进行策划或者其他准备"均属于客观行为类型。

《刑法》第 198 条第 4 款规定："保险事故的鉴定人、证明人、财产评估人故意提供虚假的证明文件，为他人诈骗提供条件的，以保险诈骗的共犯论处。"其中的"为他人诈骗提供条件"是客观要素。虽然行为人也必须同时认识到自己的行为是为他人诈骗提供了条件，但这并不意味着"为他人诈骗提供条件"本身是主观要素；而且主观要素与客观要素的关系，决定了客观要素是故意所必须认识的内容（客观的超过要素除外）。

《刑法》第 320 条前段规定，"为他人提供伪造、变造的护照、签证等出入境证件，或者出售护照、签证等出入境证件的，处五年以下有期徒刑，并处罚金"。《刑法》第 350 条第 1 款规定了走私制毒物品罪与非法买卖制毒物品罪，其第 2 款规定："明知他人制造毒品而为其提供前款规定的物品的，以制造毒品罪的共犯论处。"第 363 条第 2 款前段规定，"为他人提供书号，出版淫秽书刊的，处三年以下有期徒刑、拘役或者管制，并处或者单处罚金"。这些条文中的"为……"都是客观要素。

第三，既可能是主观要素也可能是客观要素的情形。

《刑法》第 111 条前段规定，"为境外的机构、组织、人员窃取、刺探、收买、非法提供国家秘密或者情报的，处五年以上十年以下有期徒刑"。类似的规定还有《刑法》第 431 条第 2 款："为境外的机构、组织、人员窃取、刺探、收买、非法提供军事秘密的，处五年以上十年以下有期徒刑；情节严重的，处十年以上有期徒刑、无期徒刑或者死刑。"为了表述方便，仅以《刑法》第 111 条的规定为例给予说明。"为境外的机构、组织、人员"既可能是主观要素，也可能是客观要素，需要具体判断，不可一概而论。

首先，相对于窃取、刺探、收买国家秘密或者情报的行为而言，"为境外的机构、组织、人员"属于主观要素，即行为人为了向境外的机构、组织、人员提供国家秘密或者情报，而实施窃取、刺探、收买国家秘密或者情报的行为时，便成立本罪。[①] 如果行为人在实施窃取、刺探、收买国家秘密或者情报的行为时，

---

① 当然，"境外"应该是客观要素。如果行为人误将境内机构当作境外机构而窃取国家秘密的，则不成立本罪。

并没有为了向境外的机构、组织、人员提供国家秘密或情报的目的，则不成立《刑法》第 111 条规定的犯罪；如果窃取、刺探、收买的是国家秘密，成立《刑法》第 282 条第 1 款规定的非法获取国家秘密罪；如果窃取、刺探、收买的是其他情报，视情报的性质与内容，成立其他犯罪或者不构成犯罪。例如，窃取的情报属于商业秘密的，可能成立《刑法》第 219 条规定的侵犯商业秘密罪；窃取的情报属于国家所有的档案的，可能成立窃取国有档案罪。

其次，相对于非法提供国家秘密或者情报而言，"为境外的机构、组织、人员"属于客观要素。即只有当行为人将国家秘密提供给境外机构、组织或者人员时，才成立《刑法》第 111 条规定的为境外非法提供国家秘密罪。因此，即使行为人在窃取、刺探、收买国家秘密时，并没有非法提供给境外的机构、组织、人员的目的，但在窃取、刺探、收买国家秘密后，明知对方是境外的机构、组织、人员而非法向其提供国家秘密的，也成立《刑法》第 111 条规定的为境外非法提供国家秘密罪。显然，如果仅将"为境外的机构、组织、人员"解释为主观要素，便会导致上述行为无罪或者仅认定为故意泄露国家秘密罪，这便不利于保护国家安全。

第四，是主观要素还是客观要素具有争议的情形。

《刑法》第 385 条第 1 款规定："国家工作人员利用职务上的便利，索取他人财物的，或者非法收受他人财物，为他人谋取利益的，是受贿罪。"这一规定源于《全国人民代表大会常务委员会关于惩治贪污罪贿赂罪的补充规定》（已废止）。传统观点认为，为他人谋取利益是受贿罪的客观要件要素，如果国家工作人员收受财物但事实上并没有为他人谋取利益，则不构成受贿罪。同时认为，为他人谋取的利益是否实现，不影响受贿罪的成立。[1]"两高"1989 年 11 月 6 日发布的《关于执行〈关于惩治贪污罪贿赂罪的补充规定〉若干问题的解答》（已废止）也指出："非法收受他人财物，同时具有'为他人谋取利益'的，才能构成受贿罪。为他人谋取的利益是否正当，为他人谋取的利益是否实现，不影响受贿罪的成立。"由于这种至少要求国家工作人员已经实施了为他人谋取利益的客观行为才构成受贿罪的观点存在诸多不当之处[2]，故产生了"为他人谋取利益不是客观要素而是主观要素"的观点。例如，在旧刑法时代，有的学者认为："为他人谋取利益，只是行贿人与受贿人之间货币与权力互相交换达成的一种默契。就行贿人来说，是对受贿人的一种要求；就受贿人来说，是对行贿人的一种许诺或答应。因此，为他人谋取利益只是受贿人的一种心理态度，属于主观要件的范

---

[1] 参见林准主编：《中国刑法教程》，人民法院出版社 1989 年版，第 640~641 页。
[2] 参见张明楷：《论受贿罪的客观要件》，《中国法学》1995 年第 1 期。

畴，而不像通行观点所说的那样是受贿罪的客观要件。"有的学者指出："'为他人谋取利益'应当理解为是行为人的意图，是一种心理态度，属于受贿罪的主观要件，这样解释才与刑法理论和司法实践相符合。……从司法实践上说，审理这类案件，都是根据两高《解答》，不论为他人谋取利益是否实现，均按受贿罪（既遂）论处，这实际上是将它作为受贿罪的主观要件看待。"① 现行刑法颁布之后，也有学者指出："受贿罪是法定的目的犯。根据我国刑法的规定，索取财物构成犯罪的不以为他人谋取利益为要件，而收受财物构成的受贿罪则以为他人谋取利益为要件。这里的为他人谋取利益，并非是构成要件的客观行为，而是超过的主观要素。因此，只要行为人主观上具有为他人谋取利益的目的即已构成本罪，而非一定要付诸实施。"②

从合理界定受贿罪的处罚范围来看，主观要素说确实具有可取之处，但这种观点也存在疑问。其一，《刑法》第 385 条中的"为他人谋取利益"，不符合主观要素的表述体例。③ 其二，根据主观要素说，国家工作人员主观上必须确实具有为他人谋取利益的意图或目的时，才成立受贿罪；如果只是虚假表示为他人谋取利益，而事实上并没有这种意图或目的时，则不构成受贿罪，这显然又不当缩小了受贿罪的处罚范围。因为国家工作人员在他人有求于自己的职务行为之际，收受财物并虚假表示为他人谋取利益时，也侵害了国家工作人员职务行为的不可收买性，应当以受贿罪论处。其三，持主观要素说的学者认为："为他人谋取利益，只是行贿人与受贿人之间货币与权力互相交换达成的一种默契。就行贿人来说，是对受贿人的一种要求；就受贿人来说，是对行贿人的一种许诺或答应。"这是完全成立的，但并不能由此得出为他人谋取利益是主观要素的结论，因为许诺或者答应本身，仍然是一种行为，而不只是一种心理状态。况且，口是心非的现象（口头许诺为他人谋取利益时，内心可能完全没有这种想法）也是大量存在的。其四，认为受贿罪的成立不要求已经付诸实施为他人谋取利益的行为和实现为他人谋取利益的结果，也是完全正确的，但也不能据此否认为他人谋取利益是客观要素。因为只要许诺为他人谋取利益，就使财物与国家工作人员的职务之间形成了不正当的对价关系，从而侵犯了职务或职务行为的不可收买性。但如上所述，许诺本身就是一种客观行为。而且，即使在收受财物时作虚假许诺，也成

---

① 喻伟主编：《刑法学专题研究》，武汉大学出版社 1992 年版，第 508 页。
② 陈兴良：《规范刑法学》（第四版）（下册），中国人民大学出版社 2017 年版，第 1198 页。
③ 在刑法分则中，一般来说，"为……"表述在行为之前时，是一种目的，但表述在某种行为之后时，就难以认为其是目的。当然，既是主观要素也是客观要素的情形除外。

立受贿罪。最后，虽然按照司法解释的规定与司法实践的普遍做法①，不论为他人谋取利益是否实现均按受贿罪论处，但这并不能说明为他人谋取利益是主观要素。因为司法解释与司法实践只是表明，为他人谋取利益是指受贿人有为他人谋取利益的行为，而不要求事实上有他人得到利益的结果，而且为他人谋取利益的行为只需要表现为许诺为他人谋取利益。因此，为他人谋取利益的行为仍然是客观要素，而不是主观要素。易言之，为他人谋取利益只是受贿人的一种许诺，而不要求客观上有为他人谋取利益的其他行为与结果；许诺既可以是明示的，也可以是默示的；当他人主动行贿并提出为自己谋取利益的要求后，国家工作人员虽无明确答复，但不予拒绝时，就应当认定为默示的许诺；至于国家工作人员已经准备或者开始为他人谋取利益，或者使他人得到部分或者全部利益的，则当然符合"为他人谋取利益"的客观要件。

《刑法》第 389 条第 1 款规定："为谋取不正当利益，给予国家工作人员以财物的，是行贿罪。"一般认为，其中的"为谋取不正当利益"属于主观要素。但是，果真如此解释，当行为人已经获取不正当利益后，为了不正当地酬谢国家工作人员，而给予国家工作人员以财物时，则不成立行贿罪。看来，这仍然是需要研究的问题。从司法实践来看，行为人给予国家工作人员以财物的行为，主要表现为以下几种情况：一是为了利用国家工作人员的职务行为（包括通过国家工作人员予以利用，亦即向斡旋受贿者行贿的情形），主动给予国家工作人员以财物。二是在有求于国家工作人员的职务行为时，由于国家工作人员的索取而给予国家工作人员以财物。② 三是与国家工作人员约定，以满足自己的要求为条件给予国家工作人员以财物。例如，《刑法》第 389 条第 2 款规定："在经济往来中，违反国家规定，给予国家工作人员以财物，数额较大的，或者违反国家规定，给予国家工作人员以各种名义的回扣、手续费的，以行贿论处。"四是在国家工作人员利用职务上的便利为自己谋利益时或者为自己谋取利益之后，给予国家工作人员以财物，作为职务行为的不正当报酬。将"为谋取不正当利益"解释为主观要素，可以将前三种行为认定为受贿罪，却将第四种行为排除在行贿罪之外；如果将"为谋取不正当利益"解释为既可能是主观要素，也可能是客观要素，那么，第四种行为也可能构成行贿罪。所以，实质的问题在于：第四种行为是否具有值得科处刑罚的法益侵害性。本书倾向于肯定回答。换言之，"为谋取不正当利

---

① 参见 2016 年 4 月 18 日发布并实施的《最高人民法院、最高人民检察院关于办理贪污贿赂刑事案件适用法律若干问题的解释》第 13 条。

② 但根据《刑法》第 389 条第 3 款的规定，因被勒索给予国家工作人员以财物，没有获得不正当利益的，不是行贿。

益"同样应解释为在职务行为与财物之间建立对价关系这一客观事实，而这样的对价关系既可以在事前建立，也可以在事后建立。在司法实践中，对于获取了不正当利益的人，事后向国家工作人员行贿的，也会以行贿罪论处。例如，2009年9月的一天，被告人许某受他人委托替他人办理房屋所有权证过户手续，为少缴纳契税及相关滞纳金等费用，找到时任平顶山市房产管理局政策法规科科长兼平顶山市房地产产权产籍监理所负责人、党支部书记的吴某某，吴某某利用其职权和地位所形成的便利条件，给相关人员打招呼，为他人谋取不正当利益。事后，许某向吴某某行贿人民币6万元。检察机关起诉后，法院认定被告人许某犯行贿罪，判处有期徒刑2年，缓刑2年。① 类似判例并不少见。

除此之外，有些条文的部分表述究竟是对客观要素的描述，还是对主观要素的描述，难以确定。特别值得研究的是《刑法》第224条之一中的"骗取财物"。

《刑法》第224条之一规定："组织、领导以推销商品、提供服务等经营活动为名，要求参加者以缴纳费用或者购买商品、服务等方式获得加入资格，并按照一定顺序组成层级，直接或者间接以发展人员的数量作为计酬或者返利依据，引诱、胁迫参加者继续发展他人参加，骗取财物，扰乱经济社会秩序的传销活动的，处五年以下有期徒刑或者拘役，并处罚金；情节严重的，处五年以上有期徒刑，并处罚金。"其中的"骗取财物"究竟是不是成立犯罪的要素，以及属于何种类型的要素，在理论上存在争议。

一种观点认为："所谓骗取财物，是说由于传销行为属于非法，所以通过传销活动取得的返利、报酬等任何财产，均属于骗取财物。至于传销活动的组织、领导者实际上是否骗取了财物，不影响本罪的构成。也就是说，组织、领导传销活动不以骗取财物为必要。所以，'骗取财物'属于本罪可有可无的概念。但是，参加传销活动实际骗取财物的，原则上属于认定组织、领导传销活动的重要事实。"② 这一观点实际上认为，"骗取财物"并不是组织、领导传销活动罪的要素。但是，这种解释的合理性存在疑问。在分则条文明确规定了"骗取财物"的情况下，解释者既不能直接宣布其为多余的要素，也不能直接删除该要素；而且，否认"骗取财物"是组织、领导传销活动罪的要素，意味着减少犯罪的成立条件，是对行为人不利的解释，需要特别慎重。诚然，对于刑法分则所规定的又实属多余的要素，可以通过解释得出合理结论。所谓"将多余的解释掉"，并不是直接否认刑法分则条文规定的要素，而是通过解释对该要素作缓和的要求，从

① 河南省郏县人民法院（2010）郏刑初字第9号刑事判决书。
② 曲新久主编：《刑法学》（第三版），中国政法大学出版社2009年版，第378页。

而得出符合刑法目的的解释结论。这样，既维持了该要素是构成要件要素的法律规定，坚持了罪刑法定原则，又使处罚范围合理、得当，实现了刑法的正义性。正是基于这样的考虑，本书认为，"骗取财物"仍然属于法定的要素。

还有一种可能的解释是，本罪的主观方面只能是故意，过失不构成本罪，并且行为人主观上有通过传销活动骗取财物、非法集资或者其他方面的目的。虽然《刑法修正案（七）》在界定传销时使用了"骗取财物"的表述，但是从实际发生的传销活动看，"骗取财物"并不是传销活动的唯一目的，因此不能将组织、领导传销活动罪的目的仅限于诈骗财物。但这种观点也值得商榷。诚然，将"骗取财物"解释为传销活动的目的，具有一定的合理性。但是，既然认为刑法条文已经将本罪的目的限定为骗取财物，就不能认为本罪还包括其他目的，否则就违反了罪刑法定原则。即使现实中的传销活动的目的不限于骗取财物，但这只是客观事实，而不是刑法规范。[1]

另有学者指出："骗取财物——这是传销活动的最本质特征。传销活动的一切最终目的，都是为了骗取钱财。"[2] 这种观点实际上将组织、领导传销活动罪的处罚对象理解为骗取财物，据此，只有当行为人客观上骗取了财物时，才能成立组织、领导传销活动罪的既遂。但如下所述，这种观点可能存在缺陷。

本书认为，"骗取财物"是对诈骗型传销组织（或者活动）的描述，亦即，只有当行为人组织、领导的传销活动具有"骗取财物"的性质（危险）时，才成立组织、领导传销活动罪（如果行为人组织、领导的是真实地提供商品与服务的传销组织，则不可能成立组织、领导传销活动罪）。作为显示诈骗型传销组织（或者活动）特征的"骗取财物"这一要素，并不要求现实地客观化。因为《刑法》第 224 条之一的处罚对象是对诈骗型传销组织进行组织、领导的行为。

首先，《关于〈中华人民共和国刑法修正案（七）〉（草案）的说明》指出："当前以'拉人头'、收取'入门费'等方式组织传销的违法犯罪活动，严重扰乱社会秩序，影响社会稳定，危害严重。目前在司法实践中，对这类案件主要是根据实施传销行为的不同情况，分别按照非法经营罪、诈骗罪、集资诈骗罪等犯罪追究刑事责任的。为更有利于打击组织传销的犯罪，应当在刑法中对组织、领导传销组织的犯罪作出专门规定。"不难看出，《刑法修正案（七）》的宗旨就是处罚组织、领导诈骗型传销活动的行为。

其次，笔者注意到，2008 年 8 月发布的《刑法修正案（七）"草案"》第 4

---

[1] 组织、领导他人实施传销活动，提供商品或者服务，不具备骗取财物的性质时，应认定为非法经营罪，而不能认定为组织、领导传销活动罪（参见张明楷：《传销犯罪的基本问题》，《政治与法律》2009 年第 9 期）。

[2] 黄太云：《〈刑法修正案（七）〉解读》，《人民检察》2009 年第 6 期。

条规定："组织、领导实施传销行为的组织，情节严重的，处三年以下有期徒刑或者拘役，并处罚金；情节特别严重的，处三年以上七年以下有期徒刑，并处罚金。""犯前款罪又有其他犯罪行为的，依照数罪并罚的规定处罚。"但 2008 年 12 月 22 日的《刑法修正案（七）"草案"》第 4 条将组织、领导的对象由"传销组织"改变为"传销活动"，看似导致了传销立法模式的变化，但在现行规定之下，依然能够认为《刑法》第 224 条之一所处罚的是对诈骗型传销组织进行组织、领导的行为。一方面，传销活动与传销组织具有密切的直接关联，因为实施传销活动的主体必然是一个传销的网络组织。一两个人不可能实施传销活动，传销活动越多，传销组织便越大，反之亦然。所以，将组织、领导诈骗型传销活动，理解为组织、领导诈骗型传销组织不存在障碍。另一方面，诈骗型传销活动，事实上没有传销活动，只是一个以传销为名的组织而已。因此，组织、领导诈骗型传销活动其实就是组织、领导诈骗型传销组织。

再次，从逻辑上讲，将《刑法》第 224 条之一规定的组织、领导传销活动罪的处罚对象，解释为组织、领导诈骗型传销组织，不至于不当缩小刑法对传销活动的处罚范围。例如，倘若按照字面含义，认为只有被组织者、被领导者客观上已经实施了诈骗型传销活动时，组织者、领导者才成立组织、领导传销活动罪，那么，对非法设立诈骗型传销组织的行为充其量只能作为组织、领导传销活动罪的预备犯加以处理，而不能将其作为实行行为予以处罚，这与我国严惩传销犯罪的立法宗旨不相符合。[①] 反之，如若将《刑法》第 224 条之一理解为对诈骗型传销组织的组织、领导行为的处罚，非法设立诈骗型传销组织的行为便成为组织、领导传销活动罪的实行行为，从而有利于禁止传销组织。

最后，如果将组织、领导传销活动罪中的"骗取财物"解释为必须现实化的客观要素，就会造成处罚的不协调。反之，认为"骗取财物"不是必须现实化的客观要素，只要具备骗取财物的危险即可，那么，如果行为人确实骗取了财物，则另触犯了集资诈骗罪或者普通诈骗罪，属于想象竞合或包括的一罪，从一重罪处罚。唯此，才能实现刑法的正义性。其一，集资诈骗罪的法定最高刑以前为死刑，后来修改为无期死刑，普通诈骗罪的法定最高刑为无期徒刑，而组织、领导传销活动罪的法定最高刑为 15 年有期徒刑。如果认为只有客观上骗取财物，才成立组织、领导传销活动罪，就意味着组织、领导传销活动罪，是广义诈骗罪中的一个类型。于是，以其他方式实施的诈骗行为或者集资诈骗的行为，成立诈骗罪或者集资诈骗罪，而以传销方式集资诈骗的行为仅成立组织、领导传销活动

[①] 参见袁彬：《传销犯罪独立成罪的合理性及模式——兼评〈刑法修正案（七）〉》，《中国刑事法杂志》2009 年第 3 期。

罪，这便明显违反刑法的公平正义性。况且，在传销活动比较猖獗、需要严厉禁止的当下，立法机关不可能反其道而行之，对利用传销方式的集资诈骗行为规定较轻的法定刑。其二，如果将组织、领导传销活动罪中的"骗取财物"解释为必须现实化的客观要素，就可能意味着《刑法》第224条之一与规定集资诈骗罪的第192条、规定普通诈骗罪的第266条是特别关系，进而对以传销方式实施诈骗的案件适用特别法条以组织、领导传销活动罪论处。一方面，倘若认为《刑法》第192条是普通法条，《刑法》第224条之一是特别法条，根据特别法条优于普通法条的原则，对以传销方式非法集资诈骗的案件，就应认定为组织、领导传销活动罪。如上所述，这明显违反了《刑法》的公平正义性。那么，能否认为《刑法》第224条之一是普通条款、第192条是特别条款，进而适用《刑法》第192条呢？回答也是否定的。因为《刑法》第192条所规定的集资诈骗罪并无手段限制，而《刑法》第224条之一将诈骗的手段限制为传销方式，故不可能认为《刑法》第192条是《刑法》第224条之一的特别条款。① 概言之，如果认为以传销方式集资诈骗的行为同时触犯集资诈骗罪与组织、领导传销活动罪，又要得出维护刑法的公平正义性的结论，就必须承认《刑法》第224条之一与《刑法》第192条之间不具有特别关系。既然如此，就不能将"骗取财物"解释为必须现实化的客观要素，不能认为《刑法》第224条之一的处罚对象是诈骗行为。另一方面，诈骗型传销活动，也可能符合普通诈骗罪的构成要件。如果认为《刑法》第224条之一处罚的是特别的诈骗行为，亦即《刑法》第224条之一与《刑法》第266条是特别关系，那么，根据特别关系的处理原则以及《刑法》第266条"本法另有规定的，依照规定"的规定，对以传销方式诈骗他人财物的案件就只能认定为组织、领导传销活动罪，而不可能从一重罪处罚。可是，普通诈骗罪的最高法定刑为无期徒刑，组织、领导传销活动罪的最高法定刑为15年有期徒刑，这便损害了刑法的公平正义性。易言之，如果认为以传销方式诈骗的行为同时触犯诈骗罪与组织、领导传销活动罪，又要得出维护刑法的公平正义性的结论，也必须承认《刑法》第224条之一与《刑法》第266条之间不具有特别关系。既然如此，就不能将"骗取财物"解释为必须现实化的客观要素。

当然，由于组织者、领导者在客观上还没有骗取到财物时往往难以确定其行为性质，故这类案件大多案发较晚。所以，现实中查处的组织、领导传销活动案的组织者、领导者都已经骗取了财物，但这并不意味着"骗取财物"是必须已

---

① 倘若认为《刑法》第224条之一与《刑法》第192条是特别法条与普通法条的关系，但适用重法优于轻法的原则，对以传销方式非法集资的行为仍然以集资诈骗罪论处，也不失为一个思路。但是，这一思路不能解决传销行为同时触犯普通诈骗罪的问题。况且，将组织、领导传销活动罪解释为特殊诈骗罪，不符合立法宗旨。

经现实化的客观要素。如同许多绑架犯已经勒索到了赎金，但勒索赎金并不是绑架罪中必须现实化的客观要素一样。换言之，如果行为人搭建了一个确实能够骗取他人财物的传销组织，并且有人已经开始实施了传销活动，组织者、领导者就成立本罪的既遂犯。在此意义上，本罪具有作为集资诈骗罪和普通诈骗罪的独立预备罪的性质。

如前所述，分则条文主要描述的是客观要素。客观要素包括行为、结果、对象等多种要素。当解释者确定了哪些要素是客观要素后，在很多情况下，还要进一步判断是何种类型的客观要素。一般来说，分则条文中哪些是对行为（性质）的描述，哪些是对结果与对象的描述，是容易辨别的。但是，也存在值得讨论的现象，主要表现在某个描述究竟是对行为性质的描述（要求），还是对结果的描述？如果是对结果的描述，那么，是对危险结果的描述，还是对实害结果的描述？这涉及犯罪的构造，尤其是涉及犯罪是危险犯还是实害犯的问题，因而直接影响犯罪的成立与否。下面就若干条文进行分析。

《刑法》第 114 条规定："放火、决水、爆炸以及投放毒害性、放射性、传染病病原体等物质或者以其他危险方法危害公共安全，尚未造成严重后果的，处三年以上十年以下有期徒刑。"其中的"危害公共安全"应是对行为性质与危险结果（具体的危险犯）的描述，而不是对实害结果的描述。其一，从立法沿革来看，2001 年修订前的《刑法》第 114 条规定："放火、决水、爆炸、投毒或者以其他危险方法破坏工厂、矿场、油田、港口、河流、水源、仓库、住宅、森林、农场、谷场、牧场、重要管道、公共建筑物或者其他公私财产，危害公共安全，尚未造成严重后果的，处三年以上十年以下有期徒刑。"显然，其中的"破坏……"属于对行为本身的描述，"危害公共安全"则是对行为性质与危险结果的要求。因为放火、投毒等行为，并不一定危害公共安全。例如，放火烧毁数额较大的公私财物，但不会危害公共安全的，便不认定为放火罪。本条虽然被修改，但修改的内容只是将"投毒"具体化，而不是将"危害公共安全"由行为性质与危险结果变为实害结果。其二，本条在"危害公共安全"的表述后另规定了"尚未造成严重后果"，其中的"严重后果"显然是指严重的实害结果。如果说"危害公共安全"本身属于对实害结果的规定，而后面又有"尚未造成严重后果"的描述，这多少有些不协调乃至自相矛盾。只有将"危害公共安全"解释为行为性质与危险结果，才既符合本罪的本质特征，也符合法条的文字表述。据此，只要放火等行为具有危害公共安全的具体危险，即使没有造成任何实害结果，也成立放火等罪。

《刑法》第 124 条第 1 款规定："破坏广播电视设施、公用电信设施，危害公共安全的，处三年以上七年以下有期徒刑；造成严重后果的，处七年以上有期徒刑。"其中的"危害公共安全"也是对行为性质与危险结果的描述，而不是对实害结果的描述。换言之，只要破坏广播电视设施、公用电信设施的行为，具有危害公共安全的具体危险，就成立本罪。2004 年 12 月 30 日发布的《最高人民法院关于审理破坏公用电信设施刑事案件具体应用法律若干问题的解释》第 1 条规定："采用截断通信线路、损毁通信设备或者删除、修改、增加电信网计算机信息系统中存储、处理或者传输的数据和应用程序等手段，故意破坏正在使用的公用电信设施，具有下列情形之一的，属于刑法第一百二十四条规定的'危害公共安全'，依照刑法第一百二十四条第一款规定，以破坏公用电信设施罪处三年以上七年以下有期徒刑：（一）造成火警、匪警、医疗急救、交通事故报警、救灾、抢险、防汛等通信中断或者严重障碍，并因此贻误救助、救治、救灾、抢险等，致使人员死亡一人、重伤三人以上或者造成财产损失三十万元以上的；（二）造成二千以上不满一万用户通信中断一小时以上，或者一万以上用户通信中断不满一小时的；（三）在一个本地网范围内，网间通信全阻、关口局至某一局向全部中断或网间某一业务全部中断不满二小时或者直接影响范围不满五万（用户×小时）的；（四）造成网间通信严重障碍，一日内累计二小时以上不满十二小时的；（五）其他危害公共安全的情形。"显然，这一规定将本条中的"危害公共安全"解释为对实害结果的描述，明显不当缩小了处罚范围，因而不可取（参见本书第五章）。

《刑法》第 176 条第 1 款前段规定"非法吸收公众存款或者变相吸收公众存款，扰乱金融秩序的，处三年以下有期徒刑或者拘役，并处或者单处罚金"。其中的"扰乱金融秩序"是对行为性质的要求，还是对结果的要求？本书认为，"扰乱金融秩序"主要是对行为性质的要求，即吸收存款的行为如果不具有扰乱金融秩序的性质，则不成立本罪。当然，如果行为已经造成了扰乱金融秩序的结果，则表明行为具有扰乱金融秩序的性质，理当成立犯罪。司法实践也说明了这一点，即根据司法实践，具有下列情形之一的，可以本罪论处：（1）非法吸收或者变相吸收公众存款，数额在 100 万元以上的；（2）非法吸收或者变相吸收公众存款对象 150 人以上的；（3）非法吸收或者变相吸收公众存款，给存款人造成直接经济损失数额 50 万元以上的。① 这就表明，"扰乱金融秩序"不是指对实害结果的描述，否则不能说明为何上述(1) (2)两种情形也成立本罪。

《刑法》第 288 条第 1 款规定："违反国家规定，擅自设置、使用无线电台（站），或者擅自使用无线电频率，干扰无线电通讯秩序，情节严重的，处三年以

---

① 参见 2022 年 2 月 23 日《最高人民法院关于审理非法集资刑事案件具体应用法律若干问题的解释》第 3 条第 1 款。

下有期徒刑、拘役或者管制，并处或者单处罚金；情节特别严重的，处三年以上七年以下有期徒刑，并处罚金。"其中的"干扰无线电通讯秩序"，应是对行为结果的表述。因为擅自设置、使用无线电台（站）、擅自占用频率的行为，并非都会产生"干扰无线电通讯秩序"的结果，故刑法有必要从结果上作出规定，从而合理限定处罚范围。

《刑法》第291条之一第1款规定："投放虚假的爆炸性、毒害性、放射性、传染病病原体等物质，或者编造爆炸威胁、生化威胁、放射威胁等恐怖信息，或者明知是编造的恐怖信息而故意传播，严重扰乱社会秩序的，处五年以下有期徒刑、拘役或者管制；造成严重后果的，处五年以上有期徒刑。"其中的"严重扰乱社会秩序"不仅表明行为的性质，也是对实害结果的要求。正因为如此，所谓"投放虚假的爆炸性、毒害性、放射性、传染病病原体等物质"，也必须是让一般人乍看上去类似于爆炸性、毒害性、放射性、传染病病原体等物质[①]；否则，以通常方式投放垃圾的行为，也可能被认定为本罪，这便使本罪的处罚范围漫无边际了。同样，所谓"编造爆炸威胁、生化威胁、放射威胁等恐怖信息"，也应是编造并使用各种方法让人们知道爆炸威胁、生化威胁、放射威胁等恐怖信息，否则，在日记本上编造恐怖信息的行为，也可能成立犯罪，这同样不当地扩大了处罚范围。不仅如此，只有当上述行为造成了严重扰乱社会秩序的实害结果时（如引起了公众的严重恐慌，导致公众不能正常生活与工作），才宜认定为犯罪。可能有人质疑：如果将"严重扰乱社会秩序"解释为实害结果，那么，它与作为法定刑升格条件的"造成严重后果"，岂不相冲突？本书认为，虽然两处都使用了"严重"的概念，但可以将后者解释为更为严重、具体的实害结果，如公众恐慌进一步演变成实际的人员伤亡。根据本书的观点，单纯使特定人员产生恐惧心理的胁迫行为，没有严重扰乱社会秩序的，不能认定为本罪。可是，司法实践并没有对此予以重视，不当扩大了本罪的范围。例如，2010年5月7日14时30分许，翟某驾驶一辆浙江牌号的红色酷派轿车，违章停放在常德路，执勤交警上前要求翟某将车立即驶离该交通路口，并告知他"如不配合，将会把该车辆拖走"。翟某随后对该交警表示，如将他的车子拖走，自己便马上把车子炸掉。某法院以编造虚假恐怖信息罪，判处翟某有期徒刑1年，缓刑1年。[②]其实，翟某只是阻止警察拖车的胁迫行为，被胁迫的警察没有产生恐惧心理，其他人更没有、也不可能产生恐惧心理。换言之，翟某并没有编造恐怖信息，其行为也根本

---

① 可见，"虚假的"也必须在某种程度或者某种意义上是"真实的"。

② 参见《失恋"瘾君子"扬言炸汽车，编造虚假恐怖信息罪获刑1年》（原文未署名），载于大洋网。

没有产生"严重扰乱社会秩序"的结果，将其行为认定为编造虚假恐怖信息罪，并不妥当。不仅如此，即使某种行为使警察产生了恐惧心理，也不意味着造成了"严重扰乱社会秩序"的结果。例如，被告人季某先用手机给上级机关打了一个举报电话，称"本村党支部书记陈某有贪污受贿行为"，随后他又说："如果不处理，就用手中的60千克炸药炸毁附近的一座铁路大桥。"接到季某的举报电话后，警方和相关部门动用大量警力和侦查设备，在接到电话5个小时内查找到季某，查明所谓的"紧急险情"是季某一时无聊自编自导的闹剧。某法院以编造虚假恐怖信息罪，判处季某有期徒刑一年。① 其实，季某的行为只是对上级机关的胁迫行为，而不是编造虚假恐怖信息的行为。亦即，如果上级机关不查处陈某的贪污受贿事实，季某便用手中的60千克炸药炸毁附近的一座铁路大桥。季某并没有声称自己已经将60千克炸药安放在附近的一座铁路大桥上，因而并没有编造虚假恐怖信息，其行为更没有造成公共秩序的混乱（警方和相关部门动用大量警力和侦查设备的事实，不能被评价为"严重扰乱社会秩序"的结果），不应当认定为犯罪。

《刑法》第309条规定："有下列扰乱法庭秩序情形之一的，处三年以下有期徒刑、拘役、管制或者罚金：（一）聚众哄闹、冲击法庭的；（二）殴打司法工作人员或者诉讼参与人的；（三）侮辱、诽谤、威胁司法工作人员或者诉讼参与人，不听法庭制止，严重扰乱法庭秩序的；（四）有毁坏法庭设施，抢夺、损毁诉讼文书、证据等扰乱法庭秩序行为，情节严重的。"其中第3项的"严重扰乱法庭秩序"不仅表明行为的性质，而且也是对结果的要求。第4项的"扰乱法庭秩序"则是对行为性质的要求。

三、主观要素明示客观要素的内容

虽然分则条文对罪状的描述主要限于客观要素，但在不少条文中，立法者常常出于各种原因，作为注意规定或者基于特殊理由而描述了主观要素。如前述"故意""意图""明知""以……为目的"等。表面上看，它们只是关于主观要素的规定，其实，这些主观要素往往同时明示了客观要素。

如后（本书第八章）所述，主观要素分为两种情况：一是与客观要素内容相对应的主观要素（如故意、过失）；二是超出客观要素内容的主观要素（如"以……为目的"），这种主观要素不需要有与之完全相对应的客观要素。在这两种情况下，分则条文所规定的主观要素都可以明示部分客观要素的内容。但有三种情况必须加以区别：

---

① 参见范春生、吴姗：《男子编造虚假恐怖信息被判刑1年》，载于东方网。

第一，分则条文规定的主观要素明示了客观要素，而且只有具备该客观要素时，才成立犯罪。分则条文所规定的"明知……"大体上都属于这种情况。

例如，《刑法》第312条第1款规定："明知是犯罪所得及其产生的收益而予以窝藏、转移、收购、代为销售或者以其他方法掩饰、隐瞒的，处三年以下有期徒刑、拘役或者管制，并处或者单处罚金；情节严重的，处三年以上七年以下有期徒刑，并处罚金。"显然，"明知是犯罪所得及其产生的收益"是对主观要素的规定，但这一规定实际上也标明了客观要素，即行为人客观上窝藏、转移、收购、代为销售或者以其他方法掩饰、隐瞒的必须是他人"犯罪所得及其产生的收益"。否则，不可能成立赃物犯罪。在这种情况下，由于"明知是犯罪所得及其产生的收益"属于注意规定，因此，如果没有必要设立注意规定，那么，《刑法》第312条第1款便应表述为："窝藏、转移、收购、代为销售或者以其他方法掩饰、隐瞒犯罪所得及其产生的收益的，处三年以下有期徒刑、拘役或者管制，并处或者单处罚金；情节严重的，处三年以上七年以下有期徒刑，并处罚金。"德国、日本等国家的刑法也都是这样规定的。[①] 这也说明"犯罪所得及其产生的收益"不仅是行为人必须明知的内容，而且是客观要素。再如，《刑法》第370条前段规定"明知是不合格的武器装备、军事设施而提供给武装部队的，处五年以下有期徒刑或者拘役"。"明知是不合格的武器装备、军事设施"虽然是主观要素，但它表明，行为人客观上提供给武装部队的必须是不合格的武器装备、军事设施；如果行为人客观上给武装部队提供了合格的武器装备、军事设施，即使其认为是不合格的武器装备、军事设施，也不可能成立本罪。

对于类似的条文，不能简单地认为，"明知……"只是主观要素，与客观要素没有关系。例如，不能认为，只要行为人明知是犯罪所得及其所得的收益，即使客观上"窝藏""转移"的是合法所得，"收购"或"代为销售"的是可以任意买卖的商品，也构成赃物犯罪的既遂或者未遂。或者说，不能认为，只要行为人主观上明知是犯罪所得及其产生的收益（不管该明知是否符合事实），不管行为人客观上窝藏、转移、收购、代为销售了什么物品，都成立犯罪。否则，就是

---

① 德国《刑法》第159条第1款规定："行为人为了使自己或者第三者获利，购买或者使自己或者第三者得到、销售或者帮助销售他人盗窃或者其他通过对他人的财产所实施的违法行为所获得的物品的，处五年以下自由刑或者罚金。"日本《刑法》第256条规定："无偿收受盗窃的物品或者其他财产犯罪行为所得之物的，处三年以下惩役。""搬运、保管或者有偿收受前项规定之物，或者就该物的有偿处分进行斡旋的，处十年以下惩役及五十万元以下罚金。"这并不意味着在德国、日本不要求行为人认识是犯罪所得的赃物。由于赃物是客观要素，而赃物罪为故意犯罪，故行为人必须明知是犯罪所得的赃物。

人们常说的"主观归罪"，违反罪刑法定原则和法益保护原则。例如，乙急需现金而低价销售自己的汽车，甲误以为乙在销售盗窃所得的汽车而购买。由于客观上根本不存在符合赃物犯罪构成要件的事实，也不可能妨害司法活动，故甲的行为不成立赃物犯罪（也不成立赃物犯罪的未遂犯）。

第二，分则条文规定的主观要素明示了客观要素，只要求存在与主观要素相对应的部分事实，而不要求客观要素与主观因素全部相对应。

例如，《刑法》第243条所规定的诬告陷害罪的罪状为"捏造事实诬告陷害他人，意图使他人受刑事追究，情节严重"。其中的"意图使他人受刑事追究"虽然是主观要素，但这一规定表明，行为人所捏造的事实，必须是犯罪事实，因为只有捏造犯罪事实，才可能使他人受刑事追究；如果行为人捏造的是违反《治安管理处罚法》的一般违法事实，则不可能构成本罪。即使行为人交代其具有使他人受刑事追究的意图，但客观上捏造的为一般违法事实，明显不可能据此追究他人的刑事责任时，也不应以诬告陷害罪论处。但是，不要求他人已经受到刑事追究（不要求客观要素与主观要素完全相对应）。概言之，"意图使他人受刑事追究"，一方面要求行为人捏造了足以使他人受刑事追究的犯罪事实，另一方面又不要求发生使他人受刑事追究的结果。

再如，《刑法》第305条规定："在刑事诉讼中，证人、鉴定人、记录人、翻译人对与案件有重要关系的情节，故意作虚假证明、鉴定、记录、翻译，意图陷害他人或者隐匿罪证的，处三年以下有期徒刑或者拘役；情节严重的，处三年以上七年以下有期徒刑。"其中的"意图陷害他人或者隐匿罪证"是对主观要素的描述，但它同时表明了"与案件有重要关系的情节"的含义与范围，即只有当作虚假证明、鉴定、记录、翻译的行为具有陷害他人或者隐匿有罪证据的危险性时，才成立伪证罪。相反，如果所作的"虚假"证明、鉴定、记录、翻译碰巧与客观事实相符，因而不可能陷害他人或隐匿有罪证据的，则不符合本罪的构成要件。但是，成立本罪，不要求客观上已经实现了陷害他人或者隐匿罪证的意图。

第三，"以……为目的"等属于主观的超过要素，不需要有与之相对应的客观事实。

例如，当分则条文要求"以牟利为目的"时，不要求行为客观上已经牟利，即使行为导致行为人的财产损失，也不影响犯罪的成立。[①] 再如，《刑法》第239

---

① 例外的是《刑法》第175条规定的高利转贷罪。成立本罪要求行为人主观上以转贷牟利为目的，客观上违法所得数额较大。违法所得数额较大，就是转贷牟利目的的实现。所以，本罪中的目的需要有与之相对应的客观事实。

条规定的"以勒索财物为目的绑架他人"意味着，只要行为人出于该目的绑架他人，即构成绑架罪，不要求行为人已经实施了勒索财物的行为，更不要求行为人已经取得了财物。同样，《刑法》第240条规定的"以出卖为目的"，并不要求拐卖妇女、儿童的行为已经出卖了妇女、儿童；换言之，以出卖为目的的拐骗、绑架、收买、接送、中转妇女、儿童的，都成立拐卖妇女、儿童罪的既遂；当然，贩卖妇女、儿童的，也不另成立其他犯罪。

或许有人认为，刑法分则中的"以非法占有为目的"要求客观上存在与之相对应的事实。其实不然。在取得型财产罪（包括金融诈骗罪）中，作为主观要素的非法占有目的中的"占有"，与客观上对他人财物的"占有"，并不是等同含义。对客观上占有他人财物的认识，只是故意的认识内容，而不是"以非法占有为目的"的内容（参见本书第八章）。

四、客观要素标示主观要素的内容

客观构成要件具有故意的规制机能，亦即，成立故意犯罪，要求行为人认识到符合客观构成要件的事实。[①] 这是责任主义的要求。所以，德国现行《刑法》第16条第1款规定："行为人在实施行为时没有认识属于法律的构成要件的情况的，不是故意行为。因为过失而实施的可罚性，不受影响。"由于德国刑法理论现在的通说认为，作为犯罪要素的构成要件，不仅包括客观构成要件，而且包括故意、过失等主观构成要件，但故意的成立只要求认识到属于构成要件的客观情况，而不可能要求行为人认识到自己的主观情况；不仅如此，部分客观情况（如客观的处罚条件、结果加重犯中的加重结果）也不需要行为人认识。因此，德国《刑法》第16条中的"构成要件"是仅指成立故意所要求认识到的客观的构成要件。这个意义上的构成要件称为错误构成要件（Irrtumstatbestand）或法律构成要件（gesetzlichen Tatbestand）。[②] 这个构成要件是从体系构成要件中分离出来的一部分；正是这个意义上的构成要件具有故意规制机能，即故意的成立，必须认识到属于法定的客观构成要件的事实。

根据总则与分则的关系，对于具体犯罪的责任形式，应当根据刑法总则关于故意犯罪与过失犯罪的规定予以具体化。由于犯罪构成的客观要素都是故意犯罪的行为人必须认识到的内容（如后所述，客观的超过要素与客观处罚条件除外。例如，结果加重犯的加重结果也不是必须认识到的内容，只要有认识的可能性即

---

① 参见［日］平野龙一：《犯罪论的诸问题（上）》（总论），有斐阁1981年版，第2~3页。

② 因为认识错误与故意的认识因素是一个问题的两个方面，即认识错误实际上表现为行为人的认识内容与客观事实不相一致。正因为如此，国外刑法理论一般在故意论中讨论认识错误问题。

可），因此，分则条文对客观要素的描述，便同时标明了故意犯罪的认识内容。基于同样的理由，分则对结果的描述，同时也标明了故意犯罪的意志内容。例如，当分则规定的客观要素为"杀人"时，那么，其故意的认识内容与意志内容应是，明知自己的杀人行为会发生他人死亡的危害结果，并且希望或者放任他人死亡。再如，当分则规定的客观要素是"非法猎捕、杀害国家重点保护的珍贵、濒危野生动物"时，行为人主观上必须认识到自己所猎捕、杀害的是国家重点保护的珍贵、濒危野生动物，否则不成立本罪。因此，在我国的现行犯罪论体系之下，应当说：客观构成要件具有规制故意的机能。

特别要注意的是，由于刑法分则只有部分法条作出了"明知"的注意规定，所以，千万不能以为，凡是分则条文没有要求"明知"的，就不需要行为人明知。相反，只要是故意犯罪，就需要行为人明知客观的构成要件事实。即使刑法分则条文原本有"明知"的规定，后来删除了该规定，但只要法条所规定的犯罪是故意犯罪，就仍然需要行为人"明知"。例如，《刑法》第191条原本规定："明知是毒品犯罪、黑社会性质的组织犯罪、恐怖活动犯罪、走私犯罪、贪污贿赂犯罪、破坏金融管理秩序犯罪、金融诈骗犯罪的所得及其产生的收益，为掩饰、隐瞒其来源和性质，有下列行为之一的……"《刑法修正案（十一）》将上述规定修改为："为掩饰、隐瞒毒品犯罪、黑社会性质的组织犯罪、恐怖活动犯罪、走私犯罪、贪污贿赂犯罪、破坏金融管理秩序犯罪、金融诈骗犯罪的所得及其产生的收益的来源和性质，有下列行为之一的……"这一修改（即删除"明知"）并不意味着洗钱罪不需要行为人明知自己掩饰、隐瞒的是上述七类上游犯罪所得及其收益的来源与性质，只是为了使自洗钱也成立犯罪。① 换言之，在《刑法修正案（十一）》以前，法条中的"明知"只是注意规定，原本就可以删除；即使没有该规定，也要求行为人"明知"。

五、客观要素与主观要素的关系

主客观相统一，是我国刑法理论一直主张并为司法实践所接受的一项原则。但这一表述存在不少问题，导致司法实践未能正确处理客观要素与主观要素的关系。

所谓主客观相统一，大多只是强调有主观要素与客观要素即可，至于是从主观到客观认定犯罪，还是从客观到主观认定犯罪，则在所不问。于是，在四要件体系下，对犯罪构成的排列便无所谓，甚至认为从主观到客观地认定犯罪更为合

---

① 因为本犯当然知道自己掩饰、隐瞒的是什么，故"明知"的规定暗含着本犯不构成洗钱罪的意思。

适的观点。如有的教科书提出："犯罪构成共同要件应当按照如下顺序排列：犯罪主体、犯罪主观方面、犯罪客观方面、犯罪客体。因为犯罪构成要件在实际犯罪中发生作用而决定犯罪成立的逻辑顺序是这样的：符合犯罪主体条件的人，在其犯罪心理态度的支配下，实施一定的犯罪行为，危害一定的客体即社会主义的某种社会关系。在这四个要件中，犯罪主体排列在首位，因为犯罪是人的一种行为，离开了人就谈不上犯罪行为，也谈不上行为所侵犯的客体，更谈不上人的主观罪过。因此，犯罪主体是其他犯罪构成要件成立的逻辑前提。在具备了犯罪主体要件之后，还必须具备犯罪主观方面。犯罪主观方面是犯罪主体的一定罪过内容。犯罪行为是犯罪主体的罪过心理的外化，因而在犯罪主观方面下面是犯罪客观方面。犯罪行为必然侵犯一定的客体，因而犯罪客体是犯罪构成的最后一件要件。"并且认为：犯罪构成其他三方面要件都是以犯罪主体要件为基础的，犯罪主体要件是犯罪构成诸要件中的第一要件，它是犯罪构成其他要件乃至犯罪构成整体存在的前提条件，也是主客观相统一的定罪原则的基础。

但是，上述观点存在诸多危险与缺陷：（1）有导致侵犯人权的危险，难以避免"先抓人，后填补事实"的现象；（2）将主体置于犯罪构成的核心地位，强调整个犯罪活动过程"都是主体的人身危险性的表现和实现"，这意味着客观行为是行为人的人身危险性的征表，与新派的征表说同出一辙；（3）有导致犯罪构成要件形式化的危险，使没有法益侵害危险的行为也成为符合犯罪构成的行为。[①]

我国刑法理论上的常见说法有："故意、过失支配行为人实施特定的犯罪行为"；"危害行为是在故意、过失心理支配下实施的"；"在一个罪过支配下实施的数个举动属于一个行为"。这种观念导致由故意、过失的内容决定行为性质，进而导致从主观到客观认定犯罪。最能说明这一点的是，我国刑法理论在不能犯与未遂犯的区分问题上，采取了抽象的危险说乃至主观的危险说。例如，行为人本想用砒霜杀人，但使用了砂糖。我国刑法理论的通说认为，该行为成立杀人未遂。有的教科书指出："行为人出于犯罪的目的，但其使用的手段或者精心选择的作案工具却无法实施犯罪的意图。在这类认识错误的案件中，因为行为人既有犯罪的故意，又有犯罪的行为，自然应当以故意犯罪定罪。但由于手段（工具）认识错误，不可能（事实上也没有）产生危害社会的结果，所以，也应以未遂认定。"[②] 可是，既然现实的行为不可能产生危害社会的结果，我们就不能认定它是杀人行为。换言之，既然客观上不存在"杀"人，就不能认定其行为成立故意

---

① 参见张明楷：《刑法的基本立场》（修订版），商务印书馆 2019 年版，第 108 页。

② 陈明华主编：《刑法学》，中国政法大学出版社 1999 年版，第 146~147 页。

杀人罪。再如，行为人在荒无人烟的野外，持枪射击其"仇人"，而事实上射击的是稻草人。对此，我国的传统刑法理论根本没有判断该行为是否符合杀"人"的要件，只是因为行为人具有杀人的故意，便认定其行为也是杀人行为。根据这一理论，只要行为人想杀人，即使杀了一只老鼠，也成立故意杀人未遂；只要行为人想毁灭国家机关公文，即使客观上毁灭了一份伪造的国家机关公文，也成立毁灭国家机关公文未遂。尽管传统刑法理论对此已习以为常，但本书认为这种现象并不正常。因为这种观点与做法实际上以主观要素的有无取代了客观要素存在与否的判断。

司法实践对一些具体案件的分析也习惯于从主观到客观，导致案件难以得到妥当处理。例如，2008 年 8 月某日晚 10 时许，徐某预谋抢包，尾随被害人白某到一小胡同。白某发现有人尾随，觉得势头不对，便将随身携带的挎包扔到路边。徐某将包捡起，取出内装的 1 500 余元现金和价值 728 元的手机，后又追上被害人进行殴打、威胁，最后逃离现场。一种观点指出："徐某的行为构成抢劫罪，可从两个方面来分析。首先，徐某在主观上有抢被害人挎包的故意。……其次，徐某的行为符合抢劫罪的行为特征。抢劫罪是指以暴力、胁迫手段或者其他方法抢劫公私财物的行为。徐某的行为虽不是一种典型的抢劫行为，但其在晚上 10 点这一特定的时间和僻静的小胡同这一特定的地点，以尾随被害人这一特殊的行为方式，给被害人的心理造成了极大的压力，迫使被害人将包扔弃；当徐某将包捡起而据为己有时，被害人在心理压力之下仍不敢反抗，这符合抢劫罪中以胁迫方法抢劫的行为特征。"[1] 还有一种观点指出："如认定徐某确有抢劫故意，徐某在作案中未及表现作案手段，不应成为认定抢劫罪的障碍。……手段因为人的实施才会发生。徐某的尾随使被害人感受到威胁，是因为环境特殊而不是徐某的尾随自然起到作用。此案情况不是徐某以尾随表达了胁迫，而是特殊环境下被害人的特定反应使徐某胁迫手段的实施失去必要。"[2] 上述观点都是先肯定了徐某具有抢劫故意，再想方设法说明徐某实施了抢劫行为。既然承认"特殊环境下被害人的特定反应使徐某胁迫手段的实施失去必要"，就不能认定徐某已经实施了胁迫行为。此外，尾随他人的行为，无论如何也不是抢劫行为。徐某事后殴打了被害人，不可能成为其强取财物的原因。反过来，只要从客观到主观认定犯罪，就不可能认定徐某抢劫既遂，也不能认定徐某抢劫未遂，充其量只能认定徐某抢劫预备。对于取得财物的行为，充其量只能认定为盗窃罪。

---

[1] 《关于〈本案应如何定性〉一文讨论的读者与专家意见》，《人民法院报》2009 年 8 月 5 日，第 6 版。

[2] 《关于〈本案应如何定性〉一文讨论的读者与专家意见》，《人民法院报》2009 年 8 月 5 日，第 6 版。

　　之所以如此，一个很重要的原因是，我国传统的刑法理论没有正确处理客观要素与主观要素的关系。这主要表现为两个方面：其一，由于传统刑法理论认为犯罪的本质特征是社会危害性，而社会危害性是主客观相统一的，所有的要素都是说明行为的社会危害性，所以，各种要素都具有等价关系，即各个要素处于平面关系：行为要么符合全部构成要件，因而成立犯罪；要么一个要件也不符合，根本不成立犯罪。因此，要件的排列顺序似乎也并不重要，从客观到主观者有之，从主观到客观者有之，主客观要素混杂者有之，这便没有防止人们首先判断主观要素符合性。事实上也是如此。在许多情况下，人们是先考虑主观要素后考虑客观要素的，甚至在主客观相统一的大旗下，行主观归罪之实。其二，由于社会危害性是主客观相统一的，各种要素都是说明社会危害性的，所以，客观要素与主观要素是一种相加关系。换言之，客观要素与主观要素相加所表明的社会危害性达到一定严重程度就成立犯罪。于是，主观要素特别严重时，即使客观要素并不具备，也可能因为相加起来达到了一定严重程度，进而以犯罪论处。

　　或许有人认为，即便将主观要素排列在前，也可以通过后期严格把握客观要素的判断，避免处罚没有社会危害性的行为。或者说，问题不是出在要素排列的顺序，而是出在对客观要素的解释上。问题是，在已经得出行为人具备故意或过失结论的基础上，尤其是已知行为人具备重罪的故意以后，司法工作人员很难抗拒定罪的诱惑。相反，只有撇开主观心态、先判断客观要素，才能更清晰地得出行为是否值得处罚的结论，至少会给打算主观归罪的司法工作人员造成更多的不安感。在这个意义上，犯罪构成要素的判断顺序并不是没有实际意义的。

　　构成要件符合性、违法性与有责性这一阶层型（或阶梯型甚至立体型）体系，对行为是否成立犯罪的判断，是由形式（外部）到实质（内部）、由抽象（一般）到具体（个别）、由定型到非定型、由客观到主观的逐层递进判断。构成要件符合性是形式的判断（如前所述，构成要件并不只是形式，相反具有实质内容——参见本书第二章）、一般的判断、定型的判断；违法性是实质的判断、具体的判断、非定型的判断、客观的判断；有责性是个别的判断、内部的判断、主观的判断。根据阶层的体系，判断顺序绝对不可颠倒。在阶层的体系中，不可能先考虑故意、过失，后判断行为性质。一方面，行为性质不是由故意、过失决定，而是由行为本身决定。近距离向被害人胸部开枪的行为，无论如何都会被认定为杀人行为；用手掌拍大腿的行为，无论如何都不可能成为杀人行为。另一方面，主观要素是为了解决主观归责的问题，即在客观地决定了行为性质及其结果后，判断能否基于行为及结果非难行为人，这便是故意、过失等主观要素所要解决的问题。所以，阶层的体系不可能容忍由主观到客观认定犯罪的做法。

阶层的体系使违法性与有责性处于不同层面，大体形成了"违法是客观的、责任是主观的"定式（虽然并不绝对），这种以往似乎不可能被我国刑法理论接受的观点，实际上有许多优点。根据法益侵害说，11 周岁的人杀了人，也是没有合法根据地剥夺了他人的生命，他人的生命不会因为行为人只有 11 周岁而不受刑法保护，所以，应当肯定 11 周岁的人没有合法根据的杀人行为，也具有违法性（法益侵害性）。之所以不追究其刑事责任，是因为其缺乏有责性。我国平面的犯罪构成体系，使犯罪构成符合性与违法性几乎等同起来，即凡是符合犯罪构成的行为，就具有刑事违法性；反之，则不具有刑事违法性。由于犯罪构成是主客观统一的，所以，刑事违法性也是主客观统一的。于是，11 周岁的人杀人也并不违反刑法。可是人们也不可能得出"11 周岁的人杀人具有合法性"的结论；同样，认为刑法放任 11 周岁的人杀人，也是不成立的。就具体层面而言，面临对 11 周岁的人或者精神病人的杀人、抢劫等行为能否进行正当防卫的问题时，无论如何都难以得出自圆其说的结论。

主客观相统一的表述强调综合的思考、整体的思考，其基本特点是，认定犯罪时不分先后，不考虑各种因素的实质意义与作用，使主观与客观互为补充，尤其是以主观补充客观；只要行为的"社会危害性"在"总体上"或者"整体上"达到了应受刑罚处罚的程度，就以犯罪论处。事实上，这种做法也违背了传统犯罪构成理论所提出的主客观相统一原则，虽然声称主客观要素必须兼备才能成立犯罪，但实际上只要具备其一，就能基于"互相补充"的说法成立犯罪。诚然，不可否认的是，犯罪原本就是一个整体，但整体性地认定犯罪必然导致恣意性，所以需要建立防止认定犯罪的恣意性的犯罪论体系。"可以确保法的安定性，做到认定容易，且排除恣意性的犯罪论体系应如何构成呢？首先，必须有某种程度分析的思考。'直观地判断是否犯罪（整体的考察法）'是危险的。"① 将犯罪分为违法与责任进行判断，既符合犯罪的实体，也有利于防止认定犯罪的恣意性。

首先，判断案件事实是否成立犯罪，必须先从客观上判断行为是否正当，亦即是否被刑法所禁止，其实质是行为是否侵害了法益。如果行为没有侵害法益，或者在侵害一种法益的同时保护了更为优越或者同等的法益，就意味着行为是正当的，不需要考察行为人是否具有非难可能性。例如，当 A 的行为根本不可能导致人死亡时，就不需要判断 A 主观上有无所谓"杀人故意"。再如，甲的行为虽然导致乙的胳膊受伤，但正因为乙的胳膊受伤，才避免了乙杀害丙的结果。此时，由于甲的行为所保护的法益优越于其造成的损害，因而没有侵害法益，其行

---

① ［日］前田雅英：《刑法总论讲义》（第 7 版），东京大学出版会 2019 年版，第 29 页。

为在刑法上具有正当性，所以不需要判断甲主观上有无所谓"伤害故意"。只有行为客观上侵害了法益，不具有正当性时，才需要进一步考察能否将违法事实归责于行为人，亦即判断行为人是否具有非难可能性。所以，一方面，客观要素的判断必须先于主观要素的判断；另一方面，对其中任何一方的判断都不能替代对另一方的判断。

例如，《刑法》第232条规定的故意杀人罪，其客观要素为"杀人"。某种行为是不是杀人行为，不能仅根据行为人是否陈述其具有杀人意图来判断，而应根据客观事实进行判断。杀人是非法剥夺他人生命的行为，也可以说是致人死亡的行为，所以，行为是否具有导致他人死亡的现实危险性，是判断行为是否属于"杀人"的客观标准。对于客观上不可能致人死亡的行为，无论如何也不应将其认定为杀人行为。例如，本想将砒霜投入他人食物内，但由于认识错误而将食盐投入他人食物内。然而，使人食用食盐的行为无论如何也不能造成他人死亡的结果，因此，该行为并不属于分则所规定的杀人行为，因而不需要考察行为人是否具有"杀人故意"。概言之，该行为不成立故意杀人未遂。人们认为该行为成立杀人未遂，是因为仅考虑了行为人的主观心理状态——行为人确实想杀人。但行为人在"想杀人"的心理支配下实施的行为，并不一定是杀人行为。例如，希望他人死亡而求神拜佛的，不可能成立故意杀人罪。之所以如此，不是因为该行为人愚昧无知（愚昧无知不是无罪的理由），而是因为该行为不可能发生致人死亡的结果。同样，在面对行为人将食盐投入他人食物内的"案件"时，首先要判断该行为是否具有侵害法益的危险。判断结论显然是没有侵害法益的危险，既然如此，就不需要判断行为人是否有责。

杀人罪与伤害罪的区别，也是如此。流行的说法是，"杀人罪与伤害罪的关键区别在于故意内容不同"。这一说法隐含的观点是，即使客观上不可能导致他人死亡，只能导致伤害，但只要行为人具有杀人故意，也要认定为故意杀人罪。这显然难以令人信服。其实，杀人罪与伤害罪的区别首先在于客观行为不同：杀人罪的行为是具有导致他人死亡的紧迫危险的行为，而伤害行为则是具有导致他人身体受到伤害的紧迫危险的行为。当客观行为不属于类型性的足以致人死亡的行为时，即使行为人自己承认想杀人，也不得认定为故意杀人罪。例如，行为人使用木棒殴打他人大腿，造成他人骨折。即使行为人供述想杀害被害人，也只能认定为故意伤害罪。此外，故意杀人致人死亡、故意伤害致死与过失致人死亡，在客观上都是"杀人"。在故意伤害致死的场合，认为其客观行为不是杀人只是伤害的观点，是不成立的。既然被害人已经死亡，就足以表明客观行为是杀人。任何人都不能否认致人死亡的行为是一种"杀人"行为。之所以出现定罪上的区别，只是因为责任不同。例如，在发生了被害人死亡的结果，并已经得出行为人的客观行为导致了死亡的结论的场合，首先要肯定该客观行为是杀人行为。接下来要判断的是行为人是否认识到自己的客观行为会发生他人死亡的结果，并且希望或者放任这种结果发生，如果得出肯定结论，就认定为故意杀人罪，不再进行其他判断。如果得出否定结论，就判断行为人是否认识到自己的客观行为会发生伤害他人身体的结果，希望或者放任伤害结果的发生，并对死亡结果具有过失，如果得出肯定结论，就认定为故意伤害（致死）罪。如果得出否定结论，就判断行为人对死亡结果是否具有过失，如果得出肯定结论，就认定为过失致人死亡罪。如果得出否定结论，就只能认定为意外事件。

又如，甲欺骗乙说："我已经绑架了丙的儿子丁，你向丙打电话，让他交付10万元赎金，否则将他儿子丁杀掉。"乙信以为真，便向丙打电话。绑架罪是持续犯，如果甲确实绑架了丁，乙向丙打勒索电话，则乙可能构成承继的共犯。但甲并没有绑架丁，乙却具有中途参与绑架的故意，但不能认为乙依然构成绑架罪的未遂。甲只具有敲诈勒索的故意，乙虽然具有绑架的故意，但由于客观上不存在任何绑架事实，没有任何人的人身自由与安全受到侵害或威胁，不可能认定为绑架罪。解释者不可认为，由于乙具有绑架的故意，所以，其勒索财物的行为便具有绑架的性质。因为绑架罪是侵犯人身自由与安全的犯罪，在没有任何人的人身自由与安全受到侵犯的情况下，不可能存在绑架行为。由此看来，所谓主观故意决定行为性质的观点，并不是放之四海而皆准的真理。

再如，如果行为人客观上与已满14周岁的少女性交，并征求其同意，即使行为人误以为对方不满14周岁，也不可能成立强奸罪。因为其客观行为并不具备《刑法》第236条规定的客观要素（从普通强奸的角度来说，不具备暴力、胁迫与其他强制手段的要素；从奸淫幼女的角度来说，不具备特定的对象要素）。

其次，"犯罪并不是像水在化学上由氢气与氧气组成一样意义的由几个要素组成"①。客观要素所要解决的问题是，行为是否被刑法所禁止，从实质上说，行为是否造成了法益侵害及其危险；主观要素所要解决的问题是，能否基于某种违法事实非难行为人，能基于何种范围的违法事实非难行为人。所以，一方面，行为虽然符合客观构成要件，具有违法性，但只要行为人对违法行为没有非难可能性，其行为就不构成犯罪；另一方面，即便行为人具有非难可能性，也不意味着其对全部违法行为及其所有结果均承担责任，只是对其中有责任的违法行为及其结果承担责任。所以，表明违法性的客观要素与表明责任的主观要素不是相加关系，而是阶层关系或者限制关系。

例如，甲杀害他人的客观行为及其结果，表明其行为是违法的，但倘若甲没

---

① ［日］平野龙一：《刑法总论Ⅰ》，有斐阁1972年版，第87页。

有故意与过失，则不能将杀人的行为及其结果归责于他，因而不能追究其责任。基于同样的理由，行为人奸淫幼女时，其犯罪的成立要求行为人认识到对方为幼女。如果行为人有合理根据确信对方不是幼女，并且在双方自愿的前提下发生性交，那么，其行为便不成立强奸罪。

再如，所谓盗窃，是指违反他人意志，将他人占有的财物转移给自己或者第三者占有的行为。如果是自己占有的财物或者没有人占有的财物，即使是他人所有的财物，也不可能成为盗窃罪的对象。同样，诈骗罪、抢劫罪、抢夺罪、敲诈勒索罪的对象都必须是他人占有的财物，而不可能是自己占有的他人财物。因此，即使行为人客观上将他人占有的财物转移给自己占有，但如果行为人误以为该财物是自己占有的财物，就不能以盗窃罪论处。

又如，乙将他人的自行车盗走，但不知道龙头把手内藏有两根金条。乙的客观违法行为虽然导致被害人的自行车与金条的损失，但由于乙没有认识到金条的存在，不能令其对金条承担责任。

事实上，许多构成犯罪的行为，在主客观方面并不是完全统一的，当然也不能要求做到主客观相统一。如前所述，在目的犯中，目的是主观内容，而不是客观内容，但是，目的只要存在于行为人的内心即可，是主观的超过要素，不要求有与之相对应的客观事实。所以，在目的犯中，主观与客观并不完全统一。再如，未遂犯也没有实现主客观统一。因为即使是在未遂犯中，行为人所希望或者放任的结果也并没有发生。换言之，客观上并没有发生与行为人的故意的意志因素相对应的客观事实。所以，用主客观相统一解释未遂犯，也是存在疑问的。此外，刑法分则条文还存在有关客观的处罚条件与客观的超过要素的规定，在这类犯罪中，主客观也是不统一的，也不可能要求主客观相统一。所以，与其主张主客观相统一，不如牢记责任是对违法的责任，不存在没有违法的责任，并切实做到从违法到责任认定犯罪。

总之，对构成要件的解释，首先要区分表明违法性的客观要素与表明有责性的主观要素；认定犯罪时，必须首先判断客观要素符合性，亦即判断行为是否违反刑法；在行为违反了刑法的基础上，进一步判断行为人是否具备表明有责性的主观要素；客观要素与主观要素不是相加关系，而是阶层关系或者限制关系。

第八章 主观的超过要素与客观的超过要素

一、主观要素与客观要素的对应限度

不管是从刑法规定的角度来看，还是从现实犯罪的角度来看，主观要素与客观要素都不是完全对应的。

事实上，有的主观要素没有现实化时，并不影响犯罪的成立，只是影响犯罪的量刑。例如，直接故意是认识因素与意志因素的统一，当意志因素没有实现时（如希望发生的死亡结果没有发生），可能成立未遂犯。从刑法规范上看，有些主观要素并不需要外在化、现实化（不需要客观上实现主观要素的内容），最为典型的就是主观的超过要素。如目的犯中的目的，属于主观要素，但并不需要客观上实现其目的。行为人以牟利或者传播为目的走私淫秽物品时，只要具有走私淫秽物品的故意，客观上实施了走私淫秽物品的行为，即使客观上没有实现牟利或传播的目的，甚至因为被罚款等而导致亏损，也不影响走私淫秽物品罪的成立。这种不要求存在与之相对应的客观事实的主观要素，称为主观的超过要素。

未遂犯中的意志因素也可谓主观的超过要素。因为杀人未遂时，行为人虽然对死亡结果具有希望或者放任的态度，但死亡结果并没有发生，所以，故意的意志因素便成了超出客观要素范围的要素，因而也被一些学者称为主观的超过要素。[①] 但是，即使将未遂犯中的故意的意志因素视为主观的超过要素，它也与目的犯中的目的这一主观的超过要素具有明显区别。前者仍然是故意的构成因素，后者则是故意内容之外的因素。此外，如后所述，短缩的二行为犯也存在未遂犯。例如，以勒索财物为目的着手实施绑架行为，但由于意志以外的原因未能将他人置于行为人或第三者实力支配下。在这种情况下，既存在绑架罪故意的意志因素，也具有故意内容之外的目的。所以，不能因为故意的意志因素没有实现，就将该意志因素视为目的犯的目的。否则，就会导致未遂犯的主观方面都是由故意的认识因素与目的组成，这明显不合适。

反过来说，部分故意犯罪的成立，也不要求行为人完全认识到所有的客观要素。换言之，有些客观要素并不需要行为人认识。在德国、日本刑法理论体系中，哪些属于故意必须认识的客观构成要件要素，哪些不属于故意必须认识的客观处罚条件，是比较清楚明了的。但在我国传统的四要件理论体系中，由于犯罪

---

① 参见［日］平野龙一：《刑法总论Ⅱ》，有斐阁 1975 年版，第 124 页；［日］山口厚：《刑法总论》（第 3 版），有斐阁 2016 年版，第 98~99 页。

构成是成立犯罪的唯一法律依据，成立犯罪所必需的一切要素都被纳入犯罪构成。于是，相当于德国、日本刑法中的客观处罚条件的要素，在我国也成为犯罪构成要件的客观要素。这便增加了解决问题的难度。下面先联系"数额较大"与"多次盗窃"略作说明。

根据《刑法》第 264 条的规定，盗窃罪客观方面表现为多种情形，其中有两种情形与本章内容相关：一是盗窃公私财物数额较大，二是多次盗窃。前者不要求多次盗窃，后者不要求数额较大。于是，存在这样的问题：是否要求行为人认识到所盗窃的财物数额较大？是否要求行为人认识到自己已是多次盗窃？

例如，甲流窜外地时，盗走准备外出打工的乙的一床破棉絮。甲因不知道也未发现棉絮中藏有 3 000 元现金，便将棉絮以 5 元钱卖给当地农民丙。乙报案后，公安机关抓获甲，并从丙处追回棉絮，因丙也没有发现棉絮中的现金，故将棉絮内的现金如数追回。甲的行为是否构成盗窃罪？我们还可以假设，如果棉絮内有 3 万元现金，而且未能追回，甲的行为是否构成盗窃罪？按理说，对于上述真实的案件与假设的情形，应当得出相同的结论，即如果真实案件中的甲不构成盗窃罪，假设情形中的甲也不成立盗窃罪，反之亦然。"天价"葡萄案也提出了相同问题。北京农林科学院林业果树研究所投资 40 万元，历经 10 年培育研制葡萄新品种，一共种植 110 株，每株分别编号跟踪研究，品名暂定 P-6-2，特点是个大皮薄汁甜无籽，9 月份为果实成熟期，对该品种的鉴定、验收定在 2003 年 9 月。但 4 名男子于 2003 年 8 月 6 日晚翻墙进入该研究所内，偷摘了其中 20 株果实，导致整个研究链断裂。4 名男子没有认识到该葡萄的"价值"，其行为成立盗窃罪吗？这个问题在其他国家完全不成问题。因为其他国家的司法实践中虽然并不处罚盗窃价值微薄的财物的行为，但由于刑法并不要求盗窃"数额较大"，所以，尽管只有盗窃价值较小财物的故意，但客观上盗窃了数额较大的财物时，无疑成立盗窃罪。至于是否要按照财物的客观价值量刑，在量刑中如何对待行为人的错误认识，则是另一码事。

我国刑法要求盗窃"数额较大"，"数额较大"又属于客观要素。而且，在我国的法律体系中，盗窃数额是否较大，是决定盗窃行为是否具有值得科处刑罚程度的违法性的重要因素。而盗窃罪为故意犯罪，必须认识到客观要素；责任是对自己所实施的违法行为的责任。如果盗窃者没有认识到影响违法性程度的重要客观要素，就不能令其对该违法事实承担责任。所以，成立盗窃罪，要求行为人认识到自己会盗窃"数额较大"的财物。因此，上述甲的行为、假设情形中的甲的行为，以及"天价"葡萄案中的 4 名男子的行为并不成立盗窃罪。

与数额较大相比，多次盗窃更是存在疑问。根据 2013 年 4 月 2 日发布的《最高人民法院、最高人民检察院关于办理盗窃刑事案件适用法律若干问题的解释》第 3 条的规定，"两年内盗窃三次以上的，应当认定为'多次盗窃'"。例如，A 与 B 各自已经实施了两次盗窃行为，后来在两年内又都分别实施了一次盗窃行为。如果说"多次"盗窃是构成要件的客观要素，行为人必须认识到"多次"这一要素，那么，就必然出现以下局面：倘若 A 记得自己曾经实施了两次盗窃行为，进而认识到自己已经是两年内第三次在实施盗窃行为，那么，他便具备相应的主观要素，因此成立盗窃罪；倘若 B 不记得（忘记）自己已经实施过两次盗窃行为，进而误认为自己是第一次或第二次实施盗窃行为，那么，他便不具备相应的主观要素，所以不成立盗窃罪。大概没有人会赞成这一结论。因为这一结论意味着记忆力的强弱可以直接决定是否成立犯罪：记忆力强的，可能构成犯罪；记忆力弱的，可能不成立犯罪。如果要得出 A、B 都成立盗窃罪的结论，那么，就只能认为，虽然要求行为人具有"盗窃"的故意，要求行为人在每次盗窃时都认识到自己在实施盗窃行为，但不要求行为人认识到"多次"盗窃。由此看来，并不是任何客观要素都是故意的认识内容，换言之，不得不承认客观的超过要素。

二、主观的超过要素

众所周知，在三阶层体系中，构成要件符合性所要求的是行为必须符合刑法所规定的犯罪轮廓或者框架；违法性所要求的是行为必须违反刑法，根据结果无价值论的观点，违法的实质是对法益的侵害与威胁①；有责性所要求的是行为人必须对违法事实具有非难可能性。起初由贝林倡导的构成要件理论认为，构成要件只包含客观的、记述的要素，而不包括主观的、规范的要素（行为构成要件论），而且构成要件与违法性没有直接联系。但后来的不少学者认为，有些行为如果离开了行为人的主观要素，便不能判断其是否符合构成要件；再者，刑法分则有不少条文明文规定了主观要素。于是，德国刑法学者黑格勒（August Hegler）提出，目的犯中的目的虽然只要存在于行为人的内心即可，但它不是责任要素，而是构成要件要素与违法要素。例如，根据德国刑法的规定，伪造货币罪必须出于"行使的目的"，因此，如果行为人不是出于行使的目的伪造货币的，其行为便不符合伪造货币罪的构成要件，不具有违法性。麦茨格（Mezger）进一步认为，除了目的犯以外，倾向犯中的行为人的内心倾向、表现犯中的行为人的心理过程或状态，都是构成要件要素，也是违法要素。②

可以肯定的是，在既遂的故意犯中，故意的内容与构成要件客观要素的内容

---

① 由于构成要件是违法类型，所以，违法性阶层讨论的是违法阻却事由，而不是积极判断行为是否具有违法性。

② 以上参见［日］大塚仁：《刑法概说（总论）》（第 4 版），有斐阁 2008 年版，第 134～135 页。

是一致的（客观超过要素除外），换言之，构成要件的客观要素（或者说客观的构成要件）规制着故意的内容。如就故意杀人既遂而言，其客观要素是杀人行为致人死亡，与此相对应，故意内容是认识到自己的行为会致人死亡，并且希望或者放任这种死亡结果发生。但是，目的犯中的目的、倾向犯中的内心倾向、表现犯中的内心经过（心理过程），则不要求存在与之相对应的客观事实，只要存在于行为人的内心即可。例如，德国、日本刑法规定的伪造货币罪都要求行为人主观上"以行使为目的"，但客观上又不要求行为人已经行使了所伪造的货币，因此，"以行使为目的"就是超过构成要件客观要素范围的主观要素，德国学者黑格勒将它称为超过的内心倾向（überschiessende Innentendenz）①，也称为主观的超过要素。除了目的犯以外，德国、日本刑法理论中还存在倾向犯与表现犯两个概念，倾向犯中的内心倾向、表现犯中的内心经过等内心态度，也是主观的超过要素。

此外，我国刑法理论普遍使用犯罪动机的概念，刑法分则事实上也规定了动机犯。动机犯也是一种主观的超过要素。

（一）目的犯

1. 目的犯概说

刑法上的目的犯（Absichtsdelikte），是指以特定目的作为主观要素的犯罪。例如，《刑法》第363条规定的制作、复制、出版、贩卖、传播淫秽物品牟利罪，必须"以牟利为目的"，因而属于目的犯。其中的特定目的，不是指直接故意的意志因素，而是故意的认识因素与意志因素之外的，对某种结果、利益、状态、行为等的内在意向；它是比直接故意的意志因素更为复杂、深远的心理态度；其内容也不一定是观念上的危害结果。②

---

① 少数学者认为，称为超过的内心倾向，是因为它超出了故意的认识范围（参见［日］大谷实：《刑法讲义总论》（新版第4版），成文堂2012年版，第118页）。实际上，由于故意的认识内容是构成要件的客观要素，故超出了故意的认识范围的内容，也就是超出了构成要件客观要素范围的内容。

② 刑法分则所规定的各种"目的"是否含义相同，以及目的犯与意图犯是否等同含义，都是需要研究的问题。本书暂且在等同意义上使用这些概念。在德国，由于刑法总则没有规定故意的含义，刑法学者通常根据刑法分则的描述概括故意的种类。一般认为，故意分为意图（Absicht）、直接故意（Direkter Vorsatz；dolus directus）与间接故意（bedingter Vorsatz；dolus eventualis），其中的意图主要强调的是意志因素，即行为人努力促使结果发生；直接故意主要强调认识要素，即行为人确信结果会发生；间接故意也主要强调认识因素，即行为人认为结果可能发生（但对意志因素存在争议）（K. Kühl, Strafrecht Allgemeiner Teil, 3. Aufl., Verlag Vahlen, 2000, S. 90ff）。于是，目的犯的目的（Absicht，也可译为意图）与故意是什么关系，就成为因不明确而有争议的问题。我国刑法总则明文规定了故意的含义与种类，因此，容易理顺目的与故意的关系。虽然在一般意义上说，直接故意的意志因素也是一种目的，但它明显区别于目的犯中的目的；目的犯的目的是故意内容之外的一种主观要素，而不是故意的一种形式。

　　从目的与行为的关系考察，目的犯的目的表现为两种情形：一种是只要实施符合构成要件的行为就可以（但非必然）实现的目的。如《刑法》第303条第1款规定："以营利为目的，聚众赌博或者以赌博为业的，处三年以下有期徒刑、拘役或者管制，并处罚金。"只要行为人实施了赌博行为，就可能实现营利目的。另一种是实施符合构成要件的行为后，还需要行为人或第三者实施其他行为才能实现的目的。如走私淫秽物品罪，实施了符合构成要件的走私淫秽物品的行为，还不能直接实现牟利或者传播的目的，只有在走私行为完成之后实施其他相关行为，才能实现牟利或者传播目的。德国刑法理论称前者为断绝的结果犯、后者为短缩的二行为犯或者不完全的二行为犯①；日本有学者称前者为直接目的犯、后者为间接目的犯。②

　　短缩的二行为犯的基本特点是，"完整"的犯罪行为原本由两个行为组成，但刑法规定，只要行为人以实施第二个行为为目的实施了第一个行为（即短缩的二行为犯的实行行为）③，就以犯罪（既遂）论处，而不要求行为人客观上实施第二个行为；与此同时，如果行为人不以实施第二个行为为目的，即使客观上实施了第一个行为，也不成立犯罪（或者仅成立其他犯罪）。在此意义上说，短缩的二行为犯实际上是将二行为犯或复行为犯缩短为一行为犯或单行为犯。④ 也可以说，短缩的二行为犯，是刑法将并未完成的二行为犯，作为追求第二个行为的目的犯予以规定的，因而也可以称为以第二个行为（后行为）为目的的犯罪。如上述走私淫秽物品罪，由于单纯的走私淫秽物品的行为不能实现牟利与传播目的，所以，只有在实施了走私淫秽物品的行为后，进一步实施第二个行为（即贩卖、传播等行为），才能实现牟利或者传播目的。但刑法不要求行为人或第三者实施贩卖、传播等行为，只要行为人出于牟利、传播目的实施了走私淫秽物品行为，即成立走私淫秽物品罪。此外，如果行为人不具有牟利、传播目的，即使客观上走私了淫秽物品，主观上具有走私淫秽物品的故意，也不成立走私淫秽物品罪。

　　虽然可以将目的犯分为断绝的结果犯与短缩的二行为犯，但完全可能出现以下情形，即同一目的犯中既包括断绝的结果犯，也含有短缩的二行为犯。换言之，由于一个犯罪可能包含多种行为，同一目的相对于此行为而言，属于断绝的

---

① Vgl. Claus Roxin, Strafrecht Allgenmeiner Teil, Band I, 4. Aufl., C. H. Beck, 2006, S. 318; H. Jescheck/T. Weigend, Lehrbuch des Strafrechts: Allgemeiner Teil, 5. Aufl., Duncker & Humblot, 1996, S. 319.

② 参见［日］大塚仁：《刑法概说（总论）》（第4版），有斐阁2008年版，第135页。

③ 本文以下所称"第一个行为"均指短缩的二行为犯的实行行为。"第二个行为"则是指短缩的二行为犯的目的内容，而非短缩的二行为犯的构成要件的实行行为。

④ 这里的一（单）行为犯，同与结果犯相对应的行为犯不是等同含义。

结果犯；相对于彼行为而言，成为短缩的二行为犯。例如，《刑法》第 240 条第 2 款规定，"拐卖妇女、儿童是指以出卖为目的，有拐骗、绑架、收买、贩卖、接送、中转妇女、儿童的行为之一的"行为。显然，拐卖妇女、儿童中的贩卖行为，是断绝的结果犯；而拐骗、绑架、收买等行为则属于短缩的二行为犯。

如前所述，断绝的结果犯（直接目的犯）中的目的与短缩的二行为犯（间接目的犯）中的目的，均只要存在于行为人的内心即可，不要求有与之相对应的客观事实。一般来说，"在直接目的犯中，要求行为人将目的的内容作为确定的东西加以认识；与此相反，在间接目的犯中，一般只要有未必的认识就够了"①。换言之，在短缩的二行为犯的场合，不需要目的是确定的，只要知道或许有谁实施实现目的的行为就够了。② 例如，如果认为伪造货币罪必须出于行使的目的，那么，不需要行使伪造的货币的目的是确定的，只要行为人知道或许有谁行使伪造的货币这种未必的意思即可。③ 再如，违规制造枪支罪，行为人以非法销售为目的，制造无号、重号、假号的枪支时，不要求具有确定的非法销售目的，只要知道可能有谁非法销售所制造的无号、重号、假号的枪支这种未必的意思即可。

目的犯中的目的，不以正犯本人实现为限；为了他人实现目的时，也不妨碍目的犯的成立。易言之，实现目的的人既可以是正犯本人，也可以是第三者。例如，为了使第三者占有而窃取他人财物的，也成立盗窃罪。再如，行为人走私淫秽物品时，不问走私者是意图亲自传播淫秽物品，还是意图以他人为媒介或者由他人传播淫秽物品，都不影响走私淫秽物品罪的成立。不仅如此，即使行为人事前没有与他人通谋，只是打算在走私后交由他人传播，也不影响该罪的成立。

目的犯可以分为明文的目的犯与不成文的目的犯。前者是指刑法分则条文明文将目的规定为主观要素的犯罪。分则条文最典型的表述是"以……为目的"，如《刑法》第 126 条第 1、2 项、第 152 条、第 239 条前段（以勒索财物为目的绑架他人的，以下所称绑架罪一般限于这一情形）、第 240 条等。此外还有"为……"与"意图……"的表述方式，如《刑法》第 269 条。④ 不成文的目的

---

① ［日］大塚仁：《刑法概说（总论）》（第 4 版），有斐阁 2008 年版，第 135 页。

② Vgl., Wessels/Beulke, Strafrecht Allgemeiner Teil, 30. Aufl., C. F. Müller, 1996, S. 72.

③ 参见［日］大塚仁：《刑法概说（各论）》（第 3 版增补版），有斐阁 2005 年版，第 414 页。

④ 一般来说，"意图……"也可谓对目的犯的表述方式，诬告陷害罪与伪证罪也是目的犯。但是，短缩的二行为犯的目的，必须是由行为人或第三者实施第二个行为才能实现的目的。因此，如果认为这里的第三者应是大体上或观念上属于行为人一方的第三者，而不包括查处犯罪的司法机关，那么，由于行为人实施诬告陷害罪与伪证罪的目的，需要司法机关的行为才能实现，而不是由行为人或属于行为人一方的第三者的第二个行为实现，便不能归入短缩的二行为犯。反之，如若认为这里的第三者没有任何限制，包括查处犯罪的司法机关，则诬告陷害罪与伪证罪仍然属于目的犯。显然，倘若维持目的犯的分类，就宜采取后一种观点。

犯，是指刑法分则条文虽然没有明文将某种目的规定为主观要素（可谓有意的省略），但根据犯罪的特点、条文对客观要件的表述以及条文之间的关系，该犯罪的成立必须以实施第二个行为为目的的情况。例如，《刑法》第177条规定的伪造、变造金融票证罪，虽然刑法并没有将本罪规定为目的犯，但将使用或者行使的目的作为本罪的主观要素，是比较合适的。当然有的犯罪存在争议。如伪造货币罪，德国、日本等诸多国家的刑法都明文规定必须"以行使为目的"，但我国刑法没有明文规定。如果认为我国刑法中的伪造货币罪也应"以行使为目的"，那么，伪造货币罪则属于目的犯。

需要说明的是，分则有的法条虽然明文表述了某种目的，但该目的并不是主观的超过要素，而是对应需要现实化的构成要件要素的主观内容。例如，《刑法》第175条第1款前段规定，"以转贷牟利为目的，套取金融机构信贷资金高利转贷他人，违法所得数额较大的，处三年以下有期徒刑或者拘役，并处违法所得一倍以上五倍以下罚金"。虽然可以认为高利转贷是目的犯，但本罪中的目的难以称为主观的超过要素。因为主观的超过要素不需要客观化，但《刑法》第175条将"违法所得数额较大"作为客观构成要件内容，而这一内容是与牟利目的相对应的。也就是说，只有当行为人不仅具有牟利目的，而是实现了该目的时，才成立高利转贷罪。

目的究竟是违法要素还是责任要素，是国外刑法理论存在争议的问题，本书难以展开讨论。但可以肯定的是，目的犯中的目的具有两个方面的机能：一是区分罪与非罪的机能。例如，没有非法占有目的的一般盗用行为，不可能成立盗窃罪。二是区分此罪与彼罪的机能，倘若不以勒索财物或者满足其他不法要求为目的，将他人置于自己或者第三者实力支配下的行为，就不构成绑架罪，只成立非法拘禁罪。再如，拐骗儿童的行为，如果不具有出卖目的，就不成立拐卖儿童罪，只成立较轻的拐骗儿童罪。因此，如果某种目的不具有上述任何一个方面的机能，就不能将其视为主观要素。在确定不成文的目的犯时，必须牢记这一点。因为将不具有上述机能之一的要素列入主观要素，要么导致犯罪的处罚范围不当，要么导致犯罪之间的关系不明。

2. 目的犯的存在范围

我国刑法理论的通说认为，目的犯只能由直接故意构成；易言之，如果刑法将某罪规定为目的犯，那么，该罪就不可能由间接故意构成。但是，这种观点存在疑问。本书认为，目的犯可以由间接故意构成。

从规范层面而言，刑法总则规定的故意犯罪包括直接故意犯罪与间接故意犯罪，因此，只要刑法分则所规定的犯罪为故意犯罪，那么，就既可以由直接故意构成，也可以由间接故意构成。目的犯在刑法分则中都属于故意犯罪，当然也可以由间接故意构成。或许有人认为，当刑法将某种犯罪规定为目的犯时，就已经表明该罪为直接故意犯罪。本书认为，这种观点缺乏合理根据，理由如下：其一，一方面，在一个国家，旧刑法可能将某种犯罪规定为目的犯，而现行刑法却取消目的犯的规定，或者相反；另一方面，就同一犯罪而言，有的国家刑法规定为目的犯，有的国家刑法没有规定为目的犯。但在上述场合，故意的内容与形式相同，换言之，不可能因为刑法将其规定为目的犯，就使间接故意犯罪排除在外。其二，刑法将某种犯罪规定为目的犯时，只是将不具有特定目的的行为排除在犯罪之外，而不是将间接故意行为排除在犯罪之外。这是因为，在我国刑法中，直接故意与间接故意的非难可能性是同一等级的，因而是同一种责任形式，刑法分则没有理由将某种犯罪限定为直接故意；即使刑法分则意欲将间接故意排除在犯罪之外，也不会通过规定目的犯的方式来实现其意旨，因为目的与故意的机能并不完全等同。所以，当刑法将某种犯罪规定为目的犯时，只要行为人在具有故意（不管是直接故意还是间接故意）的前提下，另具有特定目的即可，而不表明只能由直接故意构成。例如，立法者通过牟利或者传播目的限制走私淫秽物品罪的处罚范围，因此，即使行为人具有直接故意，但如果缺乏牟利或者传播目的，也不成立走私淫秽物品罪；反之，即使行为人具有间接故意，但如果具有牟利或者传播目的，也应当以走私淫秽物品罪论处。

从心理事实来说，当行为人所放任的结果与行为人所追求的目的不具有同一性时，即二者分别为不同的内容时，完全可能并不矛盾地存在于行为人的主观心理中。短缩的二行为犯的重要特点在于：第一个行为的结果与行为人实施第二行为的目的并不相同，因此，对第一个行为的结果的放任与对第二个行为的目的完全可以并存。刑法理论公认，间接故意犯罪的发生情形之一是，行为人为了实现另一犯罪目的，而放任此种犯罪结果的发生。[1] 之所以如此，是因为行为人的目的与其所放任的结果并非同一。这便可以佐证本书的观点，即当目的犯的目的与其结果并不同一时，行为人完全可能在具有结果以外的特定目的的同时，对结果本身持放任态度。例如，就违规制造枪支罪而言，行为人在具有非法销售目的的同时，完全可能对行为危害公共安全的结果持放任态度。将目的犯限定于直接故意犯罪，既可能是因为将目的犯中的目的内容狭窄地限定为犯罪结果，也可能是由于自觉或者不自觉地将目的犯的目的与直接故意的意志因素相混同。即使在断绝的结果犯中，行为的法益侵害结果与其目的也不是同一的，因而行为人完全可能在具有某种目的的同时，对法益侵害结果持放任态度。

---

[1]　参见高铭暄、马克昌主编：《刑法学》（第十版），北京大学出版社、高等教育出版社 2022 年版，第 106 页。

从具体案件来看，也不乏行为人具有某种目的却对危害结果持间接故意的情形。例如，甲对乙说："你借给我 16 万元买六合彩，我给你 4% 的返点。"甲的想法是，如果中奖了就向乙归还借款，如果没有中奖就逃匿。乙借给甲 16 万元后，甲将 16 万元用于购买六合彩，但没有中奖，于是逃匿。甲对乙的财产损失结果显然只是持放任态度，而不是持希望态度。但如果因此而否认甲的行为构成诈骗罪，则明显不当。再如，丘某、李某共谋以"钓码庄"的方式骗取钱财，事先约定"赚了就由庄家给钱，输了就走掉"，通过采取隐瞒身份、虚构经济实力的手段，谎称要购买巨额保险避税，利用保险业务员急于促成业务的心理，让其帮忙引见六合彩庄家王某。后丘某与王某约定，丘某无须投入本金，只需通过电话向王某报码单投注六合彩，待开奖后两人再结算输赢。后丘某五次通过电话向王某报六合彩码单，前四期均中奖，王某在扣除投注金额和抽成的"手续费"后向丘某兑付奖金 223 800 元；第五期未中奖，丘某需向王某支付 11 万元的码单费用，次日丘某等人便将当时的手机联系方式停掉，不再与王某联系。① 同样，丘某等人对王某的财产损失结果也仅持放任态度，但仍然成立诈骗罪。不能因为丘某等人仅有诈骗的间接故意，就否认其具有非法占有目的。因为丘某等人至少对王某的 11 万元财产既具有利用意思，也具有排除意思。不难看出，间接故意与目的犯并不是对立关系。

借鉴国外的学说与实务，也可以得出短缩的二行为犯可以出于间接故意的结论。在国外，"'意图'与'未必的故意'通常可以两立"② 或者"意图并不意味着确定的故意，可以是未必的故意"③ 的观念可谓通说。不仅如此，即使是断绝的结果犯，刑法理论也没有将间接故意排除在外。例如，日本《刑法》第 161条之二第 1 款规定："以使他人的事务处理出现错误为目的，不正当制作该处理事务使用的有关权利、义务或者证明事实的电磁记录的，处五年以下拘禁刑或者五十万元以下罚金。"日本刑法理论认为，只要行为人主观上认识并容认自己制作电磁记录的行为违反了电磁记录制作权人的本来意图，并具有使他人的事务处理出现错误的目的即可。④ 其中的"容认"包含了间接故意。再如，日本《爆炸物取缔罚则》第 2 条规定："以前条目的（即以妨害治安或者危害人的身体、财

---

① 参见易军军：《以欺骗方式零本金投注六合彩的行为认定》，《人民法院报》2018 年 9 月 12 日，第 6 版。

② ［日］内田文昭：《故意与意图·目的》，载阿部纯二、板仓宏等编：《刑法基本讲座》（第 2卷），法学书院 1994 年版，第 166 页。

③ D. Oehler, Neue strafrechtliche Probleme des Absichtsbegriffes, Neue Juristische Wochenschrift, 1996, S. 163ff.

④ 参见［日］大塚仁：《刑法概说（各论）》（第 3 版增补版），有斐阁 2005 年版，第 491 页。

产为目的——引者注），制造、输入、持有或者定购爆炸物或者可能供爆炸物使用的器具的，处三年以上十年以下拘禁刑。"日本最高裁判所1991年2月1日的判决指出："《爆炸物取缔罚则》第1条至第3条所规定的'以危害人的身体为目的'，只要求对危害身体的结果具有未必的认识、容认就够了，不以对上述结果的发生具有确定的认识或者意图为必要。这样的理解是合适的。"① 不难看出，日本《爆炸物取缔罚则》第2条所规定的是短缩的二行为犯，而该判决明文指出，行为人对于结果可以持容认态度（即只要认同、容忍即可），不要求有意图（希望）心态。这一判例承认对目的内容本身就可以是未必的故意。既然如此，当目的内容与结果不一致时，行为人对结果更可能是未必的故意。

将熟悉与必须相混淆，是人们常犯的错误。人们见到目的犯一般出于直接故意时，便习惯于认为目的犯的成立只限于直接故意。这显然混淆了事实与规范，而且使规范处于封闭状态，进而使规范丧失生命力。况且，人们所熟悉的只是部分有限的事实，将规范的涵摄范围限定为解释者所知的有限事实，并不合适。质言之，以解释者自己所掌握或者推测的部分事实为根据，将目的犯限定为直接故意犯罪，并不妥当。

3. 非法占有目的

在我国刑法中，主观的超过要素主要表现为目的犯中的目的，其中，（广义的）财产犯罪中的"以非法占有为目的"是最值得研究的问题。

财产罪主要分为取得罪（如盗窃罪、诈骗罪等）与毁弃罪；在刑法没有明文规定盗窃、诈骗罪等取得罪以非法占有目的为主观要素的国家，刑法理论对于非法占有目的是否是财产罪的主观要素的问题，一直争论不休；在肯定了非法占有目的是财产罪的主观要素的前提下，如何理解非法占有目的的内容，也是各执己见。我国的情形正是如此。本章主要以盗窃罪为例展开讨论。

（1）非法占有目的的必要性

关于盗窃罪的目的，存在两种不同立法例。一种立法例明确规定盗窃罪必须具有非法占有目的。例如，德国《刑法》第242条规定，盗窃罪必须具有"以使自己或者第三者违法地占有的意图"；瑞士《刑法》第139条第1款规定，盗窃罪必须"意图使自己或他人非法获利"。德国、瑞士刑法对其他取得型财产罪也规定了非法占有目的。据此，非法占有目的是财产罪的主观的超过要素。另一种立法例则没有明文规定财产罪必须出于某种特定目的，如日本刑法。这种立法例也不意味着非法占有目的绝对不是财产罪的主观要素，但由于缺乏明确规定，必然引起解释论上的争论。我国刑法分则第五章没有对财产罪规定非法占有目的，

---

① 日本《最高裁判所刑事判例集》第45卷第2号，第1页。

介绍日本刑法理论的争论以及审判实践的做法，对于我国的学术研究与审判实践具有借鉴意义。

非法占有目的必要说认为，成立盗窃等取得罪要求行为人在故意之外另具有非法占有目的。①

一方面，盗窃罪属于取得罪，其主观要素除了盗窃故意外，还要求有非法占有的意思。毁弃罪是单纯导致对财物不能利用的犯罪，取得罪则是获取财物的利用可能性的犯罪。所以，后者的实行行为必须出于利用财物的目的。这个意义上的非法占有目的，具有区分取得罪与毁弃罪的机能，而且能够说明二者的法定刑差异。另一方面，行为对法益的侵害达到了值得科处刑罚的程度时，才能成立犯罪，而暂时使用他人财物的行为（如盗用行为）对法益的侵害还没有达到值得科处刑罚的程度。所以，非法占有目的具有限制处罚范围的机能（区分取得罪与非罪行为的机能）。正因为如此，非法占有目的成为取得罪的主观要素。②

非法占有目的不要说认为，只要行为人具有盗窃罪的故意即可，不必另具有非法占有目的。

大塚仁教授指出，要求盗窃罪具有非法占有目的，是想以行为人是否具有该目的为标准来区分盗窃罪与毁坏财物罪、不可罚的盗用行为的界限。但是，无论在哪一方面，都不具有充分理由。首先，关于盗窃罪与毁坏财物罪的区别。既然以非法占有目的实施盗窃行为的构成盗窃罪、以毁坏财物的意思实施毁坏行为的构成毁坏财物罪，那么，在行为人以毁坏的意思夺取了他人财物时，理当成立毁坏财物罪。但是，果真如此，对于行为人以毁坏的意思取得了他人财物后却没有毁坏财物的行为，就难以处理。由于毁坏财物罪以开始实施具体的毁坏行为为着手，因此，既然行为人只是夺取了财物而没有实施毁坏行为，就不能作为犯罪处罚，这便不利于保护被害人的财产。此外，根据非法占有目的必要说，对于行为人当初以毁坏财物的意思夺取了他人财物，其后遵从财物的经济用途进行利用、处分的，也难以处理。由于行为人不具有盗窃的意思，故不能认定为盗窃罪；由于缺乏委托信任关系，也不成立侵占罪。其次，关于盗窃罪与不可罚的盗用行为的区别。诚然，暂时擅自使用他人财物的行为，只要几乎没有夺取他人财物的物体与价值，就不具有可罚性。但是，这种行为之所以不构成盗窃罪，并非因为行为人缺乏非法占有目的，而是因为行为本身不能被认定为盗窃行为。例如，擅自借用他人桌上的小刀削铅笔，或者随意骑着他人停放在广场角落的自行车绕广场

---

① 非法占有目的的原文为"不法领得の意思"。

② 参见［日］中森喜彦：《不法领得的意思》，载阿部纯二等编：《刑法基本讲座》（第5卷），法学书院1993年版，第87页。

一周的行为，虽然都遵从财物的经济用途进行了利用，并且在行为时具有像所有人那样予以利用的意思，但仅此还不能认为行为人取得了财物的占有，不属于可罚的盗窃行为。所以，不依赖非法占有目的，也能区分盗窃罪与不可罚的盗用行为。大塚仁教授进一步指出，如果对盗窃罪的法益采取本权说，那么就会要求非法占有目的；如果采取占有说，则不会要求非法占有目的；虽然盗窃罪的法益最终是所有权及其他本权，但是，相对合理的占有也是盗窃罪的保护法益，既然行为人认识到其行为侵害了他人对财物相应合理的占有而实施盗窃行为，原则上便成立盗窃罪，而不需要非法占有目的。[1]

曾根威彦教授也采取非法占有目的不要说。他指出，非法占有目的必要说，以行为人不具有非法占有目的（排除意思）为由，为盗用行为的不可罚性奠定了基础。但是，以没有被客观事实证明的单纯的意思来决定犯罪的成立与否是存在问题的。盗窃行为的不可罚性，应根据不存在排除权利者或其危险的客观事实，从客观违法性的见地来提供依据。非法占有目的必要说，以是否具有非法占有目的（利用意思）来区分盗窃罪与毁坏财物罪，并认为有无非法占有目的能够说明盗窃罪与毁坏财物罪的法定刑差异（前者重、后者轻）。但是，仅仅根据没有被客观事实证明的内心动机、意思，决定法定刑的差异并不妥当；盗窃罪法定刑重的根据，是随着对象的占有的转移，利益也转移、行为人取得不正当利益这种客观事实。[2]

针对非法占有目的不要说的观点，非法占有目的必要说进行了反驳。首先，如果不要求非法占有目的，仅从客观行为上区分盗窃罪与毁坏财物罪，那么，只有在客观上没有夺取财物的占有而直接毁坏财物时，才成立毁坏财物罪；夺取了财物后予以隐匿、毁弃的，都成立盗窃罪。这显然不合理。而且，在这一点上，非法占有目的不要说，不能说明盗窃罪与毁坏财物罪的法定刑差异。其次，如果不要求非法占有目的，仅从行为本身区分盗窃罪与不可罚的盗用行为，是相当困难的。因为盗窃罪是状态犯，盗用行为的可罚性要根据夺取占有时的情况进行判断，即使是对事后的客观利用程度是否具有可罚的违法性的判断，也必须考虑行为人夺取占有时的利用意思。所以，有必要将非法占有目的作为主观要素。最后，本权说与非法占有目的必要说、占有说与非法占有目的不要说并不具有必然联系。即使采取本权说，也可以认为只要侵害了占有就侵害了权利人对财物的使用、收益、处分等本权机能，因而不要求非法占有目的；反之，即使采取占有说，也可能对处罚范围作出特别限定，进而要求非法占有目的。[3]

---

[1]　参见［日］大塚仁：《刑法概说（各论）》（第 3 版增补版），有斐阁 2005 年版，第 197 页。

[2]　参见［日］曾根威彦：《刑法各论》（第 5 版），弘文堂 2012 年版，第 121 页。

[3]　参见［日］西田典之著、桥爪隆补订：《刑法各论》（第 7 版），弘文堂 2018 年版，第 171 页。

如后所述，日本的判例一贯坚持非法占有目的必要说的立场，只不过在不同时期对非法占有目的的内容要求不同。

我国刑法没有明文规定盗窃罪必须出于非法占有目的，但本书认为，以非法占有目的是盗窃罪的主观要素。

第一，犯罪构成虽然具有法定性，但这绝不意味着任何构成要件要素与责任要素都必须有刑法的明文规定。有的要素明显属于必须具备的要素，刑法可能省略规定；有的要素通过对部分要素的描述或相关条文的规定即可明确，无须刑法的规定。正因为如此，构成要件要素分为成文的构成要件要素与不成文的构成要件要素。基于同样的道理，目的犯可以分为成文的目的犯（或明文的目的犯）与不成文的目的犯。所以，不能以刑法没有明文规定非法占有目的为由，否认非法占有目的是盗窃罪的主观要素。增加成立犯罪的必要条件，也不可能违反罪刑法定原则。

第二，问题是，在刑法没有明文规定目的要素的情况下，如何确定某种目的是否属于主观要素？在本书看来，如果某种要素对于说明行为的法益侵害性与非难可能性具有重要意义，需要通过该要素来区分罪与非罪、此罪与彼罪，那么，该要素就应当成为构成要件要素与责任要素。

应当肯定的是，非法占有目的具有区分罪与非罪的机能。非法占有目的不要说认为，盗用等一时使用他人财物的行为，是因为还不能被认定为取得了财物的占有，所以不属于可罚的盗窃行为，而非因为行为人没有非法占有目的才不成立盗窃罪。换言之，根据非法占有目的不要说，只有考虑了行为人夺得财物后对权利人利用财物的妨害程度，才能认定是否属于可罚的盗窃行为，但这不仅导致对盗窃行为难以认定，而且导致盗窃既遂的标准不明确。因此，唯有通过判断非法占有目的的有无，才能划清不可罚的盗用行为与盗窃罪的界限。

还应肯定的是，非法占有目的具有区分此罪与彼罪的机能。没有非法占有目的，就不可能区分盗窃罪与故意毁坏财物罪的界限。例如，甲进入位于六楼（最高层）的被害人乙家，搬出彩色电视机后，从五楼与六楼之间的过道窗户将电视机扔至楼下毁坏。倘若甲是因为乙家的窗户小、无法从窗户扔至楼下，特意搬至过道扔至楼下的，当然成立故意毁坏财物罪；如若甲因发现乙正在上楼，为避免乙发现自己盗窃行为而将电视机扔至楼下的，则应认定为盗窃罪。如果没有非法占有目的这一要素，就难以区分该行为是盗窃还是故意毁坏财物。再如，A 将 B 杀害后，为了不使司法机关发现 B 的身份，而将 B 身上的所有财物、证件等取出后，抛弃在离杀人现场较远的场所。显然，由于 A 缺乏非法占有目的，只能认定为故意毁坏财物罪。如果不考虑非法占有目的，将上述行为认定为盗窃或侵占罪，就明显不妥当。

第三，将非法占有目的作为主观要素，并不意味着仅从主观方面区分盗窃与非罪、盗窃罪与故意毁坏财物罪的界限；相反，正是为了从主客观两个方面作出区分。而且，非法占有目的不要说，基本上只是从客观方面（是否转移财物）区分盗窃罪与不可罚的盗用行为、故意毁坏财物罪的界限，这便难以达到区分目的。例如，根据非法占有目的不要说，行为人以毁坏的意思窃取他人财物后，并未毁坏财物，而是使用该财物的，成立盗窃罪。但是，这种观点实际上是以事后的利用行为与意思肯定盗窃罪的成立，不符合行为与责任同时存在的原理。因为盗窃罪是状态犯，只能根据行为时的情况判断行为性质，而不能单纯根据行为后的状态判断行为性质；既然要根据行为时的情况判断行为性质，就需要判断行为时的意思。倘若非法占有目的不要说主张，行为人以毁坏的意思窃取他人财物后，即使后来实际上毁坏财物，其窃取行为本身也构成盗窃罪，则只有在不转移占有的情况下，才可能成立故意毁坏财物罪，这也不当地缩小了故意毁坏财物罪的范围。

第四，将非法占有目的视为不成文的主观要素，与对盗窃罪的保护法益持限定的占有说并不矛盾。换言之，并非只有主张财产罪的法益是财产所有权时，才能主张非法占有目的是主观要素。其实，持本权说的学者可能不将非法占有目的作为主观要素，持占有说的学者也可能将非法占有目的作为主观要素。之所以如此，是因为保护法益问题与被害人方面的情况相关，非法占有目的与行为人方面的情况相关，两者属于不同的领域。

（2）非法占有目的的基本含义

在肯定了非法占有目的属于盗窃罪的主观要素的前提下，需要进一步研究非法占有目的的基本含义。关于非法占有目的的基本含义，日本刑法理论上存在不同学说：

第一说认为，非法占有目的，是指排除权利人，将他人财物作为自己的所有物（排除意思），并遵从财物的（经济）用途，对之进行利用或者处分的目的（利用意思）。例如，大谷实教授认为，排除意思是主观的违法要素，利用意思则是责任要素。一方面，既然财产罪的本质是侵犯所有权及其他本权，那么，作为其主观要素，仅有侵害的意思还不够，还必须具有像所有人那样进行支配的意思；盗用行为不具有这种意思，故不成立盗窃罪。另一方面，盗窃罪与毁坏财物罪在侵害他人对财物的占有方面具有相同点，但刑法之所以对盗窃罪处罚更重，是因为基于利用意思夺取财物的责任比基于毁坏、隐匿财物的意思而夺取财物的责任更重。所谓利用意思，是指享受财物所具有的某种效用的意思。①

第二说认为，非法占有目的，是指将自己作为财物的所有人进行支配的目的

①　参见［日］大谷实：《刑法讲义各论》（新版第4版），成文堂2013年版，第199~200页。

（仅有排除意思即可）。因为盗窃罪的本质是侵犯财产，使自己或者第三者成为财物的所有权人。例如，团藤重光教授认为，盗窃罪的本质是侵犯所有权，所以，非法占有目的的内容应是作为所有人进行支配的意思。就毁坏财物罪与盗窃罪的区别而言，只要是所有人，就有破坏、隐匿的自由，所以，只要有毁坏、隐匿的意思，就可以说具有非法占有的意思。就与盗用行为的区别而言，一时使用的意思还不能被评价为作为所有人进行支配的意思，但具有消费目的物的价值的意思时，可以肯定非法占有目的；因为如果不是所有人就不能消费财物的价值，所以，如果具有消费财物的价值的意思，就具有作为所有人进行支配的意思。①再如，福田平教授指出："如果像判例那样，要求非法占有目的具有遵从财物的经济用途进行利用、处分的意思，那么，以毁弃、隐匿的意思夺取他人财物的人，其后没有实施毁弃、隐匿行为的，就不得不认为不可罚，但这样的结论并不妥当。另一方面，将他人的财物像自己的所有物那样进行利用、处分，也包含没有遵从财物的经济用途的处分行为，如单纯废弃的行为，所以，像判例那样限定为遵从财物的经济用途的利用、处分是没有理由的。因此，如果行为人具有作为自己的所有物进行支配的意思时，具有遵从财物的经济用途利用、处分他人的财物的意思的，当然具有非法占有目的，单纯以放弃、破坏、隐匿的意思夺取的，也可谓具有非法占有目的。"②

第三说认为，非法占有目的，是指遵从财物的（经济）用途进行利用的意图（仅有利用意思即可）。因为盗窃、诈骗等罪不是单纯地转移财物的占有，而是以转移占有后积极地利用财物为目的。如前田雅英教授指出，对占有的侵害只有达到值得科处刑罚的程度时，才具有构成要件符合性；一时使用他人财物的行为的可罚性，由对权利人利用的实际侵害程度来决定；所以，非法占有目的并不要求有"作为所有人进行支配的意思"。但是，仅从客观面还不能区分毁坏行为与盗窃行为，所以，需要具有遵从财物的本性进行利用的意思。此外，遵从财物的本来的用途进行利用、处分的意思，并不影响违法性，取得罪与毁弃罪对他人财产的法益侵害性没有差异，甚至可以说毁弃罪的法益侵害性更严重。尽管如此，取得罪的法定刑依然重于毁弃罪，这是因为对于公民来说，取得罪是具有诱惑性的、容易实施的行为，需要严厉禁止。但是，在这种场合，不需要具有经济上得利的意思，只要具有符合财物的本性的利用意思即可。③

上述三种观点涉及的第一个实际问题是：盗窃罪与毁坏财物罪应如何区别？

---

① 参见［日］团藤重光：《刑法纲要各论》（第3版），创文社1990年版，第563页。
② ［日］福田平：《刑法各论》（全订第3版增补），有斐阁2002年版，第230~231页。
③ 参见［日］前田雅英：《刑法各论讲义》（第6版），东京大学出版会2015年版，第156页。
　　显然，前田雅英教授实际上是将排除意思归入盗窃、诈骗罪的故意内容。

例一：以毁坏他人财物的意图取出财物，随后毁坏该财物的。第一说主张成立毁坏财物罪，第二说主张成立盗窃罪，第三说主张成立毁坏财物罪。例二：以毁坏他人财物的意图取出财物，但其后并没有毁坏财物，而是单纯放置的。第一说主张成立毁坏财物罪，第二说主张成立盗窃罪，第三说主张成立毁坏财物罪。例三：以毁坏他人财物的意图取出财物，但其后产生非法占有目的，利用该财物的。第一说主张成立毁坏财物罪与侵占脱离占有物罪，第二说主张成立盗窃罪，第三说主张成立侵占脱离占有物罪。显然，对非法占有目的的理解不同，盗窃罪与毁坏财物罪的界限就不同。

上述三种观点涉及的第二个实际问题是：对盗用他人财物的应如何处理？按理说，三种学说会得出不同结论。但从学说的实际运用来看，持各种学说的人，并不认为任何盗用行为都不成立犯罪，或者说，都可能认为一定的盗用行为具有非法占有目的，进而认定为盗窃罪。例如，以使用后返还的意思，将他人的自行车使用了5分钟后返还原处的，各种学说都不认为成立盗窃罪，只是理由不尽相同；反之，以使用后返还的意思，将他人的自行车使用了一天，次日才归还的，各种学说都认为构成盗窃罪。再如，对于以使用后抛弃的意思擅自使用他人汽车的，各种学说也都主张成立盗窃罪，因为"使用后抛弃"的意思中既包含了排除意思（抛弃），也包含了利用意思（使用）。

日本的判例主张，非法占有目的的内容是"排除权利人，将他人的财物作为自己的所有物，并遵从其经济用途进行利用、处分的意思"①。据此，非法占有目的由排除意思与利用意思构成。关于排除意思，日本的判例起先基本上以行为人是否具有返还意思为基准进行判断。例如，单纯为了一时使用而将他人财物转移为自己占有的，不成立盗窃罪。② 但是，对于以使用后抛弃的意思夺取他人船只的，认定为具有非法占有目的。③ 后来，即使行为人具有返还意思，判例也可能认定行为人具有非法占有目的。例如，行为人从某日上午7时至次日下午1时擅自使用他人汽车然后返还的④，行为人为了搬运赃物多次于夜间使用他人汽车次日早晨返还的⑤，行为人擅自使用他人汽车约4小时，因无证驾驶被检举的⑥，

① 日本大审院1915年5月21日判决，日本《大审院刑事判决录》第21辑，第663页。

② 参见日本大审院1920年2月4日判决，日本《大审院刑事判决录》第26辑，第26页。

③ 参见日本最高裁判所1951年7月13日判决，日本《最高裁判所刑事判例集》第5卷第8号，第1437页。

④ 参见日本东京高等裁判所1958年3月4日判决，日本《高等裁判所刑事判例集》第11卷第2号，第67页。

⑤ 参见日本最高裁判所1968年9月17日判决，日本《判例时报》第534号，第85页。

⑥ 参见日本最高裁判所1980年10月30日判决，日本《最高裁判所刑事判例集》第34卷第5号，第357页。

出于复印目的将秘密资料拿出，复印后返还原处的（其间约 2 小时）①，都被认定有非法占有目的。关于利用意思，日本的判例起先要求行为人具有"遵从财物的经济用途进行使用、处分的意思"；但在难以认定遵从了财物的经济用途进行利用、处分的意思时，只要求具有"遵从财物的本来用途进行使用、处分的意思"，如为了投虚假选票，而将投票用纸取出的，被认定具有非法占有目的②；不仅如此，行为人具有"享受财物所产生的某种效用的意思"时，也认定具有利用意思，如为了捆木材而切割电线的，被认定具有非法占有目的。③ 不难看出，日本的审判实践虽然坚持非法占有目的必要说，并且认为非法占有目的包括排除意思与利用意思，但对其内容存在缓和化的倾向。

德国刑法明文要求盗窃罪具有非法占有目的。德国刑法理论认为，非法占有目的包括两个要素：一是排除占有（Enteignung），主要是指行为人意图获取财物本身或其经济价值，而持续性地排斥或破坏他人对财物的支配关系（消极要素）。如果在取得他人财物时具有返还的意思，则缺乏排除占有的意思，不成立盗窃；但是，如果行为人打算在使用后将财物抛弃，则具有排除占有的意思。二是建立占有（Aneignung），主要是指行为人意图使自己或第三者具有类似所有权人的地位，而将所取得之财物作为自己或第三者所有之财产（积极要素）。④ 另外，德国刑法规定了盗用交通工具罪（第 248 条 b）。这似乎表明如果仅有利用意思而没有排除意思，就不具有非法占有目的；果真如此，则与日本刑法理论的第二说大体相当。但是，如果行为人具有取得财物的价值的意思时，仍然被认为具有非法占有目的。例如，非法取得他人的推理小说，读完后返还他人的，被认定为取得（消费）了财物的价值。因此，即便使用他人机械后返还的，但由于消耗了电池、汽油等，或者使用他人汽车后返还的，但由于消耗了轮胎、汽油等，也有可能认定为具有非法占有目的。⑤

英国普通法一直将"永久性剥夺他人财产的意图"作为盗窃罪的主观要素。但是，一方面，英国刑法并不要求行为人具有获利意思（lucri causa），即使以毁坏的意思取得他人财物的，依然成立盗窃罪。例如，被告人的朋友因为盗窃他人

---

① 参见日本东京地方裁判所 1980 年 2 月 14 日判决，日本《刑事裁判月报》第 12 卷第 1、2 合并号，第 47 页。

② 参见日本最高裁判所 1958 年 4 月 17 日判决，日本《最高裁判所刑事判例集》第 12 卷第 6 号，第 1079 页。

③ 参见日本最高裁判所 1960 年 9 月 9 日判决，日本《最高裁判所刑事判例集》第 14 卷第 11 号，第 1457 页；日本东京地方裁判所 1987 年 10 月 6 日判决，日本《判例时报》第 1259 号，第 137 页。

④ Vgl. Wessels/Hillenkamp, Strafrecht Besonderer Teil/2, 23. Aufl., C. f. Müller, 2000, S. 51f.

⑤ 参见［日］木村光江：《主观的犯罪要素的研究》，东京大学出版会 1992 年版，第 250 页。

的马而受到追诉，被告人以毁灭罪证的目的，将他人的马牵出后使之摔死于矿井的，被认定为盗窃罪。因为就盗窃罪的主观要素而言，只要行为人具有不诚实地完全剥夺所有人的财物的意思就够了，而不要求具有获利的意思。另一方面，由于英国刑法明文要求盗窃罪具有"永久性剥夺他人财产的意图"，所以，暂时的盗用行为不构成盗窃罪。例如，擅自将他人的马牵走后放置在 30 英里以外的场所的，虽然成立其他罪，却不成立盗窃罪。但是，在英国的判例中，以下三种虽不具有永久性剥夺他人财产的意图的行为，仍然被认定为盗窃罪：一是为了索要金钱等而夺取他人财物的，成立盗窃罪。这是指为了使财物的所有人买回或者给予报酬而取得所有人财物的情形。例如，将所有人的马牵走后，要求所有人给付金钱，否则不归还马的，成立盗窃罪。再如，在被害人家里做工的人，将被害人掉在院里的贵重金属拿回自己家，要求被害人给付报酬才返还的，成立盗窃罪。二是以质押目的一时使用他人财物的，被认定为盗窃罪。三是以消费财物的价值的意思一时使用他人财物的，也被认定为盗窃罪。①

英国《1968 年窃盗法》第 5 条第 1 款明文规定，盗窃罪必须具有"永久性剥夺他人财产的意图"。但是，一方面，该法第 6 条第 1 款规定，行为人虽然不具有使他人永久性丧失财产的意图而取得属于他人的财产，但如果行为人不顾及他人的权利，具有将该财产作为自己的财产进行处置的意思的，视为具有永久性剥夺他人财产的意图。第 6 条第 2 款规定，合法或者非法地占有或支配他人财产的人，在不能履行归还义务的情况下，为了自己而未经他人许可放弃该财产的，属于将他人财产作为自己的财产进行处置。显然，前述三种虽不具有永久性剥夺他人财产的意图，但仍然被判例认定为盗窃罪的情形，在制定法上被视为具有永久性剥夺他人财产的意图。另一方面，该法第 12 条又规定了未经授权而使用他人的机动车辆或其他运输工具罪。据此，盗用行为原则上不认为具有永久性剥夺他人财产的意图，因而不成立盗窃罪。

由此看来，英国刑法与判例似乎与上述日本的第二说相同，即行为人具有将他人的财产作为自己的财产进行支配的意思时，便具备盗窃罪的主观要素（非法占有目的）。

通过上述分析，大体可以得出以下结论：第一，日本、德国、英国刑法注重保护被害人的财产，不仅保护财物本身，而且保护财物的价值。第二，不具有非法占有目的，仅具有毁坏意图的，原则上只成立毁坏财物罪，而不成立盗窃罪。第三，如果刑法规定了使用盗窃罪，那么，刑法理论与审判实践便将非法占有目的解释为将他人的财产作为自己的财产进行支配的意图，即原则上只要具有排除

---

① 参见［日］木村光江：《主观的犯罪要素的研究》，东京大学出版会 1992 年版，第 198 页。

意思即可；如果刑法没有规定使用盗窃罪，那么，刑法理论与审判实践便要求同时具有排除意思与利用意思。虽然在此问题上存在争论，但有些学者所主张的排除意思实际上包含了利用意思，而且不同观点对某些案件得出的结论完全可能相同。

由于非法占有目的是盗窃故意之外的主观要素，所以，其内容不能包含在盗窃故意之内，否则，就没有必要在故意之外另要求非法占有目的。因此，必须处理好非法占有目的与盗窃故意内容的关系。

根据刑法总则关于故意的规定以及盗窃罪的特点，盗窃罪的故意内容为，明知自己的盗窃行为会发生侵害公私财产的危害结果，并且希望或者放任这种结果的发生。由于盗窃罪是转移财产占有的犯罪，所以，"侵害公私财产的危害结果"也可以被解释为转移公私财产的危害结果，所谓"转移"实质上就是剥夺了公私财产的占有。在此意义上，可以将"侵害公私财产的危害结果"解释为"剥夺公私财产的危害结果"。

由此可见，在我国，如果认为非法占有目的仅指"永久性剥夺公私财产的意图"[①]，就会出现以下几个方面的问题：

第一，剥夺公私财产的意图可以包含在盗窃罪故意的意志因素中；既然如此，就没有必要将非法占有目的作为独立的主观要素。所以，一方面将非法占有目的作为故意之外的主观要素，另一方面将非法占有目的解释为"永久性剥夺公私财产的意图"有叠床架屋之嫌。[②]

第二，如果将"永久性剥夺公私财产的意图"这种对危害结果的希望态度作为非法占有目的的内容，就有可能导致盗窃罪只能由直接故意构成，排除了间接故意构成盗窃罪的可能性。这是笔者所不赞成的。

第三，将"永久性剥夺公私财产的意图"作为非法占有目的的内容，就一概将值得处罚的盗用行为排除在盗窃罪之外。但如后所述，这并不妥当。

第四，虽然英美的普通法与制定法一直主张，将"永久性剥夺他人财产的意图"作为盗窃罪的主观要素，但是，该观念不利于区分盗窃罪与毁坏财物罪的界限。如英国刑法学者指出："《1968 年窃盗法》第 1 条第 2 款规定：'据为己有行为是否出于获利目的而为，或者是为窃贼自己的利益而为，并非重要。'因此，按照旧有法律假设，如果 D 取走 P 的信件并将它们扔到厕所或者使 P 的马掉进

---

① "剥夺"并不当然包含转移占有的意思。例如，"剥夺政治权利"并不意味将犯罪人的政治权利转移给他人，只是单纯地使犯罪人丧失政治权利。

② 在此意义上说，如果将"永久性剥夺公私财产的意思"作为盗窃、诈骗罪等取得罪的意志因素，而不另要求非法占有目的，倒是协调一致的。但是，如后所述，这又存在其他缺陷与问题。

矿井，他构成窃盗罪，尽管存在着他仅是意图使 P 遭受损失，而不是为其本人或任何其他人获得利益这一事实。有人可能认为，这些例子可以更妥当也更为适当地留给刑法的其他部门——例如对财产的刑事损害——加以解决。但是存在着这样的判例，即没有可以按照其他法律据以起诉的诸如对该物的损害或者毁坏场合。例如，D 取走 P 的钻石并将其扔进池塘。该钻石未受损害地躺在池塘里，刑事损害的起诉就不能被提起。因此，D 构成窃盗罪的结论看上去显然是正确的。"① 然而，英国学者的这种观点难以被我们接受。这是因为，如同前述日本刑法理论中仅要求排除意思的第二说一样，这种观点导致只有在丝毫不移动他人财物的前提下予以毁坏的，才成立故意毁坏财产罪。但挪动财物后毁坏与直接当场毁坏，没有任何差别。所以，这明显不当缩小了故意毁坏财物罪的范围，也不能说明盗窃罪的法定刑重于故意毁坏财物罪的根据。例如，在我国以及日本等国家，所谓将他人钻石扔进池塘的行为，属于毁坏财物的行为，因为该行为导致他人丧失钻石的使用价值。所以，不应当将"毁坏"作不当的限制解释，然后将毁坏财物的行为归入盗窃，进而将非法占有目的仅解释为"永久性剥夺他人财产的意思"。

　　正因为如此，日本刑法理论与判例所要求的"排除意思"并不只是排除权利人对其财物的支配，还具有将他人财物作为自己的所有物进行支配的意思；同样，德国刑法理论除了要求"排除占有"的意思外，还要求"建立占有"的意思。这样至少可以克服将"永久性剥夺他人财产的意图"作为非法占有目的的前两个缺陷：其一，由于行为人不仅具有排除权利人的意思，还具有将他人财物作为自己的所有物进行支配的意思，故"将他人财物作为自己的所有物进行支配"的意思已经超出了盗窃罪的意志因素，换言之，日本刑法理论与判例所要求的"排除意思"以及德国刑法理论中的"建立占有"，不只是对盗窃罪结果的希望，而是更进一步、更深层次的要素，所以，有必要将其作为主观的超过要素。其二，由于日本理论与判例所要求的"排除意思"与德国理论中"建立占有"的意图，已不属于对结果的希望，所以，盗窃罪依然可以由间接故意构成。

　　但是，仅有"将他人财物作为自己的所有物进行支配的意思"，仍然不能合理地区分盗窃罪与故意毁坏财物罪的界限。因为只有财物的所有人，才有权毁坏其财物，所以，行为人故意毁坏他人财物时，也可谓"将他人财物作为自己的所有物进行支配"。果真如此，凡是稍微转移了占有，然后毁坏财物的，都成立盗窃罪，而不成立故意毁坏财物罪。例如，谎称观看他人的钻石戒指，接过他人的钻石戒指后立即扔入海中的，不成立故意毁坏财物罪，而成立盗窃罪。这显然不

---

① ［英］J. C. 史密斯、B. 霍根：《英国刑法》，马清升等译，法律出版社 2000 年版，第 603 页。

合适。不仅如此，仅将非法占有目的解释为"将他人财物作为自己的所有物进行支配"，也不能说明为什么盗窃罪的法定刑重于故意毁坏财物罪。因为盗窃罪与故意毁坏财物罪一样，都具有"永久性剥夺他人财产的意思"，法益侵害程度与责任程度相同。所以，要说明盗窃罪与故意毁坏财物罪的法定刑区别，必须在其他方面寻找根据。日本学者西田典之指出："就法益侵害而言，尽管可以说没有恢复可能性的毁坏财物罪更大；但盗窃罪的处罚之所以重于毁坏财物罪，是因为利用财物的动机、目的值得更严厉的非难；而且，从一般预防的见地考虑，抑止的必要性更大。果真如此，即使同样是侵害占有的行为，也必须由行为人是具有取得利用可能性的目的、还是具有妨害利用的目的这种主观要素，来区分盗窃罪与毁坏财物罪。因此，这个意义上的非法占有目的是主观的责任要素。"① 易言之，只有将利用意思纳入非法占有目的的内容，才能说明为什么盗窃罪的法定刑重于故意毁坏财物罪的法定刑。

基于上述理由，本书认为，非法占有目的，是指排除权利人，将他人的财物作为自己的所有物进行支配，并遵从财物的用途进行利用、处分的意思。即非法占有目的由"排除意思"与"利用意思"构成，前者重视的是法的侧面，后者重视的是经济的侧面，二者的机能不同。前者的机能主要在使盗窃罪与一时使用他人财物的不可罚的盗用行为相区别；后者的机能主要在使盗窃罪与故意毁坏财物罪相区别。

（3）非法占有目的的具体内容：排除意思与利用意思

如上所述，非法占有目的包括排除意思与利用意思，但由于二者的机能不同，需要分别探讨。

首先探讨排除意思。

排除意思的主要机能是，将不值得科处刑罚的盗用行为排除在犯罪之外。所以，难以事先形式地确定排除意思的含义，然后据此区分盗窃罪与盗用行为的界限，而应根据刑法目的、刑事政策等从实质上区分不值得科处刑罚的盗用行为的界限，再确定排除意思的含义。

可以肯定的是，对占有、所有的轻微侵害，不值得科处刑罚。但是，对占有、所有的侵害是否轻微，并非仅取决于行为对他人财产的剥夺时间。例如，即使永久性剥夺他人价值微薄的财产，也没有科处刑罚的必要。反之，"对于极为重视使用权的财物，即便出于短时间的擅自使用的意思，也能成立盗窃"②。而且，不容忽视的是，财产是权利人实现经济目的与社会目的的手段，是被权利人

---

① ［日］西田典之著、桥爪隆补订：《刑法各论》（第 7 版），弘文堂 2018 年版，第 172 页。
② ［日］大谷实：《刑法讲义各论》（新版第 4 版），成文堂 2013 年版，第 201 页。

利用以达致其目的的工具。所以，所谓对财产的保护，更重要的是对权利人利用财产的保护；而权利人对财产的利用，并不只是利用物体本身，更要利用物体的价值。因此，一时使用的行为是否具有可罚性，不仅要考虑行为人有无返还的意思、使用的时间长短，更要考虑财物的重大性、对被害人的利用可能性的妨害程度等。例如，A 盗窃了 B 的轿车，使用几个月后归还。即使有充分证据表明，A 绝无永久剥夺 B 对轿车的所有权之意，也应认定 A 的行为构成盗窃罪。因为 A 的行为不仅侵犯了 B 对自己财物的占有，而且实际上在几个月内排除了权利人 B 对车辆的支配，将 B 的车辆作为自己的所有物一样占有、使用。所以，说到底，排除意思是达到了可罚程度的妨害他人利用财产的意思，或者说，排除意思是引起可罚的法益侵害（妨害利用）的意思。

根据日本学者山口厚的观点，对以下三种情形应认定具有排除意思：第一，行为人虽然只有一时使用的意思，但没有返还的意思，相反，具有在使用后毁弃、放置的意思而窃取财物的，由于具有持续性地侵害他人对财物的利用可能性的意思，应认定存在排除意思，成立盗窃罪。例如，行为人盗用他人轿车，开到目的地后，将轿车抛弃在目的地的，存在排除意思，构成盗窃罪。第二，行为人虽然具有返还的意思，但具有侵害相当程度的利用可能性的意思时，由于存在可罚的法益侵害的危险，应肯定排除意思的存在，认定为盗窃罪。对此，需要通过考察被害人的利用可能性与必要性的程度、预定的妨害被害人利用的时间、财物的价值等来判断是否具有可罚性。例如，行为人在 2022 年法律职业资格考试前窃取他人正在使用的 2022 年法律职业资格考试指导用书（假定数额较大），即使具有归还的意思，且在法律职业资格考试结束后归还的，也有必要认定为盗窃罪。就其他一些被行为人使用之后被害人就不能（不会）再使用的财物而言，行为人盗用后立即归还给他人的，也具有排除意思。第三，行为人虽然具有返还的意思，而且对被害人的利用可能性的侵害相对轻微，但具有消耗财物中的价值的意思时，由于对作为所有权内容的利益造成了重大侵害，应认定具有排除意思，成立盗窃罪。例如，行为人为了伪装退货、取得商品对价，而从超市拿出商品的，应认定具有排除意思。再如，窃取他人的手机，以便短时内让被害人用金钱赎回的，存在排除意思。[①]

显然，上述第一种情形的排除意思，表现为排除权利人对其财物本身的占有的意思。如果权利人不能占有自己的财物，就不可能利用、处分自己的财物，所以，这种情形下的排除意思是达到了可罚程度的妨害他人利用财产的意思。第二种排除意思，表现为排除权利人对其财物的利用可能性的意思。由于财物是被权

---

① 参见［日］山口厚：《问题探究：刑法各论》，有斐阁 1999 年版，第 118 页。

利人利用以达致其目的的工具，对财产的保护更重要的是对权利人利用财产的保护，所以，这种情形下的排除意思也是达到了可罚程度的妨害他人利用财产的意思。第三种排除意思，表现为排除权利人对其财物的价值的占有与利用的意思。由于权利人占有财物是为了利用财物的价值，对财物的保护实质上是为了保护权利人对财物价值的享有，所以，这种情形下的排除意思同样是达到了可罚程度的妨害他人利用财产的意思。

下面三起案例，对于理解财产罪的非法占有目的具有意义。

案例一：被告人王某驾驶用黑色胶布改动过号牌的摩托车在市区多次进行飞车抢夺。一日，王某在驾驶摩托车时与一小汽车发生碰撞，交警接到报案进行现场勘察时，发现摩托车车牌被人用黑色胶布改过，正欲作进一步检查，坐在警车后排正准备签事故调解书的王某，见状立即走到驾驶座上，开动警车逃跑，后因车速过快翻倒，遂弃车而逃。一种意见认为，王某主观故意是为了逃跑，其抢夺警车只是为了逃到某个地点，不让警察抓获自己。客观上虽然符合抢夺的特征，但目的并不是占有警车，所以不具备"以非法占有为目的"的主观要素。另一种意见认为，王某偷开警车逃跑，为自己所用，避免了当场被交警抓获，其获得的实际上也是一种非法的"利益"，对这种自用的处置方法，也应认定为非法占有的一种表现形式。①

根据本书的观点，王某具有非法占有目的。即使王某只具有一时使用警车的意思，但由于他是为了逃避警察的处罚，故不可能具有归还警车的意思；即使王某并不永久性使用警车，也会在一时使用后毁弃或者放置警车。由于王某具有持续性地侵害警察对警车的利用可能性的意思，所以应认定存在排除意思，视行为性质成立抢夺罪或盗窃罪。

案例二：某日，方某在汽车客运站看见几辆出租车停在候客区，其中有一辆桑塔纳出租车上空无一人，钥匙还插在启动锁孔上。方某迅速打开车门坐在驾驶座上，启动马达。正与另一辆出租车司机聊天的车主张某听到自己的出租车发动机的声音，立即跑到驾驶室门边，一边呵斥方某熄火下车，一边抢握方向盘和争夺汽车钥匙，阻止方某开车。方某加大油门，强行把汽车开走。张某四处寻找未果后报警。10小时后，方某因开车操作不当，撞上立交桥下的一根水泥大柱。出租车在事故中断成两截，不能再使用。事后，方某对警察说他开走他人的车辆是用来"玩一玩"，不想长期占有。第一种意见认为，方某不经过车主同意把汽车开走，侵占他人汽车的使用权，主观目的是"玩一玩"，没有非法占有目的，而且汽车不经过转户手续就不能享有所有权，因此，方某的行为不构成犯罪。第

---

① 参见邓国华：《为逃跑夺警车如何定性》，《检察日报》2004年9月15日，第3版。

二种观点虽然肯定方某实施了盗窃行为，但仍主张对方某的行为以故意毁坏财物罪论处。第三种观点认为，方某趁车主不备，溜进车内启动汽车，在车主发现后上前制止的时候，公然强行将汽车开走，缺乏归还汽车的意思，相反具有永久占有的意思，即具有非法占有他人汽车的主观目的，构成抢夺罪。①

显然，前两种观点都否认了方某具有非法占有目的，其中，第二种观点将不可罚的事后行为作为独立的犯罪行为处罚，将基本犯罪行为搁置一边，存在明显的缺陷。第三种观点虽然肯定了方某具有非法占有目的，但前提是否认方某的归还意思，肯定其具有永久占有的意思。在本书看来，即使方某只是想开车"玩一玩"，具有归还的意思，也不能否认其非法占有目的。因为出租车司机对于出租车的利用必要性相当大，即使方某预定归还，但其预定归还的时间（即使用时间）不会少于 10 小时，而且其行为导致出租车毁坏，故应当认定方某具有侵害被害人相当程度的利用可能性的意思，即具有排除意思。

案例三：何某在某市经营小商店，被告人刘某以无偿帮助何某卖电话卡为名，从何某处拿走面值 100 元的 17908 IP 卡 100 张。刘某将卡拿回家后，用刀片将卡上的密码条割开，记下密码后将封条恢复原状。刘某将其中 80 张 17908 IP 卡内的话费共计 8 000 元转入其正在使用的 IP 卡内，然后将该 80 张 17908 IP 卡退回给何某，声称只卖了 20 张卡（将 20 张卡的销售款交付何某，该 20 张卡的密码封条刮割痕迹明显，未拿去退还）。何某将刘某退回的卡陆续售出，买卡人发现所购 IP 卡为空额后找何某退货。何某报案后，公安机关将刘某抓获。

从形式上看，刘某将 80 张 IP 卡返还给了何某，即刘某将其骗得的 IP 卡返还给了何某，似乎没有非法排除何某对作为有体物的 IP 卡本身的所有，但是，刘某具有消耗 IP 卡中的价值的意思，事实上也消耗了 IP 卡中的价值，对作为所有权内容的利益造成了重大侵害，应肯定其存在排除意思，认定为诈骗罪。

通过上述理论讨论与案例分析可以看出，虽然在司法实践中，大多数财产犯的行为人具有永久性的排除意思，但非法占有目的不以永久性的排除意思为必要。诚然，就行为人消耗财物中的价值而言，可以认为具有永久性剥夺他人财物的价值的意思，但是，在许多情况下，之所以认定行为构成财产罪，并不一定是因为行为人消耗了财物的价值，而是因为行为人取得了财物本身。然而，即使一时性地取得财物的行为，也可能造成了值得科处刑罚的法益侵害。所以，不能一概要求行为人具有永久性的排除意思。②

① 参见蒙旗：《强行开走他人汽车造成车毁如何定性》，《检察日报》2004 年 9 月 14 日，第 3 版。
② 不过，在一时性地取得他人财物的行为不具有刑事违法性等情况下，通常只有具有永久性或持续性的排除意思时，才能认定行为人具有非法占有目的。

2013 年 4 月 2 日发布的《最高人民法院、最高人民检察院关于办理盗窃刑事案件适用法律若干问题的解释》第 10 条规定："偷开他人机动车的，按照下列规定处理：（一）偷开机动车，导致车辆丢失的，以盗窃罪定罪处罚；（二）为盗窃其他财物，偷开机动车作为犯罪工具使用后非法占有车辆，或者将车辆遗弃导致丢失的，被盗车辆的价值计入盗窃数额；（三）为实施其他犯罪，偷开机动车作为犯罪工具使用后非法占有车辆，或者将车辆遗弃导致丢失的，以盗窃罪和其他犯罪数罪并罚；将车辆送回未造成丢失的，按照其所实施的其他犯罪从重处罚。"这一规定涉及非法占有目的认定，本书对此发表如下看法：

第一，出于练习开车、游乐、一时使用等动机，偷开他人机动车，显然具有利用意思，问题是有无排除意思。如果行为人故意导致车辆丢失，当然具有排除意思；如果行为人的行为直接导致车辆丢失，也可以认定行为人具有排除意思。存在疑问的是，如果行为人只是打算在极为短暂的时间内使用他人车辆，但在将车辆停放在某地时立即被第三者盗走的，虽然造成了车辆丢失，但似乎难以认定行为人具有排除意思。因此，要判断的是行为人实施盗窃行为时的意思，而并非单凭客观上机动车是否丢失这一结果决定是否具有非法占有目的。

第二，行为人为盗窃其他财物，偷开机动车作为犯罪工具使用后非法占有车辆的，实际上是实施了两个盗窃行为，应当一并计算所盗窃的车辆价值以及利用车辆所盗窃的财物价值。行为人为盗窃其他财物，偷开机动车作为犯罪工具使用后将车辆遗弃导致丢失的，由于该行为对车辆具有利用意思，将车辆遗弃导致丢失具有排除意思，所以，对车辆也构成盗窃罪，应当将被盗车辆的价值计入盗窃数额。基于相同的理由，为实施其他犯罪，偷开机动车作为犯罪工具使用后非法占有车辆，或者将车辆遗弃导致丢失的，由于行为人对车辆具有利用意思与排除意思，故应以盗窃罪和其他犯罪数罪并罚。

第三，行为人为了实施盗窃或者其他犯罪，偷开机动车作为犯罪工具使用后，将车辆送回未造成丢失的，需要根据前述排除意思的认定方法与标准，判断行为人是否具有排除意思。如果得出肯定结论，仍然可能认定行为人具有非法占有目的。例如，行为人经过较长时间才送回车辆的，应认定为盗窃罪（只是盗窃数额如何计算的问题）。[1] 如果及时送回，可以认为没有排除意思，对盗窃车辆的行为不以盗窃罪论处。不过，在盗用行为本身不值得处罚，或者不存在值得处罚的排除意思的场合，对其他犯罪从重处罚，明显是一种间接处罚，并不妥当。

第四，行为人在偷开机动车辆过程中发生交通肇事构成犯罪，如果能够认定行为人对车辆具有排除意思（显然具有利用意思），就应当将交通肇事罪与盗窃

---

[1]　参见张明楷：《论盗窃财产性利益》，《中外法学》2016 年第 6 期。

罪实行数罪并罚。

总之，对于偷开他人机动车辆的行为，应以是否严重妨碍被害人对机动车辆的利用可能性、是否严重消耗他人机动车辆的价值为核心，根据各种事实，全面判断行为人是否具有排除意思，而不能仅根据是否归还原处来判断非法占有目的。当然，对偷开他人机动车辆的行为构成盗窃罪的，在量刑时应与通常的盗窃机动车辆的行为相区别。换言之，就偷开他人机动车辆的案件而言，不能将机动车辆本身的财产价值作为盗窃数额，只能将行为人偷开他人机动车辆所消耗、毁坏的价值作为盗窃数额。

接下来探讨利用意思。

如前所述，如果不要求利用意思，那么，以毁坏的意思取得财物的行为也成立盗窃罪，导致故意毁坏财物罪仅限于没有转移占有的场合，即仅限于在占有者的占有之下毁坏财物的场合，这不仅过于缩小了故意毁坏财物罪的范围，而且不能说明盗窃罪重于故意毁坏财物罪的实质根据。

日本审判实践针对不同案件，曾将利用意思表述为"遵从财物的经济用途进行利用、处分的意思""遵从财物的本来用途进行利用、处分的意思""享受财物所产生的某种效用的意思"。应当说，前两种表述导致利用意思的范围过窄。在日本刑法理论上，有的学者认为，利用意思是指"享受财物自身具有的利益或效用的意思"①，或者"享受财物产生的某种效用的意思"②；有的学者认为，利用意思是指除单纯毁坏、隐匿意思以外的利用、处分的意思。③ 这两个表述不存在实质差异，都旨在将单纯毁坏、隐匿意思排除在外。

本书认为，利用意思，是指遵从财物可能具有的用法进行利用、处分的意思。这种意思已经超出了"单纯取得财物的利用可能性的意思"，是更为实质的意思。基于这种意思取得他人财物时，由于其法益侵害行为是基于强力的动机，所以责任更重。因此，盗窃罪的法定刑高于故意毁坏财物罪的法定刑。④

首先，利用意思不限于遵从财物的经济用途进行利用、处分的意思。例如，男性基于癖好窃取女士内衣的，虽然不是基于遵从内衣的经济用途进行利用、处分的意思，但不排除行为人具有利用意思，仍然成立盗窃罪。

其次，利用意思不限于遵从财物的本来用途进行利用、处分的意思。例如，为了燃柴取暖而窃取他人家具的，仍然具有利用意思。再如，窃取他人钢材作为废品卖给废品回收公司的，存在利用意思，依然成立盗窃罪。

① ［日］西田典之著、桥爪隆补订：《刑法各论》（第 7 版），弘文堂 2018 年版，第 172~173 页。
② ［日］山口厚：《刑法各论》（第 2 版），有斐阁 2010 年版，第 202 页。
③ 参见［日］大谷实：《刑法讲义各论》（新版第 4 版），成文堂 2013 年版，第 199~200 页。
④ 参见［日］山口厚：《刑法各论》（第 2 版），有斐阁 2010 年版，第 203 页。

再次，一般来说，凡是以单纯毁坏、隐匿意思以外的意思而取得他人财物的，都可能评价为具有遵从财物可能具有的用法进行利用、处分的意思。例如，窃取他人的名画用于自己观赏的，具有利用意思，构成盗窃罪。但是，如果在具有毁坏、隐匿的意思的同时还具有其他动机，而该动机不能评价为具有遵从财物可能具有的用法进行利用、处分的意思时，不能认定具有利用意思。例如，杀人犯甲在杀害乙后，为了防止司法机关发现被害人的身份，而将乙随身携带的钱包、证件等取走后扔入海中。虽然甲取走乙财物的行为不只是单纯地毁坏、隐匿，而是具有防止司法机关发现被害人身份的意思，但该意思不能被评价为遵从财物可能具有的用法进行利用、处分的意思，所以，甲不具有利用意思，不成立盗窃罪。反之，如果在具有毁坏、隐匿的意思的同时还具有其他动机，而且该动机能够评价为遵从财物可能具有的用法进行利用、处分的意思时，则宜认定具有利用意思。例如，"丙取走与自己珍藏之高价邮票相同而属于丁所有之邮票，并加以毁弃，而使自己所有之邮票成为世界上唯一之邮票，以提高其交易价格等"①。由于丙不是单纯毁坏他人邮票，而是事先剥夺他人对邮票的占有并建立了新的占有，然后以利用他人邮票价值的意思毁弃邮票，应肯定其具有利用意思。②

最后，以毁坏的意思取得他人财物后，没有毁坏财物而是单纯予以放置的，成立故意毁坏财物罪，因为该行为导致被害人丧失了财物的效用。以毁坏的意思取得他人财物后，又利用该财物的，则成立侵占罪。③

由上可见，如果行为人具有直接获得利益、享受利益的意思，即使利用了财物的例外用途，也应认定具有利用意思；反之，典型地取得了财物的效用时，即使没有获取利益的意思，也具有利用意思。④ 因此，非法占有目的，并不一定意味着必须具有"增加自己的财产总量"的意思。换言之，虽然非法占有既包括积极利益的增加，也包括消极利益的减少，但并非仅限于这两种情形，而是包括遵从财物可能具有的用法进行利用、处分的意思的所有情形，或者说包括取得、享受财物可能具有的利益或效用的一切情形。

（4）非法占有目的的其他问题

第一，关于非法占有的对象，德国刑法理论在盗窃罪问题上存在物质理论

① 林山田：《刑法各罪论》（上册）（增订 2 版），作者发行 1999 年版，第 292 页。
② 当然，对于这种情形的"利用意思"能否被评价为非法占有目的中的利用意思，在理论上可能存在争议。另外，如果丙没有转移邮票的占有，而是单纯毁弃他人邮票，则不存在盗窃罪的构成要件行为，仅成立故意毁坏财物罪，不需要判断非法占有目的。
③ 参见［日］山口厚：《刑法各论》（第 2 版），有斐阁 2010 年版，第 203 页。
④ 参见［日］前田雅英：《刑法各论讲义》（第 6 版），东京大学出版会 2015 年版，第 160 页。

（物体理论）（Substanztheorie）、价值理论（Werttheorie；Sachwerttheorie）与结合理论（Vereinigungstheorie）之争。物质理论认为，非法占有目的，是指行为人具有将他人的财物本身（物质、物体）非法予以占有的意思。价值理论认为，非法占有目的，是指行为人具有非法占有他人财物的价值的意思。结合理论认为，只要行为人具有非法占有他人的财物本身或者财物的价值的意思，就具有非法占有目的。显然，结合理论实际上是择一理论。① 根据物质理论，行为人取走他人财物后，将依附于财物的经济价值抽出后将该物返还的，不成立盗窃罪，这显然不合适。根据价值理论，取得缺乏经济价值的财物的行为，不成立盗窃罪，这在德国也不妥当。所以，结合理论成为德国刑法理论与审判实践的通说。

在我国，盗窃等取得罪的对象，实际上既包括普通财物，也包括财产性利益②，所以，非法占有目的中的占有对象既包括财物本身，也包括财产性利益。其中的财物，不仅包括财物本身，也包括附着于财物的经济价值（附着于财物的经济价值有时也可能被评价为财产性利益）。例如，行为人窃取被害人的购物卡后，使用该购物卡购买商品归自己所有，然后将购物卡还给被害人的，就购物卡的经济价值具有非法占有目的，成立盗窃罪。

第二，非法占有的目的，既包括以使行为人自己非法占有为目的，也包括以使第三者（含单位）非法占有为目的。例如，行为人为了单位非法占有而盗窃他人财物的，也成立盗窃罪。因为以使第三者非法占有为目的实施的盗窃行为，同样侵犯了他人的财产；以使第三者非法占有为目的，并不意味着行为人只是毁坏、隐匿财产，同样能够被评价为具有遵从财物可能具有的用法进行利用、处分的意思；以使第三者非法占有为目的，仍然说明行为人具有利欲动机、非难可能性重于故意毁坏财物罪。③ 正因为如此，凡是明文规定了非法占有目的的刑法，都将第三者规定为非法占有的主体。如前述德国《刑法》第242条、第263条、瑞士《刑法》第139条、第146条都是如此。同样，即使刑法没有规定非法占有目的的国家，刑法理论或者将使第三者取得财物作为盗窃的故意内容，或者将使第三者取得财物作为非法占有目的的内容。④

第三，对于非法占有目的中的"非法"，应根据财产罪的保护法益进行理

---

① Vgl. Lackner/Kühl, Strafgesetzbuch, 21. Aufl., C. H. Beck, 1995, S. 983f; Wessels/Hillenkamp, Strafrecht Besonderer Teil/2, 23. Aufl., C. f. Müller, 2000, S. 45f.

② 参见张明楷：《财产性利益是诈骗罪的对象》，《法律科学：西北政法大学学报》2005年第3期。

③ 当然，对其中的"第三者"是否需要一定的限制，是值得进一步研究的问题。

④ 参见［日］大塚仁：《刑法概说（各论）》（第3版增补版），有斐阁2005年版，第275页；［日］井田良：《讲义刑法学·各论》（第2版），有斐阁2020年版，第228页。

解：只要是侵害财产罪所保护的法益的，就可以认定为非法，进而认定行为人的占有目的具有非法性。因此，一般来说，行为人没有占有他人财产的合法根据，或者说没有使他人转移财产给行为人或第三者的合法根据，却具有占有他人财产的目的的，就属于非法占有目的。这里的合法根据，通常是指符合财产法的根据。例如，如果行为人没有使受骗人向自己或第三者转移财产的民法根据或者民法上的权利，那么，就可以认定行为人占有目的的非法性。再如，行为人虽然对某种财物享有所有权，但如果对方具有合法占有的权利时，行为人窃取该财物的，侵犯了盗窃罪的保护法益，行为人的占有目的也具有非法性。

不过，在此问题上，不可忽视刑法对所有权的拟制规定，即根据民法的规定，行为人对某种财产享有所有权，但根据刑法的规定，行为人对财产的所有权视为已经转移给他人或者单位。例如，《刑法》第91条第2款规定："在国家机关、国有公司、企业、集体企业和人民团体管理、使用或者运输中的私人财产，以公共财产论。"据此，A将邮件交付邮局投递之后，该邮件在邮局的运输过程中，民法依然认为该邮件的所有权属于A，邮局只是占有了邮件。但根据刑法的拟制规定，该邮件已经属于公共财产，而非A的私人财产。如果A窃取该邮件的，依然具有非法占有目的。再如，B所有的卡车因为违章被国家机关扣押，国家机关依法作出罚款决定，B只有缴纳罚款后才能将卡车取回。根据民法的规定，卡车在国家机关扣押期间，依然属于B所有；但根据刑法的拟制规定，该卡车属国家机关的公共财产，而非B所有。同样，如果B盗回卡车或者采取欺骗手段从国家机关骗回卡车，也存在非法占有目的。

即使不存在刑法的拟制规定，对非法占有目的也应作出符合社会现实的解释。因为在现代社会，所有权已经不再绝对化，而是受到公法的限制。例如，即使是自己所有的刀具，也不能在民用飞机上随身携带。即使自己所有的房屋，也不能用于开设赌场。在上例中，当B的卡车被国家机关依法扣押后，虽然B在民法上依然对卡车享有所有权，即使在刑法上也承认B对其卡车享有所有权，但B对卡车所有权的行使受到了合法限制。详言之，B只有缴纳罚款后，国家机关才能解除对其所有权行使的限制。如果B不缴纳罚款，就不可能像民法上的所有权人那样行使所有权。显然，B要想将对卡车的所有恢复至不受限制的状态，就必须缴纳罚款。换言之，缴纳罚款后索回卡车，才能合法地恢复对卡车行使不受限制的所有权。如果B盗回卡车或者通过欺骗等非法手段索回卡车，则意味着非法地恢复了对卡车行使不受限制的所有权。这种意图，也属于非法占有目的。概言之，非法占有目的，并不局限于从他人占有非法转移为自己占有的目的，还应包括从自己受公法限制的所有非法转移为不受公法限制的所有的目的。

第四，行为人直接消费公私财物的，也应认定具有非法占有目的。例如，甲在职期间，连续使用公款私自出境十余次，共花掉公款 20 余万元。甲出境前既未向有关部门请假，也未同任何负责人商量。又如，乙在任职期间，私自在娱乐场所消费后，利用职务上的便利报销，总计数额为 50 余万元。甲、乙主观上是否具有非法占有的目的，是认定其行为是否构成贪污罪、诈骗罪的关键。本书认为，非法占有目的包括以直接消费公私财物为目的，换言之，直接消费公私财物的行为，也是以非法占有为目的的行为。

如上所述，非法占有目的的机能，一方面是为了将暂时盗用行为排除在外，另一方面是与故意毁坏财物罪相区别。国家工作人员利用职务上的便利，将公款拿回家后，存入自己的存折，然后购买住房的行为，既具有排除意思，也具有利用意思，完全可以认定为具有非法占有的目的。基于同样的道理，国家工作人员利用职务上的便利，使用公款私自出境旅游或者消费的行为，既具有排除意思，也遵从了财物的经济用途，理应认定为具有非法占有的目的。唯一的区别在于：前者在贪污行为与消费行为（遵从财物的经济用途所实施的行为）之间存在时间上的间隔；后者在贪污行为与消费行为之间没有时间上的间隔。但有无这种时间上的间隔以及间隔的长短，与有无非法占有目的不存在关联。事实上，刑法理论与司法实践也没有重视这种时间上的间隔，因为国家工作人员为了购买私房而利用职务之便将公款直接划拨给出卖人的行为，在司法实践上没有争议地被认定为贪污罪。由此看来，人们可能重视的是消费方式：将 50 万元公款用于吃喝或者娱乐的，公款已不存在，行为人不可能继续利用已经吃掉、玩掉的公款；而将 50 万元用于购买私房的，公款转化为私房，行为人还可以继续利用私房。换言之，虽然"损公"是相同的，但前者只是短时利己，后者却是长期利己。然而，所谓长期利己（如公款购买私房）时，司法机关容易追回赃物，从而挽回损失；所谓短时利己（立即挥霍公款）时，司法机关难以追回赃物，难以挽回损失。这当然不能成为区分有无非法占有目的的标准。

贪污罪的法益包括公共财产[1]，而行为是否侵犯了公共财产，关键在于行为人的行为是否使有关单位丧失公共财产。很明显，国家工作人员利用职务上的便利直接消费公款的行为，导致单位丧失公共财产。不仅如此，与非直接消费公款的行为相比，直接消费公款的行为更严重地侵犯了公共财产。例如，将 50 万元公款吃掉、玩掉的行为，不仅使单位损失 50 万元财产，而且使 50 万元公款难以甚至不可能收回；而在将 50 万元贪污后存入私人存折的情况下，司法机关可能迅速追回。既然如此，就没有理由不追究那些私自直接消费公款者的刑事责任。

---

[1]　虽然现行刑法将贪污罪与贿赂罪规定在同一章，但不可否认贪污罪的基本性质仍然是侵犯公共财产。

《南方周末》的"百姓茶坊"栏目发表了一篇针对上述案例的短文，文中指出："所有贪污行为都有一个共性：公务人员利用职务之便，化公为私。不管这些公款以何种形式存在，像那些'老抠'们埋在私家后花园里也好，或者拿来买金钱龟煲汤也好，它的本质是一样的。可是在很多人尤其在某些为官者的脑袋里，只要没把公家的钱放到自家兜里，就不算贪污；凡是吃了的，花了的，不管以何名目，即使包了'小姐'，也只是个'思想'问题、'作风'问题，绝不是个法律问题。这种观念和孔乙己'窃书不为偷'的理论多少有点相似。在这种观念的指导下，有些人大肆挥霍，使得国有资产大量流失，国家财政日益吃紧，干群关系十分紧张。"① 在这种观念的指导下，司法机关对这种形式的贪污视而不见，刑法保护公共财产的机能大为降低。由上可见，从保护法益的观点来看，非法占有的目的包含直接消费公私财物的目的。

根据《刑法》第 265 条的规定，以牟利为目的，盗接他人通信线路、复制他人电信码号或者明知是盗接、复制的电信设备而使用的，以盗窃罪追究刑事责任。显然，这种形式的盗窃都可谓直接消费。行为人盗接他人通信线路、复制他人电信码号后如果不使用的，不可能给他人造成财产损失，不会构成盗窃罪；只有使用该通信线路、电信码号，才会给他人造成财产损失，这种使用行为实际上也是以非法占有为目的，但明显是以直接消费为目的。例如，被告人辛某偷接上从其住处窗外经过的居民翟某和任某的电话线，在 5 日内多次拨打某信息台有奖电话，造成被害人电话费损失近 5 000 元，后被查获。② 辛某的行为完全符合《刑法》第 265 条的规定，构成盗窃罪。但辛某主观上不是为了出售、出租、转让，而是为了自用，这种自用目的与非法占有目的没有任何区别，而这种非法占有目的完全是直接消费。这说明，刑法规定的非法占有目的包括直接消费他人财物的目的。

根据司法实践经验，也可以得出相同结论。例如，1998 年 3 月 17 日发布并实施的《最高人民法院关于审理盗窃案件具体应用法律若干问题的解释》（已废止）针对盗窃罪的对象规定："盗窃的公私财物，包括电力、煤气、天然气等。" 2013 年 4 月 2 日发布并实施的《最高人民法院、最高人民检察院关于办理盗窃刑事案件适用法律若干问题的解释》第 4 条第 1 款第 3 项规定："盗窃电力、燃气、自来水等财物，盗窃数量能够查实的，按照查实的数量计算盗窃数额；盗窃数量无法查实的，以盗窃前六个月月均正常用量减去盗窃后计量仪表显示的月均用量推算盗窃数额；盗窃前正常使用不足六个月的，按照正常使用期间的月均用量减

① 刘学兵：《肯定是贪污》，《南方周末》1999 年 9 月 24 日，第 11 版。
② 参见孔凡清：《给"公款"以"国民待遇"》，《检察日报》1999 年 5 月 22 日，第 3 版。

去盗窃后计量仪表显示的月均用量推算盗窃数额。"司法实践中将窃电行为认定为盗窃罪的也不乏其例。但窃电者通常不是将他人的电能装入自己的某种设备中储存起来，而且直接使用所盗窃的电力，也可以说直接消耗了电能，但没有人否认窃电者具有非法占有的目的。既然如此，将直接消费公款的行为认定为具有非法占有的目的，也不应当产生任何疑问。

由此看来，对于那些利用职务上的便利私自公款吃喝、公款旅游、公款包小姐、公款嫖娼等行为，都可以认定为具有非法占有公款的目的，符合贪污罪的其他要件的，都应当认定为贪污罪。

4. 不成文的目的犯的范围

上面讨论了刑法规定的以非法占有为目的的含义。现在的问题是，在刑法分则没有明文规定主观目的的情况下，能否在解释论上（包括刑法的适用）将某种目的确定为主观要素？对此，显然不能笼统地作出回答，而应具体分析。

如前所述，我国刑法没有明文将非法占有目的规定为盗窃、诈骗等取得罪的主观要素，但刑法理论的通说与司法实践均认为，成立盗窃、诈骗等取得罪，要求行为人具有非法占有目的。然而，我国的刑法理论与司法实践却扩大了目的犯的范围，对于许多故意犯罪，在刑法没有明文规定的情况下，动辄加上"以……为目的"。从处罚范围来说，随意添加目的因素既可能导致不当扩大处罚范围，也可能由于某种原因缩小处罚范围。从处罚实质来说，由于目的是主观因素，随意添加目的因素往往是为了在故意之外说明行为的反伦理性、行为无价值性，因而有悖于刑法的法益保护目的。

例如，强奸罪没有疑问只能由故意构成，但我国以往的刑法理论却特别加上了"具有奸淫的目的"①。其实，如果正确地表述了强奸罪的故意内容，就不需要添加"具有奸淫的目的"这一主观要素，或者说，"奸淫的目的"就是强奸罪的故意中的一部分。亦即，如果将强奸罪的故意内容表述为"明知自己使用暴力、胁迫或者其他方法强行与妇女性交的行为违背妇女意志，会发生侵犯妇女性行为自主权的结果，并且希望或者放任这种结果发生"，就不需要另将"具有奸淫目的"作为主观要素。因为"具有奸淫目的"无非是想说明行为人意欲与被害人性交，但这一点本就是强奸罪的构成要件内容，因而是故意的内容。但是，由于刑法理论一直没有完整地表述强奸罪的故意，因而司法实践中仅以行为人主观上是否具有奸淫目的来认定强奸罪。但"奸淫目的"是外延较广的概念，行

---

① 参见高铭暄主编：《刑法学》（修订本），法律出版社 1984 年版，第 441 页。但现在的教科书一般改变了这种说法，有的只说："明知妇女不同意与其发生性行为，而强行与其发生性行为。"（高铭暄主编：《新编中国刑法学》（下册），中国人民大学出版社 1998 年版，第 698 页；高铭暄、马克昌主编：《刑法学》（下编），中国法制出版社 1999 年版，第 826 页）。

为人意欲通奸、未婚男子意欲与未婚女子发生性交的，都可谓"具有奸淫目的"，于是扩大了强奸罪的处罚范围。

例如，被告人李某（男，已婚）与邻居王某（女，已婚）关系较好。某日晚，天降大雨，李某喊王某收稻草，一进房，值打雷闪电，映现王某身穿裤衩、背心熟睡。李某顿起淫心，脱下裤子坐在床沿，扒拉一下王某的肩膀，并叫王某的名字。王某醒来后拉开电灯，看到李某没有穿衣裤，便说："二哥，这是干什么？"李某说："二哥馋着呢！"王某坐起后斥责说："你不算人，叫人怎么说出口？"李某一看不行，赶快穿上裤子说："你不同意就算了，二哥没出息，你别往外边说。"随即回家。某法院认定李某犯有强奸（未遂）罪，判处有期徒刑4年。理由是，李某具有奸淫的目的，只是由于意志以外的原因而未遂。实际上，李某是与王某"商量"，说通了就发生性关系，说不通就算了；他只有通奸的意图，而没有强奸的故意；扒拉王某肩膀是为了与她商量，决非强奸的暴力行为。由此看来，在没有完整表述强奸罪故意内容的情况下，加上"具有奸淫的目的"这一要素，会导致司法机关将某些主观上只有通奸或者与妇女发生不正当性行为的意图，在拥抱、拉扯过程中，妇女表示不同意后便立即停止的行为，也当作强奸未遂来处罚，因而扩大处罚范围。

要求强奸罪主观上"具有奸淫的目的"，也可能在某些情况下缩小处罚范围。因为我国刑法理论一直认为，只有直接故意具有犯罪目的，间接故意不具有犯罪目的。[1] 于是，凡是要求"具有……目的"的犯罪都只能由直接故意构成，而不能由间接故意构成，强奸罪也就不可能由间接故意构成。但将间接故意排除在强奸罪之外，明显不当。现实中许多熟人之间的强奸案，行为人大多只是明知性行为可能违背妇女意志，只是放任而非希望性交行为侵犯妇女的性行为自主权。所以，随意加上"以……为目的"，又将目的犯没有例外地限定为直接故意，就可能不当地缩小犯罪的成立范围。

事实上，要求强奸罪主观上"具有奸淫的目的"的观点，所注重的不是行为是否侵犯了妇女的性的自己决定权，而是行为人是否具有不正当目的。然而，只要行为人具有强奸的故意，客观上实施了强奸行为，不管行为人主观上出于何种动机与目的，都侵犯了妇女的性的自己决定权，也具备有责性，应以强奸罪论处。例如，有的行为人是为了发泄性欲而强奸妇女，有的行为人是为了报复被害人或其亲属而强奸妇女，有的行为人是为了与妇女结婚，造成既成事实而强奸妇女，这些都不影响强奸行为的性质。

---

[1]　参见高铭暄、马克昌主编：《刑法学》（上编），中国法制出版社1999年版，第221页。

第八章 主观的超过要素与客观的超过要素 453

（二）倾向犯

所谓倾向犯，是指行为必须表现出行为人的特定内心倾向的犯罪，只有当这种内心倾向被发现时，才能认为其行为具有构成要件符合性。[①] 典型的倾向犯便是各种猥亵罪[②]，即只有当行为人实施的行为表现出行为人具有刺激或者满足性欲的内心倾向时[③]，该行为才符合猥亵罪的构成要件，才具有违法性。如果外表上属于猥亵行为，但行为人并没有刺激或者满足性欲的目的，则不符合猥亵罪的构成要件。麦茨格（Mezger）关于倾向犯的这种观点不仅被德国刑法理论与审判实践普遍采纳，而且也被部分日本学者与法官所接受。但猥亵罪究竟是否属于倾向犯，即猥亵罪的成立在主观上除了要求行为人具有故意外，还应否要求行为人主观上必须出于刺激或者满足性欲的内心倾向，仍然是一个值得研究的问题。

我国旧刑法没有规定猥亵罪，现行刑法颁布后，许多论著实际上认为强制猥亵、侮辱罪主观上必须出于刺激或者满足性欲的内心倾向。例如，有的教材指出：强制猥亵、侮辱罪的动机是通过猥亵行为"寻求性的满足和下流无耻的精神刺激"[④]；有的教材指出：本罪"主观方面由直接故意构成，并且具有性刺激和性满足的目的"[⑤]。尽管两者分别将性刺激与性满足表述为强制猥亵罪的动机与目的，但具体内容与麦茨格所要求的内心倾向没有实质区别。

但是，这种要求猥亵罪出于刺激或者满足性欲的内心倾向的传统观点，还值得商榷。

日本的一个判例以及学者们对这个判例的批评涉及上述问题。被告人以为自己的妻子甲女因为乙女（23 岁）的诱导逃往东京方向，便于某日晚 8 时许来到乙女的住宅，对乙女说："你真会骗我呀！我是不顾一切来报复你的。还带了硫酸。我要将硫酸泼洒到你脸上，让你毁容。"被告人大约对乙女持续进行了近两个小时的胁迫。乙女请求被告人宽恕，但被告人为了报复，迫使畏惧中的乙女"裸体站立 5 分钟"，然后拍下了乙女的裸体照片。日本钏路地方裁判所 1967 年 7 月 7 日的判决认为，强制猥亵罪的法益是对方的性的自由，不要求本罪必须出于兴奋、刺激或者满足性欲的倾向，行为人出于报复目的实施强制猥亵行为的也成

[①] 显然，倾向犯并不是说行为人具有某种犯罪的倾向时就是犯罪，也不是说犯罪的倾向本身是处罚的根据，而是说除了故意之外，行为反映出特定内心倾向时，才构成犯罪。或许这个概念容易引起误会，但已约定俗成，不必计较用语本身。

[②] 猥亵罪一般包括强制猥亵罪、猥亵儿童罪与公然猥亵罪。

[③] 这里的刺激或者满足性欲不仅包括刺激或者满足行为人的性欲，还包括刺激或者满足第三者的性欲。

[④] 高铭暄、马克昌主编：《刑法学》（下编），中国法制出版社 1999 年版，第 832 页；高铭暄主编：《新编中国刑法学》（下册），中国人民大学出版社 1998 年版，第 703 页。

[⑤] 周道鸾、张军主编：《刑法罪名精释》（第四版）（上），人民法院出版社 2013 年版，第 537 页。

立本罪，于是判处被告人 1 年的有期惩役。被告人上诉后，札幌高等裁判所于同年 12 月 26 日作出判决，认定被告人的行为侵害了被害人的性自由，成立强制猥亵罪，维持了原判。但被告人上告到日本最高裁判所后，日本最高裁判所于 1970 年 1 月 29 日作出判决：撤销原判，发回重审。日本最高裁判所指出："成立刑法第 176 条前段的强制猥亵罪，要求其行为是在刺激、兴奋或者满足犯人的性欲这种性的意图支配下实施的；当胁迫妇女赤身裸体拍摄照片的行为，是出于报复、侮辱①或者虐待妇女的目的时，构成强要罪或者其他犯罪②，而不构成强制猥亵罪。"③

这一判决虽然得到了佐伯千仭、大塚仁等人的赞同④，但遭到了平野龙一、内藤谦、町野朔、前田雅英等许多学者的反对。平野龙一教授认为，强制猥亵罪的法益是个人的性的自由，故只要行为人认识到自己实施的猥亵行为侵害了被害人的性的自由即可；即使并非出于刺激或者满足性欲的倾向，也完全可能侵害被害人的性的自由。⑤ 内藤谦教授指出："强制猥亵罪以被害人的性的自由作为保护法益，因此，既然行为人实施了上述一定的客观行为（指上述判决所认定的行为——引者注），并且认识到该行为（具有故意），即使是仅出于报复、侮辱、虐待的目的，也应认为成立该罪。"⑥ 町野朔教授提出："既然行为人实施了明显侵害被害人的性的羞耻心的行为，侵害了性的自由这种保护法益，只要行为人对这种行为存在故意就成立强制猥亵罪。除此之外，没有任何理由要求行为人具有特别的心理。"⑦ 前田雅英教授写道："除了要求认识到客观的构成要件要素以外，还要求有内心的倾向，就限定了处罚范围。但是，《刑法》第 176 条并没有以目的犯的目的的形式规定'猥亵倾向'。在行为人实施了足以使被害人产生性

---

① 这里的"侮辱"是指侮辱人格、名誉的情况，与我国《刑法》第 237 条规定的"侮辱"不是一个含义。

② 强要罪，亦称强制罪，是指使用暴力，使他人实施没有义务实施的行为，或者妨害他人行使权利的行为。

③ 日本《最高裁判所刑事判例集》第 24 卷第 1 号，第 1 页。日本最高裁判所的上述判决虽然是多数法官的意见，但并非所有法官的观点，入江法官便持反对意见。他认为，成立强制猥亵罪，"只要求行为人认识到属于猥亵行为的事实而实施……猥亵行为是损害普通人的性的羞耻心、违反善良的性道义观念的行为；某种行为是否属于猥亵行为，应当客观地依照社会一般观念，即站在普通人的立场，观察该行为本身，来作出决定……刑法第 176 条的强制猥亵罪并不以出于兴奋、刺激、满足行为人（犯人）性欲的目的为必要。即使出于报复、侮辱、虐待的动机或者目的，也不妨害本罪的成立"（见同判决所附的反对意见）。

④ 参见〔日〕佐伯千仭：《刑法讲义（总论）》（4 订版），有斐阁 1984 年版，第 187 页；大塚仁：《刑法概说（各论）》（第 3 版增补版），有斐阁 2005 年版，第 100 页。

⑤ 参见〔日〕平野龙一：《犯罪论的诸问题（下）》（各论），有斐阁 1982 年版，第 307 页。

⑥ 〔日〕内藤谦：《刑法讲义总论》（上），有斐阁 1983 年版，第 219 页。

⑦ 〔日〕町野朔：《刑法总论讲义案 I》（第 2 版），信山社 1995 年版，第 187 页。

的羞耻心的客观行为，并且充分认识到了这一点的场合，在具有强制猥亵罪的法益侵害性、责任非难的同时，也满足了可罚性。行为是否侵害被害人的性的自由、感情，与行为人的主观没有关系，是客观地决定的。即使缺乏使责任升高的猥亵倾向，也没有理由否认其构成要件符合性。"① 现在可以肯定的是，否认猥亵罪是倾向犯以及否认倾向犯概念的观点，在日本已成为通说。因此，后来的判例也否认了前述日本最高裁判所的观点。例如，对行为人为了取得胁迫他人的把柄，迫使他人脱光衣服进而拍摄他人的裸体照片的行为，东京地方裁判所于 1987 年 9 月 16 日作出的判决认定成立强制猥亵罪。②

日本最高裁判所于 2017 年变更了自己的判例。③ 对行为人将自己的阴茎放在幼女身上并摄影，旨在将画面数据传送给第三者以获得报酬的行为，日本最高裁判所认定成立强制猥亵罪，判决理由主要是：（1）日本刑法分则条文关于强制猥亵罪的规定，并没有要求满足性刺激或者有满足的意图。（2）强奸罪是强制猥亵罪的加重类型或者特别法条，既然强奸罪没有要求性的意图或者倾向，强制猥亵罪就不能要求性的意图或者倾向。（3）对性犯罪的解释，应当根据社会可以接受的观念来决定处罚对象。20 世纪 70 年代的判例是根据当时的观念作出的，但是在当下，这种观念并非不可动摇。（4）从日本性犯罪法条的修改来看，本案被告人的行为已经是强制性交罪的内容，而强奸罪、强制性交罪原本就不需要行为人有性的意图。④（5）在行为性质明确的场合，可以直接将某种行为评价为猥亵行为。虽然在行为性质不明确的场合，也可能存在需要根据目的等主观方面的要素去进行判断的情形，但将故意以外的性的意图，一律作为强制猥亵罪的成立条件并不合适。⑤ 据此，日本的司法实践不会再将强制猥亵罪视为倾向犯。

要求强制猥亵罪主观上具有刺激或者满足性欲的内心倾向，或许有两个好处：一是有利于区分猥亵行为与正当行为的界限。例如，男性医生出于治疗的必要，为妇女检查身体的行为，因为不是出于刺激或者满足性欲的内心倾向，故不成立强制猥亵罪。二是有利于区分强制猥亵、侮辱罪与《刑法》第 246 条规定的侮辱罪的界限。即如果是出于性的刺激或者满足的倾向强制侮辱妇女，则构成强制侮辱罪；如果单纯出于毁损名誉的意图，则构成《刑法》第 246 条的侮辱罪。

---

① ［日］前田雅英：《刑法各论讲义》（第 4 版），东京大学出版会 2007 年版，第 121 页。

② 参见日本《判例タイムズ》1987 年总第 670 号，第 255 页。

③ 在此前，前田雅英教授就指出："从重视性被害的国民意识的走向来看，也完全可能考虑判例变更的可能性"（［日］前田雅英：《刑法各论讲义》（第 6 版），东京大学出版会 2015 年版，第 96 页）。

④ 日本于 2017 年修改性犯罪条款，将强奸罪修改为强制性交等罪，其中的"性交等"包括性交、口交、肛交。在修改之前，两种行为属于强制猥亵行为。

⑤ 参见日本最高裁判所 2017 年 11 月 29 日判决，《裁判时报》2017 年总第 1688 号。

尽管如此，本书仍然认为，强制猥亵、侮辱罪与猥亵儿童罪的成立并不需要行为人主观上出于刺激或者满足性欲的倾向或目的（为了论述的方便，仅以强制猥亵为例）。

不要求行为人主观上出于刺激或者满足性欲的倾向，是因为即使没有这种倾向的行为也严重侵犯了妇女的性的自己决定权。刑法规定本罪是为了保护妇女的性的自己决定权，而不是保护公共秩序。我国刑法将该罪规定在分则第四章中就充分说明了这一点。但行为是否侵犯了妇女的性的自己决定权，首先取决于行为性质。易言之，根据刑法的规定，如果故意对妇女实施了强制猥亵行为，就侵犯了妇女的性的自己决定权。由于刑法对于猥亵行为的具体内容不可能作出详细规定，故什么是猥亵行为，只能根据社会的一般观念进行判断。至于行为人主观上是否出于刺激或者满足性欲的倾向，则不能左右其客观行为是否侵犯了妇女的性的自己决定权。以强奸罪为例。行为人实施强奸行为，大体上都是为了刺激或者满足性欲，但根据刑法的规定，刺激或者满足性欲的倾向或者目的，也不是强奸罪的主观要素。如有的行为人出于报复目的强奸妇女；有人为了报复他人，教唆第三者强奸妇女。这两种行为显然均构成强奸罪。因为行为人客观上实施了强奸或者教唆强奸的行为，主观上认识到强奸行为违背妇女意志，并决意强奸或者教唆强奸，实质上也侵犯了妇女的性的自己决定权。这说明，行为人即使不是出于刺激或者满足性欲的倾向或目的，也完全可能侵犯妇女的性的自己决定权，因而构成强奸罪。强制猥亵、侮辱妇女罪也是如此。前述日本的判例所认定的事实，无疑侵犯了被害人的性的自己决定权。既然如此，就没有理由否认其构成强制猥亵罪。况且，从规范意义上来理解，"强奸行为也是强制猥亵行为的一种，但由于刑法特别规定了强奸罪，理所当然认为强奸行为不属于强制猥亵罪的行为"①。也就是说，猥亵行为包括强奸行为，只是由于刑法对强奸罪有特别规定，所以，对强奸行为不再以强制猥亵罪论处。在此意义上说，关于强制猥亵罪的规定与关于强奸罪的规定，基本上是普通法条与特别法条的关系。特别法条的适用以符合普通法条为前提，既然强奸罪并不要求刺激、满足性欲的内心倾向，反过来说明强制猥亵罪也不要求刺激、满足性欲的内心倾向。

不要求行为人主观上出于刺激或者满足性欲的倾向，也完全可以从客观上区分行为是否属于猥亵行为，因而完全可以区分罪与非罪。"例如，是治疗行为还是猥亵行为，从外形上看就可以区别。如果完全是治疗行为，即使具有猥亵目的，也不应当处罚。反之，只要是明显损害性的羞耻心的行为，并且是对之有认

---

① ［日］大塚仁：《刑法概说（各论）》（第3版增补版），有斐阁2005年版，第99页。

识而实施行为，即使缺乏猥亵目的，也值得处罚。"① 对于医生出于治疗的必要并征得妇女的同意而检查妇女身体的行为，不可能认定为强制猥亵罪；即使医生在检查妇女身体时具有刺激或者满足性欲的目的，也不可能将这种行为认定为强制猥亵罪。

不要求行为人主观上出于刺激或者满足性欲的倾向，也完全可以合理处理强制猥亵、侮辱罪与侮辱罪的关系。对妇女的性的自己决定权的侵犯，也是对妇女人格与名誉的侵犯，但针对妇女而言，性的自己决定权的法益性质显然重于其他方面的人格与名誉，于是刑法对侵犯妇女的性的自己决定权的行为作了特别规定。因此，对侵犯妇女的性的自己决定权的强制猥亵、侮辱行为，不能仅认定为《刑法》第246条的侮辱行为。易言之，侵犯妇女的性的自己决定权的行为，就属于《刑法》第237条规定的猥亵行为，应认定为强制猥亵罪，但构成强奸罪的应适用特别法条。据此，不管出于什么动机与目的，不管在什么场所，强行剥光妇女衣裤的行为，都构成强制猥亵罪。② 例如，被告人杨某（男，37岁，农民）一日与侄子杨某某（16岁）在村口小河沟内捕鱼。同村妇女吕某在沟旁捞肥泥，杨某认为吕某的行为妨碍其捕鱼，便张口谩骂吕某。吕某十分气愤，便故意将淤泥溅在杨某及其侄子身上。杨某见状，便跑到岸边，揪住吕某上衣，并向吕某阴部猛击几拳。杨某见吕某骂声不止，随即从厕所里捞起大粪，涂在吕某嘴、脸及头发上。吕某边哭边骂，杨某威胁说："再骂扒下你的裤子，拔下你的阴毛。"说着，唤来他家豢养的大公狗，杨某扒下吕某的裤子，叫狗扑在吕某的下身上，使其当众赤裸下身。吕某事后感到无脸见人，欲自杀未成。有人认为，杨某的行为构成侮辱罪，而不构成强制猥亵罪。理由主要是，杨某主观上没有追求性满足和性刺激的目的，行为所针对的是特定的妇女。③ 根据本书的观点，杨某的行为构成强制猥亵罪。首先，同单纯侵犯人格、名誉的侮辱罪相比，杨某的行为更为严重，即除侵犯了吕某的人格、名誉外，更重要的是侵害了吕某的性的自己决定权，仅以侮辱罪论处显然会违反罪刑相适应原则。其次，根据这种观点，在本案中，因为杨某不是出于性的满足或者刺激，而是为了报复便认定为侮辱罪；如果杨某出于性的满足或者刺激便认定为强制猥亵罪。但是，出于性的满足或者刺激这一内心倾向所表现出来的非难可能性，并不必然重于出于报复心理所反映出来非难可能性。再次，与主观因素相比，客观因素无疑容易认定。在根据客观因素

---

① ［日］前田雅英：《刑法各论讲义》（第4版），东京大学出版会2007年版，第121页。

② 对当众剥光男性公民衣裤的行为，理所当然也成立强制猥亵罪。

③ 参见欧阳涛、魏克家、刘仁文主编：《易混淆罪与非罪、罪与罪的界限》，中国人民公安大学出版社1999年版，第207页。

完全可以合理处理强制猥亵、侮辱罪与侮辱罪的关系，并且区分结果完全合理的情况下，理当以客观因素为标准进行处理。换言之，与其根据行为人是否具有性的满足与刺激目的来区分强制猥亵、侮辱罪与侮辱罪的界限，不如根据行为是否侵害了妇女的性的自己决定权这一本质的、客观的标准来处理二者的关系。最后，强制猥亵、侮辱罪是侵犯妇女性的自己决定权的犯罪，而不是破坏公共秩序的犯罪，故要求本罪必须针对不特定对象，是缺乏理由的。

不要求行为人主观上出于刺激或者满足性欲的倾向，不会导致客观归罪。强制猥亵罪是故意犯罪，这是没有疑问的，但其故意内容应当根据客观构成要件的内容以及刑法关于故意的一般规定来确定。强制猥亵罪的客观构成要件，是以暴力、胁迫或者其他手段针对他人实施侵犯其性的自己决定权的行为。因此，如果行为人在实施该客观行为时，认识到自己的行为是侵犯他人性的自己决定权的行为，并且希望或者放任对他人的性的自己决定权的侵害，就具有了本罪的故意。刺激或者满足性欲的内心倾向是一种"主观的超过要素"，这种要素不是故意本身的内容，而是故意之外的一种主观内容，因此，不要求刺激或者满足性欲的内心倾向，并不等于不要求有犯罪故意。概言之，行为人在主观上认识并容认"他人的性的自己决定权受侵犯"这一事实即可，但在此之外不要求更多的内心倾向，不问行为人为何要侵犯他人的性的自己决定权。

要求行为人主观上出于刺激或者满足性欲的倾向，会导致不当缩小或者扩大处罚范围。例如，对于为了报复妇女而在非公共场所强行将妇女衣裤剥光的行为，恐怕没有人否认其具有严重的危害性。我国刑法没有规定强制罪，如果不将该行为认定为强制猥亵罪，就导致该行为无罪。① 这样缩小处罚范围，必然不利于保护法益，不能够得到认同。另外，正如日本学者前田雅英所言："必须注意的是，一旦承认倾向犯，有时反而会导致扩大处罚范围。例如，在征得患者的同意而进行医学上绝对必要的治疗时，如果医生以猥亵的内心倾向实施治疗行为，就有构成强制猥亵罪的危险。"②

要求行为人主观上出于刺激或者满足性欲的倾向，会导致本罪与《刑法》第 246 条的侮辱罪的处罚不均衡，而且有违反罪刑相适应原则之嫌。例如，甲为了羞辱损毁妇女的名誉，而当众剥光妇女衣裤。乙为了刺激或者满足性欲，而在没有第三者在场的情况下剥光妇女的衣裤。显然甲的行为对妇女法益的侵害远远重于乙的行为，对甲的处罚应当重于对乙的处罚。但如果认为强制猥亵、侮辱妇女罪是倾向犯，那么，由于甲主观上没有刺激或者满足性欲的倾向，只能认定为

① 由于该行为不具有公然性，故也不可能认定为侮辱罪。
② ［日］前田雅英：《刑法各论讲义》（第 4 版），东京大学出版会 2007 年版，第 121 页。

侮辱罪（以被害人告诉为前提），在"三年以下有期徒刑、拘役、管制或者剥夺政治权利"的法定刑内量刑。由于乙具有特定的内心倾向，被认定为强制猥亵罪，在"五年以下有期徒刑或者拘役"的法定刑内量刑。① 这样处理明显不均衡，不能不认为这违反了罪刑相适应原则。如果不要求行为人主观上出于刺激或者满足性欲的倾向，则甲的行为与乙的行为都构成强制猥亵罪，对于甲的行为适用《刑法》第237条第2款，在"五年以上有期徒刑"的法定刑内量刑，对于乙的行为适用同条第1款，在"五年以下有期徒刑或者拘役"的法定刑内量刑。这便使得对甲、乙的处罚协调，符合罪刑相适应的原则。

要求行为人主观上出于刺激或者满足性欲的倾向，是重视主观因素、轻视客观要素的表现。我国刑法采取了客观主义态度。立足于客观主义的刑法，有利于发挥刑法的机能，有利于实现刑法的正义、合目的性与法的安定性的理念，有利于合理保护社会利益与个人利益，有利于合理对待犯罪化与非犯罪化，有利于合理区分刑法与道德，有利于合理处理刑事立法与刑事司法的关系。在评价行为的违法性时，应采取客观的立场（客观的违法性论）；在区分此罪与彼罪时，应首先着眼于客观要素。具体到强制猥亵罪而言，行为是否侵害了妇女的性的自己决定权，要从客观行为着眼，看是否属于强制猥亵行为。至于行为是构成强制猥亵、侮辱罪还是侮辱罪，也要从客观行为是否侵犯了妇女的性的自己决定权入手。至于行为人是否具有实施强制猥亵行为的故意，则是有无责任的问题。要求强制猥亵、侮辱罪主观上必须出于刺激或者满足性欲的倾向的观点，过高地估计了主观内容所起的作用。轻视客观要素的结果，常常是不考虑行为是否侵犯了法益，而只考虑行为人主观上有没有恶性。要求强制猥亵、侮辱罪主观上出于刺激或者满足性欲的倾向，便忽视了行为是否侵犯了妇女的性的自己决定权，而只是考虑行为人主观上是否具有某种特定的恶性。我们不可低估这种观点的缺陷。

要求行为人主观上出于刺激或者满足性欲的倾向，可能是来源于对客观事实的归纳。但是刑法学是规范学而不是事实学，什么样的因素是构成要件，只能根据刑法的规定来确定②，而不能根据已经发生的事实来确定，也不能根据所谓

---

① 事实上，我国刑法理论上出现了这种不协调的观点。如有的教科书指出，为了"寻求性刺激和下流无耻的精神刺激"而"剪开妇女裙、裤""使其露丑"的行为，属于强制猥亵、侮辱妇女罪；而"为了羞辱被害人，而当众强行剥光其衣服示众"的行为，则构成侮辱罪。参见高铭暄主编：《新编中国刑法学》（下册），中国人民大学出版社1998年版，第702、724页；参见高铭暄、马克昌主编：《刑法学》（下编），中国法制出版社1999年版，第831、852页。

② 有一些因素刑法也没有明文规定，但刑法理论根据刑法条文的关系、刑法所规定的客观行为的性质认为其为构成要件的现象是存在的，也是合理的。如前所述，刑法并没有规定盗窃罪必须具有非法占有目的。但盗窃一词本身就意味着行为人主观上具有非法占有目的；如果没有非法占有目的，就不可能将其与不可罚的盗用行为相区别，也不可能将其与毁坏财物的行为相区别。

"人之常情"来确定。例如，从事实上看，从事非法经营的行为人一般都以营利为目的，但《刑法》第225条并没有将营利目的作为非法经营罪的主观要素。所以，在认定非法经营罪时，不能将"以营利为目的"作为非法经营罪的主观要素。强制猥亵、侮辱罪也是如此。刑法并没有将"出于刺激或者满足性欲的倾向"规定为主观要素；如前所述，从犯罪本质来看，不具有这种倾向的行为也侵犯了妇女的性的自己决定权；从相关条文以及从本罪与其他犯罪的关系来看，不要求这种内心倾向也不会导致罪与非罪、此罪与彼罪区分上的困难。在刑法没有明文规定这种内心倾向，事实上也没有必要具有这种内心倾向的情况下，当然不能将其解释为主观要素。即使绝大多数行为人主观上都有刺激或者满足性欲的倾向，但这也只是事实现象，而不是法律规定。况且，实践中完全可能出现非出于刺激或者满足性欲的内心倾向的强制猥亵行为。例如，被告人韩某（男）与被害人吕某（女）系邻居。1983年春和1984年夏，吕家盖新房时，两家曾因宅基地问题发生过口角，韩某即产生对吕某进行报复之念。1984年8月13日晚11时许，韩乘吕的丈夫不在家，从吕家的西屋窗孔钻入室内，进入吕睡觉的东屋，乘吕熟睡之机，用被子蒙住吕的头部，对吕实施拧大腿、抠阴部等猥亵行为。吕醒后叫骂，吕的孩子亦被惊醒大声哭叫。韩又将吕家箱子上的一个铝制汤匙塞入吕的阴道后逃跑。本案在当时以流氓罪论处，并没有以侮辱罪论处。[①] 又如，2010年3月上旬的一个晚上，被告人张某、孙某经事先预谋，在南京市建邺区的某KTV四楼办公室内，以语言威胁，迫使被害人秦某脱光衣服，由张某用相机为其拍裸体照片，并以此裸照威胁秦某交代出某KTV离职员工韩某的下落。同年4月2日晚，被告人张某伙同孙某、王某（另案处理）等人，至南京市建邺区某宾馆，强行挟持被害人韩某上汽车并进行殴打，后将韩某带至某KTV四楼办公室内。孙某以暴力、言语相威胁，迫使韩某脱光衣服，由张某用相机拍摄韩某的裸体照片，并以此裸体照片要挟韩某承诺继续在某KTV工作。南京市建邺区（2010）建刑初字第145号判决指出："被告人张某、孙某以暴力、胁迫的方法强制侮辱妇女，其行为已构成强制侮辱妇女罪。南京市建邺区人民检察院指控被告人张某、孙某犯强制侮辱妇女罪，事实清楚，证据确实、充分，指控的罪名成立，予以采纳。被告人张某、孙某共同实施强制侮辱妇女的行为，系共同犯罪。"由此可见，司法机关已经按照刑法的规定，不再将"出于刺激或者满足性欲的倾向"作为强制猥亵、侮辱罪的主观要素。

以上分析表明，不把握法益侵害的犯罪本质与责任的实质含义，随意添加主观的超过要素，会造成诸多混乱现象。

---

① 参见王运声主编：《刑事犯罪案例丛书（流氓罪）》，中国检察出版社1993年版，第312页。

需要说明的是，以上分析旨在说明我国刑法规定的强制猥亵、侮辱罪、猥亵儿童罪不是倾向犯。如前所述，笔者并不否认目的犯；如后所述，笔者也不否认动机犯。但是，即使承认目的犯与动机犯的概念，或者即使认为倾向犯是目的犯或者动机犯的一种，强制猥亵、侮辱罪与猥亵儿童罪也不是目的犯、动机犯。或许有人认为，既然承认内心倾向是一种目的或者动机，就意味着仍然可以使用倾向犯的概念。但是，由于刑法理论上的倾向犯基本上限于各种猥亵罪，所以，只要否认了各种猥亵罪是倾向犯，倾向犯的概念就没有存在余地。

（三）表现犯

所谓表现犯，是指行为反映了行为人的内部的、心理的经过或者状态的犯罪；对这种犯罪的认定，必须将外部的事实与行为人的主观心理过程进行比较，否则不可能判断其构成要件符合性与违法性。伪证罪被认为是表现犯的适例（还包括其他以虚假陈述作为构成要件内容的犯罪）。在判断证言是否"虚假"时，必须采取主观说，即证人应当将自己的记忆与实际体验原封不动地予以陈述，对证人证言的真实性、可靠性的判断是法官的任务。因此，按照自己的记忆与实际体验陈述的，即使与客观事实不相符合，也不是虚假的；反之，不按照自己的记忆与实际体验陈述的，即使与客观事实相符合，也是虚假的。[①] 国内也有学者认为，在伪证罪中，行为人是否具有犯罪故意，难以从客观上得出结论，需要结合行为人主观心理态度来判断，表现犯有其存在的价值。[②] 例如，乙于某日晚10时实施杀人行为，目击证人甲看错了手表，在内心中形成了"某人于晚上9时杀人"的记忆。甲接受乙亲属的贿赂后，在向法庭作证时，违反自己的记忆，向法官声称自己于晚上10点看见有人杀人，旨在使乙有不在场证据。甲的证言虽然完全符合客观事实，但主观说依然认为甲的行为成立伪证罪。

可是，主观说难以被人接受。因为对证言的判断，应以证人陈述的内容与客观事实是否相符合为标准。只有违背客观事实的证言，才可能妨害司法活动。如果联系主观方面考虑，虚假的证言应是违反证人的记忆与实际体验且不符合客观事实的陈述。如果证言违反证人的记忆与实际体验但符合客观事实，就不可能妨害司法活动，证人的行为不能被认定为伪证罪；如果证言符合证人的记忆和实际体验但与客观事实不相符合，则行为人没有伪证罪的故意，不可能成立伪证罪。例如，行为人将耳闻的事实陈述为目睹的事实，如果所陈述的事实与客观事实相符合，则不宜认定为虚假陈述；反之，行为人将耳闻的事实陈述为目睹的事实，且所陈述的事实与客观事实不相符合，则应认定为虚假陈述。因此，伪证罪不是

① 参见［日］大塚仁：《刑法概说（各论）》（第3版增补版），有斐阁2005年版，第608页。
② 参见欧阳本棋：《目的犯研究》，中国人民公安大学出版社2009年版，第165页。

表现犯；其他以虚假陈述作为构成要件内容的犯罪也不是表现犯，表现犯的概念也没有存在的必要。

我国台湾地区学者郑健才认为，"确信之违反为表现犯的特定意态"，同时认为，"依刑法分则或其他特别刑法之规定，须明知如何如何，始构成犯罪者，皆属确信之违反；例如，滥权追诉罪，须明知为无罪之人，而使其受诉追，始能成立……表现为之所表现者，即为此内心之'明知'状态。此'明知'，与确定故意之'明知'，系属两事"①。按照这一观点，刑法分则规定了"明知"的犯罪都是表现犯。但本书难以赞成这种说法。诚然，可以用"确信之违反"来定义表现犯，但表现犯并不是对故意的判断问题，而是指对客观构成要件符合性的判断必须将行为人的主观心理过程进行比较，否则，就不能判断构成要件符合性。可是，在徇私枉法罪中，只要行为人客观上对无罪的人进行了追诉，就符合了徇私枉法罪的构成要件，只是需要在责任层面判断行为人是不是明知是无罪的人而追诉。不会因为行为人缺乏"明知"而否认其客观构成要件符合性，所以，徇私枉法罪不是表现犯。再如，行为人客观上运输了假币时，不管其主观上是否明知是假币，都符合运输假币罪的构成要件，只是不明知而运输的因为没有责任而不构成犯罪。换言之，行为是否符合运输假币罪的构成要件，并不需要判断行为人是否明知是假币。但就伪证罪而言，对虚假证言的判断就是对客观构成要件的判断。根据主观说，如果证人确信嫌疑人9点杀人，但他作证说是9点杀人，即使嫌疑人是10点杀人，也认为证人的行为不符合伪证罪的构成要件即没有作伪证（第一种情形）。如果证人确信嫌疑人9点杀人，但他作证说是10点杀人，即使嫌疑人是10点杀人，也认为证人的行为符合伪证罪的构成要件即作了伪证（第二种情形）。因为证人说的虽然符合客观事实，违反了他人内心确信。但根据客观说，第一种情形，证人的行为符合伪证罪的客观构成要件，但没有伪证的故意；第二种情形，证人的行为不符合伪证罪的客观构成要件。显然，根据主观说，表现犯的"确信之违反"是指违反内心确信表示出来的行为符合构成要件，并不包括郑健才所说的"明知是无罪之人而追诉"。概言之，分则规定了"明知"的犯罪并非表现犯。

（四）动机犯

1. 动机犯概说

动机（犯罪动机），是指刺激、促使犯罪人实施犯罪行为的内心起因或思想活动，它回答犯罪人基于何种心理原因实施犯罪行为，故动机的作用是发动犯罪行为，说明实施犯罪行为对行为人的心理愿望具有什么意义。产生犯罪动机需要

---

① 郑健才：《刑法总则》（修订再版），三民书局1982年版，第128~129页。

具备两个条件：一是行为人内在的需要和愿望；二是外界的诱因与刺激。

传统观点认为，只有直接故意犯罪具有动机。其实，哪些犯罪存在动机，取决于对动机的认识。如果认为动机是犯罪性动机，或者说是刺激犯罪人实施犯罪行为以达到犯罪目的的内心起因，似乎只有直接故意犯罪才存在犯罪的动机。如果认为动机不是犯罪性动机，只是事后回答行为人基于何种心理原因实施了犯罪行为，则除了疏忽大意的不作为犯罪（忘却犯）以外，其他犯罪都有动机。因为不管是故意犯罪还是过失犯罪（忘却犯除外），行为人都不会无缘无故地实施行为，相反都会有实施行为的心理动因；这些动因也能说明行为人非难可能性的大小。例如，汽车司机超速行驶致人死亡时，一定有超速行驶的内心起因；对于为了逃避法律责任而超速行驶，与为了将危重病人送往医院而超速行驶，其量刑结果必然不同，这是因为这种内心起因的不同能够说明行为人非难可能性程度。如果不将这种内心起因归入动机，则需要有另外的概念；而人们在否认其为动机的同时，并没有提出另外的概念，这会导致司法实践上忽视内心起因对量刑的影响。因此，本书认为，没有必要人为地限定动机存在的范围，可以对动机作后一种理解。

动机有两个主要机能：其一，特定的动机是部分犯罪的主观要素。例如，"贪生怕死"动机是投降罪的主观要素。以特定动机作为主观要素的犯罪，就是动机犯。其二，动机内容影响量刑。需要说明的是，如果动机被规定为成立犯罪所必须具备的主观要素，那么，不管认为动机是违法要素还是责任要素，它都不可能独立地作为责任刑的情节。对此当没有疑问。问题是，当动机不是构成犯罪的必要要素时、而仅是量刑要素时，这种动机是影响责任刑的酌定情节，还是影响预防刑的酌定情节？如果是前者，那么，在动机卑鄙的情况下，就会导致责任刑的上限提高，因而导致刑罚较重；如果是后者，那么，即使动机卑鄙，也不会导致责任刑的上限提高，因而导致刑罚较为缓和。从这一点考虑，将主观要素之外的犯罪动机（不是成立犯罪所需要的特定动机）作为特殊预防刑的酌定情节来考虑似乎是合适的。因为动机内容不同，特殊预防的必要性大小就不同。[①] 但是，如果将主观要素之外的犯罪动机作为责任刑的酌定情节来考虑，在动机值得宽恕时，就可以降低责任刑的上限，从而使刑罚较为缓和，也是可取的。例如，为了救济穷人而盗窃贪官财物的，也是减少责任刑的酌定情节。但需要说明的是，在各种犯罪中，动机不良都是犯罪的常态，不应作为酌定从重处罚情节。除非某种动机明显超出犯罪的常态，能够充分说明犯罪人的非难可能性增加，才可以成为增加责任刑的酌定情节，但这种情形是并不多见的。由于动机不良是犯罪

---

① 参见张明楷：《责任主义与量刑原理》，《法学研究》2010 年第 5 期。

的常态，故不应将其作为增加预防刑的情节，否则会导致常态事实成为对行为人从重处罚的根据。在此意义上说，将动机均作为责任性情节可能更为妥当，只是一般的不良动机不应作为增加责任刑的根据。

2. 徇私动机

刑法分则共有十多个条文使用了"徇私舞弊"一语（其中《刑法》第405条使用两次），另有一个条文（《刑法》第399条）规定了"徇私"与"徇情"概念。对徇私的地位、性质、内容、判断等问题的认识，从司法实践层面而言，直接涉及罪与非罪、此罪与彼罪、一罪与数罪问题；从刑法理论角度而言，直接关乎解释理念、方法以及对构成要件要素的认识等问题。

关于徇私的性质，刑法理论上存在不同观点。

第一种观点认为，徇私既是客观的构成要件要素，也是主观要素（所谓"动机与行为说"）。如有人指出："徇私是作为许多渎职罪的罪状特征加以规定的。这种特征与具体的违反职责、弄权渎职行为不是一种选择关系，而是在具有徇私情节的渎职罪中，把徇私作为不可或缺的罪状特征加以规定的，也就是说，是把徇私作为某种犯罪客观方面的法定构成要件。"同时认为："徇私在主观方面，表现为行为人实施具体的渎职行为的犯罪动机，并且是构成该种犯罪的法定构成要件，也就是说，犯罪动机成为主观方面的法定要件。"[1]

但是，这种观点至少存在三个疑问：首先，既然将徇私作为客观的构成要件要素，就不能同时将其作为主观要素。因为在故意犯罪中，除客观的超过要素外，客观的构成要件要素都是需要行为人认识的要素。例如，追诉无罪的人或者包庇有罪的人使之不受追诉，是徇私枉法罪的客观行为（客观的构成要件要素）。因此，司法工作人员要成立徇私枉法罪，就必须明知是无罪的人而使他受追诉，或者明知是有罪的人而故意包庇不使他受追诉。虽然客观的构成要件要素是故意的认识内容，但不能认为客观的构成要件要素同时属于主观要素。其次，既然认为徇私不是故意的内容，而是犯罪的动机，那么，就不能要求有与徇私相对应的客观事实。所以，认为徇私既是客观的构成要件要素，又是主观的超过要素（犯罪的动机）的观点，存在自相矛盾之嫌。最后，将徇私作为客观的构成要件要素，必然存在下述第二种观点的缺陷。

第二种观点认为，徇私是客观的构成要件要素（所谓"行为说"）。如有人在论述徇私枉法罪的客观构成要件时指出："徇私枉法罪客观方面的特征有两点：一是徇私的行为，即司法工作人员利用职务上的便利，为谋取私利或者其他个人目的而实施的行为。二是枉法的行为，即司法工作人员故意歪曲事实、违反法

---

[1]　李文生：《关于渎职罪徇私问题的探讨》，《中国刑事法杂志》2002年第4期。

律，出入人罪的行为。"①

在本书看来，这种观点也存在缺陷。首先，如果认为徇私是客观行为，获取财物或财产性利益又是徇私的重要内容，那么，凡是将徇私规定为犯罪成立要素的渎职罪，都可能包含了受贿罪，于是必然出现轻罪包含重罪内容的局面。这可能难以被人接受。例如，依照这种观点，司法工作人员犯徇私舞弊减刑、假释、暂予监外执行罪，就当然包含了受贿行为；不仅不能对受贿罪与徇私舞弊减刑、假释、暂予监外执行罪实行并罚，而且不能认定为牵连犯，因为当受贿完全包含于徇私舞弊减刑、假释、暂予监外执行罪的客观行为之中后，就意味着行为人收受贿赂并徇私舞弊减刑、假释、暂予监外执行的行为，属于一个犯罪行为，充其量只能认定为想象竞合或者法条竞合。这是难以令人赞成的。即使引用《刑法》第399条第4款，也不能说明这种观点的合理性。因为，如果将徇私解释为客观的构成要件要素使之包含受贿等客观行为，那么，《刑法》第399条第4款就不仅成为多余的规定，而且缺乏理由。换言之，按照行为说，受贿行为完全包含在徇私枉法罪之中，所以，司法工作人员收受贿赂枉法追诉、枉法裁判的，当然只能认定为徇私枉法罪或民事、行政枉法裁判罪，而不可能依照较重的规定定罪处罚。这还可能导致处罚的结果与单纯实施受贿行为的情形不均衡。其次，从刑法分则关于渎职罪的规定可以看出，徇私并非表明行为的客观违法性（法益侵害性）的要素，因而不宜将其归入客观的构成要件要素。例如，只要税务机关工作人员客观上违反税法规定不征或者少征税款，即使并非基于徇私，也导致国家税收遭受损失，也侵害了税务机关工作人员职务行为的客观公正性。再如，只要国家商检部门、商检机构的工作人员伪造检验结果，即使并非基于徇私，也侵害了商检部门、商检机构工作人员职务行为的客观公正性以及公众对该客观公正性的信赖，侵害了商检报告的公共信用。既然如此，就不能将并非说明客观违法性的要素归入客观的构成要件要素。再次，如果将徇私理解为客观的构成要件要素，那么，由于徇私的表现形式不能穷尽，结局必然导致构成要件丧失定型性。最后，刑法是成文法，不能脱离文字表述解释刑法。根据汉语的通常含义，徇私显然是一种主观内容而非客观事实。当根据文字含义得出的结论具有合理性时，就不能推翻这一合理结论。

第三种观点认为，徇私是犯罪目的（所谓"目的说"）。如有学者在分析徇私枉法罪的主观要素时指出："本罪主观方面是直接故意，其目的是徇私或者徇情。"②

---

① 王福生：《浅谈徇私枉法罪客观方面的认定》，《人民检察》2001年第3期。
② 刘生荣主编：《施刑范典》，中国方正出版社1999年版，第1243页。

诚然，目的与动机常常难以区分。某种主观想法，从一个角度而言属于目的，从另一角度而言属于动机，或许严格区分动机与目的并不现实。而且，刑法中也存在将动机表述为目的的条文。例如，《刑法》第 276 条规定："由于泄愤报复或者其他个人目的，毁坏机器设备、残害耕畜或者以其他方法破坏生产经营的，处三年以下有期徒刑、拘役或者管制；情节严重的，处三年以上七年以下有期徒刑。""由于"显然表示的是起因，"泄愤报复"也属于动机的内容。不难看出，该条其实是将动机表述为目的。在此意义上说，目的说并无不当；对目的说的批判有吹毛求疵之嫌。尽管如此，本书仍然不赞成将徇私解释为犯罪目的。一方面，在我国刑法理论中，将目的犯限定为直接故意犯罪（只有直接故意才有犯罪目的）的观点根深蒂固，如果将徇私作为犯罪目的，便容易形成"以徇私为要件的渎职罪均属于直接故意犯罪"的结论。可事实上，以徇私为要件的渎职罪，也可能出于间接故意；在司法实践中，以间接故意实施徇私枉法等渎职罪的实例屡见不鲜；① 刑法分则条文以及总则条文，也没有否认间接故意可以构成以徇私为要件的渎职罪。另一方面，从具体层面来分析：如果认为徇私属于直接目的（即只要行为人实施渎职行为就可以实现徇私目的），则并不符合事实。例如，司法工作人员对不符合减刑条件的罪犯予以减刑的行为，并不能直接实现徇私目的。如果认为徇私属于间接目的（即短缩的二行为犯），也不符合事实。因为以徇私为要件的渎职罪，并不属于将二行为犯或复行为犯缩短为一行为犯或单行为犯的情形。②

第四种观点认为，徇私属于犯罪动机（所谓"动机说"）。如有人在论述徇私枉法罪时指出："'徇私'就是构成徇私枉法罪主观方面的必备的犯罪动机要件。"③ 本书原则上赞成这一观点。

渎职罪的主体是国家机关工作人员，其基本特征之一是从事公务，而公务的特征之一是具有裁量性，单纯的机械性事务不可能成为公务。有些裁量性事务，需要国家机关工作人员具有较高的法律素质、政策水平、技术能力，这种事务容易出现差错；有些裁量性事务，对国家机关工作人员的法律素质、政策水平、技术能力的要求则相对低一些，这种事务一般不会出现差错。分析刑法分则关于渎职罪的规定就可以清楚地看出，凡是规定了徇私要素的渎职罪，其职责内容都是需要国家机关工作人员具有较高的法律素质、政策水平、技术能力的裁量性事务；刑法将徇私规定为主观要素，显然是为了将国家机关工作人员因为法律素

---

① 参见高兵：《徇私枉法罪疑难问题分析》，《人民检察》2003 年第 1 期。
② 参见张明楷：《论短缩的二行为犯》，《中国法学》2004 年第 3 期。
③ 牛克乾、阎芳：《试论徇私枉法罪中"徇私"的理解与认定》，《政治与法律》2003 年第 3 期。

质、政策水平、技术能力不高而出现差错的情形排除在渎职罪之外。

例如，《刑法》第 399 条第 1 款将"徇私"规定为主观要素，是因为有罪、无罪往往界限不清、事实不明，为了避免将司法工作人员因法律素质不高而把有罪认定为无罪或者相反的情形认定为徇私枉法罪，刑法条文将徇私枉法罪限定为"徇私"的情形。①《刑法》第 400 条第 1 款规定的私放在押人员罪不要求徇私，是因为谁是在押人员、具备什么条件与程序可以释放在押人员，是非常清楚的事情，不会出现因法律素质、政策水平、技术能力不高而私放罪犯的现象，所以，不必将徇私规定主观要素。《刑法》第 401~405 条以及第 410~414 条、第 418 条规定的各种渎职罪，将徇私规定为主观要素，也是因为相关职责的履行需要国家机关工作人员具有较高的法律素质、政策水平、技术能力，必须将因法律素质、政策水平、技术能力不高而出现差错的情形排除于犯罪之外。《刑法》第 407 条规定的违法发放林木采伐许可证罪不要求徇私，是因为有关林木采伐的规定相当明确，不会出现因法律素质、政策水平不高而错误发放林木采伐许可证的情形。《刑法》第 415 条规定的犯罪不要求徇私，是因为负责办理护照、签证以及其他出入境证件的国家机关工作人员或者边防、海关等国家机关工作人员，能够轻易判断他人是否偷越国（边）境，不会出现因法律素质、政策水平、技术能力不高而导致差错的情形。《刑法》第 416 条规定的渎职罪也不要求徇私，这是因为，既然负有解救职责的国家机关工作人员接到了被拐卖、绑架的妇女、儿童及其家属的解救要求或者接到其他人的举报后，依然不解救，就不可能是法律素质、政策水平、技术能力低造成的。

从上面的分析可以看出，刑法分则条文要求部分渎职罪出于徇私动机，是为了将因为法律素质、政策水平、技术能力不高而造成差错的情形，排除在渎职罪之外；换言之，当国家机关工作人员不是因为法律素质、政策水平、技术能力不高造成差错，而是基于徇私的内心起因违背职责时，便以渎职罪论处。所以，将徇私解释为犯罪的动机，是比较符合刑法规定与现实情况的。

现在的问题是，能否认为犯罪的动机属于主观要素（责任要素）？有一种观点认为："'犯罪动机不能成为犯罪构成要件（指四要件中的主观要件，即本书所称的责任要素——引者注）'，是刑事立法的基本要求和刑法理论的基本命题。"②但是，这种解释观念与方法存在疑问。

长期以来，我国的刑法学只是注重演绎，习惯于用各种既定的理论命题判断

---

① 或许有人以《刑法》第 399 条第 2 款没有规定徇私为由反驳本书的观点；其实，《刑法》第 399 条第 2 款因为有"情节严重"的规定，所以，不需要通过徇私要素排除不构成犯罪的情形。

② 陈建清：《试论徇私枉法罪》，《山东法学》1999 年第 1 期。

刑事立法合理与否（甚至用旧刑法时代形成的各种理论命题判断现行刑法的得失），而不斟酌理论命题是否符合现行刑事立法；习惯于用各种既定的理论命题推演案件结论，而不考虑结论的妥当性。可是，首先，这种始终将既定理论命题作为大前提判断一切的做法，难以取得创新成果；但没有创新就没有发展，这或许是我国刑法学比较落后的重要原因。其次，这种做法导致研究者自觉或者不自觉地将某种理论命题作为不可动摇的真理；而"相信只有一种真理而且自己掌握着这个真理，这是世界上一切罪恶的最深刻的根源"①。我们应当意识到，刑事立法的发展、社会生活事实的变化，必然导致刑法理论的变化；以固定不变的理论为依据，要求刑事立法与社会生活事实适应固定不变的理论，是本末倒置的做法。

归纳方法更有利于刑法理论的创新与发展。刑法理论的许多概念，都是国外学者通过对其刑事立法进行归纳形成的。例如，将构成要件要素分为记述的构成要件要素与规范的构成要件要素、成文的构成要件要素与不成文的构成要件要素，都是对刑法条文进行归纳的结论。再如，德国刑法理论起先根据刑法分则的规定，总结出目的、内心倾向、特定的心理过程三种主观的超过要素，形成了目的犯、倾向犯、表现犯概念。但学者们并不以此为终结性真理，而是通过对现行刑法条文的归纳，又得出"不纯正的心情要素"也是主观要素的结论。② 我国的刑法理论研究应当重视归纳方法的运用，既要重视对社会生活事实与判例的归纳，也要重视对刑法规定的归纳。当刑法分则条文明文将某种动机规定为主观要素时，刑法理论既不能熟视无睹，也不能牵强地将其解释为犯罪目的或归入故意内容，更不能否认该动机属于犯罪的主观要素。

以上是以刑法明文规定的"徇私"动机展开的讨论。但是，在司法实践中，却存在着对职务犯罪随意要求徇私动机的现象。

例如，我国旧刑法与现行刑法都规定了非法拘禁罪，《刑法》第238条第4款还特别规定，国家工作人员利用职权犯非法拘禁罪的，从重处罚。从理论上看，没有任何人对非法拘禁罪提出主观的超过要素，但在司法实践中，对国家工作人员利用职权犯非法拘禁罪的，如果不是出于某种卑鄙的个人动机，往往难以认定为非法拘禁罪。超期羁押便是如此。③ 超期羁押，一般是指在刑事诉讼中，有关办案机关与办案人员依法对犯罪嫌疑人、被告人采取刑事拘留、逮捕强制措

① ［德］M·玻恩：《我的一生和我的观点》，李宝恒译，商务印书馆1979年版，第97页。
② Vgl., Hans-Heinrich Jescheck/Thomas Weigend, Lehrbuch des Strafrechts : Allgemeiner Teil, 5. Aufl., Duncker & Humblot, 1996, S. 320.
③ 倘若认为超期羁押的行为成立滥用职权罪，则如后所述，在滥用职权罪的认定方面也存在类似问题。

施后，羁押时间超过刑事诉讼法规定期限的行为。超期羁押的非法性至为明显。暂时撇开宪法、刑法而论，超期羁押行为最明显、最直接地违反了刑事诉讼法关于拘留、逮捕期限的规定。当国家机关以适用法律的名义，利用国家机器剥夺公民的人身自由时，其对公民人身权利侵害的普遍性、严厉性，远远超过普通公民的侵害行为。从人身自由被剥夺的程度来看，被超期羁押的犯罪嫌疑人、被告人均被关押于戒备森严的看守所，其人身自由被彻底剥夺。从时间上看，超期羁押的期限少则几个月，多则几年甚至更长。这两点足以说明超期羁押行为的法益侵害程度。不仅如此，在许多情况下，超期羁押的危害性比司法机关将无罪错判为有罪的危害性有过之而无不及。在无罪错判为有罪的情况下，被错判的人能够预测自己何时可以获得自由，因而他总是抱有重获自由的希望；他还可以通过立功等表现，获得减刑或者假释。而超期羁押至何时为止，被羁押者根本无法预测，或者说，他根本不知道自己何时可以获得自由。被羁押者的自由依赖于有关机关与办案人员将案件查明，但事实上，各种证据随着时间的流逝而失散、湮灭，他获得自由的可能会越来越小、希望越来越渺茫。既然刑事立法、刑事司法与刑法理论皆认为司法工作人员故意将无罪错判为有罪具有严重的危害性，并因此追究刑事责任，那么，就没有理由否认超期羁押的违法性与有责性。民国时期 1935 年《刑法》第 125 条规定："有追诉或处罚犯罪职务之公务员，为下列行为之一者，处一年以上七年以下有期徒刑：一、滥用职权为逮捕或羁押者。……因而致人于死者，处无期徒刑或七年以上有期徒刑，致重伤者，处三年以上七年以下有期徒刑。"1936 年中华民国最高法院上字第 3652 号指出："刑法第一百二十五条第一项第一款之滥权羁押罪，不仅指羁押之始具有滥用职权之违法情形，即先以合法原因羁押，而其后原因消灭，复以不法意思继续关押者，仍属滥权羁押，不能解免前项罪责。"[①] 这一判旨明确指出，超期羁押构成滥用职权羁押罪。旧中国尚且能做到的有利于保障公民人身自由的事情，当下没有理由做不到，更没有理由不做到。

可是，长期以来，我国刑法对超期羁押行为未能追究刑事责任；这反过来又成为超期羁押现象严重的原因，造成恶性循环。之所以未能追究超期羁押的刑事责任，原因也是林林总总，如对超期羁押的危害性认识不足、犯罪主体不易确定、超期羁押太普遍因而担心打击面过大等。但其中的一个重要原因是，人们习惯于认为，超期羁押不是为了谋取私利，而是为了打击犯罪即为公，所以不宜追究刑事责任。显然，在决定行为是否成立犯罪时，这种观念主要考虑的是行为人主观上是利他动机还是利己动机，出于利他动机超期羁押的，不成立犯罪；出于

---

① 转引自许玉秀主编：《学林分科六法：刑法》，学林文化事业有限公司 2001 年版，第 263 页。

利己动机非法关押他人的，是自私自利的表现，可能成立犯罪。然而，根据刑法的目的与非法拘禁罪的构成要件，出于打击犯罪的动机而超期羁押的行为，也是犯罪行为。因为不管行为人是出于打击犯罪的动机超期羁押，还是出于报复等个人目的关押他人，其行为本身对被害人人身自由的侵害程度没有任何改变。我们不能说，如果行为出于打击犯罪的动机，其行为对被害人人身自由的侵害程度就轻微得多；反之，则严重得多。不仅如此，从法益侵害程度上考虑，利用国家机器剥夺公民人身自由的行为，比普通公民剥夺他人人身自由的行为，有过之而无不及。诚然，行为人的主观内容影响其非难可能性的程度，但是动机只是导致行为人实施犯罪的主观原因，它只能从一个侧面说明行为人的非难可能性。更何况，为打击犯罪而超期羁押的动机也说不上是真正的为公动机。国家机关工作人员要出于公心、基于公正行事，首要的要求就是遵守实体法和程序法的规定，其中就包括了羁押期限的规定。真正的为公动机，不可能指引行为人去违背刑事诉讼法的规定，更不可能指引行为人去侵害宪法所保护的公民基本权利。概言之，所谓的"为公"的动机不可能使行为的法益侵害性减少，也不可能导致非法拘禁罪的责任缺失。因为从责任的角度来说，非法拘禁罪的成立虽然需要行为人具有故意，但不需要具备特定的主观的超过要素。而超期羁押时，相关行为人当然明知自己的行为是在非法剥夺公民的人身自由，并且希望或者放任这种结果的发生，因而具有非法拘禁罪的故意。据此，可以得出以下结论：在刑法没有规定动机是犯罪主观要素的情形下，动机的内容不影响行为对法益的侵犯性质与程度，也不导致有责性的缺失，因而不影响定罪；即使"善良"的动机、"利他"的动机也不例外。

现行刑法与旧刑法都规定了刑讯逼供罪，但都没有对本罪规定主观的超过要素，具体地说都没有要求行为人出于利己的动机。然而事实上却存在这样的做法：如果刑讯逼供行为出于尽快破案等良好动机，则不认定为犯罪；只有当行为人出于报复等卑鄙动机时，才追究刑事责任。对这种做法稍作分析就会发现，它主要考虑行为人主观上是利他动机还是利己动机，出于利他动机实施刑讯逼供时，由于行为人没有获取私利的意图，所以无罪；出于利己动机时，则是自私自利的表现，所以有罪。显然，它没有站在法益主体的角度考虑问题，没有从保护法益的角度得出结论。如果坚持贯彻法益侵害说，不难发现出于利他动机的刑讯逼供行为也是犯罪行为。因为不管行为人是出于利他动机还是利己动机，刑讯逼供行为对被害人人身权利的侵犯没有任何改变，我们不能说，行为人出于利他动机时，其刑讯逼供行为对被害人人身权利的侵犯程度就轻微得多；反之，则严重得多。同样，这种做法也不符合刑法关于责任要素的规定，因为根据刑法分则的规定，基于任何动机的刑讯逼供都不缺乏非难可能性。由此可见，刑讯逼供罪的成立，并不以具有特定的动机为前提。

旧刑法没有规定滥用职权罪，导致部分滥用职权的行为以玩忽职守罪论处、部分滥用职权的行为没有受到刑法的制裁，于是人们呼吁增设滥用职权罪。现行刑法增设了此罪。但是，现行刑法施行以来，却有许多滥用职权行为没有受到刑事责任追究。例如，公安人员为了完成罚款任务，非法关押妇女，强迫没有卖淫的妇女承认卖淫事实，交代嫖娼者姓名，导致妇女自杀身亡或重伤；本地司法人员动用武器阻止外地法官执行案件，导致发生法律效力的判决长期不能执行；司法人员利用职权、徇私舞弊，管辖不该由本地管辖的案件；检察人员在收费站逃费冲岗后，又以"妨害公务"为名强行带走收费站工作人员，并围攻在场记者；乡政府领导决定乱收费、乱摊派，致使一个乡的农民一年之内多上交几百万元，在农民提起行政诉讼状告乡政府后，又强迫农民撤诉；有关领导乱设建设基金，并且自立名目，加价征收各种建设基金，然后挪用建设基金用于非建设基金项目；某市领导强迫市民购买本地生产的商品（如香烟）或产品（如小麦），并以商品折抵工资，给市民造成重大损失；有关单位截留税款、罚没收入，用于建楼堂馆所，致使国家利益遭受重大损失；有的地方领导组织下级实行地区封锁，遇到外地化肥等产品进入该地，动辄打人砸车，给对方造成重大损失；等等。①

应当认为，上述行为都符合滥用职权罪的犯罪构成。然而，对于类似构成犯罪的行为，司法机关都没有追究行为人滥用职权罪的刑事责任。主要原因之一是，这些滥用职权的人主观上都是出于利他（单位乃至国家）动机，而不是出于利己动机。换言之，在司法实践中，利己动机基本上成为滥用职权罪的不成文的构成要件要素。显而易见，这种做法，违反刑法保护法益的目的，不利于遏止滥用职权行为，不利于法治国家建设。

3. 流氓动机

旧刑法规定了流氓罪，寻衅滋事是流氓罪的表现形式之一，现行刑法将寻衅滋事规定为独立的犯罪类型。

1984年11月2日发布的《最高人民法院、最高人民检察院关于当前办理流氓案件中具体应用法律的若干问题的解答》（已废止）指出："在刑法上，流氓罪属于妨害社会管理秩序罪。流氓罪行虽然往往使公民的人身或公私财产受到损害，但它的本质特征是公然蔑视法纪，以凶残、下流的手段破坏公共秩序，包括破坏公共场所的和社会公共生活的秩序。"由于寻衅滋事罪是从流氓罪中分解出来的，故上述司法解释的内容依然影响了人们对现行刑法中的寻衅滋事罪的解

---

① 这些案例是笔者根据有关报道概括的，其中有的案例涉及数罪名，但只要涉及滥用职权罪的，笔者都列入其中，旨在说明司法实践中存在擅自增添主观的超过要素的现象。

释。一方面，现行司法解释继续将"流氓动机"规定为寻衅滋事罪的主观要素。2006 年 1 月 11 日发布的《最高人民法院关于审理未成年人刑事案件具体应用法律若干问题的解释》第 8 条规定："已满 16 周岁不满 18 周岁的人出于以大欺小、以强凌弱或者寻求精神刺激，随意殴打其他未成年人、多次对其他未成年人强拿硬要或者任意损毁公私财物，扰乱学校及其他公共场所秩序，情节严重的，以寻衅滋事罪定罪处罚。"2013 年 7 月 15 日发布的《最高人民法院、最高人民检察院关于办理寻衅滋事刑事案件适用法律若干问题的解释》第 1 条第 1 款至第 3 款分别规定："行为人为寻求刺激、发泄情绪、逞强耍横等，无事生非，实施刑法第二百九十三条规定的行为的，应当认定为'寻衅滋事'。""行为人因日常生活中的偶发矛盾纠纷，借故生非，实施刑法第二百九十三条规定的行为的，应当认定为'寻衅滋事'，但矛盾系由被害人故意引发或者被害人对矛盾激化负有主要责任的除外。""行为人因婚恋、家庭、邻里、债务等纠纷，实施殴打、辱骂、恐吓他人或者损毁、占用他人财物等行为的，一般不认定为'寻衅滋事'，但经有关部门批评制止或者处理处罚后，继续实施前列行为，破坏社会秩序的除外。"另一方面，刑法理论与仍然将"流氓动机"作为寻衅滋事罪的主观要素。例如，有学者指出："寻衅滋事罪的罪责形式是故意，这里的故意，是指明知是寻衅滋事行为而有意实施的主观心理状态。应当指出，寻衅滋事罪在主观上必须具有寻求精神刺激、发泄情绪、逞强耍横的动机。"① 有的教科书指出："本罪的主观方面为故意。本罪的犯罪动机可能多种多样，有的是以惹是生非来获得精神刺激，有的是用寻衅滋事开心取乐，有的是以起哄闹事来争强逞能，有的是为了证明自己的'能力'和'胆量'等等。"② 还有论著提出："本罪的本质特征是，公然藐视国家法纪和社会公德，故意用寻衅滋事，破坏社会秩序的行为，来寻求精神刺激，填补精神上的空虚。……行为人具有寻求精神刺激、发泄不良情绪、耍威风、取乐等流氓动机，并在此动机的支配下实施了寻衅滋事行为，表明了行为人主观上具有公然向社会公德挑战向社会成员应共同遵守的社会秩序挑战的故意，……行为人在流氓动机的支配下，实施寻衅滋事行为，达到某种精神上的满足，这种通过寻衅滋事行为所要达到的精神满足，就是本罪的犯罪目的。"③ 笔者也曾指出："主观上的流氓动机与客观上的无事生非，是本罪的基本特征，也

---

① 陈兴良：《规范刑法学》（第四版）（下册），中国人民大学出版社 2017 年版，第 972 页。
② 高铭暄、马克昌主编：《刑法学》（第十版），北京大学出版社、高等教育出版社 2022 年版，第 551 页。
③ 王作富主编：《刑法分则实务研究》（第五版）（中），中国方正出版社 2013 年版，第 1134～1135 页。

是本罪与故意伤害罪、抢劫罪、敲诈勒索罪、故意毁坏财物罪的关键区别。"①

　　要求寻衅滋事罪主观上具有流氓动机，或许有利于区分寻衅滋事罪与非罪、相关犯罪的界限。尽管如此，本书仍然认为，成立寻衅滋事罪并不需要行为人主观上出于流氓动机。

　　第一，所谓"为寻求刺激、发泄情绪、逞强耍横等"即"流氓动机"是没有具体意义、难以被人认识的心理状态，具有说不清、道不明的内容，将其作为寻衅滋事罪的主观要素，并不具有限定犯罪范围的意义。凡是随意殴打他人的，都可以判断为发泄情绪；凡是强拿硬要公私财物的，也都可以评价为逞强耍横；凡是追逐他人的，都可以认为是寻求刺激。所以，将流氓动机作为寻衅滋事罪的主观要素，不能像人们所想象的那样起到区分罪与非罪、此罪与彼罪的作用。况且，要求寻衅滋事罪出于流氓动机，是旧刑法时代的观念（因为旧刑法将寻衅滋事规定为流氓罪的一种表现形式）。可是，现行刑法并没有流氓罪，解释者大脑中也不应再有流氓罪的观念，故不应将流氓动机作为寻衅滋事罪的主观要素。②

　　第二，认为"流氓动机"不是寻衅滋事的主观要素，是因为即使没有这种流氓动机的行为也可能严重侵犯寻衅滋事罪的保护法益。因为行为是否侵犯了公共秩序与他人的身体安全、行动自由、名誉以及财产，并不取决于行为人主观上有无流氓动机。在公共场所，出于流氓动机殴打他人，与出于报复动机殴打他人，对于他人身体安全与公共场所秩序的侵犯没有任何区别。出于流氓动机强拿硬要，与因为饥饿而强拿硬要，对他人财产与社会生活安宁造成的侵害没有任何区别。既然不是出于流氓动机的行为，也完全可能侵犯寻衅滋事罪的保护法益，那么，要求行为人出于流氓动机，就是多余的。流氓动机也不是非难可能性的必要条件，因为不是出于流氓动机而故意实施《刑法》第293条规定的构成要件行为，就不缺乏非难可能性。况且，虽然不是出于流氓动机，而是基于仇视社会的心理所实施的寻衅滋事行为，也不可能缺乏非难可能性。

　　第三，不将流氓动机作为寻衅滋事罪的主观要素，也完全可以从客观上区分是否寻衅滋事行为，因而完全可以区分罪与非罪、此罪与彼罪。例如，故意造成他人轻伤的，就是伤害行为；多次殴打他人没有造成伤害的行为，就不是伤害行为，而是随意殴打他人的行为。随意殴打他人造成伤害的，就是寻衅滋事罪与故意伤害罪的想象竞合。以足以压制他人反抗的暴力、胁迫手段取得他人财物的，

---

① 张明楷：《刑法学》（第二版），法律出版社2003年版，第812页。
② 虽然不可否认，寻衅滋事罪是从旧刑法的流氓罪中分解出来的，但这并不意味着仍然应按流氓罪的观念解释寻衅滋事罪。倘若永远按照旧刑法解释现行刑法，就意味着现行刑法对旧刑法的修改毫无意义。换言之，如果沿革解释优先，必然导致刑法的修改丧失意义。

是抢劫行为；以轻微暴力强行索要他人少量财物的，是强拿硬要行为；等等。

第四，不要求行为人主观上出于流氓动机，并不意味着不要求行为人主观上具有故意，因而不会导致客观归罪。寻衅滋事罪是故意犯罪，这是没有疑问的，但其故意内容应当根据客观构成要件的内容以及刑法关于故意的一般规定来确定。倘若以寻衅滋事罪的客观构成要件内容为根据，就不可能将流氓动机作为故意内容。所以，流氓动机是一种"主观的超过要素"，这种要素不是故意本身的内容，而是故意之外的一种主观内容，因此，不要求流氓动机，并不等于不要求有犯罪故意，不会因此而导致客观归罪。

第五，要求行为人主观上出于流氓动机，导致一些具体案件不能得出妥当结论。[①] 此外，许多并非出于流氓动机的寻衅滋事行为，均被司法机关认定为寻衅滋事罪。[②]

总之，在现行刑法之下，不应要求寻衅滋事罪出于流氓动机。事实上，前述2013年7月15日《最高人民法院、最高人民检察院关于办理寻衅滋事刑事案件适用法律若干问题的解释》第1条的规定本身，也不无疑问。例如，既然第1款规定寻衅滋事罪需要"无事生非"，就难以认为"行为人因日常生活中的偶发矛盾纠纷，借故生非"的属于寻衅滋事。因为无事生非是指本来没有事情却故意制造事端，而借故生非是指借助事情制造事端。再如，既然"行为人因婚恋、家庭、邻里、债务等纠纷，实施殴打、辱骂、恐吓他人或者损毁、占用他人财物等行为的"，不属于无事生非，就难以认为"经有关部门批评制止或者处理处罚后，继续实施前列行为，破坏社会秩序的"属于无事生非。另外，晚近的司法解释也基本上否认了将流氓动机作为寻衅滋事罪的主观要素。[③] 诚然，司法机关应当限制寻衅滋事罪的处罚范围，但本书认为，应当尽可能从客观方面（如行为的次数、场所、时间、行为对象等）进行限制，而不宜从难以判断的主观动机方面进行限制。

三、客观的超过要素

客观的超过要素，是笔者制造的一个概念。近几年来，虽然有学者赞成这一概念，但也有不少学者反对这一概念。这一概念的提出，原本是以四要件体系为

---

① 参见张明楷：《寻衅滋事罪探究（下篇）》，《政治与法律》2008年第2期。

② 参见"两高"、公安部、司法部于2019年2月28日发布的《关于办理实施"软暴力"的刑事案件若干问题的意见》。

③ 参见"两高"、公安部、司法部、原国家卫生和计划生育委员会于2014年4月22日发布的《关于依法惩处涉医违法犯罪维护正常医疗秩序的意见》；"两高"、公安部于2019年2月28日发布的《关于依法处理信访活动中违法犯罪行为的指导意见》。

背景或前提的。倘若采用以违法与责任为支柱的三阶层或者两阶层体系，这一概念是否具有存在的余地，是值得进一步讨论的问题。

（一）问题的提出

责任主义并不意味着故意犯罪的行为人必须认识到所有的客观要素。事实上，有些客观要素并不需要行为人认识。在德国、日本刑法理论体系中，哪些属于故意必须认识的客观构成要件要素，哪些不属于故意必须认识的客观处罚条件，是比较清楚明了的。但在我国传统的四要件体系中，由于犯罪构成是成立犯罪的唯一法律依据，成立犯罪所必需的一切要素都被纳入犯罪构成，于是，相当于德国、日本刑法中的客观处罚条件的要素，在我国也成为犯罪构成要件的客观要素。这便增加了解决问题的难度。

例如，《刑法》第129条规定："依法配备公务用枪的人员，丢失枪支不及时报告，造成严重后果的，处三年以下有期徒刑或者拘役。"据此，本罪的客观要件包含三个要素：一是丢失了公务用枪；二是不及时报告；三是造成了严重后果。显然，行为人主观上必须认识到公务用枪已经丢失，认识到应当及时报告而不及时报告。那么，对造成严重后果是否需要有认识呢？是否必须具有希望或放任严重后果发生的心理态度呢？概括起来说，丢失枪支不报罪在主观上是故意还是过失呢？人们的回答并不统一，有人主张是故意，[①] 有人主张是过失，[②] 还有人认为既可能是过失，也可能是间接故意。[③] 认为是故意的人主要考虑的是不及时报告的行为，认为是过失的人主要考虑的是造成严重后果的事实。但是，行为与结果都是故意的认识内容，如果只考虑其中一点，显然不能得出适当结论。然而，果真统一考虑行为人对行为与结果的认识时，就会发现难以得出适当结论，这正是形成争论的原因。此外，在刑法没有明文规定的情况下，认为一个具体犯罪既可以是过失也可能是故意的观点，也存在不妥之处。因为根据《刑法》第14条与第15条的规定，如果认定某种犯罪是故意犯，那么，当刑法没有明文规定过失可以构成该罪时，就不能认为该罪可以由过失构成，否则便违反罪刑法定原则与责任主义；一个犯罪既可以出于故意也可以出于过失的观点，导致在刑法没有明文规定的情况下，故意犯罪与过失犯罪的法定刑相同，也有悖罪刑相适应原则。此外，"刑法分则条文规定的某些具体犯罪只能由间接故意构成，不能由

---

① 参见张穹主编：《刑法适用手册》，中国人民公安大学出版社1997年版，第498页。

② 参见高铭暄、马克昌主编：《刑法学》（第十版），北京大学出版社、高等教育出版社2022年版，第355页；邓又天主编：《中华人民共和国刑法释义与司法适用》，中国人民公安大学出版社1997年版，第189页；何秉松主编：《刑法教科书》（2000年修订）（下卷），中国法制出版社2003年版，第711页。

③ 参见中国检察理论研究所编：《刑法新罪名通论》，中国法制出版社1997年版，第34页。

直接故意构成"的观点，更值得商榷。因为直接故意与间接故意虽然存在区别，但二者在法律上的地位却是相同的；既然间接故意能成立丢失枪支不报罪，直接故意更能成立此罪；事实上也不存在"某种行为出于直接故意时成立此罪、出于间接故意时成立彼罪"的情形。因此，必须进一步探讨主观故意与客观要素的关系。

又如，2006 年《刑法修正案（六）》修改前的《刑法》第 186 条第 1 款与第 2 款分别规定的违法向关系人发放贷款罪与违法发放贷款罪，行为人就行为而言显然是故意的；但就结果而言，认定为故意似乎不妥当。于是有人认为本罪由故意构成；① 有人认为本罪由过失构成；② 有人认为本罪既可以由过失构成，也可以由间接故意构成；③ 有人认为本罪对行为是故意的，对结果是过失的。④ 其他许多条文都存在类似问题。⑤ 这些条文所规定的犯罪的共同点是，行为人明显出于"故意"实施犯罪行为，但对于刑法明文要求发生的最终结果却不是出于故意，而且法定刑一般比较低。如何认识这些犯罪的各种客观要件的性质以及主观故意的内容，成为目前亟待解决的难题。

（二）思考的过程

笔者提出客观的超过要素概念，由来于主观的超过要素与客观的处罚条件概念的启示。

1. "主观的超过要素"概念的启示

如前所述，刑法理论没有争议地认为存在超出客观要素的主观要素，那么，有无可能存在超出故意认识内容的客观要素呢？大陆法系国家刑法理论以及我国的刑法理论几乎公认，成立故意伤害（致死）罪，虽然要求客观上发生死亡结果，却不要求行为人主观上对死亡有认识。于是，死亡结果成为超出故意认识内容的客观要素。问题是，能否在结果加重犯之外，也承认这种超出故意认识内容的客观要素（客观的超过要素）呢？例如，能否认为《刑法》第 129 条所规定的"造成严重后果"也是一种客观的超过要素，因而不需要行为人认识，进而将丢失枪支不报罪确定为故意犯罪呢？

---

① 参见陈兴良：《刑法疏议》，中国人民公安大学出版社 1997 年版，第 325 页；周振想：《刑法学教程》，中国人民公安大学出版社 1997 年版，第 421 页。

② 参见刘家琛主编：《新罪通论》，人民法院出版社 1996 年版，第 238 页。

③ 参见张穹主编、最高人民检察院法律政策研究室编著：《修订刑法条文实用解说》，中国检察出版社 1997 年版，第 244 页；杜发全主编：《新刑法教程》，西北大学出版社 1997 年版，第 445 页。

④ 参见周道鸾、张军主编：《刑法罪名精释》（第三版）（上），人民法院出版社 2007 年版，第 293 页。

⑤ 如《刑法》第 168 条、第 187 条、第 189 条、第 330 条、第 331 条、第 332 条、第 334 条、第 337 条、第 338 条、第 339 条、第 403 条、第 405 条、第 406 条等。

2. "客观处罚条件" 概念的启示

众所周知，德国、日本三阶层体系只是一个通行的一般性的提法。在一些情况下，行为具有构成要件符合性、违法性与有责性时，并不能据此处罚行为人，还要求具备刑法所规定的一定的处罚条件。换言之，虽然成立犯罪时，原则上就可能对行为人发动刑罚权，但在例外情况下，刑罚权的发动，不仅取决于犯罪事实，而且取决于刑法所规定的其他外部事由或者客观条件。这种事由或条件称为客观处罚条件（objektive Bedingung der Strafbarkeit; condizione obiettiva di punibilita，也称为客观的可罚条件或处罚条件）。① 例如，德国《刑法》第283条前5款规定了破产罪的罪状与法定刑，其第6款规定："行为人仅于停止支付或就其财产宣告破产程序或宣告破产之申请由于程序欠缺而被驳回时，始加以处罚。"据此，行为符合该条前5款的规定时，便构成犯罪，但只有符合第6款时，才能处罚。该第6款所规定的便是客观处罚条件。再如，日本《刑法》第197条第2款规定："将要成为公务员的人，就其将来担任的职务，接受请托，收受、要求或者约定贿赂，事后成为公务员的，处五年以下惩役。"据此，将要成为公务员的人，只要就其将来所担任的职务，接受请托，收受、要求或者约定贿赂的，就成立事前受贿罪。但是，只有在行为人事后成为公务员时，才能处罚。"事后成为公务员"就是客观处罚条件。②

大陆法系国家刑法理论起先承认的这些客观处罚条件，与行为本身没有直接关系，通常是第三者行为的结果③，因此，与行为人的故意内容没有任何关系。后来，这种客观处罚条件的内容或范围似乎扩大了。德国近数十年来的刑法改革，运用了不少客观处罚条件。这种立法现象，受到了学者们的称赞。特别是一些行为的结果也被认为是客观处罚条件。例如，德国《刑法》第227条规定："互殴，或因数人共同攻击，致人于死或重伤（第224条）时，参加互殴或攻击者，若其参加并非完全无过失时，处三年以下自由刑或者并科罚金。"德国刑法理论认为，其中的"致人于死或重伤"就是客观处罚条件，行为人对此不必有故意。即行为人互殴或数人共同攻击时，原本就构成犯罪，但刑法规定只有在致人死亡或重伤时才处罚，而致人死亡或者重伤却与行为人的互殴故意无关。我国台湾地区"刑法"第283条前段规定："聚众斗殴，致人于死或重伤者，在场助势而非出于正当防卫之人，处三年以下有期徒刑。"林东茂教授解释说："在场

① 参见［日］大塚仁：《刑法概说（总论）》（第4版），有斐阁2008年版，第515~516页。
② 参见［日］曾根威彦：《处罚条件》，载阿部纯二、板仓宏等编：《刑法基本讲座》（第2卷），法学书院1994年版，第320页。
③ 如德国《刑法》第283条中的"驳回"申请是由法院决定的，日本《刑法》第197条第2款中的"成为公务员"是由他人任命的。

助势，是抽象的危险行为，因为，当发生群殴之时，如有人在旁鼓舞，很有可能使实际参加斗殴者，愈演愈烈，不知所止。这一种助势的危险行为，原则上已具备了应刑罚性，但是，如果一律加以处罚，又可能株连甚广，于是立法者基于刑事政策的考量，安排了'客观可罚条件'（致人于死或重伤），只有客观可罚条件出现，助势的危险行为，才有刑罚的必要性。"①

在一些故意犯罪中，将某些客观要素作为客观处罚条件来对待，从而不要求行为人对这种客观处罚条件具有认识与放任（包括希望）态度，就解决了将其作为构成要件而要求行为人具有故意所带来的问题。② 但是，刑法理论对客观处罚条件的性质与地位问题存在激烈争议。

第一种观点即传统观点认为，客观处罚条件与行为人的故意无关，不是构成要件要素，也不影响行为的违法性与有责性，只是立法者基于刑事政策的考虑而设立的发动刑罚权的条件；行为人不具备客观处罚条件时，其行为仍然成立犯罪，只是不能适用刑罚而已。于是，客观处罚条件就是刑罚论所研究的问题，而不是犯罪论的课题。③ 但是，这种观点的根基是人的违法观、行为无价值论，而且确实忽视了客观处罚条件对违法性的影响。④

第二种观点认为，影响违法性的（不真正的）客观处罚条件应属于违法性要素，因而应是构成要件要素；只有不影响违法性的要素，才是真正的客观处罚条件。如平野龙一教授指出："能否说这些条件（指客观处罚条件——引者注）与违法性完全没有关系，还有疑问。例如，在事前受贿的场合，可以说，已经收受贿赂的人成为公务员时，人们对公务的公正性的怀疑就进一步增强。因此，将所谓的处罚条件，区分为作为单纯条件的真正处罚条件或外部的处罚条件和与违法性有关的不真正处罚条件或客观的处罚条件，要求对后者至少有过失，则是适当的。"⑤ 德国刑法学者耶赛克（Jescheck）与魏根特（Weigend）也将客观处罚条件分为纯正的客观处罚条件与不纯正的客观处罚条件。⑥

第三种观点认为，客观处罚条件应还原为构成要件。如内藤谦教授指出，客观处罚条件虽然不是构成要件的结果，但不能认为客观处罚条件与犯罪的成立无

① 林东茂：《危险犯的法律性质》，《台大法学论丛》第24卷第1期，第302页。
② 需要指出的是，客观处罚条件概念的提出，虽然事实上解决了这一问题，但起先提出这一概念并非为了解决这一问题，而是因为客观处罚条件与行为无关、与违法性无关。
③ 参见［日］大塚仁：《刑法概说（总论）》（第4版），有斐阁2008年版，第515页。
④ 参见［日］曾根威彦：《处罚条件》，载阿部纯二、板仓宏等编：《刑法基本讲座》（第2卷），法学书院1994年版，第321页。
⑤ ［日］平野龙一：《刑法总论Ⅰ》，有斐阁1972年版，第163页。
⑥ Vgl. H. Jescheck/T. Weigend, Lehrbuch des Strafrechts: Allgemeiner Teil, 5. Aufl., Duncker & Humblot, 1996, S. 554ff.

关，因为刑罚是对犯罪的制裁，根据与成立犯罪无关的政策理由承认左右刑罚权发生的事由显然存在疑问。因此，所谓的客观处罚条件实际上是使违法性的程度增高的要素，因而是构成要件的要素。① 曾根威彦教授则认为，客观处罚条件并非与行为无关，相反是行为的一种结果，客观处罚条件是因果进程中的中间结果，犯罪结果则是因果进程中的最终结果，因为"危险"是一种结果，而客观处罚条件都是使行为的危险性增大的要素，因而其本身也是一种结果，应当还原为构成要件要素。② 不过，曾根威彦教授也没有将客观处罚条件作为构成要件的结果看待，而是认为，构成要件要素包括行为的客体、状况与条件，客观处罚条件就属于行为的条件，行为的条件既可以存在于行为时，也可以存在于行为后。例如，日本《刑法》第197条第2项规定："将成为公务员的人，就其将要担任的职务，接受请托，收受、要求或者约定贿赂，事后成为公务员的，处五年以上惩役。""事后成为公务员"这一客观处罚条件，就属于行为后的行为条件。③

大体上可以肯定的是，多数观点都认为，客观处罚条件不是故意的认识与意志内容，之所以形成了如此激烈的争论，主要是对客观处罚条件的实质作用存在分歧。有人认为客观处罚条件影响违法性；有人认为不影响违法性。

显而易见，在我国传统的四要件体系下，不能照搬大陆法系国家刑法理论的传统观点（即前述第一种观点），即不能在犯罪构成之外承认客观处罚条件。因为这样做会导致对四要件体系的致命性打击。首先，四要件体系的理论公认，犯罪构成是成立犯罪所必须具备的一切主客观要件的总和，行为符合犯罪构成就成立犯罪，故可以说，行为符合犯罪构成是认定犯罪的唯一依据。而我国《刑法》第3条规定："法律明文规定为犯罪行为的，依照法律定罪处刑；法律没有明文规定为犯罪行为的，不得定罪处刑。"既然如此，就不能在犯罪构成之外承认所谓客观处罚条件，否则，就会出现矛盾的格局：一方面，犯罪构成是成立犯罪必须具备的一切主客观要件的总和，行为符合犯罪构成就构成犯罪，应当追究刑事责任；另一方面，在某些情况下，行为符合犯罪构成还不能追究刑事责任，这多少自相矛盾。此外，我国《刑法》第13条规定："……危害社会的行为，依照法律应当受刑罚处罚的，都是犯罪……"这意味着犯罪的概念包含着"应受刑罚"的意味。如果既承认一个行为构成犯罪，又否认它"应受刑罚"，这种看法与《刑法》第13条至少在字面上矛盾。其次，四要件体系的理论已经承认，犯罪构成是说明行为的社会危害性的，因此，对说明社会危害性不起作用的因素不可能

---

① 参见［日］内藤谦：《刑法讲义总论》（上），有斐阁1983年版，第215页。
② 参见［日］曾根威彦：《处罚条件》，载阿部纯二等编：《刑法基本讲座》（第2卷），法学书院1994年版，第328页。
③ 参见［日］曾根威彦：《刑法原论》，成文堂2016年版，第129~130页。

成为构成要件；反过来说，影响行为的社会危害性、决定行为是否成立犯罪的因素，理所当然是各个要件。所以，如果刑法将某种客观因素规定为成立犯罪或追究刑事责任所必须具备的条件，那么，就应当承认这种因素是犯罪构成的要件，而不能将其作为犯罪构成以外的客观处罚条件来对待。易言之，不应将说明行为的社会危害性而为成立犯罪所必须具备的要素，区分为犯罪构成要件要素与客观处罚条件。因此，将客观处罚条件作为犯罪成立要件以外的因素的体系或观点，不可能被传统的四要件体系所接受。

但是，不管怎么说，在与故意的认识、意志内容无关的意义上承认客观处罚条件这种事由，对于解决我们前面提出的问题给予了一个启示。即我们可否考虑承认，有些因素虽然是成立犯罪必须具备的客观构成要件要素，但它们超出了行为人的主观故意内容，而不需要行为人对之具有认识与放任（包括希望）态度。直截了当地说，如果采取传统的四要件说，在犯罪客观要件中，有些要素属于故意的认识与意志内容，要求行为人对之具有认识与放任或希望的态度；有些要素则超出了故意的认识与意志内容，不要求行为人对之具有认识与放任或希望的态度。如果采取三阶层体系，也完全可能既承认客观处罚条件，又承认客观构成要件的要素存在两种类型：一类是故意的认识与意志内容，另一类是不需要行为人认识的内容。

3.“客观的超过要素”概念的提出

客观构成要件的描述，必须使行为的违法性达到值得科处刑罚的程度；如果在一般情况下还没有达到这种程度，刑法条文就强调某个或者某些具体内容，使总体上达到这一程度。责任要素的描述，也必须使责任达到可罚的程度。然而，即使是构成要件要素，也不意味着必须在主观上或客观上存在着完全与之相对应的内容。主观的超过要素概念，表明有些主观要素不需要存在与之相对应的客观事实；同样，有些客观构成要件要素也可能不需要存在与之相应的主观内容，这便是笔者提倡的“客观的超过要素”概念。

例如，《刑法》第129条规定的丢失枪支不报罪，在客观上要求丢失公务用枪，不及时报告，并造成严重后果。就丢失枪支而言，其通常表现为过失，但也包括没有过失而丢失枪支的情况（如被盗、被抢的某些情况）。因此，丢失枪支虽然是成立本罪的前提，[①] 但不能要求行为人对丢失枪支本身具有故意或过失。

---

① “丢失枪支”也可谓本罪的一个客观要素（如果行为人没有丢失枪支，但误以为枪支已经丢失而不报的，不可能成立丢失枪支不报罪），但“丢失枪支”是否属于本罪的“行为”，或者是否属于本罪“实行行为”的一部分，是值得研究的另一问题。

丢失枪支事实上就是与故意无关的客观要素。① 不过，成立丢失枪支不报罪，要求行为人认识到公务用枪已经丢失，不及时报告的前提是行为人认识到公务用枪已经丢失。就不及时报告而言，其显然是故意的，即明知丢失枪支后应立即报告，但故意不及时报告。依法配备公务用枪的人员，在认识到枪支丢失的情况下故意不及时报告，就会使枪支处于失控状态，具有危害公共安全的抽象危险；而且枪支的杀伤性大，丢失后会造成严重后果。但刑事立法认为，单纯的不及时报告行为的法益侵害性，还没有达到应受刑罚处罚的程度，为了限制处罚范围，便在客观上要求"造成严重后果"。从司法实践看，这种严重后果，虽然不排除直接后果的可能性（如严重扰乱公众生活的平稳与安宁），但通常表现为枪支落入不法分子之手后，成为不法分子的作案工具，而造成严重后果（间接危害结果）。事实上，只要行为人丢失枪支后不及时报告，因而造成严重后果的，不管行为人是否希望或者放任严重后果的发生（可以肯定，行为人能够预见严重后果发生的可能性），都应当追究行为人的刑事责任。因此，本罪中的"造成严重后果"虽然是构成要件要素，但不需要行为人对严重后果具有认识与希望或放任态度。"造成严重后果"便成为超出故意内容的客观要素，属于"客观的超过要素"。

再如，《刑法》第 397 条规定了滥用职权罪。滥用职权，是指不法行使职务上的权限的行为，即就形式上属于国家机关工作人员一般职务权限的事项，以不当目的或者以不法方法，实施违反职务行为宗旨的活动。根据笔者的观点，本罪为故意犯罪，故意的内容为：行为人明知自己滥用职权的行为会发生破坏国家机关的正常活动，损害公众对国家机关工作人员职务活动的合法性、客观公正性的信赖的危害结果，并且希望或者放任这种结果发生。"致使公共财产、国家和人民利益遭受重大损失"的结果，虽然是本罪的构成要件要素，但宜作为客观的超过要素，即不要求行为人希望或者放任这种结果发生。有人认为，滥用职权罪的主观心理状态只能是间接故意；有人认为，滥用职权罪的主观心理状态既可以是过失，也可以是间接故意；还有人认为，滥用职权罪的主观心理状态只能是过失，核心理由是，认为本罪的心理状态为故意，进而认为行为人对"致使公共财产、国家和人民利益遭受重大损失"的结果持希望或者放任的态度，要么不符合实际，要么对这种行为应当认定为危害公共安全等罪。本书认为，如果说滥用职权只能出于间接故意，那就意味着对出于直接故意的滥用职权行为以其他犯罪论处，这有悖直接故意与间接故意的等质性；基于同样的理由，本书不赞成本罪的主观内容既可以是过失，也可以是间接故意的观点；如果滥用职权只能出于过

---

① 对此应无争议，因为"丢失"枪支完全可能是意外的。但本书所要讨论的主要是部分危害结果是否为客观的超过要素的问题。

失，就意味着没有故意的滥用职权罪，这并不符合事实，也不符合刑法将滥用职权罪作为与玩忽职守罪相对应的故意犯罪的精神。也应当承认，要求滥用职权的行为人主观上对"致使公共财产、国家和人民利益遭受重大损失"的结果持希望或者放任的态度，同样不合适。所以，一方面承认本罪是故意犯罪，另一方面将上述结果视为客观的超过要素，不要求行为人认识（但应有认识的可能性）、希望或者放任，则可以避免理论与实践上的困惑。

就一般意义而言，客观的超过要素既可能存在于故意犯罪，也可能存在于过失犯罪。但是客观的超过要素的主要特点是，不需要行为人对之具有认识与放任或希望态度，因此，就故意犯罪提倡客观的超过要素的概念才具有意义。过失犯罪时，行为人对客观要素本身可能就没有认识，即使有认识也没有希望或者放任发生的意志因素，因此，在过失犯罪中提倡客观的超过要素没有多大意义（就我国刑法与刑法理论而言，尤其如此）。

客观的超过要素虽然不是故意的认识与意志内容，但由于客观的超过要素的内容是法益侵害结果以及影响行为违法性的其他客观因素，行为人至少对之具有预见可能性。如同结果加重犯一样，行为人对基本犯罪具有故意而造成了加重结果时，不要求行为人对加重结果具有故意，但必须对之具有预见可能性，否则也不能令行为人对加重结果承担刑事责任。

我国《刑法》第14条规定："明知自己的行为会发生危害社会的结果，并且希望或者放任这种结果发生，因而构成犯罪的，是故意犯罪。"据此，故意是认识因素与意志因素的统一，行为人对危害结果没有希望或放任发生的态度时，理应不成立故意犯罪。易言之，单纯的所谓对行为的"故意"，并不符合我国《刑法》第14条关于故意犯罪的规定，只有对危害结果具有希望或者放任的心理态度时，才可能成立故意犯罪。考虑到刑法的这一规定，本书认为，内容表现为危害结果的客观的超过要素，只应存在于有双重危害结果的犯罪中。本书考虑到的主要有以下几种情况：第一，犯罪行为既有物质性结果也有非物质性结果时，可能只要求行为人认识到其中的一种结果，而另一种结果是客观的超过要素。例如，修订前的旧《刑法》第186条规定的犯罪，银行或者其他金融机构的工作人员违反法律、行政法规定，向关系人发放信用贷款或者发放担保贷款的条件优于其他借款人同类贷款的条件，或者向关系人以外的其他人发放贷款的行为本身，就是对金融秩序的破坏（行为犯），属于非物质性结果，行为人对此至少具有放任态度。① 但刑法还分别要求行为"造成较大损失"或"造成重大损失"的物质

---

① 实质上，认定行为人具有希望的态度也不过分，因为非法发放贷款的行为必然引发破坏金融秩序的结果。

性结果，这种物质性结果便是客观的超过要素，不需要行为人对之持放任或者希望态度，但对这种物质性结果的预见可能性则是完全可以肯定的。前述《刑法》第397条规定的滥用职权罪也是如此。第二，犯罪行为既存在无具体对象的危害结果，又存在针对具体对象的危害结果时，后者可能是客观的超过要素。例如，《刑法》第339条第2款规定的擅自进口固体废物罪，行为人未经国务院有关主管部门许可，擅自进口固体废物用作原料的行为本身，就破坏了环境资源，行为人对此具有故意，但刑法还要求"致使公私财产遭受重大损失或者严重危害人体健康"。这种针对具体对象的危害结果，实际上是客观的超过要素，不需要行为人对此具有希望或者放任的态度，只要有预见可能性即可。第三，犯罪行为存在直接危害结果（中间结果）与间接危害结果（最终结果）时，间接危害结果可能是客观的超过要素。《刑法》第129条规定的丢失枪支不报罪，一般来说，行为人丢失枪支不报行为的直接结果，是导致有权知道的有关国家机关不能及时知道枪支丢失，使枪支继续处于失控状态，间接后果便是他人利用行为人所丢失的枪支造成严重后果。行为人明知自己丢失枪支不及时报告的行为，必然导致有权知道的有关国家机关不能及时知道枪支丢失，使枪支继续处于失控状态，并且希望或者放任这种结果发生，因而符合《刑法》第14条关于故意的规定。第四，犯罪行为存在危险结果与实害结果时，实害结果可能是客观的超过要素。例如，《刑法》第330条第1款规定："违反传染病防治法的规定，有下列情形之一，引起甲类传染病以及依法确定采取甲类传染病预防、控制措施的传染病传播或者有传播严重危险的，处三年以下有期徒刑或者拘役……"行为人对引起传染病传播严重危险这一结果必须具备故意的认识因素与意志因素，但引起传染病传播这一实害结果则是客观的超过要素，不需要行为人对此具有故意。显然，上述四种情况可能存在交叉现象。

由于本书提倡的客观的超过要素主要是指部分危害结果，导致的结论是对这些危害结果作为客观的超过要素不需要认识与希望或放任态度，因此，只能就法定刑较轻的故意犯罪承认其中的部分危害结果属于客观的超过要素；对于法定刑较重的故意犯罪，不能将危害结果作为客观的超过要素。通常在下列情况下承认危害结果为客观的超过要素：犯罪行为本身通常不可能过失地实施，而是故意犯，刑法又要求发生某种危害结果才成立犯罪，而该结果往往相当严重，但刑法规定的法定刑较低，如果认为其对该严重结果必须出于故意，则既不能区分此罪与彼罪，也不能做到罪刑相适应；而承认此时的危害结果是客观的超过要素，则不会产生这样的问题。

（三）概念的区分

如前所述，客观的超过要素概念，是笔者在传统的四要件体系的语境下提出来的。那么，在采取以违法与责任为支柱的阶层论体系的语境下，客观的超过要素概念是否具有存在的必要呢？换言之，能否将三阶层体系中的客观处罚条件均纳入构成要件，作为客观的超过要素呢？本书对此持否定回答。换言之，在阶层论体系下，仍应区分客观的超过要素与客观处罚条件。

1. 我国刑法中存在客观处罚条件

总的来说，设置客观处罚条件分别基于三个方面的理由：一是刑事政策（刑罚目的）的理由，即缺乏客观处罚条件的行为不具有一般预防与特殊预防的必要性；二是刑法外的利益衡量或者目的的考量；[1] 三是为了使处罚范围明确化或者为了限制处罚范围。[2] 例如，《刑法》第 196 条第 1 款将恶意透支规定为信用卡诈骗罪的一种类型，其第 2 款规定："前款所称恶意透支，是指持卡人以非法占有为目的，超过规定限额或者规定期限透支，并且经发卡银行催收后仍不归还的行为。"其中的"经发卡银行催收后仍不归还"就是客观处罚条件。亦即，持卡人以非法占有目的的恶意透支时，就已经成立犯罪既遂，但只有"经发卡银行催收后仍不归还"，才能发动刑罚权。

首先，将"经发卡银行催收后仍不归还"理解为客观处罚条件，符合刑罚目的。刑罚的目的是预防犯罪，包括特殊预防与一般预防。在持卡人恶意透支构成信用卡诈骗罪后，只要经发卡银行催收后就予以归还的，就缺乏预防的必要性。一方面，持卡人在发卡银行催收后予以归还的，表明持卡人回到了合法性的轨道。持卡人也没有从中获得任何利益（已经还本付息），相反遭受了损失（需要交纳复利、滞纳金等）。因此，即使不给予刑罚处罚，也不会激励持卡人继续实施恶意透支行为。另一方面，持卡人恶意透支后经发卡银行催收后予以归还的，也不具有一般预防的必要性。一般人清楚地知道，不能从恶意透支中获得任何利益，故不会模仿；潜在的犯罪人也清楚地知道，只有还本付息才能避免刑罚处罚。

其次，将"经发卡银行催收后仍不归还"理解为客观处罚条件，符合刑法外的利益衡量。如所周知，发展信用卡业务不仅有利于催生其他相关业务的发展（如建立还款账户等），为银行代理业务提供了发展的渠道，而且能够为银行带来较之前更多的盈利，其中透支利息与滞纳金，是发卡银行的重要收入。换言之，在透支信用卡的场合，只要持卡人最终归还了银行所要求归还的金额，就实现了发卡银行的重要目的。

---

[1] Vgl. Claus Roxin, Strafrecht Allgemeiner Teil Ⅰ, 4. Aufl., C. H. Beck, 2006, S. 1042ff.

[2] 参见［日］西田典之著、桥爪隆补订：《刑法总论》（第 3 版），弘文堂 2019 年版，第 93 页；［日］山口厚：《刑法总论》（第 3 版），有斐阁 2016 年版，第 204 页；［日］井田良：《讲义刑法学·总论》（第 2 版），有斐阁 2018 年版，第 77 页。

最后，将"经发卡银行催收后仍不归还"理解为客观处罚条件，才能明确恶意透支型信用卡诈骗罪的处罚范围。不可否认的是，持卡人隐瞒不打算归还本息的内心想法而恶意透支的，就符合恶意透支型信用卡诈骗罪的成立条件。但是，信用卡的特点决定了倘若仅此便追究持卡人的刑事责任，就必然造成处罚界限的不明确。信用卡原本用于透支，只是可以分为善意透支与恶意透支，善意透支与恶意透支存在两个区别：客观上，善意透支没有欺骗行为，因为持卡人原本就打算归还本息；恶意透支则虚构了打算归还本息的虚假事实。主观上，善意透支不具有非法占有目的，恶意透支却具有非法占有目的。然而，这两个区别实际上都是就行为人的内心而言的。在恶意透支的场合，持卡人客观上虚构了自己将会还款的意图，而持卡人是否不打算归还也只是一种内心想法。至于主观上的非法占有目的，也同样难以认定。换言之，在透支的场合，单纯从外观上看是难以区分善意透支与恶意透支的。所以，《刑法》第192条第2款将"经发卡银行催收后仍不归还"规定为客观处罚条件，亦即，即使持卡人以前是恶意透支，但只要经发卡银行催收后予以归还，就不能追究持卡人的刑事责任。[①] 这样的规定使得处罚范围更清晰，防止因为错误认定行为人的内心想法，而追究了善意透支的情形。

再如，《刑法》第175条之一第1款规定："以欺骗手段取得银行或者其他金融机构贷款、票据承兑、信用证、保函等，给银行或者其他金融机构造成重大损失的，处三年以下有期徒刑或者拘役，并处或者单处罚金；给银行或者其他金融机构造成特别重大损失或者有其他特别严重情节的，处三年以上七年以下有期徒刑，并处罚金。"在本书看来，行为人采取欺骗手段取得银行或者其他金融机构贷款、票据承兑、信用证、保函等，就符合本罪的构成要件。但从刑事政策角度考虑，只有当行为人给银行或者其他金融机构造成重大损失时，才能发动刑罚。所以，"给银行或者其他金融机构造成重大损失"是客观处罚条件。[②]

2. 客观的超过要素与客观处罚条件的区别

从违法性的角度来说，客观处罚条件虽然可能是表明违法性的要素，但即使缺乏这一要素，行为符合犯罪的构成要件，只是基于刑事政策等理由而不给予刑罚处罚；客观的超过要素也是表明违法性的要素，但在基本犯中，如果缺乏这一要素，行为的违法性就没有达到犯罪程度，因而不构成犯罪。例如，行为人以不归还透支款的意思恶意透支，就属于借款诈骗的一种情形，符合信用卡诈骗罪的构成要件。但如果经发卡银行催收后予以归还，则不追究其刑事责任。所以，

---

① 参见张明楷：《恶意透支型信用卡诈骗罪的客观处罚条件》，《现代法学》2019年第2期。

② 参见张明楷：《骗取贷款罪的构造》，《清华法学》2019年第5期。

"经发卡银行催收后仍不归还"是客观处罚条件。再如，依法配备公务用枪的人员，丢失枪支后不及时报告的，其违法性还没有达到值得科处刑罚的程度，故《刑法》第 129 条增加了"造成严重后果"的客观要素。由于这一客观要素对表明行为的违法性程度具有重大意义，因而应当作为构成要件的要素。如果缺少这一要素，行为就不成立丢失枪支不报罪。

从故意的认识内容来说，客观的超过要素不是故意的认识内容，但客观处罚条件是否是故意的认识内容则需要具体判断。如前所述，传统观点认为，客观处罚条件不是故意的认识内容；但也有观点认为，影响违法性的要素，则是故意的认识内容。在本书看来，存在上述争议，就是因为客观处罚条件存在不同类型，不同学者常常以不同类型的客观处罚条件为根据得出不同的结论。例如，有的客观处罚条件存在于行为时，有的客观处罚条件存在于行为后。① 本书主张客观处罚条件的二分法。一方面，客观处罚条件如果存在于构成要件行为时，则是故意的认识对象；客观处罚条件如若存在于构成要件行为之后，且不是构成要件结果时，则不是故意的认识对象。这是因为，在客观处罚条件表明行为的违法程度，并存在于构成要件行为时，当然需要行为人具有认识（在过失犯的场合只需要有认识可能性），否则就违反责任主义。反之，当客观处罚条件存在于构成要件行为之后，也不是构成要件结果时，就难以要求行为人对之有认识。另一方面，就构成要件行为后的客观处罚条件而言，如果是由第三者实现的，则不需要行为人认识；如果是需要行为人履行一定义务的，则要求行为人对履行义务的相关事项具有认识。例如，骗取贷款罪不需要行为人认识到自己的行为会"给银行或者其他金融机构造成重大损失"。再如，就恶意透支型信用卡诈骗罪而言，其要求行为人认识到透支款尚未归还且发卡银行已经催收。

（四）必要的说明

行文至此，有必要再作几点说明。以下说明是对可能出现和已经出现的疑问、批判的回答。

第一，承认客观的超过要素，是否违反了责任主义？有学者指出："就刑法第 129 条所规定的丢失枪支不报罪而言，'造成严重后果'是丢失枪支不报行为所引起的结果，是该罪的客观构成要件……既然说上述情况是成立该罪所必不可少的客观构成要件，怎么能将其排除在行为人的认识范围之外呢？按照这种理解，岂不是只要客观上存在上述要素，行为人就必须对其承担责任，从而直接违反《刑法》第 14 条的规定和刑法学当中的责任原则，并最终落入和近代主观责

---

① 参见［日］曾根威彦：《处罚条件》，载阿部纯二等编：《刑法基本讲座》（第 2 卷），法学书院 1994 年版，第 328 页。

任原则相冲突的、要求人们对偶然发生的结果也要承担刑事责任的偶然责任的窠臼吗？"① 诚然，责任主义必须得到贯彻，结果责任或偶然责任应当废止。但是，承认客观的超过要素，并不等于主张结果责任。首先，从前述笔者所列举的一些犯罪来看，如丢失枪支不及时报告的人、擅自进口固体废物的人，他们都认识到了自己行为的危害性质。其次，行为人主观上对客观的超过要素以外的某种危害结果显然具有希望或者放任发生的态度。例如，上述犯罪的行为人对有权知道的主管机关不能及时知道枪支丢失进而使枪支继续处于失控状态、环境资源保护的破坏等危害结果都具有希望或者放任发生的态度。最后，刑法规定过失犯罪并不违反责任主义，而笔者要求行为人对作为客观的超过要素的危害结果具有预见可能性。相对于这些犯罪的较低法定刑而言，没有理由认为承认客观的超过要素是结果责任的表现。再以"多次盗窃"为例。认定多次盗窃时，不需要行为人认识到多次，并不违反责任主义原则。因为多次是对各次盗窃行为的累加，只要求行为人三次以上实施盗窃行为即可，而且不以符合连续犯的条件为前提。与认定同种故意数罪时，只需要行为人对每次犯罪具有故意一样，认定多次盗窃时，也只需要行为人对每次盗窃具有故意，而不要求行为人后次盗窃时都必须认识到自己前一次、前几次实施过盗窃行为。

第二，既然要求行为人对客观的超过要素具有预见可能性，为什么不直接肯定这些犯罪是过失犯罪？众所周知，过失包括疏忽大意的过失与过于自信的过失，特别是在过于自信过失的情况下，行为人可能认识到了自己行为的危害性质，也认识到了危害结果，但因过于自信而导致危害结果。从这个意义上说，本书前面列举的一些犯罪，似乎都可以直接认定为过失犯罪，而不必认定为故意犯罪。但是，将本书所列举的需要用客观的超过要素概念来处理的犯罪，都认定为过失犯罪并不合适，因为这会导致行为人对所有构成要件要素都不必具有故意。例如，将丢失枪支不及时报告、违法发放贷款、擅自进口固体废物的行为，认定为过失犯罪，总有难以被人接受的感觉。再如，《刑法》第128条第3款规定的犯罪，依法配置枪支的人员，非法出租、出借枪支的行为，显然必须对行为的相关事实具备故意，但刑法要求造成严重后果，而这种严重后果通常表现为租用人、借用人的行为造成严重后果，如果要求出租、出借的行为人对这种结果持希望或者放任态度，则明显不妥当；但因此而认为本罪只能由过失构成，即因为对严重后果是过失，所以整个犯罪也是过失，也明显不合理。特别值得一提的是，虽然故意犯罪不必有与之相对应的过失犯罪，但任何过失犯罪都必须有与之相对应的故意犯罪。道理很简单：既然某种过失行为都是犯罪，那么，与之相对应的

① 黎宏：《刑法总论问题思考》，中国人民大学出版社2007年版，第194~195页。

故意行为更应是犯罪。然而，如果将上述犯罪解释为过失犯罪，便没有与之相对应的故意犯罪，这是非常不合适的。例如，当人们将丢失枪支不报罪解释为过失犯罪时，所考虑到的是，行为人对造成严重后果不具有希望或者放任的态度；但是，假如行为人丢失枪支后不及时报告，而且有证据证明行为人确实希望或者放任他人利用自己所丢失的枪支造成严重结果时，我们既不能认定该行为不成立犯罪，也不能认定该行为成立其他更为严重的犯罪，而只能认定为丢失枪支不报罪。[①] 所以，用一概认定为过失犯罪的方法来处理，不能令人满意。使用客观的超过要素概念，从而将上述犯罪均解释为故意犯罪，则不会存在上述问题。还需要说明的是，即便承认故意与过失不是对立关系，只是位阶关系，也不宜将丢失枪支不报罪确定为过失犯罪。其中的一个重要原因是，我国刑法只承认故意的共同犯罪，而不承认过失的共同犯罪。但是，丢失枪支不报罪完全可能存在共同犯罪。例如，警察甲与警察乙一起出差，途中，甲丢失了枪支，打算立即报告。但乙劝甲说："如果报告你就当不了警察了，你不要报告；你需要用枪时，可以使用我的枪。"经乙反复劝说，甲没有及时报告，最终导致发生严重结果。如果将丢失枪支不报罪确定为过失犯罪，同时认为故意包含了过失，也可以对甲的行为认定为丢失枪支不报罪。然而，一旦将丢失枪支不报罪确定为过失犯罪，就意味着乙与甲不成立共同犯罪。可是，如果不将乙作为丢失枪支不报罪的教唆犯处罚，则明显不合适。所以，将丢失枪支不报罪确定为故意犯罪，才是合适的。

第三，反对客观的超过要素概念的学者还指出："在我国刑法对于刑法分则中所规定的具体犯罪到底是故意犯还是过失犯，基本上没有明确规定的情况下，其判断，主要还是看行为人对于可能发生的结果有没有预见。有预见而不制止的场合，就是故意；在没有预见的场合，当然也谈不上制止了，也就无所谓过失。而行为人对于可能发生的结果有没有预见，主要是看法条对于行为人违反规范态度的描述以及对其违反规范态度的评价（主要标志是法定刑的轻重高低）。如就丢失枪支不报罪而言，法条对于行为人违反规范态度的描述是，在行为人明知枪支是一种危险物品，失控的话可能会造成严重危害社会的结果的情况下，仍然'不及时报告'，这显然是体现了行为人明知故犯、故意而为的态度，因此，属于故意犯罪形态。"[②] 笔者对此存在疑问。其一，上述反对意见从解释论上以《刑法》第14条为根据批判笔者的观点，后来却从立法论上批判笔者的观点，认为只要预见了结果就是故意，这恐怕存在方法论上的问题。笔者是根据刑法的规定，为了确定刑法分则所规定的相关犯罪的责任形式，同时遵从《刑法》第14

---

① 但是，如果我们要求行为人希望或者放任他人利用其所丢失的枪支造成严重结果，也不合适。
② 黎宏：《刑法总论问题思考》，中国人民大学出版社2007年版，第200页。

条、第 15 条关于故意犯罪、过失犯罪的规定，从解释论上提出的"客观的超过要素"概念，而非从立法论上提出该概念。因此，从立法论上批判"客观的超过要素"概念的做法，难以为笔者所接受。学者们或许可以从立法论上主张将间接故意与过于自信的过失合二为一，形成一种新类型的责任形式，从而解决丢失枪支不报罪的罪过形式问题。但是，这也是立法论的主张，而不是解释论。而且，这种观点似乎不能解决前述"多次盗窃"的认识内容。其二，预见到枪支落入他人之手会造成严重危害社会的结果，并不意味着行为人的主观心理符合《刑法》第 14 条的规定。例如，发现枪支丢失后，为了不丧失警察身份，动员亲朋好友在丢失枪支的地方到处寻找。但因为没有找到，拾得枪支的人利用枪支实施了杀人行为。在这种情况下，虽然不能否认行为人对"有权知道的有关机关不能及时知道枪支丢失，枪支继续处于失控状态"的结果持希望或者放任态度，但难以认为，此时的行为人希望或者放任发生他人死亡的严重危害结果。要处罚这种行为，要么将犯罪的整体解释为过失犯，要么承认客观的超过要素，而无法在要求对所有要素具备故意的前提下处罚这种行为。

第四，承认客观的超过要素，是否会导致所谓对行为的故意、对结果的过失的现象？笔者并不赞成仅仅根据对行为的认识、意志态度与仅仅根据对结果的认识、意志态度来区分故意、过失的观点，一直主张对故意与过失作完整的理解。[①] 一方面，从前述论述仍然可以看出，本书只是在双重危害结果的犯罪中，才承认以部分危害结果为内容的客观的超过要素，因此，行为人对危害行为的性质的认识，以及对双重危害结果中的一个层次的危害结果具有认识与放任或希望态度，就表明其故意仍然是认识因素与意志因素的统一，表明不是只根据行为人对行为有无认识来区分故意与过失。另一方面，将部分危害结果作为客观的超过要素，并主张行为人对之有预见可能性，也并不意味着这是一个完整的过失犯，这与结果加重犯要求行为人对加重结果有预见可能性是一个道理。

第五，承认客观的超过要素是否与结果加重犯要求对加重结果有预见可能性相矛盾？回答是否定的，相反，本书正是以结果加重犯概念为中介提倡上述观点的。在我国，结果加重犯不是独立罪名。例如，抢劫致人重伤、死亡时，也被认定为抢劫罪。但根据责任主义原则，行为人必须对加重结果具有预见可能性，否则对加重结果不承担责任。而在本书所主张的需要使用客观的超过要素概念的犯罪中，也要求行为人对作为客观的超过要素的危害结果具有预见可能性，这正与结果加重犯要求对加重结果有预见可能性相一致。不仅如此，结果加重犯是因为加重结果而加重法定刑，而本书所主张的都是基于刑事政策的理由，将危害结果

---

① 参见张明楷：《犯罪论原理》，武汉大学出版社 1991 年版，第 270 页。

作为限制处罚范围的条件的情况。这更说明了本书的观点与结果加重犯的理论没有冲突之处。诚然，在结果加重犯的场合，行为人对基本犯罪具有故意；而在丢失枪支不报罪中，丢失枪支不报本身并不是一种基本犯罪，因而似乎没有犯罪故意。但是，倘若将丢失枪支不报罪中的严重危害结果作为客观的超过要素，那么，对丢失枪支不报的行为以及导致的有权知道的有关机关不能及时知道、枪支继续处于失控状态的结果的认识与希望或放任态度，就理所当然地成为本罪的故意内容。如果将对丢失枪支不报、致使枪支持续出于失控状态的事实理解为行政违法或一般违法，那么客观的超过要素则是将一般违法提升为刑事违法的加重结果，对加重结果具备过失即可。

第六，有学者引入国外的内在的客观处罚条件与外在的客观处罚条件的概念，进而否认客观的超过要素概念的必要性（因为客观的超过要素实际上是内在的客观处罚条件）。提出这种观点的学者指出："在通常的场合，对于具体犯罪的判断，并不需要考虑是否存在内在的客观处罚条件这一要素。在行为具备通常意义上的不法和责任时，犯罪成立要件就全部具备。只是在例外的情形下，立法者规定了通常意义上的不法要件之外的条件时，需要判断这种条件是否与危害行为及其结果有较为密切的关联性，是否属于足以影响违法性的要件，是否对其应该作为违法要素看待。这种常规的违法要素之外的附加要件，如果是取决于某些客观的条件是否成就，该要件就是内在的客观处罚条件。"丢失枪支不报罪中的造成严重后果，就属于内在的客观处罚条件。"对于内在的客观处罚条件，就要求行为人认识。但行为人只需要对于结果有'极有可能发生'的高度模糊性认识、预见。这种认识和预见可能远远低于对故意犯罪中典型的违法性要素的认识、预见，而只是对法益侵害（危险）的'未必'的预见——客观处罚条件的发生多多少少是有可能的。但即便发生这样的结果，行为人也无所谓、可以接受、可以容忍。"外在的客观处罚条件"完全是基于刑事政策所作出的规定，对不法和责任均无影响，不要求行为人对其有认识、预见"。例如，《刑法》第243条第3款"不是有意诬陷，而是错告，或者检举失实的"，不成立诬告陷害罪的规定，就是典型的外在的客观处罚条件。① 笔者只能在与本章相关的范围内发表如下看法：（1）如前所述，笔者要求行为人对客观的超过要素具有认识可能性，而上述学者则认为行为人必须对内在的客观处罚条件具有未必的预见。问题是，未必的预见在我国刑法中是何种责任形式？刑法仅规定了故意与过失两种责任形式，在刑法规定的责任形式之外提出一种责任形式，并不合适。倘若认为，未必的预见就是间接故意，那么，这种内在的客观处罚条件与真正的违法要素就不应

---

① 参见周光权：《论内在的客观处罚条件》，《法学研究》2010年第6期。

当存在区别。如若认为，未必的预见就是有认识的过失，那么，就没有理由将无认识的过失（应当预见）排除在外，因为二者在刑法上的地位相同。（2）按照笔者的观点，结果加重犯中的加重结果，也属于客观的超过要素，行为人只要对加重结果有预见可能即可。但上述学者的观点不能解决结果加重犯的问题。（3）《刑法》第243条第3款所规定的内容，并不是客观处罚条件，只是一种注意规定，旨在将客观上属于诬告但没有诬告故意的行为排除在诬告陷害罪之外。况且，从该款规定的内容来看，其就不是"客观"处罚条件，而是"主观"内容。（4）难以认为，基于刑事政策所作出的规定，对不法和责任均无影响。而且，对刑法基于刑事政策所规定的事实是否需要行为人认识，需要具体分析和判断，不可一概而论。例如，《刑法》第264条要求盗窃数额较大才构成犯罪（其他国家刑法一般没有这样的要求），这也可谓基于限制刑罚处罚范围的刑事政策形成的规定，明显提高了不法程度，但成立盗窃罪要求行为人认识到盗窃数额较大的财物。再如，《刑法》第175条之一要求"给银行或者其他金融机构造成重大损失"，这也是基于限制刑罚处罚范围的刑事政策，明显提高了不法程度，但不需要行为人对此有认识。

第七，如何确定客观的超过要素？即哪些犯罪中的哪些客观要件是超过故意的认识与意志内容的要素？对此，上文实际已有若干说明，下面再作进一步概括：（1）该客观要素虽然是成立犯罪不可缺少的要素，但刑法所规定的行为本身就是违法的，具有一定程度的法益侵害性，刑法只是为了控制处罚范围，才要求具有该客观要素，即该客观要素必须具有限制处罚范围的性质。（2）该客观要素在构成要件中不是唯一的构成要件要素，而是诸多要素之一。如果该客观要素是唯一的构成要件要素（事实上也不存在这样的犯罪），就不可能属于客观的超过要素。在将危害结果确定为客观的超过要素时，该危害结果不是行为必然发生的结果，只是该行为可能发生的结果，而且还必须存在其他危害结果。（3）如果将某种犯罪的危害结果确定为客观的超过要素，该犯罪的法定刑必须较低，明显轻于对危害结果具有故意心理的犯罪。（4）将该客观要素确定为客观的超过要素时，不影响行为人主观故意的完整内容；也就是说，即使行为人对客观的超过要素没有认识与放任、希望的态度，也要对构成要件的其他内容（包括其他方面的危害结果）具有认识与放任、希望的态度。（5）该犯罪事实上只要求对客观的超过要素（危害结果）具有预见可能性，但又不能肯定该犯罪是过失犯罪，或肯定该犯罪为过失犯罪并不符合过失的观念。总之，应当以极为慎重的态度确定客观的超过要素的内容与范围，以防止客观归罪。

第八，作为客观的超过要素的危害结果，大体分为三种类型：其一，危害结果不能直接客观归责于行为人的实行行为，但分则条文将该危害结果的发生作为限制处罚范围的条件。丢失枪支不报罪中的严重结果就属于这一类。在这一类型中，自然不需要行为人对严重结果具有故意，但根据责任主义的要求，行为人对该结果必须具有预见可能性。其二，危害结果能够客观归责于行为人的实行行为，但分则条文将该危害结果的发生作为成立犯罪的客观要件（之一）。妨害传染病防治罪中的引起传染病传播大体属于这一类。其三，危害结果能够直接客观归责于行为人的实行行为，分则条文将该危害结果的发生作为法定刑升格的条件。故意伤害致死等结果加重犯中的致人重伤、死亡就属于这一类。在这一类型中，不需要行为人对加重结果具有故意，但要求有预见可能性。

第九，客观的超过要素除了部分危害结果外，还可能有哪些内容？客观的超过要素概念是根据客观处罚条件概念与主观的超过要素概念提出来的，因此，客观的超过要素不可能只限于危害结果，事实上，应当尽量限制将危害结果作为客观的超过要素。现行刑法中，除了可以将部分危害结果视为客观的超过要素外，其他内容的客观的超过要素（如关于行为程度、次数的要素等）并不罕见。例如，就"多次盗窃"而言，只要行为人对每次盗窃有故意即可，不要求认识到"多次"。

第十，前述对大陆法系国家刑法理论中的"客观的处罚条件""主观的超过要素"概念的考察，只是反映了笔者提出"客观的超过要素"概念的心路历程，请读者不要误认为笔者是在将国外刑法理论中的"客观的处罚条件"概念未加梳理地照搬于我国刑法理论中。换言之，本书同时承认客观的超过要素与客观处罚条件两个概念。

读者意见反馈

为收集对教材的意见建议,进一步完善教材编写并做好服务工作,读者可将对本教材的意见建议通过如下渠道反馈至我社。

咨询电话　400-810-0598

反馈邮箱　gjdzfwb@pub.hep.cn

通信地址　北京市朝阳区惠新东街 4 号富盛大厦 1 座
　　　　　高等教育出版社总编辑办公室

邮政编码　100029

刑法分则的解释原理

张明楷 著

（下册）

中国教育出版传媒集团

高等教育出版社·北京

图书在版编目（ＣＩＰ）数据

刑法分则的解释原理：上下册／张明楷著 . --北
京：高等教育出版社，2024.2
ISBN 978-7-04-060689-8

Ⅰ . ①刑… Ⅱ . ①张… Ⅲ . ①刑法-分则-法律解释
-中国 Ⅳ . ①D924.305

中国国家版本馆 CIP 数据核字（2023）第 107514 号

Xingfa Fenze De Jieshi Yuanli

| 策划编辑 | 姜 洁 肖 文 | 责任编辑 | 肖 文 | 封面设计 | 张志奇 | 版式设计 | 于 婕 |
| 责任校对 | 高 歌 | 责任印制 | 朱 琦 | | | | |

出版发行	高等教育出版社		网 址	http://www.hep.edu.cn
社 址	北京市西城区德外大街 4 号			http://www.hep.com.cn
邮政编码	100120		网上订购	http://www.hepmall.com.cn
印 刷	北京七色印务有限公司			http://www.hepmall.com
开 本	787mm×1092mm 1/16			http://www.hepmall.cn
本册印张	26.25			
本册字数	490 千字		版 次	2024 年 2 月第 1 版
购书热线	010-58581118		印 次	2024 年 5 月第 2 次印刷
咨询电话	400-810-0598		总 定 价	180.00 元

本书如有缺页、倒页、脱页等质量问题，请到所购图书销售部门联系调换

目　　录

第九章　单一行为与复数行为

一、区分意义

实行行为是刑法上最重要的概念之一，在刑法中具有各种各样的机能：（1）通常认为，刑法分则规定的行为是实行行为（如下所述，当然存在例外）。例如，故意杀人罪的实行行为就是"杀人"行为，盗窃罪的实行行为就是"盗窃公私财物"行为。刑法分则主要通过描述行为规定各种犯罪的构成要件。因此，实行行为是使各种犯罪的构成要件具有自身特色的最主要的构成要件要素。一般来说，实行行为不同，犯罪的性质就不相同。（2）如果已经着手实行犯罪，则不再属于犯罪预备，即使未得逞也应以未遂犯处罚（以未遂犯具有可罚性为前提）。实行行为是否终了，也影响犯罪形态的认定。（3）因果关系论所要判断的是能否将某种结果归属于某种实行行为，即因果关系是实行行为与结果之间的引起与被引起的关系，而不是预备行为与结果之间的因果关系。（4）在共同犯罪中，实施实行行为的人一般属于正犯，没有实施实行行为的人一般属于狭义的共犯（教唆犯与帮助犯）。[1] 除此之外，实行行为的数量对区分罪数也具有不可低估的意义。例如，倘若只有一个行为，即使侵犯了数个法益，也只能以一罪论处或者从一重罪处罚（想象竞合）。

与之相应，明确刑法分则的某个条文对某一犯罪所要求的实行行为，是单一行为还是复数行为（所谓复行为犯），也具有相同的重要性。例如，如果分则条文规定的是复数实行行为，而行为人仅实施了其中一个行为，一般就能够认定该犯罪已经着手实行，[2] 但不可能认定为既遂犯。再如，如果二人以上参与的是分

---

[1] 以上参见［日］前田雅英：《刑法总论讲义》（第7版），东京大学出版会2019年版，第83页。在本书看来，实施了部分实行行为、在共同犯罪中仅起次要作用的，属于从犯；虽然没有实施实行行为，但在共同犯罪中起重要作用或者主要作用，应当认定为共同正犯，适用《刑法》第26条的规定（参见张明楷：《刑法学》（第六版）（上），法律出版社2021年版，第514页）。

[2] 其实，对于复行为犯着手的认定，并不存在绝对统一的标准。因为着手不只是形式的判断，而且需要实质的考察，亦即，只有造成了法益侵害的紧迫危险时，才能认定为着手。此外，虽然刑法总则规定原则上处罚未遂犯，但事实上并非如此。换言之，就某些犯罪而言，即使认为其行为已经着手实行，也不意味着要将该行为当作未遂犯处罚。例如，《刑法》第175条第1款前段规定，"以转贷牟利为目的，套取金融机构信贷资金高利转贷他人，违法所得数额较大的，处三年以下有期徒刑或者拘役，并处违法所得一倍以上五倍以下罚金"。可以认为，本罪是复行为犯，前行为是套取金融机构贷款，后行为是高利转贷他人。应当认为，套取金融机构贷款时，就是本罪的着手。但是，如果没有高利转贷他人，就不可能符合违法所得数额较大的条件，因而基本上不可能认定为本罪的未遂犯。

则条文规定为复数行为的犯罪，那么，只要行为人参与其中一个行为，就可能成立共同正犯或者狭义的共犯。譬如，甲以抢劫故意对丙实施暴力且压制了丙的反抗，乙知道真相后与甲共同强取财物的，对乙应当认定为抢劫罪的共同正犯或者从犯。又如，如果分则条文规定的是单一行为，而行为人实施的是复数行为，那么，就有可能成立更重的犯罪或者构成数罪。例如，故意伤害的实行行为是单一行为。如果行为人不仅实施了故意伤害行为，而且非法取得了他人财物，就要根据相关犯罪的构成要件与责任要素，判断行为人的行为是成立更重的抢劫罪，还是同时成立故意伤害罪与盗窃、侵占等侵犯财产罪。

在讨论刑法分则条文所规定的实行行为是单一行为还是复数行为之前，有必要先明确刑法分则条文所规定的行为是否均为实行行为。笔者的基本观点是，我国刑法分则条文所规定的行为，虽然一般都是实行行为，但也有例外。亦即，少数法条所描述的行为不仅包括实行行为，而且包括预备行为。

例如，《刑法》第198条第1款规定："有下列情形之一，进行保险诈骗活动，数额较大的，处五年以下有期徒刑或者拘役，并处一万元以上十万元以下罚金；数额巨大或者有其他严重情节的，处五年以上十年以下有期徒刑，并处二万元以上二十万元以下罚金；数额特别巨大或者有其他特别严重情节的，处十年以上有期徒刑，并处二万元以上二十万元以下罚金或者没收财产：（一）投保人故意虚构保险标的，骗取保险金的；（二）投保人、被保险人或者受益人对发生的保险事故编造虚假的原因或者夸大损失的程度，骗取保险金的；（三）投保人、被保险人或者受益人编造未曾发生的保险事故，骗取保险金的；（四）投保人、被保险人故意造成财产损失的保险事故，骗取保险金的；（五）投保人、受益人故意造成被保险人死亡、伤残或者疾病，骗取保险金的。"刑法理论通说认为，行为人开始实施《刑法》第198条第1款所规定的犯罪构成要件的行为时期，为保险诈骗罪的着手时期。由于保险诈骗罪的实行行为包括虚构保险标的、编造未曾发生的保险事故、夸大损失程度、制造保险事故以及骗取保险金的行为，因此，本罪是双重实行行为（复合实行行为），应以开始实施第一行为即手段行为为犯罪的着手。换言之，开始实施虚构保险标的、编造未曾发生的保险事故、夸大损失程度、制造保险事故的行为时，就是保险诈骗罪的着手。

但是，本书难以认同这样的观点，理由如下：（1）根据《保险法》第27条第2款的规定，投保人、被保险人以诈骗保险金为目的，故意造成财产损失的保险事故后，并不编造虚假的原因的，根本不可能骗取保险金。投保人以诈骗保险金为目的，故意杀害被保险人后，并不向保险人编造虚假的原因的，也不可能骗取保险金。既然如此，"投保人、被保险人故意造成财产损失的保险事故""投保人、受益人故意造成被保险人死亡"的行为，就不是保险诈骗罪的实行行为。

（2）保险事故是产生保险补偿关系的法律事实，是保险人赔偿或者给付保险金的前提条件，如果没有发生合同约定的保险事故，就不能根据合同约定索赔。制造保险事故的行为，只是为诈骗保险金创造了前提条件，不能成为保险诈骗罪的实行行为。（3）与制造保险事故的行为相比，行为人与保险人签订保险合同时虚构保险标的的行为，离结果发生的距离更远。因为行为人与保险人签订保险合同虚构保险标的后，倘若未发生保险事故，就根本不可能取得保险金。所以，签订保险合同时虚构保险标的的行为，也不是保险诈骗罪的实行行为。（4）如果认为《刑法》第 198 条第 1 款规定的均为实行行为，也难以解决罪数问题。例如，投保人、受益人为了骗取保险金而故意杀害被保险人，但还没有向保险公司索赔时，便被司法机关查获。根据通说，行为人的行为已经成立保险诈骗罪的未遂。而根据《刑法》第 198 条第 2 款的规定，对于这种行为应当实行数罪并罚。于是出现了这样的现象：仅有一个杀人行为，却同时按故意杀人既遂与保险诈骗罪未遂实行并罚。这是本书难以赞成的。事实上，只有当投保人、受益人故意杀害被害人后，向保险公司索赔保险金，才能认定为数罪。因为索赔行为已经超出了故意杀人罪的范围，换言之，不能将索赔行为评价在故意杀人罪之中，只能另外评价为保险诈骗罪。有学者认为，这一缺陷是由《刑法》第 198 条第 2 款的规定造成的，如果删除了该款，就不存在问题了。[①] 其实，《刑法》第 198 条第 2 款没有不当之处，只要承认《刑法》第 198 条第 1 款规定了预备行为即可。总之，在本书看来，《刑法》第 198 条第 1 款对 5 种行为方式的各项规定，大多包含了对保险诈骗罪的预备行为的规定，这种行为发展为"骗取保险金"时，才可能成为保险诈骗罪的实行行为（参见本书第二章）。

其实，我国刑法分则有不少条文在表述犯罪的构成要件时，规定了预备行为的内容。

《刑法》第 142 条规定，"生产、销售劣药，对人体健康造成严重危害的"，构成生产、销售劣药罪。可是，单纯生产劣药而不销售的行为，不可能给人体健康造成严重危害。所以，难以认为生产劣药的行为就是本罪的实行行为。

《刑法》第 196 条第 3 款规定："盗窃信用卡并使用的，依照本法第二百六十四条的规定定罪处罚。"在我国，由于盗窃罪的成立以窃取的财物数额较大为前提，盗窃信用卡只是意味着取得了作为有体物的信用卡本身，并不意味着窃取了信用卡记载的现金，况且可透支的信用卡上也未必有存款，所以，盗窃信用卡的

---

① 参见李文燕主编：《金融诈骗犯罪研究》，中国人民公安大学出版社 2002 年版，第 389 页。

行为本身一般并不构成犯罪。① 正因为如此，1997 年 11 月 4 日公布的《最高人民法院关于审理盗窃案件具体应用法律若干问题的解释》（已废止）第 10 条规定："盗窃信用卡使用的，以盗窃罪定罪处罚。其盗窃数额应当根据行为人盗窃信用卡使用的数额认定。"显然，"盗窃信用卡"虽然是《刑法》第 196 条规定的行为，但并不是盗窃罪的实行行为。

《刑法》第 224 条规定："有下列情形之一，以非法占有为目的，在签订、履行合同过程中，骗取对方当事人财物，数额较大的，处三年以下有期徒刑或者拘役，并处或者单处罚金……：（一）以虚构的单位或者冒用他人名义签订合同的；（二）以伪造、变造、作废的票据或者其他虚假的产权证明作担保的；（三）没有实际履行能力，以先履行小额合同或者部分履行合同的方法，诱骗对方当事人继续签订和履行合同的；（四）收受对方当事人给付的货物、货款、预付款或者担保财产后逃匿的；（五）以其他方法骗取对方当事人财物的。"显然，不能认为"以虚构的单位或者冒用他人名义签订合同的"行为，以及"以伪造、变造、作废的票据或者其他虚假的产权证明作担保的"行为，均为合同诈骗罪的实行行为。例如，行为人以虚构的单位或者冒用他人名义签订合同，但后来仍然履行了合同的，不可能成立合同诈骗罪的未遂犯或者着手实行后的中止犯。只有以虚构的单位或者冒用他人名义签订合同，另基于合同对被害人实施了某种欺骗行为的，才可能使被害人产生处分财产的认识错误，进而成立合同诈骗罪的未遂犯或既遂犯。再如，没有实际履行能力，以先履行小额合同或者部分履行合同的行为，不可能成立合同诈骗罪的未遂犯或者着手实行后的中止犯。可见，《刑法》第 224 条规定的行为包含了预备行为。

《刑法》第 265 条规定："以牟利为目的，盗接他人通信线路、复制他人电信码号或者明知是盗接、复制的电信设备、设施而使用的，依照本法第二百六十四条的规定定罪处罚。"应当认为，只有使用盗接的通信线路或者使用复制的电信码号时，才能认定为实施了盗窃罪的实行行为。单纯盗接他人通信线路、复制他人电信码号的行为，不可能使他人遭受财产损失，不可能满足盗窃数额较大的要求，② 因而不可能成为实行行为，只是盗窃的预备行为。

总之，我国刑法分则的不少条文在规定实行行为的同时，描述了预备行为。那么，能否通过承认实行行为与着手的分离，将这些预备行为视为实行行为呢？

---

① 当然，多次盗窃信用卡、扒窃信用卡或者携带凶器盗窃信用卡的，可能成立盗窃罪。盗窃后非法持有他人信用卡的，该持有行为可能构成妨害信用卡管理罪。

② 参见 2013 年 4 月 2 日公布的《最高人民法院　最高人民检察院关于办理盗窃刑事案件适用法律若干问题的解释》。

亦即，认可上述《刑法》第 198 条、第 196 条第 3 款、第 224 条、第 265 条等条文所规定的行为都是实行行为，但同时开始实施分则规定的实行行为并不等于着手，只有当行为具备未遂犯的客观处罚根据（产生了侵害法益的具体危险）时，才是实行的着手（着手在实行行为之后）。例如，投保人与保险人签订保险合同时故意虚构保险标的的行为，属于实行行为，但是，只有当投保人向保险人索赔时（只有索赔才会产生侵害法益的具体危险），才是保险诈骗罪的着手。再如，根据《刑法》第 196 条第 3 款的规定，盗窃他人信用卡的行为就是实行行为，但是，只有当行为人开始使用盗窃的信用卡时，才是盗窃罪的着手。又如，承认以虚构的单位或者冒用他人名义签订合同就是合同诈骗罪的实行行为，但是，只有当行为发展到即将使他人遭受财产损失时（如即将使他人产生处分财产的认识错误时），才是合同诈骗罪的着手。

关于实行行为与实行的着手或者着手实行之间的关系，日本刑法理论有以下几种观点：第一种观点认为，实行行为＝实行的着手＝未遂犯的成立。据此，只要着手，就意味着有实行行为（也可以说，只要有实行行为，就意味着有着手），因而成立未遂犯。第二种观点认为，实行行为＝实行的着手，但是实行行为与未遂犯的成立相分离。故此，虽然有着手就有实行行为，或者有实行行为就有着手，但是成立未遂犯还需要具备"紧迫的危险"这一不成文的要素。第三种观点认为，实行的着手＝未遂犯的成立，但是实行行为与实行的着手相分离。因此，有实行行为不等于有实行的着手。① 如果从未遂犯的处罚根据上考虑，笔者赞成第三种观点。因为"实行的着手时期，应当是产生结果发生的危险的时期。所以，实行的着手是划定未遂犯的处罚时期的时间性概念"②。于是，"实行的着手既可能置前于实行行为，也可能置后于实行行为"③。例如，盗窃罪的实行行为是将他人占有的财物转移给自己或者第三者占有，但是，行为人进入他人住宅后开始物色财物时，就会被认定为盗窃罪的着手，这是实行的着手置前于实行行为的情形（物色财物在转移财物之前）。又如，行为人从甲地邮局寄送毒药给乙地的被害人，在甲地寄送毒药的行为虽然是杀人罪的实行行为，但只有当毒药寄送到被害人时才有可能认定为故意杀人罪的着手（到达在寄送行为之后）。

问题是，日本对预备犯的处罚以刑法分则明文规定为限，但我国刑法并非如此。一方面，即使认为投保人与保险人签订保险合同时故意虚构保险标的的行

① 参见金光旭：《日本刑法中的实行行为概念》，载于改之、周长军主编：《刑法与道德的视界交融——西原春夫刑法理论研讨》，中国人民公安大学出版社 2009 年版，第 136 页。
② ［日］西田典之著、桥爪隆补订：《刑法总论》（第 3 版），弘文堂 2019 年版，第 320 页。
③ 金光旭：《日本刑法中的实行行为概念》，载于改之、周长军主编：《刑法与道德的视界交融——西原春夫刑法理论研讨》，中国人民公安大学出版社 2009 年版，第 138 页。

为，就是实行行为，在行为人后来并未向保险人索赔就被发现时，对该行为也只能认定为预备犯。于是，虽然行为人实施了刑法分则所规定的实行行为，也仅成立预备犯。预备犯的行为就既包括了预备行为，也包括了部分实行行为，这便造成了概念的混乱。另一方面，预备犯包括部分实行行为（如投保人与保险人签订保险合同时故意虚构保险标的的行为），显然是因为这部分"实行行为"实质上只是预备行为。既然如此，不如直接承认刑法分则的某些条文规定了预备行为。

基于以上考虑，本书维持以下观点：应当承认我国刑法分则的部分条文规定了预备行为，但这不同于独立的预备罪，而是在描述实行行为的同时，也描述了部分预备行为。所以，不能认为分则条文规定的行为均为实行行为，换言之，刑法分则条文所描述的行为可能包含了预备行为。

本章所称的复数行为，是指复数实行行为。所以，当刑法分则条文就某罪规定的两个行为是预备行为与实行行为时，不能认为该罪的实行行为是复数行为。

问题是，如何判断刑法分则的某个条文对某一犯罪所规定（要求）的实行行为，是单一行为还是复数行为？诚然，通过法条用语、表述方式等形式标准得出结论是可能的。但是，单纯根据形式标准得出的结论不一定是妥当的。因为语言总是模糊的，有时难以准确地表述刑法的真实含义。所以，需要进行符合刑法真实含义的实质判断。

二、基本分析

刑法分则条文的表述，大体上为区分某种犯罪的实行行为是单一行为还是复数行为提供了线索。例一：如果刑法分则条文在两个行为（动词）之间使用"或者"一词，就表明本罪的实行行为不是复数行为，只是选择性行为。例如，《刑法》第161条第1款规定："依法负有信息披露义务的公司、企业向股东和社会公众提供虚假的或者隐瞒重要事实的财务会计报告，或者对依法应当披露的其他重要信息不按照规定披露，严重损害股东或者其他人利益，或者有其他严重情节的，对其直接负责的主管人员和其他直接责任人员，处五年以下有期徒刑或者拘役，并处或者单处罚金；情节特别严重的，处五年以上十年以下有期徒刑，并处罚金。"显然，只要行为人实施第二个"或者"前后的行为之一①，即可成立本罪。例二：如果分则条文在行为之间使用了顿号，就表明本罪不是复数行为，而是选择性行为。例如，《刑法》第347条第1款规定："走私、贩卖、运输、制造毒品，无论数量多少，都应当追究刑事责任，予以刑事处罚。"本罪的行为显然不是复数行为。但是，也存在难以得出合理结论的情形，下面仅就刑法分则使

---

① 第一个"或者"前后可谓相同的实行行为。

用的相关用语进行分析。

（一）"并"

从语法角度来说，当刑法分则条文在两个实行行为（动词）之间使用了"并"或者"并且"时，一般而言，该罪的成立（既遂）要求复数行为。但是，在刑法分则条文中，这种情形很少见。

首先，虽然法条使用的"并"或者"并且"表明要求两种行为同时具备，否则不能适用该法条，但并不意味着法条对构成要件规定了复数的实行行为。例如，《刑法》第 196 条第 3 款规定："盗窃信用卡并使用的，依照本法第二百六十四条的规定定罪处罚。"据此，单纯盗窃信用卡的，不能适用该款规定认定为盗窃罪；同样，单纯使用他人信用卡的，也不能适用该款认定为盗窃罪。① 但是，本书认为，不能认为本款规定的是复数实行行为，因为如前所述，盗窃信用卡的行为并不是盗窃罪的实行行为，只能视为预备行为。再如，《刑法》第 171 条第 3 款规定："伪造货币并出售或者运输伪造的货币的，依照本法第一百七十条的规定定罪从重处罚。"如果行为人单纯伪造货币或者单纯出售或者运输伪造的货币，就不可能适用《刑法》第 171 条第 3 款。但是，本款所规定的并不是独立的罪名，只是对包括一罪的处罚规定。②

其次，虽然法条在两个行为（动词）之间使用了"并"或者"并且"一词，但其中一种行为也可能不是实行行为，只有另一种行为是实行行为，因而只实施了前一种行为并未着手实行犯罪，只实施后一种行为就可能构成犯罪。显然，这样的规定并不要求具备两个行为，故不意味着构成要件行为必须是复数行为。例如，《刑法》第 221 条规定："捏造并散布虚伪事实，损害他人的商业信誉、商品声誉，给他人造成重大损失或者有其他严重情节的，处二年以下有期徒刑或者拘役，并处或者单处罚金。"单纯从字面含义来看，损害商业信誉、商品声誉罪的实行行为是复数行为：捏造虚伪事实与散布虚伪事实；似乎单纯散布虚伪事实的行为，不可能成立损害商业信誉、商品声誉罪；也有学者明确指出本罪属于复行为犯③。但本书不赞成这种结论。

---

① 按照笔者的观点，拾得、骗取他人信用卡后，从自动取款机中取款的，直接成立盗窃罪，不应适用《刑法》第 196 条第 3 款的规定。

② 根据日本学者前田雅英的观点，包括的一罪分为四个类型：其一，一个行为产生的数个结果属于同一构成要件内的情形，如一个盗窃行为窃取了数人所有的财物；其二，一个行为产生的数个结果属于不同构成要件的情形，如砍杀他人导致衣服毁坏（附随犯）；其三，实施同一构成要件内的数个行为的情形，如索要贿赂后收受贿赂（狭义的包括的一罪）；其四，实施不同构成要件的数个行为但仅以一罪论处的情形（吸收一罪）（参见［日］前田雅英：《刑法总论讲义》（第 7 版），东京大学出版会 2019 年版，第 395 页）。

③ 参见陆诗忠：《复行为犯之基本问题初论》，《现代法学》2007 年第 6 期。

第一，刑法的目的是保护法益，故犯罪的本质是侵害法益；没有侵害法益的行为不可能构成犯罪，当然也不可能成为实行行为。不仅如此，即使某种行为具有侵害法益的危险性，但这种危险性非常微小时，刑法也不可能将其规定为犯罪，这种行为也不可能成为实行行为。正如前田雅英教授所言："作为杀人罪的实行行为的'杀人'行为，必须是类型性地导致他人死亡的行为，大凡不具有致人死亡的危险性的行为不能说是'杀人'行为。"① 所以，希望他人死于高铁事故而使他人乘坐高铁的行为，即使碰巧实际上发生事故而死亡，也不能说使他人乘坐高铁的行为是杀人行为。换言之，实行行为并不意味着只是形式上符合刑法分则条文所规定的构成要件的行为，而是"具有发生结果的一定程度以上的危险性的行为"②。或者说，实行行为只能是发生了危险结果（或者紧迫的危险）的行为。但是，单纯捏造虚伪事实的行为本身并不具有法益侵害的紧迫危险。例如，甲在纸条上写着"A 啤酒厂的啤酒罐里有一具尸体，大家不要买 A 啤酒厂的啤酒"，然后放入抽屉。这种行为不可能侵害他人的商业信誉与商品声誉。既然如此，就不可能成为实行行为。

第二，具有侵害法益危险或者能够造成法益侵害的是散布虚伪的损害他人的商业信誉、商品声誉事实的行为。例如，甲某日在地上捡了一张纸条，上面写着："A 啤酒厂的啤酒罐里有一具尸体"，甲明知这是虚假的，但仍然向社会公众大声宣读该纸条（即散布虚假事实），导致 A 啤酒厂遭受重大损失。不难看出，单纯散布虚伪事实就能够侵害他人的商业信誉与商品声誉，使他人遭受重大损失。对这种行为不以本罪论处，明显不当。这也说明，捏造虚伪事实本身，并不具有重要意义。

第三，即使就单个人实施本罪而言，通过比较所谓"捏造并散布"这种复数行为与"散布虚伪事实"这一单一行为，也会发现二者没有任何区别。例如，甲事先在纸条上写着"A 啤酒厂的啤酒罐里有一具尸体，大家不要买 A 啤酒厂的啤酒"，然后在大庭广众中宣读的，无疑成立本罪。乙事先并没有在纸条上写着这句话，而是直接在大庭广众之中大声喊叫"A 啤酒厂的啤酒罐里有一具尸体，大家不要买 A 啤酒厂的啤酒"的，不可能无罪。然而，如果说甲是捏造并散布虚伪事实的话，乙则是散布捏造的事实，二者完全相同。可是，无论从什么角度考虑，用什么标准判断，乙实施的只有一个行为，而不是两个行为。既然如此，就表明《刑法》第 221 条并没有规定复数行为。人们可能会说，乙不仅散布了虚伪事实，而且也捏造了虚伪事实。但是，这只是极为表面的区别。因为如前所

---

① ［日］前田雅英：《刑法总论讲义》（第 7 版），东京大学出版会 2019 年版，第 83 页。
② ［日］前田雅英：《刑法的基础·总论》，有斐阁 1993 年版，第 92 页。

述，单纯的捏造行为根本不是侵害和威胁法益的行为，所以，就损害商业信誉、商品声誉罪的成立条件而言，要求散布者必须实施一种没有侵害或者威胁法益的行为，是不合适的。

第四，不可否认的是，从文理上说，要将《刑法》第 221 条中的"捏造"解释为修饰"虚伪事实"的形容词，是相当困难甚至是不可能的。然而，语言是不准确的，其含义也可能是不确定的。在这种场合，需要通过考察用语的语境与目的揭示用语的真实含义。一方面，某个事实是否属于"捏造"，是需要对方或第三者判断的，没有向对方或第三者传达的事实，也难以被判断为捏造。所以，捏造本身就包含了向外部传达的意思。另一方面，在笔者看来，《刑法》第 221 条使用"捏造并散布虚伪事实"这种极为重复的表述，实际上只是为了防止将误以为是真实事实而散布的行为认定为犯罪，亦即，是为了防止处罚没有犯罪故意的行为。可以说，这里的"捏造"其实是明知的意思。

倘若坚持认为损害商业信誉、商品声誉罪的实行行为是复数行为（即捏造虚伪事实并散布），就会产生诸多消极后果，具体如下：

第一，如果采取复数行为说，就意味着捏造行为是实行行为的一部分，于是，开始实施捏造行为时就是着手，这是难以被人接受的。根据这种观点，甲在纸条上写完"A 啤酒厂的啤酒罐里有一具尸体，大家不要买 A 啤酒厂的啤酒"这句话，然后放入抽屉，就已经着手实施了刑法分则所规定的实行行为，即使没有散布，也可能成立犯罪未遂。这明显不当。而且，这种观点会导致在日记本上写日记、在私人电脑上写文章的行为，都有可能成为犯罪的实行行为。因此，对于这种没有散布虚伪事实的行为，不能以犯罪论处。与对其他复行为犯的认定相比较，也会发现将损害商业信誉、商品声誉罪视为复行为犯的观点存在疑问。例如，就单个人犯罪而言，如果行为人仅实施了抢劫罪中的暴力行为，即使没有强取财物，也成立抢劫未遂。如果认为损害商业信誉、商品声誉罪是复行为犯，那么，只要实施了捏造行为就成立本罪的未遂，但这一观点并不成立。这从另一角度说明，损害商业信誉、商品声誉罪不是复行为犯。

第二，或许有人认为，如果行为人以散布为目的开始实施捏造行为，就是本罪的预备行为。这种说法虽然有一定道理，但也存在问题：其一，既然认为捏造行为是实行行为，就不能认为为了散布而捏造的行为属于预备行为。如同暴力、胁迫是抢劫行为的实行行为的一部分，不能认为为了强取财物而实施暴力、胁迫的行为只是抢劫罪的预备行为。其二，如果说散布行为是实行行为，刑法分则就不可能限定预备行为的范围。而且，就故意犯罪而言，只要实施了实行行为，即使此前没有预备行为，也不影响故意犯罪的成立。其三，即使将捏造行为认定为犯罪预备行为，也不利于保障国民自由。因为如前所述，这种观点将导致写日记、在私人电脑上写文章，都可能成为犯罪的预备行为。由此看来，将单一行为解释成复数行为，并不一定有利于保障国民的自由。

第三，主张复数行为说的观点，不利于保护法益。在网络发达的时代，有时可能根本查不出虚伪事实的捏造者，而只能查明虚伪事实的散布者。例如，2008年3月，被告人甲开办了一个家教信息网站，因为删帖结识了另一名被告人乙。2008年8月，乙花钱指使被告人甲，让甲在网上发布一些攻击其竞争对手——某高新技术开发有限公司产品的帖子，而且越多越好。于是，甲将严重损害某高新技术开发有限公司的商业信誉与商品声誉的帖子发到了20多个网站上，给该公司造成了120余万元的经济损失。但是，司法机关无法查清这些帖子内容的具体来源，换言之，不能查明谁编写了帖子的具体内容。倘若认为只有查明了虚伪事实的捏造者才能认定犯罪，则本案的几名行为人的行为均不成立犯罪，这显然不利于保护法益。

综上所述，损害商业信誉、商品声誉罪的实行行为不是复数行为，刑法理论应将《刑法》第221条中的"捏造并散布虚伪事实"解释为"散布明知是捏造的虚伪事实"，至于是散布者捏造还是其他人捏造，不影响散布者的行为成立本罪。

基于同样的理由，对《刑法》第181条第1款规定的编造并传播证券、期货交易虚假信息罪的实行行为也应作相同解释。该款规定："编造并且传播影响证券、期货交易的虚假信息，扰乱证券、期货交易市场，造成严重后果的，处五年以下有期徒刑或者拘役，并处或者单处一万元以上十万元以下罚金。"虽然法条使用了"并且"一词，但笔者认为，本条中的编造并不是实行行为的一部分，由此得出的结论是：一方面，单纯编造影响证券、期货交易的虚假信息的行为，并不是本罪的实行行为，不成立未遂犯。另一方面，明知是他人编造的影响证券、期货交易的虚假信息而传播的，构成本罪。"编造并且传播"的规定，只是为了将没有故意的传播行为排除在犯罪之外。

最后，刑法分则还有几个条文虽然没有使用"并"与"并且"一词，但会使人们产生省略了"并"与"并且"的印象，因而需要分析。

《刑法》第243条第1款规定："捏造事实诬告陷害他人，意图使他人受刑事追究，情节严重的，处三年以下有期徒刑、拘役或者管制；造成严重后果的，处三年以上十年以下有期徒刑。"本条没有"并"的表述，但人们可能认为，本条罪状的第一句实际上是"捏造事实并诬告陷害他人"，于是，诬告陷害罪在客观上也有两个行为：一是捏造事实，二是诬告陷害。刑法理论上也有学者认为诬告陷害罪是复行为犯。① 其实，本罪只要求一个单一行为，即向公安、司法机关作

---

① 参见陆诗忠：《复行为犯之基本问题初论》，《现代法学》2007年第6期。

虚假告发。例如，甲事先在纸条上写着"某 A 于 2020 年 10 月 24 日盗窃某公司笔记本电脑一台"，装入信封后，递交给公安人员，该行为无疑属于诬告陷害（不考虑情节是否严重的要求）。乙事先并没有在纸条上写这句话，却直接向公安人员说"某 A 于 2020 年 10 月 24 日盗窃某公司笔记本电脑一台"的，不可能被排除在诬告陷害之外（乙的诬告行为就包含了捏造事实的内容）。同样，丙在地上捡了一张写着"某 A 于 2020 年 10 月 24 日盗窃某公司笔记本电脑一台"的纸条，明知纸条的内容是虚假的，仍然将该纸条交给公安机关的，依然属于诬告陷害。

《刑法》第 246 条第 1 款规定的诽谤罪的罪状是"捏造事实诽谤他人，情节严重"。这一规定可能给人们的印象是，诽谤罪必须是"捏造事实并诽谤他人，情节严重"。其实，诽谤罪也不是由复数行为构成，亦即，不意味着行为人必须先捏造、后诽谤。一方面，单纯捏造损害他人名誉的虚假事实的行为，不可能成为本罪的实行行为；另一方面，明知是损害他人名誉的虚假事实而散布的行为，也属于诽谤。

反过来说，当刑法分则条文仅使用了"捏造""编造"等动词时，必须对此作出合理解释，揭示出真正的实行行为。例如，《刑法》第 291 条之一第 1 款规定："投放虚假的爆炸性、毒害性、放射性、传染病病原体等物质，或者编造爆炸威胁、生化威胁、放射威胁等恐怖信息，或者明知是编造的恐怖信息而故意传播，严重扰乱社会秩序的，处五年以下有期徒刑、拘役或者管制；造成严重后果的，处五年以上有期徒刑。"显然，对本条规定的"编造爆炸威胁、生化威胁、放射威胁等恐怖信息"，不能作形式上的理解，而要作实质性判断。例如，甲在私人电脑上输入或者在笔记本上书写"某大型商场将于某年某月某日晚 8 时发生特大爆炸事件"的文字时，不可能成立编造虚假恐怖信息罪，只有将这种虚假恐怖信息传达给他人，才可能成立本罪。否则，将意味着写日记之类的行为也成立犯罪。换言之，虽然本条规定的"编造"行为侧重于捏造虚假恐怖信息，"传播"行为侧重于散布虚假恐怖信息，但仅有捏造事实的行为不可能成立本罪。那么，法条为什么分别规定编造与传播行为呢？对此，本书认为，在行为人编造虚假恐怖信息的场合，即使只向特定人或者少数人传达所编造的虚假恐怖信息，也有可能成立编造虚假恐怖信息罪；故意传播虚假恐怖信息罪，则要求行为人故意向不特定人或者多数人传达虚假恐怖信息。① 例如，甲在某大型商场突然大声喊叫"商场即将发生特大爆炸事故"时，认定为故意传播虚假恐怖信息罪即可，没有必要认定为编造、故意传播虚假恐怖信息罪。

---

① 当然，能否认为区分规定这两个行为是为了提醒司法者区分归责范围，还值得进一步研究。

再如，《刑法》第 160 条第 1 款前段规定："在招股说明书、认股书、公司、企业债券募集办法等发行文件中隐瞒重要事实或者编造重大虚假内容，发行股票或者公司、企业债券、存托凭证或者国务院依法认定的其他证券，数额巨大、后果严重或者有其他严重情节的，处五年以下有期徒刑或者拘役，并处或者单处罚金。"在本罪中，并不是只要编造就成立犯罪，而是要求发布了编造虚假内容的招股说明书、认股书或者债券募集办法等发行文件。发布之前，在招股说明书、认股书或者债券募集办法等发行文件中填写虚假内容的，并不属于本罪的实行行为。

又如，《刑法》第 183 条第 1 款规定："保险公司的工作人员利用职务上的便利，故意编造未曾发生的保险事故进行虚假理赔，骗取保险金归自己所有的，依照本法第二百七十一条的规定定罪处罚。"这里的编造显然不是在私人电脑或者日记本上编造，而是向受骗者（处分人）提交虚假理赔文书。

还如，《刑法》第 198 条第 1 款第 2 项所规定的"投保人、被保险人或者受益人对发生的保险事故编造虚假的原因或者夸大损失的程度，骗取保险金的"行为，也是指向保险公司提出虚假的索赔原因或损失程度，而不是指单纯的编写、捏造行为。

（二）"和"与"及其"

在汉语中，"和"虽然一般表示并列，但有时仅表示"或者"。所以，不能将"和"一概理解为复数行为的文理根据。由于刑法分则条文并没有在动词之间使用"和"一词，故只能对类似条文略作说明。

例如，《刑法》第 151 条第 2 款前段规定，"走私国家禁止出口的文物、黄金、白银和其他贵重金属或者国家禁止进出口的珍贵动物及其制品的，处五年以上十年以下有期徒刑，并处罚金"。其中的"和"表达的是"或者"的意思，也可以说，"和"所表示的意思中包括了"或者"。

再如，《刑法》第 328 条第 1 款第 1 项规定的行为是"盗掘确定为全国重点文物保护单位和省级文物保护单位的古文化遗址、古墓葬"；同条第 2 款规定："盗掘国家保护的具有科学价值的古人类化石和古脊椎动物化石的，依照前款的规定处罚。"两款中的"和"表达的都是"或者"的含义。详言之，对于盗掘确定为全国重点文物保护单位的古文化遗址、古墓葬的，或者盗掘确定为省级文物保护单位的古文化遗址、古墓葬的，或者既盗掘确定为全国重点文物保护单位的古文化遗址、古墓葬，又盗掘确定为省级文物保护单位的古文化遗址、古墓葬的，都应当适用《刑法》第 328 条第 1 款第 1 项的规定；对于盗掘国家保护的具有科学价值的古人类化石的，或者盗掘国家保护的具有科学价值的古脊椎动物化石的，或者既盗掘国家保护的具有科学价值的古人类化石，又盗掘国家保护的具有科学价值的古脊椎动物化石的，均应适用《刑法》第 328 条第 2 款的规定。

在刑法分则条文中，"及其"与"和"基本上起着相同作用。《刑法》第 312 条第 1 款前段规定，"明知是犯罪所得及其产生的收益而予以窝藏、转移、收购、代为销售或者以其他方法掩饰、隐瞒的，处三年以下有期徒刑、拘役或者管制，并处或者单处罚金"。行为人故意掩饰、隐瞒他人犯罪所得的，或者故意掩饰、隐瞒他人犯罪所得产生的收益的，或者既故意掩饰、隐瞒他人犯罪所得，又故意掩饰、隐瞒他人犯罪所得产生的收益的，都符合本条规定的构成要件。

（三）"以……方法"与"以……手段"

在刑法分则条文中，"以……方法"与"以……手段"的描述，存在两种情形：其一，表明犯罪的实行行为是复数行为；其二，只是描述实行行为的具体方式，而不意味着其所规定的犯罪为复数行为。例如，《刑法》第 263 条前段规定，"以暴力、胁迫或者其他方法抢劫公私财物的，处三年以上十年以下有期徒刑，并处罚金"。刑法理论几乎没有争议地认为，抢劫罪的实行行为是复数行为，即暴力、胁迫等是手段行为，强取财物是目的行为。之所以如此，是考虑抢劫罪的成立，不仅要求取得财物的行为违反了被害人意志，而且要求行为人造成压制被害人反抗的状态，进而取得财物（特定的因果关系的发展过程）；单纯利用他人不能反抗的状态而取得财物的行为，仅成立盗窃罪。正因为如此，日本学者一般认为抢劫罪是结合犯，[①] 而结合犯是典型的复行为犯。

但是，即使规定方式与抢劫罪相同的犯罪，也可能不是复行为犯。例如，《刑法》第 236 条第 1 款规定："以暴力、胁迫或者其他手段强奸妇女的，处三年以上十年以下有期徒刑。"《刑法》第 237 条第 1 款规定："以暴力、胁迫或者其他方法强制猥亵他人或者侮辱妇女的，处五年以下有期徒刑或者拘役。"这两个条文的规定方式与抢劫罪相同，现实中发生的某些强奸案件与强制猥亵案件，也可能的确表现为两个行为，即先实施暴力、胁迫等行为，再实施奸淫或者猥亵行为。但是，如果进行体系性的解释，就会发现，强奸罪与强制猥亵罪的成立，既包括行为人压制被害人的反抗后实施目的行为的情形（复数行为），也包括利用被害人不能反抗的状态所实施的奸淫行为与猥亵行为。因为强奸罪与强制猥亵罪，所要求的是行为人违反被害人的意志实施奸淫或者猥亵行为，而不要求特定的因果关系的发展过程。后一种情形显然不是复数行为。例如，乘妇女熟睡而实施奸淫行为的，没有争议地成立强奸罪。再如，在不少案件中，暴力本身也可能

---

① 参见［日］前田雅英：《刑法总论讲义》（第 7 版），东京大学出版会 2019 年版，第 360 页；［日］山中敬一：《刑法总论》（第 3 版），成文堂 2015 年版，第 770 页。当然，这种结合犯，并不是手段行为与目的行为的单纯结合，而是要求手段行为压制了被害人的反抗进而实现目的行为（参见［日］山口厚：《刑法各论》（第 2 版），有斐阁 2010 年版，第 216 页）。

是猥亵行为；反之某些猥亵行为本身也是暴力行为。例如，违反妇女的意志，强行将手指插入妇女阴道的，其暴力行为本身就是猥亵行为。① 再如，乘妇女站在墙边无法反抗时，突然强行与妇女接吻的，其猥亵行为本身就是暴力行为。② 又如，强行剥光妇女衣裤，或者乘妇女不注意时突然触摸妇女阴部，或者在妇女难以脱身的场所直接强行用生殖器顶擦妇女臀部等行为，既是暴力行为，也是猥亵行为。在这种情况下，应认定为强制猥亵罪既遂，而不能认为行为人仅实施了暴力行为，从而认定为强制猥亵罪的未遂，更不能认为行为人仅实施了猥亵行为而没有实施强制行为，从而否认强制猥亵罪的成立。③ 在强奸行为与强制猥亵行为表现为单一行为时，只有开始实施该单一行为时，才可能进入着手阶段。单一行为之前的行为不是实行行为，因而不能在单一行为之前认定着手。例如，就乘妇女熟睡而实施奸淫行为的强奸案而言，行为人进入房间等行为并不是强奸罪的着手，开始实施奸淫行为时才是强奸罪的着手。

其实，刑法分则条文关于"以……方法""以……手段"的规定，大多都是对行为本身的描述，而不表明犯罪具有复数行为。

例如，《刑法》第 277 条第 1 款规定："以暴力、威胁方法阻碍国家机关工作人员依法执行职务的，处三年以下有期徒刑、拘役、管制或者罚金。"当国家机关工作人员正在依法执行职务时，行为人对之实施暴力、威胁的，一般就成立妨害公务罪。因为在这种情形下，暴力、威胁行为直接妨害了公务的执行。④ 如果暴力、胁迫行为没有妨害公务的执行，要么是因为公务没有开始执行或者已经结束，要么是暴力、胁迫本身没有达到妨害公务执行的程度。概言之，妨害公务罪的实行行为是通过使用暴力、威胁方法使得国家机关工作人员不能或者难以依法执行职务，而不是使用暴力、威胁方法与阻碍公务两个实行行为。

再如，《刑法》第 114 条规定："放火、决水、爆炸以及投放毒害性、放射性、传染病病原体等物质或者以其他危险方法危害公共安全，尚未造成严重后果

① 参见日本大审院 1918 年 8 月 20 日判决，载日本《大审院刑事判决录》第 24 辑，第 1203 页。
② 参见日本东京高等裁判所 1957 年 1 月 22 日判决，载日本《高等裁判所刑事判例集》第 10 卷第 1 号，第 10 页。
③ 在日本，个别学者认为，当暴力行为本身就是猥亵行为时，不成立强制猥亵罪，只成立强制罪（参见［日］中义胜：《刑法各论》，有斐阁 1975 年版，第 85 页）。但是，通说认为这种行为成立强制猥亵罪（参见［日］曾根威彦：《刑法各论》（第 5 版），弘文堂 2012 年版，第 67 页；［日］山口厚：《刑法各论》（第 2 版），有斐阁 2010 年版，第 107 页；等等）。
④ 我国民国时期刑法与国外刑法对妨害公务罪的罪状采取的表述是"在公务员依法执行职务时，对其实施暴力或者胁迫"。参见中华民国时期 1935 年《刑法》第 135 条、1928 年《刑法》第 142 条，日本《刑法》第 95 条，德国《刑法》第 113 条，奥地利《刑法》第 270 条，韩国《刑法》第 136 条。

的，处三年以上十年以下有期徒刑。""以其他危险方法危害公共安全"并不意味着本条所规定的犯罪行为是复数行为，而是旨在说明，放火、决水、爆炸等都是危险方法，以危险方法危害公共安全罪中的危险方法，必须是与放火、决水、爆炸等相当的危险方法。

又如，《刑法》第 282 条第 1 款规定的"以窃取、刺探、收买方法，非法获取国家秘密"，《刑法》第 298 条规定的"扰乱、冲击或者以其他方法破坏依法举行的集会、游行、示威"，《刑法》第 307 条 1 款规定的"以暴力、威胁、贿买等方法阻止证人作证或者指使他人作伪证"，《刑法》第 333 条 1 款后段规定的"以暴力、威胁方法强迫他人出卖血液"等，都不表明相关犯罪的行为是复数行为，而是对相关犯罪行为的具体描述。

这是因为作为人的身体活动的行为，离不开一定的方法或手段。方法事实上是对身体活动内容的描述，方法不同，行为也就不同。例如，以暴力、胁迫等方法压制被害人反抗而强取财物的，是抢劫行为；以恶害相通告导致被害人产生恐怖心理进而交付财物的，是敲诈勒索行为；以欺骗方法使对方产生认识错误进而交付财物的，是诈骗行为。因此，抢劫、敲诈勒索与诈骗行为之间的关键区别可谓方法不同。不仅如此，在某种意义上说，方法或手段与行为甚至是同义语。例如，《刑法》第 114 条将放火、决水、爆炸、投放危险物质称为危险方法，我们也可以说它们是危险行为。当某些犯罪的成立要求特定的方法或手段时，其是对行为本身的要求，而不是对行为之外的其他要素的要求。由此可见，犯罪的方法或手段与行为不可分离。现在的论著一般都将方法从行为概念中剥离出来，[①] 于是，行为便成为空洞的概念，行为本身也就不存在了。

（四）"利用职务上的便利"

刑法分则中有大量条文使用了"利用职务上的便利"的表述，许多论著将"利用职务上的便利"视为独立的一个行为，其实并非如此。下面以受贿罪与职务侵占罪为例展开讨论。

《刑法》第 385 条第 1 款规定："国家工作人员利用职务上的便利，索取他人财物的，或者非法收受他人财物，为他人谋取利益的，是受贿罪。"那么，利用职务上的便利的真正含义究竟是什么呢？这可能要分别就索取贿赂与收受贿赂来讨论。

索取贿赂时，不需要为他人谋取利益。所以，在索取贿赂时，意味着利用了职务上的便利。但问题是，这是指索取贿赂行为本身必须是一种职务行为，还是

---

① 参见高铭暄、马克昌主编：《刑法学》（第十版），北京大学出版社、高等教育出版社 2022 年版，第 77~78 页；马克昌主编：《刑法学》，高等教育出版社 2003 年版，第 77 页；曲新久主编：《刑法学》（第二版），中国政法大学出版社 2009 年版，第 94 页。

说国家工作人员就职务或职务行为索取贿赂？显然是后者而不是前者。在司法实践中，索取贿赂一般表现为，国家工作人员在他人有求于自己的职务行为时，利用他人的困境或者需求，要求、索要乃至勒索财物；如果他人不交付财物，就不满足他人的要求。例如，乙请求国家工作人员甲通过职务行为使自己承揽一项建筑工程，甲向乙提出交付财物的要求。显然，要求对方交付财物的行为本身，就是索取贿赂。这是一种非常明显的以权换利的行为，国家工作人员所索取的财物，是其职务行为的不正当报酬，即财物与其职务行为的对价关系非常明显，因此，刑法规定索取贿赂的从重处罚。但是，如果他人请托的事项与国家工作人员的职务行为没有关系，而国家工作人员利用他人困境或者需求，要求、索要或者勒索财物的，则不成立受贿罪。例如，中学校长抓住小偷后，小偷请求校长不要将其扭送到公安机关，校长乘机要求小偷交付 5 000 元给自己，否则将其扭送至公安机关。将盗窃犯人扭送至公安机关不是中学校长的职务行为，因此，校长的行为不成立受贿罪，只成立敲诈勒索罪。由上可见，利用职务上的便利索取贿赂时，只是要求基于职务而索取贿赂，并不意味着利用职务上的便利本身是一个实行行为。

因收受财物而构成受贿罪的，要求国家工作人员为他人谋取利益。于是出现了这样的问题：利用职务上的便利干什么？是利用职务上的便利收受财物（指单纯收受财物的行为）？还是利用职务上的便利为他人谋取利益？抑或收受财物与为他人谋取利益都要求利用职务上的便利？刑法理论一直不探讨这一问题，以往的司法解释也只是说明利用职务上的便利本身是什么含义①。这样一来，就更难理解利用职务上的便利了。

如果说利用职务上的便利，是指利用职务上的便利收受财物，则难以理解，也不利于受贿罪的认定。因为并非只有利用职务上的便利才能收受财物。例如，甲向乙交付财物，要求乙为其子女安排工作，乙收受了财物。我们无论如何也看

---

① 如最高人民法院、最高人民检察院于 1989 年 11 月 6 日公布的《关于执行〈关于惩治贪污罪贿赂罪的补充规定〉若干问题的解答》（已废止）指出：“受贿罪中的‘利用职务上的便利’，是指利用职权或者与职务有关的便利条件。”1999 年 9 月 16 日公布的《最高人民检察院关于人民检察院直接受理立案侦查案件立案标准的规定（试行）》指出：“‘利用职务上的便利’，是指利用本人职务范围内的权力，即自己职务上主管、负责或者承办某项公共事务的职权及其所形成的便利条件。”2003 年 11 月 13 日公布的《全国法院审理经济犯罪案件工作座谈会纪要》指出：“刑法第三百八十五条第一款规定的‘利用职务上的便利’，既包括利用本人职务上主管、负责、承办某项公共事务的职权，也包括利用职务上有隶属、制约关系的其他国家工作人员的职权。”根据 2012 年 9 月 18 日发布的《最高人民法院关于发布第三批指导性案例的通知》（指导案例 11 号·杨延虎等贪污案），“贪污罪中的‘利用职务上的便利’，是指利用职务上主管、管理、经手公共财物的权力及方便条件，既包括利用本人职务上主管、管理公共财物的职务便利，也包括利用职务上有隶属关系的其他国家工作人员的职务便利”。

不出乙收受财物的行为本身是否利用了职务上的便利。实践中存在公务人员的家属帮助收受财物的现象，这更清楚地说明了收受财物本身无须利用职务上的便利。如果说利用职务上的便利，是指利用职务为他人谋取利益，也难以令人赞同。2016 年 4 月 18 日公布的《最高人民法院、最高人民检察院关于办理贪污贿赂刑事案件适用法律若干问题的解释》第 15 条第 2 款规定："国家工作人员利用职务上的便利为请托人谋取利益前后多次收受请托人财物，受请托之前收受的财物数额在一万元以上的，应当一并计入受贿数额。"其第 17 条规定："国家工作人员利用职务上的便利，收受他人财物，为他人谋取利益，同时构成受贿罪和刑法分则第三章第三节、第九章规定的渎职犯罪的，除刑法另有规定外，以受贿罪和渎职犯罪数罪并罚。"这两条规定似乎表明，受贿罪中的利用职务上的便利，是指利用职务上的便利为他人谋取利益。但该解释第 13 条规定："具有下列情形之一的，应当认定为'为他人谋取利益'，构成犯罪的，应当依照刑法关于受贿犯罪的规定定罪处罚：（一）实际或者承诺为他人谋取利益的；（二）明知他人有具体请托事项的；（三）履职时未被请托，但事后基于该履职事由收受他人财物的。国家工作人员索取、收受具有上下级关系的下属或者具有行政管理关系的被管理人员的财物价值三万元以上，可能影响职权行使的，视为承诺为他人谋取利益。"既然为他人谋取利益只要是一种承诺即可，而承诺本身不需要利用职务上的便利，那么基于上述理由，我们也可以得出以下结论：成立受贿罪，并不要求通过职务上的便利来"为他人谋取利益"。

那么，能否说在收受贿赂的情况下利用职务上的便利不是构成要件要素呢？回答也是否定的。众所周知，收受贿赂主要表现为三种情况：一是行贿人事前主动交付财物，以期国家工作人员为其谋取利益，国家工作人员收受财物；二是国家工作人员在实施某种职务行为的过程中，行贿人主动交付财物，国家工作人员收受财物；三是国家工作人员实施了某种职务行为之后，行贿人主动交付财物，国家工作人员收受财物。三种情况的共同点是，国家工作人员收受财物并许诺为行贿人谋取利益，或者正在或已经实施了某种职务行为，使财物成为其（所许诺的）职务行为的不正当报酬。在司法实践中，往往需要注意区分收受贿赂与接受赠与的界限，区分二者的关键在于是否利用了职务上的便利。人们虽然从许多方面提出了区分的标准，但其核心标准应当是：交付财物者是否有求于收受财物者的职务行为；所交付的财物是否职务行为的不正当报酬。这表明，收受贿赂时，利用职务上的便利也表现为：国家工作人员许诺实施、正在或者已经实施（包括放弃实施）职务行为，而收受行贿人交付的财物，该财物成为其（所许诺的）职务行为的不正当报酬。由此可见，利用职务上的便利收受贿赂，只是意味着国家工作人员所收受的财物与其职务行为具有关联性（财物是职务行为或所许诺的职务行为的不正当报酬），而不意味着利用职务上的便利本身是一个实行行为，更不要求实际行使职权为行贿者提供好处。

总之，不管是在索取型受贿罪中，还是在收受型受贿罪中，利用职务上的便利本身都不是一个独立的行为。诚然，在不同的犯罪中，"利用职务上的便利"的含义并不完全相同，但都不意味着相关犯罪属于复数行为。例如，就贪污罪而言，利用职务上的便利盗窃或者骗取，意味着盗窃与骗取行为是基于行为人主管、管理、经手公共财物的职权；利用职务上的便利侵吞，意味着行为人将基于职务占有的公共财物据为己有或者使第三者所有。但这些行为都不表明贪污罪是复数行为。概言之，利用职务上的便利，只是对特定实行行为的一种描述，也可谓实行行为的特定方式，因而不是一种独立的实行行为。

再如，《刑法》第271条第1款前段规定，"公司、企业或者其他单位的工作人员，利用职务上的便利，将本单位财物非法占为己有，数额较大的，处三年以下有期徒刑或者拘役，并处罚金"。如果将所谓利用职务便利的窃取、骗取排除在职务侵占罪之外，[①] 那么，职务侵占罪中的利用职务便利，就是指基于职务或者业务占有了本单位财物。在此前提下，行为人将该财物据为己有的，就成立职务侵占罪。然而，一方面，将基于职务或者业务占有的财物据为己有的行为，并不需要再利用职务上的便利。例如，为公司收取了货款的出纳，以非法占有为目的，直接将货款存入自己的银行卡的，构成职务侵占罪，但将货款存入自己的银行卡的行为，并不需要利用职务上的便利。另一方面，行为人事前基于职务或者业务占有了本单位财物本身，并不是职务侵占罪的构成要件行为，也不是职务侵占罪的预备行为，只是对行为对象的要求。

（五）"违反国家规定"

如后所述，刑法分则条文中的"违反国家规定""违反……法规"所表达的含义并不完全相同（参见本书第十一章）。在此需要讨论的是，"违反国家规定"之类的要求，是否意味着必须存在复数行为？

如所周知，"违反国家规定""违反……法规"是空白罪状的表述方式。亦即，分则条文没有具体描述某一犯罪的全部构成要件，但指明了必须参照的其他法律、法令。从它没有具体描述犯罪的全部构成要件来说，其是空白罪状；从它指明了必须参照的法律、法令而言，其是参见罪状。不过，我国的刑法分则中，没有典型的空白罪状，[②] 因为在我国被认为是空白罪状的条文，在指明了参照法

---

① 参见张明楷：《刑法学》（第六版）（下），法律出版社2021年版，第1336页。

② 典型的空白罪状只是规定"违反……法规的，处……刑。"如日本《刑法》第94条规定："在外国交战之际，违反有关局外中立之命令的，处三年以下监禁或者五十万元以下罚金。"

规的同时，也描述了部分构成要件要素。从与行为的关系来说，我国刑法分则所规定的"违反国家规定""违反……法规"分为两种情形：

首先，法条既有"违反国家规定""违反……法规"的表述，又有对行为的描述。在这种场合，"违反国家规定""违反……法规"并不是一个独立行为，只是对行为具体内容的要求。例如，《刑法》第 345 条第 2 款前段规定，"违反森林法的规定，滥伐森林或者其他林木，数量较大的，处三年以下有期徒刑、拘役或者管制，并处或者单处罚金"。本罪的行为是滥伐森林或者其他林木，至于何谓"滥伐"则需要以森林法为根据进行判断。所以，"违反森林法的规定"不是一个独立的行为，而是对"滥伐"行为的界定。所以，滥伐林木罪不是复行为犯。

再如，《刑法》第 396 条第 1 款前段规定，"国家机关、国有公司、企业、事业单位、人民团体，违反国家规定，以单位名义将国有资产集体私分给个人，数额较大的，对其直接负责的主管人员和其他直接责任人员，处三年以下有期徒刑或者拘役，并处或者单处罚金"。私分国有资产罪不是由"违反国家规定"与"以单位名义将国有资产集体私分给个人"两个行为组成。行为是否违反国家规定，是判断是否成立"私分"的法律标准。如果行为符合国家规定，就不可能属于本罪的"私分"行为。所以，私分国有资产罪也不是复行为犯。

一种观点认为，"走私罪的违反海关法规和逃避海关监管的行为"，"是并列的实行行为"[1]。其实，违反海关法规并不是走私罪中的一个实行行为，只是判断行为是否属于走私的法律依据。符合海关法规的行为，不可能成为走私行为。[2] 所以，走私罪也并非复行为犯。

其次，法条有"违反……法规"和对结果的表述，没有对行为的描述。在这种场合，应当肯定"违反……法规"是一种独立的行为。例如，《刑法》第 136 条前段规定，"违反爆炸性、易燃性、放射性、毒害性、腐蚀性物品的管理规定，在生产、储存、运输、使用中发生重大事故，造成严重后果的，处三年以下有期徒刑或者拘役"。显然，成立危险物品肇事罪，既要求有违反爆炸性等物品管理规定的行为，也要求发生重大事故、造成严重后果。因此，应当认为"违反爆炸性、易燃性、放射性、毒害性、腐蚀性物品的管理规定"是对行为的要求，亦即，司法机关要判断行为人所实施的生产、储存、运输、使用等行为是否违反了上述管理规定。但是，由于法条并没有另外规定某种行为，故本罪依然不属于复行为犯。类似的法条还有《刑法》第 131～133 条、第 134 条第 1 款。

---

[1] 马克昌主编：《犯罪通论》（第三版），武汉大学出版社 1999 年版，第 445 页。

[2] 参见王明辉：《复行为犯研究》，载陈兴良主编：《刑事法评论》（第 4 卷），中国政法大学出版社 1999 年版，第 329 页。

概言之，不能因为法条中有"违反国家规定""违反……法规"的表述，就认定该法条所规定的犯罪为复行为犯。

三、争议问题

关于有些犯罪的行为究竟是单一行为还是复数行为，刑法理论上存在争议。下面就部分争议问题略作分析。

（一）抗税罪

关于抗税罪是单一行为还是复数行为，涉及作为与不作为能否结合为一个犯罪的问题，本书持肯定回答。

抗税是逃避纳税义务的行为。在此意义上说，抗税行为包括了不作为。但是，抗税罪并非单纯的不履行纳税义务，还要求行为人实施了"抗"税的行为。根据《刑法》第 202 条的规定，以暴力、威胁方法拒不缴纳税款的，是抗税。而上述手段行为只能表现为作为，故抗税行为同时包含了作为与不作为，因而是复行为犯。一种观点认为："抗税罪的实行行为应是单一的，论者所说的'暴力、威胁行为'只不过是拒不缴纳税款的行为的表现形式，暴力、威胁行为并不具有独立的意义。"[1] 但是，一方面，暴力、威胁方法本身并不等于拒不缴纳税款；另一方面，拒不缴纳税款并不必然表现为以暴力、威胁方法拒不缴纳。只有表现为作为的暴力、威胁与表现为不作为的拒不缴纳税款相结合时，才成立抗税罪。有的学者否认作为与不作为结合的现象，认为作为是违反禁止性义务法规，不作为是违反命令性义务法规；凡是不应为而为的，就是作为；凡应为而不为的，就是不作为，不管其有无身体的积极活动；所以，作为与不作为是一种对立关系，一个犯罪行为不可能同时包含作为与不作为。[2] 诚然，作为表现为违反禁止性规范，不作为表现为违反命令性规范，如果说违法行为仅仅表现为违反禁止性规范与命令性规范，作为与不作为确实也是对立关系。但是，（1）这种对立关系只是就一般意义而言，决不意味着在一个犯罪中要么是作为要么是不作为；客观构成要件完全可能要求行为人以违反禁止性规范的行为方式（作为）实现不履行义务的效果（不作为）。（2）上述对立关系事实上是就单一行为而言（如就暴力而言，其所违反的是禁止性规范；就不纳税而言，其所违反的是命令性规范），但许多犯罪包括了复数行为（在法律上仍然是一个犯罪），而复数行为中完全可能同时包含了作为与不作为。（3）如果将抗税罪视为单纯的不作为，容易导致司法机关忽视对"暴力、胁迫方法"的认定，从而扩大处罚范围。所以，本书承认作

---

[1] 陆诗忠：《复行为犯之基本问题初论》，《现代法学》2007 年第 6 期。

[2] 参见陈兴良：《本体刑法学》，商务印书馆 2001 年版，第 259 页。

为与不作为同时存在于一个构成要件中（即作为与不作为的结果，而非竞合）。因此，复行为犯中的两个行为，可以表现为一个是作为、另一个是不作为。

与抗税罪有点类似但却不同的是《刑法》第 276 条之一规定的拒不支付劳动报酬罪。该条第 1 款前段规定，"以转移财产、逃匿等方法逃避支付劳动者的劳动报酬或者有能力支付而不支付劳动者的劳动报酬，数额较大，经政府有关部门责令支付仍不支付的，处三年以下有期徒刑或者拘役，并处或者单处罚金"。从表面上看，本罪的实行行为由逃避支付或者不支付劳动报酬的行为与经政府有关部门责令支付仍不支付的行为组成，但是，后一行为要么只是前一行为的持续，要么只是一种客观处罚条件，没有必要认定本罪的实行行为是复数行为。

（二）侵犯知识产权罪中的复制发行

侵犯知识产权罪的客观构成要件一般比较明确，争议较大的是对侵犯著作权罪中的"复制发行"的理解与认定。《刑法》第 217 条第 1 项、第 3 项与第 4 项分别将下列三种行为规定为侵犯著作权罪："未经著作权人许可，复制发行、通过信息网络向公众传播其文字作品、音乐、美术、视听作品、计算机软件及法律、行政法规规定的其他作品的"；"未经录音录像制作者许可，复制发行、通过信息网络向公众传播其制作的录音录像的"；"未经表演者许可，复制发行录有其表演的录音录像制品，或者通过信息网络向公众传播其表演的"。其中的"复制发行"是指"复制或者发行"，还是仅限于"复制并发行"？这又涉及侵犯著作权罪与《刑法》第 218 条规定的销售侵权制品罪的关系，亦即，贩卖盗版商品违法数额巨大的，是适用《刑法》第 217 条处 3 年以上 10 年以下有期徒刑，还是适用《刑法》第 218 条处 5 年以下有期徒刑？

一种观点认为："复制行为与发行行为是紧密联系在一起的。发行行为是复制的后续行为。复制行为与发行行为必须同时具备才符合本罪复制发行他人作品这一类型的行为典型特征。"[1] 据此，仅有复制行为或者仅有发行行为的，不能成立侵犯著作权罪。但是，这种观点不当缩小了处罚范围，不利于保护著作权。还有一种观点认为："复制与发行必须同时具备才能构成侵犯著作权罪的既遂，如果只有复制行为而无发行行为或者只有发行行为而无复制行为均不构成本罪之既遂。"[2] 据此，仅有复制行为或者仅有发行行为的，只能成立侵犯著作权罪的未遂犯。但是，侵犯著作权罪的成立以违法所得数额较大或者具有其他严重情节为前提，在司法实践中，几乎不存在处罚侵犯著作权罪的未遂犯的做法。

2007 年 4 月 5 日公布的《最高人民法院、最高人民检察院关于办理侵犯知识

---

① 姜伟主编：《知识产权刑事保护研究》，法律出版社 2004 年版，第 239~242 页。
② 聂洪勇：《知识产权的刑法保护》，中国方正出版社 2000 年版，第 122 页。

产权刑事案件具体应用法律若干问题的解释（二）》第2条第1、2款规定："刑法第二百一十七条侵犯著作权罪中的'复制发行'，包括复制、发行或者既复制又发行的行为。""侵权产品的持有人通过广告、征订等方式推销侵权产品的，属于刑法第二百一十七条规定的'发行'。"2011年1月10日最高人民法院、最高人民检察院、公安部印发的《关于办理侵犯知识产权刑事案件适用法律若干问题的意见》第12条规定，"'发行'，包括总发行、批发、零售、通过信息网络传播以及出租、展销等活动"。司法解释的这一观点，得到了多数人的赞成。①

但是，有学者指出，《著作权法》第10条第1款第6项规定，发行权是以出售或者赠与方式向公众提供作品的原件或者复制件的权利。这意味着"以出售或者赠与方式向公众提供作品的原件或者复制件"就是著作权意义上的"发行"，而不论"出售或者赠与"是否为第一次，也不论是总经销还是分销。出版社首次将作品印刷成册出售固然是"发行"，书店从出版社购入书籍后再公开销售也是"发行"。这批书籍如被阅读后流入旧书摊，书摊将这批二手书籍公开销售仍然是"发行"。正因为如此，出版社未经作品作者许可擅自出版该作品是对其"发行权"的侵犯，而书店销售这批未经许可出版的书籍仍然是侵犯"发行权"的行为。而司法解释既可能导致《刑法》第218条没有存在的余地，也可能导致对同一行为形成不同的处罚。②

正因为如此，有学者将《刑法》第217条中的"复制发行"解释为单纯的"复制"，即复制行为构成侵犯知识产权罪，发行行为成立销售侵权复制品罪。③但是，将法条中的"复制发行"限制解释为单纯的"复制"，恐怕不符合文理解释的逻辑。况且，单纯复制侵权复制品的危害性并不会超过发行这些复制品的危害性，这种观点无法解释为何复制行为的法定刑反而比发行行为高得多。

对于《刑法》第217条中的"发行"，或许没有必要按照《著作权法》的规定解释，只要按照日常用语含义解释即可。在日常用语中，"发行"往往指"第一次"印制和批量销售作品或其他特定商品，或者指"总发行"。换言之，可以认为，《刑法》第217条中的"发行"，既包括首次发行或者总发行，也包括批量销售或者大规模销售（但不限于第一次销售），而将《刑法》第218条中的销售理解为零售。这样解释既符合"发行"在日常用语中的含义，也能协调《刑法》第217条与第218条的关系，使两罪的处罚相均衡。

---

① 参见高铭暄、王俊平：《侵犯著作权罪认定若干问题研究》，《中国刑事法杂志》2007年第3期；陈兴良：《规范刑法学》（第四版）（下册），中国人民大学出版社2017年版，第740页。

② 参见王迁：《论著作权意义上的"发行"——兼评两高对〈刑法〉"复制发行"的两次司法解释》，《知识产权》2008年第1期。

③ 参见赵永红：《知识产权犯罪研究》，中国法制出版社2004年版，第297~298页。

但是，这样理解也存在三个方面的问题：（1）成立《刑法》第217条的侵犯著作权罪以违法所得数额较大为前提，成立《刑法》第218条的销售侵权复制品罪以违法所得数额巨大或具有其他严重情节为前提，将后者限定为零售，其违法所得数额一般难以达到数额巨大，有可能导致《刑法》第218条几乎没有被适用的余地。（2）《刑法》第217条第5项所规定的行为是"制作、出售假冒他人署名的美术作品"，这里使用的是"出售"一词，而没有使用"发行"概念。如果按字面含义解释这里的"出售"，那么，其与《刑法》第218条的"销售"就是完全等同的含义，导致对销售假冒他人美术作品的行为不可能适用《刑法》第218条。本书的初步看法是，对于《刑法》第217条第5项中的"出售"，也可以限制解释为首次发行、总发行以及批量销售或者大规模销售，从而使两个条文相协调。（3）如果将《刑法》第217条中的发行与出售解释为首次发行、总发行以及批量销售或者大规模销售，那么，对于行为人既批量销售、大规模销售，又零售的案件，似乎应当分别适用《刑法》第217条与第218条，实行数罪并罚。但是，2004年12月22日施行的《最高人民法院、最高人民检察院关于办理侵犯知识产权刑事案件具体应用法律若干问题的解释》第14条第1款规定："实施刑法第二百一十七条规定的侵犯著作权犯罪，又销售该侵权复制品，构成犯罪的，应当依照刑法第二百一十七条的规定，以侵犯著作权罪定罪处罚。"或许可以认为，在一段时间内，既批量销售、大规模销售，又零售的行为，属于包括的一罪，从一重罪论处即可。①

（三）绑架罪

《刑法》第239条第1款前段规定，"以勒索财物为目的绑架他人的，或者绑架他人作为人质的，处十年以上有期徒刑或者无期徒刑，并处罚金或者没收财产"。一种观点认为："只有把绑架罪的客观方面解释为复合行为，这样才既可与抢劫罪相衡平，也可在犯罪系列中找到绑架之罪质、罪量的实在位置；即绑架罪一经实施（包括劫持人质与勒索他人两个行为），不仅严重侵害公民多人的人身权利（除严重危及被绑架者的人身安全外，还同时给被勒索者造成持续的巨大精神强制和压迫），而且严重威胁公民的合法财产权利，这是单纯的故意杀人罪或者抢劫罪在社会危害性程度上都有所不及的，因而才是绑架罪之罪质、罪量的适当归宿……如果将绑架罪的客观方面界定为单一行为，以劫持人质为标准认定本罪的既遂形态，则明显存在过度压缩本罪之未完成形态的存在空间，容易造成

---

① 当然，也可能存在另一解释路径，亦即，将《刑法》第217条的"发行"解释为销售，使《刑法》第218条成为废条，没有适用的余地。这样的解释，或许更有利于保护著作权。

罪刑失衡的问题。"①

尽管上述观点具有一定的实质合理性，但仍然难以被人接受。第一，绑架罪并不是侵犯财产的犯罪，而是侵犯人身权利的犯罪，因此，将侵犯财产的勒索行为纳入绑架罪，并不符合本罪的本质。以勒索财物为目的的绑架，只不过是绑架罪的一种常见情形，所以《刑法》第239条将其从"绑架他人作为人质"中独立出来。如同犯罪预备行为中准备工具是制造条件的常见情形，与《刑法》第22条将准备工具从制造条件中独立出来。第二，要求绑架行为"同时给被勒索者造成持续的巨大精神强制和压迫"，也是对绑架罪的过多要求。因为绑架罪不同于国外的胁迫罪，其侵犯的法益并不包括意思决定自由。第三，即使在《刑法修正案（七）》颁布之前，绑架罪的法定刑过高，也可以通过其他途径限制绑架罪的成立范围，而不宜通过改变绑架罪的构造来限制绑架罪的成立范围。第四，根据复行为说的观点，如果承认承继的共同正犯，在甲以暴力手段绑架了丙之后，乙知道真相帮助甲向丙的亲属索要财物的，即使乙后来没有参与以实力支配被绑架人的行为，也可能被认定为绑架罪的共同正犯。这种结论恐怕存在疑问。由此也可以看出，复行为说的观点本来是想限制绑架罪的处罚程度，但在共同犯罪中，却适得其反。第五，上述观点明显不符合《刑法》第239条的规定，或者说缺乏刑法上的文理根据。因为《刑法》第239条明确将勒索财物作为行为人的目的，而没有要求该目的现实化。

本书认为，根据《刑法》第239条的规定，绑架罪并非复数行为，而是典型的短缩的二行为犯。

首先，短缩的二行为犯的基本特点是，"完整"的犯罪行为原本由两个行为组成，但刑法规定，只要行为人以实施第二个行为为目的实施了第一个行为（即短缩的二行为犯的实行行为）②，就以犯罪（既遂）论处，而不要求行为人客观上实施第二个行为；与此同时，如果行为人不以实施第二个行为为目的，即使客观上实施了第一个行为，也不成立犯罪（或者仅成立其他犯罪）。在此意义上说，短缩的二行为犯实际上是将二行为犯或复行为犯缩短为一行为犯或单行为犯。③ 也可以说，短缩的二行为犯，是刑法将并未完成的二行为犯，作为追求第二个行为的目的犯予以规定的，因而也可以称为以第二个行为（后行为）为目的的犯罪。如走私淫秽物品罪，由于单纯的走私淫秽物品的行为不能实现牟利与

---

① 黄祥青：《绑架罪的既遂标准及认定思路》，《人民法院报》2008年2月20日，第6版。
② 以下所称"第一个行为"均指短缩的二行为犯的实行行为。"第二个行为"则是指短缩的二行为犯的目的内容，而非短缩的二行为犯的构成要件的实行行为。
③ 这里的一（单）行为犯，同与结果犯相对应的行为犯不是等同含义。

传播目的，所以，只有在实施了走私淫秽物品的行为后，进一步实施第二个行为，即贩卖、传播等行为，才能实现牟利或者传播目的。但刑法不要求行为人或第三者实施贩卖、传播等行为，只要行为人出于牟利、传播目的实施了走私淫秽物品行为，即成立走私淫秽物品罪。如果行为人不具有牟利、传播目的，即使客观上走私了淫秽物品，主观上具有走私淫秽物品的故意，也不成立走私淫秽物品罪。由于短缩的二行为犯，只需要以实现第二个行为为目的，而不要求现实地实施第二个行为（换言之，目的所指向的第二个行为本身并不是构成要件的内容），所以，目的没有实现时，仍然成立犯罪既遂。

其次，短缩的二行为犯的结果是第一个行为所造成的结果，而不是第二个行为所造成的结果。所以，绑架罪的结果是使他人的人身自由受侵害，而不要求使第三者的财产受损害。因此，根据犯罪结果发生说，即使勒索财物的目的没有实现，但如果发生了侵害人身自由的结果，也成立绑架既遂。例如，行为人以勒索财物为目的绑架他人，将他人置于行为人或者第三者的实力支配下时，便属于绑架既遂。即使行为人还没有开始向被绑架人的亲属等人实施勒索财物的行为，或者虽然实施了勒索行为但还没有取得赎金，也不影响既遂的成立。因为刑法将绑架罪规定为侵犯人身权利的犯罪，其保护法益是人身自由与身体安全（择一关系），所以，当绑架行为已经侵害了被绑架人的人身自由时，就成立既遂，而不是未遂或者其他形态。[①] 不仅如此，即使将本罪规定在财产犯罪中，其既遂标准也是如此。例如，我国台湾地区"刑法"将掳人勒赎（即以勒索财物为目的的绑架）罪规定为侵犯财产罪；尽管如此，也不以取得财物为既遂标准。如我国台湾地区学者林山田指出："既遂与未遂之区别乃以被掳者已否丧失行动自由，而处于行为人之实力支配之状态为标准。行为人若出于勒赎之意图，已将被掳人架离其原来处所，而移置于其实力支配下，则为本罪之既遂。至于被掳人之亲属是否依照行为人之勒赎指示而交付财物，则为本罪之既遂无关。换言之，即掳人既遂，本罪即属既遂，至于行为人之勒赎意图是否得逞，则非所问。因此，例如行为人已将被掳者架掳离开原来处所，但因疏于看守致使被掳者得以乘机脱逃，或掳人后竟为被掳者之亲属所寻获，而将被掳人救回等，均为掳人既遂而应负本罪既遂之刑责。相反地，行为人已着手掳人行为，但尚未将被掳者架离其原本处所，例如行为人掳架时，被害人全力抗拒而未被架走，则成立本罪之未遂。"[②]

还有学者指出"担忧被绑架者的安危的第三者的精神上的自由即自己决定是

---

① 诚然，我国刑法对绑架罪规定了过高的法定刑，但只能通过限定绑架行为、绑架目的等内容限制绑架罪的成立范围，以实现罪刑相适应，而不宜将刑法明文规定的勒索目的作为客观要素对待。

② 林山田：《刑法各罪论》（增订 2 版）（上册），作者发行 1999 年版，第 466～467 页。

否向他人交付财物的自决权"也是绑架罪的保护法益；"这种对第三者的合法权益即自决权的侵害，只有通过一定的客观行为即向对被绑架者的人身安危表示忧虑的第三者发出勒索赎金或者提出其他非法要求，才能实现"。"从主客观相一致的立场来看，也应当将向第三者勒索财物或者提出其他不法要求的行为作为绑架罪的客观表现。根据我国刑法理论，犯罪客体是侵害行为所指向的刑法保护利益，行为人只是主观上有犯罪目的，但客观上缺乏相应的犯罪行为的话，是不可能侵犯到具体的犯罪客体的。行为人勒索财物或者其他不法要求的实现，必须依赖于勒索财物或者其他不法要求的提出，没有与主观相对应的行为，其目的的实现只能是'空想'。"① 但是，一方面，如果不将第三者的自决权作为绑架罪的保护法益，则不产生没有犯罪行为就不可能侵犯犯罪客体的问题。另一方面，由于绑架罪是短缩的二行为犯，原本就不以行为人实现目的作为既遂的标准，所以不存在主客观不统一的问题。

由于短缩的二行为犯的第一个行为的完成导致法益受侵害便成立犯罪既遂，所以，行为人放弃实施第二个行为的，不成立犯罪中止；由于行为人意志以外的原因没有实施第二个行为的，不成立犯罪未遂。例如，某日，被告人谢某与洪某等四人将小学生钟某绑架，然后打电话给钟某的父亲，索要人民币 30 万元。两天后，被告人未领取到赎金，觉得无法勒索到财物，便将钟某送至路边村庄释放，并给了他 10 元钱路费，钟某被群众发现后送回家中。有人认为，本案应成立绑架中止。② 其实不然。尽管行为人完全出于自愿释放被害人，但其绑架行为在释放前已经既遂。如同行为人在非法拘禁过程中自动释放他人一样，由于释放前的非法拘禁行为已经侵害了被害人的人身自由，构成非法拘禁罪既遂，所以，后来的释放行为不可能成立犯罪中止。类似的绑架案被一些司法机关认定为犯罪中止，一方面是因为一些司法机关误将绑架罪视为财产犯罪，将取得财产视为犯罪既遂的标准；另一方面是因为绑架罪的法定刑过高，司法机关试图通过认定为犯罪中止以实现罪刑相适应。前者是对绑架罪性质的误解，显属不当。后者的确是我国刑法没有将释放被害人规定为减轻处罚情节所致。许多国家和地区的刑法对绑架罪作了释放减轻处罚的规定。例如，日本《刑法》第 228 条之二规定，犯绑架罪，"在提起公诉前，将被略取或被诱拐的人解放至安全场所的，减轻刑罚"。我国台湾地区"刑法"第 347 条第 5 款规定，犯掳人勒赎罪，"未经取赎而释放被害人者，得减轻其刑"。但即使存在类似规定，对于既遂后主动释放被绑架人的，也不认定为犯罪中止，而只是适用特别的减轻刑罚规定。我国刑法没有

---

① 黎宏：《刑法学各论》（第二版），法律出版社 2016 年版，第 244 页。
② 参见赖泽明、曾延陵：《犯罪既遂、未遂还是中止》，《人民法院报》2001 年 7 月 9 日，第 3 版。

类似规定，这或许是一个缺陷，但不能因此将绑架既遂后主动释放被害人的行为认定为犯罪中止。如果判处法定最低刑仍然过重，只能根据《刑法》第63条规定的程序减轻处罚。

值得进一步讨论的是，能否认为《刑法》第239条第1款所规定的"以勒索财物为目的绑架他人"是短缩的二行为犯，因而是单一行为，而"绑架他人作为人质"的情形属于复行为犯，对此笔者仍持否定回答。一方面，1991年9月4日公布的《全国人民代表大会常务委员会关于严惩拐卖、绑架妇女、儿童的犯罪分子的决定》（已修改）所规定的绑架罪只限于"以勒索财物为目的绑架他人"的行为，现行刑法增加了"绑架他人作为人质"的行为。其实，前者也是绑架他人作为人质，只要规定"绑架他人作为人质"就可以涵盖一切绑架行为，但现行刑法为了保持连续性，避免引起误会，除保留原来的规定外，另增加了"绑架他人作为人质"。"以勒索财物为目的绑架他人"也属于"绑架他人作为人质"，而且是"绑架他人作为人质"的典型。既然"以勒索财物为目的绑架他人"是单一行为犯，那么，"绑架他人作为人质"也应当是单一行为犯。换言之，既然"勒索财物"只是目的，那么，"作为人质"也只是目的。另一方面，不可否认，当行为人使用暴力、胁迫或者麻醉手段实力支配被害人后，如果不向第三者提出非法要求，很难认定行为人将被害人作为"人质"。但是，行为人主观上是否具有勒索财物的目的，与是否具有提出其他不法要求的目的，在性质上是相同的，都是需要司法工作人员判断的。不能以"作为人质"难以判断为由，将主观目的的"作为人质"变为客观行为。

（四）招摇撞骗罪

不少学者认为，招摇撞骗罪是复行为犯。例如，有的学者指出，"招摇撞骗罪的假冒国家工作人员身份和诈骗行为"，"是并列的实行行为"。[①] 有的学者认为招摇撞骗罪属于递进式复行为犯，亦即，招摇撞骗罪属于数个要素行为前后连接，逐步推进，最终形成对法益的侵害的复行为犯。[②]

本书不赞成上述观点。首先，招摇撞骗是一个实行行为，冒充国家机关工作人员，是对招摇撞骗行为的限定。在司法实践中，存在许多冒充国家机关工作人员亲属招摇撞骗的案件，也存在不少冒充导演、公司总经理等身份招摇撞骗的案件，刑法只是将冒充国家机关工作人员身份的招摇撞骗行为规定为犯罪。所以，冒充国家机关工作人员招摇撞骗，实际上是以冒充国家机关工作人员的方式招摇撞骗。其次，冒充国家机关工作人员本身就是招摇撞骗行为的表现形式。就招摇

---

① 马克昌主编：《犯罪通论》（第三版），武汉大学出版社1999年版，第445页。

② 参见陆诗忠：《复行为犯之基本问题初论》，《现代法学》2007年第6期。

撞骗罪而言，如果行为人没有冒充国家机关工作人员，便不存在招摇撞骗的实行行为。换言之，在招摇撞骗罪中，招摇撞骗行为表现为在他人面前冒充国家机关工作人员。最后，招摇撞骗并不以诈骗他人财物为前提，也不以骗取其他利益为要件，只要使他人误以为行为人是国家机关工作人员，便属于招摇撞骗行为。而使他人误以为行为人是国家机关工作人员，就是冒充国家机关工作人员的招摇撞骗行为造成的。所以，招摇撞骗罪并不是复行为犯。换言之，只要行为人在他人面前冒充国家机关工作人员，即使没有骗取任何利益，也符合招摇撞骗罪的客观构成要件，而且成立犯罪既遂。亦即，不可能因为招摇撞骗的行为人没有骗取财物或者其他利益，而认定为招摇撞骗未遂。

（五）聚众斗殴罪

《刑法》第292条第1款前段规定，"聚众斗殴的，对首要分子和其他积极参加的，处三年以下有期徒刑、拘役或者管制"。一种观点认为，聚众斗殴包括两个行为：一是纠集众人的行为，二是结伙斗殴的行为。[①] 但本书认为，聚众斗殴罪不是复行为犯，而是单一行为犯。

第一，不能从自然的角度，而应从规范的角度认识刑法分则所规定的行为。在聚众斗殴罪中，聚众是指斗殴的方式。"聚众斗殴"的表述只是意味着，二人之间的相互斗殴，或者一人与二人之间的相互斗殴行为，不成立聚众斗殴罪。因为聚众斗殴罪是扰乱公共秩序的犯罪，不是侵犯人身权利的犯罪，所以，人数较少的斗殴不具备扰乱公共秩序的罪质。正因为聚众是斗殴的方式，意味着多人聚集在一起斗殴，所以，并不要求在斗殴之前具有聚众的行为。换言之，多人临时起意斗殴的，完全可能成立聚众斗殴罪。即使在斗殴之前，有的行为人实施了纠集他人的行为，这种纠集他人的行为也只是聚众斗殴罪的预备行为，如同购买凶器只是杀人罪的预备行为一样。

第二，《刑法》第292条不仅处罚首要分子，而且处罚其他积极参加者。如果说首要分子有可能实施聚众行为，那么，其他积极参加者显然是指仅积极实施了斗殴行为的人（否则便成为首要分子）。如果说聚众斗殴是复行为犯，就难以说明积极参加者也成立聚众斗殴罪的处罚根据。换言之，如果认为聚众斗殴罪包括纠集众人与结伙斗殴两个行为，那么，积极参加者的斗殴行为并不完全符合聚众斗殴罪的构成要件。但这种结论既不符合《刑法》第292条的规定，也难以被人接受。

第三，或许有人认为，聚众斗殴罪的构成要件是以首要分子为核心确定的，

[①] 参见王作富主编：《刑法分则实务研究》（第五版）（中），中国方正出版社2013年版，第1123页。

首要分子实施了聚众与斗殴的行为，因而是复行为犯；其他积极参加者虽然只参与部分实行行为（斗殴），但也是共同正犯，故积极参加者具备处罚根据。然而，《刑法》第292条所规定的客观构成要件就是"聚众斗殴"，这一要件不仅是针对首要分子的规定，也是针对积极参加者的规定。换言之，在聚众斗殴罪中，首要分子与积极参加者的客观构成要件是完全相同的（正因为如此，法定刑也是相同的）。况且，也可能出现不存在（或无法证明）首要分子、只存在积极参加者的情形。如果认为实施聚众（纠集）行为的人是聚众斗殴罪的核心，那么在上述情形中对积极参加者都无法处罚，因为即使将共同正犯整体评价也不满足"聚众"的条件。

第四，即使对首要分子，也不能要求其实施了复数行为。其一，在众人基于其他原因已经聚众在一起的场合，完全可能因为突发因素而聚众斗殴。在这种场合，不存在也不应当要求有纠集众人的行为。其二，在聚众斗殴罪中，首要分子是指起组织、策划、指挥作用的犯罪分子（参见《刑法》第97条）。即使是首要分子，也可能只是实施了策划、指挥斗殴行为，而未实施纠集众人的行为。其三，纠集他人斗殴的首要分子，完全可能不直接参与斗殴行为。如果认定聚众斗殴罪是复行为犯，也影响对这部分首要分子的认定。

第五，如果说聚众斗殴罪是复行为犯，就意味着纠集他人就是聚众斗殴罪的着手甚至既遂，这便不当扩大了本罪的处罚范围。

第六，或许有人认为，聚众斗殴罪是复行为犯，但这种复行为犯既不要求首要分子一人实施了复行为，也不要求积极参加者一人实施了复行为，而是可以由不同的人分别实施了聚众行为与斗殴行为。然而，上述第四、五点理由完全可以反驳这种观点。

基于同样的理由，聚众阻碍解救被收买的妇女、儿童罪，聚众哄抢罪，聚众扰乱社会秩序罪，聚众冲击国家机关罪，聚众扰乱公共场所秩序、交通秩序罪。聚众淫乱罪，聚众持械劫狱罪等，也不是复行为犯，而是单一行为犯。

（六）舞弊型的渎职罪

《刑法》分则第九章所规定的渎职罪中，多处使用了"舞弊"一词。① 如果说"舞弊"是一个独立的实行行为，那么，许多具体的渎职罪就是复行为犯。例如，《刑法》第402条规定："行政执法人员徇私舞弊，对依法应当移交司法机关追究刑事责任的不移交，情节严重的，处三年以下有期徒刑或者拘役；造成严重后果的，处三年以上七年以下有期徒刑。"如若认为"舞弊"是独立的实行行

---

① 具体条文为：《刑法》第168条、第169条、第374条、第397条、第401条、第402条、第403条、第404条、第405条、第410条、第411条、第412条、第413条、第414条、第418条。

为，那么，本罪就有两个实行行为：一是舞弊，二是对依法应当移交司法机关追究刑事责任的不移交。

在本书看来，舞弊作为一种客观的构成要件要素，在渎职罪中分为两种情形：

第一种情形是，刑法分则条文规定了渎职行为的具体内容，舞弊只是渎职行为的同位语，并不具有超出具体渎职行为之外的特别含义。换言之，舞弊只是对具体渎职行为的一种归纳与概括（绝大多数条文中的"舞弊"属于这种情形）。例如，就《刑法》第 401 条而言，"对不符合减刑、假释、暂予监外执行条件的罪犯，予以减刑、假释或者暂予监外执行"，就是舞弊行为；并不是指在上述渎职行为之外，另有舞弊行为。再如，就《刑法》第 402 条而言，只要行政执法人员"对依法应当移交司法机关追究刑事责任的不移交"，就应认定为舞弊。如行政执法人员长期将卷宗材料锁在保险柜里而不移送司法机关的，就属于舞弊；并非只有伪造了虚假材料或者销毁了真实材料才属于舞弊。[①] 同样，就《刑法》第 403 条而言，国家有关主管部门的国家机关工作人员，"滥用职权，对不符合法律规定条件的公司设立、登记申请或者股票、债券发行、上市申请，予以批准或者登记"，就属于舞弊行为；不可能在此之外另要求行为人实施其他舞弊行为。[②]

对此，可以与《刑法》第 399 条第 1 款的徇私枉法、徇情枉法进行比较。可以肯定的是，只要司法工作人员"对明知是无罪的人而使他受追诉、对明知是有罪的人而故意包庇不使他受追诉，或者在刑事审判活动中故意违背事实和法律作枉法裁判"，就应认定为枉法，绝对不可能在上述行为之外要求有其他枉法行为。第一种情形的徇私舞弊中的"舞弊"，相当于徇私枉法中的"枉法"。所以，动植物检疫机关的检疫人员"伪造检疫结果"就是弄虚作假的舞弊行为，不可能在此之外要求存在舞弊行为。

显而易见，在上述情形下，要求行为人在具体的渎职行为之外实施其他舞弊行为的观点，不仅会不当缩小渎职罪的处罚范围，而且会导致将数罪认定为一罪、将处断上的一罪认定为单纯的一罪。以《刑法》第 414 条为例。如果在不履行法律规定的追究职责之外，要求有其他"舞弊"行为（如伪造国家机关公文、证件、帮助当事人毁灭证据等），必然意味着放纵制售伪劣商品犯罪行为罪包含了伪造国家机关公文、证件、帮助毁灭证据等犯罪行为，从而导致将数罪当一罪处理。

---

① 至于不移交刑事案件的行为是否符合"情节严重"的规定，则是另一回事。换言之，不可认为，只有在不移交刑事案件之外另有其他舞弊行为，才属于情节严重。

② 在这种情形中，也可以说"舞弊"只具有语感上的意义。

不难看出，在上述情形下，要求行为人在具体的渎职行为之外实施其他舞弊行为的观点，反映出"汉语字面含义法学"的特点：解释者完全按照法条的字面含义解释法律，将法条的字面含义等同于法律的真实含义。解释者应懂得：语言是模糊的、不准确的，常常包含一些可能被误解的因素。刑法大多使用普通用语，同样容易产生歧义；即使刑法用语核心意义清楚，但向边缘扩展时，也会导致外延模糊；至于如何确定外延，并不能从用语本身找到答案。许多刑法用语本身具有多义性，从用语本身无法确定应当采用哪一种或哪几种含义。语言中总是有一些多余的表达，并非字字是真理。所以，理解了条文的字面含义，并不意味着理解了刑法的真实含义。解释者应知道：非正义的解释结论并不是刑事立法本身得出的，而是解释者得出的，所以，解释者应当反思自己的解释方法与观念，而不是批判刑事立法。事实上，在上述情形中，正是因为解释者没有将"舞弊"解释为同位语，而是解释为渎职行为之外的另一舞弊行为，才形成了不合理的解释结论，进而将该不合理结论归咎于刑法本身，批判刑法条文不应将"舞弊"规定为客观的构成要件要素。类似这种先从字面含义出发解释刑法条文、得出不正义的结论，再批判刑法条文不合理的现象，以及研究某法条的结局必然是批判该法条的现象，并不正常，刑法学界应尽力、尽快避免。

其实，刑法条文中的同位语现象并不罕见。例如，《刑法》第133条规定："违反交通运输管理法规，因而发生重大事故，致人重伤、死亡或者使公私财产遭受重大损失的，处三年以下有期徒刑或者拘役；交通运输肇事后逃逸或者有其他特别恶劣情节的，处三年以上七年以下有期徒刑；因逃逸致人死亡的，处七年以上有期徒刑。"其中的"发生重大事故"并不具有特别的含义，也可谓同位语，即只要行为违反交通管理法规，致人重伤、死亡或者使公私财产遭受重大损失，就应认定为发生重大事故；也可以说，"致人重伤、死亡或者使公私财产遭受重大损失"是对"发生重大事故"的解释性规定，而并非在造成上述结果之外，要求发生重大事故。① 再如，《刑法》第154条规定："下列走私行为，根据本节规定构成犯罪的，依照本法第一百五十三条的规定定罪处罚：（一）未经海关许可并且未补缴应缴税额，擅自将批准进口的来料加工、来件装配、补偿贸易的原材料、零件、制成品、设备等保税货物，在境内销售牟利的；（二）未经海关许可并且未补缴应缴税额，擅自将特定减税、免税进口的货物、物品，在境内销售牟利的。"本条两项中的"擅自"并不具有特别的含义，只是同位语。易言之，凡是"未经海关许可并且未补缴应缴税额"就属于"擅自"；如果行为符合

---

① 有的条文只规定造成事故，而不规定结果（如《刑法》第137条）；有的条文只规定结果，而不规定造成事故（如《刑法》第139条），也说明了这一点。

了"未经海关许可并且未补缴应缴税额"的条件，就不可能要求行为另符合"擅自"要素。

另一种情形是，刑法分则条文没有规定具体的渎职行为，舞弊成为具有特定含义的、具体的渎职行为。属于这种情形的有《刑法》第 405 条与第 418 条。《刑法》第 405 条规定："税务机关的工作人员违反法律、行政法规的规定，在办理发售发票、抵扣税款、出口退税工作中，徇私舞弊，致使国家利益遭受重大损失的，处五年以下有期徒刑或者拘役；致使国家利益遭受特别重大损失的，处五年以上有期徒刑。其他国家机关工作人员违反国家规定，在提供出口货物报关单、出口收汇核销单等出口退税凭证的工作中，徇私舞弊，致使国家利益遭受重大损失的，依照前款的规定处罚。"显然，其中的舞弊具有特定的、具体的内容，即不应发售发票的发售发票，不应抵扣税款的抵扣税款，不应退税的予以退税，如此等等。《刑法》第 418 条规定："国家机关工作人员在招收公务员、学生工作中徇私舞弊，情节严重的，处三年以下有期徒刑或者拘役。"同样，这里的舞弊具有特定的、具体的内容，即明知不合格而招收，或者故意拒绝招收应当招收的合格人员等，而不是其他表述的同位语。

四、实践误区

刑法理论与司法实践在单一行为与复数行为的认识与处理方面，存在一些疑问，值得进一步研究。

（一）将独立的犯罪行为视为前一行为的后续行为

在刑法理论与司法实践中，"B 行为是 A 行为的延伸"等说法相当普遍，但这种说法对定罪产生了不利影响。以盗窃或者捡拾他人存单后从银行骗取存款的案件为例。鲍某系某企业职工。一日，鲍某与同事程某、林某到隔壁办公室打扫卫生，程某发现办公桌底下有一张存折，鲍某随即捡拾该存折，接着鲍某去另一办公室接电话。接完电话在上厕所的路上，鲍某掏出存折，方知是同事王某的活期存折，存额为 15 000 元。回到办公室后，鲍某将存折锁在自己的抽屉里，没有声张。当天下午，王某找到鲍某问其是否见到她丢失的存折时，鲍某称，在接电话时，把存折扔到桌子上，不知被谁拿走了。几天后，鲍某持此存折到储蓄所提出现金 15 000 元，并到另一储蓄所将提出的款项存入自己的名下。关于鲍某的行为性质，存在三种不同的意见：第一种意见认为，鲍某的行为是不当得利，应由民法来调整。理由是：存折落在地上是由于所有人保管不善造成的，与鲍某无关。第二种意见认为，鲍某的行为构成盗窃罪。理由是：鲍某是以捡取的方式掩盖了秘密窃取的本质，秘密窃取是针对财物所有人、保管人而言的，只要行为人采取自认为不会被财物所有人、保管人发觉的方法，暗中将财物取走即成立秘密窃取。第三种意见认为，鲍某的行为既不属于不当得利，也不构成盗窃罪，而应成立侵占罪。[1] 1998 年 3 月 17 日起施行的《最高人民法院关于审理盗窃案件具体应用法律若干问题的解释》（已废止）第 5 条规定，盗窃活期存折、已到期的定期存折，按票面数额和案发时应得的利息计算。2013 年 4 月 4 日起施行的《最高人民法院、最高人民检察院关于办理盗窃刑事案件适用法律若干问题的解释》第 5 条第 2 项规定："盗窃记名的有价支付凭证、有价证券、有价票证，已经兑现的，按照兑现部分的财物价值计算盗窃数额；没有兑现，但失主无法通过挂失、补领、补办手续等方式避免损失的，按照给失主造成的实际损失计算盗窃数额。"上述第二种观点与司法解释的基本理由是，盗窃存折的行为是主行为，骗取存款的行为是后续行为，或者是盗窃行为的延伸。但上述观点与司法解释存在疑问。

　　本书认为，不管行为人通过何种非法途径取得了他人的银行存折，其使用他人银行存折通过银行职员骗取存款的，均应认定为诈骗罪，而非盗窃罪。第一，存折本身的经济价值并没有达到数额较大的程度，所以，不可能对存折本身成立盗窃、侵占等罪。第二，如果只是盗窃存折而并不持存折提取存款，被害人不会遭受实际的财产损失。换言之，造成财产损失的行为不是盗窃、侵占存折行为本身，而是后来的取款行为。因此，应根据取款行为的性质确定行为的性质，而不能根据取得存折的行为性质认定为盗窃、侵占等罪，否则，就会导致案件的处理不协调。例如，甲在公共汽车上扒窃了 A 的一个小包，将包中的现金取出后，将存折抛弃在垃圾堆，乙捡拾存折后猜出了密码，从银行柜台取出现金。根据司法解释的观点，对乙的行为只能得出无罪的结论（或者充其量认为成立侵占罪）。这明显不合适。第三，《中国人民银行关于执行〈储蓄管理条例〉的若干规定》第 38 条规定："储蓄机构若发现有伪造、涂改存单和冒领存款者，应扣留存单（折），并报告有关部门进行处理。"盗窃或者拾取他人存折后向银行职员申请支取存款的行为，必然属于欺骗银行职员的冒领行为；如果银行职员发现冒领行为，必然扣留存折而不会支付存款；银行职员支付存款，是因为行为人的冒领行为导致银行职员误认为其征得了存款人的同意，或者误以为行为人就是存款人。所以，银行职员支付存款的行为，是基于认识错误将银行现金处分给行为人，理所当然成立诈骗罪。由于行为人取得的是现金，现金原本由银行管理者占有，所以，既有可能认为银行是被害人，只不过银行将财产损失转移给了存款人；也有可能认为存款人是被害人，由于银行职员具有处分权限，因而行为人骗取现金的行为属于三角诈骗。但无论如何，都难以将行为人的后一行为认定为盗窃行为或者盗窃行为的延伸。同样，行为人骗取、拾取、抢夺、敲诈勒索他人存折或者银

---

[1]　参见缪军：《捡拾他人存折拒不交出并提款如何定性?》，载于正义网。

行存单后，通过银行职员骗取存款的，均应认定为诈骗罪。① 显然，在类似案件中，将后面的诈骗行为视为前一行为的延伸，就使得盗窃行为包含了诈骗行为，明显不当。

后行为是前行为延伸的观念，其实是一种综合判断的观念，没有分别判断相关犯罪的构成要件要素，没有仔细分析案件的具体细节。如果行为人仅窃取了存折，而不冒领存款，就意味着被害人仅失去了作为有体物的存折，而不会丧失存折所记载的债权。而且，行为人窃取存折后，并没有窃取被害人对银行享有的债权。既然如此，便不能认为行为人窃取存折的行为，就是窃取债权的行为。既然行为人没有窃取债权，就不能针对债权数额（票面金额）认定为盗窃罪。行为人在柜台所取得的现金，不是窃取的，而是骗取的。亦即，行为人先前窃取了作为有体物的存折，然后对银行职员使用存折，骗取了现金，行为人对其所取得的现金成立诈骗罪。不难看出，对上述案件仅以盗窃罪论处，实际上是将两个行为进行了综合判断，而没有具体判断哪一行为取得了何种财物，哪一行为针对何种具体对象，哪一行为与何种结果之间具有因果关系，或者说具体结果应当归属于哪一行为。

由此看来，在认定（广义的）财产犯罪时，首先要确定被害人，并确定被害结果的具体内容，然后判断什么行为造成了被害结果，再判断该行为是何种性质。不能想当然地认为前面的行为就是主行为，后面的行为就是从行为，也不能动辄认为后行为是前行为的延伸，或者动辄认为后行为是前行为的一部分。

再如，司法实践中经常发生行为人以汽车作质押骗取借款，然后又盗回汽车的案件。例如，2009 年 6 月，犯罪嫌疑人吕某购买了一辆标致 407 轿车，总价 60 万元，其中 30 万元由吕某用现金支付，另外 30 万元通过中国银行抵押贷款，按揭每月还款 5 700 元，机动车登记证书抵押在中国银行。（1）2009 年 10 月，吕某利用伪造的机动车登记证书，隐瞒了车辆抵押给银行的事实，将该车"质押"给被害人高某，从高某处以借款为名取得人民币 21.6 万元，并出具了借条，约定"10 日内还款，自愿将车辆作为抵押物"。2009 年 12 月，吕某利用自己手上的另一把该车钥匙偷偷将车开走。（2）2009 年 12 月 28 日，吕某又以同样的方法将上述车辆"质押"给被害人蒋某，获得 30 万元，并签订了借款合同，约定"借期 10 天，如到期未还款，本人自愿将标致 407 作为赔偿"。2010 年 1 月 4 日，吕某私自将该车开走。2010 年 1 月 18 日，吕某在驾驶该车时被警方连人带车抓获。在办案过程中，司法工作人员存在以下几种意见：第一种意见认为，吕某的行为构成盗窃罪一罪，因为借款的时候吕某的行为并不构成诈骗，此时被害人也并没有损失，因为车是质押给被害人的，被害人实际占有了车辆，可以通过拍卖

---

① 当然，如果盗窃、拾取存折后在自动取款机上取款的，成立盗窃罪。

质押物等实现债权。被害人借款给吕某也不是基于错误认识交付财物。行为人后来将车辆秘密开走，相当于窃取了被害人在车辆中享有的相当于借款数额的财产权益，因此，应认定为一个盗窃罪。至于盗窃数额，有人认为是汽车本身的价值，有人认为是借款数额。第二种意见认为，吕某的行为仅构成诈骗罪。吕某隐瞒了车辆已经在银行设定抵押的事实，用伪造的车辆登记证，向被害人"借款"，实际上并没有任何返还的意思，具有非法占有被害人借款的目的。被害人在陷于错误认识的情况下，"自愿"将财物交付给行为人。至于行为人后来将车辆秘密开走，只是其全部诈骗行为的一个环节，改变财产占有关系的实质性行为是前面的欺骗行为。所以，应认定为一个诈骗罪。第三种意见认为，吕某的行为构成盗窃罪和诈骗罪，应当数罪并罚。吕某前面隐瞒了抵押的事实，使被害人陷于错误认识，而"借款"给被害人，此时，诈骗罪已经实施完毕。吕某后来又在被害人不知情的情况下，将车辆秘密开走，构成盗窃罪，应当数罪并罚。

本书认为，吕某的行为触犯两个罪名：前面的行为是使他人产生认识错误，处分了现金，自己取得了现金的诈骗行为；后面的行为是违反被害人意志，将他人合法占有的车辆转移为自己占有的盗窃行为。上述第一种观点，将诈骗罪理解为对整体财产的犯罪，这是不合适的。因为在我国，诈骗罪只是对个别财产的犯罪。上述第二种观点，则将盗窃作为诈骗罪的一个环节，事实上使诈骗行为成为复数行为，明显不当。至于对吕某的行为是实行数罪并罚还是从一重罪论处，则可能存在争议。在本书看来，由于每个被害人最终只有一个财产损失，对于同一被害人的诈骗罪和盗窃罪可以作为包括的一罪处理，[①] 即从一重罪论处。

（二）在法定的实行行为之前添加实行行为

司法实践中出现了这样的现象：刑法分则条文原本规定的是单一行为，司法机关却在此单一行为之前添加另一行为，使单一行为成为复数行为。表面上看，增加构成要件要素会限制处罚范围，但实际上明显扩大了处罚范围，甚至违反罪刑法定原则。

例一：《刑法》第 347 条仅规定了贩卖毒品罪，而没有规定购买毒品罪。易言之，单纯购买毒品的行为并不属于刑法的规制对象。那么，"贩卖"毒品是否意味着必须先购买毒品再出卖毒品呢？显然不能对贩卖作出这种要求。例如，行为人拾得 1 千克海洛因后出卖给他人的，肯定成立贩卖毒品罪。再如，出卖祖辈留下的鸦片的，也成立贩卖毒品罪。既然如此，贩卖毒品就是指出卖毒品。但在

---

① 至于有无可能成立牵连犯，则取决于这类案件中的诈骗行为与盗窃行为之间是否具有类型性的牵连关系。

刑法理论与司法实践中，人们普遍认为贩卖包括出卖以及为了出卖而购买。① 于是，为了出卖而购买的行为成为贩卖毒品罪的实行行为。可是，购买毒品的行为原本不成立犯罪（购买后非法持有达到法定数额的，成立非法持有毒品罪，则是另一回事），现在却成为贩卖毒品罪的实行行为，甚至普遍以贩卖毒品的既遂犯论处。这种观点与做法明显有违反罪刑法定原则之嫌。还需要指出的是，由于我国的传统刑法理论与司法实践在不能犯问题上采取了主观主义的立场，故在贩卖毒品罪的认定方面会出现更为严重的问题。例如，甲误将面粉当作毒品出卖。在传统刑法理论与司法实践中，甲的行为被认为应成立贩卖毒品罪的未遂犯。倘若乙为了贩卖毒品而购买了甲出售的面粉，在传统刑法理论与司法实践中，乙也会被认为应成立贩卖毒品罪的未遂犯。可是，在根本没有毒品（完全不具有侵害公众健康的危险）的情况下，认定甲、乙成立贩卖毒品罪的未遂犯，明显是主观归罪的做法。

例二：开设赌场罪其实也只是单一行为，即经营赌场的行为。但是，以往司法实践中的一种做法是，对于内地人员以营利为目的，承包或者参股经营澳门赌场或者境外其他赌场，组织、招揽内地人员赴他们承包或者参股的赌场赌博的行为，也按照我国刑法以开设赌场罪追究刑事责任。② 其基本理由是，开设赌场行为属于复合行为，包括在内地发生的组织、招揽参赌人员等行为。可是，单纯组织、招揽他人前往境外赌博的行为，并不是开设赌场罪的实行行为。一方面，即使从客观上看，在境外开设赌场的人员常常在内地招揽赌徒，这也只是事实，而不能将客观事实强加于刑法规范。当刑法分则条文仅将开设赌场作为犯罪的实行行为时，不能将招揽赌徒的行为作为本罪的实行行为。另一方面，如果将招揽赌徒的行为作为开设赌场罪的实行行为，那么，那些在境内开设了赌场，但没有组织、招揽赌徒的，其行为就并不完全符合开设赌场罪的构成要件。但这种结论既

---

① 2012 年 5 月 16 日公布的《最高人民检察院、公安部关于公安机关管辖的刑事案件立案追诉标准的规定（三）》就《刑法》第 347 条的立案追诉标准规定："本条规定的'贩卖'是指明知是毒品而非法销售或者以贩卖为目的而非法收买的行为。"

② 例如，2020 年 10 月 16 日发布的最高人民法院、最高人民检察院、公安部印发的《办理跨境赌博犯罪案件若干问题的意见》第 2 条第 1 款规定，"以营利为目的，有下列情形之一的，属于刑法第三百零三条第二款规定的'开设赌场'：1. 境外赌场经营人、实际控制人、投资人，组织、招揽中华人民共和国公民赴境外赌博的；2. 境外赌场管理人员，组织、招揽中华人民共和国公民赴境外赌博的；3. 受境外赌场指派、雇佣，组织、招揽中华人民共和国公民赴境外赌博，或者组织、招揽中华人民共和国公民赴境外赌博，从赌场获取费用、其他利益的；4. 在境外赌场包租赌厅、赌台，组织、招揽中华人民共和国公民赴境外赌博的；5. 其他在境外以提供赌博场所、提供赌资、设定赌博方式等，组织、招揽中华人民共和国公民赴境外赌博的"。

违反刑法规定，也难以被人接受。《刑法修正案（十一）》在《刑法》第 303 条增加第 3 款规定组织参与国（境）外赌博罪（"组织中华人民共和国公民参与国（境）外赌博，数额巨大或者有其他严重情节的"的行为），就说明以往的做法存在明显的疑问。

不可否认，一般来说，在法定的构成要件要素之外添加要素，会缩小犯罪的成立范围，因为要素越多外延越窄。但是，当添加犯罪的实行行为，表现为使实行行为向预备行为延伸、使犯罪具备更多的选择要素时，就不是限制处罚范围，而是扩大处罚范围。这是因为，在法定的实行行为之前添加一个实行行为，就意味着将预备行为或者某种附随行为，认定为犯罪的实行行为，而原本的、真正的实行行为就不需要具备了，结局必然会扩大犯罪的处罚范围，进而违反罪刑法定原则。

（三）在法定的实行行为之后添加实行行为

再以受贿罪为例。根据《刑法》第 385 条第 1 款的规定，受贿罪包括两种行为类型：一是索取贿赂，二是收受贿赂。但是，在司法实践中，对于单纯利用职务上的便利索要贿赂，而没有现实取得贿赂的行为，一般都没有认定为受贿罪，或者仅认定为受贿未遂。原因在于，司法实践中将索取贿赂类型的受贿罪理解为索取并收受贿赂，使索取贿赂类型的受贿罪成为复行为犯。如此添加实行行为，实际上是因为司法实践将受贿罪当作财产犯罪对待了。

其实，受贿罪的保护法益不是他人的财物，而是国家工作人员职务行为的不可收买性，也可以说是国家工作人员职务行为与财物的不可交换性。国家工作人员职务行为的宗旨是为人民服务，具体表现在保护和促进各种法益；由于国家工作人员的职务行为已经取得了相应的报酬，故不能直接从公民或者其他单位那里收受职务行为的报酬，否则属于不正当的报酬。国家工作人员理所当然要合法、公正地实施职务行为。但权力总是会被滥用，没有权力的人也会期待掌握权力的人为自己滥用权力；一旦滥用权力，将权力与其他利益交换，权力就会带来各种利益。因此，防止权力滥用、保障公正行使权力的最基本的措施，就是防止权力与其他利益的交换。古今中外的客观事实表明，职务行为的合法、公正性首先取决于职务行为的不可收买性，如果职务行为可以被收买，可以与财物交换，那么，职务行为必然只为提供财物的人服务，从而损害其他人的利益，导致公民丧失对职务行为公正性和国家机关本身的信赖。因此，为了保护职务行为的合法、公正性，首先必须保证职务行为的不可收买性。不可收买性至少具有两个方面的内容：一是职务行为的不可收买性本身；二是公民对职务行为不可收买性的信赖。具体到受贿罪而言，职务行为的不可收买性，是指职务行为与财物的不可交换性，或者说职务行为的无不正当报酬性。如果国家工作人员因为其职务或职务行为获得了不正当报酬，便侵害了受贿罪的法益。公民对职务行为不可收买性的信赖，是一项重要的法益。因为这种信赖是公平正义观念的具体表现，它使得国民进一步信赖国家工作人员的职务行为，信赖国家机关（在我国还应包括国有企业、事业单位、人民团体，下同）本身，从而保证国家机关正常活动的开展，促进国家机关实现其活动宗旨。如果职务行为可以被收买，或者国民认为职务行为可以与财物交换、国家工作人员通过职务行为可以获得不正当报酬，则意味着国民不会信赖国家工作人员的职务行为，进而不信赖国家机关本身。这不仅会导致国家机关权威性降低，各项正常活动难以展开，还会导致政以贿成、官以利鬻，腐败成风、贿赂盛行。因此，国民对职务行为不可收买性的信赖是值得刑法保护的重要法益。

由于受贿罪保护的法益是国家工作人员职务行为的不可收买性，所以，在索要贿赂的情况下，即使行为人没有现实取得贿赂，其索要行为也已经侵害了职务行为的不可收买性。换言之，就索取贿赂而言，应当以实施了索要行为作为受贿既遂标准，而不应在索要行为之后添加现实取得贿赂这一所谓实行行为。或许有人认为，我国《刑法》第385条所规定的"索取"就是指索要并取得，因此，只有收受了贿赂才能成立受贿罪既遂。但是，其一，这种观点是离开受贿罪的保护法益得出的结论。对构成要件的解释必须以保护法益为指导，只要承认受贿罪的保护法益是职务行为的不可收买性，或者持另一种观点认为受贿罪的保护法益是职务行为的公正性，就不可能在索要行为之外另要求现实取得贿赂的行为。其二，如果将"索取"解释为索要并取得，那么，"索取"行为就成为多余的规定。这是因为，单纯收受（取得）贿赂就成立贿赂罪，既然如此，立法者就不可能在收受（取得）类型之前增加一种索要并收受的行为类型。换言之，既然A行为独立构成受贿罪，立法者就不可能增加一种B+A类型的受贿罪；如果B行为具有可罚性，就只能是在将A行为规定为受贿类型的同时，将B行为规定为另一种受贿类型。

不难看出，在法定的实行行为之后不当添加实行行为，必然使犯罪的既遂标准推迟，不利于实现刑法的法益保护目的。

第十章 预备的既遂化与共犯的正犯化

一、构成要件的规定模式

一般认为，刑法分则规定的犯罪构成（罪状）以既遂为模式，这是因为不属于犯罪预备、犯罪未遂与犯罪中止的情形，直接适用刑法分则的规定，而不需要适用刑法总则关于犯罪预备、犯罪未遂与犯罪中止的规定。既然如此，刑法分则规定的犯罪构成当然是指犯罪既遂。

既然认为刑法分则规定的犯罪构成以既遂为模式，那么，从刑法规定的角度来说，就不存在所谓预备的既遂化问题。因为只要分则条文规定了罪状与法定刑，这个犯罪就是指犯罪既遂。所谓预备的既遂化，是指从立法沿革的角度来看，在既遂化的规定以前，某种行为原本只是为实行其他犯罪做准备（准备工具、制造条件）的行为，但刑法分则将其规定为独立的既遂犯罪。也可以认为，预备的既遂化是从事实观察的角度提出的概念，亦即，虽然分则将某个行为规定为实行行为，而且是作为既遂犯规定的，但该实行行为事实上就是一种预备行为或者准备行为。换言之，刑法对事实上的预备进行了既遂的评价。

既然刑法分则可以将犯罪预备行为规定为犯罪既遂，就更有可能将犯罪未遂行为规定为既遂行为。事实上也的确如此。例如，刑法分则关于具体危险犯的规定，完全可以说是将犯罪未遂规定为既遂，只不过，刑法理论不将这种情形称为未遂的既遂化。但是，在这样的场合，刑法分则并没有将未遂与既遂等同看待。例如，《刑法》第114条规定的犯罪，完全可能是《刑法》第115条第1款的未遂犯。但《刑法》对第114条与第115条第1款规定了差别很大的法定刑。此外，《刑法》第114条规定的犯罪本身也是基本犯，其作为具体危险犯，也应当有既遂与未遂之分。对于《刑法》第114条的未遂犯，仍应适用《刑法》第23条关于未遂犯的处罚规定。

从理论上说，任何故意犯罪都可以分为既遂与未遂，而且在通常情况下，刑法对未遂犯实行从轻、减轻处罚制度（或者不处罚未遂犯）。但是，有些犯罪的未遂与既遂，在对法益侵害程度上并不存在任何差异，故刑法将未遂犯与既遂犯等同看待。这种原本只是未遂但刑法将其作为既遂对待的犯罪，就是企行犯或者计划犯（Unternehmensdelikt）。[①] 根据德国学者的看法，立法者创设企行犯构成要件的理由主要有二：一是行为人着手后虽停留于未遂阶段，但几乎已经不可能

[①] Vgl. Claud Roxin, Strafrecht Allgemeiner Teil, Band I, 4.Aufl., C.H.Beck, 2006, S. 338.

对由此所产生的危险加以控制，如内乱罪。二是未遂行为本身已经对法益造成了破坏，因而有必要将未遂与既遂相提并论。如在德国，处罚受贿罪是为了保护国民对职务行为公正性的信赖。行为人就职务行为要求、约定贿赂的，就已经侵害了国民对职务行为的公正性的信赖，毋需等待行为人取得财物便可认定为既遂。① 显然，企行犯不同于行为犯，后者意味着行为与结果同时发生，不存在因果关系的判断问题，前者是将"未遂"与既遂等同看待。

虽然立法体例不完全相同，但我国刑法理论也可以承认企行犯，因为我国刑法分则中也存在将未遂与既遂等同看待的犯罪。按照本书的观点，组织、策划分裂国家（相对于实施分裂国家），为境外窃取、刺探、收买国家秘密或者情报（相对于非法提供），以出卖为目的拐骗、收买妇女（相对于出卖），索取贿赂（相对于收受贿赂）等，属于企行犯（当然，具体的范围还值得进一步研究）。在本书看来，企行犯也可以分为两种类型：一类是可能存在未遂的企行犯，亦即，当企行犯的未遂行为并没有达到可以与既遂等同看待的程度时，仍然可能成立未遂犯。例如，为境外窃取国家秘密时，虽然已经着手，但未能获得国家秘密的，应认定为未遂犯。另一类是不可能存在未遂犯的企行犯，亦即，行为要么着手后成立既遂，要么只是预备或者无罪，如组织、策划分裂国家的行为。后一类型的企行犯，也可谓我国刑法理论所称的举动犯，在此意义说，也可以承认和使用举动犯的概念。但应注意的是，我国刑法理论就举动犯所举其他例子，仍然是行为犯，而不是企行犯。此外，企行犯的处罚根据并不是行为本身的无价值性，而是行为造成的危险结果可以与既遂犯等同对待。

刑法分则所规定的犯罪，除了必要的共犯外，都是以单独犯罪为模式的。换言之，刑法分则规定的都是正犯，而不包括教唆犯与帮助犯。换言之，对于正犯只需要直接适用刑法分则的规定，而不需要适用总则关于共同犯罪的规定，但对于教唆犯与帮助犯，则在适用刑法分则的同时，必须适用总则关于教唆犯与从犯的规定。

一方面，由于刑法分则规定的是正犯，所以，刑法总则为了扩大处罚范围，另规定处罚教唆犯与帮助犯。另一方面，教唆犯与帮助犯属于共犯，如果采取共犯从属性说，那么，只有当正犯实施了犯罪行为时，才可能处罚教唆犯与帮助犯。

但是，不排除刑法分则直接将某些教唆行为与帮助行为规定为正犯，这便是共犯的正犯化。亦即，原本只是一种教唆或者帮助行为，但刑法分则将其直接规

---

① Vgl. Ulrich Weber, Die Vorverlegung des Strafrechtsschutzes durch Gefährdungs- und Unternehmensdelikte, ZStW Beiheft, 1987, S. 9ff.

定为正犯行为，这便是共犯的正犯化。

二、预备的既遂化

一般来说，刑法将准备行为作为基本犯罪构成要件行为（实行行为）之前的行为予以规定的情形，就属于从属预备罪；刑法将准备行为规定为独立的犯罪类型时，就属于独立预备罪。[①]

在我国，从属预备罪不是由分则规定，而是由总则规定的。《刑法》第22条第1款与第2款分别规定："为了犯罪，准备工具、制造条件的，是犯罪预备。""对于预备犯，可以比照既遂犯从轻、减轻处罚或者免除处罚。"当行为人为了实行分则的具体犯罪而实施预备行为，因而成立犯罪预备时，不仅要引用分则条文的规定，适用分则所规定的法定刑，而且要适用《刑法》总则第22条的规定。

独立预备罪的行为则由分则条文具体描述为构成要件行为。由于刑法分则一般规定的是实行行为，而且以既遂为模式，所以，独立预备罪的设立就是预备的既遂化，或者说是预备犯的既遂化，也可称为预备行为的实行行为化。例如，《刑法修正案（九）》增设的第120条之二第1款规定："有下列情形之一的，处五年以下有期徒刑、拘役、管制或者剥夺政治权利，并处罚金；情节严重的，处五年以上有期徒刑，并处罚金或者没收财产：（一）为实施恐怖活动准备凶器、危险物品或者其他工具的；（二）组织恐怖活动培训或者积极参加恐怖活动培训的；（三）为实施恐怖活动与境外恐怖活动组织或者人员联络的；（四）为实施恐怖活动进行策划或者其他准备的。"本款所规定的行为原本是恐怖活动的预备行为，但该款将其规定为独立的犯罪（准备实施恐怖活动罪），使之成为既遂犯罪，不再适用刑法总则关于预备犯的处罚规定。

关于独立预备罪，有以下几个值得进一步研究的问题。

第一，独立预备罪是否存在实行行为？德国刑法理论不使用实行行为的概念，日本刑法理论对预备罪是否存在实行行为一直存在争议。否定说认为，预备行为是无定型、无限定的行为，是实行行为之前的行为，因此，无论从属预备罪还是独立预备罪，都不具有作为构成要件的实行行为的特点。[②]肯定说认为，从属预备罪与独立预备罪均存在固有的构成要件，因而均有实行行为。[③]折中说认为，独立预备罪中存在实行行为，从属预备罪中不存在实行行为。[④]

本书原则上赞成折中说，认为刑法所规定的从属预备罪的行为不属于实行行

---

① 参见张明楷：《未遂犯论》，法律出版社、成文堂1997年版，第449~451页。

② 参见［日］大塚仁：《刑法概说（总论）》（第4版），有斐阁2008年版，第324页。

③ 参见［日］平野龙一：《刑法总论Ⅱ》，有斐阁1975年版，第350~351页。

④ 参见［日］福田平：《刑法总论》（全订第3版增补），有斐阁2001年版，第251页。

为，独立预备罪的行为则是实行行为。首先，如果认为从属预备罪的行为是实行行为，会导致实行行为概念的混乱。日本刑法将从属预备罪规定在分则中，因而有可能认为从属预备罪也有实行行为；与之不同的是，我国刑法将从属预备罪规定在总则中。因此，在我国，既能够以预备罪是由总则规定还是由分则规定来区分从属预备罪与独立预备罪，也可以原则上肯定总则规定的是预备行为，分则规定的是实行行为。① 其次，从共犯从属性的原理出发，也不应当将从属预备罪的行为当作实行行为。例如，甲知道乙将要抢劫银行而为其准备凶器时，甲在什么情况下成立预备犯？如果认为甲本人实施了预备罪的实行行为，那么，即使乙没有实施任何行为，甲也成立预备罪。但本书难以赞成这种结论。因为按照共犯从属性说的原理，只有当乙至少实施了预备行为时（如携带凶器前往犯罪现场等），才能对甲以预备罪的帮助犯论处。倘若乙着手实行了抢劫行为，甲当然也成立帮助犯。所以，否认从属预备罪的行为是实行行为，可以贯彻共犯从属说的原理。最后，独立预备罪的行为，在分则条文中得到了具体描述，并非无定型、无限定的行为，因而从形式上说完全具备实行行为的特点。从实质上说，刑法分则对极个别预备犯实行既遂化，就是因为该预备行为的抽象危险十分严重，值得作为既遂犯处理。所以，独立预备罪的行为也具备了实行行为的实质属性。基于上述理由，本书认为，《刑法》第 120 条之二第 1 款所规定的 4 项行为，均被提升为实行行为，而不能再作为预备行为处理。

第二，规定独立预备罪的分则条文没有描述的其他预备行为，能否适用刑法总则关于从属预备罪的规定？就上述《刑法》第 120 条之二第 1 款而言，似乎不存在这样的问题，因为该款第 4 项规定了"其他准备"。不过，倘若认为第 4 项中的"其他准备"只是第 4 项的兜底规定，而不是本条第 1 款的兜底规定，依然

---

① 但应注意的是，刑法规定的预备罪中的行为是否属于实行行为与实行行为能否成立预备罪，是两个不同的问题。倘若承认着手与实行行为的分离，主张实行行为可能存在于着手之前，那么，着手之前的所谓"实行行为"完全可能仅成立预备罪。例如，A 为了杀害 B，于 2015 年 8 月 1 日中午从甲地通过邮局将有毒食物寄给乙地的 B，B 于 8 月 3 日中午收到但没有打开邮件，8 月 6 日中午 B 正要吃食物时发现异味而将有毒食物扔弃。关于着手的认定，形式的客观说会采取寄送主义，即 A 于 8 月 1 日中午寄送时就是杀人的着手。但这种观点明显使着手提前，为本书所不采。危险结果说既可能采取到达主义（8 月 3 日中午为着手），也可能采取被利用者标准说（8 月 6 日中午为着手）。应当认为，只有当 B 准备或者开始吃有毒食品时，才产生死亡的紧迫危险，故被利用者标准说是合适的。认定着手后，A 寄送有毒食物的行为便理所当然成为杀人的实行行为（参见［日］山中敬一：《刑法总论》（第 3 版），成文堂 2015 年版，第 764~765 页）。但是，倘若有毒食物还没有到达 B 手中时案发的，则由于没有着手而只能认定为杀人预备（参见［日］松原芳博：《刑法总论》（第 2 版），日本评论社 2017 年版，第 320~325 页），此时没有必要将寄送有毒食物的行为认定为杀人的实行行为。即使有人坚持认为寄送行为是实行行为，也只能认定为预备犯。

存在上述问题。

从表述形式上看，"其他准备"似乎只是第 4 项的兜底规定。但是，倘若这样理解，那么，《刑法》第 120 条之二第 1 款前三项的规定就没有任何意义。因为相对于"为实施恐怖活动进行策划"而言，前三项的规定都属于"其他准备"。所以，只能认为，"其他准备"实际上是《刑法》第 120 条之二第 1 款的兜底规定，故其他准备行为都能够被包括其中。亦即，对于"其他准备"行为必须直接适用《刑法》第 120 条之二第 1 款的规定，并直接根据该款规定的法定刑处罚，而不必适用刑法总则关于从属预备罪的规定。

但是，不排除以后的立法可能对独立预备罪并未设置诸如"其他准备"的兜底规定，也不排除有人认为《刑法》第 120 条之二第 1 款第 4 项的"其他准备"只是第 4 项的兜底规定，因而仅限于与为实施恐怖活动进行策划相当或者同类的准备行为。所以，关于独立预备罪的规定总会产生上述问题，因而需要研究。

本书看法是，倘若刑法分则规定独立预备罪，是为了限制预备罪的处罚范围，那么，对于分则没有明文规定的预备行为就不应当适用刑法总则关于从属预备罪的规定。这是容易被人接受的结论。但是，倘若分则规定独立预备罪，是为了扩大预备罪的处罚范围，并且加重对预备罪的处罚，那么，对于分则条文没有明文规定的其他准备行为，就必须适用刑法总则关于从属预备罪的规定。从《刑法修正案（九）》的立法例来看，在分则条文设置独立预备罪，不是为了限制预备罪的处罚范围，而是为了扩大预备罪的处罚范围，并且加重对预备罪的处罚。我国刑法总则虽然规定原则上处罚预备罪，但在司法实践中，对预备罪的处罚极为有限。所以，《刑法》第 120 条之二第 1 款设置独立的准备实施恐怖活动罪，就是为了扩大对恐怖犯罪的处罚范围，而且使得恐怖犯罪的预备行为不可能被免除处罚。所以，倘若认为某种恐怖犯罪的预备行为没有被《刑法》第 120 条之二第 1 款所包含，仍可适用刑法总则关于从属预备罪的规定，判处轻于独立预备罪的刑罚。

例如，《刑法》第 287 条之一第 1 款规定："利用信息网络实施下列行为之一，情节严重的，处三年以下有期徒刑或者拘役，并处或者单处罚金：（一）设立用于实施诈骗、传授犯罪方法、制作或者销售违禁物品、管制物品等违法犯罪活动的网站、通讯群组的；（二）发布有关制作或者销售毒品、枪支、淫秽物品等违禁物品、管制物品或者其他违法犯罪信息的；（三）为实施诈骗等违法犯罪活动发布信息的。"虽然法条表述为"设立用于实施……违法犯罪活动的网站、通讯群组""发布……违法犯罪信息""为实施……违法犯罪活动发布信息"，但为实施一般违法活动而发布信息的，不应当以犯罪论处。否则，就破坏了法秩序的统一性。在本书看来，只能从预备犯的既遂犯化的角度来理解本条规定。亦即，本条规定的实质是将部分犯罪的预备行为提升为实行行为，从而扩大预备罪的处罚范围。所以，难以认为，利用信息网络实施的其他犯罪预备行为都不受处罚；而宜认为，对于利用信息网络实施的其他犯罪预备行为，需要根据从属预备犯的成立条件，决定是否适用刑法总则关于从属预备罪的处罚规定。

第三，教唆、帮助他人实施独立预备罪的，应当如何处罚？众所周知，教唆犯是指唆使他人实施符合构成要件的不法行为，帮助犯是指帮助正犯者。那么，教唆、帮助他人实施独立预备罪的行为，是否成立教唆犯与帮助犯呢？例如，A唆使B积极参加恐怖活动培训的，是否成立准备实施恐怖活动罪的教唆犯？再如，在乙为实施恐怖活动而欲与境外恐怖活动人员联络时，甲将境外恐怖活动人员的联系方式提供给乙的，是否成立准备实施恐怖活动罪的帮助犯？本书对此持肯定回答。

一方面，从形式上说，准备实施恐怖活动罪已经不再是刑法总则所规定的预备犯，它虽然在理论上被称为独立预备罪（这种称谓只是因为条文使用了"准备"或者"预备"的表述），但实际上已经被实行行为化或者既遂化。而且如前所述，准备实施恐怖活动罪的行为，已经不再是预备行为而是实行行为；实施了《刑法》第120条之二第1款规定的行为的，就不再按预备犯处罚，而是作为既遂犯处理。既然如此，上述A的行为便符合唆使他人实施符合构成要件的不法行为的条件，因而成立教唆犯；上述甲的行为则符合帮助正犯的条件，因而成立帮助犯。

另一方面，从实质上说，对《刑法》第120条之二第1款规定的准备实施恐怖活动罪实施的教唆或者帮助行为，与刑法分则其他条文规定的恐怖犯罪行为的危害程度相当，因而具有处罚的必要性。例如，《刑法》第120条之二第1款规定的准备实施恐怖活动罪包括"组织恐怖活动培训"的行为，而《刑法》第120条之一第1款明文将"资助恐怖活动培训"规定为犯罪行为，而资助行为是明显的帮助行为。这足以说明，准备实施恐怖活动罪的帮助行为，具有处罚的必要性。再如，《刑法》第120条之三将宣扬恐怖主义规定为犯罪，与之相比，教唆特定的他人实施准备实施恐怖活动罪的行为，也同样具备处罚根据。

第四，为了实行独立预备罪而实施的准备行为（可谓独立预备罪的预备行为），能否适用《刑法》第22条关于从属预备罪的规定？《刑法》第22条将"为了犯罪"规定为预备罪的主观要素。预备罪中的"为了犯罪"显然是指"为了实行犯罪"。因为预备行为是为实行行为制造条件的，实施预备行为就是为了进一步实施实行行为。"为了犯罪"的字面意义包括为了预备犯罪与为了实行犯罪，但在从属预备罪的场合，对为预备行为实施的"准备"行为，不能认定为犯罪预备。例如，为了实行杀人购买毒药的行为，可能是预备行为；但为了购买毒药而打工挣钱的行为，不是犯罪预备行为。可见，由于犯罪预备是犯罪，而为了实施犯罪预备行为所进行的"准备"又不是犯罪预备，故应将"为了犯罪"理解为"为了实行犯罪"。[①] 由于独立预备罪的行为已经被提升为实行行为，于是产生了另一问题：对独立预备罪之前的预备行为，能否按照《刑法》第 22 条的规定以预备犯论处？

从形式上说，既然独立预备罪的行为已经是实行行为，那么，为了实施独立预备罪而实施的准备行为，也符合从属预备罪的"为了实行犯罪""准备工具、制造条件"的成立要件。但本书认为，对此还必须进行实质判断。换言之，虽然《刑法》第 22 条的规定似乎表明处罚所有的预备犯，但对《刑法》第 22 条的解释以及对预备犯的认定，还必须以《刑法》第 13 条的"但书"为指导，不能将情节显著轻微危害不大的行为认定为预备犯。此外，独立预备罪实际上已经扩大了预备罪的处罚范围，如果一概将独立预备罪之前的准备行为认定为犯罪，必然导致处罚范围的不当扩大。

所以，本书认为，对于为了实施《刑法》第 120 条之二规定的准备实施恐怖活动罪而实施的准备行为，只能通过实质判断认定其是否值得科处刑罚。例如，为了组织恐怖活动培训，已经联系了讲授人员与参加人员，或者准备了培训场所的，应按照《刑法》第 22 条的规定，以预备犯（从属预备罪）处罚。但是，对为了准备危险物品而阅读相关书籍或者在网络上查询相关资料的行为，不能认定为预备犯；为了购买凶器而挣钱的行为，也不能被认定为预备犯。概言之，只有当行为对法益具有一定的抽象危险时，才可能将其认定为预备犯。

第五，为他人实施恐怖活动而进行准备的行为是否成立准备实施恐怖活动罪？如前所述，犯罪预备的主观要件是为了实行犯罪。从文理上解释，为了实行包括为了自己实行犯罪（自己预备罪）与为了他人实行犯罪（他人预备罪）。自己预备罪没有疑问，亦即，为了自己实施恐怖活动而实施《刑法》第 120 条之二规定的准备行为，具备一定抽象危险的，当然成立准备实施恐怖活动罪。问题是，为了他人实行恐怖活动而实施《刑法》第 120 条之二规定的准备行为的，是否成立准备实施恐怖活动罪？亦即，是否承认他人预备罪？对此，日本刑法理论上存在肯定说、否定说与二分说。

肯定说认为，为了他人实行犯罪而实施的准备行为，完全符合预备罪的特征。因为预备与实行的着手具有性质上的差异，两者间存在质的断绝，故预备行为不限于为了自己实行犯罪；为了他人实行杀人或者抢劫而实施预备行为时，如

[①] 参见张明楷：《犯罪预备中的"为了犯罪"》，《法学杂志》1998 年第 1 期。

果他人还没有着手，就成立预备罪的共犯（包括共同正犯）。① 日本也有判例采取了肯定说。② 如所周知，日本《刑法》第153条规定了准备伪造货币罪（"以供伪造、变造货币、纸币或者银行券之用为目的，准备器械或者原料的，处三个月以上五年以下惩役"），日本刑法理论的通说认为，为了他人伪造、变造货币而准备器械或者原料的，也成立本罪。③

否定说认为，为了他人实行犯罪而实施的准备行为，只不过是对预备的帮助，而且行为的危险性很小，不应当将其作为预备罪处理。例如，大塚仁教授指出："预备罪、阴谋罪本来所处罚的是为了特定既遂犯的实行而实施的准备行为。在这个意义上说，应认为预备罪、阴谋罪的构成要件是分别对该既遂犯的构成要件进行修正而形成的……因此，预备罪、阴谋罪的故意，原则上与各罪的既遂犯所要求的故意没有区别，预备行为者与阴谋行为者必须以自己实现犯罪为目的的进行准备。虽然有见解认为，为了他人实现犯罪而实施的准备行为即他人预备行为（不真正预备行为）成立预备罪，但这样扩张预备罪的观念并不妥当。"④ 但是，大塚仁教授在讨论日本的准备伪造货币罪时也认为，行为人以供他人伪造、变造为目的而准备器械或者原料时，成立准备伪造货币罪的帮助犯。⑤ 由此看来，大塚仁教授也承认为了他人实行犯罪而实施准备行为的，成立独立预备罪的帮助犯。

二分说认为，只有当刑法条文特别承认为了他人实行的预备行为时，才属于他人预备罪；否则不成立预备罪。如平野龙一教授指出："自己预备罪，是指只有以自己（或与他人共同）实施实行行为为目的而实施预备罪的情况……与此相对，像准备伪造货币罪那样，规定'以供伪造、变造货币、纸币或者银行券之用为目的，准备器械或者原料'时，就不限于以自己伪造为目的的情况，也包括供他人伪造用的情况。"⑥

本书采取限定的肯定说。我国刑法分则所规定的"为了……"都不限于为

① 参见［日］正田满三郎：《犯罪论或问》，一粒社1969年版，第14~17页。
② 参见日本最高裁判所1962年11月8日判决，载日本《最高裁判所刑事判例集》第16卷第11号，第1522页。
③ 参见［日］团藤重光：《刑法纲要（各论）》（第3版），创文社1990年版，第255页；［日］大谷实：《刑法讲义各论》（新版第4版），成文堂2013年版，第436页；［日］西田典之著、桥爪隆补订：《刑法各论》（第7版），弘文堂2018年版，第355页；［日］前田雅英：《刑法各论讲义》（第6版），东京大学出版会2015年版，第359页；［日］山口厚：《刑法各论》（第2版），有斐阁2010年版，第428页。
④ ［日］大塚仁：《刑法概说（总论）》（第4版），有斐阁2008年版，第254页。
⑤ 参见［日］大塚仁：《刑法概说（各论）》（第3版增补版），有斐阁2005年版，第421页。
⑥ ［日］平野龙一：《刑法总论Ⅱ》，有斐阁1975年版，第340页。

了自己，而包括为了他人。从文理上说，我国《刑法》第 120 条之二第 1 款第 1、3、4 项所规定的"为实施恐怖活动"，既包括"为自己实施恐怖活动"，也包括"为他人实施恐怖活动"。所以，承认《刑法》第 120 条之二第 1 款规定的犯罪包括他人预备罪没有法律障碍。但是，倘若甲以为乙将要实施恐怖活动，而为乙准备凶器时，乙根本不实施恐怖活动的，则难以认定甲的行为具有可罚性（属于不能犯）。换言之，在甲为了乙实行恐怖犯罪而实施准备行为时，只有当乙至少实施了恐怖犯罪的预备行为时，甲才成立他人预备罪。

第六，按独立预备罪论处导致处罚程度轻于从属预备罪时，应当如何处理？我国《刑法》第 120 条之二第 2 款规定："有前款行为，同时构成其他犯罪的，依照处罚较重的规定定罪处罚。"例如，为了实施恐怖活动而非法购买大量枪支、弹药的行为，同时构成非法买卖枪支、弹药罪，并且属于情节严重。对此，应以非法买卖枪支、弹药罪论处，适用"十年以上有期徒刑、无期徒刑或者死刑"的法定刑。问题是，上述第 2 款规定的"其他犯罪"是否包括相应的从属预备罪？

《刑法修正案（九）》增设的第 120 条之二第 1 款虽然对准备实施恐怖活动罪设置了独立的法定刑，而且最高刑为 15 年有期徒刑，但是，由于《刑法》总则第 22 条规定对预备犯只是"可以"比照既遂犯从轻、减轻处罚或者免除处罚，在特殊情况下也可能不从轻、减轻处罚或者免除处罚，所以，必然出现这样的现象，即按《刑法》第 120 条之二第 1 款规定的法定刑处罚，可能轻于按从属预备罪（即行为人准备实行的恐怖犯罪的预备犯）处罚，在这种情况下，能否按从属预备罪处罚？

假如甲、乙等人为实施大规模杀人的恐怖活动进行了策划，准备了大量危险凶器，并且对参加人员进行了培训。在这种情况下，倘若将其认定为准备实施恐怖活动罪（即独立预备罪），按《刑法》第 120 条之二第 1 款规定的法定刑处罚，最高刑为 15 年有期徒刑。但是，倘若按故意杀人罪的预备犯（即从属预备罪）处罚，并且在特殊情形下根据案件事实不应从轻、减轻处罚时，则完全可能判处无期徒刑。如果后者更符合罪刑相适应原则，则应按后者认定为故意杀人罪的预备犯。所以，《刑法》第 120 条之二第 2 款所规定的"其他犯罪"包括相应的从属预备罪。

三、共犯的正犯化

（一）共犯的正犯化概述

刑法一般在总则中规定共犯（教唆犯与帮助犯），而分则规定的构成要件行为通常是正犯行为，对于教唆、帮助正犯的行为则适用总则的规定，以共犯论处。所谓共犯的正犯化，是指刑法分则条文直接将某种共犯行为规定为正犯行为，并且设置独立的法定刑。其中的共犯，是指狭义的共犯，即教唆犯与帮助犯。

有学者认为，共犯的正犯化，还包括组织行为的正犯化，亦即，将作为共犯的组织行为规定为正犯。组织行为的正犯化，除了包括《刑法》第120条规定的组织、领导、参加恐怖组织罪和《刑法》第294条规定的组织、领导、参加黑社会性质组织罪外，还包括《刑法》第103条规定的分裂国家罪中的组织行为，《刑法》第104条规定的武装叛乱罪和武装暴乱罪中的组织行为，《刑法》第105条规定的颠覆国家政权罪中的组织行为，《刑法》第318条规定的组织他人偷越国（边）境罪中的组织行为，《刑法》第364条规定的组织播放淫秽音像制品罪中的组织行为。① 但本书认为，没有必要将组织行为的正犯化归入共犯的正犯化。

其一，上述部分法条所规定的组织行为，就是单个人可以实施或者说不要求多人实施的正犯行为。如组织播放淫秽音像制品罪、组织他人偷越国（边）境罪，如同组织卖淫罪一样，并不是必要的共犯，一个人就可以实施该罪，所以，这种情形并不属于共犯行为的正犯化。

其二，由于对共犯采用从属性说，故共犯的正犯化的最主要意义在于，对被正犯化的共犯不再采取从属性说，而是独立构成正犯。换言之，共犯被正犯化后，依然存在相应的正犯。但是，组织、领导、参加恐怖组织罪与组织、领导、参加黑社会性质组织罪，本身都是正犯，并不另外存在与之对应的正犯，所以，这两种罪中的组织行为本身就是分则条文的正犯行为，不属于组织行为的正犯化。

其三，对共犯的处罚一般轻于正犯，共犯的正犯化则是为了让共犯承担正犯的责任，不再从轻、减轻或者免除处罚。在被组织者实施正犯行为的情形下，分裂国家罪中的组织行为、武装叛乱罪和武装暴乱罪中的组织行为、颠覆国家政权罪中的组织行为，原本就属于共谋共同正犯，充其量只能认为是刑法分则将共谋共同正犯再（狭义）正犯化。由于共谋共同正犯不是共犯，对其并不采取从属性原则，所以，不宜将其归入共犯行为的正犯化。

基于以上理由，本书仅将教唆犯的正犯化与帮助犯的正犯化归入共犯的正犯化。

教唆犯的正犯化，是指刑法分则条文将作为共犯的教唆犯规定为正犯。例如，《刑法》第306条第1款规定："在刑事诉讼中，辩护人、诉讼代理人毁灭、

---

① 参见陈兴良：《共犯行为的正犯化：以帮助信息网络犯罪活动罪为视角》，《比较法研究》2022年第2期。

伪造证据，帮助当事人毁灭、伪造证据，威胁、引诱证人违背事实改变证言或者作伪证的，处三年以下有期徒刑或者拘役；情节严重的，处三年以上七年以下有期徒刑。"其中，在刑法诉讼中，辩护人、诉讼代理人威胁、引诱证人作伪证的行为，原本是伪证罪的教唆行为，但本条将该行为规定为正犯行为。于是，对于上述行为，不再适用《刑法》总则第 29 条关于教唆犯的规定，而是直接适用《刑法》分则第 306 条的规定。再如，《刑法》第 104 条第 2 款规定："策动、胁迫、勾引、收买国家机关工作人员、武装部队人员、人民警察、民兵进行武装叛乱或者武装暴乱的，依照前款的规定从重处罚。"这一款规定的行为大体上也是教唆犯的正犯化。

帮助犯的正犯化，是指刑法分则条文将作为共犯的帮助犯规定为正犯。不同学者可能对"帮助犯的正犯化"存在不同理解，但无论如何都必须以正犯的性质与特点为中心来理解。有学者认为，"只要立法机关对帮助行为设置了独立罪名并规定了独立的法定刑，就是帮助行为正犯化的立法规定"[①]。但是，只要采取共犯从属性说，就不可能仅凭立法机关是否对帮助行为设置了独立的罪名与法定刑来判断某个规定是否属于共犯的正犯化。况且，罪名都不是立法机关确定的，而是最高司法机关确定的，判断法条是否设置了独立的法定刑，也不能过于形式化。例如，《刑法》第 244 条第 1 款规定了强迫劳动罪的正犯与法定刑，该条第 2 款规定："明知他人实施前款行为，为其招募、运送人员或者有其他协助强迫他人劳动行为的，依照前款的规定处罚。"倘若司法解释将该款规定的罪状概括为协助强迫劳动罪，也未尝不可。同时也可以认为，本款对帮助行为规定了独立的法定刑，只是法定刑与前款相同而已。更为重要的是，对帮助犯采取共犯从属性原则，而对正犯并不采取从属性原则。如果某个犯罪的成立从属于正犯，或者说以正犯实施符合构成要件的不法行为为前提，那么，就难以认为该犯罪是真正的帮助犯的正犯化。所以，本书主张，对帮助犯的正犯化，不能仅从形式上判断，还必须进行实质的考察。[②] 经过实质的考察会发现，广义的帮助犯的正犯化规定存在不同情形，需要具体讨论。

（二）帮助犯的正犯化的类型

1. 帮助犯的绝对正犯化

所谓帮助犯的绝对正犯化（典型的帮助犯的正犯化），是指帮助犯已经被分则条文提升为正犯，与其他正犯没有任何区别，只不过分则条文可能使用了"帮

---

① 陈兴良：《共犯行为的正犯化：以帮助信息网络犯罪活动罪为视角》，《比较法研究》2022 年第 2 期。

② 当然，倘若学者们坚持形式的判断帮助犯的正犯化，则形式判断确定的范围与本书所确定的范围会形成一种交叉关系。

助""资助""协助"等用语的情形。帮助犯的绝对正犯化产生三个法律后果：

第一，定罪的独立性（非从属性）。从定罪角度来说，帮助犯被正犯化后，不再以正犯实施符合构成要件的不法行为为前提。换言之，根据共犯从属性说的原理以及作为通说的限制从属性说，[①] 只有当正犯实施了符合构成要件的不法行为时，才能将帮助犯作为共犯处罚。[②] 例如，甲认识到乙将要绑架丙，便将丙的行踪提供给乙。然而，乙并没有实施绑架丙的任何行为。根据共犯从属性说的原理，对甲不能以绑架罪的帮助犯论处。但是，在帮助行为被正犯化之后，就不需要以其他正犯实施符合构成要件的不法行为为前提。这并不意味着帮助犯的正犯化采取了共犯独立性说，而是原本的帮助行为已经被提升为正犯行为，故不需要存在另外的正犯即可成立犯罪（而且成立的是正犯）。

第二，量刑的独立性（不适用总则从宽规定）。从量刑角度来说，帮助犯被正犯化后，不再按照刑法总则规定的从犯处理，不得适用《刑法》第 27 条关于对从犯"应当从轻、减轻处罚或者免除处罚"的规定，而必须直接按分则条文规定的法定刑处罚，这便没有免除处罚的可能性。[③]

第三，对参与人的影响性（提升其他参与人的形态）。从对他人定罪量刑的影响角度来说，帮助犯被正犯化后，由于原本的帮助行为提升为正犯行为，于是对该正犯行为的教唆、帮助行为又能成立共犯（教唆犯与帮助犯）。因为教唆犯是指唆使他人实施符合构成要件的不法行为，教唆他人实施帮助行为的，并不是按教唆犯处罚，而是按帮助犯处理；[④] 帮助犯是指帮助正犯者，[⑤] 所以，单纯对帮助犯进行帮助，而没有对正犯起帮助作用的，并不成立帮助犯，因而不得处罚。[⑥] 但是，一旦对帮助犯实行正犯化，就意味着原本的帮助行为成为刑法分则规定的正犯行为，故教唆他人实施该正犯行为的，就成立对正犯的教唆犯（而非帮助

---

① 参见张明楷：《外国刑法纲要》（第三版），法律出版社 2020 年版，第 267~268 页。

② 由于我国刑法处罚预备犯，所以，在正犯实施了预备行为时，教唆者、帮助者也可能成立预备犯（当然是否处罚该预备犯，则是另外一回事）。这一结论同样符合共犯从属性说的原理。

③ 当然，另具有免除处罚情节的除外，但该"帮助"行为本身不可能成为免除处罚的情节。

④ 参见［日］大谷实：《刑法讲义总论》（新版第 4 版），成文堂 2012 年版，第 440 页；［日］山中敬一：《刑法总论》（第 3 版），成文堂 2015 年版，第 958 页。例如，A 得知 B 要杀害甲，于是教唆 C 将杀人凶器提供给 B，B 使用该凶器杀害了甲。A 并没有唆使他人实施符合构成要件的行为，只是唆使他人实施帮助行为，故只能认定为帮助犯。

⑤ 例如，中华民国时期 1928 年《刑法》第 44 条第 1 款规定："帮助正犯者为从犯。"再如，日本《刑法》第 62 条第 1 项规定："帮助正犯的，是从犯。"其中的从犯就是指帮助犯。

⑥ 显然，应当合理区分某种行为是对正犯的帮助还是对帮助的帮助。本书的看法是，只要帮助行为与正犯结果具有因果性（即使正犯没有意识到这种帮助行为），就应认定为对正犯的帮助，因而成立帮助犯。可以肯定的是，在通常情况下，对帮助犯的帮助行为与正犯结果之间存在因果性（参见［日］大谷实：《刑法讲义总论》（新版第 4 版），成文堂 2012 年版，第 447~448 页）。

犯），帮助他人实施该正犯行为的，也会成立对正犯的帮助犯（而非不处罚）。

例如，《刑法》第 120 条之一第 1 款规定："资助恐怖活动组织、实施恐怖活动的个人的……处五年以下有期徒刑、拘役、管制或者剥夺政治权利，并处罚金；情节严重的，处五年以上有期徒刑，并处罚金或者没收财产。"在本书看来，这一规定就是帮助犯的绝对正犯化。只要行为人实施了上述行为，而不管被资助的恐怖组织或者个人是否实施了具体的恐怖犯罪（如杀人、放火、爆炸、绑架等罪），对行为人均应以帮助恐怖活动罪论处，而且不适用《刑法》第 27 条关于从犯的处罚规定。不仅如此，倘若甲教唆乙资助恐怖活动组织，乙接受教唆后实施了资助行为的，甲成立帮助恐怖活动罪的教唆犯，而不是仅成立帮助犯。

2. 帮助犯的相对正犯化

帮助犯的相对正犯化，是指帮助犯是否被提升为正犯不可一概而论，需要独立判断帮助行为是否值得科处刑罚的情形。换言之，在这种场合，帮助犯既可能被正犯化，也可能没有被正犯化。在没有其他正犯的场合，帮助犯是否值得处罚，取决于该帮助行为本身是否侵害法益以及侵害的程度。

例如，《刑法》第 358 条第 1 款规定了组织卖淫罪，该条第 4 款规定："为组织卖淫的人招募、运送人员或者有其他协助组织他人卖淫行为的，处五年以下有期徒刑，并处罚金；情节严重的，处五年以上十年以下有期徒刑，并处罚金。"在本书看来，实施本款规定行为的人是否构成犯罪，不可一概而论。

例一：A 明知 B 将要或者正在实施组织他人卖淫的行为，在没有通谋的情况下，A 以不为一般人所知悉的方式（如向特定妇女发短信、发微信介绍宾馆服务工作）为其招募了五名妇女（妇女不知真相），但 B 没有接收 A 招募的妇女，更没有着手组织该五名妇女从事卖淫的活动。由于五名妇女要求 A 补偿经济损失，导致案发。例二：甲明知乙将要或者正在实施组织卖淫的行为，在没有通谋的情况下，以不特定人、多数人可以知悉的方式公开招募卖淫女，被招募的六名妇女知道从事卖淫活动，但在乙没有接收甲招募的六名妇女或者还未来得及组织甲所招募的六名妇女从事卖淫活动时即案发。

在例一中，A 虽然有为他人组织卖淫招募人员的行为与故意，但是，所招募的人员并没有从事卖淫活动，A 的招募行为本身没有侵犯刑法所保护的法益，因而不可能将 A 的行为以协助组织卖淫罪论处。[①]　就此而言，《刑法》第 358 条第 4

---

① 或许有人认为，A 的招募行为对 B 组织卖淫起到了心理的帮助作用，故应认定为协助组织卖淫罪。但是，本书难以赞成这一结论，因为 A 的行为不可能对 B 之前的组织卖淫行为起心理的帮助作用。此外，即使肯定这一结论（即对 B 此后组织卖淫起到了心理帮助行为），也不能得出帮助犯的正犯化结论。因为这一结论的成立本身就是以正犯 B 实施了组织卖淫罪的不法行为为前提的。

款就没有将帮助犯正犯化。

在例二中，乙虽然还未来得及组织甲所招募的妇女从事卖淫活动，但甲的行为已经侵害了社会管理秩序，值得科处刑罚。所以，即使正犯乙没有针对甲所招募的人员实施组织卖淫罪，对甲的行为也应以协助组织卖淫罪论处。换言之，在例二中，甲的行为成立协助组织卖淫罪不以存在符合构成要件的正犯行为为前提。不仅如此，即使甲的行为是由丙唆使的，对丙也应以协助组织卖淫罪的教唆犯论处。就此而言，《刑法》第 358 条第 4 款对帮助犯实行了正犯化。①

概言之，为他人组织卖淫所实施的招募、运送人员的行为是否成立协助组织卖淫罪，一方面取决于正犯是否实施了组织卖淫的行为，另一方面在正犯没有实施组织卖淫行为时，取决于协助行为本身是否严重侵害了社会管理秩序。所以，《刑法》第 358 条第 4 款属于帮助犯的相对正犯化。一旦成立这种帮助犯的相对正犯化，同样产生上述帮助犯的绝对正犯化的三个法律后果。

当然，上述帮助犯的相对正犯化情形基本上只是一种纯理论说明，在司法实践中，独立构成协助组织卖淫罪的案件可能千载难逢，笔者也未能搜索到这样的案例。

3. 帮助犯的量刑正犯化

帮助犯的量刑正犯化，也可谓帮助犯的量刑规则，② 是指帮助犯没有被提升为正犯，帮助犯依然是帮助犯，只是因为分则条文对其规定了独立的法定刑或者援引法定刑，而不再适用刑法总则关于帮助犯（从犯）的处罚规定的情形。这种帮助犯的量刑正犯化，只产生前述帮助犯的绝对正犯化的第二个法律后果。

例如，《刑法》第 244 条第 1 款规定了强迫劳动罪的构成要件与法定刑，该条第 2 款规定："明知他人实施前款行为，为其招募、运送人员或者有其他协助强迫他人劳动行为的，依照前款的规定处罚。"本款规定只是帮助犯的量刑正犯化。

第一要判断的是，在 A 明知 B 将要或者正在强迫他人劳动，仍采取发微信的方式为 B 招募人员到 B 的工场，B 接收 A 所招募的人员并强迫他们参加劳动时，A 的行为是否侵犯了法益以及侵犯法益的程度如何？可以肯定的是，强迫劳动罪的保护法益是公民参加劳动的权利或者公民参加劳动的意志自由。③ 不言而喻，由于 B 的行为直接造成了侵害他人人身权利的结果，而 A 的行为与该结果

---

① 甲的行为是否同时触犯引诱、介绍卖淫罪，则是另一回事。

② 关于量刑规则的含义，参见张明楷：《加重构成与量刑规则的区分》，《清华法学》2011 第 1 期。

③ 参见曾文科：《强迫劳动罪法益研究及其应用》，载陈兴良主编：《刑事法判解》（第 15 卷），人民法院出版社 2014 年版，第 207 页。

之间具有物理的因果性，所以，对 A 的行为应以强迫劳动罪论处。

第二要判断的是，在甲明知乙将要或者正在实施强迫他人劳动的行为，仍采取发微信的方式为乙招募人员到乙的工场，但乙并没有接收甲所招募的人员，或者虽然接收了甲招募的人员，但根本没有强迫他们参加劳动时，甲的行为是否侵犯了法益以及侵犯法益的程度如何？显而易见，在上述情况下，乙对甲所招募的人员的行为既缺乏强迫劳动罪的构成要件符合性，也缺乏违法性，即没有侵犯甲所招募的人员参加劳动的意志自由。甲的行为既没有作为正犯直接侵犯他人参加劳动意志自由，也没有作为共犯间接侵犯他人参加劳动的意志自由。既然如此，对甲的行为就不应以强迫劳动罪论处。

不难看出，《刑法》第 244 条第 2 款的规定，虽然对强迫劳动的帮助行为规定了独立的法定刑，但该帮助行为成立犯罪以正犯实施了符合强迫劳动罪构成要件的不法行为为前提，故该款规定并不是帮助犯的绝对正犯化与相对正犯化，只是量刑的正犯化。

再如，《刑法修正案（九）》增设的第 284 条之一第 1 款规定了组织考试作弊罪的构成要件与法定刑，该条第 2 款规定："为他人实施前款犯罪提供作弊器材或者其他帮助的，依照前款的规定处罚。"那么，倘若甲为乙组织考试作弊提供了作弊器材，但乙没有实施组织考试作弊罪的任何行为，对甲应如何处理？由于甲的行为既没有直接也没有间接侵犯任何法益，故对甲的行为也不可能以犯罪论处。所以，《刑法》第 284 条之一第 2 款的规定也属于帮助犯的量刑正犯化。

（三）相关条款分析

从目前的学术讨论与司法实践来看，主要有以下三个法条规定的犯罪需要讨论。为了论述方便，下面将帮助犯的绝对正犯化与相对正犯化合称为帮助犯的正犯化，将帮助犯的量刑正犯化称为帮助犯的量刑规则。

1. 《刑法》第 120 条之一第 2 款

《刑法》第 120 条之一第 1 款与第 2 款分别规定："资助恐怖活动组织、实施恐怖活动的个人的，或者资助恐怖活动培训的，处五年以下有期徒刑、拘役、管制或者剥夺政治权利，并处罚金；情节严重的，处五年以上有期徒刑，并处罚金或者没收财产。""为恐怖活动组织、实施恐怖活动或者恐怖活动培训招募、运送人员的，依照前款的规定处罚。"该条第 1 款规定的应是帮助犯的绝对正犯化，问题是，该条第 2 款规定的是什么类型？

应当认为，"为恐怖活动组织、实施恐怖活动或者恐怖活动培训招募、运送人员"并非限于为本人实施恐怖活动或者恐怖活动培训招募、运送人员，[①] 而是

---

① 倘若为了本人实施恐怖活动招募、运送人员，则同时属于预备犯的既遂化。

包括为他人组织、领导的恐怖活动组织以及他人实施恐怖活动或者恐怖活动培训招募、运送人员。那么，在后一种情形下，如何判断招募、运送人员行为的可罚性呢？

可以肯定的是，当 A 招募、运送的人员已经成为恐怖活动组织成员，或者正在实施恐怖活动，或者正在接受恐怖活动培训时，就意味着正犯已经实施了符合相关恐怖犯罪的构成要件的不法行为，而且 A 的行为与正犯结果之间具有物理的因果性，A 的行为具备可罚性。但对此得出肯定结论，还不意味着《刑法》第120 条之一第 2 款是帮助犯的绝对正犯化与相对正犯化，需要讨论的是，甲明知乙要组建恐怖活动组织、组织他人实施恐怖活动或者组织他人进行恐怖活动培训时，为乙招募、运送了人员，乙接收了甲所招募、运送的人员，但还没有着手实施相关恐怖活动、培训活动时，即作为真正正犯的乙还没有着手实施符合恐怖犯罪构成要件的不法行为时，甲的行为是否侵犯了法益以及侵犯程度如何？对此，可以联系相关法条规定的犯罪进行判断。

根据《刑法》第120 条的规定，组织、领导、参加恐怖活动组织本身就是正犯行为。这种行为对公共安全虽然只有抽象的危险，但由于恐怖活动组织实施的犯罪具有极大的法益侵害性，恐怖活动组织本身具有实施恐怖犯罪的极大危险性，一般预防与特别预防的必要性大，所以，将这种抽象的危险行为规定为犯罪具有正当性。当今各国刑法也都对恐怖组织及其活动采取严厉打击的态度，因而针对恐怖犯罪设置了大量的抽象危险犯。[①] 既然上述甲招募、运送的人员被恐怖活动组织或者人员接收，就表明甲的行为增加了恐怖活动组织实施恐怖犯罪的危险性，当然应当作为犯罪处理。换言之，"为恐怖活动组织、实施恐怖活动或者恐怖活动培训招募、运送人员"的行为对公共安全法益的侵犯程度，并不一定轻于积极参加恐怖活动组织的行为。因此，将这种行为作为正犯处理即承认帮助犯的正犯化，能够使法条之间保持协调关系。

一般来说，在甲与恐怖犯罪分子乙具有通谋的情况下，乙通常都会接收甲所招募、运送的人员。如果乙接收了甲所招募的人员，使恐怖组织成员增加，即使乙还没有组织他们实施恐怖活动，对甲也应适用《刑法》第120 条之一的规定定罪量刑。问题是，在甲与恐怖犯罪分子乙没有通谋的情况下，甲为乙实施恐怖活动招募、运送人员，但乙没有接收的，应当如何处理？在本书看来，由于乙的行为产生了扩大恐怖组织及其恐怖活动的危险，对此完全有可能认定为未遂犯，因而能够肯定《刑法》第120 条之一第 2 款的规定属于帮助犯的正犯化。倘若 A 误以为他人会实施恐怖活动而为他人招募、运送人员，但他人根本不实施恐怖活

---

① 参见王燕飞：《恐怖主义犯罪立法比较研究》，中国人民公安大学出版社 2007 年版，第 64 页。

动，则可以认为 A 的行为属于不能犯，故不应以犯罪论处。显然，即使对 A 的这种行为不以犯罪论处，也只是因为该行为没有侵害法益的抽象危险，因而不能否认《刑法》第 120 条之一第 2 款的规定属于帮助犯的正犯化。

接下来还需要考虑的是，教唆、帮助他人实施招募、运送行为的，应否作为教唆犯、帮助犯处罚？答案也是肯定的。因为根据《刑法修正案（九）》所增加的第 120 条之二、之三与之五的规定，积极参加恐怖培训活动的，宣扬恐怖主义或者煽动实施恐怖活动的，以及强制他人在公共场所穿戴宣扬恐怖主义服饰、标志的行为就成立犯罪，既然如此，教唆、帮助特定他人为恐怖犯罪活动招募、运送人员的行为，更值得科处刑罚。

由上可见，《刑法修正案（九）》所增加的第 120 条之一第 2 款，对帮助犯实行了正犯化。因此，实施本款行为的，应当作为正犯处理；教唆、帮助他人实施本款行为的，应认定为本款行为的教唆犯与帮助犯。基于同样的理由，《刑法》第 120 条之一第 1 款的规定，基本上也是帮助犯的正犯化。

顺便指出的是，由于帮助犯是对正犯的帮助，单纯对帮助行为进行帮助的不成立帮助犯，故应区分某种行为是对正犯的帮助还是对帮助犯的帮助。本书的看法是，只要帮助行为与正犯结果具有因果性（即使正犯没有意识到这种帮助行为），就应认定为对正犯的帮助，因而成立帮助犯。例如，乙得知丙进行恐怖活动培训，便为丙招募人员，甲知道乙的行为真相，为乙招募人员出主意，使乙招募到大量人员并接受了恐怖活动培训。在这种情况下，表面上是甲帮助了乙，实际上甲的行为与丙的正犯结果之间具有物理的因果性。因此，甲实际上是对丙的帮助，因而直接成立《刑法》第 120 条之一第 2 款的正犯，而不是成立该款的帮助犯。

2.《刑法》第 287 条之二第 1 款

《刑法》第 287 条之二第 1 款规定："明知他人利用信息网络实施犯罪，为其犯罪提供互联网接入、服务器托管、网络存储、通讯传输等技术支持，或者提供广告推广、支付结算等帮助，情节严重的，处三年以下有期徒刑或者拘役，并处或者单处罚金。"由于对帮助行为规定独立的法定刑，既可能表现为帮助犯的正犯化，也可能只是帮助犯的量刑规则，所以，不可能进行法律形式上的判断，只能进行实质判断。在进行实质判断时，要根据共犯从属性的原理、相关犯罪的保护法益，以及相关行为是否侵犯法益及其侵犯程度得出合理结论。

首先要判断的是，在 A 明知 B 将要或者正在实施网络诈骗犯罪时，A 为 B 提供"互联网接入、服务器托管、网络存储、通讯传输"等技术支持，或者提供广告推广、支付结算等帮助行为（以下一般仅表述为"提供互联网技术支持"），B 利用了 A 所提供的技术时，A 的行为是否侵犯了法益以及侵犯程度如何？可以肯定的是，如果 B 实施网络诈骗行为，骗取了数额较大财物，直接造成了法益侵害结果，就可以肯定 A 的行为与该结果之间具有物理的因果性，所以，对 A 的行为应以犯罪论处。

其次要判断的是，在甲明知乙可能或者将要实施网络诈骗犯罪，仍主动为乙提供互联网技术支持，但乙根本没有实施网络诈骗犯罪时，甲的行为是否侵害了法益？本书对此持否定回答。一方面，乙没有实施任何不法侵害行为；另一方面，甲提供互联网技术支持的行为本身不可能侵犯任何法益。所以，对于甲的行为不可能以犯罪论处（也可以认为，甲的行为属于不能犯）。

最后要判断的是，张三明知李四正在实施网络诈骗犯罪，仍主动为李四提供互联网技术支持，但李四并不利用甲所提供的技术时，张三的行为是否侵犯了法益以及侵犯程度如何？显而易见，在上述情况下，即使李四的行为骗取了他人数额较大的财物，但这一结果与张三的行为之间不具有因果性，或者说，张三的行为对李四骗取财物的侵害结果没有起任何作用。此其一。其二，《刑法》第 287 条之二第 1 款，不只要求提供互联网技术支持的行为人明知他人利用信息网络实施犯罪，还要求客观上"为其犯罪提供互联网……技术支持"，但张三的行为明显不符合这一要件。其三，张三的行为本身也不可能独立地侵害法益。既然如此，对张三的行为就不应以犯罪论处。

不难看出，不管是从字面含义上解释《刑法》第 287 条之二第 1 款的规定，还是对该款规定进行实质的分析，都应当认为，该款规定并没有将帮助犯正犯化，只是对特定的帮助犯规定了量刑规则。首先，为他人犯罪提供互联网技术支持的行为依然是帮助行为，其成立犯罪以正犯实施了符合构成要件的不法行为为前提。其次，教唆他人实施上述帮助行为的，不成立教唆犯，仅成立帮助犯；单纯帮助他人实施帮助行为，而没有对正犯结果起作用的，就不受处罚。最后，对于实施本款行为构成犯罪的行为人不得依照《刑法》总则第 27 条的规定从轻、减轻处罚或者免除处罚，只能直接按照《刑法》第 287 条之二第 1 款的法定刑处罚。

需要指出的是，《刑法》第 287 条之二第 1 款明文表述的是"帮助"，如果某种行为虽然表现为提供"互联网接入、服务器托管、网络存储、通讯传输"等技术支持，或者提供广告推广、支付结算等帮助，但完全符合共同正犯的成立条件时，就不应当适用《刑法》第 287 条之二第 1 款的规定，而应直接将其认定为相关信息网络犯罪的共同正犯。例如，与他人通谋，为赌博网站担任代理并接受投注的，是开设赌场罪的共同正犯，[1] 而不是单纯的帮助犯。

---

① 参见 2010 年 8 月 31 日公布的《最高人民法院、最高人民检察院、公安部关于办理网络赌博犯罪案件适用法律若干问题的意见》。

有学者认为，《刑法》第 287 条之二的规定是将帮助行为提升为正犯，蕴含着"打早打小"、提前防卫、强化打击的政策思想。[1] 如前所述，倘若帮助行为被正犯化，那么，对之实施的教唆与帮助行为都会成立共犯，而且即使没有真正的正犯，也要处罚该帮助行为。但是，倘若帮助行为没有被正犯化，对之实施的教唆行为就仅成立帮助犯，对之实施的帮助行为如果与正犯结果没有因果性，也不承担帮助犯的责任。显然，如果认为《刑法》第 287 条之二的规定是对帮助行为实行了正犯化，就意味着该规定不仅直接增设了一种类型的犯罪，而且间接扩大了处罚范围。也有学者认为，《刑法》第 287 条之二的规定"将本来还存在理论争议的中立帮助行为，一下子提升为正犯处罚了"[2]。还有学者指出："网络环境对共同犯罪冲击有目共睹，当前集中表现为网络预备行为、网络片面共同正犯、网络片面教唆犯、网络片面帮助犯（网络中立帮助行为）都具有可罚性。"[3] 那么，《刑法》第 287 条之二的规定究竟是为了扩大处罚范围还是为了缩小处罚范围？换言之，本条规定是否意味着将所有的中立帮助行为都作为犯罪处理呢？

首先要讨论的问题是，《刑法》第 287 条之二所规定的行为，是否均属于中立的帮助行为？对此本书持否定回答。中立的帮助行为并没有一个明确的定义，一般来说，中立的帮助行为，是指外表上属于日常生活行为、业务行为等不追求非法目的的行为，客观上对他人（正犯）的犯罪起到促进作用的情形。据此，一般所指的中立的帮助行为具有三个特点：一是外表上属于日常生活行为或者业务行为；二是行为人并不追求非法目的；三是客观上对他人的犯罪起到了帮助行为。显然，并不是任何为他人的信息网络犯罪提供互联网技术支持或者提供广告推广、支付结算等帮助的行为，都属于中立帮助行为。例如，王某在境外租用 15台服务器，建设维护 100 余个虚假中国移动网站并在网站上挂载其制作的手机木马程序，再出租给专门实施网络盗窃、网络诈骗的不法分子使用，共非法获利 60余万元。[4] 王某的这种行为虽然外表上是业务行为，但他所追求的是非法目的，因而不属于中立的帮助行为。

但不可否认的是，《刑法》第 287 条之二的规定的确可能包括中立的帮助行为。换言之，网络平台提供者与连接服务商的业务行为，也可能为他人的信息网络犯罪提供帮助，因而属于比较典型的中立的帮助行为。

---

[1]　参见胡云腾：《谈〈刑法修正案（九）〉的理论与实践创新》，《中国审判》2015 年第 20 期。

[2]　车浩：《刑事立法的法教义学反思——基于〈刑法修正案（九）〉的分析》，《法学》2015 年第 10 期。

[3]　孙道萃：《应对网络共同犯罪还需完善立法》，《检察日报》2015 年 10 月 12 日，第 3 版。

[4]　参见罗沙、邹伟：《从支付宝盗号到跨国诈骗——公安部公布打击网络黑客犯罪五起典型案例》，载于新华网。

倘若认为，《刑法》第 287 条对任何中立的帮助行为也实行了正犯化，就无疑扩大了处罚范围。但在本书看来，还难以得出这样的结论。换言之，对于《刑法》第 287 条之二的规定，也可以朝着限制中立帮助行为的处罚范围的方向进行解释。

首先，从法条文字表述以及与相关犯罪的比较来说，《刑法》第 287 条之二的规定没有扩大处罚范围。

根据刑法关于共同犯罪的规定及其原理，只要行为人明知他人犯罪而为其提供任何帮助，该帮助与正犯结果具有因果性的，都应当以共犯论处，而不以帮助行为"情节严重"为前提，只不过应当适用《刑法》第 27 条的从宽处罚规定。

刑法与单行刑法关于帮助犯的规定，都没有将情节严重作为帮助犯的成立条件。首先，刑法总则关于从犯与胁从犯的规定，没有以情节严重为前提。其次，刑法分则的相关条文也是如此。例如，《刑法》第 350 条第 2 款规定："明知他人制造毒品而为其生产、买卖、运输前款规定的物品的，以制造毒品罪的共犯论处。"《全国人民代表大会常务委员会关于惩治骗购外汇、逃汇和非法买卖外汇犯罪的决定》第 5 条、第 1 条分别规定，"明知是伪造、变造的凭证和单据而售汇、付汇的，以共犯论，依照本决定从重处罚"；"明知用于骗购外汇而提供人民币资金的，以共犯论处"。

以往的司法解释也没有将"情节严重"规定为帮助犯的成立条件。例如，2013 年 9 月 6 日公布的《最高人民法院、最高人民检察院关于办理利用信息网络实施诽谤等刑事案件适用法律若干问题的解释》第 8 条规定："明知他人利用信息网络实施诽谤、寻衅滋事、敲诈勒索、非法经营等犯罪，为其提供资金、场所、技术支持等帮助的，以共同犯罪论处。"再如，2011 年 3 月 1 日公布的《最高人民法院、最高人民检察院关于办理诈骗刑事案件具体应用法律若干问题的解释》第 7 条规定："明知他人实施诈骗犯罪，为其提供信用卡、手机卡、通讯工具、通讯传输通道、网络技术支持、费用结算等帮助的，以共同犯罪论处。"又如，2014 年 9 月 9 日公布的《最高人民法院、最高人民检察院、公安部关于办理暴力恐怖和宗教极端刑事案件适用法律若干问题的意见》（已废止）规定，"网站、网页、论坛、电子邮件、博客、微博、即时通讯工具、群组、聊天室、网络硬盘、网络电话、手机应用软件及其他网络应用服务的建立、开办、经营、管理者，明知他人散布、宣扬利用宗教极端、暴力恐怖思想煽动分裂国家、破坏国家统一或者煽动民族仇恨、民族歧视的内容，允许或者放任他人在其网站、网页、论坛、电子邮件、博客、微博、即时通讯工具、群组、聊天室、网络硬盘、网络电话、手机应用软件及其他网络应用服务上发布的，以煽动分裂国家罪或者煽动民族仇恨、民族歧视罪的共同犯罪定罪处罚"。司法解释的这些规定虽然都没有将"情节严重"作为帮助犯的成立条件，但并不违反刑法关于共同犯罪规定及其原理，也没有扩大共犯的处罚范围。这是因为，倘若与正犯行为、教唆行为相比较，帮助行为都是情节较轻的，如果因此而不以帮助犯论处，就基本上没有帮助犯的成立余地了。所以，行为是否成立帮助犯，只是取决于帮助行为是否促进了正犯结果以及提供帮助的行为人是否具有帮助的故意，而是否具有帮助的故意，取决于行为人是否明知正犯在实施符合构成要件的不法行为；如果明知却实施帮助行为，很难否认行为人具有帮助的故意（至少存在间接故意）。

但是，根据《刑法》第 287 条之二的规定，在行为人明知他人实施信息网络犯罪的情况下，提供互联网技术支持等帮助行为的，只有"情节严重"，才能认定为帮助信息网络犯罪活动罪。这足以说明，《刑法》第 287 条之二的规定，并没有扩大帮助犯的处罚范围，相反，因为"情节严重"的要求而明显缩小了处罚范围。

其次，从实质上说，也不应当在解释论上扩大《刑法》第 287 条之二的规定的处罚范围。换言之，不应当认为《刑法》第 287 条处罚所有的中立帮助行为。

《刑法》第 287 条之二第 1 款所规定的"帮助"，仅限于对他人的信息网络犯罪提供互联网技术支持，或者提供广告推广、支付结算等帮助。当行为人的业务行为内容就是《刑法》第 287 条之二第 1 款所规定的行为时，如果仅因为这些行为客观上对他人的信息网络犯罪起到了帮助作用，且行为人认识到自己的业务行为会对他人的信息网络犯罪起帮助作用，就以犯罪论处，那么，就过分限制了国民的自由，也不利于社会发展。

一方面，为上网用户提供互联网技术支持，成为互联网时代最普通的业务行为；随着网购越来越普遍、互联网金融越来越发达，广告推广、支付结算也是最常见的业务行为。如果仅仅因为行为人知道他人可能利用自己提供的技术支持等业务行为实施犯罪行为，就不能再实施这类业务行为，就明显限制了国民的自由，限制了国民的业务行为，这显然不妥当。另一方面，2014 年我国互联网在 GDP 的比重已经超过了 4%，这个比重已经超过美国、德国、法国等发达国家的比重，而且未来还有很大的增长空间。[①] 显然，如果不当扩大帮助信息网络犯罪活动罪的处罚范围，必然会影响 GDP 的增长。而且，《刑法》第 287 条之二将单位规定为本罪主体，如果轻易将互联网公司作为本罪主体予以处罚，必将妨碍经济发展。

综上所述，对于中立的帮助行为，必须严格限制其处罚范围。而且，从上面的论述可以看出，与以普通日常生活行为表现出来的中立的帮助行为相比，对以

---

① 参见郭凯天：《互联网与文化创意融合之道》，《互联网前沿》2014 年第 5 期。

业务行为表现出现的中立的帮助行为的处罚范围，应当进行更严格的限制。

但是，一概将中立的帮助行为排除在犯罪之外，也是不可能的。国外刑法理论对中立的帮助行为的态度也只有全面处罚说与限制处罚说，而没有全面否定处罚说，现在的通说基本上是限制处罚说。[①] 问题是，在《刑法》第287条之二并没有明文排除中立的帮助行为的情况下，如何适用该条规定？换言之，应当将哪些行为排除在犯罪之外？

不可否认的是，要对中立的帮助行为设定处罚标准，是极为困难的。近年来，我国刑法理论介绍了国外关于确立中立的帮助行为的处罚标准的各种学说。[②]《刑法》第287条之二的规定，或许为理论上处理中立的帮助行为提供了另一条线索，即只有情节严重的中立的帮助行为，才成立犯罪。所以，问题是如何判断情节严重？应当认为，情节严重是指不法方面的情节，但这并不意味着只要不法方面的情节严重，就一定成立犯罪，因为没有责任的不法既不能成立犯罪，也不能影响量刑。所以，前提是不法方面的情节严重，而且行为人对情节严重的不法具有责任。

综上所述，由于帮助信息网络犯罪活动罪的成立以正犯实施犯罪为前提，所以，对《刑法》第287条之二第1款的规定只能理解为量刑规则。但应承认的是，这一量刑规则的意义也是有限的。这是因为，该条第3款还同时规定："有前两款行为，同时构成其他犯罪的，依照处罚较重的规定定罪处罚。"

例如，甲提供互联网技术支持的行为，仅成立网络盗窃的从犯，但正犯乙窃取他人财物的数额巨大。此时，乙与甲所适用的法定刑均为"三年以上十年以下有期徒刑"。倘若根据具体案情，认为对甲只能从轻处罚，那么，对甲就应认定为盗窃罪的从犯从轻处罚。倘若根据具体案情，认为对甲应当减轻处罚，由于盗窃罪的第一档法定刑轻于《刑法》第287条之二第1款的法定刑，故对于甲仍应以帮助信息网络犯罪活动罪处罚。

在此会存在争议问题。如前所述，本书认为，《刑法》第287条之二第1款的规定，属于帮助犯的量刑规则，既然如此，对符合该款规定的帮助行为，就不得适用《刑法》第27条的规定从轻、减轻处罚或者免除处罚。那么，在符合该款规定的行为同时构成另一犯罪的从犯时，是否都只能按照该款规定以帮助信息网络犯罪活动罪处罚呢？本书对此持否定回答。例如，A为B等人的网络诈骗提供支付结算帮助，使得B等人骗取多名被害人100余万元。此时，A的行为不仅

---

① 参见 [德] 乌尔斯·金德霍伊泽尔：《刑法总论教科书》（第六版），蔡桂生译，北京大学出版社2015年版，第453页。

② 参见陈洪兵：《中立行为的帮助》，法律出版社2010年版，第71页。

构成帮助信息网络犯罪活动罪，而且构成诈骗罪的从犯。所谓帮助犯的量刑规则，是指当对 A 的行为仅适用《刑法》第 287 条之二第 1 款的规定时，应当按该款规定的法定刑处罚，不得适用从犯从宽处罚的规定。但是，当 A 的行为同时构成诈骗罪的从犯，而且按照想象竞合从一重处的规则，应当以诈骗罪的从犯论处时，当然应当适用刑法总则关于对从犯应当从宽处罚的规定。如上所述，对 A 以诈骗罪的从犯论处，是因为数额特别巨大的诈骗罪的法定刑高，即使对 A 从轻、减轻处罚也会重于《刑法》第 287 条之二第 1 款的法定刑。所以，在对 A 以诈骗罪的从犯论处时，量刑不得低于《刑法》第 287 条之二第 1 款的法定刑（轻罪的封锁效果），更不得免除处罚。

如果行为符合《刑法》第 287 条之二第 1 款的规定，同时构成另一犯罪的共同正犯，另一犯罪的法定刑高于《刑法》第 287 条之二第 1 款的法定刑时，应当按照另一犯罪的共同正犯论处。例如，倘若 A 提供互联网技术支持的行为，与网络诈骗的正犯 B 构成共同正犯，骗取数额巨大或者特别巨大财物时，对 A 应当以诈骗罪的共同正犯论处，而不能仅适用《刑法》第 287 条之二第 1 款的法定刑。

如果提供互联网技术支持等帮助的行为虽然构成另一信息网络犯罪的共同正犯或者帮助犯，但另一信息网络犯罪的法定刑低于《刑法》第 287 条之二第 1 款规定的法定刑时，应当如何处理？从《刑法》第 287 条之二第 3 款的规定来看，似乎应当以帮助信息网络犯罪活动罪论处，但这样的结论明显违反罪刑相适应原则。例如，张三明知李四利用网络广告对商品或者服务作虚假宣传，仍然为其提供广告推广，情节严重。虽然帮助信息网络犯罪活动罪的法定刑高于虚假广告罪的法定刑，但对张三不应以帮助信息网络犯罪活动罪论处。这是因为，既然正犯的行为构成虚假广告罪，最高只能处 2 年以下有期徒刑或者拘役，那么，即使将张三认定为共同正犯，也不可能适用《刑法》第 287 条之二第 1 款的规定，"处三年以下有期徒刑或者拘役"。倘若张三的行为不成立共同正犯，仅属于帮助行为，就更不能适用《刑法》第 287 条之二第 1 款的规定，否则，就违反了罪刑法定原则。①

按照刑法理论的通说，只要正犯的行为符合构成要件并且违法，不管正犯是否具有责任，即不管正犯是否具有责任能力以及是否具有故意，只要帮助行为与正犯的不法具有因果性，而且帮助者明知正犯的行为及其结果，并希望或者放任这种结果的发生，就可以认定帮助犯的成立。换言之，只要现有证据表明他人

---

① 当然，在这种情况下，也可以认为张三的行为并不属于《刑法》第 287 条之二第 1 款规定的"情节严重"，因而不以该罪论处。

（正犯）利用信息网络实施了符合构成要件的不法行为，根据限制从属性说的原理，实施帮助行为的人就成立帮助犯。至于他人究竟是谁、他人是否被查获、他人是否具有责任，都不影响帮助犯的成立。不仅如此，如前所述，提供互联网技术支持的行为，还可能构成共同正犯。① 例如，行为人明知他人实施电信诈骗行为，而为其提供互联网技术支持的，只要有证据证明他人利用该技术支持实施了诈骗罪的正犯行为（不要求具有责任），行为人当然构成诈骗罪的共犯乃至共同正犯（不管他人是否被抓获）。再如，行为人明知他人利用互联网贩卖毒品或者传播淫秽物品牟利，而为其提供互联网技术支持，只要有证据证明他人利用该技术支持实施了贩卖毒品或者传播淫秽物品牟利的正犯行为（不要求具有责任），行为人当然构成贩卖毒品罪或者传播淫秽物品牟利罪的共犯乃至共同正犯（不管他人是否被抓获）。在此意义上说，即使不增设帮助信息网络犯罪活动罪，也完全能够妥当处理所有的帮助行为。换言之，《刑法修正案（九）》增设帮助信息网络犯罪活动罪，是以传统的共同犯罪理论为前提的。倘若以不法为重心、以正犯为中心、以因果性为核心认定共同犯罪，则没有必要增设本罪。

虽然在司法实践中，将相关行为认定为帮助信息网络犯罪活动罪的判决相当多，但这是因为司法机关以传统观点认定共同犯罪，又疏于查明行为人的故意内容，使之形成了难以认定其他犯罪的共犯的错觉，相反将相关行为认定为帮助信息网络犯罪活动罪成为一件十分容易的事情。可是，严格地说，既然《刑法》第287条之二第1款明文要求行为人"明知他人利用信息网络实施犯罪"，司法机关就必须查明行为人明知他人利用信息网络实施何种犯罪。倘若将这里的"犯罪"抽象化，恐怕难以符合责任主义原则。例如，甲以为乙利用信息网络实施诈骗犯罪，为其提供了互联网接入等技术支持，但是，乙事实上利用信息网络实施了传播淫秽物品犯罪。甲不可能成立传播淫秽物品罪的共犯，因为甲没有帮助他人传播淫秽物品的故意；也不可能成立诈骗罪的共犯，因为"他人"并没有实施诈骗罪。诈骗罪与传播淫秽物品罪没有重合之处，甲的行为原本不可能成立犯罪。在《刑法》第287条之二第1款规定帮助信息网络犯罪活动罪之后，充其量可以将甲的行为认定为本罪，但刑法增设本条显然不是为了填补这样的处罚漏洞。如果对大量电信诈骗的共犯不以诈骗罪论处，却认定为帮助信息网络犯罪活动罪，进而又以本罪适用率过高限制本罪的成立范围，恐怕难谓妥当。

---

① 2019年10月21日公布的《最高人民法院、最高人民检察院关于办理非法利用信息网络、帮助信息网络犯罪活动等刑事案件适用法律若干问题的解释》第13条规定："被帮助对象实施的犯罪行为可以确认，但尚未到案、尚未依法裁判或者因未达到刑事责任年龄等原因依法未予追究刑事责任的，不影响帮助信息网络犯罪活动罪的认定。"在本书看来，其实也不影响相关共同犯罪的认定。

3.《刑法》第 358 条第 2 款

《刑法》第 358 条第 1 款规定了组织卖淫罪的构成要件与法定刑，该条第 4 款规定："为组织卖淫的人招募、运送人员或者有其他协助组织他人卖淫行为的，处五年以下有期徒刑，并处罚金；情节严重的，处五年以上十年以下有期徒刑，并处罚金。"从理论上说，尽管刑法将协助组织卖淫罪规定为独立犯罪，但该独立犯罪究竟是帮助犯的正犯化，还是量刑规则，需要进一步研究。从司法实践看，无论组织卖淫还是协助组织卖淫，共同犯罪已成常态，基本上没有单独犯罪。[①]于是，组织卖淫罪中是否存在从犯，如若存在，其与协助组织卖淫罪该如何区别，就成为重要问题。

多数观点认为，本款规定属于帮助犯的正犯化，只不过文字表述略有不同。例如，有的教科书指出："协助行为本质上是组织卖淫罪的一种帮助行为。但由于《刑法》已将此种'帮助'行为作为独立犯罪加以规定，因而它就不再是一般共同犯罪中的帮助行为，而成为一个独立的罪名。"[②]换言之，既然协助组织卖淫罪是独立的罪名，便与组织卖淫罪相并列，其中的协助行为就是正犯行为。再如，有的学者指出："本罪原本是组织卖淫罪的帮助犯，没有组织卖淫罪的构成，也就没有协助组织卖淫罪的构成，但刑法将其作为独立的实行行为看待，不以组织卖淫罪的从犯论处，不再适用刑法总则关于从犯的处罚规定（拟制的正犯）。"[③]亦即，本罪原本作为帮助犯从属于组织卖淫罪的正犯，但刑法将其作为独立的正犯行为予以规定，不能再作为从犯处理。上述两种表述虽然没有使用帮助犯的正犯化的概念，但实际上表达了帮助犯的正犯化的含义。

少数观点认为，协助组织卖淫属于组织卖淫罪的共犯，不应单独定罪。这种观点虽然没有使用量刑规则的概念，但其实主张不应将《刑法》第 358 条第 4 款的规定概括为独立的罪名。亦即，对协助组织他人卖淫的，依然应认定为组织卖淫罪的共犯，只是按《刑法》第 358 条第 4 款的规定处罚而已。主张这种观点的理由如下：（1）协助组织卖淫与组织卖淫完全符合共同犯罪的成立条件。（2）将协助组织卖淫单独定罪，会造成司法实践中的定罪困难。"组织"与"协助组织"具有相对性，有些行为人既非组织者，也非单纯的协助组织人；在有些情况下，"组织"与"协助组织"之间的界限难以区分。作为共同犯罪处理，则均可以组织卖淫定罪。（3）将协助组织卖淫单独定罪，难以体现罪刑相适应的基本原

---

① 参见陈兴：《组织、协助组织卖淫罪相关问题实证研究》，《人民司法》2020 年第 19 期。

② 高铭暄、马克昌主编：《刑法学》（第十版），北京大学出版社、高等教育出版社 2022 年版，第 615~616 页。另参见陈兴良：《规范刑法学》（第四版）（下册），中国人民大学出版社 2017 年版，第 1127 页；黎宏：《刑法学各论》（第二版），法律出版社 2016 年版，第 480 页。

③ 周光权：《刑法各论》（第三版），中国人民大学出版社 2016 年版，第 522 页。

则。对协助组织卖淫单独定罪，割裂了其与组织卖淫的联系，从而失去了处罚上的比照对象，难以准确体现罪刑相适应的刑法基本原则，会造成量刑失衡。①

本书认为，协助组织卖淫罪既包括帮助犯的正犯化，也包括帮助犯的量刑规则。

首先必须承认的是，招募、运送行为构成协助组织他人卖淫罪，至少以存在将要组织卖淫的人为前提。② 这是因为，如果既不存在正在组织他人卖淫的人，也不存在将要组织他人卖淫的人，招募、运送者就不可能"为组织卖淫的人招募、运送人员"。③ 由于犯罪的本质是侵害法益，所以，如果能够肯定招募、运送行为侵犯了组织卖淫罪的保护法益，且达到了值得科处刑罚的程度，就可以直接将其认定为正犯。但判断行为是否侵犯了法益，不应根据行为人的内心，而应根据客观事实。

组织卖淫罪与协助组织卖淫罪的保护法益相同。可以认为，两罪的保护法益不只是性行为秩序（性行为与金钱的不可交换性），还包括他人的性行为不被滥用的权利。换言之，组织卖淫与协助组织卖淫行为，是一种性的剥削行为。性剥削并不以强迫为前提，即使征得被剥削者同意，也不排除行为的不法性。联合国1949 年《禁止贩卖人口及取缔意图营利使人卖淫的公约》第 1 条规定："本公约缔约国同意：对于意图满足他人情欲而有下列行为之一者，一应处罚：（1）凡招雇、引诱或拐带他人使其卖淫，即使得本人之同意者；（2）使人卖淫，即使得本人之同意者。"其第 2 条规定："本公约缔约国并同意对于有下列行为之一者，一应处罚：（1）开设或经营妓院，或知情出资或资助者；（2）知情而以或租赁房舍或其他场所或其一部供人经营淫业者。"在组织卖淫案件中，既存在通过强迫方式使他人卖淫的情形，也存在通过利诱方式使他人卖淫的情形，但不管哪一种情形，都由组织者或者协助组织者支配、管理卖淫者，或者说，都使卖淫者依附于组织者或者协助组织者。在具体案件中，独立的招募、运送人员的行为是否侵犯了上述保护法益，不能一概而论，需要具体判断（参见前述内容）。

不管怎么说，协助组织卖淫罪是刑法分则中的一个独立的罪名，由于协助组织卖淫原本表现为帮助行为，所以，协助组织卖淫与组织卖淫的区分，主要是协

---

① 参见郑兰先、董乐先：《协助组织卖淫不宜单独定罪》，《人民检察》2004 年第 2 期。

② 该"将要组织卖淫的人"最终未必或者没有实施组织卖淫行为。

③ 与此类似的是《刑法》第 319 条第 1 款的规定："以劳务输出、经贸往来或者其他名义，弄虚作假，骗取护照、签证等出境证件，为组织他人偷越国（边）境使用的，处三年以下有期徒刑，并处罚金；情节严重的，处三年以上十年以下有期徒刑，并处罚金。"如果没有组织他人偷越国（边）境的人，行为人所骗取的出境证件就不可能"为组织他人偷越国（边）境使用"。

助组织卖淫罪与组织卖淫罪的从犯（帮助犯）的区分。对此，刑法理论与司法实践存在不同的观点。

第一，优先认定组织卖淫罪的观点认为，只要组织卖淫的数人构成共同犯罪，不论是主犯（正犯、实行犯）还是从犯，都应当按照组织卖淫罪定罪处罚。因为协助组织卖淫罪是一种独立的犯罪，并不是组织卖淫共犯的从犯。主要理由有：（1）虽然共同犯罪人在犯罪活动中实施的行为有所不同，但不论是招募、运送卖淫者，安排卖淫者与嫖客发生性关系，还是负责安全保卫、管理账目，都是组织卖淫共同犯罪行为中的一个环节。凡共同组织卖淫的，不论是主犯（实行犯）还是从犯（帮助犯），都应按组织卖淫罪定性处罚，而不应分别定罪处罚。（2）因为协助组织卖淫罪是一种独立的犯罪，它与组织卖淫罪具有完全不同的犯罪构成。只要构成组织卖淫罪，就不可能再构成协助组织卖淫罪；反之亦然。（3）如果把组织卖淫的共同犯罪拆分成两个独立的犯罪，就是把一个完整的组织卖淫集团或者共同犯罪，拆分成若干个组织卖淫罪与协助组织卖淫罪，这不仅违反刑法总则关于共同犯罪的规定，也违反共同犯罪理论。①

但在本书看来，这种观点机械地理解刑法总则关于共同犯罪的规定，否定刑法分则可以对刑法总则作出特别规定，因而人为割裂了两罪之间的关系，存在明显的疑问。

首先，不可否认的是，协助组织卖淫与组织卖淫原本就是共同犯罪，即使刑法将协助组织卖淫规定为独立的犯罪，也必须肯定二者构成共同犯罪。共同犯罪的成立，意味着参与者均应对与自己行为具有因果性的结果承担刑事责任，而不意味着罪名必须相同。例如，甲对乙、丙谎称丁欠其100万元，唆使乙、丙扣押丁，待索回欠款后给乙、丙各5万元的报酬，乙、丙信以为真将丁扣押72小时，甲则向丁的亲属勒索了财物。显然，甲构成绑架罪的间接正犯，乙、丙仅构成非法拘禁罪（参见《刑法》第238条）。在本案中，甲、乙、丙三人构成共同犯罪，均对丁的人身自由被剥夺72小时的结果承担责任。乙、丙客观上也对绑架罪起到了重要作用，但由于二人没有绑架罪的故意，仅成立非法拘禁罪。不难看出，成立共同犯罪并不意味着参与人的罪名必须相同。既然如此，在刑法分别规定了组织卖淫罪与协助组织卖淫罪的前提下，就不能认为"只要成立共同犯罪就不得分别定罪处罚"（参见后述内容）。

其次，上述观点不仅以已经衰退的完全犯罪共同说为前提，而且认为刑法分则不得就总则规定作出例外规定。其实，即使刑法总则规定了共同犯罪，也并不

① 参见孙华璞：《组织卖淫罪从犯与协助卖淫罪关系问题的研究》（上），《人民法院报》2017年5月24日，第6版。

意味着分则不得就共同犯罪作出特殊规定或者例外规定。帮助犯的正犯化、预备犯的既遂犯化，在我国刑法分则以及其他国家的刑法分则中都并不罕见。就共同犯罪而言，刑法分则既可能将不符合总则规定的共同犯罪成立条件的情形规定为共同犯罪，也可能将符合刑法总则规定的共同犯罪成立条件的共犯行为规定为独立犯罪。因此，即使要维持通说对于共同犯罪必须出于相同罪名的观点，在帮助犯已经正犯化的场合，也可以打破这一点。

前者如，日本《刑法》第 207 条规定："二人以上实施暴行伤害他人的，在不能辨别各人暴行所造成的伤害的轻重或者不能辨认何人造成了伤害时，即使不是共同实行的，也依照共犯的规定处断。"本来，二人以上的行为人在没有意思联络的情况下同时对他人施加暴行时，只能分别作为单独犯，对自己的行为所造成的结果承担责任，不能以共犯论处。假如不能证明伤害结果是由谁的行为造成的，则所有行为人均不成立伤害罪。这是对同时犯的处理原则，也是责任主义的要求。但日本的刑事立法认为，这样处理就宽纵了罪犯，于是规定对上述特殊的同时犯以共犯论处。究竟应当如何认识上述规定的性质，日本刑法理论上存在争议。有学者认为是一种法律上的推定，[1] 有学者主张是一种法律上的拟制，[2] 有学者提出是举证责任的转换，[3] 有学者认为既是举证责任的转换，也是法律上的拟制。[4] 但可以肯定的是，上述规定使得"不是共同实行的"同时犯，也按共同犯罪处理。

后者如，我国《刑法》第 107 条规定："境内外机构、组织或者个人资助实施本章第一百零二条、第一百零三条、第一百零四条、第一百零五条规定之罪的，对直接责任人员，处五年以下有期徒刑、拘役、管制或者剥夺政治权利；情节严重的，处五年以上有期徒刑。"显然，上述资助行为原本成立相关犯罪的帮助犯，但本条将其规定为独立的资助危害国家安全犯罪活动罪。再如，我国《刑法》第 306 条第 1 款规定："在刑事诉讼中，辩护人、诉讼代理人毁灭、伪造证据，帮助当事人毁灭、伪造证据，威胁、引诱证人违背事实改变证言或者作伪证的，处三年以下有期徒刑或者拘役；情节严重的，处三年以上七年以下有期徒刑。"其中的"威胁、引诱证人违背事实改变证言或者作伪证"原本是伪证罪的教唆行为，但本条将其规定为独立的犯罪，不再以伪证罪的共犯论处。

最后，上述观点表面上肯定了协助组织卖淫罪是一个独立的犯罪，事实上否认了协助组织卖淫罪的存在。这是因为，既然认为"不论是招募、运送卖淫者，

---

① 参见［日］植松正：《刑法概论 II 各论》（再订版），劲草书房 1975 年版，第 258 页。
② 参见［日］江家义男：《刑法各论》（增补版），青林书院 1963 年版，第 206 页。
③ 参见［日］藤木英雄：《刑法讲义各论》，弘文堂 1976 年版，第 201 页。
④ 参见［日］西原春夫：《犯罪各论》（第 2 版），筑摩书房 1983 年版，第 17 页。

安排卖淫者与嫖客发生性关系，还是是负责安全保卫、管理账目，都是组织卖淫共同犯罪行为中的一个环节"，那么，就难以存在构成协助组织卖淫罪的行为了。

第二，侧重从故意形式进行区分的观点认为，只要符合组织卖淫罪的共同犯罪成立条件，便构成组织卖淫罪的正犯或者共犯，否则便成立协助组织卖淫罪；而要成立前者的共同犯罪，必须具备共同组织卖淫的直接故意。这种观点显然是从故意的形式进行的区别。根据这种观点，成立组织卖淫罪，主观上必须有共同组织卖淫的故意（都清楚地认识到其行为会发生卖淫者与嫖客发生性关系之结果，具有从卖淫者与嫖客发生性关系中牟取非法利益之目的，清楚自己的行为在共同组织卖淫犯罪活动中之作用）。而且，数个间接故意之间或者间接故意与直接故意之间都不能构成共同犯罪的故意。因为根据立法原意，《刑法》第25条规定的共同故意，是指"犯罪行为人都有明确的共同犯罪目的，都在追求同一种危害结果的发生"。成立组织卖淫罪，客观上必须具备组织卖淫的共同行为。由于我国采取的是统一正犯体系，把协助卖淫行为视为组织卖淫的帮助犯，违反了我国统一正犯体系按照作用分类的标准。而且，分别定罪违反了共同犯罪的定罪原则。"总之，凡是在主观上已经形成了共同组织卖淫的故意，并且在客观上具有共同组织卖淫的行为，就符合组织卖淫共同犯罪的构成要件，应当按照共同组织卖淫罪定性处罚，而不应当根据主犯、从犯或者实行犯、帮助犯的区别，而分别定组织卖淫罪或者协助组织卖淫罪。"[①] 在本文看来，这种观点及其理由难以成立。

首先，认为"数个间接故意之间或者间接故意与直接故意之间都不能构成共同犯罪的故意"的观点，没有任何法律依据与法理根据。诚然，作者所提出的法律依据，是《刑法》第25条的立法原意。可是，不能不追问的是，该立法原意源于何处？其实，立法原意或者根本不存在，或者即使存在也不必然具有现实的妥当性（立法原意存在缺陷的情况并不罕见）；立法机关由众多代表组成，各位代表对同一刑法规范的理解不可能完全相同，不可能形成一个立法原意。任何解释者都需要论证自己的观点，而不能动辄声称自己的解释是立法原意。换言之，倘若认为某种观点是立法原意，就需要说明立法原意从何而来。如果来源于刑法的表述、立法的背景、客观的需要等，则已经不属于所谓立法原意了，而是刑法的客观文义及其规范目的。所以，将立法原意作为根据，其实是最没有根据的（参见本书第一章）。在我国刑法中，间接故意与直接故意具有等价性，仅因所谓直接故意与间接故意的区别，就分别认定为不同的犯罪，缺乏法律根据。而

[①] 孙华璞：《组织卖淫罪从犯与协助卖淫罪关系问题的研究》（上），《人民法院报》2017年5月24日，第6版。

且，在肯定行为人具有故意但难以区分直接故意与间接故意的情形下，上述观点便不能得出相应的结论。此外，持上述观点的作者反对行为共同说，主张完全犯罪共同说。可是，即使持完全犯罪共同说的教科书也指出："构成共同犯罪必须二人以上具有共同的犯罪故意。所谓共同的犯罪故意，是指各共同犯罪人认识到他们的共同犯罪行为和行为会发生危害结果，并希望或者放任这种结果发生的心理态度。"① 显然，完全犯罪共同说并未否认直接故意与间接故意可以成立共同犯罪。例如，甲向乙借用枪支时，支支吾吾不说明借枪用途，乙认识到甲借用枪支可能是用于杀人，但仍然以放任心态将枪支借给甲，甲使用该枪支杀害了丙。在类似案件中，即使肯定乙对他人的死亡仅具有间接故意，也完全可以认定乙构成故意杀人罪的共犯。

其次，主张我国刑法采取统一正犯体系也没有法律根据。② 而且，即使承认统一的正犯体系，也只是意味着将所有参与（包括协助）组织卖淫的人作为正犯对待（即教唆者、帮助者均为正犯），并不要求所有参与人均实施了构成要件行为，而且这与我国刑法以作为大小为标准将共犯人区分为主犯、从犯、胁从犯等没有直接关系。将协助组织卖淫行为视为组织卖淫罪的帮助犯，或者说将组织卖淫罪的帮助犯认定为协助组织卖淫罪的正犯，既不违反统一正犯体系，也能在两罪之内分别进一步区分主从犯。此外，即使采取统一正犯体系，也并不意味着对参与人不得分别定罪。我国传统刑法理论在主张分别定罪的同时否认共同犯罪的成立，其实是自相矛盾的。例如，有的教科书指出："实施犯罪时故意内容不同的，不构成共同犯罪。例如，甲、乙共同用木棍打击丙，甲是伤害的故意，乙是杀人的故意，结果由于乙打击的要害部位致丙死亡，由于没有共同的犯罪故意，不能按共同犯罪处理，只能按各人的主客观情况分别定罪，即甲定故意伤害罪，乙定故意杀人罪。"③ 可是，其一，如果不承认二人构成共同犯罪，就不可能因为乙的行为致丙死亡，就认定甲的行为构成故意伤害罪。换言之，在上例中，认定甲的行为构成故意伤害罪，其实是暗中承认了甲、乙二人构成共同犯罪。亦即，正是由于二人构成共同犯罪，所以要将结果归属于二人的行为，但由于甲仅有伤害故意，便只能认定为故意伤害罪。其二，如果甲、乙的行为致人死亡，但不能确定是谁造成了死亡应当如何处理呢？显然，只有承认共同犯罪，才能将死亡结果归属于二人，然后根据二人的故意内容，分别认定为故意伤害罪与

---

① 高铭暄、马克昌主编：《刑法学》（第十版），北京大学出版社、高等教育出版社 2022 年版，第 164 页。
② 参见张明楷：《共同正犯的基本问题》，《中外法学》2019 年第 5 期。
③ 高铭暄、马克昌主编：《刑法学》（第十版），北京大学出版社、高等教育出版社 2022 年版，第 165 页。

故意杀人罪。倘若不承认构成共同犯罪，便意味着二人只是同时犯，结局是甲成立故意伤害未遂，乙成立故意杀人未遂，二人均不对死亡结果负责。这样的结论恐怕难以被人接受。

最后，按照上述观点，组织卖淫罪的从犯不构成协助组织卖淫罪，但又认为，组织者雇用的在卖淫场所实施协助卖淫行为的人，应当按照协助组织卖淫罪定罪。并主张区分两种情形：一是在卖淫场所工作的人与组织卖淫者形成了组织卖淫的共同故意，并直接从组织卖淫活动中分红的、牟取非法利益的，应当按照组织卖淫罪处理；二是在卖淫场所工作的人员没有与组织卖淫者形成组织卖淫的共同故意，也没有从组织卖淫活动中分红，仅按照老板的安排，从事保卫、保洁、保障等服务性工作，并从老板那里领取固定工资的，从理论上都已经构成协助组织卖淫罪。[①] 但这恐怕只是作者的设定，而且明显自相矛盾。从客观上所起的帮助作用来说，上述两种情形没有任何区别；从主观上来说，不可能否认第二种情形具有组织卖淫罪的共同故意。至于是分红还是领固定工资，根本不是组织卖淫罪的构成要件内容，既然如此，就不可能根据这一要素区分组织卖淫罪与协助组织卖淫罪。此外，倘若行为人按照老板的安排，从事保卫、保洁、保障等服务性工作，但同时直接从组织卖淫活动中分红的，又该如何处理呢？此外，如果组织卖淫者仅有一人，其他参与人都只是协助组织，其他参与人的任何报酬都源于组织者从组织卖淫活动中的非法所得，怎么区分是分红还是固定工资呢？持上述观点的作者还指出：刑法"对组织卖淫罪的规定属于简单罪状，但是应当对其作限制解释。即仅指的是安排卖淫者与嫖客发生关系，并从中牟取非法利益的行为，而不包括其他协助卖淫或者容留卖淫的行为"[②]。这一观点不仅与其主张的统一正犯体系相冲突，而且导致在组织卖淫中起组织、指挥、策划作用但并不直接安排卖淫者与嫖客发生性关系的行为人，可能仅成立组织卖淫罪的从犯或者协助组织卖淫罪，这恐怕不合适。

第三，侧重从主观意思进行区分的观点指出："组织卖淫行为的次实行犯，即指在组织卖淫犯罪中虽起策划、控制作用，但在多名组织卖淫罪者中处于从属地位，发挥次要作用或听命于人的行为人。对组织卖淫罪的次实行犯应当以从犯论处。协助组织卖淫罪行为的行为人主观上并无控制多人卖淫的故意，而只是想为他人的组织卖淫提供帮助。也就是说，在心理态度上是'协助'和'组织卖

[①] 参见孙华璞：《组织卖淫罪从犯与协助卖淫罪关系问题的研究》（下），《人民法院报》2017年6月7日，第6版。

[②] 孙华璞：《组织卖淫罪从犯与协助卖淫罪关系问题的研究》（下），《人民法院报》2017年6月7日，第6版。

淫'的相加，其心理态度的重心放在'协助'上，而不是偏重于组织卖淫。"①概言之，如果行为人基于帮助他人、协助他人的意思实施行为，即使实施的是组织卖淫的行为，也仅成立协助组织卖淫罪。反之，如果行为人基于自己组织卖淫的意思实施行为，即使在组织卖淫活动罪起次要作用，也成立组织卖淫罪的从犯。

显然，这种观点在正犯与共犯的区分问题上采取了主观说（故意说），亦即，以自己行为的意思而实施行为的，是正犯；以加担行为的意思而实施行为的，是共犯。② 但是，如何区分自己行为的意思与加担行为的意思，明显是一个难题。而且，即使以所谓加担行为意思实施的行为，也可能是完全符合分则规定的构成要件行为，即正犯行为。例如，产妇甲意欲杀死婴儿，但由于身体虚弱，便请求乙女将婴儿置入浴缸中溺死。按照主观说，乙女只是帮助犯。可是，即使乙女只是出于加担的意思，但其行为是故意杀人罪的构成要件行为，且该行为直接导致婴儿死亡，明显应认定为正犯。更为重要的是，我国刑法分则的一些条文明文肯定了"为他人"实施犯罪行为的正犯性（参见《刑法》第165条、第205条、第320条、第363条第2款等），故主观说与刑法分则的规定不相容。③

此外，这一观点内部也存在并不协调之处：这一观点先按主观说区分组织卖淫罪与协助组织卖淫罪，然后在组织卖淫罪内部按客观说区分主从犯。可是，协助组织卖淫罪的行为原本就是组织卖淫罪的帮助犯或者从犯。同样是从犯，为什么对组织卖淫罪的从犯采取客观说，而对协助组织卖淫罪采取主观说，不无疑问。

第四，侧重根据行为分工进行区分的观点指出，组织卖淫罪中的实行行为是组织行为，即"控制他人卖淫"的行为。只有实施了具体的"控制他人卖淫"行为的人，才能被称为组织卖淫罪的正犯；仅为"控制他人卖淫"提供物理性或心理性的帮助、协力行为的，只能被评价为协助组织卖淫行为。协助组织卖淫罪中的"招募""运送"行为，并不能控制卖淫人员从事卖淫活动，只是为组织者控制他人卖淫起到帮助、协力作用。组织卖淫罪可以划分主从犯。在组织卖淫犯罪中，对虽实施了部分组织行为，但在整个共同犯罪中系受人指示、安排，所处地位较低，发挥作用较小的行为人，可认定为从犯。④

诚然，上述观点的理由或许是成立的。从组织卖淫与协助组织卖淫的表述可

---

① 苏彩霞、时延安：《妨害风化犯罪疑难问题司法对策》，吉林人民出版社2001年版，第108~109页。

② 参见林钰雄：《新刑法总则》（9版），元照出版公司2021年版，第412~413页。

③ 参见［日］松原芳博：《刑法总论》（第2版），日本评论社2017年版，第362页。

④ 参见徐贤飞：《组织卖淫罪仍应划分主从犯》，《人民法院报》2019年4月25日，第6版。

以看出，前者实施的是组织行为，后者实施的不是组织行为。在此意义上说，行为人实施的是组织行为的一部分时，就成立组织卖淫罪；行为人实施的是协助组织行为时，则是协助组织卖淫。问题是能否按行为分工合理地区分二者，本文对此持怀疑态度。

从司法解释与刑法规定来看，分工的内容不必然决定行为的性质。2017 年 7 月 21 日公布的《最高人民法院、最高人民检察院关于办理组织、强迫、引诱、容留、介绍卖淫刑事案件适用法律若干问题的解释》（以下简称《办理卖淫案件解释》）第 1 条第 1 款规定："以招募、雇佣、纠集等手段，管理或者控制他人卖淫，卖淫人员在三人以上的，应当认定为刑法第三百五十八条规定的'组织他人卖淫'。"可是，《刑法》第 358 条第 4 款将"招募"规定为协助组织卖淫罪的一种行为方式。于是，招募既可能是组织卖淫行为，也可能是协助组织卖淫的行为。再如，根据《办理卖淫案件解释》第 4 条第 1 款的规定，明知他人实施组织卖淫犯罪活动而充当打手的，以协助组织卖淫罪定罪处罚。可是，充当打手的行为完全可能是控制他人卖淫的行为。难以认为，如果打手殴打嫖客的就成立协助组织卖淫罪，如果殴打卖淫人员的就成立组织卖淫罪，如果既殴打嫖客，也殴打卖淫人员的，则成立数罪。

从组织卖淫罪的现状来说，存在许多并不"控制"他人卖淫，只是一般性管理他人卖淫的情形。亦即，在组织卖淫者并没有设置固定的卖淫场所的情形中，组织者只是雇请他人在卖淫者与嫖客之间进行联系，为卖淫者招揽嫖客，为嫖客安排卖淫者，但没有控制嫖客，也没有控制卖淫者。在这种情形下，以"控制他人卖淫"为标准进行区分，意味着参与人均仅成立介绍卖淫罪，而不成立组织卖淫罪与协助组织卖淫罪，恐怕并不妥当。《办理卖淫案件解释》将《最高人民法院、最高人民检察院关于执行〈全国人民代表大会常务委员会关于严禁卖淫嫖娼的决定〉若干问题的解答》（已失效）所规定的控制他人卖淫改为管理或控制他人卖淫，就是因为不少卖淫人员是自愿卖淫，并且接受组织者的管理。①

从事实判断的角度来说，对二者进行区分也并不容易。持相同观点的学者指出："在区分组织卖淫罪与协助组织卖淫罪时，应以各行为人在整个卖淫犯罪中的分工而非作用大小为标准。对于控制管理卖淫人员及卖淫活动的人员，应认定为组织卖淫罪；对于从事与上述活动无关的人员，则应认定为协助组织卖淫罪。"② 然而，协助组织卖淫行为不可能与控制、管理卖淫人员及卖淫活动无关，

---

① 参见周峰、党建军、陆建红、杨华：《〈关于审理组织、强迫、引诱、容留、介绍卖淫刑事案件适用法律若干问题的解释〉的理解与适用》，《人民司法（应用）》2017 年第 25 期。

② 聂昭伟：《组织与协助组织卖淫罪的区分》，《人民司法》2015 年第 16 期。

否则就不可能成立协助组织卖淫罪。就具体案件而言，从行为分工的角度进行区分必然见仁见智。例如，2018 年，某洗浴中心经营人王某与李某协商，由王某提供洗浴中心作为卖淫场所，李某负责招募卖淫女，共同组织多名卖淫女实施卖淫活动，所得利益双方按比例分配。李某与卖淫女约定分成比例，并先后雇用张某、赵某、宋某、陈某协助其为顾客介绍卖淫服务项目、安排具体卖淫服务房间、记录每天卖淫活动获利、负责日常对卖淫人员的管理。2018 年至 2019 年期间，该洗浴中心通过卖淫活动非法获利 141 万余元（洗浴中心案）。检察机关在审查起诉时，针对王某和李某组织卖淫活动构成组织卖淫罪没有异议，但是对张某、赵某、宋某、陈某协助王某和李某介绍、安排、记录、管理卖淫活动的行为构成何罪存在不同意见。第一种意见认为，四人行为属于王某和李某在组织卖淫共同犯罪中的协作行为，其行为构成协助组织卖淫罪。第二种意见认为，四人的行为体现了对卖淫人员的管理及控制，且在王某和李某实施的组织卖淫共同犯罪中起到了次要、辅助作用，应认定为组织卖淫罪的从犯。① 倘若将侧重从行为分工的角度进行区分的观点运用到本案，是难以得出令人信服的结论的。张某、赵某、宋某、陈某等四人，的确参与了组织卖淫活动，如直接安排、召集、调配、管理卖淫人员等。从此意义上说，四人构成组织卖淫罪的从犯。但不可否认的是，张某、赵某、宋某、陈某只是协助王某和李某实施介绍、安排、记录、管理卖淫活动的行为。从此意义说，四人的行为构成协助组织卖淫罪。这是因为，既然是协助组织，当然是组织的帮助行为，或者说是在组织卖淫活动起次要或者辅助作用的行为。

此外，上述观点虽然在组织卖淫罪的内部对正犯与共犯采取了实质的客观说，但对组织卖淫罪与协助组织卖淫罪的区分则采取了形式的客观说。其实，组织卖淫罪与协助组织卖淫罪的区分也是正犯与共犯的区分，但在此问题上采取形式的客观说并不妥当。这是因为，所谓正犯与共犯的区分，事实上主要讨论的是共犯与共同正犯的区分。直接正犯与间接正犯是直接或通过支配他人实施了构成要件行为的人，其与教唆犯、帮助犯的区分比较容易。倒是共同正犯者不一定实施了构成要件行为，却要以正犯论，故需要与共犯相区别。② 反过来说，如果要求共同正犯者也必须实施了构成要件行为，就必然得出不当结论。例如，B 从被害人 C 的身后抱着 C，使 C 不能反抗，A 用刀刺伤 C 的腹部（抱人伤害案）。根据形式的客观说，B 因为没有实施故意伤害罪的构成要件行为，故不成立故意伤

---

① 参见赫连杨杰：《伙同他人组织卖淫 是组织卖淫罪还是协助组织卖淫罪?》，《河南法制报》2020 年 12 月 14 日，第 12 版。

② 正因为如此，西田典之教授在共谋共同正犯一节讨论共谋共同正犯与教唆犯的区别。参见〔日〕西田典之著、桥爪隆补订：《刑法总论》（第 3 版），弘文堂 2019 年版，第 371 页。

害罪的共同正犯。但这一结论明显不当。再如以下三个案例：甲制作了用于敲诈勒索的信件，乙将该信件交付给被害人；甲、乙二人计划毒杀被害人，甲巧妙地调和了粉末状的毒药，看似药品，乙用毒药替换掉被害人饮用的感冒药；甲、乙二人计划使被害人落入坑中摔伤，甲挖了坑，乙诱导被害人落入坑中摔伤。在上述三例中，如果只认定乙是正犯，甲是帮助犯进而从宽处罚，无论如何都是不合理的。①

正因为如此，现在德国、日本的通说与审判实践对共同正犯与共犯的区分都是进行实质的判断。例如，罗克辛教授指出："共同正犯者接受了一项对于计划的实现具有本质性的、使得其参与行为可以支配整个事件的任务。"② 并认为，抱人伤害案中的 A 是故意伤害罪的正犯，B 是共同正犯。③ 又如，西田典之教授指出：形式的客观说"不能涵盖现代社会中共犯现象的多样性，不能充分捕捉具备作为共同'正犯'的当罚性的参与者。例如，在有组织地、集团性地实施犯罪的场合，背后的策划、指挥、命令犯罪的人，虽然自己没有参与犯罪的实行，却是对犯罪的实现起到了重要作用的人，可以说完全值得作为'正犯'处罚"④。再如，山口厚教授明确指出："通过着眼于实质的共同惹起'实质的正犯概念'来划定共同正犯与教唆、帮助的界限是妥当的。"⑤ 事实上，在日本，"判例自旧刑法时代以来到现在为止一直肯定共谋共同正犯。虽然实行共同正犯论在以前的学说中占支配地位，但现在应当说，肯定共谋共同正犯，并主张同时限定其成立范围的见解占主流地位"⑥。

不难看出，共谋共同正犯与实行共同正犯一样，都对构成要件的实现起到了重要作用，而且对二者均采取部分行为全部责任的原则。⑦ 就组织卖淫罪与协助组织卖淫罪的关系而言，应当认为，凡是组织卖淫的正犯与共同正犯（包括实行共同正犯与共谋共同正犯），都应当承担组织卖淫罪的刑事责任；而共谋共同正犯并不一定实施了构成要件行为，只是在共同犯罪中起到了重要作用。因此，无法像上述观点主张的那样，纯粹通过分工的形式区分组织卖淫罪与协助组织卖淫罪。

第五，侧重从参与人的作用大小进行区分的观点认为，凡是共同组织卖淫罪的主犯应当定性为组织卖淫罪，凡是共同组织卖淫罪的从犯应当定协助组织卖淫罪。主要理由有：（1）协助组织卖淫是组织卖淫罪的帮助犯。实行犯和帮助犯的

---

① 参见［日］井田良：《讲义刑法学·总论》（第 2 版），有斐阁 2018 年版，第 506~508 页。
② Claus Roxin, Strafrecht Allgemeiner Teil, Band II, C. H. Beck, 2003, S. 77.
③ Vgl. Claus Roxin, Strafrecht Allgemeiner Teil, Band II, C. H. Beck, 2003, S. 87.
④ ［日］西田典之著、桥爪隆补订：《刑法总论》（第 3 版），弘文堂 2019 年版，第 373 页。
⑤ ［日］山口厚：《刑法总论》（第 3 版），有斐阁 2016 年版，第 341 页。
⑥ ［日］西田典之著、桥爪隆补订：《刑法总论》（第 3 版），弘文堂 2019 年版，第 371 页。
⑦ 参见张明楷：《共同正犯的基本问题》，《中外法学》2019 年第 5 期。

区别主要在于是否直接实施了犯罪客观构成要件的行为。凡实施了组织卖淫行为的人，就是组织卖淫罪的正犯或者实行犯；凡仅实施了协助组织卖淫行为的人，就是组织卖淫罪的帮助犯或者从犯，应当按协助组织卖淫罪定性论处。（2）从刑法理论上讲，协助组织他人卖淫行为，是组织他人卖淫活动的一个环节，其行为的性质、所起的作用与组织卖淫行为有很大不同，不宜笼统地以组织卖淫罪的共犯处理。因此，我国刑法对组织卖淫共同犯罪中的实行犯与帮助犯作出了明确的区分，并确定了两种不同的罪名，即组织卖淫共同犯罪中的主犯（正犯、实行犯）按照组织卖淫罪定性处罚，从犯（共犯、帮助犯）按照协助组织卖淫罪定性处罚。（3）对组织卖淫的从犯单独定罪并不违反共同犯罪理论。因为刑法总则有关共同犯罪的规定属于普通条款，而《刑法》第358条则属于特殊规定，所以对组织卖淫的从犯适用《刑法》第358条的特殊规定单独定罪，与刑法总则中共同犯罪的规定并不矛盾。①

这种观点的理由均有可取之处，但结论或许存在瑕疵。亦即，这种观点没有考虑组织卖淫罪的教唆犯以及《刑法》第29条第1款的规定（参见后述内容）。

上述各种观点的分歧涉及共同犯罪的基本原理。例如，是采取行为共同说，还是采取犯罪共同说？分别定罪是否违反共同犯罪的基本原则？成立共同犯罪是否仅限于二人以上直接故意内容相同的情形？本书前面已经就此表达了基本观点，但不可能就此展开详细说明。② 接下来仅就组织卖淫罪的从犯与协助组织卖淫罪的区分及其相关重要问题发表看法。

第一，能否全面肯定组织卖淫罪的从犯？上述多数观点（除第五种观点外）基本上全面肯定了组织卖淫罪的从犯（帮助犯），但全面肯定组织卖淫罪的从犯，存在两个重大疑问。

首先，全面肯定组织卖淫罪的从犯，就意味着对部分组织卖淫罪的从犯可以适用《刑法》第27条的规定进而免除处罚，这一点恐怕与刑法对协助组织卖淫罪规定独立的法定刑不协调。亦即，刑法对协助组织卖淫罪规定的独立法定刑轻于组织卖淫罪的法定刑。一方面，这使组织卖淫罪的从犯所受到的处罚较轻，与组织卖淫罪的主犯（包括正犯与共同正犯，下同）③ 相比，其事实上能够得到较

---

① 参见孙华璞：《组织卖淫罪从犯与协助卖淫罪关系问题的研究》（上），《人民法院报》2017年5月24日，第6版。

② 参见张明楷：《刑法的基本立场》（修订版），商务印书馆2019年版，第351页。

③ 笔者认为，正犯与共同正犯是两种不同参与类型，刑法分则条文规定的均为正犯，《刑法》总则第26条关于主犯的规定，实际上包括了正犯与共同正犯（含实行共同正犯与共谋共同正犯）。所以，主犯实际上是指共犯与共同正犯（参见张明楷：《共犯人关系的再思考》，《法学研究》2020年第1期）。

轻的处罚。另一方面，刑法对协助组织卖淫罪规定独立的法定刑，就表明协助组织卖淫罪的主犯不得免除处罚。如果全面肯定组织卖淫罪的从犯，就必然导致部分组织卖淫罪的从犯可能被免除处罚，而所谓组织卖淫罪的从犯的不法程度完全可能重于协助组织卖淫罪的主犯，后者却不可能被免除处罚。这不仅不符合刑法的基本精神，而且必然导致对组织卖淫罪从犯的处罚与对协助组织卖淫罪的主犯的处罚不协调。

或许有人认为，本书的观点会导致对协助组织卖淫罪的处罚过重。但事实上不会如此。因为如后所述，由于协助组织卖淫罪是一项独立的犯罪，对协助组织卖淫的行为并非均以正犯、共同正犯论处。如果教唆他人协助组织卖淫的行为人在协助组织卖淫的共同犯罪中起次要作用，则适用《刑法》第 27 条的规定，应当从轻、减轻或者免除处罚；同样，对协助组织卖淫罪中的从犯（帮助犯）、胁从犯也完全可能免除处罚。此外，行为人自己协助组织卖淫，但判处协助组织卖淫罪的法定最低刑依然过重的，还可以根据《刑法》第 63 条第 2 款的规定在法定刑以下量刑。

显然，将组织卖淫案件中虽然实施了部分形式意义上的组织行为（如被组织者雇用仅安排嫖客与卖淫人员发生性关系），但并非组织卖淫罪的主犯的行为认定为协助组织卖淫罪，然后在协助组织卖淫罪中区分主犯、从犯、胁从犯，才最有利于实现量刑的合理化。[①]

其次，全面肯定组织卖淫罪的从犯，导致组织卖淫罪的从犯与协助组织卖淫罪的区分成为难题，不利于司法机关认定犯罪。诚然，组织行为与协助组织的行为，在用语上是可以区分的，但除了教唆犯之外，在具体案件中难以甚至不可能区分组织卖淫罪的帮助犯与协助组织卖淫罪。除了前述理由外，还因为"组织"是一个外延相当宽泛的概念。例如，租用卖淫场地、招聘管理人员、招募卖淫人员、控制或者管理卖淫人员、招揽嫖客、管理卖淫场所、安排嫖客与卖淫人员发生性关系等行为，都可谓组织他人卖淫的行为内容。此外，既然是"协助组织卖淫"，所协助的当然是组织行为，但参与组织卖淫与协助组织卖淫，在日常用语中也不会存在什么区别。例如，即使将广义的组织限定为组建卖淫组织和策划、指挥卖淫活动，在现实生活中也难以区分参与组建、策划、指挥与协助组建、策划、指挥。所以，除教唆犯以外，试图从客观行为方面区分组织卖淫罪的从犯与协助组织卖淫罪，不具有可操作性。例如，一种观点指出："通常情况下，组织

---

① 本书认为，只有对构成要件的实现起到了重要作用的人才可能是正犯或共同正犯，虽然实施了构成要件行为但在共同犯罪中起次要作用的，仍然是从犯（参见张明楷：《共犯人关系的再思考》，《法学研究》2020 年第 1 期）。

卖淫中的控制包括对卖淫人员的人身控制或财物控制，两者居其一即可。只有如此，方能使卖淫活动具有协调性及组织性。所谓人身控制，是指设置或变相设置卖淫场所，通过制定上下班及考勤制度、收取押金等方式，对卖淫人员在营业时间段的人身进行管理或控制；所谓财物控制，是指通过统一定价、收取嫖资、安排嫖客、对卖淫人员发放分成或工资等手段对卖淫人员的收入予以直接管理或控制。"① 然而，组织卖淫罪中的主犯，一般不会以自己的身体动作直接控制卖淫者的人身与财物，而指使、安排员工直接控制卖淫人员的人身与财物；而受指使、被安排从事控制卖淫者的行为，也只是协助主犯组织卖淫，而并非组织卖淫的主犯。

还有观点认为，组织卖淫罪的从犯不构成协助组织卖淫罪。因为组织卖淫罪共犯中的从犯与协助组织卖淫罪是两种不同的罪，各有其独立的犯罪构成要件。这两种罪的界限清晰，不管是理论上，还是实践中，都不能混淆。组织卖淫共犯的从犯应当按照组织卖淫罪定性，并按照他们在共同犯罪中起的作用和《刑法》第 27 条规定处刑，而决不能把组织卖淫共同犯罪中的从犯，作为协助组织卖淫罪定性处罚。②

但在本书看来，这种观点难以成立。其一，虽然从刑法规定方式来说，组织卖淫罪共犯中的从犯与协助组织卖淫罪是两种不同的罪，其各有独立的犯罪构成要件，但协助组织卖淫罪原本就包含了帮助犯的正犯化，也可谓从犯的主犯化，对于没有被正犯化的帮助犯，也必须适用协助组织卖淫罪的规定。既然如此，就不能将组织卖淫罪的部分从犯保留在组织卖淫罪中，将另一部分从犯归入协助组织卖淫罪。否则，对同样在组织卖淫犯罪中起次要或者辅助作用的参与人，却适用不同的法定刑予以处罚，可能导致处罚的不均衡。其二，从司法实践上说，认为组织卖淫罪的从犯与协助组织卖淫罪的界限清晰，也不符合事实。虽然持上述观点的作者设立了有无共同的直接故意的区分标准，但如前所述，这种区分标准没有法律根据，也并非在任何场合都容易区分。

总之，没有必要全面肯定组织卖淫罪的从犯，对于在组织卖淫罪中起次要作用或者帮助作用的行为，除了教唆行为以外，均认定为协助组织卖淫罪，既不违反罪刑法定原则，也能充分实现罪刑相适应原则（因为《刑法》第 358 条第 4 款对协助组织卖淫罪所规定的法定刑并不轻）。试图全面肯定组织卖淫罪的从犯的观点，只会给司法机关徒增麻烦。

---

① 陈兵：《组织、协助组织卖淫罪相关问题实证研究》，《人民司法》2020 年第 19 期。
② 参见孙华璞：《组织卖淫罪从犯与协助卖淫罪关系问题的研究》（下），《人民法院报》2017 年 6 月 7 日，第 6 版。

第二，如何处理组织卖淫罪的教唆犯？前述关于组织卖淫罪的从犯与协助组织卖淫罪的区分的各种观点，大多忽略了组织卖淫罪的教唆犯。可以肯定的是，对于教唆他人组织卖淫的，只能认定为组织卖淫罪，而不可能认定为协助组织卖淫罪。这是因为，教唆行为的特点是引起他人实施符合组织卖淫罪的构成要件的不法行为，难以评价为协助组织卖淫的行为。既然如此，就不可能将组织卖淫罪的教唆行为认定为协助组织卖淫罪。

但是，这并不意味着组织卖淫罪的教唆犯均为组织卖淫罪的主犯。根据我国《刑法》第 29 条第 1 款的规定，如果教唆者在共同犯罪中起主要作用，就按主犯处罚，如果起次要作用，就按从犯处罚。所以，组织卖淫罪的教唆犯，完全可能成立组织卖淫罪的从犯，而不可能成立协助组织卖淫罪。问题是如何判断教唆者是起主要作用还是起次要作用？本书的看法是，由于教唆犯以被教唆犯原本没有产生犯意为前提，所以，倘若只是引起了被教唆者实施构成要件行为的意思，那么，在此范围内各教唆犯所起的作用不会有什么区别。所以，所谓在共同犯罪中所起的作用，实际上是指在引起被教唆者实施构成要件行为的意思之外，是否就如何实施犯罪进行了共谋、被教唆犯是否按照共谋内容实施犯罪，或者是否实施了其他促进构成要件实现的行为。如果得出肯定结论，就应认为教唆者在共同犯罪中起到了主要作用，构成共谋共同正犯。[①]

综上所述，组织卖淫罪只有正犯、共同正犯与教唆犯之分，不存在正犯与帮助犯之分（因为对帮助犯均应按协助组织卖淫罪论处），其中的共同正犯包括实行共同正犯与共谋共同正犯；如果教唆者在组织卖淫活动中起到了主要作用，则属于共谋共同正犯，对组织卖淫罪的罪行承担全部责任，不能适用从犯的处罚规定。如果教唆者只是单纯引起他人实施组织卖淫的行为，则应认定为组织卖淫罪的从犯，并适用从犯的处罚规定。[②] 除此之外的参与人，即使客观上安排卖淫者与嫖客实施性行为，也应认定为协助组织卖淫罪。例如，在卖淫场所工作的参与人，即使与组织卖淫者形成了组织卖淫的共同故意，并直接从组织卖淫活动中分红的、牟取非法利益，也并不当然成立组织卖淫罪，完全可能成立协助组织卖淫罪。再如，在组织卖淫犯罪中充当"代聊手"招揽嫖客的，只能认定为协助组织卖淫罪。[③]

第三，协助组织卖淫罪有无主从犯之分？有学者指出："协助组织卖淫罪是

[①] 参见张明楷：《共犯人关系的再思考》，《法学研究》2020 年第 1 期。

[②] 虽然从理论上说，对作为从犯的教唆犯也可能免除处罚，但从我国的量刑实践来看，充其量对教唆犯只会从轻处罚，故不会造成不协调的局面。

[③] 参见周庆典、沈井春：《组织卖淫中"代聊手"的行为如何定性》，《人民法院报》2020 年 8 月 27 日，第 6 版。

刑法分则中极为独特的一罪。立法者不惜在刑法总则的共犯规定中捅开一道口子，也要把本质上属于组织卖淫罪从犯的行为独立设罪，以求对一切与组织卖淫相关联的行为纳入定罪范围……此举使得在组织卖淫罪的共同犯罪中，不存在从犯；协助组织卖淫罪的共同犯罪中，也不存在主犯。连协助组织卖淫罪本身是否存在共同犯罪，都就成了问题。"① 本书难以赞成这种观点。

首先，既然协助组织他人卖淫罪是一个独立的犯罪，而且是故意犯罪，当然可能成立共同犯罪。如果认为协助组织卖淫罪不存在共同犯罪，就意味着组织卖淫案件中的多名协助者均为同时犯，均只对自己的行为承担刑事责任。这显然不妥当。多名协助者共同实施协助行为，每个人的行为均与全部结果之间具有因果性，均应对全部结果承担刑事责任。

其次，由于协助组织卖淫罪是一个独立的犯罪，法条所规定的"为组织卖淫的人招募、运送人员或者有其他协助组织他人卖淫行为"就是构成要件的不法行为，即正犯行为。于是，协助组织卖淫罪有正犯、共同正犯、从犯、胁从犯之分。协助组织卖淫的教唆犯，如果起主要或者重要作用，则构成协助组织卖淫罪的共谋共同正犯，否则按从犯处罚。②

最后，如果不承认协助组织卖淫罪中存在从犯，就必然导致处罚的不均衡。一方面，原本任何共同犯罪中都可能存在主从犯，对于从犯"应当从轻、减轻或者免除处罚"。如果认为协助组织卖淫罪没有从犯，便导致本罪中的从犯均按正犯处罚，这就造成组织卖淫罪、协助组织卖淫罪的处罚与其他犯罪不协调。另一方面，如果不承认协助组织卖淫罪存在从犯，就会导致对协助组织卖淫罪的参与人之间的处罚不协调。反过来说，只有承认协助组织卖淫罪存在从犯，才可以克服处罚不均衡的现象。此外，由于协助组织卖淫罪的法定刑存在较大幅度，区分主从犯有利于实现罪刑相适应。

事实上，司法实践也普遍承认协助组织卖淫罪的从犯。有法官统计，"协助组织卖淫罪区分主从犯并不鲜见，且一般不以其所依附的组织卖淫活动选择法定刑……在113起协助组织卖淫案件裁判文书中，有21起明确区分主从犯"③。在具体案件中，区分协助组织卖淫罪的主犯与从犯，也并不困难。例如，某市"月光假日温泉酒店"自营业以来，酒店总经理陶某、副总经理吴昌某利用酒店保健部长期招募和组织多名卖淫女向嫖客卖淫以牟利。陈某任保健部主管，对保健部

---

① 郑伟：《就这样动摇了共同犯罪的根基———论组织卖淫罪与协助组织卖淫罪的怪异切分》，《法学》2009 年第 12 期。

② 但应注意的是，组织卖淫罪的教唆犯与协助组织卖淫罪的教唆犯，是两种不同犯罪的教唆犯，不可等同看待。

③ 陈兵：《组织、协助组织卖淫罪相关问题实证研究》，《人民司法》2020 年第 19 期。

服务员和卖淫女进行考勤和日常管理，被告人张某任经理，负责包括保健部在内的全面工作。被告人赵某、吴某任保健部服务员，负责接待嫖客并向其介绍性服务的项目价格和安排卖淫女提供性服务等。[①] 在本案中，陈某、张某是协助组织卖淫罪的主犯，赵某、吴某则是协助组织卖淫罪的从犯。

（四）组织卖淫与协助组织卖淫是否可能成立牵连犯？

在此所要讨论的问题是，组织卖淫者既实施了典型的组织卖淫的行为，又实施了招募、运送等协助组织卖淫的行为的，应当如何处理？

首先，应当肯定的是，对这种情形不能实行数罪并罚。（1）即使认为组织卖淫罪与协助组织卖淫罪是两种不同的犯罪，但由于二者侵害的是相同法益，在数行为仅侵害一个法益的情形下，缺乏实行数罪并罚的实质根据。（2）如前所述，组织行为的外延极为宽泛，不能一概认为，招募、运送卖淫人员等行为不属于组织卖淫构成要件行为，换言之，组织卖淫罪与协助组织卖淫罪并不只是从行为形式上所作的区分，更重要的是从实质作用上所作的区分。（3）在行为成立组织卖淫罪的前提下，如果行为人同时实施了外表上属于协助组织卖淫的行为，实行数罪并罚，必然导致处罚的不均衡。例如，甲在组织卖淫案件中实施三种具体行为，该三种行为均为组织卖淫罪的典型的构成要件行为；乙在组织卖淫案件中也实施三种具体行为，其中两种行为为组织卖淫罪的典型的构成要件行为，另一种行为外表上是协助组织卖淫的行为。如若对后者实行数罪并罚，就可能导致对后者的处罚重于前者，这显然不当。

其次，对上述情形不应按牵连犯处罚。一种观点认为，鉴于协助组织卖淫罪是一种独立的犯罪，而组织卖淫罪并不以协助组织卖淫行为为必要条件。否则，如果仅有安排卖淫者与嫖客发生关系从中取利的行为，而没有实施协助卖淫行为，就不符合组织卖淫罪的犯罪构成，无法定组织卖淫罪了。因此，组织卖淫罪应当仅指安排卖淫者与嫖客发生关系，并从中牟取非法利益的行为。当犯罪人同时实施了组织卖淫与协助组织卖淫两个行为时，鉴于他所追求的是同一犯罪目的，可以考虑根据牵连犯罪的处断原则，按照组织卖淫罪一罪定性处罚，而不存在数罪并罚的问题。[②] 这种观点不无疑问：（1）将组织卖淫罪的行为限定为"安排卖淫者与嫖客发生关系，并从中牟取非法利益的行为"明显不当。按照这种观点，协助组织卖淫罪的不法性可能重于组织卖淫罪，这不符合刑法对法定刑的规定。反过来说，"安排卖淫者与嫖客发生关系，并从中牟取非法利益的行为"完

---

① 参见蒋志如、严明：《社会变迁视野下的组织卖淫罪与协助组织卖淫罪——以陈某、张思某组织卖淫罪为例》，《贵州警官职业学院学报》2017 年第 3 期。

② 参见孙华璞：《组织卖淫罪从犯与协助卖淫罪关系问题的研究》（下），《人民法院报》2017 年 6 月 7 日，第 6 版。

全可能是协助组织卖淫的行为。（2）牵连犯属于科刑的一罪，并不是仅按一罪定性，而是认定为数罪，但仅按其中的重罪处罚而已。[①] 然而，一旦认定为数罪，或者即使不认定为数罪仅承认牵连犯触犯两个罪名，就必然认为上述行为人的行为同时触犯了组织卖淫罪与协助组织卖淫罪，因而出现"组织者自己协助自己组织卖淫"的不符合生活常理的现象。

最后，对于上述情形只需要评价为包括的一罪，从一重罪论处（一般以组织卖淫罪论处）。因为如上所述，组织卖淫罪中的组织行为的外延相当宽泛。只要行为人的行为构成组织卖淫罪，其实施的任何行为均可评价在组织卖淫罪中。反之，如果行为人仅实施了协助组织卖淫的行为，则不能将组织卖淫的行为评价在其中。[②]

[①] 参见张明楷：《刑法学》（第六版）（上），法律出版社 2021 年版，第 642 页。
[②] 当然，如果行为人甲不仅自己组织他人卖淫，还协助乙组织他人卖淫，则可能实行数罪并罚。

第十一章 "非法"与"违反"

一、"非法"与"违反"概述

我国刑法分则条文大量使用了"非法"与"违反……法规""违反……规定"（以下一般将后者简称为"违反"）的概念与表述。这主要有以下几个原因：其一，立法者在使用"非法"与"违反"概念时比较"随意"，在没有必要使用"非法""违反"概念的条文中，也可能使用这一概念。其二，国外的刑法典是典型的固有刑法，所规定的基本上都是自然犯，违反行政管理的行政犯或法定犯都存在于附属刑法中。但我国的刑法分则规定了大量的行政犯，而行政犯都以违反行政管理法规（本章在广义上使用此概念，包含刑法分则所称的各种法规、国家规定等，下同）为前提，于是出现了大量的"违反……法规""违反……规定"之类的表述。其三，制定刑法时占支配地位的犯罪论体系，也使得"非法"与"违反"概念增加。在采取构成要件符合性、违法性、有责性体系的德国、日本等国，只要行为符合构成要件而又没有违法阻却事由，该行为就当然是违法的，因此，在刑法总则已经规定了违法阻却事由，以及刑法理论与司法实践均承认超法规的违法阻却事由的前提下，刑法分则仅规定构成要件即可。我国传统的四要件犯罪论体系，没有区分违法与责任，违法由四个要件综合性地决定，但四个要件只是对犯罪的描述，而缺乏评价概念。为了不致处罚合法行为（或者为了不使司法工作人员将合法行为认定为犯罪），便不得不特别强调行为本身的非法性或违反性，导致"非法"与"违反"的概念增加。

面对大量的"非法"与"违反"的规定，解释者应当明确以下几点：

第一，虽然刑法分则条文使用"非法"与"违反"概念比较随意，但不能认为"非法"与"违反"概念都是多余的。换言之，刑法分则条文中的"非法"与"违反"概念，既有必要的，也有多余的，还有可能是介于二者之间的。所谓"必要"，是指具有实体意义，删除后会影响法条含义与犯罪认定的情形；所谓"多余"，则是指没有实体意义，即使删除也丝毫不影响法条含义与犯罪认定的情形；[①] 所谓介于必要与多余之间，是指具有提示作用的情形。既然如此，解释者就必须区分哪些是必要的，哪些是多余的。当"非法"与"违反"概念是必要的规定时，司法机关在办理相关案件的过程中，就必须证明行为的非法性与法规违反性；反之，当"非法"与"违反"的概念是多余的规定时，司法机关在

---

① "多余的"意指没有实体意义，但不排除其具有语感意义。

办理案件时，就不必证明行为违反了什么法规。

第二，"非法"与"违反"显然不是完全等同的含义，解释者必须说明"非法"与"违反"的含义，亦即，必须说明"非法"与"违反"对于成立犯罪所具有的真实含义。

第三，不同条文中的"非法"的含义与作用并不相同，不同条文中的"违反"的含义与作用也不相同，解释者必须说明各个条文中的"非法"与"违反"的含义与作用。

第四，有的条文还同时使用了"非法"与"违反"概念，如何确定各自的含义，也是需要明确的问题。例如，《刑法》第 344 条前段规定，"违反国家规定，非法采伐、毁坏珍贵树木或者国家重点保护的其他植物的，或者非法收购、运输、加工、出售珍贵树木或者国家重点保护的其他植物及其制品的，处三年以下有期徒刑、拘役或者管制，并处罚金"。从一般意义上说，违反国家规定的采伐行为，不可能是合法的采伐；反之，非法采伐、毁坏珍贵树木或者国家重点保护的其他植物的行为，不可能符合国家规定。那么，在这样的条文中，多余的是"违反国家规定"还是"非法"？如果"违反国家规定"是必要的、"非法"是多余的，那么，司法机关在适用本条时，就必须证明行为违反了国家的何种具体规定。如果说"非法"是必要的、"违反国家规定"是多余的，司法机关就必须明确"非法"的具体含义。

二、"非法"

《刑法》分则有 50 多个条文以"非法"限制构成要件行为（不包括以非法占有为目的、获取非法利益之类的表述），其中有的条文两次以上使用"非法"概念。显然，刑法分则条文中的"非法"概念的含义与作用不可能相同。根据笔者的归纳，刑法分则条文中的"非法"大体可以细分为以下几类情形：

（一）对违法阻却事由的提示

德国学者耶赛克（Jescheck）和魏根特（Weigend）指出："刑罚法规与其他所有的法命题一样，不是仅包含定义，而是由构成要件（Tatbestand）与赋予权利或负担义务的法效果（Rechtsfolge）组成。在构成要件中，一定事态作为法律上的重要特征而记述下来；如果符合构成要件，便发生法效果。"[1] 日本学者大塚仁指出："刑法以诸如'杀人的，处死刑、无期或者三年以上惩役'（第 199 条）这样的形式规定犯罪与刑罚的关系。即前半部分作为法律要件（juristischer

---

[1] Hans-Heinrich Jescheck/Thomas Weigend, Lehrbuch des Strafrechts: Allgemeiner Teil, 5. Aufl., Duncker & Humblot, 1996, S. 49.

Tatbestand）表示了一定的犯罪的要件；后半部分作为其法效果（Rechtsfolge；Rechtserfolg），限定了刑罚的种类与范围。"[1] 不管刑法理论是采取构成要件符合性、违法性与有责性的犯罪论体系，还是采取我国传统的四要件体系，抑或采取其他犯罪论体系，刑法分则条文的基本任务或主要任务，都只是描述客观（违法）构成要件与法律后果，而不可能也没有必要全面描述违法阻却事由与责任要素。这是因为，具备客观构成要件符合性的行为，通常都是违法的，而违法阻却事由、责任要素一般规定在刑法总则中。[2] 日本《刑法》第 199 条所规定的"杀人的"，就是杀人罪的构成要件。一般来说，只要杀人的，就是违法的，所以法条没有必要规定为"非法杀人的"。我国《刑法》第 232 条只是规定"故意杀人的，处……"也没有规定为"故意非法杀人的，处……"这同样是因为，凡是故意杀人的，一般都是违法的。

但是，有些行为只要经过允许或者由特定的人实施，或者在特定的条件下实施，因而没有侵害法益或者保护了更为优越的法益时，就不具有违法性，于是，刑法分则条文会以"非法"二字特别提示违法阻却事由的存在。这里的"非法"并不是客观构成要件要素，而是意味着具备构成要件要素的行为，也可能并不违法。[3]

例如，日本《刑法》第 220 条规定："非法逮捕或者监禁他人的，处三个月以上七年以下惩役。"日本刑法理论认为，其中的"非法"并不属于构成要件要素。例如，前田雅英教授针对此条中的"非法"指出："应当认为，只是由于逮捕、监禁行为欠缺违法性的情形较多而做出的注意规定。"[4] 山口厚教授指出："法文中的'非法'，是由于存在基于法令的逮捕、监禁属于适法行为的情况，为了确认一般的违法性要件而规定的（违法要素），其自身不是特别的构成要件要素。"[5] 曾根威彦教授指出："成立逮捕监禁罪，要求行为必须是'非法'地实施的。这是因为在社会生活中，在他人的自由行动对自己或者第三者并非理想之事的场合，逮捕监禁该他人属于适法的情形并不少见，所以，注意性地规定违法

---

[1] ［日］大塚仁：《刑法概说（总论）》（第 4 版），有斐阁 2008 年版，第 5 页。

[2] 只有针对特定犯罪的违法阻却事由、具体犯罪特殊的责任要素（如动机），才会被规定在相应的分则条文中。

[3] 我国的各种刑法教科书将故意杀人罪定义为"故意非法剥夺他人生命的行为"。其中的非法，只是意味着不具有执行死刑、正当防卫、在战场上杀死敌人等违法阻却事由。所以，只要杀人没有违法阻却事由，就必然是违法的，完全不需要另查明杀人行为违反了什么法律的第多少条。

[4] ［日］前田雅英：《刑法各论讲义》（第 6 版），东京大学出版会 2015 年版，第 72 页。

[5] ［日］山口厚：《刑法各论》（第 2 版），有斐阁 2010 年版，第 84 页。

性的一般原则。在此意义上说，'非法'是违法要素，而不是构成要件要素。"①

我国刑法分则条文中的"非法"概念，大部分都旨在提示违法阻却事由的存在。例如，我国《刑法》第 125 条第 1 款前段规定，"非法制造、买卖、运输、邮寄、储存枪支、弹药、爆炸物的，处三年以上十年以下有期徒刑"。由于实践中存在大量合法制造、买卖、运输、储存枪支、弹药、爆炸物的情况，因而欠缺违法性的情形，故本条特别提示司法工作人员注意：如果行为人根据法令制造、买卖、运输、储存枪支、弹药、爆炸物，则具有违法阻却事由，不成立犯罪。②

再如，我国《刑法》第 252 条规定："隐匿、毁弃或者非法开拆他人信件，侵犯公民通信自由权利，情节严重的，处一年以下有期徒刑或者拘役。"法条只是用"非法"限制开拆行为，而没有用"非法"限制隐匿与毁弃。这是因为开拆他人信件时，具备违法阻却事由的情形较为常见。例如，司法工作人员为了查处犯罪，必要时经过法定程序需要开拆有关人员的信件的，就阻却开拆行为的违法性。但是，司法工作人员即使为了查处犯罪，也不应当隐匿、毁弃他人信件（必要的扣留也不等于隐匿、毁弃），所以，就隐匿、毁弃他人信件而言，存在违法阻却事由的可能性小（并非完全没有），因而不需要特别提示。

一般来说，刑法分则的列条款中的"非法"均是为了提示可能存在的违法阻却事由。该类条款主要有：我国《刑法》第 111 条（非法提供国家秘密或者情报）、第 125 条第 2 款（非法制造、买卖、运输、储存毒害性、放射性、传染病病原体等物质）、第 126 条第 3 项（非法销售枪支）、第 128 条第 1 款（非法持有、私藏枪支、弹药）、第 130 条（非法携带枪支、弹药、管制刀具或者爆炸性、易燃性、放射性、毒害性、腐蚀性物品，进入公共场所或者公共交通工具）、第 163 条第 1 款（非法收受他人财物）、第 176 条（非法吸收公众存款）、第 177 条之一（非法持有他人信用卡、非法提供信用卡信息资料）、第 190 条（将境内的外汇非法转移到境外）、第 207 条（非法出售增值税专用发票）、第 209 条第 3 款（非法出售可以用于骗取出口退税、抵扣税款的其他发票）、第 219 条之一（为境外的机构、组织、人员窃取、刺探、收买、非法提供商业秘密）、第 238 条第 1 款（非法拘禁他人或者以其他方法非法剥夺他人人身自由）、第 245 条（非法搜查他人身体、住宅、非法侵入他人住宅）、第 252 条（非法开拆他人信件）、第 253 条之一第 3 款（非法获取公民个人信息）、第 281 条第 1 款（非法生产、买

---

① ［日］曾根威彦：《刑法各论》（第 5 版），弘文堂 2012 年版，第 50 页。
② 《枪支管理法》第 32 条规定："严禁邮寄枪支，或者在邮寄的物品中夹带枪支。"所以，邮寄枪支基本上不可能存在违法阻却事由。

卖人民警察制式服装、车辆号牌等专用标志、警械)、第 282 条第 2 款（非法持有属于国家绝密、机密的文件、资料或者其他物品）、第 283 条（非法生产、销售窃听、窃照等专用间谍器材）、第 284 条（非法使用窃听、窃照专用器材）、第 333 条（非法组织他人出卖血液）、第 334 条（非法采集、供应血液或者制作、供应血液制品）、第 334 条之一（非法采集我国人类遗传资源或者非法运送、邮寄、携带我国人类遗传资源材料出境）、第 341 条第 1 款（非法猎捕、杀害国家重点保护的珍贵、濒危野生动物，非法收购、运输、出售国家重点保护的珍贵、濒危野生动物及其制品的）、第 348 条（非法持有毒品）、第 351 条（非法种植罂粟、大麻等毒品原植物）、第 352 条（非法买卖、运输、携带、持有未经灭活的罂粟等毒品原植物种子或者幼苗）、第 375 条第 2 款（非法生产、买卖武装部队制式服装）、第 375 条第 3 款（非法提供、使用武装部队车辆号牌等专用标志）、第 385 条第 1 款（非法收受他人财物）、第 431 条（非法获取军事秘密、非法提供军事秘密）。

对于上述提示违法阻却事由的"非法"，应当明确以下几点：

其一，由于上述法条中的"非法"只是提示可能存在违法阻却事由，因而其是一种注意规定，即使删除这些法条中的"非法"，也不影响法条的含义。因为是否存在违法阻却事由，都是需要个案判断的；不能轻易得出"凡是分则条文没有标明'非法'二字的犯罪，均不可能存在违法阻却事由"的结论。所以，即使有些条文没有使用"非法"概念，也不意味着不存在违法阻却事由。例如，《刑法》第 347 条在规定走私、贩卖、运输、制造毒品罪时，没有使用"非法"二字，但事实上存在合法出口或进口毒品以及合法买卖、运输、制造毒品（麻醉药品与精神药品）的情形。换言之，不管分则条文在表述罪状时是否使用"非法"一词，都需要在个案中判断有无违法阻却事由。

其二，在以"非法"提示存在违法阻却事由的法条中，只需要查明行为符合客观构成要件，并且没有违法阻却事由，就可以肯定行为是违法的。换言之，当刑法分则条文中的"非法"只是提示可能存在违法阻却事由时，不需要特别指明符合客观构成要件的行为是否违反了其他法律或者行政管理法规。例如，只要行为人客观上制造了枪支，而制造枪支的行为又没有取得合法批准（不具有违法阻却事由），该行为就符合非法制造枪支罪的客观构成要件，必然是违法的。当然，在事实存疑的情况下，如果无法证明制造枪支的行为尚未取得合法批准，则应根据存疑有利于被告人的原则认定为存在违法阻却事由。

其三，在以"非法"提示可能存在违法阻却事由的法条中，"非法"显然与刑法上的违法是等同含义。亦即，在这种场合，所谓非法，实际上就是指违反刑法或者违反刑法的禁止性规定，其实质是侵害或者威胁了刑法所保护的法益。

其四，在得到行政许可便阻却违法性的犯罪中，提示可能存在违法阻却事由的"非法"，与"未经许可"基本上是一个问题的两个侧面。例如，《刑法》第351条规定了非法种植毒品原植物罪。其中的"非法"意味着合法种植不成立犯罪。《麻醉药品和精神药品管理条例》第4条后段规定，"除本条例另有规定的外，任何单位、个人不得进行麻醉药品药用原植物的种植……"该条例第8条规定："麻醉药品药用原植物种植企业应当根据年度种植计划，种植麻醉药品药用原植物。麻醉药品药用原植物种植企业应当向国务院药品监督管理部门和国务院农业主管部门定期报告种植情况。"显然，所谓合法种植，实际上是指被指令种植或者经过行政许可的种植。在这种场合，当然可以认为，得到行政许可就是违法阻却事由。

（二）对违反法律、法规的表示

刑法分则条文虽然有"违反……法规""违反……规定"的表述，但是，也有个别条文以"非法"表示行为"违反……法规""违反……规定"。

例如，《刑法》第208条第1款规定："非法购买增值税专用发票或者购买伪造的增值税专用发票的，处五年以下有期徒刑或者拘役，并处或者单处二万元以上二十万元以下罚金。"其中的非法购买增值税专用发票，就是指违反国家有关领购增值税专用发票的相关规定购买增值税专用发票（如不符合领购条件，但提供伪造的证明文件领购增值税专用发票）。如果行为完全符合领购条件而领购增值税专用发票的，则不成立非法购买增值税专用发票罪。

再如，《刑法》第439条前段规定，"非法出卖、转让军队武器装备的，处三年以上十年以下有期徒刑"。在认定本罪时，必须查明，出卖、转让军队武器装备的行为，违反了刑法以外的法律、法规。如果不能证明出卖、转让行为违反了刑法以外的法律、法规，则不能认定为本罪。因此，完全可以将本条前段表述为："违反武器装备管理法规，出卖、转让军队武器装备的，处三年以上十年以下有期徒刑。"

又如，倘若不考虑《刑法》第225条的项前规定，那么，其第4项规定的"其他严重扰乱市场秩序的非法经营行为"中的"非法"，应当是指对行政管理法规的违反。因为某种经营行为是否属于第4项规定的"非法经营行为"，不是直接根据刑法判断的（因为刑法并没有描述行为类型），而是根据相关的行政管理法规判断的。

当"非法"意味着行为违反了行政法等管理法规时，其中的"非法"与刑法上的违法性不是等同含义。亦即，这种情形下的"非法"只是表明行为违反了行政管理法规。因此，具备这种"非法"要件的行为并不当然违反刑法。其他需要明确的问题，参见本章三（二）的相关内容。

（三）对行为非法性的强调

日本学者泷川幸辰、木村龟二认为，日本《刑法》第 220 条所规定的"非法"，仅具有语感上的意义，既不是构成要件要素，也不是特别的违法性要素。① 其实，我国刑法分则条文中的不少"非法"也只具有语感上的意义。在笔者看来，这种语感上的意义，可谓对行为的非法性的一种强调。但其所强调的非法性，既可能是对行政管理法规的违反性，也可能是刑法上的违法性。

例如，我国《刑法》第 155 条规定：下列行为，"以走私罪论处，依照本节的有关规定处罚：（一）直接向走私人非法收购国家禁止进口物品的，或者直接向走私人非法收购走私进口的其他货物、物品，数额较大的……"其实，直接向走私人收购国家禁止进口物品的，或者直接向走私人非法收购走私进口的其他货物、物品，数额较大的行为，基本上都会违反海关法，相应地也违反了刑法，这种行为存在违法阻却事由的可能性很小（如果行为主体是查处走私的国家机关或者其工作人员，则一般不可能是直接向走私人收购，只能是直接没收）。所以，本条中的"非法"不具有实体意义，只是为了强调行为的非法性（包括海关法上的非法性与刑法上的非法性），删除"非法"概念，丝毫不会影响本条的适用。

再如，《刑法》第 192 条第 1 款规定的罪状是"以非法占有为目的，使用诈骗方法非法集资，数额较大"。以非法占有为目的，使用诈骗方法的集资行为，不可能是合法的，而且，几乎不可能存在违法阻却事由。② 一方面，"非法"一词是完全可以省略的；另一方面，添加"非法"一词，只是为了宣示集资行为的非法性质。

除此之外，《刑法》第 238 条第 3 款（为索取债务非法扣押、拘禁他人）、第251 条（国家机关工作人员非法剥夺公民的宗教信仰自由和侵犯少数民族风俗习惯）、第 282 条第 1 款（以窃取、刺探、收买方法，非法获取国家秘密）、第 336 条第 1 款（未取得医生执业资格的人非法行医）中的"非法"，基本上都只是为了宣示行为的非法性，除此之外并不具有任何实体意义。③ 正因为如此，司法机关在认定上述犯罪时，不需要查明和证明行为是否违反了某种法律、法规。

---

① 参见［日］泷川幸辰：《刑法各论》，日本评论社 1933 年版，第 73 页；［日］木村龟二：《刑法各论》，法文社 1957 年版，第 62 页。
② 虽然可能存在责任阻却事由，但责任阻却事由的存在并不影响行为的违法性。
③ 诚然，《刑法》第 238 条第 3 款规定对于"为索取债务非法扣押、拘禁他人"的以非法拘禁罪论处，可谓阻却了绑架罪的成立。但即使删除其中的"非法"一词，其也同样阻却绑架罪的成立。

（四）已有表述的同位语

刑法分则某些条文所使用的"非法"概念，只是已有表述的同位语，充其量仅具有语感意义。这种同位语，虽然也可谓对行为的非法性的强调，但它的一个特点是，其与法条已经作出的具体表述的含义完全相同。

例如，《刑法》第225条第3项前段规定的罪状是"未经国家有关主管部门批准非法经营证券、期货、保险业务"。显然，其中的所谓"非法"就是指"未经国家有关主管部门批准"。反过来说，只要经过国家有关主管部门批准，经营证券、期货、保险业务的行为，就不可能构成非法经营罪。将上述第3项的规定与同条第1项的规定进行比较，也可以得出这样的结论。《刑法》第225条第1项规定的罪状是"未经许可经营法律、行政法规规定的专营、专卖物品或者其他限制买卖的物品"。据此，只要未经许可，经营专营、专卖物品或者其他限制买卖的物品，就是违反法律、行政法规规定的行为，如果情节严重便违反了刑法。如果将本项表述为"未经许可非法经营法律、行政法规规定的专营、专卖物品或者其他限制买卖的物品"，也完全符合表述习惯。但是，加入"非法"二字，并不使含义发生变化。换言之，在本条第1项中加入"非法"二字，也只是表明经营行为未经许可。

在"非法"属于法条已有表述的同位语时，司法机关在认定相关犯罪时，只需要证明案件具备已有表述的要素，而不需要另外查明行为的"非法"内容。就上述《刑法》第225条第3项而言，司法机关只需要证明经营行为未经国家有关主管部门批准，不需要另外查明其他"非法"内容。

上述第（三）（四）种情形中的"非法"的作用与意义是极为有限的，都可谓"多余的"规定。因此，即使删除，也不会产生任何歧义，不会影响法条的适用，不会妨碍犯罪的认定。

（五）对阻却构成要件符合性的提示

刑法分则有的法条所表述的"非法"提示阻却构成要件符合性的事由。例如，《刑法》第270条第1款与第2款分别规定："将代为保管的他人财物非法占为己有，数额较大，拒不退还的，处二年以下有期徒刑、拘役或者罚金；数额巨大或者有其他严重情节的，处二年以上五年以下有期徒刑，并处罚金。""将他人的遗忘物或者埋藏物非法占为己有，数额较大，拒不交出的，依照前款的规定处罚。"其中的"非法"主要是对阻却构成要件符合性的提示。例如，如果占为己有的行为征得了被害人的同意，就不能认定为"非法"，因而阻却侵占罪的构成要件符合性。《刑法》第271条第1款关于职务侵占罪的规定、第382条第1款关于贪污罪的规定，也可谓如此。

不过，上述法条中的"非法"也可能同时提示了违法阻却事由。例如，行为人没有经过被害人同意将代为保管的两万元现金占为己有，但由于被害人欠行为人两万元一直没有归还，行为人才将该现金占为己有。在这种场合，应认定行为人存在违法阻却事由，不能认定行为人的行为构成侵占罪。

需要说明的是，有的分则条文中的"非法"相对于不同的行为而言，所起的作用可能并不相同。

例如，《刑法》第128条第2款规定："依法配备公务用枪的人员，非法出租、出借枪支的，依照前款的规定处罚。"其中的"非法"相对于出租与出借而言，其意义与作用可能是有所区别的。《枪支管理法》第3条第1款规定："国家严格管制枪支。禁止任何单位或者个人违反法律规定持有、制造（包括变造、装配）、买卖、运输、出租、出借枪支。"事实上，任何依法配备公务用枪的人员，出租枪支的行为必然是符合本罪构成要件的，而且是违反《枪支管理法》与刑法的，也几乎不可能存在违法阻却事由。所以，相对于出租而言，"非法"充其量只是宣示出租行为的非法性，并不具有实体意义，也不具有提示可能存在违法阻却事由的作用。出借公务用枪的行为虽然通常是违法的，但是，在现实生活中，可能出现这样的现象：依法配备公务用枪的人员，经过法定程序，将公务用枪暂时借给其他公务人员使用。在这种场合，行为人的行为要么并不违反《枪支管理法》，因而不符合本罪的规定；要么存在违法阻却事由。所以，相对于出借而言，"非法"既可能宣示行为必然违反了《枪支管理法》，也可能提示了行为可能存在违法阻却事由。

再如，《刑法》第345条第3款规定的罪状是"非法收购、运输明知是盗伐、滥伐的林木"。收购盗伐、滥伐的林木，基本上都是违反森林法规定的行为，情节严重便违反刑法，存在违法阻却事由的可能性小。所以，相对于收购盗伐、滥伐的林木而言，"非法"只是对行为的非法性的强调，不具有实体意义，也不是对可能存在违法阻却事由的提示。但是，运输滥伐的林木，则并不必然违反森林法的规定，很可能存在违法阻却事由。例如，林业执法机关发现他人盗伐、滥伐林木后，没收该林木，并将林木运输至另一地点的，要么不符合本罪的客观构成要件，要么属于违法阻却事由。所以，相对于运输而言，"非法"既可能意味着行为违反森林法的规定，也可能提示存在违法阻却事由。

还需要说明的是，以上对"非法"的意义与作用的区别，虽然大体上是成立的，却是相对的。首先，上述第（三）与第（四）的区别，是极为相对的，不同的解释者可能得出不同的解释结论，但这种场合的不同解释结论，并不影响对具体案件的定罪量刑。其次，上述第（一）与第（二）的区别，也可能是正面与反面的关系。例如，一方面，就某些行为而言（如《刑法》第207条规定的非法出售增值税专用发票、第209条第3款规定的非法出售可以用于骗取出口退税、抵扣税款的其他发票），人们可以说，因为违反了有关出售发票的管理法规，才成立犯罪。另一方面，人们也可以说，如果出售行为符合有关出售发票的管理规定，就具备了违法阻却事由。最后，由于构成要件是违法类型，违法阻却事由与阻却构成要件符合性的事由的关系是极为微妙的，所以上述第（一）与（五）的区别也不是绝对的。大体上，除了上述第（二）类情况以外，其他情形都不需要具体指明行为违反了刑法以外的哪条法规，在认定犯罪时也不需要先判断违反前置法的问题。当其他法规可能构成违法阻却事由（法令行为）时，刑法分则条文是否存在"非法"的提示语，对结论也没有决定性的影响。因此，对于不需要具体说明行为究竟违反了刑法以外的哪条法规的场合，区分上述不同情形，在结局上也没有实质的意义。

三、"违反"

"违反……法规""违反……规定"在刑法分则的不同条文中，含义与作用也不相同，需要具体分析。

（一）提示存在违法阻却事由

刑法分则条文中有不少关于"违反"的规定，实际上与上述"非法"的第（一）种情形相同，只是提示存在违法阻却事由。在这样的场合，只要客观上实施了分则条文所规定的行为，就意味着行为符合客观构成要件。只要行为不具备违法阻却事由，该行为就具有刑法上的违法性，不需要另外证明行为违反了某种行政管理法规（因为刑法条文已经将行政管理法规的内容具体化为罪状内容）。

例如，《刑法》第 297 条规定："违反法律规定，携带武器、管制刀具或者爆炸物参加集会、游行、示威的，处三年以下有期徒刑、拘役、管制或者剥夺政治权利。"实际上，"携带武器、管制刀具或者爆炸物参加集会、游行、示威"就是《集会游行示威法》第 5 条、第 29 条禁止的内容。所以，只要携带武器、管制刀具或者爆炸物参加集会、游行、示威，就不仅违反了《集会游行示威法》，而且完全符合本罪的客观构成要件；只要携带行为不具备违法阻却事由，该行为就是违反刑法的。所以，本罪中的"违反法律规定"并不是构成要件要素，只是意味着可能存在违法阻却事由。与《刑法》第 130 条相比较，更能说明这一点。《刑法》第 130 条规定："非法携带枪支、弹药、管制刀具或者爆炸性、易燃性、放射性、毒害性、腐蚀性物品，进入公共场所或者公共交通工具，危及公共安全，情节严重的，处三年以下有期徒刑、拘役或者管制。"携带枪支、弹药进入公共场所或者公共交通工具，与携带枪支、弹药参加集会、游行、示威，都是被行政管理法规禁止的；携带枪支、弹药参加集会，也属于携带枪支、弹药进入公共场所。因此，将《刑法》第 297 条的罪状表述为"非法携带武器、管制刀具或者爆炸物参加集会、游行、示威",并不会改变本条的含义。这表明,《刑法》第 297 条中的"违反法律规定",实际上是提示可能存在违法阻却事由。

再如,《刑法》第 355 条第 1 款规定的罪状是"依法从事生产、运输、管理、使用国家管制的麻醉药品、精神药品的人员,违反国家规定,向吸食、注射毒品的人提供国家规定管制的能够使人形成瘾癖的麻醉药品、精神药品"。其实,向吸食、注射毒品的人提供国家规定管制的能够使人形成瘾癖的麻醉药品、精神药品,就已经违反了《麻醉药品和精神药品管理条例》的相关规定。因此,其中的"违反国家规定"只是提示可能存在违法阻却事由。例如,根据《麻醉药品和精神药品管理条例》第 45 条的规定,医疗机构、戒毒机构以开展戒毒治疗为目的,使用美沙酮或者国家确定的其他用于戒毒治疗的麻醉药品和精神药品的,就阻却行为的违法性。

又如,《刑法》第 285 条第 1 款规定:"违反国家规定,侵入国家事务、国防建设、尖端科学技术领域的计算机信息系统的,处三年以下有期徒刑或者拘役。""侵入"本身就是指无权进入而进入,因此,侵入上述计算机信息系统的行为,已经属于违反国家规定的行为。但是,不排除存在违法阻却事由的可能性。所以,本书倾向于认为,其中的"违反国家规定"只是对可能存在违法阻却事由的提示。

当"违反"属于对可能存在违法阻却事由的提示时,只要行为符合客观构成要件,没有违法阻却事由,就具备了构成要件符合性与违法性,不需要另外证明行为违反了某种国家规定。

（二）要求行为违反行政管理法规

刑法分则条文中的"违反"规定,大多是要求行为违反了某种行政管理法规。在这种场合,刑法分则条文一般没有具体、全面地描述罪状,行为是否符合客观构成要件,需要根据相关行政管理法规确定。需要说明的是,少数法条中所表述的"不符合……规定"也属于这一类。因为不符合国家规定,也意味着行为违反国家规定。

例如,《刑法》第 133 条规定:"违反交通运输管理法规,因而发生重大事故,致人重伤、死亡或者使公私财产遭受重大损失的,处三年以下有期徒刑或者拘役;交通运输肇事后逃逸或者有其他特别恶劣情节的,处三年以上七年以下有期徒刑;因逃逸致人死亡的,处七年以上有期徒刑。"显然,本条只是规定了结果的具体内容,而没有规定行为的具体类型。什么行为可能成立交通肇事罪,需要根据道路交通管理法规确定。完全符合交通运输管理法规的行为,不可能成立交通肇事罪。

再如,《刑法》第 185 条之一第 2 款规定:"社会保障基金管理机构、住房公积金管理机构等公众资金管理机构,以及保险公司、保险资产管理公司、证券投资基金管理公司，违反国家规定运用资金的，对其直接负责的主管人员和其他直接责任人员，依照前款的规定处罚。"显然，本款并没有规定违法运用资金罪的行为内容。换言之，行为是否成立本罪，必须根据相关法律、法规确定。

除此之外，《刑法》第 131 条（航空人员违反规章制度）、第 132 条（铁路职工违反规章制度）、第 134 条第 1 款（在生产、作业中违反有关安全管理的规定）、第 135 条（安全生产设施或者安全生产条件不符合国家规定）、第 135 条之一（举办大型群众性活动违反安全管理规定）、第 136 条（违反爆炸性、易燃性、放射性、毒害性、腐蚀性物品的管理规定）、第 137 条（建设单位、设计单位、施工单位、工程监理单位违反国家规定，降低工程质量标准）、第 139 条（违反消防管理法规）、第 186 条第 1 款（银行或者其他金融机构的工作人员违反国家规定发放贷款）、第 331 条（违反国务院卫生行政部门的有关规定）、第 332 条（违反国境卫生检疫规定）、第 337 条（违反有关动植物防疫、检疫的国家规定）、第 396 条第 1 款（国家机关、国有公司、企业、事业单位、人民团体，违反国家规定，以单位名义将国有资产集体私分给个人）、第 405 条第 1 款（税务机关的工作人员违反法律、行政法规的规定）、第 436 条（违反武器装备使用规定）等，都要求行为违反具体的行政管理法规。

当"违反"是指要求行为违反行政管理法规时，需要明确和讨论以下几点：

其一，"违反"属于犯罪客观构成要件的具体要素。如果行为没有违反行政管理法规，该行为就不具备客观构成要件符合性。例如，没有违反有关动植物防疫、检疫的国家规定的，即使引起重大动植物疫情或者有引起重大动植物疫情危险，也不可能符合妨害动植物防疫、检疫罪的客观构成要件。

其二，司法机关需要证明行为究竟违反了何种具体的行政管理法规。如果不能查明，就表明行为并不符合客观构成要件，也不可能违反刑法。显然，在行政管理法规与刑法相分离的情况下，极大地增加了司法机关的负担。[1] 尽管如此，

---

① 将大量的行政犯罪、经济犯罪规定在刑法典中，增加了空白罪状，影响了刑法的适用。虽然空白罪状并不违反罪刑法定原则，但是，由于空白罪状的表述方式是"违反……法规""违反……管理规定"或者"违反国家规定"，没有也不可能指明各种法规的具体条文与国家规定的具体内容，常常导致处罚范围不明确。结局是，要么不当扩大处罚范围，要么不当缩小处罚范围。例如，《刑法》第 225 条规定的非法经营罪以"违反国家规定"为前提，反过来，只要违反国家规定的经营行为情节严重，都可能构成非法经营罪。于是，非法经营罪被人们称为"口袋罪"。与之相反，对于一些明显违反国家规定构成犯罪的虚假广告行为，行政机关仅适用广告法处以罚款，而没有移送司法机关，使刑法典中的虚假广告罪形同虚设。立法机关宜在行政法、经济法等非刑事法律中，对于严重违反行政法、经济法规范的行为直接规定罪状与法定刑（参见张明楷：《刑法立法的发展方向》，《中国法学》2006 年第 6 期；张明楷：《刑事立法模式的宪法考察》，《法律科学》2020 年第 1 期；张明楷：《刑法的解法典化与再法典化》，《东方法学》2021 年第 6 期）。

司法机关也必须证明行为对行政管理法规的违反性。而且，司法机关在相关法律文书中，不能只抽象地说明行为违反了什么行政管理法规，也不能直接根据司法解释认定犯罪，而是必须具体说明行为违反了什么法律、法规的第多少条、多少款。当刑法分则条文所要求的是"违反国家规定"时，仅违反部门规章的行为，不成立犯罪。例如，2018 年 11 月 28 日公布的《最高人民法院、最高人民检察院关于办理妨害信用卡管理刑事案件具体应用法律若干问题的解释》第 12 条第 1 款规定："违反国家规定，使用销售点终端机具（POS 机）等方法，以虚构交易、虚开价格、现金退货等方式向信用卡持卡人直接支付现金，情节严重的，应当依据刑法第二百二十五条的规定，以非法经营罪定罪处罚。"问题在于，虽然中国人民银行、原中国银行业监督管理委员会颁发的相关文件①明确规定利用 POS 机进行信用卡套现行为是应受打击的信用卡欺诈行为，但全国人民代表大会及其常务委员会制定的法律和决定，以及国务院制定的行政法规、规定的行政措施、发布的决定和命令中，并没有相关规定。下级司法机关不能回避"违反国家规定"的要求，亦即下级司法机关不能直接根据该司法解释将利用 POS 机进行信用卡套现的行为认定为非法经营罪。

其三，只要行为违反了相关的具体行政管理法规，又符合刑法条文进一步规定的客观构成要件，就具备了刑法上的违法性，如果具备责任要素，就应当以犯罪论处。

这类犯罪的成立，不以行政管理法规明确规定"构成犯罪的，依法追究刑事责任"为前提。换言之，只要行为违反了某种具体的行政管理法规，而且进一步符合刑法规定的构成要件，即使行政管理法规中没有"构成犯罪的，依法追究刑事责任"之类的规定，也不影响犯罪的成立。一方面，在某些场合，即使有这样的规定，即使这样的规定是由国家立法机关作出的，在刑法中也可能根本没有相应的犯罪构成要件与法定刑。例如，《档案法》第 48 条规定："单位或者个人有下列行为之一，由县级以上档案主管部门、有关机关对直接负责的主管人员和其他直接责任人员依法给予处分：（一）丢失属于国家所有的档案的；（二）擅自提供、抄录、复制、公布属于国家所有的档案的；（三）买卖或者非法转让属于国家所有的档案的；（四）篡改、损毁、伪造档案或者擅自销毁档案的；（五）将档案出卖、赠送给外国人或者外国组织的；（六）不按规定归档或者不按期移交档案，被责令改正而拒不改正的；（七）不按规定向社会开放、提供利

---

① 参见《中国人民银行、中国银行业监督管理委员会关于防范信用卡风险有关问题的通知》（银发〔2006〕第 84 号）；《中国银监会办公厅关于加强银行卡发卡业务风险管理的通知》（银监办发〔2007〕60 号）。

用档案的；（八）明知存在档案安全隐患而不采取补救措施，造成档案损毁、灭失，或者存在档案安全隐患被责令限期整改而逾期未整改的；（九）发生档案安全事故后，不采取抢救措施或者隐瞒不报、拒绝调查的；（十）档案工作人员玩忽职守，造成档案损毁、灭失的。"《档案法》第 51 条规定："违反本法规定，构成犯罪的，依法追究刑事责任；造成财产损失或者其他损害的，依法承担民事责任。"可是，本条所规定的部分情形，即使情节严重也不构成犯罪（如擅自抄录国家所有的档案的，不按规定归档或者不按期移交档案的行为，不按规定向社会开放、提供利用档案）。再如，《证券法》第 13 章"法律责任"有 44 个条文对相关违法行为规定了行政处罚，其中有的条文规定了两种以上行政违法行为（一共有 48 种违法行为）。《证券法》第 219 条又笼统地规定了"违反本法规定，构成犯罪的，依法追究刑事责任"，但其中的大量行为在刑法中并无构成犯罪的规定。另一方面，在某些场合，即使没有这样的规定，也可能完全符合刑法所规定的构成要件（由于认定犯罪的法律根据是刑法，所以，即使行政管理法规中没有"构成犯罪的，依法追究刑事责任"的规定，也没有关系）。例如，《劳动法》第 95 条规定："用人单位违反本法对女职工和未成年工的保护规定，侵害其合法权益的，由劳动行政部门责令改正，处以罚款；对女职工或者未成年工造成损害的，应当承担赔偿责任。"本条没有"构成犯罪，依法追究刑事责任"的规定，但《刑法》第 244 条之一第 1 款规定了雇用童工从事危重劳动罪，在行为符合该罪的犯罪构成时依然可以追究刑事责任。再如，《产品质量法》第 51 条规定："生产国家明令淘汰的产品的，销售国家明令淘汰并停止销售的产品的，责令停止生产、销售，没收违法生产、销售的产品，并处违法生产、销售产品货值金额等值以下的罚款；有违法所得的，并处没收违法所得；情节严重的，吊销营业执照。"本条没有"构成犯罪，依法追究刑事责任"的规定，但实施上述行为情节严重的，依然可能构成生产、销售伪劣产品等罪。由此可见，认定某种行为是否构成犯罪，以行政管理法规是否存在相应规定为标准，并不合适。更为重要的理由是，当分则条文对某个犯罪规定的客观构成要件以违反行政管理法规为前提，同时设定了该罪的客观构成要件时，只要行为违反行政管理法规，同时也符合刑法规定的客观构成要件，就没有理由否认这种行为的刑事违法性；在具备有责性的条件下，就应当以犯罪论处。此外，刑法分则条文中的"违反"包括违反国务院制定的行政管理法规（参见《刑法》第 96 条），但是，国务院没有权力直接将某种行为规定为犯罪。国务院制定的行政管理法规中的"构成犯罪的，依法追究刑事责任"，只是一种原则性的规定，所表示的内容是，行政机关在处理行政违法案件的过程中，如果遇到情节严重构成犯罪的案件时，应当交由司法机关依法追究刑事责任，而不能仅由行政机关追究行政责任。这种规定所规范的对象不是司法机关，而是行政机关。① 所以，以行政管理法规中有无"构成犯罪的，依法追究刑事责任"的规定来决定行为是否构成犯罪，并不妥当。

认定这类犯罪的成立，也不以存在"两高"的司法解释为前提。换言之，即使没有司法解释明确规定违反某种行政管理法规的行为构成犯罪，只要行为确实违反行政管理法规，且符合刑法规定的客观构成要件，并具备有责性，也应当认定为犯罪。这是因为，司法解释只是就司法实践中的一些争议较大的疑难问题作解释，而不是对任何条文都作解释。倘若认为只有司法解释明确规定的才成立犯罪，就会导致刑法分则规定的大量犯罪不能受到追究。况且，行为是否构成犯罪，其法律标准是刑法规定的犯罪成立条件，而不是司法解释规定的成立条件。

其四，对行为违反行政管理法规的认定不能形式化，必须考虑行政管理法规的保护目的。以交通肇事罪为例。交通肇事的结果必须由违反规范保护目的的行为引起。换言之，行为虽然违反交通运输管理法规，也发生了结果，但倘若结果的发生超出了规范保护目的，也不能认定为本罪。或者说，认定犯罪必须符合刑法关于因果关系和结果归属的要求，不能将行政违法行为直接提升为犯罪。例如，交通运输管理法规禁止酒后驾驶的目的，是防止驾驶者因为饮酒而导致驾驶能力减退或者丧失进而造成交通事故。如果酒后驾驶并未导致驾驶能力减退或者丧失，而是由于车辆出现了驾驶者不能预见的刹车故障造成了交通事故，对驾驶者不能以交通肇事罪论处（缺乏结果回避可能性）。再如，禁止驾驶没有经过年检的车辆的目的，是防止因车辆故障导致交通事故。如果行为人驾驶没有年检的车辆，但该车并无故障，而是由于被害人横穿高速公路造成了交通事故，对行为人也不能以交通肇事罪论处。

其五，当"违反"是指要求行为违反行政管理法规时，即使行为违反了行政管理法规，具备某种犯罪的客观构成要件要素，但仍然可能存在违法阻却事由。例如，被一群恐怖分子驾车追杀的甲，在不得已的情况下，违反交通运输管理法规超速行驶，撞坏路边财物，致使公私财产遭受重大损失的，可能成立紧急避险。

其六，争议最大因而需要进一步讨论的是，当犯罪以"违反"行政管理法规为前提时，是否要求行为人对"违反"具有认识？行为人就此存在认识错误时，是否阻却犯罪的故意？而这又取决于对行政管理法规"违反"的认识错误，是事实认识错误，还是法律认识错误。

有学者指出："违法性认识是刑事责任的一般要素，所有犯罪的成立都需要行为人认识或可能认识到行为的违法性……在有些犯罪中，则需要对行为人

---

① 参见张明楷：《行政刑法辨析》，《中国社会科学》1995 年第 3 期。

是否认识到其行为的违法性的问题进行特别的考察。这些犯罪主要有：第一，刑法条文明确规定'违反……法规'的犯罪。例如，刑法第 340 条规定，只有'违反保护水产资源保护法规'的，才构成非法捕捞水产品罪。在处理这类案件时，应当查明行为人是否知道保护水产资源法规中的有关规定。"① 本书不赞成这种观点。

成立故意犯罪，并不要求行为人现实地认识到自己的行为违反刑法，更不可能要求行为人现实地认识到自己的行为违反行政管理法规。（1）当行为人认识到自己行为的内容、社会意义与危害结果，并希望或者放任这种结果发生时，就反映出行为人积极侵犯法益的态度；并不是只有认识到行为违反行政管理法规时，才能反映这种态度。换言之，当行为人认识到自己的行为侵害了法益时，已经表明行为人认识到行为的实质违法性，不应另要求其认识到自己的行为违反行政管理法规。（2）如果要求故意的成立以认识到行为违反行政管理法规为前提，那么，司法机关一方面根据行为人对行为及结果的认识与意志来区分故意与过失，另一方面又要根据对行政管理法规的违反性的认识区分故意与过失；当二者存在冲突时，便难以认定责任形式。例如，甲、乙都明知滥伐林木破坏了森林资源。根据前述观点，如果甲知道该行为违反《森林法》，便成立犯罪；如果乙以为该行为不违反《森林法》，但具有违法性认识的可能性，则属于过失滥伐林木；但本罪的成立以故意为必要，结局是乙的行为不成立犯罪。但这种结论缺乏合理性。（3）许多以违反行政管理法规为前提的犯罪属于过失犯罪。对过失犯要求具备违反行政管理法规的认识，也与过失犯的本质不协调。（4）即使是行政法学家，也不可能认识所有的行政管理法规。所以，就以违反行政管理法规为前提的犯罪而言，要求行为人认识到其行为违反行政管理法规，不仅不现实，而且明显不利于实现法益保护目的。

本书认为，任何故意犯罪与过失犯罪的成立，都不要求行为人现实认识到自己的行为违反刑法，也不要求现实认识到自己的行为违反行政管理法规，但要求具有违反刑法的认识可能性（违法性认识的可能性）。不过，违法性认识的可能性不是故意的要素，而是有责性的要素；在实施了符合客观构成要件的违法行为的人不具有违法性认识的可能性时，不能对其进行法的非难。一方面，具有违法性认识的可能性时，才能产生遵从法的动机，才具有非难可能性；对于不可能知道自己的行为被法律禁止的人，不能从法律上要求他放弃该行为，因而不能追究其责任。唯有如此，才能保障行为人的行动自由。另一方面，刑法具有不完整性，且实行罪刑法定原则，侵犯法益的行为并不一定被刑法规定为犯罪。因此，

---

① 冯军：《刑事责任论》（修订版），社会科学文献出版社 2017 年版，第 220 页。

即使行为人认识到自己的行为侵犯了某种法益，但合理地相信自己的行为并不被刑法所禁止时，即违法性的错误不可回避时，其行为就不具有非难可能性。这一道理，不仅适用于故意犯，也适用于过失犯。换言之，违法性认识的可能性，是独立于故意、过失之外的，是故意犯与过失犯共同的责任要素；缺乏违法性认识的可能性时，就阻却责任，不成立犯罪。①

基于同样的理由，就以违反行政管理法规为前提的犯罪而言，除了要求行为人具有违反刑法的认识可能性之外，还要求行为人对违反行政管理法规具有认识可能性（或许严格的行政责任除外）。反之，当行为人不可能认识到自己的行为违反行政管理法规时，就不能期待其不实施该行政违反行为。既然不能期待其不实施该行政违反行为，那么，也不能期待其不实施以该行政违反为前提的犯罪行为。②

但是，故意犯罪的成立，要求行为人认识到符合客观构成要件的事实。一方面，当刑法分则明文表述了客观构成要件要素时，行为人必须对符合客观构成要件的事实具有认识。例如，非法狩猎罪的成立，虽然不要求行为人现实地认识到自己的行为违反了狩猎法规，但要求行为人认识到自己是在禁猎区、禁猎期或者使用了禁用的工具、方法狩猎。如果行为人误记了禁猎期，以为自己是在非禁猎期狩猎的，则属于事实认识错误，不成立本罪。另一方面，当刑法分则条文仅规定"违反……法规"，而没有表述行为内容时，行为人必须认识到该法规记载的事实。例如，《刑法》第332条第1款规定："违反国境卫生检疫规定，引起检疫传染病传播或者有传播严重危险的，处三年以下有期徒刑或者拘役，并处或者单处罚金。"本罪的成立，不要求行为人现实地认识到国境卫生检疫规定的内容，但是行为人对于自己违反国境卫生检疫规定的事实必须有认识。例如，当客观行为违反《国境卫生检疫法》第20条第1款第1项的规定，向国境卫生检疫机关隐瞒真实情况，逃避检疫，因而引起检疫传染病传播或者有传播严重危险时，行为人必须认识到自己隐瞒了真实情况。否则，不成立妨害国境卫生检疫罪。在行为人明知自己隐瞒了真实情况的前提下，成立本罪不以行为人知道《国境卫生检疫法》第20条第1款第1项的具体内容为必要。

需要研究的是，就以违反行政管理法规为前提的过失犯罪而言，是否要求行为人现实地认识到行政违反的事实？例如，《刑法》第136条前段规定，"违反爆炸性、易燃性、放射性、毒害性、腐蚀性物品的管理规定，在生产、储存、运输、使用中发生重大事故，造成严重后果的，处三年以下有期徒刑或者拘役"。

---

① 参见张明楷：《刑法学》（第六版）（上），法律出版社2021年版，第414页。
② 在这种情况下，行为可能成立不以行政违反为前提的其他犯罪。

本罪没有争议地被确定为过失犯罪。问题是，当行为人客观上违章运输危险物品且造成严重后果，但又没有认识到自己在运输危险物品时，是否成立本罪？例如，甲与乙合伙买车做客运，甲开车、乙卖票。某日，两人载客从外地回本地时，顺便帮人拉 20 桶油墨（以往也曾拉过两次）。途中由于客车失控发生事故，车上的一桶油墨撞裂燃烧，导致两位乘客被烧死。但甲、乙根本不知道油墨为易燃危险品。能否认定甲、乙的行为构成危险物品肇事罪？可以肯定的是，甲、乙的行为违反了易燃性物品的管理规定，但甲、乙既没有认识到自己的行为违反了易燃性物品的管理规定，也没有认识到违反易燃性物品管理规定的事实。然而，一方面，违反危险物品管理规定的行政违反行为，既可以是"故意"，也可以是过失；另一方面，危险物品肇事罪是过失犯罪。所以，只要行为人对危险物品肇事的事实具有认识可能性即可成立本罪。换言之，甲、乙的行为成立危险物品肇事罪。① 再如，在交通信号指示规则发生变化后，驾驶人员没有认识到规则的变化，仍然按以前的规则驾驶机动车，进而导致交通事故的，只要驾驶人员对规则变化具有认识可能性，进而可能认识到自己的驾驶行为违反交通规则，就成立交通肇事罪。

与此相联系的是对行政管理法规的认识错误问题。实践中经常出现这样的情形：行为人的行为原本违反行政法，但其误认为没有违反行政法，对此应如何处理？

德国帝国法院以往采取的标准是，行为人对刑罚法规的认识错误是法律的认识错误，不阻却故意的成立；对非刑罚法规的认识错误属于事实的认识错误，阻却故意的成立。日本最高裁判所在 20 世纪 60 年代以前的判例也采取了这种观点。② "根据这一理论，当其他法规范规定了刑罚法规的具体内容时，对该其他法规范的不知一般阻却故意。例如，租税实体法规定了课税的要件，在租税刑法规定处罚偷税的场合，不知租税实体法的规定而没有认识到要纳税的人，即使认识到作为课税要件的事实本身，也不能以故意犯罪处罚。" ③ 以我国刑法规定的犯罪为例，如果行为人误以为行政管理法规允许任何人买卖进出口许可证，而实施该行为的，就是事实认识错误，不成立非法经营罪；如果行为人认识到行政管理法规不允许买卖进出口许可证，但误以为刑法并不禁止该行为而实施的，则成立非法经营罪。

本书不赞成这种学说。第一，这种学说会导致不合理结论，上例就能说明这

---

① 当然，甲的行为可能是危险物品肇事罪与交通肇事罪的想象竞合。
② 参见［日］山中敬一：《刑法总论》（第 3 版），成文堂 2015 年版，第 720 页。
③ ［日］高山佳奈子：《故意与违法性的认识》，有斐阁 1999 年版，第 170 页。

一点。甲认识到买卖进出口许可证违反刑法，但误以为不违反行政管理法规；乙认识到买卖进出口许可证违反行政管理法规，但误以为不违反刑法。无论从哪一角度而言，都应当认为甲更具有非难可能性，但上述学说导致甲不成立非法经营罪、乙成立非法经营罪，因而明显不合理。第二，这种学说不能得到全面贯彻。因为刑罚法规、非刑罚法规的区别本身对故意的成立与否并不具有意义；刑法是否将其禁止内容委任于非刑罚法规，只不过是立法技术上的问题。例如，刑法分则中，有的条文像行政管理法规一样描述了行为内容，而有的条文仅表述为"违反……法规"。其实，二者并没有本质区别。后者只是为了避免作冗长的表述，采取了"空白刑法"的规定方式。显然，如果采用上述理论，就会导致明显的不公平。第三，这种学说所作的区分不具有明确性。例如，行为人误以为被司法机关扣押的财物属于自己的财物而取回的，是对刑罚法规的认识错误还是对非刑罚法规的认识错误？这是上述观点难以回答的。①

本书认为，就以违反行政管理法规为前提的犯罪而言，行为人对符合行政管理法规规定的禁止事项的认识错误，属于事实认识错误；对禁止事项的评价错误，属于法律认识错误。事实认识错误当然影响故意的成立，但法律认识错误不影响故意的成立，而且只有在不可避免的情况下，才影响责任。例如，只要行为人认识到了自己违法发放贷款的客观事实，仍然发放贷款，就具有违法发放贷款的故意。但是，即使行为人认识到自己的行为侵犯了某种法益，却合理地相信自己的行为并不被国家规定与刑法所禁止时（违法性的错误不可避免时），就不具有非难可能性。② 至于行为人是否存在违法性错误的回避可能性，则需要通过考察行为人是否具有认识违法性的现实可能性、是否具有对其行为的法的性质进行考量的具体契机、是否可以期待行为人利用向其提供的认识违法性的可能性等事项，得出合理结论。③ 回避可能性的判断基准，不是"一般人"，而是具体状况下的"行为人的个人能力"。例如，常年狩猎的人，对非法狩猎罪都具有违法性认识的可能性；但偶尔狩猎的人，对非法狩猎罪就不一定具有违法性认识的可能性。需要说明的是，行为人对行政管理法规的违反性的认识错误，与对行为的刑法违反性的认识错误，并不是等同概念，但这两种错误都不能阻却故意。

其七，当"违反"是指要求行为违反行政管理法规时，法条对罪状的表述

① 参见［日］山中敬一：《刑法总论》（第3版），成文堂2015年版，第720页；［日］高山佳奈子：《故意与违法性的认识》，有斐阁1999年版，第170页。
② 如若行为人不可能知道自己的行为被刑法禁止，但可能知道自己的行为被行政管理法规禁止，应认定行为人仅有行政法上的责任，不具有刑法上的责任。
③ 参见张明楷：《刑法学》（第六版）（上），法律出版社2021年版，第418页。

就表现为空白罪状。当空白罪状（不在违反行政管理法规之外附加其他客观条件）所参照的是全国人民代表大会及其常务委员会制定的法律时，不属于委任立法，也完全符合罪刑法定原则。但是，当空白罪状所参照的是国务院制定的行政管理法规时，与委任立法有部分相同之处，亦即，将犯罪的行为类型，由行政管理法规确定。但这样的规定，并不是将有关犯罪与刑罚的事项授权国务院制定行政管理法规，即不是由国务院的行政法规直接规定犯罪与刑罚，因而并不违反《立法法》第 12 条的规定，并不违反罪刑法定原则。[①]

（三）表示未经行政许可

刑法分则部分条文所规定的"违反"，实际上是指未经许可。[②] 因此，如果行为获得了许可，就不具备"违反"的要素。

例如，《刑法》第 288 条第 1 款规定："违反国家规定，擅自设置、使用无线电台（站），或者擅自使用无线电频率，干扰无线电通讯秩序，情节严重的，处三年以下有期徒刑、拘役或者管制，并处或者单处罚金；情节特别严重的，处三年以上七年以下有期徒刑，并处罚金。"其中的"违反国家规定"，就是指未经许可，并不具有其他实际意义。

又如，《刑法》第 437 条前段规定，"违反武器装备管理规定，擅自改变武器装备的编配用途，造成严重后果的，处三年以下有期徒刑或者拘役"。所谓"违反武器装备管理规定"，实际上是指未经有权机关的许可。如果经过有权机关的许可，改变武器装备的配编用途的，就不可能成立本罪。

还如，《刑法》第 442 条前段规定，"违反规定，擅自出卖、转让军队房地产，情节严重的，对直接责任人员，处三年以下有期徒刑或者拘役"。其中的"违反规定"，实际上是指没有获得有权机关的许可。

在"违反"表示未经许可时，需要研究的问题是，未经许可，是客观构成要件要素，还是一种专门的违法性要素？反过来说，取得许可的行为，是不符合该罪的客观构成要件，还是违法阻却事由？这首先取决于行政许可的性质（下面联系刑法分则条文中的"未经……许可"一并讨论）。

德国的通说认为，行政许可（官方批准）既可能阻却构成要件符合性，也可能阻却违法性，但大多数行政许可阻却构成要件符合性。如果缺乏行政许可是构成要件要素，取得行政许可就阻却构成要件符合性；倘若缺乏行政许可是一种专门的违法性要素，取得行政许可便阻却违法性。进一步而言，如果取得行政许可所实施的行为，被社会评价为适当的行为，那么，行政许可就阻却构成要件符

---

① 参见张明楷：《行政刑法辨析》，《中国社会科学》1995 年第 3 期。

② "未经许可"也意味着违反了行政法规，但相对而言，"未经许可"的含义更为简单明了。

合性；如果取得行政许可所实施的行为，仍然具有不同寻常的特征，即通常属于被拒绝的举止，行政许可便属于违法阻却事由。[1] 但在本书看来，不考虑行为是否可能导致法益侵害结果，仅根据行为本身的样态判断行为是否适当、是否不同寻常，必定是不明确和恣意的。

我国行政法学界对于行政许可的性质，存在争议。通说认为，行政许可的本质是公民自由权利的恢复，故行政许可的前提是"法律的一般禁止"。[2] 果真如此，取得行政许可就都是阻却构成要件符合性的事由。但本书认为，行政许可分为两大类：一是控制性许可。在这种场合，行为需要获得行政许可，并不是因为该行为都不能实施，也不是因为该行为本身侵犯其他法益，只是因为需要行政机关在具体事件中事先审查是否违反特定的实体法的规定。因此，只要申请人的行为符合实体法的规定，就应许可。二是特别许可。在这种场合，法律将某种行为作为具有法益侵犯性的行为予以普遍禁止，但是又允许在特别规定的例外情况下，赋予当事人从事禁止行为的自由。借助特别许可，因法律抽象规定而产生的困境和困难得以消除。[3] 换言之，在特别规定的例外情况下，当事人从事禁止行为实现了更为优越或者至少同等的法益。显然，在前一种场合，行政许可的作用主要是提高公信力证明和合理配置资源，取得行政许可后实施的行为，不可能符合犯罪的构成要件，因而阻却构成要件符合性；在后一种场合，行政许可的作用主要是控制危险，取得行政许可后实施的行为，仍然是一种符合客观构成要件的行为，但阻却违法性。

例如，设立商业银行、证券交易所、期货交易所等金融机构的行为，原本并未侵犯法益。但是，只有符合相应实体法所规定的设立条件，才能设立相应的金融机构，否则便侵犯了国家对金融机构的管理秩序；而设立者是否符合实体法规定的设立条件，需要由国家有关主管部门审核；符合条件者，便可获准设立金融机构（控制性许可）。所以，经过国家有关主管部门批准而设立商业银行、证券交易所、期货交易所等金融机构的行为，阻却构成要件符合性。

又如，发行彩票的行为，原本侵害了以劳动取得财产这一健全的经济生活秩序。但是，国家出于财政政策的考虑，允许特定的机关发行彩票，从而弥补国家

① 参见［德］冈特·施特拉腾韦特、洛塔尔·库伦：《刑法总论 I——犯罪论》，杨萌译，法律出版社 2006 年版，第 189 页；Claus Roxin, Strafrecht Allgemeiner Teil, Band I, 4. Aufl., C. H. Beck, 2006, S. 814f; Schönke, Schröder, Lenkner, Strafgesetzbuch, 26. Aufl., C. H. Beck, 2001, S. 568ff.
② 参见罗豪才、湛中乐主编：《行政法学》（第二版），北京大学出版社 2006 年版，第 183 页。
③ 参见［德］哈特穆特·毛雷尔：《行政法学总论》，高家伟译，法律出版社 2000 年版，第 209 页。

财力的不足，实现了更为优越的利益（特别许可）。所以，经过行政许可而发行彩票的行为，是违法性阻却事由，不成立非法经营罪。换言之，发行彩票的行为因为实现了更为优越的利益，而不具有违法性。再如，种植毒品原植物的行为，原本就具有侵害公众健康的危险。但是，国家为了保证医疗需要，特别允许一定的企业生产毒品原植物，进而保护更为优越的利益。所以，经过许可种植毒品原植物的行为，属于违法性阻却事由。

值得讨论的问题是，通过欺骗等不正当手段取得的行政许可，是否阻却构成要件符合性与违法性？

对此，德国刑法理论存在激烈争论。第一种观点认为，只有当行政许可完全符合实体法的规定，没有任何瑕疵时，才具有刑法上的效果，即阻却构成要件符合性与违法性。第二种观点认为，只要是有效的行政许可，即使有瑕疵，在被撤销前，也可以阻却构成要件符合性与违法性。第三种观点认为，如果取得行政许可是滥用权利的结果，那么，这种许可在刑法上应视为无效，不阻却构成要件符合性与违法性。[①] 第三种观点是德国的主流观点，据此，通过欺骗等手段获得的行政许可，是滥用权利的表现，即使该行政许可在行政法上可能是有效的，行为人也应当受到刑罚处罚。[②]

但是，上述三种观点在我国都可能遇到困境。第一，有瑕疵的行政许可，也可能阻却犯罪的成立。例如，行为人甲在申请设立保险公司时，实施了欺骗行为，具有一定瑕疵，在取得主管部门批准后设立了保险公司。根据上述第一种观点，成立擅自设立金融机构罪。但是，既然行为人向主管机关提出了申请，且得到了批准，就不能认为行为人"擅自"设立金融机构。第二，在有瑕疵而无效的行政许可和有瑕疵但有效的行政许可之间作出区分，可能是相当困难的。第三，上述第三种观点，实际上与第一种观点的结论相同，故不为本书所取。

本书主张根据行政许可的两种类型作出区分。在特别许可的场合，未取得行政许可的行为，不仅侵犯了相应的管理秩序，而且侵犯了刑法保护的其他法益。通过欺骗等不正当手段取得了行政许可而实施的行为，因为侵犯了刑法保护的法益，应以犯罪论处。例如，通过欺骗、胁迫手段获得种植毒品原植物的许可的，并不阻却犯罪的成立，依然成立非法种植毒品原植物罪。

在控制性许可的场合，没有得到行政许可的行为，侵犯的是相应的管理秩序，而没有侵犯刑法保护的其他法益。故只要取得了行政许可，即使使用了欺骗

---

① 参见［德］冈特·施特拉腾韦特、洛塔尔·库伦：《刑法总论 I——犯罪论》，杨萌译，法律出版社 2006 年版，第 190 页。

② Vgl. Claus Roxin, Strafrecht Allgemeiner Teil, Band I , 4. Aufl., C. H. Beck, 2006, S. 815.

等不正当手段，也应认为没有侵犯刑法所保护的管理秩序，因而阻却构成要件符合性。在这种情况下，行为造成其他法益侵害结果构成犯罪的，只能按其他犯罪论处。例如，凡是得到国家有关主管部门批准而发行股票或者公司、企业债券的，即使使用了欺骗手段，也不成立擅自发行股票、公司、企业债券罪。再如，凡是获得了医生执业资格的人，即使其在申请医生执业资格时使用了欺骗手段，也不成立非法行医罪。如果行为人在行医过程中过失致人死亡，只能认定为医疗事故罪或者过失致人死亡罪。

由此可见，对于控制性许可而言，从事刑事审判的法官只需要进行形式的判断，不应当进行实质的审查。换言之，行为人是否采取欺骗等不正当手段，不影响行为人取得行政许可的判断结论。例如，没有取得驾驶执照而驾驶机动车辆的，如果违反了交通运输管理法规、造成交通事故，理当构成交通肇事罪。但是，取得驾驶执照需要具备一定的条件、通过一定的考试，如果行为人没有通过考试，而是通过"开后门"等方式从交通管理部门取得了形式上合法的驾驶执照，那么，从事刑事审判的法官就不能对此进行实质审查，不能认定其持该驾驶执照驾驶机动车辆的行为本身违反了交通管理法规。即使其造成了交通事故，也只能通过考察其是否违反了交通管理法规的其他内容进行判断，而不能从取得驾驶执照的角度上进行判断。例如，甲使用不正当手段获得驾驶执照并驾驶车辆，行人乙违章横穿高速公路时，被甲驾驶的车辆撞死，不能认定甲的行为构成交通肇事罪。

司法实践中经常出现的一种情形是，行为人在实施行为时，误以为得到了行政许可，但事实上没有得到行政许可，或者行政许可已被撤销或者已经失效，行为人却误以为继续有效。对此应如何处理？

如前所述，行政许可既可能阻却构成要件符合性，也可能阻却违法性。所以，当行政许可阻却构成要件符合性时，如果行为人误以为得到了行政许可，就表明行为人没有认识到符合构成要件的事实，属于事实认识错误，当然阻却故意犯罪的成立，但不排除成立过失犯罪。

当行政许可阻却违法性时，行为人误以为得到了行政许可或误以为行政许可继续有效时，属于违法性阻却事由的认识错误，即正当化事由的认识错误（假想防卫是其适例）。对此，刑法理论上存在各种观点。[①]（1）消极的构成要件要素理论认为，违法性阻却事由是消极的构成要件要素，因此，关于违法性阻却事由的错误，就是构成要件的认识错误，阻却构成要件的故意。但是，现在很少有人采取这种理论。（2）严格责任说认为，正当化事由的错误是禁止的错误（违法

---

① 参见［日］山口厚：《刑法总论》（第 3 版），有斐阁 2016 年版，第 209~211 页。

性的错误），行为人的错误可以避免时，作为故意犯处罚，但有减轻责任的可能性；在错误不可避免时，阻却责任。根据这种学说，错误分为构成要件的错误与禁止的错误，后者与故意的成立与否没有关系，只是责任问题；违法性认识的可能性，是与故意不同的责任要素；关于违法性评价的错误与关于正当化事由的错误，都是禁止的错误，因而不影响故意的成立。但是，认为假想防卫时行为人存在构成要件的故意，难以被人接受。（3）限制责任说认为，正当化事由的错误是构成要件的错误（事实的错误），而不是禁止的错误，因而阻却故意的成立。这可谓国外的通说。（4）法律效果的限制责任论则认为，正当化事由的错误，既不是事实的错误，也不是禁止的错误，而是一种独立的错误类型。这种错误不影响构成要件的故意，但影响责任故意。这种观点与我国刑法的规定不相符合。本书认为，对于正当化事由的认识错误，是一种事实错误，因而阻却故意。虽然违法性认识的可能性是与故意不同的责任要素，却不能据此得出正当化事由的错误是违法性的错误的结论。成立故意犯罪要求行为人认识到行为侵害法益，因而需要认识到不存在违法性阻却事由，所以，如果行为人误以为存在违法性阻却事由，误以为行为没有侵害法益侵害，则不存在犯罪的故意。[①] 因此，假想防卫、假想避险时，不存在犯罪故意。基于同样的理由，当行为人误以为自己的行为属于违法性阻却事由时，表明行为人没有认识到自己的行为会发生法益侵害结果，因而不具有犯罪的故意。如果行为人具有过失，且刑法处罚过失犯，则仅成立过失犯罪。

还有一种情形值得研究，即行为人没有过错，有权机关滥用职权发放行政许可的，是否阻却违法性？在这种场合，不管行政许可是阻却构成要件符合性的事由，还是阻却违法性的事由，行为人的行为都不成立犯罪。一方面，对于行为人而言，有权机关滥用职权发放的行政许可依然是有效的，因而分别阻却构成要件符合性与违法性。另一方面，由于行为人没有过错，而且得到了有权机关的行政许可，行为人没有违法性认识的可能性（甚至没有故意），即行为人不可能认识到自己的行为是违法的，因而没有疑问地阻却责任，不成立犯罪。

需要顺便指出的是，行为人的行为虽然没有得到行政许可，也认识到了这一点，但行为人是在政府相关部门批准下实施行为的，不应当认定为犯罪。例如，行为人知道采矿必须取得采矿许可证，但如果矿产资源行政主管机关允许被告人"边采矿边办证"的，行为人未取得采矿许可证的开采行为得到县级以上政府持续支持的，不应当认定为非法采矿罪。

---

① 参见［日］西田典之著、桥爪隆补订：《刑法总论》（第3版），弘文堂2019年版，第227页；［日］山口厚：《刑法总论》（第3版），有斐阁2016年版，第208~209页。

（四）强调行为的非法性质

刑法分则部分条文关于"违反"的规定，只是为了强调行为的非法性质。在这种场合，既不需要查明行为是否违反了某种行政法规，也不需要查明行为是否得到了某种行政许可，只要行为人实施了条文所规定的客观行为，就可以肯定行为的违法性。

例如，《刑法》第222条规定："广告主、广告经营者、广告发布者违反国家规定，利用广告对商品或者服务作虚假宣传，情节严重的，处二年以下有期徒刑或者拘役，并处或者单处罚金。"只要行为人利用广告对商品或者服务作虚假宣传，就违反了广告法等法律①，情节严重的便具有刑法上的违法性，而且，这种行为几乎不可能存在违法阻却事由。所以，本条中的"违反国家规定"只是强调虚假广告行为的违法性。

再如，《刑法》第244条之一第1款前段规定，"违反劳动管理法规，雇用未满十六周岁的未成年人从事超强度体力劳动的，或者从事高空、井下作业的，或者在爆炸性、易燃性、放射性、毒害性等危险环境下从事劳动，情节严重的，对直接责任人员，处三年以下有期徒刑或者拘役，并处罚金"。其实，本条表述的行为内容，已经是违反劳动管理法规的行为。② 换言之，只要行为人雇用未满16周岁的未成年人从事超强度体力劳动，或者从事高空、井下作业，或者在爆炸性、易燃性、放射性、毒害性等危险环境下从事劳动，就违反了劳动管理法规，情节严重的便具有刑法上的违法性，而且基本上不存在违法阻却事由。所以，其中的"违反劳动管理法规"的规定，只是为了强调本罪行为的非法性质，并不具有实际意义。

又如，《刑法》第339条第1款前段规定，"违反国家规定，将境外的固体废物进境倾倒、堆放、处置的，处五年以下有期徒刑或者拘役，并处罚金"。《固体废物污染环境防治法》第23条明确规定："禁止中华人民共和国境外的固体废物进境倾倒、堆放、处置。"《刑法》第339条第1款已经表述了国家规定的内容。所以，"违反国家规定"只是对本罪行为非法性的强调，不具有实体意义。即使删除"违反国家规定"的表述，也不会影响法条的适用与本罪的认定。

除此之外，《刑法》第330条（违反传染病防治法的规定）、第338条（违反国家规定）中的"违反"也只是为了强调行为的非法性质。

在上述情形下，只要行为人实施了刑法分则条文规定的行为（造成了相应的

---

① 《广告法》第4条规定："广告不得含有虚假或者引人误解的内容，不得欺骗、误导消费者。广告主应当对广告内容的真实性负责。"《广告法》第55条对发布虚假广告的行为规定了法律责任。
② 《劳动法》第15条第1款规定："禁止用人单位招用未满十六周岁的未成年人。"

结果），就符合了相应犯罪的客观构成要件，不需要另外查明行为违反了何种行政管理法规。

（五）相关表述的同位语

刑法分则条文的某些"违反"规定，也可谓对应表述的同位语。

例如，《刑法》第 180 条第 4 款规定："证券交易所、期货交易所、证券公司、期货经纪公司、基金管理公司、商业银行、保险公司等金融机构的从业人员以及有关监管部门或者行业协会的工作人员，利用因职务便利获取的内幕信息以外的其他未公开的信息，违反规定，从事与该信息相关的证券、期货交易活动，或者明示、暗示他人从事相关交易活动，情节严重的，依照第一款的规定处罚。"其中的"违反规定"，就是指"从事与该信息相关的证券、期货交易活动，或者明示、暗示他人从事相关交易活动"，因而是同位语。

再如，《刑法》第 325 条第 1 款规定的罪状是"违反文物保护法规，将收藏的国家禁止出口的珍贵文物私自出售或者私自赠送给外国人"。本条所描述的具体行为，就是违反文物保护法规的行为。违反文物保护法规只是同位语而已。《刑法》第 327 条中的"违反文物保护法规"也是如此。

又如，《刑法》第 340 条规定的罪状是"违反保护水产资源法规，在禁渔区、禁渔期或者使用禁用的工具、方法捕捞水产品，情节严重"。其实，本条描述的行为，就是违反保护水产资源法规的行为。《刑法》第 341 条第 2 款所规定的"违反狩猎法规"也是如此。

需要说明的是，上述第（四）（五）也只是笔者在阅读法条时产生的感觉上的区分。一方面，二者或许没有区别，或者都强调行为的非法性，或者都是同位语。另一方面，完全有可能认为，上述第（四）都是同位语，而第（五）则强调行为的非法性。但可以肯定，即使删除上述第（四）（五）情形中的"违反"规定，也不会导致法条含义的变化，不会对定罪量刑产生影响。

此外，分则条文中的"违反……规定"相对于不同的行为而言，可能具有不同的含义或者侧重点。例如，《刑法》第 253 条之一第 1 款与第 2 款分别规定："违反国家有关规定，向他人出售或者提供公民个人信息，情节严重的，处三年以下有期徒刑或者拘役，并处或者单处罚金；情节特别严重的，处三年以上七年以下有期徒刑，并处罚金。""违反国家有关规定，将在履行职责或者提供服务过程中获得的公民个人信息，出售或者提供给他人的，依照前款的规定从重处罚。"表面上看，"违反国家有关规定"表明出售与提供行为必须违反国家有关规定，如果符合国家有关规定，则不构成犯罪。但是，由于出售行为一般是违反国家有关规定的，所以，相对于出售行为而言，"违反国家有关规定"只是强调行为的非法性。但相对于提供行为而言，"违反国家有关规定"主要提示可能存在违法阻却事由。例如，行为人向依法执行公务的司法工作人员提供犯罪嫌疑人的个人信息的，就阻却行为的违法性。

四、"非法"与"违反"的并用

刑法分则有不少条文同时使用了"非法"与"违反"的表述。就这些条文而言，一般来说，如果"非法"是具有实体意义的，"违反"则不具有实体意义；反之亦然。不过，由于一个"违反"可能对应几个行为，因而需要具体分析。

例如，《刑法》126条规定："依法被指定、确定的枪支制造企业、销售企业，违反枪支管理规定，有下列行为之一的，对单位判处罚金，并对其直接负责的主管人员和其他直接责任人员，处五年以下有期徒刑；情节严重的，处五年以上十年以下有期徒刑；情节特别严重的，处十年以上有期徒刑或者无期徒刑：（一）以非法销售为目的，超过限额或者不按照规定的品种制造、配售枪支的；（二）以非法销售为目的，制造无号、重号、假号的枪支的；（三）非法销售枪支或者在境内销售为出口制造的枪支的。"其实，本条三项所规定的行为，都是违反枪支管理规定的行为，所以，项前的"违反枪支管理规定"的表述，已经没有实体意义，只是一种对行为非法性的强调而已。

《刑法》第128条第1款规定："违反枪支管理规定，非法持有、私藏枪支、弹药的，处三年以下有期徒刑、拘役或者管制；情节严重的，处三年以上七年以下有期徒刑。"本条中的"非法"提示可能存在违法阻却事由，因此，只要持有、私藏枪支、弹药，又没有违法阻却事由的，就成立非法持有、私藏枪支、弹药罪。于是，"违反枪支管理规定"的表述，属于多余的规定。不过也有可能反过来认为，"违反枪支管理规定"是对可能存在的违法阻却事由的提示，因而"非法"是多余的规定。

《刑法》第225条规定："违反国家规定，有下列非法经营行为之一，扰乱市场秩序，情节严重的，处五年以下有期徒刑或者拘役，并处或者单处违法所得一倍以上五倍以下罚金；情节特别严重的，处五年以上有期徒刑，并处违法所得一倍以上五倍以下罚金或者没收财产：（一）未经许可经营法律、行政法规规定的专营、专卖物品或者其他限制买卖的物品的；（二）买卖进出口许可证、进出口原产地证明以及其他法律、行政法规规定的经营许可证或者批准文件的；（三）未经国家有关主管部门批准非法经营证券、期货、保险业务的，或者非法从事资金支付结算业务的；（四）其他严重扰乱市场秩序的非法经营行为。"相对于第1项的规定，项前的"违反国家规定"已经不具有实体意义。因为第1项所规定的行为，已经是违反国家规定的行为。相对于第1项的规定，项前的"违反国家规定"只是意味着必须根据国家规定，确定哪些物品属于专营、专卖物品或者限制买卖的物品。但是，由于项前的"国家规定"与第 1 项中的"法律、行政法规"具有等同含义，所以，相对于第 1 项的规定而言，项前的"违反国家规定"已经不具有实体意义。同样，相对于第 2 项的规定，项前的"违反国家规定"也不具有实体意义。一方面，本项所规定的行为肯定是违反国家规定的，另一方面，这种行为几乎不可能存在违法阻却事由。相对于第 3 项的规定，项前的"违反国家规定"同样不具有实体意义。因为只要未经国家有关主管部门批准，而经营证券、期货、保险业务，或者从事资金支付结算业务的，就违反行政管理法规，如果情节严重，就符合非法经营罪的客观构成要件。如果要承认项前的"违反国家规定"对第 3 项具有实体意义，那就意味着第 3 项中的"未经国家有关主管部门批准"和两处"非法"都没有实体意义。① 就第 4 项的规定而言，如果肯定项前的"违反国家规定"的实体意义，即只有当行为违反国家的行政管理法规时，才有可能成立非法经营罪，那么，第 4 项中的"非法"就没有实体意义，只是强调行为的非法性，提示不得将合法的经营行为认定为非法经营罪。如果认为第 4 项中的"非法"是指违反国家行政管理法规，那么，项前的"违反国家规定"就没有实体意义。不过，可以肯定的是，相对于第 1～4 项的规定而言，《刑法》第 225 条项前的"违反国家规定"所具有的一个特别的意义是，单纯违反地方性法规的经营行为，无论如何都不能构成非法经营罪。

《刑法》第 228 条前段规定，"以牟利为目的，违反土地管理法规，非法转让、倒卖土地使用权，情节严重的，处三年以下有期徒刑或者拘役，并处或者单处非法转让、倒卖土地使用权价额百分之五以上百分之二十以下罚金"。就本条而言，应当肯定"违反土地管理法规"的实体意义，即只有当行为确实违反了土地管理法规的某个或某些具体规定时，才能认定为本罪。据此，本条的"非法"没有实体意义，只是对行为的非法性的一种强调而已。

《刑法》第 342 条规定："违反土地管理法规，非法占用耕地、林地等农用地，改变被占用土地用途，数量较大，造成耕地、林地等农用地大量毁坏的，处五年以下有期徒刑或者拘役，并处或者单处罚金。"就本条而言，应当肯定"违反土地管理法规"的实体意义，即只有当行为确实违反了土地管理法规的某个或某些具体规定时，才能认定为本罪。据此，本条的"非法"没有实体意义，只是对行为的非法性的一种强调而已。

《刑法》第 344 条前段规定，"违反国家规定，非法采伐、毁坏珍贵树木或者

---

① 因为如前所述，本条第 1 款第 3 项中的"非法"就是指"未经国家有关主管部门批准"；反之亦然。

国家重点保护的其他植物的，或者非法收购、运输、加工、出售珍贵树木或者国家重点保护的其他植物及其制品的，处三年以下有期徒刑、拘役或者管制，并处罚金"。就本条而言，一方面，应当肯定"违反国家规定"的实体意义，即只有当行为确实违反了国家的某个或某些具体规定时，才能认定为本罪。另一方面，本条的"非法"具有提示可能存在违法阻却事由的作用。

《刑法》第350条第1款前段规定，"违反国家规定，非法生产、买卖、运输醋酸酐、乙醚、三氯甲烷或者其他用于制造毒品的原料、配剂，或者携带上述物品进出境，情节较重的，处三年以下有期徒刑、拘役或者管制，并处罚金"。本条的"违反国家规定"具有实体意义，即只有当行为确实违反了国家的某个或某些具体规定时，才能认定为本罪。此外，本条的"非法"具有提示可能存在违法阻却事由的作用。

《刑法》第410条规定："国家机关工作人员徇私舞弊，违反土地管理法规，滥用职权，非法批准征用、占用土地，或者非法低价出让国有土地使用权，情节严重的，处三年以下有期徒刑或者拘役；致使国家或者集体利益遭受特别重大损失的，处三年以上七年以下有期徒刑。"就本条而言，应当肯定"违反土地管理法规"的实体意义，即只有当行为确实违反了土地管理法规的某个或某些具体规定时，才能认定为本罪。据此，本条的"非法"没有实体意义，只是对行为的非法性的一种强调而已。

由此看来，刑法分则条文中的确存在一些多余的表述或者规定。正如德国学者所言："立法者有时还是会基于任何历史上的理由说出了多余的话、制订出多余的规定。"① 对此，解释者大可不必强烈批判，只要正确说明哪些概念多余即可。换言之，虽然有法律格言云"法律不说多余的话"，但这只是对立法的期待，而不是现实。因为刑法是人制定的，而不是神制定的。一方面，虽然体系解释要求解释者使法条的每个概念都发挥作用，不致使法条有多余的表述，但遇到多余的表述时，充其量只能正面肯定这种多余表述的语感意义或者强调作用。另一方面，既然刑法分则条文中的许多"非法""违反"是多余的、可以删除的规定，刑法理论在表述某种犯罪的构成要件时，就更不能随意添加"非法""违反"之类的要素。

---

① ［德］Ingeborg Puppe：《法学思维小学堂》，蔡圣伟译，元照出版公司2010年版，第109页。

第十二章　表述顺序与行为结构

一、表述顺序与行为结构的关系

刑法由文字表述，犯罪类型由文字描述。犯罪是行为，但这种行为不是自然意义上的行为，而是刑法意义上的行为。一个犯罪类型可能包含多个行为（或者说一个犯罪行为可能包含多个举止）；在刑法中，表述行为人的举止的语词都是动词；当刑法条文使用多个动词并按照一定顺序描述一个犯罪的多个行为时，多个行为是必须按照法条的表述顺序形成特定的行为结构，还是只要存在多个行为即可？换言之，在一个犯罪类型具有多个行为的情况下，多个行为是否必须按照法条表述的顺序实施？在何种情形下，不按照法条的表述顺序实施行为的，不影响法条的适用；在何种情形下，不按照法条的表述顺序实施行为的，影响法条的适用？这便是本章所要讨论的"表述顺序与行为结构"问题。

大体而言，"表述顺序与行为结构"存在如下几种情形：

第一，行为结构必须符合条文的表述顺序，否则不能适用该条文。例如，《刑法》第269条规定："犯盗窃、诈骗、抢夺罪，为窝藏赃物、抗拒抓捕或者毁灭罪证而当场使用暴力或者以暴力相威胁的，依照本法第二百六十三条的规定定罪处罚。"显然，只有当行为人先实施盗窃、诈骗、抢夺犯罪，然后基于特定目的实施暴力或者以暴力相威胁的行为，才可能适用《刑法》第269条。如果行为人先实施暴力或者以暴力相威胁的行为，压制被害人反抗后实施盗窃、抢夺等行为，则直接适用《刑法》第263条，而不能适用《刑法》第269条。

第二，行为结构不必符合条文的表述顺序，只要行为人实施了法条所规定的各种举止即可。换言之，各种举止的先后关系，并不影响行为结构与行为性质。例如，《刑法》第163条第1款前段规定，"公司、企业或者其他单位的工作人员，利用职务上的便利，索取他人财物或者非法收受他人财物，为他人谋取利益，数额较大的，处三年以下有期徒刑或者拘役，并处罚金"。行为人既可以先非法收受他人财物，然后为他人谋取利益；也可以先为他人谋取利益，然后非法收受他人财物。①

需要说明的是，在选择性罪名的场合，行为人的举止顺序与分则法条规定的顺序不一致的，不会影响选择性罪名的成立。换言之，刑法条文所规定的选择性

---

① 对此可能存在争议，下面会联系《刑法》第385条进行详细分析。不过，需要注意的是，《刑法》第163条第1款的表述，与《刑法》第385条第1款的表述存在明显区别。

罪名的行为顺序，与行为结构没有关系。例如，《刑法》第 347 条规定的是"走私、贩卖、运输、制造毒品"，行为人先制造毒品后运输毒品再贩卖毒品的，也成立贩卖、运输、制造毒品罪。再如，《刑法》第 125 条第 1 款规定："非法制造、买卖、运输、邮寄、储存枪支、弹药、爆炸物的，处三年以上十年以下有期徒刑；情节严重的，处十年以上有期徒刑、无期徒刑或者死刑。"非法制造、买卖、运输、邮寄、储存是犯罪的五种行为，行为人实施其一即构成犯罪，同时实施五种行为的，也成立一罪；不管行为人实施一种行为还是多数行为，都不要求按照非法制造、买卖、运输、邮寄、储存的顺序实施；先实施储存行为，后实施买卖、运输等行为的，也应适用《刑法》第 125 条。

此外，刑法分则有一些关于数罪并罚的规定（分则条文通常使用"并"或"并且"表示数罪），并不以数罪符合刑法规定的先后顺序为条件。例如，《刑法》第 120 条第 1、2 款分别规定："组织、领导恐怖活动组织的，处十年以上有期徒刑或者无期徒刑；积极参加的，处三年以上十年以下有期徒刑；其他参加的，处三年以下有期徒刑、拘役、管制或者剥夺政治权利。""犯前款罪并实施杀人、爆炸、绑架等犯罪的，依照数罪并罚的规定处罚。"尽管从第 2 款的表述上看，"犯前款罪"的表述在先，但根据表述的内容以及确定罪数的原理，不管是先组织、领导、参加恐怖活动组织，后实施杀人、爆炸、绑架等犯罪，还是先实施杀人、爆炸、绑架等犯罪，后组织、领导、参加恐怖活动组织，都必须数罪并罚。因为从实质上说，先实施杀人等行为，后成为恐怖活动组织成员，与先成为恐怖活动组织成员，后实施杀人等行为，在违法性与有责性方面不存在差异。所以，无论何种行为在前，都应当实行数罪并罚。

再如，《刑法》第 241 条第 2 款与第 4 款分别规定："收买被拐卖的妇女，强行与其发生性关系的，依照本法第二百三十六条的规定定罪处罚。""收买被拐卖的妇女、儿童，并有第二款、第三款规定的犯罪行为的，依照数罪并罚的规定处罚。"尽管第 2 款的表述有明显的先后顺序关系，但不管行为人何时强行与被害妇女发生性关系，都应依照《刑法》第 236 条的规定定罪处罚。所以，即使行为人先强行与被拐卖的妇女发生性关系，后收买该妇女的，也应当依照数罪并罚的规定处罚。①

第三，行为顺序不是根据表述的先后确定，而是根据表述内容确定的情形。例如，《刑法》第 310 条第 1 款前段与第 2 款分别规定，"明知是犯罪的人而为其

---

① 诚然，行为人先强奸被拐卖的妇女后实施收买行为的，不一定需要适用《刑法》第 241 条第 4 款的规定，也可直接实行数罪并罚。但对这种情形适用《刑法》第 241 条第 4 款也无不当，因为"并有"并没有限定举止的先后关系。

提供隐藏处所、财物，帮助其逃匿或者作假证明包庇的，处三年以下有期徒刑、拘役或者管制"；"犯前款罪，事前通谋的，以共同犯罪论处"。虽然从第 2 款的表述上看，"犯前款罪"的表述在先，但根据表述的内容以及共同犯罪的原理，必须"通谋"在前，即只有当行为人事前与被窝藏、包庇者通谋的，才能认定为共犯；如果行为人事前没有通谋，而是直接实施窝藏、包庇行为，则不可能以共犯论处。这是因为，"通谋"行为与本犯的构成要件结果之间具有心理的因果性，所以，必须发生在窝藏、包庇之前。例如，乙在着手杀害仇人前要求甲事后提供虚假身份证件，甲表示同意，则甲的行为构成故意杀人罪的共犯。即使甲事后没有提供虚假身份证件，甲的行为也成立故意杀人罪的共犯，因为其同意提供虚假身份证件的行为，强化了乙的犯意，与乙的杀人结果之间具有心理的因果性。反之，如果乙在杀害仇人之后，才要求甲提供虚假身份证件，那么，甲如果拒不提供，则不成立任何犯罪；如果知道真相却提供虚假身份证件，则仅成立窝藏罪。

但是，有一些条文的表述顺序与行为结构的关系，是值得研究的。例如，《刑法》第 385 条第 1 款规定："国家工作人员利用职务上的便利，索取他人财物的，或者非法收受他人财物，为他人谋取利益的，是受贿罪。"其中，"非法收受他人财物"与"为他人谋取利益"的顺序便是需要讨论的问题。对此，完全可能存在两种不同解释：其一，国家工作人员只有先非法收受他人财物，后为他人谋取利益，才能构成受贿罪；在没有约定的情况下，国家工作人员先利用职务上的便利为他人谋取利益，后非法收受他人财物的，则不成立受贿罪。其二，不管国家工作人员是先非法收受他人财物，后为他人谋取利益，还是先为他人谋取利益，后非法收受他人财物，都构成受贿罪。显然，这涉及罪与非罪的问题。

再如，《刑法》第 194 条第 1 款将"签发空头支票或者与其预留印鉴不符的支票，骗取财物"规定为票据诈骗罪的表现形式之一。问题是，行为人采取其他方法骗取财物后，在他人催讨货款的情形下，签发空头支票或者与其预留印鉴不符的支票交付他人的，是否成立票据诈骗罪？完全可能出现两种不同答案：一种答案是，必须将签发空头支票或者与其预留印鉴不符的支票，作为骗取财物的手段行为，否则只能成立诈骗罪或者合同诈骗罪。另一种答案是，不管是先骗取了财物，还是先签发空头支票或者与其预留印鉴不符的支票，都成立票据诈骗罪。显然，这涉及此罪与彼罪的问题。

又如，《刑法》第 399 条第 4 款规定："司法工作人员收受贿赂，有前三款行为的，同时又构成本法第三百八十五条规定之罪的，依照处罚较重的规定定罪处罚。"对此可能产生两种不同解释：其一，只有当司法工作人员先收受贿赂，然后实施枉法行为的，才依照处罚较重的规定定罪处罚；如果司法工作人员先实施枉法行为，然后收受贿赂的，则应当实行数罪并罚。其二，不管司法工作人员是先收受贿赂后枉法，还是先实施枉法行为后收受贿赂，都应当依照处罚较重的规定定罪量刑。《刑法》第 229 条也存在完全相同的问题。显然，这涉及一罪与数罪的问题。

从以上论述可以看出，法条表述顺序并不完全等同于犯罪的行为顺序（行为结构），所以，刑法理论必须确立相应的规则，以确定犯罪的行为顺序与法条表述顺序的关系。

二、分则条文有明文规定的情形

在刑法分则条文的用语明确描述了行为的先后顺序的情况下，行为结构必须符合条文的表述顺序。

第一，当分则条文明文使用了"在……后"的表述时，必须严格遵循分则的规定认定犯罪。换言之，在这种情形下，只有符合法条表述的顺序，才能适用该法条。例如，《刑法》第 204 条第 1 款前段与第 2 款分别规定，"以假报出口或者其他欺骗手段，骗取国家出口退税款，数额较大的，处五年以下有期徒刑或者拘役，并处骗取税款一倍以上五倍以下罚金"；"纳税人缴纳税款后，采取前款规定的欺骗方法，骗取所缴纳的税款的，依照本法第二百零一条的规定定罪处罚；骗取税款超过所缴纳的税款部分，依照前款的规定处罚"。显然，只有先缴纳税款，后采取欺骗方法骗取所缴纳税款的，才成立逃税罪；如果先采取欺骗方法骗取出口退税，则成立骗取出口退税罪。再如，《刑法》第 423 条第 1 款与第 2 款分别规定："在战场上贪生怕死，自动放下武器投降敌人的，处三年以上十年以下有期徒刑；情节严重的，处十年以上有期徒刑或者无期徒刑。""投降后为敌人效劳的，处十年以上有期徒刑、无期徒刑或者死刑。"据此，行为人在投降后为敌人效劳的，依然仅以投降罪论处，适用升格的法定刑，而不实行数罪并罚；但是，如果行为人先为敌人效劳，成立其他犯罪，然后投降的，则应当实行数罪并罚。

第二，当分则条文明文使用了"先""事先"等表述时，必须严格遵循分则的规定认定犯罪。亦即，只有按照法条的规定，先实施某种行为，才能适用该法条。例如，《刑法》第 224 条第 3 项规定，"没有实际履行能力，以先履行小额合同或者部分履行合同的方法，诱骗对方当事人继续签订和履行合同的"，构成合同诈骗罪。显然，如果行为人先采用其他方法诱骗对方当事人签订和履行合同，然后履行小额合同或者部分履行合同的，则不能适用该项规定。

再如，《刑法》第 349 条第 1 款与第 2 款规定了包庇毒品犯罪分子罪与窝藏、转移、隐瞒毒品、毒赃罪的构成要件及其法定刑，该条第 3 款规定："犯前两款罪，事先通谋的，以走私、贩卖、运输、制造毒品罪的共犯论处。"显然，如果行为人犯前两款罪时没有事先通谋，则不能以走私、贩卖、运输、制造毒品罪的共犯论处。

第三，当分则条文使用了"又"一词时，要求行为人先实施"又"之前的行为，后实施"又"之后的行为；如果行为颠倒前后顺序，则不能适用该条文。例如，《刑法》第296条规定："举行集会、游行、示威，未依照法律规定申请或者申请未获许可，或者未按照主管机关许可的起止时间、地点、路线进行，又拒不服从解散命令，严重破坏社会秩序的，对集会、游行、示威的负责人和直接责任人员，处五年以下有期徒刑、拘役、管制或者剥夺政治权利。"只有先举行不合法的集会、游行、示威，然后拒不服从解散命令的，才能适用《刑法》第296条。

再如，《刑法》第241条第5款规定："收买被拐卖的妇女、儿童又出卖的，依照本法第二百四十条的规定定罪处罚。"据此，只有先收买被拐卖的妇女或者儿童，然后再出卖所收买的妇女、儿童的，才认定为一个拐卖妇女、儿童罪。如果行为人先出卖了妇女、儿童，然后再收买被拐卖的妇女、儿童的，即使后来收买的妇女、儿童与先前出卖的妇女、儿童是同一人，也不能适用上述规定。①

又如，《刑法》第208条第2款规定："非法购买增值税专用发票或者购买伪造的增值税专用发票又虚开或者出售的，分别依照本法第二百零五条、第二百零六条、第二百零七条的规定定罪处罚。"如果行为人先虚开增值税专用发票，后来非法购买增值税专用发票，则不能适用本规定，而应实行数罪并罚。

第四，当分则条文使用了表示前因后果的"因""而"概念时，只有在行为结构符合前因后果的关系时，才能适用该条文。例如，《刑法》第390条第1款规定："对犯行贿罪的，处五年以下有期徒刑或者拘役，并处罚金；因行贿谋取不正当利益，情节严重的，或者使国家利益遭受重大损失的，处五年以上十年以下有期徒刑，并处罚金；情节特别严重的，或者使国家利益遭受特别重大损失的，处十年以上有期徒刑或者无期徒刑，并处罚金或者没收财产。""因行贿谋取不正当利益"的规定，显然要求行贿人先行贿，然后谋取了不正当利益。据此，如果行贿人事先取得了不正当利益，然后给予国家工作人员以财物的，就不能适用"因行贿谋取不正当利益"的规定。这是因为，"因行贿谋取不正当利益"不仅使得财物与职务行为的交换关系更为明显，而且行贿行为间接地侵害了

---

① 对于实行数罪并罚还是作为科刑的一罪或者包括的一罪处理，可能存在争议。在特殊情形下，也可能仅成立一罪。例如，甲将亲生子女出卖给乙后，再将该子女买回抚养的，应当仅认定为拐卖儿童罪。

职务行为的公正性。

第五，当分则条文使用的其他表述明显具有先后顺序时，只有在行为结构符合该先后顺序时，才能认定为相应的犯罪。例如，《刑法》第 263 条第 1 项将"入户抢劫"规定为抢劫罪的加重情节之一。"入户抢劫"的表述告诉人们，只有当行为人入户后实施抢劫行为的，① 才能适用"入户抢劫"的规定。抢劫后再入户的，不可能属于"入户抢劫"。基于相同的理由，"入户实施盗窃被发现，行为人为窝藏赃物、抗拒抓捕或者毁灭罪证而当场使用暴力或者以暴力相威胁的，如果暴力或者暴力胁迫行为发生在户内，可以认定为'入户抢劫'；如果发生在户外，不能认定为'入户抢劫'。"②

再如，《刑法》第 130 条规定："非法携带枪支、弹药、管制刀具或者爆炸性、易燃性、放射性、毒害性、腐蚀性物品，进入公共场所或者公共交通工具，危及公共安全，情节严重的，处三年以下有期徒刑、拘役或者管制。"从本条的表述来看，行为应当表现为：先携带枪支、弹药、管制刀具或者爆炸性、易燃性、放射性、毒害性、腐蚀性物品，然后进入公共场所或者公共交通工具。问题是，行为人在进入公共场所或者公共交通工具后，取得枪支、弹药、管制刀具或者爆炸性、易燃性、放射性、毒害性、腐蚀性物品，进而携带的，能否适用《刑法》第 130 条的规定？

不管是非法携带枪支、弹药进入公共场所或者公共交通工具，还是在进入公共场所或者公共交通工具后，取得枪支、弹药而继续携带，都可以认定为非法持有枪支、弹药罪。所以，就携带枪支、弹药而言，没有讨论的必要。但是，就管制刀具等危险物品而言，讨论上述问题是具有意义的。例如，甲上火车后，发现车厢里放着无人持有（如他人遗忘）的管制刀具等危险物品而携带③，假定危及公共安全，情节严重（下同），应否适用《刑法》第 130 条？本书倾向于否定回答。

从《刑法》第 130 条的表述可以看出，本条旨在使公共场所、公共交通工具不存在危及公共安全的管制刀具等危险物品，从而保证公共场所、公共交通工具的安全性。因此，本罪的行为必须表现为将管制刀具等危险物品带入公共场所或者公共交通工具。在上例中，危险物品原本就处于公共场所、公共交通工具之中，甲自己的行为没有创设或增加危险。诚然，必定有人将危险物品携带进入上

① 当然，行为人在入户时就使用暴力、胁迫，入户后继续使用暴力、胁迫强取财物的，也属于"入户抢劫"。

② 2005 年 6 月 8 日最高人民法院印发的《关于审理抢劫、抢夺刑事案件适用法律若干问题的意见》第 1 条后段。

③ 倘若甲与乙事前通谋，由乙将管制刀具等危险物品带入火车车厢，乙下车后由甲在火车上携带该危险物品，则作为共同犯罪，适用《刑法》第 130 条。

述场合，但因为没有事前的通谋，不存在共犯关系，甲不对该人的行为负责。因此，不能认定甲的行为本身符合《刑法》第 130 条的规定。①

值得进一步研究的是，倘若在上例中，甲在火车的第一节车厢发现他人遗留下的管制刀具等危险物品，然后携带该危险物品进入火车的第二、三节车厢的，应否适用《刑法》第 130 条的规定？从形式上看，火车的第二、三节车厢内原本并不存在管制刀具等危险物品，但甲携带上述物品进入火车的第二、三节车厢，而第二、三节车厢属于公共交通工具，因此甲的行为也属于"非法携带……管制刀具或者爆炸性、易燃性、放射性、毒害性、腐蚀性物品，进入……公共交通工具"，因而应当适用《刑法》第 130 条。但本书认为，仅此得出肯定结论并不合适，需要考虑甲携带上述物品从火车的第一车厢进入第二、三节车厢的行为是否增加了公共危险。如果得出肯定结论（如第一节车厢没有乘客，第二、三节车厢有乘客，或者第一节车厢的乘客很少，第二、三节车厢的乘客很多），则应适用《刑法》第 130 条的规定；否则，就不应适用《刑法》第 130 条的规定。

第六，当刑法分则条文使用的"并"或"并且"一词，不仅表示了必须同时具备两种要素，而且能够表示行为先后顺序时，只有先实施"并"之前的行为，后实施"并"之后的行为，才能适用该条文。不过，如前所述，由于"并"或"并且"并不必然表明先后顺序，所以，需要根据事实与法律进行实质判断。

例如，《刑法》第 171 条第 3 款规定："伪造货币并出售或者运输伪造的货币的，依照本法第一百七十条的规定定罪从重处罚。"如果行为人先出售或者运输伪造的货币，后伪造货币的，便不能仅认定为伪造货币罪，而应实行数罪并罚。② 因为就同一假币而言，不可能先出售、运输后伪造，只有先伪造出来后才可能出售和运输。但不排除这样的情形，行为人运输一批伪造的日元，然后出于某种原因，又将这批货币加工成伪造的欧元。对此，也可能作为包括的一罪从一重罪论处。③

再如，有的条文使用的"并"或"并且"，只是具有逻辑上的前后关系，并不绝对意味着行为上的先后关系。例如，《刑法》第 181 条第 1 款规定："编造并且传播影响证券、期货交易的虚假信息，扰乱证券、期货交易市场，造成严重后果的，处五年以下有期徒刑或者拘役，并处或者单处一万元以上十万元以下罚金。"从逻辑上讲，编造在前、传播在后；但这并不意味着本罪的成立要求行为人先实施某种编造行为，然后实施传播行为。行为人完全可能直接传播虚假的信

①　至于甲的行为是否成立侵占罪，则是另一回事。
②　行为人可能先伪造货币后出售，然后再继续伪造，但并不意味着出售在伪造之前；从每一个环节来看，依然是伪造在前，出售、运输在后。
③　当然，对这种情形是否应当实行数罪并罚，也还值得进一步研究。

息。再如，《刑法》第 221 条规定："捏造并散布虚伪事实，损害他人的商业信誉、商品声誉，给他人造成重大损失或者有其他严重情节的，处二年以下有期徒刑或者拘役，并处或者单处罚金。"从逻辑上讲，捏造在前、散布在后；但捏造并不一定表现为独立的行为，行为人完全可能直接散布并不存在的虚伪事实（参见本书第九章）。

三、分则条文无明文规定的情形

在许多情况下，刑法分则条文只是按一定语法顺序描述了犯罪类型，而没有使用表示先后关系的概念。在这种情况下，就需要通过论理解释，得出合理结论。

第一，当条文表述在前的用语限制了主体，即后行为由实施前行为的主体实施时，只有先实施前行为，才能适用该法条。先以日本刑法的规定为例。日本《刑法》第 241 条原本规定："强盗强奸女子的[1]，处无期或者七年以上惩役，因而致女子死亡的，处死刑或者无期惩役。"本条规定的强盗强奸罪是典型的结合犯，但并非只要强盗与强奸结合在一起便成立本罪。只有先实施强盗行为后实施强奸行为的，才成立强盗强奸罪。因为"强盗"一词同时指明了本罪主体为强盗犯，显然，只有先实施强盗行为，才能符合"强盗"或"强盗犯"的要件。所以，行为人强奸女子后，产生强盗的故意，使用暴力等强取女子财物的，属于强奸罪与强盗罪的并合罪，而不成立强盗强奸罪。[2] 由于这样的规定导致强奸后强盗与强盗后强奸的处罚不均衡，日本于 2017 年修改了本条，修改后的日本《刑法》第 241 条第 1 项规定："犯了强盗罪或者其未遂罪的人，犯强制性交等罪（第 179 条第 2 项规定的罪除外，本项以下同）或者其未遂罪的，或者犯了强制性交等罪或其未遂罪的人，犯强盗罪或者其他未遂罪的，处无期或者七年以上换禁刑。"于是，不管行为人是先强盗后强制性交，还是先强制性交后强盗，都成立结合犯，适用同一法定刑。

我国《刑法》分则第 240 条第 1 款第 3 项规定的"奸淫被拐卖的妇女"，显然是指实施了拐卖妇女罪的行为人奸淫被拐卖的妇女，而不是指第三者奸淫被拐卖的妇女。所以，只有当行为人先着手实行拐卖妇女的行为，在拐卖行为的持续过程中奸淫被拐卖的妇女的，才认定为拐卖妇女罪的加重犯，不实行数罪并罚。如行为人先强奸妇女，然后拐卖被强奸的妇女的，则不能认定为拐卖妇女罪的加重犯，而应实行数罪并罚。我国《刑法》第 269 条规定的事后抢劫也属于相同情

---

[1]　其中的"强盗"也可译为"强盗犯"，原文为"强盗が女子を强奸したとき"。

[2]　参见日本最高裁判所 1959 年 12 月 24 日判决，日本《最高裁判所刑事判例集》第 3 卷第 12 号，第 2114 页。

形。"犯盗窃、诈骗、抢夺罪"的表述，同时指出了"为窝藏赃物、抗拒抓捕或者毁灭罪证而当场使用暴力或者以暴力相威胁的"的行为人，必须是"犯盗窃、诈骗、抢夺罪"的人。所以，适用《刑法》第269条规定时，要求行为人先实施盗窃、诈骗或者抢夺行为。

第二，当分则条文是按照手段行为与目的行为的关系表述时，从逻辑构造上看，要求先有手段行为，后有目的行为。例如，《刑法》第160条第1款前段规定，"在招股说明书、认股书、公司、企业债券募集办法等发行文件中隐瞒重要事实或者编造重大虚假内容，发行股票或者公司、企业债券、存托凭证或者国务院依法认定的其他证券，数额巨大、后果严重或者有其他严重情节的，处五年以下有期徒刑或者拘役，并处或者单处罚金"。显然，发行股票或者公司、企业债券后，在招股说明书、认股书、公司、企业债券募集办法中隐瞒重要事实或者编造重大虚假内容，不可能成立欺诈发行股票、债券罪。

在分则条文明确使用"手段""方法"等用语时，原则上应要求手段行为在前、目的行为在后。但是，有两点值得注意：

其一，在某些犯罪中，虽然从观念上说，手段行为在前，目的行为在后，但不排除手段行为与目的行为事实上合二为一的情形。例如，《刑法》第237条第1款规定："以暴力、胁迫或者其他方法强制猥亵他人或者侮辱妇女的，处五年以下有期徒刑或者拘役。"在通常情况下，行为人先实施暴力、胁迫行为，压制妇女的反抗，再实施猥亵行为。但是，在不少案件中，暴力本身也可能是猥亵行为；反之某些猥亵行为本身也是暴力行为。例如，违反妇女的意志，强行将手指插入妇女阴部的，其暴力行为本身就是猥亵行为。[1] 再如，乘妇女站在墙边无法反抗时，突然强行与妇女接吻的，其猥亵行为本身就是暴力行为。[2] 对这种行为，应认定为强制猥亵罪既遂；而不能认为仅实施了暴力行为，从而认定为强制猥亵罪的未遂；更不能认为仅实施了猥亵行为而缺乏强制性，从而否认强制猥亵罪的成立（参见本书第九章）。

强奸罪也是如此。在通常情况下，行为结构表现为先实施暴力、胁迫等手段行为，压制妇女的反抗，后实施奸淫行为。但是，也不排除合二为一的情形。例如，行为人乘被害妇女熟睡之机奸淫妇女的，并不存在先实施手段行为，后实施奸淫行为的要求，但仍然成立强奸罪。强迫交易罪、抗税罪、侮辱罪、妨害公务罪等，都是如此。

---

[1]　参见日本大审院1918年8月20日判决，日本《大审院刑事判决录》第24辑，第1203页。

[2]　参见日本东京高等裁判所1957年1月22日判决，日本《高等裁判所刑事判例集》第10卷第1号，第10页。

其二，当分则条文所表述的行为手段或行为方式，只是对行为内容（特征）的描述，而不是与目的行为相对应的概念时，不能要求所谓手段行为在前、目的行为在后。例如，《刑法》第 219 条第 1 款第 1 项规定，"以盗窃、贿赂、欺诈、胁迫、电子侵入或者其他不正当手段获取权利人的商业秘密的"，构成侵犯商业秘密罪。显然，盗窃手段并不是与目的行为相对应的手段行为，而是行为本身的内容。① 再如，《刑法》第 382 条第 1 款规定："国家工作人员利用职务上的便利，侵吞、窃取、骗取或者以其他手段非法占有公共财物的，是贪污罪。"人们不可能要求行为人先实施侵吞、窃取、骗取行为，后实施非法占有公共财物的行为，因为侵吞、窃取、骗取本身就是非法占有公共财物的行为内容。破坏集会、游行、示威罪也是如此。《刑法》第 298 条规定："扰乱、冲击或者以其他方法破坏依法举行的集会、游行、示威，造成公共秩序混乱的，处五年以下有期徒刑、拘役、管制或者剥夺政治权利。"成立本罪，并不要求先实施扰乱、冲击等行为，再实施破坏行为，因为扰乱、冲击等就是破坏行为。对《刑法》第 340 条所规定的犯罪也应作相同解释。

第三，当分则条文是按照前提行为与后续行为的关系表述时，必须先有前提行为，再有后续行为，否则不可能适用该法条。例如，《刑法》第 129 条规定："依法配备公务用枪的人员，丢失枪支不及时报告，造成严重后果的，处三年以下有期徒刑或者拘役。"显然，只有先丢失枪支，然后不及时报告，才可能成立丢失枪支不报罪。不可能出现先不及时报告，后丢失枪失的情形。

第四，当分则条文描述的犯罪类型，具有特定的行为构造时，应当按照行为构造确定行为的先后顺序；如果某种行为不符合行为构造的顺序，则不属于该犯罪类型。例如，《刑法》第 175 条第 1 款前段规定，"以转贷牟利为目的，套取金融机构信贷资金高利转贷他人，违法所得数额较大的，处三年以下有期徒刑或者拘役，并处违法所得一倍以上五倍以下罚金"。高利转贷罪的行为构造，决定了行为人必须先套取金融机构信贷资金，然后将套取的资金转贷给他人。如果行为人先将自有资金借贷给他人，事后向金融机构借贷资金的，就不可能构成高利转贷罪。不仅如此，根据行为与责任同时存在的原则，行为人在套取金融机构信贷资金时，就必须具有高利转贷的目的。一种观点认为，行为人在套取金融机构信贷资金后产生转贷牟利目的的，也能成立本罪。② 本书不赞成这种观点：（1）由于套取金融机构信贷资金是本罪构成要件行为的一部分，所以，行为人在获取金

---

① 该项规定的其他行为手段，虽然通常会发生在获取商业秘密的目的行为之前，但不必全部发生在目的行为之前。例如，行为人事前许诺给予提供者财物，在获取商业秘密之后才给予提供者财物的，同样成立侵犯商业秘密罪。

② 参见刘宪权：《金融犯罪刑法学新论》，上海人民出版社 2014 年版，第 208 页。

融机构信贷资金时，就必须具有转贷牟利的目的。否则，就违反了行为与责任同时存在的原则。（2）贷款时没有转贷牟利目的，也没有采取欺骗手段，取得贷款后将贷款转贷他人，只是单纯改变贷款用途的行为的，不可能成立任何犯罪。不能因为行为人事后改变贷款用途，而认定前行为属于套取或者骗取金融机构贷款。（3）贷款时没有转贷牟利目的与非法占有目的，但采取欺骗手段取得贷款，然后将贷款转贷他人，给金融机构造成重大损失的，只能认定为骗取贷款罪。（4）贷款时具有转贷牟利目的，但事后没有实施高利转贷行为的，虽然有可能成立本罪的未遂犯与中止犯，但没有必要以本罪论处（可能成立骗取贷款罪）。

再如，前述《刑法》第 194 条第 1 款关于"签发空头支票或者与其预留印鉴不符的支票，骗取财物"的规定，要求行为人将签发空头支票或者与其预留印鉴不符的支票作为欺骗手段使对方当事人处分财产。如果行为人在以其他欺骗方法骗取了他人财物后，通过签发空头支票或者与其预留印鉴不符的支票掩盖诈骗事实的，则不能适用上述规定。例如，1999 年 6 月，被告人季某以惠春公司的名义与瑞协公司签订了关于嘉士伯罐装啤酒的购销协议，约定由瑞协公司向惠春公司供应啤酒，惠春公司指定徐某为收货人，每 40 天为一付款期。同年 6 月至 8 月，瑞协公司供应啤酒 4 000 余箱，价值人民币近 29 万元，由徐某签收。同年 7 月底，瑞协公司要求惠春公司支付货款，季某指使财务人员开具了一张出票日期为1999 年 8 月 10 日，金额为人民币 10 万元的支票交给对方。同年 8 月 11 日，季某又开具了一张金额为人民币 12 万元的支票交给瑞协公司。同月 19 日，两张支票均因存款不足而遭银行退票。瑞协公司与惠春公司联系时，惠春公司已搬离其办公地点，季某亦下落不明。一种观点认为，季某先骗取货物再签发空头支票支付货款的行为，是在诈骗行为已经完成之后，为掩盖诈骗事实、拖延时间以便逃离实施的，而不是以空头支票骗取财物，故只能认定为（合同）诈骗罪，而不能认定为票据诈骗罪。另一种观点认为，无论是先采取签发空头支票支付货款再骗取财物，还是先骗取货物后再签发空头支票支付货款，均属于"签发空头支票……骗取财物"，应认定为票据诈骗罪。①

本书认为，就送货后立即付款的情形而言，如果销售人送货后，购买人并不付款，销售人就不会最终交付货物。在这种情况下，行为人（购买人）在对方送货后立即签发空头支票的，宜认定为票据诈骗罪。但是，就送货后相隔一定时期才付款的情形而言，行为人在对方送货后相隔一段时间才签发空头支票的，不宜认定为票据诈骗罪，而应认定为（合同）诈骗罪。就季某骗取啤酒这种狭义财

---

① 参见韩晋萍：《季某票据诈骗、合同诈骗罪——骗取货物后以空头支票付款的行为如何定罪》，载《刑事审判参考》（总第 15 辑），法律出版社 2001 年版，第 21 页。

物的行为性质而言，本书倾向于认为不成立票据诈骗罪。

第一，票据诈骗罪以符合普通诈骗罪的构造为前提。既然是诈骗罪，就必须因为欺骗行为而骗取财物。刑法正是因为票据诈骗罪所具有的特殊欺骗性质而将其规定为独立罪名的。但季某并不是通过签发空头支票骗取啤酒，换言之，签发空头支票与骗取啤酒之间并没有因果关系。所以，不能认定季某"签发空头支票……骗取财物"。换言之，季某是通过隐瞒不付款的心理事实骗取了啤酒，而不是通过签发空头支票骗取了啤酒。

第二，季某实际上是在（合同）诈骗行为既遂之后，才签发空头支票。这种事后签发空白支票的行为，是为了掩盖诈骗事实、拖延时间以便逃离，不能决定事前取得啤酒的犯罪行为性质。如果认为季某完成诈骗犯罪的行为是在其签发空头支票之后，进而将季某骗取啤酒的行为认定为票据诈骗罪，则意味着季某骗得啤酒后还不成立诈骗既遂。果真如此，则所有骗取财物的人，只要没有拒不返还财物的言行举止，都不成立诈骗犯罪或者仅成诈骗未遂，这恐怕难以被人接受。

第三，即使季某在骗取啤酒前"承诺"以支票形式支付货款，主观上也可能打算事后以空头支票搪塞对方，但这种"承诺"与主观心理并不等于行为人已经实施了签发空头支票的行为。所以，对于季某骗取啤酒的行为，只能根据骗取财物的原因行为性质认定为（合同）诈骗罪。

第四，虽然在某种意义上说，季某的行为整体似乎属于"签发空头支票……骗取财物"，即行为人先"承诺"以支票形式支付货款，骗取货物后签发空头支票交付对方，似乎整体上属于票据诈骗（这样考虑显然是因为行为人先"承诺"以支票形式支付货款）。但在司法实践中，完全可能存在另外两种情形：一是行为人先通过其他各种欺骗手段取得货物，并不打算签发空头支票，只是由于债权人索债紧迫，才签发空头支票交付对方。二是行为人先虚假"承诺"以支票形式支付货款，但取得货物后根本不签发任何支票，而是以其他方式摆脱对方。在前一种情形下，行为人签发空头支票并不是其骗取财物的原因；在后一种情形下，不可能因为行为人"承诺"以支票形式支付货款便认定为票据诈骗罪。既然如此，对于先"承诺"以支票形式支付货款，骗取货物后签发空头支票交付对方的行为，就难以认定为票据诈骗罪。所以，也不能从整体上认定季某的行为构成票据诈骗罪。

当然，购买人在取得货物后，负有支付货款的义务。如果购买人事后签发空头支票旨在使他人误认为自己清偿了债务，并且导致他人不再向自己索取债务的，则属于骗取财产性利益，符合票据诈骗罪的构成要件。但是，一方面，在取得货物后以支票付款的场合，债权完全实现、债务完全清偿的标志并不是销售方取得支票（交付支票并不等同于支付货款），而是销售方从银行提取支票记载的款项或者将支票记载的款项转入自己账户。由于空头支票必然被银行退回，行为人签发空头支票的行为本身不可能使对方误认为自己清偿了债务。当支票被银行退回后，销售方依然存在债权，购买方依然负有债务。所以，交付空头支票并不意味着使对方免除了自己的债务，而且对方也没有处分债权（缺乏诈骗罪中的处分行为），故不能认定行为人骗取了财产性利益。季某骗取财物后逃之夭夭，也说明他并没有骗取财产性利益。所以，不宜认定季某因签发空头支票骗取了财产性利益。换言之，由于被害人能够迅速得知季某签发的支票是否有相应的存款，故季某事后签发空头支票的行为，充其量只是使被害人暂时认为季某支付了货款，而不会导致被害人因此而放弃债权，故不能认定季某已经骗免了债务。另一方面，被害人的财产损失表现为啤酒的丧失而非债权的丧失，结局是，对季某的行为只能认定为（合同）诈骗罪。

诚然，行为人在收到货物的当时签发空头支票与在收到货物后相隔一段时间签发空头支票，似乎没有本质区别，应做相同处理。但是，在实行罪刑法定原则的时代，各种行为构成何种犯罪，必须以行为完全符合犯罪构成为前提。换言之，只能在犯罪构成内进行实质的解释，而不能超出犯罪构成做出实质的解释。在约定货到立即付款的场合，行为人（购买人）签发空头支票的，可以评价为被害人因为获得支票而处分财产，行为人通过签发空头支票骗取财物，因而可以认定为票据诈骗罪；而在约定货到后相隔一段时期付款的场合，行为人（购买人）签发空头支票的，不能认为被害人因为获得支票而处分财产，难以评价为行为人通过签发空头支票骗取财物，故不宜认定为票据诈骗罪。[①]

由上可见，《刑法》第 194 条第 1 款的"签发空头支票或者与其预留印鉴不符的支票，骗取财物"，实际上是按票据诈骗罪的特定行为结构作出的规定，因而不可能颠倒前后关系。

在上述情况下，法条实际上是按行为构造形成表述顺序的。但有些分则条文，并没有按照行为构造描述犯罪类型，于是产生了争议。

例如，《刑法》第 193 条规定了五种贷款诈骗行为，即："（一）编造引进资金、项目等虚假理由的；（二）使用虚假的经济合同的；（三）使用虚假的证明文件的；（四）使用虚假的产权证明作担保或者超出抵押物价值重复担保的；（五）以其他方法诈骗贷款的。"从文字表述上看，《刑法》第 193 条并没有明确规定贷款诈骗罪的行为构造，而且存在"以其他方法诈骗贷款"的表述，于是，是否要求行为人"先实施欺骗行为，后取得贷款"，就成为问题；更直截了当的

---

① 以上只是本书的初步看法，值得进一步研究。此外，签发空头支票使他人免除自己债务的行为，是否构成（票据）诈骗罪，还涉及如何理解和认定处分意识与处分行为的问题。

问题是，行为人事先合法取得贷款，事后采取欺骗手段不归还贷款的，是否成立贷款诈骗罪？

司法实践中经常发生所谓事后产生非法占有目的的案件。例如，行为人向银行申请贷款时具有归还本息的意图，没有实施欺骗行为，但在取得银行贷款之后，由于某种原因产生非法占有目的，不再归还本息。为了使这样的行为受到刑事追究，一些人提出了"事后故意"或者"事后非法占有目的"等概念。例如，有人针对贷款诈骗罪指出："在某些情况下，也会发生'事后故意'的情形。……是指行为人在签订合同时并未抱有骗财的目的，而必存履行合同营利的期望。但在签订合同取得对方款物后，由于客观情况变化，已无法履行合同，于是萌发了侵吞财物的故意，有能力归还而不归还，并采取欺诈手段蒙蔽对方，以达到占有的目的。……在事后故意的贷款欺诈中，行为人非法转移、隐瞒、侵吞金融机构财产，具有非法侵占金融机构财产的直接故意，而且，在贷款归还以前，有关贷款的抵押物或归还贷款的行为人财产仍是贷款的物质表现形式，还属于贷款范围，故行为人具有非法占有贷款的犯罪目的。行为人事后转移、隐瞒、侵吞金融机关财产的行为也是一种虚构事实、隐瞒真相行为，是诈骗犯罪的种种客观表现行为之一。更何况刑法规定贷款诈骗罪时设计了'以其他方法诈骗贷款'的弹性条款，其立法之目的就是要赋予法官一定的自由裁量权，以便同千变万化的贷款诈骗犯罪作斗争。"[1] 但这种观点值得研究。

首先，上述意义的"事后故意""事后目的"显然是指在取得被害人财产后产生故意与非法占有目的。但是，根据"行为与责任同时存在"原则，罪过是行为人对自己实施的危害行为与危害结果所持的心理态度，罪过必须表现在一定的行为中；罪过只能是行为时的心理态度，罪过的有无以及罪过的形式与内容都应以行为时为基准进行判断。同样，犯罪目的只能是行为时的目的，目的的有无以及目的的内容都应以行为时为基准进行判断。如果以行为前或者行为后的心理状态为根据认定行为人具有刑法所要求的"目的"，将导致刑法对目的的规定丧失意义，因为这种目的不再能反映行为人实施不法行为的非难可能性，而反映行为人一般的人格态度，但后者不可能成为刑法处罚的对象。这种做法，事实上使得没有目的、故意的行为也能成立目的犯、故意犯，从而取消了法定的责任要素。基于同样的理由，行为人向银行申请贷款时具有归还本息的意图，但在取得银行贷款之后产生非法占有目的，不再归还本息的，也不成立贷款诈骗罪。[2]

---

[1]　游伟主编：《刑法理论与司法问题研究》，上海文艺出版社 2001 年版，第 370~371 页。

[2]　行为人事后采取欺骗手段使债权人免除债务的，可能成立普通诈骗罪或合同诈骗罪。但在这种情况下，由于行为人骗取的是财产性利益，而非集资款与贷款，故仍然不能认定为集资诈骗罪或贷款诈骗罪。

其次，应当根据诈骗罪的基本构造理解《刑法》第 193 条。众所周知，诈骗罪（既遂）在客观上必须表现为一个特定的行为发展过程：行为人实施欺骗行为→对方陷入或者继续维持认识错误→对方基于认识错误处分（或交付）财产→行为人取得或者使第三者取得财产→被害人遭受财产损失。[①] 与普通诈骗罪相比，贷款诈骗罪只要求行为人骗取的是金融机构的贷款，所以，贷款诈骗罪的基本构造表现为：行为人实施欺骗行为→金融机构工作人员陷入认识错误→基于认识错误发放贷款→行为人取得贷款或者使第三者取得贷款→金融机构遭受财产损失。对于《刑法》第 193 条规定的"以其他方法诈骗贷款"，应当根据诈骗罪的基本构造以及同类规则进行解释。《刑法》第 193 条第 1 款第 1~4 项规定了各种欺骗方法，所以，"以其他方法诈骗贷款"仅仅意味着行为人使用了《刑法》第 193 条第 1 款第 1~4 项规定之外的欺骗方法，而不能将行为人单纯不归还贷款的行为解释为"以其他方法诈骗贷款"。因为采取某种方法不归还已经取得的贷款的行为，并不符合贷款诈骗罪的构造。

最后，单纯从因果关系的角度来说，欺骗行为必须发生在行为人取得财产之前，而不可能发生在取得财产之后。因为行为人取得财产（贷款）就是贷款诈骗罪的结果，而事后的不归还本息本身并不是一种欺骗行为。即使行为人编造各种虚假理由不归还贷款，也不可能成为先前的取得财产（贷款）的原因。至于事后的欺骗行为能否评价为使被害人事实上免除债务，则是另一个问题；但这种场合所说的"财物"，已经不是贷款本身了。所以就贷款本身而言，不可能颠倒上述关于行为顺序的要求。

还有一种观点认为，如果行为人在取得贷款之后产生非法占有目的，不构成贷款诈骗罪，但可按照合同诈骗罪论处。[②]

这一观点的合理性在于，于一定程度上维护行为与责任同时存在的原则。主张合法取得贷款后产生非法占有目的构成合同诈骗罪，依据之一是《刑法》第 224 条第 4 项规定的"收受对方当事人给付的货物、货款、预付款或者担保财产后逃匿"是合同诈骗罪的表现形式之一；依据之二是，合同诈骗罪的非法占有目的可以产生于合同履行阶段。合法取得贷款后产生非法占有目的不归还本息的，正好符合上述两点。但本书认为，这种观点存在疑问。

首先，《刑法》第 224 条第 4 项的规定，应当联系项前规定理解，项前规定

---

① 参见 [日] 平野龙一：《刑法概说》，东京大学出版会 1977 年版，第 212 页；[日] 西田典之著、桥爪隆补订：《刑法各论》（第 7 版），弘文堂 2018 年版，第 205 页；[韩] 吴昌植编译：《韩国侵犯财产罪判例》，清华大学出版社 2004 年版，第 99 页。关于财产损失是否既遂要素，还存在争议。

② 参见刘航、刘远：《论贷款诈骗罪的认定》，《河北法学》2002 年第 5 期。

为"以非法占有为目的，在签订、履行合同过程中，骗取对方当事人财物，数额较大"。所以，只有当"收受对方当事人给付的货物、货款、预付款或者担保财产后逃匿的"行为，具有非法占有目的，同时符合"骗取对方当事人财物"的要件时，才能成立合同诈骗罪。可是，当行为人与对方签订合同时没有非法占有目的，并没有使对方陷入认识错误时，即使在收受对方当事人给付的货物、货款、预付款或者担保财产后逃匿的，也不能认定为骗取对方当事人财物。换言之，《刑法》第 224 条第 4 项所规定的情形，仅限于行为人在收受对方当事人给付的货物、货款、预付款或者担保财产之前便存在非法占有目的，而且对方之所以给付货物、货款、预付款或者担保财产，是行为人的诈骗行为所致。行为人收受对方当事人给付的货物、货款、预付款或者担保财产之后，才产生非法占有目的，但仅仅是逃匿，而没有采取虚构事实、隐瞒真相的手段使对方免除其债务的，难以认定为合同诈骗罪。① 所以，行为人合法取得贷款后，才产生非法占有目的而拒不还本付息的，并不符合合同诈骗罪的构成要件。如果将这种情形认定为合同诈骗罪，就意味着结果发生在前、原因产生于后，这显然不合适。

其次，对于《刑法》第 224 条第 4 项的规定，应当联系诈骗罪的基本构造来理解。对方交付财物的行为，必须是在被行为人欺骗后形成错误认识之下作出的。但在收受财物后才形成非法占有目的的场合，行为人在对方交付前没有实施任何欺骗行为，因此取得财产的过程并不符合诈骗的构造。此外，诈骗罪的基本构造决定了行为人在实施欺骗行为时就必须具有非法占有目的，所以，合同诈骗罪的成立也以行为人实施合同诈骗行为时具有非法占有目的为前提。既然行为人是在合法取得对方当事人给付的货物、货款、预付款或者担保财产后才产生非法占有目的，那么，既不能认定行为人有合同诈骗行为，也不能认定行为人在取得财产时具有非法占有目的。所以，不能认定为合同诈骗罪。

再次，对于《刑法》第 224 条第 4 项规定的适用，也应贯彻行为与责任同时存在的原则。如上所述，在行为人合法取得贷款后才产生非法占有目的的案件中，行为人于行为时并无贷款诈骗的故意与非法占有目的，根据行为与责任同时存在的原则，不能认定为贷款诈骗罪。同样，在认定合同诈骗罪时，也要贯彻行为与责任同时存在的原则。由于行为人在合法取得对方当事人给付的货物、货款、预付款或者担保财产后才产生非法占有目的，这表明行为人于行为时也无合同诈骗的故意与非法占有目的。当然也不成立合同诈骗罪。

最后，虽然合同诈骗罪的非法占有目的，可以产生于履行合同的过程中，但这并不表明欺骗行为可以生于构成要件结果之后。换言之，即使是履行合同过程

---

① 参见张明楷：《诈骗犯罪论》，法律出版社 2021 年版，第 1040~1042 页。

中的合同诈骗罪，也必须是欺骗行为在前、构成要件结果在后，而且二者之间具有因果关系。根据上述分析，成立合同诈骗罪，也要求非法占有目的存在于欺骗行为之时、存在于诈骗既遂之前。在已经合法取得他人财物之后，即使产生了不履行债务的意图，也不可能导致先前的合法取得行为转化为合同诈骗罪中的"取得财产"。

由上可见，即使在刑法分则条文没有明确表述各种诈骗罪的行为顺序时，也应根据诈骗罪的基本构造认定犯罪，只有先实施欺骗行为，后基于被害人有瑕疵的意志取得财产的，才能认定为诈骗罪。如果行为人事先合法取得他人财物，事后实施欺骗行为，没有进一步骗取财产的，则不可能构成诈骗罪。

第五，犯罪行为的先后顺序并不影响犯罪行为的性质时，则行为结构与法条表述顺序没有必然联系。换言之，从行为性质判断，如果前后行为的颠倒不影响行为性质的，不必要求按表述顺序实施行为。例如，《刑法》第385条第1款规定："国家工作人员利用职务上的便利，索取他人财物的，或者非法收受他人财物，为他人谋取利益的，是受贿罪。"国家工作人员与对方约定，在前者为对方谋取利益后收受对方财物的，无疑具备为他人谋取利益的条件。问题是，国家工作人员事先为他人谋取利益时没有受贿的故意，而事后明知他人交付的财物是对自己职务行为的不正当报酬而予以收受的（所谓事后受财），是否成立受贿罪？本书持肯定回答。

关于受贿罪的法益，存在形形色色的学说。但本书认为，将职务行为的不可收买性作为受贿罪的法益，最有说服力。正如日本学者平野龙一所言："国家的作用即公务，必须得到公平地执行。公务大多是通过裁量来执行的，但这种裁量不能只是为了某个人的利益。如果为了某个人的利益而进行裁量，此外的人在不能得到利益这个意义上便受到了损害。在公务员作为其裁量行为的对价而收受利益，进行这种不公平的裁量时，所导致的危险就特别大。因此，规定贿赂罪就是为了禁止将公务作为利益的对价来执行。说贿赂罪的保护法益是公务的不可收买性，正是这个意思。此外，不正当执行公务时，成为加重刑罚或者扩张处罚范围的理由，但这是次要的。处罚贿赂罪的基本理由，在于上述不可收买性。"[1]

古今中外的客观事实告诉人们，职务行为的合法、公正性首先取决于职务行为的不可收买性，如果职务行为可以与财物相互交换，那么，职务行为必然只是为提供财物的人服务，从而损害其他人的利益，进而导致公民丧失对职务行为公正性和国家机关本身的信赖。所以，为了保护职务行为的合法性、公正性，首先必须保证职务行为的不可收买性。如果国家工作人员的行为在侵犯职务行为的不

---

[1]　［日］平野龙一：《刑法概说》，东京大学出版会1977年版，第294页。

可收买性的同时，进一步侵犯了职务行为的公正性，则说明其行为的法益侵害性更为严重。正因为如此，德国、意大利、瑞士、日本等国刑法都将职务行为的不可收买性作为法益，同时对侵犯了职务行为的公正性的行为提高法定刑。①

不可收买性至少具有两个方面的内容：一是职务行为的不可收买性本身（职务行为与财物的不可交换性）；二是公民对职务行为不可收买性的信赖。所以，刑法对受贿罪的构成要件的描述，必须说明受贿行为侵犯了这种法益。而行为是否侵犯了这种法益，关键在于国家工作人员索取或者收受的财物，是否与其已经实施的、正在实施的、将来实施的或者许诺实施的职务行为之间具有对价关系，即国家工作人员所索取或者收受的财物，是否其职务行为（包括已经实施的、正在实施的、将来实施的或者许诺实施的）的不正当报酬。显而易见的是，只要国家工作人员就其职务行为索取或者收受的财物，不是其依法应当取得的利益，就是其职务行为的不正当报酬，因而侵犯了受贿罪的法益。同样明了的是，对价关系的存在，并不取决于双方的事前约定。即使事前没有任何约定，也可能肯定职务行为与财物之间的对价关系。更为清楚的是，对价关系的存在，也不取决于索取或者收受财物的时间。不管是事先索取或者收受财物，还是事后索取或者收受财物，只要就职务行为索取或者收受财物的，就可以认定存在对价关系。

概言之，就行为性质而言，收受财物是"事前"还是"事后"，并不影响行为的性质。即使将受贿罪的本质理解为权钱交易关系，也没有必要限定为事前受财。因为事后受财也会存在权钱交易关系。换言之，事前有约定的事后受财与事前没有约定的事后受财只是形式不同，实质上没有任何区别。从财物性质上看，二者都是国家工作人员职务行为的不正当报酬，财物与职务行为形成了对价关系；从实质上看，有约定，当然说明行为人就自己的职务行为约定、收受不正当利益，当然侵犯了职务行为的无（不正当）报酬性；没有约定，但事后明知他人提供的财物是对自己以前的职务行为的不正当报酬时，该财物仍然是职务行为的不正当报酬，仍然侵犯了受贿罪的法益。不仅如此，在事前受财的情况下，国家工作人员可能只是许诺了实施职务行为为他人谋取利益；在事后受财的情况下，国家工作人员客观上已经通过职务行为为他人谋取了利益。应当认为，后者的权钱交换性质更为明显。如果将前者论以犯罪，后者不以罪论，则难以为国民接受。

在我国民国时期刑法与德国、日本、韩国等国刑法中，受贿行为表现为要求、约定与收受。三者之间没有实质区别，只是既遂与未遂的标准不同。所以，就事先约定的事后受贿的情形而言，只要有约定就既遂，而不需要事后受财。因

---

① 参见［日］大塚仁：《刑法概说（各论）》（第 3 版增补版），有斐阁 1996 年版，第 627 页。

为"约定"本身就侵害了职务行为的不可收买性。而事前没有约定的事后收受，则只有在收受财物之后，才能认定为受贿既遂。因为国家工作人员事前为他人谋取利益的行为本身，不可能侵害职务行为的不可收买性，但事后收受财物的行为，则表明职务行为可以与财物交换，因而侵害了职务行为与财物的不可交换性。这说明，在行为人已经为他人谋取了利益并事后收受了财物的情况下，事前有无约定，并不是本质问题。只有在没有收受财物的情况下，约定才成立衡量职务行为的不可收买性是否受到侵害的根据。

在事后受财的情况下，国家工作人员事先为他人谋取利益时，并没有出卖职务行为的意思；他人既已获得利益，不存在需要收买国家工作人员职务行为的问题，其交付财物并非旨在收买国家工作人员职务行为，而是出于单纯的酬谢。对此，如何说明事后受财行为侵犯了职务行为的不可收买性？本书认为，对于受贿罪的法益——职务行为的不可收买性不能作狭义理解，更不能从一般意义的交换关系上理解。如前所述，职务行为的不可收买性，既包含职务行为与财物的不可交换性，也包含公民对职务行为不可收买性的信赖。后者当然包括对过去的、现在的以及将来的职务行为的信赖。国家工作人员就已经实施的职务行为获得不正当报酬，不仅清楚地表明国家工作人员的职务行为与财物产生了交换关系（现实地侵害了职务行为与财物的不可交换性），而且也侵害了国民对国家工作人员职务行为不可收买性的信赖。不仅如此，即使认为受贿罪的保护法益是职务行为的公正性及国民对此的信赖，也能肯定事后受财的行为成立受贿罪。在国家工作人员事先利用职务行为为他人谋利、事后收受他人财物的情况下，国民不仅怀疑该职务行为的公正性，而且怀疑该国家工作人员现在实施的以及将来实施的职务行为的公正性。由于事后收受的财物与过去的职务行为存在对价关系，是过去职务行为的不正当报酬，所以，不仅导致人们对过去职务行为的公正性是否受侵害产生疑问，同时，也侵害了社会一般人对于其现在的职务行为公正性以及将来的职务行为公正性的信赖。[①] 可见，事后受贿行为不仅侵害了职务行为的不可收买性，而且侵害了职务行为的公正性，应当以受贿罪论处。

基于同样的理由，《刑法》第163条规定的非国家工作人员受贿罪，也不要求先收受财物，后为他人谋取利益。换言之，公司、企业或者其他单位的人员，先利用职务上的便利为他人谋取利益，后收受财物的，也成立非国家工作人员受贿罪。《刑法》第388条规定的斡旋受贿也是如此。国家工作人员利用本人职权或者地位形成的便利条件，通过其他国家工作人员职务上的行为，为请托人谋取不正当利益，然后索取请托人财物或者收受请托人财物的，或者在他人向国家工

[①] 参见［日］西田典之著、桥爪隆补订：《刑法各论》（第7版），弘文堂2018年版，第515页。

作人员请托时，国家工作人员先索取请托人财物或者收受请托人财物，然后利用本人职权或者地位形成的便利条件，通过其他国家工作人员职务上的行为，为请托人谋取不正当利益的，都应以受贿罪论处。

再如，《刑法》第388条之一第1款前段规定，"国家工作人员的近亲属或者其他与该国家工作人员关系密切的人，通过该国家工作人员职务上的行为，或者利用该国家工作人员职权或者地位形成的便利条件，通过其他国家工作人员职务上的行为，为请托人谋取不正当利益，索取请托人财物或者收受请托人财物，数额较大或者有其他较重情节的，处三年以下有期徒刑或者拘役，并处罚金"。在本书看来，所谓利用影响力受贿，并不是请托人的财物与非国家工作人员的影响力的交换，而是请托人的财物与国家工作人员的职务（行为）的间接交换。所以，国家工作人员的近亲属或者其他与该国家工作人员关系密切的人，先通过该国家工作人员职务上的行为，或者利用该国家工作人员职权或者地位形成的便利条件，通过其他国家工作人员职务上的行为，为请托人谋取不正当利益，然后索取请托人财物或者收受请托人财物的，或者先索取请托人财物或者收受请托人财物，然后通过该国家工作人员职务上的行为，或者利用该国家工作人员职权或者地位形成的便利条件，通过其他国家工作人员职务上的行为，为请托人谋取不正当利益的，都成立利用影响力受贿。

第六，在必要的情况下，应联系条文规定的性质（注意规定还是特别规定）、立法理由（从立法论而言是否具有妥当性）、条文之间的关系（如何解释才与其他法条相协调）以及法定刑（如何处理才能做到罪刑相适应）等事项进行综合判断。例如，《刑法》第399条第4款规定："司法工作人员收受贿赂，有前三款行为的，同时又构成本法第三百八十五条规定之罪的，依照处罚较重的规定定罪处罚。"据此，司法工作人员先收受贿赂，然后实施徇私枉法等行为的，不实行数罪并罚。问题是，司法工作人员先实施徇私枉法等行为，后收受贿赂的，是适用《刑法》第399条第4款从一重罪处罚，还是应当实行数罪并罚？

首先应当肯定的是，受贿罪中的"为他人谋取利益"的最低要求是只要许诺为他人谋取利益即可，而且包含一定的虚假许诺，所以，客观上的为他人谋取利益的行为，是超出受贿罪构成要件之外的行为。换言之，国家工作人员收受财物，客观上实施了为他人谋取利益的行为，并且后一行为也构成犯罪的，完全符合两个犯罪的成立条件。因此，国家工作人员索取、收受财物之前或者之后，实施了不正当的职务行为，构成其他犯罪的，原则上应当实行数罪并罚。[1] 例如，

---

[1] 即使承认牵连犯的概念，这种情形也不属于牵连犯。因为收受贿赂并不是枉法行为的手段行为，枉法行为也不是收受贿赂的结果行为。

国有公司中从事公务的人员收受他人贿赂后，私自将公司的公款挪用给他人使用的，成立受贿罪与挪用公款罪。因为该行为不仅侵犯了职务行为的不可收买性，而且侵犯了公款的占有权与使用权。正因为如此，1998年4月29日发布的《最高人民法院关于审理挪用公款案件具体应用法律若干问题的解释》第7条规定："因挪用公款索取、收受贿赂构成犯罪的，依照数罪并罚的规定处罚。挪用公款进行非法活动构成其他犯罪的，依照数罪并罚的规定处罚。"

其次要指出的是，1988年1月21日公布的《全国人民代表大会常务委员会关于惩治贪污罪贿赂罪的补充规定》（已废止）第5条第2款规定："因受贿而进行违法活动构成其他罪的，依照数罪并罚的规定处罚。"但现行刑法不仅没有在受贿罪的相关条款中设立这样的规定，而且作出了《刑法》第399条第4款的规定。于是，人们对因受贿而进行违法活动构成其他罪的应否并罚产生了疑问。但应当认为，《刑法》第399条第4款是基于特殊原因所作的一种特别规定，而非注意规定。即"立法者考虑到，在收受贿赂的情况下，国家司法机关工作人员渎职的可能性会大大增加，这种现象具有普遍性，对这类行为如果在处罚上不明确规定一个标准，实践中一般会对其数罪并罚，所以对贪赃就可能枉法的场合，特别规定从一重罪处罚"①。换言之，收受贿赂成为司法工作人员徇私枉法、枉法裁判的重大诱因，所以，通常是收受贿赂在前，徇私枉法等行为在后。认定为一罪，也可以被人接受。而在基于其他动机犯徇私枉法等罪之后收受贿赂的，则不是具有普遍性的较为例外的情形，因而应当实行并罚。所以，《刑法》第399条第4款属于对先收受贿赂后徇私枉法的情形实行从一重处断的特别规定。但是，特别规定只能在特殊场合适用，而不能普遍适用。而且，从立法论上而言，这一规定并不理想，因而应限制其适用范围。所以，一方面，除《刑法》第399条第4款规定的情形之外，对国家工作人员收受他人财物为他人谋取利益的行为构成犯罪的，应当以数罪论处，实行并罚。另一方面，该款只是规定，因收受贿赂而犯徇私枉法、民事、行政枉法裁判等罪的，依照处罚较重的规定定罪处罚。因此，如果司法工作人员事先犯徇私枉法、民事、行政枉法裁判等罪，事后收受财物的，应当实行数罪并罚。

最后，司法工作人员"索取贿赂"后有徇私枉法等行为的，不宜适用《刑法》第399条第4款。诚然，索取贿赂与收受贿赂没有实质区别，对收受贿赂有徇私枉法等行为的，从一重罪处罚，而对索取贿赂有徇私枉法等行为的，实行数罪并罚，似乎不太妥当。但是，其一，由于《刑法》第399条第4款属于例外规定，应当严格限制其适用范围。立法机关在作出这一规定时，当然预想到了存在

---

① 张明楷、黎宏、周光权：《刑法新问题探究》，清华大学出版社2003年版，第402页。

索取贿赂的情形，而刑法条文并没有表述为"收受或者索取贿赂"或者"受贿"，只是表述为"收受贿赂"，就说明《刑法》第 399 条第 4 款的"收受贿赂"不包括索取贿赂。其二，索取贿赂后犯徇私枉法等罪的，其违法性与有责性明显重于收受贿赂后犯徇私枉法等罪的违法性与有责性。因此，对于前者实行数罪并罚，具有合理性。①

由上可见，轻信文理解释是不可取的，仅有文理解释是不够的。一方面，论理解释必须顾及文理解释的结论。只有当文理解释可能得出多种结论或者难以得出结论时，才需要通过论理解释得出妥当结论。当文理解释的结论具有惟一性时，不能通过论理解释否定文理解释的结论。另一方面，如果仅仅采取文理解释的结论，可能导致完全按照法条的表述顺序要求行为结构。但果真如此，就会导致许多犯罪的行为结构与犯罪性质不相符合（如《刑法》第 385 条），导致一罪与数罪的混淆（如《刑法》第 399 条第 4 款）。我国刑法解释学相对落后的原因之一，是习惯于完全按照法条的字面含义解释法律，将法条的字面含义等同于法律的真实含义。其实，语言是不准确的，常常包含一些可能被误解的因素。况且，法条的含义并非仅从用语中发现。所以，理解了条文的字面含义，并不意味着理解了刑法的真实含义。解释者应当善于从社会生活中发现刑法条文的真实含义。"意图使法律内容免于与事实之间经常进行的创造性活动"②，是形式主义的做法，也是过于懒惰的表现。

① 《刑法》第 229 条第 1 款规定了提供虚假证明文件罪，该条第 2 款规定，实施本罪行为，同时索取他人财物或者非法收受他人财物构成犯罪的，依照处罚较重的规定定罪处罚。这一规定是关于牵连犯的规定，还是将数罪拟制为一罪的规定，值得研究。在本书看来，二者并不符合牵连犯的特征，宜理解为罪数的拟制规定。
② ［美］罗伯特·S. 萨默斯：《美国实用工具主义法学》，柯华庆译，中国法制出版社 2010 年版，第 135 页。

第十三章　抽象的升格条件与具体的升格条件

一、法定刑升格条件

我国刑法分则的多数条文，对一个犯罪都规定了两个以上的法定刑；法定刑升格的条件，一般被称为升格条件或者法定刑加重条件。

总的来说，升格条件可以分为具体的升格条件与抽象的升格条件。例如，《刑法》第263条规定："以暴力、胁迫或者其他方法抢劫公私财物的，处三年以上十年以下有期徒刑，并处罚金；有下列情形之一的，处十年以上有期徒刑、无期徒刑或者死刑，并处罚金或者没收财产：（一）入户抢劫的；（二）在公共交通工具上抢劫的；（三）抢劫银行或者其他金融机构的；（四）多次抢劫或者抢劫数额巨大的；（五）抢劫致人重伤、死亡的；（六）冒充军警人员抢劫的；（七）持枪抢劫的；（八）抢劫军用物资或者抢险、救灾、救济物资的。"其中的（一）至（八）项升格条件，就是具体的升格条件。再如，《刑法》第282条第1款规定："以窃取、刺探、收买方法，非法获取国家秘密的，处三年以下有期徒刑、拘役、管制或者剥夺政治权利；情节严重的，处三年以上七年以下有期徒刑。"其中的"情节严重"就是抽象的升格条件。

我国刑法分则在规定抽象升格条件时一般使用的是"情节（特别）严重""情节（特别）恶劣"的表述。作为升格条件的"情节严重""情节恶劣"，与作为犯罪成立条件的整体的评价要素的"情节严重""情节恶劣"，具有不同的意义与作用。

分析我国刑法分则的条文就会发现，当条文对罪状的一般性描述，不足以使行为的违法性达到值得科处刑罚的程度时，就会增加某个要素（或者对某个要素提出特别要求），从而使客观构成要件所征表的违法性达到值得科处刑罚的程度。例如，一般干涉婚姻自由的行为，具有法益侵害性，但还没有达到值得科处刑罚的程度，于是刑法条文规定，以暴力干涉婚姻自由的，才以犯罪论处。这是通过增加行为手段的要素，使行为的违法性达到值得科处刑罚的程度。再如，在我国，并不是对任何盗窃、诈骗行为都以犯罪论处，于是刑法对盗窃罪增加了"数额较大""多次盗窃""入户盗窃""携带凶器盗窃""扒窃"的要素，对诈骗罪增加了"数额较大"的要素，从而使符合盗窃罪、诈骗罪客观构成要件的行为的违法性达到值得科处刑罚的程度。但是，在现实生活中，有许多侵害法益的行为，虽然在一般情况下其违法性没有达到值得科处刑罚的程度，却又难以通过增加某个特定的要素使违法性达到值得科处刑罚的程度，或者难以预见具备哪些要素时，行为的违法性能够达到值得科处刑罚的程度，或者虽能预见但不能作简短表述，于是刑法条文作了一个整体性的规定："情节严重""情节恶劣"的，就以犯罪论处。亦即，行为符合了客观构成要件中的基本要素，并不意味着行为的违法性达到了值得科处刑罚的程度，在此基础上，还需要对行为进行整体评价。本书将这类"情节严重""情节恶劣"称为整体的评价要素。[1]

例如，《刑法》第 246 条第 1 款规定："以暴力或者其他方法公然侮辱他人或者捏造事实诽谤他人，情节严重的，处三年以下有期徒刑、拘役、管制或者剥夺政治权利。"显然，并不是任何侮辱、诽谤行为的违法性都达到了值得科处刑罚的程度。在认定行为是否构成侮辱、诽谤罪时，首先要考察行为人是否实施了侮辱、诽谤行为；其次要通过对侮辱、诽谤的行为、结果等所有客观事实进行判断，得出情节是否严重的结论；如果得出否定结论，则不必进一步判断其他方面；只有得出了肯定结论时，才需要进一步判断其他方面。所以，情节严重这种整体的评价要素，也是一种构成要件要素。[2]

显然，作为抽象升格条件的"情节严重"与作为构成要件要素的"情节严重"，明显不同。前者是在行为已经构成犯罪的前提下的情节严重；后者则是构成犯罪的前提条件。换言之，当情节严重属于抽象的升格条件时，情节是否严重所影响的是能否适用加重的法定刑；当情节严重属于整体的评价要素时，情节是否严重所影响的是犯罪是否成立。[3]

二、抽象升格条件的内容

对分则条文所规定的具体升格条件，本书不可能逐一展开论述。对于抽象升格条件的内容，有必要深入研究。

如前所述，在刑法分则条文将"情节严重""情节特别严重""情节恶劣""情节特别恶劣"作为法定刑升格条件时，本书称之为抽象的升格条件。这种抽象的升格条件，都属于量刑规则的内容。

作为法定刑升格条件的"情节严重"，与作为构成要件的"情节严重"具有本质区别。但应注意的是，在分则条文将"情节严重"规定为整体的构成要件

---

[1]　参见张明楷：《犯罪构成体系与构成要件要素》，北京大学出版社 2010 年版，第 238 页。

[2]　除了"情节严重"之外，还有"情节恶劣"的概念。例如，《刑法》第 261 条规定："对于年老、年幼、患病或者其他没有独立生活能力的人，负有扶养义务而拒绝扶养，情节恶劣的，处五年以下有期徒刑、拘役或者管制。"本书认为，"情节恶劣"与"情节严重"没有实质区别，所以，本书关于"情节严重"的论述也适用于"情节恶劣"。为了论述上的简便，下面一般仅以"情节严重"为例进行讨论。

[3]　为了表述的方便，本章所说的作为法定刑升格的"情节严重"通常包含作为法定刑升格条件的"情节特别严重"；所称数额巨大，一般包含了数额特别巨大。但也有例外，需要读者识别。

要素的情况下，往往将"情节特别严重"作为法定刑升格的条件。例如，《刑法》第 273 条规定："挪用用于救灾、抢险、防汛、优抚、扶贫、移民、救济款物，情节严重，致使国家和人民群众利益遭受重大损害的，对直接责任人员，处三年以下有期徒刑或者拘役；情节特别严重的，处三年以上七年以下有期徒刑。"其中的"情节严重"为构成要件要素，"情节特别严重"才是法定刑升格的条件。于是，"情节特别严重"既可能是基本犯基础之上的法定刑升格条件，也可能是法定刑升格之后的进一步升格的条件。例如，《刑法》第 431 条第 1 款规定："以窃取、刺探、收买方法，非法获取军事秘密的，处五年以下有期徒刑；情节严重的，处五年以上十年以下有期徒刑；情节特别严重的，处十年以上有期徒刑。"其中的"情节严重"是基本犯基础之上的法定刑升格条件，而"情节特别严重"则是法定刑升格之后的进一步升格条件。可以肯定的是，刑法分则的"情节特别严重"都是法定刑升格的条件，而"情节严重"则既可能是法定刑升格的条件，也可能是构成要件要素，需要具体区分。

作为法定刑升格条件的"情节严重"，以行为完全符合犯罪构成为前提。如果行为本身并不完全符合犯罪构成，则不能认定为导致法定刑升格的"情节严重"。例如，《刑法》第 384 条第 1 款规定："国家工作人员利用职务上的便利，挪用公款归个人使用，进行非法活动的，或者挪用公款数额较大、进行营利活动的，或者挪用公款数额较大、超过三个月未还的，是挪用公款罪，处五年以下有期徒刑或者拘役；情节严重的，处五年以上有期徒刑。挪用公款数额巨大不退还的，处十年以上有期徒刑或者无期徒刑。"适用"情节严重"的法定刑的前提是，行为完全符合挪用公款的三种情形之一。或许有人认为，由于本条规定的第三种情形是"挪用公款数额较大、超过三个月未还"，所以，挪用公款数额巨大没有超过三个月的，也成立挪用公款罪，而且挪用公款数额巨大，属于"情节严重"。本书不赞成这种观点。本条中的"情节严重"明显属于法定刑升格的条件，就第三种情形而言，挪用公款数额巨大、在三个月之内归还的，并不符合挪用公款罪的构成要件，因而也不符合法定刑升格的条件。认为第三种情形只有在挪用公款数额较大时，才需要超过三个月未还，而挪用公款数额巨大时，不需要超过三个月未还的观点，会导致法定构成要件要素的任意取消，有违反罪刑法定原则之嫌；也导致原本不成立基本犯的行为，却可能成立加重犯，有违背基本犯与加重犯的关系之嫌。

再如，《刑法》第 155 条第 2 项规定，"在内海、领海、界河、界湖运输、收购、贩卖国家禁止进出口物品的，或者运输、收购、贩卖国家限制进出口货物、物品，数额较大，没有合法证明的"，以走私罪论处。解释者不能认为，如果运输、收购、贩卖国家限制进出口货物、物品的数额巨大，就不需要"没有合法证明"的要件。再如,《刑法》第 273 条规定:"挪用用于救灾、抢险、防汛、优抚、扶贫、移民、救济款物,情节严重,致使国家和人民群众利益遭受重大损害的,对直接责任人员,处三年以下有期徒刑或者拘役;情节特别严重的,处三年以上七年以下有期徒刑。"显然不能认为,如果"情节特别严重",就不需要具备"致使国家和人民群众利益遭受重大损害"的要件了。因为成立挪用特定款物罪,同时以"情节严重"和"致使国家和人民群众利益遭受重大损害"为要件;如果没有造成重大损害,就不可能成立本罪,更不可能适用"情节特别严重"的法定刑。否则,意味着加重犯不以基本犯为前提,这是难以令人赞同的。

又如,《刑法》第 175 条之一第 1 款规定:"以欺骗手段取得银行或者其他金融机构贷款、票据承兑、信用证、保函等,给银行或者其他金融机构造成重大损失的,处三年以下有期徒刑或者拘役,并处或者单处罚金;给银行或者其他金融机构造成特别重大损失或者有其他特别严重情节的,处三年以上七年以下有期徒刑,并处罚金。"问题是,如果行为人没有"给银行或者其他金融机构造成重大损失",能否以"有其他特别严重情节"为由,适用第二档法定刑追究行为人的刑事责任?一种观点认为,"'其他特别严重情节'一般也应当以'造成重大损失'为条件,如果具有欺骗手段特别严重或者涉嫌数额极其巨大,给国家金融安全造成特别重大风险的,也可依法追究刑事责任"[①]。据此,在特殊情形下,即使行为没有造成重大损失,也可能适用第二档法定刑追究刑事责任。本书难以赞成这种观点。"造成重大损失"显然是指实害,而不是指危险,所以,不能因为行为造成了重大风险,就认定其已经符合了"造成重大损失"的条件。此外,如果行为没有造成重大损失,就意味着不可能根据基本法定刑追究刑事责任。根据当然解释的原理,就更不可能适用第二档法定刑追究刑事责任。换言之,倘若立法机关认为对虽未造成重大损失但情节特别严重的应当适用第二档法定刑,那么,就不应删除基本罪状中的情节严重。既然删除了基本罪状中的情节严重,就不能跳过造成重大损失的条件认定行为符合加重罪状。

基于同样的理由,适用刑法分则规定的第三档法定刑时,也以行为符合第二档法定刑的条件为前提。例如,《刑法》第 240 条规定:"拐卖妇女、儿童的,处五年以上十年以下有期徒刑,并处罚金;有下列情形之一的,处十年以上有期徒刑或者无期徒刑,并处罚金或者没收财产;情节特别严重的,处死刑,并处没收财产:……"不能认为,即使拐卖妇女、儿童的行为不具有第二档法定刑的八种情节之一,也可以根据其他事实认定"情节特别严重"并适用死刑的规定。相

---

① 黄永主编:《中华人民共和国刑法立法背景与条文解读》(上册),中国法制出版社 2021 年版,第 415 页。

反，"情节特别严重"是相对于升格法定刑的八种情节而言的"特别"严重。必须至少具备第二档法定刑的八种情节之一，并具备特别严重的其他情节时，才能适用第三档法定刑。

诚然，刑法条文对构成要件的描述以及刑法理论对构成要件的解释，只要使构成要件所反映的法益侵害达到应受刑罚处罚的程度即可，而不得在此基础上附加其他条件。《刑法》第 384 条规定"挪用公款数额较大、超过三个月未还"才构成犯罪，是因为挪用公款数额较大，在 3 个月之内归还的行为，不具有应受刑罚处罚程度的法益侵害性。或许可以认为，挪用公款数额巨大的，即使在 3 个月之内归还，也值得科处刑罚。但是，《刑法》第 384 条在"挪用公款数额较大、超过三个月未还的"之后，并没有"或者挪用公款数额巨大的"表述。这便意味着，挪用公款罪不存在着第四种情形（即单纯的挪用公款数额巨大，没有时间限制，也不要求用于非法活动与营利活动）。如果将《刑法》第 384 条中的"情节严重"解释为包括挪用公款数额巨大并在 3 个月之内归还的情形，则意味着解释者在作为法定刑升格条件的"情节严重"中，加入了刑法并无明文规定的挪用公款的第四种基本犯的情形，也使犯罪构成要件与法定刑升格的条件合二为一，造成明显不协调的局面，因而其合理性值得怀疑。①

刑法分则中有的条文所规定的"情节特别严重"是针对前一档罪状的何种情形而言，也是值得研究的。例如，《刑法》第 390 条第 1 款规定："对犯行贿罪的，处五年以下有期徒刑或者拘役，并处罚金；因行贿谋取不正当利益，情节严重的，或者使国家利益遭受重大损失的，处五年以上十年以下有期徒刑，并处罚金；情节特别严重的，或者使国家利益遭受特别重大损失的，处十年以上有期徒刑或者无期徒刑，并处罚金或者没收财产。"首先，大体可以肯定的是，根据"的，"这一标识，应当认为，"使国家利益遭受重大损失"不以"因行贿谋取不正当利益"为前提。换言之，行贿人虽然没有谋取不正当利益，但使国家利益遭受重大损失的，也应适用第二档法定刑。显然，不能将"因行贿谋取不正当利益，情节严重的"解释为"行贿情节严重的"。道理很简单，法条并没有表述为"行贿情节严重的"。所以，情节严重不是指行贿行为本身情节严重，而是指所谋取的不正当利益情节严重。换言之，"情节严重的"是修饰或限定"因行贿谋取不正当利益"的，是针对"因行贿谋取不正当利益"所提出的要求，或者说是对"因行贿谋取不正当利益"的评价。

---

① 同样，《刑法》第 272 条也只是规定了挪用资金罪的三种行为方式，而不能认为规定了五种行为方式。换言之，《刑法》第 272 条中的"挪用本单位资金数额巨大的""数额特别巨大的"，不是两种独立的挪用资金罪的行为方式，而是以符合前三种行为方式为前提的法定刑升格条件。

其次需要讨论的是，第三档的"情节特别严重"是仅指"因行贿谋取不正当利益，情节特别严重"，还是同时包括"使国家利益遭受重大损失，情节特别严重"？本书倾向于前一种回答，因为从逻辑关系来看，第三档法定刑中的"使国家利益遭受特别重大损失的"，显然是第二档法定刑中的"使国家利益遭受重大损失的"的进一步加重。与此对应，"情节特别严重"当然是指"因行贿谋取不正当利益"的情节特别严重，情节特别严重也以谋取不正当利益为前提。如果说第二档法定刑的适用条件是因行贿谋取不正当利益的情节严重，第三档的适用条件则是行贿行为情节特别严重，就形成了明显的不协调、不公平。亦即，行贿行为本身情节严重、但所谋取的不正当利益并不严重的，只能适用第一档法定刑，而一旦行贿行为本身情节特别严重则要适用第三档法定刑，于是形成了部分"空档"的现象。或许有人认为，将第二档与第三档的情节严重与情节特别严重，分别理解为行贿行为本身情节严重或者情节特别严重就是协调的，不会产生空档现象。但如前所述，在第二档明确将情节严重限定为谋取不正当利益情节严重的情况下，或者说，在只能将第二档中的"情节严重"理解为谋取不正当利益的结果严重的前提下，不可能通过对第二档适用条件进行类推解释的方式，来使第三档与第二档保持协调关系。

2016 年 4 月 18 日发布的《最高人民法院、最高人民检察院关于办理贪污贿赂刑事案件适用法律若干问题的解释》规定，具有下列情形之一的，应当认定为"情节特别严重"：（1）行贿数额在 500 万元以上的；（2）行贿数额在 250 万元以上不满 500 万元，并具有下列五种情形之一的：向三人以上行贿的，将违法所得用于行贿的，通过行贿谋取职务提拔、调整的，向负有食品、药品、安全生产、环境保护等监督管理职责的国家工作人员行贿，实施非法活动的，向司法工作人员行贿，影响司法公正的；（3）其他特别严重的情节。这一规定将法定的因行贿谋取不正当利益，情节特别严重的条件，扩大到行贿行为本身情节特别严重的情形，不是基于第二档法定刑的适用条件作出的规定，因而难言妥当。①

毋庸置疑，如果刑法分则条文能够具体描述法定刑升格的条件，而不使用"情节严重"概念，是更为理想的。事实上，与旧刑法相比，现行刑法的许多条文都对法定刑升格条件作了具体描述。例如，旧《刑法》第 150 条第 1 款规定："以暴力、胁迫或者其他方法抢劫公私财物的，处三年以上十年以下有期徒刑。"其第 2 款规定："犯前款罪，情节严重的或者致人重伤、死亡的，处十年以上有期徒刑、无期徒刑或者死刑，可以并处没收财产。"法定刑升格条件中，除描述了"致人重伤、死亡"之外，其他的被纳入"情节严重"之中。而现行《刑法》

---

① 参见张明楷：《行贿罪的量刑》，《现代法学》2018 年第 3 期。

第 263 条则明确规定了八种法定刑升格情节。再如，旧《刑法》第 141 条规定："拐卖人口的，处五年以下有期徒刑；情节严重的，处五年以上有期徒刑。"而现行《刑法》第 240 条第 1 款明确规定了八种法定刑升格情节。

但是，要求所有规定法定刑升格情形的条文，都具体描述法定刑升格条件，不具有现实性。

首先，"立法者的远见是有限的"①。任何立法者都不可能预见到法定刑应当升格的所有情形，因此，如果仅具体描述法定刑升格条件，必然导致遗漏；而遗漏的结局必然导致不公平现象，有损国民的法感情。如上所述，现行刑法对抢劫罪的法定刑升格条件作了详细描述，将应当判处"十年以上有期徒刑、无期徒刑或者死刑"的情形明确限定为八种。这一方面限制了司法工作人员的权力，有利于保障被告人的自由；另一方面也具有明确性，有利于行为人的预测。但是，其遗漏也非常明显。例如，《刑法》第 263 条第 3 规定了"抢劫银行或者其他金融机构"，却没有规定抢劫珍贵文物。从分则的许多条文都可以看出，国家对珍贵文物是实行重点保护的，既然如此，对抢劫珍贵文物与抢劫金融机构也应同等对待。但《刑法》第 263 条并没有将抢劫珍贵文物作为法定刑升格的情形。或许可以将抢劫珍贵文物作为"抢劫数额巨大"来处理，但还可以发现其他遗漏。使用枪支以外的杀伤力很强的武器抢劫了数额较大的财物，并且导致多人受轻伤的，按照现行刑法，只能判处 10 年以下有期徒刑。不能不认为处理的结论会导致不协调。由此看来，详细描述法定刑升格的条件，会导致遗漏，进而会导致处罚的不公平。

其次，全面具体描述法定刑升格条件，也会出现所描述的部分升格条件实质上并不符合升格要求的情形。例如，《刑法》第 263 条规定的"入户抢劫"这一升格条件，显然，单纯入户抢劫行为的法益侵害程度，难以达到科处无期徒刑或者死刑的程度。也正因如此，刑法理论一直在限制解释"入户抢劫"，但限制解释的结果又可能导致法益保护的不平等。②

最后，即使立法者能够预见并能正确描述所有法定刑升格的情形，如果以大量文字进行描述，也会有损刑法典的简短价值。"法律是欲以极少数的条文，网罗极复杂的社会事实，为便于适用和遵守起见，条文固应力求其少，文字尤应力求其短，以免卷帙浩繁，人民有无所适从之叹。"③ 此外，法典使用的文字越多，需要解释的对象越多，形成的问题也越多。概言之，如果要求刑法分则条文具体

---

① ［美］罗伯特·S. 萨默斯：《美国实用工具主义法学》，柯华庆译，中国法制出版社 2010 年版，第 135 页。

② 参见张明楷：《论入户抢劫》，《现代法学》2013 年第 5 期。

③ 林纪东：《法学通论》，远东图书公司 1953 年版，第 89 页。

描述所有法定刑升格的条件，刑法典将不再是法典，而是记述社会生活事实的鸿篇巨制。

所以，刑法分则的做法是，当不可能预见所有法定刑升格的情形，或者虽然能够预见但需要作冗长的记述时，往往放弃具体描述，而以"情节严重"或者"情节特别严重"概括法定刑升格的所有情形。在此意义上说，将"情节严重"规定为法定刑升格的条件，实在是一种不得已的立法例。

或许有人会提出疑问：德国、日本等许多国家的刑法并不将"情节严重""情节特别严重"作为法定刑升格的条件，而能够做到具体描述，我国刑法分则为什么不能做到这一点？本书尝试作以下回答。

第一，德国、日本等国刑法的法定刑整体上并不严厉，而我国刑法的法定刑整体上比较重，因此，就许多犯罪而言，在我国刑法分则中需要规定由轻到重的不同法定刑，而国外刑法可能只需要规定一个幅度的法定刑。如前所述，日本《刑法》第235条对盗窃罪规定的法定刑是"十年以下拘禁刑或者五十万元以下罚金"。显然，不管盗窃何种财物，也无论盗窃的数额多大，最高只能判处10年拘禁刑，人们并不认为该法定刑轻。可是，如果我国刑法规定盗窃罪的最高法定刑为10年有期徒刑，现阶段可能难以被国民接受。但是，如果仅对盗窃罪规定一个量刑幅度，并且将法定最高刑定为无期徒刑，这也不符合盗窃现状，可能导致较轻的盗窃罪也被处以较重的刑罚，同样不能被国民接受。于是，我国《刑法》第264条不得不规定几个不同档次的法定刑。而一旦规定几个档次的法定刑，就不得不将"情节严重""情节特别严重"作为法定刑升格的条件。这是为了提醒司法工作人员，本罪的法定最高刑以及接近法定最高刑的刑罚，不是为一般的盗窃案设置的，也不能对一般的盗窃罪适用升格的法定刑。再如，日本《刑法》第246条对诈骗罪规定的法定刑是"十年以下拘禁刑"。同样，不管行为人骗取何种财物，也无论骗取的数额多大，最高只能判处10年惩役，人们也认为这种法定刑体现了公平正义。可是，如果我国刑法规定诈骗罪的最高法定刑为10年有期徒刑，现阶段也不可能被国民接受。由于诈骗行为可能骗取不同价值的财物，情节也存在差异，分则条文不得不就诈骗罪规定不同档次的法定刑，进而不得不将"情节严重""情节特别严重"作为法定刑升格的条件。

第二，德国、日本等国已经形成了可以信赖法官合理裁量刑罚的量刑"行情"，因此，对许多犯罪只规定一个较大幅度的法定刑，无须分为基本犯的法定刑与加重犯（升格）的法定刑，因而无须描述法定刑升格的条件。而我国还没有形成合理的量刑"行情"，如果对犯罪只规定一个较大幅度的法定刑，则会导致法官的恣意裁量。所以，不得不根据情节分为不同档次的法定刑。例如，日本《刑法》第199条规定，杀人的，处死刑、无期或者五年以上拘禁刑。如果这种幅度的法定刑出现在中国刑法分则中，必然因为其导致法官的恣意裁量而遭受批判。由于没有形成可以信赖法官合理裁量刑罚的量刑"行情"，立法机关不得不想方设法从法条上限制法官的自由裁量权，结局往往是根据一个犯罪的不同情节规定不同的法定刑，于是出现"情节严重""情节较轻"之类的法定刑适用条件。

第三，在我国刑法分则中属于一个犯罪的，在德国、日本等国刑法分则中可能被规定为几个犯罪。于是，在我国刑法分则中对同一犯罪所规定的不同法定刑的适用条件，在国外刑法分则中可能属于几个犯罪的罪状。结局是，国外刑法中减少了法定刑升格条件的规定，代之以规定不同罪名的法定刑。例如，我国刑法分则仅规定了一个盗窃罪，由于盗窃罪从数额到其他情节存在诸多差异，不得不以法定刑升格的方式作出规定，因而不可避免使用"情节严重""情节特别严重"等概念。而德国刑法除规定了普通盗窃罪及其特别严重情形之外，还规定了携带凶器盗窃罪、结伙盗窃罪、侵入住宅盗窃罪、严重的结伙盗窃罪，并且对这些犯罪的罪状作了记述性规定，因而减少了法定刑升格条件的规定。

第四，我国国民的价值观与发达国家国民的价值观还存在差异，一些在国外受到重视的情节在我国也会受到重视，但一些在国外并不受到重视的情节，我国还不得不予以重视。例如，财产犯罪中的数额、行为人所盗窃的是金融机构还是非金融机构等，在国外并不一定受到重视（当然，国外也并非不考虑犯罪数额，但绝对没有像我国这样重视），而我国刑法分则还得予以重视；为了避免挂一漏万，又只好使用"情节严重""情节特别严重"等概念。例如，日本刑法仅将致人负伤或者死亡作为抢劫罪的结果加重犯予以规定，而我国刑法分则大量地考虑了抢劫的其他情节。再如，日本刑法仅将致人死伤作为强制性交等罪的结果加重犯予以规定，而我国刑法分则大量考虑了强奸的其他情节。

此外，在国外刑法中也能见到将"情节严重"或"情节特别严重"规定为法定刑升格（有的属于加重类型）的情形。例如，德国《刑法》第212条规定，非谋杀而故意杀人的，处五年以上自由刑。情节特别严重的，处终身自由刑。所不同的是，德国刑法常常采取了例示法（Regelbeispiele），即在规定情节特别严重时，同时列举一些通常属于情节特别严重的情形（参见德国《刑法》第243条）。由于是例示法，所以，没有列举的某些情形，也可能被认定为情节特别严重。在少数情况下，即使案件具备法条所列举的情形，法官也可能基于实质的理由认定其不属于情节特别严重。另一方面，对于不同于例示法而详尽描述具体情节的体例，德国学者也并不赞成。如考夫曼教授指出："类型无法被'定义'，只能被'描述'。因此，对立法者而言有两种极端情况：或者整个放弃类型而只给予该类型一个名称。例如，我们在德国刑法第一百八十五条所看到的，该条仅简单规定：'侮辱'将如此如此处罚。此方式将使法律的运用上获得较大的弹性，但相对地也换来法律的不安定性。——或者试着尽可能精细地（'列举地'）描述类型。——例如德国刑法第二百五十条加重强盗罪之规定。① 此种方式具有较大法律安定性之优点，但也造成谨慎拘泥以及与实际生活脱节的结果——耗费大而收获小（事倍功半）。"②

综上所述，在我国现阶段，将"情节严重""情节特别严重"规定为法定刑升格的条件，还不可能避免。但我们从刑法分则条文不难看出，刑法分则条文对法定刑升格的表述存在两种极端情况：其一是放弃描述具体情节，而以"情节严重"或"情节特别严重"概括。这种方式将使刑法的适用获得较大弹性，不致遗漏应当导致法定刑升格的情节，从而实现刑法的正义，但相对地也造成法律的不安定性。其二是尝试着尽可能精细地（"列举地"）描述各种具体情节，如前述我国《刑法》第263条。此种方式的优点在于，使刑法具有较大的安定性，但正如考夫曼教授上面所分析的那样，造成了与实际生活不相符合的结果。所以，在前述两种方式之间取中庸之道，采用德国刑法中经常运用的"例示法"，由司法工作人员根据例示的情形判断其他没有例示的情形是否属于"情节严重"或者"情节特别严重"，是比较理想的立法例。与这种例示法本质上完全相同的方式是：具体描述几种法定刑升格方式后，最后设置一项"具有其他严重情节"或者"具有其他特别严重情节"的规定。

我国刑法分则有一些条文对法定刑升格条件采取了列举具体情节再设立"兜底规定"的方式。例如，《刑法》第318条第1款前6项规定了6种具体的升格条件，第7项规定了"有其他特别严重情节的"。第7项的规定，使得法定刑升格的情形不会被遗漏；第1～6项的规定，一方面使得司法工作人员能够明确范围，另一方面也为第7项的认定提供了例示，从而使司法工作人员能够合理地确定"其他特别严重情节"的范围。《刑法》第170条、第321条的规定也是如此。

刑法分则还有一些条文虽然表面上只有局部的"兜底规定"，但由于既有具体描述，又将"情节严重"或"情节恶劣"作为法定刑升格的条件，也有利于克服前述两种极端方式的弊端。例如，《刑法》第236条第1款与第2款分别规定了普通强奸与奸淫幼女的罪状与法定刑，该条第3款规定："强奸妇女、奸淫幼女，有下列情形之一的，处十年以上有期徒刑、无期徒刑或者死刑：（一）强奸妇女、奸淫幼女情节恶劣的；（二）强奸妇女、奸淫幼女多人的；（三）在公

---

① 该条详细地规定了各种加重强盗的情节，但不属于例示法。

② ［德］亚图·考夫曼：《类推与"事物本质"——兼论类型理论》，吴从周译，颜厥安审校，学术文化事业有限公司1999年版，第117页。

共场所当众强奸妇女、奸淫幼女的；（四）二人以上轮奸的；（五）奸淫不满十周岁的幼女或者造成幼女伤害的；（六）致使被害人重伤、死亡或者造成其他严重后果的。"由于该规定的第 1 项将"情节恶劣"规定为法定刑升格的条件（相当于兜底规定），第 6 项设有"造成其他严重后果的"规定，故不致形成遗漏。例如，在实践中发生了这样的案件：行为人奸淫幼女的行为本身情节并不恶劣，但其行为导致 11 岁的幼女怀孕并产下一婴儿，由此引起的对幼女身心健康的损害后果可想而知。倘若需要对行为人判处 10 年以上有期徒刑，则可以认为，《刑法》第 236 条第 3 款第 6 项所规定的"造成其他严重后果"包括这种情形。

可以肯定，将"情节严重""情节特别严重"作为法定刑升格的条件，虽然具有合理性，但增加了法官的判断难度。一些法官不敢对情节是否严重下结论，便要求最高司法机关作出司法解释。诚然，"情节严重""情节特别严重"是一种规范的概念，需要法官的价值判断。但是，如前所述，这并不意味着法官可以恣意判断，而应当根据案件事实与一般人的价值观念作出判断，所以，法官需要了解一般国民的价值观，了解一般国民的法感情。

事实上，对"情节严重""情节特别严重"的判断并非十分困难。首先应当确定的是"情节"的内容，其次根据一般人的价值观判断是否"严重"或"特别严重"。从具体方法来说，对刑法分则相关条文就法定刑升格条件的详细规定进行归纳整理，就可以使"情节严重""情节特别严重"的判断明确化。例如，刑法分则的许多条文将致人重伤或者死亡、导致其他严重后果、犯罪的首要分子、残酷的手段、特定的犯罪对象、多次实施犯罪或者对多人实施犯罪等作为法定刑升格的条件，因此，当刑法分则条文概括性地将"情节严重"或"情节特别严重"作为法定刑升格条件时，法官也应当从上述几个方面来判断情节是否严重、是否特别严重。例如，与抢劫罪的法定刑升格条件类比，抢夺造成严重后果的，入户抢夺的，多次抢夺的，抢夺军用物资、抢险、救灾、救济物资的，一般也应认定为情节严重。

问题是，"情节严重"中的情节，究竟是指什么情节？能否认为，任何一个方面的情节严重，都属于情节严重？本书持否定回答。作为法定刑升格条件的情节严重，只限于表明违法性的情节严重。换言之，"情节严重"中的情节，并不是指任何情节，只能是指客观方面的表明法益侵害程度的情节，包括对同一法益更为严重的侵害、行为侵害了另一法益以及违法类型加重等情形（如后所述，只有当行为人对客观违法事实具备有责性时，才能令行为人对该客观违法事实承担责任）。

我国刑法理论一直认为，社会危害性是犯罪的本质特征，而社会危害性是由客观危害与主观恶性组成，所以，一个行为的社会危害性是否严重，不仅取决于客观危害的大小，而且也取决于主观恶性的大小。于是，客观危害与主观恶性都是为犯罪奠定基础的概念，二者可以相加。当一个行为的客观危害比较小，但主观恶性较大时，其社会危害性便达到了值得科处刑罚的程度；反之亦然。① 由于情节严重本身是一个综合性的概念，刑法分则条文将情节严重作为综合性的构成要件要素时，就是为了使行为的社会危害性达到值得科处刑罚的程度。所以，情节严重中的情节，就不限于客观方面的情节，同时也包含了主观方面的情节。② 但是，这种观点存在疑问。

犯罪的实体是违法与责任；违法与责任不是相加关系，而是阶层关系或者限制关系。③ 所以，一方面，行为虽然符合客观构成要件，具有违法性，但只要行为人对违法事实没有非难可能性，其行为就不构成犯罪。另一方面，即便行为具有违法性，行为人也只是对其中有责任的违法行为及其结果承担责任，而不意味着其对全部违法行为及其所有结果均承担责任。例如，在故意伤害致人死亡的场合，倘若行为人只是对伤害结果有故意，而对致死结果并无过失，便只能认定为普通的故意伤害罪，而不能认定为故意伤害致死。再如，行为人盗窃他人价值千元左右的摩托车（达到数额较大的起点），根本不知道该车藏有数万元现金（数额巨大）。由于行为人对数额巨大并无责任，故只能适用数额较大的法定刑，不能适用数额巨大的法定刑。所以，责任要素虽然也为非难可能性提供根据，但同时起着限制责任范围的重要作用。此外，责任是对不法的责任，讨论非难可能性的前提是存在具体的违法事实。脱离了法益侵害行为，单纯的"主观恶性"或者卑鄙的想法、心情，不能成为责任的内容。

由于行为人只应对能够归责于他的违法事实承担责任，所以，应当得出以下三个结论：其一，如果行为的违法性没有达到值得科处刑罚的程度，那么，即便其主观上再值得谴责，也并非有责性意义上的责任，不应当认定为犯罪。例如，行为人明知他人的300元现金是用于治疗疾病的，仍然窃取了该300元现金。由于没有达到数额较大标准，也不具有多次盗窃、入户盗窃等情形，即使按通行的观念认为行为人主观恶性大，行为人也不具备盗窃罪的责任。其二，责任是对违法事实的责任，它必须与违法事实相关联，并无在内容上独立于违法性之外的责任（不存在无违法的责任）。例如，单纯的动机卑鄙，无论如何都不能作为定罪根据。其三，基于同样的理由，当客观违法程度并没有加重或提高时，就不存在加重的责任。

---

① 参见高铭暄、马克昌主编：《刑法学》（第十版），北京大学出版社、高等教育出版社 2022 年版，第 43 页。
② 参见陈兴良：《规范刑法学》（第四版）（上册），中国人民大学出版社 2017 年版，第 194 页。
③ 参见张明楷：《犯罪构成体系与构成要件要素》，北京大学出版社 2010 年版，第 33 页。

对情节严重也只能如此理解。亦即，只有当行为人对客观的侵害法益的严重情节具有非难可能性时，才能将该严重情节归责于他。既然如此，就不存在一种单纯的主观方面的情节严重。例如，单纯的动机卑鄙，就不属于情节严重。否则，就相当于间接处罚了无不法的"责任"，是主观归罪的做法。质言之，作为法定刑升格的情节严重中的情节，也只能是表明客观的法益侵害的情节。如后所述，根据责任主义的要求，在故意犯罪中，要求行为人对表明情节严重的前提事实具有认识；在过失犯罪中，要求行为人对表明情节严重的前提事实具有认识可能性。换言之，作为法定刑升格的情节严重，首先必须是表明法益侵害的客观情节；其次在故意犯的场合，要求行为人对该客观情节具有故意，在过失犯的场合，要求行为人对该客观情节具有过失。但对法定刑升格情节的故意与过失，以客观上存在法定刑升格的事实为前提，所以，只需要将作为法定刑升格条件的情节严重或者特别严重，理解为表明提升违法程度的情节。

特别需要说明的是，不能将影响特殊预防必要性大小的因素，作为法定刑升格的情节。这涉及责任刑与预防刑的关系问题。

根据处理责任刑与预防刑关系的点的理论，与责任相适应的刑罚只能是正确确定的某个特定的刑罚（点），而不存在幅度；不能认为在某种幅度内的刑罚都是等价的制裁、正当的报应；与责任相适应的刑罚常常是一种唯一的存在，即使人们不能确定地把握这个点，但也不能否认这个点的存在。根据点的理论，在确定了与责任相适应的具体刑罚（点）之后，只能在这个点以下考虑预防犯罪的需要。[①] 点的理论的具体内容可归纳如下：（1）客观上存在与责任相适应的确定的刑罚（点），法官主观上也能够认识到这种确定的刑罚；（2）刑罚与责任相适应，是指刑罚不能超出责任刑的点；（3）法官只能在点之下考虑预防犯罪的需要；（4）在具有减轻处罚情节的场合，法官能够在点之下低于法定刑考虑预防犯罪的需要。

作为刑罚正当化根据的并合主义为点的理论提供了充分根据。报应刑论与目的刑论都可以从一个角度说明刑罚的正当化根据，但并合主义并不是二者的简单相加，而是辩证的结合。[②] 因为报应刑论与目的刑论各有利弊，并合主义要求二者优势互补、弊害互克。目的刑论往往导致刑罚过重，报应刑论正好给刑罚划定了上限，使得刑罚不得超出报应的范围；但报应刑论导致从预防角度而言不需要判处刑罚时也必须科处刑罚、特殊预防必要性小时也可能判处严厉刑罚，目的刑

---

① 参见［日］城下裕二：《量刑基准的研究》，成文堂1995年版，第83页。

② Vgl. Hans-Heinrich Jescheck/Thomas Weigend, Lehrbuch des Strafrechts: Allgemeiner Teil, 5. Aufl., Duncker & Humblot, 1996, S. 85.

论正好解决了这一问题：如果没有预防犯罪的效果或者从预防犯罪的角度而言不需要判处刑罚，就不应当判处刑罚，这为免除刑罚处罚找到了根据；如果预防的必要性小，就可以判处较轻的刑罚。显然，在责任刑（点）之下考虑预防犯罪的需要，正是并合主义在量刑上的具体表现。

点的理论是消极的责任主义在量刑中的具体表现。在我国，不能违反责任主义，不得将被告人作为工具这样的观念，显得尤为重要。"由责任确定上限，是最重要的规制原理。从如何规制法官在量刑中的裁量的观点来看，支持有可能暗中摆脱这一规制的理论，是不理想的。围绕责任的实体的争论，虽然是观念性的，但重要的是必须从实际上的观点决定以哪一种立场为前提更能够实现合理的量刑这一问题。"① 责任主义的核心是保障行为人的自由与权利。采取点的理论，意味着法官在考虑预防必要性大小之前，必须确定责任刑这个点。即使确定这个点比较困难，所确定的点也可能并不十分精确，但这个点的确定，可以限制法官对预防刑的考虑，防止法官量刑的恣意性，从而保障行为人的权利。

点的理论可以防止不正义的重刑。众所周知，目的刑论（一般预防论与特殊预防论中的威慑刑论）常常过分强调刑罚的威吓功能，然而，"过份强调刑罚的威吓功能，而把'重典'当作刑事政策的万灵丹，误信杀一可儆百，并期杀一奸之罪而得止境内之邪，造成严刑峻法之局。这在表面上似乎颇具刑事政策的目的性，可是事实上却无抗制犯罪之功能，这是古今中外均有过的现象。在欧洲各国的刑罚史上，也曾出现过这种过份强调一般预防的刑事政策，而造成在刑事立法与刑事司法上，均有超越罪责程度相称的刑罚主张"②。积极的一般预防论同样可能导致重刑。③ 点的确定，划定了与责任相适应的刑罚上限，使得法官不能超出上限裁量刑罚，从而避免了不正义的重刑。④

不难看出，影响特殊预防必要性大小的因素，只是在选择了法定刑并确定了责任刑的点之后才考虑的因素，而不是在选择法定刑时就需要考虑的因素。显然，作为法定刑升格条件的情节严重，是选择法定刑所需要考虑的，故不能将影响特殊预防必要性大小的因素（如动机卑鄙等）作为情节严重的内容。基于同样的理由，影响一般预防必要性大小的因素，也不能纳入法定刑升格条件予以考虑。相反，如果基于预防必要性较大的理由升格法定刑，就意味着可以在不法、

---

① ［日］本庄武：《从刑罚论看量刑基准（1）》，《一桥法学》2002 年第 1 期。
② 林山田：《刑罚学》（第二版），商务印书馆 1983 年版，第 70 页。
③ 参见［日］城下裕二：《量刑基准的研究》，成文堂 1995 年版，第 132 页。
④ 关于责任刑与预防刑的关系，参见张明楷：《责任主义与量刑原则——以点的理论为中心》，《法学研究》2010 年第 5 期。

责任之外提高量刑的上限，这就破坏了并合主义通过责任刑制约量刑上限的机能。

对"情节严重""情节特别严重"的判断与认定，不得违反刑法精神。下面联系司法解释分析几种情况。

第一，有的司法解释规定，累犯属于法定刑升格条件中的"情节严重""情节特别严重"，这明显违反了责任主义与刑法总则关于累犯的规定。例如，1997年11月4日发布的《最高人民法院关于审理盗窃案件具体应用法律若干问题的解释》（已废止）第6条第3项规定："盗窃数额达到'数额较大'或者'数额巨大'的起点，并具有下列情形之一的，可以分别认定为'其他严重情节'或者'其他特别严重情节'：……4.累犯……"可是，累犯虽然是法定刑的从重处罚情节，但它只是预防刑情节，即只能在责任刑的点之下影响量刑。然而，上述解释却直接使累犯成为法定刑升格的条件，明显违反了责任主义。不仅如此，这种解释还明显违反了《刑法》第65条关于累犯"从重"处罚的规定，导致对盗窃罪的累犯提高法定刑，比加重处罚有过之而无不及。或许正因为如此，2013年4月2日发布的《最高人民法院、最高人民检察院关于办理盗窃刑事案件适用法律若干问题的解释》删除了上述规定。

第二，有的司法解释规定，受过刑事处罚或行政处罚后再犯同种罪的属于法定刑升格条件中的"情节严重""情节特别严重"，这也明显违反了刑法精神。例如，2017年1月25日发布的《最高人民法院、最高人民检察院关于办理组织、利用邪教组织破坏法律实施等刑事案件适用法律若干问题的解释》指出："曾因从事邪教活动被追究刑事责任或者二年内受过行政处罚，又从事邪教活动……社会危害特别严重的"，"应当认定为刑法第三百条第一款规定的'情节特别严重'"。根据《刑法》第300条的规定，组织和利用会道门、邪教组织或者利用迷信蒙骗他人，致人死亡的，处3年以上7年以下有期徒刑；情节特别严重的，处7年以上有期徒刑。前述司法解释规定的"曾因从事邪教活动被追究刑事责任或者二年内受过行政处罚"的情形，不仅包括了累犯，而且包括了不构成累犯的情形。根据《刑法》总则第65条的规定，累犯应当从重处罚；而司法解释的上述内容不仅导致累犯加重处罚，而且导致不构成累犯的再犯甚至连再犯也不成立的情形也加重处罚，而加重幅度不止一格，这也严重违反了刑法精神，应予撤销。再如，2017年6月27日发布的《最高人民法院、最高人民检察院关于办理扰乱无线电通讯管理秩序等刑事案件适用法律若干问题的解释》第2条第9项，将"曾因扰乱无线电通讯管理秩序受过刑事处罚，或者二年内曾因扰乱无线电通讯管理秩序受过行政处罚"作为法定刑升格情节。显然，此处规定的也是影响特殊预防的情节，将其作为法定刑升格情节，明显不当。

第三，有的司法解释对自然人犯罪与单位犯罪规定了不同的条件，即单位犯罪的"情节严重""情节特别严重"不同于自然人犯罪的"情节严重""情节特别严重"，这也存在疑问。例如，《刑法》第 217 条规定的侵犯著作权罪与《刑法》第 225 条规定的非法经营罪，行为主体既可以是自然人也可以是单位。1998 年 12 月 17 日发布的《最高人民法院关于审理非法出版物刑事案件具体应用法律若干问题的解释》不仅针对自然人与单位规定了不同的定罪条件，同时也规定了不同的加重条件。如其第 2 条规定，"以营利为目的，实施刑法第二百一十七条所列侵犯著作权行为之一，个人违法所得数额在 20 万元以上，单位违法所得数额在 100 万元以上的，属于'违法所得数额巨大'；具有下列情形之一的，属于'有其他特别严重情节'：（一）个人非法经营数额在 100 万元以上，单位非法经营数额在 500 万元以上的；（二）造成其他特别严重后果的"。该解释的第 11 条、第 12 条、第 13 条指出：违反国家规定，出版、印刷、复制、发行扰乱市场秩序的非法出版物，情节严重的，以非法经营罪定罪处罚。个人实施该行为，"具有下列情形之一的，属于非法经营行为'情节特别严重'：（一）经营数额在 15 万元至 30 万元以上的；（二）违法所得数额在 5 万元至 10 万元以上的；（三）经营报纸 15 000 份或者期刊 15 000 本或者图书 5 000 册或者音像制品、电子出版物 1 500 张（盒）以上的"。单位实施该行为，"具有下列情形之一的，属于非法经营行为'情节特别严重'：（一）经营数额在 50 万元至 100 万元以上的；（二）违法所得数额在 15 万元至 30 万元以上的；（三）经营报纸 5 万份或者期刊 5 万本或者图书 15 000 册或者音像制品、电子出版物 5 000 张（盒）以上的"。类似这样的解释，都大有商榷的余地。

当刑法规定的某种犯罪既可以由自然人构成，也可以由单位构成时，其加重罪状既是针对自然人而言的，也是针对单位而言的。但当刑法没有针对自然人与单位规定不同的加重条件时，解释者没有理由根据主体的不同规定不同的加重条件。犯罪的本质是侵犯法益，而不是行为人获得利益。因为惩罚恶就是保护善，即惩罚恶是为了保护恶行所侵犯的利益。刑法之所以禁止犯罪，就是因为犯罪侵犯了法益。我们通常说社会危害性是犯罪的本质特征，而根据《刑法》第 13 条的规定，所谓社会危害性，实际上就是行为对法益的侵犯性。① 法律不禁止任何人获得利益，但是，"任何人不得因自身的不法获得利益"（Commodum ex injuria suanemo habere debet）。因为不法行为是侵犯他人法益的行为，所以，任何人不得实施侵犯法益的行为，行为侵犯法益的本质成为法律禁止的根据。既然刑法的

---

① 将《刑法》第 2 条与第 13 条进行比较对照，也可以发现刑法的目的与犯罪的本质正相对：犯罪的本质是侵犯合法权益，刑法的目的是保护合法权益。

目的是保护法益，犯罪的本质是侵犯法益，那么，犯罪人主观上对利益的追求、客观上所获得的利益，就不是重要问题。定罪与量刑，从根本上考虑的是行为对法益的侵犯程度，而不是行为人是否获得利益以及获得利益的多少。集资诈骗罪之所以重于非法吸收存款罪，从表面上看，是因为前者的行为人出于非法占有的目的，而后者的行为人没有该目的；但实质上是因为，前者不仅侵犯了金融秩序，而且侵害了他人的财物，后者只是侵犯了金融秩序，前者对法益的侵害重于后者。因此，即使在某些情况下刑法对行为人主观上追求利益的目的与结果作出了规定，我们也要领会其背后的实质是对法益侵犯性的要求。上述司法解释之所以对自然人与单位规定不同的加重条件，其背后所考虑的无非有两点：其一，由于是单位集体实施的，单位获取的利益远远高于自然人获取的利益时，才能认定为情节特别严重或者数额特别巨大。其二，单位犯罪后所获得的利益不是归个人，而是归单位。然而，不管是单位集体侵犯著作权还是自然人侵犯著作权，不管是单位集体非法经营还是自然人非法经营，对市场经济秩序的破坏程度没有任何不同。单位犯罪所获取的利益归谁所有，对于被害人而言没有差异。由此可以得出以下结论，在某一犯罪的主体既可以是单位也可以是自然人，且法定的构成要件与法定刑升格条件相同的情况下，不应因单位与自然人的区别而对构成要件与升格条件作出不同解释。

联系刑法分则的相关规定，也应当得出这样的结论。例如，刑法第140条规定的生产、销售伪劣产品罪的主体既可以是自然人，也可以是单位，但对销售金额的要求都是"五万元以上"，法定刑升格的条件也没有因为主体的不同而有所变化。再如，在《刑法修正案（八）》之前，《刑法》第153条规定的走私普通货物、物品罪的主体既可以是自然人也可以是单位，但对偷逃应缴税数额的要求都是"五万元以上"，没有因为自然人与单位的不同而作出不同数额的规定，法定刑升格的条件也没有因为主体的不同而有所变化。又如，《刑法》第201条规定的逃税罪的主体既可以是自然人也可以是单位，法定刑升格的条件都是逃税"数额巨大并且占应纳税额百分之三十以上"（在《刑法修正案（七）》之前，均为"占应纳税额的百分之三十以上并且偷税数额在十万元以上"），也没有因自然人与单位的不同而规定不同的数额与比例。① 刑法分则的许多条文规定自然人与单位均可成为犯罪主体，也没有规定不同的构成要件与升格条件，只是没有像《刑法》第140条、第153条、第201条那样对数额作统一规定。在这种情况下，刑法理论与司法机关也不能因为主体的不同而作出不同解释，相反应坚持统

---

① 刑法修正案删除数额的具体规定，并不是为了使司法解释可以分别就自然人犯罪与单位犯罪规定不同的定罪起点，而是为了避免定罪的机械性。

一标准，这正是犯罪的本质所决定的。

三、升格条件的作用变更

我国刑法分则的大多数法条都规定了两个以上的法定刑幅度，故大多数犯罪都可以分为基本犯与加重犯。一个行为只有符合基本犯的成立条件，才可能因为符合升格条件进而成立对应的加重犯，适用升格的法定刑。如若不符合基本犯的成立条件，则不可能因为符合升格条件而成立加重犯。例如，如果行为不成立抢劫罪的基本犯，就不可能因为具备"入户"情节，而成立抢劫罪的加重犯。所以，一般来说，符合升格条件的情节（加重情节）发挥作用的前提是基本犯已经成立。

但是，刑法分则的任何条文都不可能完整描述所有案件事实，完全可能存在这样的情形：如果不考虑案件的升格情节，则被告人的行为并不成立相应的基本犯，而以更轻的犯罪或者无罪处理并不妥当；但如果将被告人的行为评价为加重犯，则不仅违反禁止重复评价原则，而且导致量刑畸重，违反罪刑相适应原则。为了避免这样的局面，完全可能将符合升格条件的事实评价为基本犯的构成事实，从而仅按基本犯处罚。这便是本书所称的升格条件的作用变更或者升格（加重）情节的作用变更。亦即，升格情节的作用原本是在行为成立基本犯的前提下为适用加重法定刑提供根据，但在某些情况下可能变更为成立基本犯的事实根据（构成事实）。

（一）升格情节作用变更的可能性

构成要件是对不法行为的类型性描述，而不可能是对具体案情的描述。刑法分则对升格情节的描述同样具有类型性。升格情节与基本犯的构成事实虽然呈现阶梯关系，但可以肯定的是，在一些案件中，如果不考虑升格情节，被告人的行为便不成立特定的基本犯；如果考虑升格情节则能够满足基本犯的成立条件。在这种情形下，完全可以将升格情节作为基本犯的构成事实予以评价，进而肯定基本犯的成立。

例如，被告人陈某、唐某某、朱某等人得知被害人韩某某在家中非法经营网络游戏，销售游戏"金豆"，遂产生冒充警察拿走韩某某电脑，再将电脑内游戏账户中"金豆"变现的想法。后陈某、唐某某、朱某等人驾车到韩某某家楼下，陈某在楼下望风等候，唐某某、朱某身着警服，携带相机上楼，二人自称是公安局网络犯罪稽查科民警，以韩某某涉嫌犯罪为由进入韩某某家中，唐某某、朱某推搡韩某某等四人，让四人抱头蹲下不要动，并使用数码相机对四人拍照"取证"，后二人将屋内电脑主机等设备拿走。陈某、唐某某、朱某等人返回后又通过网络将韩某某等人游戏账户内的"金豆"销售变现。经鉴定，电脑等设备价值 6 724 元。第一种观点认为，陈某、唐某某、朱某冒充执行公务的人民警察以被害人非法经营网络游戏为名，采取恐吓等暴力行为非法占有被害人财物，其行为属于《刑法》第 263 条第 6 项"冒充军警人员抢劫的"情形，应适用"十年以上有期徒刑、无期徒刑或者死刑"的法定刑。第二种意见认为，陈某、唐某某、朱某冒充执行公务的人民警察以被害人非法经营网络游戏为名进行招摇撞骗，应以招摇撞骗罪定罪处罚。①

可是，第一种观点对"冒充军警人员"进行了重复评价，导致量刑畸重。第二种观点却没有评价行为人压制被害人反抗与非法获得财物的事实。换言之，即使认为陈某等人的行为构成招摇撞骗罪，也至少与敲诈勒索罪成立想象竞合。②一旦肯定敲诈勒索罪的成立，就必须进一步考虑陈某等人的行为是否成立抢劫罪。否认本案成立抢劫罪的法官所提出的理由，可以归纳为以下几点：（1）成立抢劫罪，要求暴力、胁迫或者其他方法足以压制被害人反抗；成立既遂的抢劫罪，则要求行为人的暴力、胁迫或者其他手段已经压制被害人反抗进而取得财物。（2）本案的轻微暴力并未达到压制被害人反抗，因为行为人仅有"粗暴推搡"行为，也未携带枪支等工具，人员也不占优势。（3）四名被害人之所以抱头蹲下不动，是因为行为人冒充警察，且一系列行为与警察执法程序高度相似。于是，被害人基于受"骗"而让行为人取走财物。③

本书完全认可上述第（1）点，问题出在后面两点。法官之所以得出不构成抢劫罪的结论，显然是没有将被告人冒充警察这一事实作为判断暴力、胁迫行为是否达到压制被害人反抗程度的资料，只是将冒充警察这一事实作为认定被害人受"骗"的依据。然而，被害人并非单纯地受骗，而是同时产生了不敢反抗的恐惧心理。被害人之所以不敢反抗，就是因为被告人冒充警察。所以，在本案中，如果对冒充警察实施暴力、胁迫行为进行整体评价就会发现，正是因为冒充警察并实施轻微暴力、胁迫的行为压制了被害人的反抗。既然如此，就难以否认被告人的行为成立抢劫罪。

但是，不能因为被告人的行为构成抢劫罪，就适用"冒充军警人员抢劫"的规定。这是因为，冒充警察这一行为已经评价为基本犯的构成事实。根据禁止重复评价的原则，当一个情节已经被评价为基本犯的构成事实时，该情节就已经对定罪发挥了作用，既不能将该情节作为从重处罚的量刑情节，更不能作为加重

① 参见祁磊：《冒充警察非法占有他人财物过程中伴随轻微暴力的行为定性》，《人民法院报》2020 年 6 月 18 日，第 6 版。
② 当然，在本案中敲诈勒索罪与诈骗罪也可能具有想象竞合关系。
③ 参见祁磊：《冒充警察非法占有他人财物过程中伴随轻微暴力的行为定性》，《人民法院报》2020 年 6 月 18 日，第 6 版。

处罚的情节。

一方面，一个情节作为基本犯的构成事实已经在定罪和确定相应的法定刑时，起到了应有的作用，不能再作为量刑情节考虑。这是立法与司法的分工协同关系决定的。详言之，为了追求适正的刑罚，立法者与法官承担了不同的任务。如果是立法者承担的任务范围，法官不仅不再承担该任务，而且不得侵入立法者承担的任务范围。立法者根据刑法的目的确定不法要素与责任要素，并规定了相应的法定刑。在此，立法者已经就不法与责任进行了类型性评价。所以，法官在量刑时，不能再评价立法者已经做出了类型性评价的要素，已经作为犯罪构成的事实，不能再次成为量刑评价的对象。[①] 另一方面，一个情节作为基本犯的构成事实已经在定罪和确定相应的法定刑时起到了应有的作用后，就不能再评价为适用加重法定刑的升格情节。这是禁止双重处罚的原则的要求。

综上所述，虽然冒充军警人员抢劫是升格情节，但如果排除冒充军警人员的情节后不能成立抢劫罪的基本犯，正是因为冒充军警人员才压制被害人反抗进而强取财物时，升格情节的作用变更为基本犯的构成事实，只能认定为抢劫罪的基本犯。由此可见，升格情节变更评价为基本犯的构成事实，是完全可能的。

（二）升格情节作用变更的基本条件

只有当形式上的升格情节符合基本犯的构成要件时，才可能将升格情节评价为基本犯的构成事实。由于基本犯的构成要件以保护法益为目的，所以，必须从保护法益的角度讨论。

一般来说，升格情节都是表明基本犯的不法加重的情节。[②] 但是，加重犯的不法性质与基本犯的不法性质既可能相同，也可能不完全相同。所谓不法性质相同，是指加重犯的保护法益与基本犯的保护法益相同。例如，盗窃、诈骗等罪中的数额较大是基本犯情节，数额巨大与数额特别巨大属于升格情节，其不法只是量的加重，不管是基本犯还是加重犯，保护法益都是财产。所谓不法性质不完全相同，是指加重犯不仅保护基本犯的法益，而且保护另一法益。例如，强奸罪的基本犯侵害的法益是妇女的性行为自主权，但强奸"致使被害人重伤、死亡"这一升格情节侵犯的法益，除了性行为自主权外，还包括被害人的健康与生命。再如，抢劫罪的基本犯侵害的法益是被害人的意志自由与财产，但"抢劫致人重伤、死亡"这一升格情节侵犯的法益还包括被害人的健康与生命。显然，只有当加重犯的保护法益与基本犯的保护法益相同或者包含了基本犯的保护法益时，升

---

① 参见［日］川崎一夫：《体系的量刑论》，成文堂1991年版，第145～146页。
② 由于责任是对不法的责任，责任的轻重首先取决于不法程度，所以，单纯的所谓责任严重不应成为法定刑加重的条件。

格情节才可能变更为基本犯的构成事实。因为任何犯罪都是特定的行为类型，而不是各种事实的简单拼凑；同样的暴力行为，所侵犯的法益可能完全不同。例如，并非任何侵犯健康与生命的暴力行为，都是对妇女性行为自主权的侵犯或者对他人财产的侵犯。所以，升格情节能够表明基本犯的保护法益受到更严重的侵犯，是将该升格情节评价为基本犯的构成事实的实质根据。相反，如果升格情节不能体现基本犯的保护法益，那么就不能用升格情节补充原本不满足的基本犯构成要件。

但是，仅有实质根据还不够。因为刑法实行罪刑法定原则，构成要件具有罪刑法定主义的机能，只有当升格情节与基本犯的具体构成要件相符合时，才能将升格情节变更评价为基本犯的构成事实。联系刑法分则的具体规定，大体存在如下需要说明的情形。

第一，在基本犯的构成要件对暴力、胁迫等手段及其程度存在要求的场合，只有将表现为特别手段的升格情节作为判断资料才符合基本犯的构成要件要求时，升格情节只能变更评价为基本犯的构成事实。

具体而言，在基本犯不仅要求某种手段，而且要求行为手段达到（足以）压制被害人反抗的程度时，在具体案件中，如果将属于升格情节的特别手段排除在外，行为人的手段不足以压制被害人反抗时，可以将作为升格情节的特别手段评价为基本犯的构成事实，从而符合基本犯的手段及其程度要求。前述冒充军警人员抢劫是其适例。

基于同样的理由，如果被害人只是因为行为人携带了枪支而不敢反抗，行为人除了以枪支相威胁外，并无其他暴力、胁迫等压制被害人反抗的手段，也只能认定为普通抢劫罪。亦即，"持枪"这一升格情节应当变更评价为抢劫罪基本犯的构成事实。反过来说，只有当排除"持枪"情节后，行为人的行为依然成立抢劫罪，才宜适用"持枪抢劫"的加重法定刑。

在基本犯的构成要件对暴力、胁迫等手段及其程度存在要求的场合，如果将升格情节作为判断资料，也不能达到基本犯的手段及其程度的要求时，则不能将升格情节变更评价为基本犯的构成事实。例如，行为人在公共交通工具上对被害人实施恐吓行为，要求被害人交付财物。如果恐吓行为本身没有达到足以压制被害人反抗的程度，就不能仅基于行为人具有"在公共交通工具上"实施行为的情节，将其认定为普通抢劫罪。同样，如果暴力、胁迫行为没有达到足以压制他人反抗的程度，就不能仅因具有"入户"情节，就将其认定为普通抢劫罪。

第二，在基本犯的成立要求发生具体的构成要件结果的场合，只有将表现为结果的升格情节作为判断资料才符合基本犯的构成要件结果要求时，升格情节只能作为基本犯的构成事实。例如，《刑法》第291条之一第1款规定："投放虚假的爆炸性、毒害性、放射性、传染病病原体等物质，或者编造爆炸威胁、生化威胁、放射威胁等恐怖信息，或者明知是编造的恐怖信息而故意传播，严重扰乱社会秩序的，处五年以下有期徒刑、拘役或者管制；造成严重后果的，处五年以上有期徒刑。"其中的"严重扰乱社会秩序"是基本犯的构成要件结果，"造成严重后果"则是加重结果（升格情节的一种情形）。2013年9月18日公布的《最高人民法院关于审理编造、故意传播虚假恐怖信息刑事案件适用法律若干问题的解释》第2条规定，具有下列情形之一的，应当认定为"严重扰乱社会秩序"：（1）致使机场、车站、码头、商场、影剧院、运动场馆等人员密集场所秩序混乱，或者采取紧急疏散措施的；（2）影响航空器、列车、船舶等大型客运交通工具正常运行的；（3）致使国家机关、学校、医院、厂矿企业等单位的工作、生产、经营、教学、科研等活动中断的；（4）造成行政村或者社区居民生活秩序严重混乱的；（5）致使公安、武警、消防、卫生检疫等职能部门采取紧急应对措施的；（6）其他严重扰乱社会秩序的。该司法解释第3条规定了从重处罚的情形①，第4条将"妨碍国家重大活动进行的"规定为"造成严重后果"的情形之一。倘若行为人编造、故意传播虚假恐怖信息，并不存在上述司法解释第2条与第3规定的情形，却存在第4条规定的"妨碍国家重大活动进行的"，由于这一升格情节能够被评价为"严重扰乱社会秩序"，故对行为人的行为只能按编造、故意传播虚假恐怖信息罪的基本犯处罚。如若适用加重的法定刑，则属于重复评价，明显不当。

第三，在基本犯以情节严重（恶劣）为要件时，由于情节严重是指不法的情节严重，所以，只要能够表明不法加重的情节，都可能评价为基本犯的构成事实。

其一，行为造成的加重结果均可能评价为基本犯的构成事实。亦即，升格情节表现为加重结果时，如果除加重结果外不能将案件事实评价为情节严重，则应当将加重结果作为判断资料，认定行为符合基本犯的情节严重的要求，进而认定为基本犯。

例如，《刑法》第260条第1款与第2款规定："虐待家庭成员，情节恶劣的，处二年以下有期徒刑、拘役或者管制。犯前款罪，致使被害人重伤、死亡

---

① 2013年9月18日公布的《最高人民法院关于审理编造、故意传播虚假恐怖信息刑事案件适用法律若干问题的解释》第3条规定："编造、故意传播虚假恐怖信息，严重扰乱社会秩序，具有下列情形之一的，应当依照刑法第二百九十一条之一的规定，在五年以下有期徒刑范围内酌情从重处罚：（一）致使航班备降或返航；或者致使列车、船舶等大型客运交通工具中断运行的；（二）多次编造、故意传播虚假恐怖信息的；（三）造成直接经济损失二十万元以上的；（四）造成乡镇、街道区域范围居民生活秩序严重混乱的；（五）具有其他酌情从重处罚情节的。"

的，处二年以上七年以下有期徒刑。"倘若虐待行为本身没有达到情节恶劣的程度，却引起被害人自杀的，是否定虐待罪的成立，还是认定为普通虐待罪，抑或认定为虐待致人死亡（虐待罪的加重犯）？

2015 年 3 月 2 日最高人民法院、最高人民检察院、公安部、司法部《关于依法办理家庭暴力犯罪案件的意见》指出："根据司法实践，具有虐待持续时间较长、次数较多；虐待手段残忍；虐待造成被害人轻微伤或者患较严重疾病；对未成年人、老年人、残疾人、孕妇、哺乳期妇女、重病患者实施较为严重的虐待行为等情形，属于刑法第二百六十条第一款规定的虐待'情节恶劣'，应当依法以虐待罪定罪处罚。"同时规定："因虐待致使被害人不堪忍受而自残、自杀，导致重伤或者死亡的，属于刑法第二百六十条第二款规定的虐待'致使被害人重伤、死亡'。"①

首先需要说明的是，时间长、次数多、手段残忍等，并不是虐待行为本身的特征，而是情节恶劣的表征。既然虐待时间长、次数多、手段残忍但没有导致被害人自杀身亡的行为也成立虐待罪，就没有理由认为，虐待时间不长、次数不多、手段不残忍但导致被害人自杀身亡的行为反而不成立虐待罪。换言之，一概不将引起被害人自杀这一结果作为"情节恶劣"的判断资料，并不合适。所以，虐待行为本身没有达到情节恶劣的程度却引起被害人自杀的行为，成立虐待罪。

其次可以肯定的是，按照上述意见的规定，如果行为人的虐待行为持续时间较长、次数较多，致使被害人不堪忍受而自杀的，当然应适用加重法定刑。但是，在持续时间短的一二次虐待行为导致被害人自杀的场合，如果不考虑自杀这一结果，就不可能评价为情节恶劣。只有将自杀结果作为基本犯的情节予以考虑，才能认定为情节恶劣。对于这样的案件，就只能认定为虐待罪的基本犯。换言之，上述意见中的"因虐待致使被害人不堪忍受而自残、自杀"而适用加重法定刑的规定，是以虐待行为本身符合情节恶劣的要求为前提的。如若虐待行为本身并非情节恶劣，则不能适用上述规定，即不能适用加重的法定刑。

其二，多次行为可能评价为基本犯的构成事实。亦即，升格情节属于多次行为时，如果除多次行为外不能将案件事实评价为情节严重，则应当将多次行为作为判断资料，认定行为符合基本犯的情节严重的要求，进而认定为基本犯。

例如，《刑法》第 293 条第 1 款规定："有下列寻衅滋事行为之一，破坏社会秩序的，处五年以下有期徒刑、拘役或者管制：（一）随意殴打他人，情节恶劣的；（二）追逐、拦截、辱骂、恐吓他人，情节恶劣的；（三）强拿硬要或者任

---

① 虐待致人死亡包括虐待行为致使被害人自杀身亡的规定，具有一定的合理性（参见张明楷：《论缓和的结果归属》，《中国法学》2019 年第 3 期）。

意损毁、占用公私财物，情节严重的；（四）在公共场所起哄闹事，造成公共场所秩序严重混乱的。"该条第 2 款规定："纠集他人多次实施前款行为，严重破坏社会秩序的，处五年以上十年以下有期徒刑，可以并处罚金。"显然，该条第 1 款前三项均有情节恶劣、严重的要求。在司法实践中，多次实施行为是情节恶劣、严重的表现之一。例如，根据 2013 年 7 月 15 日发布的《最高人民法院、最高人民检察院关于办理寻衅滋事刑事案件适用法律若干问题的解释》的规定，"多次随意殴打他人的"，"多次追逐、拦截、辱骂、恐吓他人，造成恶劣社会影响的"，"多次强拿硬要或者任意损毁、占用公私财物，造成恶劣社会影响的"，应当分别认定为《刑法》第 293 条第 1 款第 1 项至第 3 项规定的"情节恶劣""情节严重"。[①] 显然，如果行为人纠集他人 3 次追逐、拦截，但每一次行为都不足以评价为"情节恶劣"的，只能构成寻衅滋事罪的基本犯，而不能适用第 2 款的规定。[②] 因为"纠集他人多次"这一升格情节，事实上变更为基本犯的构成事实。

其三，刑法条文基本犯虽然没有情节严重的要求，但司法实践事实上要求情节严重，司法解释限制了处罚范围的情形，也完全可能将升格情节变更评价为基本犯的构成事实。

例如，《刑法》第 133 条规定："违反交通运输管理法规，因而发生重大事故，致人重伤、死亡或者使公私财产遭受重大损失的，处三年以下有期徒刑或者拘役；交通运输肇事后逃逸或者有其他特别恶劣情节的，处三年以上七年以卜有期徒刑；因逃逸致人死亡的，处七年以上有期徒刑。"从法条规定来看，只要造成一人重伤就应当构成交通肇事罪。但 2000 年 11 月 15 日《最高人民法院关于审理交通肇事刑事案件具体应用法律若干问题的解释》出于限制处罚范围的目的作了如下一般性规定："交通肇事具有下列情形之一的，处 3 年以下有期徒刑或者拘役：（一）死亡 1 人或者重伤 3 人以上，负事故全部或者主要责任的；（二）死亡 3 人以上，负事故同等责任的；（三）造成公共财产或者他人财产直接损失，负事故全部或者主要责任，无能力赔偿数额在 30 万元以上的。"同时规定："交通肇事致 1 人以上重伤，负事故全部或者主要责任，并具有下列情形之一的，以交通肇事罪定罪处罚：……（六）为逃避法律追究逃离事故现场的。"

"交通运输肇事后逃逸"是交通肇事罪的升格情节，与此同时，司法解释将"为逃避法律追究逃离事故现场"规定为基本犯的成立条件。一种观点认为，司

---

① 另参见最高人民检察院、公安部于 2017 年 4 月 27 日发布的《关于公安机关管辖的刑事案件立案追诉标准的规定（一）的补充规定》第 8 条的规定。

② 2017 年 3 月 9 日发布的《最高人民法院关于常见犯罪的量刑指导意见》规定："纠集他人三次寻衅滋事（每次都构成犯罪），严重破坏社会秩序的，可以在五年至七年有期徒刑幅度内确定量刑起点。"

法解释避免了要么不定罪要么定重罪两个极端，实现了形式合法与实质合理的统一。"即本属交通行政违法，同时具有'为逃避法律追究而逃离事故现场'情节的，可以认定构成交通肇事罪，从而与已构成交通肇事罪而后逃逸则加重处罚的刑法规定，实现了合理区分。"①

但是，仅有实质理由还不够。如前所述，只有当升格情节能够增加基本行为的不法程度，从而使基本行为的法益侵害达到可罚程度时，才可以将升格情节变更评价为基本犯的构成事实。所以，如何理解"逃逸"就成为重要问题。倘若将逃逸理解为逃避法律追究而逃离事故现场，则该事实既没有增加不法程度，也没有增加责任程度。因为对于违法犯罪人而言，事后为了逃避法律追究而逃离事故现场并无期待可能性。② 所以，不能按字面含义理解刑法与司法解释的相关规定。换言之，只有将《刑法》第133条规定的"交通运输肇事后逃逸"和司法解释所规定的"为逃避法律追究逃离事故现场"均理解为表明不法程度的要素，才可能将升格情节评价为基本犯的构成事实。亦即，刑法规定交通肇事罪的保护法益虽然是交通领域的公共安全，但终究是为了保护人的生命与健康。既然肇事行为致人重伤，就表明存在致使被害人死亡的危险，行为人便具有救助义务。在这种情况下，行为人逃离事故现场的行为，就增加了被害人死亡的危险性，即增加了行为的不法程度，从而使升格情节成为基本犯的构成事实。

总之，在行为排除了升格情节就不成立特定基本犯的场合，只有当升格情节的保护法益与基本犯的保护法益相同或者包含了基本犯的保护法益，而且升格情节符合基本犯的构成要件并提升了基本行为的不法程度时，才能将升格情节变更评价为基本犯的构成事实。

（三）升格情节作用变更的争议问题

如上所述，如果基本犯保护的是A法益，升格情节能够表明对A法益的侵犯更为严重，升格情节当然可能评价为基本犯的构成事实。但是，其一，刑法分则中有一些条文所规定的升格情节究竟保护的是什么法益，或者说是否增加了基本犯所要求的不法程度，不无疑问。其二，当基本犯保护的是A法益，而升格情节只是表明对B法益的侵犯时，该升格情节能否被评价为基本犯的构成事实，也会有争议。下面以《刑法》第237条为例讨论其中的两个问题。

第一，"恶劣情节"能否变更评价为基本犯的构成事实？《刑法》第237条第1款至第3款规定："以暴力、胁迫或者其他方法强制猥亵他人或者侮辱妇女

---

① 赵俊甫：《猥亵犯罪审判实践中若干争议问题探究——兼论〈刑法修正案（九）〉对猥亵犯罪的修改》，《法律适用》2016年第7期。

② 参见张明楷：《刑法学》（第六版）（下），法律出版社2021年版，第926页。

的，处五年以下有期徒刑或者拘役。""聚众或者在公共场所当众犯前款罪的，或者有其他恶劣情节的，处五年以上有期徒刑。""猥亵儿童的，处五年以下有期徒刑；有下列情形之一的，处五年以上有期徒刑：（一）猥亵儿童多人或者多次的；（二）聚众猥亵儿童的，或者在公共场所当众猥亵儿童，情节恶劣的；（三）造成儿童伤害或者其他严重后果的；（四）猥亵手段恶劣或者有其他恶劣情节的。"在此讨论的是，上述第 2 款与第 3 款第 4 项的"其他恶劣情节"能否变更评价为基本犯的构成事实？

本书对此持肯定回答。其一，如果行为本身仅属于《治安管理处罚法》上的猥亵行为，就能够因为行为人多次实施或者针对多人实施，即具有恶劣情节而评价为刑法上的猥亵行为，作为强制猥亵罪或者猥亵儿童罪的基本犯处罚。这是因为，多次实施猥亵行为或者对多人实施猥亵行为，明显增加了行为的不法程度。其二，如果多次实施《治安管理处罚法》上的猥亵行为成立强制猥亵罪或者猥亵儿童的基本犯，那么，在公共场所当众多次猥亵他人的，应当适用加重法定刑。[①] 这是因为，既然仅将多次实施这一恶劣情节或升格情节评价为基本犯的构成事实，那么，将"在公共场所当众"实施这一情节另行评价为法定刑升格条件，不仅符合全面评价原则，而且不存在重复评价的缺陷。[②]

例如，被告人刘某于 2019 年 4 月 2 日至 8 日间，四次在某小学附近路段，故意迎面走向上下学途中的小学生，用手抓摸女生胸部或者用拳头触碰女生胸部，然后离开（其中两次触摸到女生胸部，两次因女生及时躲避而未得逞）。检察院提出了判处 6 年有期徒刑的量刑建议，一审法院认为，被告人刘某多次在公共场所当众猥亵不满 12 周岁的儿童，构成猥亵儿童罪，判处 5 年有期徒刑。[③] 被告人上诉后，二审法院认为："上诉人虽有多次猥亵行为，但其中两次未遂，实施猥亵的时间极短，猥亵手段轻微，危害程度并非十分严重，其行为本属于应依照《治安管理处罚法》处罚的违法行为。但结合本案猥亵行为系在公共场所当众实施的情节，上诉人的主观恶性、行为的社会危害性则已达到应予刑罚的程度，应依法追究刑事责任。但该'在公共场所当众猥亵'作为入罪情节认定后，不应再作为量刑情节重复评判对上诉人加重处罚。综合考虑本案的犯罪情节，原审对上诉人量刑过重，应予以纠正。"于是，撤销原判，改判为 2 年有期徒刑。[④]

在本书看来，虽然刘某的单次猥亵行为属于《治安管理处罚法》上的猥亵

---

① 根据《刑法》第 237 条第 3 款的规定，就猥亵儿童而言，还进一步要求情节恶劣（下同）。

② 《刑法修正案（十一）》的修改，导致"在公共场所当众"实施这一情节在强制猥亵罪与猥亵儿童罪的作用不完全相同，似乎形成了不协调的现象。

③ 广东省深圳市南山区人民法院（2020）粤 0305 刑初 470 号刑事判决书。

④ 广东省深圳市中级人民法院（2020）粤 03 刑终 1553 号刑事判决书。

行为，但由于其多次实施，故可以评价为刑法上的猥亵行为。亦即，多次实施虽然原本属于升格情节，但只有将该升格情节评价为基本犯的构成事实，才能达到基本犯的不法程度。换言之，即使刘某多次在非公共场所触碰女生胸部，也应认定其行为构成猥亵儿童罪的基本犯。既然如此，就不应当将"在公共场所当众"实施这一情节再作为基本犯的构成事实。否则，就会得出多次在非公共场所触碰女生胸部的行为也不构成猥亵儿童罪的结论，这恐怕不合适。所以，在上例中，虽然应当将多次实施的升格事实变更评价为基本犯的构成事实，但不应当同时将"在公共场所当众"实施变更评价为基本犯的构成事实。

第二，"在公共场所当众"实施的升格情节，可否变更为基本犯的构成事实？本书倾向于肯定回答。一方面，对他人性行为自主权和儿童的性的不可侵犯权的侵害程度，取决于性行为的内容、方式、时间、场所等内容。以强奸罪与强制猥亵罪为例。在国外与我国，对强奸罪与强制猥亵罪的保护法益的表述相同，都是性行为自主权。① 可是，在我国刑法中，强奸罪的法定刑明显重于强制猥亵罪。之所以如此，是因为强奸罪与强制猥亵罪的性行为自主权中的"性行为"的内容不同。按照一般人的观念，狭义的性交行为与普通的猥亵行为的内容不同，所以，对性行为自主权的侵害程度不同。基于同样的理由，在强奸罪与强制猥亵罪中，相对在隐蔽场所的性行为而言，被害人更加反对的是在公共场所的性行为。所以，在隐蔽场所实施性行为与在公共场所实施性行为，对被害人的性行为自主权的侵害程度也不同。既然如此，在隐蔽场所实施猥亵行为与在公共场所当众实施猥亵行为，对儿童的性的不可侵犯权的侵害也存在区别，即后者更为严重。

另一方面，虽然猥亵儿童罪的保护法益是性的不可侵犯权，但这一法益只是阻挡层的法益，保护这一法益的目的是为了保护儿童的健康成长不受性行为的妨碍，或者说，禁止行为人通过性行为妨碍儿童的健康成长。但刑法不可能设立一个无法确定外延的妨碍儿童健康成长罪，只能将妨碍儿童健康成长的典型行为或者类型性行为规定为犯罪。② 所以，作为解释者，应当看到儿童的性的不可侵犯权背后的真实利益。亦即，凡是通过性行为对儿童的健康成长造成更严重妨碍的，就更严重地侵犯了儿童的性的不可侵犯权。即使在非公共场所对儿童实施的猥亵行为，都会严重妨碍儿童的健康成长，③ 在公共场所当众实施的猥亵行为，

① 参见［日］山口厚：《刑法各论》（第2版），有斐阁2010年版，第105页；［日］松原芳博：《刑法各论》（第2版），日本评论社2021年版，第89页；黎宏：《刑法学各论》（第二版），法律出版社2016年版，第229、237页。
② 如奸淫幼女、猥亵儿童、拐骗儿童、雇用儿童从事危重劳动、组织儿童乞讨等。
③ 例如，行为人多次在室内猥亵儿童陆某，导致后者受到心理创伤，其精神、心理状态均受到不利影响并有自伤情况。参见上海市金山区人民法院（2017）沪0116刑初857号刑事判决书。

更加严重妨碍儿童的健康成长。这是因为，猥亵行为会对儿童心理造成严重伤害，而知道与可能知道的人越多，对儿童的心理造成的伤害就越严重。例如，许多儿童因为被猥亵后被迫转学，试图避开知道真相的人，以便减轻心理伤害程度。在公共场所当众实施的猥亵行为，由于知道真相的人较多，导致需要避开的人更多，转学的可选择性减少，因而更难减轻儿童心理伤害的程度。再如，农村的留守儿童遭行为人当众猥亵后，便会被"污名化"，其健康成长受到严重妨碍。

例如，2018 年 12 月 14 日 16 时许，被告人陈某（60 余岁），独自在上海市某路附近闲逛时，见 12 周岁的初中生余某独自一人背着书包行走，即上前搭讪，之后搂抱余某，隔着羽绒服抚摸余某胸部。余某挣脱，陈某又上前搂抱，再次隔着厚重衣服抚摸余某胸部后离开。检察机关认定陈某构成猥亵儿童罪，应当以"在公共场所当众猥亵"加重处罚，认为一审法院判处陈某 2 年有期徒刑系适用法律错误，拟提出抗诉。但上级检察机关认为，"在公共场所当众猥亵"可以作为入罪条件，一审法院判决并无不当。对此持赞成态度的检察官指出："对一个案件应该整体、辩证地考虑社会危害性，是否值得入罪进行刑事处罚，不能简单化地'对号入座'，对那些手段、情节、危害一般，介于违法与犯罪之间的猥亵行为样态，如果具备'公共场所当众实施'以及其他相关情节，可以考虑入罪。但是，一次违法犯罪的情节，不能进行两次评判，否则即违背了不得重复评价的原则。本案中，'在公共场所当众猥亵'、'猥亵儿童'的加重、从重情节，已经作为入罪条件了，就不应该再抽离出来，再一次作为升格加重处罚的依据。"[①]本书认为，虽然危害陈某的猥亵行为本身轻微（属于《治安管理处罚法》上的猥亵行为），但由于在公共场所当众实施行为加重了对猥亵儿童罪的保护法益的侵害，达到了可罚的程度，故应认定为猥亵儿童罪。换言之，在上述案件中，可以将"在公共场所当众"实施评价为基本犯的构成事实，从而肯定猥亵儿童罪基本犯的成立。但由于这一升格情节已被评价为基本犯的构成事实，故不能适用加重犯的法定刑。[②]

四、升格条件的认识

（一）问题所在

如前所述，以法定刑升格的内容为标准，可以将升格条件分为抽象的升格条件与具体的升格条件。抽象的升格条件（情节严重、情节特别严重等）只是量

---

① 曹小航：《未规定暴力胁迫等手段行为的猥亵儿童罪是否一经实施即可入罪》，《上海法治报》2019 年 11 月 13 日，B05 版。

② 参见张明楷：《加重情节的作用变更》，《清华法学》2021 年第 1 期。

刑规则，而不是加重的犯罪构成。但这并不意味具体的升格条件都是加重的犯罪构成。例如，《刑法》第263条规定的"多次抢劫""数额巨大"虽然是具体的升格条件，但仍然只是量刑规则（参见本书第三章）。适用升格的法定刑，除了要求行为客观上符合升格条件外，是否还要求行为人对该升格的客观事实具有认识或者认识可能性，就是本小节所要讨论的问题。

法定刑升格条件中的"致人重伤、死亡"，明显属于结果加重犯。就结果加重犯而言，刑法理论已经没有争议地认为，行为人对加重结果至少必须具有过失，否则不成立结果加重犯。[①] 问题是，有关结果加重犯的这一理论，是否适用于所有的法定刑升格条件？详言之，在我国刑事立法与司法实践中，关于行为人法定刑升格条件的认识，有以下情形值得特别研究：（1）哪些条件是适用加重法定刑时不需要认识的内容？例如，适用《刑法》第318条第1款第1项规定的"组织他人偷越国（边）境集团的首要分子"的升格法定刑时，是否要求行为人认识到自己是首要分子？（2）在刑法条文将人身伤亡、公共危害以外的数额巨大或者特别巨大的财产损失（也可谓加重结果，以下简称"加重财产损失"）作为法定刑升格条件时，是套用结果加重犯的原理，认为只要行为人对此加重财产损失具有过失即可，还是要求行为人具有故意？例如，行为人误将价值百万元的财物当作价值几千元的财物而窃取时，如何选择法定刑（是适用数额较大的规定，还是适用数额特别巨大的规定）？（3）对加重结果以外的具体的法定刑升格条件（以下简称"具体升格条件"），是否需要认识？例如，行为人客观上抢劫了抢险物资，但主观上没有认识到自己抢劫的对象为抢险物资时，能否适用《刑法》第263条第8项的规定？换言之，行为人误将抢险物资当作普通财物予以抢劫的，能否适用抢劫抢险物资的加重法定刑？（4）对抽象的法定刑升格条件（以下简称"抽象升格条件"），是否需要认识？亦即，当刑法条文对"情节严重""情节特别严重"规定了加重法定刑时，是否仅当行为人认识到情节严重、情节特别严重时，才能适用加重法定刑？（5）行为人在一个法条所列举或规定的不同的法定刑升格条件之间发生认识错误时，应当如何处理？例如，行为人误将抢险物资当作军用物资抢劫的，或者误将军用物资当作金融机构资金抢劫的，应当如何处理？

在进入下文之前，先作如下交待：（1）本章仅讨论故意犯罪的法定刑升格条件的认识，不涉及过失犯罪的法定刑升格条件；（2）法定刑升格条件为重伤、死亡的典型的结果加重犯，也不在本章讨论之列；（3）虽然法定刑升格条件可以分为量刑规则与加重的犯罪构成，但如后所述，由于对量刑规则中的客观事实也需

[①]　参见张明楷：《严格限制结果加重犯的范围与刑罚》，《法学研究》2005年第1期。

要有所认识，所以在此一并讨论；（4）为了避免混淆与表述方便，下文在论述严重财产损失时，一般使用"数额（特别）巨大"的表述，在抽象升格条件时，一般采用"情节（特别）严重"的表述。

（二）不需要认识的内容

根据责任主义原理，故意犯的成立，要求行为人对客观构成要件的事实具有认识。国内外刑法理论公认，就致人伤亡的结果加重犯而言，行为人对加重结果不必认识，但需要具有认识可能性。① 例如，故意伤害致死罪的成立，以行为人认识到伤害事实为前提，虽然不要求行为人认识到死亡结果，但对死亡结果必须具有预见可能性。倘若行为人认识到死亡结果，就成立故意杀人罪，而非故意伤害致死罪；倘若行为人对死亡结果没有预见可能性，就只能认定为普通故意伤害罪。但是，我国刑法规定的法定刑升格条件不等于结果加重犯。所以，除了致人伤亡的结果加重犯外，哪些法定刑升格条件是不需要认识的内容，就成为需要讨论的问题。

本书通过对刑法分则的法定刑升格条件的归纳，认为以下几种法定刑升格条件属于不需要认识的内容：

1. 首要分子

当分则条文将某种犯罪的首要分子作为法定刑升格条件时，不要求行为人对自己是首要分子具有认识，只要行为人事实上属于首要分子即可。例如，行为人甲原本在伪造货币犯罪集团中起组织、策划、指挥作用，但他误以为自己还不是首要分子，只是一般成员。甲的这种认识错误，不是事实认识错误，而是对自己在犯罪集团中的地位的评价错误。这种错误也不是违法性的认识错误（因为甲并非误以为自己的行为不违法），所以，不影响甲的责任。概言之，对于甲依然应按照"伪造货币集团的首要分子"适用升格的法定刑。倘若认为只有当行为人认识到自己是犯罪集团的首要分子时，才能适用升格的法定刑，便意味着刑罚的轻重仅仅取决于行为人对自己在共同犯罪中的地位的主观评价，这便违背了法的客观性。

不要求行为人认识到自己是首要分子，并不违反责任主义。因为首要分子只是刑法与法官对行为人所实施的犯罪行为、在集团中所处的地位进行综合评价时使用的一个规范概念。法官要认定某行为人是犯罪集团的首要分子，就必须以该行为人实施了组织、策划、指挥行为为根据。此外，根据责任主义，首要分子也必须对自己实施的违法事实具有故意。例如，对行为人适用"伪造货币集团的首

---

① 参见［日］西田典之著、桥爪隆补订：《刑法总论》（第3版），弘文堂2019年版，第229页；Claus Roxin, Strafrecht Allgemeiner Teil, Band I, 4. Aufl., C. H. Beck, 2006, S. 331f.

要分子"的法定刑时，要求行为人在组织、策划、指挥伪造货币的犯罪行为时认识到基本构成要件的事实（明知自己在和他人共同实施伪造货币的行为），也要认识到自己实施了组织、策划、指挥行为。① 在司法实践中，对此一般不会产生疑问。换言之，只要行为人在犯罪集团中实施了组织、策划、指挥犯罪的行为，基本上会无一例外地按照"伪造货币集团的首要分子"选择法定刑。

2. 多次

刑法将多次抢劫，多次聚众斗殴，多次盗掘古文化遗址、古墓葬，以及多次组织、运送他人偷越国（边）境作为法定刑升格条件。根据刑法理论的通说与司法实践，多次是指三次以上。于是产生了这样的问题：行为人在第三次犯罪（如抢劫）时，误以为自己只是第二次犯罪（如抢劫）的，对其是否适用多次的法定刑？

若认为，只有当行为人对"多次"本身具有认识时，才能适用加重的法定刑，就必然出现以下局面：倘若甲清楚地记得自己曾经实施过两次抢劫行为，进而认识到自己现在已经是第三次抢劫行为，那么，他便具备相应的主观要素，进而适用加重法定刑；倘若乙不记得（忘记）自己已经实施过两次抢劫行为，进而误认为自己现在是第二次实施抢劫行为，他便不具备相应的主观要素，所以不适用加重法定刑。大概没有人会赞成这一结论。因为这一结论意味着记忆力的强弱可以直接决定加重法定刑的适用与否：记忆力强的，可能适用加重法定刑；记忆力弱的，可能不适用加重法定刑。如果要得出甲、乙都成立多次抢劫因而都适用加重法定刑的结论，就只能认为，虽然要求行为人每次抢劫时都必须具有"抢劫"的故意，认识到抢劫罪构成要件的事实，但不要求行为人认识到"多次"抢劫。

适用多次的法定刑时，不需要行为人认识到多次，并不违反责任主义原则。因为多次是对各次犯罪行为的累加或者集合，只要求行为人三次以上实施相同犯罪行为即可，而且不以符合连续犯的条件为前提。与认定同种数罪时只需要行为人对每次犯罪具有故意一样，认定多次犯罪时，也只需要行为人对每次犯罪具有故意，而不要求行为人后一次犯罪时都必须认识到自己前一次或前几次实施过相同的犯罪。

3. 违法所得数额（特别）巨大

广义的违法所得数额，包括以下三种情形，需要具体分析。

第一种违法所得数额，是指取得型财产罪（包括部分经济犯罪，如金融诈骗

---

① 在行为人认识到自己实施了组织、策划、指挥行为时，即使他并不认为自己是首要分子，也可认定他对首要分子具有了外行人的认识，但行为人对自己在集团中地位的错误认识不可能影响其责任。

罪）中，将他人的财物转移给自己或第三者占有、所有的数额。这种违法所得数额与被害人的财产损失完全一致。此时的违法所得数额（特别）巨大，直接意味着被害人财产损失数额（特别）巨大（加重财产损失）。换言之，这种违法所得是对行为对象的取得。如后所述，这是需要认识的内容。例如，只有当行为人明知所盗窃财物肯定或者可能数额（特别）巨大时，才能适用数额（特别）巨大的法定刑。不过，严格地说，此时不是对违法所得数额的认识，而是对行为对象与行为结果的认识。

第二种违法所得数额犯罪行为的报酬等数额。《刑法》第 318 条第 1 款所规定的组织他人偷越国（边）境"违法所得数额巨大"，便属于这种情形。在这种场合，只要行为人组织他人偷越国（边）境违法所得数额巨大，就应适用加重的法定刑。因为与行为对象不同，犯罪行为的报酬，都不是构成要件要素。所得报酬的数量多少，不会像行为对象的数量那样反映法益侵害程度。即使刑法分则条文将这种违法所得数额（特别）巨大作为基本法定刑的适用条件（参见《刑法》第 218 条），那也只是为了限制处罚范围，因而不要求行为人对违法所得数额（特别）巨大本身具有认识。在刑法分则条文将这种违法所得数额（特别）巨大作为法定刑升格条件时，更不需要行为人认识。换言之，在这种场合，只要行为人认识到自己实施了使其违法所得数额（特别）巨大的行为及其危害结果即可。

第二种违法所得数额是指犯罪行为孳生之物的数额。《刑法》第 170 条第 1 款规定的"伪造货币数额特别巨大"便属于这种情形。应当认为，伪造货币的数额越大，法益侵害就越大，所以，行为的孳生之物数量多少，能够反映法益侵害程度。一般来说，行为人都能认识到自己伪造货币的大体数量，甚至抱着数量越多越好的心态，不会缺乏对伪造货币数额特巨大的认识。在单独犯罪的场合，只要行为人对伪造货币具有故意，其行为客观上伪造了数额特别巨大的假币，就应对其适用伪造货币数额特别巨大的法定刑。只不过在共同犯罪案件中，不排除其中的参与人对正犯伪造了数额特别巨大的假币缺乏认识。果真如此，则该参与人不能对数额特别巨大承担责任。

（三）对抽象升格条件的认识

我国刑法分则所规定的抽象升格条件，似乎处于加重构成要件与量刑规则之间，但事实上作为量刑规则更为合适。根据我国刑法的规定，只要能够认定某种行为属于情节（特别）严重，就必须适用相应的加重法定刑；不允许认定某种行为情节（特别）严重，却不适用相应的加重法定刑。这与德国刑法中的量刑规则的通例存在明显区别。此外，我国的司法解释就某种犯罪的抽象升格条件所列举之例，与德国刑法中的量刑规则的通例更相似。

关于情节（特别）严重这一抽象升格条件的认识，存在两个方面的问题：

首先，对被评价为严重（特别）情节的事实即"情节"，行为人是否必须具有认识？其次，行为人是否必须认识到情节"（特别）严重"？换言之，原本属于情节（特别）严重，但行为人误以为情节一般或者情节较轻时，能否适用情节（特别）严重的法定刑？

首先，由于是抽象升格条件，因而可能包含性质不同的各种具体内容，故不可一概而论，需要根据具体案件的事实分清不同情形处理：

第一，如上所述，当具体案件中属于（特别）严重情节的事实，是首要分子、多次、犯罪行为的报酬数额（特别）巨大时，不需要认识。亦即，只要客观上存在上述事实，就可以认定为（特别）严重情节，就应适用加重的法定刑。例如，《刑法》第341条第1款规定："……非法收购、运输、出售国家重点保护的珍贵、濒危野生动物及其制品的，处五年以下有期徒刑或者拘役，并处罚金；情节严重的，处五年以上十年以下有期徒刑，并处罚金；情节特别严重的，处十年以上有期徒刑，并处罚金或者没收财产。"最高人民法院2000年11月27日公布的《关于审理破坏野生动物资源刑事案件具体应用法律若干问题的解释》规定："非法收购、运输、出售珍贵、濒危野生动物制品具有下列情形之一的，属于'情节特别严重'：（一）价值在20万元以上的；（二）非法获利10万元以上的；（三）具有其他特别严重情节的。"当行为人实施本罪行为客观上非法获利10万元以上时，即使其误以为自己仅获利2万元，也应适用情节特别严重的规定。

第二，当具体案件中属于（特别）严重情节的事实，是致人重伤或者死亡时，完全应当按结果加重犯的原理处理，即只要行为人对致人重伤、死亡的事实具有过失即可。例如，《刑法》第267条第1款规定："抢夺公私财物，数额较大的，或者多次抢夺的，处三年以下有期徒刑、拘役或者管制，并处或者单处罚金；数额巨大或者有其他严重情节的，处三年以上十年以下有期徒刑，并处罚金；数额特别巨大或者有其他特别严重情节的，处十年以上有期徒刑或者无期徒刑，并处罚金或者没收财产。"本书认为，抢夺致人死亡的，应属于抢夺情节特别严重。在这种场合，只要行为人对死亡结果具有预见可能性即可。

第三，当具体案件中属于（特别）严重情节的事实，是对财产造成的严重损失时，应适用后述关于数额（特别）巨大的理论，即只有当行为人对加重财产损失具有认识时，才能适用加重的法定刑。

第四，当具体案件中属于（特别）严重情节的事实，是加重结果以外的其他直接反映法益侵害程度的客观事实时，需要行为人有认识。例如，2011年3月1日公布的《最高人民法院、最高人民检察院关于办理诈骗刑事案件具体应用法律若干问题的解释》第1条规定了诈骗罪"数额较大""数额巨大""数额特别巨大"的标准；第2条规定："诈骗公私财物达到本解释第一条规定的数额标准，具有下列情形之一的，可以依照刑法第二百六十六条的规定酌情从严惩处：（一）通过发送短信、拨打电话或者利用互联网、广播电视、报刊杂志等发布虚假信息，对不特定多数人实施诈骗的；（二）诈骗救灾、抢险、防汛、优抚、扶贫、移民、救济、医疗款物的；（三）以赈灾募捐名义实施诈骗的；（四）诈骗残疾人、老年人或者丧失劳动能力人的财物的；（五）造成被害人自杀、精神失常或者其他严重后果的。""诈骗数额接近本解释第一条规定的'数额巨大'、'数额特别巨大'的标准，并具有前款规定的情形之一或者属于诈骗集团首要分子的，应当分别认定为刑法第二百六十六条规定的'其他严重情节'、'其他特别严重情节'。"倘若行为人客观上诈骗了救灾、抢险、防汛、优抚、扶贫、移民、救济、医疗款物，但行为人误以为自己只诈骗了普通财物，就不应当适用情节（特别）严重的法定刑。亦即，只有当行为人对前四项规定的该客观事实具有认识时，才能适用加重的法定刑。①

概言之，当刑法分则条文将情节（特别）严重作为法定刑升格条件时，就故意犯罪而言，只有行为人认识到了被评价为情节（特别）严重的、直接反映法益侵害程度的客观事实时（加重结果除外），才能适用升格的法定刑（就过失犯而言，则要求行为人对被评价为情节严重的客观事实具有认识的可能性）。②

其次，当行为人认识到了属于（特别）严重情节的客观事实，但同时认为该情节并不（特别）严重时，应当如何处理？这便要讨论这种"认识错误"是构成要件的认识错误还是违法性的认识错误，抑或是没有任何意义的错误。

刑法理论一般认为，认识错误包括事实的错误与违法性的错误，前者影响故意的成立；后者只有在不可避免时，才影响责任。从事实的错误到违法性的错误之间，大致存在五种情形：（1）自然的物理的事实的错误，如将人误认为狗而杀害的情形。这是最明显的事实的错误，不成立杀人故意。（2）社会意义的错误，如行为人本来在贩卖淫秽物品，但误以为其贩卖的不是淫秽物品。这种错误也属于事实的错误。由于对事项的社会意义的认识，只要有行为人所属的外行人领域

---

① 但是，对于"造成被害人自杀、精神失常或者其他严重后果的"情形，行为人只需要有预见可能性，而不要求有认识。

② 我国有学者将情节严重等作为独立的罪量要素，并且认为，罪量要素不是故意的认识对象。理由如下："罪量要素之所以不能归入罪体（即客观构成要件——引者注），除了在罪量要素中不单纯是客观性要素而且还包括主观性要素以外，还有一个重要的理由：罪体要素是行为人认识的对象，因而对于判断犯罪故意或者犯罪过失具有重要意义。如果将罪量要素当作罪体要素，在行为人对此没有认识的情况下，就不能成立犯罪故意而属于犯罪过失，因此而使罪责形式的判断产生混乱。"（陈兴良：《规范刑法学》（第四版）（上册），中国人民大学出版社2017年版，第198页）笔者不赞成这种观点（参见张明楷：《犯罪构成体系与构成要件要素》，北京大学出版社2010年版，第248页）。

的平行评价就足够了，所以，只有在对这样的平行评价存在错误时（以为其他人都认为该物品不属于淫秽物品时），才是社会意义的错误。（3）规范的事实的错误，是指对由民法、行政法等提供意义的事实的错误（大体上是社会意义的错误的一种）。例如，对盗窃罪的构成要件中的"公私"财物这一要素，如果不进行法的性质的理解就不可能得出正确结论。行为人的所有物在国家机关管理之下时，根据法律规定属于公共财物，行为人误以为是自己的财物而取回的，究竟是事实的错误还是违法性的错误，还存在争议。（4）规范的评价的错误，即行为人对其行为的违法评价存在错误的情形，是典型的违法性的错误。（5）法的概念的错误（涵摄的错误）。例如，行为人将他人的笼中小鸟放出，但误以为其行为不属于"毁坏财物"。这种情形不影响毁坏财物罪的故意。再如，误以为共同占有的物不是"他人的财物"而出卖的，也不影响盗窃罪的成立。[1]

　　首先，行为人的犯罪行为本身情节（特别）严重，但行为人误以为情节并不（特别）严重的情形，显然既不是自然的物理的事实的错误，也不是社会意义的错误，同样也不是规范的事实的错误。概言之，不能认为上述错误属于事实的认识错误。倘若将这种错误认定为构成要件的错误，那么，对于这种情形的处罚轻重，就完全取决于行为人主观上的（不合理）评价，这会严重损害刑法的正义性与安定性。其次，行为人误以为情节并不（特别）严重的错误，是在具有违法性认识（可能性）的前提下产生的认识错误。既然如此，这种错误就不再是违法性的认识错误，而是一种单纯的评价错误。但这种评价错误，并非上述第（4）种规范的评价错误，而是对事实的评价错误，充其量属于涵摄的错误，甚至是没有任何意义的认识错误，因而不影响加重法定刑的适用。

　　（四）对数额（特别）巨大的认识

　　在取得型财产罪以及部分取得型经济犯罪中，行为人取得的财物数额（特别）巨大（即加重财产损失），是法定刑升格条件。适用加重法定刑时，是否要求行为人认识到数额（特别）巨大，就成为需要研究的问题。例如，甲侵入普通家庭实施盗窃行为时，没有发现贵重物品，估计被害人床头柜上的手表价值1 000元左右，便将其盗走。其实，该手表价值12万元。能否认定甲盗窃了数额巨大的财物，进而适用"三年以上十年以下有期徒刑"的法定刑？

　　结果加重犯的成立要求行为人对加重结果至少有过失，已成为各国刑法理论的通说，并已被一些国家立法化（参见德国《刑法》第18条）。因为责任主义是不可动摇的原则，所以，对于行为人没有过失所造成的加重结果当然不能追究刑事责任，如同对意外事件不能追究刑事责任一样。即使认为刑法分则所规定的

---

[1]　参见［日］山中敬一：《刑法总论》（第3版），成文堂2015年版，第715页。

结果加重犯，都限于基本行为通常可能导致加重结果的情形，也不排除行为人在特殊情况下不能预见加重结果的发生。所以，司法机关仍需具体判断行为人是否对加重结果有过失。

倘若套用结果加重犯的模式，认为数额（特别）巨大是一种加重结果，行为人对加重结果具有过失即可成立结果加重犯，进而认为只要行为人有盗窃数额较大财物的故意，对数额（特别）巨大不需要有认识，只要有认识的可能性即可，就会认为上例中的甲具备法定刑升格的条件，进而适用"三年以上十年以下有期徒刑"的法定刑。但笔者持相反态度。

诚然，可以认为，盗窃数额（特别）巨大财物，也是一种结果加重犯。但是，这种结果加重犯不同于只要求对加重结果有过失的结果加重犯。如所周知，在国外的刑事立法中，结果加重犯中的加重结果，仅限于致人伤亡。因而可以说，在国外刑法理论与刑事立法中，对加重结果至少有过失的原则，是就致人伤亡的结果加重犯而言的。由于过失致人伤亡本身是犯罪，所以，在加重结果表现为人身伤亡的场合，仅要求行为人对该结果具有过失，不会违反责任主义。然而，当加重结果是加重财产损失时，就不能简单套用以伤亡结果为内容的结果加重犯的模式。

首先，刑法的目的是保护法益，刑法分则条文都是为了保护特定的法益，其中有的只保护单一的法益，有的保护两三种法益。犯罪结果是对法益的具体侵害事实。如果某种事实并不表现为对刑法所保护的法益的侵害，就不能说明违法性的程度，不能作为犯罪结果。但是，某种事实是否属于罪刑规范所阻止的犯罪结果，还必须结合有责性进行具体判断。例如，罪刑规范阻止故意造成的财产损害结果（设立了故意毁坏财物罪）；但并不阻止过失造成的财产损害（没有设立过失毁坏财物罪；具有公共危险与职务过失的除外，下同）。既然如此，就不能将过失造成的财产损失作为刑法上的加重结果。

其次，将罪刑规范并不阻止的结果作为法定刑升格的加重结果，违反了罪刑法定原则。罪刑法定原则不仅支配定罪，而且支配量刑。根据罪刑法定原则，过失造成财产损失的行为，属于法无明文规定不处罚的行为；不管是对过失造成财产损失的行为单独定罪处罚，还是在处罚其他犯罪时附带对过失造成财产损失的行为科处刑罚，都违反了罪刑法定原则。

最后，如果将过失造成财产损失作为加重结果或者法定刑加重的情节，则形成了间接处罚。[①] 即某种行为及结果原本不是刑罚处罚的对象，但由于该行为及

①　参见［德］布诺伊：《量刑中行为的非构成要件的结果的考虑》，《东洋法学》1996 年第 2 期。

其结果存在于某一犯罪中，导致对该行为及结果实施刑罚处罚。详言之，过失盗窃财物的行为，原本并不成立犯罪，不受刑罚处罚。如果因为甲在故意盗窃数额较大财物时，过失盗窃了数额（特别）巨大财物进而选择加重的法定刑，便间接地处罚了过失盗窃财物的行为。假定上述甲的盗窃行为，原本只应判处 3 年有期徒刑，但法官以其客观上盗窃了数额特别巨大财物为根据，选择加重的法定刑，判处甲 7 年有期徒刑，就意味着过失盗窃的行为受到了 4 年有期徒刑的处罚。然而，过失盗窃行为原本在刑法上不受刑罚处罚，这便形成了间接处罚。显然，间接处罚违反罪刑法定原则，应予禁止。

在本书看来，当刑法将严重财产损失作为法定刑升格条件时，如果基本犯是故意，那么，行为人对该犯罪的加重结果也应限于故意。上例中的甲虽然客观上盗窃了数额巨大的财物，但不能适用盗窃数额巨大的法定刑。因为甲由于认识错误导致没有认识到所盗财物数额巨大时，即使其应当预见到数额巨大，也不能认定为故意盗窃了数额巨大的财物，充其量认为行为人对加重结果有过失。但是，由于刑法并不处罚过失盗窃行为，所以，不能令行为人对数额巨大承担责任。因为过失造成的财产损害并不具有可罚性，如果将过失造成财产重大损失的情形也认定为结果加重犯，让行为人对没有预见的数额巨大的结果承担刑事责任，就属于间接处罚，违反了罪刑法定原则。

与基本犯相比较，也能说明这一点。当行为人没有认识到所盗财物数额较大时，不成立盗窃罪。例如，当行为人合理地以为行为对象是一床破棉絮而盗走，因不知道也未发现棉絮中藏有 3 000 元现金，进而将棉絮以 5 元钱卖给他人时，不能认定行为人构成盗窃罪。在这种场合，虽然其行为符合盗窃罪的客观构成要件，但其主观上不存在"盗窃罪"的故意，只有违反《治安管理处罚法》的故意，因而不具备盗窃罪的非难可能性。① 基于同样的理由，当行为人没有认识到所盗财物数额（特别）巨大时，就不能适用数额（特别）巨大的法定刑。因为责任主义的机能不仅体现在定罪中，而且体现在量刑中。亦即，刑罚的程度必须控制在责任的范围内，刑罚的程度不能超过责任的上限；作为量刑根据的事实必须是可以归责于行为人的事实。②

对前述甲盗窃价值 12 万元的手表，但其误以为价值仅 1 000 元左右的案件，一些司法工作人员的疑问是，既然甲客观上盗窃的数额是 12 万元，如果又不按照盗窃 12 万元的数额适用法定刑，甲的盗窃数额究竟是多少？在起诉书与判决

---

① 参见张明楷：《论盗窃故意的认识内容》，《法学》2004 年第 11 期。

② 当然，行为人对数额较大或者数额（特别）巨大的认识，不必是绝对肯定的认识，只要具有未必的认识即可；不必是精确的认识，只要有大概的认识即可。此外，行为人抱着"能偷多少就偷多少，偷到多少算多少"的心态盗窃财物时，完全可以按照其窃取的财物数额定罪量刑。

书中该如何表述？其实，这并不是什么难题。起诉书与判决书都可以将甲的盗窃事实描述为盗窃了他人价值 12 万元的手表，即客观上盗窃了数额巨大的财物，但同时要指出，由于甲没有认识到手表的价值为数额巨大，只是认识到了手表的价值数额较大，根据责任主义原理，对甲只能适用数额较大的法定刑量刑。

（五）对具体升格条件的认识

除了致人重伤、死亡等结果加重犯之外，刑法分则条文对某些犯罪还规定了法定刑升格的其他具体条件（本小节所讨论的具体升格条件，仅限于其中的加重构成要件，不包括数额巨大、违法所得数额巨大的量刑规则，也不包括前述不需要认识的升格条件或量刑规则）。于是，在适用相应的加重法定刑时，是否以行为人对具体升格条件的认识为前提，就成为重要问题。例如，适用入户抢劫的规定时，是否要求行为人认识到自己所进入的是"户"？再如，行为人误将抢险物资当作普通财物进行抢劫时，是否适用加重的法定刑？

在德国，即使是刑法分则中的量刑规则的通例，有时也是被当作构成要件要素对待的。最为典型的是，在行为人对法条所列举的通例发生认识错误时，按照构成要件的错误来处理。例如，当行为人误将服务于宗教崇敬的物品当作具有艺术意义的物品而盗窃时，或者误将服务于宗教崇敬的物品当作普通物品而盗窃时，就作为构成要件的错误来处理。[①] 换言之，就故意犯而言，即使量刑规则的通例不是加重构成要件，行为人也必须对此具有认识。这是对责任主义的坚持与贯彻。

不承认量刑规则的通例属于加重构成要件，但在行为人发生认识错误时，又按照构成要件的错误来处理，这似乎缺乏理论上的一致性。于是，德国有学者认为量刑规则的通例仍属于构成要件。[②] 但在本书看来，即使认为量刑规则的通例不属于加重构成要件，对于就通例产生认识错误的情形，也可以而且应当按照构成要件的错误来处理。这是因为，既然适用加重法定刑时，需要行为人对量刑规则的通例具有认识，那么，当行为人发生认识错误时，就必须根据认识错误理论进行处理。显然，在这种情形下，关于处理构成要件的错误的原理，完全适用于有关量刑规则的通例的认识错误。换言之，即使刑法理论试图对有关量刑规则的通例的认识错误形成一种独立的原理，该原理与处理构成要件的认识错误的原理，也不会存在任何区别，而会完全一致。因为任何有关认识错误的理论，都是在责任主义指导下形成的。

借鉴德国的刑法理论，我国刑法分则条文所规定的某些具体升格条件（如入

---

① Vgl. Claus Roxin, Strafrecht Allgemeiner Teil, Band I, 4. Aufl., C. H. Beck, 2006, S. 342.

② Vgl. Günther Jakobs, Strafrecht Allgemeiner Teil, 2. Aufl., Walter de Gruyter, 1993, S. 178.

户抢劫，抢劫军用物资等），其实是加重的构成要件（或者加重的犯罪构成）。易言之，对这类法定刑升格条件所形成的罪状原本应概括为独立罪名。例如，对于我国《刑法》第263条所规定的抢劫罪，要么可以概括为2个罪名，即抢劫罪与加重抢劫罪，要么可以概括为更多的罪名，即抢劫罪与入户抢劫罪、持枪抢劫罪等罪名。再如，对于《刑法》第318条所规定的罪名，也可以作相应的概括。据此，可以得出如下结论：我国刑法分则所规定的法定刑的具体升格条件，有一部分是加重的构成要件（量刑规则除外）；在适用加重构成要件的加重法定刑时，就故意犯而言，以行为人认识到具体升格条件为前提。否则，便违反了责任主义。

德国有一种观点认为，就量刑规则的通例而言，也应采取结果加重犯的模式，亦即，只要行为人对基本犯罪有故意，对法定刑升格条件有认识可能性就可以了。[①] 本书认为，当刑法把致人重伤、死亡以外的事实作为法定刑的具体升格条件时，明显不能套用结果加重犯的模式，即不能认为，只要行为人具有实施基本犯罪的故意，对具体升格条件缺乏认识时，也可以适用加重的法定刑。例如，当行为人将抢险物资当作普通财物实施抢劫行为时，即使行为人应当预见到是抢险物资，但只要事实上没有认识到是抢险物资，就不能适用抢劫抢险物资的规定。理由如下：

第一，如上所述，在我国刑法分则中，有一部分具体升格条件实际上是加重的客观构成要件，而不是量刑规则的通例。故意犯中的加重的客观构成要件，也是行为人必须认识到的内容；否则，行为人对该加重事实就没有故意。退一步而言，即使将我国刑法分则中的具体升格条件视为量刑规则，对升格法定刑的适用，也以行为人认识到符合量刑规则的客观事实为前提（前述不需要认识的事实除外）。

第二，具体升格条件基本上都是客观要素，即所描述的是行为的客观内容，这些要素为加重的违法性提供根据。根据责任主义原理，只有当行为人对违法事实具有非难可能性时，才能承担责任。基于同样的理由，只有当行为人对加重的违法事实具有非难可能性时，才能承担加重的责任。就故意犯而言，只有当行为人对违法事实或者加重的违法事实具有认识时，才具有故意犯或故意的加重犯的非难可能性。所以，即便将具体升格条件视为量刑规则的前提事实，行为人也必须对此有认识（在过失的场合，需要有认识的可能性）。例如，就德国《刑法》第243条第1款所列举的情节特别严重的情形以及加重的法定刑而言，倘若行为

---

① 德国学者 Zipf 就采取了这种观点。Vgl. Claus Roxin, Strafrecht Allgemeiner Teil, Band I, 4. Aufl., C. H. Beck, 2006, S. 507.

人客观上盗窃了具有艺术意义的物品，但其主观上对该特定对象并无认识，仅仅认识到是普通财物时，就不能适用该款所规定的加重的法定刑，否则便违反了责任主义原理。同样，在我国，在刑法将"抢劫军用物资或者抢险、救灾、救济物资的"规定为法定刑升格条件时，即使行为人误将军用物资当作普通财物实施抢劫行为，也不能适用加重的法定刑。

第三，对客观上触犯重罪，但行为人仅有犯轻罪的故意时，以轻罪论处，不仅是责任主义的要求，也是我国的历史传统。《唐律·名例律》规定："其本应重而犯时不知者依凡论，本应轻者听从本。"这里的"本"实际上是指犯罪客观事实。据此，犯罪的客观事实构成重罪，但行为人没有认识到重罪的客观事实时，以一般犯罪即轻罪论处；如果犯罪的客观事实是轻罪，则不问行为人认识到的是轻罪事实还是重罪事实，都依轻罪论处。这一符合责任主义的规定，出现在当今许多国家的刑法中。例如，日本《刑法》第 38 条第 2 项规定："实施了本应属于重罪的行为，但行为时不知属于重罪的事实的，不得以重罪处断。"德国《刑法》第 16 条第 1 款与第 2 款分别规定："行为人在实施行为时没有认识属于法律的构成要件的情况的，不是故意地行动。因为过失的实施的可罚性，不受影响。""行为人在实施行为时错误地以为是较轻的法律的构成要件，可以因为故意的实施只受到该较轻的法律的处罚。"即使认为上述规定属于对构成要件的事实认识错误的处理规定，但由于这种规定是有利于被告人的规定，当然也可以类推适用于对量刑规则产生认识错误的情形。我国现行刑法虽然没有这样的规定，但是，根据我国《刑法》第 14 条、第 15 条与第 16 条所反映的责任主义原理，对行为人不知重罪的情形，不能依重罪论处。

第四，之所以不能套用结果加重犯的模式，还因为结果加重犯本身就是结果责任的残余。况且，结果加重犯只要求对加重结果有过失这一原理，产生于德国、日本，而德国、日本刑法基本上仅将致人伤亡规定为结果加重犯，过失造成伤亡结果的行为本身就是犯罪行为，所以，对加重结果只要有过失即可。在我国刑法分则中，具体升格条件大多是伤亡结果之外的客观事实，而单纯过失造成这种客观事实的行为，原本不一定成立犯罪。所以，不能套用结果加重犯的模式处理具体升格条件的认识。

总之，只有当行为人对具体升格条件具有认识时，才能适用与具体升格条件相应的加重法定刑。虽然客观上符合具体升格条件，但行为人对此没有认识的，只能适用基本犯罪的法定刑。所以，当行为人误以为自己是进入商店抢劫，但事实上是进入住宅抢劫的，不能适用入户抢劫的规定，只能认定为普通抢劫；当行为人误将军用物资或者抢险、救灾、救济物资当作普通财物实施抢劫时，不应适用抢劫军用物资或者抢险、救灾、救济物资的规定，只能适用普通抢劫的法定刑。

（六）对法定刑升格条件之间的错误的处理

行为人没有认识到作为法定刑升格条件的加重事实时，是一种事实认识错误。根据前述第（五）部分的分析，这种事实认识错误，对适用加重的法定刑产生影响，即不得适用加重法定刑。

在此所要讨论的是，行为人在一个法条所列举或规定的不同的法定刑升格条件之间发生认识错误时，应当如何处理？这种错误既可能发生在具体升格条件的情形，也可能发生在抽象升格条件的情形。下面先讨论前一种情形，例如，《刑法》第263条规定了8种具体升格条件。行为人误将抢险物资当作军用物资抢劫的（同一项内选择性对象的认识错误），或者误将军用物资当作金融机构资金抢劫的（同一款内选择性对象的认识错误），应当如何处理？

笔者通过对刑法分则所规定的法定刑升格条件的归纳，发现这类认识错误主要是对象认识错误，难以发生打击错误与因果关系的错误。例如，很难想象行为人原本打算抢劫金融机构，但因为方法错误而抢劫了军用物资。所以，下面仅以对象错误为中心展开讨论。

刑法理论将事实错误分为具体的事实认识错误与抽象的事实认识错误。显而易见的是，如果本来是不同的罪名，但我们将其确定为一个罪名，换言之，倘若原本是不同的构成要件，而我们将其确定为一个构成要件，就会导致将原本属于抽象的事实认识错误的情形，当作具体的事实认识错误处理，这会导致对被告人不利的处罚，违反责任主义原理。反之，如果本来属于同一犯罪，但我们将其确定为两个不同罪名，就会导致将原本属于具体的事实认识错误的情形，当作抽象的事实认识错误处理，这会形成处罚空隙，损害刑法的法益保护机能。但在刑法理论的通说与司法解释没有将加重构成要件确定为独立罪名，实际上又可以将加重构成要件确定为独立罪名的情况下，只好既从同一构成要件内的错误，又从不同构成要件间的错误来考虑。

首先，如果对象错误属于同一构成要件内的错误，根据法定符合说，这种错误都不影响犯罪既遂的成立。

如前所述，倘若将《刑法》第263条所规定的8种加重情形概括为一个罪名即加重抢劫罪，则可以认为，抢险物资、军用物资、金融机构等均属于一个加重犯罪的可供选择的对象。在此意义上说，行为人误将抢险物资当作军用物资抢劫的，或者误将军用物资当作金融机构资金抢劫的，就属于同一构成要件内的对象错误。但是，这种认识错误并不等同于典型的同一构成要件内的对象错误，而是属于选择性构成要件要素之间的认识错误。例如，行为人甲误将A当作B杀害时，是典型的同一构成要件内的对象错误。因为A与B都是故意杀人罪中的

"人"，就此而言没有任何区别。但是，抢险物资与军用物资毕竟不是相同的对象，而是只要抢劫其中一种物资即可适用加重法定刑。所以，行为人误将抢险物资当作军用物资抢劫的，或者误将军用物资当作金融机构资金抢劫的，属于选择性构成要件要素之间的认识错误。

为了解决这一问题，有必要讨论，在基本犯中，行为人就同一条文所列举的可供选择的对象要素发生认识错误时，是否影响定罪？例如，《刑法》第 127 条第 1 款规定，"盗窃、抢夺枪支、弹药、爆炸物的"，"处三年以上十年以下有期徒刑"。本条所规定的枪支、弹药、爆炸物三种对象明显属于选择要素，即只要盗窃或者抢夺其中之一便成立犯罪，同时盗窃、抢夺三种对象物的，也只成立一罪。假如行为人本欲盗窃枪支，但实际上盗窃了弹药的，是否影响犯罪成立？

笔者持否定回答。亦即，在上述情况下，行为人的行为成立盗窃弹药罪（既遂）；既不能认定为盗窃枪支未遂，也不应宣告无罪。理由是：其一，枪支、弹药、爆炸物是《刑法》第 127 条并列规定的三种可以选择的对象，而不是根据不同对象规定为不同犯罪，说明针对不同对象实施的行为都是同一犯罪行为。既然是同一犯罪行为，没有超出同一构成要件的范围，根据法定符合说，这种错误便不影响犯罪的成立。其二，盗窃、抢夺枪支、弹药、爆炸物罪属于抽象的危险犯（但同条规定的盗窃、抢夺危险物质罪属于具体的危险犯），当行为人以盗窃弹药的故意实施了盗窃弹药的行为时，当然具有抽象的公共危险。但当行为人以盗窃枪支的具体故意，实施了盗窃弹药的行为时，其行为所具有的抽象的公共危险性质没有任何变化。因为行为是否具有公共危险并不取决于行为人的主观认识，而取决于客观事实。既然如此，行为人的上述错误便并不影响其行为的性质。当行为是具体危险犯与实害犯时，也应得出相同的结论。例如，《刑法》第 127 条规定的盗窃、抢夺危险物质罪，其对象包含毒害性、放射性、传染病病原体等物质，但必须"危害公共安全"。当行为人出于抢夺毒害性物质的故意，实际上抢夺了放射性物质，并且危害公共安全时，也应认定为抢夺危险物质罪。因为所谓抢夺毒害性物质的故意，在刑法上属于抢夺危险物质的故意；客观上抢夺放射性物质的行为，在刑法上属于抢夺危险物质的行为。有责性与既遂的违法性相对应时，没有理由认定为犯罪未遂，更没有理由宣告无罪。其三，如果认为上述认识错识影响犯罪的成立，便会给司法实践造成极大的困惑：那些盗窃了枪支、弹药、爆炸物的行为人，都可以声称只是为了盗窃另一种对象，从而导致其行为只成立犯罪未遂甚至被宣告无罪，而司法机关对行为人主观上究竟为了盗窃哪一种对象确实难以证明，这便会不合理地放纵犯罪。

基于同样的理由，在同一犯罪的法定刑升格条件中包含了选择性要素时，行为人在选择性要素之间发生的认识错误，与典型的同一构成要件内的错误没有区别，不影响加重法定刑的适用。其一，在将《刑法》第263条所规定的8种情形视为一个加重抢劫罪的前提下，抢险物资、军用物资、金融机构等，实际上是《刑法》第263条规定的可以选择的对象，说明针对不同对象所实施的行为都是同一加重抢劫行为，故没有超过同一构成要件的范围。根据法定符合说，这种错误不对犯罪的认定与法定刑的适用产生影响。其二，从规范意义上说，行为人认识到是抢险物资而抢劫该物资，与行为人误以为是军用物资而实际上抢劫了抢险物资，在客观违法性与主观有责性方面，没有任何差别。既然如此，对这两种情形，就应当作相同处理。换言之，在行为人误将抢险物资当作为军用物资抢劫的情况下，倘若认定为抢劫军用物资未遂，违反了对相同的情形应作相同处理的正义原则。其三，基于刑事政策的理由，为了防止处罚空隙，也不应承认上述认识错误具有意义。

再如，《刑法》第328条第1款规定了如下法定刑升格条件，"（一）盗掘确定为全国重点文物保护单位和省级文物保护单位的古文化遗址、古墓葬的；（二）盗掘古文化遗址、古墓葬集团的首要分子；（三）多次盗掘古文化遗址、古墓葬的；（四）盗掘古文化遗址、古墓葬，并盗窃珍贵文物或者造成珍贵文物严重破坏的"。当行为人误将全国重点文物单位的古文化遗址当作省级文物保护单位的古文化遗址实施盗掘行为时，这种认识错误不具有任何意义，不影响对行为人的行为适用上述第1项的规定。

其次，如果将《刑法》第263条所规定的8种加重情形，视为8种以上不同的加重构成要件，分别成立8种以上不同的加重抢劫罪，则可以认为，行为人误将抢险物资当作军用物资抢劫的，或者误将军用物资当作金融机构资金抢劫的，就属于不同构成要件间的对象错误，即属于抽象的事实认识错误。

根据法定符合说，只要行为人所认识的事实与现实的事实处于同一构成要件内，就可以认定故意，因此，抽象的事实错误原则上阻却故意。但是，抽象的事实错误并不一概阻却故意，而是在一定范围内承认抽象的事实错误并不重要（即不阻却故意的成立）。围绕这一范围，国外刑法理论上存在分歧。[①] 本书不可能分析各种学说的利弊，只是提出以下看法：应当在具有归责可能性的范围内认定犯罪和适用法定刑。亦即，不能仅根据行为人的故意内容或仅根据行为的客观事实认定犯罪和适用法定刑，而应在故意内容与客观事实相符合的范围内认定犯罪和适用法定刑。所谓"故意内容与客观事实相符合"是主观归责意义上的相符合，因而是实质意义上的相符合。换言之，只要行为人主观上所认识的犯罪与客观上所实现的犯罪，在保护法益、构成要件的行为方面是相同的，就应认为其

---

① 参见张明楷：《外国刑法纲要》（第三版），法律出版社2020年版，第195页。

"故意内容与客观事实相符合"。其一，有责性是为了解决主观归责的问题，即在客观地决定了行为性质及其结果后，判断能否将行为及结果归咎于行为人。基于同样的理由，适用加重法定刑时，要求行为人对符合升格条件的事实具有认识，是为了将加重的违法事实归责于行为人，所以，并不是所谓主观与客观的简单与机械的对应。质言之，抢劫军用物资的故意，能够成为客观上抢劫抢险物资的主观归责理由，故应认定行为人对抢劫抢险物资承担责任。其二，抢劫军用物资与抢劫抢险物资，所侵害的法益相同，而且构成要件的行为相同，所以，二者具有实质的重合。既然如此，行为人主观上的认识错误，就不再具有实质意义。

总之，在行为人误将抢险物资当作为军用物资（同一项内选择性对象的认识错误），或者误将军用物资当作金融机构资金抢劫（同一款内选择性对象的认识错误）时，不管是将其作为同一构成要件内的具体的对象错误，还是作为不同构成要件间的抽象的对象错误，都不影响加重法定刑的适用。

下面简要说明的是另一种情形，即刑法分则条文原本规定的是抽象的升格条件，但司法解释将抽象升格条件作了具体化规定，行为人对司法解释所规定的具体情形产生了认识错误。例如，根据 2011 年 3 月 1 日公布的《最高人民法院、最高人民检察院关于办理诈骗刑事案件具体应用法律若干问题的解释》，诈骗数额接近数额巨大，同时具有诈骗救灾、抢险、防汛、优抚、扶贫、移民、救济、医疗款物的情节的；或者具有诈骗残疾人、老年人或者丧失劳动能力人的财物的情节的，应认定为有其他特别严重情节。那么，行为人误将老年人的财物当作国家扶贫物资而骗取的，能否适用"情节特别严重"的法定刑？

虽然上述情形也可谓事实认识错误，但行为人的客观行为属于情节特别严重，而且行为人也认识到自己的行为情节特别严重，只是具体情节的内容不完全相同，但这种不同的情节（客观上骗取老年人的财物与主观人以为是国家扶贫物资）只是司法解释的规定，而不是法条的区分，而且不同的情节均属于同一抽象的升格条件内，因而不影响升格法定刑的适用。

第十四章 注意规定与法律拟制

一、注意规定的概念与特点

注意规定是在刑法已作基本规定的前提下，提示司法工作人员注意，以免司法工作人员忽略的规定。注意规定有以下两个基本特征：

其一，注意规定的设置，并不改变基本规定的内容，只是对相关规定内容的重申；即使不设置或者删除注意规定，也存在相应的法律适用根据（按基本规定处理）。换言之，注意规定都是可以删除的规定。例如，《刑法》第285条与第286条分别规定了几种计算机犯罪；《刑法》第287条规定："利用计算机实施金融诈骗、盗窃、贪污、挪用公款、窃取国家秘密或者其他犯罪的，依照本法有关规定定罪处罚。"此条即属注意规定。一方面，它旨在引起司法工作人员的注意，对上述利用计算机实施的各种犯罪，应当依照有关金融诈骗、盗窃、贪污、挪用公款等罪的规定（基本规定）定罪处罚；不能因为刑法规定了几种计算机犯罪，便对利用计算机实施的金融诈骗、盗窃、贪污、挪用公款等罪也以计算机犯罪论处。另一方面，即使没有这一规定，对上述利用计算机实施的各种犯罪，也应当依照刑法的相关基本规定定罪处罚。可见，注意规定并没有对基本规定作出任何修正与补充。具体而言，《刑法》第287条的规定，并没有对金融诈骗、盗窃、贪污、挪用公款、窃取国家秘密等罪的构成要件增设特别内容或者减少某种要素。

其二，注意规定只具有提示性，其表述的内容与基本规定的内容完全相同，因而不会导致将原本不符合相关基本规定的行为也按基本规定论处。换言之，如果注意规定指出"对A行为应当依甲罪论处"，那么，只有当A行为完全符合甲罪的犯罪构成时，才能将A行为认定为甲罪。例如，《刑法》第163条前两款规定了非国家工作人员受贿罪，该条第3款规定："国有公司、企业或者其他国有单位中从事公务的人员和国有公司、企业或者其他国有单位委派到非国有公司、企业以及其他单位从事公务的人员有前两款行为的，依照本法第三百八十五条、第三百八十六条的规定定罪处罚。"显然，只有当该款所列举的国家工作人员的行为完全符合《刑法》第385条所规定的受贿罪的犯罪构成时，才能以受贿罪论处；如果国家工作人员的行为本身不符合《刑法》第385条的规定，便不得认定为受贿罪。所以，《刑法》第163条第3款属于注意规定，不会导致将原本不符合受贿罪的犯罪构成的行为也认定为受贿罪。

根据上述两个特征，《刑法》第156条、第183条、第184条、第185条、

第 198 条第 4 款、第 242 条第 1 款、第 248 条第 2 款、第 272 条第 2 款等均属注意规定。下面仅选择其中有必要说明的条文进行分析。

《刑法》第 156 条规定："与走私罪犯通谋，为其提供贷款、资金、帐号、发票、证明，或者为其提供运输、保管、邮寄或者其他方便的，以走私罪的共犯论处。"类似的规定还有不少。如《刑法》第 310 条规定："明知是犯罪的人而为其提供隐藏处所、财物，帮助其逃匿或者作假证明包庇……事前通谋的，以共同犯罪论处。"第 349 条第 3 款规定，实施包庇毒品犯罪分子，或者窝藏、转移、隐瞒毒品、毒赃的行为，"事先通谋的，以走私、贩卖、运输、制造毒品罪的共犯论处"。第 350 条第 2 款规定，明知他人制造毒品而为其生产、买卖、运输制毒物品的，以制造毒品罪的共犯论处。这些规定都属于注意规定，因为这些行为完全符合刑法总则所规定的共同犯罪的成立条件；即使没有设立这些注意规定，对上述行为也应按照共同犯罪论处。同理，对于刑法没有设立注意规定，但符合共同犯罪成立条件的行为，也应认定为共同犯罪。例如，《刑法》第 312 条规定了掩饰、隐瞒犯罪所得、犯罪所得收益罪，却没有就事前通谋的情形设立注意规定；但是，根据刑法总则关于共同犯罪的规定，事前通谋，事后窝藏、转移、收购、代为销售或者以其他方法掩饰、隐瞒犯罪所得或者犯罪所得收益的，也应按事前所通谋的、正犯所犯之罪的共犯论处。例如，甲与乙事前通谋实施盗窃，乙事后窝藏甲所盗窃的财物的，对乙应按照盗窃罪的共犯论处，而不能以《刑法》第 312 条没有设立类似第 310 条的注意规定为由，将乙的行为认定为掩饰、隐瞒犯罪所得罪。

值得说明的是《刑法》第 198 条第 4 款。该款规定："保险事故的鉴定人、证明人、财产评估人故意提供虚假的证明文件，为他人诈骗提供条件的，以保险诈骗的共犯论处。"由于该款仅列举了部分主体可以构成保险诈骗的共犯，于是，司法机关的一种做法是，如果提供虚假的证明文件，为他人诈骗提供条件的行为人是该款列举之外的人，就不以保险诈骗的共犯论处。

例如，2005 年 8 月 23 日，被告人何某某将自己出资购买的一辆少林牌 SLG6660CE 型号的中型客车，以来凤客运公司为车辆所有人办理了登记手续，同时何某某与来凤客运公司双方签订了《客运车辆参与营运经营合同书》。2005 年 11 月 10 日，来凤客运公司出资在中国人民财产保险股份有限公司来凤支公司（以下简称"来凤保险公司"）为上述车辆办理了道路客运承运人责任险和一般机动车保险，投保人、被保险人、受益人均为来凤客运公司。2006 年 5 月 22 日，因何某某的驾驶证没有年检，来凤县公安局交警大队书面通知来凤客运公司，何某某驾驶证已被注销。2006 年 5 月 23 日，何某某临时雇请持有 B 型驾驶证的吴某某（已判刑）代为驾驶上述车辆进行营运。中午 11 时许，车辆行至湖北省利川境内 248 省道 30KM+950M 处时发生交通事故，造成 3 人重伤、7 人轻伤，并导致车辆严重损毁。事故发生后，何某某即赶往利川，向利川办理此案的交警和来凤保险公司工作人员谎称其本人是肇事司机。何某某事后即向来凤客运公司执行经理李军等人如实汇报了肇事车辆驾驶员是吴某某而非本人的真相。同年 5 月 29 日，来凤客运公司召开董事会议作出决定，为减少公司损失，对外称何某某为肇事司机，并指定保卫科兼稽查科科长蒋某代表公司与何某某共同处理该次事故。为顺利获得保险公司的赔偿款，何某某经人介绍认识了钱某，并如实向钱某介绍了车辆肇事人及车辆投保的情况，钱某表示愿意帮忙取得保险赔款。事后，何某某、钱某与蒋某一同专程前往利川县处理交通事故。其间，何某某、钱某与蒋某指使在医院接受治疗的伤者向利川县交警大队作伪证，谎称肇事车辆驾驶员是何某某。2006 年 6 月 23 日，利川市公安局交通警察大队作出了利公交警字（一般）第 2006093 号交通事故认定书，认定何某某驾驶该客车造成交通事故。此后，何某某、钱某又对来凤保险公司负责理赔的工作人员龚某某、付某某各行贿 2 000 元，并伪造何某某驾驶证已年审的复印件，据此办理了该事故的理赔手续，何某某从来凤保险公司共领取保险赔款 205 258.15 元。何某某于 2007 年 5 月 8 日主动向来凤县公安局投案自首。

来凤县人民检察院于 2007 年 10 月 24 日以保险诈骗罪起诉何某某与钱某，来凤县人民法院于 2007 年 12 月 10 日作出一审判决。一审判决认为，来凤客运公司的行为完全符合保险诈骗罪的单位犯罪的构成要件，应为单位犯罪；何某某系来凤客运公司实施保险诈骗行为的直接责任人员，其行为构成保险诈骗罪，由于其案发后自首，判处有期徒刑 3 年；"被告人钱某虽然帮助被告人何某某实施了部分保险诈骗行为，但由于她既非鄂 Q41040 客车保险的投保人、被保险人、受益人，也非鄂 Q41040 客车保险事故的鉴定人、证明人、财产评估人。因此，被告人钱某不具备保险诈骗罪的犯罪主体条件，且其也没有与来凤客运公司形成共同犯罪的意思联络，其行为不构成犯罪"。

2007 年 12 月 20 日，来凤县人民检察院提起抗诉，认为根据刑法总则关于共同犯罪的规定，对钱某应以保险诈骗罪的共犯论处。恩施土家族苗族自治州中级人民法院 2008 年 4 月 10 日作出终审裁定指出："刑法分则已明确规定了保险诈骗罪的犯罪主体和共犯的主体。原审被告人钱某在本案中不是投保人、被保险人，也不是受益人，不能成为保险诈骗罪的犯罪主体。而刑法第一百九十八条第四款关于保险诈骗的共犯主体的规定，仅限于保险事故的鉴定人、证明人、财产评估人，且有故意提供虚假的证明文件，为他人诈骗提供条件的行为。而被告人钱某却非上述任何一种人，按罪刑法定原则，原审被告人虽然帮助被告人何某某实施了部分保险诈骗行为，但因被告人钱某不具备保险诈骗的犯罪主体条件，法无明文规定不为罪，原判宣告无罪正确。"

　　显然，一、二审法院均将《刑法》第198条第4款理解为后述法律拟制了，因而存在明显缺陷。《刑法》第29条第1款前段规定，"教唆他人犯罪的，应当按照他在共同犯罪中所起的作用处罚"。这表明，只要被教唆的人犯被教唆的罪，教唆犯与被教唆犯就构成共同犯罪。就保险诈骗罪的教唆犯而言，可以得出以下结论："教唆他人犯保险诈骗罪的，应当按照他在保险诈骗罪中所起的作用处罚。"《刑法》第27条第1款规定："在共同犯罪中起次要或者辅助作用的，是从犯。"单个犯罪无所谓主从犯，从犯只能存在于共同犯罪之中；这证明，起帮助作用的人，也与被帮助的人成立共同犯罪。当然，帮助犯也可能是胁从犯，但《刑法》第28条的规定说明，胁从犯也只存在于共同犯罪之中。这三条足以表达以下含义：一般主体教唆、帮助特殊主体实施以特殊身份为构成要件的犯罪的，以共犯论处。进一步而言，即使没有《刑法》第198条第4款规定，对于一般公民与投保人、被保险人、受益人相勾结、伙同实施保险诈骗的，也应当根据刑法总则的规定，以保险诈骗罪的共犯论处。因此，《刑法》第198条第4款只是重申了刑法总则关于共犯的规定，或者说只是将刑法总则关于共犯的规定具体化于保险诈骗罪的规定中，而没有增加新的内容，只能视为注意规定。如果将《刑法》第198条第4款理解为后述法律拟制，就存在以下两个明显的缺陷：其一，其他行为（如教唆保险诈骗，或者实施"提供虚假的证明文件"之外的帮助行为）即使符合刑法总则规定的共犯成立条件的，也不能以保险诈骗罪的共犯论处；因而可能认为，一般人教唆或者帮助他人实施保险诈骗行为的，不成立保险诈骗罪的共犯。但是，这种限制没有任何实质上的根据，专门对保险诈骗罪限制共犯的成立范围也没有任何意义。其二，在类似的条文中（如关于金融诈骗罪的其他条文）没有设立与本款类似规定的，即使行为人故意提供虚假证明文件，为他人诈骗提供条件的，不得以共犯论处；因而可能认为，为他人提供虚假证明文件，为他人诈骗银行贷款提供条件的，不得以贷款诈骗罪的共犯论处；因为《刑法》第198条对共犯有明文规定，而第193条没有明文规定。显然，只有将《刑法》第198条第4款理解为注意规定，才能克服上述缺陷，并得出如下合理结论：其一，除了保险事故的鉴定人、证明人、财产评估人故意提供虚假的证明文件，为他人诈骗保险金提供条件之外，其他行为只要符合刑法总则规定的共犯成立条件，即应以保险诈骗罪的共犯论处；其二，即使在有关金融诈骗罪的其他条文中没有与本款类似的规定，也应当根据刑法总则关于共犯成立条件的规定，认定是否成立共犯。不难看出，上述一、二审法院的判决与裁定明显错误。

　　《刑法》第184条第1款规定："银行或者其他金融机构的工作人员在金融业务活动中索取他人财物或者非法收受他人财物，为他人谋取利益的，或者违反国家规定，收受各种名义的回扣、手续费，归个人所有的，依照本法第一百六十三条的规定定罪处罚。"第2款规定："国有金融机构工作人员和国有金融机构委派到非国有金融机构从事公务的人员有前款行为的，依照本法第三百八十五条、第三百八十六条的规定定罪处罚。"本条属于注意规定，并没有修正或者补充《刑法》第163条与第385条规定的构成要件。因此，第一，由于《刑法》第163条要求索取或者收受的财物"数额较大"，故银行或者其他金融机构的工作人员在金融业务活动中索取他人财物或者非法收受他人财物，为他人谋取利益的，或者违反国家规定，收受各种名义的回扣、手续费，归个人所有的，只有达到"数额较大"，才成立公司、企业人员受贿罪。第二，如前所述（参见本书第三章），《刑法》第163条所规定的非国家工作人员受贿罪，要求索取贿赂与收受财物，数额较大，而且都必须为他人谋取利益，但《刑法》第385条所规定的受贿罪，只要利用职务上的便利索取贿赂便构成犯罪，不要求为他人谋取利益，只有收受他人财物的行为必须为他人谋取利益，而且受贿数额没有达到"数额较大"，但有其他较重情节的，也能成立受贿罪。因此，国有金融机构工作人员和国有金融机构委派到非国有金融机构从事公务的人员，利用职务上的便利索取他人财物的，就构成受贿罪，不要求其为他人谋取利益。

《刑法》第185条第1款规定："商业银行、证券交易所、期货交易所、证券公司、期货经纪公司、保险公司或者其他金融机构的工作人员利用职务上的便利，挪用本单位或者客户资金的，依照本法第二百七十二条的规定定罪处罚。"第2款规定："国有商业银行、证券交易所、期货交易所、证券公司、期货经纪公司、保险公司或者其他国有金融机构的工作人员和国有商业银行、证券交易所、期货交易所、证券公司、期货经纪公司、保险公司或者其他国有金融机构委派到前款规定中的非国有机构从事公务的人员有前款行为的，依照本法第三百八十四条的规定定罪处罚。"本条也属于注意规定，因此，该条第1款规定的主体所实施的行为完全符合《刑法》第272条所规定的挪用资金罪的犯罪构成时，才成立挪用资金罪；该条第2款规定的主体所实施的行为完全符合《刑法》第384条所规定的挪用公款罪的犯罪构成时，才成立挪用公款罪。基于同样的理由，上述两类主体的"挪用"行为，包括三种情况：挪用本单位或者客户资金归个人使用（或者借贷给他人），进行非法活动；挪用本单位或者客户资金数额较大、进行营利活动；挪用本单位或者客户资金数额较大、超过3个月未还。

《刑法》第248条第1款规定了虐待被监管人罪，该条第2款规定："监管人员指使被监管人殴打或者体罚虐待其他被监管人的，依照前款的规定处罚。"本书认为，该规定也属于注意规定。因为根据刑法总则关于共同犯罪的规定以及共同犯罪的原理，监管人员指使被监管人殴打或者体罚虐待其他被监管人的，宜认定为虐待被监管人罪的间接正犯①。即使没有该条第 2 款的规定，对该行为也应认定为虐待被监管人罪。由于该款属于注意规定，所以还应当得出以下两点结论：第一，由于《刑法》第 248 条第 1 款将"情节严重"作为整体评价要素，因此，监管人员指使被监管人殴打或者体罚虐待其他被监管人，情节严重的，才成立本罪。第二，由于《刑法》第 248 条第 1 款规定"致人伤残、死亡的，依照本法第二百三十四条、第二百三十二条的规定定罪从重处罚"，因此，监管人员指使被监管人殴打或者体罚虐待其他被监管人，因而致人伤残、死亡的，对监管人员也应以故意伤害罪、故意杀人罪定罪并从重处罚。

在刑法分则中，除了某些条款本身属于注意规定外，还存在条款的部分内容属于注意规定的情况。最典型的是刑法分则条文关于"明知"的规定。

刑法分则有多个条文规定了"明知"的要素。例如，《刑法》第 310 条要求行为人"明知是犯罪的人"，第 312 条要求行为人"明知是犯罪所得及其产生的收益"。刑法分则中规定这种"明知"要素的共有 20 余个条文。这些条文所规定的明知内容，即行为人主观上必须明知的内容，都是犯罪的客观构成要件要素。

分则关于"明知"的规定，都属于注意规定，即提醒司法工作人员注意的规定。即使分则没有"明知"的规定，也应根据总则关于故意的规定，要求故意犯罪的行为人必须明知犯罪的客观构成要件要素（客观的超过要素除外）。因为根据责任主义的原理，成立犯罪不仅要求行为符合客观构成要件，而且要求行为人对所实施的违法事实具有非难可能性。就故意犯罪而言，行为人必须明知符合犯罪的客观构成要件要素的事实，并且希望或者放任危害结果的发生。易言之，对于属于犯罪的客观构成要件要素的事实，行为人必须有认识，否则便阻却故意。这一原理在大陆法系国家得到了普遍承认。大陆法系国家的刑法理论与审判实践认为，客观构成要件具有规制故意的机能，反过来说，客观构成要件显示了故意的认识内容与意志内容，即故意的认识内容与意志内容就是符合客观构成要件的要素。因此，成立故意犯罪时，行为人对犯罪客观构成要件中的所有要素必须有认识（结果加重犯中的加重结果除外），否则不成立故意犯罪。正因为如此，大陆法系国家的刑法，通常不在分则中规定"明知"要素，因为根据故意的原理，凡是构成要件的客观要素，行为人主观上都必须有认识。

---

① 考虑到监管场所的特殊性以及监管人员与被监管人员之间的支配关系，应当认定监管人员的指使行为支配了犯罪事实，而不能仅将其认定为教唆犯。此外，如果司法工作人员不仅指使被监管人殴打或者体罚其他被监管人，而且直接殴打或者体罚被监管人，则成立直接正犯。

例如，日本《刑法》第 256 条第 1 项规定："无偿收受盗窃的物品或者其他财产犯罪行为所得之物的，处三年以下拘禁刑。"第 2 项规定："搬运、保管或者有偿收受前项规定之物，或者就该物的有偿处分进行斡旋的，处十年以下拘禁刑及五十万元以下罚金。"该条表面上并没有要求行为人"明知是财产犯罪所得的赃物"，但日本刑法理论与审判实践没有争议地认为，行为人必须明知是财产犯罪所得的赃物。如大谷实教授指出：就赃物犯罪的各犯罪类型，"行为人必须认识到是赃物（知情）。只要是未必的认识就够了，只要认识到对象物是某种财产犯罪所得的财物就可以了，不要求认识到本犯者、被害者是谁"①。前田雅英教授指出："既然赃物罪是故意犯，那么，要求必须认识到赃物就是理所当然的。"② 德国《刑法》第 259 条规定："行为人为了使自己或者第三者获利，购买或者使自己或者第三者得到、销售或者帮助销售他人盗窃的或者其他通过对他人的财产所实施的违法行为所获得的物品的，处五年以下自由刑或者罚金。"该条也没有"明知是违法行为所获得的物品"之类的规定，但德国的刑法理论与审判实践没有争议地认为，行为人主观上必须明知是他人盗窃或者其他对财产的违法所得的财物。③

再如，日本《刑法》第 103 条规定："藏匿已犯应当判处罚金以上刑罚之罪的人或者拘禁中的脱逃人，或者使其隐避的，处二年以下拘禁刑或者二十万元以下罚金。"本条也没有"明知是犯罪的人"之类的规定，但日本刑法理论与审判实践都认为，行为人必须明知所藏匿的对象是犯罪的人。④

我国的刑法分则较多地采用了"明知"的规定，由于即使没有"明知"的规定，故意犯罪的成立也要求行为人明知犯罪构成的客观要素，因此，刑法分则关于"明知"的规定都属于注意规定。基于这一理由，即使刑法分则没有明文规定"明知"要素，对于犯罪的客观构成要件要素，故意犯罪的行为人主观上也必须明知。例如，我国《刑法》第 171 条第 1 款前段规定，"出售、购买伪造

① ［日］大谷实：《刑法讲义各论》（新版第 4 版），成文堂 2013 年版，第 349 页。

② ［日］前田雅英：《刑法各论讲义》（第 6 版），东京大学出版会 2015 年版，第 301 页。相同的观点与判例，参见［日］山口厚：《刑法各论》（第 2 版），有斐阁 2010 年版，第 344 页；［日］井田良：《讲义刑法学·各论》（第 2 版），有斐阁 2020 年版，第 374 页；［日］松原芳博：《刑法各论》（第 2 版），日本评论社 2021 年版，第 380 页；日本最高裁判所 1948 年 3 月 16 日判决，日本《最高裁判所刑事判例集》第 2 卷第 3 号，第 227 页；日本最高裁判所 1975 年 6 月 12 日判决，日本《最高裁判所刑事判例集》第 29 卷第 6 号，第 365 页。

③ Vgl., Arzt/Weber, Strafrecht, Besonderer Teil, Verlag Ernst und Werner Gieseking,2000, S.676ff.

④ 参见［日］大塚仁：《刑法概说（各论）》（第 3 版增补版），有斐阁 2005 年版，第 596 页；［日］大谷实：《刑法讲义各论》（新版第 4 版），成文堂 2013 年版，第 603~604 页；［日］山口厚：《刑法各论》（第 2 版），有斐阁 2010 年版，第 581 页；日本最高裁判所 1953 年 9 月 30 日判决，日本《最高裁判所刑事判例集》第 8 卷第 9 号，第 1575 页。

的货币或者明知是伪造的货币而运输，数额较大的，处三年以下有期徒刑或者拘役，并处二万元以上二十万元以下罚金"。表面上看，运输假币时，才需要"明知是伪造的货币"；出售、购买假币时，则不需要明知是伪造的货币。但事实上并非如此。在本罪中，行为对象即假币是特定的，属于犯罪的客观构成要件要素，行为人对此必须有认识；如果不明知是假币而出售或者购买，就不可能明知自己的行为会发生损害货币的公共信用的危害结果，就不会存在犯罪故意。《刑法》第171条这样规定，是因为在运输时不明知是假币的可能性较大，所以，为了提醒司法工作人员注意，特别写明"明知是伪造的货币而运输"。而出售、购买假币时，一般表现为以大量假币换取少量真货币，或者以少量真货币换取大量假币，行为人通常明知是假币，所以没有必要特别提醒。尽管如此，司法工作人员仍然要查明行为人在出售、购买假币时，是否明知是伪造的货币。例如，一位企业家的儿子将要自费赴美国留学，需要一定数量的美元。由于在银行兑换的美元有限，该企业家便在银行外购买美元，但他花100万元人民币购买的却是面值13万美元的假美元。由于行为人根本不知其购买的是伪造的货币，故不可能将其行为认定为购买假币罪。所以，尽管《刑法》第171条未要求出售、购买伪造的货币时必须"明知是伪造的货币"，但根据刑法总则关于故意的规定，仍然需要行为人明知是伪造的货币。

我们再来比较刑法分则的两个条文。《刑法》第143条前段规定，"生产、销售不符合食品安全标准的食品，足以造成严重食物中毒事故或者其他严重食源性疾病的，处三年以下有期徒刑或者拘役，并处罚金"。第144条前段规定，"在生产、销售的食品中掺入有毒、有害的非食品原料的，或者销售明知掺有有毒、有害的非食品原料的食品的，处五年以下有期徒刑，并处罚金"。如果离开刑法总则的规定，可能得出这样的结论：销售不符合食品安全标准的食品时，不需要"明知是不符合食品安全标准的食品"；而销售有毒、有害食品时，必须"明知是掺有有毒、有害的非食品原料的食品"。显然，没有人会赞成这种结论。因为上述两种犯罪都是故意犯罪，就销售行为而言，都要求行为人明知自己行为的特定对象，即前者要求行为人明知自己所销售的是不符合食品安全标准的食品，后者要求行为人明知自己销售的是有毒、有害的食品。所以，即使《刑法》第144条采取与第143条相同的规定方式，也要求销售者明知是掺有有毒、有害的非食品原料的食品。

基于同样的理由，即使《刑法》第310条没有规定"明知是犯罪的人"，但由于窝藏、包庇罪属于故意犯罪，也要求行为人明知是犯罪的人。即使《刑法》第312条对赃物犯罪没有规定"明知是犯罪所得及其产生的收益"，根据总则关于故意的规定，由于本罪不能由过失构成，也要求行为人明知是犯罪所得及其产生的收益。据此，即使刑法分则关于奸淫幼女的规定没有写明"明知是幼女"，但由于幼女是特定的犯罪对象，属于客观构成要件要素，行为人必须明知是幼女，否则不成立犯罪。[①]　同样，盗窃、抢夺枪支、弹药、爆炸物罪的成立，要求行为人明知自己所盗窃、抢夺的是枪支、弹药、爆炸物；故意杀人罪的成立，要求行为人明知自己所杀的是人。放火罪的成立，要求行为人明知自己的行为会发生危害公共安全的结果，如此等等。切不可以分则条文没有明文要求"明知"为由，而认为奸淫幼女等犯罪属于所谓"严格责任"的犯罪。

总之，刑法分则规定的"明知"都是对具体犯罪的故意认识内容的要求，是《刑法》第 14 条关于犯罪故意的规定在分则中的具体化，既不是主观的超过要素，也不是特别规定。也不能认为，分则中的明知是主观的违法要素，总则中的明知是主观的责任要素。例如，就窝藏罪而言，"犯罪的人"是行为对象，属于构成要件的内容，是故意的认识内容。倘若认为"明知是犯罪的人"是主观的违法要素，则意味着故意不需要认识到"犯罪的人"这一构成要件要素，于是构成要件就丧失了故意规制机能。倘若认为"明知是犯罪的人"既是主观的违法要素又是责任要素，则没有实际意义。

二、法律拟制的概念与特点

与注意规定不同，法律拟制（或法定拟制）的特点是，导致将原本不同的行为按照相同的行为处理（包括将原本不符合某种规定的行为也按照该规定处理）。正如德国学者所言："法学上的拟制是：有意地将明知为不同者，等同视之。……法定拟制的目标通常在于：将针对一构成要件（T1）所作的规定，适用于另一构成要件（T2）。则其与隐藏的指示参照并无不同。不采取'T1 的法效果亦用于 T2'的规定方式，法律拟制：T2 系 T1 的一种事例。因为法律并不在于陈述事实，其毋宁包含适用规定，因此，立法者并非主张，T2 事实上与 T1 相同，或事实上为 T1 的一种事例，毋宁仍是规定，对 T2 应赋予与 T1 相同的法效果。为达到此目标，他指示法律适用者：就将 T2'视为'T1 的一个事例。反

[①]　2003 年 1 月 17 日发布的《最高人民法院关于行为人不明知是不满十四周岁的幼女，双方自愿发生性关系是否构成强奸罪问题的批复》指出："行为人明知是不满十四周岁的幼女而与其发生性关系，不论幼女是否自愿，均应依照刑法第二百三十六条第二款的规定，以强奸罪定罪处罚；行为人确实不知对方是不满十四周岁的幼女，双方自愿发生性关系，未造成严重后果，情节显著轻微的，不认为是犯罪。"该批复的后段并不意味着"行为人确实不知对方是不满十四周岁的幼女，双方自愿发生性关系，造成严重后果，情节严重的，以强奸罪论处"，而宜理解为："行为人确实不知对方是不满十四周岁的幼女，双方自愿发生性关系，造成严重后果的，按照后果的性质与行为人的罪过，以相应的犯罪（如故意伤害罪、过失致人重伤罪等）论处。"

之，假使法律不拟制将 T1 的法效果适用于 T2，则即使 T2 实际上是 T1 的一个事例，立法者仍可将 T2 视为并非 T1 的事例。"[①] 换言之，在法律拟制的场合，尽管立法者明知 T2 与 T1 在事实上并不完全相同，但出于某种目的仍然对 T2 赋予与 T1 相同的法律效果，从而指示法律适用者，将 T2 视为 T1 的一个事例，对 T2 适用 T1 的法律规定。

例如，《刑法》第 269 条规定："犯盗窃、诈骗、抢夺罪，为窝藏赃物、抗拒抓捕或者毁灭罪证而当场使用暴力或者以暴力相威胁的，依照本法第二百六十三条的规定定罪处罚。"此即法律拟制。因为该条规定的行为（T2）与《刑法》第 263 条所规定的抢劫罪（T1）原本存在重大区别，或者说该行为（T2）原本并不符合《刑法》第 263 条（相关规定）的构成要件（T1），但第 269 条对该行为（T2）赋予与抢劫罪（T1）相同的法律效果；如果没有第 269 条的规定，对上述行为就不能以抢劫罪论处，而只能对前一阶段的行为分别认定为盗窃、诈骗、抢夺罪，对后一阶段的行为视性质与情节认定为故意杀人罪、故意伤害罪，或者仅视为一种量刑情节。[②] 再如，《刑法》第 267 条第 2 款规定："携带凶器抢夺的，依照本法第二百六十三条的规定定罪处罚。"携带凶器抢夺（T2）与《刑法》第 263 条规定的抢劫罪（T1）在事实上并不完全相同，或者说，携带凶器抢夺的行为原本并不符合抢劫罪的构成要件，但立法者赋予该行为（T2）与抢劫罪（T1）相同的法律效果。如果没有《刑法》第 267 条第 2 款的法律拟制，对于单纯携带凶器抢夺的行为，只能认定为抢夺罪，而不能认定为抢劫罪。由此可见，法律拟制可谓一种特别规定。[③] 其特别之处在于：即使某种行为原本不符合刑法的相关规定，但在刑法明文规定的特殊条件下也必须按相关规定论处。

如后所述，法律拟制仅适用于刑法明文规定的情形，而不具有普遍意义；对于类似情形，如果没有法律拟制规定，就不得比照拟制规定处理。例如，刑法没有明文规定携带凶器盗窃的以抢劫罪论处，因此，不得将携带凶器抢夺以抢劫罪论处的规定，类推于携带凶器盗窃的情形。

刑法设置法律拟制，主要基于两个方面的理由：其一，形式上的（外在的）理由是基于法律经济性的考虑，避免不必要的重复。亦即，"在法律理论中，吾人通常把法律拟制称为隐藏的指示，借由规定，对案件 T 适用 T1 法律效果；在

[①]　[德] Karl Larenz：《法学方法论》，陈爱娥译，五南图书出版公司 1996 年版，第 160 页。

[②]　如果刑法将这种行为规定为独立的罪名，则其既不是注意规定，也不是法律拟制。

[③]　拟制规定只是特别规定的一种情形，即特别规定还有其他种类，如在法条竞合时原则上不适用普通规定而适用特别规定。

此，立法者是基于法律经济性的缘故，以避免重复"①。其二，实质上的（内在的）理由是基于两种行为对法益侵害的相同性或相似性。"亦即，拟制，是在 B 实际上不同于 A，但基于某种重要的构成要件要素的相似性（本质的相似性），而将 B 视为 A。因此，拟制的根本在于意识到 B 与 A 的不同，同时意识到 A、B 之间的本质的类似性的重要性。"② 例如，《刑法》之所以在第 267 条第 2 款与第 269 条设置两个法律拟制，一方面是为了避免重复规定抢劫罪的法定刑；另一方面是因为（如后所述）携带凶器抢夺、事后抢劫的行为与抢劫罪的行为，在法益侵害上具有相同性或相似性。"拟制可以有实用性，只有当其表达了一种真实、一种类似的真实。Esser 正确地说到，拟制并非歪曲现实的意思，相反地，'拟制是无意识的表达一种经由构成要件内在的类似性，所引发之……相同价值的必要性'。"③ 因此，立法者绝非可以无限制地设置拟制规定。例如，立法者不可以将非法侵入住宅的行为拟制为盗窃罪，不可以将非法搜查的行为拟制为抢劫罪，因为各自的前者与后者对法益的侵害存在重大差异。

上述设置法律拟制的外在理由与内在理由，使得法律拟制成为刑法分则中难以避免的一种现象。法律拟制也存在于其他国家的刑法中。例如，日本《刑法》第 207 条规定："二人以上实施暴行伤害他人的，在不能辨认各人暴行所造成的伤害的轻重或者不能辨认何人造成了伤害时，即使不是共同实行的，也依照共犯的规定处断。"在本书看来，这是典型的法律拟制：将不是共犯的情形依照共犯论处。又如，韩国《刑法》第 38 章明文区分了财物与财产上的利益，其中，盗窃罪（韩国《刑法》第 329 条）的对象仅限于财物，但该章第 346 条规定："本章之罪中，可以控制的动力，视为财物。"亦即，可以控制的动力原本不是财物，但由于其与财物具有本质的相似性，所以将其视为财物。日本《刑法》第 245 条也有类似规定。

"拟制的本质是一种类推：在一个已证明为重要的观点之下，对不同事物相同处理，或者我们也可以说，是一个以某种关系为标准的相同性中（关系相同性，关系统一性），对不同事物相同处理。"④ 显然，说法律拟制是类推，只是一种立法上的类推，完全不同于司法上的类推适用与类推解释。司法上的类推适用

---

① ［德］亚图·考夫曼：《类推与"事物本质"——兼论类型理论》，吴从周译，颜厥安审校，学林文化事业有限公司 1999 年版，第 57~59 页。

② ［日］笹仓秀夫：《法哲学讲义》，东京大学出版会 2002 年版，第 419 页。

③ ［德］亚图·考夫曼：《类推与"事物本质"——兼论类型理论》，吴从周译，颜厥安审校，学林文化事业有限公司 1999 年版，第 55~57 页。

④ ［德］亚图·考夫曼：《类推与"事物本质"——兼论类型理论》，吴从周译，颜厥安审校，学林文化事业有限公司 1999 年版，第 59 页。

或者类推解释，尽管可能存在实质的合理性，但缺乏法律根据，因而缺乏形式的合理性。例如，将携带（没有使用与显示）凶器敲诈勒索的行为，以抢劫罪论处，也可能具有实质的合理性，但缺乏法律根据。如后所述，将携带凶器抢夺的行为以抢劫罪论处，既具有实质的合理性，也具有形式的合理性。此外，法律拟制一经刑法规定，就必须无例外地适用；而（旧刑法时代）司法上的类推，只是针对特定的案例适用。① 由于法律拟制规定是刑法规定的一部分，而不是立法解释，故不能认为法律拟制本身违反了罪刑法定原则。②

法律拟制不同于司法拟制（作为法院判决理由的拟制）。例如，刑法条文并没有规定"任何人都知道刑法"。在面对行为人确实不可能知道自己的行为违反了刑法，进而实施了违反刑法的行为的案件时，倘若法官以"任何人都知道刑法"为由，依然认定行为人有罪，那么，其中的"任何人都知道刑法"就可谓一种司法拟制。③ 至于这种司法拟制是否妥当，则是需要具体分析的，不能因为刑法上存在法律拟制，就对所有的司法拟制持肯定态度。例如"任何人都知道刑法"的司法拟制就不具有合理性。依据这一拟制，即使不具有违法性认识可能性的人，也要承担刑事责任，这便违反了责任主义原理。因此，"供作法院理由手段的拟制其与法定拟制应作不同的评价。理由与法条不同，它要主张的是正确性（适切的认识）；它不是在从事规定，而是希望有说服力。在法院判决的说理脉络中，拟制意指：假定案件事实中存在着一种足以发生法效果的构成要件要素，虽然其（应该）确悉，事实并非如此。长久以来，司法裁判经常运用拟制的意思表示此种说理方式，例如当它想免除责任时。于此，拟制掩盖了决定性的理由；将说理贬抑为表象说理。因此，它是法院所应避免的"④。

只有在查清案件事实时，才可能适用刑法中的法律拟制规定，故法律拟制不同于司法上的推定。司法上的推定是对事实尤其是对主观事实的一种认定方法，而且都是可以反驳的，而法律拟制是刑法中的一种特别规定，是不可以反驳的。例如，当司法机关根据案件具体事实推定行为人"明知"自己收购的是犯罪所得时，行为人完全可能举证证明自己并不明知是犯罪所得。但是，当行为人携带凶器抢夺的事实得到证明，法院对其以抢劫罪论处时，行为人就不能以没有抢劫故意等为由，否认抢劫罪的成立。再如，"两高"、公安部、司法部 2013 年 10 月

---

① 参见［日］笹仓秀夫：《法解释讲义》，东京大学出版会 2009 年版，第 127 页。

② 立法机关可以在刑法中作出法律拟制之类的立法上的类推规定，但不可以在刑法之外作出类推解释，如立法机关不能作出"刑法第 237 条中的'妇女'包括男性在内"的立法解释。司法解释更不可以作出类推解释。

③ 在本书中，司法机关对刑法上的法律拟制规定的适用，不是所谓的司法拟制。

④ ［德］Karl Larenz：《法学方法论》，陈爱娥译，五南图书出版公司 1996 年版，第 162 页。

23 日发布的《关于依法惩治性侵害未成年人犯罪的意见》指出："对于不满 12 周岁的被害人实施奸淫等性侵害行为的，应当认定行为人'明知'对方是幼女。"这可谓司法上的推定，如果有证据表明行为人确实不知道是幼女，则不能认定行为人明知对方是幼女。但是，当行为人对幼女实施非法拘禁行为，并使用暴力过失导致幼女重伤的，对行为人的行为就必须以故意伤害罪论处（《刑法》第 238 条第 2 款后段，参见后述内容），行为人不能以缺乏伤害的故意为由否认本罪的成立。

刑法分则有不少条文明显属于或者包含了法律拟制，下面选择几个条文进行分析。

《刑法》第 196 条第 1 款规定了信用卡诈骗罪，该罪包括使用伪造的信用卡、使用作废的信用卡、冒用他人的信用卡与恶意透支行为。该条第 3 款规定："盗窃信用卡并使用的，依照本法第二百六十四条的规定定罪处罚。"首先，从司法实践来看，本款所规定的"信用卡"一般是他人的真实有效的信用卡，即行为人所盗窃并使用的信用卡，是他人真实有效的信用卡。如果行为人明知是伪造或作废的信用卡而盗窃并对自然人使用的，应认定为信用卡诈骗罪（使用伪造的信用卡、使用作废的信用卡）。但是，如果以为是真实有效的信用卡而盗窃并对自然人使用，但事实上盗窃和使用的是伪造或者作废的信用卡的，也属于盗窃信用卡并使用。"使用"不仅包括盗窃者本人使用，还应包括盗窃者利用不知情的第三者使用。例如，行为人甲盗窃信用卡后，指使 12 周岁的乙使用。由于乙不具有规范意识，甲成立《刑法》第 196 条第 3 款规定的盗窃罪的间接正犯。再如，A 盗窃信用卡后欺骗 B，谎称自己是该卡的合法持有人，令 B 信以为真使用该信用卡。由于 B 不知情，A 利用了没有故意的 B 的行为，仍然是《刑法》第 196 条第 3 款规定的盗窃罪的间接正犯。

由于我国刑法一般没有将信用卡本身评价为财物，盗窃了他人真实有效的信用卡但并不使用的行为，一般难以成立盗窃罪，[①] 也不能构成信用卡诈骗罪。[②] 所以，在通常情形下，只有盗窃并使用了信用卡，才成立盗窃罪。

一种观点认为，盗窃信用卡并使用的，构成牵连犯，应从一重罪处断。[③] 在这种观点看来，盗窃信用卡是手段行为，其本身即构成盗窃罪，而使用信用卡是

[①] 本书认为，多次盗窃信用卡、入户盗窃信用卡、携带凶器盗窃信用卡以及扒窃信用卡的应当成立盗窃罪。本节以下所称盗窃信用卡不包括这些情形。

[②] 在国外，盗窃他人信用卡本身便成立盗窃罪，如果冒用他人的信用卡（在自动取款机上使用的除外），则又成立诈骗罪。只是有人主张成立数罪，有人主张成立牵连犯。

[③] 参见高铭暄主编：《新型经济犯罪研究》，中国方正出版社 2000 年版，第 955 页；刘远：《金融诈骗罪研究》，中国检察出版社 2002 年版，第 319 页。

目的行为，触犯另一罪名，所以，应以牵连犯从一重罪处断。本书难以完全赞成这种观点。因为如果行为人仅盗窃信用卡但不使用，那么，被害人就不会遭受财产损失，故不能认定行为人盗窃了信用卡所记载的财产；信用卡本身作为有体物，其价值也不可能达到"数额较大"的标准，故不能认定盗窃信用卡本身的行为构成盗窃罪。既然盗窃信用卡本身并不构成盗窃罪，也不触犯其他罪名，就难以成立牵连犯。基于同样的理由，本书更不赞成对盗窃信用卡并使用的行为实行数罪并罚的观点。[①] 如果行为人扒窃信用卡并使用，且前后行为均成立犯罪的，似乎可能构成牵连犯。但在这样的场合，我国司法机关会将信用卡本身的价值（如 20 元）与后来使用信用卡所获得的数额相加计算的，而不会按牵连犯处理。

还有一种观点认为，《刑法》第 196 条第 3 款规定的是结合犯，"即刑法将盗窃罪与信用卡诈骗罪规定在一个条文里，明确规定以盗窃罪定罪处罚的情况。尽管在这种情况中，行为人的盗窃信用卡行为和冒用他人信用卡行为具有相当密切的关系，因为行为人盗窃后的冒用行为，完全可以视为盗窃行为的延续，是对盗窃信用卡后的一个价值实现过程。但是，我们也不应该否定，这种情况仍然符合'独立性'和'结合性'（或称'法定性'）这两个构成结合犯所必须具备的要件，因而将其视为结合犯是完全正确的"[②]。本书不赞成这种观点。第一，盗窃信用卡但未使用的行为，不可能给他人财产造成损失，因此不可能构成盗窃罪，既然如此，盗窃信用卡并使用，就不是盗窃罪与另一犯罪的结合。即使盗窃（如扒窃）信用卡的行为本身成立犯罪，也仅能表明部分情形，而不是任何盗窃信用卡的行为均成立盗窃罪。既然如此，就不能一概认为《刑法》第 196 条第 3 款规定的是结合犯。第二，使用所盗窃的信用卡并不一概构成信用卡诈骗罪。因为在自动取款机上使用的行为，原本属于盗窃行为，而非冒用他人信用卡。所以，盗窃信用卡并使用，不是盗窃罪与信用卡诈骗罪的结合。

行为人盗窃他人信用卡后在自动取款机上使用的，理所当然成立盗窃罪。换言之，即使没有《刑法》第 196 条第 3 款的规定，对于盗窃信用卡并在自动取款机上使用的行为，也应认定为盗窃罪。因为这种行为并不符合诈骗罪与信用卡诈骗罪的基本构造，相反，完全符合盗窃罪的构成要件。即使在规定了计算机诈骗罪的德国、日本，对使用他人名义的银行卡在自动取款机上取款的行为，也认定为盗窃罪。例如，1984 年 10 月 28 日，被告人 X 从同事没有上锁的抽屉中取出 A 的银行卡与密码，连续 5 天从不同的自动取款机取出 600 马克。德国库尔姆巴赫

[①]　参见周仰虎、于英君：《论信用卡犯罪的立法完善》，《法学》1996 年第 9 期。
[②]　刘宪权：《信用卡诈骗罪的司法认定》，《政法论坛》2003 年第 3 期。

（Kulmbach）区法院认定被告人的行为构成盗窃罪。判决理由是，从机能与作用来看，银行的自动取款机与投入硬币便可购买香烟、饮料的自动售货机没有区别。后者是只有投入规定的硬币才能取得商品，前者是插入银行卡并输入特定密码才能取出现金。银行绝不可能同意任意的第三者使用他人的银行卡与密码从自动取款机中取出现金。被告人 X 使用 A 的银行卡与密码从自动取款机中取出现金，属于违反自动取款机设置者的意志，从封闭容器中取得他人财物的行为。①在德国，类似的判决并不少见。在日本，使用他人的银行卡，从自动取款机中取得现金的行为，几乎没有争议地被认定为盗窃罪。②在没有规定计算机诈骗罪的我国，对于使用他人信用卡从自动取款机取款的，更应认定为盗窃罪。因此，就盗窃他人信用卡并从自动取款机中取款的情形而言，《刑法》第 196 条第 3 款的规定属于注意规定，而非法律拟制。由于注意规定的内容属"理所当然"，所以，即使没有《刑法》第 196 条第 3 款的规定，对于盗窃他人信用卡后从自动取款机中取款的行为，也应认定为盗窃罪。因此，捡拾、骗取、夺取或者以其他方法取得他人信用卡后，在自动取款机中取款的，都完全符合盗窃罪的构成要件；而不能以这类行为不属于"盗窃信用卡并使用"为由，否认盗窃罪的成立。

行为人盗窃他人信用卡后并对自然人使用的行为（在银行柜台或者特约商户使用，不包括在自动取款机上使用的行为），就使用信用卡而言，一般应属于冒用他人信用卡，理应成立信用卡诈骗罪。但是，《刑法》第 196 条第 3 款明文规定对盗窃信用卡并使用的，按盗窃罪定罪处罚；或者说，该款规定将部分信用卡诈骗行为认定为盗窃罪。就此而言，该规定属于法律拟制，而非注意规定。即盗窃信用卡并对自然人使用的行为，原本符合信用卡诈骗罪的构成要件，但刑法仍然赋予其盗窃罪的法律后果。设立该法律拟制的理由主要是：行为人通常是在盗窃现金等财物的时候同时盗窃信用卡；如果行为人并不使用所盗窃的信用卡，则被害人记载于信用卡上的财产不会受到损失，故不宜将记载于信用卡上的财产数额认定为盗窃数额；但是，如果行为人使用所盗窃的信用卡，则将所使用的数额与所盗窃的其他财物累计为盗窃数额。正因为本款就盗窃信用卡后对自然人使用的情形属于法律拟制，而且这种拟制规定也便于司法机关处理盗窃信用卡的案件，所以，不能认为本款规定与《刑法》第 196 条第 1 款相矛盾。正因为本款就盗窃信用卡后对自然人使用的情形属于法律拟制，而非注意规定，因此，不能将本规定"推而广之"。例如，行为人骗得他人信用卡之后又对自然人使用的，不

---

① AG Kulmbach, NJW 1985, 2282。参见［日］长井圆：《银行卡犯罪对策法的最先端》，日本信贷产业协会 2000 年版，第 119 页。

② 参见［日］大塚仁：《刑法概说（各论）》（第 3 版增补版），有斐阁 2005 年版，第 191 页。

能认定为诈骗罪，而应认定为信用卡诈骗罪；行为人拾得他人信用卡并对自然人使用的，不能认定为侵占罪，也应认定为信用卡诈骗罪；盗窃信用卡并对自然人使用且"透支"的，应按盗窃罪与信用卡诈骗罪（属于"冒用他人信用卡"而非"恶意透支"）实行数罪并罚（因为"透支"部分侵犯了新的法益）。①

总之，盗窃他人信用卡后在机器上使用，没有欺骗他人的，原本应当认定为盗窃罪。换言之，即使没有《刑法》第 196 条第 3 款的规定，对这种行为也应认定为盗窃罪。在此意义说，《刑法》第 196 条第 3 款属于注意规定。盗窃他人信用卡后对自然人使用的，因为欺骗了他人，原本应当认定为信用卡诈骗罪，但《刑法》第 196 条第 3 款将其拟制为盗窃罪。就此而言，《刑法》第 196 条第 3 款属于法律拟制。但需要说明的是，如果认为，对于盗窃他人信用卡后在机器上使用的案件，直接根据《刑法》第 264 条定罪量刑，而不需要引用《刑法》第 196 条第 3 款，那么，就可以仅将《刑法》第 196 条第 3 款理解为法律拟制。反之，如果认为，对于盗窃他人信用卡后在机器上使用的案件，需要同时引用《刑法》第 264 条与第 196 条第 3 款，则《刑法》第 196 条第 3 款相对于这种情形属于注意规定。这不是本质性的问题，只要明确其问题所在即可。不过，本书倾向于采取前一种观点，亦即，对于盗窃他人信用卡后在机器上使用的案件，直接根据《刑法》第 264 条定罪量刑即可。再如，对于国有企业的工作人员贪污、挪用公款的案件，直接根据《刑法》第 382 条、第 383 条、第 384 条定罪量刑即可，不需要引用《刑法》第 271 条第 2 款、第 272 条第 2 款的注意规定。

《刑法》第 289 条规定："聚众'打砸抢'，致人伤残、死亡的，依照本法第二百三十四条、第二百三十二条的规定定罪处罚。毁坏或者抢走公私财物的，除判令退赔外，对首要分子，依照本法第二百六十三条的规定定罪处罚。"首先，对于聚众"打砸抢"，致人伤残、死亡的行为，应理解为法律拟制，即聚众"打砸抢"致人伤残或者死亡的，即使没有伤害或者杀人的故意，也应认定为故意伤害罪或者故意杀人罪。或许有人认为，聚众"打砸抢"的行为人都至少具有伤害的故意，因而对以故意伤害罪论处的情形而言，属于注意规定。但笔者认为难以得出这种结论。事实上，聚众"打砸抢"的行为人完全可能在砸毁财物的过程中过失致人伤残，但对此也应认定为故意伤害罪，因而本条的这一规定仍然属于法律拟制。至于行为人具有伤害与杀人的故意，进而实施伤害与杀人行为，致人伤残、死亡的，可以直接认定为故意伤害罪与故意杀人罪，不需要引用《刑

---

① 当然，如果是一次使用行为既有使用存款的部分、又有透支的部分，同时触犯信用卡诈骗罪与盗窃罪的，则可能成立想象竞合。

法》第289条。其次，在聚众"打砸抢"过程中毁坏公私财物的行为，依照抢劫罪定罪处罚，这一规定属于法律拟制。因为毁坏行为与抢劫行为在客观行为与主观故意方面都存在重大差别，换言之，毁坏行为原本并不符合抢劫罪的构成要件，但《刑法》第289条赋予其抢劫罪的法律后果，这是典型的法律拟制。再次，对于在聚众"打砸抢"过程中抢夺他人财物的首要分子，应以抢劫罪论处，这也属于法律拟制。因为在"打砸抢"过程中仍然可能发生抢夺行为，虽然抢夺行为并不符合抢劫罪的构成要件，但《刑法》第289条依然规定对其以抢劫罪论处。最后需要说明的是，一方面，对于在聚众"打砸抢"过程中抢劫公私财物的首要分子，理所当然以抢劫罪定罪处罚，不需要引用《刑法》第289条；另一方面，即使是在聚众"打砸抢"过程中抢劫公私财物的积极参与者或者一般参与者，也应当以抢劫罪论处，而且只需直接引用《刑法》第263条即可，不必引用《刑法》第289条。概言之，在聚众"打砸抢"过程中抢劫他人财物的行为成立抢劫罪，不属于法律拟制。

《刑法》第362条规定："旅馆业、饮食服务业、文化娱乐业、出租汽车业等单位的人员，在公安机关查处卖淫、嫖娼活动时，为违法犯罪分子通风报信，情节严重的，依照本法第三百一十条的规定定罪处罚。"显然，本条中的"在公安机关查处卖淫、嫖娼活动时"的表述表明，本条所规定的卖淫、嫖娼活动并不限于已经构成犯罪的卖淫、嫖娼活动；"为违法犯罪分子通风报信"的用语表明，行为人所窝藏、包庇的不一定是犯罪分子，而是包括了并不构成犯罪的一般违法人员。而《刑法》第310条第1款规定："明知是犯罪的人而为其提供隐藏处所、财物，帮助其逃匿或者作假证明包庇的，处三年以下有期徒刑、拘役或者管制；情节严重的，处三年以上十年以下有期徒刑。"据此，行为人所窝藏或者包庇的必须是"犯罪的人"。虽然刑法理论上对"犯罪的人"存在不同观点（参见本书第十八章），但应当认为，首先，"犯罪的人"应从一般意义上理解，而不能从"无罪推定"的角度作出解释，易言之，虽然包括严格意义上的"罪犯"，但不是仅指已经被法院做出有罪判决的人。其次，已被公安、司法机关依法作为犯罪嫌疑人、被告人而成为侦查、起诉对象的人，即使事后被法院认定无罪的，也属于"犯罪的人"。再次，即使暂时没有被司法机关作为犯罪嫌疑人，但确实实施了犯罪行为，因而将被公安、司法机关作为犯罪嫌疑人、被告人而成为侦查、起诉对象的人，同样属于"犯罪的人"。概言之，窝藏、包庇罪不包括对一般违法分子的窝藏、包庇。显而易见，《刑法》第362条规定的情形，并不一概符合《刑法》第310条规定的构成要件，但《刑法》第362条仍然将并不符合窝藏、包庇罪构成要件的行为赋予了窝藏、包庇罪的法律后果，因而属于法律拟制。

三、区分意义与区分方法

区分注意规定与法律拟制的基本意义，在于明确该规定是否修正或补充了相关基本规定，是否导致将不同的行为等同视之。换言之，将某种规定视为法律拟制还是注意规定，会导致适用条件的不同，因而形成不同的认定结论。例如，《刑法》第 247 条前段规定了刑讯逼供罪与暴力取证罪；后段规定，"致人伤残、死亡的，依照本法第二百三十四条、第二百三十二条的规定定罪从重处罚"。如果认为本规定属于注意规定，那么，对刑讯逼供或暴力取证行为，以故意杀人罪定罪处罚的条件是，除了要求该行为致人死亡外，还要求行为人主观上具有杀人的故意（如后所述，本书不赞成此观点）。如果认为本规定属于法律拟制，那么，只要刑讯逼供或者暴力取证行为致人死亡的，不管行为人主观上有无杀人故意，① 都必须认定为故意杀人罪；换言之，尽管该行为原本不符合故意杀人罪的成立条件，但法律仍然赋予其故意杀人罪的法律效果。再如，《刑法》第 382 条第 3 款规定，与国家工作人员、受委托管理、经营国有资产的人员"勾结，伙同贪污的，以共犯论处"。倘若认为该款属于法律拟制，则意味着一般主体参与以特殊身份为要件的犯罪时，原本并不成立共同犯罪；因此，对于一般主体参与以特殊身份为要件的犯罪的，只要没有这种拟制规定，就不得认定为共犯（如后所述，本书不赞成此观点）；如果说该款只是注意规定，则意味着一般主体参与以特殊身份为要件的犯罪时，根据总则规定原本构成共同犯罪；所以，不管分则条文中有无这一注意规定，对一般主体参与以特殊身份为要件的犯罪的，均应认定为共犯。

区分注意规定与法律拟制的另一意义在于，注意规定的内容属"理所当然"，因而可以"推而广之"；而法律拟制的内容并非"理所当然"，只是立法者基于特别理由才将并不符合某种规定的情形（行为）赋予该规定的法律效果，因而对法律拟制的内容不能"推而广之"。例如，《刑法》第 312 条规定，"明知是犯罪所得及其产生的收益"而窝藏、转移、收购、代为销售或者以其他方法掩饰、隐瞒的，才成立赃物犯罪，而在该赃物犯罪中，犯罪所得及其产生的收益属于特定的犯罪对象，由此可以"推而广之"：凡是特定的犯罪对象，都是故意的认识内容，行为人对此必须有认识，否则不成立故意犯罪。之所以能够"推而广之"，是因为注意规定本身只是提醒司法工作人员注意的规定，注意规定之外存在着作为注意规定的基础的相关规定；在此意义上说，人们不是将注意规定推而广之，而是根据作为注意规定的基础的相关规定所作的解释。"明知是犯罪所得及其产生的收益"这一注意规定，是源于《刑法》第 14 条关于故意犯罪的规

---

① 当然，根据责任主义的要求，行为人对死亡结果必须有预见可能性（存在过失）。

定；而《刑法》第 14 条关于故意犯罪的规定，适用于所有的故意犯罪；所以，人们根据《刑法》第 14 条的规定，也完全可以得出"故意的成立要求行为人认识到符合犯罪的客观构成要件的事实"的结论。而法律拟制则只能适用于具有拟制规定的情形，不得适用于没有拟制规定的情形。例如，《刑法》第 269 条只是规定，对于犯盗窃罪、诈骗罪、抢夺罪，出于特定目的，当场使用暴力或者以暴力相威胁的，赋予抢劫罪的法律效果；因此，对于犯敲诈勒索罪，出于特定目的，当场使用暴力或者以暴力相威胁的，不得比照《刑法》第 269 条认定为抢劫罪。

区分注意规定与法律拟制，还有一个重要意义：对于注意规定，应当按照基本规定作出解释；对于法律拟制，应当按照该拟制规定所使用的用语的客观含义进行解释。例如，如果认为《刑法》第 267 条第 2 款属于注意规定，那么，只能按照《刑法》第 263 条规定的抢劫罪的构成要件解释"携带凶器抢夺"（如要求使用凶器——暴力；或者显示凶器——胁迫）；如果认为《刑法》第 267 条第 2 款属于法律拟制，则只能根据"携带凶器抢夺"的客观含义做出解释（不要求使用与显示凶器）。又如，《刑法》第 241 条第 2 款规定："收买被拐卖的妇女，强行与其发生性关系的，依照本法第二百三十六条的规定定罪处罚。"本款显然属于注意规定，所以，对其中的"强行与其发生性关系"应当完全按照《刑法》第 236 条"以暴力、胁迫或者其他手段强奸妇女"来解释，而不能作出与《刑法》第 236 条含义不同的扩大的或者缩小的解释。再如，《刑法》第 289 条的规定属于法律拟制，司法工作人员应按该条用语的客观含义进行解释和适用。因聚众"打砸抢"毁坏公私财物的，对首要分子应以抢劫罪定罪处罚。但"毁坏"公私财物，显然是指行为导致公私财物的使用价值丧失或者减少，既不可能是以非法占有为目的毁坏财物，也不可能将这里的"毁坏"公私财物解释为以非法占有为目的转移公私财物。因此，不可能按照抢劫罪的客观构成要件或者主观要素解释《刑法》第 289 条的"毁坏"公私财物。

与旧刑法相比，现行刑法既增加了法律拟制，也增加了注意规定。如何区分法律拟制与注意规定，是解释刑法分则面临的重大课题，反过来也影响刑法总则的适用。虽然概括出区分注意规定与法律拟制的一般规则，并非易事，但通过综合考察以下几个方面，大体上是可以得出正确结论的。

第一，是否存在设立注意规定的必要性？如果有必要作出注意规定的，可能是注意规定；如果根本没有必要做出注意规定的，所作出的规定可能是法律拟制。例如，《刑法》第 198 条第 4 款规定的行为，原本符合保险诈骗的共同犯罪的成立条件，但立法者为了防止司法工作人员将为保险诈骗提供虚假证明文件的行为认定为提供虚假证明文件罪，所以设立注意规定，提醒司法工作人员将该行为认定为保险诈骗罪的共犯。再如，《刑法》第 267 条第 2 款规定，对携带凶器抢夺的，应认定为抢劫罪。如果认为本款属于注意规定，则意味着立法机关为了防止司法工作人员将持凶器抢劫的行为认定为其他罪，所以特别提醒司法工作人员对持凶器抢劫的行为认定为抢劫罪。显然，不会有人认为本罪存在设立注意规定的必要性。因为在赤手空拳也能成立抢劫罪的情况下，刑法不需要提醒人们注意"使用凶器能成立抢劫罪"。据此，可以认为，该款不属于注意规定。

所应注意的是，现行刑法增加的一些注意规定事实上或许没有必要性，完全可以删除，但不能仅以缺乏作出注意规定的必要性为由，而将其解释为法律拟制。例如，或许我们可以认为，《刑法》第 156 条关于走私罪共犯的注意规定完全没有设立的必要性，因而完全可以删除，但我们依然应肯定其为注意规定。

第二，是否存在作出法律拟制的理由？由于法律拟制的特点是将 T2 的行为赋予 T1 的法律效果，故需要考虑：将不符合 T1 构成要件的 T2，赋予 T1 的法律效果，是否具有合理理由？如果不具有拟制的理由，则宜解释为注意规定；反之，则应解释为法律拟制。例如，《刑法》第 259 条第 2 款规定："利用职权、从属关系，以胁迫手段奸淫现役军人的妻子的，依照本法第二百三十六条的规定定罪处罚。"如果认为，本条属于法律拟制，即只要利用职权、从属关系奸淫现役军人的妻子，即使不符合强奸罪的构成要件，也应以强奸罪论处，那么，这一解释的理由何在？但解释者恐怕找不出理由；即使牵强地找出"现役军人的妻子需要特殊保护"的理由，该理由也会因为不具有合理性（违反法律面前人人平等的原则）而不能得到认可。所以，本规定属于注意规定。因此，只有当行为完全符合《刑法》第 236 条规定的强奸罪的犯罪构成时，才能适用《刑法》第 236条。换言之，行为人以暴力、胁迫或者其他手段，违反现役军人妻子的意志，强行与之性交，迫使现役军人妻子忍辱从奸的，应认定为强奸罪。行为人虽然利用了职权或者从属关系，而没有进行胁迫的，不能认定为强奸罪。再如，前述《刑法》第 196 条第 3 款，将盗窃他人信用卡后并对自然人使用的行为赋予盗窃罪的法律效果，具有合理根据，因而应解释为法律拟制。

当然，对于公认的法律拟制，也会有人否认其合理性。例如，否认《刑法》第 267 条第 2 款的合理性的，不乏其人。但如果否认者所得出的结论只是取消该规定，而不是将该规定解释为注意规定，则意味着将该规定解释为注意规定更不具有合理性，故仍应肯定该规定为法律拟制。

第三，某条款的内容与基本条款的内容是否相同？如果相同，原则上应解释为注意规定；否则，具有解释为法律拟制的可能性。例如，《刑法》第 183 条第

1 款所表述的内容，与《刑法》第 271 条所规定的职务侵占罪的罪状内容相同，故应认为，该款属于注意规定。《刑法》第 183 条第 2 款表述的内容，与《刑法》第 382 条所规定的贪污罪的罪状内容相同，故能认定，该款属于注意规定。再如，《刑法》第 269 条所规定的罪状，与《刑法》第 263 条所规定的抢劫罪的罪状内容存在区别，但仍然对前者赋予了后者的法律效果，因而《刑法》第 269 条属于法律拟制。同样，《刑法》第 267 条第 2 款的"携带凶器抢夺"这一罪状，与《刑法》第 263 条规定的抢劫罪的罪状内容存在区别，但仍然对前者赋予了后者的法律效果，因而属于法律拟制。

第四，解释为法律拟制时，其规定的行为与基本条款规定的犯罪行为，在法益侵害上是否存在重大区别？法律拟制虽然是将两种不同的行为赋予相同的法律效果，但之所以能够作出拟制规定，是因为这两种行为在法益侵害上没有明显区别，或者说二者对法益的侵害程度大体相同。否则，法律拟制本身便缺乏合理性，因而被解释为注意规定可能更为妥当。例如，《刑法》第 300 条第 3 款规定，组织、利用会道门、邪教组织或者利用迷信奸淫妇女的，依照《刑法》第 236 条的规定定罪处罚，并实行数罪并罚。如果将本款解释为法律拟制，即只要行为人组织和利用会道门、邪教组织或者利用迷信与妇女性交，即使没有采取暴力、胁迫或者其他强制手段，没有违背妇女意志，也应以强奸罪定罪处罚，那么，就会发现，这种行为与强奸罪的法益侵害性存在重大区别，即上述行为只是侵犯了社会管理秩序，而强奸罪侵犯的是妇女的性行为自主权。因此，宜将上述规定解释为注意规定，即组织和利用会道门、邪教组织或者利用迷信奸淫妇女的行为，只有完全符合强奸罪的犯罪构成时，才能以强奸罪定罪处罚。

第五，条款是否具有特殊内容？注意规定常常只具有提示性，或者虽有具体内容但没有在基本规定之外增添特殊内容，而法律拟制则增添了特殊内容，同时也减少了基本规定中的个别内容。例如，《刑法》第 287 条规定："利用计算机实施金融诈骗、盗窃、贪污、挪用公款、窃取国家秘密或者其他犯罪的，依照本法有关规定定罪处罚。"该条只是提示性规定，显然属于注意规定。《刑法》第 184 条第 1 款规定："银行或者其他金融机构的工作人员在金融业务活动中索取他人财物或者非法收受他人财物，为他人谋取利益的，或者违反国家规定，收受各种名义的回扣、手续费，归个人所有的，依照本法第一百六十三条的规定定罪处罚。"该规定虽有具体内容，但并未在《刑法》第 163 条规定的内容之外增添任何特殊内容，也属于注意规定。相反，《刑法》第 267 条第 2 款、第 269 条、第 289 条，都在《刑法》第 263 条所规定的抢劫罪的罪状之外增添了特殊内容，同时也减少了个别内容，使原本不符合抢劫罪构成要件的行为也成立抢劫罪，因而属于法律拟制。

总之，要通过体系解释、目的论解释等多种解释方法，遵循罪刑相适应原则，正确区分注意规定与法律拟制。

四、争议条文的分析

一些条文的规定究竟是注意规定还是法律拟制，还存在疑问。下面就若干条文进行辨析。

（一）《刑法》第 238 条第 2 款

《刑法》第 238 条第 1 款规定了非法拘禁罪的基本罪状及其法定刑，该条第 2 款规定："犯前款罪，致人重伤的，处三年以上十年以下有期徒刑；致人死亡的，处十年以上有期徒刑。使用暴力致人伤残、死亡的，依照本法第二百三十四条、第二百三十二条的规定定罪处罚。"前段的致人重伤与致人死亡，显然是非法拘禁罪的结果加重犯，不要求行为人对他人的重伤、死亡具有故意，只要有预见可能性（过失）即可。问题是，后段的规定（使用暴力致人伤残的以故意伤害罪论处、使用暴力致人死亡的以故意杀人罪论处）是法律拟制还是注意规定？本书认为，该规定属于法律拟制。

首先，如果认为本规定属于注意规定，则并不存在这种必要性。因为行为人在非法拘禁过程中，故意实施杀人行为的（为了论述方便，下面仅以致人死亡为例），司法机关不可能错误地认定为其他犯罪。其次，存在将本规定解释为法律拟制的理由。现行刑法重视对公民人身自由的保护，但非法拘禁却是常发犯罪，对非法拘禁罪笼统规定过高的法定刑也不合适，于是条文分不同情况规定不同的法定刑，其中，将使用暴力致人死亡的，规定以故意杀人罪论处。再次，行为人非法拘禁他人后，又使用暴力致他人死亡的，其法益侵害性质与故意杀人罪的性质相同，具有法律拟制的实质依据。最后，该规定的内容与规定故意杀人罪的《刑法》第 232 条在内容上存在区别：一方面，该规定没有像《刑法》第 232 条那样写明"故意杀人"，另一方面，该规定要求"使用暴力"并"致人死亡"，只有解释为法律拟制，才使本规定具有意义。

正因为本规定属于法律拟制，所以，这里的"暴力"应限于超出了非法拘禁范围的暴力；非法拘禁行为本身也可能表现为暴力，但作为非法拘禁行为内容的暴力导致他人伤残、死亡的，不属于"使用暴力致人伤残、死亡"；只有当非法拘禁行为以外的暴力致人伤残、死亡时，才能认定为故意伤害罪或者故意杀人罪。

正因为本规定属于法律拟制，而且本条另外规定了结果加重犯（《刑法》第 238 条第 2 款），所以，不要求行为人对致人伤残、死亡具有故意。亦即，只要超过非法拘禁的暴力致人伤残、死亡，就应当认定为故意伤害罪、故意杀人罪。当然，根据责任主义的原理，要求行为人对伤残、死亡具有预见可能性（过失）。

正因为本规定属于法律拟制，所以，对于在非法拘禁过程中，产生伤害、杀人故意，进而伤害、杀害他人的，必须认定为数罪，而不能适用《刑法》第238条第2款后段的规定。例如，2008年11月10日晚23时，许某洛及协助其坐庄的林某等人在石狮市某酒店赌博，许某洛共赢了16万元。11日凌晨2时许，许某水、黄某等人怀疑许某洛诈赌，将许某洛、许某明、林某三人控制在该酒店，对三人进行殴打，并强行将许某洛、许某明、林某三人挟持到另一酒店的七楼客房内分别进行看管关押。其间，许某水和黄某等人先后使用拳脚、棍棒、电击棍等工具对许某洛等三人进行殴打、威胁，逼迫许某洛等人承认诈赌。在拘禁期间，许某水故意使用开水将许某洛的手脚和林某的身上多处烫伤，致使许某洛左手广泛严重烫伤致左手功能丧失（五级伤残）。某人民法院判决认定许某水的行为构成故意伤害罪与非法拘禁罪，实行数罪并罚，却同时引用《刑法》第234条与第238条第1款与第2款。本书认为，人民法院将许某水的行为认定为数罪是正确的，但同时引用《刑法》第238条第2款则不妥当。许某水在非法拘禁过程中，实施了伤害行为，并明显具有伤害的故意，完全应当直接根据《刑法》第234条认定为故意伤害罪，并与非法拘禁罪并罚。如果引用《刑法》第238条第2款并实行数罪并罚，就重复评价了非法拘禁行为，因为《刑法》第238条第2款以实施拘禁行为为前提；否则，就只能认定为（拟制的）故意伤害罪，这便没有评价伤害的故意，因而不合适。

或许有人认为，对本案的许某水只能认定为故意伤害罪，因为《刑法》第238条第2款后段明文规定"使用暴力致人伤残……的，依照本法第二百三十四条……的规定定罪处罚"。许某水在非法拘禁过程中，使用暴力致人伤残，故依照故意伤害罪的规定定罪处罚。本书不同意这种观点。一方面，这种观点将《刑法》第238条第2款后段理解为注意规定，认为只有当行为人在非法拘禁的过程中使用暴力致人伤残且具有伤害故意时，才能认定为故意伤害罪。但如前所述，这种注意规定的必要性是并不存在的。另一方面，这种观点实际上又在罪数问题上将《刑法》第238条第2款理解为法律拟制。详言之，对于上述许某水的行为，原本应当认定为非法拘禁罪与故意伤害罪，但上述观点却认为只能认定为一个故意伤害罪。这便将完全符合两个罪的构成要件的典型数罪拟制为一罪。但是，这种拟制缺乏合理性。一方面，倘若许某水仅仅伤害而不拘禁被害人许某洛，毫无疑问成立故意伤害罪。另一方面，倘若许某水仅仅拘禁而不伤害许某洛，也无可争议地成立非法拘禁罪。而且，《刑法》第238条第2款的规定旨在严厉禁止在非法拘禁中使用暴力致人伤残或者死亡。但上述观点导致的结局是，在非法拘禁过程中故意伤害致人伤残的，反而仅成立故意伤害罪。解释者不禁要追问：《刑法》第 238 条第 2 款为什么将典型的数罪拟制为一罪？显然，作出这种法律拟制的解释，是缺乏实质理由的。任何解释者都不应当以一句"法律就是这样规定的"为由，维持法律条文的不协调、不公平局面。

总之，为了维护罪刑之间的协调与均衡，必须承认《刑法》第 238 条第 2 款后段是法律拟制，其拟制内容是，将不具有伤害与杀人故意但客观上致人伤残、死亡的行为拟制为故意伤害罪与故意杀人罪。一方面，不能认为《刑法》第 238 条第 2 款后段的规定属于注意规定，认为只有非法拘禁的行为人具有伤害、杀人故意时，才能对致人伤残、死亡的行为认定为故意伤害罪、故意杀人罪。另一方面，不能将《刑法》第 238 条第 2 款后段的规定，解释为将数罪按一罪论处的拟制规定。

（二）《刑法》第 241 条第 5 款

《刑法》第 241 条规定了收买被拐卖的妇女、儿童罪，该条第 5 款规定："收买被拐卖的妇女、儿童又出卖的，依照本法第二百四十条的规定定罪处罚。"显然，这一规定其实就是在行为人实施两行为、分别构成两个犯罪的基础上，"依照处罚较重的规定定罪处罚"。其中的"收买"是指不具有（或者未查明）出卖目的的收买。在这种场合，行为人的两个行为分别触犯两个罪名。如果不承认包括一罪的理论，那么两个行为原本就应当实行数罪并罚，本款将数罪拟制为一罪，是法律拟制。但是，如果将包括一罪的概念作为刑法中普遍适用的理论，那么像这种两行为只侵害同一法益的场合，原本就应包括评价为一罪论处，本款的规定就应该是注意规定。

但是，在刑法总则对想象竞合、牵连犯、包括的一罪等缺乏一般规定的立法例之下，上述规定以及分则中"依照处罚较重的规定定罪处罚"的规定是注意规定还是特别规定抑或法律拟制，就成为一个难以回答的问题。这是因为，倘若说分则的上述规定是注意规定，就意味着刑法总则存在相应的基本规定。即使删除分则的注意规定，也完全可以按照总则的规定适用刑法。可是，刑法总则中并无相应的基本规定，因而不能说上述规定是典型的注意规定。同样，如果说分则的上述规定是特别规定或法律拟制，也意味着分则的上述规定不同于总则的普通规定。可是，刑法总则中不存在普通规定，故不能说上述规定是特别规定或者法律拟制。概言之，当人们说某个规定是注意规定或者特别规定时，都是以存在基本规定或者普通规定为前提的，在没有基本规定与普通规定的情形下，就不能说某个规定是注意规定或者特别规定。

显然，当人们说，"依照处罚较重的规定定罪处罚"属于对想象竞合或者牵连犯的注意规定时①，其实是将有关想象竞合、牵连犯的刑法理论当作了刑法的基本规定或者普通规定，因而自觉或者不自觉地承认了法学家法。② 可是，在实行罪刑法定原则的时代，即使承认有关想象竞合与牵连犯的刑法理论是有利于被告人的理论，也难认为该理论属于刑法的基本规定或普通规定。

但问题是，在刑法分则条文没有规定"依照处罚较重的规定定罪处罚"时，对于相同或者类似情形能否"依照处罚较重的规定定罪处罚"？为了使对这一问题的回答具有合理性，或许也可以根据刑法理论关于罪数的基本原理，将分则中的"依照处罚较重的规定定罪处罚"区分为注意规定与拟制规定。本书认为，《刑法》第 241 条第 5 款的规定是关于包括一罪的注意规定，亦即由于收买行为和出卖行为侵犯同一法益，所以只需要宣告其中一个较重的犯罪，就可以完整评价本案的全部法益侵害。将《刑法》第 241 条第 5 款的规定以及"依照处罚较重的规定定罪处罚"视为注意规定，是为了得出以下结论：在明显属于想象竞合、牵连犯、包括的一罪等场合，不能因为分则条文没有上述规定，就按处罚较轻的犯罪定罪处罚，也不应实行数罪并罚。否则就明显违反刑法的公平正义性，不符合《刑法》第 5 条规定的罪刑相适应原则。换言之，将"依照处罚较重的规定定罪处罚"视为注意规定，是为了促使司法机关在办理想象竞合、牵连犯、包括的一罪的案件时，"依照处罚较重的规定定罪处罚"，而不问分则法条是否存在这一规定。不过，应当认为，这个意义上的注意规定其实就是基本规定或者普通规定。亦即，刑法分则中就想象竞合、牵连犯、包括的一罪所做的"依照处罚较重的规定定罪处罚"的规定，属于基本规定或者普通规定。

此外，虽然"依照处罚较重的规定定罪处罚"均存在于刑法分则中，但可以将其视为总则性规定。分则的哪些规定可以纳入总则予以规定，虽然难以一概而论，但大体而言，只要具有共性，可以适用于分则的数个法条，就可以纳入总则予以规定。例如，我国刑法总则规定了"国家工作人员""重伤"等概念，但"毒品""淫秽物品""战时"等概念则规定在分则中。其实，将"毒品""淫秽物品""战时"等概念的解释性规定置于刑法总则中，也未尝不可。在刑法总则原本应当规定罪数形态却没有规定的立法例之下，我们可以将虽仅存在于分则少

---

① 参见王彦强：《〈刑法修正案（十一）〉中竞合条款的理解与适用》，《政治与法律》2021 年第 4 期。

② "在一些法理学的思维逻辑看来，资深的法学家的研究成果或法学的讨论过程中形成的结果也属于法律规范。这种观点来自罗马法。在 19 世纪，历史法学派（Historische Rechtsschule）和概念法学（Begriffsjurisprudenz）的代表作为的尤其坚持该观点。不过，对议会民主制的法治国家而言，这种观点已经过时"（［德］伯恩·魏德士：《法理学》，丁小春、吴越译，法律出版社 2003 年版，第 260 页）。

数条文中但应当普遍适用于分则的规定，视为总则性规定，①　从而认为，即使分则法条缺乏"依照处罚较重的规定定罪处罚"的规定，但对于相同与类似情形，也应当依照处罚较重的规定定罪处罚。

例如，《刑法修正案（十一）》增加的《刑法》第 293 条之一规定："有下列情形之一，催收高利放贷等产生的非法债务，情节严重的，处三年以下有期徒刑、拘役或者管制，并处或者单处罚金：　（一）使用暴力、胁迫方法的；（二）限制他人人身自由或者侵入他人住宅的；（三）恐吓、跟踪、骚扰他人的。"法条不仅没有"依照处罚较重的规定定罪处罚"的规定，而且删除了《刑法修正案（十一）》草案中"有前款行为，同时构成其他犯罪的，依照处罚较重的规定定罪处罚"的规定。但本书认为，如果行为同时构成敲诈勒索、抢劫等罪，应当作为想象竞合从一重罪处罚。而且，使用暴力、胁迫方法实施本罪的行为通常会触犯敲诈勒索、抢劫等罪。诚然，《刑法修正案（十一）》虽然考虑到了司法实践中的一些不合理现象而增设本罪的，但既然是高利放贷等产生的非法债务，就不受民法保护，进而意味着被害人"没有"债务。行为人以此为由采取暴力、胁迫等手段催收的，理当成立敲诈勒索罪或者抢劫罪，而不应当按本罪处罚。只有承认想象竞合，才能解决这一法条面临的困境。

概言之，只有当"依照处罚较重的规定定罪处罚"是关于科刑的一罪（想象竞合、牵连犯）与包括的一罪的规定时，才属于注意规定（基本规定或普通规定）与总则性规定。就《刑法》第 241 条第 5 款而言，只要承认包括的一罪的概念，并认为刑法分则的不少法条规定了包括了一罪，那么，由于收买被拐卖的妇女、儿童后又拐卖该妇女、儿童的行为侵害的是同一法益（收买与出卖的对象必须具有同一性），而且拐卖妇女、儿童罪的法定刑较重，故应认为是包括的一罪。亦即，如果说《刑法》第 241 条第 5 款是注意规定，就意味着这是对包括一罪的注意规定。②

（三）《刑法》第 247 条、第 248 条

《刑法》第 247 条规定："司法工作人员对犯罪嫌疑人、被告人实行刑讯逼供或者使用暴力逼取证人证言的，处三年以下有期徒刑或者拘役。致人伤残、死亡

---

①　虽然刑法学分为总论与各论，但各论中也存在小总论（参见［日］井田良：《讲义刑法学·各论》（第 2 版），有斐阁 2020 年版，第 5 页）。同样，虽然刑法分为总则与分则，但分则中也可以存在小总则。我们至少可以将"依照处罚较重的规定定罪处罚"的规定视为分则中的小总则规定。

②　最高人民法院、最高人民检察院、公安部、司法部 2010 年 3 月 15 日发布的《关于依法惩治拐卖妇女儿童犯罪的意见》规定："以抚养为目的偷盗婴幼儿或者拐骗儿童，之后予以出卖的，以拐卖儿童罪论处。"这一规定也是对包括的一罪的规定。

的，依照本法第二百三十四条、第二百三十二条的规定定罪从重处罚。"《刑法》第 248 条第 1 款规定："监狱、拘留所、看守所等监管机构的监管人员对被监管人进行殴打或者体罚虐待，情节严重的，处三年以下有期徒刑或者拘役；情节特别严重的，处三年以上十年以下有期徒刑。致人伤残、死亡的，依照本法第二百三十四条、第二百三十二条的规定定罪从重处罚。"这两个条款的后半部分相同——"致人伤残、死亡的，依照本法第二百三十四条、第二百三十二条的规定定罪从重处罚"。对于它们究竟是注意规定还是法律拟制，不仅理论上存在不同看法，在司法实践中的处理方式也不完全相同。以刑讯逼供过失致人死亡为例，有的司法机关认定为故意伤害（致死）罪，有的认定为故意杀人罪，有的甚至仍然认定为刑讯逼供罪。这显然是对上述规定的性质存在不同理解所致。

本书认为，上述规定属于法律拟制，而非注意规定。因此，只要刑讯逼供行为、暴力取证行为、虐待被监管人的行为致人伤残、死亡，即使没有伤害的故意与杀人的故意，也应认定为故意伤害罪、故意杀人罪（以有预见可能性为前提，下同）。详言之，在致人伤残的场合，即使行为人没有伤害的故意，也要认定为故意伤害罪；在致人死亡的场合，即使行为人没有杀人的故意，或者仅具有伤害的故意，也要认定为故意杀人罪。这是因为：

第一，不存在作出注意规定（即只有当司法工作人员以伤害、杀人的故意致人伤残、死亡时，才认定为故意伤害罪、故意杀人罪）的必要性。换言之，刑法根本没有必要提醒法官注意：如果司法工作人员在刑讯逼供、暴力取证的过程中，故意伤害他人或者故意杀害他人的，应认定为故意伤害罪、故意杀人罪。否则，刑法分则对任何暴力犯罪都必须设立这样的注意规定，但事实上并非如此。

第二，存在将本规定解释为法律拟制的理由。现行刑法重视对公民人身自由的保护，但刑讯逼供、暴力取证、虐待被监管人都是常发犯罪，对它们规定过高的法定刑也不合适。于是，立法者采取了现行的立法例：在通常情况下，适用较低的法定刑；如果致人伤残、死亡，则以故意伤害罪、故意杀人罪论处。一方面要禁止刑讯逼供等行为，另一方面更要防止刑讯逼供等行为致人伤残或者死亡。

第三，如果解释为注意规定，要求行为人具有伤害甚至杀人的故意，则不合情理。有学者在论述刑讯逼供罪与暴力取证罪时指出："这两种犯罪都是故意犯罪，并且具有逼取犯罪嫌疑人、被告人口供或者逼取证人证言的目的……'致人伤残、死亡'，是指司法工作人员在刑讯逼供的逼取证人证言过程中，故意使用肉刑、变相肉刑或者使用暴力致使犯罪嫌疑人、被告人、证人身体健康受到严重伤害、残疾或者死亡。"① 但这种观点存在明显的矛盾：既然行为人主观上是为了逼取口供或者证言，就不可能具有杀人的故意。因为杀害他人后就不可能逼出口供或证言；既然有杀人的故意，逼取口供就没有任何意义。所以，要求刑讯逼供、暴力取证致人死亡时具有杀人的故意，是不合适的。概言之，不宜认为司法工作人员在刑讯逼供、暴力逼取证人证言过程中具有杀人故意。或许有人认为，司法工作人员在刑讯逼供、暴力逼取证人证言过程中完全可能具有伤害故意，故就致人伤残而言，属于注意规定。但是，在同一规定中，将致人伤残视为注意规定，将致人死亡视为法律拟制，是存在疑问的。

第四，刑法理论上的更多观点，是将《刑法》第247条后段的规定理解为所谓转化犯。亦即，刑讯逼供、暴力取证致人伤残、死亡，是指由刑讯逼供罪、暴力取证罪转化为故意伤害罪、故意杀人罪。② 但是，这种观点实际上是将数罪拟制为一罪。例如，如果说行为人在实施了刑讯逼供或者暴力取证行为之后，产生了伤害故意或杀人故意，进而实施了伤害行为或者杀人行为的，原本是数罪，但根据转化犯的观点，《刑法》第247条后段规定对这种数罪仅以一罪论处。然而，不管从哪个角度来说，都不存在将数罪拟制为一罪的理由。任何解释者对任何问题得出解释结论，都需要理由，不能认为只要刑法分则条文中出现了"论处"概念，就属于所谓转化犯。在本书看来，行为人在实施刑讯逼供或者暴力取证行为的过程中或者之后，产生伤害故意或杀人故意，进而实施了伤害行为或者杀人行为的，或者在取得口供、证言之后故意伤害或者故意杀害被害人的，更应以刑讯逼供罪、暴力取证罪与故意伤害罪、故意杀人罪实行并罚，对后者应直接适用《刑法》第232条，而不得适用《刑法》第247条。例如，朱某与郭某均为警察，二人在审查犯罪嫌疑人申某的盗窃行为时，急于取得申某的口供，首先将申某铐在院内一棵桐树上长达2小时。其后，将申某从桐树上解下，带到郭某的住宅进行讯问。因申某不交代盗窃事实，朱某极为气愤，再三喝令申某如实交代，并令申某跪下，给申某戴上背铐（第一阶段）。与此同时，二人还用约60厘米长、直径约2厘米的竹棍打申某的胸部，刑讯长达30余分钟。申某由于受刑不过，一头栽倒在地，经医院抢救无效死亡（第二阶段）。经鉴定，申某系某外力作用致使颈椎第四、五锥体骨折，颈髓三、四、五、六硬脊膜外血肿，高位截瘫，继发肺部感染，呼吸衰竭而死亡。一种观点认为，"这种情形构成想象竞合犯，行为人的行为同时符合刑讯逼供罪与过失致人死亡（或故意伤害罪的加重犯）两个

① 全国人大常委会法制工作委员会刑法室编：《中华人民共和国刑法条文说明、立法理由及相关规定》，北京大学出版社2009年版，第505~506页。
② 参见王作富主编：《刑法分则实务研究》（第五版）（中），中国方正出版社2013年版，第833页。

犯罪构成，按照想象竞合犯的处断原则应从一重罪即'过失致人死亡罪'（或故意伤害罪的加重条款）定罪量刑。"[1] 在司法实践中，一般也将这类案件认定为故意伤害（致死）罪。可是，如果仅将朱某、郭某的行为认定为故意伤害罪，实际上意味着将数罪认定为一罪。在本案中，第一阶段的行为就已经构成刑讯逼供罪；第二阶段的行为虽然也是出于逼取口供的动机，但其行为明显属于伤害行为，并且具有伤害的故意。即使否认《刑法》第247条属于法律拟制，对此，也应直接适用《刑法》第247条前段与《刑法》第234条第2款的规定，实行数罪并罚，而不必引用《刑法》第247条后段的规定。根据本书的观点，由于《刑法》第247条后段的规定属于法律拟制，在刑讯逼供致人死亡的情况下，即使行为人仅具有伤害的故意，只要具备对死亡结果的预见可能性，也应拟制为故意杀人罪。所以，对朱某与郭某的行为应以非法拘禁罪或刑讯逼供罪（第一阶段）与故意杀人罪（第二阶段）实行数罪并罚。

第五，行为人实施刑讯逼供、暴力取证、体罚虐待被监管人的行为，并致人伤残或者死亡的，在法益侵害上与故意伤害罪、故意杀人罪没有明显差异，故将本规定解释为法律拟制，具有实质的合理性。从责任层面来说，法律拟制并没有肯定严格责任，只是将过失拟制为故意。过失与故意的非难可能性虽然存在区别，但二者只是两种不同的责任形式。概言之，法律拟制并没有违反责任主义。

第六，本规定与《刑法》第234条、第232条在内容上存在区别，即没有像《刑法》第234条、第232条那样写明"故意伤害""故意杀人"，只有解释为法律拟制，才使本规定具有意义。

（四）《刑法》第253条第2款

《刑法》第253条第1款规定："邮政工作人员私自开拆或者隐匿、毁弃邮件、电报的，处二年以下有期徒刑或者拘役。"第2款规定："犯前款罪而窃取财物的，依照本法第二百六十四条的规定定罪从重处罚。"概言之，邮政工作人员在私自开拆或者隐匿、毁弃邮件的过程中，窃取财物的，应认定为盗窃罪。

1979年《刑法》将本罪规定在渎职罪中（第191条），并规定邮政工作人员犯本罪而窃取财物的，以贪污罪从重处罚。显然，1979年《刑法》第191条第2款的规定属于注意规定。因为邮政工作人员符合贪污罪主体的条件；私自开拆、隐匿、毁弃邮件、电报罪属于渎职罪，故行为人必须利用职务上的便利（即使没有写明也应如此解释），邮政工作人员窃取财物的行为当然也利用了职务上的便利；1979年《刑法》第81条第2款也规定，"在国家、人民公社、合作社、合

---

[1] 王作富主编：《刑法分则实务研究》（第四版）（中），中国方正出版社2010年版，第936页。该书第五版删除了上述表述。

营企业和人民团体管理、使用或者运输中的私人财产，以公共财产论"，所以，邮政工作人员私自开拆、隐匿、毁弃邮件而窃取财物的行为，完全符合贪污罪的构成要件。即使 1979 年《刑法》第 191 条没有第 2 款的规定，对该行为也应认定为贪污罪。所以，1979 年《刑法》第 191 条第 2 款的规定属于注意规定。

但现行刑法将私自开拆、隐匿、毁弃邮件、电报罪，规定在"侵犯公民人身权利、民主权利罪"一章中，而且条文中没有明文规定必须"利用职务上的便利"，并将 1979 年《刑法》中的"依照……贪污罪从重处罚"改为依照盗窃罪定罪处罚。如果认为，邮政工作人员私开自拆、隐匿、毁弃邮件、电报并窃取财物的行为，根本不符合贪污罪的构成要件，那么，《刑法》第 253 条第 2 款的规定，当然属于注意规定。如果认为，邮政工作人员私开自拆、隐匿、毁弃邮件、电报并窃取财物的行为，原本符合贪污罪的构成要件，那么，《刑法》第 253 条第 2 款的规定，当然属于法律拟制。所以，问题的关键在于：如何理解私自开拆、隐匿、毁弃邮件、电报罪的性质（要害在于是否需要利用职务上的便利）以及邮件的性质（由谁占有）？对此，解释者可以设想许多答案：

第一，本罪需要利用职务上的便利，尽管行为人的行为完全符合贪污罪的构成要件，但刑法依然规定以盗窃罪论处。所以，《刑法》第 253 条第 2 款属于法律拟制，即将贪污行为赋予盗窃罪的法律后果。

第二，本罪不需要利用职务上的便利，只需要利用工作的方便条件，但不排除行为人利用职务上的便利；行为人窃取财物的行为没有利用职务上的便利时，符合盗窃罪的构成要件，此时，《刑法》第 253 条第 2 款属于注意规定；行为人窃取财物的行为利用了职务上的便利时，符合贪污罪的构成要件，但《刑法》第 253 条第 2 款规定只能认定为盗窃罪，此时，《刑法》第 253 条第 2 款属于法律拟制。

第三，本罪不需要利用职务上的便利，只需要利用工作的方便条件，但不排除行为人利用职务上的便利；行为人窃取财物的行为没有利用职务上的便利时，符合盗窃罪的构成要件，此时，《刑法》第 253 条第 2 款属于注意规定；行为人窃取财物的行为利用了职务上的便利时，符合贪污罪的构成要件时，应当认定为贪污罪，否则会造成处罚的不公平，所以，《刑法》第 253 条第 2 款属于注意规定。

第四，由于邮件属于封缄物，封缄物的内容仍由寄送人占有，但封缄物整体由邮政工作人员占有，所以，邮政工作人员私自开拆、毁弃他人邮件，从而窃取封缄物的内容的，属于窃取他人占有的财物，成立盗窃罪，此时，《刑法》第 253 条第 2 款属于注意规定；但是，如果行为人侵占了封缄物整体，则是利用职务上的便利将自己占有的公共财物转移为自己所有的财物（或者说，只要行为人利用职务上的便利占有了封缄物整体，就应认为其利用职务上的便利窃取了内容物，而此内容物属于公共财物），本应成立贪污罪，但《刑法》第 253 条第 2 款规定以盗窃罪论处，此时，《刑法》第 253 条第 2 款属于法律拟制。

第五，由于邮件属于封缄物，封缄物的内容仍由寄送人占有，但封缄物整体由邮政工作人员占有，所以，邮政工作人员私自开拆、毁弃他人邮件，从而窃取封缄物中的内容物的，属于窃取他人占有的财物，当然成立盗窃罪，于是，《刑法》第 253 条第 2 款属于注意规定；但是，如果行为人侵占了封缄物整体，则是利用职务上的便利将自己占有的公共财物转移为自己所有的财物（或者说，只要行为人利用职务上的便利占有了封缄物整体，就应认为其利用职务上的便利窃取了内容物，而此内容物属于公共财物），不适用《刑法》第 253 条第 2 款的规定，应当成立贪污罪，否则造成处罚的不公平，也与相关规定有矛盾，所以，《刑法》第 253 条第 2 款属于注意规定。

此外，如果对封缄物的占有持不同看法，还可能得出其他解释结论。从刑法的正义性考察，上述第三种和第五种解释具有合理性。《刑法》第 253 条第 2 款规定的以盗窃罪论处的前提是"窃取"财物，而"窃取"是指转移财物占有的行为。如果行为人事前已经基于职务，取得了对财物的占有（即"利用职务便利"），那么其将已经占有的财物进一步据为己有的行为，就不再属于"窃取"，不符合适用本款的条件，也不是本款注意规定旨在提示的情形。总之，宜将《刑法》第 253 条第 2 款理解为注意规定，对于符合贪污罪构成要件的行为，仍应认定为贪污罪。

（五）《刑法》第 265 条

《刑法》第 264 条规定了盗窃罪，第 265 条规定："以牟利为目的，盗接他人通信线路、复制他人电信码号或者明知是盗接、复制的电信设备、设施而使用的，依照本法第二百六十四条的规定定罪处罚。"这一规定涉及盗窃对象与盗窃行为两个方面。

本条规定的对象可谓无体物。如果说本条属于法律拟制，那便意味着，盗窃无体物的行为原本不符合盗窃罪的构成要件，但刑法通过拟制规定，赋予该行为盗窃罪的法律效果；但盗窃《刑法》第 265 条规定之外的其他无体物的，因为没有法律拟制规定，所以不得认定为盗窃罪。如果说本条属于注意规定，那便意味着，盗窃罪的对象原本包括无体物，本条只是提醒司法工作人员注意而已，因此，行为人盗窃其他无体物的，也成立盗窃罪。这是国外刑法理论长期争论的问题。

众所周知，德国、日本等国的民法，都明文将"物"或"财物"限定为有体物，而刑法一般没有对"物"与"财物"作出解释性规定；可在 20 世纪初，德国、法国、日本都相继发生窃电案件，在当时电费昂贵的情况下，是否将窃电行为以盗窃罪论处，成为人们关注的话题。法国与日本都将窃电行为认定为盗窃罪，但德国法院却认为电不属于刑法上的财物，如果将窃电行为认定为盗窃罪，则属于违反罪刑法定主义的类推解释，因而拒绝将窃电行为认定为犯罪。于是，德国刑法后来在财产犯罪中将消耗他人电能规定为独立的犯罪，而日本刑法分则则在规定盗窃与抢劫罪的第 36 章设置"就本章犯罪，电气也视为财物"的规定（日本《刑法》第 245 条），该规定同时适用于诈骗罪、背任罪、恐吓罪与侵占罪。于是，问题暴露出来了：日本《刑法》第 245 条是注意规定还是法律拟制？如果是前者，行为人盗窃、抢劫、诈骗、侵占电气之外的无体物的，也成立相应的犯罪；如果是后者，行为人盗窃、抢劫、诈骗、侵占电气之外的无体物的，便不成立任何犯罪。问题的实质当然是，电以外的无体物是否值得作为财物予以刑法上的保护？

团藤重光、福田平、大塚仁等学者，根据日本大审院在旧刑法时代就电气盗窃所作的有罪判决[1]，认为刑法上作为盗窃对象的财物，没有限定为有体物的必然性，只要有可动性与管理可能性就可以了。因此，电气、热等能源都可以成为盗窃罪的对象。日本《刑法》第 245 条的规定属于注意规定，即除了电气之外，盗窃其他无体物的行为，也成立盗窃罪。[2]

但是，现在日本学者大都主张有体物说，即认为日本《刑法》第 245 条属于法律拟制或例外规定。如西田典之教授指出，诚然，如果对财物概念做目的论解释，也不可否认管理可能性说具有合理性。但是，基于以下理由，应当认为这种见解不妥当：第一，日本《刑法》第 245 条的文言。该规定是因为在上述电气盗窃案件以后仍然存在有力的反对说而设置的，"电气视为财物"的表述，是以电气不是财物为前提的。第二，管理可能性说的界限极不明确，违反了罪刑法定主义。根据该说，只有管理可能性是财物的要件，因此，不仅对电气、热、水力、放射线、牛马的牵引力这样的能源的不正当利用构成盗窃罪，而且擅自观看戏剧、无票乘车、擅自使用电话，进而侵害债权、不当取得情报等行为都成立盗窃罪，因为剧场、电车、电话、债权、情报等，都具有物理的或者事务的管理可能性。但是，这样的解释结论与日本现行刑法不处罚盗窃利益的立场相违背。正因为如此，管理可能性说不得不进行各种限定，但各种限定也不具有合理性。因此，日本《刑法》第 245 条不是注意规定，而是法律拟制，无体物中，只有电气

---

[1]　日本大审院 1903 年 5 月 12 日判决，日本《大审院刑事判决录》（第 9 辑），第 874 页。

[2]　参见［日］团藤重光：《刑法纲要（各论）》（第 3 版），创文社 1990 年版，第 548 页；［日］福田平：《全订刑法各论》（第 3 版），有斐阁 1996 年版，第 214 页；［日］大塚仁：《刑法概说（各论）》（第 3 版增补版），有斐阁 2005 年版，第 172 页。

才能成为财产罪对象，其他无体物不能成为财产罪对象。[①]

联系我国的立法体例与司法实践，就行为对象而言，本书倾向于将我国《刑法》第 265 条解释为注意规定，因此，盗窃无体物的，也可能成立盗窃罪。首先，我国《刑法》第 265 条并没有采取日本《刑法》第 245 条那样的表述方式，即并未规定"电信码号视为财物"。其次，日本刑法在规定抢劫罪、诈骗罪、敲诈勒索罪时，明确将财物与财产上的利益分别作为行为对象，并分别描述针对财物和财产上的利益的行为。但盗窃罪的条文仅描述了财物而不包括财产上的利益，即不处罚盗窃利益行为。如果将刑法没有明文规定的无体物作为盗窃罪的对象，就有可能导致处罚盗窃利益，因而违反罪刑法定原则。但我国刑法并没有将无体物排除在侵犯财产罪的对象之外；随着社会的发展，许多无体物的经济价值越来越明显，无体物虽然无体，但可以对之进行管理，也可以成为所有权的对象，故应成为侵犯财产罪的对象。不仅如此，我国刑法也没有严格将财产上的利益排除在"财物"概念之外，因而在某些犯罪中，作为对象的"财物"仍有可能包含财产上的利益。因为财产性利益也应受到刑法保护，故在某些情况下能够成为侵犯财产罪的对象。例如，欺骗债权人，使之免除自己债务的，应以诈骗罪论处。事实上，在许多情况下，侵犯财产罪不仅侵犯了作为具体财物的所有权，而且侵犯了财物所孳生或具有的经济利益，这也说明了刑法上的财物不限于有体物，而应包括有体物、无体物乃至财产性利益。商标权、专利权、著作权、商业秘密等实际上是无形财产，但由于侵犯这些权利的犯罪主要是一种不正当竞争犯罪，故刑法没有将其规定为侵犯财产罪的对象。倘若商标权、专利权、商业秘密等无形财产没有被刑法规定为侵犯知识产权罪的对象，它们仍然可能成为侵犯财产罪的对象。[②] 所以，将无体物乃至将财产上的利益解释为侵犯财产罪的对象，并不违反罪刑法定原则（当然，这并不意味着无体物与财产上的利益可以成为任何财产犯罪的对象）。最后，我国司法实践事实上也将无体物作为盗窃罪的对象。如以往的司法解释明文规定，"盗窃的公私财物，包括电力"。[③] 在司法实践中（即使在旧刑法时代），对盗打电话的行为一直以盗窃罪论处；而盗打电话所取

[①] 参见［日］西田典之：《刑法各论》（第 7 版），弘文堂 2018 年版，第 152~153 页。另参见［日］平野龙一：《刑法概说》，东京大学出版会 1977 年版，第 200 页；［日］大谷实：《刑法讲义各论》（新版第 4 版），成文堂 2013 年版，第 187 页；［日］町野朔：《刑法各论的现在》，有斐阁 1996 年版，第 96 页；［日］山口厚：《刑法各论》（第 2 版），有斐阁 2010 年版，第 173 页；［日］松原芳博：《刑法各论》（第 2 版），日本评论社 2021 年版，第 177 页；等等。

[②] 即便现行刑法独立规定了侵犯知识产权罪，也不排除在某些情况下，将窃取商业秘密等行为认定为盗窃罪与侵犯知识产权罪的想象竞合。

[③] 1997 年 11 月 4 日《最高人民法院关于审理盗窃案件具体应用法律若干问题的解释》（已废止）第 1 条。

得的只是财产性利益。①

既然我国刑法中的"财物"包含无体物甚至在某些情况下包含财产上的利益,既然无体物也可能被盗窃,因而也需要刑法保护,那么,我国《刑法》第265条对盗窃对象的规定就不是法律拟制,而是注意规定。因此,对于实践中所发生的盗窃其他无体物的行为,理当认定为盗窃罪,而不能以法无明文规定为由宣告无罪。

接下来需要讨论的是,《刑法》第265条关于盗窃行为的规定性质。众所周知,盗窃行为,是指违反被害人的意志,将他人占有的财物转移给自己或者第三者占有。如果没有转移占有,就不可能构成盗窃罪。在本书看来,就盗窃罪的行为而言,本条属于特别规定(法律拟制),亦即,将不符合盗窃行为特征的行为拟制为盗窃行为,并以盗窃罪论处。"擅自使用他人电话通话的行为,是利用电信事业者的通信线路和电话交换机等电信设备,以及通过电信技术电话用户,和对方通话的行为。甲使用他人电话通话的行为,是不当利用电信事业者给用户提供的音响收发机能的行为。"② 概言之,盗用他人电话之类的行为,并没有使任何对象发生转移,只是应当付电话费而没有付费而已,并不符合盗窃的行为特征。③ 尽管如此,刑法仍然将其拟制为盗窃行为。然而,拟制规定是不能类比适用的,只能适用于有此规定的情形。既然刑法只是将应当付电话费而没有付费的行为拟制为盗窃行为,那么,应当付餐费而没有付餐费的,应当付高速路费而没有付费的,就不能类比为盗窃行为。④

诚然,应当付餐费、高速路费而没有付费,与应当付电话费而没有付费,性质完全相同。但是,刑法实行罪刑法定原则,对于刑法的不完整性,不能完全通过解释来弥补。倘若当刑法的拟制规定进行类比适用,就明显不符合罪刑法定原则。⑤

(六)《刑法》第267条第2款

《刑法》第267条第2款规定:"携带凶器抢夺的,依照本法第二百六十三条

---

① 参见张明楷:《诈骗犯罪论》,法律出版社2021年版,第18页。

② 〔韩〕吴昌植编译:《韩国侵犯财产罪判例》,清华大学出版社2004年版,第2页。

③ 当然,如果被害人预存了话费,行为人盗接线路而消耗被害人的话费,能否认为是对话费、"通信权限"这样一种财产性利益的窃取,还值得进一步研究。

④ 2000年5月12日公布的《最高人民法院关于审理扰乱电信市场管理秩序案件具体应用法律若干问题的解释》第7条、第8条分别规定:"将电信卡非法充值后使用,造成电信资费损失数额较大的,依照刑法第二百六十四条的规定,以盗窃罪定罪处罚。""盗用他人公共信息网络上网账号、密码上网,造成他人电信资费损失数额较大的,依照刑法第二百六十四条的规定,以盗窃罪定罪处罚。"这两条规定只是《刑法》第265条的具体表述,并不是类比适用。

⑤ 参见张明楷:《论盗窃财产性利益》,《中外法学》2016年第6期。

的规定定罪处罚。"如果认为本款属于注意规定，则只有当携带凶器抢夺的行为完全符合抢劫罪的构成要件时，才能将该行为认定为抢劫罪。如果认为本款属于法律拟制，则只要行为符合"携带凶器抢夺"的规定，就应认定为抢劫罪。

本书认为，本规定属于法律拟制，而非注意规定。即只要行为人携带凶器抢夺的，就以抢劫罪论处，而不要求行为人使用暴力、胁迫或者其他方法。首先，虽然刑法同时规定了抢劫罪与抢夺罪，但对于这两个犯罪的区别，在理论上没有特别的争议，在实践上不存在难以分辨的现象，刑法完全没有必要设置注意规定。其次，刑法所规定的是"携带"凶器抢夺，携带凶器与使用凶器具有明显区别；易言之，携带凶器抢夺原本并不符合《刑法》第263条规定的抢劫罪的构成要件。如果没有《刑法》第267条第2款的规定，司法机关对携带凶器抢夺的行为，只能认定为抢夺罪。在这种情况下，刑法仍然规定对携带凶器抢夺的行为以抢劫罪论处，就说明本款属于法律拟制，而非注意规定。之所以设立该规定，是因为抢夺行为虽然是一种突然的对物暴力，但被害人当场就会发现被抢夺的事实，而且在通常情况下会要求行为人返还自己的财物；而行为人携带凶器抢夺的行为，客观上为自己抗拒抓捕、窝藏赃物创造了便利条件，再加上行为人主观上具有使用凶器的意识，使用凶器的盖然性非常高，从而导致其行为的危害程度与抢劫罪没有实质区别。联系盗窃罪来考虑，也能说明这一点。刑法修订草案曾规定，对于携带凶器盗窃的，以抢劫罪论处，但这一方案遭到了反对并被删除。因为即使行为人携带凶器盗窃，甚至具有及时使用凶器的意识，但由于盗窃行为通常是秘密的，较少遭受被害人的反抗，较少面临被害人夺回财物的状态，故使用凶器的可能性小。既然如此，将携带凶器盗窃的行为认定为抢劫罪就不具有合理性。由此可见，主观上具有使用凶器的意识，客观上使用凶器的盖然性高，因而导致携带凶器抢夺的行为与抢劫罪的危害程度没有明显差异。但是，携带凶器抢夺的行为，并不符合《刑法》第263条所规定的抢劫罪的构成要件，故需要设置《刑法》第267条第2款的规定。再者，这种规定可以解决一些疑难问题。例如，行为人为了抢劫而携带凶器，但在现场只实施了抢夺行为，这便存在如下问题：是只认定为抢夺罪，还是认定为抢劫（预备）罪与抢夺罪的竞合、包括的一罪，抑或数罪？对此，德国刑法的解决方法是将携带凶器盗窃的行为规定为独立的犯罪，并规定了较普通盗窃罪高的法定刑（参见德国《刑法》第244条）。德国刑法没有规定抢夺罪，对于抢夺行为通常以盗窃罪处理。[1] 但行为人或者其他参与人在实施盗窃时携带凶器或者其他危险工具的，或者携带其他工具，意图以暴力

---

[1] 但对少数抢夺行为也可能认定为抢劫罪。例如，行为人使用行驶中的机动车抢夺他人财物的，一般被认定为抢劫罪。

或者暴力威胁阻止或制服被害人反抗的，成立携带凶器盗窃罪。这一规定便解决了上述问题。① 我国刑法规定将携带凶器抢夺的行为以抢劫罪论处，也可以解决上述问题，只是解决方式不完全相同而已。此时，后来的抢夺行为也被拟制为抢劫罪，因此不会产生如何协调抢劫预备与抢夺两行为的罪数问题。

由于我国《刑法》第 267 条第 2 款属于法律拟制，故只能按照"携带凶器抢夺"的文字表述解释其含义，确定其构成要件，而不能按照抢劫罪的规定解释该款规定的内容。

所谓"携带"，是指在从事日常生活的住宅或者居室以外的场所，将某种物品带在身上或者置于身边附近，将其置于现实的支配之下的行为。携带是持有的一种表现形式。持有只要求是一种事实上的支配，而不要求行为人可以时时刻刻地现实上予以支配；携带则是一种现实上的支配，行为人随时可以使用自己所携带的物品。手持凶器、怀中藏着凶器、将凶器置于衣服口袋、将凶器置于随身的手提包等容器中的行为无疑属于携带凶器。此外，使随从者实施这些行为的，也属于携带凶器。例如，甲使乙手持凶器与自己同行，即使由甲亲手抢夺丙的财物，也应认定甲的行为是携带凶器抢夺。② 携带行为通常可能出现两种情况：一是行为人事先准备好了凶器，出门后便一直携带，然后伺机抢夺；二是行为人在抢夺之前于现场或现场附近获得凶器（如捡起路边的铁棒等），然后乘机抢夺。

本节认为，携带凶器应具有随时可能使用或当场能够及时使用的特点，即具有随时使用的可能性。但是，不要求行为人显示凶器（将凶器暴露在身体外部），也不要求行为人向被害人暗示自己携带着凶器。因为从用语来看，"携带"（物品）一词并不具有显示、暗示物品的含义；从构成要件符合性方面来看，显示或者暗示自己携带凶器进行抢夺的行为，本身就可能完全符合普通抢劫罪的构成要件；从实质上看，这种行为比当场扬言进行暴力威胁的抢劫行为，在危害程度上有过之而无不及。如果将携带凶器抢夺限定为必须显示或者暗示自己携带着凶器而抢夺，《刑法》第 267 条第 2 款就丧失了法律拟制的意义。再者，抢夺行为通常表现为乘人不备而夺取财物，既然是"乘人不备"，通常也就没有显示或者暗示凶器的现象。基于同样的理由，携带凶器更不要求行为人使用所携带的凶器。如果行为人使用所携带的凶器强取他人财物，则完全符合抢劫罪的构成要件，应直接适用《刑法》第 263 条的规定；行为人在携带凶器而又没有使用凶器的情况下抢夺他人财物的，才应适用《刑法》第 267 条第 2 款的规定。所谓没有使用凶器，应包括两种情况：一是没有针对被害人使用凶器实施暴力；二是没有

---

① 我国台湾地区"刑法"将携带凶器抢夺规定为抢夺罪的加重情节，也不失为一种解决方法。

② 以乙在现场为前提，但不以乙与甲具有共同故意为前提。

使用凶器进行胁迫。如果行为人携带凶器并直接针对财物使用凶器进而抢夺的，则仍应适用《刑法》第 267 条第 2 款。例如，行为人携带管制刀具尾随他人，乘他人不注意时，使用管制刀具将他人背着的背包带划断，取得他人背包及其中财物的，应适用《刑法》第 267 条第 2 款，而不能直接适用《刑法》第 263 条的规定。

携带凶器抢夺以行为人具有使用凶器的意识为必要，这是拟制抢劫罪的故意内容。由于性质上的凶器属于违禁品，故携带者通常具有使用的意识，不会产生认定上的困难。而用法上的凶器是可能用于杀伤他人的物品，如果行为人已经使用所携带的菜刀、铁棒、石块等杀伤他人或者威胁他人，这些物品肯定属于凶器。① 但如上所述，在携带凶器抢夺的场合，行为人并没有使用所携带的物品；要认定行为人所携带的物品属于凶器，还得从主观方面加以认定，即要求行为人具有准备使用的意识。准备使用的意识应当包括两种情况：一是行为人在抢夺前为了使用而携带该物品。二是行为人出于其他目的携带可能用于杀伤他人的物品，在现场意识到自己所携带的凶器进而实施抢夺行为。反之，如果行为人并不是为了违法犯罪而携带某种物品，实施抢夺时也没有准备使用的意识，则不能认定行为人希望或容认"携带凶器"这一事实，不宜适用《刑法》第 267 条第 2 款。

（七）《刑法》第 292 条第 2 款

《刑法》第 292 条规定了聚众斗殴罪，其第 2 款规定："聚众斗殴，致人重伤、死亡的，依照本法第二百三十四条、第二百三十二条的规定定罪处罚。"这一规定的性质也需要研究。

2002 年 10 月 25 日发布的《江苏省高级人民法院、江苏省人民检察院、江苏省公安厅关于办理涉枪涉爆、聚众斗殴案件具体应用法律若干问题的意见》（已废止）指出："聚众斗殴致人重伤、死亡的，在适用《刑法》第 234 条和第 232 条时，要结合案件具体情况，对照故意伤害和故意杀人两个罪名的具体犯罪构成来认定，不能简单地以结果定罪。行为人具有杀人故意，实施了杀人行为，即使仅造成被害人重伤的，也可以依照《刑法》第 232 条定罪处罚；行为人仅具有伤害故意，造成被害人死亡的，应依照《刑法》第 234 条定罪处罚。行为人对杀人和伤害后果均有预见，并持放任态度的，也可以结果定罪。"② 这一意见显然是将《刑法》第 292 条第 2 款理解为注意规定。

① 性质上的凶器，是指枪支、管制刀具等本身用于杀伤他人的器具。用法上的凶器，是指从使用的方法来看，可能用于杀伤他人的器具。如家庭使用的菜刀，用于切菜时不是凶器，但用于或将要用于杀伤他人时则是凶器。
② 转引自游伟主编：《华东刑事司法评论》（第四卷），法律出版社 2003 年版，第 323 页。

本书倾向于认为，本款属于法律拟制。因为"斗殴"一词明显不包含杀人的情形（能否包含重伤的故意，也还值得研究），当人们用相互斗殴形容某种事态时，显然不是指相互残杀。换言之，既然是"斗殴"，行为人主观上便未必有杀人的故意，客观上也未必是杀人行为；如果行为人具有杀人的故意与行为，就理当直接适用《刑法》第 232 条，《刑法》第 292 条便完全没有设置第 2 款的必要。《刑法》第 292 条第 2 款的文言，明显属于法律拟制的表述，即只要聚众斗殴致人重伤、死亡，就应认定为故意伤害罪、故意杀人罪。聚众斗殴致人重伤、死亡的法益侵害性，与故意伤害、故意杀人罪的法益侵害性相同，因而具有将其解释为法律拟制的实质根据。《刑法》第 292 条第 1 款的情节加重犯中，并没有规定聚众斗殴致人重伤、死亡的结果加重犯。如果认为本款属于注意规定，便形成了一个不公平"空档"：聚众斗殴中故意杀人的，按故意杀人罪论处；聚众斗殴行为人过失造成死亡结果的，由于不符合《刑法》第 292 条第 1 款的情节加重犯的条件，只能适用基本犯的法定刑（3 年以下有期徒刑、拘役或者管制）；虽然能够同时认定该行为触犯了过失致人死亡罪，但由于只有一个行为，只能按触犯的重罪（过失致人死亡罪）处罚。这便形成明显的不公平现象：多次聚众斗殴、持械聚众斗殴等行为，即使没有造成人员轻伤，也应判处 3 年以上 10 年以下有期徒刑，而聚众斗殴致人死亡时，只要对重伤、死亡没有故意，反而只能按过失致人死亡罪论处，最高刑为 7 年有期徒刑。或许人们可以提出一个补救办法：对聚众斗殴过失致人重伤、死亡的，以故意伤害（重伤、致死）罪论处，分别适用 3 年以上 10 年以下有期徒刑与 10 年以上有期徒刑、无期徒刑或者死刑，这便没有不公平的现象。这样解释的结局，在处刑上与将《刑法》第 292 条第 2 款解释为法律拟制的结局是相同的，但是，刑法分则中其他暴力犯罪致人重伤、死亡的情形都以加重犯或法律拟制的形式规定，在聚众斗殴的场合却专门认定为故意伤害罪，这显得不协调。依本书之见，《刑法》第 292 条第 1 款之所以没有在情节加重犯中规定致人重伤、死亡的情形，就是考虑到有第 2 款的拟制规定。

当然，鉴于聚众斗殴的特殊性，根据首要分子承担刑事责任的原则，只应对直接造成重伤、死亡的斗殴者和对重伤、死亡结果具备共同正犯作用的人认定为故意伤害罪、故意杀人罪，对其他积极参与者依然认定为聚众斗殴罪；在不能查明死亡原因的情况下，也不宜将所有的斗殴者均认定为故意伤害罪、故意杀人罪，但对首要分子可以故意伤害罪、故意杀人罪论处。诚然，这样的限制或许缺乏明文的法律根据，因为《刑法》第 292 条对首要分子与积极参与者规定了完全相同的法定刑。但是，一方面，从《刑法》总则第 26 条规定的精神来看，首要分子与积极参加者承担责任的范围并不完全相同，前者的责任范围宽于后者的责任范围。所以，作出上述限制也具有实质的法律理由。另一方面，如果不作上述限制，那么，在一人死亡的情况下，斗殴双方的所有积极参加者都成立故意杀人罪，这有悖于刑法的谦抑性。如果参与者的行为与重伤、死亡结果没有因果性，便不能认为他们的行为"致"人重伤、死亡，此时不适用《刑法》第 292 条第 2 款是理所当然的。如果参与者对重伤、死亡结果负狭义共犯的责任，由于不处罚过失的共犯，也不应对他们适用拟制规定，否则便间接处罚了过失帮助过失犯的行为。当然，如果部分参与者对重伤、死亡结果具有故意，此时当然应该适用故意伤害罪、故意杀人罪的规定并结合总则关于共犯的规定进行认定，但这与本款的法律拟制无关。

（八）《刑法》第 382 条第 2 款

接下来要讨论的是，《刑法》第 382 条第 2 款属于注意规定还是拟制规定。该款规定："受国家机关、国有公司、企业、事业单位、人民团体委托管理、经营国有财产的人员，利用职务上的便利，侵吞、窃取、骗取或者以其他手段非法占有国有财物的，以贪污论。"如果说本款属于注意规定，意味着受国家机关、国有公司、企业、事业单位、人民团体委托管理、经营国有财产的人员，原本就属于国家工作人员，因此，这些人员利用职务上的便利挪用所管理、经营的国有资金的，应认定为挪用公款罪；如果说本款属于法律拟制，则意味着受国家机关、国有公司、企业、事业单位、人民团体委托管理、经营国有财产的人员，原本不属于国家工作人员，之所以对其行为以贪污罪论处，是法律的拟制，即将原本并不属于贪污罪的行为赋予贪污罪的法律效果。

2000 年 2 月 16 日发布的《最高人民法院关于对受委托管理、经营国有财产人员挪用国有资金行为如何定罪问题的批复》指出："对于受国家机关、国有公司、企业、事业单位、人民团体委托，管理、经营国有财产的非国家工作人员，利用职务上的便利，挪用国有资金归个人使用构成犯罪的，应当依照刑法第二百七十二条第一款的规定定罪处罚。"显然，该批复认为《刑法》第 382 条第 2 款属于法律拟制，由于《刑法》第 384 条没有类似的拟制规定，所以对上述挪用国有资金的行为，以挪用资金罪论处。

本书认为，《刑法》第 382 条第 2 款属于注意规定。其中的关键是如何理解《刑法》第 93 条关于国家工作人员的规定？如何认定"受国家机关、国有公司、企业、事业单位、人民团体委托管理、经营国有财产的人员"的性质？

按照上述批复的规定，受国家机关、国有公司、企业、事业单位、人民团体委托，管理、经营国有财产的人员，可以分为两类：一类是受国家机关、国有公司、企业、事业单位、人民团体委托，管理、经营国有财产的国家工作人员；另一类是受国家机关、国有公司、企业、事业单位、人民团体委托，管理、经营国有财产的非国家工作人员。据此，是否国家工作人员，与行为人是否"受国家机关、国有公司、企业、事业单位、人民团体委托，管理、经营国有财产"没有关系。但笔者不同意这一观点。

该批复与相关规定存在不协调之处。例如，2002 年 12 月 28 日《全国人民代表大会常务委员会关于〈中华人民共和国刑法〉第九章渎职罪主体适用问题的解释》规定："在依照法律、法规规定行使国家行政管理职权的组织中从事公务的人员，或者在受国家机关委托代表国家机关行使职权的组织中从事公务的人员，或者虽未列入国家机关人员编制但在国家机关中从事公务的人员，在代表国家机关行使职权时，有渎职行为，构成犯罪的，依照刑法关于渎职罪的规定追究刑事责任。"应当认为，该规定实际上是对"国家机关工作人员"的解释。根据这一解释精神，只要是行使国家机关职权的人员，就属于国家机关工作人员。而国家工作人员的范围宽于国家机关工作人员，联系《刑法》第 93 条的规定来考虑，国有公司、企业中管理、经营国有资产的人属于国家工作人员；同样，受国有公司、企业等国有单位委托管理、经营国有资产的人员，也应属于国家工作人员。

事实上，"两高"的其他司法解释也坚持了这一立场。例如，2000 年 9 月 19 日发布的《最高人民法院关于未被公安机关正式录用的人员、狱医能否构成失职致使在押人员脱逃罪主体问题的批复》（已废止）指出："对于未被公安机关正式录用，受委托履行监管职责的人员，由于严重不负责任，致使在押人员脱逃，造成严重后果的，应当依照刑法第四百条第二款的规定定罪处罚。不负监管职责的狱医，不构成失职致使在押人员脱逃罪的主体。但是受委派承担了监管职责的狱医，由于严重不负责任，致使在押人员脱逃，造成严重后果的，应当依照刑法第四百条第二款的规定定罪处罚。"再如，2001 年 3 月 2 日发布的《最高人民检察院关于工人等非监管机关在编监管人员私放在押人员行为和失职致使在押人员脱逃行为适用法律问题的解释》指出："工人等非监管机关在编监管人员在被监管机关聘用受委托履行监管职责的过程中私放在押人员的，应当依照刑法第四百条第一款的规定，以私放在押人员罪追究刑事责任；由于严重不负责任，致使在押人员脱逃，造成严重后果的，应当依照刑法第四百条第二款的规定，以失职致使在押人员脱逃罪追究刑事责任。"这两个司法解释表明，只要所从事的事务原本属于国家机关工作人员从事的事务，行为人就属于国家机关工作人员。基于同样的理由，只要所从事的事务原本属于国家工作人员从事的事务，行为人就属于国家工作人员。管理、经营国有资产，原本属于国家工作人员的事务，当行为人受委托行使管理、经营国有资产的权力时，他便属于国家工作人员。既然如此，《刑法》第 382 条第 2 款所规定的"受国家机关、国有公司、企业、事业单位、人民团体委托管理、经营国有财产的人员"当然属于国家工作人员，立法者只是担心司法机关将他们的贪污行为认定为职务侵占罪，所以作出了注意规定。

或许因为《刑法》第 382 条第 2 款使用了"受……委托"的表述，而没有像《刑法》第 93 条第 2 款那样使用"委派"一词，2000 年 2 月 16 日公布的《最高人民法院关于对受委托管理、经营国有财产人员挪用国有资金行为如何定罪问题的批复》将第 382 条第 2 款解释为法律拟制。但是，试图区分"被委派"与"受委托"，进而区分是否国家工作人员，并非一条理想途径。一方面，在现行体制下，难以甚至不可能对"被委派"与"受委托"做出区分。例如，倘若将上述 2000 年 9 月 19 日公布的《最高人民法院关于未被公安机关正式录用的人员、狱医能否构成失职致使在押人员脱逃罪主体问题的批复》（已废止）的前一句中的"受委托"改为"被委派"，将后一句中的"受委派"改为"受委托"，也不会使含义发生变化。再如，2000 年 4 月 24 日公布的《最高人民检察院关于以暴力威胁方法阻碍事业编制人员依法执行行政执法职务是否可对侵害人以妨害公务罪论处的批复》指出："对于以暴力、威胁方法阻碍国有事业单位人员依照法律、行政法规的规定执行行政执法职务的，或者以暴力、威胁方法阻碍国家机关中受委托从事行政执法活动的事业编制人员执行行政执法职务的，可以对侵害人以妨害公务罪追究刑事责任。"据此，受委托从事行政执法职务的人，也是国家机关工作人员。倘若将其中的"受委托"改为"被委派"，也不会存在疑问。这说明，从字面上或形式上纠缠"受委派"与"受委托"的区别是不明智的。另一方面，根据《刑法》第 93 条的精神以及上述立法解释与司法解释的规定，行为人是否为国家工作人员，不是取决于其形式上是"被委派"还是"受委托"，而是取决于实质上是否"依法从事公务"。由于《刑法》第 93 条对国家工作人员作出了扩张的解释性规定，所以，不能将公务限定为国家机关事务、行使国家权力的事务、行政管理事务等，否则便与《刑法》第 93 条将国有公司、企业、事业单位、人民团体中从事公务的人员规定为国家工作人员相冲突。"依照法律"中的"法律"是指广义的法律，而不限于狭义的法律，依照法律实质上就是依法的含义；它是指行为人的任用、地位、职务、公务行为等具有法律上的根据。"从事公务"，是指从事国家机关、公共机构或者其他法定的公共团体的事务。公务关系到多数人或不特定人的利益，所以，仅与特定个别人或者少数人相关的事务，不叫公务；公务是具有裁量性、判断性、决定性的事务，因此，单纯的机械性、体力性的活动，不是公务；公务是由国家机关或者其他法定的公共机构或者公共团体（如国有企业、事业单位、人民团体等）组织或者安排的事务，显然，公民自发从事的公益性活动，不属公务。如果这样来考虑，那么，受国家机关、国有公司、企业、事业单位、人民团体委托管理、经营国有财产的人员，就属于依照法律从事公务的人员，因而符合《刑法》第 93 条规定的国家工作人员的条件，其利用职务上的便利，侵吞、窃取、骗取或者以其他手段非法占有国家财物的，完全符合贪污罪的构成要件。所以，《刑法》第 382 条第 2 款并没有将不符合贪污罪构成要件的行为赋予贪污罪的法律效果，因而不属于法律拟制。

由于《刑法》第 382 条第 2 款属于注意规定，所以，对于相同主体实施的其他犯罪，即使对此没有设立注意规定，也应认定为国家工作人员犯罪。例如，受国家机关、国有公司、企业、事业单位、人民团体委托管理、经营国有财产的人员，利用职务上的便利，挪用国有资金的，应认定为挪用公款罪，而不能认定为挪用资金罪。受国家机关、国有公司、企业、事业单位、人民团体的委托管理、经营国有财产的人员，利用职务上的便利，索取他人财物或者非法收受他人财物，为他人谋取利益的，应认定为受贿罪。

（九）《刑法》第 382 条第 3 款

1988 年 1 月 21 日公布的《全国人民代表大会常务委员会关于惩治贪污罪贿赂罪的补充规定》（已废止）分别就贪污罪、受贿罪的共犯作了明确规定。其第 1 条第 2 款指出："与国家工作人员、集体经济组织工作人员或者其他经手、管理公共财物的人员勾结，伙同贪污的，以共犯论处。"第 4 条第 2 款写道，"与国家工作人员、集体经济组织工作人员或者其他从事公务的人员勾结，伙同受贿的，以共犯论处"。不言而喻，两处的"以共犯论处"意指以贪污罪的共犯论处和以受贿罪的共犯论处。可是，1997 年修订后的现行刑法只是保留了贪污罪的共犯规定，删除了关于受贿罪共犯的表述。于是有人认为，"修订后的刑法已取消内外勾结的受贿罪共犯，修订后的刑法施行后，对非国家工作人员勾结国家工作人员，伙同受贿的，不能以受贿罪共犯追究其刑事责任"①。这种观点（以下简称"否定说"）在司法实践中造成的消极后果已经发展到令人惊讶的严重程度。② 不难发现，此处的关键在于如何理解《刑法》第 382 条第 3 款的性质，即澄清该款属注意规定还是属法律拟制。

如前所述，区分法律拟制与注意规定的基本意义，在于明确该规定是否修正或补充了基本规定，是否导致将不同的行为等同视之。如果说《刑法》第 382 条第 3 款属于法律拟制，则意味着一般主体参与以特殊身份为要件的犯罪时，原本并不成立共同犯罪；因此，对于一般主体参与以特殊身份为要件的犯罪的，只要没有这种拟制规定，就不得认定为共犯；由于规定受贿罪的《刑法》第 385 条没有设置这样的拟制规定，故一般主体与国家工作人员相勾结伙同受贿的，不得以

---

① 王发强：《内外勾结的受贿罪共犯是否已被取消》，《人民司法》1998 年第 9 期。
② 例如，有的法院对于检察机关起诉的联防队员与警察共同刑讯逼供致人死亡的案件，也只认定警察的行为构成犯罪，而将联防队员作无罪处理。理由是，《刑法》第 247 条没有像第 382 条第 3 款那样的规定。再如，不少人认为一般主体不能构成渎职罪的共犯。

受贿罪的共犯论处；否定说便是由此形成的。但是，如果说该款只是注意规定，则意味着一般主体参与以特殊身份为要件的犯罪时，根据总则规定原本构成共同犯罪；所以，不管分则条文中有无这一注意规定，对一般主体参与以特殊身份为要件的犯罪的，均应认定为共犯；故一般主体与国家工作人员相勾结伙同受贿的，应以受贿罪的共犯论处。

本书以为，《刑法》第 382 条第 3 款属于注意规定，而非法律拟制。要形成这一结论，就得证明刑法总则已经存在意义相同的相关规定。换言之，必须证明，根据刑法总则关于共同犯罪的规定，完全可以得出"一般主体与特殊主体共同故意实施以特殊身份为要件的犯罪的，应认定为共犯"的结论。首先，刑法在总则中设立共犯规定的原因之一，就是刑法分则所规定的主体均为正犯，所以，刑法分则所规定的国家工作人员等特殊主体仅就正犯而言；至于共同正犯、教唆犯与帮助犯，则完全不需要特殊身份。其次，虽然我国刑法没有像日本《刑法》第 65 条那样就身份犯的共犯作出规定，① 但我国刑法有关共犯人的规定已经指明了这一点。例如，我国《刑法》第 29 条第 1 款前段规定，"教唆他人犯罪的，应当按照他在共同犯罪中所起的作用处罚"。这表明，只要被教唆的人犯被教唆的罪，教唆犯与被教唆犯就构成共同犯罪。《刑法》第 27 条第 1 款规定："在共同犯罪中起次要或者辅助作用的，是从犯。"单个犯罪无所谓主从犯，从犯只能存在于共同犯罪之中；这证明，起帮助作用的人，也与被帮助的人成立共犯。当然，帮助犯也可能是胁从犯，但《刑法》第 28 条的规定说明，胁从犯也只存在于共犯之中。这三条足以表达以下含义：一般主体教唆、帮助特殊主体实施以特殊身份为构成要件的犯罪的，以共犯论处。进一步而言，即使没有《刑法》第 382 条第 3 款规定，对于一般公民与国家工作人员相勾结、伙同贪污的，也应当根据刑法总则的规定，以贪污罪的共犯论处。因此，《刑法》第 382 条第 3 款只是重申了刑法总则关于共犯的规定，或者说只是将刑法总则关于共犯的规定具体化于贪污罪的规定中，而没有增加新的内容，只能视为注意规定。最后，如果将《刑法》第 382 条第 3 款理解为法律拟制，那么，一般主体与特殊主体共同故意实施以特殊身份为要件的犯罪时，除贪污罪之外，一概不成立共犯；这样，刑法总则关于共同犯罪的规定几近一纸废文，也不能起到指导分则的作用。例如，一般公民教唆国家机关工作人员叛逃的，一般公民教唆、帮助司法工作人员刑讯逼供的，一般公民帮助在押人员脱逃的，一般公民教唆国家工作人员挪用公款的，

---

① 日本《刑法》第 65 条第 1 款规定："对于因犯罪人身份而构成的犯罪行为进行加功的人，虽不具有这种身份的，也是共犯。"

均不成立共犯①，而且通常只能宣告无罪。但这些结论无论如何不能得到国民的赞同。

现在必须回答的问题是，为什么现行刑法在贪污罪中保留注意规定，却删除受贿罪中的注意规定？对此也不难解释。因为贪污罪包含了利用职务之便的盗窃、骗取、侵占等行为，而一般主体与国家工作人员相勾结、伙同贪污时，一般主体的行为也符合盗窃罪、诈骗罪、侵占罪的构成要件；《刑法》第 382 条第 3 款的注意规定，是为了防止司法机关将贪污共犯认定为盗窃、诈骗、侵占等罪。刑法就受贿罪取消注意规定，是因为基本上不存在将受贿共犯认定为其他犯罪的问题；刑法对其他特殊主体的犯罪没有设置类似的注意规定，也是因为基本上不存在类似问题，因而没有提醒的必要。刑法具有简短的价值，没有必要、也不可能、更不应当随处设立注意规定，立法者只有在担心司法机关可能存在误解或者容易疏忽的情况下，才会作出注意规定。由于教唆或者帮助受贿的行为不可能构成其他犯罪，不会引起误会，故立法者删除了原有的注意规定。

（十）《刑法》第 385 条第 2 款

在分析《刑法》第 385 条第 2 款之前，先简单讨论《刑法修正案（六）》修改前的《刑法》第 163 条第 2 款。修改前的《刑法》第 163 条第 1 款将"利用职务上的便利"规定为非国家工作人员受贿罪的构成要件，但修改前的《刑法》第 163 条第 2 款只是规定："公司、企业的工作人员在经济往来中，违反国家规定，收受各种名义的回扣、手续费，归个人所有的，依照前款的规定处罚。"没有明文将"利用职务上的便利"规定为构成要件要素。于是，出现了这样的争论：公司、企业的工作人员在经济往来中，收受回扣，但没有利用职务上的便利的行为，是否成立非国家工作人员受贿罪？这也涉及《刑法》第 163 条第 2 款的规定是注意规定还是法律拟制的问题。

本书的看法是，《刑法》第 163 条第 2 款属于注意规定，即在经济往来中，收受回扣的行为，只有利用了职务上的便利，才成立非国家工作人员受贿罪。因此，第一，即使《刑法》第 163 条没有第 2 款的规定，对于公司、企业工作人员收受回扣的行为，也应认定为非国家工作人员受贿罪。第二，由于是注意规定，而不是对《刑法》第 163 条第 1 款的特别规定与法律拟制，不是将不符合非国家工作人员受贿罪构成要件的行为拟制规定为非国家工作人员受贿罪，因此，收受回扣构成非国家工作人员受贿罪的，也必须以利用职务上的便利为前提。由于

---

① 或许有人认为，因为有司法解释，所以一般公民（包括使用人）与国家工作人员构成挪用公款罪的共犯。可是，司法解释也受罪刑法定原则的约束；在学理解释上违反罪刑法定原则的结论，在司法解释上也必定违反罪刑法定原则。

《刑法修正案（六）》对《刑法》第 163 条第 2 款作出了修改，使得该款的法律性质更为明确。修改后的《刑法》第 163 条第 2 款规定："公司、企业或者其他单位的工作人员在经济往来中，利用职务上的便利，违反国家规定，收受各种名义的回扣、手续费，归个人所有的，依照前款的规定处罚。"据此，收受回扣构成公司、企业、单位人员受贿罪的，必须以利用职务上的便利为前提。

但是，《刑法修正案（六）》并没有修改《刑法》第 385 条第 2 款。该款规定："国家工作人员在经济往来中，违反国家规定，收受各种名义的回扣、手续费，归个人所有的，以受贿论处。"该款似乎没有明文要求"利用职务上的便利"，于是存在相同的问题：国家工作人员在经济往来中，收受回扣，但没有利用职务上的便利的，是否成立受贿罪？这也涉及《刑法》第 385 条第 2 款是注意规定还是法律拟制的问题。或许有人认为，立法机关仅修改《刑法》第 163 条第 2 款，而不修改《刑法》第 385 条第 2 款，就表明后者是法律拟制。但本书认为，国家工作人员收受回扣归个人所有构成受贿罪，仍以利用职务上的便利为前提。换言之，《刑法》第 385 条第 2 款属于注意规定，而非法律拟制。理由如下：

第一，"国家工作人员在经济往来中"的表述，已经表明了必须利用职务上的便利。因为国家工作人员在商店为个人购买消费品或者为个人签订经济合同时，其国家工作人员的身份不具有任何意义，与普通公民为个人购买消费品或者签订经济合同没有任何区别，不能称之为"国家工作人员在经济往来中"。"国家工作人员在经济往来中"，意味着国家工作人员基于其职务在经济往来中从事职务行为，这本身就包含了利用职务上的便利的含义。此外，"归个人所有"这一表述，也暗示了国家工作人员收受财物的行为原本是不应为自己个人谋取私利的行为，因而必须是与职务有相关性的行为。如果收受财物的行为与其职务毫无关联，刑法就不必强调"归个人所有"的要素。

第二，受贿罪的实质是侵害职务（行为）的不可收买性，而与职务（行为）没有任何关系的行为，不可能侵害职务（行为）的不可收买性。所谓贿赂，也是指职务（行为）的不正当报酬。所以，如果国家工作人员没有利用职务上的便利，就意味着其行为与职务没有任何关联，当然不可能侵害职务（行为）的不可收买性，因而不可能具备受贿罪的本质。所以，只有当国家工作人员收受回扣的行为利用了职务上的便利时，才可能具备受贿罪的本质，进而成立受贿罪。诚然，法律拟制可以将不同视为相同，但是，法律拟制并不是随意地将不相同视为相同。刑法之所以设置法律拟制，主要是基于两个方面的原因：形式上的理由是基于法律经济性的考虑，避免重复；实质上的理由是基于两种行为对法益侵害的相同性或相似性（危害的相当性）。因此，立法者绝非可以无限制地设立拟制规定。例如，立法者不可以将非法侵入住宅的行为拟制为盗窃罪，不可以将非法搜查的行为拟制为抢劫罪，因为各自的前者与后者对法益的侵害存在重大差异。基于同样的理由，立法者不可能将与职务没有任何关系的行为拟制为职务犯罪。所以，只有利用了职务上的便利，才可能构成受贿犯罪。

（十一）《刑法》第 389 条第 2 款

经过《刑法修正案（六）》修改后的《刑法》第 164 条第 1 款规定："为谋取不正当利益，给予公司、企业或者其他单位的工作人员以财物，数额较大的，处三年以下有期徒刑或者拘役；数额巨大的，处三年以上十年以下有期徒刑，并处罚金。"《刑法》第 389 条第 1 款规定："为谋取不正当利益，给予国家工作人员以财物的，是行贿罪。"这表明，行贿罪以"为谋取不正当利益"为要件。但《刑法》第 389 条第 2 款规定："在经济往来中，违反国家规定，给予国家工作人员以财物，数额较大的，或者违反国家规定，给予国家工作人员以各种名义的回扣、手续费的，以行贿论处。"问题是，《刑法》第 389 条第 2 款的规定是注意规定，还是法律拟制？这涉及的问题是，在经济往来中违反国家规定给予国家工作人员以财物，或者违反国家规定给予国家工作人员以各种名义的回扣、手续费，因而构成行贿罪的，是否以"为谋取不正当利益"为要件？如果认为该款是法律拟制，对上述问题便会作出否定回答（不以"为谋取不正当利益"为要件）；如果认为该款是注意规定，上述问题便会得出肯定结论（以"为谋取不正当利益"为要件）。这还牵涉到另一问题：在经济往来中，违反国家规定，给予公司、企业或者其他单位的人员以回扣的，是否成立对非国家工作人员行贿罪？如果认为《刑法》第 389 条第 2 款属于法律拟制，由于拟制规定不能类比适用，且《刑法》第 164 条没有设置拟制规定，故在经济往来中，给予公司、企业或者其他单位人员回扣的，不成立犯罪；如果认为《刑法》第 389 条第 2 款属于注意规定，即使《刑法》第 164 条没有设置注意规定，在经济往来中给予公司、企业或者其他单位人员回扣的，只要符合《刑法》第 164 条第 1 款规定的构成要件，也应认定为对非国家工作人员行贿罪。

本书的看法是，《刑法》第 389 条第 2 款属于注意规定，而非拟制规定。

首先，虽然国外刑法以及我国旧刑法都没有将"为谋取不正当利益"作为行贿犯罪的主观要素，但我国现行刑法考虑到许多制度不健全、国民普遍"办事难"的具体情况，也为了缩小处罚范围，将"为谋取不正当利益"规定为行贿犯罪的主观要素。可是，发生在经济往来中的行贿，其法益侵害性并不必然大于（甚至很可能小于）发生在其他领域的行贿的法益侵害性。既然发生在其他领域的行贿犯罪需要以"为谋取不正当利益"为主观要素，就没有理由对发生在经济往来中的行贿犯罪取消"为谋取不正当利益"的主观要素。例如，与为了不当获取官职而行贿相比，在经济往来中给予回扣的行为的法益侵害性要小得多。

既然如此，就应要求发生在经济往来中的行贿犯罪以"为谋取不正当利益"为主观要素。

其次，《刑法》第391条第1款规定："为谋取不正当利益，给予国家机关、国有公司、企业、事业单位、人民团体以财物的，或者在经济往来中，违反国家规定，给予各种名义的回扣、手续费的，处三年以下有期徒刑或者拘役，并处罚金。"对本条进行文理解释，可以得出"为谋取不正当利益"，既是"给予国家机关、国有公司、企业、事业单位、人民团体以财物"进而构成对单位行贿罪的主观要素，又是"在经济往来中，违反国家规定，给予各种名义的回扣、手续费"进而构成对单位行贿罪的主观要素。难以认为，《刑法》第391条罪状的前半部分是关于对单位行贿罪的典型构成要件的规定，后半部分是关于对单位行贿罪的法律拟制规定。这也能够间接说明《刑法》第389条第2款只是注意规定，而非法律拟制。

由于《刑法》第389条第2款只是注意规定，而注意规定并不改变基本规定（如《刑法》第389条第1款）的内容，只是对相关规定内容的重申，即使不设置注意规定，也存在相应的法律适用根据（按基本规定处理），所以，可以得出以下两个结论：其一，在经济往来中，违反国家规定给予国家工作人员以财物，或者违反国家规定给予国家工作人员各种名义的回扣、手续费，因而构成行贿罪的，以"为谋取不正当利益"为要件。其二，为谋取不正当利益，在经济往来中，违反国家规定给予公司、企业或者其他单位人员以财物，或者违反国家规定给予公司、企业或者其他单位的人员以各种名义的回扣、手续费的，应认定为对非国家工作人员行贿罪。

或许有人认为，要求行贿犯罪以"为谋取不正当利益"为主观要素，不利于惩处商业贿赂犯罪与发生在其他领域的贿赂犯罪。诚然，如果从立法论上考虑，可以不将"为谋取不正当利益"作为行贿犯罪的主观要素。换言之，即使为了谋取正当利益而行贿，也宜认定为行贿罪。但是，从解释论的角度，在刑法明文规定将"为谋取不正当利益"作为主观要素的情况下，不能任意删除该要素，而应通过合理的解释得出妥当的结论。

首先，"为谋取不正当利益"只是一种主观要素，不要求行贿人事实上已经获得了不正当利益。换言之，"为谋取不正当利益"是一种主观的超过要素，不要求有与之相对应的客观事实。

其次，不正当利益包括非法利益，但不限于非法利益。"非法"与"不正当"并非等同概念。违反政策规定的利益、违反行业规定的利益、违反公众普遍认可的道德的利益，都可谓不正当利益，但不一定是非法利益。既然刑法使用了"不正当"利益的概念，又没有理由进一步缩小行贿犯罪的处罚范围，就不应当将"不正当利益"限制解释为"非法利益"。① 换言之，基于实质的合理性，在需要作出扩张解释的时候，解释者不应当作限制解释。

再次，不正当利益不仅包括目的不正当的利益，而且包括手段（程序）不正当的利益。换言之，通过不正当手段（程序）谋取所谓正当利益的，也属于"为谋取不正当利益"。因为任何正当利益都只能通过正当手段获得，用不正当手段获取的利益，就丧失了正当利益的性质。当然，这里的不正当手段，是指行贿以外的不正当手段，而不是将行贿本身作为不正当手段，否则刑法规定的"为谋取不正当利益"就没有任何意义了。例如，获得某种项目或资格需要经过一个月的公示，行为人具备获得该项目或者资格的条件，但为了尽快获得该项目或者资格，要求国家工作人员不经过公示给予其项目或者资格，进而向国家工作人员行贿的，就应认定为手段不正当的利益，构成行贿罪。

最后，对不正当利益应当进行具体的判断，而非抽象的判断。在一般意义上说，卖方出售商品或者劳务，都是正当的；但不能据此认为，卖方给买方回扣都是为了谋取正当利益，因而不构成行贿犯罪。相反，应当进行具体判断。例如，乙要为本公司购买 50 台电脑，与商店店主甲商谈。甲既不想降低价格，又希望乙购买本商店的电脑，便向乙支付回扣。如果进行抽象的判断，会认为甲是为了谋取正当利益而给付回扣，不构成对非国家工作人员行贿罪。但是，在乙可能不购买甲的电脑、可能以较低的价格购买其他商店的电脑的情况下，甲以较高的价格使乙决定购买本商店的电脑，就是一种不正当利益，应认定为对非国家工作人员行贿罪。再如，行贿人虽然符合晋级、晋升的条件，但为了使自己优于他人晋级、晋升而给予国家工作人员以财物的，也属于"为谋取不正当利益"，应认定为行贿罪。

（十二）《刑法》第 394 条

《刑法》第 394 条规定："国家工作人员在国内公务活动或者对外交往中接受礼物，依照国家规定应当交公而不交公，数额较大的，依照本法第三百八十二条、第三百八十三条的规定定罪处罚。"对本规定性质的解释不同，会影响相关案件的处理。

既然国家工作人员是在国内公务活动或者对外交往中"接受礼物"，就说明该行为本身并不具有非法性。如果国家工作人员利用职务上的便利，索取他人财

---

① 1999 年 3 月 4 日发布的《最高人民法院、最高人民检察院关于在办理受贿犯罪大要案的同时要严肃查处严重行贿犯罪分子的通知》第 2 条指出，"'谋取不正当利益'是指谋取违反法律、法规、国家政策和国务院各部门规章规定的利益，以及要求国家工作人员或者有关单位提供违反法律、法规、国家政策和国务院各部门规章规定的帮助或者方便条件"。但是，这一规定过于缩小了"不正当利益"的范围。

物，或者非法收受他人财物，为他人谋取利益，则应直接依照《刑法》第 385 条以受贿罪论处，完全没有必要适用《刑法》第 394 条。所以，《刑法》第 394 条并非将原本符合受贿罪构成要件的行为赋予贪污罪的法律效果，因而不是法律拟制。

国家工作人员在国内公务活动或者对外交往中接受礼物，意味着国家工作人员基于职权、职务行为而占有了礼物；依照国家规定，国家工作人员在上述场合虽然可以甚至应当接受礼物但应当交公时，就表明国家工作人员实际上基于职权或者职务行为占有了公共财物；行为人"不交公"，意味着客观上侵吞了公共财物，主观上具有贪污的故意与非法占有目的。因此，该行为完全符合贪污罪的构成要件。既然如此，《刑法》第 394 条便属于注意规定，因为它并没有将不符合贪污罪构成要件的行为赋予贪污罪的法律效果，只是为了使司法机关合理区分贪污罪与受贿罪，而做出了注意规定。

或许有人认为，行为人"不交公"的行为并没有利用职务上的便利，故不符合贪污罪的构成要件，因而《刑法》第 394 条仍然属于法律拟制。其实，"利用职务上的便利"不仅在不同犯罪中具有不同的含义，针对同一犯罪的不同行为方式也具有不同要求。以贪污为例，如果以诈骗方式非法占有公共财物，那么，由于公共财物原本由他人占有，所以，国家工作人员的骗取行为本身必须利用职务上的便利；但是，如果以侵吞（侵占）方式非法占有公共财物，那么，由于公共财物原本已由国家工作人员占有，所以，利用职务上的便利只是意味着，国家工作人员基于职权或者职务行为占有了公共财物，然后将公共财物的合法占有转变为不法所有；就将合法占有转变为不法所有的行为来说，不存在利用职务之便的问题。与国外的立法相比较，也能得出这一结论。如日本刑法没有规定贪污罪（公务员基于职务上的便利窃取、骗取财物的，仍然成立盗窃罪、诈骗罪），但规定了业务侵占罪（仅相当于我国刑法中的贪污罪与职务侵占罪中的"侵吞"行为），即"侵占在业务上由自己占有的他人的财物"的行为（日本《刑法》第253 条）。详言之，基于业务而占有了他人的财物时，不管后来处分他人财物的行为，是否属于业务行为，都不影响业务侵占罪的成立。同样，在我国，国家工作人员基于职权、职务行为占有了本应依法交公的礼物而不交公时，就属于侵占了在职权上、职务上占有的公共财物，仅此便完全符合了"利用职务上的便利"的要件。例如，某国有公司的会计甲，外出收取了公司应得的款项后，产生非法占有的目的而携款潜逃。甲的潜逃本身与职务并没有关联，但不能否认其行为成立贪污罪，因为甲基于职务占有了国有公司的财产，因而其侵吞行为符合利用职务之便的条件。换言之，就侵吞行为而言，利用职务上便利的行为仅表现为国家工作人员基于职权、职务而占有了公共财物。

　　由于我国《刑法》第 394 条属于注意规定，所以，对于类似的侵占行为，也应直接根据相应的法条定罪处罚。例如，非国有公司、企业或者其他单位的人员，基于职务、业务占有了应当交还单位的财物而不交还单位的，应当认定为职务侵占罪，不得以分则第五章没有类似《刑法》第 394 条的规定为由而宣告无罪。

五、相关质疑的回应

　　不少学者对刑法中的法律拟制持怀疑乃至批评态度，下面作些回应。

　　批评法律拟制的最重要理由之一是，法律拟制违反了主客观相统一的原则。例如，刑讯逼供致人死亡的，在没有杀人故意时，也应认定为故意杀人罪。再如，行为人携带凶器抢夺的，原本没有抢劫的故意，但《刑法》第 267 条第 2 款规定以抢劫罪论处。这便违反了主客观相统一的原则。[①]

　　其实，所谓的主客观相统一原则，并不意味着犯罪人的主观与客观必须完全一致。事实上，在犯罪未遂、事实认识错误的场合，主观内容与客观事实都不一致，但并不一定影响犯罪的成立。例如，在故意杀人未遂时，并没有发生行为人所希望的死亡结果，主客观并不一致，但并不影响故意杀人罪的成立。再如，行为人误将甲当作乙杀害时，主客观并不一致，但依然成立故意杀人既遂。还如，目的犯的目的只是主观的超过要素，并不存在与之对应的客观事实，但不影响目的犯的成立。我国的主客观相统一的原则，实际上应被理解为责任主义原则。即只有当行为人对其符合客观构成要件的违法行为具有可谴责性（非难可能性）时，才能追究行为人的责任。换言之，当司法机关能够将造成了危害结果的、符合构成要件的违法行为归结为行为人的"作品"时，才能追究行为人的责任。但这并不意味着行为人在任何犯罪中都必须认识到自己行为在法律上的性质与意义，只要行为人认识到了法律所规定的构成要件的客观事实，就表明其应对该客观事实负责。例如，当客观构成要件是行为人犯盗窃、诈骗、抢夺罪，而当场使用暴力或者以暴力相威胁时，主观上对上述违法事实具有故意，并且具有为了窝藏赃物、抗拒抓捕或者毁灭证据的目的时，就具备了相应的有责性。当刑法规定对上述行为以抢劫罪论处时，只要行为人具备上述条件，就应当以抢劫罪论处。上述行为人主观上虽然没有"抢劫"的故意，但对其行为认定为抢劫罪，并没有违反所谓的主客观相统一原则。再如，当客观构成要件是"携带凶器抢夺"时，只要行为人认识到自己携带了凶器，认识到自己在抢夺他人财物，以及具备

[①]　参见利子平、詹红星：《"转化型故意杀人罪"立法之质疑》，《法学》2006 年第 5 期；周东平、武胜：《我国历代刑法中的法定拟制综论》，《当代法学》2010 年第 5 期。

相应的意志因素时，就具备了相应的有责性。当刑法规定"携带凶器抢夺的，以抢劫罪论处"时，只要行为人具备上述认识因素与意志因素，就应当以抢劫罪论处。这里完全不存在所谓客观归罪的问题。认为上述法律拟制违反主客观相统一原则的观点，实际上是以普通抢劫的故意来要求"携带凶器抢夺"，反而对主观方面提出了多余的要求。基于同样的理由，当《刑法》第238条第2款后段规定非法拘禁使用暴力致人死亡应认定为故意杀人罪时，只要行为人认识到自己非法拘禁了他人，并认识到自己对他人使用了暴力，并对致人死亡具有预见可能性，就具备了适用《刑法》第238条第2款后段的条件。事实上，刑法完全可以为上述行为（事后抢劫、携带凶器抢夺、非法拘禁使用暴力致人重伤或死亡）单独规定罪名、犯罪构成和法定刑，而不规定为"依照第××条的规定定罪处罚"。果真如此的话，要求行为人在对其行为有明知和容认以外，还要具备其他犯罪的故意，显然就是多余的要求。质言之，法律拟制的规定原本就是与被拟制的犯罪不同的犯罪构成，不完全具备被拟制犯罪的主、客观要素，是理所当然的事情，而不是违背主客观相统一原则的表现。

如前所述，《刑法》第269条所规定的准抢劫，是标准的法律拟制。但人们从来没有批评该条违反主客观相统一原则。再如，《刑法》第91条第2款规定："在国家机关、国有公司、企业、集体企业和人民团体管理、使用或者运输中的私人财产，以公共财产论。"这也是典型的法律拟制，人们也从来没有对此提出批评意见。这是因为，从旧刑法开始，就有这样的规定（参见旧《刑法》第153条与第81条），人们对之相当熟悉。当现行刑法增加了一些法律拟制规定，人们对之不熟悉时，就难以接受，便以各种理由提出批评意见。于是，熟悉的成为正当的，不熟悉的成为不正当的。这是一种很不正常的现象。

还有学者认为，法律拟制背离了刑法机能，违反了罪刑法定原则，使犯罪构成虚置。[①] 但本书认为，这些批判均难以成立。首先，刑法的机能是法益保护与保障人权，刑法分则中的法律拟制，都是以两种行为对法益侵害的相同性或相似性为前提的。刑法分则仅将携带凶器抢夺的拟制为抢劫罪，而不将携带凶器盗窃的拟制为抢劫罪，就说明了这一点。退一步说，即使不设置拟制规定，刑法也必然处罚携带凶器抢夺的行为，而且对其处罚应当重于普通抢夺。所以，认为法律拟制规定只重视法益保护机能而忽视人权保障机能的观点，难以成立。其次，设置法律拟制，既不违反罪刑法定原则的形式侧面，也不违反罪刑法定原则的实质侧面。一方面，法律拟制并不违反明确性的要求；另一方面，法律拟制并不是将不值得科处刑罚的行为规定为犯罪。此外，由于法律拟制都是以两种行为对法益

---

① 参见周东平、武胜：《我国历代刑法中的法定拟制综论》，《当代法学》2010年第5期。

侵害的相同性或相似性为前提，也并不违反罪刑均衡的原则。最后，法律拟制是一种特别规定，不可"推而广之"。换言之，法律拟制只是将特定的不同视为相同，基本条款所规定的犯罪构成并不发生变化。例如，尽管《刑法》分则第 267 条第 2 款与第 269 条设立了两种以抢劫罪论处的法律拟制规定，但《刑法》第 263 条本身所规定的犯罪构成并没有发生变化。再如，尽管《刑法》第 238 条、第 247 条等设置了以故意杀人罪论处的法律拟制规定，但《刑法》第 232 条所规定的犯罪构成并没有变化，也不存在所谓抢劫罪、故意杀人罪犯罪构成的虚置。这种观点恐怕混淆了立法上的法律拟制规定和司法上的类推解释。如果没有《刑法》第 267 条第 2 款的规定，在司法上将携带凶器抢夺的行为直接按抢劫罪论处，当然违反了罪刑法定原则。《刑法》第 267 条第 2 款的出现为这样的认定提供了罪刑法定上的根据，使上述认定不再是类推解释，而是对刑法的适用。

在笔者看来，批评法律拟制的观点，实际上是对法律拟制的整体否认。其实，法律拟制是不可避免的，批评者在很大程度上是不习惯于法律拟制的规定方式。倘若《刑法》第 263 条的规定是"以暴力、胁迫或者其他方法抢劫公私财物的，或者携带凶器抢夺公私财物的，处三年以上十年以下有期徒刑"，人们可能就没有批评意见了。其实，这只是立法体例的区别，而不存在实质的差异。

至于理论上对一些具体的法律拟制提出的批评意见，也值得商榷。

例如，《刑法》第 196 条第 3 款明文规定，对盗窃信用卡并使用的以盗窃罪论处，刑法理论最集中的批评意见是：对于盗窃信用卡并使用的行为，应以信用卡诈骗罪论处，而不能以盗窃罪论处。本书对各种批评意见持否定态度，下面逐一进行分析。

第一，有的学者指出："信用卡只是一种信用凭证，本身并无多少财产价值，如果有，也只是制造一张信用卡的成本价值，但这种价值不是信用卡功能本身的价值体现，也不是行为人追求的价值。如果只盗窃信用卡并不使用，并不能构成盗窃罪。通过持卡人的挂失手续，行为人所窃取的信用卡便成为废卡一张，其先前的盗窃行为对其非法占有财物失去决定性作用，因此，以盗窃罪定罪不能正确恰当地反映该行为的性质。"[①]

本书认为，上述理由（本书赞成上述理由）并不能得出上述结论（本书不赞成上述结论）。正是由于信用卡本身并不构成刑法上的数额较大的财物，所以，刑法没有规定盗窃信用卡的行为构成盗窃罪，而是规定"盗窃信用卡并使用"的行为构成盗窃罪。换言之，刑法规定对盗窃信用卡并使用的行为以盗窃罪论

---

① 李文燕主编：《金融诈骗犯罪研究》，中国人民公安大学出版社 2002 年版，第 304 页。

处，并非仅仅因为行为人盗窃了信用卡，更重要的是因为行为人使用了信用卡。或者说，将盗窃信用卡并使用的行为认定为盗窃罪，并非仅因为行为人盗窃了信用卡，因而并非仅评价了盗窃信用卡的行为，而是因为盗窃并使用了信用卡，所以同时评价了盗窃信用卡并使用的行为。

第二，在刑法规定信用卡诈骗罪之前，最高人民法院于 1986 年 11 月 3 日对上海市高级人民法院就王平盗窃信用卡骗取财物如何定性问题的请示所作的答复指出：被告人盗窃信用卡后又仿冒卡主签名进行购物、消费的行为，是将信用卡本身所含有的不确定价值转化为具体财物的过程，是盗窃行为的继续，因此不另定诈骗罪，应以盗窃一罪定性。此后，1995 年发布的《全国人民代表大会常务委员会关于惩治破坏金融秩序犯罪的决定》采纳了上述答复的意见，规定"盗窃信用卡并使用的，依照刑法关于盗窃罪的规定处罚"；1997 年刑法完全吸收了上述决定的内容。

《刑法》第 196 条第 3 款的规定，与最高人民法院的上述答复是否存在某种关联，本书不敢妄加评断。但本书认为，在刑法没有规定对盗窃信用卡并使用的以盗窃罪论处的 1986 年，最高人民法院的上述答复是存在疑问的。因为《刑法》第 196 条第 3 款的规定具有法律拟制的性质，如果没有这一拟制规定，对盗窃信用卡仿冒持卡人签名进行购物、消费的，只能认定为诈骗罪。因为盗窃信用卡的行为本身并不构成犯罪，所以，使用信用卡的行为并不是盗窃罪的不可罚的事后行为，更不是所谓盗窃犯罪的继续与延续。但是，《刑法》第 196 条第 3 款的规定，具有法律拟制的性质。该款规定并不意味着刑法将使用信用卡的行为视为盗窃信用卡的不可罚的事后行为。所以，上述批评仍然存在疑问。换言之，解释者不应当将《刑法》第 196 条第 3 款作为不可罚的事后行为来理解，然后对之进行批评，而应将其作为法律拟制来认识。

最高人民法院的上述答复与最高人民法院关于盗窃印鉴齐全的支票、记名的活期存折按票面数额计算盗窃数额的规定，完全一致：都将盗窃信用卡与盗窃印鉴齐全的支票、活期存折的行为本身认定为盗窃罪。但如前所述，单纯盗窃信用卡、单纯盗窃印鉴齐全的支票与单纯盗窃活期存折的行为，不可能造成他人财产损失（至少数额上达不到成立犯罪的条件），因而不应以财产罪论处。对自然人使用所盗窃的信用卡、印鉴齐全的支票、活期存折，则是冒用他人信用卡、冒用他人的支票（即使盗窃空白支票后使用的，也属于冒用他人支票）与冒用他人活期存折（冒领他人存款）的行为，原本分别成立信用卡诈骗罪、票据诈骗罪、普通诈骗罪。但由于刑法就盗窃并使用信用卡作出了以盗窃罪论处的拟制规定，对后两种行为没有作出以盗窃罪论处的拟制规定，故对后两种情形依然分别以票据诈骗罪、诈骗罪论处。

第三，有的学者指出，将盗窃信用卡并使用的行为以盗窃罪论处，存在无法解决的实践问题："一方面，在处理该类犯罪的未遂时，将会面临以下问题：在盗窃信用卡后的使用过程中，由于行为人意志以外的原因而未得逞，即未能骗得财物的，应构成犯罪未遂，但属于何种性质的未遂？依'盗窃罪'说，显然系盗窃未遂，但这与常理相悖。盗窃行为已经结束，未遂的只是其后使用过程中的诈骗行为。而若按'信用卡诈骗罪'定罪，上述问题则迎刃而解。另一方面，在法律评价上，对盗窃信用卡并使用以盗窃罪定罪容易使人认为该种犯罪仅仅侵犯了公私财产的所有权，而没有侵犯信用卡管理秩序，但事实是，由于行为人使用盗窃的信用卡行为严重地侵犯了信用卡管理秩序。而若以信用卡诈骗罪定罪，则可以完整地评价该行为的性质，即不仅侵犯了公私财产所有权，而且侵犯了信用卡管理秩序。"[①]

其实，这种批判不是以《刑法》第 196 条第 3 款属于拟制规定为前提的。行为人盗窃信用卡并不使用的，一般不构成犯罪；使用信用卡但未遂的，根据拟制规定，当然认定为盗窃未遂。但这并不意味着使用前的盗窃信用卡行为未遂，而是指被拟制为盗窃罪的行为未遂。由于盗窃信用卡的行为一般不成立犯罪，盗窃信用卡行为的完成，不等同于"盗窃信用卡并使用"行为的完成，故不存在与常理相悖的问题。刑法将金融诈骗罪作为独立的一节，而非规定在"破坏金融管理秩序"一节中，表明刑法重视金融诈骗罪的财产性质。《刑法》第 196 条第 3 款的拟制规定，并没有否认盗窃并使用信用卡的行为对信用卡管理秩序的侵犯。

第四，理论上批判《刑法》第 196 条第 3 款的最主要理由在于，盗窃信用卡并使用的行为，完全符合信用卡诈骗罪的性质与构造，即《刑法》第 196 条第 1 款将冒用他人信用卡规定为信用卡诈骗罪的一种行为类型，而使用盗窃所得的信用卡完全符合冒用他人信用卡的条件，故应认定为信用卡诈骗罪。[②]

这一理由显然建立在《刑法》第 196 条第 3 款只是注意规定而不是法律拟制的基础上。如果认为《刑法》第 196 条第 3 款只是注意规定，那么，该条第 3 款的规定与第 1 款的规定就明显矛盾。但如前所述，该条第 3 款的规定具有法律拟制的性质。设置该法律拟制的理由主要是：（1）行为人通常是在盗窃现金等财物的同时盗窃信用卡；如果行为人并不使用所盗窃的信用卡，则被害人记载于信用

[①]　李文燕主编：《金融诈骗犯罪研究》，中国人民公安大学出版社 2002 年版，第 306~307 页。

[②]　参见李文燕主编：《金融诈骗犯罪研究》，中国人民公安大学出版社 2002 年版，第 308 页；梁华仁、郭亚：《信用卡诈骗罪若干问题研究》，《政法论坛》2004 年第 1 期；等等。

卡上的财产不会遭受损失，故不宜将记载于信用卡上的财产数额认定为盗窃数额；但是，如果行为人使用所盗窃的信用卡，则将所使用的数额与所盗窃的其他财物累计为盗窃数额。（2）行为人盗窃信用卡后既可能在自动取款机上使用，也可能在银行柜台或者特约商户使用，前者属于盗窃性质，后者原本属于诈骗性质。而将盗窃信用卡并使用的行为以盗窃罪论处，则可以简化案件的处理，避免案件处理过于复杂。（3）盗窃信用卡并使用的行为与盗窃行为的法益侵害性相当，故对这种行为以盗窃罪论处，具备法律拟制的实质理由。正因为本款具有法律拟制的性质，而且这种拟制规定也便于司法机关处理盗窃信用卡的案件，所以，不能认为《刑法》第 196 条第 3 款规定与第 1 款相互矛盾；也不能以该条第 3 款与第 1 款相互矛盾为由，否认《刑法》第 196 条第 3 款的规定。如同不能以《刑法》第 267 条第 2 款、第 269 条与第 263 条有矛盾为由，否认《刑法》第 267 条第 2 款、第 269 条一样。

再如，《刑法》第 241 条第 5 款规定："收买被拐卖的妇女、儿童又出卖的，依照本法第二百四十条的规定定罪处罚。"从形式上看，行为人实施了两个行为，构成数罪。正因为如此，有学者指出："依照该款拟制的分析可知，该款所描述的犯罪类型，并不要求行为人在收买被拐卖的妇女、儿童时存在拐卖、儿童罪的'以出卖为目的'的主观要素，而且后来单纯出卖行为便已经构成拐卖妇女、儿童罪，该款的行为类型实质上是典型的数罪形式。但是立法者却以拐卖妇女、儿童罪将该类型视为单一犯罪，并以拐卖妇女、儿童罪处罚。显然，立法者是在明知该类型行为存在数罪的主观要素情况下，仍将其拟制为拐卖妇女、儿童罪的一罪的主观罪过，这是对主客观相统一原则的公然违背。对于收买妇女、儿童罪而言，这种做法显然是无视犯罪人主观罪过而客观归罪的表现。"[1]

但是，这样的批评难以令人信服。首先，即使刑法分则条文将数罪拟制为一罪，也并非将数个主观罪过拟制为一个主观罪过，而是将特定的数罪当作一罪处理。如前所述，所谓的主客观相统一原则，也只是意味着既不能客观归罪，也不能主观归罪，在将收买被拐卖的妇女、儿童后又出卖的行为规定按拐卖妇女、儿童罪定罪量刑时，既不存在客观归罪，也不存在主观归罪的问题。因为行为人既有收买行为与拐卖行为，也具有收买故意与拐卖故意、出卖目的。其次，相对于收买妇女、儿童罪而言，更不存在所谓的客观归罪。因为即使行为人仅仅出卖妇女、儿童，也成立拐卖妇女、儿童罪，对行为人单纯收买后又出卖的行为，仅认定为拐卖妇女、儿童罪，并没有对收买妇女、儿童的行

---

[1] 周东平、武胜：《我国历代刑法中的法定拟制综论》，《当代法学》2010 年第 5 期。

为独立定罪，就无所谓客观归罪了。或者说，本款的规定形成的是有利于行为人的结果，而并非像客观归罪那样形成不利于行为人的效果。最后，更为重要的是，与拐卖妇女、儿童罪相比，将收买被拐卖的妇女、儿童又出卖的行为以拐卖妇女、儿童罪一罪论处，具有实质的合理性。《刑法》第 240 条第 2 款规定："拐卖妇女、儿童是指以出卖为目的，有拐骗、绑架、收买、贩卖、接送、中转妇女、儿童的行为之一的。"据此，当行为人以出卖为目的收买妇女、儿童后又出卖的，也仅成立拐卖妇女、儿童罪。与此相比，不以出卖为目的收买妇女、儿童后又出卖的行为，在违法性与有责性方面，并不重于前者。既然前者仅成立一罪，对后者以数罪论处，反而造成罪刑不均衡。概言之，对不以出卖为目的收买被拐卖的妇女、儿童又出卖的行为按一个重罪论处，其实是关于包括的一罪的规定（难以认为是法律拟制），不存在批评者所称的违反主客观相统一原则的问题。

将刑法学研究的重心置于批判刑法，不仅偏离了刑法学的研究方向与目标，而且存在诸多不当。首先，批判刑法本身的做法，不利于维护刑法的权威性。其次，即使在批判刑法的基础上提出了良好的立法建议，也不能及时解决司法实践中面临的现实问题。例如，刑法没有规定单位可以成为贷款诈骗罪的主体，现实中确实存在单位实施的贷款诈骗行为。如果只是批判《刑法》第 193 条，仅建议将单位规定为贷款诈骗罪的主体，依然不能解决现实中存在的单位实施的贷款诈骗案件。况且，修改刑法的成本过高，远不如解释刑法简便。最后，批判刑法不利于提高刑法解释能力与水平。人们在针对刑法的文字表述难以得出满意结论时，并没有通过各种解释方法寻求满意的结论，而是以批判刑法、建议修改刑法完成自己的学术任务。

从方法论上来说，批判拟制规定的做法也存在缺陷。例如，解释者倘若认为盗窃信用卡后使用的，应当认定为信用卡诈骗罪，而不应当认定为盗窃罪，就必须将《刑法》第 196 条第 3 款的规定解释为注意规定。亦即，《刑法》第 196 条第 3 款所称的"盗窃信用卡并使用"是指盗窃信用卡并在机器上使用，而不包括对自然人使用（这种限制解释并不违反罪刑法定原则）。于是，盗窃信用卡后在自动取款机中取款的，成立盗窃罪（机器不能成为诈骗罪中的受骗者），盗窃信用卡后对自然人使用的（如在银行柜台或者特约商户使用的），仍然认定为信用卡诈骗罪。再如，如果解释者认为，不应当将"携带凶器抢夺"的行为认定为抢劫罪，就应当尽其所能将《刑法》第 267 条第 2 款解释为注意规定（本书不同意这种观点），进而将"携带"解释为使用或者显示所携带的凶器（这种限制解释并不违反罪刑法定原则）。反对法律拟制的解释者，不应当采取先承认其是法律拟制，后对之进行批判的做法。换言之，任何解释者，都不能在没有考虑有多种解释的可能性时，就仅凭第一印象或者第一感觉，对法条进行字面解释，并将字面解释结论当作唯一的解释结论，在自己都不接受自己得出的解释结论时，又批评刑法条文（这是刑法学界相当普遍却又很不正常的现象）。概言之，任何解释者，都不能先凭字面含义得出自己不满意的解释结论，然后再批判刑法条文。

习惯于批判刑法的原因很多。联系刑法学方法来说，一方面，是因为解释者没有以善意解释刑法，没有作出有利于立法者的假定。刑事立法是将正义理念与将来可能发生的生活事实相对应，从而形成刑法规范。撇开技术细节，当今立法者不可能设立不合理、不妥当的刑法规范。所以，解释者要以善意解释刑法，而不能像批评家一样，总是用批判的眼光对待刑法。另一方面，是因为解释者缺乏解释能力，不能圆满地解释刑法，导致解释结论存在缺陷，因而只好批判刑法。其实，除了数字等实在难以解释的用语以外，其他法律用语都有很大的解释空间。所谓的刑法缺陷，大体上都是解释者解释出来的，而不是刑法本身就存在的。就一个条文来说，A 学者因为没有得出妥当的解释结论时，会认为刑法存在缺陷；而 B 学者得出了妥当的解释结论时，会认为刑法没有缺陷。这表明，并非任何人都认为同一条文存在缺陷。再者，即使人们一时不能得出妥当的解释结论，也不能匆忙地认为"刑法不妥当"，而应在反复研究之后得出结论。

人们习惯于批判刑法，还可能是因为没有处理好刑法解释学与刑事立法学的关系，没有处理好解释刑法与完善刑法的关系。其实，并非只有批判刑法才有利于立法完善，解释刑法同样有利于刑法完善。换言之，妥当地解释刑法也可能促使刑法的修改。例如，日本福冈县《青少年保护育成条例》第10 条第 1 项禁止与未满 18 周岁的少女发生"淫乱行为"（法律后果为刑罚处罚）。"淫乱行为"的字面含义并不明确，不少人建议日本最高裁判所宣告该条例违宪。但是，日本最高裁判所的寺田法官认为，对该条进行限制解释，可以克服其过于宽泛和不明确的缺陷，他进而指出："不宣布法律违宪，通过带有条件的解释就可以对法的运用进行一定的控制，进而，还可以促进法的修改。"①

人们习惯于批判刑法，还因为缺少对刑法的起码忠诚。正如学者所言："批评法律之风强劲，'某法的缺陷及完善'文体盛行，几成偏执。思来想去，其中的缘由大可琢磨。简单的揣测——我们其实没有对法律的起码忠诚——我们其实

---

① ［日］山本祐司：《最高裁物语——日本司法 50 年》，孙占坤、祁玫译，北京大学出版社 2005 年版，第 440 页。

在心理不偏好法治，但公然地反对法治已成笑柄，于是心里压抑的这点利弊多就换了种方式发泄出来——以'完善'为由头倾诉对法律的不满：这样一来也是在自降法学研究的水准——只能在非常感性的层面去表达我们对法律的理解，这其实是一种非常'外在的立场'。说法律应该如何，伦理学比我们更擅长；说法律实际上如何实施，社会学更精致。那么，什么是法律人可能的贡献？简单的也许就是正确的，简单的也许就是最好的——法律人关注的是通过法律解决个案，批评法律不是法律人可能的贡献。"①

大陆法系国家的立法与司法经验充分表明，成文法的完善在很大程度上依赖于刑法的解释。例如，颁布于 1907 年的日本《刑法》第 108 条规定："放火烧毁现供人居住或者现有人在内的建筑物、火车、电车、船舰或者矿井的，处死刑、无期或者五年以上惩役。"在 1995 年以前，其第 109 条一直规定："放火烧毁现非供人居住或者现无人在内的建筑物、船舰或者矿井的，处二年以上有期惩役。"显然，联系其第 108 条考虑，第 109 条使用"或者"一词显属不当，因为现非供人居住的建筑物等可能现有人在内，因而符合第 108 条；现无人在内的建筑物等可能现供人居住，因而也符合第 108 条；只有烧毁现非供人居住并且现无人在内的建筑物、船舰或者矿井，才不符合第 108 条而应适用第 109 条。所以，日本的解释者一直将日本《刑法》第 109 条的"或者"解释为"而且"或者"并且"。② 这是一种补正解释，这种解释后来于 1995 年被日本国会采纳，即 1995 年日本《刑法》第 109 条中的"或者"被修改为"而且"。

我国也存在通过解释促进立法完善的现象。例如，1979 年《刑法》与《全国人民代表大会常务委员会关于惩治贪污罪贿赂罪的补充规定》（已废止）都没有明确规定斡旋受贿的犯罪类型。在理论上介绍了日本刑法中的斡旋受贿罪、社会生活中出现了需要由刑法规制的斡旋受贿案件后，最高人民法院、最高人民检察院于 1989 年 11 月 6 日发布的《关于执行〈关于惩治贪污罪贿赂罪的补充规定〉若干问题的解答》（已废止）指出："国家工作人员不是直接利用本人职权，而是利用本人职权或地位形成的便利条件，通过其他国家工作人员职务上的行为，为请托人谋取利益，而本人从中向请托人索取或者非法收受财物的，应以受贿论处。"这一解释内容后来被纳入现行《刑法》第 388 条，使斡旋受贿成为受贿罪的一种类型。类似通过解释促使刑法完善的情形并不罕见。

①　刘连泰：《批评法律的"偏执"》，《人民法院报》2010 年 10 月 1 日，第 7 版。
②　参见［日］平野龙一：《刑法概说》，东京大学出版会 1977 年版，第 247 页。

　　大体而言，刑法完善的路径为，立法机关制定法律后，解释者根据正义理念与文字表述，并联系社会现实解释法律；在许多情况下，为了实现社会正义，解释者不得不对法律用语作出与其字面含义不同的解释（对刑法的解释当然要符合罪刑法定原则）；经过一段时间后，立法机关会采纳解释者的意见，修改法律的文字表述，使用更能实现正义理念的文字表述；然后，解释者再根据正义理念与文字表述，联系社会现实解释法律；再重复上面的过程。这种过程循环往复，从而使成文法更加完善，使司法不断地追求和实现正义。诚所谓"解释紧随法典之后，修正紧随解释之后，这一工作无休无止。"① 所以，不要以为，只有批判法条才有利于完善成文刑法，事实上，解释刑法本身也同样甚至更有利于完善成文刑法。刑法理论应当将重点置于对刑法的解释，而不是对刑法的批判。

---

① ［美］本杰明·N. 卡多佐：《法律的成长：法律科学的悖论》，董炯、彭冰译，中国法制出版社 2002 年版，第 74 页。

第十五章　普通法条与特别法条

一、法条竞合概述

大体而言，刑法分则条文之间存在如下几种关系：（1）对立关系（异质关系、排他关系），表现为属于 A 概念的事项不可能也属于 B 概念，反之亦然。因此，一个行为只能触犯其中一个法条，不可能同时触犯两个法条。典型的是委托物侵占罪与盗窃罪①，前者的行为对象是行为人自己基于委托而占有的他人财物，后者的行为对象是他人占有的财物，所以，一个行为不可能同时触犯委托物侵占罪与盗窃罪。（2）包容关系（包摄关系），表现为属于 A 概念的所有事项都属于 B 概念，但反过来则不成立。例如，所有的故意杀人罪都触犯故意伤害罪，但不能说故意伤害罪同时触犯故意杀人罪，所以，故意杀人罪的犯罪构成包含了故意伤害罪的犯罪构成。（3）交叉关系，表现为属于 A 概念的事项中有一部分属于 B 概念，属于 B 概念的事项中有一部分同时属于 A 概念。换言之，A 法条与 B 法条所规定的构成要件存在部分重合时，就属于交叉关系（参见后述内容）。（4）中立关系，即从法条的文字表述及其内容来看，二者之间不存在上述三种关系，但是一个行为可能同时触犯两个法条。例如，故意杀人罪与故意毁坏财物罪是互不相干的两个犯罪，但故意杀人行为完全可能同时触犯故意毁坏财物罪（如刺杀行为同时毁坏了被害人价值较大的西服）。②

刑法理论上还使用特别关系、补充关系、吸收关系、择一关系等概念，它们与上述四种关系并非处理同一层面的问题，也不具有逻辑上一一对应的联系。

刑法分则的许多条文之间存在着普通法条（普通规定）与特别法条（特别规定）的关系（特别关系）；这种特别关系导致法条之间形成竞合关系。刑法理论一般认为，特别关系是法条竞合的一种表现形式。所以，要正确认识和处理特别关系，首先必须明确什么是法条竞合。

众所周知，法条竞合（法条单一），是指一个行为同时符合了数个法条规定

---

① 完整的表述应当是规定侵占（委托物）罪的法条与规定盗窃罪的法条。为了表述方便，本书一般采用简单的表述。

② 以上参见［日］山火正则：《法条竞合的诸问题（1）》，《神奈川法学》1971 年第 7 卷第 1 号。德国法学家乌尔里希·克卢格（Ulrich Klug）将法条关系区分为对立关系、同一关系、中立关系、包容关系与交叉关系；其中的同一关系是与对立关系相反的情形，即属于 A 概念的所有事项同时也属于 B 事项，反之亦然；但我国刑法中找不到这种适例。此外，Ulrich Klug 所称的交叉关系，实际上包含了中立关系。贝林（Beling）为了区分法条竞合与想象竞合提出了排他关系、特别关系与中立关系。然而，这三种关系似乎既不全面，也不处于同一层面。

的犯罪构成，但从数个法条之间的逻辑关系来看，只能适用其中一个法条，当然排除适用其他法条的情况。换言之，法条竞合是指法条之间具有竞合（重合）关系，而不是犯罪的竞合。[①] 显然，法条竞合关系不同于法条关系。本书的基本看法是，只有当两个法条之间存在包容关系时，才有可能认定为法条竞合。[②]

特别需要说明的是，法条竞合并不限于法条之间的竞合，而是包括同一法条内部不同规定的竞合。换言之，法条竞合关系，并不限于形式上的此条（第×条）与彼条（第×条）之间的关系；同一法条内的不同款项之间，以及同一款项内的不同构成要件之间，也可能存在法条竞合关系。例如，《刑法》第263条只有一款，其中后段规定的8项加重抢劫与前段规定的普通抢劫，就是典型的法条竞合（特别关系）。再如，《刑法》第237条第1款是普通法条，第2款就是特别法条。

现实社会中的犯罪现象千姿百态，有的犯罪行为是另一犯罪行为的一部分，有的犯罪行为的一部分也是另一犯罪行为的一部分。错综复杂的犯罪现象，反映在刑事立法上便是错综复杂的法条规定。在刑法上，此一法条规定的犯罪，可能是另一法条规定的犯罪的一部分；或者此一法条规定的犯罪的一部分，可能是另一法条规定的犯罪的一部分。这就导致一个犯罪行为可能同时符合数个法条规定的犯罪构成。例如，军人故意泄露国家军事秘密的行为，既符合《刑法》第398条的故意泄露国家秘密罪的犯罪构成，又符合《刑法》第432条的故意泄露军事秘密罪的犯罪构成。在这种情况下，并不存在两个犯罪事实，行为符合数个法条规定的犯罪构成是由刑法错综复杂的规定所致，故不可能同时适用数个法条，只能适用其中一个法条。

一个犯罪行为同时符合数个法条规定的犯罪构成的现象，不仅客观存在，而且具有刑法上的根据。例如，《刑法》第235条规定："过失伤害他人致人重伤的，处三年以下有期徒刑或者拘役。本法另有规定的，依照规定。"该规定表明，如果某种行为虽然符合过失致人重伤罪的犯罪构成，但又符合其他法条规定的犯罪构成，就应依其他法条论处，不再适用《刑法》第235条。这里的"另有规定"就是特别规定，"依照规定"即依照特别规定论处。这不仅肯定了法条竞合的存在，而且肯定了法条竞合时只能适用其中一个法条。

法条竞合的主要或基本表现形式，是普通法条与特别法条的关系。从形成原因上看，普通法条与特别法条的竞合表现为以下几种情况：（1）因犯罪主体的特殊性而设立特别法条，形成普通法条与特别法条的竞合。如军人战时造谣惑众，

① 参见［日］团藤重光：《刑法纲要（总论）》（第3版），创文社1990年版，第456页。
② 参见［日］山口厚：《刑法总论》（第3版），有斐阁2016年版，第394页。

动摇军心的行为，既符合《刑法》第 433 条的战时造谣惑众罪的犯罪构成，又符合《刑法》第 378 条的战时造谣扰乱军心罪的犯罪构成。（2）因犯罪对象的特殊性而设立特殊法条，形成普通法条与特别法条的竞合。如与现役军人配偶结婚的行为，既符合《刑法》第 258 条的重婚罪的犯罪构成，又符合《刑法》第 259 条的破坏军婚罪的犯罪构成。（3）因犯罪目的的特殊性而设立特别法条，形成普通法条与特别法条的竞合。如以牟利为目的传播淫秽物品的行为，既符合《刑法》第 363 条第 1 款规定的传播淫秽物品牟利罪的犯罪构成，又符合《刑法》第 364 条规定的传播淫秽物品罪的犯罪构成。（4）因犯罪手段的特殊性而设立特别法条，形成普通法条与特别法条的竞合。如按照刑法理论的通说，冒用他人名义签订合同骗取财物的行为，既符合《刑法》第 224 条规定的合同诈骗罪的犯罪构成，又符合《刑法》第 266 条规定的诈骗罪的犯罪构成。[1]（5）因危害结果的特殊性而设立特别法条，形成普通法条与特别法条的竞合。如故意伤害致人重伤的，既符合《刑法》第 234 条第 1 款，也符合该条第 2 款。（6）同时因手段、对象等特殊性而设立特别法条，形成普通法条与特别法条的竞合。如根据刑法理论的通说，以特定手段诈骗贷款的行为，既符合《刑法》第 266 条规定的诈骗罪的犯罪构成，又符合《刑法》第 193 条规定的贷款诈骗罪的犯罪构成。[2]

从法律上看，法条竞合表现为两种情况：（1）一个行为同时符合相异法律中的普通刑法与特别刑法。"相异法律"指仅从形式上而言不是一个法律文件，但实质上都是刑法。（2）一个行为同时触犯同一法律的普通法条与特别法条。如前述第（1）至（6）种情形。[3]

如果两个条文所规定的犯罪构成处于相互对立或矛盾的关系，则不可能属于法条竞合。例如，如果采取处分意识必要说，规定盗窃罪的《刑法》第 264 条与规定诈骗罪的《刑法》第 266 条是一种对立关系，针对一个法益侵害结果而言，某个行为不可能既触犯《刑法》第 264 条，又触犯《刑法》第 266 条。国内有学者将"势不两立"的对立关系（如盗窃罪与委托物侵占罪）归入择一关系，进而作为法条竞合的一种情形。[4] 但这种观点可能存在疑问。首先，就委托物侵占（《刑法》第 270 条第 1 款）与盗窃罪（《刑法》第 264 条）的关系而言，前者是将自己基于委托占有的他人财物据为己有，后者是将他人占有的财物转移为自己

---

[1]　参见高铭暄、马克昌主编：《刑法学》（第十版），北京大学出版社、高等教育出版社 2022 年版，第 510 页。不过，这种情形究竟是法条竞合还是想象竞合，在理论上还存在分歧。

[2]　参见高铭暄、马克昌主编：《刑法学》（第十版），北京大学出版社、高等教育出版社 2022 年版，第 510 页。

[3]　当然，对法条竞合还可能作其他分类。

[4]　周光权：《法条竞合的特别关系研究》，《中国法学》2010 年第 3 期。

或者第三者占有，二者属于对立关系，不可能存在法条竞合。如果行为人将自己与他人共同占有的财物据为己有，则因为侵害了他人对财物的占有，成立盗窃罪，[①] 也不是法条竞合。其次，就遗忘物、埋藏物侵占（《刑法》第270条第2款）与盗窃罪的关系而言。如果认为"遗忘""埋藏"是真正的构成要件要素，那么，二者之间也必然是对立关系，因为一个财物不可能既是他人占有的财物，又是脱离了他人占有的遗忘物。如若认为"遗忘""埋藏"是表面的构成要件要素，[②] 因而是不需要具备的要素，那么，二者之间就是一种包容关系，亦即《刑法》第270条第2款的构成要件包含了《刑法》第264条的内容，后者是特别法条。概言之，当两个法条所规定的犯罪属于对立关系时，不可能存在法条竞合关系。正因为如此，德国的刑法理论已经完全不承认所谓择一关系。因为，"择一关系存在于两个构成要件描述相互矛盾的行为，如同盗窃（德国《刑法》第242条）与侵占（德国《刑法》第246条）那样相互排斥的场合。而法条单一——不可罚的事前行为与不可罚的事后行为是另一回事——时，至少以构成要件的行为部分重叠为前提，因此，基于逻辑的理由，就已经将择一关系排除在法条单一的下位类型之外"[③]。日本的刑法理论也基本上不承认择一关系。[④]

基于同样的理由，如果两个条文处于中立关系，也不可能属于法条竞合。例如，规定盗窃罪的《刑法》第264条与规定故意杀人罪的《刑法》第232条是一种中立关系，二者不存在法条竞合。当一个行为同时触犯盗窃罪与故意杀人罪时，只能认定为想象竞合，而不能认定为法条竞合。

二、特别关系的具体类型

特别关系的基本特征是，甲法条（刑罚法规）记载了乙法条的全部特征（或要素），但同时至少还包含一个进一步的特别特征（要素）使之与乙法条相区别。[⑤] 其中的甲法条是特别法条，乙法条是普通法条。根据我国刑法分则的规定，特别关系主要表现以下几种具体类型：

---

① 参见［日］西田典之著、桥爪隆补订：《刑法各论》（第7版），弘文堂2018年版，第159页。

② 参见张明楷：《论表面的构成要件要素》，《中国法学》2009年第4期。

③ Hans-Heinrich Jescheck/Thomas Weigend, Lehrbuch des Strafrechts: Allgemeiner Teil, 5. Aufl., Duncker & Humblot, 1996, S.734.

④ 参见［日］平野龙一：《刑法总论Ⅱ》，有斐阁1975年版，第412页；［日］西田典之著、桥爪隆补订：《刑法总论》（第3版），弘文堂2019年版，第447页；［日］前田雅英：《刑法总论讲义》（第7版），东京大学出版会2019年版，第394页；［日］井田良：《讲义刑法学·总论》（第2版），有斐阁2018年版，第582页。

⑤ Vgl. Claus Roxin, Strafrecht Allgemeiner Teil, Band Ⅱ, C. H. Beck, 2003, S.848.

（一）加重构成要件

加重构成要件有不同类型。其中，有的加重构成要件成立新罪，因而与基本犯罪成立不同的罪名。① 例如，强奸罪是强制猥亵罪的特别法条，奸淫幼女型的强奸罪是猥亵儿童罪的特别法条。有的加重构成要件并不成立新罪，但仍然属于特别法条。例如，相对于基本犯罪（普通法条）而言，结果加重犯就是特别法条。《刑法》第263条规定的"抢劫致人重伤、死亡"，相对于普通抢劫而言就是特别法条。在发生抢劫致人重伤、死亡的案件时，虽然仍然认定为抢劫罪，但必须适用结果加重犯的法定刑，而不能适用普通抢劫的法定刑。同样，属于加重构成要件的具体情节加重犯，相对于基本犯而言都可谓特别法条（但不变更罪名）。例如，相对于普通抢劫而言，《刑法》第263条规定的"入户抢劫""持枪抢劫"是特别法条，虽然仍然认定为抢劫罪，但必须适用加重的法定刑。再如，相对于普通强奸罪而言，在公共场所当众强奸妇女、奸淫幼女是特别法条，虽然仍认定为强奸罪，但应适用加重的法定刑；相对于普通强奸而言，"二人以上轮奸"属于特别法条。②

（二）减轻构成要件

减轻构成要件在我国刑法分则中比较少见。例如，《刑法》第280条第1款规定："伪造、变造、买卖……国家机关的公文、证件、印章……情节严重的，处三年以上十年以下有期徒刑，并处罚金。"同条第3款规定："伪造、变造、买卖居民身份证、护照、社会保障卡、驾驶证等依法可以用于证明身份的证件……情节严重的，处三年以上七年以下有期徒刑，并处罚金。"居民身份证等证明身份的证件属于国家机关证件，伪造、变造、买卖居民身份证的行为原本符合《刑法》第280条第1款的规定，但同条第3款对伪造、变造、买卖居民身份证等证明身份的证件情节严重的行为，规定了低于该条第1款的法定刑，因而属于减轻构成要件，成为特别法条。③

（三）结合犯的构成要件

结合犯，是指数个原本独立的犯罪行为，根据刑法的明文规定，结合成为一个犯罪的情况。结合犯相对于被结合的犯罪而言，就是特别法条。结合犯具有以

---

① 在我国刑法分则中，加重构成要件既可能规定在基本构成要件之后，也可能规定在基本构成要件之前。

② 当刑法分则将"数额巨大""数额特别巨大""情节严重""情节特别严重"规定为法定刑升格的条件，而没有变更构成要件类型时，其属于量刑规则。只要行为符合相应的条件，就必须适用相应的法定刑，在此意义上，它们与基本法定刑之间也存在特别关系。

③ 当刑法分则规定了基本构成要件之后，将"情节较轻"规定为法定刑降格的条件，而没有变更构成要件类型时（参见《刑法》第232条），其属于量刑规则。只要行为符合情节较轻的条件，就必须适用相应的法定刑，在此意义上，它们与基本法定刑之间也存在特别关系。

下特征：

第一，结合犯所结合的数罪，原为刑法上数个独立的犯罪。所谓独立的犯罪，是指不依附于其他任何犯罪，符合独立的犯罪构成的行为。数个独立的犯罪，必须是数个不同的犯罪，而不是数个相同的犯罪。

第二，结合犯是将数个原本独立的犯罪，结合成为一个犯罪。典型的结合犯表现为：甲罪+乙罪＝丙罪，丙罪便是结合犯。但这一点与罪名的确定有关系。例如，我国《刑法》第 239 条规定了绑架罪与绑架杀人、绑架伤人致人重伤或者死亡，但司法解释仅确定为一个罪名（绑架罪）。可以肯定的是，如果这一条文存在于德国、日本刑法中，有可能确定为四个罪名：绑架罪、绑架杀人罪、绑架伤人罪、绑架伤人致死罪。于是，绑架杀人、绑架伤人致人重伤或者死亡属于结合犯。我国刑法理论以往一直要求结合犯将数个独立的犯罪确定为另一新的独立犯罪，但司法解释又没有将结合犯确定为独立的新罪名，于是认为"我国刑法中没有结合犯的典型"。[1] 但这种要求可能是以日本刑法中最典型的结合犯（抢劫·强制性交等罪）为根据的。[2] 与抢劫·强制性交等罪相比，我国《刑法》第 239 条规定的绑架杀人、绑架伤人致人重伤、绑架伤人致人死亡似乎不属于结合犯。但值得注意的是，日本刑法理论在定义结合犯时，并没有附加"规定为一个新罪"的特征。如大谷实教授指出："结合犯，是指将分别独立成罪的二个以上的行为结合起来的犯罪。"[3] 井田良教授指出："结合犯，是指由其自身也作为犯罪的复数行为所构成的一个犯罪的情形。"[4] 事实上，是将甲罪与乙罪结合为丙罪，还是将甲罪与乙罪结合为甲罪或乙罪的加重情形，并不存在实质差异。因为如上所述，是否结合为新罪名，在很大程度上取决于对罪名的理解与确定。而且，结合犯的概念应根据本国刑法的相关规定予以确定。[5] 所以，可以肯定，绑

---

[1]　参见高铭暄、马克昌主编：《刑法学》（第十版），北京大学出版社、高等教育出版社 2022 年版，第 189 页。

[2]　日本《刑法》第 236 条与第 177 条分别规定了抢劫罪（强盗罪）与强制性交等罪，其第 241 条第 1 项规定："犯抢劫罪或其未遂罪的人又犯了强制性交等之罪（第一百七十九条第二项之罪除外。下同）或其未遂罪，或者犯强制性交等罪或其未遂罪的人又犯了抢劫罪或其未遂罪的，处无期或者七年以上惩役。"该项规定的罪名为"抢劫·强制性交等罪"，是抢劫罪与强制性交等罪的结合。

[3]　［日］大谷实：《刑法讲义总论》（新版第 4 版），成文堂 2012 年版，第 479 页。

[4]　［日］井田良：《讲义刑法学·总论》（第 2 版），有斐阁 2018 年版，第 474 页。

[5]　在旧刑法时代，由于刑法没有规定绑架杀人之类的犯罪类型，根据国外典型的结合犯确定结合犯的定义也未尝不可。但在现行刑法规定了绑架杀人之类的犯罪类型的情况下，没有必要援用旧刑法时代的结合犯定义。

架杀人以及绑架伤人致人重伤、死亡就是结合犯。① 再如，我国《刑法》第 240 条规定的"奸淫被拐卖的妇女"也是结合犯。②

第三，数个原本独立的犯罪被结合为一个犯罪后，失去了原有的独立犯罪的意义，成为结合犯的一部分。例如，根据《刑法》第 318 条第 1 款的规定，组织他人偷越国（边）境时，以暴力、威胁方法抗拒检查的，适用加重的法定刑，其中的妨害公务罪成为加重的组织他人偷越国（边）境罪的一部分，因而丧失了作为独立犯罪的意义。

第四，数个原本独立的犯罪结合为一个犯罪，是基于刑法的明文规定。刑法之所以将数个原本独立的犯罪规定为另一独立新罪，有的是因为原本独立的数罪之间存在密切联系，容易同时发生；有的是因为一罪是为另一罪服务的；有的是因为数罪的实施条件相同。

由于规定结合犯的法条属于特别法条，所以，对于结合犯自然以所结合的犯罪论处，即以一罪论处，而不能以数罪论处。例如，对于绑架后杀害被绑架人的，只能适用《刑法》第 239 条关于绑架后杀害被绑架人的规定，而不能适用故意杀人罪（被结合的犯罪）的规定，也不能实行数罪并罚。

（四）加重责任要素

例如，与传播淫秽物品罪（《刑法》第 364 条即普通法条）相比，传播淫秽物品牟利罪（《刑法》第 363 条第 1 款）增加了"以牟利为目的"的责任要素，后者是特别法条。再如，与骗取贷款（《刑法》第 175 条之一即普通法条）相比，既遂的贷款诈骗罪（《刑法》第 193 条）增加了"以非法占有为目的"的责任要素，后者是特别法条。③ 从逻辑上说，也可能存在减轻责任要素。

三、特别关系的确定

我国以往的刑法理论与司法实践明显扩大了特别关系的范围。要想合理确定条文之间存在特别关系，除了必须明确法条竞合与想象竞合的区别外，还必须明确特别关系与交叉关系、补充关系、吸收关系之间的关系。

---

① 至于是否承认结合犯的未遂，则是另一回事，需要根据刑法的规定及法条之间的关系予以确定。

② 日本《刑法》规定了暴行罪、胁迫罪与盗窃罪，所以，刑法理论普遍认为，抢劫罪就是暴行罪或胁迫罪与盗窃罪的结合犯（参见［日］浅田和茂：《刑法总论》（第 2 版），成文堂 2019 年版，第 489 页；［日］前田雅英：《刑法总论讲义》（第 7 版），东京大学出版会 2019 年版，第 393 页；［日］井田良：《讲义刑法学·总论》（第 2 版），有斐阁 2018 年版，第 474 页；等等）。但我国刑法没有规定暴行罪、胁迫罪，所以难以认为抢劫罪是结合犯。

③ 骗取贷款罪要求"造成重大损失"，贷款诈骗罪的未遂没有造成重大损失，所以，在贷款诈骗罪未遂时，难以认为其与骗取贷款罪是特别关系。

（一）法条竞合与想象竞合

众所周知，想象竞合是一个行为触犯数个罪名的情形。法条竞合与想象竞合的法律后果存在两个区别：其一，在法条竞合的特别关系中，当减轻法条属于特别法条时，根据特别法条优于普通法条的原则，不能从一重罪论处，必须适用减轻法条。与之不同，想象竞合采取从一重罪处罚的原则。其二，即使对于法条竞合的其他关系（如补充关系）适用重法条，但法条竞合时只能适用一个法条，其他法条被排斥适用。与之相反，想象竞合时并非只适用一个法条，而是同时适用行为所触犯的数个法条，在判决中应当明示被告人行为触犯的数个罪名（详见后述内容）①，只是按其中较重犯罪的法定刑量刑而已。正因为如此，法条竞合时仍属单纯一罪（或本来的一罪），而想象竞合原本为数罪，只是作为科刑上一罪处理。② 显然，"如果将想象竞合与法条竞合的法律后果相比较，就会证实一个论断，即除了在法条竞合里也可能优先适用较轻的刑罚，它们的法律后果几乎没有差异"，但"不应由此得出结论认为，除了特殊关系，法条竞合的其他情况都可以被当做想象竞合处理"。③ 所以，各国刑法理论与司法实践都区分法条竞合与想象竞合。

表面上看，我国刑法分则没有根据地大量设置"特别法条"④，其中存在如果严格采取特别法条优于普通法条的原则，就会导致罪刑不相适应的问题。最典型的是，"特别法条"设置的法定刑轻于普通法条的法定刑，但不具有减轻根据，相反具有加重理由（表面上是基本类型与减轻类型的竞合，实质上是基本类型与加重类型的竞合）。例如，按照刑法理论公认的说法，诈骗罪仅侵犯了财产，保险诈骗罪不仅侵犯了财产，而且侵犯了金融管理秩序。既然如此，设置有关保险诈骗罪的特别规定时，其法定刑就应当重于（至少同于）诈骗罪的法定刑。⑤

① 参见［日］只木诚：《罪数论的研究》（补订版），成文堂2009年版，第187页。

② 参见［日］前田雅英：《刑法总论讲义》（第6版），东京大学出版会2015年版，第399页；［日］山口厚：《刑法总论》（第3版），有斐阁2016年版，第406页；［日］井田良：《讲义刑法学·总论》（第2版），有斐阁2018年版，第518、592页。

③ ［德］冈特·施特拉滕韦特、洛塔尔·库伦：《刑法总论I——犯罪论》，杨萌译，法律出版社2006年版，第445~446页。

④ 使用引号是因为刑法理论的通说均认为这些法条是特别法条，但本书认为它们不是特别法条。

⑤ 诚然，人们也可能认为保险诈骗具有减轻处罚的根据，但从不法内容来看，由于保险制度与秩序对人们越来越重要，保险公司的财产应当得到同等保护，所以，保险诈骗的不法程度不可能轻于普通诈骗与合同诈骗。日本刑法没有规定特别的诈骗罪，对保险诈骗行为按普通诈骗罪处理（绝大多数国家刑法都是如此）。德国《刑法》第265条对保险诈骗设置了预备犯的既遂化的规定，并且处罚其中的未遂犯；该条同时规定，如果行为符合了普通诈骗罪的构成要件，则按普通诈骗罪论处。

但《刑法》第 198 条恰恰相反，对保险诈骗罪规定了轻于普通诈骗罪的法定刑。[1] 罪刑相适应是刑法的基本原则，必须得到贯彻。如果采取重法条优于轻法条的原则，可以贯彻罪刑相适应的原则，但可能违反《刑法》第 266 条中"本法另有规定的，依照规定"的规定。就保险诈骗罪与合同诈骗罪的关系来说，保险诈骗罪依然会被认定为特别法条，而适用特别法条，也不可能做到罪刑相适应。倘若认定保险诈骗罪与普通诈骗罪（或合同诈骗罪[2]）并不是法条竞合而是想象竞合，进而从一重罪处罚，可以贯彻罪刑相适应原则，但人们可能对想象竞合的结论存在疑问。

长期以来，我国刑法理论基本上采用了单一的形式标准区分法条竞合与想象竞合，导致将大量的想象竞合纳入法条竞合（尤其是其中的特别关系），进而导致案件的处理不能贯彻罪刑相适应原则。换言之，我国的许多学者虽然严格坚持德国、日本处理法条竞合中的特别关系的原则（即特别法条优于普通法条），却没有按照德国、日本的刑法理论确定特别关系，导致所确定的特别关系的范围包含了德国、日本的吸收关系与想象竞合。所以，如何区分法条竞合与想象竞合，是需要我国刑法理论重新审视的问题。

在本书看来，形式标准是必要的，但形式标准只是一个前提性的标准，而不是唯一标准。除了形式标准之外，还必须有实质标准：法益的同一性与不法的包容性。亦即，即使符合了形式标准，如果不符合实质标准，也不能认定为法条竞合，而只能认定为想象竞合乃至实质的数罪。

1. 形式的标准

我国刑法理论一般认为，法条之间存在包容关系或交叉关系时，便是法条竞合。[3] 法条之间的包容与交叉关系，不需要借助具体案件事实的联结，通过对构成要件的解释就可以发现。想象竞合则是现实行为触犯了数个法条，是具体案件

---

[1] 此外，我国刑法中还存在特别法条设置的法定刑与普通法条设置的法定刑完全相同（基本类型与相同类型的竞合）的情形。例如，《刑法》第 375 条第 1 款规定的伪造、变造、买卖、盗窃、抢夺武装部队公文、证件、印章犯罪的法定刑，与《刑法》第 280 条第 1 款规定的伪造、变造、买卖、盗窃、抢夺、毁灭国家机关公文、证件、印章犯罪的法定刑完全相同（而且前者还遗漏了毁灭行为）。再如，《刑法》第 368 条所规定的阻碍军人执行职务罪的法定刑，与《刑法》第 277 条所规定的妨害公务罪的法定刑完全相同。对此，适用特别法条并不会导致罪刑不相适应。不过，在笔者看来，从立法论上而言，《刑法》第 375 条第 1 款与第 368 条的规定是完全没有必要的特别法条。

[2] 为了论述的方便，以下主要以保险诈骗罪与普通诈骗罪的关系展开讨论。

[3] 参见陈兴良、龚培华、李奇路：《法条竞合论》，复旦大学出版社 1993 年版，第 22 页；吴振兴：《罪数形态论》，中国检察出版社 1996 年版，第 173 页；王作富主编：《刑法》（第四版），中国人民大学出版社 2009 年版，第 171 页；高铭暄、马克昌主编：《刑法学》（第十版），北京大学出版社、高等教育出版社 2022 年版，第 186 页。

事实使得数个法条被触犯，被触犯的数个法条之间不一定具有包容与交叉关系。本书的基本观点是，只有当法条之间具有包容关系时，才能成立法条竞合。

例如，规定诈骗罪的《刑法》第 266 条与规定票据诈骗罪的《刑法》第 194 条均使用了"诈骗"这一动词，且诈骗的对象均为"财物"，而且，所有票据诈骗行为都同时符合诈骗罪的构成要件，但诈骗行为并不一定属于票据诈骗，据此就能确定二者之间存在包容关系，因而符合法条竞合的形式标准。《刑法》第 263 条规定的普通抢劫与 8 种加重抢劫的情形存在包容关系。

当然，并不是只有当两个法条使用了相同的动词时，才属于法条竞合；只要对构成要件的解释使得两个法条所规定的行为之间存在包容关系，就符合了法条竞合的形式标准。例如，规定滥用职权罪的《刑法》第 397 条与规定私放在押人员罪的《刑法》第 400 条并没有使用相同的动词，但通过对构成要件的解释可以得知，私放在押人员是一种特殊的滥用职权行为，不管私放在押人员的行为表现为何种样态，都不影响两个法条之间的包容关系。倘若不考虑其他标准，后者是前者的特别法条。再如，规定重大飞行事故罪的《刑法》第 131 条与规定交通肇事罪的《刑法》第 133 条，虽然没有使用相同的动词，但对二者所规定的构成要件进行解释的结论是，后者可以包含前者，即造成重大飞行事故的行为，同时符合交通肇事罪的构成要件，但构成交通肇事罪的行为则不一定符合重大飞行事故罪的构成要件，因而符合法条竞合的形式标准。

但是，倘若只有借助特定的案件事实，才能使两个法条之间产生关联（甚至是包容关系），案件事实改变后，两个法条之间处于中立关系乃至对立关系时，就不应当认定为法条竞合。例如，《刑法》第 118 条规定了破坏电力设备罪，《刑法》第 264 条规定了盗窃罪。倘若借助行为人通过盗窃电力设备的零件等方式破坏电力设备的事实，也可能认为二者之间存在特别关系。亦即，由于电力设备是特殊的财物，使得破坏电力设备罪成立盗窃罪的特别法条。但两者之间不存在法条竞合关系。一方面，前者使用的动词是"破坏"，只要使电力设备的效用减少或者丧失，就属于破坏，而不要求转移电力设备的占有；后者使用的动词是"盗窃"，要求转移财物的占有，而不要求使财物的效用减少或者丧失。因此，一个行为能否同时触犯《刑法》第 118 条与第 264 条取决于具体的案件事实。亦即，如果行为人仅仅毁坏电力设备，就不可能同时触犯《刑法》第 264 条。只有当行为人将电力设备转移给自己或者第三者占有，并且使电力设备的效用减少或者丧失，进而危害公共安全时，才同时触犯《刑法》第 118 条与第 264 条。所以，这种情形不可能是法条竞合，而只能是想象竞合。

我国刑法理论之所以将大量的想象竞合纳入法条竞合，一个重要原因是通过具体案件事实确立两个法条之间存在包容与交叉关系，并认为这种关系就是法条竞合关系。例如，有教科书指出："如《刑法》第 305 条规定的伪证罪与《刑法》第 310 条规定的窝藏、包庇罪，在行为人都想包庇犯罪分子的情况下，就可能发生交叉性的法条竞合。"① 显然，这是借助了"行为人都想包庇犯罪分子"这一案件事实，才得出法条竞合的结论。然而，从对构成要件的解释上说，窝藏、包庇罪与伪证罪在行为主体、行为状态、行为内容方面存在明显的差异，难以认定为法条竞合。② 换言之，我国以往的刑法理论其实是通过具体案件事实，使得仅有中立关系的法条之间形成包容与交叉关系，进而形成特别关系。

随着德国刑法理论的引进，有学者主张将我国现有的罪数论转向德国的竞合论。③ 但德国的法条竞合并不以法条之间具有包容或交叉关系为前提，于是，中立关系也可能成立法条竞合。但在我国，有必要讨论中立关系的法条之间能否成立法条竞合这一问题。贝林（Beling）认为，两个法条处于中立关系时，既可能出现法条竞合，也可能出现想象竞合。④ 这种观点也是德国当今刑法理论的通说。在中立关系的场合，由行为触犯两个法条的通常性来决定法条竞合与想象竞合的区分。详言之，一个行为通常同时触犯 A 罪与 B 罪时，A 罪与 B 罪就属于法条竞合；不具有通常性时，则会成立想象竞合乃至数罪（实质竞合）。例如，故意伤害与故意毁坏财物两个罪是中立关系，在故意伤害行为同时毁坏被害人衣服的场合，由于二者具有通常性，故属于法条竞合（吸收关系）；但在其他不具有通常性的场合，则认为两个法条之间没有法条竞合关系。再如入户盗窃与故意毁坏财物（指破坏门窗等）是法条竞合关系（吸收关系），但在其他不具有通常性的场合，二者则不是法条竞合关系，一个行为同时触犯这两个法条时，则是想象竞合。⑤ 可是，这样的观点恐怕难以被我国学者接受。

此外，我国刑法理论与司法实践原本就过泛地肯定了法条竞合关系，特别明显的是将诸多想象竞合误认为法条竞合的特别关系。在这种理论背景下，再肯定中立关系的法条之间也存在法条竞合，无疑会雪上加霜，导致对案件的处理更加不符合罪刑相适应原则。

---

① 王作富主编：《刑法》（第四版），中国人民大学出版社 2009 年版，第 170 页。

② 法条之间是否存在包容与交叉，首先取决于构成要件内容，不能仅因为两个罪的主观目的或者动机相同，就认为二者之间具有包容或交叉关系。例如，盗窃罪与诈骗罪都是以非法占有目的为前提，但不能认为二者之间存在包容或交叉关系。

③ 参见陈兴良：《刑法竞合论》，《法商研究》2006 年第 2 期。

④ 参见［日］山火正则：《法条竞合的诸问题（1）》，《神奈川法学》1971 年第 7 卷第 1 号。

⑤ Vgl. C. Roxin, Strafrecht Allgemeiner Teil, Band II, C. H. Beck, 2003, S. 858f；［德］冈特·施特拉腾韦特、洛塔尔·库伦：《刑法总论 I——犯罪论》，杨萌译，法律出版社 2006 年版，第 436 页。

从前文所述的法条竞合与想象竞合的实质区别来看，将中立关系的法条认定为法条竞合也缺乏实益。这是因为，法条竞合区别于想象竞合的最显著的特征，就在于适用特别法条，而特别法条未必是重法条，也可能是特别的减轻法条。但在中立关系之中，根本无法区分哪个是特别法条。因为每个法条都包含了其他法条所不包含的特殊的要素，每个法条都无法包容其他法条的所有成立条件。如果一定要把这种关系认定为法条竞合，要么在"特别法条优于普通条"与"从一重罪论处"之外提出第三种处断原则，这会使法条竞合的处理变得混乱；要么将重法条认定为"特别"法条，并适用重法条的规定，但这样处理，与想象竞合根本没有区别。先认定为法条竞合，又按想象竞合的处理原则处断，明显是多此一举的做法，也自相矛盾。

总之，两个法条之间存在包容关系是法条竞合的形式标准。如果不符合这一标准，就必须将其排除在法条竞合之外。但是，符合这一形式标准的，也不必然是法条竞合，而需要在此基础上进行实质判断。

2. 法益的同一性

包容关系是通过对法条规定的构成要件的解释而形成的，但对构成要件的解释结论可能是，即使两个法条所保护的法益完全不同，也可能出现包容关系。例如，《刑法》第 293 条规定的寻衅滋事罪包括"随意殴打他人，情节恶劣的"行为，《刑法》第 309 条规定的扰乱法庭秩序罪包括"殴打司法工作人员"的行为，两个法条都使用了"殴打"一词，而且后者要求殴打特定的司法工作人员，于是，二者具有包容关系。但是，如果将二者认定为法条竞合，就会导致扰乱法庭秩序罪是特别法条，适用特别法条优于普通法条的结局是：随意殴打他人情节恶劣的，适用"五年以下有期徒刑、拘役或者管制"的法定刑，殴打司法工作人员的，反而仅适用"三年以下有期徒刑、拘役、管制或者罚金"的法定刑，这明显不妥。再如，《刑法》第 275 条规定的故意毁坏财物罪的最高刑为 7 年有期徒刑，《刑法》第 309 条规定的扰乱法庭秩序罪包括"毁坏法庭设施……情节严重"的行为。单纯从逻辑关系来看，由于后者的行为地点与行为对象具有特殊性，因而人们会认为后者是特别法条。然而，倘若得出这种结论，适用特别法条优于普通法条的结局是，毁坏普通的财物的最高可能判处 7 年有期徒刑，而毁坏法庭设施的最高只能处 3 年有期徒刑，这显然不当。[①]

正因为如此，国外刑法理论一直注重从实质上区分法条竞合与想象竞合。法益的同一性是德国学者毛拉赫（Maurach）强调的区分标准。"法条竞合时，虽然

---

① 当然，肯定会有人说"这是立法问题，只能通过修改法律来解决，而不能通过另设法条竞合与想象竞合的区分标准来解决"。本文则认为，这是解释论的问题，而不是立法论的问题。

可以评价说一个行为符合数个构成要件，但只适用其中一个构成要件就可以充分评价完事实上的不法内容。"数个构成要件"完全保护的是同一法益时应认定为法条竞合，侵害了不同的法益时则应认定为想象竞合"。① 只要承认犯罪的本质是侵害法益，同时承认，法条竞合时适用一个法条就可以充分评价行为的不法内容，而想象竞合时只适用一个法条不能充分评价行为的不法内容，那么，首先就必须承认法益的同一性是区分法条竞合与想象竞合的一个实质标准。亦即，法条竞合时只有一个法益侵害事实；想象竞合时则有数个法益侵害事实。详言之，法条竞合时，虽然行为同时违反了数个罪刑规范，但仅侵害了其中一个罪刑规范的保护法益，因为规范之间存在包容关系，不需要也不应当认定其行为触犯数罪，否则就是重复评价。因为"就同一的法益侵害、法益危殆适用复数的刑法予以处罚，从法益保护的观点来看是不当的二重处罚。"② 想象竞合时，因为行为侵害了数个罪刑规范的保护法益，因而触犯了数个罪刑规范，需要认定其行为触犯数罪。

需要说明的是，由于刑法规定的某些犯罪保护的是双重法益（复杂客体），因此，所谓"只有一个法益侵害事实"，是指行为仅侵害了一个犯罪的保护法益；所谓"有数个法益侵害事实"，是指行为侵害了两个以上犯罪的保护法益。例如，抢劫行为既侵犯了人身法益也侵犯了财产法益，虽然同时触犯盗窃罪，但其侵害的法益没有超出抢劫罪的保护法益，其与盗窃罪属于法条竞合。③ 反之，在他人心脏病发作时，盗窃他人的急救药品（假定数额较大）导致他人死亡的行为，则属于想象竞合。因为故意杀人罪的保护法益是生命而不包括财产，盗窃罪的保护法益是财产而不包括生命，可上述行为侵害了两个犯罪的保护法益，故不是法条竞合而是想象竞合。

那么，在上述盗窃药品的案件中，为什么不能仅适用一个故意杀人罪的法条，承认二者之间为法条竞合呢？或者说，为什么虽然最终仅按故意杀人罪的法定刑量刑，而必须认定为想象竞合，并在判决书中明示其行为同时构成故意杀人

---

① R. Maurach, Drutsches Strafrecht, Allgemeiner Teil, 3. Aufl., Karlsruhe, 1965, S. 636f. 这一观点在日本得到了山火正则、铃木茂嗣、町野朔、前田雅英、山口厚等教授的支持。参见［日］山火正则：《法条竞合的本质》，《法学》1971 年第 7 卷第 4 号；［日］铃木茂嗣：《刑法总论》（第 2 版），成文堂 2011 年版，第 275 页；［日］町野朔：《法条竞合论》，载［日］内藤谦等编：《平野龙一古稀祝贺论文集》（上卷），有斐阁 1991 年版，第 410 页；［日］前田雅英：《刑法总论讲义》（第 5 版），东京大学出版会 2011 年版，第 555 页；［日］山口厚：《刑法总论》（第 3 版），有斐阁 2016 年版，第 393、407 页。

② ［日］町野朔：《法条竞合论》，载［日］内藤谦等编：《平野龙一古稀祝贺论文集》（上卷），有斐阁 1991 年版，第 420 页。

③ 参见［日］山口厚：《刑法总论》（第 3 版），有斐阁 2016 年版，第 395 页。

罪与盗窃罪呢？

首先，刑法的机能是保护法益和保障国民自由。对任何一个案件的不法内容，只有既充分评价又不重复评价，才能既保护法益，也保障国民自由。如果一个人的行为同时侵害了他人的生命与财产，而法官仅评价其行为构成故意杀人罪，便没有对他人的财产予以保护，这不利于实现刑法的保护法益机能。反之，如果宣告一个杀人行为同时构成故意伤害罪与故意伤害罪，就属于重复评价，有悖刑法保障国民自由的原理。

其次，刑法规范是裁判规范，法官必须根据刑法的规定、犯罪的本质以及具体的案件事实判断犯罪的数量。一罪与数罪的区分，与对数罪是否并罚是两个不同的问题。对一罪与数罪的区分，虽然可能以犯罪构成为标准，但由于犯罪构成包含了成立犯罪所要求的全部要素，一个案件完全可能在某一方面只符合一个犯罪构成的相关要件，而在另一方面完全符合两个犯罪构成的相关要件，故需要以实质标准来决定犯罪构成符合性的评价次数。因此，只能以犯罪的本质为标准判断行为符合几个犯罪构成。质言之，由于刑法的目的是保护法益，犯罪的本质是侵害法益，所以，应当根据行为所侵犯的法益数量评价其符合几个犯罪构成或者构成几个犯罪。或者说，行为侵犯了一个犯罪的保护法益时成立一罪；行为侵犯了数个犯罪的保护法益时成立数罪；行为数次侵犯一个犯罪的保护法益时成立数罪。概言之，在被告人的行为侵害了数个法条保护的不同法益时，判决书必须肯定被告人的行为触犯了数罪。

再次，刑法虽然具有行为规范的一面，但"在对真实没有偏见的观点看来，我们不能说法律是对市民发布的，如果真要如此，那么就要完全不一样的去形塑法律，它必须更具体，并且要具有民俗性的，它必须是用日常语言的说法来表达出来，它不应该是用非常有限的表述方式来规定的。而且，它必须被说明被教授"①。事实上，一般人并不直接阅读刑法条文，而是通过起诉书、判决书（包括刑事裁定书）了解刑法内容。此外，"法律不是靠明确的条文来表现，而是在一个个案件的判决中清晰地展示出来"②。这虽然是普通法规则，但同样适用于成文法。日本学者指出："法就是观念上已经固定的存在，对其正确理解的判决是法的具体化。"③ 德国学者也认为，"大部分的法律都是经过不断的司法裁判过程才具体化，才获得最后清晰的形象，然后才能适用于个案，许多法条事实上是

---

① ［德］亚图·考夫曼：《法律哲学》，刘幸义等译，五南图书出版公司 2000 年版，第 119 页。
② ［美］安东尼·刘易斯：《言论的边界》，徐爽译，法律出版社 2010 年版，第 3 页。
③ ［日］平野龙一：《刑法解释中的判例与学说》，黎宏译，《国家检察官学院学报》2015 年第 1 期。

借裁判才成为现行法的一部分"①。刑法只有运用到现实生活中才具有意义。判决书是对刑法的活生生的解读，解读得越明确，刑法的内容就越容易被一般人理解，刑法就越能发挥行为规范的作用，从而实现特殊预防与一般预防。② 就此处讨论的问题而言，要发挥刑法的行为规范的作用，就必须注重想象竞合的明示机能。

想象竞合的明示机能，是指由于被告人的行为具有数个有责的不法内容，在判决宣告时，必须将其一一列出，做到充分评价，以便被告人与一般人能从判决中了解其行为触犯几个犯罪，从而得知什么样的行为构成犯罪。③ 在上述盗窃急救药品案中，倘若判决仅宣告被告人的行为构成故意杀人罪，可能使被告人与一般人产生盗窃药品的行为不构成盗窃罪的误解，这便不利于特殊预防与一般预防。再如，被告人甲、乙、丙等人酒后无故殴打被害人 A、B、C，造成 A 轻伤、B 轻微伤，并摔坏了 C 的手机（数额较大）。倘若判决仅宣告甲、乙、丙等人的行为构成寻衅滋事罪，就可能使被告人与一般人误认为醉酒后致人轻伤的行为不构成故意伤害罪、酒后毁坏他人财物的行为不构成故意毁坏财物罪，这便不利于发挥刑法的行为规范作用。只有逐一指明甲、乙、丙等人的行为构成寻衅滋事罪、故意伤害罪与故意毁坏财物罪，才有利于实现对随意殴打他人行为、酒后伤人行为、酒后故意毁坏他人财物行为的特殊预防与一般预防。

最后，刑事判决不仅对被害人的心理起安抚作用，而且还涉及对被害人的赔偿等问题。在法条竞合的场合，没有必要将被告人所触犯的法条全部列举出来，就可以解决问题。例如，对抢劫案件仅适用《刑法》第 263 条，就足以对被害人的心理起安抚作用，而且能够解决退赔等问题，根据本不需要适用《刑法》第264 条。但是，在上述甲、乙、丙等人寻衅滋事的案件中，如果仅认定甲、乙、丙等人的行为构成寻衅滋事罪，由于该罪是对公共秩序的犯罪，因而不足以对 A 起安抚作用，也不利于通过附带提起民事诉讼使 C 获得赔偿。

总之，将法益的同一性作为区分法条竞合与想象竞合的标准，既具有理论根据，也具有现实意义。根据法益的同一性这一实质区分标准，一般来说，刑法分则中不同章节所规定的犯罪基本上不可能是法条竞合。例如，生产、销售伪劣产品罪与诈骗罪的保护法益分别为经济秩序（消费者享用合格产品的权利）与财

---

① ［德］卡尔·拉伦茨：《法学方法论》，陈爱娥译，商务印书馆 2003 年版，第 20 页。
② 参见张明楷：《明确性原则在刑事司法中的贯彻》，《吉林大学社会科学学报》2015 年第 4 期。
③ Vgl. Claus Roxin, Strafrecht Allgemeiner Teil, Band Ⅱ, C. H. Beck, 2003, S. 831; Hans-Heinrich Jescheck/Thomas Weigend, Lehrbuch des Strafrechts. Allgemeiner Teil, 5. Aufl., Duncker & Humblot, 1996, S. 718.

产，使用假币罪与诈骗罪的保护法益分别为货币的公共信用与财产，① 过失致人死亡罪与交通肇事罪的保护法益分别为人的生命与公共安全，诈骗罪与招摇撞骗罪的保护法益分别为财产与国家机关工作人员的信用，报复陷害罪与滥用职权罪的保护法益分别为公民的民主权利与国家机关公务的合法、公正、有效执行以及公民对此的信赖，它们之间都不可能成为法条竞合关系，而应认定为想象竞合。② 再如，过失致人死亡罪的保护法益是个人的生命，医疗事故罪的保护法益是公众生命、身体的安全和国家的卫生管理秩序。虽然说保护社会法益或者国家法益以保护个人法益为最终目的，但不能说个人法益等同或者包括社会法益或者国家法益。因此，过失致人死亡罪与医疗事故罪不是法条竞合，而是想象竞合。③

法益的同一性还意味着法益主体的同一性。亦即，如果行为侵害了不同法益主体的相同法益，也不可能属于法条竞合。例如，虽然故意杀人罪与故意伤害罪是特别关系，但是，这只是就同一法益主体而言；一个行为同时致 A 死亡和 B 伤害时，不可能属于法条竞合，而要认定为想象竞合。④ 再如，公司人员甲将自己职务上占有的手提电脑，谎称是自己所有而出卖给乙。甲的行为虽然侵犯的只是财产，但由于法益主体不同（分别为公司与乙），二者之间不可能形成法条竞合。如果认为甲只实施了一个行为，则只能认定为想象竞合（对公司构成职务侵占罪、对乙构成诈骗罪）。⑤

如果严格地采取法益同一性的实质标准，基本上可以明确区分法条竞合与想象竞合。正如日本学者町野朔所言："作为判断是否存在法条竞合的标准，仅刑罚法规保护的同一性这一点即为已足，而且这一定也是决定性的。"⑥ 不过，在我国当前的理论背景下，或许还需要被迫承认，如果此章（节）所规定的犯罪

① 日本刑法理论的通说也不承认二者之间为法条竞合，而是认定为包括的一罪中的吸收关系（参见［日］西田典之著、桥爪隆补订：《刑法各论》（第 7 版），弘文堂 2018 年版，第 253 页）。例如，山口厚教授认为，法条竞合中并不存在吸收关系，同时认为吸收一罪属于包括的一罪（参见［日］山口厚：《刑法总论》（第 3 版），有斐阁 2016 年版，第 400 页）；使用假币罪与诈骗罪属于包括的一罪（参见［日］山口厚：《刑法各论》（第 2 版），有斐阁 2010 年版，第 423 页）。

② 参见丁慧敏：《论刑法中的法条竞合》，清华大学 2013 年博士学位论文，第 107 页以下。

③ 参见吕英杰：《刑法法条竞合理论的比较研究》，陈兴良主编：《刑事法评论》（第 23 卷），北京大学出版社 2008 年版，第 483 页。

④ 行为人开一枪导致两人死亡的，也是想象竞合。因为生命为个人专属法益，两人死亡意味着存在两个法益侵害事实。

⑤ Vgl. Claus Roxin, Strafrecht Allgemeiner Teil, Band Ⅱ, C. H. Beck, 2003, S. 822.

⑥ ［日］町野朔：《法条竞合论》，［日］内藤谦等编：《平野龙一古稀祝贺论文集》（上卷），有斐阁 1991 年版，第 420 页。

保护双重法益，彼章（节）所规定的犯罪仅保护前者中的一个法益时，不排除成立法条竞合的可能。例如，诈骗罪与金融诈骗罪虽然被规定在刑法分则的第五章与第三章，由于前者保护的法益是单一的财产，而后者的保护法益包括财产与金融秩序，人们完全可能认为二者之间存在法条竞合关系。此外，由于某个法条究竟是保护单一法益还是保护双重法益，首先是一个解释论的问题，而人们在解释法条时，又会考虑到法定刑的轻重，因而会得出不同结论。例如，人们可能认为，盗窃罪保护的是单一的财产，而盗伐林木罪保护的是财产与森林资源，故前者是普通法条，后者是特别法条。再如，在《刑法修正案（九）》删除嫖宿幼女罪之前，人们也可能认为，嫖宿幼女罪既保护幼女的性行为自主权（或所谓身心健康），也保护社会管理秩序，而奸淫幼女罪的保护法益是单一的性行为自主权，故二者之间存在特别关系。[①]

　　然而，如果一概承认上述情形属于特别法条，并且只能适用特别法条，就必然导致罪刑不相适应。[②] 换言之，如果仅以上述形式标准与法益的同一性的实质标准为根据进行判断，会违反罪刑相适应原则。例如，倘若认为嫖宿幼女与奸淫幼女是特别关系，按照特别法条优于普通法条的原则，那么，当嫖宿幼女致幼女重伤死亡时，或者多次嫖宿幼女的，也仅适用嫖宿幼女罪的规定，而不能适用奸淫幼女的规定，这种违反罪刑相适应原则的结论显然不能被人接受。这或许也是《刑法修正案（九）》废除嫖宿幼女罪的一个重要原因（只不过这一废除建立在对法条关系的错误判断基础上）。倘若认为嫖宿幼女致人重伤死亡成立奸淫幼女与嫖宿幼女的想象竞合，则可以解决所有问题。因为嫖宿幼女罪的不法内容并不能包含致人死亡的内容。所以，需要在前述区分标准的基础上进一步增加不法的包容性这一实质判断标准。

　　3. 不法的包容性

　　如前所述，只有当两个法条之间存在包容关系时，才有可能属于法条竞合。包容关系是特别关系的外在表现形式。在我国，最成问题、最有争议的主要是法条竞合中的特别关系。因为我国刑法理论在处理法条竞合中的其他关系时，尽管表述不同，但结局基本上是适用重法条，而特别关系的处理原则是特别法条优于普通法条，所以，面临"特别法条"的不法内容重而法定刑轻时，就必然出现应当如何处理的争论。换言之，处理特别关系是否必须严格遵守特别法条优于普通法条的原则？如果严格遵守该原则导致罪刑不相适应时，应当如何处理？笔者现在见到和想到的是三种做法：

---

① 参见陈兴良：《法条竞合的学术演进——一个学术史的考察》，《法律科学》2011 年第 4 期。
② 如果特别法条的法定刑较重或者与普通法条的法定刑相同，则没有明显的缺陷。

第一种做法：容忍罪刑不相适应的局面，交由立法者解决，或者不承认有罪刑不相适应的局面（既然立法者如此规定，那么就是罪刑相适应的，解释者不能认为罪刑不相适应）。①

但是，将任何问题交由立法者，不是解释者应有的态度；使刑法条文相协调，不仅是立法者的任务，也是解释者的任务。既然《刑法》第5条规定了罪刑相适应原则，就必须遵循该原则，在解释论上使各种犯罪都受到相应的处罚。倘若将习惯于将问题交由立法者解决，就必然出现朝令夕改因而侵害国民预测可能性的局面。况且，立法者不是万能的，刑法的起草者也不是神，而是和我们一样的凡人。

坚持认为适用所谓"特别法条"不可能导致罪刑相适应的观点，也不完全符合事实。例如，《刑法》第264条所规定的普通盗窃罪的法定最高刑为无期徒刑，但是，《刑法》第345条对盗伐林木罪所规定的最高刑为15年有期徒刑。那么，盗伐林木罪的不法程度是否轻于盗窃罪呢？显然不是。例如，2000年11月22日公布的《最高人民法院关于审理破坏森林资源刑事案件具体应用法律若干问题的解释》（已废止）第15条规定，"非法实施采种、采脂、挖笋、掘根、剥树皮等行为，牟取经济利益数额较大的，依照刑法第二百六十四条的规定，以盗窃罪定罪处罚"。倘若盗窃数额达到100万元时判处无期徒刑，那么，行为人盗伐了价值超过100万元的林木时，不可能认为其不法程度低于盗窃罪，更不能认为仅判处15年以下有期徒刑是合适的。②

在此，本书要再次引用耶林的名言："在我眼里，那种完全不顾其裁判所带来之结果，并且将责任完全推给立法者，而仅对法典的条文进行机械式适用的法官，其实不能被称为法官；他只是司法机器中一个无感情、死板的齿轮。法官不应该是这样的。在我眼里，正义的理想，并非要法官扑灭心中的法感，也不是要他在那种错误的忠诚观念下，放弃所有对制定法作出评断的机会。过去曾经有一个时期，人们把扑灭法官心中的独立思考与感受、完全无主体性以及将自身主体性完全托付给制定法这些现象，看作正义理念的胜利。诸位先生们，这个时代已经被我们抛诸脑后。因为，我们发觉到，在所有的生活关系里，死板的规则并不能取代人类；世界并不是被抽象的规则统治，而是被人格统治。"③ 总之，一直主张实质解释论并主张通过解释解决立法缺陷的笔者，不会采取上述第一种

---

① 参见周光权：《法条竞合的特别关系研究》，《中国法学》2010年第3期；车浩：《强奸罪与嫖宿幼女罪的关系》，《法学研究》2010年第2期。

② 参见张明楷：《法条竞合中特别关系的确定与处理》，《法学家》2011年第1期。

③ ［德］鲁道夫·冯·耶林著、［德］奥科·贝伦茨编注：《法学是一门科学吗？》，李君韬译，法律出版社2010年版，第81页。

做法。

第二种做法：有条件地采取重法条优于轻法条的原则，以便做到罪刑相适应。有学者早在 30 多年前针对一起按销售假药罪论处只能适用"二年以下有期徒刑、拘役或者管制"的法定刑，而按诈骗罪论处则应适用"十年以上有期徒刑或者无期徒刑"的法定刑的案件，提出了重法条优于轻法条的原则。[①] 笔者以前也主张，存在法条竞合的特别关系时，通常按特别法条优于普通法条处理，但是在例外情况下，应按重法条优于轻法条处理。"适用重法条优于轻法条的原则必须符合以下三个条件：其一，行为触犯的是同一法律的普通法条与特别法条。其二，同一法律的特别法条规定的法定刑，明显轻于普通法条规定的法定刑，并缺乏法定刑减轻的根据，而且，根据案件的情况，适用特别法条明显违反罪刑相适应原则。其三，刑法没有禁止适用普通法条，或者说没有指明必须适用特别法条。否则，必须适用特别法条。"[②] 笔者以前赞成在例外情况下按重法条优于轻法条处理，一方面是顾及我国刑法理论将诸多想象竞合认定为法条竞合的现象；另一方面也考虑到我国刑法理论上已经出现了重法条优于轻法条的表述。

重法条优于轻法条的表述虽然受到了强烈批判[③]，但其结论的实质合理性是毋庸置疑的。一方面，"法条竞合，不是构成要件符合性判断的问题，而是犯罪成立后的刑罚法规（法条）的适用问题"[④]。因此，不能认为在法条竞合的关系中，符合特别法条的行为被排除出普通法条的范围之外，因而选择重法条并不存在违反罪刑法定原则的疑问。另一方面，在笔者提出的限制条件下，重法条的选择符合罪刑相适应原则，而不是所谓重刑主义。

事实上，即使是德国，两个法条存在特别关系时，也不是绝对地适用特别法条，而是存在被排除法的重生或者劣位法的复活。例如，强奸罪是强制猥亵罪的特别法条，然而，一旦行为人强奸中止或者未遂，德国判例与刑法理论就会按强制猥亵既遂定罪量刑。行为成立谋杀罪的中止时，虽然不处罚谋杀罪（因为对中

[①] 参见冯亚东：《论法条竞合后的从重选择》，《法学》1984 年第 4 期。不过，在本书看来，这一观点并没有严格区分法条竞合与想象竞合。换言之，销售假药罪与诈骗罪是想象竞合而不是法条竞合。

[②] 张明楷：《刑法学》（第四版），法律出版社 2011 年版，第 424 页。

[③] 参见肖开权：《法条竞合不能从重选择》，《法学》1984 年第 8 期；陈兴良：《法条竞合的学术演进——一个学术史的考察》，《法律科学》2011 年第 4 期；刘明祥：《嫖宿幼女行为适用法条新论》，《法学》2012 年第 12 期；周光权：《法条竞合的特别关系研究》，《中国法学》2010 年第 3 期；车浩：《强奸罪与嫖宿幼女罪的关系》，《法学研究》2010 年第 2 期；王强：《法条竞合特别关系及其处理》，《法学研究》2012 年第 1 期。

[④] ［日］井田良：《讲义刑法学·总论》（第 2 版），有斐阁 2018 年版，第 582 页。

止犯免除处罚），但如果造成了伤害，则应认定为故意伤害罪的既遂犯。① 这种被排除法的重生或者劣位法的复活，实际上也是重法条优于轻法条，只不过德国刑法理论使用了另一种表述。

尽管如此，本书也不打算为重法条优于轻法条辩护和作进一步的论证，只是采用德国、日本区分法条竞合的特别关系与想象竞合的实质标准提出下面的第三种做法。

第三种做法：将不法内容重而法定刑轻的情形，排除在法条竞合之外，认定为想象竞合。亦即，在一个行为同时触犯两个法条时，只有当适用其中一个法条能够包含另一法条的不法内容时，或者说只适用其中一个法条能够充分评价行为的所有不法内容时，在符合前述两个标准的前提下，两个法条才是法条竞合；倘若适用任何一个法条都不能完全评价行为的不法内容，即使符合前述两个标准，也只能认定为想象竞合。② 换言之，倘若学者们坚持认为，"既然立法者已经将特殊法独立加以规定，就应该严格依法办事，不能由司法机关司法人员随意选择"③；或者认为，法条竞合概念意味着只要存在特别关系，特别法条的适用优先性是不可动摇的，而无须过问特别法条的轻重④，那么，就可以通过否认特别关系承认想象竞合来解决我国刑法分则的相关问题。

"罪数论·竞合论是在实体法上经过了对某一行为的违法、责任的判断阶段后，为量刑提供基础的领域的讨论。"⑤ "竞合理论（Konkurrenzlehre）是犯罪行为理论（Lehre von der Straftat）和不法结果理论（Lehre von der Unrechtsfolgen）之间的缝合点。"⑥ 所以，罪数论也好、竞合论也罢，就是为了解决量刑问题，或者"正确的刑罚裁量终究是整个竞合理论的目的"⑦。据此，不考虑罪刑相适应的要求，而单纯从形式逻辑出发研究罪数或者竞合问题，是一种方向性的偏差。

---

① Vgl. Hans-Heinrich Jescheck/Thomas Weigend, Lehrbuch des Strafrechts. Allgemeiner Teil, 5. Aufl., Duncker & Humblot, 1996, S. 549；[日] 山火正则：《法条竞合的诸问题（2）》，《神奈川法学》1971 年第 7 卷第 2 号。

② 不法内容仅限于有责的不法内容，而不包括没有责任的不法内容。因为没有责任的不法既不成立犯罪，也不能作为量刑情节予以考虑（参见张明楷：《论影响责任刑的情节》，《清华法学》2015 年第 2 期）。

③ 陈兴良：《法条竞合的学术演进——一个学术史的考察》，《法律科学》2011 年第 4 期。

④ 参见周光权：《法条竞合的特别关系研究》，《中国法学》2010 年第 3 期。

⑤ [日] 只木诚：《罪数论·竞合论》，载 [日] 山口厚、甲斐克则编：《21 世纪日中刑事法的重要课题》，成文堂 2014 年版，第 73 页。

⑥ [德] 约翰内斯·韦塞尔斯：《德国刑法总论》，李昌珂译，法律出版社 2008 年版，第 458 页。

⑦ [德] Ingeborg Puppe：《基于构成要件结果同一性所形成不同构成要件实现之想象竞合》，陈志辉译，《东吴法律学报》第 17 卷第 3 期。

　　量刑的基准是责任，或者说是有责的不法。① 如果 A 法条的不法内容（程度）完全能够包容 B 法条的不法内容（程度），就只需要适用 A 法条，而不可能适用 B 法条。如果 A 法条的不法内容不能包容 B 法条的不法内容，当甲的行为同时存在 A 法条的不法内容与 B 法条的不法内容，适用其中任何一个法条，都不能对甲的行为内容进行充分评价时，就必须认定为想象竞合。在德国，"一个行为（犯罪事实）的不法内容，只要适用一个刑罚法规就能够穷尽全部评价时，便是法条竞合；在有必要适用数个刑罚法规进行评价时，就是想象竞合（观念的竞合）"②。罗克辛（C. Roxin）教授也明确指出："特别关系的确定，也并不一定总是一个纯粹的逻辑问题。必须通过对被排除适用一方的构成要件的不法程度进行目的论的考量予以补充的现象并不罕见。"③ 在日本，刑法理论在区分法条竞合与想象竞合时，也充分考虑法定刑的轻重，判断适用一个法条能否充分评价行为的不法内容。例如，日本《刑法》第 223 条第 1 项对强制罪作了如下规定："以加害生命、身体、自由、名誉或者财产相通告进行胁迫，或者使用暴行，使他人实施并无义务实施的事项，或者妨害他人行使权利的，处三年以下拘禁刑。"日本《刑法》第 193 条规定："公务员滥用职权，使他人履行没有义务履行的事项，或者妨害他人行使权利的，处二年以下拘禁刑。"由于滥用职权包括利用职权相要挟的行为，所以，从逻辑关系上看，两个法条之间也存在特别关系（日本《刑法》第 193 条为特别法条）。但是，由于公务员滥用职权罪的法定刑轻于强制罪的法定刑，仅适用一个法条不能充分、全面评价行为的不法内容，因此，日本刑法理论的通说认为，"公务员使用暴力、胁迫手段实施滥用职权的行为时，成立本罪与强制罪的想象竞合"。④ 再如，日本《刑法》第 195 条规定了特别公务员暴行、凌辱、虐待罪，⑤ 其中的暴行、凌辱、虐待包括使被害人产生肉体、精神痛苦的一切行为，其中当然包括强制猥亵、强奸行为。⑥ 在此意义上说，特别

① 参见张明楷：《责任刑与预防刑》，北京大学出版社 2015 年版，第 239 页。
② ［日］只木诚：《观念的竞合的明示机能》，《研修》2011 年第 4 期。
③ Claus Roxin, Strafrecht Allgemeiner Teil, Band Ⅱ, C. H. Beck, 2003, S. 850.
④ ［日］山中敬一：《刑法各论》（第 3 版），成文堂 2015 年版，第 829 页。另参见［日］团藤重光：《刑法纲要（各论）》（第 3 版），创文社 1990 年版，第 125 页；［日］大塚仁：《刑法概说（各论）》（第 3 版增补版），有斐阁 2005 年版，第 622 页；［日］大谷实：《刑法讲义各论》（新版第 4 版），成文堂 2013 年版，第 631 页。
⑤ 特别公务员是指执行或者辅助执行审判、检察或者警察职务的人员。
⑥ 参见［日］大谷实：《刑法讲义各论》（新版第 4 版），成文堂 2013 年版，第 633 页；［日］山中敬一：《刑法各论》（第 3 版），成文堂 2015 年版，第 832 页；［日］山口厚：《刑法各论》（第 2 版），有斐阁 2010 年版，第 609 页；日本大审院 1915 年 6 月 1 日判决，日本《大审院刑事判决录》第 21 辑，第 717 页。

公务员暴行、凌辱、虐待罪与强制猥亵罪、强奸罪是特别关系（前者为特别法条）。但是，由于特别公务员暴行、凌辱、虐待罪的法定刑低于强制猥亵罪、强奸罪的法定刑，而且适用其中任何一个法条都不可能充分评价行为的不法内容，所以，日本刑法理论的通说与判例认为，特别公务员在执行其职务之际实施强制猥亵、强奸行为的，属于想象竞合，而不是法条竞合。①

概言之，前述法益的同一性，重在解决对行为的不法性质的评价问题，而没有完全解决对不法程度的评价问题。对不法性质的充分评价，不等于对不法程度的全面评价。然而，充分评价不法程度具有重要意义。首先，刑法的目的是保护法益，犯罪的本质是侵害法益。行为对法益的侵害不仅存在同一与否的问题，而且存在轻重不同的问题。将一个严重侵害 A 法益的行为，评价为轻微侵害 A 法益的行为，明显不当；反之亦然。例如，将盗窃数额特别巨大评价为盗窃数额较大，就明显不符合刑法的法益保护目的与犯罪的本质。其次，刑法分则所规定的法定刑存在区别的一个重要原因是不法内容（程度）不同。所以，一个并不充分的评价，就会导致法定刑选择的错误，进而导致量刑的偏差，必然违反罪刑相适应原则。只有充分评价行为的不法内容，才能保证法定刑选择的正确与量刑的适当。最后，如前所述，刑法虽然是裁判规范，但无疑具有行为规范的作用。只有充分评价行为的不法内容，才能使行为规范发挥应有的作用。例如，在《刑法修正案（九）》施行之前，当行为人嫖宿幼女致人死亡时，倘若仅认定为嫖宿幼女罪，就没有评价其致人死亡的不法内容，会导致被告人与一般人认为，嫖宿幼女的行为致人死亡时，也不会因为致人死亡而加重刑罚。这显然不利于发挥刑法的行为规范机能，也不利于实现刑罚的特殊预防与一般预防目的。

所以，即使行为侵害的法益相同或者说不法的性质相同，但在适用一个法条不能充分评价行为的不法内容时，就必须认定为想象竞合（参见后述内容）。这是因为，"通过设立想象竞合，能够在判决中充分评价行为人的法益侵害态度（想象竞合的明示机能）……对一个行为必须在妥当的、所有的法律观点之下作

---

① 参见［日］团藤重光：《刑法纲要（各论）》（第 3 版），创文社 1990 年版，第 128 页；［日］大塚仁：《刑法概说（各论）》（第 3 版增补版），有斐阁 2005 年版，第 624 页；［日］大谷实：《刑法讲义各论》（新版第 4 版），成文堂 2013 年版，第 634 页；［日］山中敬一：《刑法各论》（第 3 版），成文堂 2015 年版，第 832 页；［日］西田典之著、桥爪隆补订：《刑法各论》（第 7 版），弘文堂 2018 年版，第 512 页；［日］前田雅英：《刑法各论讲义》（第 6 版），东京大学出版会 2015 年版，第 481 页；［日］山口厚：《刑法各论》（第 2 版），有斐阁 2010 年版，第 609 页；大阪地方裁判所 1993 年 3 月 25 日判决，《判例タイムズ》第 831 号，第 246 页。

出判断"①。

反过来说，在符合法益的同一性标准的场合，只有当适用一个法条也能充分评价行为的不法内容，且法条之间具有包容关系时，才应认定为法条竞合的特别关系。于是，法条竞合与想象竞合的区分并不是固定不变的，而是取决于适用一个法条能否充分评价行为的不法内容。换言之，当 A、B 两个法条在通常情况下是法条竞合时，不排除在特殊情况下（适用一个法条不能充分评价行为的不法内容）是想象竞合。换言之，两个法条不依赖于案件事实便具有包容关系，而且存在法益的同一性时，只是法条竞合的必要条件。虽然在通常情形下，具备这两个条件就是法条竞合，但不排斥由于不具备不法的包容性的条件，而只能认定为想象竞合。显然，这并不意味法条之间逻辑上的包容关系取决于案件事实，因而与前文要求逻辑上的包容关系不取决于案件事实的观点，并不冲突。

借鉴德国、日本刑法理论与判例的基本观点，联系我国刑法分则的具体规定，通常属于法条竞合但特殊情况下（或相对于其他情形）属于想象竞合的情形主要有以下几类：

其一，既遂的 A 重罪与较轻的 B 罪是法条竞合时，未遂的 A 重罪与较轻的 B 罪可能是想象竞合。

例如，在德国，虽然抢劫罪是盗窃罪的特别法条，但如果一个行为同时构成抢劫未遂与盗窃既遂时，则不再是法条竞合，而是想象竞合。② 因为在这种情况下，如果仅认定为抢劫未遂，就没有评价盗窃既遂的不法内容；仅评价为盗窃既遂，则没有评价抢劫未遂的不法内容，所以，必须用想象竞合来评价这一犯罪事实。再如，虽然德国联邦最高法院的判例认为，杀人与伤害是法条竞合中的补充关系，③ 但根据作为通说的"单一理论"，杀人故意必然同时包含伤害身体的故意，身体伤害是发生死亡的必经状态，于是杀人行为完全包含了伤害行为，规定杀人罪与伤害罪的条文是特别关系。④ 罗克辛教授也认为，二者是特别关系，因为在概念上杀人必然伴随了伤害这一过渡阶段。但罗克辛教授同时指出：不管二者是什么关系，"在杀人罪与多种形态的伤害罪中，对杀人罪的处罚不能充分包

---

① Hans-Heinrich Jescheck/Thomas Weigend, Lehrbuch des Strafrechts: Allgemeiner Teil, 5. Aufl., Duncker & Humblot, 1996, S. 718.

② Vgl. Claus Roxin, Strafrecht Allgemeiner Teil, Band Ⅱ, C. H. Beck, 2003, S. 851; Hans-Heinrich Jescheck/Thomas Weigend, Lehrbuch des Strafrechts: Allgemeiner Teil, 5. Aufl., Duncker & Humblot, 1996, S. 720.

③ BGHSt 16, 123. 其实，补充关系也特别关系只是观察角度不同（参见柯耀程：《刑法竞合论》，中国人民大学出版社 2008 年版，第 142 页）。

④ Vgl. Volkey Krey, Strafrecht Besonderer Teil, Band Ⅰ, 11. Aufl., Kohlhammwer, 1998, S. 114ff.

含案件的不法内容时，就可能存在想象竞合"①。换言之，如果认定为杀人罪导致处罚较轻，因而不能评价特殊伤害的不法内容时，就不得按照法条竞合处理，而应认定为想象竞合，按特殊的伤害既遂量刑。

我国刑法也存在这样的情形。例如，一般来说，故意杀人罪是故意伤害罪的特别法条，所以，在通常情况下，对故意杀人行为（不管是既遂还是未遂）要适用特别法条按故意杀人罪论处。但是，在行为人以特别残忍手段实施杀人行为致人重伤造成严重残疾时，如果再按特别法条认定为故意杀人未遂，就会对行为人从轻或者减轻处罚。然而，这样的处罚不能充分评价行为人"以特别残忍手段致人重伤造成严重残疾"的不法内容，所以，此时应认定为想象竞合，从一重罪处罚。亦即，认定行为触犯数罪，同时适用故意伤害罪的"十年以上有期徒刑、无期徒刑或者死刑"的法定刑，且不再适用未遂犯的从宽处罚规定。唯此，才能实现罪刑相适应原则。②

或许有人认为，《刑法》第234条第2款有"本法另有规定的，依照规定"的表述，本书的上述观点违反了这一规定。其实不然。"本法另有规定的，依照规定"是就以既遂犯为模式规定的行为而言的。对于本罪的未遂犯，它原本就与既遂犯有不同的构成要件，因此既遂犯的构成要件完整地包容于特别法条的既遂犯当中，不能说明未遂犯也有这样的包容关系。同理，故意杀人罪的既遂犯能完整地评价故意伤害罪既遂的不法，但这不代表故意伤害罪的未遂犯也能完整评价故意伤害罪既遂的不法。结局上，只能说故意杀人罪的既遂是故意伤害罪的既遂的特别法条，但故意杀人罪的未遂与故意伤害罪的既遂没有这样的特别关系。

其二，B罪与A罪的基本条款是法条竞合时，B罪与A罪的加重条款（或其中一部分）可能是想象竞合。

例如，《刑法》第151条第3款规定："走私珍稀植物及其制品等国家禁止进出口的其他货物、物品的，处五年以下有期徒刑或者拘役，并处或者单处罚金；情节严重的，处五年以上有期徒刑，并处罚金。"《刑法》第153条第1款规定："走私本法第一百五十一条、第一百五十二条、第三百四十七条规定以外的货物、物品的，根据情节轻重，分别依照下列规定处罚：（一）走私货物、物品偷逃应缴税额较大或者一年内曾因走私被给予二次行政处罚后又走私的，处三年以下有期徒刑或者拘役，并处偷逃应缴税额一倍以上五倍以下罚金。（二）走私货物、

---

① Claus Roxin, Strafrecht Allgemeiner Teil, Band Ⅱ, C. H. Beck, 2003, S. 856.
② 或许有人认为，将上述行为认定为故意杀人未遂但不从轻、减轻处罚，也能实现罪刑相适应。在法定刑相同，认定为故意伤害罪没有法定的从宽处罚情节，而认定为故意杀人罪有从宽处罚情节的情况下，当然应认定为前者，否则便没有对不法内容进行充分、全面评价。

物品偷逃应缴税额巨大或者有其他严重情节的，处三年以上十年以下有期徒刑，并处偷逃应缴税额一倍以上五倍以下罚金。（三）走私货物、物品偷逃应缴税额特别巨大或者有其他特别严重情节的，处十年以上有期徒刑或者无期徒刑，并处偷逃应缴税额一倍以上五倍以下罚金或者没收财产。"倘若将《刑法》第153条为作为普通法条、将第151条作为特别法条（本书对此存在疑问，参见后述内容），那么，当走私珍稀植物制品偷逃应缴税额较大或者巨大时，可以肯定《刑法》第151条第3款是法条竞合的特别法条。但是，当走私珍稀植物制品偷逃应缴税额特别巨大时，如果依然认为《刑法》第151条第3款是特别法条，认定为走私国家禁止进出口的货物、物品罪，就不能充分评价偷逃数额特别巨大关税的不法内容，所以，必须认定为想象竞合，肯定行为成立数罪，既评价走私国家禁止进出品的货物、物品的不法内容，又评价偷逃数额特别巨大关税的不法内容。

　　再如，《刑法》第198条规定："有下列情形之一，进行保险诈骗活动，数额较大的，处五年以下有期徒刑或者拘役，并处一万元以上十万元以下罚金；数额巨大或者有其他严重情节的，处五年以上十年以下有期徒刑，并处二万元以上二十万元以下罚金；数额特别巨大或者有其他特别严重情节的，处十年以上有期徒刑，并处二万元以上二十万元以下罚金或者没收财产……"《刑法》第266条规定，"诈骗公私财物，数额较大的，处三年以下有期徒刑、拘役或者管制，并处或者单处罚金；数额巨大或者有其他严重情节的，处三年以上十年以下有期徒刑，并处罚金；数额特别巨大或者有其他特别严重情节的，处十年以上有期徒刑或者无期徒刑，并处罚金或者没收财产"。倘若学者们坚持认为保险诈骗罪是普通诈骗的特别法条[1]，也只能在保险诈骗数额较大财物的范围内时承认其与普通诈骗是特别关系。因为在这种场合，适用特别法条认定为保险诈骗罪，或许也能充分评价行为对保险秩序与财产的不法侵害内容。但是，如若行为人保险诈骗数额特别巨大（如3 000万元），保险诈骗与普通诈骗便是想象竞合关系。因为在司法实践中，对普通诈骗3 000万元的行为，如果没有减轻处罚的情节，都会判处无期徒刑。如果仍然认定为特别关系，适用特别法条认定为保险诈骗罪，此时适用的法定刑为"十年以上有期徒刑"，只能评价对保险秩序和数额巨大财产的不法侵害内容，而不能充分评价对数额特别巨大财产的不法侵害内容，所以，必须认定为想象竞合，认定行为同时触犯两罪，并按重罪（普通诈骗罪）的法定刑处罚。

　　同样，《刑法》第266条中的"本法另有规定的，依照规定"也只是就法条

---

[1]　严格地说，二者是想象竞合而不是法条竞合（参见吕英杰：《刑法法条竞合理论的比较研究》，载陈兴良主编：《刑事法评论》第23卷，北京大学出版社2008年版，第483页）。

竞合而言。例如，在保险诈骗数额较大财物时，就属于"本法另有规定"，因而应依照保险诈骗罪论处。

又如，倘若学者们坚持认为盗窃罪与盗伐林木罪是法条竞合的特别关系[①]，按照不法的包容性的实质标准，这种特别关系仅限于盗伐林木的财物价值（不法程度）没有超出 15 年有期徒刑程度的情形。换言之，当盗伐林木所造成的财产侵害程度需要判处无期徒刑时，其与盗窃罪之间便是想象竞合。这是因为，如果仅认定为法条竞合的特别关系，就没有对重大财产侵害这一不法内容进行充分评价，而仅认定为盗窃罪就没有评价对森林资源的侵害内容。所以，只有认定为想象竞合犯，才可充分评价行为的不法性质与不法内容。

在此可能遇到的质疑是，凭什么说适用一个法条没有充分评价不法内容？由解释者自己决定会不会导致定罪量刑具有恣意性？答案其实很简单：根据法定刑与量刑规范（量刑实践）判断适用一个法条是否充分评价了行为的不法内容，不仅容易而且不会恣意。以前述保险诈骗罪与诈骗罪的关系为例。诈骗罪的最高刑是无期徒刑，保险诈骗罪的最高刑是 15 年有期徒刑。所以，关键在于骗取多少财物会判处无期徒刑。倘若从 2023 年起，司法实践对诈骗价值 3 000 万元以上财物的才判处无期徒刑，那么，对于保险诈骗低于 3 000 万元的行为，认定为保险诈骗罪或许仍能充分评价行为的不法内容。一旦保险诈骗超过了 3 000 万元，则应认为，仅认定为保险诈骗罪就不能充分评价该行为对财产的不法侵害程度，所以，需要认定为想象竞合，从一重罪（诈骗罪）处罚。再如，倘若从 2023 年起，司法实践对盗窃价值 100 万元以上财物的判处无期徒刑，那么，在盗伐林木价值低于 100 万元时，认定为盗伐林木罪仍能充分评价行为的不法内容。一旦盗伐林木价值超过了 100 万元，则应认为，仅认定为盗伐林木罪就不能充分评价该行为对财产的不法侵害程度，所以，需要认定为想象竞合，从一重罪（盗窃罪）处罚。显然，在此问题上，只要对法定刑与量刑规范（量刑实践）稍作比较，就能得出合理结论，而不会导致定罪量刑的恣意性。

其三，结果加重犯与基本犯是法条竞合，但与加重结果所触犯的故意犯罪之间则是想象竞合。

结果加重犯与基本犯是最典型的特别关系。[②] 例如，抢劫致人死亡与普通抢劫是特别关系。行为人抢劫致人死亡时，必须适用抢劫致人死亡的特别法条，不

---

① 笔者不认为二者是法条竞合关系，因为二者不符合法益的同一性的标准，也不存在包容关系（参见张明楷：《盗伐、滥伐林木罪的重要问题》，《上海政法学院学报（法治论丛）》2021 年第 5 期）。

② Vgl. Claus Roxin, Strafrecht Allgemeiner Teil, Band Ⅱ, C. H. Beck, 2003, S. 849ff；［日］平野龙一：《刑法总论Ⅱ》，有斐阁 1975 年版，第 410 页。

得适用基本法条认定为普通抢劫。但是，就与故意杀人罪的关系而言，抢劫故意致人死亡（故意杀人后劫取财物）与故意杀人罪则是想象竞合。

德国联邦法院认为，"谋杀罪与抢劫致死罪之间是想象竞合，因此，故意引起的死亡正是抢劫的结果，据此，在有罪判决中就可能明确指出（明示）特别重大而且危险的抢劫行为"①。亦即，应认定谋杀罪与抢劫故意致人死亡是想象竞合，而不是法条竞合。德国联邦法院的观点，也得到了德国刑法理论的普遍认可。例如，耶赛克（Jescheck）教授与魏根特（Weigend）教授指出："如果并不缺乏结果加重犯的基本构成要件，加重结果不仅可以由过失而且可以由故意实现时，就必须承认结果加重犯与该故意构成要件或过失构成要件之间是想象竞合。因为只有采用这样的认定方法，才能说明具体案件中加重结果是由故意引起还是由过失引起。"②

在我国，将抢劫故意致人死亡认定为抢劫致人死亡与故意杀人的想象竞合，不仅能够发挥上述明示机能，而且在基本犯未遂时，有利于量刑的合理化。例如，行为人计划杀死他人后取得财物，但杀害他人后因害怕刑罚处罚而自动放弃了取得财物的行为，或者由于意志以外的原因而未能得取财物。在这种情况下，如果仅认定为抢劫（致死）罪，首先存在是否适用中止犯、未遂犯的规定的问题，如果适用则明显导致罪刑不相适应。倘若认定为抢劫（致死）罪与故意杀人罪的想象竞合，则最终可以按故意杀人罪的既遂犯处罚，从而保证量刑的合理性。

存在疑问的是，将上述情形认定为想象竞合，是否存在重复评价的嫌疑？答案是否定的。一方面，上述评价旨在实现想象竞合的明示机能，从而有利于实现特殊预防与一般预防目的，而不是为了使行为人受到双重处罚。另一方面，想象竞合时，只是认定行为触犯数罪，而不是按数罪处罚，只适用一个最重的法定刑，所以，并不存在对行为人不利的重复评价。

此外，结果加重犯与基本法条之间是法条竞合，但形式上属于结果加重而刑法没有加重法定刑，因而不成立结果加重犯的，属于想象竞合。例如，在《刑法修正案（九）》施行之前，绑架致人死亡是绑架罪的结果加重犯，故绑架致人死亡与普通绑架之间是特别法条。但是，《刑法修正案（九）》没有将绑架致人死亡规定为结果加重犯。于是，在行为人的绑架行为过失致人死亡的场合，不能仅定绑架罪，必须认定为绑架罪与过失致人死亡罪的想象竞合，再按绑架罪的法定刑处罚。

---

① 转引自［日］只木诚：《观念的竞合的明示机能》，《研修》2011 年第 4 期。

② Hans-Heinrich Jescheck/Thomas Weigend, Lehrbuch des Strafrechts: Allgemeiner Teil, 5. Aufl., Duncker & Humblot, 1996, S. 723.

综上所述，特别关系与想象竞合的区别是相对的，而非固定不变的。"一行为违反了数条相互之间不能通过法条竞合排除的刑法规定，就构成想象竞合"①；而能否通过法条竞合排除，并非只是考虑数个法条之间是否存在包容关系，还必须考虑适用一个法条能否充分评价行为的不法性质与不法内容（程度）。只有当适用一个法条能够充分评价一个行为的所有不法内容时，才可能属于法条竞合。反之，应当认定为想象竞合。本文的观点使得法条竞合与想象竞合的区分并不固定，但并不会导致区分的恣意性；本文的观点导致法条竞合减少、想象竞合增加，但并不是为了实现重刑主义，而是为了实现刑法的公平正义，实现刑罚的特殊预防与一般预防目的。

（二）特别关系与交叉关系

如前所述，两个法条之间可能存在交叉关系。本书的基本观点是，只要承认想象竞合的明示机能，就不能承认交叉关系属于法条竞合，只能认为交叉关系属于想象竞合。

例如，日本《刑法》第224条规定："略取或者诱拐未成年人的，处三个月以上七年以下拘禁刑。"第225条规定："以营利、猥亵、结婚或者对生命、身体的加害为目的，略取或者诱拐他人的，处一年以上十年以下拘禁刑。"于是，在以营利、猥亵等目的略取、诱拐未成年人这一部分，略取、诱拐未成年人罪与营利目的等略取、诱拐罪就形成交叉关系。在日本有学者认为，在以营利、猥亵等目的略取、诱拐未成年人这一部分，略取、诱拐未成年人罪与营利目的等略取、诱拐罪就形成交叉关系，适用重法条优于轻法条的原则。② 但是，德国的竞合论重视想象竞合的明示机能，不承认法条竞合的交叉关系。因为倘若承认法条竞合的交叉关系，就只能适用一个重法条，其他法条被排斥适用。与之相反，想象竞合时，要同时适用行为所触犯的数个法条，在判决中应当明示被告人的行为触犯数个罪名，从而实现充分、全面的评价，只是按其中最重犯罪的法定刑量刑而已。就日本《刑法》第224条与第225条而言，虽然形式上存在外延上的交叉关系，但是，当行为人以营利、猥亵等目的略取、诱拐未成年人时，如果仅适用日本《刑法》第224条，就没有评价其不法目的；如果仅适用其第225条，就没有评价略取、诱拐未成年人这一内容。只有认定为想象竞合，在判决中明示行为同时触犯日本《刑法》第224条与第225条，才能实现全面评价。

在我国有学者指出，当行为人冒充国家机关工作人员招摇撞骗，骗得财物

---

① ［德］冈特·施特拉腾韦特、洛塔尔·库伦：《刑法总论Ⅰ——犯罪论》，杨萌译，法律出版社2006年版，第442页。

② 参见［日］山口厚：《刑法总论》（第3版），有斐阁2016年版，第396页。

时，就成立外延上的交叉关系。据此，我国《刑法》第 266 条与第 279 条存在交叉关系，属于法条竞合的交叉关系，适用原则是重法条优于轻法条。① 可是，我国《刑法》第 279 条所规定的招摇撞骗罪并没有将财物作为保护法益，因而不以骗取财物为要件，如果对上述行为仅适用其中一个法条，就没有对不法内容进行全面评价。亦即，如果仅认定为招摇撞骗罪，就没有评价行为对财产的不法侵害内容；如果只认定为诈骗罪，就没有评价行为对国家机关公共信用的不法侵害内容。只有认定为想象竞合，在判决中明示行为触犯上述两个罪名，只是适用一个重法定刑，才能全面评价行为的不法内容。此外，认为诈骗罪与招摇撞骗罪是法条竞合，同时主张实行重法优于轻条的观点，明显不符合我国《刑法》第 266 条的"本法另有规定的，依照规定"的规定。亦即，如果对冒充国家机关工作人员骗取财物的行为认定为诈骗罪（重法），就违反了《刑法》第 266 条的规定。于是，持上述观点的学者指出："可以将'本法另有规定的，依照规定'理解为对诈骗罪的特别法与普通法的法条竞合的法律适用原则的规定，而不适用于诈骗罪中的择一关系的法条竞合。对于择一关系的法条竞合，可以径直采用重法优于轻法的原则。"② 但是，作出如此解释的根据，还存在疑问。事实上，这种处理与认定想象竞合无异，与其这样解释，不如承认冒充国家机关工作人员骗得财物的行为是想象竞合。这样既可以就行为侵害了不同法益进行充分评价，又实现想象竞合的明示机能，还维持了处罚的协调性，且不至于违反《刑法》第 266 条的规定。

又如，当行为人虐待的家属成员属于未成年的被监护人时，如果认定为法条竞合，那么，要么仅适用《刑法》第 260 条评价为虐待罪，因而就没有评价对未成年的被监护人这一特定对象进行虐待的不法内容；要么仅适用《刑法》第 260 条之一评价为虐待被监护人罪，因而就没有评价虐待家庭成员这一不法内容。只有认定为想象竞合，才能全面评价行为的不法内容。

再如，《刑法》第 120 条之四规定的利用极端主义破坏法律实施罪与《刑法》第 278 条规定的煽动暴力抗拒法律实施罪存在交叉关系。即当行为人利用极端主义煽动群众暴力抗拒国家法律实施时，同时触犯了两个法条。但是，如果仅认定为利用极端主义破坏法律实施罪，就没有评价其中的煽动群众"暴力抗拒"的不法内容；如果仅认定为煽动暴力抗拒法律实施罪，就没有评价其中的利用极端主义的不法内容。所以，只有认定为想象竞合，在判决中明示行为同时触犯两

---

① 参见陈兴良：《规范刑法学》（第四版）（上册），中国人民大学出版社 2017 年版，第 280 页。

② 陈兴良：《判例刑法学》（上卷），中国人民大学出版社 2009 年版，第 510 页。陈兴良教授认为交叉（交互）竞合的两个法条之间存在择一关系。

个罪名，最后仅适用一个重法定刑，才能实现全面评价。

总之，在法条之间存在交叉关系时，仅适用一个法条要么不能全面保护法益（两个法条的保护法益不同），要么不能全面评价行为的不法内容（虽然侵害相同法益，但不法内容存在区别），故不应当认定为法条竞合，而应当认定为想象竞合。

（三）特别关系与补充关系

一般认为，为了避免基本法条对法益保护的疏漏，有必要通过补充法条补充规定某些行为成立犯罪。补充法条规定的构成要件要素，少于或者低于基本法条的要求，或者存在消极要素的规定。换言之，补充法条规定的构成要件相当于兜底构成要件，从实质上说，补充法条规定的犯罪的不法程度必然轻于基本法条的犯罪。"因此，如果已经实施了真正的或者更严重的侵害并应受到处罚，则不再适用补充性的法条。"① 这便是国外刑法理论所称的基本法条优于补充法条的原则。补充关系分为明示的补充关系（形式的补充关系）与默示的补充关系（实质的补充关系）。

1. 明示的补充关系

在明示的补充关系的场合，刑法分则条文要么通过对构成要件的描述显示出补充性，要么通过对适用法条的规定显示出补充性。因此，在明示的补充关系的场合，应当直接根据刑法分则的明文规定适用法条。

例如，《刑法》第 205 条第 1 款规定了虚开增值税专用发票、用于骗取出口退税、抵扣税款发票罪，法定刑较重，保护法益是国家的税收财产以及发票的公共信用。《刑法》第 205 条之一第 1 款规定："虚开本法第二百零五条规定以外的其他发票，情节严重的，处二年以下有期徒刑、拘役或者管制，并处罚金；情节特别严重的，处二年以上七年以下有期徒刑，并处罚金。"《刑法》第 205 条之一的保护法益只是发票的公共信用，其中的"本法第二百零五条规定以外"是表面的要素，亦即，虚开增值税专用发票、用于骗取出口退税、抵扣税款发票的行为没有侵犯国家税收财产，仅侵犯发票的公共信用的，也成立第 205 条之一规定的犯罪，只是优先适用第 205 条的规定。所以，可以认为，《刑法》第 205 条之一是第 205 条的补充法条，第 205 条则是第 205 条之一的特别法条或基本法条。

形式上似乎具有补充关系，但法条的保护法益不同的，或者法条之间不存在包容关系的，不是补充关系。例如，《刑法》第 151 条与第 152 条规定了各种走私特定物品的犯罪（如武器、弹药、核材料、假币、淫秽物品等），《刑法》第

---

① ［德］冈特·施特拉腾韦特、洛塔尔·库伦：《刑法总论 I——犯罪论》，杨萌译，法律出版社 2006 年版，第 437 页。

347 条规定了走私毒品罪，《刑法》第 153 条规定："走私本法第一百五十一条、第一百五十二条、第三百四十七条规定以外的货物、物品的，根据情节轻重，分别依照下列规定处罚……"据此，《刑法》第 153 条似乎成为对各种走私犯罪的兜底规定，与前两条是补充关系。但事实上并非如此。《刑法》第 153 条规定的走私普通货物、物品罪与前两条规定的走私犯罪的保护法益并不相同。诚然，当行为符合《刑法》第 151 条或者第 152 条的犯罪构成时，原则上不得适用《刑法》第 153 条，但并不绝对；而且，符合前两条规定的走私行为并不当然符合《刑法》第 153 条的构成要件；反之亦然。既然如此，就不符合法条竞合所要求的包容关系，不属于补充关系（也不是特别关系）。（1）当行为客观上符合《刑法》第 151 条或者第 152 条的构成要件，但行为人仅有《刑法》第 153 条的故意时（如误将贵重金属当作普通金属走私出境），依然应适用《刑法》第 153 条。（2）虽然黄金、白银等贵重金属属于《刑法》第 151 条规定的货物、物品，但走私贵重金属入境的，应当适用《刑法》第 153 条的规定。（3）当行为人走私《刑法》第 151 条第 3 款、第 152 条第 2 款规定的货物、物品偷逃关税的数额特别巨大，应当判处无期徒刑，而按《刑法》第 151 条第 3 款、第 152 条第 2 款的规定只能判处有期徒刑时，只能认定为想象竞合，从一重罪处罚。

再如，一方面，《刑法》第 140 条规定了生产、销售伪劣产品罪，以销售金额 5 万元为成立条件，《刑法》第 141～148 条规定了生产、销售特殊伪劣产品的犯罪，但不要求销售金额达到 5 万元，在此意义上，《刑法》第 141～148 条是第 140 条的"补充"法条。另一方面，《刑法》第 141～148 条规定的犯罪以特定的产品种类作为构成要件要素，而且大多将侵害结果或者具体危险作为构成要件要素（《刑法》第 141 条与第 144 条除外），而《刑法》第 140 条既没有限定产品的种类，也没有将侵害结果与具体危险作为构成要件要素，在此意义上，《刑法》第 140 条似乎是第 141～148 条的"补充"法条。可是，法条竞合以逻辑上的包容为必要，除了同一关系以外，两个法条不可能互相包容，而《刑法》第 140 条与第 141～148 条不可能是同一关系，因而不可能存在相互包容。可以肯定的是，符合《刑法》第 140 条的未必符合《刑法》第 141～148 条，符合《刑法》第 141～148 条的未必符合《刑法》第 140 条关于数额的要求，因此它们不是特别关系，也不是补充关系。事实上，《刑法》第 140 条与第 141～148 条是交叉关系，应该按想象竞合处理。于是，《刑法》第 149 条规定："生产、销售本节第一百四十一条至第一百四十八条所列产品，不构成各该条规定的犯罪，但是销售金额在五万元以上的，依照本节第一百四十条的规定定罪处罚。生产、销售本节第一百四十一条至第一百四十八条所列产品，构成各该条规定的犯罪，同时又构成本节第一百四十条规定之罪的，依照处罚较重的规定定罪处罚。"

长期以来，刑法理论一直认为，《刑法》第 140 条是普通法条，《刑法》第 141~148 条是特别法条，但《刑法》第 149 条规定了重法条优于轻法条的例外原则。① 现在看来，这种观点也值得反思。例如，《刑法》第 140 条所规定的生产、销售伪劣产品罪的最高刑为无期徒刑。《刑法》第 148 条规定："生产不符合卫生标准的化妆品，或者销售明知是不符合卫生标准的化妆品，造成严重后果的，处三年以下有期徒刑或者拘役，并处或者单处销售金额百分之五十以上二倍以下罚金。"倘若说《刑法》第 148 条是特别法条，再联系《刑法》第 149 条的规定，就不能回答如下问题：立法者对生产、销售不符合卫生标准的化妆品的犯罪究竟是想科处较轻的刑罚，还是想科处较重的刑罚？主张《刑法》第 148 条是特别法条的观点实际上意味着，立法者原本打算对生产、销售不符合卫生标准的化妆品的犯罪科处较轻的刑罚，于是设置了《刑法》第 148 条。但是，随即又担心处罚较轻，于是再设置《刑法》第 149 条。只有否认特别关系，承认交叉关系，进而认定为想象竞合，才能理顺关系。

2. 默示的补充关系

默示的补充关系，是指根据法条竞合的基本理论推导出来的补充关系。我国刑法分则大体存在两类默示的补充关系，均应当直接按照刑法分则的明文规定适用法条。

第一类情形是，独立预备罪的不法程度轻于原本的既遂犯时，独立预备罪属于补充法条。例如，《刑法》第 120 条之二将"为实施恐怖活动准备凶器、危险物品或者其他工具"的行为规定为独立的犯罪。如果行为人利用其准备的工具进一步实施了爆炸、杀人、绑架等恐怖犯罪行为，且后者的不法程度重于独立预备罪时，不适用独立预备罪的规定。但是，由于只有当 B 法条所规定之罪的不法程度轻于 A 法条所规定之罪时，才可能成立补充关系，所以，如果"为实施恐怖活动准备凶器、危险物品或者其他工具"的行为（准备实施恐怖活动罪）情节严重应当"处五年以上有期徒刑"，而其实施的爆炸等恐怖犯罪行为没有造成严重后果（只能适用"三年以上十年以下有期徒刑"）时，就不属于补充关系，而宜按牵连犯从一重罪处罚（参见《刑法》第 120 条之二第 2 款）。

第二类情形是，危险犯相对于侵害同一法益的实害犯而言，属于补充法条。以《刑法》第 114 条与第 115 条第 1 款为例。一般认为，两个条文之间具有竞合关系，前者为补充法，后者为基本法。对于造成严重后果的放火、爆炸等行为，不得适用《刑法》第 114 条。当然，二者的关系并不是单一的基本法与补充法的关系。

首先，当行为人实施了放火、爆炸等危害公共安全的行为，造成不特定或者

---

① 参见黎宏：《刑法学总论》（第二版），法律出版社 2016 年版，第 92 页。

多数人的伤亡实害结果，并且对该结果具有认识并且持希望或者放任态度时，应当适用《刑法》第 115 条第 1 款。这种情形属于普通的结果犯。与结果犯相对应，《刑法》第 114 条规定的便是未遂犯。因为《刑法》第 114 条与第 115 条第 1 款是以是否造成严重伤亡实害结果作为区分标准的，所以，是否造成严重伤亡实害结果，成为区别适用这两个条文的基本标准。例如，即使行为人以希望或者放任不特定或者多数人伤亡的故意，实施了放火、爆炸等危害公共安全的行为，但只要没有造成严重伤亡实害结果，就只能适用《刑法》第 114 条；并不是适用《刑法》第 115 条第 1 款，同时适用《刑法》总则第 23 条关于未遂犯的规定。所以，与普通的结果犯相对应，《刑法》第 114 条便是对《刑法》第 115 条第 1 款的未遂犯的特别规定（也可谓对未遂犯的既遂犯化）。在一个犯罪从着手到既遂并无间断的情形下，没有必要考虑法条竞合的问题；在第一次着手后未得逞，第二次又着手并既遂的情况下，则是包括的一罪。[①]

其次，当行为人只是对具体的公共危险具有故意，对发生的伤亡实害结果仅具有过失（并不希望或者放任实害结果发生）时，属于典型的结果加重犯。不言而喻，《刑法》第 115 条第 1 款规定的犯罪，完全具备结果加重犯的特征。从表面上看，《刑法》第 115 条第 1 款虽然没有像第 114 条那样要求"危害公共安全"，但适用《刑法》第 115 条第 1 款显然以"危害公共安全"（发生具体的公共危险）为前提。否则，《刑法》第 115 条第 1 款就不属于危害公共安全的犯罪。既然适用《刑法》第 115 条第 1 款以发生具体的公共危险（基本结果）为前提，就表明《刑法》第 115 条第 1 款是因为发生了伤亡实害结果（加重结果）而提高了法定刑。所以，《刑法》第 115 条第 1 款的规定包含了结果加重犯。与结果加重犯相对应，《刑法》第 114 条又是对基本犯的规定。换言之，即使行为人主观上只是希望或者放任具体的公共危险的发生，但只要行为人对实际发生的实害结果具有过失，就必须适用《刑法》第 115 条第 1 款。[②] "特别关系总是存在于

① 参见［日］平野龙一：《刑法总论 II》，有斐阁 1975 年版，第 412 页；［日］西田典之著、桥爪隆补订：《刑法各论》（第 3 版），弘文堂 2019 年版，第 447 页；［日］前田雅英：《刑法总论讲义》（第 7 版），东京大学出版会 2019 年版，第 395 页；［日］山口厚：《刑法总论》（第 3 版），有斐阁 2016 年版，第 396 页；［日］井田良：《讲义刑法学·总论》（第 2 版），有斐阁 2018 年版，第 586 页。

② 倘若既承认过失的结果加重犯，又承认故意的结果加重犯，也可以认为，《刑法》第 114 条规定的是基本犯，第 115 条规定的是结果加重犯。亦即，一方面，当行为人对具体的公共危险（基本结果）具有故意，对所发生的伤亡实害结果（加重结果）具有过失时，是过失的结果加重犯，理当适用《刑法》第 115 条第 1 款；另一方面，当行为人不仅对具体的公共危险（基本结果）具有故意，而且对所发生的伤亡实害结果（加重结果）具有故意时，是故意的结果加重犯，也应适用《刑法》第 115 条第 1 款。

基本的构成要件与其结果加重和特殊的变异之间。"① 所以，从基本犯罪与结果加重犯的关系来说，《刑法》第 114 条与第 115 条第 1 款是特别关系。至于对实害结果仅有过失，但实害结果没有现实发生、只有具体危险的场合，由于不处罚过失的未遂犯，只能适用《刑法》第 114 条。这里并不存在特别关系或竞合的问题。

最后，《刑法》第 115 条第 1 款以"致人重伤、死亡或者使公私财产遭受重大损失"为要件，《刑法》第 114 条以"尚未造成严重后果"为适用前提。表面上看，二者既相互衔接，又相互排斥；其间既无遗漏，也无重叠交叉。但事实上并非如此，因为"尚未造成严重后果"只是表面的构成要件要素，两个法条之间并不存在相互排斥的关系。② 因此，在行为人实施了放火等危险行为，客观上也存在一人死亡的事实，却不能证明被害人的死亡由放火行为造成时，也能适用《刑法》第 114 条。显然，凡是符合《刑法》第 115 条第 1 款的行为必然符合《刑法》第 114 条，《刑法》第 115 条第 1 款只是在《刑法》第 114 条规定的基础上增加了加重结果的要素。所以，在这个意义上，《刑法》第 115 条第 1 款是特别法条，《刑法》第 114 条是普通法条。

从上面的论述可以看出，补充关系与特别关系大多没有实质区别，二者主要是由于观察角度不同导致的。换言之，"补充关系的形成，系指截阻规范与基准规范的关系，亦属规范内部之静态关系，此种关系的观察，应为由下而上的观察方向，从此一观点而言，补充关系的观察方向，正好与特别关系形成反向关系，二者则形成规范彼此间静态观察的双向关系"③。

（四）特别关系与吸收关系

法条竞合中是否存在吸收关系，是争论最激烈的问题之一。④

简单地说，一个法条吸收另一法条时，二者之间便具有吸收关系。但是，关于吸收关系的内涵和外延，则存在不同的观点。

例一：团藤重光教授承认吸收关系，其所举之例是，在杀人刺坏了衣服时，只适用杀人罪的规定，毁损器物的事实被吸收性地评价在杀人罪中。⑤

但这样的情形并不是法条竞合。故意杀人罪与故意毁坏财物罪，明显是两个

---

① Hans-Heinrich Jescheck/Thomas Weigend, Lehrbuch des Strafrechts: Allgemeiner Teil, 5. Aufl., Duncker & Humblot, 1996, S. 733.

② 参见张明楷：《犯罪构成体系与构成要件要素》，北京大学出版社 2010 年版，第 355 页。

③ 柯耀程：《刑法竞合论》，中国人民大学出版社 2008 年版，第 142 页。

④ 参见［德］约翰内斯·韦塞尔斯：《德国刑法总论》，李昌珂译，法律出版社 2008 年版，第 479 页。

⑤ 参见［日］团藤重光：《刑法纲要（总论）》（第 3 版），创文社 1990 年版，第 457 页。

中立的法条，二者之间不存在竞合关系。所以，井田良教授指出："这样的事实，属于通过一个刑罚法规的罚条评价使事实被包括性地包含在内的情形，倒不如说，应当将其作为包括一罪的一种（吸收一罪）来把握。"① 平野龙一、西田典之、前田雅英、山口厚等教授均认为这种情形属于包括的一罪。② 有学者认为，"这种情形虽然是包括的一罪，但应当理解为法条竞合的附随犯中的吸收关系"③。然而，包括的一罪以存在数个法益侵害为前提，而法条竞合并不存在数个法益侵害事实，所以，肯定上述附随犯既是包括的一罪，也是法条竞合关系，并不合适。正因为包括的一罪以存在数个法益为前提，所以，上述附随犯也可以被评价为想象竞合犯，因为毕竟是一个行为因为侵害两个法益而触犯了两个罪名。

例二：西田典之教授承认吸收关系，他指出："存在一方的构成要件吸收另一方因而仅成立一罪的情形。例如，抢劫罪（日本《刑法》第236条）以暴行、胁迫作手段，成立抢劫罪时，就不另成立暴行罪（日本《刑法》第208条）、胁迫罪（日本《刑法》第222条）。因为暴行、胁迫手段作为抢劫罪构成要件的一部分被吸收处罚（吸收关系）。"④

但是，更多学者认为，上述抢劫罪与暴行罪、胁迫罪的关系是特别关系。如山口厚教授在论述特别关系时指出，在特别关系中，"如果从加重类型或者减轻类型中除去加重要素或者减轻要素，就能认定为基本类型。在抢劫罪（日本《刑法》第236条第1项）这样的结合犯中，抢劫罪与暴行罪（日本《刑法》第208条）、胁迫罪（日本《刑法》第222条）以及盗窃罪（日本《刑法》第235条）的关系，同样可以说是特别关系"⑤。在本书看来，这种吸收关系应当归入特别关系，因为抢劫罪与暴行罪、胁迫罪之间，以及抢劫罪与盗窃罪之间，是一种比较典型的包容关系。换言之，抢劫罪的构成要件要素多于暴行罪、胁迫罪，也多于盗窃罪；凡是符合抢劫罪构成要件的行为，也必须符合暴行罪、胁迫罪与盗窃罪的构成要件。正因为如此，平野龙一教授指出："吸收关系可以说是一种特别关系或者补充关系。"⑥

例三：德国主流观点所承认的吸收关系之例是，入室盗窃与非法侵入住宅形

① ［日］井田良：《讲义刑法学·总论》（第2版），有斐阁2018年版，第583页。
② 参见［日］平野龙一：《刑法总论Ⅱ》，有斐阁1975年版，第411页；［日］西田典之著、桥爪隆补订：《刑法总论》（第3版），弘文堂2019年版，第447页；［日］前田雅英：《刑法总论讲义》（第7版），东京大学出版会2019年版，第396页；［日］山口厚：《刑法总论》（第3版），有斐阁2016年版，第400页。
③ ［日］山中敬一：《刑法总论》（第3版），成文堂2015年版，第1053页。
④ ［日］西田典之著、桥爪隆补订：《刑法总论》（第3版），弘文堂2019年版，第446~447页。
⑤ ［日］山口厚：《刑法总论》（第3版），有斐阁2016年版，第395页。
⑥ ［日］平野龙一：《刑法总论Ⅱ》，有斐阁1975年版，第411页。

成吸收关系，因为非法侵入住宅是盗窃的一个单纯的伴随行为。但行为所触犯的两个罪名之间，并不存在逻辑上的必然性，只是在通常情况下，行为触犯重罪名时会同时触犯另一轻罪名。①

在本书看来，德国主流观点之所以将上例作为法条竞合的吸收关系，是因为德国现行刑法中并没有牵连犯的概念。在日本的刑法理论与判例中，上例则是典型的牵连犯。② 我国普遍承认牵连犯概念，故也应归入牵连犯。

至于预备犯、未遂犯与既遂犯的关系，正犯与狭义的共犯（教唆犯与帮助犯）的关系，并不是所谓法条竞合中的吸收关系，而是包括的一罪。③ 顺便指出的是，包括的一罪中的吸收一罪或吸收关系，与部分学者所承认的法条竞合中的所谓吸收关系，并不是一回事。④

我国刑法理论一般使用吸收犯的概念，并将吸收犯作为处断上的一罪对待。"吸收犯，是指数个犯罪行为，其中一个犯罪行为吸收其他的犯罪行为，仅成立吸收的犯罪行为一个罪名的犯罪形态。例如，非法制造枪支、弹药，事后藏于家中。……吸收关系有哪几种，在刑法理论上意见颇不一致，但大多认为有如下三种：第一，重行为吸收轻行为。这里所说的行为的轻重，主要是根据行为的性质来区分的，重行为在行为的性质上较轻行为严重，前后的行为有轻有重时，轻行为应为重行为所吸收。……第二，实行行为吸收预备行为。……第三，主行为吸收从行为。……在我国对共同犯罪分类的情况下，主犯或教唆犯的行为是主行为，从犯的行为是从行为。据此，先教唆他人，后又帮助他人犯罪，帮助行为为教唆行为所吸收，应以教唆犯罪处断。"⑤

有学者指出："这种作为处断的一罪处理的所谓吸收犯，实际上是法条竞合犯，其包括两种类型：（1）行为形态的吸收：既遂吸收未遂、预备。在立法上为了充分保护法益，在构成要件的设计上，就会针对不同行为阶段和不同犯罪方式分别作出规定，由此形成法条上的重叠现象。但是，只要出现犯罪既遂结局的，犯罪未遂、预备的处罚规定就不再考虑。与此相关的问题是：行为实施之后，出现实害结果的，危险犯被实害犯所吸收。（2）参与上的吸收：正犯行为吸收（狭义的）共犯行为。教唆后实行的，教唆后帮助的，或者帮助一段时间后参与

---

① 参见［德］约翰内斯·韦塞尔斯：《德国刑法总论》，李昌珂译，法律出版社 2008 年版，第 480 页。

② 参见［日］山口厚：《刑法总论》（第 3 版），有斐阁 2016 年版，第 409 页；［日］井田良：《讲义刑法学·总论》（第 2 版），有斐阁 2018 年版，第 595 页。

③ 参见［日］山口厚：《刑法总论》（第 2 版），有斐阁 2016 年版，第 400 页。

④ 参见［日］西田典之著、桥爪隆补订：《刑法总论》（第 3 版），弘文堂 2019 年版，第 447 页。

⑤ 高铭暄、马克昌主编：《刑法学》（第十版），北京大学出版社、高等教育出版社 2022 年版，第 195~196 页。

实行的，当行为作为正犯受到处罚时，其狭义的共犯行为就不是一个独立的犯罪。只有当其行为无法按正犯进行处罚时，教唆、帮助的构成要件才有适用的余地。将上述两大类传统上作为吸收犯看待的行为认定为具有吸收关系，作为法条竞合的一种类型看待，……取消吸收犯概念，应该是没有问题的。"①

本书持与此相反的主张。亦即，可以否认法条竞合的吸收关系，将吸收犯作为包括的一罪处理。（1）所谓实行行为吸收预备行为，并不是法条竞合。因为某种行为的预备行为发展为实行行为后，会出现两种结局：要么预备行为对定罪没有独立意义，要么预备行为仍然是独立的犯罪。例如，准备杀人工具后实行了杀人行为，即使没有吸收犯的概念，也只能认定为一个杀人罪。更为重要的是，对杀人预备与杀人既遂所适用的分则条文内容是完全同一的，而这种情形不可能存在竞合问题。又如，行为人非法侵入他人住宅后实施杀人的实行行为，非法侵入他人住宅的行为虽然触犯了另一罪名，但即使行为人没有实施杀人的实行行为，对该行为也应认定为故意杀人的预备行为，而不宜仅认定为非法侵入住宅罪，故非法侵入他人住宅是杀人行为的一部分；由于侵入住宅杀人的行为具有一行为触犯数罪名的特点，故成立想象竞合，而不是吸收犯。如果承认牵连犯的概念，也可以认为非法侵入住宅实行杀人的，属于手段行为触犯了其他罪名，因而成立牵连犯。再如，为了非法吸收公众存款而先伪造金融机构经营许可证的，应实行数罪并罚或者认定为牵连犯。可见，不管是哪一种情况，都不需要在法条竞合中设置吸收关系。（2）所谓既遂犯吸收未遂犯，也需要具体判断。在着手后没有间断地到达既遂的场合，没有必要考虑罪数问题；在着手后有间断，后来又实行犯罪导致既遂的，则是包括的一罪（或同种数罪），而不是法条竞合中的吸收关系。对于同一犯罪的未遂与既遂所适用的分则条文（款项）内容是完全同一的，因而缺乏成立法条竞合的基本前提。（3）所谓主行为吸收从行为，也难以成立法条竞合。在正犯、教唆犯与帮助犯的分类上，共犯的竞合也不是法条竞合，而是包括的一罪。② 特别是在正犯行为、教唆行为、帮助行为触犯同一罪名时，适用的是同一法条的相同内容，不可能存在法条竞合关系。况且，在我国，共犯人是主犯还是从犯、胁从犯，需要根据其在共同犯罪中所起的作用认定，而这种作用大小必须综合考察，故不存在吸收问题。换言之，共犯人的所有行为，都是认定其属于主犯、从犯还是胁从犯的事实根据，不存在一部分行为吸收另一部分行为的问题。

总之，法条竞合中并不存在吸收关系，理论上所称的吸收关系，要么属于特

---

① 周光权：《法条竞合的特别关系研究》，《中国法学》2010 年第 3 期。
② 参见［日］井田良：《讲义刑法学·总论》（第 2 版），有斐阁 2018 年版，第 588 页。

别关系，要么属于包括的一罪（吸收犯），还可能属于牵连犯或者想象竞合。

四、特别关系的处理原则

如果合理确定特别关系的范围，那么，对于特别关系可以严格地采取特别法条优于普通法条的原则。例如，对于强奸既遂行为，只能认定为强奸罪，既不得认定为强制猥亵罪，也不应认定行为同时构成两个罪。再如，对于故意杀人既遂，只能认定为故意杀人罪，而不能同时认定为故意杀人罪与故意伤害罪。[①]

以往，由于刑法理论不当扩大了特别关系的范围，导致许多想象竞合现象被归入特别关系，按特别法条优于普通法条的原则处理，会出现罪刑不相适应的局面。所以，笔者曾采取了有严格限制的重法条优于轻法条的原则。

"在特别关系的法条竞合中，能否采用重法优于轻法原则，始终是我国刑法学界关于法条竞合理论关注的一个核心问题，而且争论时间持续达 25 年之长，至今仍然没有平息的迹象。"[②] 虽然在解释论上原本不应当有形式解释论与实质解释论的争论，但在对待法定刑不均衡的"特别法条"方面，的确存在形式解释论与实质解释论的分歧。形式解释论者只是对法条竞合进行逻辑上的思考，不权衡法条之间是否协调，不顾虑个案的判决是否符合罪刑相适应原则，或者将问题推给立法者；实质解释论者则认为，法条竞合并不是一个单纯的逻辑关系，而是要将公平正义贯彻于法条竞合与具体个案之中。这是因为，"如果一项罪行与对之设定的刑罚之间存在着实质性的不一致，那么就会违背一般人的正义感"[③]。同样，一项判决与所判之罪之间存在实质性的不一致，也会违背一般人的正义感。

如前所述，我国刑法理论基本上采用了单一的形式标准区分法条竞合与想象竞合，甚至通过介入案件事实判断两个法条之间是否存在包容关系，结果是将大量的想象竞合纳入法条竞合的特别关系。许多学者虽然严格坚持德国、日本处理法条竞合特别关系的原则（即特别法条优于普通法条），却又没有按照德国、日本的刑法理论确定特别关系，导致特别关系的范围包含了德国、日本的想象竞合与包括的一罪。这是值得反思的一种现象。本书反对宽泛地确定特别关系的范围，不顾及处理结论是否合理而坚持特别法条优于普通法条原则的做法。换言之，为了处理结论合理，实现刑法的正义理念，要么有限地适用重法条优于轻法条的原则，要么合理确定特别关系的范围，将需要适用重法条的情形排除在特别

---

① 当然，法院在判决说理时，应当说明法条竞合关系，从而有利于实现特殊预防与一般预防。
② 陈兴良：《法条竞合的学术演进——一个学术史的考察》，《法律科学》2011 年第 4 期。
③ ［美］E. 博登海默：《法理学：法律哲学与法律方法》，邓正来译，中国政法大学出版社 1999 年版，第 287 页。

关系之外。本书采取后一路径：合理确定特定关系的范畴，并严格适用特别法条优于普通法条的原则。

对于特别法条，虽然适用特别法条优于普通法条的原则，但并不意味着普通法条完全丧失意义。[①]

第一，当适用特别法条的犯罪由于实体上或者程序上的原因不受处罚时，被排除适用的普通法条会重新得到适用。例如，甲已着手持枪抢劫，但在没有压制被害人反抗，也没有造成任何损害的情况下，主动放弃使用枪支，以其他方法劫取财物。对甲的行为原本应适用"持枪抢劫"的特别法条，但由于甲中止了持枪抢劫，因而只能适用普通法条。不过也完全可以认为，虽然（持枪）抢劫罪的既遂犯与普通抢劫罪的既遂犯是法条竞合关系，但（持枪）抢劫罪的中止犯与普通抢劫罪的既遂犯没有特别关系，因而是想象竞合。两者从一重罪处罚，适用作为重罪的普通抢劫罪就是理所当然的。再如，倘若特别法条规定的是告诉才处理的犯罪，在被害人没有告诉时，如果适用普通法条不违反告诉才处理的法律宗旨，可能适用普通法条。

第二，只要不违背量刑原则，在量刑时就应当考虑被排除适用的法条。例如，《刑法》第236条规定，"在公共场所当众强奸妇女……的"，"处十年以上有期徒刑、无期徒刑或者死刑"。《刑法》第237条规定，在公共场所当众犯强制猥亵罪的，"处五年以上有期徒刑"。显然，前者是后者的特别法条。但是，当行为人在公共场所当众强奸未遂的行为同时构成强制猥亵罪的既遂时，如果按照特别法条认定为强奸罪并适用未遂犯的规定减轻处罚（即适用"三年以上十年以下有期徒刑"），所判处的刑罚便不得低于5年有期徒刑。[②]

第三，在共同犯罪案件中，可能对一部分共犯人适用特别法条，对另一部分共犯人适用普通法条。例如，在正犯持枪抢劫时，帮助犯不知道正犯有持枪行为的，对前者适用特别法条（即持枪抢劫），对后者适用普通法条。但此时对于帮助犯而言，其行为原本就仅符合一个犯罪构成，因此实质上不是竞合的问题。

五、特别法条的适用前提

特别法条的适用，以行为符合普通法条为前提。因为特别法条的要素不仅完全包含普通法条的要素，而且通过特别要素的增加，或者概念要素的特殊化，缩小了犯罪构成要件。特别法条的构成要件是较狭义的"种"，普通法条的构成要件是较广义的"属"；前者是下位概念，后者是上位概念。因此，特别法条的构

① Vgl. Claus Roxin, Strafrecht Allgemeiner Teil, Band Ⅱ, C. H. Beck, 2003, S. 864ff.

② 当然，这种情形能否认定为想象竞合，也是值得进一步研究的。

成要件的实现，必然包含普通法条的构成要件的实现。①

例如，如果合同诈骗罪是普通诈骗罪的特别法条，只有当行为完全符合普通诈骗罪的犯罪构成，并符合合同诈骗罪的犯罪构成时，才可能成立合同诈骗罪。

众所周知，诈骗罪（既遂）客观上必须表现为一个特定的行为发展过程。同样，按照合同诈骗罪的构造，行为人在签订、履行合同的过程中，使用欺骗手段使对方当事人交付财物，行为人收受对方当事人给付的货物、货款、预付款或者担保财产，对方当事人就遭受到财产损失，因而成立合同诈骗罪的既遂。所以，《刑法》第 224 条规定的合同诈骗罪的第四种行为类型（"收受对方当事人给付的货物、货款、预付款或者担保财产后逃匿的"），也必须符合普通诈骗罪与合同诈骗罪的构造。事后逃匿并不是合同诈骗罪的构成要件行为，只是表明行为人具有诈骗故意与非法占有目的的判断资料。所以，对这一行为类型，不能仅按照《刑法》第 224 条第 4 项本身的文字规定孤立地理解，而应结合《刑法》第 224 条项前的规定，根据合同诈骗罪的构造进行理解和认定。具体地说，只有当行为人在签订、履行合同的过程中，通过欺骗行为使对方交付货物、货款、预付款或者担保财产后逃匿的，才能认定为第四种类型的合同诈骗罪。

例如，2015 年 5 月 15 日，被告人郑某为偿还个人债务，向某钢铁经销部（被害单位）业务经理卫某（被害单位实际投资、经营、管理和收益人）谎称要购买钢材，双方约定以支票进行结算，不赊欠。2015 年 5 月 16 日，郑某与被害单位业务员姚某签订销货清单后，从被害单位将价值 358 999 元的 165.747 吨钢材拉走，未支付货款，其中 120 吨抵账用于偿还个人债务，剩余变卖。2015 年 5 月 17 日，郑某明知自己的内蒙古闽泰贸易有限公司账户资金不足，以内蒙古闽泰贸易有限公司的名义给被害单位开具了一张金额为 358 999 元的转账支票（票号 302015×××8285），在支票上加盖了某贸易有限公司财务专用章及郑国祥的个人签章。2015 年 5 月 25 日，经银行验印与查询，支票上加盖的印鉴与企业开户时预留的印鉴不符，且出票时账户余额不足，无法正常付款。后郑某手机关机，隐匿起来。一审判决认为，被告人郑某以非法占有为目的，在签订、履行合同的过程中，骗取被害单位价值人民币 358 999 元财物，收受被害单位货物后逃匿，数额巨大，其行为构成合同诈骗罪。被告人郑某上诉后，二审法院维持了原判。② 之所以能够认定郑某的行为成立合同诈骗罪，是因为郑某没有履行合同的想法或者没有履行合同的能力，却欺骗他人与其签订合同，诱使对方当事人交付财物。郑某事后逃匿的行为，不是合同诈骗罪的构成要件行为，只是表明其具有

---

① 参见陈志辉：《刑法上的法条竞合》，作者发行，1998 年版，第 43 页。
② 参见内蒙古自治区呼和浩特市中级人民法院（2018）内 01 刑终 56 号刑事判决书。

诈骗故意与非法占有目的的判断资料。

　　反过来说，行为人在签订、履行合同的过程中没有实施任何欺骗行为，确实打算履行合同，也具有履行合同的能力，在收受对方当事人给付的货物、货款、预付款或者担保财产后，产生了非法将对方当事人给付的财产据为己有、自己不再履行合同的想法，也没有实施任何欺骗行为，只是单纯逃匿的，因为完全没有实施任何欺骗行为，完全不符合合同诈骗罪的构造，当然不可能成立合同诈骗罪，充其量只能成立侵占罪。

　　为了使这样的行为成立诈骗犯罪，一些人提出了"事后故意"或者"事后非法占有目的"等概念。① 还有学者认为，如果行为人在取得贷款之后产生非法占有目的，不构成贷款诈骗罪，但可按照合同诈骗罪论处，依据之一是《刑法》第224条第4项将"收受对方当事人给付的货物、货款、预付款或者担保财产后逃匿的"行为规定为合同诈骗罪的表现形式之一。② 但本书难以赞成这种看法。

　　如果说"事后故意""事后目的"完全是指在取得被害人财产后产生故意与非法占有目的，那么，这种"事后故意""事后目的"概念明显违反了行为与责任同时存在的原则，也不符合诈骗罪的基本构造，没有存在的余地。

　　行为与责任同时存在是责任主义的一项重要内容。③ 这是因为，责任是对符合构成要件的违法行为的责任，或者说是对不法的责任。这就是责任的不法关联性，或者说是责任对违法性的从属性。④ 既然如此，各种责任要素就必须存在于不法行为时，而不能存在于不法行为后。责任能力、故意与过失、目的、违法性认识的可能性、期待可能性等，都不是就行为前与行为后而言。例如，行为人完全可能在行为时合理地以为自己的行为是合法的，由于行为时缺乏违法性认识的可能性，只能宣告无罪。倘若行为人后来了解了行为的违法性，以行为人明知自己以前实施的行为违法为由，追究其刑事责任，明显违反责任主义（继续犯或者后来的行为又构成不作为犯的除外）。再如，行为人完全可能在行为时没有责任能力，但事后具有责任能力，我们显然不能因为其事后具有责任能力而追究其刑事责任。

　　故意是行为人对自己实施的危害行为与危害结果所持的心理态度。故意必须表现在一定的行为中，只能是行为时的心理态度，故意的有无以及罪过的形式与内容都应以行为时为基准进行判断。从责任的角度来说，行为前的犯意并不等于故意；行为后才产生的所谓故意，不可能与先前的不法行为具有关联性。如果以

①　参见游伟主编：《刑法理论与司法问题研究》，上海文艺出版社2001年版，第370~371页。

②　参见刘航、刘远：《论贷款诈骗罪的认定》，《河北法学》2002年第5期。

③　参见［日］山口厚：《刑法总论》（第3版），有斐阁2016年版，第274页。

④　参见［日］井田良：《讲义刑法学·总论》（第2版），有斐阁2018年版，第84页。

行为前或者行为后的心理状态为根据认定行为人具有刑法上的罪过，必然违反责任主义原则。例如，甲狩猎时，以为前方是野兽便开枪射击。甲开枪后走近一看，发现自己打死的不是野兽而是自己以前的仇人乙。甲事后对乙的死亡兴高采烈。尽管如此，也不能认定甲成立故意杀人罪。因为甲的事后心理状态不能表明其行为时希望或者放任乙的死亡，因而与不法行为缺乏关联性。当然，在乙尚未死亡时，甲明知打中了活人而不救助的，对不作为可能成立故意杀人罪。但这与开枪的行为本身是否具备故意，是两码事。

同样，犯罪目的是犯罪人主观上通过犯罪行为所希望达到的结果或形成的状态。目的只能是行为时的目的，目的的有无以及目的的内容都应以行为时为基准进行判断。如果以行为前或者行为后的心理状态为根据认定行为人具有刑法所要求的"目的"，将导致刑法对目的的规定丧失意义，从而擅自取消了法定的责任要素。例如，根据《刑法》第152条第1款的规定，"以牟利或者传播为目的，走私淫秽的影片、录像带、录音带、图片、书刊或者其他淫秽物品的"，构成走私淫秽物品罪。这种目的犯的成立，要求行为人在实施走私淫秽物品的行为时，就必须具有牟利或者传播目的。如果行为人只是为了自己观看等目的携带淫秽物品进境，但在进境后产生牟利或者传播目的，并实施贩卖或者传播等行为的，不可能成立走私淫秽物品罪，只能成立贩卖淫秽物品牟利罪或者传播淫秽物品罪。

《刑法》第224条的项前规定已明文要求行为人"以非法占有为目的"，即只有"以非法占有为目的，在签订、履行合同过程中"，"收受对方当事人给付的货物、货款、预付款或者担保财产后逃匿的"，才成立合同诈骗罪，而不是任何"收受对方当事人给付的货物、货款、预付款或者担保财产后逃匿的"行为都成立合同诈骗罪。若行为人与对方签订合同时没有非法占有目的，并没有使对方陷入认识错误，即使在收受对方当事人给付的货物、货款、预付款或者担保财产后逃匿，也不能认定为骗取对方当事人财物。换言之，《刑法》第224条第4项的适用，仅限于行为人在收受对方当事人给付的货物、货款、预付款或者担保财产之时便存在诈骗故意与非法占有目的，而且对方之所以给付货物、货款、预付款或者担保财产，是由于行为人的诈骗行为所致。所以，《刑法》第224条第4项的规定，并不能说明诈骗故意与非法占有目的可以产生于取得财产之后。

其实，"收受对方当事人给付的货物、货款、预付款或者担保财产后逃匿的"，一方面表述了合同诈骗罪构造中的一个环节，即行为人取得财物，另一方面推定了行为人具有故意与非法占有目的。亦即，根据行为人的事后举止与态度推定行为人在行为时存在诈骗故意与非法占有目的，不等于存在"事后故意""事后目的"。英国法上的 Larceny（盗窃罪）概念原本不包含诈骗与侵占，为了扩大 Larceny 概念，英国法官凯琳（Kelyng）提出，行为人在取得财物后将财物据为己有、进行处分的，佐证了行为人在取得财物时就已经具有不法意图；因此，行为人以不法意图取得了占有的，构成 Larceny。这一判例理论被称为"Larceny 原则"。① 根据这一原则，只要行为人事后以所有人自居处分事前占有的财产的，就成立 Larceny。但是，一方面，这一原则并非承认"事后故意"或"事后目的"，也只是以事后行为佐证行为时的故意与目的。另一方面，推定是允许反证的，如果有证据表明行为人在行为时确实没有非法占有目的，就不能根据行为人的事后行为认定行为人在行为时具有非法占有目的。

综上所述，单纯仅从文字表述来看，《刑法》第 224 条第 4 项规定的行为类型，并不是一种完整的独立行为类型。

其一，总的来说，需要将本项规定与项前规定结合起来理解和适用。如此，便可以形成相对完整的行为类型：在签订、履行合同过程中，骗取对方当事人财物，收受对方当事人给付的货物、货款、预付款或者担保财产后逃匿，数额较大的。其中的"骗取"，并无特别限制，只要利用了经济合同，并且达到了足以欺骗对方的程度即可。例如，行为人隐瞒自己不打算履行合同的内心想法、虚构自己打算履行合同的虚假事实，② 诱使他人签订、履行合同，收受对方当事人给付的货物、货款、预付款或者担保财产后逃匿的，即构成合同诈骗罪。

其二，从构成要件的角度来说，需要将本项规定与诈骗罪的构造联系起来理解和适用。在诈骗罪中，对方之所以交付财物，是因为陷入了认识错误；而之所以陷入认识错误，是因为行为人实施了欺诈行为。例如，甲确实为了借用乙的汽车，而向乙提出借车的请求，在乙将汽车借给甲之后，甲在还车前产生非法占有目的，开车前往外地隐匿的，不可能成立诈骗罪，只能成立侵占罪。反之，如果 A 出于诈骗的故意向 B 借车，在"借"到 B 的汽车之后，开车前往外地隐匿的，则成立诈骗罪。基于同样的理由，行为人在收到对方货物、货款、预付款或者担保财产后，才产生故意与非法占有他人财物的目的进而逃匿的，不符合诈骗罪的构成要件；而符合诈骗罪的构成要件是成立合同诈骗罪的前提；既然该行为不成立诈骗罪，当然也不可能成立合同诈骗罪。

其三，从具体适用上说，在某些案件中，需要将《刑法》第 224 条第 4 项的规定与其他项的规定结合起来适用。例如，2013 年 5 月 2 日至 12 月 10 日期间，被告人高某某为偿还他人货款，虚构其能在河南省正常经销电动工具的事实，并隐瞒其低于进货价进行销售的真相，取得电动工具厂商和供货商的信任，先后骗

---

① 参见［日］木村光江：《诈欺罪的研究》，东京都立大学出版会 2000 年版，第 74 页。
② 隐瞒内心真实想法的行为，也属于诈骗犯罪中的欺骗行为（参见张明楷：《诈骗犯罪论》，法律出版社 2021 年版，第 69~71 页）。

取多名供货商货值人民币 2 659 509 元的电动工具，在河南郑州、洛阳等地低于进货价销售套现。其间，高某某先后支付部分货款及退还部分货物，价值共计人民币 1 389 994 元，实际骗得货值人民币 1 269 515 元的电动工具。高某某套现后，部分用于偿还以前拖欠其他供货商的货款，部分用于其个人购买黄金首饰等消费。2013 年 12 月 10 日，高某某逃离郑州并更换联系方式。公诉机关认为，被告人高某某以非法占有为目的，在签订、履行合同过程中，虚构事实、隐瞒真相，骗取他人财物，数额特别巨大，其行为触犯了《刑法》第 224 条第 3、4 项的规定，应当以合同诈骗罪追究刑事责任。法院也引用《刑法》第 224 条第 3、4 项的规定，认定高某某的行为构成合同诈骗罪。① 在本案中，高某某并不只是因为收到商品后逃离郑州而成立合同诈骗罪，而是因为此前的欺骗行为（虚构其能在河南省正常经销电动工具的事实，并隐瞒其低于进货价进行销售的真相），使被害人产生了处分商品的认识错误，进而处分了商品。

总之，对于合同诈骗罪的认定，不能仅以法条的字面含义为根据，只有当行为完全符合普通诈骗罪的犯罪构成，同时使用合同这一手段骗取对方当事人财物时，才可能成立合同诈骗罪。

再如，倘若认为信用卡诈骗罪与普通诈骗罪是特别关系，那么，只有当使用伪造的信用卡或者以虚假的身份证明骗领的信用卡、使用作废的信用卡、冒用他人的信用卡和恶意透支行为完全符合普通诈骗罪的犯罪构成时，才可能成立信用卡诈骗罪。换言之，信用卡诈骗罪中的构成要件行为不包括在自动取款机上的使用、冒用与透支行为。

首先，并非只要行为人实施了欺骗行为进而取得了财产就成立诈骗罪，因为盗窃犯也可能实施欺骗行为。同时，并非只要行为人使用欺骗手段，导致对方将财产"转移"给自己或者第三人，就成立诈骗罪，因为盗窃罪也有间接正犯，盗窃犯完全可能使用欺骗手段利用不具有处分财产权限或地位的人取得财产。因此，诈骗罪与盗窃罪的关键区别在于，受骗人是否基于认识错误处分（交付）财产。受骗人虽然产生了认识错误，但并未因此而处分财产的，行为人的行为不成立诈骗罪；受骗人虽然产生了认识错误，但倘若不具有处分财产的权限或者地位，其帮助转移财产的行为便不属于诈骗罪中的处分行为，行为人的行为也不成立诈骗罪。

其次，机器是不能被骗的（机器不能成为诈骗罪中的受骗者），即机器因为没有意识而不会产生认识错误，更不会基于认识错误处分财产。计算机等出现程序错误时，也并不是计算机本身出现了认识错误。因此，所谓向机器行骗的行

① 参见江苏省启东市人民法院（2014）启刑二初字第 0212 号刑事判决书。

为，不可能成立诈骗罪，只能成立盗窃罪或者其他相关犯罪。① 既然是信用卡"诈骗"罪，那么，就应当有因为受骗（认识错误）而处分财产的人，而机器不可能被骗，所以，《刑法》第 196 条中的"使用""冒用"应限定为对"人"使用、冒用。换言之，利用信用卡从自动取款机上非法取得财物的，不宜认定为"诈骗"，认定为盗窃罪可能更为合适。例如，将类似硬币的金属片投入自动售货机中，从而取得自动售货机中的商品的行为，不可能成立诈骗罪，只能成立盗窃罪。同样，将他人的信用卡插入自动取款机中提取现金的，也只成立盗窃罪。② 如果将使用他人信用卡在自动取款机上提取现金的行为认定为诈骗罪，那就意味着，即使行为不具有诈骗罪的"因受欺骗而处分财产"的本质要素，也成立信用卡诈骗罪，这便使金融诈骗罪丧失了特别诈骗罪的性质。所以，只有当某种行为在符合了普通规定的前提下，进一步具备特别规定所要求的特别要件时，才可能适用特别规定。在自动取款机上的使用、冒用他人信用卡或者透支的行为，并不符合普通诈骗罪的构成要件，因而也不可能符合金融诈骗罪的构成要件，只能认定为盗窃罪。③

最后，需要说明的是，当特别法条与普通法条表现为部分包容关系时，就包容部分而言，特别法条的适用仍然以行为符合普通法条为前提。例如，重婚罪表现为"有配偶而重婚的，或者明知他人有配偶而与之结婚的"行为（《刑法》第258 条）；而破坏军婚罪则表现为"明知是现役军人的配偶而与之同居或者结婚的"行为（《刑法》第 259 条）。就与现役军人配偶结婚而言，两个条文之间存在包容关系，《刑法》第 259 条属于特别法条，《刑法》第 258 条属于普通法条。显然，只有符合《刑法》第 258 条"明知他人有配偶而与之结婚"的构成要件，才可能进一步符合"明知是现役军人的配偶而与之结婚"的构成要件。但是，就没有包容的部分而言，"特别法条"的适用不必以行为符合普通法条为前提。但在这种情况下，事实上已经不存在特别法条与普通法条的关系了。例如，明知是现役军人的配偶而与之同居的，并不包含在重婚罪的构成要件之内，因而不存在特别法条与普通法条的关系。相反，"明知是现役军人的配偶而与之同居"充

---

① 不能以我国《刑法》第 266 条关于诈骗罪的规定没有将受骗人限定为自然人为由，承认机器可以成为受骗人。否则，就会导致诈骗与盗窃的认定混乱不堪。

② 诈骗罪的成立要求行为人欺骗自然人，即使认为自动取款机是自然人的意思的延伸或者自然人的代理，它也不是自然人。概言之，认为机器已经具有了"人"的诸多特征的观点难以成立，更不能被纳入刑法之中。例如，倘若将自动取款机当人看待，那么，将自动取款机砸坏后取走其中现金的行为，就成立抢劫罪了，因为行为人对机器"人"实施了暴力，使机器"人"丧失保护现金的能力，进而取走了现金。恐怕没有人会赞成这样的结论。

③ 参见张明楷：《诈骗犯罪论》，法律出版社 2021 年版，第 117 页。

其量是为了法益保护的疏漏而制定的补充规定（相对于重婚罪而言），因此，该规定的适用，并不以行为符合重婚罪的构成要件为前提。

不过，由于刑法分则的许多条文将"数额较大"规定为构成要件要素，导致有些特别法条的适用并不以具备普通法条的"数额较大"的构成要件要素为前提。但是，即使在这种情况下，特别法条的适用，也要求行为具备普通法条所规定的构成要件的基本要素。

六、特别法条内容不周全的处理

特别法条内容不周全，是指特别法条将普通法条中的某种行为予以特别规定时，由于某种原因，其外延相对于普通法条而言存在缺失。例如，特别法条所规定的行为方式少于普通法条所规定的行为方式，或者特别法条所规定的行为对象少于普通法条所规定的行为对象，如此等等。

特别法条内容不周全，既可能是立法者的疏漏所致，也可能是立法者有意为之，还可能基于其他原因。此外，还存在司法解释不当导致特别法条内容不周全的情形。对此，应区分不同情形，确立不同的处理原则。下面联系具体条文进行分析。

（一）第一种情形

当立法者并非为了限制处罚范围，而是因为特别法条的地位等原因导致特别法条内容不周全时，对不符合特别法条却符合普通法条的行为，应按普通法条处理。因为特别法条并非必须规定所有的"特别情形"，相反，完全可能只规定某一种特别情形，既然如此，对其他没有规定的情形，理当适用普通法条，而不能以特别法条没有规定为由，认定为无罪。

例如，《刑法》第398条第1款规定："国家机关工作人员违反保守国家秘密法的规定，故意或者过失泄露国家秘密，情节严重的，处三年以下有期徒刑或者拘役；情节特别严重的，处三年以上七年以下有期徒刑。"本条属于普通法条或普通规定。而规定军人违反职责罪的《刑法》分则第十章的第432条第1款规定："违反保守国家秘密法规，故意或者过失泄露军事秘密，情节严重的，处五年以下有期徒刑或者拘役；情节特别严重的，处五年以上十年以下有期徒刑。"本条属于特别法条或特别规定。特别法条的特别之处表现在两点：第一，主体是现役军人，而非其他人员；第二，行为人故意或者过失所泄露的是国家军事秘密，而非其他国家秘密。换言之，行为是否属于刑法分则第十章所规定的军人违反职责罪，取决于两个条件：一是行为人是否为现役军人，二是行为是否危害国家军事利益。显然，《刑法》第432条第1款的设立，并不是为了限制处罚范围，只是为了加重处罚现役军人泄露军事秘密的行为（其法定刑高于故意、过失泄露国家秘密犯罪的法定刑）。

完全可能出现这样的案件：现役军人泄露的国家秘密并非军事秘密。在这种情况下，主体虽然具有特殊性，似乎属于一种"特别情形"，但该行为并没有危害国家军事利益，因而不符合《刑法》第 432 条第 1 款的规定。但是，解释者不能认为，现役军人只有泄露国家军事秘密时才成立犯罪，泄露其他国家秘密时不构成犯罪。因为现役军人泄露军事秘密以外的其他国家秘密，与其他国家机关工作人员泄露国家秘密没有任何本质区别。因此，对于现役军人泄露其他国家秘密的行为，应适用《刑法》第 398 条第 1 款规定。

同样可能出现这样的案件：非现役军人泄露国家军事秘密。在这种情况下，虽然对象具有特殊性，似乎属于一种"特别情形"，但该行为的主体并不是现役军人，因此不符合《刑法》第 432 条第 1 款的规定。但是，解释者不能认为该行为不构成犯罪。因为非现役军人泄露国家军事秘密，与非现役军人泄露其他国家秘密没有任何本质区别。因此，对于非现役军人泄露国家军事秘密的行为，根据《刑法》第 398 条第 2 款的规定，也应适用《刑法》第 398 条第 1 款的规定。

再如，《刑法》第 397 条规定了一般国家机关工作人员的滥用职权罪与玩忽职守罪。《刑法》第 416 条第 1 款与第 2 款分别规定："对被拐卖、绑架的妇女、儿童负有解救职责的国家机关工作人员，接到被拐卖、绑架的妇女、儿童及其家属的解救要求或者接到其他人的举报，而对被拐卖、绑架的妇女、儿童不进行解救，造成严重后果的，处五年以下有期徒刑或者拘役。""负有解救职责的国家机关工作人员利用职务阻碍解救的，处二年以上七年以下有期徒刑；情节较轻的，处二年以下有期徒刑或者拘役。"显然，对被非法拘禁的被害人、对被拐骗的儿童负有解救职责的国家机关工作人员，接到相关解救要求或者接到举报后不进行解救，造成严重后果的，或者利用职务阻碍解救的行为，并不符合《刑法》第 416 条的构成要件，但不能认为该行为不成立犯罪，而应根据性质与情节，适用《刑法》第 397 条的规定，以玩忽职守罪或滥用职权罪论处。

（二）第二种情形

当立法者由于疏漏导致特别法条内容不周全时，对特别法条没有规定的行为仍应按普通法条处理。即普通法条完整地规定了某种犯罪行为，而特别法条只是规定了普通法条中的部分犯罪行为；普通法条已经规定而特别法条没有规定的行为，并非不值得科处刑罚，而是由于表述疏漏等原因造成特别法条处罚上的空隙；对特别法条没有规定而完全符合普通法条规定的行为，必须适用普通法条。

例如，《刑法》第 280 条第 1 款规定："伪造、变造、买卖或者盗窃、抢夺、毁灭国家机关的公文、证件、印章的，处三年以下有期徒刑、拘役、管制或者剥夺政治权利，并处罚金；情节严重的，处三年以上十年以下有期徒刑，并处罚金。"显然，不管认为该款规定了几个罪名，但可以肯定的是，它规定了 6 种行为，即伪造、变造、买卖、盗窃、抢夺与毁灭，还规定了 3 种对象，即国家机关的公文、证件、印章①。这一条款属于普通条款。

《刑法》第 375 条第 1 款规定："伪造、变造、买卖或者盗窃、抢夺武装部队公文、证件、印章的，处三年以下有期徒刑、拘役、管制或者剥夺政治权利；情节严重的，处三年以上十年以下有期徒刑。"应当肯定的是，武装部队公文、证件、印章也属于国家机关的公文、证件、印章；如果没有《刑法》第 375 条第 1 款的规定，对伪造、变造、买卖、盗窃、抢夺、毁灭武装部队公文、证件、印章的行为，应适用《刑法》第 280 条第 1 款。因此，可以得出以下结论：《刑法》第 375 条第 1 款与《刑法》第 280 条第 1 款，是特别法条与普通法条的关系；对符合《刑法》第 375 条第 1 款的行为，不得适用《刑法》第 280 条第 1 款。

但问题是，《刑法》第 280 条第 1 款规定了 6 种行为，而《刑法》第 375 条第 1 款只规定了 5 种行为，即没有规定毁灭武装部队的公文、证件、印章的行为，那么，对于毁灭武装部队公文、证件、印章的行为，应当如何处理呢？

或许有人认为，既然《刑法》第 375 条第 1 款特别从《刑法》第 280 条第 1 款中抽出妨害武装部队的公文、证件、印章的行为予以规定，那就表明，对妨害武装部队公文、证件、印章的行为，只能适用《刑法》第 375 条第 1 款；既然《刑法》第 375 条第 1 款没有规定毁灭武装部队的公文、证件、印章构成犯罪，那么，对于该行为就不得以犯罪论处，而不管立法者是疏漏所致，还是有意为之。但本书不赞成这一解释结论。

虽然《刑法》第 375 条第 1 款规定的法定刑，与《刑法》第 280 条第 1 款规定的法定刑完全相同，但可以肯定，《刑法》第 375 条第 1 款的设立是为了特别保护武装部队的公文、证件、印章的公共信用。因为在一般意义上说，与对其他国家机关的公文、证件、印章的公共信用的保护必要性相比，对武装部队的公文、证件、印章的公共信用更加具有保护必要性。从另一角度来说，在情节相同的情况下，毁灭武装部队公文、证件、印章行为的法益侵害性与主观罪过性，并不轻于毁灭其他国家机关公文、证件、印章的法益侵害性与主观罪过性。既然如此，就没有理由只处罚毁灭其他国家机关的公文、证件、印章的行为，而不处罚毁灭武装部队公文、证件、印章的行为。但由于《刑法》第 375 条第 1 款并没有规定毁灭行为，故对毁灭武装部队公文、证件、印章的行为，只能适用《刑法》

---

① 行为人实施伪造行为时，所伪造的国家机关公文、证件、印章并非犯罪对象，这里只是为了论述方便而一并使用犯罪对象这一概念。应当认为，行为人伪造国家机关公文、证件、印章时，真正的以及应当由国家机关制作的公文、证件、印章才是犯罪对象。

第 280 条第 1 款，以毁灭国家机关公文、证件、印章罪论处。

这一解释可谓补正解释。人们完全可以认为，立法者由于疏漏而没有规定毁灭武装部队公文、证件、印章的行为。但是，如前所述（参见本书第一章），对于立法的疏漏，完全可以在不违反罪刑法定原则的前提下进行补正解释。

这一解释并不违反罪刑法定原则。如果《刑法》第 280 条第 1 款与《刑法》第 375 条第 1 款都没有规定毁灭行为，而将毁灭公文、证件、印章的行为解释为盗窃或者抢夺行为，进而以犯罪论处，则属于类推解释，违反罪刑法定原则。可立法现状是，虽然《刑法》第 375 条第 1 款没有规定毁灭行为，但《刑法》第 280 条第 1 款规定了毁灭行为；而且武装部队的公文、证件、印章完全属于国家机关的公文、证件、印章。既然如此，毁灭武装部队公文、证件、印章的行为就完全符合《刑法》第 280 条第 1 款的构成要件，不仅不存在类推解释问题，而且也不属于扩大解释。从实质上说，对毁灭武装部队的公文、证件、印章的行为适用《刑法》第 280 条第 1 款，也不会损害国民的预测可能性。这是因为，一方面，毁灭武装部队公文、证件、印章的行为可谓自然犯，一般人都能认识该行为的危害性；另一方面，人们在阅读《刑法》第 280 条第 1 款时，都不会认为国家机关的公文、证件、印章不包括武装部队的公文、证件、印章。虽然人们在阅读《刑法》第 375 条第 1 款时，不会认为毁灭武装部队的公文、证件、印章是犯罪，但人们是在体系性地阅读刑法，而不是断章取义地阅读刑法。

从法条之间的特别关系的角度看，毁灭武装部队公文、证件、印章的行为原本就只符合一个犯罪的构成，而并不构成多个犯罪。所以，上述问题本质上不是一个罪数问题，对于毁灭行为而言，也不存在何为特别法条、何为普通法条的区分。因此，适用《刑法》第 280 条第 1 款处理是理所当然的。

笔者注意到，按照本书的解释结论，可能出现罪数上的不合理现象。由于司法解释将《刑法》第 280 条第 1 款的规定概括为两个罪名，即伪造、变造、买卖国家机关公文、证件、印章罪与盗窃、抢夺、毁灭国家机关公文、证件、印章罪，因此，甲盗窃国家机关的此公文，又毁灭国家机关的彼公文的，仅成立一罪——盗窃、毁灭国家机关公文罪，而乙盗窃武装部队此公文，又毁灭武装部队彼公文的，则成立两罪——盗窃武装部队公文罪与毁灭国家机关公文罪。这是否会造成不公平现象？

诚然，如果没有立法上的疏漏，即倘若《刑法》第 375 条规定了毁灭武装部队公文、证件、印章这一值得科处刑罚的行为，那么，上述乙的行为也仅成立一罪；现在，立法上的疏漏则导致乙的行为成立数罪。这似乎不合理。但本书认为，这种不合理现象是可以得以解释和克服的。首先，事实上，普通法条与特别法条的区别，导致了这种现象的普遍存在。例如，A 第一次骗取金融机构的贷款，第二次进行信用卡诈骗，第三次使用通常诈骗方法骗取对方财物。如果刑法没有金融诈骗罪的规定，A 的行为仅成立一个诈骗罪；金融诈骗罪的规定，导致 A 成立数罪（贷款诈骗罪、信用卡诈骗罪与诈骗罪）。但解释者不能以此为由否认刑法规定金融诈骗罪的合理性（至于以其他理由为根据而否认金融诈骗罪规定的合理性，则是另外一回事）。再如，如果没有《刑法》第 280 条第 3 款，那么，B 伪造国家机关证件，同时伪造居民身份证的行为，仅成立伪造国家机关证件一个犯罪；而《刑法》第 280 条第 3 款的设立，导致 B 的行为成立两罪——伪造国家机关证件罪与伪造身份证件罪。同样，解释者也不能以此为由否认《刑法》第 280 条第 3 款的合理性。又如，如果没有《刑法》第 375 条的规定，那么，C 伪造国家机关印章，同时伪造武装部队印章的行为，仅成立伪造国家机关印章一个犯罪；而《刑法》第 375 条的设立，导致 C 的行为成立两罪——伪造国家机关印章罪与伪造武装部队印章罪。同理，解释者不宜以此为据否认《刑法》第 375 条的合理性。其次，如前所述，特别法条的设立，并不意味着将犯罪的各种特别情形都作出特别规定，完全可能仅就某一特别情形做出特别规定。因此，特别规定不周全的情形大量存在。最后，由于《刑法》第 280 条第 1 款与第 375 条都分别就一般情节与严重情节规定了不同的法定刑，即使将上述乙的行为认定为数罪，也不致造成处罚过重的局面。因为乙的行为虽然成立二罪，但分别都只属于情节一般，而甲的行为虽然仅成立一罪，但可能属于情节严重，故在处罚结果上，甲与乙所受的处罚不会存在明显差别。

当然，一方面，不能否认的是，如果《刑法》第 375 条没有遗漏"毁灭"行为，便不至于出现上述问题。但在出现遗漏的情况下，为了避免不应有的处罚空隙，将毁灭武装部队的公文、证件、印章的行为认定为毁灭国家机关公文、证件、印章罪，是完全必要的。另一方面，解释者肯定上述乙的行为触犯数个罪名，但同时以某种理由为根据主张仅以一罪论处，也是可能的。但这并不否认对毁灭武装部队公文、证件、印章的行为以毁灭国家机关公文、证件、印章罪论处的解释结论。

（三）第三种情形

在刑事立法为了限制处罚范围而使特别规定不周全时，对不符合特别法条的行为不得依普通法条处理。即普通法条的规定比较完整，但为了避免扩大处罚范围，或者为了限制处罚范围，刑法分则条文将普通法条所规定的部分行为作出了特别限制规定，导致符合普通法条的部分行为不成立犯罪。在这种情况下，对不符合特别法条规定的行为，不得依普通法条论处。

例如，前述《刑法》第 280 条第 1 款规定了伪造、变造、买卖、盗窃、抢夺、毁灭国家机关的公文、证件、印章的犯罪，其第 3 款又将"伪造、变造、买卖居民身份证、护照、社会保障卡、驾驶证等依法可以用于证明身份的证件的"行为规定为独立的犯罪。问题是，对于盗窃、抢夺、毁灭居民身份证等证件的行为，能否认定为盗窃、抢夺、毁灭国家机关证件罪？本书持否定回答。《刑法》第280条第3款将居民身份证等证件从第1款的国家机关证件中独立出来，仅规定伪造、变造、买卖行为成立犯罪，而且其法定刑低于伪造、变造国家机关证件罪的法定刑，说明在立法者看来，盗窃、抢夺、毁灭居民身份证等证件的行为，不值得科处刑罚。① 所以，立法者设立《刑法》第280条第3款就是为了限制处罚范围，防止将不值得科处刑罚的行为以犯罪论处。既然如此，对盗窃、抢夺、毁灭居民身份证等证件的行为，又以《刑法》第280条第1款规定的盗窃、抢夺、毁灭国家机关证件罪论处，便有违反立法精神之嫌。

（四）第四种情形

刑法本身并不存在特别法条不周全的现象，但司法解释导致特别法条不周全时，在司法解释具有法律效力的情况下，对相关行为可以适用普通法条。

例如，《刑法》第266条要求诈骗数额较大；《刑法》第192条、第194条、第196～198条关于金融诈骗罪的规定，也要求数额较大；《刑法》第195条虽然没有要求数额较大，但从刑法的谦抑性以及司法实践经验来看，事实上也要求数额较大。但是，根据2011年3月1日公布的《最高人民法院、最高人民检察院关于办理诈骗刑事案件具体应用法律若干问题的解释》第1条的规定，诈骗公私财物价值3 000元至1万元以上的，应当认定为《刑法》第266规定的"数额较大"。但相关司法解释规定，贷款诈骗、保险诈骗，以1万元为数额较大的起点；票据诈骗、金融凭证、信用卡诈骗，以5 000元为数额较大的起点。② 此外，根据2022年4月6日公布的《最高人民检察院、公安部关于公安机关管辖的刑事案件立案追诉标准的规定（二）》的规定，关于数额较大的起点，集资诈骗为10万元，贷款诈骗、票据诈骗、有价证券诈骗、保险诈骗均为5万元，信用卡诈骗为5 000元（但恶意透支除外），合同诈骗为2万元。于是，出现了这样的问题：对于贷款诈骗、保险诈骗数额为8 000元的，票据诈骗、信用卡诈骗、合同诈骗数额4 000元的，应当如何处理？

对此，至少可能出现四种方案：第一，司法解释的规定明显不当，应予废止。换言之，司法解释对金融诈骗数额较大的要求不应当高于普通诈骗罪的要

---

① 入户盗窃、携带凶器盗窃、扒窃身份证的，可能成立盗窃罪。
② 最高人民法院于2001年1月21日发布的《全国法院审理金融犯罪案件工作座谈会纪要》指出："金融诈骗的数额不仅是定罪的重要标准，也是量刑的主要依据。在没有新的司法解释之前，可参照1996年〈最高人民法院关于审理诈骗案件具体应用法律的若干问题的解释〉的规定执行。"

求。第二，对上述行为宣告无罪。理由可能是，既然刑法规定了金融诈骗罪的构成要件，现实行为也属于金融诈骗，在行为没有达到金融诈骗罪的数额的情况下，当然只能宣告无罪。第三，以金融诈骗罪的未遂处罚。因为在行为人实际上没有取得数额较大财物时，也可能以犯罪未遂处罚。第四，对上述行为以普通诈骗罪或合同诈骗罪论处。那么，究竟应如何解决此问题？

第一种方案虽然可谓上策，但在上述司法解释还没有被废止和修正的情况下，这一方案不能解决现实中发生的案件。而且上述司法解释被废止或者修正后，也就不存在本问题了。

第二种方案似乎旨在维护罪刑法定原则，但是，本书难以赞成。

首先，从整体上说，金融诈骗实际上是比普通诈骗更为严重的犯罪，不管是从法益侵害的角度来考察，还是从刑法的规定方式来考虑，都可以得出这一结论。如果对于采取其他方法骗取 3 000 元以上的以诈骗罪论处，而对于骗取贷款或者保险金，或者使用伪造的金融票据、信用卡等诈骗 3 000 元以上没有达到 5 000 元的，反而不以犯罪论处，这显然有悖于刑法的公平正义性。

其次，或许有人以本书前述"只能在罪刑法定原则的前提下追求刑法正义性"来反驳此处的观点。但是，如前所述，由于金融诈骗罪以符合普通诈骗罪的构成要件为前提，所以，只要金融诈骗数额达到 3 000 元以上，就至少符合了普通诈骗罪的构成要件。既然如此，就不能以违反罪刑法定原则为由，对这种行为宣告无罪。

再次，或许有人认为，在刑法将金融诈骗罪从诈骗罪中抽出来作为独立犯罪规定之后，凡属于刑法规定的金融诈骗行为，都只能适用刑法关于金融诈骗罪的规定，而不能适用刑法关于普通诈骗罪的规定，否则便违反了特别法条优于普通法条的原则。其实不然。不可否认，金融诈骗罪原本属于普通诈骗罪，在刑法将其从诈骗罪中抽出来作为独立犯罪规定之后，对金融诈骗罪不能认定为普通诈骗罪。但是，这是以行为同时符合金融诈骗罪和普通诈骗罪两者的构成要件为前提的。《刑法》第 266 条所说的"本法另有规定的，依照规定"，也是指行为符合"另有规定"时，才依照另有规定。可是，由于司法解释具有法律效力，又由于司法解释导致金融诈骗数额不满 5 000 元的不成立金融诈骗罪，所以，金融诈骗数额不满 5 000 元的行为，因为并不符合金融诈骗罪的构成要件，因而不属于《刑法》第 266 条的"本法另有规定"的情形。既然如此，对虽不符合金融诈骗罪的构成要件，但符合其他犯罪构成要件的行为，依然可能适用相关规定定罪处罚。

最后，刑法规定金融诈骗罪并不是为了限制诈骗罪的处罚范围。刑法将金融诈骗罪从普通诈骗罪中独立出来予以规定，与《刑法》第 280 条第 3 款将伪造、变造身份证件罪从伪造、变造国家机关证件、印章罪中独立出来作出规定，属于两种不同性质的规定。后者是为了限制处罚范围，即不处罚买卖、盗窃、抢夺、毁灭居民身份证的行为；前者不是为了限制处罚范围，而是为了对特定的诈骗行为给予更严厉的制裁。既然如此，就不能以限制处罚范围为由对上述行为宣告无罪。

第三种方案具有部分合理性。在行为人实施金融诈骗行为，但没有达到数额较大起点的情况下，以金融诈骗罪的未遂定罪处罚，是一种可行方案。对于刑法分则所规定的各种不以危害结果作为构成要件的故意犯罪，在什么情形下可以处罚未遂犯，需要进行实质性考虑：对于犯罪性质严重的未遂，如故意杀人未遂、抢劫未遂、放火未遂等，应当以犯罪未遂论处；犯罪性质一般的未遂，如盗窃未遂、诈骗未遂等等，只有情节严重时，才能以犯罪未遂论处；犯罪性质轻微的未遂，不以犯罪论处。[①] 此外，2011 年 4 月 8 日施行的《最高人民法院、最高人民检察院关于办理诈骗刑事案件具体应用法律若干问题的解释》第 5 条第 1 款规定："诈骗未遂，以数额巨大的财物为诈骗目标的，或者具有其他严重情节的，应当定罪处罚。"既然未获取财物的，都可能以诈骗的未遂犯定罪处罚，在获取财物的数额未达到司法解释的规定标准的情况下，更有理由定罪处罚。再者，从整体上说，金融诈骗行为的法益侵害性重于普通诈骗行为，所以，对实施金融诈骗行为但未达到数额较大起点的行为，以金融诈骗罪的未遂定罪处罚，具有合理性。

但是，行为人实施金融诈骗行为没有达到数额较大的情形，并非都属于犯罪未遂。从司法实践来看，大体可以分为两种情形：一是行为人主观上打算（包括概括故意等情形）、客观上也足以骗取数额较大甚至巨大的财物，但由于意志以外的原因未得逞。例如，A 打算骗取 10 万元保险金，但由于意志以外的原因没有骗取保险金或者只骗取了 4 000 元保险金。二是行为人主观上没有打算骗取金融诈骗罪所要求的数额较大的财物，故未能骗取数额较大财物。例如，B 打算冒用他人信用卡购买价值 4 000 元的商品，然后将信用卡归还他人。显然，在前一种情形下，我们可以认为 A 的行为属于犯罪未遂；但在后一种情形下，则不能认定 B 由于意志以外的原因而未得逞，即不能认定 B 的行为属于犯罪未遂。或者说，对于 B 实际得手的部分与"数额较大"标准之间的差额，B 不具有未遂犯的故意。所以，虽然对于 A 的行为可能以保险诈骗罪的未遂定罪量刑，但对于 B 的行为却不可能以信用卡诈骗罪的未遂定罪量刑。由此可见，第三种方案仍然存在

---

① 参见张明楷：《刑法第 140 条"销售金额"的展开》，《清华法律评论》（第 2 辑），清华大学出版社 1999 年版，第 188 页。

缺陷。

第四种方案，即对于金融诈骗行为没有达到相应金融诈骗罪规定的数额标准的，以普通诈骗罪论处。这种方案虽然可以克服第三种方案中的缺陷，但又会出现新的问题，即金融诈骗的未遂可能成立普通诈骗罪，既遂与未遂具有区分此罪与彼罪的机能；这多少有点类似于故意杀人既遂的成立故意杀人罪，故意杀人未遂的成立故意伤害罪的不当情形。此外，果真如此，还会出现以下局面：普通诈骗罪可能处罚犯罪未遂，而金融诈骗罪则不可能处罚犯罪未遂。这似乎不合适。因为如前所述，从整体上说，金融诈骗罪的法益侵害性重于普通诈骗罪，既然普通诈骗罪都可能处罚犯罪未遂，那么，金融诈骗罪也应可能处罚犯罪未遂。

基于上述分析，本书倾向于以下方案：（1）行为人实施金融诈骗行为时，主观上打算（包括概括故意等情形）、客观上也足以骗取数额较大甚至巨大的财物，但由于意志以外的原因未得逞的，宜以相应金融诈骗罪的未遂犯定罪处罚。如甲打算骗取10万元保险金，但未能骗取分文，宜以保险诈骗罪的未遂犯定罪处罚。（2）行为人实施金融诈骗行为时，主观上没有打算骗取金融诈骗罪所要求的数额较大的财物，客观上所骗取的财产数额没有达到相应金融诈骗罪的定罪标准，但达到了普通诈骗罪的数额标准的，应认定为普通诈骗罪。如乙仅打算冒用他人信用卡购买价值4 000元的商品，事实上也骗取了4 000元的商品，应认定为普通诈骗罪。（3）实施金融诈骗犯罪，试图骗取数额较大的财物，但骗取的数额没有达到特殊诈骗犯罪的数额，但达到了普通诈骗罪的数额的，可以认定为金融诈骗罪的未遂犯与普通诈骗罪既遂犯的想象竞合，从一重罪处罚。

表面上看，上述方案自相矛盾。其实不然。因为上述第（1）种情形符合金融诈骗的未遂犯的成立条件，第（2）种情形不符合金融诈骗未遂犯的成立条件，对于第（2）种情形便不能认定为金融诈骗的未遂犯。而第（2）种情形又完全符合普通诈骗罪的构成要件，当然应认定为普通诈骗罪，这不仅不存在类推解释问题，也不属于扩大解释。对于第（3）种情形，如果仅认定为金融诈骗罪的未遂犯，就没有评价其诈骗既遂的不法事实，如果仅认定为普通诈骗罪的既遂犯，则没有评价其金融诈骗的不法事实，所以，需要认定为想象竞合。此外，从法定刑与量刑情节的角度考察，上述方案也符合罪刑相适应原则。例如，甲打算冒用他人信用卡骗取10万元财产，但由于意志以外的原因仅骗取了1 000元财产。根据本书的方案，对甲应认定为信用卡诈骗罪的未遂，适用"五年以下有期徒刑或者拘役，并处二万元以上二十万元以下罚金"的法定刑①，同时适用《刑法》总则第23条关于未遂犯可以从轻或者减轻处罚的规定。在这种情形下，对甲可能

---

① 笔者不主张适用数额巨大的法定刑。

判处的最高刑为 5 年有期徒刑。乙打算冒用他人信用卡购买价值 4 000 元的商品，然后将信用卡归还他人。根据本书的方案，对乙应认定为普通诈骗罪，适用"三年以下有期徒刑、拘役或者管制，并处或者单处罚金"的法定刑。在这种情形下，对乙可能判处的最高刑为 3 年有期徒刑。由于乙的行为的法益侵害性与有责性轻于甲的行为，故上述处理正好实现了罪刑相适应原则。①

针对笔者的上述观点，有学者提出了如下批评意见："对于行为人而言，根据特别法条不构成犯罪，是法律对他的特殊'优惠'。对此，耶塞克指出：'如果行为人因第一次的构成要件而应当享有特权，被排除的构成要件仍然不得适用……在此等情况下，被排除的犯罪的刑罚不得被重新恢复，因为否则的话行为人将会受到比适用第一次的刑法规定更为严厉的刑罚。'② 行为按照特别法条不能构成犯罪时，排斥普通法条的适用，从根本上讲就是行为没有达到需要动用刑法意义上的法益侵害程度。特别法条对于其所规范的行为已经有所选择，这就意味着在立法之初，对于普通法条可能对哪些行为进行追究，对哪些行为不能再进行追究已经有所考虑。特别法条构成要件的类型化规定对于评价客体所做的选择，当然排斥普通法条的适用。既然普通法条的适用效力因为特别法条不再存在，按照特别法条不能成立犯罪的情形，当然不能以一般法条定罪。""特别法条根本就不想处罚类似于利用合同诈骗 4000 元的行为。既然立法者已经在制定特别法条时对某些行为不处罚是有特别预想的，而非完全没有考虑，就不存在立法漏洞的问题，也就不存在按照特别法条不能定罪，就会使得法益保护不周延的问题，和法益侵害原理并不冲突。"③ 在本书看来，上述批评意见的合理性是值得怀疑的。

第一，上述批评意见以德国刑法关于封闭的特权条款的适用原则为标准，批判笔者提出的不属于封闭的特权条款的特别关系的适用原则，是不合适的。例如，德国《刑法》第 211 条规定了谋杀罪，第 212 条规定了故意杀人罪，第 216 条规定了得承诺杀人罪。其中，德国《刑法》第 212 条是普通法条，第 211 条与第 216 条是特别法条，由于得承诺杀人具有减轻理由，所以，即使得承诺杀人的行为完全符合故意杀人罪的构成要件，也不得认定为故意杀人罪，只能认定为得承诺杀人罪。德国《刑法》第 216 条便是封闭的特权条款。批评者所引用的耶赛克教授的论述，就是指这种情形，这种情形产生的前提是行为人的行为同时符合故意杀人罪和得承诺杀人罪的犯罪构成。但是，笔者前面所讨论的金融诈骗罪与

① 即使对甲减轻处罚，也能在大体上实现罪刑相适应原则。
② ［德］汉斯·海因里希·耶赛克、托马斯·魏根特：《德国刑法教科书（总论）》，徐久生译，中国法制出版社 2001 年版，第 900 页——原文注（注释体例有变化）。
③ 周光权：《法条竞合的特别关系研究》，《中国法学》2010 年第 3 期。

合同诈骗罪的关系，以及金融诈骗罪与诈骗罪的关系中，并不存在所谓封闭的特权条款，也不存在一行为同时符合多个犯罪构成的现象。换言之，不能认为，刑法规定金融诈骗罪就是为了给部分诈骗犯罪人享受减轻或者免除处罚的特权。

第二，上述批评意见可能混淆了立法规定与司法解释的关系。笔者发表上述看法针对的是司法解释确立不合理的定罪标准，导致特别法条不周延的情形，而不是特别法条为了限制处罚范围而故意作出不周延规定的情形。例如，关于金融诈骗罪的法条与合同诈骗罪的法条，都将数额较大作为构成要件要素（我国《刑法》第 195 条规定的信用证诈骗罪除外），从立法来说，并不存在刑法分则本身要求金融诈骗罪、合同诈骗罪的数额必须高于普通诈骗罪的数额标准的规定。所以，批评者所提出的"特别法条根本就不想处罚类似于利用合同诈骗 4000 元的行为"的说法，并不成立。换言之，只能认为司法解释不想将合同诈骗 4 000 元的行为认定为合同诈骗罪。按理说，司法解释确立的高标准是不合适的。因为金融诈骗罪侵害的法益重于诈骗罪侵害的法益，应当对前者确定更低的数额标准。然而，司法解释又是具有法律效力的，为了实现刑法的公平正义，不得不将没有达到金融诈骗罪、合同诈骗罪的数额起点但达到了诈骗罪数额起点的行为，按照金融诈骗罪未遂或者诈骗罪既遂论处。批评者指出："如果特别法的定罪起点高于普通法，特别法的处罚范围相对较小，也是因为立法上认为特别法条所规范的行为容易发生，或者该行为一旦实施，通常行为人取得财物的数额较大，为缩小刑罚打击面，而特别地考虑对某些行为不处罚。"[①] 但这种说法存在两个疑问：其一，在刑法规定的特别法条的定罪起点与普通法条的定罪起点均为"数额较大"的前提下，将司法解释确定的特别法条的较高定罪起点说成是"立法上"确定的，意味着将司法解释提升为立法规定，这是不合适的。其二，批评者的上述理由也难以成立。"容易发生"不是缩小刑罚处罚范围的理由。盗窃罪是最容易发生的，事实上也是发案最多的，可是司法解释确定的数额起点反而低于诈骗罪。普通诈骗比金融诈骗更容易发生，但司法解释却没有对普通诈骗罪确定更高的数额标准。"一旦实施，通常行为人取得财物的数额较大"更不是缩小刑罚处罚范围的理由。信用证诈骗罪一旦实施，通常行为人取得财物的数额巨大乃至特别巨大，事实上比保险诈骗等危害更大，但我国《刑法》第 195 条反而没有作出"数额较大"的要求。况且，在比较犯罪的轻重时，不能只是在同一行为类型的内部比较，还需要将刑法处罚的其他行为进行比较。将金融诈骗、合同诈骗与普通诈骗进行比较时，没有丝毫理由认为金融诈骗、合同诈骗 4 000 元的行为，轻于普通诈骗 3 000 元的行为。

---

① 周光权：《法条竞合的特别关系研究》，《中国法学》2010 年第 3 期。

　　第三，上述批评意见可能混淆了"不符合特别法条"与"根据特别法条不值得处罚"两种现象。在特别法条属于加重法条的情况下，不符合特别法条的行为，也可能符合普通法条。例如，在德国，不符合谋杀罪构成要件的行为，完全可能符合故意杀人罪的构成要件。在我国，不符合传播淫秽物品牟利罪犯罪构成的行为，也可能符合传播淫秽物品罪的犯罪构成。所以，不能一般地认为，不符合特别法条的行为，都是不值得处罚的行为。在特别法条属于减轻法条的情况下，不符合特别法条的行为，既可能是值得处罚的行为，也可能是不值得处罚的行为。例如，在德国，不符合得承诺杀人罪构成要件的行为（如被害人并无承诺），也可能符合故意杀人罪的构成要件。再如，如前所述，盗窃居民身份证的行为，不符合我国《刑法》第280条第3款规定的构成要件，不值得处罚。持上述批评意见的学者认为，金融诈骗4 000元、合同诈骗4 000元，是符合金融诈骗罪、合同诈骗罪的行为类型但不完全符合特别法条的情形，于是进一步认为，它们是根据特别法条不值得处罚的情形。但本书认为，上述情形只是不符合特别法条的情形，但不属于不值得处罚的情形。况且，根据特别法条不值得处罚并不等同根据普通法条不值得处罚。例如，国家机关工作人员接到被非法拘禁的人或者其亲属的解救要求或者接到他人的举报时，不进行解救，造成严重后果的行为，不符合《刑法》第416条的规定（特别法条），但这种行为并不属于"根据特别法条不值得处罚"的行为，相反，必须适用普通法条（《刑法》第397条）。再如，林业主管部门工作人员以违法发放林木采伐许可证以外的行为方式，导致森林遭受严重破坏的，虽然不符合《刑法》第407条的特别规定，但这种行为也不属于"根据特别法条不值得处罚"的行为，同样应适用《刑法》第397条。

　　第四，上述批评意见基本上是用抽象的"立法者的特别考虑"取代了对刑法规范的实质解释。可是，为什么立法者认为普通诈骗3 000元时，法益侵害达到了值得科处刑罚的程度，而保险诈骗8 000元、合同诈骗4 000元时，法益侵害反而没有达到值得科处刑罚的程度呢？换言之，立法者根据什么认为保险诈骗8 000元、合同诈骗4 000元就不值得处罚呢？无论站在行为无价值的立场考虑违法性程度，还是站在结果无价值论的立场考虑违法性程度，都不可能得出上述结论，更不可能将上述结论当作立法者的特别考虑。

　　第五，上述批评意见对构成要件符合性的判断方法也存在疑问。对事实进行归纳时，必须以可能适用的构成要件为指导，而不能凭借以往的经验或者观念事先给案件事实下结论。例如，当行为人以假币换取他人真币时，不能认为唯一的结论就是"以假币换取货币"，相反，完全可能是盗窃、诈骗或者使用假币。换言之，不能认为当行为人不是金融机构工作人员时，该行为就不可罚；相反，要判断该行为是否符合盗窃罪、诈骗罪、使用假币罪的构成要件。遇到行为人在特约商户冒用他人信用卡时，不能认为唯一结论就是"信用卡诈骗"。因为当冒用他人信用卡的行为没有骗取数额较大财产时，该行为就不符合信用卡诈骗罪的构成要件。于是，必须进一步考察这种行为可能符合何种犯罪的构成要件。当解释者能够得出该行为符合诈骗罪的全部构成要件的结论时，就没有理由不以诈骗罪论处。换言之，在对一个事实可能适用多个法条时，不能因为排除了一个法条的适用可能性，就得出无罪的结论。只有排除了所有法条的适用可能性，才能得出无罪的结论。

此外，持上述批评意见的学者为了说明对保险诈骗 8 000 元、合同诈骗 4 000 元的行为不得按普通诈骗罪论处，还特别指出："《刑法》第 266 条'本法另有规定'是指：本法对'是否'处罚的'定型性'另有规定，而非仅仅包括本法对'需要'处罚的特殊行为有规定之'另有规定'。那么，刑法分则对某些作为特别类型来看待的行为，只要是在'定型性'上'另有规定'，那么，在决定是否按照该特殊类型来加以处罚时，需要考虑本法是否'另有规定'，在行为在类型化上属于该特别规定，但尚未达到追究标准（定罪门槛）时，不对该行为进行追究，也需要考虑该'另有规定'。"① 但是，其一，这一说法只是为了避免其观点与《刑法》第 266 条中的"本法另有规定"相冲突而作出的解释，因而不可能成为"对保险诈骗 8 000 元、合同诈骗 4 000 元的行为不得按普通诈骗罪论处"观点的理由。其二，这一解释也难以成立。在本书看来，"本法另有规定的，依照规定"显然是指符合另有规定时，按另有规定定罪处罚。换言之，"依照规定"并不包含"依照规定不定罪处罚"的意思。因为刑法分则条文所表述的是典型的罪刑规范，"另有规定"并不是关于不构成犯罪的规定，而是另有的关于罪状与法定刑的规定。如果将"另有规定"理解为《刑法》第 266 条以外的所有"定型性"规定，那么《刑法》第 232 条规定的故意杀人罪也是"另有规定"之一；按这种逻辑，如果诈骗行为不符合故意杀人罪的构成要件，依"另有规定"不构成犯罪，那么也必须一概认定无罪。但这种结论显然不能成立。其三，在构成要件要素中，哪些要素是定型性要素，哪些不是定型性要素，也是值得研究的问题。例如，《刑法》第 397 条第 2 款也有"本法另有规定的，依照规定"的表述，那么，国家机关工作人员接到被非法拘禁的人或者其亲属的解救要求时或者接到他人的举报时，不进行解救，造成严重后果的行为，是否符合《刑法》第 416 条的定型性呢？对其回答恐怕因人而异。再如，《刑法》第 111 条所规定的为境外的机构、组织、人员非法提供国家秘密，相对于《刑法》第 398 条规定的故意泄露国家秘密罪与过失泄露国家秘密罪而言，也可谓特别条款。当行为人

---

① 周光权：《法条竞合的特别关系研究》，《中国法学》2010 年第 3 期。

过失向境外人员非法提供国家秘密时，恐怕也符合了《刑法》第 111 条的定型性。然而，倘若不对该行为适用《刑法》第 398 条（普通法条），以符合了本法另有规定的定型却又不完全符合另有规定的构成要件为由宣告无罪，就明显不妥当了。

回过头来看，司法解释对金融诈骗罪规定的数额较大的标准高于普通诈骗罪，也并不存在明显的缺陷。因为刑法分则对各种数额较大的金融诈骗罪规定的法定刑均为"五年以下有期徒刑或者拘役"，而《刑法》第 266 条对数额较大的诈骗罪规定的法定刑为"三年以下有期徒刑、拘役或者管制"。所以，将没有达到金融诈骗罪数额标准的行为认定为普通诈骗罪，可以防止轻罪重判，实现罪刑协调。①

① 参见张明楷：《诈骗犯罪论》，法律出版社 2021 年版，第 437 页。

第十六章　并列与包含

一、构成要件要素的规定方式

我国刑法理论一般将犯罪构成分为单一的犯罪构成与复杂的犯罪构成。

刑法分则条文的罪状部分，所描述的是各种具体犯罪的构成要件要素。一些分则条文所描述的构成要件要素具有单一性，如客观（违法）构成要件的内容仅含单一的主体、单一的行为、单一的对象、单一的结果等要素；责任要素的内容是单一的故意（当然包括直接故意与间接故意）、单一的目的；如此等等。在这种情况下，各个要素都是成立犯罪所不可缺少的。与复杂的犯罪构成相比，这种单一的犯罪构成，容易被司法机关理解和适用，也易于区分一罪与数罪。

但是，由于犯罪的复杂性与语言的局限性，为了尽可能全面描述复杂的犯罪类型，而不致产生遗漏，刑法分则条文常常规定了复杂的犯罪构成。比较典型的一种情况是，分则条文就某一构成要件规定了两种以上可供选择的构成要件要素与责任要素，如规定两种以上的主体、两种以上的行为、两种以上的对象、两种以上的结果、两种以上的目的等。在这种情况下，只要具体事实符合其中之一，便成立犯罪，如《刑法》第352条规定："非法买卖、运输、携带、持有未经灭活的罂粟等毒品原植物种子或者幼苗，数量较大的，处三年以下有期徒刑、拘役或者管制，并处或者单处罚金。"不难看出，就对象而言，只要是未经灭活的毒品原植物种子或者幼苗即可，不要求同时具备两种对象；但是，这两种对象又没有一个上位概念，立法者只好逐一列举，从而形成并列关系。就行为而言，只要行为人实施了非法买卖、非法运输、非法携带、非法持有行为之一，且数量较大的，便成立犯罪。同样，也没有一个概念可以恰如其分地包含买卖、运输、携带、持有四种行为，法条也只能逐一列举这四种行为。就这样的条文而言，立法者似乎可以将其分解为若干条文，使条文所规定的犯罪构成均为单一的犯罪构成，从而使各个构成要件要素都只具有单一性。如将《刑法》第352条分解为非法买卖毒品原植物种子罪、非法买卖毒品原植物幼苗罪、非法运输毒品原植物种子罪、非法运输毒品原植物幼苗罪等。但果真如此，刑法分则将会浩如烟海，司法者与一般人都会无所适从；行为触犯的罪名也必然增加，导致刑罚处罚过于严厉。所以，规定选择的构成要件要素与责任要素便无可避免。

除了构成要件要素与责任要素的并列之外，还有一个犯罪的几种行为类型的并列、几种不同犯罪的罪状的并列等情形。所谓"几种行为类型的并列"，是指一个分则条文就一个犯罪规定了两种以上的行为类型，只要行为符合其中一种行为类型，就成立犯罪的情况。例如，《刑法》第 272 条第 1 款前段规定，"公司、企业或者其他单位的工作人员，利用职务上的便利，挪用本单位资金归个人使用或者借贷给他人，数额较大、超过三个月未还的，或者虽未超过三个月，但数额较大、进行营利活动的，或者进行非法活动的，处三年以下有期徒刑或者拘役"。这一规定描述了挪用资金罪的三种行为类型。只要符合其中一种行为类型并具备其他构成要件要素与责任要素，便成立挪用资金罪。所谓"几种不同犯罪的罪状的并列"，是指一个分则条文规定了两种以上的犯罪的罪状，或者说规定了两种以上的罪名。例如，《刑法》第 317 条第 2 款规定："暴动越狱或者聚众持械劫狱的首要分子和积极参加的，处十年以上有期徒刑或者无期徒刑；情节特别严重的，处死刑；其他参加的，处三年以上十年以下有期徒刑。"刑法理论与司法解释认为本条规定了两个罪名，即暴动越狱罪与聚众持械劫狱罪。这是两个犯罪的罪状的并列，其中各自的罪状都表现为单一（简单）的犯罪构成。又如，《刑法》第 118 条规定："破坏电力、燃气或者其他易燃易爆设备，危害公共安全，尚未造成严重后果的，处三年以上十年以下有期徒刑。"刑法理论与司法解释认为本款规定了两个罪名：破坏电力设备罪与破坏易燃易爆设备罪。这便形成了两个犯罪的罪状并列，其中后一罪状中还有选择的构成要件要素（行为对象）的并列。在这种情况下，符合不同的罪状便成立不同的犯罪。[1]

当然，一个分则条文所规定的是几种不同罪状（罪名）的并列还是几个行为类型的并列，在很大程度上取决于解释者的判断。例如，司法解释完全可能将《刑法》第 118 条确定为一个罪名，即破坏易燃易爆设备罪（概括性罪名），或者破坏电力、易燃易爆设备罪（选择性罪名）。再如，《刑法》第 341 条第 1 款前段规定，"非法猎捕、杀害国家重点保护的珍贵、濒危野生动物的，或者非法收购、运输、出售国家重点保护的珍贵、濒危野生动物及其制品的，处五年以下有期徒刑或者拘役，并处罚金"。以往的司法解释认为本款规定了两个罪名：非法猎捕、杀害珍贵、濒危野生动物罪与非法收购、运输、出售珍贵、濒危野生动物、珍贵、濒危野生动物制品罪。[2] 果真如此，则是两个犯罪的罪状并列，其中各自的罪状中都有选择的构成要件要素的并列。在这种情况下，符合不同的罪状便成立不同的犯罪。但是，后来的司法解释将上述《刑法》第 341 条第 1 款的规定合并为一个罪名，即危害珍贵、濒危野生动物罪。[3] 据此，行为人实施了本条

---

[1] 事实上，罪状的规定方式还有其他表现形式，这里只是列举了本章所要讨论的情形。

[2] 参见 1997 年 12 月 11 日公布的《最高人民法院关于执行〈中华人民共和国刑法〉确定罪名的规定》（已修改）。

[3] 参见 2021 年 2 月 26 日公布的《最高人民法院、最高人民检察院关于执行〈中华人民共和国刑法〉确定罪名的补充规定（七）》。

的多个行为的，也只成立一个犯罪。

仔细考察上述所谓的并列关系后便会发现，虽然其大部分都可以用"并列"一词来概括，但有一些用语，从形式上看被条文并列在一起，但实际上又必须区分为不同情形：有的条文所并列规定的要素，是需要同时具备才成立犯罪（既遂）的；有的条文所并列规定的要素之间，具有选择关系，只要行为具备其中一个要素即可成立该罪；有的条文所并列规定的多个要素之间同时存在上述两种情形；有的条文所并列规定的要素之间可能是一种包含关系。这里的包含关系，不是指法条竞合中的法条之间的包容关系，而是指列举与归纳的关系。例如，就前述《刑法》第118条而言，即使认为本条规定了两个罪名，也能认为，"燃气"设备就是一种列举，"易燃易爆设备"则是一种归纳，后者包含了前者，故称为包含关系。显然，对一些规定必然是有争议的。例如，《刑法》第254条规定："国家机关工作人员滥用职权、假公济私，对控告人、申诉人、批评人、举报人实行报复陷害的，处二年以下有期徒刑或者拘役；情节严重的，处二年以上七年以下有期徒刑。"其中的"滥用职权"与"假公济私"是必须同时具备的要素，还是仅具备其中之一即可？对其回答，可能因人而异。

此外，某些法条虽然并列使用了不同的表述，但二者完全可能是同位语，亦即，两个用语所描述的只是一个要素或者说所表达的只是一个意思。本章也将在最后一部分附带说明。

二、并列

（一）一个犯罪构成的几种要素的并列

刑法分则条文主要规定犯罪的客观构成要件，其中主要表现为对行为主体、行为、对象、结果的规定。许多条文并列规定了几种行为、几种对象[①]，它们是同一个犯罪构成内的选择要素，行为人同时针对多种对象实施多种行为的，也仅以一罪论处（具有成立同种数罪的可能性）。例如，行为人既破坏汽车，又破坏电车，并且都足以使汽车、电车发生倾覆、毁坏危险的，仅以破坏交通工具罪论处。这种情形属于同种数罪，存在并罚的可能性。也有的条文规定了两种选择的责任要素（主要是目的、动机），如《刑法》第152条规定的走私淫秽物品罪，只要具有牟利目的或者传播目的即可，《刑法》第276条规定的破坏生产经营罪，只要出于泄愤报复或者其他个人目的即可。[②] 刑法分则条文对要素的并列规定，

---

① 规定几种结果的条文比较少。当然，这取决于对结果的认识。

② 就出于任何个人目的的均可成立本罪而言，本罪似乎不是目的犯。但由于出于非个人目的的行为不成立本罪，故本罪仍然是目的犯。

主要分为两种情况：

一种情况是几种单一的行为、几种单一的对象、几种单一的目的的并列。例如，《刑法》第 125 条第 1 款前段规定，"非法制造、买卖、运输、邮寄、储存枪支、弹药、爆炸物的，处三年以上十年以下有期徒刑"。本款并列规定了五种行为和三种对象。[①] 显然，这些行为与对象都不要求同时具备，只要具备其中的一个行为与一个对象，即可成立犯罪：非法制造枪支的，便成立犯罪；非法买卖弹药的，成立犯罪；非法运输爆炸物的，也成立犯罪。

另一种情况是，所并列规定的几种要素并非单纯的行为或者单纯的对象，而是不同内容的情节或事实。例如，《刑法》第 158 条第 1 款规定："申请公司登记使用虚假证明文件或者采取其他欺诈手段虚报注册资本，欺骗公司登记主管部门，取得公司登记，虚报注册资本数额巨大、后果严重或者有其他严重情节的，处三年以下有期徒刑或者拘役，并处或者单处虚报注册资本金额百分之一以上百分之五以下罚金。"显然，本条除规定了基本行为之外，出于限制处罚范围的目的，并列规定了虚报注册资本数额巨大、后果严重与其他严重情节三种要素；虽然规定这三种要素都是为了使行为的违法性达到应受刑罚处罚的程度，但三种要素的性质并不完全相同：虚报注册资本数额巨大，属于行为本身的内容，而后果严重显然是结果要素，其他严重情节包含了虚报手段、行为的次数等多种要素。

问题是，在后一种情况下，这些要素只要具备其中之一即可，还是必须同时具备？以《刑法》第 158 条第 1 款的规定为例。人们可能作出不同解释：第一种解释是，虚报注册资本数额巨大是必须具备的要素，此外还必须具备后果严重或者其他严重情节。亦即，在虚报注册资本数额巨大的前提下，后果严重与其他严重情节只要具备其中之一即可。第二种解释是，构成本罪，要么虚报注册资本数额巨大且后果严重，要么具有其他严重情节。第三种解释是，虚报注册资本数额巨大、后果严重与其他严重情节，是三个并列的选择要素，只要具备其中之一即可。本书认为，应当采取第三种解释。从实质上说，本条是为了限制处罚范围才并列规定了三种情节，但应认为，在行为人使用虚假证明文件或者采取其他欺诈手段虚报注册资本，欺骗公司登记主管部门，取得公司登记的前提下，只要具备上述三种情节之一，便值得科处刑罚。上述第一、二种解释过于限定了处罚范围。从解释规则来说，"或者"以及顿号一般都表示选择关系，而不是表示递进关系。据此，对《刑法》第 159 条、第 160 条中的类似规定，也应作出相同的解释。上述第二种解释不符合文法解释规则。

---

① 非法制造枪支、弹药、爆炸物时，所制造的枪支、弹药、爆炸物并非犯罪对象，而是犯罪行为孳生之物，这里只是为了论述方便，而统称为对象。

由此可见，区分刑法分则条文形式上所并列的几种要素是选择要素还是必须同时具备的要素时，一方面，要从实质上考察，具备其中之一时，其行为对法益的侵犯性是否达到了值得科处刑罚的程度。如果具备其中一个要素，其行为便值得科处刑罚时，就应解释为选择要素；反之，则应解释为同时具备的要素。对此，可将分则条文规定的犯罪与相似的犯罪进行比较，通过考察该要素的性质与地位等予以确定。另一方面，也要从文理上分析。当分则条文在两个要素之间使用"或者"一词时，它所表明的是一种选择关系。当分则条文在两个要素之间使用"并且"一词时，一般不可能将其解释为选择要素。① 不过，刑法条文在两个要素或者罪状之间使用"和"字时，并不一定表明同时具备的关系，而是需要基于其他根据与理由做出判断。例如，《刑法》第 256 条规定："在选举各级人民代表大会代表和国家机关领导人员时，以暴力、威胁、欺骗、贿赂、伪造选举文件、虚报选举票数等手段破坏选举或者妨害选民和代表自由行使选举权和被选举权，情节严重的，处三年以下有期徒刑、拘役或者剥夺政治权利。"其中的三个"和"字，都不是表示同时具备的关系，而是表示选择关系。再如，1998 年 12 月 29 日公布的《全国人民代表大会常务委员会关于惩治骗购外汇、逃汇和非法买卖外汇犯罪的决定》第 1 条第 1 款所规定的"使用伪造、变造的海关签发的报关单、进口证明、外汇管理部门核准件等凭证和单据"，"重复使用海关签发的报关单、进口证明、外汇管理部门核准件等凭证和单据"，其中的"和"也应理解为"或者"。不仅如此，即使是两种犯罪的罪状并列，分则条文也可能使用"和"字，但表示的却只是一种选择关系。例如，《刑法》第 251 条规定："国家机关工作人员非法剥夺公民的宗教信仰自由和侵犯少数民族风俗习惯，情节严重的，处二年以下有期徒刑或者拘役。"类似于这样的现象并不少见。显然，不注重刑法文字是不合适的，但不顾及刑法理念、刑法体系与刑法适用效果的"文字法学"也是不可取的。

在分则条文就一个犯罪构成规定了两个以上的选择要素时，有几个问题需要讨论。

第一，当分则条文并列规定了几种对象，同时具有"数额较大""数量较大"等要求时，只能根据不同对象分别计算，还是可以将针对不同对象实施的数额或数量予以累计？例如，《刑法》第 348 条中段规定，"非法持有鸦片二百克以上不满一千克、海洛因或者甲基苯丙胺十克以上不满五十克或者其他毒品数量较大的，处三年以下有期徒刑、拘役或者管制，并处罚金"。根据 2016 年 4 月 6 日

---

① 不过，如前（本书第九章）所述，由"并""并且"连接的两个动词虽然不可能是选择要素，但也不一定意味着两个动词都是该犯罪的实行行为。

公布的《最高人民法院关于审理毒品犯罪案件适用法律若干问题的解释》,非法持有下列毒品,应当认定为《刑法》第 348 条规定的"其他毒品数量较大":(1)可卡因 10 克以上不满 50 克;(2)苯丙胺类毒品(甲基苯丙胺除外)、吗啡 20 克以上不满 100 克;(3)芬太尼 25 克以上不满 125 克;(4)甲卡西酮 40 克以上不满 200 克;等等。行为人所持有的某种毒品数量达到上述法定或司法解释规定的要求时,当然成立非法持有毒品罪。问题是,行为人所持有的每种毒品都没有达到定罪标准,但经折算累计数量达到定罪标准时,能否以累计数量达到定罪标准为由认定为犯罪?

本书倾向于肯定回答。例一,A 非法持有海洛因 5 克,甲基苯丙胺 5 克。对此,应认定为非法持有毒品罪。例二,B 非法持有鸦片 100 克,海洛因 5 克。对此,也应认定为非法持有毒品罪。例三,C 非法持有海洛因 5 克,吗啡 10 克。对此,同样应认定为非法持有毒品罪。理由如下:首先,分则条文只是并列规定一个犯罪的几种选择性的行为对象,而不是根据不同对象规定为不同犯罪时,说明针对不同对象所实施的行为都是同一犯罪行为;既然是同一犯罪行为,就必须累计该行为对象的相关数量。其次,分则条文规定了选择性的几种毒品,而要求非法持有的数量较大时,只是为了限制处罚范围,将非法持有数量较小的行为排除在犯罪之外。而行为人同时持有几种毒品,累计达到较大数量时,就不能排除在犯罪之外。否则,便违反立法精神。再次,如果只能分别计算不能累计,就会造成定罪的不均衡,因而导致刑法的不公正。例如,A 非法持有海洛因 10 克,即成立非法持有毒品罪;B 非法持有海洛因 8 克、甲基苯丙胺 8 克,其非法持有的毒品数量更多,违法性更重,只是因为不能累计,反而不成立犯罪,便明显不公平。最后,如果只能分别计算不能累计,就会造成大量处罚漏洞:只要行为人对每种毒品的持有数量没有达到法定或司法解释规定的要求,不管累计多少,都不成立犯罪。这便给犯罪人造成可乘之机,甚至给犯罪人指明了"方向"。

不仅如此,不管是定罪还是量刑,在适用《刑法》第 348 条时,都应当根据刑法规定的毒品种类与数量进行必要的换算。例如,《刑法》第 348 条前段规定,"非法持有鸦片一千克以上、海洛因或者甲基苯丙胺五十克以上或者其他毒品数量大的,处七年以上有期徒刑或者无期徒刑,并处罚金"。这意味着 50 克海洛因相当于 1 000 克鸦片,反之亦然。当行为人非法持有 500 克鸦片和 25 克海洛因时,就可以适用上述规定。有疑问的是,在这种场合,在寻找法律根据时,是适用《刑法》第 348 条所规定的"非法持有鸦片一千克以上",还是"非法持有海洛因五十克以上",抑或是"其他毒品数量大"?本书的看法是,适用前两者的任何一项均可。当司法人员适用"非法持有鸦片一千克以上"的规定时,意味着其将 25 克海洛因评价为 500 克鸦片;反之,当司法人员适用"非法持有海洛因五十克以上"的规定时，意味着其将 500 克鸦片评价为 25 克海洛因。由于"其他毒品"应是指鸦片、海洛因与甲基苯丙胺之外的毒品，不宜适用"其他毒品数量大"的规定。概言之，在这种场合，严格地说，不是对法条的解释问题，而是对事实的判断与评价问题。在刑法分则条文将 1 000 克鸦片与 50 克海洛因等同规定时，司法人员对之也应当等同评价。

第二，行为人就同一条文所列举的可供选择的对象要素发生认识错误时，是否影响定罪？例如，《刑法》第 127 条第 1 款规定："盗窃、抢夺枪支、弹药、爆炸物的，……处三年以上十年以下有期徒刑；情节严重的，处十年以上有期徒刑、无期徒刑或者死刑。"本条所规定的枪支、弹药、爆炸物三种对象明显属于选择要素，即只要盗窃或者抢夺其中之一便成立犯罪；既盗窃三种对象物，又抢夺三种对象物的，则是同种数罪。假如行为人本欲盗窃枪支，但实际上盗窃了弹药的，是否影响犯罪成立？

本书持否定回答，即在上述情况下，行为人的行为成立盗窃弹药罪（既遂）；既不能认定为盗窃枪支未遂，也不应宣告无罪。理由如下：首先，枪支、弹药、爆炸物是《刑法》第 127 条并列规定的三种可以选择的对象，分则条文并没有根据不同对象规定为不同犯罪，这说明针对不同对象所实施的行为都是同一犯罪行为；既然是同一犯罪行为，没有超出同一构成要件的范围，根据法定符合说，这种错误便不影响犯罪的成立。笔者赞成在这种情形下采取法定符合说。[1]其次，盗窃、抢夺枪支、弹药、爆炸物罪属于抽象的危险犯（但同条规定的盗窃、抢夺危险物质罪属于具体的危险犯），当行为人以盗窃弹药的故意实施了盗窃弹药的行为时，当然具有抽象的公共危险；但当行为人以盗窃枪支的具体故意，实施了盗窃弹药的行为时，其行为所具有的抽象的公共危险性质没有任何变化。因为行为是否具有公共危险并不取决于所盗窃的是枪支还是弹药，而是取决于所盗窃的对象是否位于枪支、弹药、爆炸物的范围当中。既然如此，行为人的上述错误便并不影响其行为的性质。当行为是具体危险犯时，也应得出相同的结论。例如，《刑法》第 127 条规定的盗窃、抢夺危险物质罪，其对象包含毒害性、放射性、传染病病原体等物质，但必须"危害公共安全"。当行为人出于抢夺毒害性物质的故意，实际上抢夺了放射性物质，并且危害公共安全时，也应认定为抢夺危险物质罪。因为所谓抢夺毒害性物质的故意，在刑法上属于抢夺危险物质的故意；客观上抢夺放射性物质的行为，在刑法上属于抢夺危险物质的行为。没有理由认定为犯罪未遂，更没有理由宣告无罪。再次，故意不是确定行为性质的要素，而是表明能否将违法事实归责于行为人的责任要素。当枪支与弹药的客观

---

[1]　参见张明楷：《刑法学》（第六版）（上），法律出版社 2021 年版，第 349 页。

属性在刑法上完全相同时，行为人盗窃枪支的故意，就可以成为对其客观上盗窃弹药的违法事实进行主观归责的理由。最后，如果上述认识错识影响犯罪的成立，便会给司法实践造成极大的困惑：那些盗窃了枪支、弹药、爆炸物的行为人，都可以声称只是为了盗窃另一种对象，司法机关对行为人主观上究竟为了盗窃哪一种对象确实难以证明，从而导致其行为只成立犯罪未遂甚至被宣告无罪，这便会不合理地放纵犯罪。

第三，当行为人的一个犯罪行为针对部分对象得逞时，应认定为犯罪既遂还是犯罪未遂？例如，行为人本来打算在一次盗窃活动中同时窃取枪支与弹药，但由于意志以外的原因只盗窃了枪支，是犯罪既遂还是犯罪未遂？答案应是前者而非后者。因为犯罪既遂并不是完全以行为人的主观内容是否实现为标准，而是应在法益侵害的范围内（行为的逻辑结果的范围内）考虑其主观内容是否实现。如果完全按照行为人的主观内容是否实现来判断既遂与未遂，那么，犯罪人主观内容越复杂、所意欲实现的事实越多（非难可能性越大），便越难以既遂。这有悖犯罪的法益侵害本质与刑法的法益保护目的，也不符合责任原理。由于枪支、弹药只是一个犯罪的选择对象，而不是必须同时具备的要素，所以，只要行为人盗窃了其中一种对象，便成立犯罪既遂。如果窃取了枪支，便成立盗窃枪支罪既遂。否则，便会造成极为不公平的现象。例如，甲原本只想盗窃枪支，因为实际上窃取了枪支，而认定为犯罪既遂；乙不仅想盗窃枪支，并且想盗窃弹药，但由于实际上只窃取了枪支，却没有窃取弹药，反而认定为盗窃枪支、弹药罪的未遂。笔者难以接受这样的解释结论。

与此相联系的是，行为人实施了同种数罪，其针对部分对象实施的犯罪已经既遂，针对其他对象实施的犯罪未得逞时，应当如何处理？例如，甲一次盗窃枪支既遂，另一次盗窃弹药未遂，如何确定犯罪的形态？这个在国外刑法理论与审判实践上不成问题的问题，在我国还需要讨论。在国外，甲的行为成立数罪，其中一个犯罪是既遂，另一个犯罪是未遂。但在我国，对同种数罪的认识，总是与是否并罚联系在一起。例如，对甲是以一个盗窃枪支、弹药罪论，还是以两个犯罪（盗窃枪支罪与盗窃弹药罪）实行并罚？在这个问题上，存在三种不同观点：并罚说主张，对同种数罪一概实行并罚。一罚说主张，对同种数罪一概不并罚，而应作为一罪的从重情节或法定刑升格的情节处罚即可。折中说主张，对同种数罪能否并罚不能一概而论，而应以罪刑相适应原则为标准，决定是否并罚。[①] 根据并罚说，甲的犯罪形态很容易解释，即盗窃枪支罪为既遂，盗窃弹药罪为未

---

① 参见高铭暄、马克昌主编：《刑法学》（第十版），北京大学出版社、高等教育出版社 2022 年版，第 277 页。

遂。当折中说主张对甲的行为应当并罚时，就甲的犯罪形态而言，所得出的结论与并罚说相同。所以，问题在于对甲的行为不实行并罚，仅以一罪论处时，是认定为犯罪既遂，还是认定为犯罪未遂？

本书认为，由于枪支、弹药都是一个犯罪的选择要素，而不是不同犯罪的对象，所以，上述甲的行为在性质上等同于一次盗窃枪支既遂、另一次盗窃枪支未遂的情形。如果根据某种事由与理由，将甲的两次行为认定为同种数罪且实行并罚，则属于一个盗窃枪支（既遂）罪与一个盗窃弹药（未遂）罪，而不能认定为一个盗窃枪支、弹药（未遂）罪。如果基于某种原因与道理，认定甲的两次行为仅成立一个（"情节严重"的）犯罪，就应当认定为盗窃枪支罪既遂（当然，判决书中宜说明盗窃弹药未得逞的事实），难以从整体上认定为盗窃枪支、弹药罪既遂，也不宜从整体上认定为盗窃枪支、弹药（未遂）罪。倘若不同的对象有一个共同的上位概念，罪名也使用了上位概念，并认定为一罪的，则可以直接认定为该罪的既遂。例如，乙一次盗窃毒害性物质既遂，另一次盗窃放射性物质未遂，都危害公共安全的，如果认定为一罪，则应认定为盗窃危险物质罪既遂。

显然，上述结论并非完美无缺，原因在于我国的刑事立法体例与刑法理论将行为是否成立数罪与是否并罚捆绑在一起。如果将对罪数的评价与是否并罚进行适当的分离，即虽然评价为数罪却不并罚，则不至于存在上述问题。事实上，"科刑上的一罪""处断上的一罪"等概念，原本就是指行为成立数个罪名，但处罚上仅作为一罪的情况，这便意味着被评价为数罪的行为，不一定被科处数个刑罚。①

第四，两个以上的行为人具有意思联系，但各自针对不同的对象实施其行为的，是否成立共犯？例如，甲与乙具有意思联络（有共谋），由甲盗窃枪支（既遂），由乙盗窃弹药（既遂），二者是否成立共犯？答案是肯定的。在这种情况下，甲成立盗窃枪支罪的正犯、盗窃弹药罪的共同正犯，乙成立盗窃弹药罪的正犯、盗窃枪支罪的共同正犯，二人均对盗窃枪支、弹药罪承担既遂的责任。因为在刑法分则中，盗窃枪支与盗窃弹药属于同一犯罪的两种不同表现形式，当甲与乙具有意思联络而分别盗窃枪支与弹药时，只是在实施同一犯罪内的分工不同而已。在甲、乙有共谋的情况下，甲对乙盗窃弹药的行为与结果具有心理的因果性，乙对甲盗窃枪支的行为与结果具有心理的因果性，所以，甲不仅要对自己盗窃枪支的不法事实负责，还要对乙盗窃弹药的不法事实负责；同样，乙不仅要对自己的盗窃弹药的不法事实负责，还要对甲盗窃枪支的不法事实负责。因此，对甲与乙均应认定为盗窃枪支、弹药罪既遂。倘若甲与乙均未遂，那么，甲与乙均

---

① 参见［日］前田雅英：《刑法总论讲义》（第 7 版），东京大学出版会 2019 年版，第 392 页。

承担盗窃枪支、弹药未遂的责任。如若甲盗窃枪支既遂，乙盗窃弹药未遂，在各自对自己的不法事实负责的同时，甲也要对乙盗窃弹药未遂的不法事实负责，乙也要对甲盗窃枪支既遂的不法事实负责。

（二）一个犯罪的几种行为类型的并列

一个分则条文可能并列规定两种以上行为类型。如前述《刑法》第272条并列规定了挪用资金罪的三种行为类型；只要行为符合其中一种行为类型，便成立挪用资金罪。

面对行为类型的并列规定时，首先必须明确哪些要素是所有行为类型的共有要素，哪些要素只是其中某种行为类型的特有要素。例如，就《刑法》第272条而言，"公司、企业或者其他单位的工作人员"是三种行为类型的共有主体要素；"利用职务上的便利，挪用本单位资金归个人使用或者借贷给他人"也是三种行为类型的共有客观要素。这在理论上大体上没有争议。① 但是，有些条文则值得研究。

例如，《刑法》第288条第1款规定："违反国家规定，擅自设置、使用无线电台（站），或者擅自使用无线电频率，干扰无线电通讯秩序，情节严重的，处三年以下有期徒刑、拘役或者管制，并处或者单处罚金；情节特别严重的，处三年以上七年以下有期徒刑，并处罚金。"本款规定了两种行为，"违反国家规定"，显然是两种行为类型的共有要素，问题是，"干扰无线电通讯秩序，情节严重"，只是后一行为类型的必备要素，还是两种行为类型的必备要素。不同的解释者会得出不同结论，也需要根据上述解释方法予以确定。再如，《刑法》第391条第1款规定："为谋取不正当利益，给予国家机关、国有公司、企业、事业单位、人民团体以财物的，或者在经济往来中，违反国家规定，给予各种名义的回扣、手续费的，处三年以下有期徒刑或者拘役，并处罚金。"显然，向单位行贿表现为两种行为方式：一是给单位财物；二是在经济往来中给单位回扣、手续费。前一种方式肯定要求行为人"为谋取不正当利益"；那么，后一种方式是否要求行为人"为谋取不正当利益"呢？人们完全可能得出不同的解释结论。《刑法》第389条与第393条的规定，也存在完全相同的问题。

面对这样的问题时，解释者应当考虑诸多因素。例如，根据犯罪的性质与法条的目的，不具备该要素的行为是否具有应受刑罚处罚的法益侵害性？不具备该要素的行为与该条所描述的具备该要素的另一行为类型相比，在法益侵害程度上是否存在明显差异？如何解释才能符合法条的客观含义？所得出的解释结论是否

---

① 其实，在挪用资金罪中，"归个人使用或者借贷给他人"究竟只是第一种行为类型的要素，还是三种行为类型的共有要素，并非没有研究的余地。

与相关法条相协调？等等。结合《刑法》第 391 条来考虑，首先，根据我国刑法限制处罚范围的精神，行为人为了正当利益，在经济往来中，违反国家规定，给予单位以回扣、手续费的行为，还不值得科处刑罚。其次，行为人为了正当利益，在经济往来中，违反国家规定，给予单位回扣、手续费的行为，其法益侵害性明显轻于为谋取不正当利益而给予单位财物的行为。再次，由于"为谋取不正当利益"表述在两种行贿方式之前，从表述习惯来看，可以认为给予回扣、手续费的行为，也应当"为谋取不正当利益"；假如将法条的表述顺序颠倒过来，即将该条表述为"在经济往来中，违反国家规定，给予各种名义的回扣、手续费的，或者为谋取不正当利益，给予国家机关、国有公司、企业、事业单位、人民团体以财物的，处三年以下有期徒刑或者拘役"，那么，给予回扣、手续费的行为则不需要"为谋取不正当利益"。既然法条没有采取后一种表述，就意味着法条无意将"为谋取不正当利益"作为其中一种构成要件行为的特有要素，因而应将"为谋取不正当利益"理解为行贿罪的共同要素。根据相同的解释原理与方法，《刑法》第 288 条中的"干扰无线电通讯秩序，情节严重"应是两种行为类型的共有客观要素。

实践中经常出现这样的问题，即行为人实施了几种行为类型中的行为，但其行为并不完全符合并列规定的某一行为类型，对此能否综合起来考察，认定其行为构成犯罪？此外，在构成犯罪的前提下，能否综合各种行为类型，认定其行为构成加重犯（适用加重法定刑）？

例如，《刑法》第 384 条第 1 款前段规定："国家工作人员利用职务上的便利，挪用公款归个人使用，进行非法活动的，或者挪用公款数额较大、进行营利活动的，或者挪用公款数额较大、超过三个月未还的，是挪用公款罪，处五年以下有期徒刑或者拘役；情节严重的，处五年以上有期徒刑。挪用公款数额巨大不退还的，处十年以上有期徒刑或者无期徒刑。"显然，本款并列规定了三种行为类型：一是挪用公款进行非法活动，不要求数额较大，但为了限制处罚范围，如下所述，司法解释仍然规定了数额起点；二是挪用公款进行营利活动，要求数额较大；三是挪用公款进行其他活动，也要求数额较大。根据 2016 年 4 月 18 日公布的《最高人民法院、最高人民检察院关于办理贪污贿赂刑事案件适用法律若干问题的解释》第 5 条的规定，挪用公款归个人使用，进行非法活动，数额在 3 万元以上的，应当以挪用公款罪论处；数额在 300 万元以上的，应当认定为"数额巨大"；数额在 100 万元以上的，属于"情节严重"。该解释第 6 条规定，挪用公款归个人使用，进行营利活动或者超过 3 个月未还，数额在 5 万元以上的，属于"数额较大"；数额在 500 万元以上的，应当认定为"数额巨大"；数额在 200 万元以上的，属于"情节严重"。显然，由于挪用公款分为三种不同用途，不同用途的数额标准、成立犯罪的时间要求不同，所以，当行为人挪用公款存在多种用途时，如何计算挪用数额就直接关系到行为是否成立犯罪以及能否适用加重法定刑的问题。

第一种情形：挪用公款存在多种用途，且分别都达到各种用途的定罪数额标准。例一：A 三次挪用公款，其中第一次挪用公款 5 万元用于赌博，第二次挪用公款 7 万元用于购买股票，第三次挪用公款 8 万元用于其他活动超过 3 个月未还。① 例二：B 一次挪用公款 20 万元，其中 5 万元用于赌博，7 万元用于购买股票，剩下 8 万元用于其他活动超过 3 个月未还。

一种观点认为，"多次挪用公款归个人使用，进行非法活动的，应累计计算其挪用数额"；"多次挪用公款归个人使用，进行营利活动的，应累计计算其挪用数额"；"对于多次挪用公款，其中有的用于非法活动，有的用于营利活动，有的用于一般活动，应当分别计算数额"。② 问题是分别计算数额后，是否应当累计计算挪用数额？上述观点没有明确回答。有学者指出："同时具备法律规定的两种或者三种形式的挪用资金行为的，如果几种形式的挪用资金行为都构成了犯罪，在处罚时可按最严重的行为定罪，其余的作为量刑情节考虑，量刑时适当从重，而不能实行数罪并罚；……在处理不同形式的挪用行为时，应当注意不同形式的挪用数额不能相加。"③ 但是，这种观点不无疑问。

首先，从事实上看，上述例一与例二看似存在区别，其实没有明显差异。

B 一次挪用了 20 万元，A 分三次挪用了 20 万元，但二人不管是一次挪用还是三次挪用，都总共使 20 万元的公款处于流失的危险之中。所以，二人行为的有责的不法程度并不存在明显的区别。④ 可以肯定的是，如果对 B 仅按挪用公款 8 万元量刑，明显不当。这是因为，B 明明是一次挪用了 20 万元公款，即使其全部用于其他活动，也毫无疑问按挪用公款 20 万元量刑；不能因为 B 将其中的 12 万元用于危险更大的非法活动与营利活动，就反而仅按挪用公款 8 万元量刑。否则，就违背了刑法的公平正义性。简言之，由于 A 和 B 的行为的危害性重于"一次性挪用 20 万元公款用于其他活动，超过三个月未还"的行为，既然后者毫无疑问可以认定为挪用公款 20 万元，那么也应当认定 A 和 B 挪用公款 20 万元。

---

① 挪用公款"进行其他活动"，只是刑法理论上的通常表述，并非《刑法》第 384 条的明文规定。换言之，《刑法》第 384 条只规定了进行非法活动与进行营利活动两种用途，剩下的就均属于理论上所称的"进行其他活动"。本书后述引文所称的"一般活动"也是指其他活动。

② 关文军：《对挪用公款罪法律适用中疑难问题的分析》，《河南社会科学》2003 年第 4 期。

③ 田宏杰：《挪用公款罪司法认定中的疑难问题研究》，《人民检察》2001 年第 7 期。

④ 说没有明显区别，是因为可能存在细微区别。亦即，A 有多次行为与多个同种故意，而 B 仅有一次行为与一个故意。但由于二者的总体不法程度相同，故充其量仅存在细微区别。

挪用公款罪的法益侵害性表现在使公款脱离单位控制[1]，处于流失（不能归还）的危险之中，用途只用来说明危险程度。如果用于非法活动（如贩卖毒品）的行为侵害其他法益，则应当实行数罪并罚。[2] 反过来说，挪用公款罪的处罚对象是使公款脱离单位控制的挪出行为，而不是使用行为本身。例三：C 一次挪用公款 20 万元，全部用于赌博但未输未赢，然后继续将 20 万元用于购买股票。C 虽然将 20 万元分别用于非法活动与营利活动，但由于其行为只是使 20 万元公款处于流失的危险之中，故只能认定为挪用公款 20 万元进行非法活动，既不可能认定 C 的行为属于想象竞合，更不可能将挪用公款的数额认定为 40 万元。此例表明，挪用公款罪的实行行为是使公款脱离单位控制的行为，而不是将公款置于流通领域；实行行为是"挪"而非"用"；将公款置于特别危险的流通领域的行为，由于增加了不法程度，刑法便相应地降低了数额（用于非法活动）与时间要求（进行营利活动）。[3] 换言之，凡是使公款脱离单位控制的，就属于挪用公款。[4] 所以，除了符合其他条件外，应当以脱离单位控制的数额为标准计算数额，而非以用途为标准计算数额。

其次，从法律规定上说，不管例一中 A 的三次挪用行为是否属于同种数罪，都应当累计计算挪用数额，既不能仅计算其中的最高数额，也不需要数罪并罚。

众所周知，我国刑法分则规定了大量的数额犯（包括数量犯）。从形式上看，刑法分则仅有 4 个条文规定了对多次犯罪未经处理的，按照累计数额处罚（《刑法》第 153 条第 3 款、第 201 条第 3 款、第 347 条第 7 款、第 383 条第 2 款）。其实，就数额犯而言，刑法分则条文关于"累计"的规定只是注意规定，而不是特别规定或者法律拟制。一方面，数额犯均存在徐行犯的现象，如果不累计计算，就会导致许多行为得不到应有的规制，明显不当。例如，如果国家工作人员每次仅挪用公款 2 万元，倘若不累计计算，就意味着行为人无论挪用多少次，都不构成挪用公款罪，这无疑为行为人开辟了一条避免刑罚处罚的通道。另

---

[1] 与"占有"不同，这里的"控制"是指公款存入单位的银行账户或者存于单位保险柜等情形。

[2] 参见 1998 年 4 月 29 日公布的《最高人民法院关于审理挪用公款案件具体应用法律若干问题的解释》第 7 条第 2 款。

[3] 事实上，持上述观点的学者也认为："挪用公款后对公款的具体使用行为，如将挪用的公款用于营利活动、非法活动或者营利活动、非法活动以外的其他个人用途，则属于挪用公款罪的动机行为，这一行为的实施不一定对挪用公款罪的客体构成侵犯，它可能具有社会危害性，也可能没有。如行为人将挪用的公款给亲人治病，给孩子缴纳上大学的学费这一行为本身，并不是危害社会的行为。因而，立法机关只须将'挪用公款'的行为规定为挪用公款罪的客观构成要件就足矣，无须对挪用公款罪的动机行为再作出规定。"（田宏杰、侯亚辉：《挪用公款罪司法适用问题研析》，《法学》1999 年第 4 期）。

[4] 即使行为人长时间将公款放入家中保险柜，也属于挪用公款进行其他活动。

一方面，如果不累计计算，就会导致部分不法行为没有得到评价，违反全面评价的原则。在上述例一或者例二中，如果仅按用途最多的数额（或最严重的犯罪行为）计算，就没有在定罪时完整评价构成犯罪的挪用数额。即使从重处罚，也可能导致应当适用升格法定刑时却不能适用，从而违反罪刑相适应原则。正因为如此，我国的司法解释对数额犯基本上都规定了累计计算。例如，2001 年 4 月 9 日公布的《最高人民法院、最高人民检察院关于办理生产、销售伪劣商品刑事案件具体应用法律若干问题的解释》第 2 条第 4 款规定："多次实施生产、销售伪劣产品行为，未经处理的，伪劣产品的销售金额或者货值金额累计计算。"基于上述两方面的理由，应当认为，对于未经处理的数额犯，都应当累计计算犯罪数额。所以，不能以刑法没有明文规定对挪用公款应当累计计算为由，对例一或例二中的挪用数额仅按不同用途中的最高数额计算。

一种观点认为，"多次挪用公款、每次挪用公款均单独构成犯罪的，应先对每次犯罪分别定罪量刑，再根据同种数罪实行并罚，而不应简单地将挪用数额累计计算，因为公款的用途不同成立犯罪的条件也不同"①。在本书看来，这种观点也不可取。按照这一观点的逻辑，索取贿赂与收受贿赂的成立犯罪条件不同，如果索取贿赂与收受贿赂分别独立构成犯罪，也应当实行数罪并罚。但事实上并非如此。其实，在数额犯的场合，累计计算而不实行数罪并罚，有利于量刑的合理化。亦即，刑法分则条文将数额较大作为犯罪起点，并针对数额巨大、数额特别巨大的情形规定了加重法定刑时，不实行并罚，反而有利于做到罪刑相适应。例如，对于多次诈骗、多次走私、多次逃税、多次贪污、多次受贿等情形，不管刑法分则条文是否明文规定"累计"犯罪数额，都应当累计犯罪数额，以一罪论处，不实行并罚。在这种情况下，即使行为人多次实施的是同一犯罪的不同类型的行为，也只需要按照累计数额适用相应的法定刑，而不必并罚。②

最后，从罪数理论的目的来说，不能将例二中的行为认定为想象竞合。

"罪数论·竞合论是在实体法上经过了对某一行为的违法、责任的判断阶段后，为量刑提供基础的领域的讨论。"③ 不考虑罪刑相适应的要求，而单纯从形式逻辑出发研究罪数或者竞合问题，是一种方向性的偏差。换言之，导致量刑偏差的罪数理论，都不是理想的罪数理论，只有为正当量刑提供基础的罪数理论，才是值得提倡的理论。将构成同一数额犯的多个行为的数额累加，并按一罪论处，本质上是将数行为包括评价，认定为包括一罪。这主要是因为刑法分则一般

---

① 劳娃：《谈谈挪用公款罪适用中的三个疑难问题》，《青海社会科学》2003 年第 1 期。
② 参见张明楷：《论同种数罪的并罚》，《法学》2011 年第 1 期。
③ ［日］只木诚：《罪数论·竞合论》，载［日］山口厚、甲斐克则编：《21 世纪日中刑事法的重要课题》，成文堂 2014 年版，第 73 页。

为数额犯规定了幅度较广的法定刑，因此只要法官在法定刑幅度内选择与累计数额相适应的刑罚，便可完整评价数行为的不法和责任。在这种处理下，不需要多次适用同一法条，而只需包括地适用一次法条，因而是实质的一罪。将例二中 B 的行为按挪用公款 20 万元计算，不仅在个案中能实现量刑的合理化，而且能使不同案件的量刑保持均衡。如果认定为想象竞合（实质的数罪），仅按挪用公款 8 万元量刑，则不能确保量刑的合理化。

诚然，想象竞合中一个行为所触犯的数罪也可能是同种罪名。[①] 在此意义上说，例二中 B 的行为似乎属于一个行为同时触犯三个相同的罪名，因而属于同种罪名的想象竞合。但本书难以赞同这样的结论。

在同种罪名的想象竞合中，所谓一个行为触犯数个同种罪名，意味着一个行为数次违反同一法条，而非对一个行为进行反复评价。事实上，只有当一个行为侵害了数个不同法益主体的个人专属法益时，才有可能评价为同种罪名的想象竞合。例如，行为人扔一个炸弹导致二人死亡的，成立两个故意杀人罪，但属于想象竞合。[②] 再如，一个过失行为导致数人死亡的，也属于想象竞合。[③] 但是，对同一个人的同一专属法益的侵害，即使外表上是一个行为造成的多个结果，也不能认定为想象竞合。例如，"行为人故意伤害他人身体时，多次打击受害人身体，他的行为不仅只是一个行为，也只违反了一次刑法，所以不是竞合"[④]。在我国，当行为人三次打击被害人的身体，造成三处轻伤，但三处轻伤综合起来应当评价为重伤时，显然不能认定为一个行为触犯三个轻伤害，按想象竞合处理，而应当按一个重伤害处理。基于同样的理由，在国家工作人员的一个行为对同一单位的公款造成侵害时，也不可能评价为同种罪名的想象竞合。所以，不能将例二中 B 的行为评价为同种罪名的想象竞合，不能仅按不同用途中的最高数额处罚，而应按总数额处罚。

第二种情形：挪用公款存在多种用途，但分别来看都没有达到各种用途的定罪数额标准。例四：D 第一次挪用公款 2 万元用于赌博，第二次挪用公款 3 万元用于购买股票，第三次挪用公款 4 万元进行其他活动，均超过 3 个月未还。

[①] 参见［日］山口厚：《刑法总论》（第 3 版），有斐阁 2016 年版，第 407 页；［德］冈特·施特拉腾韦特、洛塔尔·库伦：《刑法总论 I——犯罪论》，杨萌译，法律出版社 2006 年版，第 444 页。

[②] 参见［日］西田典之著、桥爪隆补订：《刑法总论》（第 3 版），弘文堂 2019 年版，第 452 页。

[③] 参见［德］冈特·施特拉腾韦特、洛塔尔·库伦：《刑法总论 I——犯罪论》，杨萌译，法律出版社 2006 年版，第 445 页。

[④] ［德］冈特·施特拉腾韦特、洛塔尔·库伦：《刑法总论 I——犯罪论》，杨萌译，法律出版社 2006 年版，第 44 页。

第一种观点认为，"对于多次挪用公款，其中有的用于非法活动，有的用于营利活动，有的用于一般活动，应当分别计算数额"①。

然而，如果分别计算，不仅不利于保护法益，而且会损害刑法的公正性。例五：E 三次挪用公款，每次 2 万元共计 6 万元，每次都用于其他活动，均超过 3 个月未还。按照上述观点，E 构成挪用公款罪，数额为 6 万元。例六：F 挪用公款的次数、数额与 E 相同，却分别用于三种不同用途（每种用途 2 万元），按照上述观点，即使均超过 3 个月未还，也不成立挪用公款罪。然而，没有理由认为 F 的行为的法益侵害性轻于 E 的行为。

第二种观点认为，挪用公款归个人进行其他活动，"若每一次挪用的数额都未达到定罪的标准，则不作为犯罪来处理"；"挪用公款归个人使用进行营利活动和非法活动的，无论案发时是否已经还完，数额均要累计计算，因为这种行为的客观危害性及行为人的主观恶性较之一般的挪用大，有从严惩处之必要"②。换言之，"多次挪用本单位资金进行营利活动或者非法活动的，由于对这两种形式没有挪用时间的限制，其社会危害性的大小主要表现在挪用资金的数额上，因此应当分别将多次挪用的数额相加，如果达到了犯罪所需要的数额应认定为犯罪"③。

可是，从《刑法》第 384 条的规定来看，挪用公款归个人进行其他活动超过 3 个月未还的，与挪用公款进行非法活动、营利活动的法律性质相同。既然挪用公款进行营利活动或者非法活动时应当将多次挪用的数额相加，就没有理由反对将挪用公款进行营利活动、非法活动与进行其他活动超过 3 个月未还的数额相加。

第三种观点认为，一次挪用公款数额较大，分别用于两种或三种活动，每种活动所使用的公款数额都未达到立案的标准的，应按总数额认定犯罪。实质理由是，"本罪所危害的主要是单位对公款的占有、使用、收益权，对单位财产权利危害的大小，主要取决于行为人挪用公款数额的大小及时间长短，至于其用于何种用途，对财产权利的危害程度是一样的"。对于这种情形，"可以按照行为人对公款的主要用途适用法律，即公款主要用于非法活动或营利活动的，适用现行刑法典第 384 条关于'挪用公款进行非法活动'或'挪用公款进行营利活动'的规定；主要用于上述两种活动以外的活动的，适用'挪用公款数额较大，超过

① 关文军：《对挪用公款罪法律适用中疑难问题的分析》，《河南社会科学》2003 年第 4 期。
② 赵宝仓、杨崇华：《罪刑均衡原则视野下的挪用数额认定——对以后次挪用归还前次行为的分析》，《中国检察官》2011 年第 1 期。
③ 田宏杰：《挪用公款罪司法认定中的疑难问题研究》，《人民检察》2001 年第 7 期。

3 个月未还'的规定"①。

但是，一方面，不考虑挪用行为是否符合刑法对构成要件的描述，一概按总数额认定可能存在疑问。另一方面，在主张按总额认定犯罪的前提下，却又主张按照行为人对公款的主要用途适用法律，也有自相矛盾之嫌；而且，在公款的主要用途没有达到法定数额要求的情况下，按主要用途适用法律会出现违反罪刑法定原则的现象。

本书的观点是，应根据法益保护目的、法定的构成要件以及举轻以明重的解释原理进行认定和处理。

首先，应当肯定，挪用公款进行非法活动、营利活动（数额较大）与其他活动（数额较大且超过 3 个月未还），均属于"挪用公款归个人使用"。既然如此，就表明挪用公款的三种情形具有共同点，而不是对立关系。换言之，三种情形侵害的法益完全相同，而不存在区别。其次，从实质上说，三种情形使得公款流失（不能归还）的危险程度不同，根据举轻以明重的解释原理，完全可以将高度危险评价为低度危险，如同重伤害可以评价轻伤害一样。但是轻度危险不能评价为高度危险。最后，由于对事实的归纳与评价必须以刑法规定为标准，所以，只有当挪用行为能够被《刑法》第 384 条规定的构成要件所涵摄时，才能将挪用的数额计算为挪用公款罪的数额。

根据上述要求，例四中的 D 的行为构成挪用公款罪，挪用公款的数额为 9 万元。这是因为，挪用 2 万元赌博与挪用 3 万元购买股票，均可以评价为挪用公款进行其他活动，且均超过 3 个月未还。即使 D 将全部公款用于其他活动，也因为超过 3 个月不还而构成挪用公款罪，既然如此，当 D 将部分公款用于非活动与营利活动时，就不可能反而不以挪用公款罪论处。②

根据上述第二种观点，只能对用于非法活动与营利活动的数额进行相加。诚然，在例四中，仅对该二者进行相加，也能认定 D 的行为成立挪用公款罪，但挪用公款的数额仅为 5 万元，而没有评价另外的 4 万元，因而不当。

需要特别说明的是，因为用于非法活动与营利活动可以评价为用于其他活动，故能够进行上述评价。问题是，用于非法活动的数额能否毫无例外地评价为用于营利活动的数额？虽然从实质上说，由于前者的危险高于后者，故可以得出这一结论，但是，根据罪刑法定原则的要求，只有当非法活动能够评价为营利活动时，才能将用于非法活动的数额评价为营利活动的数额。赌博当然可能获利，

---

① 王作富：《挪用公款罪司法认定若干问题研究》，《政法论坛》2001 年第 4 期。另参见刘金林、于书峰：《多次挪用公款的数额计算》，《中国刑事法杂志》2005 年第 1 期。

② 若 D 一次挪用 9 万元公款分别用于三种用途，也应按挪用公款 9 万元的数额追究刑事责任。

所以能够评价为营利活动。如若非法活动并不属于营利活动,[1] 则只能将用于非法活动的数额评价为用于其他用途的数额,[2] 而不能评价为用于营利活动的数额。[3]

问题是,倘若每次挪用行为本身没有达到数额标准,但挪用公款用于非法活动或营利活动的数额在 3 个月内归还的,应当如何处理?例七:G 第一次挪用公款 1 万元用于赌博,第二次挪用公款 3 万元用于购买股票,前两次均在 3 个月内归还,第三次挪用公款 4 万元进行其他活动且超过 3 个月未还。

笔者一直的观点是,对此不能认定为挪用公款罪。首先,不应将挪用公款进行营利活动与进行其他活动的数额计入挪用公款进行非法活动的数额,亦即,不能将危险小的数额计入危险大的数额,所以,不能认定为挪用公款进行非法活动。其次,虽然可以将挪用公款进行非法活动的数额计入挪用公款进行营利活动的数额,但二者的总和并未达到定罪标准,故不成立挪用公款进行营利活动。最后,虽然可以将挪用公款进行非法活动与进行营利活动计入挪用公款进行其他活动,但挪用公款进行其他活动必须超过 3 个月未还;如果挪用公款进行非法活动与进行营利活动,但在 3 个月内归还公款,则不符合挪用公款进行其他活动的时间要件。结论是,对 G 的行为不能以挪用公款罪论处。

笔者的上述观点建立在以用途、时间与数额为根据分别判断的基础之上,但是,按照前述第三种观点,G 的行为则成立挪用公款罪。诚然,如果说 G 挪用公款用于赌博与购买股票的行为,虽然在 3 个月内归还,但由于在刑法上其与挪用公款进行其他活动超过 3 个月未还的情形相当,故可以在整体上认定 E 挪用公款 8 万元超过 3 个月未还。本书难以赞成这样的结论。这是因为,虽然挪用公款的三种情形具有共同点而非对立关系,但从《刑法》第 384 条第 1 款的描述可以看出,三种情形后都有"……的"来标示罪状表述完结(参见本书第三章),故三种情形具有相对独立性。既然如此,就不能仅因为前两种情形与第三种情形具有等价性,就直接将前两种情形等同于或者认定为第三种情形。虽然本案的行为或许已经具备"挪用 8 万元超过三个月未归还"的危害性,但本案事实上不存在超过 3 个月未被归还的 8 万元,这便无法适用挪用公款罪的第三种情形。亦即,只有当前两种情形符合刑法规定的第三种情形的成立条件时(超过 3 个月未还),才能适用第三种情形的刑法规定进而追究行为人的刑事责任。[4]

---

[1] 不过,这种情形很罕见。

[2] 如果非法活动构成犯罪,则应当实行数罪并罚。

[3] 参见张明楷:《刑法学》(第六版)(下),法律出版社 2021 年版,第 1569~1570 页。

[4] 如果非法活动属于营利活动,用于非法活动与营利活动的数额达到了 5 万元,则应当认定为挪用公款 5 万元进行营利活动,进而以挪用公款罪论处。

以上讨论的是行为人三次挪用公款分别没有达到定罪标准的情形，接下来需要讨论的是，行为人一次挪用数额较大的公款，但各种用途的数额均没有达到定罪标准的，应当如何处理？例八：H 一次挪用公款 8 万元，其中 1 万元用于赌博，3 万元用于购买股票，用于赌博与购买股票的公款均已在 3 个月内归还，但用于其他活动的 4 万元超过 3 个月未还。

在本书看来，对这种情形也不能按挪用公款罪处罚。根据《刑法》第 384 条与司法解释的规定，单位公款处于流失的危险必须达到一定程度才具有可罚性：要么 3 万元以上的公款因为用于非法活动处于被没收的状态，要么 5 万元以上的公款因为用于营利活动处于危险较大的状态，要么 5 万元以上的公款因为用于其他活动而处于 3 个月内仍未归还的状态。在例八中，虽然 H 一次挪用公款 8 万元，由于用于赌博与购买股票的数额分别和相加都没有达到可罚程度，用于其他活动的 4 万元虽然超过 3 个月未还，却没有达到法定数额，用于赌博与购买股票的数额又不能评价为超过 3 个月未还，故仍然不能以挪用公款罪论处。

第三种情形：挪用公款分别用于非法活动、营利活动与其他活动，只有部分达到定罪标准。例九：I 第一次挪用公款 1 万元用于赌博，第二次挪用公款 3 万元用于购买股票，第三次挪用公款 6 万元用于其他活动且超过 3 个月未还。

可以肯定的是，I 的第三次行为已构成挪用公款罪，应当追究刑事责任。至于前两次挪用行为是作为量刑情节，还是计入挪用公款的数额，则取决于前两次挪用时间是否超过 3 个月，对于已超过 3 个月未还的数额，应当计入挪用公款罪的数额。对此应当没有疑问。若 I 一次挪用 10 万元，用途与上相同，但用于赌博与购买股票的公款在 3 个月之内归还的，也只应将挪用公款 6 万元超过 3 个月未还作为定罪根据。

总之，对于上述三种情形，都不能仅挑选不同用途中的最高数额作为定罪量刑的根据，而必须全面评价案件事实。但全面评价的前提是分别评价，而且对每一笔挪用行为的评价必须以刑法规定为依据，而不能任意评价，因此，既不能完全按不同用途分别计算数额，也不能一概以总数额作为挪用公款罪的数额。对于挪用资金罪，也应当作相同的处理。

特别要强调的是，在分则条文就一个犯罪规定了几种不同的行为类型时，不能一概对行为人实施的多个行为进行简单的综合评价。例如，《刑法》第 293 条共规定了四种行为类型，但在现实生活中，行为人可能实施了两种以上的行为，对此能否进行综合评价认定为寻衅滋事罪，是司法实践上经常遇到因而需要展开讨论的问题。

《刑法》第 293 条规定的四种行为类型，可谓完整的犯罪类型，换言之，其规定的每一行为类型都是一个完整的罪状。只有当行为人的行为符合其中之一时，才能认定为寻衅滋事罪。倘若行为人实施了四种行为，但对任何一种行为都不能评价为情节严重或情节恶劣，又不能将四种行为规范评价为其中一种情节严重或者恶劣的行为时，也不能认定为寻衅滋事罪。例如，行为人甲随意殴打 A 一次没有造成任何伤害，辱骂 B 一次且情节轻微，强拿硬要 C 的一个水果，在公共场所闹过事但没有造成公共秩序严重混乱。显然，甲的行为不符合《刑法》第 293 条的任何一项罪状，因而不可能成立寻衅滋事罪。

正因为如此，司法机关在认定寻衅滋事罪时，一般要求行为完全符合《刑法》第 293 条的某一项要求。例如，《浙江省高院刑事审判庭关于执行刑法若干问题的具体意见（一）》规定："认定寻衅滋事罪，应注意把握法定的'情节'要求。行为人虽具有刑法第 293 条所列四项行为中的两项或两项以上行为，但每一项行为均未达到该项规定的'情节'要求的，仍不能以本罪认定。"

这一规定虽然具有合理内涵，却过于绝对，因而存在不当之处。因为对案件事实的归纳应当以拟适用的构成要件为指导，而且案件事实总是具有不同的侧面，行为总是具有多重性质。所以，法官不能事先固定案件事实的性质，然后再寻找应当适用的法条，而应当根据拟适用的法条归纳案件事实、判断事实的性质。而且，所谓某种事实"符合"构成要件，是指某种事实具备了构成要件所要求的要素及其内在联系，或者说，某种事实并不缺乏构成要件所要求的内容，而不是指事实与构成要件完全一致。在事实内容、行为性质相同的情况下，完全可能将重行为评价为轻行为；在复合行为包含了法律要求的单一行为的情况下，完全可能将现实中的复合行为评价为单一行为。就寻衅滋事罪而言，当行为人实施了《刑法》第 293 条所列举的多项行为，虽然各项行为本身并未达到情节恶劣、情节严重等要求，但经过规范评价，可以认定行为人达到了其中一项要求时，仍然可以认定为寻衅滋事罪。

例如，行为人甲，随意殴打他人两次，没有造成任何结果。此外，甲两次使用轻微暴力强拿硬要他人财物，但该两次行为本身也难评价为情节严重。虽然殴打他人的行为，不能评价为强拿硬要，但是，对于使用轻微暴力的强拿硬要行为，则完全可以评价为随意殴打他人。因为使用轻微暴力强拿硬要，不仅侵犯了他人身体安全，而且侵犯了他人财物。将其评价为殴打他人，并没有重复评价，相反没有评价其侵犯财产部分。这是对行为人有利的一种评价。所以，可以将甲的行为规范评价为"随意殴打他人，情节恶劣"。

再如，行为人乙，随意殴打他人两次，没有造成任何实害结果。此外，乙两次使用轻微暴力追逐、拦截他人。对此，也可以评价为"随意殴打他人，情节恶劣"。

又如，行为人丙，以暴力追逐、拦截他人两次，但尚不足以评价为情节恶劣；此外，行为人两次以轻微暴力强拿硬要他人少量财物，但尚不足以评价为情节严重。可是，对丙的四次行为可能评价为随意殴打他人且情节恶劣，因而可以适用《刑法》第293条第1项的规定，以随意殴打类型的寻衅滋事罪论处。

显然，只有当几次行为可以规范地评价为符合《刑法》第293条的某一项时，才能认定为寻衅滋事罪，而不是只要有三次以上行为，就可以认定为寻衅滋事罪。例如，行为人丁随意殴打A；拦截出租车司机B，但没有使用暴力；强拿小摊贩C的水果少许，也没有使用暴力；在商店无故闹事但没有造成商店秩序的严重混乱。这4次行为的任何一项，都不能被评价到另一项中，因而其行为不符合《刑法》第293条的任何一项规定，故不成立寻衅滋事罪。

不难看出，根据1979年《刑法》，对丁的行为完全可以按流氓罪论处；但根据现行刑法，丁的行为却不成立犯罪。根本原因在于，1979年《刑法》第160条没有规定寻衅滋事罪的具体类型，因而进行整体判断即可。一旦进行整体判断，就会认为丁的行为具有严重的社会危害性，进而以犯罪论处。但是，离开具体要素的整体判断，不符合罪刑法定原则的要求。例如，倘若不考虑成立抢劫罪所要求的具体要素，单纯从整体上判断某种行为是否构成抢劫罪，就完全违反罪刑法定原则。现行刑法将寻衅滋事具体化为不同的行为类型后，法官不得离开具体类型中的具体要素进行所谓整体判断，只能进行具体判断。具体判断的结局是，由于丁的行为不符合《刑法》第293条的任何一项规定，故不成立寻衅滋事罪。对丁的行为虽然不能以犯罪论处，但实现了罪刑法定原则，维护了刑法的人权保障机能。人们习惯于认为现行《刑法》第293条的规定导致对丁的行为不能以犯罪论处，因而存在缺陷。但是，罪刑法定主义原本就意味着部分值得科处刑罚的行为因为缺乏法律明文规定而不成立犯罪。换言之，这种所谓的"缺陷"是贯彻罪刑法定主义进而实现刑法的人权保障机能的必要代价。

（三）几种犯罪的罪状的并列

在我国的刑法分则中，一个条文规定几个犯罪的现象并不少见。在这种情况下，只有当行为完全符合不同犯罪的全部构成要件时，才可能成立犯罪。当行为人实施了同一条文所规定的不同行为，但并不符合不同犯罪的构成要件，不同犯罪之间又没有重合内容时，不能将行为人所实施的不同行为综合评价为一个犯罪行为。

例如，《刑法》第251条规定了非法剥夺公民宗教信仰罪与侵犯少数民族风俗习惯罪，二者均以情节严重为前提。倘若国家机关工作人员甲既实施了非法剥夺公民宗教信仰自由的行为，也实施了侵犯少数民族风俗习惯的行为，但二者的情节都没有达到严重程度，由于两个行为没有重合部分，不能将其中一种行为评价为另一种行为，就不能以犯罪论处。

但是，当同一条文并列规定的罪状（乃至不同条文规定的罪状）存在重合内容时，则可以在重合的限度内将重行为评价为轻行为。

例如，《刑法》第246条规定了侮辱罪与诽谤罪，二者均以情节严重为前提。甲对乙实施了侮辱行为，但情节并不严重；甲另外对乙也实施了诽谤行为，但情节也不严重。对此，能否评价为其中一个行为情节严重，而以犯罪论处？这取决于侮辱与诽谤的关系。如若认为，侮辱罪是使用暴力、语言、文字、动作等方法侵害他人名誉，诽谤罪是散布捏造的事实侵害他人名誉，二者在行为内容上没有重合之处，则上述甲的行为不成立侮辱罪与诽谤罪。但是，倘若认为，侮辱罪与诽谤罪都是侵害他人名誉的犯罪，虽然侮辱行为不能评价为诽谤行为，但诽谤行为可能评价为侮辱行为，则上述甲的行为能够成立侮辱罪。在本书看来，既然单纯表示出对他人予以轻蔑的价值判断就属于侮辱，那么，通过捏造事实表示出对他人予以轻蔑的价值判断的诽谤行为，也能评价为侮辱。所以，虽然侮辱、诽谤各自本身没有达到情节严重程度，但将诽谤评价为侮辱后侮辱行为达到情节严重的，可以认定为侮辱罪。

例如，《刑法》第398条第1款规定："国家机关工作人员违反保守国家秘密法的规定，故意或者过失泄露国家秘密，情节严重的，处三年以下有期徒刑或者拘役；情节特别严重的，处三年以上七年以下有期徒刑。"刑法理论与司法解释认为本款规定了两个罪名：故意泄露国家秘密罪与过失泄露国家秘密罪。根据2006年7月26日发布的《最高人民检察院关于渎职侵权犯罪案件立案标准的规定》，故意泄露机密级国家秘密2项（件）以上的，或者故意泄露秘密级国家秘密3项（件）以上的，应以故意泄露国家秘密罪立案（实际上为定罪标准，下同）；过失泄露机密级国家秘密3项（件）以上的，或者过失泄露秘密级国家秘密4项（件）以上的，应以过失泄露国家秘密罪立案。假定国家机关工作人员甲故意泄露机密级国家秘密1项（件），过失泄露机密级国家秘密2项（件），国家机关工作人员乙故意泄露秘密级国家秘密2项（件），过失泄露秘密级国家秘密3项（件），对甲、乙的行为能否以过失泄露国家秘密罪论处？本书持肯定回答。因为过失与故意不是对立关系，而是位阶关系，换言之，故意完全符合过失的要件。① 既然如此，就可以将甲故意泄露机密级国家秘密1项（件）的事实，评价为过失泄露机密级国家秘密1项（件），于是，甲总共过失泄露机密级国家秘密3项（件），因而构成过失泄露国家秘密罪。基于同样的理由，乙也成立过失泄露国家秘密罪。

再如，《刑法》第345条第1款前段规定，"盗伐森林或者其他林木，数量较

① 参见张明楷：《犯罪构成体系与构成要件要素》，北京大学出版社2010年版，第259页。

大的，处三年以下有期徒刑、拘役或者管制，并处或者单处罚金"。同条第 2 款前段规定，"违反森林法的规定，滥伐森林或者其他林木，数量较大的，处三年以下有期徒刑、拘役或者管制，并处或者单处罚金"。2000 年 11 月 22 日发布的《最高人民法院关于审理破坏森林资源刑事案件具体应用法律若干问题的解释》第 4 条规定，"盗伐林木'数量较大'，以 2 至 5 立方米或者幼树 100 至 200 株为起点"。该解释第 6 条规定，"滥伐林木'数量较大'，以 10 至 20 立方米或者幼树 500 至 1000 株为起点"。假定以上述规定中的最低起点为标准，行为人盗伐 1 立方米的林木、滥伐 9 立方米的林木时，能否认定为滥伐林木罪？没有争议的是，盗伐林木罪与滥伐林木罪是两个不同的犯罪，但是，任何盗伐林木的行为必然是滥伐林木的行为，或者说，盗伐林木的行为完全符合滥伐林木的构成要件。所以，可以将盗伐林木的行为评价为滥伐林木的行为，故对上述行为可以认定为滥伐林木罪。反之则不然。因为滥伐林木的行为不符合盗伐林木的构成要件，故对上述行为不可能认定为盗伐林木罪。

显然，对两个犯罪的构成要件行为是否具有重合内容存在不同看法时，就会影响对案件事实的判断。

《刑法》第 397 条第 1 款前段规定，"国家机关工作人员滥用职权或者玩忽职守，致使公共财产、国家和人民利益遭受重大损失的，处三年以下有期徒刑或者拘役"。根据 2012 年 12 月 7 日发布的《最高人民法院、最高人民检察院关于办理渎职刑事案件适用法律若干问题的解释（一）》第 1 条的规定，国家机关工作人员滥用职权或者玩忽职守，造成经济损失 30 万元以上的，应当认定为《刑法》第 397 条规定的"致使公共财产、国家和人民利益遭受重大损失"。假如某国家机关工作人员甲，一次滥用职权行为，造成个人财产直接经济损失 18 万元，一次玩忽职守行为，造成个人财产直接经济损失 12 万元。那么，能否认定甲的行为成立滥用职权罪或者玩忽职守罪？这取决于如何认识滥用职权罪与玩忽职守罪的行为内容，以及如何认识故意与过失的关系。

一种观点认为："玩忽职守罪与滥用职权罪在犯罪主体、犯罪客体、罪过的性质、犯罪结果、加重情节等方面是相同的。二者的主要区别是渎职的客观行为方式不同：玩忽职守主要表现为以不作为的方式不履行职责或者怠于履行职责；滥用职权罪主要表现为以作为的方式超越权限处理无权处理的事务或者不顾职责的程序和宗旨随心所欲地处理事务。"[①] 按照这种观点，上述甲的行为不成立犯罪。因为既不可能将作为评价为不作为，也不可能将不作为评价为作为，甲的作为不符合滥用职权罪的成立条件，不作为也不符合玩忽职守罪的成立条件。但

[①] 阮齐林：《刑法学》，中国政法大学出版社 2008 年版，第 814~815 页。

是，这种观点否认了不作为的滥用职权与作为的玩忽职守，这恐怕不符合司法现状。在现实生活中，至少存在作为方式的玩忽职守行为。所谓"怠于履行职责"就可能属于作为形式。从理论上说，没有遵守规则的行为并不必然表现为不作为。例如，没有遵守交通规则而造成交通事故的行为，并不都是不作为。基于同样的理由，没有履行职责的行为，也并不必然表现为不作为。

另一种观点认为："两者在主观和客观方面都存在区别：一是主观方面不同。滥用职权罪只能由故意构成，一般是出于不正当动机，玩忽职守罪只能由过失构成，主观上存在严重的不负责任。二是客观方面不同。滥用职权罪的行为方式表现为国家机关工作人员超越职权，违法决定、处理其无权决定、处理的事项，或者违反规定处理公务；玩忽职守罪的行为方式表现为，严重不负责任，不履行或者不认真履行自己的工作职责，致使公共财产、国家和人民利益遭受重大损失的行为。"[1] 换言之，滥用职权罪的行为实际上是职权之外的行为，而玩忽职守罪的行为是没有或者不认真履行职权之内的职责的行为。既然如此，二者就形成了对立关系，而没有重合部分。换言之，滥用职权行为不可能评价为玩忽职守行为，反之亦然。于是，上述甲的行为不可能成立犯罪。

但是，玩忽职守的行为不可能是"职权之内"的行为，因为一个行为在"职权之内"，意味着法律允许国家工作人员实施这样的行为。既然构成犯罪，就意味着不论是滥用职权还是玩忽职守，其行为都在职权之外，都是法律所不允许的。因此，行为是否位于"职权之内"，是罪与非罪、不法与合法的区分，不是此罪与彼罪的区分。在现实生活中，能否妥当区分超越职权与严重不负责任，恐怕还存在疑问。例如，根据2007年2月28日发布的《最高人民法院、最高人民检察院关于办理危害矿山生产安全刑事案件具体应用法律若干问题的解释》（已废止）第9条的规定，国家机关工作人员对不符合矿山法定安全生产条件的事项予以批准或者验收通过，致使公共财产、国家和人民利益遭受重大损失的，依照《刑法》第397条的规定定罪处罚。那么，上述行为究竟是超越了职权，还是没有认真履行职权呢？显然，从不应当批准而批准的角度来说，是超越了职权；从批准了不符合矿山法定安全生产条件的事项来说，则属于没有认真履行职权，亦即，如果认真履行职权，就不会批准该事项。

还有一种观点指出：玩忽职守罪与滥用职权罪"规定在《刑法》同一条款中，并且主体相同，在行为的表现方式上，都是既可由作为构成，也可由不作为构成。区分二者的关键在于罪过不同：本罪（指玩忽职守罪——引者注）是过

---

[1] 王作富主编：《刑法分则实务研究》（第五版）（下），中国方正出版社2013年版，第1753~1754页。

失犯罪，而滥用职权罪是故意犯罪"①。笔者也认为，故意实施的违背职责的行为属于滥用职权，过失实施的违背职责的行为属于玩忽职守。②同时认为，由于故意与过失是位阶关系，而不是对立关系，即可以将故意评价为过失，而不能将过失评价为故意。因此，对上述甲的行为可以评价为玩忽职守罪，但不能认定为滥用职权罪。

三、包含

有的条文所表述的罪状或规定的要素，表面上看是一种并列关系，分则条文甚至使用"或者"一词表示了选择关系，但实际上，条文所并列规定的几种罪状或者要素之间，是一种包含关系，即其中一种行为包含了另一种行为。在这种情况下，关键在于理解包含的要素（上位概念），即只要理解了包含的要素，被包含的要素（下位概念）便迎刃而解了。下面联系几个条文进行讨论。

（一）《刑法》第 128 条

《刑法》第 128 条第 1 款规定："违反枪支管理规定，非法持有、私藏枪支、弹药的，处三年以下有期徒刑、拘役或者管制；情节严重的，处三年以上七年以下有期徒刑。"表面上看，刑法是将非法持有与私藏并列规定的，司法解释与刑法理论也将本罪概括为非法持有、私藏枪支、弹药罪，言下之意，只要实施持有或者私藏行为之一，即可成立本罪。实际上，私藏只是持有的一种表现形式，或者说持有概念包含了私藏概念，持有概念是上位概念。

如前所述（参见本书第四章），持有是以行为人对物的实力支配关系为内容的行为，换言之，人对物的实力支配即是持有。所谓持有枪支、弹药，也就是行为人对枪支、弹药的事实上的支配。持有具体表现为直接占有、携带、藏有或者以其他方法支配枪支、弹药。持有不要求物理上的握有，不要求行为人时时刻刻将枪支、弹药握在手中、放在身上和装在口袋里，只要行为人认识到它的存在，能够对之进行管理或者支配，就是持有。持有时并不要求行为人是枪支、弹药的"所有者""占有者"；即使属于他人"所有""占有"的枪支、弹药，但事实上置于行为人支配之下时，行为人即持有枪支、弹药；行为人是否知道"所有者""占有者"，不影响持有的成立。持有是一种持续行为，只有当枪支、弹药在一定时间内由行为人支配时，才构成持有；至于时间的长短，则并不影响持有的成立，只是一种量刑情节，但如果时间过短，不足以说明行为人事实上支配着枪支、弹药时，则不能认为是持有。

---

① 刘艳红主编：《刑法学各论》（第二版），北京大学出版社 2006 年版，第 356 页。
② 参见张明楷：《刑法学》（第六版）（下），法律出版社 2021 年版，第 1644 页。

由于持有是对特定物品的实力支配、控制，又由于私藏也是指未经批准而私自藏匿枪支、弹药，所以，非法持有的概念完全可以包含私藏的概念。从相关条文的规定中也可以明确这一点。例如，《刑法》第172条规定了持有假币罪。如果行为人私自将假币藏匿于某处，司法机关肯定认定其行为成立持有假币罪。因为这种私藏是持有的一种表现形式。再如，《刑法》第348条规定了非法持有毒品罪。如果行为人私自将一定数量的毒品藏匿于某处，并且不能证明其用于走私、贩卖、运输等，司法机关无疑会将其认定为非法持有毒品罪。既然如此，《刑法》第128条第1款为什么将非法持有与私藏相并列，而不是只使用非法持有概念呢？这显然是修订刑法的指导思想与修订方式所致。1997年修订刑法的指导思想：一是要制定一部有中国特色的、统一的、比较完备的刑法典；二是注意保持刑法的连续性与稳定性，可改可不改的尽量不改；三是对原来比较笼统的规定，尽量修改为具体规定。① 1979年《刑法》第163条规定了私藏枪支、弹药罪（其罪状为"违反枪支管理规定，私藏枪支、弹药，拒不交出的"），但是，其一，私藏概念的外延比较窄小，似乎要求具有秘密性，因而不能涵盖应当作为犯罪处理的其他行为。例如，公开非法携带枪支也是非法持有枪支的一种表现形式，但难以认定为"私藏"。其二，"拒不交出"的要件或许过于苛刻，导致该罪可能形同虚设。根据1979年《刑法》的规定，似乎不管行为人私藏枪支多长时间，只要其交出，便不成立犯罪。这可能不利于保护法益。于是，现行刑法对1979年《刑法》第163条进行了修改：一方面，因为私藏概念的外延比较窄小，所以，增加持有概念，二是删除了1979年《刑法》第163条中的"拒不交出"的要素。本来，在使用了非法持有概念之后，可以删除私藏概念，但立法机关为了保持刑法的连续性，也为了避免有人误认为1979年《刑法》第163条所规定的私藏枪支、弹药行为不再是犯罪，所以，在增加了"非法持有"一语的同时，仍然保留了"私藏"概念。

2009年11月6日修正后的《最高人民法院关于审理非法制造、买卖、运输枪支、弹药、爆炸物等刑事案件具体应用法律若干问题的解释》第8条第2款、第3款分别规定："刑法第一百二十八条第一款规定的'非法持有'，是指不符合配备、配置枪支、弹药条件的人员，违反枪支管理法律、法规的规定，擅自持有枪支、弹药的行为。""刑法第一百二十八条第一款规定的'私藏'，是指依法配备、配置枪支、弹药的人员，在配备、配置枪支、弹药的条件消除后，违反枪支管理法律、法规的规定，私自藏匿所配备、配置的枪支、弹药且拒不交出的行

---

① 参见王汉斌：《关于〈中华人民共和国刑法（修订草案）〉的说明——1997年3月6日在第八届全国人民代表大会第五次会议上》。

为。"这样区分非法持有与私藏，或许有利于司法机关适用《刑法》第128条，也不至于形成处罚上的空隙，未尝不可。但应注意的是，其一，这种解释不可推而广之，尤其不能认为持有与私藏是两个截然不同的概念，否则，在法条仅使用了持有概念而没有使用私藏概念时，会造成处罚的不协调、不公平。其二，该解释仍然要求私藏枪支时具备"拒不交出"的要件，这似乎缺乏法律依据。因为私藏也是对枪支、弹药事实上的控制，既然非法持有时不要求拒不交出，也便没有理由要求持有的表现形式之一的私藏枪支、弹药必须具备拒不交出的条件。其三，即便按照司法解释的方法区分，符合"私藏"的行为依然也符合"持有"的要求。这是因为，配备、配置枪支、弹药的条件消除后，行为人就自动成为不符合配备、配置枪支、弹药条件的人，其私藏行为也属于擅自持有的行为。

《刑法》第352条也存在类似问题。该条规定的行为是"非法买卖、运输、携带、持有"未经灭活的毒品原植物种子或者幼苗。其实，携带是持有的一种表现形式。[①] 在此意义上说，携带用语是多余的，但在刑法条文使用了这一多余的概念时，解释者必须明确它与持有的关系：持有包含携带。即使在本条中，可以试图对持有作限制解释，使其不包含携带，但解释者千万不可在其他条文中也得出持有不包含携带的解释结论，否则便会造成处罚上的不协调与不公平。例如，《刑法》第282条第2款规定："非法持有属于国家绝密、机密的文件、资料或者其他物品，拒不说明来源与用途的，处三年以下有期徒刑、拘役或者管制。"行为人非法携带属于国家绝密、机密的文件、资料或者其他物品，拒不说明来源与用途的，也应成立本罪。如果认为携带不属于持有，得出上述行为人无罪的结论，则会形成处罚的空隙，导致处罚的不协调与不公平，[②] 也不利于保护法益。

（二）《刑法》第237条

《刑法》第237条规定了强制猥亵、侮辱罪。虽然该条形式上并列规定了强制猥亵他人和强制侮辱妇女两种行为，但也可以认为猥亵概念包含了侮辱概念。

在我国刑法分则中，猥亵他人是指针对他人实施的，具有性的意义，侵害他人的性的决定权的行为。"针对他人实施"主要包括以下情况：一是直接对他人实施猥亵行为，或者迫使他人容忍行为人或第三人对之实施猥亵行为（如强行抠摸他人阴部，强行捏摸妇女乳房，强行脱光他人衣裤，强行与他人接吻、搂抱等）；二是迫使他人对行为人或者第三者实施猥亵行为（如强迫他人为行为人或

---

① 参见［日］香城敏磨：《兴奋剂取缔法》，载［日］平野龙一等编：《注解特别刑法5-II》（第2版），青林书院1992年版，第147页。

② 与乙将属于国家绝密、机密的文件、资料或者其他物品藏于家中的行为相比，甲将属于国家绝密、机密的文件、资料或者其他物品随身随带的行为，更容易泄露国家秘密。在均拒不说明来源与用途的情形下，没有理由仅处罚前者，而不处罚后者。

第三者手淫）；三是强迫他人自行实施猥亵行为（如当场强迫他人手淫、当场强迫妇女捏摸自己的乳房等）；四是强迫他人观看他人的猥亵行为（如强迫他人观看男性的鸡奸活动、强迫妇女观看男性阴部等）；五是强迫他人与自己或第三者一起观看淫秽物品（但强迫他人单独观看淫秽物品的，不成立强制猥亵罪）。"具有性的意义"是指行为与性相关，而不是单纯地侵害他人的名誉。人类社会的发展，在性方面形成了（广义的）性行为非公开化、非强制性等准则。违反这些准则的行为，就是广义的猥亵行为。"侵害他人的性行为自己决定权"是指猥亵行为违反了他人的意志，使他人对（广义的）性行为的自己决定权受到侵害。

《刑法》第237条的侮辱行为显然与猥亵行为是性质相同的行为：侮辱行为也必须是侵犯妇女的性的自己决定权的行为，而不是仅仅侵犯名誉的行为；如果性质不同，刑法就不会将它们作为一个犯罪规定在同一款中。现在的问题是，可否从形式上或行为方式上对二者作出区分？答案也是否定的。因为猥亵行为包括了伤害他人（包括妇女）的性的自己决定权的一切行为，而侮辱行为无论如何也不可能超出这一范围；任何针对他人实施的与猥亵行为性质相同的侮辱行为，都必然侵害妇女的性的自己决定权。

由于《刑法》第237条从形式上将猥亵与侮辱行为并列规定，于是不少学者试图对二者进行区别。如有的教科书写道："猥亵妇女，是指对妇女实施奸淫行为以外的、能够满足性欲和性刺激的有伤风化的淫秽行为，例如，搂抱、接吻、捏摸乳房、抠摸下身，等等。侮辱妇女，是指对妇女实施猥亵行为以外的、损害妇女人格、尊严的淫秽下流的、伤风败俗的行为，例如，在公共场所用淫秽下流语言调戏妇女；剪开妇女裙、裤，使其露丑；向妇女显露生殖器；强迫妇女为自己手淫；扒光妇女衣服示众，等等。猥亵行为必然是行为人的身体直接接触妇女的身体，通过对妇女身体的接触达到性心理的满足。而侮辱行为，则不一定以自己的身体接触妇女的身体，来满足精神上的性刺激，这是二者在形式上的一点区别。"① 但这一观点存在以下疑问：第一，《刑法》第237条的侮辱妇女行为，也必须是以暴力、胁迫或者其他强制方法实施的，而该观点将"在公共场所用淫秽下流语言调戏妇女"等不具有强制性的行为包括在内，显然有违反罪刑法定原则之嫌。第二，露阴行为完全属于公然猥亵行为，也不具有强制性。② 一方面，刑法并没有规定公然猥亵罪；另一方面，在规定了公然猥亵罪的国家，在公共场所的露阴行为，也是标准的猥亵行为（但不属于强制猥亵行为），而不认为它是猥

① 高铭暄主编：《新编中国刑法学》（下册），中国人民大学出版社1998年版，第702页。
② 在露阴的同时，以暴力、胁迫等方式强制妇女观看的，当然成立强制猥亵、侮辱妇女罪；对儿童露阴的，成立猥亵儿童罪。

褒行为以外的侮辱行为。第三，该观点认为侮辱行为"不一定"接触妇女的身体，这个留有余地的表述表明侮辱行为也可能接触妇女的身体，事实上，该观点已经将"强迫妇女为自己手淫"这种接触身体的行为解释为侮辱行为。既然如此，二者实际上从形式上也难以区分。第四，该观点强调侮辱行为"损害妇女人格、尊严"，希望由此区分猥亵与侮辱行为。事实上，强制猥亵妇女罪在侵犯妇女的性的自己决定权的同时，也侵害其人格与尊严，因此，这种区别也不可能存在。

有学者指出："'强制猥亵妇女'，是指违背妇女意愿，以抠摸、搂抱、鸡奸、手淫等下流手段，猥亵妇女的行为。'强制侮辱妇女'，是指在公共场所故意向妇女显露生殖器或者用生殖器顶擦妇女身体，追逐、堵截妇女，偷剪妇女发辫、衣服，向妇女身上泼腐蚀物、涂抹污物等手段，侮辱妇女的行为。"① 但是，其一，如上所述，在公共场所故意向妇女显露生殖器的行为，只要没有强行让他人观看的，就没有任何强制性，不可能属于"强制侮辱妇女"。其二，强制侮辱妇女与强制猥亵他人属于性质完全相同的行为，亦即，都是侵害他人性的自己决定权的行为，而追逐、堵截妇女，偷剪妇女发辫、衣服，向妇女身上泼洒腐蚀物、涂抹污物等行为，并不均属于侵害妇女性的自己决定权的行为。② 持上述观点的论著同时指出：本罪"主观方面由直接故意构成，并且具有性刺激或者性满足的目的"③。可是，追逐、堵截妇女，偷剪妇女发辫、衣服，向妇女身上泼洒腐蚀物、涂抹污物的行为，并不能实现其性刺激或者性满足的目的。即使行为人性取向异常，但该行为客观上也不是侵害他人性的自己决定权的行为。其三，上述观点实际上是将旧刑法流氓罪中的侮辱妇女行为纳入现行刑法中的强制侮辱妇女的行为。然而，一方面，旧刑法规定的流氓罪属于扰乱公共秩序的犯罪，而现行刑法规定的强制侮辱妇女罪属于侵犯人身权利的犯罪，故旧刑法中的侮辱妇女的行为，并不均属于现行刑法中的强制侮辱行为。另一方面，旧刑法规定的侮辱妇女不以强制为条件，而现行刑法规定的强制侮辱罪以强制为条件，故不能将非强制行为认定为强制行为。

还有学者指出："猥亵妇女，主要是指为满足、发泄、刺激性欲而行为人利用自己或他人的身体或其他工具，直接接触妇女的身体，明显带性行为色彩而又不属于奸淫的行为。如行为人强行搂抱、亲吻、抠摸妇女肉体等行为，而侮辱妇

---

① 周道鸾、张军主编：《刑法罪名精释》（第四版）（上），人民法院出版社 2013 年版，第 536~537 页。相同观点参见陈兴良：《规范刑法学》（第四版）（下册），中国人民大学出版社 2017 年版，第 804 页。

② 向妇女身上泼腐蚀物，导致妇女乳房、阴部等裸露的行为，才属于强制猥亵、侮辱行为。

③ 周道鸾、张军主编：《刑法罪名精释》（第四版）（上），人民法院出版社 2013 年版，第537 页。

女，则是行为人以淫秽语言、下流动作损害妇女人格、尊严，伤害妇女的性羞耻心的行为。如以下流语言辱骂、调戏妇女，向妇女身上抛洒污物、向妇女显露生殖器等。"① 但是，这种观点不仅将非强制行为纳入强制行为，② 而且将《刑法》第 246 条规定的侮辱罪中针对妇女实施的侵害妇女人格、名誉的行为也纳入强制侮辱的部分。诚然，强制猥亵、侮辱行为，在侵害他人性的自己决定权的行为的同时，都侵害了他人的人格、名誉，但是，侵害他人的人格、名誉的行为并不一定侵害他人性的自己决定权。

此外，还有学者主张从主观方面区分强制猥亵与强制侮辱，即强制猥亵属于倾向犯，但强制侮辱则不是倾向犯。③ 例如，"将所谓奸夫淫妇裸体示众，意图羞辱的其实还是女性性的羞耻心；对于被示众的男性，细究行为人的主客观，与其说是要侵犯男性的性权利，还不如说是意图及实际侵犯的是男性的名誉权。所以将这种行为认定为侵犯名誉权的侮辱罪而非侵犯性权利的强奸猥亵、侮辱罪更具有合理性。而且如果行为人仅是单纯将所谓'奸夫'裸体示众，那只需要认定为侮辱罪；如果行为人同时将所谓'奸夫淫妇'裸体示众，那么可以认定行为人的行为同时触犯强制侮辱罪与侮辱罪，从一重罪即强制侮辱罪处断，不会发生罪刑不均衡的问题"④。但在本书看来，这一观点显然对男女的权利实行了不平等的保护。而且，认为将他人裸体示众的行为不属于猥亵的观点，也不无疑问（另参见本书第八章）。

《刑法》第 237 条虽然将猥亵与侮辱并列，但其第 3 款却只规定了猥亵儿童一种行为。如果认为必须区分猥亵行为与侮辱行为，必然造成以下两种结局之一：其一，猥亵儿童的是犯罪行为，但侮辱儿童的不是犯罪行为。这显然不合理。因为刑法对儿童的合法权益都是给予特殊保护的，就本罪而言，不仅在客观上不要求实施采用暴力、胁迫等强制手段，而且应当从重处罚。既然侮辱妇女的行为是犯罪，那么，侮辱儿童的行为也必然是犯罪。其二，猥亵儿童的行为成立猥亵儿童罪，侮辱儿童的成立《刑法》第 246 条的侮辱罪。这显然不妥当。因为儿童也有性的自己决定权（或不可侵犯权），而不是只有人格、名誉权，而且儿童的性的不可侵犯权这一法益高于其人格权、名誉权的法益，将侵犯儿童性的不

---

① 王作富主编：《刑法分则实务研究》（第五版）（中），中国方正出版社 2013 年版，第 770~771 页。

② 以下流语言辱骂、调戏妇女，单纯向妇女显露生殖器的行为，并不属于以暴力、胁迫等方法强制侮辱妇女。

③ 参见陈家林：《〈刑法修正案（九）〉修正后的强制猥亵、侮辱罪解析》，《苏州大学学报（哲学社会科学版）》2016 年第 3 期。

④ 陈家林：《〈刑法修正案（九）〉修正后的强制猥亵、侮辱罪解析》，《苏州大学学报（哲学社会科学版）》2016 年第 3 期。

可侵犯权的侮辱行为均归入《刑法》第 246 条规定的侵犯人格、名誉的行为，必然造成刑法保护的不均衡现象。为了避免这种不合理、不妥当的局面，必须承认《刑法》第 237 条的猥亵行为与侮辱行为没有区别，或者认为猥亵行为包含了侮辱行为。

虽然从表面上看，强制猥亵、侮辱罪是一个选择性罪名，可以分解为强制猥亵罪与强制侮辱罪，但没有必要因此而强行区分猥亵与侮辱。从刑法理论上看，猥亵行为是一个外延甚广的概念，凡是与性有关的，侵犯他人的性的自由决定权的行为均包括在内，而不论行为人的行为是否接触被害人的身体。大陆法系国家的刑法理论认为，猥亵行为既可能表现为接触被害人的身体，也可能表现为不接触被害人的身体。如日本学者前田雅英指出："猥亵行为不以接触被害人的身体为必要，使人裸体而拍摄其照片的行为也包括在内。"[1] 山口厚教授指出："使人裸体而拍摄其照片的行为，使男性与之性交的行为等，属于猥亵行为。"[2] 英美法系国家的判例与刑法理论也认为，猥亵行为既可能接触妇女身体，也可能不接触妇女身体。[3] 从司法实践来看，区分猥亵与侮辱也是不可能的。如强行扒光妇女衣裤的行为，既可谓强制猥亵行为，也可谓侮辱行为。既然如此，就没有必要硬性区分这两种行为。

或许有人要问，既然《刑法》第 237 条中的猥亵与侮辱的性质、内涵与外延完全相同，为什么刑法将二者并列起来规定，而不是只规定其中之一呢？回答这个问题也并不困难。现行《刑法》第 237 条中的侮辱妇女是从 1979 年《刑法》第 160 条流氓罪中的侮辱妇女移过来的，[4] 1979 年《刑法》中的流氓罪被分解为若干罪名，如聚众斗殴罪、寻衅滋事罪、聚众淫乱罪等，其中的侮辱妇女就移至现行《刑法》第 237 条。本来，现行《刑法》第 237 条第 1 款仅规定强制猥亵行为就足够了，仍然保留 1979 年《刑法》第 160 条的"侮辱妇女"的表述，一方面是为了保持刑法的连续性；另一方面是为了防止人们的误解，以免人们认为 1979 年《刑法》第 160 条中的侮辱妇女行为均不再是犯罪行为。再者，将强制侮辱妇女的行为纳入刑法分则第四章"侵犯公民人身权利、民主权利罪"之后，如果仍然仅使用"侮辱妇女"一词，也会导致人们误认为，现行《刑法》第 237 条第 1 款的犯罪内容就是 1979 年《刑法》第 160 条中的侮辱妇女的内容，然而，二者的性质已经发生了变化，即由原来的破坏公共秩序的犯罪转变为对人身权利

---

① ［日］前田雅英：《刑法各论讲义》（第 6 版），东京大学出版会 2015 年版，第 94 页。

② ［日］山口厚：《刑法各论》（第 2 版），有斐阁 2010 年版，第 107 页。

③ See Smith & Hogan, *Criminal Law*, 4th ed., Butterworths, 1978, p. 416.

④ 这也是前述部分学者将旧刑法流氓罪中的侮辱妇女的行为解释为现行刑法中的强制侮辱妇女行为的主要原因。

的犯罪，所以，刑法不得不在"侮辱妇女"之前增加"强制猥亵"的规定。如果不考虑刑法的连续性，现行刑法完全可以仅规定内涵明确、外延全面的"强制猥亵"一语，而不必并列使用"侮辱妇女"一词。

（三）《刑法》第 239 条

《刑法》第 239 条第 1 款规定："以勒索财物为目的绑架他人的，或者绑架他人作为人质的，处十年以上有期徒刑或者无期徒刑，并处罚金或者没收财产；情节较轻的，处五年以上十年以下有期徒刑，并处罚金。"明确"以勒索财物为目的绑架他人"与"绑架他人作为人质"的关系，具有十分重要的意义。笔者在此先提出结论："以勒索财物为目的绑架他人"属于"绑架他人作为人质"的一种常见情形，即后者包含了前者。

上述《刑法》第 239 条的规定源于 1991 年 9 月 4 日公布的《全国人民代表大会常务委员会关于严惩拐卖、绑架妇女、儿童的犯罪分子的决定》（已废止），而该决定规定的绑架罪只限于"以勒索财物为目的绑架他人"的行为。显然，这一规定并不全面，会造成处罚上的空隙。例如，基于其他不法目的而绑架他人（如为了使监狱提前释放罪犯，而绑架监狱长的亲属）的，无疑值得科处刑罚，而且其可罚性程度与以勒索财物为目的绑架他人没有差异。所以，现行刑法增加了"绑架他人作为人质"的行为。其实，"以勒索财物为目的绑架他人"也是绑架他人作为人质，只要规定"绑架他人作为人质"，就可以涵盖一切绑架行为，但现行刑法为了保持连续性，为了避免人们产生误会，除保留原来的表述外，另增加了"绑架他人作为人质"的规定。

那么，能否认为《刑法》第 239 条第 1 款规定的"以勒索财物为目的绑架他人"是短缩的二行为犯，因而是单一行为，而"绑架他人作为人质"的情形属于复合行为，因而二者不是包含关系呢？本书仍持否定回答。

首先，"以勒索财物为目的绑架他人"也属于"绑架他人作为人质"，而且是"绑架他人作为人质"的典型。既然"以勒索财物为目的绑架他人"是单一行为犯，那么，"绑架他人作为人质"也应当是单一行为犯。换言之，既然"勒索财物"只是目的，那么，"作为人质"也只是目的。

其次，不可否认，当行为人使用暴力、胁迫或者麻醉手段实力支配被害人后，如果不向第三者提出非法要求，很难认定行为人将被害人作为"人质"。但是，行为人主观上是否具有勒索财物的目的，与是否具有提出其他不法要求的目的，在性质上是相同的，都是需要司法工作人员判断的。不能以"作为人质"难以判断为由，将主观目的的"作为人质"变为客观行为。

最后，与国外刑法相比较，也能得出相同结论。例如，日本刑法规定了绑架勒赎罪，其他将被害人作为人质的情形则被规定在特别刑法中。日本《关于处罚人质强要行为等的法律》第 1 条将两种行为规定为人质强要罪：一是逮捕或者监禁他人，将其作为人质，要求第三者实施没有义务实施的行为或者不行使权利；二是为了要求第三者实施无义务实施的行为或者不行使权利，以作为人质为目的，逮捕或者监禁他人。前一种行为是复合行为，后一种行为则是单一行为（短缩的二行为犯）。之所以将二者等同看待，就是因为本罪是侵犯人身权利的犯罪，而不是侵犯其他权利的犯罪。行为人在对被害人进行持续绑架的过程中，是否向第三者提出某种要求，并不影响对被绑架人的自由与安全的侵害程度。甚至可以认为，行为人越是尽快向第三者提出不法要求，被绑架人就会越早、越有机会获救。既然如此，就没有必要将向第三者提出不法要求作为绑架罪的实行行为。德国《刑法》第 239a 条规定了绑架勒赎罪，第 239b 条规定了扣押人质罪，该条同样只是将不法要求作为目的，而没有要求行为人必须有提出不法要求的行为。我国《刑法》第 239 条规定的"绑架他人作为人质"，也只意味着行为人的目的在于将被绑架人作为人质。

行为人绑架他人作为人质，旨在使被绑架人的近亲属或者其他相关人员满足其不法要求；如果行为人"绑架"被害人，旨在使被绑架人本人满足其不法要求，就不属于将"他人作为人质"。基于这一解释结论，"以勒索财物为目的绑架他人"，也应限于行为人绑架他人作为人质，旨在使被绑架人的近亲属或者其他相关人员满足其不法的财产要求；如果行为人"绑架"被害人后，向被害人本人索取财物，则不属于绑架罪，而是抢劫罪。

可是，在司法实践中，却存在望文生义，导致将抢劫等行为认定为绑架罪的现象。例如，被告人殷某勇、李某金、陈某伙同代某友、"三平"、"华仔"（均另案处理）等人，经商量策划后，携带刀具，于 2004 年 4 月 4 日上午 9 时许，驾驶一辆金杯牌面包车，窜到原增城市（现广州市增城区）新塘镇碧桂园凤凰城路段，采取持刀威胁的手段，将湖南籍被害人王某城、蒋某升连同其二人驾驶的昌河牌小型面包车，劫持到广州市奥林匹克体育中心附近的草地处。其间，被告人殷某勇、陈某与"华仔"，采取威胁、搜身的手段，强行抢去两被害人的人民币 300 多元、搜豹牌 K880 型、TCL 牌蒙欧宝型手机各 1 台（共计价值 2 000 多元），并向两被害人勒索人民币 3 000 元。在勒索期间，被公安人员当场抓获。原广东省增城市人民法院一审判决认为，殷某勇、李某金、陈某无视国家法律，以勒索钱财为目的，共同绑架他人，其行为已构成绑架罪。二审判决也指出："上诉人……原审被告人……无视国家法律，以勒索钱财为目的，结伙绑架他人，其行为已构成绑架罪。"[①] 其实，本案被告人的行为仅成立抢劫罪，而非绑架罪。

[①] 广东省广州市中级人民法院（2004）穗中法刑一终字第 318 号刑事判决书。

因为被告人并没有将被害人作为"人质"的行为与故意，也没有利用第三者对被害人安危的忧虑的心理态度，而是直接向被害人强取财物。即使要求抢劫罪必须当场使用暴力与当场取得财物（本书认为，抢劫罪并不以当场取得财物为条件），本案被告人的行为也完全符合所谓"两个当场"的条件。上述判决导致的局面是，凡是以非法占有为目的，使用暴力、胁迫等手段，使被害人转移场所的，均成立绑架罪。然而，一方面，即使转移场所，也可能仅成立抢劫罪；另一方面，即使没有转移场所也可能成立绑架罪。

再如，2003 年 12 月 3 日 9 时许，被告人成某杰、陆某耀为谋取不法利益，纠集被告人罗某彪、吴某波、徐某华、李某华、"武生"、"阿飞"、"朗巷"、"阿辉"等人，带备猎枪、刀具等作案凶器，驾驶摩托车前去被害人潘某文开设的赌场"踩场"。在三水区西南镇南岸综合市场前，他们遇到潘某文。被告人陆某耀、罗某彪和徐某华冲向潘某文，并将其追至南岸市场内，被告人成某杰、吴某波和"阿辉"亦上前接应。被告人陆某耀持猎枪，被告人罗某彪和徐某华持柴刀，挟持潘某文坐上被告人吴某波驾驶的摩托车，并由"阿辉"持刀在后挟持，离开现场。当行至三水区西南镇金本洲边路段时，潘某文反抗逃脱。其间，"阿辉"持刀割伤潘某文的左手无名指。经法医鉴定，被害人潘某文的损伤程度为轻微伤。作案中使用的猎枪经鉴定，属以火药为动力发射枪弹的非军用枪支。证明被告人具有谋取非法利益的目的的证据是：（1）被害人潘某文的陈述，证实其于 2003 年 12 月 3 日 9 时许，在西南镇南岸综合市场被几名男子持枪支、刀具劫持上摩托车，后行至金本洲边路段时反抗逃脱，他认为事情起因是其拒绝了被告人要其给付金钱的要求；（2）被告人陆某耀、成某杰、罗某彪、吴某波的供述及辩解，证实事发当日去找被害人潘某文的目的是索要非法利益。原判认为，被告人成某杰、陆某耀、罗某彪、吴某波无视国家法律，绑架他人作为人质，其行为已经触犯《刑法》第 239 条第 1 款，构成绑架罪。二审法院维持原判。① 可是，在本案中，没有任何证据证明被告人具有将被害人当作"人质"的行为与故意，也没有任何证据证明被告人具有利用第三者对被害人安危的忧虑的心理态度。在本案中，只能认定被告人打算将被害人带到另一地点直接向被害人索要财物，因而只能认定为抢劫罪。

在司法实践中，还存在将没有把被害人作为人质，而是将被害人直接杀害后再向亲属勒索财物的行为认定为绑架罪的现象。例如，2009 年 6 月中旬，被告人李某杰窜到被害人陈某涛就读的米龙小学附近，观察被害人陈某涛的行踪。6 月 17 日 17 时许，被告人李某杰以抓鸟、偷摘荔枝为名将被害人陈某涛骗至广州市

---

① 参见广东省佛山市中级人民法院（2005）佛刑一终字第 63 号刑事裁定书。

白云区太和镇禾龙水库北面的山上，乘被害人陈某涛不备，采用捂口、勒颈等方法致被害人陈某涛不能抵抗，当发现被害人陈某涛还能动时，被告人李某杰又持刀朝被害人陈某涛的颈、腹部捅刺，致被害人陈某涛死亡（经法医鉴定：被害人陈某涛系因颈部被扁平锐器刺伤，造成左颈动静脉破裂及右颈动静脉离断，导致失血性休克死亡）。次日上午 11 时许，被告人李某杰利用 IC 卡打电话到被害人陈某涛的家中，向被害人陈某涛的家人索要赎金人民币 50 万元。6 月 19 日 14 时20 分，当被告人李某杰到广州市天河区林和路景星酒店一公用电话亭，再次打电话向被害人陈某涛的家人索要赎金时，被公安人员当场抓获。法院作出如下判决：被告人李某杰犯绑架罪，判处死刑，剥夺政治权利终身，并处没收个人全部财产。① 在本书看来，被告人的行为成立两个犯罪：一是故意杀人罪，二是敲诈勒索罪与诈骗罪的想象竞合犯。首先，被告人虽然向陈某涛的家属谎称自己将陈某涛作为人质，但其在客观上并没有将陈某涛作为人质（死亡的人不可能成为人质）。换言之，被告人只是将陈某涛骗到山上，此后也没有采用暴力等手段将陈某涛置于被告人的实力控制之下，而是直接杀害陈某涛。概言之，针对陈某涛而言，被告人只有杀人行为，而没有绑架行为。其次，在杀害陈某涛之后，被告人向其家属索要财物，既符合敲诈勒索罪的构成要件（使家属产生恐惧心理，进而处分财物），也符合诈骗罪的构成要件（如果家属知道真相，就不会交付财物）。最后，即使被告人内心想的是"绑架"，向司法机关交待时也使用了"绑架"的概念，但外行人使用的绑架概念，并不等于刑法上的绑架概念。司法工作人员应当善于在普通用语与规范概念之间穿梭（参见本书第十八章）。

（四）其他条文

《刑法》第 238 条第 1 款规定："非法拘禁他人或者以其他方法非法剥夺他人人身自由的，处三年以下有期徒刑、拘役、管制或者剥夺政治权利。具有殴打、侮辱情节的，从重处罚。"虽然司法解释与刑法理论将本条规定的犯罪概括为非法拘禁罪，但从本条的表述就可以清楚地看出，"非法拘禁"只是一种例示，或者说，"非法拘禁"是"非法剥夺他人人身自由"的一种表现形式，故"非法剥夺他人人身自由"可以包含"非法拘禁"。正因为如此，司法人员应当以"非法剥夺他人人身自由"为核心理解非法拘禁罪的构成要件。同条第 3 款规定："为索取债务非法扣押、拘禁他人的，依照前两款的规定处罚。"其中的"扣押"也只是"拘禁"的一种表现形式，没有必要也不应当将"扣押"解释为"拘禁"之外的一种行为。

《刑法》第 253 条之一第 1 款至第 3 款分别规定："违反国家有关规定，向他

---

① 参见广东省广州市中级人民法院（2009）穗中法刑一初字第 369 号刑事判决书。

人出售或者提供公民个人信息，情节严重的，处三年以下有期徒刑或者拘役，并处或者单处罚金……""违反国家有关规定，将在履行职责或者提供服务过程中获得的公民个人信息，出售或者提供给他人的，依照前款的规定从重处罚。""窃取或者以其他方法非法获取公民个人信息的，依照第一款的规定处罚。"前两款中的"出售"是"非法提供"的一种表现形式，因此，不管行为人是否获得对价，以及不管能否查明行为人是否获得对价，均可以认定为本罪。与《刑法》第177条之一的规定相比，也能得出这一结论。《刑法》第177条之一第1款规定了妨害信用卡管理罪，同条第2款规定："窃取、收买或者非法提供他人信用卡信息资料的，依照前款规定处罚。"其中的"非法提供"无疑包含了有偿提供（出售）与无偿提供。所以，"非法提供"完全能够包含"出售"。同样，《刑法》第253条之一第3款中的"窃取"也是"非法获取"的一种表现形式。

《刑法》第314条规定："隐藏、转移、变卖、故意毁损已被司法机关查封、扣押、冻结的财产，情节严重的，处三年以下有期徒刑、拘役或者罚金。"其中的"转移"是"隐藏"的一种表现形式，所以，只要行为使司法机关查封、扣押、冻结的财产不能或者难以被发现，即使不能查明行为人是否转移了财物，都可以认定为"隐藏"。类似条文是《刑法》第349条第1款，"为犯罪分子窝藏、转移、隐瞒毒品或者犯罪所得的财物的，处三年以下有期徒刑、拘役或者管制"。可以认为，"窝藏"一词能够包含"转移"与"隐瞒"，因此，在司法实践中，完全没有必要硬性对本罪中的三个概念进行区分。

《刑法》第315条规定："依法被关押的罪犯，有下列破坏监管秩序行为之一，情节严重的，处三年以下有期徒刑：……（四）殴打、体罚或者指使他人殴打、体罚其他被监管人的。"其中的"殴打"是"体罚"的一种表现形式，即使法条仅使用"体罚"一词，殴打行为也能被包含在内。

由此看来，难以期待刑法条文中的每个概念都有互不重叠的含义。

四、疑难问题分析

有的要素，究竟是一种可供选择的要素，还是必须同时具备的要素（或递进的要素），抑或只是对另一个要素的相同表述（同位语），还存在争议。下面选择几例讨论。

《刑法》第162条规定："公司、企业进行清算时，隐匿财产，对资产负债表或者财产清单作虚伪记载或者在未清偿债务前分配公司、企业财产，严重损害债权人或者其他人利益的，对其直接负责的主管人员和其他直接责任人员，处五年以下有期徒刑或者拘役，并处或者单处二万元以上二十万元以下罚金。"问题是，本条规定了两种行为方式还是三种行为方式？换言之，其中的"隐匿财产"与

"对资产负债表或者财产清单作虚伪记载"是什么关系？一种观点认为，后者是前者的表现形式，即只有行为人采取对资产负债表或者财产清单作虚伪记载进而形成了隐匿财产的状态时，才能成立本罪；如果采取其他的方法隐藏财产（如采取直接转移手段隐匿财产）的，则不成立本罪。① 但本书不同意这一解释结论。首先，本罪是在公司、企业进行清算时，通过使公司、企业财产减少乃至完全丧失的行为，损害债权人或者其他人利益的行为；隐匿财产，对资产负债表或者财产清单作虚伪记载，以及在未清偿债务前分配公司、企业财产，都是使公司、企业财产减少乃至完全丧失的行为。但是，行为人完全可能通过对资产负债表或者财产清单作虚伪记载以外的方式隐匿财产，如将公司小金库的大量现金隐藏于难以被清算人员发现的地点（机构），将指定银行账户上的资金转移于其他金融机构，等等，这些行为也会严重损害债权人或者其他人的利益，具有值得科处刑罚的法益侵害性。如果将"对资产负债表或者财产清单作虚伪记载"解释为"隐匿财产"的一种表现形式，则不当地缩小了处罚范围。其次，从刑法的表述来看，"作虚假记载"也不是"隐匿财产"的手段，因为分则条文一般都是将手段行为表述在前，将目的行为表述在后。

《刑法》第 254 条规定："国家机关工作人员滥用职权、假公济私，对控告人、申诉人、批评人、举报人实行报复陷害的，处二年以下有期徒刑或者拘役；情节严重的，处二年以上七年以下有期徒刑。"其中的"滥用职权"与"假公济私"是必须同时具备的要素，还是仅具备其中之一即可？这需要对两个概念进行合理分析得出结论。在本书看来，本罪中的"滥用职权"与《刑法》第 397 条规定的"滥用职权"，并不是等同含义。本罪中的"滥用职权"显然是针对他人实施的行为，其实质是妨害控告人、申诉人、批评人、举报人行使权利，或者使控告人、申诉人、批评人、举报人实施没有义务实施的行为。换言之，本罪中的"滥用职权"类似于日本刑法规定的滥用职权罪。山口厚教授指出："滥用职权，是指公务员就属于其一般的职务权限的事项，假借行使职权，而实施实质的、具体的违法、不当的行为。其中存在两种类型：（1）尽管是私人的行为，却假装职务行为而实施（假装职务型）；（2）尽管不符合职务行为的要件，却仍然实施（遂行职务型）。"② 由此看来，"假公济私"也只是"滥用职权"的一种表现形式，而不是独立于"滥用职权"之外的一种行为类型。

《刑法》第 270 条第 1 款与第 2 款分别规定："将代为保管的他人财物非法占为己有，数额较大，拒不退还的，处二年以下有期徒刑、拘役或者罚金；数额巨

---

① 参见郎胜主编：《〈中华人民共和国刑法〉解释》，群众出版社 1997 年版，第 191~192 页。

② ［日］山口厚：《刑法各论》（第 2 版），有斐阁 2010 年版，第 607 页。

大或者有其他严重情节的，处二年以上五年以下有期徒刑，并处罚金。""将他人的遗忘物或者埋藏物非法占为己有，数额较大，拒不交出的，依照前款的规定处罚。"侵占罪中"非法占为己有"与"拒不退还""拒不交出"是什么关系？这是需要进一步研究的问题。通说认为，非法占为己有之后，经他人要求而退还、交出的，就不成立犯罪；易言之，只有在非法占为己有之后，又经要求退还而拒不退还、拒不交出的，才成立侵占罪（为了论述的方便，下面仅以拒不退还为例）。但这样的解释会导致诸多问题：如果必须"经要求退还而拒不退还"，则侵占罪的条文几乎形同虚设；① 与其他财产犯罪不同，是否退赃成为侵占罪的罪与非罪的界限。

本书认为，"非法占为己有"与"拒不退还"表达的是一个含义：将自己占有的他人财物变为自己所有的财物。（1）就现金以外的单纯代为保存的财物而言。倘若行为人已经非法占为己有，如将自己代为保管的财物出卖、赠与、消费、抵偿债务等时，就充分表明他拒不退还。反之，行为人拒不退还时，也表明他"非法占为己有"。而且，当行为人将自己占有的他人财物变为自己所有的财物时，就已经表明他"拒不退还"。当然，行为人没有以所有权人自居处分财产，仍然保管着财物时，只要所有权人或其他权利人未要求归还，即使超过了归还期限，也难以认定为"非法占为己有"，因而不宜认定为侵占罪。但如果所有权人或其他权利人要求行为人归还而行为人拒不归还的，即使没有进行财产处分，也表明其"非法占为己有"。所以，"拒不退还"只是对"非法占为己有"的强调，或者说只是对认定行为人是否"非法占为己有"的一种补充说明。持相反观点的论著指出："只有非法占为己有并拒不退还，达到数额较大的，才能以侵占罪论处。……侵占行为的特点，是以行为人合法持有他人财物为前提，即其实施侵占行为之时，他人财物已处在其控制之中，因此，有时行为人是否实施了侵占行为，不通过行为人的拒不退还行为，是难以确定的，这时拒不退还行为与非法占有行为紧密结合，实难分开。例如，甲代乙保管一件珍贵文物，数月之后，甲思想发生变化，决意不再退还，打算乙若来索取，就谎称被盗窃。在乙来索取之前，是否可以认为甲已经将该件文物非法占为己有？显然难以认定，只有当乙索

---

① 正因为如此，国外刑法对侵占罪的规定，也都没有"拒不退还"之类的特殊要求。如德国《刑法》第246条规定："行为人使自己或者第三者违法侵占他人动产的，如其行为没有在其他规定中以更重的刑罚加以威慑，处三年以下自由刑或者罚金。"再如，日本《刑法》第252条规定："侵占自己占有的他人的财物的，处五年以下惩役。"而且通说认为，不法所有意思的发现行为就是侵占行为，即只要某种行为表明行为人意欲不法所有自己占有的他人财物，便构成侵占罪的既遂（参见［日］团藤重光：《刑法纲要（各论）》（第3版），创文社1990年版，第631页）。

取时，甲谎称被盗，拒不退还，才能认定甲实施了非法占有的行为。但是，如果甲已经将文物卖掉，非法所得据为己有，即其对他人的财物实施了处分行为，应认定其实施了非法占为己有的行为。但是，如果在乙索取时，其并不拒绝退还，而是设法将原物找回，退还乙，对甲不能以侵占罪论处。在这个意义上说，拒不退还是构成侵占罪的要件之一。"① 然而，这种观点存在疑问。首先，在甲只是"决意不再退还"时，根本没有非法占为己有的行为，当然不能认定为侵占罪。但这是因为不存在非法占为己有的行为而不成立侵占罪，而不是因为没有"拒不退还"才不成立侵占罪。其次，当甲已经变卖了乙的文物时，就应当以侵占罪论处。因为甲已经将乙的文物非法占为己有，既侵害了乙的财产（具有违法性），也具备有责性。不应当再提出过高的要求，否则不利于保护法益。最后，上述观点导致甲是否成立犯罪取决于偶然事实，而且导致处罚的不协调。例如，倘若甲轻易将原物找回，就不成立侵占罪；倘若甲想方设法也未能将原物找回，就不可能退还原物，因而成立侵占罪。这明显不合适。（2）就不需要返还、只需要按特定用途使用的特定物而言，不存在"拒不退还"的问题。例如，甲将两台电脑交给乙，委托乙送给贫困地区的一所小学校。但乙却将电脑变卖给他人。乙的行为构成侵占罪。（3）就现金而言。由于现金只要转移占有便转移所有（封缄物中的现金和用途被特定化的现金除外），所以，乙将现金存放于甲处时，即使甲使用了该现金，也因为不属于"他人财物"而不直接成立普通侵占；只有当乙要求甲退还而甲不退还时，才能认定为普通侵占。在这种情况下，"拒不退还"似乎与"非法占为己有"相并列，其实也不尽然。因为当乙向甲索要现金，甲如数归还时，根本无法认定甲已经"非法占为己有"；只有当甲拒不退还时，才能认定"非法占为己有"。所以，"拒不退还"依然只是对"非法占为己有"的强调，而不是与"非法占为己有"相并列的独立要素。②

对"拒不退还"得出上述解释结论的实质根据是，行为人将自己占有的他人财物变为不法所有（如已经出卖、赠与他人等）后，即使后来赔偿了被害人损失（该退赃行为实质上不符合"退还"的要求，因而依然构成"拒不退还"）的，也具有值得科处相应刑罚的法益侵害性。一方面，刑法将"数额较大"规定为构成要件要素，从司法实践来看，该"数额较大"的起点远远超过了盗窃罪

---

① 王作富主编：《刑法分则实务研究》（第五版）（中），中国方正出版社2013年版，第995页。

② 值得研究的情况是，甲自有100万元现金，乙又在甲处存放100万元现金，甲擅自消费150万元的，能否直接认定甲对其中50万元的金额成立委托物侵占？倘若说甲的经济能力表明其自消费时起便注定不可能返还该50万元现金，便并非必须等到"拒不退还"才能认定"非法占为己有"。然而，倘若在乙要求归还时，甲通过向丙借款归还了100万元，仍然不可能认定甲的行为构成侵占罪。

"数额较大"的起点；将自己占有的数额较大财产变为不法所有的行为，已经严重侵犯了他人的财产。另一方面，刑法对侵占罪规定了较轻的法定刑，如果在法定刑较低的情况下，对法益侵害性作过高的要求，会造成刑法的不协调。此外，刑法将本罪规定为告诉才处理的犯罪，对"拒不退还"得出上述解释结论，不至于不当扩大处罚范围。一种观点认为："如果行为人在合法所有者明确提出交还主张之前，已经处理了该财物，事后也承认并答应赔偿的，则不能以犯罪论处。"[1] 然而，在行为人已经将自己占有的他人财物变为不法所有后，只要承认或者答应赔偿（不要求行为人客观上退还财物）就不成立侵占罪，这明显不利于保护被害人的财产。

《刑法》第 306 条第 1 款规定："在刑事诉讼中，辩护人、诉讼代理人毁灭、伪造证据，帮助当事人毁灭、伪造证据，威胁、引诱证人违背事实改变证言或者作伪证的，处三年以下有期徒刑或者拘役；情节严重的，处三年以上七年以下有期徒刑。"从文字表述上看，其中的"威胁、引诱证人违背事实改变证言"与"威胁、引诱证人作伪证"是并列关系，但能否得出这一结论，还需要分析。一般来说，所谓"威胁、引诱证人违背事实改变证言"，是指证人以前的证言符合事实，后来，行为人让证人推翻以前的证言，重新作出与以前不同的证言。既然如此，就意味着新的证言是"伪证"，因此，依然属于威胁、引诱证人作伪证。在此意义上说，"威胁、引诱证人作伪证"完全可以包含"威胁、引诱证人违背事实改变证言"。但问题是，当证人先前已经作出符合事实的证言，后者只是单纯推翻以前的证言，而并没有形成或者难以评价为"伪证"时，应当如何处理？例如，经由行为人的威胁、引诱，证人后来只是说"我以前说的不算数"，当司法工作人员讯问事实真相时，证人只是说"我不知道"。在这种情况下，行为人的威胁、引诱行为是否成立本罪？答案可能是肯定的，因为即使证人只是说"我以前说的不算数""我不知道"，也符合"违背事实改变证言"的特征。在此意义上说，"威胁、引诱证人作伪证"并不能完全包含"威胁、引诱证人违背事实改变证言"。

《刑法》第 310 条第 1 款规定："明知是犯罪的人而为其提供隐藏处所、财物，帮助其逃匿或者作假证明包庇的，处三年以下有期徒刑、拘役或者管制；情节严重的，处三年以上十年以下有期徒刑。"其中的"为犯罪的人提供隐藏处所、财物"与"帮助其逃匿"不是手段行为与目的行为的关系。可以认为，前者是后者的例示；也可以认为，前者是对最典型、最常见窝藏行为的列举。换言之，帮助犯罪的人逃匿的方法行为，不限于为犯罪的人提供隐藏处所或者财物。窝藏

---

① 　周道鸾、张军主编：《刑法罪名精释》（第四版）（下），人民法院出版社 2013 年版，第659页。

行为的特点是妨害公安、司法机关发现犯罪的人，或者说使公安、司法机关不能或者难以发现犯罪的人，因此，除提供隐藏处所、财物外，向犯罪的人通报侦查或追捕的动静、向犯罪的人提供化装的用具、向犯罪的人指示逃跑的路线等，也属于帮助其逃匿的行为。①

---

① 根据 1989 年 7 月 3 日发布的《最高人民法院关于取保候审的被告人逃匿如何追究保证人责任问题的批复》（已废止），根据案件事实，取保候审的被告人确系犯罪分子，如保证人与被告人串通，协助被告人逃匿，视其情节，已构成犯罪的，可根据刑法规定的窝藏罪，追究保证人的刑事责任。

第十七章　用语的统一性与用语的相对性

一、用语的统一性

用语的统一性，一般是指同一个用语，在同一部刑法典中具有完全相同的含义，因此应当作出同一解释。例如，在刑法典的任何条文中，"幼女"都应被解释为不满 14 周岁的女性；在任何条文中，"盗窃"都是指违反占有人的意志，将他人占有的对象（如财物、枪支等）转移为自己或第三者（包括单位）占有。

不过，用语的统一性，是就特定的用语而言的。国外有学者指出："法定解释的一个重要原则是，特定的措辞在特定的整部的法律中有着相同的意思，相应的就是如果措辞上出现差异，其意思也会有所不同。"① 问题是，何谓"特定的措辞"？前述"盗窃""幼女"可谓特定的措辞，对此可能没有争议。此外，凡是刑法条文作出了解释性规定的用语或者刑法条文明文解释过的用语，均应属于"特定的措辞"，如"故意""过失""犯罪未遂""犯罪中止""公共财产""司法工作人员""淫秽物品""毒品"等。从我国的刑法规定来说，经由刑法条文解释过的特定措辞，其含义在整部刑法中应当是相同的。例如，《刑法》第 91 条第 1 款在解释"公共财产"时，所作的表述是"本法所称公共财产，是指……"而且没有"本法另有规定的除外"之类的表述，这意味着对刑法任何条文中的"公共财产"都应当按照《刑法》第 91 条的规定理解和适用。基于同样的理由，《刑法》第 91 条第 2 款的规定（"在国家机关、国有公司、企业、集体企业和人民团体管理、使用或者运输中的私人财产，以公共财产论"）也应当适用于整部刑法。据此，如果甲窃取由国家机关等管理、使用、运输中的乙私人所有（民法意义上）的财产，就应认定为盗窃公共财产，而不能认定为盗窃私人财产。如果甲盗窃由国家机关等管理、使用、运输中的甲私人所有的财产，也应认定为盗窃公共财产，而不能认为甲没有盗窃财产。即使主张甲的行为不成立盗窃罪（本书反对这种观点，主张甲的行为成立盗窃罪），也只能在其他方面寻找理由，而不能以甲取回的是自己的财产为由而认定甲的行为不成立盗窃罪。同样，如果某种过失犯罪的成立以造成公共财产损失 30 万元为前提，甲的过失行为导致公共财产损失了 30 万元，而其中有 10 万元的财产是国家机关等管理、使用却由甲私人所有（民法意义上）的财产。对此，也应认定甲的行为造成了公共财产损失 30 万元。即使主张甲的行为不成立过失犯罪，也只能在其他方面

---

① ［加拿大］罗杰·赛勒：《法律制度与法律渊源》，项焱译，武汉大学出版社 2010 年版，第 15 页。

寻找理由，而不能以甲仅造成了 20 万元的公共财产损失为由宣告甲的行为不成立犯罪。

刑法除了以"本法所称"的形式解释特定的措辞之外，还有一个条文以"本章所称"的形式解释了特定的措辞。《刑法》第 451 条规定："本章所称战时，是指国家宣布进入战争状态、部队受领作战任务或者遭敌突然袭击时。部队执行戒严任务或者处置突发性暴力事件时，以战时论。"表面上看，关于"战时"的上述定义，仅适用于刑法分则第十章。但本书不以为然，相反，上述"战时"的定义应当适用于整部刑法（在某种意义上说，也可谓对"本章所称"的补正解释，即将"本章所称"补正解释为"本法所称"）。刑法分则第七章也有不少条文使用了"战时"的概念，其含义也应当按照《刑法》第 451 条的规定确定。①

一般性的用语，基本上不可能在刑法中具有统一性。刑法不可能全部使用"特定的措辞"，相反会大量使用一般性的用语（普通用语），如销售、出卖、出售、贩卖等。在这样的场合，不能认为用语不同含义就不同。换言之，就一般性用语而言，措辞不同也可能含义相同；反之，措辞相同也可能含义不同。所以，任何解释者都不应当期待一般性用语的统一性。

用语的统一性，也是相对的。亦即，除了前述刑法明文以"本法所称"的形式作出解释的特定措辞以外，对同一用语可能只在几个相关条文中作出相同解释，而不一定在刑法分则的所有条文中都采用同一含义。例如，《刑法》第 236 条与《刑法》第 237 条分别规定了强奸罪与强制猥亵、侮辱罪，两个条文对手段行为的表述相同，前者为"以暴力、胁迫或者其他手段"，后者为"以暴力、胁迫或者其他方法"。实际上，两个条文中的"手段"与"方法"的含义完全相同。对于强制猥亵、侮辱罪中的"暴力、胁迫或者其他方法"，应当与强奸罪中的"暴力、胁迫或者其他手段"作出相同的解释。首先，两罪的性质相同。即不管是强制猥亵、侮辱罪还是强奸罪，其侵犯的法益都是他人性的自己决定权（包含儿童的性的不可侵犯的权利）。其次，两罪手段行为的性质相同。即都是由于行为违背妇女或者他人意志，而采取强制手段征服妇女或者他人意志，迫使被害人忍辱屈从。再次，目的行为的形式差异也非本质性差异。即由于犯罪的性质相

---

① 如所周知，1997 年修订刑法时，起初并没有"危害国防利益罪"，只有"军人违反职责罪"一章中有"战时"的概念，故《刑法》第 451 条使用"本章所称"的表述。后来增加了"危害国防利益罪"一章，其中多处使用了"战时"概念，但起草者疏忽了上述第 451 条的表述。对此，一方面，解释者不宜认为，《刑法》第 451 条只是对第十章中的"战时"的解释，故第七章中的"战时"另有其他含义；另一方面，解释者也没有必要批判刑事立法，只要作出"第451 条关于战时的解释也适用于刑法分则第七章"的解释即可（或者作出补正解释即可）。

同、手段行为的性质相同，也导致其目的行为的性质相同，只是外表形式不同。从国外立法例也可以看出这一点。如德国刑法将强制猥亵与强奸罪规定在一个条文（德国《刑法》第177条）中，法定刑也完全相同，即以暴力、通过对身体或者生命具有现实危险的威胁，或者利用被害人无保护地任其摆布的状态，使被害人忍受行为人或者第三者对其实施性行为，或者对行为人或者第三者实施性行为的，构成犯罪；其中的性行为不仅包括性交行为，而且包括猥亵行为。与此相反，我国《刑法》规定抢劫罪的第263条虽然也使用了"以暴力、胁迫或者其他方法"的表述，但是，对抢劫罪中的"以暴力、胁迫或者其他方法"所作的解释结论，就不可能等同于强制猥亵、侮辱罪中的"以暴力、胁迫或者其他方法"的基本含义。

　　此外，我国刑法分则还存在这样的现象，即本来可以使用一个统一的概念，但不同的条文却使用了不同的用语。例如，就有偿转让的行为而言，有的条文使用"出卖"一词（如《刑法》第329条、第439条），有的条文使用"出售"一词（如《刑法》第169条、第171条），有的条文使用"销售"一词（如《刑法》第140条至第148条、第166条），有的条文使用"贩卖"一词（如《刑法》第155条、第347条）；再如，就使人产生恐惧心理的行为而言，有的条文使用"胁迫"一词（如《刑法》第121条、第263条），有的条文使用"威胁"一语（《刑法》第226条、第277条）。或许有人会认为，既然含义相同，刑法分则就必须使用统一的用语。但是，刑法也必须遵从语词的通常使用习惯，因此，刑法分则条文也应根据动宾搭配的习惯使用不同的语词。例如，刑法对产品、商品的有偿转让行为，常常使用"销售"概念，而对通常不允许买卖的物品，则常常使用"倒卖""贩卖"概念。所以，要求刑法对含义相同的现象使用完全相同的用语，并不合适。

　　问题是，在什么情况下，解释者应当对同一用语作出同一解释？这是一个难以回答的问题。总的来说，如果将同一用语作同一解释，能够实现刑法的正义理念，保证刑法的安定性，并且符合社会现实的需要，就应当作出同一解释；反之，则必须承认刑法用语的相对性。一般来说，刑法分则条文中的名词，常常容易实现其统一性（但并不绝对），但动词则难以实现其统一性。

二、用语的相对性

　　"如果法律在不同的地方采用相同的概念与规定，则应认为这些概念与规定实际上是一致的。"① 这是许多解释者的期待，但事实上不可能如此。如前所述

---

① ［德］伯阳：《德国公法导论》，北京大学出版社2008年版，第24~25页。

（参见本书第一章），为了使刑法的正义理念得以实现，为了使刑法协调，解释者经常使用体系解释的方法。但是，体系解释并不等于对同一用语作出完全统一的解释。① 我们不难发现，有时解释者必须维护用语的统一性，有时又必须承认用语的相对性。二者并不矛盾，相反，都是进行体系解释、实现刑法正义的重要解释方法。

刑法用语的相对性，是指一个相同的刑法用语，在不同条文或者在同一条文的不同款项中，具有不同的含义（或者必须解释为不同含义）。对同一用语在不同场合作出不同解释，一方面是因为用语的含义取决于语境，而不是取决于用语本身。一个用语有多个含义时，该用语在什么情形下是什么含义，就取决于特定的语境。另一方面是为了实现刑法的正义理念，使值得科处刑罚的行为置于刑法规制之内，使不值得科处刑罚的行为置于刑法规制之外；使"相同"的行为得到相同处理，不同的行为受到不同处理。例如，对《刑法》第236条规定的强奸罪中的"胁迫"与第263条规定的抢劫罪中的"胁迫"，必须作出不同解释，如果按照抢劫罪中的胁迫那样解释强奸罪中的胁迫，那么，许多以胁迫手段（如以揭发隐私相要挟）违背妇女意志而实施的强奸行为，就不可能成立强奸罪，使值得科处刑罚的行为置于刑法规制之外，因而不利于保护妇女的性的自己决定权。反之，如果像强奸罪中的胁迫那样解释抢劫罪中的胁迫，则必然导致敲诈勒索与抢劫行为受到相同的处罚，造成轻重不同的行为得到相同的处理，违反公平正义理念。再如，《刑法》第240条规定了拐卖妇女、儿童罪的罪状与法定刑。当条文将妇女与儿童并列规定时，一般认为妇女是指已满14周岁的女性（对《刑法》第236条与第237条中的"妇女"也应当如此解释），而儿童是指不满14周岁的男女。可是，该条第1款第3项只是规定对"奸淫被拐卖的妇女的"适用加重法定刑。如果坚持用语的统一性，认为该项的"妇女"不包括幼女，则必然造成不公平现象：奸淫被拐卖的已满14周岁的妇女与奸淫被拐卖的不满14周岁的幼女处罚不同，前者的处罚重于后者（即使对后者实行并罚也会轻于前者）。这显然不合适。② 为了避免这种不公平现象，必须将该款第3项中的"妇女"与本

---

① 以为体系解释就是要求同一用语在刑法中只具有一个固定含义，反而不是真正的体系解释。

② 或许存在另一解释结论，即拐卖妇女的行为人奸淫被拐卖的妇女的，根据《刑法》第240条的规定，仅认定为拐卖妇女罪，并适用加重的法定刑；但拐卖幼女的行为人奸淫被拐卖的幼女的，认定为拐卖儿童罪与强奸罪（奸淫幼女），实行数罪并罚。但这样处理必然导致二者处罚的不均衡，有悖刑法的正义性。

条中的其他地方使用的"妇女"一词作出不同解释，即该项中的"妇女"包括幼女。①

"甚至可能出现这样的情况：同一条法律规范当中的同一概念（在不同情况下）也会作出不同的解释。"② 一方面，如果一个概念在同一法条中使用了两次，该概念就可能被解释成具有两个完全相同的含义。例如，《刑法》第 20 条第 1 款与第 2 款分别规定："为了使国家、公共利益、本人或者他人的人身、财产和其他权利免受正在进行的不法侵害，而采取的制止不法侵害的行为，对不法侵害人造成损害的，属于正当防卫，不负刑事责任。""正当防卫明显超过必要限度造成重大损害的，应当负刑事责任，但是应当减轻或者免除处罚。"显然，第 1 款中的正当防卫，是符合正当防卫全部条件的正当防卫，而第 2 款的正当防卫只是意味着符合正当防卫前提条件（未符合限度条件）的防卫行为。也可以认为，《刑法》第 20 条第 2 款的正当防卫属于表述错误，因为既然是正当防卫，就不可能明显超过必要限度造成重大损害，否则就不是正当防卫而是防卫过当。但第 2 款不可能表述为"防卫过当明显超过必要限度造成重大损失的……"不管是否属于表述错误，对两款的正当防卫都不可能作出完全相同的解释。另一方面，即使某个用语仅在一个条文中被使用了一次，但该用语也可能针对不同的行为或者对象具有不同的意义（虽然不是严格意义上的用语相对性）。例如，《刑法》第 252 条规定："隐匿、毁弃或者非法开拆他人信件，侵犯公民通信自由权利，情节严重的，处一年以下有期徒刑或者拘役。"本罪的对象为"信件"。信件是特定人向特定人转达意思、表达感情、记载事实的文书（包括电子邮件）。③ 相对

---

① 《刑法》第 236 条第 3 款所规定的加重情节第 3 项是"在公共场所当众强奸妇女的"。但如果对在公共场所当众奸淫幼女的行为不适用本规定，就明显导致处罚不均衡。所以，最高人民法院、最高人民检察院、公安部、司法部于 2013 年 10 月 23 日公布的《关于依法惩治性侵害未成年人犯罪的意见》（已废止）规定："在校园、游泳馆、儿童游乐场等公共场所对未成年人实施强奸……犯罪，只要有其他多人在场，不论在场人员是否实际看到，均可以依照刑法第二百三十六条第三款……的规定，认定为在公共场所'当众'强奸妇女……"2020 年通过的《刑法修正案（十一）》将《刑法》第 236 条第 3 款第 3 项修改为"在公共场所当众强奸妇女、奸淫幼女的"。但在还没有修改《刑法》第 240 条的情形下，就必须认为《刑法》第 240 条第 1 款第 3 项中的"妇女"包含幼女。而不能认为，既然《刑法修正案（十一）》只修改了《刑法》第 236 条而没有修改第 240 条，就意味着《刑法》第 240 条中的"妇女"不包含幼女。这种不顾刑法的公平性的解释方法与理由，为本书所不取。

② ［德］托马斯·M.J. 默勒斯：《法学方法论》（第 4 版），杜志浩译，李昊等校，北京大学出版社 2022 年版，第 333 页。

③ 根据 2000 年 12 月 28 日公布的《全国人民代表大会常务委员会关于维护互联网安全的决定》（已修正），非法截获、篡改、删除他人电子邮件或者其他数据资料，侵犯公民通信自由和通信秘密构成犯罪的，依照刑法有关规定追究刑事责任。

于隐匿、毁弃行为而言，"信件"包括明信片，但相对于非法开拆行为而言，"信件"不可能包括明信片。换言之，不可能针对明信片实施非法开拆行为。再如，《刑法》第280条第1款前段规定，"伪造、变造、买卖或者盗窃、抢夺、毁灭国家机关的公文、证件、印章的，处三年以下有期徒刑、拘役、管制或者剥夺政治权利"。在本条中，"国家机关的公文、证件、印章"只出现了一次，但它们相对于伪造、变造、买卖与盗窃、抢夺、毁灭时，具有不同的意义。例如，相对于盗窃、抢夺、毁灭而言，必须是真实的国家机关的公文、证件、印章；如果行为人毁灭了伪造的国家机关公文、证件、印章，即使其误以为是真实的国家机关公文、证件、印章，也不应认定为毁灭国家机关印章罪。① 相对于变造而言，"国家机关的公文、证件、印章"也应当是真实的国家机关公文、证件、印章；对伪造的国家机关公文、证件、印章再进行变造的，不可能成立变造国家机关公文、证件、印章罪（触犯其他罪名的，是另一回事）。但相对于伪造而言，"国家机关的公文、证件、印章"是指应当由国家机关制作的公文、证件、印章。例如，行为人伪造"中华人民共和国工业部""中华人民共和国商业部"等并不存在的印章并使用的，仍然成立伪造国家机关印章罪，而不以存在对应的真实印章为必要。因为刑法规定本罪是为了保护国家机关印章的公共信用，而"中华人民共和国工业部""中华人民共和国商业部"的印章所显示的是国家机关，故上述行为客观上侵犯了国家机关印章的公共信用，宜认定为伪造国家机关印章罪。相对于买卖而言，则不仅包括真实的国家机关的公文、证件、印章，而且包括伪造、变造的国家机关的公文、证件、印章。例如，行为人明知是伪造的车辆年检证而购买并出售给他人，由于行为人与伪造者并不成立共犯，其行为又严重侵害了公文、证件、印章的公共信用，故宜认定为买卖国家机关证件罪。1998年12月29日发布的《全国人民代表大会常务委员会关于惩治骗购外汇、逃汇和非法买卖外汇犯罪的决定》第2条也规定，买卖伪造、变造的海关签发的报关单、进口证明、外汇管理部门核准件等凭证和单据或者国家机关的其他公文、证件、印章的，依照《刑法》第280条的规定定罪处罚。如果将《刑法》第280条第1款中的"国家机关的公文、证件、印章"作出同一的解释，而否认其相对性，就不可能使处罚范围合理化，从而有损刑法的正义性。

由此看来，为了实现刑法的正义理念，为了维护刑法的协调，对同一用语在不同场合或者针对不同行为、对象作出不同解释是完全必要的。亚图·考夫曼教授指出："某个字在法律秩序中，并非都是同一意义。例如'建筑物'这个字，

① 根据通说，对这种行为仍应认定为毁灭国家机关印章罪（对象不能犯未遂），但笔者不赞成这种观点（参见张明楷：《刑法的基本立场》（修订版），商务印书馆2019年版，第294页）。

在加重窃盗罪（德国《刑法》第 243 条）及加重放火罪（德国《刑法》第 306 条）中的意义并不完全相同：在加重窃盗罪，因其系侵入一个特别安宁的领域，故无门窗的建筑物并不符合构成要件，相反的，这种建筑就符合德国《刑法》第 306 条，因其规定之目的在保护人命。……正如 Wittgenstein 所指出的一般：法律概念的意义，取决于法律关系所需的内涵。但若因此而认为，这是'相对的法律概念'，则是误会。正确的用字是'关系的'，因为法律概念的意义，如上述，以其所碰到的关系来决定。"① 本书所称的刑法用语的相对性，也只是意味着同一用语在不同法条中或者在不同关系中具有不同的含义，而不是指某个刑法用语的含义是不确定的，也不是指某个刑法用语的含义是相对的，更不是指在具体的法条中对某个刑法用语可以随意作出几种不同解释。换言之，"胁迫"这个用语的含义在抢劫罪中应当是确定的，在强奸罪中也应当是确定的，但是，在抢劫罪与强奸罪中的含义并不是完全相同的（仅仅在此意义上的"用语的相对性"）。亦即，如果不将"胁迫"置于具体的法条以及不同具体法条的关系之中，其含义就是不确定的，一旦就抢劫罪的构成要件解释其中的"胁迫"，就必须根据抢劫罪的保护法益以及抢劫罪与其他财产罪的关系得出解释结论；同样，一旦就强奸罪的构成要件解释其中的"胁迫"，也必须根据强奸罪的保护法益以及强奸罪的立法现状等得出解释结论。于是，针对特定的犯罪而言，刑法用语不存在所谓相对性。可是，从抽象的角度来看，人们的确可以发现同一用语在不同法条中的含义不同。但这种不同含义，不是由用语本身决定的，而是由用语所处的法条的保护法益、上下法条的关系等相关事项决定的。所谓用语是由"碰到的关系来决定"，也可谓由语境决定。"语言在语境中具有生命"②，语境不同，用语的含义就不会相同。在某大楼失火时大声喊"着火了"，与在电影院无中生有地大声喊"着火了"，所起的作用完全不同：前者可能挽救许多人的生命；后者不仅严重扰乱公共场所秩序，而且可能引起踩踏事故导致许多人丧失生命。在面对《刑法》第 241 条所规定的"收买被拐卖的妇女、儿童"罪状时，不会有人认为其中的收买是指"用金钱或者其他好处笼络被拐卖的妇女、儿童"，一定会理解为将被拐卖的妇女、儿童当作商品予以购买。但在面对《刑法》第 104 条第 2 款（"策动、胁迫、勾引、收买国家机关工作人员、武装部队人员、人民警察、民兵进行武装叛乱或者武装暴乱的，依照前款的规定从重处罚"）中的"收买"时，则一定会解释为"用金钱或者其他好处笼络国家机关工作人员等。再如，在

<hr />

① ［德］亚图·考夫曼：《法律哲学》，刘幸义等译，五南图书出版公司 2000 年版，第 97～98 页。
② 大卫·格雷·卡尔森语，转引自［英］蒂莫西·A. O. 恩迪科特：《法律中的模糊性》，程朝阳译，北京大学出版社 2010 年版，第 22 页。

面对《刑法》第 440 条规定的"违抗命令，遗弃武器装备"的罪状时，不会有人认为其中的遗弃与《刑法》第 261 条规定的遗弃相同，是指有扶养能力而拒绝扶养，而是必然会理解为抛弃。由此可见，相同的用语在不同的语境中就会具有不同的含义。显然，解释者必须合理解释每个用语在其所处的法条中的含义，而不能试图将一个用语的定义适用于所有法条，更不能因为刑法用语的相对性而批判刑法本身或者批判立法者。

导致刑法用语相对性的原因（或者说导致在不同场合对同一用语作出不同解释的原因）主要有以下几点：

（一）用语的多义性、有限性导致刑法用语的相对性

所有的用语都与它周围的用语产生联系，绝大多数用语本身都可能具有多种含义，有的用语本身具有广义与狭义之分，因此，大多数用语不是仅具有一种含义。"语言的不单一性是没有办法排除的，虽然人们一直尝试去发展一种单义的人工语言，但是矛盾的是，这些语言往往因为它的单一性，而无法去沟通及描述生命。因为这种人工语言，是要表现出不同的人之间以及不同的经验的。（日常）语言的非单一性，也因此不能仅当做一种缺点来看，当然，由于缺乏精确性，也因此隐藏了一种危险，也不是说它会将事物模糊化，或者伪造。但是单一性的及精确性的代价是，使语言僵化，并因此将它简化为一个小小数目的符号。（日常）语言的不单一性，保证了一种流动性，它的动态性，以及它能够涵盖的多面性。简单地说也就是说它的活泼性，以及具有历史性。""虽然法律语言的企图是抽象概念化的，精确、单义的，是一个面向的，他也就在理性的范畴层面上移动。但是一个在严格意义下，单义的法律语言，仅在最高的抽象化时可以达到，而此时将以排除任何的真实性关系为要件。一个这样的法律不需要解释，因为对它而言没有什么要说明的。它因此将可任意的被操纵，也因此就没有法律安定性的保障。任何人如果认真看待法律安定性，则必须去面对语言跟计算间的相对应游戏。而这种相对的游戏规则就是：虽然语言包含了它的计算，但逻辑的计算，在此却将语言排除。一个与真实相关联的语言，——法律语言也是——是不应该以单一性为主。在它的两个面向中，应该开启他的永远历史性，隐喻性及概念性的辩证，表示出人类历史性的影响：自我实现及自我异化的辩证。"[1] 刑法要通过文字表述正义，这些文字不可能完全脱离它的一般含义，即使是规范用语，也不能与普通用语相距过远。所以，刑法用语不可避免地随着普通用语而具有多义性。当刑法用语具有多义性时，解释者必须根据正义理念、上下条文的关

---

[1] ［德］亚图·考夫曼：《法律哲学》，刘幸义等译，五南图书出版公司 2000 年版，第 117、123 页。

系，来选择用语的确定含义。另一方面，任何一种语言，其用语总是有限的，人们也不能随意创造用语。刑法大多在有限的一般用语中选择用语。于是，在没有其他用语能够表述其本来含义时，就只好使用同一用语的不同含义。而且，刑法用语必须简练，不可能为了避免用语的多义性而使用冗长的表述。例如，《刑法》第 263 条与第 277 条都使用了"暴力"一词，但两处的含义并不完全相同。不可能期待立法者在《刑法》第 277 条中使用其他用语而不使用暴力一词，也不可能要求立法者分别对《刑法》第 277 条中的暴力与第 263 条中的暴力作出更为具体的描述。因此，阐明相同用语的不同含义，或者说具体地解释每个用语在其所处法条中的含义，就成为解释者的任务。所以，"单义性法律语言的理想是不能去达到的，它也是不值得去追求，因为法律语言，也必须是一种活生生的、两个面相化的语言。否则，它将无法有一个向日常语言、市民的语言的延伸线"①。下面就几个常用概念略作说明。

"暴力"是刑法分则条文使用最多的概念之一。日本刑法学者常常将暴力分为四类：最广义的暴力，是指不法行使有形力量的一切情况，包括对人暴力与对物暴力；广义的暴力，是指不法对人行使有形力或物理力，但不要求直接对人的身体行使，即使是对物行使有形力，但因此对人的身体以强烈的物理影响时，也构成广义的暴力；狭义的暴力，是指不法对人的身体行使有形力或物理力，这种暴力也不要求物理上接触被害人的身体；最狭义的暴力，是指对人行使有形力量并达到足以压制对方反抗的程度。② 不难看出，这四种暴力的分类标准并不是唯一的，前三种暴力是以暴力对象为标准所作的分类，而最狭义的暴力是根据暴力程度作出的分类，所谓最狭义的暴力就是比较严重的狭义的暴力；事实上，广义的暴力也可能足以压制被害人的反抗。如果按照这种分类来考虑，那么，刑法分则不同条文所规定的暴力就应当具有不同的含义（或者说，在不同犯罪中，对暴力的程度、对象等要求不同）。

首先，抗税、强迫交易等罪中的暴力，应当是最广义的暴力。例如，行为人对履行税收职责的税务人员的人身不法行使有形力，使其不能正常履行职责，或者冲击、打砸税务机关，使税务机关不能从事正常的税收活动，达到拒绝缴纳税

---

① ［德］亚图·考夫曼：《法律哲学》，刘幸义等译，五南图书出版公司 2000 年版，第 124 页。

② 参见［日］前田雅英：《刑法各论讲义》（第 6 版），东京大学出版会 2015 年版，第 34 页。需要说明的是，日语使用的是"暴行"一词。至于"暴行"与"暴力"是否等同，还值得研究。如山口厚教授在论述日本刑法中的暴行罪时指出："暴行，是指对人行使物理力。不仅包括所谓暴力的行使，而且包括声音、光、热、冷气等的作用。"（［日］山口厚：《刑法各论》（第 2 版），有斐阁 2010 年版，第 43 页）。据此，暴行是比暴力更为宽泛的概念，换言之，暴力只是暴行的一种（另参见［日］井田良：《刑法各论》，弘文堂 2007 年版，第 36 页）。

款目的的，均应认定为抗税罪。

其次，暴力危及飞行安全、妨害公务等罪中的暴力，应当是广义的暴力，即行为人必须针对飞行中的航空器上的人员，或者正在执行职务的国家机关工作人员不法行使有形力，但不要求直接针对上述人员的身体实施有形力。在上述人员面前针对物品或者第三人实施暴力，但对这些人员产生了间接的物理性影响的（所谓的"间接暴力"），也符合构成要件要求的"暴力"。

再次，抢劫、劫持航空器等罪中的暴力，应是最狭义的暴力，只有对他人不法行使有形力，并达到足以抑制其反抗的程度，才可能成立抢劫罪、劫持航空器罪。

最后需要讨论的是强奸罪、强制猥亵、侮辱罪中的暴力。我国刑法理论一般没有对之作出限定，果真如此，这两个犯罪中的暴力，便是广义的暴力，即只要针对被害人不法实施有形力或者物理力，便可成为这两个犯罪中的暴力。但是，这种观点是否有利于区分罪与非罪，还值得研究。① 可以肯定的是，如果是单纯的对物暴力，不应认定为这两个罪的暴力。不直接针对人的身体而只是对人产生物理影响的，如在被害人的耳边敲大鼓，或者拿着木棒等在被害人身边晃动但并不接触被害人的身体等行为，难以成为这两个罪要求的暴力（当然有可能成为两罪要求的胁迫行为）。强奸罪与强制猥亵、侮辱罪，都是违反被害人意志的行为，所以，只有当有形力的行使足以压制被害人的反抗时（或者使被害人难以反抗时），才能认定为这两个罪的暴力。以强制猥亵、侮辱罪为例。暴力必须针对被害人实施，如用手抓住被害人的衣领或者头发等将其拉往一定地点进而实施猥亵、侮辱行为的，即成立本罪；暴力不要求已经接触被害人的身体，如向被害人砸石块而没有砸中的，将刀刺向被害人而没有刺中的，都没有疑问地构成暴力；暴力只要足以压制被害人的反抗即可，而不要求已经造成伤害或者有伤害的危险性；也就是说，即使只能造成被害人暂时肉体痛苦的暴力，或者单纯使被害人不能反抗的暴力（如抓住被害人的双手，迫使其忍受猥亵行为），也可能成立强制猥亵、侮辱罪。但是，轻微的、不足以压制被害人反抗的暴力应当排除在本罪之外，否则，难以与基于被害人同意的猥亵行为相区别。例如，行为人甲与被害人乙相识，甲一直暗恋乙，某日晚，甲打电话将乙邀到某公园外，甲向乙诉说恋

---

① 日本刑法理论与审判实践要求强奸罪（强制性交等罪）、强制猥亵罪中的暴力必须达到使被害人明显难以反抗的程度（参见［日］西田典之著、桥爪隆补订：《刑法各论》（第7版），弘文堂2018年版，第103页；［日］前田雅英：《刑法各论讲义》（第6版），东京大学出版会2015年版，第93、98页；［日］山口厚：《刑法各论》（第2版），有斐阁2010年版，第107、110页；［日］松原芳博：《刑法各论》（第2版），日本评论社2021年版，第93、95页；日本最高裁判所1949年5月10日判决，日本《最高裁判所刑事判例集》第3卷第6号，第711页）。

情，而乙则说："明天小孩考试，我要早点回家。"但甲继续诉说，并将乙拉到公园墙边，与乙接吻后让乙回家。甲虽然有拉乙的动作，也确实违背了乙的意志，即使认为拉乙的动作属于暴力，但由于这种暴力过于轻微，没有达到足以压制被害人反抗的程度，故不宜认定为强制猥亵、侮辱罪。或许有人说，如果乙反抗，甲会进一步使用更为严重的暴力。但这只是一种无根据的猜测，显然不能以这种猜测为根据定罪量刑。

对于"暴力"概念，还可以按照其造成的结果分为如下几种情况：致人死亡的暴力、致人重伤的暴力、致人轻伤的暴力、致人轻微伤的暴力与单纯暴力（即只是造成肉体的暂时痛苦而没有造成任何伤害的暴力）。显然，某个条文所规定的暴力，其造成的结果可以包含哪种程度，需要具体分析。总的来说，要考虑法定刑的轻重，行为本身的性质（不仅要考虑手段行为，而且必须考虑目的行为侵犯了何种法益及其侵犯程度），以及责任形式等。例如，妨害公务罪的法定最高刑仅为 3 年有期徒刑，所以，不可能认为其中的暴力必须是造成致人重伤或者死亡的暴力。换言之，如果对国家机关工作人员实施暴力并致人重伤或者死亡，就不可能仅认定为妨害公务罪，而是必须认定该行为同时触犯了故意伤害、故意杀人等罪。抢劫罪中的暴力则包含故意造成死亡的暴力。行为人为了强取被害人的财物而当场故意杀害被害人的，成立抢劫罪（致人死亡的结果加重犯）。强奸罪中的暴力可以是故意致人重伤的暴力，亦即，行为人故意使用暴力导致妇女重伤，然后实施奸淫行为的，也成立强奸罪（致人重伤的结果加重犯）。故意致妇女重伤然后强制猥亵、侮辱的，当然成立强制猥亵、侮辱罪，只不过需要根据是否聚众以及行为是否发生在公共场所，决定是以强制猥亵、侮辱罪论处，还是以故意伤害罪论处（参见本书第四章），两者是想象竞合的关系。① 从客观上说，强奸罪与强制猥亵、侮辱罪的暴力也可能是致人死亡的暴力。但是，其一，如果行为人先故意杀害妇女，然后再实施奸尸或者其他侮辱行为的，即使行为人在杀害妇女时具有奸尸的意图，也不应认定为强奸罪与强制猥亵、侮辱罪，而应认定为故意杀人罪与侮辱尸体罪（当然以符合本罪的构成要件为前提，下同），实行并罚。其二，如果行为人为了强奸或者猥亵而以杀人的故意对妇女实施足以致人死亡的暴力，在妇女死亡后奸尸或者对尸体实施其他侮辱行为，那么，前行为是故意杀人罪与强奸未遂或者强制猥亵未遂的想象竞合，后行为成立侮辱尸体罪，实行并罚。其三，如果行为人为了强奸或者猥亵而以杀人的故意对妇女实施足以致人死亡的暴力，在妇女昏迷期间奸淫或者猥亵妇女，不管妇女事后是否死

---

① 参见张明楷：《试论强制猥亵、侮辱妇女罪》，载最高人民检察院法律政策研究室编：《法律应用研究》（2001 年第 5 期），中国法制出版社 2001 年版，第 45 页。

亡，都应认定为故意杀人罪与强奸罪或者强制猥亵罪的想象竞合。①

"胁迫"（威胁）也是分则条文经常使用的概念，而且通常与暴力并列使用。按照日本学者的分类，广义的胁迫，是指以使他人产生恐惧心理为目的，以恶害相通告的一切行为。其中，恶害的内容、性质，以及通告的方法没有限制，也不问对方是否产生了恐惧心理。狭义的胁迫，主要是指限定了所通告的恶害内容的胁迫，不要求达到足以抑制对方反抗的程度。最狭义的胁迫，则是指胁迫程度足以抑制对方反抗的行为。② 按照这种分类，妨害公务罪、强迫交易罪中的威胁应在广义上理解；劫持航空器、抢劫、强奸等罪中的胁迫，应是最狭义的胁迫。③有学者鉴于劫持航空器犯罪的危险性，而对其中的胁迫作出非常宽泛的解释（广义的胁迫）。理由是："凡是使人心生畏惧为目的的劫机行为，无论行为人以何种胁迫他人，也不论其以直接或间接的方式胁迫，都有可能对人产生威胁和阻吓，引起他人内心之恐惧，从而对航空器及其内的机组人员的人身和财产安全产生危险性。"④ 但是，一方面，轻微的暴力、胁迫不足以劫持航空器，也可能成立其他犯罪（如暴力危及飞行安全罪）；另一方面，劫持航空器罪的法定刑很重，不宜包括轻微胁迫行为。例如，乘机人在座位上向空姐说："如果你们不飞往伊拉克，我就打断你的腿。"对此显然不能认定为劫持航空器罪。就强奸罪而言，我国刑法理论与司法实践的基本态度也是不问胁迫的大小强弱程度。但是，如果不对胁迫的程度作限制，就难以区分强奸与通奸的界限。例如。当考生感觉可能不及格，而要求考官关照时，考官说"如果不和我发生性关系，就不让你及格"的，不能认定为胁迫手段；男子对女子说"如果不和我做爱，今后再也不理你了"的，不能认定为胁迫行为；男子对女子说"我是警察"，进而要求发生性关系时，也不能认定为胁迫行为。

"伪造"概念的使用率在刑法分则中很高（10 多个具体罪名中含有"伪造"概念）。在国外刑法与刑法理论中，伪造这一概念具有不同含义。例如，就与伪造文书相关联而言，伪造具有四种不同含义：最广义的伪造，是指伪造、变造文书、制作虚假文书以及行使伪造、变造或制作的虚假文书的一切行为。广义的伪造，是指伪造、变造文书与制作虚假文书的行为，即只是不包含最广义的伪造中

---

① 上述"其三"的处罚似乎与"其二"的处罚不均衡，其实不然。这是因为"其三"中是强奸既遂、强制猥亵妇女既遂与故意杀人罪的竞合，而"其二"中是强奸未遂、强制猥亵妇女未遂与故意杀人罪的竞合，由于故意杀人罪的法定刑高于强奸罪与强制猥亵妇女罪，导致"其三"与"其二"对强奸、强制猥亵妇女的既遂与未遂的区别评价未能起作用。

② 参见［日］大塚仁：《刑法概说（各论）》（第 3 版增补版），有斐阁 2005 年版，第 68~69 页。

③ 我国刑法分则似乎没有明文规定狭义的胁迫。

④ 刘艳红：《走向实质的刑法解释》，北京大学出版社 2009 年版，第 112 页。

的行使行为。这个意义上的伪造包括有形伪造与无形伪造。有形伪造，是指制作不真正的文书，即没有制作权限的人制作他人名义的文书；无形伪造，是指制作虚假文书，即具有制作权限的人，制作违反真实内容的文书。其中的有形伪造也包括了有形变造，无形伪造包括了无形变造。狭义的伪造，仅指广义伪造中的有形伪造，即没有制作权限的人伪造或者变造他人名义的文书的行为。最狭义的伪造，则是不包括变造的有形伪造行为。①

　　我国刑法分则中，没有上述最广义的伪造概念，但存在上述广义的、狭义的与最狭义的伪造概念。可是，我国刑法理论与司法实践在理解伪造概念时，常常只是将伪造限定为有形伪造，而无意中将无形伪造排除在外。这便不恰当地限制了处罚范围。换言之，在我国刑法分则中，伪造的概念可能出现以下几种情况：

　　第一，包括有形伪造与有形变造、无形伪造与无形变造。这往往是因为刑法分则条文仅使用了伪造一词，根据刑法理念、处罚的必要性，而不得不将该伪造解释为包括了有形变造与无形变造的情况。例如，《刑法》第227条第1款规定："伪造或者倒卖伪造的车票、船票、邮票或者其他有价票证，数额较大的，处二年以下有期徒刑、拘役或者管制，并处或者单处票证价额一倍以上五倍以下罚金；数额巨大的，处二年以上七年以下有期徒刑，并处票证价额一倍以上五倍以下罚金。"本条仅使用了"伪造"概念，而没有将"变造"与伪造相并列。但是，许多变造有价票证的行为，也严重侵害了有价票证的公共信用，值得科处刑罚。所以，2000年12月5日发布的《最高人民法院关于对变造、倒卖变造邮票行为如何适用法律问题的解释》指出："对变造或者倒卖变造的邮票数额较大的，应当依照刑法第二百二十七条第一款的规定定罪处罚。"据此，伪造、倒卖伪造的有价票证罪中的伪造，包含了变造；而且在本书看来，本条的"伪造"不仅包括有形伪造与变造，而且包括无形伪造与变造。例如，具有邮票制作权限的人，制作虚假的邮票或者对真正的邮票进行加工，数额较大的，也应以犯罪论处。需要说明的是，上述司法解释的结论不是扩大解释，更不是类推解释，只是选择了伪造概念中的广义含义。

　　第二，包括有形伪造与无形伪造。在刑法分则条文并列规定了伪造与变造概念，或者就同一对象在不同条文中规定了伪造行为与变造行为时，其中的伪造便不可能包含变造，却包含了有形伪造与无形伪造。例如，《刑法》第177条规定了伪造、变造金融票证罪，其中的伪造虽然不包括变造，但包括无形伪造。例如，银行的储蓄工作人员，具有制作存单的权限。但是，只有存在储蓄事实时，

---

① 参见［日］大塚仁：《刑法概说（各论）》（第3版增补版），有斐阁2005年版，第444～445页。

才能制作相应数额的存单。如果该工作人员在没有储蓄事实的情况下制作存单，则属于伪造存单，成立伪造金融票证罪。再如，《刑法》第280条规定了伪造、变造、买卖国家机关公文、证件、印章罪，其中的伪造也包括有形伪造与无形伪造。即具有制作权的国家机关工作人员，制作内容虚假的国家机关公文，是无形伪造，应以伪造国家机关公文罪论处。由于行为人是国家机关工作人员，其制作的公文的虚假性难以被识破（特别当其盖有真实的印章时）；与此同时，由于该虚假公文出自国家机关工作人员之手，不仅导致国家机关公文的公共信用丧失殆尽，而且引起人们对国家机关本身的不信任。在此意义上，无形伪造的法益侵害性重于有形伪造的法益侵害性，因而更值得科处刑罚。在疫情期间，如果认为有关部门向公民手机中发送的健康码属于公文，那么有权发送健康码的工作人员设定内容虚假的健康码，例如出于某种原因将没有涉疫风险的人设定为红码、将有涉疫风险的人设定为绿码，也属于对国家机关公文的无形伪造。这种行为对公文信用的侵害不言而喻。但是，就特定的公文而言，如果刑法特别规定了无形伪造构成其他犯罪，那么，无形伪造的行为就可能需要以特别法条论处。

第三，包括无形伪造与无形变造。例如，《刑法》第412条第1款规定："国家商检部门、商检机构的工作人员徇私舞弊，伪造检验结果的，处五年以下有期徒刑或者拘役；造成严重后果的，处五年以上十年以下有期徒刑。"《刑法》第413条第1款规定："动植物检疫机关的检疫人员徇私舞弊，伪造检疫结果的，处五年以下有期徒刑或者拘役；造成严重后果的，处五年以上十年以下有期徒刑。"这两个条文所规定的"伪造"，仅限于无形伪造与无形变造。首先，不符合上述主体要件的人，单独伪造商品检验结果或者检疫结果的，不成立商检徇私舞弊罪与动植物检疫徇私舞弊罪，而应成立伪造国家机关公文、印章罪。其次，国家商检部门、商检机构的工作人员是具有制作商品检验结论的人员，其伪造检验结果的行为，便是无形伪造；同样，动植物检疫机关的检疫人员，也是具有制作检疫结论的人员，其伪造检验结果的行为，也属于无形伪造。最后，当具备上述主体要件的甲工作人员制作了真实正确的商品检验文书、检疫文书后，具备上述主体要件的乙工作人员，对该文书进行加工，使其内容具有虚假性的，则属于无形变造，也应适用上述规定，认定为犯罪。再如，《刑法》第239条规定："承担资产评估、验资、验证、会计、审计、法律服务、保荐、安全评价、环境影响评价、环境监测等职责的中介组织的人员故意提供虚假证明文件，情节严重的，处五年以下有期徒刑或者拘役，并处罚金；……"显然，提供虚假证明文件罪的行为主体就是有权制作相关证明文件的人员，所谓提供虚假证明文明，其实是通过无形伪造、变造证明文件后提供给相关部门或者人员。不具备上述身份的人员，单独伪造上述虚假证明文件的，不成立本罪。如果证明文件不属于国家机关公文，也不成立伪造、变造国家机关公文罪；但可能成立伪造事业单位印章罪。

至于我国刑法分则中是否存在最狭义的有形伪造，还是需要研究的问题。①

（二）犯罪的复杂性、刑法错综复杂的规定导致刑法用语的相对性

上述刑法用语的多义性或许只是表面现象，许多刑法用语之所以产生广义、狭义之分，常常是因为犯罪现象的复杂性与刑法分则错综复杂的规定。例如，有时刑法分则条文对犯罪类型化得非常具体，有时却类型化得较为抽象；有时刑法分则条文针对不同的对象使用了相同的概念；如此等等。为了使值得科处刑罚的行为都置于刑法的规制之下，以免形成不公平的遗漏；为了使刑法整体协调，以免自相矛盾，不得不对相同用语做出不同的解释。

例如，如前所述，对抢劫罪与强奸罪中的"暴力、胁迫或者其他方法（手段）"作出不同解释的实质性根据在于，刑法对财产罪的类型化比较具体，规定了敲诈勒索罪，而对强奸罪的类型化比较抽象，没有规定类似于敲诈勒索的强奸罪，解释者不得不将类似于敲诈勒索的强制性交行为解释为强奸罪，这便需要对"暴力、胁迫或者其他方法（手段）"作出不同解释。

又如，就有关枪支、弹药的犯罪而言，刑法分则分别规定了非法储存枪支、弹药罪与非法持有枪支、弹药罪；但就货币犯罪与毒品犯罪而言，刑法分则只规定了持有假币罪与非法持有毒品罪，而没有规定储存假币罪与非法储存毒品罪。显然，为了实现处罚的合理性，解释者可以对不同犯罪中的"持有"概念作出外延不同的解释。② 亦即，对非法储存枪支、弹药的行为，不适用非法持有枪支、弹药罪的规定；而非法储存假币与非法储存毒品的行为，依然要认定为持有假币罪与非法持有毒品罪。

再如，"非法提供"一词在不同法条的含义也不完全相同。《刑法》第111条所规定的罪状是"为境外的机构、组织、人员窃取、刺探、收买、非法提供国家秘密或者情报"。其中的"非法提供"既包括有偿提供，也包括无偿提供。《刑法》第177条之一所规定的罪状是"窃取、收买或者非法提供他人信用卡信息资料"，其中的"非法提供"也是既包括有偿提供，也包括无偿提供。《刑法》第253条之一第1款与第2款规定的罪状分别是"违反国家有关规定，向他人出售或者提供公民个人信息，情节严重的""违反国家有关规定，将在履行职责或者提供服务过程中获得的公民个人信息，出售或者提供给他人的"。虽然出售也是非法提供的一种表现形式，但刑法条文鉴于出售行为较为普遍而特别将"出

---

① 笔者迄今为止还没有在我国刑法分则中发现最狭义的有形伪造。

② 当然，也可以使持有概念保持相对统一性，将储存视为持有的特别规定。

售"从"提供"中抽出来，使得"提供"看上去仅具有无偿提供的意思。① 显然，这是本条的复杂规定所致。换言之，本条也完全可以仅规定为"违反国家规定，……提供给他人"，从而使"提供"也包含有偿提供与无偿提供。又如，《刑法》第 355 条第 1 款规定："依法从事生产、运输、管理、使用国家管制的麻醉药品、精神药品的人员，违反国家规定，向吸食、注射毒品的人提供国家规定管制的能够使人形成瘾癖的麻醉药品、精神药品的，处三年以下有期徒刑或者拘役，并处罚金；情节严重的，处三年以上七年以下有期徒刑，并处罚金。向走私、贩卖毒品的犯罪分子或者以牟利为目的，向吸食、注射毒品的人提供国家规定管制的能够使人形成瘾癖的麻醉药品、精神药品的，依照本法第三百四十七条的规定定罪处罚。"显然，其中前一个"提供"不需要有偿提供（亦即不要求行为人具有牟利目的），可以是无偿提供，而后一个"提供"要求行为人具有牟利目的或者明知他人（走私、贩卖毒品的犯罪分子）具有牟利目的。之所以形成这种局面，在于贩卖毒品罪的违法性与有责性重于非法提供麻醉药品、精神药品罪。

（三）解释的目的性、限制或扩大解释的必要性导致刑法用语的相对性

刑法不可能随意创造用语，即使立法者意识到在不同场合应当使用不同的用语，但由于用语有限，不得不使用相同的用语。但是，如果从刑法的目的出发，为了同时实现刑法的法益保护机能与自由保障机能，产生了对同一用语有时必须作限制解释，有时必须作扩大解释，有时只需作字面解释的现象。这便导致了刑法用语的相对性。

例如，《刑法》第 301 条第 1 款规定："聚众进行淫乱活动的，对首要分子或者多次参加的，处五年以下有期徒刑、拘役或者管制。"该条第 2 款规定："引诱未成年人参加聚众淫乱活动的，依照前款的规定从重处罚。"第 1 款的"聚众进行淫乱活动"，也可谓"进行聚众淫乱活动"，那么，能否对第 1 款的聚众进行淫乱活动与第 2 款的"聚众淫乱活动"作完全相同的解释呢？回答是否定的。一般来说，聚众淫乱，是指纠集 3 人以上群奸群宿（聚众奸宿）或进行其他淫乱活动。淫乱行为除了指自然性交以外，还包括其他寻求刺激、兴奋、满足性欲的行为，如聚众从事手淫、口淫、鸡奸等行为。参与聚众淫乱的人可以是自愿的，而不必是被强迫的。如果以暴力、胁迫或者其他强制方法强迫妇女参加聚众淫乱活动，则视行为性质与具体情况认定为强奸罪与强制猥亵罪，或者实行数罪并罚。

---

① 同理，也可以将出售视为提供的特别规定。本书不愿意将本条中的出售与非法提供解释为对立关系，因为在不能查明行为人是否有偿提供时，虽然不能认定为出售，但完全可能认定为非法提供。

但是，为了合理地限定处罚范围，对《刑法》第 301 条第 1 款规定的聚众淫乱活动不能按字面含义进行形式主义的解释。虽然刑法理论没有争议地将"众"解释为 3 人以上，但不能认为 3 人以上聚集起来实施淫乱活动的，一律构成聚众淫乱罪。刑法规定本罪并不只是因为该行为违反了伦理秩序，而是因为这种行为侵害了公众对性的感情。① 因此，3 个以上的成年人，基于相互同意秘密实施的性行为，因为没有侵害公众对性的感情，故不属于刑法规定的聚众淫乱行为。只有当 3 人以上以不特定人或者多数人可能认识到的方式实施淫乱行为时，才宜以本罪论处。② 换言之，我国刑法规定的聚众淫乱罪，只是公然猥亵的一种表现形式，需要具有一定的公然性。③ 如果认为只要 3 人以上在一起实施所谓淫乱活动的就成立聚众淫乱罪，那么，许多共同生活的重婚者（如一个丈夫 3 个妻子共同生活）也都会同时触犯聚众淫乱罪，但这种结论难以被人接受。由此可见，对《刑法》第 301 条第 1 款的聚众淫乱活动进行限制解释是完全必要的。但是，对该条第 2 款的聚众淫乱活动则不能作出这种限制解释。所谓引诱未成年人参加聚众淫乱活动，是指勾引、诱惑本来无意参加聚众淫乱的未成年人参加聚众淫乱活动。由于刑法规定本罪是为了保护未成年人的身心健康，所以，一方面，对这里的"参加"应作广义解释，不要求引诱未成年人实际从事淫乱活动，引诱未成年人观看他人从事淫乱活动的，也应认定为本罪。另一方面，引诱未成年人参加秘密的聚众淫乱活动的行为，也严重侵害了其身心健康，应以本罪论处。因此，《刑法》第 301 条第 2 款中的聚众淫乱活动不要求具有公然性。

再如，刑法分则多个条文使用了"未成年人"概念，一般来说，不满 18 周岁的人为未成年人。但是，刑法分则的部分条文为了限制处罚范围，而作出了不

① 参见［日］平野龙一：《刑法概说》，东京大学出版会 1977 年版，第 268 页。该表述是否妥切，尚待进一步研究。
② 司法实践中将不具有公然性的淫乱行为认定为聚众淫乱罪的做法值得反思。例如，1999 年 5 月 16 日晚被告人刘某锋和周某、梁某、曾某海与女青年陈某某在钦州城区永福大道的夜市摊饮啤酒至晚上 12 时许，其间，被告人刘某锋提议带陈某某去搞性关系，问是否可以到周某家，周某说到他家楼顶天台可以，被告人刘某锋、梁某、曾某海、陈某某表示赞同。被告人刘某锋即和周某、梁某、曾某海、陈某某到林业局集资楼周某住处楼顶，周某回家拿来席子、毡，被告人刘某锋即同陈某某发生性关系，之后曾某海、梁某、周某分别与陈某某发生性关系一次。广西壮族自治区钦州市钦南区人民法院（1999）钦南刑初字第 181 号判决认定各被告人的行为构成聚众淫乱罪，广西壮族自治区钦州市中级人民法院（1999）钦刑一终字第 100 号判决维持原判。本书认为，上述被告人的行为只是单纯违反伦理，而没有侵害法益，不成立聚众淫乱罪。根据本书的观点，2010 年南京某高校副教授马某组织的"换妻案"，因为不具有公然性，也不成立聚众淫乱罪。
③ 对二人在公共场所自愿发生性交或者裸露身体，或者一人故意在公共场所裸露身体，使众人共见共闻、能见能闻的行为，如何处理，还是需要展开讨论的问题。本书认为，这种公然猥亵行为并没有被我国刑法规定为犯罪，只能宣告无罪。

同的规定。（1）《刑法》第 262 条规定："拐骗不满十四周岁的未成年人，脱离家庭或者监护人的，处五年以下有期徒刑或者拘役。"《刑法》第 262 条之一规定："以暴力、胁迫手段组织残疾人或者不满十四周岁的未成年人乞讨的，处三年以下有期徒刑或者拘役，并处罚金；情节严重的，处三年以上七年以下有期徒刑，并处罚金。"在立法者看来，拐骗已满 14 周岁的未成年人脱离家庭或者监护人，或者组织已满 14 周岁的未成年人乞讨的行为不值得科处刑罚。① （2）《刑法》第 244 条之一前段规定，"违反劳动管理法规，雇用未满十六周岁的未成年人从事超强度体力劳动的，或者从事高空、井下作业的，或者在爆炸性、易燃性、放射性、毒害性等危险环境下从事劳动，情节严重的，对直接责任人员，处三年以下有期徒刑或者拘役，并处罚金"。由于已满 16 周岁就可以被雇用从事劳动，故刑法规定雇用不满 16 周岁的未成年人从事危重劳动的行为成立犯罪。（3）《刑法》第 364 条第 4 款规定："向不满十八周岁的未成年人传播淫秽物品的，从重处罚。"不满 18 周岁的人缺乏自制力，为了保护其身心健康，所以，刑法规定向不满 18 周岁的人传播淫秽物品的，需要从重处罚。

那么，当刑法分则条文仅使用了"未成年人"概念，而没有明确限定年龄时，如何确定其中的具体年龄呢？一方面，解释者要联系具体刑法条文的目的进行判断，另一方面，要与已有具体年龄规定的法条进行比较，从而得出合理结论。如上所述，《刑法》第 301 条第 1 款规定了聚众淫乱罪，其第 2 款规定："引诱未成年人参加聚众淫乱活动的，依照前款的规定从重处罚。"不满 18 周岁的人缺乏自制力，刑法特别注重保护其身心健康，与《刑法》第 364 条第 4 款的规定相比较，就可以肯定《刑法》第 301 条第 2 款中的未成年人应当是指未满 18 周岁的未成年人。再如，《刑法》第 347 条第 6 款规定："利用、教唆未成年人走私、贩卖、运输、制造毒品，或者向未成年人出售毒品的，从重处罚。"《刑法》第 353 条第 3 款规定："引诱、教唆、欺骗或者强迫未成年人吸食、注射毒品的，从重处罚。"基于不满 18 周岁的人缺乏自制力的事实，出于保护其身心健康的目的，对这两个法条中的未成年人，也应解释为不满 18 周岁的未成年人。

又如，刑法分则多次使用了"多次"的概念，其中，分则第五章就有"多次盗窃"与"多次抢劫"的规定。那么，对这两处的"多次"应否作相同的解释？答案是否定的。2005 年 6 月 8 日发布的《最高人民法院关于审理抢劫、抢夺刑事案件适用法律若干问题的意见》指出："刑法第二百六十三条第（四）项中的'多次抢劫'是指抢劫 3 次以上。对于'多次'的认定，应以行为人实施的每一次抢劫行为均已构成犯罪为前提，综合考虑犯罪故意的产生、犯罪行为实施

① 如果成立其他犯罪（如拐卖妇女罪、非法拘禁罪等），则是另一回事。

的时间、地点等因素，客观分析、认定。对于行为人基于一个犯意实施犯罪的，如在同一地点同时对在场的多人实施抢劫的；或基于同一犯意在同一地点实施连续抢劫犯罪的，如在同一地点连续地对途经此地的多人进行抢劫的；或在一次犯罪中对一栋居民楼房中的几户居民连续实施入户抢劫的，一般应认定为一次犯罪。"这一解释明显对多次抢劫持限制态度，是值得肯定的。因为多次抢劫是法定刑升格的条件，其最低刑为 10 年有期徒刑，最高刑为死刑，如果不作限制解释，就明显导致刑罚畸重。但是，对于多次盗窃，却不能作出如此限制的解释。因为盗窃罪的成立原则上限制为数额较大，明显过于缩小了刑罚处罚范围。反过来说，《刑法》第 264 条规定多次盗窃是为了扩大盗窃罪的处罚范围。既然如此，对多次盗窃就不能再作限制解释。例如，不应当要求行为人实施的每一次盗窃行为均已构成盗窃罪。再如，对于基于一个犯意连续在一定场所三次盗窃的，或者对一栋居民楼房中的几户居民连续实施入户盗窃的，都应当认定为多次盗窃。

再如，刑法分则多处使用了"买卖"一词。在有的法条中，买卖包括购买、出卖或者既购买又出卖，但是，在有的法条中，买卖必须是一种经营行为。这需要根据法条的法益保护目的予以确定。

《刑法》第 125 条第 1 款前段规定，"非法制造、买卖、运输、邮寄、储存枪支、弹药、爆炸物的，处三年以上十年以下有期徒刑"。由于枪支、弹药、爆炸物属于危险物品，《刑法》第 125 条的规定旨在保护公共安全（抽象的危险犯），而不管是单纯购买还是单纯出卖枪支、弹药、爆炸物，都具有危害公共安全的抽象危险，所以，本条中的买卖包括购买、出卖，以及既购买又出卖。

一种观点认为，对于单纯购买枪支行为，不宜认定为非法买卖枪支罪，而应认定为非法持有枪支罪。因为从词义上讲，"买卖"是指"做生意"，其本质特征是一种买进再卖出的商业经营活动；在危害性方面，就买卖型枪支犯罪而言，卖方与买方无论从主观恶性还是行为的客观危害分析，都相差悬殊；从立法规定来看，对于单纯购买行为构成犯罪，我国刑法是作了明确规定的，如购买假币罪、购买增值税专用发票罪、收购盗伐、滥伐的林木罪等，但刑法并没有单独规定购买枪支罪。对于单纯性购买枪支的行为，完全可以按照非法持有枪支罪处理。[1] 这一观点虽然具有一定的合理性，但认为刑法分则中的"买卖"仅指"做生意"，可能并不合适；"买卖"是指做生意还是包括单纯购买或者出卖，需要根据犯罪的保护法益等进行判断。也难以认为，出卖行为的危害必然大于购买行为的危害，危害的大小还取于数量等方面的因素。例如，出卖一支军用枪的行为

---

① 参见陈文瑞、周洪波：《购枪行为是非法买卖还是非法持有》，《检察日报》2014 年 6 月 25 日，第 3 版。

与购买三支军用枪的行为相比，难以认为后者的危害小于前者的危害。况且，购买行为客观上能够促进出卖行为，这是其有别于单纯持有之处。由于非法买卖枪支罪是抽象危险犯，旨在防止有人非法使用枪支实施杀人、抢劫等犯罪，所以，从抽象危险角度来说，也不能认为出卖行为与购买行为存在明显区别。正是因为《刑法》第125条规定出卖、购买枪支的行为均成立犯罪，所以不必另规定购买枪支罪。所以，本书还是倾向于认为，《刑法》第125条中的"买卖"包括单纯出卖、单纯购买与买进后卖出三种情形。

《刑法》第280条第1款前段规定，"伪造、变造、买卖或者盗窃、抢夺、毁灭国家机关的公文、证件、印章的，处三年以下有期徒刑、拘役、管制或者剥夺政治权利"。本规定是为了保护国家机关公文、证件、印章的公共信用，其规定的犯罪为抽象的危险犯，不管是单纯购买还是单纯出卖国家机关的公文、证件、印章，都侵害了国家机关公文、证件、印章的公共信用。所以，本条中的买卖包括购买、出卖以及既购买又出卖。对于《刑法》第125条第2款、第182条、第281条、第350条、第352条、第375条中的买卖，均应作出这种解释。

但是，《刑法》第225条前两项中的买卖，必须解释为经营行为。亦即，"未经许可经营法律、行政法规规定的专营、专卖物品或者其他限制买卖的物品"，显然是指非法经营专营、专卖或者其他限制买卖的物品。对此，当无争议。"买卖进出口许可证、进出口原产地证明以及其他法律、行政法规规定的经营许可证或者批准文件"，也是指经营进出口许可证、进出口原产地证明、经营许可证或者批准文件的买卖业务。这是因为，《刑法》第225条项前规定的内容是"违反国家规定，有下列非法经营行为之一，扰乱市场秩序，情节严重"。因此，本条各项所规定的行为也必须是非法经营行为，而经营行为是一种反复、多次、继续实行的行为。质言之，刑法规定的以"经营"活动为内容的犯罪，其实是一种职业犯或者营业犯，要求行为人具有反复、多次实施的意思，打算偶尔实施一次行为的，不能称为经营行为。那么，对于偶尔单纯购买或者单纯出卖进出口许可证、进出口原产地证明或者其他法律、行政法规规定的经营许可证或者批准文件，而不属于经营行为的如何处理呢？本书的答案是适用《刑法》第280条的规定，以买卖国家机关公文、证件、印章罪论处。而且，这样的处理能够实现刑法的公平正义。因为非法经营罪的法定刑高于买卖国家机关公文、证件、印章罪的法定刑，对不符合非法经营罪的构成要件的行为，按照较轻的买卖国家机关公文、证件、印章罪论处，也是合适的。

1998年12月29日发布的《全国人民代表大会常务委员会关于惩治骗购外汇、逃汇和非法买卖外汇犯罪的决定》第4条规定："在国家规定的交易场所以外非法买卖外汇，扰乱市场秩序，情节严重的，依照刑法第二百二十五条的规定定罪处罚。"本书认为，本规定属于注意规定，而非法律拟制。换言之，只有当非法买卖外汇的行为符合《刑法》第225条第3项或第4项的规定时，才能认定为非法经营罪。如上所述，《刑法》第225条所规定的是非法"经营"行为，因此，必须将上述决定中的"买卖外汇"解释为经营外汇的行为。据此，偶尔非法购买外汇或者偶尔出卖外汇的行为，不成立非法经营罪。就此而言，黄光裕案的判决是值得商榷的。黄光裕于2007年9月至11月间，违反国家规定，采用人民币结算在境内、港币结算在境外的非法外汇交易方式，将人民币8亿元直接或通过北京恒益祥商业咨询有限公司转入深圳市盛丰源实业有限公司等单位，通过郑晓微等人私自兑购并在香港得到港币8.22亿余元。2010年5月18日，北京市第二中级人民法院以黄光裕犯非法经营罪判处其有期徒刑8年，并处没收个人部分财产人民币2亿元。北京市高级人民法院经审理，对本案作出二审裁定维持原判。① 但是，黄光裕的上述行为并不是"经营"外汇的行为，因而并不符合非法经营罪的构成要件。

此外，刑法颁布后社会形势的变化也会导致刑法用语的相对性。即在立法当时，某个刑法用语的含义是特定的，不具有相对性，但社会形势的变化使得该刑法用语产生相对性。②

经过上述具体分析可以发现，承认刑法用语的相对性，并非破坏了刑法的体系性、协调性，相反是为了实现刑法的体系性与协调性；对刑法用语作相对解释，并非与体系解释相对立，相反是体系解释的一个具体表现。

最后需要说明的是，以上讨论的主要是刑法内的用语相对性，至于同一用语在刑法中与在其他法律中的含义不同，则是十分正常的现象。不能以法秩序的统一性为由，要求对同一用语在所有法律中都作出相同的解释。法秩序的统一性，应当是实质的统一性，而不是用语的同一性；维持用语的同一性，反而可能导致法秩序的不统一。因为虽然法秩序必须是统一的，但不同法律的目的并不完全相同。"'法秩序的统一'及'法概念的相对性'乃是在逻辑上具有等同权重的法构造，故而必须与目的性的考量相结合，方能体现出各自的说服力。"③ 例如，《刑法》第125条至第129条中的枪支与《枪支管理法》中的枪支的含义不应当完全等同，因为两个法的目的并不完全相同。④ 再如，刑法分则的财物与《民法

---

① 参见李京华、杨维汉：《黄光裕一审被判14年罚金6亿元》，《人民法院报》2010年5月19日，第3版；李京华：《黄光裕案终审维持一审判决》，《人民法院报》2010年8月31日，第3版。
② 参见张明楷：《刑法的基础观念》，中国检察出版社1995年版，第239~240页。
③ ［德］托马斯·M.J.默勒斯：《法学方法论》，杜志浩译，北京大学出版社2022年版，第330页。
④ 《枪支管理法》第1条规定："为了加强枪支管理，维护社会治安秩序，保障公共安全，制定本法。"但"加强枪支管理，维护社会治安秩序"显然不是刑法规定枪支犯罪的目的。

典》中的"物"不是相同的概念，因为债权也是刑法的保护对象，如果不将债权解释为刑法中的财物，就导致债权得不到刑法保护，这反而有损法秩序的统一性。

三、争议概念辨析

哪些用语应当保持其统一性，哪些用语应当承认其相对性，这是不能一概而论的；换言之，很难断定对哪些用语应当维护其统一性，对哪些用语必须肯定其相对性。如前所述，完全可能出现这样的现象：某一用语，在某几个条文中应当维护其统一性，但在另外的条文中，则必须承认其相对性。所以，解释者需要根据刑法的正义理念以及用语可能具有的含义进行具体分析。下面联系几个用语进行讨论。

"猥亵"是一个规范概念。《刑法》第237条规定了强制猥亵罪与猥亵儿童罪，对猥亵概念的解释，直接决定了某些行为的性质。实践中不时发生成年妇女以暴力或者胁迫手段，迫使不满14周岁的幼男与其发生性交的案件。例如，某日，13岁的少年吴某应35岁的婶婶宋某要求"帮忙看屋"。当晚，吴某在宋某的逼迫和诱导下与之发生了性关系。此后，宋某采取威胁和"贿赂"的手法，变本加厉地摧残吴某，半年之内就逼迫吴某与其发生性关系60多次。原本活泼的吴某性格开始变得抑郁，脾气也变得异常暴躁，心理上产生了极度的恐惧。随着吴某一天天长大，他开始选择逃避。然而，宋某步步相逼。为使吴某乖乖地顺从自己，宋某警告吴某说要将此事公之于众，致使吴某最终被迫弃学。如果按照我国刑法理论的通说，认为猥亵行为只能是性交以外的行为，那么，宋某的行为并不成立犯罪。但可以肯定的是，宋某的行为对被害人身心健康的侵害远远超出了性交以外的猥亵行为对其身心健康的侵害程度，如果不以犯罪论处，则严重损害刑法的正义性。与成年男子鸡奸幼男的行为无可争议地成立猥亵儿童罪相比，对成年妇女宋某与幼男发生性交的行为，也必须科处刑罚。或许有人以法无明文规定不为罪为由说明认定宋某无罪的合理性。可是，法治应当是良法之治，当代罪刑法定主义中的"法"应当是良法、正义的法，而不包含恶法、非正义的法。解释者"必须作出有利于立法者的假定"①，相信立法者不会制定不公平、非正义的刑法。换言之，解释者应当抱着正义感，以一般人认同的法理念对刑法用语作出解释，在面临规范用语、抽象概念时，更应如此。当然，这并不意味着解释者可以脱离刑法用语本身可能具有的含义进行解释，既然罪刑法定原则中的"法"

---

① 西班牙经院哲学家弗朗斯科·休雷斯（Francisco Suarez）之语，转引自［美］E.博登海默：《法理学：法律哲学与法律方法》，邓正来译，中国政法大学出版社1999年版，第337页。

仅限于成文刑法，解释者就不可能无视刑法用语。大部分刑法用语都具有多种含义，其可能具有的含义也会比较宽泛，而解释者总是对刑法用语（尤其是并不陌生的用语）存在先前理解，但是，解释者不可固守先前理解，而应当将自己的先前理解置于正义理念之下、现实事实之中、相关条文之间进行检验。如果这种先前理解符合正义理念、能够公平地处理现实案件、与相关条文相协调，便可以坚持这种先前理解。但是，当自己的先前理解有悖正义理念（或违背普通的正义标准）时，必须放弃它；当自己的先前理解不能公平地处理现实案件时（按先前理解处理案件不能被一般人接受时），必须放弃它；当先前理解与刑法的相关条文存在矛盾与冲突时，也必须放弃它。放弃先前理解之后，应当寻求新的解释结论（寻求新的解释结论的方法与途径相当多，如了解该用语可能具有哪些含义、该用语与相关用语的关系、国外刑法的规定与审判实践，明确如何解释才能实现刑法的目的、体现刑法的精神①），再将新的解释结论置于正义理念之下、现实事实之中、相关条文之间进行检验，直到得出满意的结论为止。当我们没有考虑许多应当考虑的内容，将猥亵解释为性交以外的行为时，我们不可以断定这一解释结论是正当的、天经地义的；当我们发现这一解释结论的适用导致出现不公平现象，导致处理结果不符合普遍的正义标准时，我们不可以由于刑法的文字表述存在缺陷，进而批评刑法。我们应当明确自己是刑法的解释者，而刑法应当被假定、推定为良法、正义的法。如果遇到解释结论不合理，我们首先应当想到的是自己的解释不合理，而不是刑法的规定不合理；一旦想到自己的解释不合理，就必然寻求新的解释。

当解释者发现将猥亵行为解释为性交以外的行为，不能公平地处理成年妇女与幼男发生性交的案件时，解释者首先应当想到的是，成年妇女与幼男发生性交的行为是否也属于猥亵行为，即解释者面对这一案件时，首先必须思考的是，能否将性交行为也解释为猥亵行为。解释者出现了这种解释欲望后，必然要进行多方面的论证。

首先，从理论上看，将与幼男发生性交的行为解释为猥亵行为，符合罪刑法

①　在许多情况下，往往是先以正义理念为指导，从刑法目的出发，认为某种结论合适，然后再审视这一结论是否与刑法的文字表述相符合。"康德早就注意到，我们的思考总是以初步的判断为导向展开的；这种初步判断为理性的运用提供了目标和方向：'初步的判断是十分必要的，它是所有的思考和调查过程中的理性（Verstand）的运用都不可缺少的；因为它在研究过程中对理性起引导作用，为理性提供不同的工具。当我们思考某一对象时，我们定然总是作出初步的判断，似乎对我们通过思考将要认识到的（最终的）认识（Erkenntnis）已经有所感觉。'人们也可以把这种初步的判断称为预见（Antizipationen），'因为早在人们对某一事物得出确定判断之前，已经对其有所预见'（antizipieren）。"（［德］齐佩利乌斯：《法学方法论》，金振豹译，法律出版社2009年版，第21页）。

定原则。即使对猥亵概念不作规范性解释，而按照汉语词义理解为淫乱、下流的语言或动作，那么，不正当的性交应当是最淫乱、最下流的行为。从规范意义上来理解，"强奸行为也是强制猥亵行为的一种，但由于刑法特别规定了强奸罪，理所当然认为强奸行为不属于强制猥亵罪的行为"①。也就是说，猥亵行为本来是包括强奸行为的，只是由于刑法对强奸罪有特别规定，所以才导致强奸行为一般不适用猥亵罪的规定；但在刑法没有对其他不正当性交行为作出特别规定的情况下，其他不正当性交行为当然应包括在猥亵概念之中。在此意义上说，关于猥亵罪的规定与关于强奸罪的规定，实际上是普通法条与特别法条的关系；特别法条没有规定的行为，就可能属于普通法条规定的行为。

其次，从实践上看，将妇女与幼男发生性交的行为解释为猥亵儿童的行为，可以使司法机关公平地处理案件；不会导致妇女对幼男实施性交以外的行为构成猥亵儿童罪，而妇女与幼男发生性交的行为反而不构成犯罪的尴尬局面。

再次，参考我国民国时期的审判实践，会发现妇女与幼男发生性交的行为属于猥亵儿童。如中华民国司法院 1932 年院字第 718 号解释认定，妇女诱令未满 16 岁男子与其相奸的，构成猥亵儿童罪。

最后，参考一些国家和地区的刑法与审判实践，也会发现猥亵行为并不限于性交以外的行为。事实上，许多国家和地区的刑法，实际上已经淡化了强奸与强制猥亵的界限。例如，德国《刑法》将奸淫幼女、猥亵儿童规定于第 176 条，将强奸与强制猥亵规定在第 177 条。澳大利亚《刑法》第 268.14 条所规定的强奸罪是指未经他人同意而对他人实施性插入的行为。"性插入是指：（a）将某人身体的任何部分或由某人操纵的任何物体插入（任何程度地）他人的生殖器或肛门；或（b）将某人的阴茎插入（任何程度地）他人的口中；或（c）（a）项和（b）项所定义的性插入行为的继续。"我国台湾地区"刑法"第 221 条规定了强制性交罪，被害人并不限于妇女，而是包括男性；其第 10 条所作的解释性规定为："称性交者，谓下列性侵入行为：一、以性器进入他人之性器、肛门或口腔之行为。二、以性器以外之其他身体部位或器物进入他人之性器、肛门之行为。"显然，澳大利亚的强奸罪与我国台湾地区的"强制性交罪"已经包含了我们所称的部分强制猥亵行为。另一方面，德国的审判实践认为，猥亵行为是在性方面与正常的、健康的、全体的平均感情相矛盾的行为；日本的审判实践认为，猥亵行为是无益地兴奋或者刺激性欲，而且有损普通人在性方面的正常羞耻心，违反良好的性道德观念的行为。这些关于猥亵概念的规定与解释，都没有将性交行为排除在猥亵行为之外。了解这些国家的刑事立法与审判实践，便会使我们坚定

---

① ［日］大塚仁：《刑法概说（各论）》（第 3 版增补版），有斐阁 2005 年版，第 99 页。

"猥亵概念不排除性交行为"的解释结论。

于是，猥亵概念具有相对性，即在不同的猥亵罪中，猥亵行为的范围并不相同。例如，强行与妇女性交或者与幼女性交的，不再认定为强制猥亵罪与猥亵儿童罪，而是认定为强奸罪。但是，已满 16 周岁的妇女与幼男性交的，构成猥亵儿童罪。同样，假如公然猥亵被刑法规定为犯罪，那么，其中的猥亵行为也包括性交。如男女自愿在公共场所发生性交的，没有争议地属于公然猥亵。另一方面，强制猥亵的行为，包括强行与妇女接吻、搂抱的行为，但男女自愿在公共场所公开接吻、搂抱的，则不可能构成公然猥亵。

为什么会出现上述猥亵行为相对性的局面呢？首先，刑法的复杂规定造成了猥亵概念的相对性。刑法基于社会现实，对妇女、幼女进行略为特殊的保护。刑法规定了以女性为对象的强奸罪（包括奸淫幼女），如果强行与妇女性交或者奸淫幼女，则构成强奸罪。所以，对强行与妇女性交的行为以及与幼女性交的行为，不再认定为强制猥亵罪与猥亵儿童罪。但是，这并不意味着性交不属于猥亵行为。只能说，性交是最猥亵的行为，所以，刑法对部分性交行为作出了特别规定。如所周知，妇女以胁迫手段迫使成年男子与其性交的现象尽管少见却确实存在，至于妇女以幼男作为性行为对象的现象，虽然并不多见但也的确存在。对两者宣告无罪明显不当。一方面，儿童本身就是刑法的特殊保护对象；另一方面，就对性的自己决定权的侵犯而言，违反妇女意志与之性交的行为与违反成年男子意志与之性交的行为没有任何区别。因此，在刑法没有规定奸淫儿童罪而是规定了奸淫幼女的情况下，对与幼男性交的行为必须解释为猥亵儿童的行为，妇女违反成年男子意志与之性交的行为也必须解释为强制猥亵行为。[①] 其次，不同的猥亵行为所侵犯的法益不同，因而对猥亵行为的要求不同。强制猥亵罪侵犯的是他人性的自己决定权，猥亵儿童罪侵犯的是儿童的性的不可侵犯权（由于其缺乏承诺能力，故其承诺无效），都是对个人法益的犯罪，而公然猥亵行为侵犯的是社会法益。因此，侵犯了他人性的不可侵犯权的行为（如强行与妇女接吻），属于强制猥亵；没有侵犯他人性的不可侵犯的权利的行为（如男女自愿在公共场所发生性交），属于公然猥亵。后一种行为显然没有侵犯个人权利，只是侵犯了社会法益，故不可能成为强制猥亵行为。反之，如果男女自愿在公共场所接吻，则不可能成立公然猥亵。因为在现代社会，人们对男女自愿公然接吻已经习以为常，故这种行为不会侵犯社会法益。

---

① 德国《刑法》第 176 条规定了"对儿童的性行为"，并将"与儿童发生性交的行为"规定为"情节重大"情形之一。于是，对儿童的性行为包括了奸淫幼女以及与幼男发生性交的行为。我国最高人民法院也曾经核准将鸡奸幼男的行为类推为奸淫幼女罪。虽然在旧刑法时代这种类推存在问题，但说明对儿童实施的各种性行为都是危害极为严重的行为。

"侮辱"是日常生活中经常使用的概念，刑法也在几处使用了该概念。如《刑法》第 237 条的强制侮辱妇女，《刑法》第 246 条的侮辱，《刑法》第 302 条的侮辱尸体。可以肯定，《刑法》第 246 条的侮辱与第 302 条的侮辱具有各自的含义，不可能统一理解。《刑法》第 246 条中的侮辱，一般是指以暴力或者其他方法公然毁损他人名誉的行为；所谓毁损他人名誉，是指对他人予以轻蔑的价值判断的表示。表示的方法包括暴力、言词、文字与举止：暴力侮辱，是指通过暴力行为表示出对他人予以轻蔑的价值判断。如使用强力逼迫他人做难堪的动作；强行将粪便塞入他人口中等。言词侮辱，是指使用言词表示出对他人予以轻蔑的价值判断，如对被害人进行戏弄、诋毁、谩骂，使其当众出丑。文字侮辱，是指通过书写、张贴、传阅毁损他人名誉的大字报、小字报、漫画、标语等以表示出对他人予以轻蔑的价值判断。举止（动作）侮辱，是指使用暴力以外的动作对他人表示轻蔑的价值判断。"例如：与人握手后，随即取出纸巾擦拭，作嫌恶状。"① 《刑法》第 302 条的侮辱尸体，是指直接对尸体实施凌辱行为，如损毁尸体，分割尸体，奸污女尸，抠摸尸体阴部、使尸体裸露、将尸体扔至公共场所等。该行为侵犯的是生者对自己死后不遭受上述行为对待的愿意或者期待，② 而非死者的"名誉"本身。以言词、文字等方式侮辱死者名誉的，不成立侮辱尸体罪。

问题是，《刑法》第 237 条的强制侮辱妇女与《刑法》第 246 条的侮辱是否具有统一性，即对二者应否作相同解释？刑法理论与司法实践存在这样的现象：对这两个条文中的侮辱行为本身做完全相同的解释，即都是贬低他人人格、毁损他人名誉的行为；区别只是主观方面不同：《刑法》第 237 条的强制侮辱妇女必须出于寻求性的刺激、兴奋、满足的动机或目的，如果不具有该动机或目的，则成立《刑法》第 246 条的侮辱罪。例如，3 名被告人参加朋友的婚礼时，因故与伴娘陈某发生争执。为了报复陈某，3 名被告人以拿伴娘的衣服换取新郎的香烟、红鸡蛋为名，深夜进入陈某睡觉的房间，不顾陈某的强烈反抗，强行脱掉陈某的内衣，使陈某全身裸露。某法院认定被告人的行为构成《刑法》第 246 条的侮辱罪。③ 理由显然在于被告人不具有寻求性的刺激、兴奋、满足的动机或目的。但这种观点难以成立。

首先，行为是否侵犯妇女的性的自己决定权，并不取决于行为人主观上是否具有寻求性的刺激、兴奋、满足的动机或目的。可以认为，强奸罪、强制猥亵、

① 林东茂：《刑法综览》（修订五版），中国人民大学出版社 2009 年版，第 268 页。
② 参见 [日] 松原芳博：《刑法各论》（第 2 版），日本评论社 2016 年版，第 515 页。
③ 参见滕之：《闹新房侮辱他人 犯了法管制二年》，《检察日报》2003 年 5 月 24 日，第 2 版。

侮辱罪，都侵犯了被害人的名誉，换言之，对被害人的性的自己决定权的侵犯，也是对被害人名誉的侵犯。但针对被害人而言，性的自己决定权的法益性质重于其他方面的名誉，于是刑法对侵犯被害人的性的自己决定权的行为作了特别规定。因此，凡是使用暴力、胁迫等强制手段侵犯他人的性的自己决定权的行为，就成立强制猥亵、侮辱罪，而不再认定为《刑法》第 246 条的侮辱罪。易言之，除强奸罪（包括奸淫幼女）之外，对侵犯被害人的性的自己决定权的行为，均应适用《刑法》第 237 条的规定。

其次，《刑法》第 237 条中的侮辱与猥亵是意义等同的概念。人们试图以是否接触被害人的身体区分猥亵与侮辱，可是，不管是大陆法系国家，还是英美法系国家，审判实践与刑法理论都认为，猥亵行为既可能接触妇女身体，也可能不接触妇女身体。从司法实践来看，区分猥亵与侮辱也是不可能的。如强行扒光妇女衣裤的行为，既可谓强制猥亵行为，也可谓侮辱行为。我们完全可以将《刑法》第 237 条中的猥亵与侮辱视为同位语。换言之，《刑法》第 237 条的侮辱与《刑法》第 246 条的侮辱不是等同含义。①

"占有"也是刑法分则频繁使用的概念，但我国刑法理论与司法实践没有认真分辨占有在不同场合的不同含义。

其一，在转移占有的财产性犯罪（如盗窃罪、抢劫罪、抢夺罪、诈骗罪等，在此不包含职务侵占罪中的狭义的侵占与挪用资金罪）中，要求行为人将他人占有的财物转移给自己或者第三者占有（行为人不可能盗窃、抢劫、抢夺、诈骗自己已经占有的财物）。对于他人占有的财物中的"占有"，是指事实上的支配，应当根据社会的一般观念作出判断。② 然而，刑法分则第五章关于盗窃等罪的规定，并没有使用"他人占有的财物"这一表述，而是使用了"公私财物"的概念。传统观点将其中的"公财物"与公共财产相等同，将其中的"私财物"与私人财产相等同。这是由于没有准确理解财产罪的保护法益所致。本书认为，诈骗、盗窃等财产罪的法益，首先是财产所有权及其他本权；其次是需要通过法定程序恢复应有状态的占有；但如果这种占有不存在与本权者相对抗的合理理由，相对于本权者恢复权利的行为而言，则不是财产罪的法益。这里的"财产所有权"可以根据民法的规定来确定，包括财产的占有权、使用权、收益权与处分权，而且将其作为整体来理解和把握。这里的"本权"包括合法占有财物的权利（如他物权）以及债权；在合法占有财物的情况下，占有者虽

---

① 关于《刑法》第 237 条的侮辱的具体含义，本书第十六章已有详细讨论，故不再赘述。
② 德国刑法与刑法理论未使用民法上的占有（Besitz）概念，而使用了支配（Gewahrsam）概念。我国刑法理论受日本刑法理论的影响，一般使用占有概念，但这里的占有与民法上的占有不是完全等同的概念。

然享有占有的权利，却没有其他权利尤其没有处分权。"需要通过法定程序恢复应有状态"既包括根据法律与事实，通过法定程序恢复原状，也包括通过法定程序形成合法状态。① 前者如甲骗取了乙的财物后，在不符合自救行为条件的情况下，需要通过法定程序将甲所骗取的财物返还给乙；甲对所骗财物的占有，就是需要通过法定程序恢复原状的占有。后者如 A 骗取了他人占有的淫秽物品，由于对淫秽物品不存在返还与收归国有的问题，故需要通过法定程序销毁淫秽物品；A 对淫秽物品的占有，就是需要通过法定程序形成合法状态（即通过法定程序形成没有淫秽物品的状态）。② 所以，对于刑法分则第五章规定的转移占有的财产罪中的"公私财物"，只要理解为他人占有的财物即可。

其二，对转移占有的财产罪中的转移给自己或者第三者占有中的"占有"，也只能理解为事实上的支配，而不要求行为人客观上将他人占有的财物转移给自己所有。这是因为，一方面，当他人占有的财物由他人占有时，行为人不可能非法将他人财物转移给自己所有。换言之，即使行为人客观上非法占有了他人财物，该财物依然由他人所有。因为"所有"比"占有"更为观念化，除了违禁品之外，几乎不存在所谓的非法所有。另一方面，即使是自己所有但由他人合法占有的财物，也可能成为财产罪的对象。所以，如果将转移给自己或者第三者占有中的"占有"解释为所有，就无法处罚这种行为。

其三，有的条文使用的"占有"概念，相对于不同的行为而言具有不同的含义。例如，《刑法》第382条第1款、第2款分别规定："国家工作人员利用职务上的便利，侵吞、窃取、骗取或者以其他手段非法占有公共财物的，是贪污罪。""受国家机关、国有公司、企业、事业单位、人民团体委托管理、经营国有财产的人员，利用职务上的便利，侵吞、窃取、骗取或者以其他手段非法占有国有财物的，以贪污论。"要注意的是：（1）相对于侵吞（即狭义的侵占）而言，所谓非法占有公共财物，是指将自己基于职务所占有的公共财物非法据为己有。换言之，在侵吞的场合，贪污对象是行为人自己占有的公共财物。（2）对于行为人已经单独占有的财物，不可能再窃取。所以，相对于窃取而言，非法占有公共财物，意味着利用职务上的便利，将自己与他人共同占有的财物转移给自己或者第三者单独占有。（3）基于同样的理由，相对于骗取而言，非法占有公共财物，意味着利用职务上的便利，并使用欺骗手段，使他人将其占有的公共财物交付给行为人或第三者占有。因此，"骗取"的财物并非行为人事前已经单独占有或者共同占有的财物。在这个意义上，骗取行为中"利用职务上的便利"的含

---

① 该用语不一定合适，旨在与恢复原状概念相区别，相信读者能够通过下面的事例予以理解。
② 详细理由参见张明楷：《法益初论》（增订本）（下册），商务印书馆2021年版，第737页。

义也与侵吞、窃取的场合不同。

其四，刑法分则多个条文使用了"非法占有目的"的概念。可以肯定的是，非法占有目的中的占有与客观构成要件要素中的非法占有不是等同概念。如前所述（参见本书第八章），非法占有目的包括排除意思与利用意思，是一种主观的超过要素，并不要求与之相对应的客观事实。例如，排除意思意味着行为人将他人的财物作为自己的所有物进行支配，但如前所述，他人的财物在法律上不可能成为行为人所有的财物，所以，客观上不存在对应的事实。再如，利用意思是指行为人具有遵从财物可能具有的用法进行利用、处分的意思，但并不要求行为人客观上已经利用或者处分了财物。所以，非法占有目的与财产罪中的客观方面的非法占有他人财物或者公共财物的含义并不等同。反过来说，如果认为非法占有目的就是指行为人主观上具有非法将他人占有的财物转移为自己或者第三者占有的目的，就意味着非法占有目的不是主观的超过要素，只是对客观事实的认识。但这属于故意的认识内容，而不是超出故意认识内容之外的主观要素。司法实践常常将财产罪中的非法占有目的与故意相混淆，原因也在这里。

其五，刑法分则第五章的财产罪中的非法占有目的，与《刑法》分则第192条、第193条、条196条所规定的"以非法占有为目的"也不是完全等同的含义。就刑法分则第五章的财产罪而言，虽然在司法实践中，大多数的行为人都具有永久性的排除意思，但非法占有目的并不要求行为人具有永久性的排除意思（参见本书第八章）。可是，集资诈骗罪、贷款诈骗罪、恶意透支型信用卡诈骗罪的排除意思具有特殊性。例如，《刑法》第193条明文规定贷款诈骗罪必须"以非法占有为目的"，但任何贷款行为都导致行为人占有了金融机构的贷款，如果只是占有金融机构的贷款，而不具有永久性的排除意思，就不可能成立贷款诈骗罪。换言之，倘若行为人使用欺骗手段从银行骗取贷款，具有一时性的排除意思与利用意思，但具有归还本息的意思，就不能认定为贷款诈骗罪，只能认定为《刑法》第175条之一规定的骗取贷款罪。也可以认为，集资诈骗罪、贷款诈骗罪、恶意透支型信用卡诈骗罪中的"非法占有目的"的排除意思主要表现为没有归还的意思，但刑法分则第五章的财产罪中"非法占有目的"主要表现为妨害他人对财产的利用的意思。

"诈骗"一词在刑法分则中出现了20余次。《刑法》第266条是关于诈骗罪的基本规定，虽然《刑法》第266条没有具体描述受骗者必须是自然人，但难以想象机器可以成为受骗者。大陆法系国家刑法理论与审判实践公认，"机器不能被骗"；只有对自然人实施欺骗行为，才可能构成诈骗罪。如日本学者平野龙一指出："诈骗罪以欺骗行为使他人陷入'错误'为要件。因此，采用吸铁石从老虎机中吸出并取得弹子时，或者以铁片取代硬币从自动贩卖机中取得香烟时，由于不存在错误，所以不是诈骗，而是盗窃。"① 福田平教授指出："'欺骗'是使人陷入错误的行为。此外，在他人已经陷入错误的情况下，使之继续维持错误的行为也包含在内。'错误'是指观念与真实不一致，因此，'欺骗'就是指欺骗对方使之产生与真实不一致的观念。所以，例如，将硬币以外的金属片投入自动贩卖机而取出财物的行为，使用拾得的他人的现金卡从自动取款机中取出现金的行为，由于不是使对方产生与真实不一致的观念的行为，故不是欺骗行为。因此，可以说这种情况不成立诈骗罪，而成立盗窃罪。"② 日本的判例也认定机器不能成为诈骗罪的受骗者。③ 系统考察德国《刑法》第 248c 条、第 263 条、第 263a 条、第 265a 条，也会得出德国刑法规定的诈骗罪不承认对机器的诈骗的结论。德国刑法理论也明确指出：德国《刑法》第 263 条的诈骗罪，"以欺骗与错误为前提，符合这一要素的无疑是人的错误而不是机器的'错误'"④。同样，韩国刑法关于各种具体诈骗罪的规定，以及韩国大法院的判例⑤，也表明诈骗罪的欺骗行为的对象不能是机器。英美刑法的理论与判例同样认为诈骗罪的受骗者只能是人，而不包括机器。"除非有人被诱使相信原本为假的事物为真，否则不存在欺骗。因此，如果将一枚假币或者非法定的硬币投入自动贩卖机或者类似装置，是不存在欺骗的。如果这种行为的结果是取得了财物，也不能判处诈骗罪（但是，如果被告人以永久性剥夺他人财产的意图，其不诚实取得财物的行为，可以被判处盗窃罪）。"诈骗罪的成立"必须有人受欺骗，……欺骗必须作用于被害人（受骗者）的大脑，并且欺骗必须是取得财物的原因"⑥。或者说，"欺骗必须影响被害人的头脑"⑦。

我国有学者虽然承认我国《刑法》第 266 条的"诈骗"必须诈骗自然人，但同时指出："我国刑法第 196 条对信用卡诈骗罪的规定中确实有'诈骗'二字，但不能由此得出信用卡诈骗罪的成立必须要有'受骗的自然人'的结论。因为……这里的'诈骗'之前还有'信用卡'这一限定语，即该条所说的是'进行信用卡诈骗活动'，而不是进行一般的诈骗活动。"⑧ 据此，在我国刑法分则

---

① ［日］平野龙一：《刑法概说》，东京大学出版会 1977 年版，第 213 页。

② ［日］福田平：《刑法各论》（全订第 3 版增补），有斐阁 2002 年版，第 252 页。

③ 参见日本东京高等裁判所 1980 年 3 月 3 日判决，日本《裁判月报》1980 年第 3 期。

④ ［德］Ulrich Sieber：《计算机犯罪与刑法 I》，西田典之、山口厚译，成文堂 1986 年版，第 205 页。

⑤ 参见［韩］吴昌植编译：《韩国侵犯财产罪判例》，清华大学出版社 2004 年版，第 135 页。

⑥ Richard Card, *Criminal Law*, 14th ed., Butterwords, 1998, p. 304, 310.

⑦ Janet Dine & James Gobert, *Cases & Materials on Criminal Law*, 2nd ed., Blackstone Press Limited, 1998, p. 392.

⑧ 刘明祥：《再论用信用卡在 ATM 机上恶意取款的行为性质》，《清华法学》2009 年第 1 期。

中，"诈骗"一词具有相对性：有的法条中的诈骗仅指欺骗自然人，有的法条中的诈骗既可以是诈骗自然人，也可能是欺骗机器。但本书难以赞成这种观点。

第一，既然《刑法》第 196 条规定的是"诈骗"，其中的"诈骗"当然与《刑法》第 266 条的"诈骗"的含义相同。这是因为，根据体系解释的原理，"有疑义时某项概念的内容则与另一处的相同"①。承认《刑法》第 266 条的诈骗罪要求有受骗的自然人，这一点没有疑问是正确的。从学界的争论局面来看，《刑法》第 196 条规定的信用卡诈骗罪是否必须有受骗的自然人，则是有疑问的。既然如此，就需要按照《刑法》第 266 条规定的诈骗来理解《刑法》第 196 条的诈骗。

第二，《刑法》第 196 条规定的"诈骗"，不仅表明信用卡诈骗罪的诈骗性质，而且从其规定方式来看，要求其所列举的四种类型都必须是"诈骗活动"。既然诈骗活动需要欺骗自然人，那么，取消这一要件就有违反罪刑法定原则之嫌。

第三，"信用卡"只是"诈骗"的限定语，是对"诈骗"的限定，要求利用信用卡诈骗，并不意味着可以不欺骗自然人，更不意味着只要非法使用信用卡就属于诈骗。换言之，信用卡诈骗罪与一般诈骗罪的不同之处，不在于是否欺骗自然人，而在于是否非法使用信用卡欺骗自然人。显然不能因为限定语是"信用卡"，就不要求欺骗自然人。如同"诈骗"与"合同诈骗"，不能因为合同是限定语，就不要求行为人欺骗自然人；以及"杀人"与"使用计算机杀人"，不能因为使用计算机是限定语，就不要求行为人所杀的是人。

第四，诚然，"对'信用卡诈骗'不能与普通'诈骗'作完全相同的要求"②，但这只是意味着信用卡诈骗罪的成立要求行为人非法使用信用卡，而不意味着信用卡诈骗罪在任何方面都可以与普通诈骗罪不同。

总之，只要刑法分则使用"诈骗"一词规定的犯罪具有财产罪性质，就必须针对自然人实施欺骗行为这一点，必须是统一的，而不应是相对的。③

---

① ［德］伯阳：《德国公法导论》，北京大学出版社 2008 年版，第 24 页。
② 刘明祥：《再论用信用卡在 ATM 机上恶意取款的行为性质》，《清华法学》2009 年第 1 期。
③ 详细论证参见张明楷：《诈骗犯罪论》，法律出版社 2021 年版，第 117 页。

第十八章 普通用语的规范化与规范用语的普通化

一、普通用语与规范用语概述

法律由语言表述。"我们换句话可以说,法律是透过语言被带出来的。"① 罪刑法定原则要求实行成文法主义,因为文字不仅可以表述理念,还可以固定下来,广为传播,被人们反复斟酌。"法律语言最好是确切的、简洁的、冷峻的和不为每一种激情行为(Imponiergehabe,不同于经济学者、社会学者和心理学者,法律者拥有权力,他们可以放弃语言思索性表情)左右的。最好的法律文本是出色的文学作品,它们用精确合适的语词模塑出一种世界经验,并帮助我们通过同样精确得富有美学意义的语言模式,把人类的共同生活调控到有秩序的轨道上。"② 为了准确地描述犯罪行为的类型和表达刑法的正义理念,又为了实现刑法的明确性与简洁性,刑法条文通常在使用普通用语的同时,不得不使用规范用语。③

明确性是罪刑法定主义的派生原则之一。因为明确性是限制国家权力、保障国民自由的基本要求。首先,不明确的刑法不具有保障预测可能性的功能,国民在行为前仍然不知道其行为的法律性质,这必然造成国民行动萎缩的效果,因而限制了国民的自由。正如罗尔斯所说:"如果由于一些法规的含糊不清而使无法律即不构成犯罪这一准则遭到了破坏,那么我们可以自由去做的事也同样是含糊不清的。我们的自由权的界限是不确定的。就这一点来说,自由权由于对它的实施的合理担心而受到了限制。"④ 而且随着社会的复杂化,法定犯(行政犯)越来越多,不明确的刑罚法规对国民预测可能性的损害便越来越严重。其次,不明确的刑法还为国家机关恣意侵犯国民的自由找到了形式上的法律根据,所以,不明确的刑法比没有刑法更容易侵犯国民自由,因而违反法治原则。在此意义上

---

① [德] 亚图·考夫曼:《法律哲学》,刘幸义等译,五南图书出版公司 2000 年版,第 111 页。
② [德] 阿图尔·考夫曼、温弗里德·哈斯默尔主编:《当代法哲学和法律理论导论》,郑永流译,法律出版社 2002 年版,第 293 页。
③ 本章是在广义上使用"规范用语"这一词的,即除了描述规范的构成要件要素使用的用语之外,还包括难以从普通意义上理解的专业用语。此外,普通用语这一概念也具有相对性。具体而言,本章实际上将用语分为三类:一是规范用语或刑法专业用语,二是刑法中的普通用语(仅相对于规范用语而言),三是日常生活用语。有时也会将前两者合称为法律用语。
④ [美] 约翰·罗尔斯:《正义论》,谢延光译,上海译文出版社 1991 年版,第 261 页。

说，罪刑法定原则的真正危险不是来自类推解释，而是来自不确定的刑法规定。① 正如弗莱纳所言："那些对犯罪的定义模糊而不确定的刑法典，可以被当局用来给每一个批评者标上国家或宪法秩序的敌人的污名，并把他拘禁起来，因而这种刑法典是与法治背道而驰的，并将侵害法律的确定性和表达自由等人权。"② 所以，不明确的法律是非正义的法律。③ 最后，明确性要求的根据在于，只有当人民代表的法意志被清楚地规定在条文中，使得法官不可能作出主观擅断的判决，才能实现法的保留。④在我国，只能通过全国人民代表大会及其常务委员会制定法律规定犯罪与刑罚。明确性是一项法治原则。不明确的刑法意味着有意或者无意地抹杀人民意志。但可以肯定的是，任何部门法理论都没有像刑法理论这样强调法律的明确性。明确性决定了刑法必须尽可能使用普通用语。因为普通用语源于生活，比规范用语更为直观、更为具体，因而容易被人理解；普通用语被人们长期使用，在特定的语境下较少出现含糊不清的现象；人们在阅读一部作品时，总是首先根据用语的普通意义进行理解。

刑法不仅是裁判规范，也是行为规范；刑法不仅要让法官知道什么是犯罪，而且也应让一般人知道什么是犯罪。在 18 世纪，女王玛丽亚·特蕾莎（Maria Theresia）在匈牙利规定，必须给立法机关一个"愚笨的人"，如果这个人没有办法理解法律草案，那么，就必须重新改写该草案。⑤ 这样的要求确实过分，根本不可能实现。但是，如果一部刑法的基本内容不能被一般人理解，一般人便不能按照刑法规范评价行为和作出意思决定，刑法就难以发挥行为规范的作用。作为行为规范，刑法是针对一般人的、普遍反复适用的法律规范；要使一般人理解刑法，就应尽可能使用一般人使用的用语。因为"语言是在人与人之间的范围内发展。一个小孩一出生，就学习与他父母、朋友及老师……般使用句子来作同样的想象。而这个过程在后来，就会向不同的方向发展。而透过这种方式，便存在一种关于字所指摄的内涵的使用的共同经验。字因此取得一种'平均的意义'，因此，立场就可以被交换。只有立基于这种语言的相互主观性，以及观点的变换关

---

① Vgl. H. Jescheck/T. Weigend, Lehrbuch des Strafrechts: Allgemeiner Teil, 5. Aufl., Duncker & Humblot, 1996, S. 137.

② ［瑞士］托马斯·弗莱纳：《人权是什么？》，谢鹏程译，中国社会科学出版社 1999 年版，第 103 页。

③ 正因为不明确的刑法常常导致处罚不当罚的行为，所以，国外不少学者将处罚的合理性归入明确性；但明确性与处罚的合理性的含义并非完全重叠：不明确虽然通常会导致处罚不当罚的行为，但也可能导致应当处罚的行为没有被处罚。

④ Vgl. H. Jescheck/T. Weigend, Lehrbuch des Strafrechts: Allgemeiner Teil, 5. Aufl., Duncker & Humblot, 1996, S. 137.

⑤ 参见［德］亚图·考夫曼：《法律哲学》，刘幸义等译，五南图书出版公司 2000 年版，第 120 页。

系，如社会学家所说的，人类间才有共同的世界"①。人类通过语言成为共同体，语言也依靠共同体而存在；人类不仅通过语言取得与他人沟通的能力，而且也学会了共同体中的共同生活规则；国民对于合法与违法的想象，大多也是通过日常用语而被给定的。所以，普通用语的使用，有利于国民的理解，进而有利于发挥刑法的机能。不仅如此，即使某些专业用语或许完全能够被一般人所理解，但当其含义与普通用语完全相同时，使用普通用语更能发挥刑法的规制机能。例如，与"非法剥夺他人生命"相比，"杀人"更能为一般人所理解，因而更能发挥其规范作用。所以，耶林（Rudolf v. Jhering）强调，立法者应该像哲学家一样思考，但像农夫一样说话。②

然而，要让一部刑法的内容完全由普通用语表述，几乎是不可能的。首先，刑法及其条文具有特定目的，所规制的对象具有特定范围，换言之，每个条文都具有特定的规范意义。当普通用语与刑法所要表达的规范意义没有距离时，毫无疑问应当选择普通用语。但是，当普通用语与刑法所要表达的规范意义存在距离时，甚至普通用语中根本不存在刑法需要表达的规范意义的对应概念时，立法者不得不使用规范用语。例如，"白粉""鸦片烟"与刑法对毒品犯罪的规制对象不一致，所以，刑法必须使用"毒品"概念。"黄色书籍""三级片"等用语，与刑法对淫秽物品的规制范围不一致，所以，刑法要使用"淫秽物品"一词，而不使用普通用语。其次，刑法具有简短价值，对于犯罪类型的描述，不能过于冗长。在使用普通用语可能导致冗长表述时，立法者会使用规范用语。如后所述，《刑法》第310条中的"犯罪的人"实际上包含应当由司法机关控制的多种人，如果使用普通用语描述多种人，则会导致条文冗长，有损刑法的简短价值。再次，刑法也是裁判规范，刑法用语不仅要传递信息，还必须具有操作的功能。在使用普通用语不便于裁判者操作的场合，不得不使用规范用语。最后，刑法是普遍适用的规范，而不是仅适用于个案的命令。"形式、抽象性、一般性、以及概念性是对于法律的形成不可缺少的，否则将没有所谓的等同对待，也将没有正义存在。"③

由上可见，刑法不得不既使用普通用语，又使用规范用语或专业用语。但普通用语与规范用语的区别并不是绝对的，随着规范用语的长期使用，一般人准确把握规范用语，并将规范用语用于日常生活之后，规范用语与普通用语便没有明

---

① ［德］亚图·考夫曼：《法律哲学》，刘幸义等译，五南图书出版公司2000年版，第116页。
② 转引自［德］亚图·考夫曼：《法律哲学》，刘幸义等译，五南图书出版公司2000年版，第110~111页。
③ ［德］亚图·考夫曼：《法律哲学》，刘幸义等译，五南图书出版公司2000年版，第122页。

确界限了。例如，"贿赂"一词原本是规范用语，现在也成了普通用语。人们也难以断定"伤害"一词是普通用语，还是规范用语。事实上，规范用语不能任意地远离普通用语，否则，便难以表达社会规范。例如，虽然刑法上的"故意"概念与日常生活中的"故意"概念存在距离，但日常生活用语中的"故意"最接近刑法上的"故意"；"过失"以及其他规范概念都是如此。

由于普通用语与规范用语的区分并不严格，立法者使用普通用语时也是用以指称特定的规则对象，因而具有特定的目的，所以，即使面对普通用语，解释者也可能需要揭示其规范意义。例如，《刑法》第388条之一规定的利用影响力受贿罪的行为主体是"国家工作人员的近亲属或者其他与该国家工作人员关系密切的人"以及"离职的国家工作人员或者其近亲属以及其他与其关系密切的人"。其中的"关系密切的人"可谓普通用语，但是，需要联系利用影响力受贿罪的行为性质与特点，对"关系密切的人"作出规范意义的解释。同样，即使是规范用语，解释者也应当以普通含义为底线，不能超出国民的预测可能性。所以，解释者应当善于穿梭于普通用语与规范用语之间，揭示刑法用语的真实含义。

虽然可以将刑法用语分为普通用语与规范用语，但是，刑法中的普通用语仍然与一般国民的日常生活用语存在差异。① 这种差异不仅表现在用语的不同一，而且表现在意义的不同一。如刑法中的"盗窃"②与日常生活用语中的"偷""拿""偷盗"；刑法中的"公共财物"与日常生活用语中的"公家的钱""公家的东西""单位的东西"；刑法中的"伤害他人身体"与日常生活用语中"打伤人"；刑法中的"毒品"与日常生活用语中的"白粉"；如此等等。由此可以认为，刑法中的普通用语，相对于一般国民的日常用语而言，仍然可谓专业用语。换言之，刑法的普通用语多少具有专业术语的成分，因而与一般国民的日常生活用语存在区别。"法律的专业语言，不是一种科学语言，因为它的语法及语意不是建立在一种清楚的规则上。基本上，它甚至也不是一种专业语言，而是一种法律人之间的身分语言。……也就是说，日常语言与法律的专业语言，是两个面向。但是有不同的重点。其中一种是较可以看得到的，而另外一种是较为抽象的。一种是具有图像式的形态，而另一种呢，则是一种符号式的观念。一种的内容是丰富的，也因此具有较大的讯息价值，另外一种在形式上较为严格，也因此

---

① 在不同国家，法律用语与日常生活用语的差异程度会有所不同。如德国刑法用语与日常生活用语的差异较大，而瑞士刑法用语与日常生活用语的差异较小。日本刑法在1995年以前，使用的是片假名，其用语与日常生活用语相差较大；1995年将片假名改为平假名，并且使刑法表述"平易化"，使刑法用语与日常生活用语的差距缩小。

② "盗窃"究竟是普通用语还是规范用语，可能难以下结论。

具有一种较大的操作价值。"①

由于刑法中的普通用语、规范用语与人们的日常生活用语并不同一，所以，为了判断犯罪构成（尤其是主观要素）符合性，专业法官必须了解刑法的专业用语与人们的日常生活用语的关系，明确对于同一事物、同一事物的本质，法律专业上与日常生活上各自使用何种语言，从而使得生活事实的日常世界与刑法规范世界相互拉近，而不至于毫无关系地相互割裂，使成文刑法真正成为生活中的法，而不至于使刑法脱离社会生活。

二、普通用语的规范化

本书所谓的普通用语的规范化，主要是指解释者必须揭示刑法所使用的普通用语的规范意义，而不能完全按照字面解释普通用语的含义，形成"汉语文字法学"。普通用语的规范意义，除了应当以用语本身所具有的客观含义为依据外，还需要根据刑法所描述的犯罪类型的本质以及刑法规范的目的予以确定，从而使用语的规范意义与犯罪的本质、规范的目的相对应。诚然，对刑法中的普通用语必须按照其普通意义进行解释。但是，普通用语的普通意义，只是规范意义的底线，而不一定与规范意义等同。在这个意义上说，刑法中的普通用语也都是规范用语，都应在规范意义上进行解释。例如，刑法规定故意杀人罪，是为了保护人的生命，因为故意杀人罪的本质是侵害人的生命。所以，解释者应当将"人"限定为自然人，而不包括法人与其他动物。由于刑法平等保护一切人的生命，所以，只要是"人"，不管其年龄、性别、地位、智力状况，都属于《刑法》第232条中的"人"。② 再如，杀人与伤害，在日常生活中可能仅指两种有联系但却相互排斥的现象，但在刑法上，应当承认杀人包含了伤害（即任何故意杀人行为都同时触犯了故意伤害罪），否则，既不能解决难以查明行为人是否具有杀人故意的案件，也不利于解决故意杀人犯与故意伤害犯的共同犯罪问题。

如前所述，尽管刑法条文应当尽可能使用普通用语，但当普通用语不能准确表达其规范意义时，就应使用规范用语。可是，刑法条文完全可能出现这样的现

---

① ［德］亚图·考夫曼：《法律哲学》，刘幸义等译，五南图书出版公司 2000 年版，第 115～116 页。

② 故意杀人罪中的"人"是否包括本人，是值得研究的问题。诚然，自杀行为本身不构成犯罪，但自杀是因为不违法才不构成犯罪，还是因为缺乏期待可能性因而没有责任才不构成犯罪？如果是前者，那么，教唆、帮助自杀的行为，就难以成立故意杀人罪的教唆犯与帮助犯；如果是后者，那么，由于共同犯罪只是违法形态，教唆、帮助自杀的行为，依然成立故意杀人罪的教唆犯与帮助犯。有趣的是，《刑法》第 232 条规定的罪状是"故意杀人的"（没有规定为"故意杀他人的"）；而《刑法》第 234 条规定的罪状是"故意伤害他人身体的"（没有规定为"故意伤害人的身体的"）。

象：本来应当使用规范用语，但刑法条文仍然使用了普通用语。在这种情况下，解释者必须使普通用语规范化，在规范意义上理解普通用语。下面选择几例来说明。

（一）"代为保管"

《刑法》第 270 条第 1 款将委托物侵占罪（普通侵占罪）的对象表述为代为"保管"的他人财物。代为"保管"是一个普通用语，但如果不将该用语规范化，就会导致侵占罪与盗窃罪的混淆。

众所周知，委托物侵占只能是将自己占有的财物转变为自己所有的财物，而盗窃只能是将他人占有的财物转移为自己或者第三者占有的财物。对于自己占有的财物，不可能成立盗窃罪；但对自己所有却由他人占有的财物，仍然可能成立盗窃罪。这是委托物侵占罪与盗窃罪的关键区别。排除认识错误的情形，就占有的财物而言，委托物侵占罪与盗窃罪便形成这种相互排斥的关系，即只要行为成立盗窃罪，便不可能成立委托物侵占罪；反之亦然。因此，只要正确理解了盗窃罪中的他人事实上的"占有"，也就能够合理确定委托物侵占罪中的代为"保管"的规范意义。

盗窃罪的对象必须是他人占有的财物。从客观上说，占有是指事实上的支配，不仅包括物理支配范围内的支配，而且包括社会观念上可以推知财物的支配人的状态。首先，只要是在他人的事实支配领域内的财物，即使他人没有现实地握有或监视，也属于他人占有。例如，他人住宅内、车内的财物，即使他人完全忘记其存在，也属于他人占有的财物。再如，游人向公园水池内投掷的硬币，属于公园管理者占有的财物。其次，虽然处于他人支配领域之外，但存在可以推知由他人事实上支配的状态时，也属于他人占有的财物。例如，他人门前停放的自行车，即使没有上锁，也应认为由他人占有。再如，挂在他人门上、窗户上的任何财物，都由他人占有。再次，主人饲养的、具有回到原处能力或习性的宠物，不管宠物处于何处，都应认定为饲主占有。最后，即使原占有者丧失了占有，但当该财物转移为建筑物的管理者或者第三者占有时，也应认定为他人占有的财物。例如，旅客遗忘在旅馆房间的财物，属于旅馆管理者占有，而非遗忘物。[①]此外，他人持续支配、管理的财物，即使暂时由行为人握持，但根据社会一般观念，也会认定为他人占有。例如，旅馆房间里的睡衣、拖鞋等，由旅馆主人占有；即使行为人将睡衣穿在身上，该睡衣也由旅馆主人占有，而不是由行为人占有。行为人将睡衣穿走据为己有的，属于盗窃而非侵占。同样，商店里的衣服，顾客在试穿时，也由店主或店员占有，而不是由顾客占有。同样，在特定场所，

---

① 参见［日］西田典之著、桥爪隆补订：《刑法各论》（第 7 版），弘文堂 2018 年版，第 155 页。

所有人在场的，原则上应认定为所有人占有。例如，乙提着自己的包去甲家做客时，应当认定该包由乙占有，而不是甲占有；即使乙与甲一起到户外散步聊天、短暂离开甲家，乙放置在甲家的包也由乙占有。另外，明显属于他人支配、管理的财物，即使他人短暂遗忘或者短暂离开，但只要财物处于他人支配力所能涉及的范围，也应认定为他人占有。从主观上说，占有只要求他人对其事实上支配的财物具有概括的、抽象的支配意识，既包括明确的支配意识，也包括潜在的支配意识。占有意思对事实的支配的认定起补充作用。例如，处于不特定人通行的道路上的钱包，一般来说属于脱离他人占有的财物；但如果他人不慎从阳台上将钱包掉在该道路上后，一直看守着该钱包时，该钱包仍然由他人占有。从主体上说，盗窃罪所转移的占有必须是他人占有，而不是无主物，也不是行为人自己占有。①

既然盗窃罪的对象必须是他人占有的财物，那么，委托物侵占罪中的代为"保管"，也就应当理解为代为"占有"了他人财物，即应当按照上述"占有"的含义来理解代为"保管"，而不能从通常意义上理解保管，否则，就会导致刑法用语丧失规范意义，从而难以理解构成要件，不能区分此罪与彼罪。②

例一：金某夫妇去外地参加儿子的婚礼，临行前委托其同事李某帮助照看住宅。李某在金某家书房内翻阅杂志时，发现书中夹有1万元现金。于是，李某将1万元现金拿走，并伪造金某家"被盗"的现场。金某夫妇从外地回来后，李某对金某夫妇谎称家里被盗。金某夫妇发现夹在杂志中的1万元"被盗"，遂向公安机关报案。有人认为李某的行为不成立盗窃罪。其理由之一便是，金某外出时，其家里的任何财产均由李某看管，即李某控制了金某家的财物。③ 显然，如果从字面上理解代为"保管"，很容易得出李某正在代为保管金某夫妇财产的结论，于是其行为不成立盗窃罪。但如果将代为"保管"理解为刑法规范意义上的"占有"，那么，不管金某夫妇身在何处，根据社会的一般观念，其住宅内的财产都属于其占有，尽管金某夫妇委托李某照看住宅，但李某充其量只是金某夫妇财产的占有辅助者，因此，李某的行为完全符合盗窃罪的犯罪构成。

例二：甲与乙以拍广告为名，开车将 A 等 3 人骗出。下车时，A 等 3 人应甲、乙要求，将提包等放在车上。然后，甲以拍远景为由，将 A 等 3 人骗至河堤下。甲、乙见 A 等 3 人已看不到汽车，便开车逃走，然后瓜分了 A 等 3 人价值

---

① 参见张明楷：《刑法学》（第六版）（下），法律出版社 2021 年版，第 1230 页。

② 当然也可以认为，由于《刑法》第 270 条第 1 款使用了"保管"一词，所以，完全可以将盗窃罪的对象表述为他人保管的财物。但这只是形式上的区别，换言之，即使认为盗窃罪的对象是他人保管的财物，对其中的保管也必须理解为事实上的支配。

③ 参见戴耀青：《照看房子伸贼手　谎称被盗定何罪》，《检察日报》2003 年 7 月 10 日，第 3 版。

2 000余元的财物。A 等 3 人虽然应甲、乙的要求将自己的提包放在甲的车上，但仍然占有着自己的提包，换言之，在 A 等 3 人走下河堤的阶段，甲、乙并没有因此而占有 A 等 3 人的提包。所以，真正引发占有转移的行为是甲、乙开车离开现场的行为。甲、乙的行为性质是，违反 A 等 3 人的意志，以平和方式，将 A 等 3 人的财物转移为自己占有，因而成立盗窃罪。① 如果从普通意义上理解代为"保管"，便可能以 A 等 3 人将提包置于甲的车内为依据，认定为甲、乙代为"保管" A 等 3 人的财物，进而认定甲与乙的行为成立委托物侵占罪。但这样的结论难言妥当。

例三：2009 年 9 月末，行政机关作出决定让某歌厅停业整顿，歌厅的服务员均被辞退。当时，歌厅业主朱某见歌厅服务员李某因家住外地在本地无处居住，遂配了一把歌厅钥匙给李某，允许李某在停业整顿期间免费居住在歌厅（朱某并未让李某看管空闲的歌厅，李某也未主动提出负责看管歌厅）。李某因没有收入来源，便两次将歌厅包厢内的 4 台电脑液晶显示器取走卖给他人。在本案中，虽然李某居住在歌厅，但他并没有占有歌厅里的财物。即使朱某让李某看管歌厅里的财物，李某也只是占有的辅助者。因此，对李某的行为应认定为盗窃罪，而不能认定为侵占罪。

例四：汤某系郭某雇用的司机。2008 年 3 月 25 日 14 时许，汤某驾车送郭某至某建筑工地。郭某下车办事，将皮包留在车内。汤某趁此机会擅自将车开走逃至外省，同时非法占有郭某皮包内的人民币 4 万元。该车系郭某财物，价值 5 万元。对此案形成了 3 种观点：第一种观点认为，汤某的行为构成盗窃罪；第二种观点认为，汤某对汽车构成侵占罪，对 4 万元现金构成盗窃罪；第三种观点认为，汤某的行为构成侵占罪。② 本书赞成第一种观点。首先，就 4 万元而言，汤某并没有占有，只是占有的辅助者。在日常生活中，雇主下车办事而将提包等放

---

① 或许有人认为，甲、乙二人的行为应成立抢夺罪。其实不然。对于没有使用暴力、胁迫、诈骗、敲诈等手段而取得他人财物的公开盗窃行为，任何人都不会否认其可罚性。但是，如果将盗窃限定为秘密窃取，那么，必然将公开盗窃归入抢夺。然而，如果合理地界定"抢夺"，在"抢夺"一词可能具有的含义内对其进行规范意义的解释，那么，必然将公开盗窃归入盗窃。因为"抢夺"必须是一种对物暴力行为，之所以要有对物暴力行为，是因为财物由被害人紧密占有。而在本案中，提包并非由 A 等被害人紧密占有，甲与乙开走汽车的行为，也不符合对物暴力的要件。所以，对甲、乙的行为不能认定为抢夺罪。或许有人认为，甲、乙二人的行为应成立诈骗罪。其实不然。因为诈骗罪要求行为人使用欺骗手段，使对方产生认识错误，并基于认识错误处分财产，从而使行为人或者第三者获得财产。虽然本案中的甲与乙实施了欺骗行为，A 等三人也确实产生了认识错误，但他们并没有因为认识错误而处分财产。因此，甲与乙不可能成立诈骗罪。

② 参见陈为钢、李铭顺、胥白：《被雇用司机擅自开走汽车并占有车内钱款如何定性》，《检察日报》2009 年 2 月 18 日，第 3 版。

在车内的现象相当普遍，在这种情况下，不能认为雇员（司机）占有了雇主的提包。即使雇主明确对司机说"我的提包放在车内，你帮我看管一下"，司机也只是占有的辅助者。所以，汤某对郭某的4万元现金成立盗窃罪。其次，对于汽车这样的财物，不能简单地认为谁在驾驶就由谁占有。郭某是汽车的所有人，随时可以任意支配汽车（不需要经过汤某的同意），所以，应当认为郭某同时也是汽车的占有者。如果说汤某占有汽车，就意味着郭某不能任意支配其汽车，即不能违反汤某的意志支配其汽车，这显然不合适。所以，不能认定汽车由汤某占有。因此，对于汽车而言，也应认定汤某的行为成立盗窃罪。

《刑法》第270条中"代为"保管是一个普通用语，其规范意义是受委托占有他人财物，以财物的所有人或其他权利人与行为人之间存在委托关系为前提，委托关系发生的原因多种多样，如租赁、担保、借用、委任、寄存等。委托关系的成立不一定要以成文的合同为根据；根据日常生活规则，事实上存在委托关系即可。因此，对于虽然由行为人占有，但行为人并不是受委托而占有的财物，不可能成立委托物侵占罪。例如，甲从银行提取存款时，银行职员乙由于失误而多给了甲1万元。甲明知乙多给了1万元，但仍然将该款拿走。甲虽然占有了银行所有的1万元现金，但由于不是因为受委托而占有，故不可能成立委托物侵占罪（如后所述，可能成立遗忘物侵占罪）。因为在任何意义上都不可能认定甲受委托保管了这1万元。再如，邮政工作人员误将收件人为乙的包裹投放到了甲的住宅内，甲虽然占有了该包裹，但并非基于任何委托而占有，也不成立委托物侵占罪。[1] 如果将"代为"保管作普通意义的解释，也可能不当地得出甲代为保管了他人财物的结论。[2]

（二）"遗忘物"

对于《刑法》第270条中的"遗忘物"概念，也必须从规范意义上理解，而不能按照普通意义解释。首先需要研究的问题是：它与遗失物之间是否存在区别？一种观点认为，遗忘物与遗失物存在区别，前者是财物的所有人或持有人将所持财物放在某处，因疏忽忘记拿走；后者是指失主丢失的财物。具体区别为：（1）前者一经回忆一般都能知道财物所在位置，也较容易找回；后者一般不知失落何处，也不易找回。（2）前者一般尚未完全脱离物主的控制范围；而后者则完

---

① 参见［日］平野龙一：《刑法概说》，东京大学出版会1977年版，第222页。
② 《民法典》第981条规定："管理人管理他人事务，应当采取有利于受益人的方法。中断管理对受益人不利的，无正当理由不得中断。"第982条规定："管理人管理他人事务，能够通知受益人的，应当及时通知受益人。管理的事务不需要紧急处理的，应当等待受益人的指示。"第983条规定："管理结束后，管理人应当向受益人报告管理事务的情况。管理人管理事务取得的财产，应当及时转交给受益人。"这些关于无因管理的规定，似乎使两例中的甲具有"代为保管"的职责或者义务。但本书认为，不能将民法关于无因管理的规定作为《刑法》第270条第1款的"代为保管"的法律根据，否则，就意味着废除了《刑法》第270条第2款。

全脱离了物主的控制。(3) 前者一般脱离物主的时间较短；后者一般脱离物主的时间较长。据此，侵占所谓遗失物的行为不构成侵占罪。① 本书认为，不应区分遗忘物与遗失物，换言之，刑法上的遗忘物概念包含遗失物。上述观点的第 (1) 个区别，导致行为是否成立犯罪取决于被害人记忆力的强弱，或者说，导致记忆力不好的被害人的财物不能得到刑法的保护，其合理性值得怀疑；而且当被害人起先不知失落何处，后经回忆知道财物所在位置时，行为人的行为又由无罪变为有罪，这也不合适。上述观点的第 (2) (3) 个区别，有将被害人占有的财物与遗忘物相混淆之嫌，因为根据社会的一般观念，当财物尚未脱离被害人的控制范围或者脱离时间较短时，应属于被害人占有的财物，而非遗忘物。事实上，区别遗忘物与遗失物是相当困难甚至不可能的。即使可以明确区分二者，从实质上说，对侵占遗失物数额较大的行为，也值得以刑法进行规制。其次，对遗忘物也不能完全作通常字面意义的理解，而宜理解为"非基于他人本意而失去控制，偶然（即不是基于委托关系）由行为人占有或者占有人不明的财物"。因此，他人因为认识错误而交付给行为人的金钱，邮局误投的邮件，楼上飘落下来的衣物，河流中的漂流物等，只要他人没有放弃所有权的，均属于遗忘物。那种只要被害人"忘了"就是遗忘物的观点，会导致定罪的偏差。

例如，日本曾发生过这样的案件：被害人为了乘车而排队，将照相机放在排队的地方，随着队列的移动而移动照相机，但一时忘了移动，待进入到检票口附近后，才注意到自己忘了拿照相机。其间经过了约 5 分钟，被害人与照相机的距离约 20 米。日本最高裁判所认定，此时照相机仍由被害人占有。② 日本学者也都同意这一判决结论。③

再如，乙搬家后尚未退房，让好友甲为其打扫室内卫生。甲在打扫卧室时，从地上拾到一张工商银行的牡丹灵通卡。甲未将此卡交给乙，并于 4 日后到某工商银行的自动取款机上分 3 次取出 2 万元（甲以前陪同乙取款时知道了密码）。乙曾问甲是否见过此卡，甲称未见过。后乙报案查获甲。乙虽然搬家，但因为未退房而继续控制着该房屋，既然如此，该房屋内的一切财物（包括牡丹灵通卡）仍然由乙占有，故甲的行为成立盗窃罪（盗窃信用卡并使用）。如果以乙"忘

---

① 参见高铭暄主编：《刑法专论》（下编），高等教育出版社 2002 年版，第 751 页；阮齐林：《刑法学》，中国政法大学出版社 2008 年版，第 627 页。

② 参见日本最高裁判所 1957 年 11 月 8 日判决，日本《最高裁判所刑事判例集》第 11 卷第 12 号，第 3061 页。

③ 参见 ［日］大塚仁：《刑法概说（各论）》（第 3 版增补版），有斐阁 2005 年版，第 184 页；［日］西田典之著、桥爪隆补订：《刑法各论》（第 7 版），弘文堂 2018 年版，第 157 页；［日］前田雅英：《刑法各论讲义》（第 6 版），东京大学出版会 2015 年版，第 166 页。

了"为由，认定甲是侵占信用卡并使用，则是没有从规范意义上理解"遗忘物"所致。当然，根据本书的观点，即使是侵占信用卡后在 ATM 上使用，也应认定为对银行现金的盗窃罪，而非信用卡诈骗罪，更非整体认定为一个侵占罪。

又如，甲、乙一起到丙家聊天，乙的手机从口袋滑落至沙发上，乙先于甲离开丙家后，丙发现了乙的手机，于是丙将手机放在茶几上。甲后来离开丙家时，将乙的手机拿走。如果简单地判断乙是否遗忘（或者遗失）了自己的手机，答案显然是肯定的。但是，由于手机位于丙支配的家内，根据社会的一般观念，该手机在乙丧失占有后由丙占有，而不再是遗忘物。所以，甲拿走该手机的行为，已经不是侵占遗忘物，而是盗窃丙所占有的财物。

值得讨论的是，对乘客"遗忘"在小型出租车内财物（暂时不考虑数额要求），应当如何评价？这是司法实践中经常发生的案件，但刑法理论上却没有展开充分讨论。本书的基本看法如下：（1）乘客刚下车时，将行李"遗忘"在车内，在短暂的时间内，只要出租车尚未离开，该行李仍由乘客占有。司机在乘客刚下车后，发现车内留有行李而迅速逃离的，应当认定为盗窃罪。基于同样的理由，在前乘客刚下车、后乘客立即上车的情形下，后乘客立即将前乘客"遗忘"在出租车座位上的行李据为己有的，也成立盗窃罪。（2）前乘客遗忘在出租车后备箱的行李，如果脱离了前乘客的占有，就当然转移为司机占有。司机事后据为己有的，成立侵占罪。如果后乘客也将自己的行李放在后备箱，在下车时同时将前乘客的行李一并取走的，成立盗窃罪。（3）前乘客遗忘在出租车座位上的行李，如果脱离了前乘客的占有，就当然转移给司机占有。因为出租车虽然是任何人都可以乘坐的车辆，但出租车本身由司机占有。既然如此，出租车内的财物也当然由司机占有。即使司机没有意识到前乘客将行李遗忘在出租车的座位上，由于财物处于司机的支配范围内，根据社会的一般观念，也应认定司机事实上支配了前乘客的行李。所以，如果后乘客将前乘客的行李转移为自己占有的，应认定为盗窃罪；司机将前乘客的财物据为己有的，成立侵占罪。

（三）"贩卖"

刑法分则共有四种犯罪涉及贩卖行为：走私罪、拐卖妇女、儿童罪、贩卖毒品罪、贩卖淫秽物品罪。在一般意义上说，贩卖与出卖存在区别，出卖是单纯的有偿销售行为（买进后再卖出的行为，当然也符合出卖的条件），而贩卖则包含买进与卖出两个环节。根据目前通用的词典的解释，"贩"或者是指贩卖商品的人，或者是指购买。因此，"贩卖"是指买进后再卖出以获取利益的行为。[1] 在

---

① 参见中国社会科学院语言研究所词典编辑室编：《现代汉语词典》（第 5 版），商务印书馆 2005 年版，第 382 页。

此意义上说，贩卖与倒卖是同义语。例如，《刑法》第227条、第228条与第326条分别规定了倒卖伪造的有价票证、倒卖车票、船票、倒卖土地使用权、倒卖文物的行为，这几个条文中的倒卖都应是买进后再卖出的行为。但是，如果从刑法条文的目的、相关犯罪的本质来考虑，对"贩卖"则不能一概作出这种解释。

例如，《刑法》第363条第1款前段规定，"以牟利为目的，制作、复制、出版、贩卖、传播淫秽物品的，处三年以下有期徒刑、拘役或者管制，并处罚金"。有的论著在解释"贩卖"时指出："贩卖行为包括买进和卖出两个环节。这是'贩卖'一词的当然含义。在许多刑法论著中，作者都只把贩卖理解为'卖出'的过程，……按照这种观点，下列行为都应当视为贩卖淫秽物品：第一，行为人将自己制造、复制的淫秽物品出卖；第二，行为人无偿地从他人那里取得淫秽物品然后出卖；第三，行为人从他人那里买进淫秽物品然后出卖。我们认为，这种观点有失偏颇。因为贩卖一词从词意来看，它必须是一个先买进后卖出，以获取利润的过程，在这个过程当中，买进和卖出成为了一个整体，缺少任何一个环节都不能认为是'贩卖'。任何法律用语都应当按照其语词的含义来理解，不应该任意扩大或缩小，否则就极易造成认识上的混乱。如果仅把贩卖理解成出卖，那我们的刑法典就不如直接规定成'出卖'了。所以我们认为，上述三种行为中，只有第三种行为才是真正的贩卖淫秽物品的行为，其余的两种应当认定为传播淫秽物品牟利罪的行为。"[1] 本书认为，在刑法分则中，"贩卖"都不是当然地必须具备买进与卖出两个环节。事实上，我国刑法分则中的"贩卖"一词，只能被规范地解释为出卖或者出售、销售，而不能要求买进后再卖出（当然，该行为也符合"贩卖"的条件），否则便不当地缩小了处罚范围。

首先，从"贩卖"的一般含义来说，"卖"显然是指出卖，但"贩"并不仅有买进的含义，而是具有多种含义：一是指贩卖货物的人，如《管子·八观》载："悦商贩而不务本货，则民偷处而不事积聚。"二是买货出卖，如《史记·平淮书》载："贩物求利。"三是卖出，如《荀子·王霸》载："农分田而耕，贾分货而贩。"四是买进，如《史记·吕不韦列传》载："往来贩贱卖贵，家累千金。"[2] 而且，即使在当下的日常用语中，"贩卖"也未必包括收买的意思。例如，人们经常说的"小贩""摊贩"，完全有可能包括自产自销的经营者。因此，即使遵从普通用语的含义，也难说"贩卖"一定包括了"先买进"的行为。

其次，对分则条文所使用的"贩卖"一词，必须根据法条的保护法益，基于

---

① 王作富主编：《刑法分则实务研究》（第三版）（下），中国方正出版社2007年版，第1710~1711页。该书2010年第四版（第1643页）与2013年第五版（第1508页），删除了上述表述，但也没有说明单纯的出卖是否属于贩卖。

② 参见《古代汉语词典》编写组编：《古代汉语词典》，商务印书馆1998年版，第387页。

不同条文的表述及其描述的犯罪类型进行解释。概言之，对有的分则条文所使用的"贩卖"一语，只能解释为出卖或者出售，而不可能按通常含义解释为买进后再卖出。例如，《刑法》第 155 条第 2 项规定，"在内海、领海、界河、界湖运输、收购、贩卖国家禁止进出口物品的，或者运输、收购、贩卖国家限制进出口货物、物品，数额较大，没有合法证明的"，以走私罪论处。一方面，对其中的"贩卖"只能解释为出卖。因为"贩卖"之前列举了"收购"行为。另一方面，行为人将自己原本就合法持有的、但禁止进出口的物品或者国家限制进出口的货物、物品（如禁止或者限制出口的名贵中药材），在内海、领海、界河、界湖出卖的，也应以走私罪论处。既然如此，就不能认为，贩卖必须是先收购后出卖。再如，《刑法》第 240 条规定了拐卖妇女、儿童罪，而其第 2 款规定："拐卖妇女、儿童是指以出卖为目的，有拐骗、绑架、收买、贩卖、接送、中转妇女、儿童的行为之一的。"显然，对这里的"贩卖"只能解释为出卖，因为"贩卖"之前列举了"收买"行为。即使解释者认为，《刑法》第 155 条、第 240 条错误地使用了"贩卖"一词，但是，为了合理地界定处罚范围，并使刑法具有体系性，也不得不从规范意义上将"贩卖"解释为出卖。再如，《刑法》第 347 条第 1 款规定："走私、贩卖、运输、制造毒品，无论数量多少，都应当追究刑事责任，予以刑事处罚。"这里的"贩卖"只要求单纯出卖，而不要求先买进毒品后再卖出毒品。例如，行为人接受他人赠与的毒品后出卖的，捡拾毒品后又出卖的，将父辈、祖辈遗留下来的毒品予以出卖的，都只能认定为贩卖毒品罪，既不可能宣告无罪，也不可能认定为其他犯罪。[①]

最后，诚如上述论者所言，在许多条文中，刑法与其使用"贩卖"一词，不如使用"出卖"一语，但是，既然刑法使用了"贩卖"一词，而又需要将其解释为出卖时，解释者便没有理由拒绝这种解释结论。从上面对几个条文中的"贩卖"的解释也可以看出，即使认为将"贩卖"解释为出售属于扩大解释，也不能认为是任意的，而是以刑法的正义理念、处罚的必要性等为依据。将单纯出卖淫秽物品的行为解释为传播淫秽物品牟利罪或许是成立的，也不至于形成处罚上的空隙，但在司法解释对贩卖与传播行为规定了不同的定罪标准的情况下，[②]

---

① 参见 1988 年 8 月 12 日公布的《最高人民检察院关于向他人出卖父辈、祖辈遗留下来的鸦片以及其他毒品如何适用法律的批复》（已废止）。

② 参见 1998 年 12 月 17 日公布的《最高人民法院关于审理非法出版物刑事案件具体应用法律若干问题的解释》第 8 条规定，以牟利为目的，贩卖淫秽影碟、软件、录像带 100 至 200 张（盒）以上，淫秽音碟、录音带 200 至 400 张（盒）以上，淫秽扑克、书刊、画册 200 至 400 副（册）以上，淫秽照片、画片 1 000 至 2 000 张以上的，以贩卖淫秽物品牟利罪论处；以牟利为目的，向他人传播淫秽物品达 200 至 500 人次以上，或者组织播放淫秽影像达 10 至 20 场次以上的，以传播淫秽物品牟利罪论处。

将单纯贩卖淫秽物品的行为认定为传播淫秽物品罪反而会造成混乱。由上可见，我们应当将"贩卖"这一普通用语，规范化地解释为有偿转让或者出卖，而不能按其普通含义进行解释。

（四）"窝藏"

"窝藏"一语，也被刑法分则条文多次使用。如果仅仅按照"窝藏"一语的普通意义，将其解释为隐藏、藏匿、私藏等，必然不符合立法精神。例如，《刑法》第269条的"窝藏赃物"，如果解释为犯盗窃、诈骗、抢夺罪的人，为藏匿赃物而当场使用暴力或者以暴力相威胁的，以抢劫罪论处，则会导致这一类型的准抢劫罪不复存在。因为犯盗窃、诈骗、抢夺罪的人，被他人发现后，难以有机会藏匿赃物。所以，只有在规范意义上将"为窝藏赃物"解释为"行为人为了保护已经取得的赃物不被追回"，才能使准抢劫罪的处罚范围合理化。[①] 相反，对于《刑法》第312条中的"窝藏"犯罪所得及其收益，则应解释为使公安、司法机关不能或者难以发现犯罪所得及其收益的一切行为。

（五）"催收……非法债务"

《刑法修正案（十一）》增加的《刑法》第293条之一规定："有下列情形之一，催收高利放贷等产生的非法债务，情节严重的，处三年以下有期徒刑、拘役或者管制，并处或者单处罚金：（一）使用暴力、胁迫方法的；（二）限制他人人身自由或者侵入他人住宅的；（三）恐吓、跟踪、骚扰他人的。"从字面含义来看，所谓"非法债务"是指债务本身非法，所以，如果行为人催收的是合法债务，当然就不成立本罪。有人认为："行为人催收的是'高利放贷等产生的非法债务'。民法典第六百八十条第一款规定，禁止高利放贷，借款的利率不得违反国家有关规定。对于违反国家规定的借款利率，实施高利放贷产生的债务，就属于本条规定的非法债务。这里的'产生'既包括因高利放贷等非法行为直接产生，也包括由非法债务产生、延伸的所谓挛息、利息等。"[②] 本书认为，上述观点并不明确：此处的"非法债务"，究竟是指因债务本身非法，行为人无权催收的那部分债务，还是指基于非法行为产生的享有收取权利的债务？对此应当进行规范化的理解。

本书的观点是，催收高利放贷等产生的非法债务，是指催收基于高利放贷等非法行为产生的本金以及合法利息，不以催收高息部分为前提。换言之，催收高利放贷等产生的非法债务，是指催收基于高利放贷等非法行为形成的合法限度内的、行

---

① 正因为如此，日本《刑法》第238条规定："盗窃犯在窃取财物后为防止财物的返还，或者为逃避逮捕或者隐灭罪迹，而实施暴行或者胁迫的，以强盗论。"

② 许永安主编：《中华人民共和国刑法修正案（十一）解读》，中国法制出版社2021年版，第314页。

为人有权收取的债务。例如，即使行为人高利放贷后仅催收其中的本金与相关规定（如司法解释）认可的民间借贷利息（以下简称"合法本息"），但只要采取上述暴力、胁迫、恐吓、跟踪等手段且情节严重的，也成立催收非法债务罪的既遂犯。如果行为人以上述手段催收合法本息以外的债务（如合法本息之外的高额利息）的，则另触犯其他犯罪（如抢劫、敲诈勒索等罪）。例如，甲向乙高利放贷 100 万元，约定一个月还款，月息为 20 万元。但一个月过后，甲采取暴力、胁迫等方法要求乙还款 100 万元本金以及 4 800 元的合法利息，不要求乙归还合法本息之外的高额利息，只要其暴力、胁迫等行为情节严重，也构成催收非法债务罪。

如果认为只有当行为人催收的是合法本息之外的非法债务时，才构成催收非法债务罪，就会破坏法秩序的统一性。这是因为，既然是非法债务，就不受民法保护，就意味着被害人实际上不负有清偿该部分"债务"的义务，行为人没有收取的权利；行为人采取暴力、胁迫等手段催收的，理当成立抢劫罪或者敲诈勒索罪，而不应当按《刑法》第 293 条之一的规定处罚。可是，如果认为《刑法》第 293 条之一的含义是对这种行为不以抢劫罪或者敲诈勒索罪论处，则意味着刑法实际上在保护这种非法债务。亦即，行为人以暴力、胁迫手段催收非法债务的行为原本成立较重的抢劫罪、敲诈勒索罪，但《刑法》第 293 条之一对上述行为规定较轻的法定刑，这便是在以刑罚手段保护民法不保护的债务，造成刑法与民法的明显不协调。在法治时代，即使收取合法本息，也不能采取刑法所禁止的手段。如同为催讨合法本息而非法拘禁他人的行为构成非法拘禁罪一样，为催收合法本息而实施的暴力、胁迫、跟踪等行为也具有违法性，将这部分行为作为轻罪（催收非法债务罪）处理才是妥当的。反之，为催收高利放贷等产生的超出合法本息的非法债务的，则应成立抢劫或者敲诈勒索罪。因为这部分利息是违反国家有关规定的，出借人没有请求对方清偿的权利，催收行为并非仅成立催收非法债务罪，而应肯定财产罪的成立。否则，仍然破坏了法秩序的统一性。

或许有人质疑，按照本书的观点，《刑法》第 293 条之一的文字表述就不应当限定因高利放贷等产生的非法债务，而应包括采用暴力、胁迫等手段催收一切合法债务。换言之，本书上述观点事实上将行为人催收合法本息的行为认定为催收非法债务罪，既然如此，为催讨其他合法债务而对他人实施《刑法》第 293 条之一规定的行为的，也应当构成犯罪。

本书对此回答如下：（1）从立法趋势可以清楚地看到，立法机关一直在增设轻罪，但为了使刑事内部保持协调，其一方面通过修改法条扩大原有犯罪的处罚范围，[①] 另一方面又对所增设的轻罪的成立范围进行一定的限制。后者如，《刑

---

① 参见《刑法修正案（六）》对相关法条的修改。

法修正案（九）》就危险驾驶罪增加了两种行为类型：一是从事校车业务或者旅客运输，严重超过额定乘员载客，或者严重超过规定时速行驶的；二是违反危险化学品安全管理规定运输危险化学品，危及公共安全的。前一项限定"从事校车业务或者旅客运输"，后一项要求"危及公共安全"，就是为了限制轻罪的处罚范围。笔者主张增设暴行罪、胁迫罪等轻罪，《刑法》第293条之一事实上将暴行、胁迫等轻罪限定在特定的情形。（2）诚然，行为人使用暴力、胁迫等手段催收完全合法的债务，与使用暴力、胁迫等手段催收因发放高利贷等非法行为产生的合法本息，表面是上相同的，但事实上存在区别。在前一种场合，行为人对于债务的形成本身并不存在非法行为，而在后一种场合，行为人先前实施了非法行为。诚然，先前的非法行为并不直接影响催收非法债务罪的不法程度，但《刑法》第293条之一只是为了限制处罚范围才作上述限制。既然如此，为催讨完全合法的债务而对他人实施《刑法》第293条之一规定的行为的，当然不成立催收非法债务罪。但是，非法拘禁、非法侵入住宅的行为，依然成立非法拘禁罪、非法侵入住宅罪。

　　或许有人认为，既然高利放贷的行为人只是以暴力、胁迫、跟踪、恐吓等手段催收合法本息，那么，该行为就属于行使权利的行为，不构成犯罪。[①] 在本书看来，这一观点在《刑法修正案（十一）》之前是成立的，在《刑法修正案（十一）》之后则难以成立。因为以暴力、胁迫等方式行使民事权利的行为，充其量可能阻却财产犯罪的成立，而不可能当然阻却其他犯罪的成立。例如，德国《刑法》第253条针对敲诈勒索罪规定，如果行为人为了追求其目的而使用暴力或者胁迫被认为是应当受谴责的，恐吓行为具有违法性。由于为了行使权利而采用暴力、胁迫通常不具有受谴责性，所以，基于权利而使用恐吓手段取得财产的，在德国原则上不成立敲诈勒索罪。日本刑法对此没有明文规定，理论上对以胁迫手段行使权利的行为存在三种观点：一是无罪说，这只是个别学者的主张。理由是，胁迫行为本身虽然违法，但当胁迫行为是为了实现正当的债权时，则不违法；敲诈勒索罪保护私法上的权利，具有使对方交付财物的权利人，只要是基于占有者的意图而接受交付，就缺乏敲诈勒索罪的定型性；敲诈勒索罪是对整体财产的犯罪，而以胁迫手段实现债权的行为没有给被害人造成整体财产的减少，故被害人没有财产损失。[②] 二是胁迫罪说。理由是，敲诈勒索罪是对整体财产的犯罪，刑法设立财产罪是要保护私法上的权利关系，如果行为人具有基于交付者

---

① 参见周光权：《刑事立法进展与司法展望——〈刑法修正案（十一）〉总置评》，《法学》2021年第1期。

② 参见［日］柏木千秋：《刑法各论》，有斐阁1965年版，第478页。

的意思而取得财物的权利，就表明行为人的行为没有使对方遭受财产上的损害（没有使对方财产恶化），因而不成立敲诈勒索罪；但是，如果行使权利的手段超过了法律所允许的范围，则成立胁迫罪。① 三是敲诈勒索罪说。理由是，敲诈勒索罪与盗窃罪一样，是对个别财产的犯罪，要求发生财产上的损害结果；债权人使用胁迫手段使债务人交付财产，事实上损害了债务人对财产的使用、收益与处分权，故应以敲诈勒索罪论处；既然否认私力救济，那么，非经法律手段使他人交付财物，就可以认定该行为成立敲诈勒索罪；此外，要求他人履行债务的胁迫手段不具有相当性时，对这种行为就不能再评价为行使权利的行为，这种行为与取得财物的结果就要一体化地被评价为敲诈勒索行为。② 日本的判例曾经采取胁迫罪说，但后来态度发生变化，采取了敲诈勒索罪说。③ "与判例的这种变化相对应，在学说上，敲诈勒索罪说占支配地位。亦即，既然债务人现实地交付了当时所持的财物（现金等），就不能否认债务人存在财产上的损失。只有在满足以下三个条件时才可能阻却敲诈勒索罪的违法性：（1）在权利范围之内；（2）有行使实力的必要性；（3）在社会一般观念看来手段是相当的。"④

在本书看来，无罪说难以被认可。因为这种学说完全忽略了行为手段的非法性。在我国，采取敲诈勒索罪说可能还难以被人接受，而且催收非法债务的设立就否认了敲诈勒索罪说，故我们需要借鉴胁迫罪说。亦即，行为人所享有的民事权利充其量只能阻却目的行为（取得财物行为）的违法性，不能阻却手段行为（暴力、胁迫等手段）本身的违法性。因为根据法秩序的要求，即使行使权利也必须采取合法的手段。由于我国刑法没有规定胁迫罪，仅在《刑法》第293条之一规定了催收非法债务罪，对使用暴力、胁迫等非法手段催收因高利放贷产生的合法本息的行为，只能认定为催收非法债务罪。反过来说，只有将"催收高利放

---

① 参见［日］中森喜彦：《刑法各论》（第4版），有斐阁2015年版，第136页；［日］山中敬一：《刑法各论》（第3版），成文堂2015年版，第408页；［日］西田典之著、桥爪隆补订：《刑法各论》（第7版），弘文堂2018年版，第247页；［日］松原芳博：《刑法各论》（第2版），日本评论社2021年版，第321页。

② 参见［日］大塚仁：《刑法概说（各论）》（第3版增补版），有斐阁2005年版，第277页；［日］大谷实：《讲义刑法各论》（新版第4版），成文堂2014年版，第295页；［日］前田雅英：《刑法各论讲义》（第6版），东京大学出版会2015年版，第260页；［日］山口厚：《刑法各论》（第2版），有斐阁2010年版，第286页；等等。

③ 日本有如下判例：数名被告人对负有3万日元债务的被害人实施胁迫，迫使被害人交付了6万日元。日本最高裁判所1955年10月14日的判决指出："对他人享有权利的人，其行使权利的行为，只要在其权利范围内而且没有超出社会一般观念容忍的程度，不产生任何违法问题，但是，超出上述范围、程度时则是违法的……就上述6万元认定敲诈勒索罪的成立是正当的。"（日本《最高裁判所刑事判例集》第9卷第11号，第2173页）。

④ ［日］西田典之著、桥爪隆补订：《刑法各论》（第7版），弘文堂2018年版，第246页。

贷等产生的非法债务"解释为催收基于高利放贷等非法行为产生的合法本息，才意味着采取了胁迫罪说。

此外，如果像上文所引述的那样，将催收原本有权收取的合法本息的行为认定为无罪，不但不符合权利行为的要求，而且与民法本身的规定相冲突。我国《民法典》第 1177 条规定了自救行为："合法权益受到侵害，情况紧迫且不能及时获得国家机关保护，不立即采取措施将使其合法权益受到难以弥补的损害的，受害人可以在保护自己合法权益的必要范围内采取扣留侵权人的财物等合理措施；但是，应当立即请求有关国家机关处理。"该规定说明，即使是收取合法的本息，也仅限于紧迫且必要的场合才允许权利人采取扣留等具有侵犯性的手段。对于采用《刑法》第 293 条之一的手段催收合法本息的行为，一概认定无罪的话，就意味着权利人在任何场合都能"自救"，于是《民法典》第 1177 条关于自救行为前提条件的规定就成了废文。

或许有人认为，本书观点不符合法条的文字表述（当然也不可能符合罪名的表述）。因为法条表述的是催收"非法债务"，但本书将其解释为催收基于发放高利贷等非法行为产生的合法债务（合法本息）。然而，既然是"非法债务"就表明债务本身不是合法的，而不是指合法本息。

诚然，从普通字面含义来说的确如此。可是，单纯对刑法条文作出平义解释，往往不可能得出妥当结论。在某种意义上说，如果对某个法条或者用语的平义解释结论是合理的，就意味着对该法条或者用语不需要解释。平义解释只不过是一种查阅字典方式的解释，然而，"尽管字典给人的感觉是对每个字都刨根问底，分析不得再细致了，但其实不过是触及了问题的皮毛而已"[1]。退一步说，将法条中的"非法债务"理解为因非法行为产生的债务，而不是指债务本身非法，也并非不符合文理解释规则。例如，《刑法》第 165 条前段规定："国有公司、企业的董事、经理利用职务便利，自己经营或者为他人经营与其所任职公司、企业同类的营业，获取非法利益，数额巨大的，处三年以下有期徒刑或者拘役，并处或者单处罚金。"其中的"非法利益"并不是指利益本身非法，而是指行为人通过非法的同类经营行为谋取了利益。再如，日本《刑法》第 236 条第 1项规定了抢劫财物的犯罪，第 2 项规定了抢劫利益罪："以前项方法，取得财产上的不法利益，[2] 或者使他人取得的，与前项同。"其中的不法利益，也并非指利益本身不法。如西田典之教授指出："所谓'财产上的不法利益'，不是指利

---

① ［美］侯世达、［法］桑德尔：《表象与本质：类比，思考之源和思维之火》，刘健、胡海、陈祺译，浙江人民出版社 2018 年版，第 4 页。

② 原文为"財産上不法の利益"。

益本身是不法的，而是指不法地转移财产上的利益。"[①] 松原芳博教授指出："'财产上的不法利益'，是指利益的转移是不法的，而不是指利益本身不法。"[②] 井田良教授在论述抢劫利益罪时，则直接将本罪的行为对象表述为"财产上的利益"，将目的行为直接表述"取得财产上的利益"。[③]

不仅如此，我国《刑法修正案（十一）草案》第一次审议与第二次审议稿所表述的都是"催收高利放贷产生的债务或者其他法律不予保护的债务"，但《刑法修正案（十一）》修改为"催收高利放贷等产生的非法债务"。从文字表述上看，"法律不予保护的"显然是限定债务本身的，如果采用这一表述，就意味着行为人以暴力、胁迫等方法催收法律不予保护的债务的，成立催收非法债务罪，但如前所述，这明显与抢劫、敲诈勒索等罪不协调。然而，"非法债务"的表述则不一样，亦即，可以将非法债务解释为基于非法行为产生的债务。诚然，高利放贷本身是违法的，但高利放贷中的部分债权有效，换言之，我国民事法律与民事审判认可高利放贷中的合法本息部分，[④] 亦即，即使高利放贷违反民法，但行为人依然有权要求借款人归还合法本息。这便是基于非法行为（高利放贷）产生的合法债务（合法本息）。再来看看立法机关工作人员的说明："对于违反国家规定的借款利率，实施高利放贷产生的债务，就属于本条规定的非法债务。这里的'产生'既包括因高利放贷等非法行为直接产生，也包括由非法债务产生、延伸的所谓挛息、利息等。这里的'等'根据实践中的情况，包括……其他违法犯罪行为产生的债务。"[⑤] 这显然也是将"非法债务"解释为非法（违法）行为产生的债务，而没有要求债务本身具有非法性。

总之，将《刑法》第293条之一规定的"催收高利放贷等产生的非法债务"，规范地解释为"催收高利放贷等非法行为产生的合法债务"既不存在文理障碍，也具有实质合理性。

（六）其他普通用语

普通用语需要规范化的现象相当多。解释者应当以普通用语的普通含义作为底线，在此范围内揭示出符合刑法理念与目的的规范意义。

例如，《刑法》第135条之一前段规定："举办大型群众性活动违反安全管理

[①] ［日］西田典之著、桥爪隆补订：《刑法各论》（第7版），弘文堂2018年版，第187~188页。

[②] ［日］松原芳博：《刑法各论》（第2版），日本评论社2021年版，第251页。

[③] 参见［日］井田良：《讲义刑法学·各论》（第2版），有斐阁2020年版，第261页。

[④] 参见周瑞平、方硕：《职务放贷人起诉索要借款本金及高额利息》，《人民法院报》2021年10月15日，第3版。

[⑤] 许永安主编：《中华人民共和国刑法修正案（十一）解读》，中国法制出版社2021年版，第314页。

规定，因而发生重大伤亡事故或者造成其他严重后果的，对直接负责的主管人员和其他直接责任人员，处三年以下有期徒刑或者拘役。"对于其中的"群众性活动"这一普通用语，就不能限定为"只有普通老百姓（没有加入共产党、共青团组织的人）参加的活动"，也不能限定为"由没有担任领导职务的人参加的活动"。由于本罪属于危害公共安全的犯罪，所以，只要是不特定人或者多数人参加的活动，就属于本条的"群众性活动"。

再如，《刑法》第144条前段规定："在生产、销售的食品中掺入有毒、有害的非食品原料的，或者销售明知掺有有毒、有害的非食品原料的食品的，处五年以下有期徒刑，并处罚金。""食品"是一个很普通的概念，在普通用语中，"食品"是指"商店出售的经过加工制作的食物"，"食物"是指"可以充饥的东西"①。但是，在对《刑法》第144条中的"食品"进行解释时，不能直接采用这种普通用语的普通含义，而必须联系本条的保护法益对食品进行规范的解释。（1）"食品"不一定要求是商店出售的。例如，行为人将自己制造的有毒、有害食品直接予以销售的，成立销售有毒、有害食品罪。（2）"食品"也不要求是经过加工制作的。例如，行为人将自己打捞的有毒鱼虾拿到市场上出卖，没有经过任何加工的，也可能成立销售有毒食品罪。（3）"食品"完全可能是活着的动物。按照普通用语的普通含义，活猪不是"食品"，但是，对于《刑法》第144条中的"食品"不能作这样的解释。换言之，在刑法上，活猪等将来可能被人们食用的动物，都是"食品"。例如，2002年8月16日发布的《最高人民法院、最高人民检察院关于办理非法生产、销售、使用禁止在饲料和动物饮用水中使用的药品等刑事案件具体应用法律若干问题的解释》第3条规定："使用盐酸克仑特罗（Clenbuterol Hydrochloride，俗称"瘦肉精"——引者注）等禁止在饲料和动物饮用水中使用的药品或者含有该类药品的饲料养殖供人食用的动物，或者销售明知是使用该类药品或者含有该类药品的饲料养殖的供人食用的动物的，依照刑法第一百四十四条的规定，以生产、销售有毒、有害食品罪追究刑事责任。"应当肯定这一解释的合理性，于是，活猪也是"食品"。基于同样的理由，其他可能被食用的鲜活动物，也都是"食品"。（4）"食品"还包括不适合人食用的物品。例如，将工业用酒精勾兑成散装白酒出售给他人的，将工业用猪油冒充食用油出售给他人的，也成立销售有毒食品罪。

三、规范用语的普通化

本书所谓的规范用语的普通化，具有两个方面的含义：其一，在某些情况

---

① 中国社会科学院语言研究所词典编辑室编：《现代汉语词典》（第5版），商务印书馆2005年版，第1239页。

下，对规范用语只能从普通意义上理解，而不能从严格的规范意义上理解；或者说，对某些规范用语只能当作普通用语来解释。其二，在判断对于规范构成要件要素的故意时，必须使规范用语的规范意义与该用语指称的对象在一般人心目中的普通意义进行沟通（所谓外行人领域的平行评价）。下面分别说明。

如前所述，刑法不可避免地使用规范用语。但是，规范用语的使用可能只是为了表述的简短，因此，反而需要将该规范用语作普通意义的解释。而且，"一般词语的通用的意义几乎总比显然更严格、更精确的科学定义有更多的正确性。词的通常含义来自普通见识，而普通见识是人类的特征。一个词的通常的意义是在逐渐发展的，在事实的不断出现中形成的。因此，当一个看来是属于某一词的意义的范围内的事物时，它好像就被自然地收纳进去了。这个词语的词义会逐渐伸展、逐渐扩张，直到人们根据事物本身的性质将应归入这个词名下的种种事实、种种概念都包含了进去。……另一方面，当一个词的意义根据科学来决定时，这个决定、这件由一个人或少数人作的工作是在人们想到的某个特殊事实的影响下发生的。因此，一般而论，科学的定义要比词语的通俗意义狭隘得多，因而实际上也不精确得多、不真实得多。"[1] 所以，当规范用语的意义不精确、不真实时，必须回到普通意义上进行解释。

例如，《刑法》第 310 条规定，明知是"犯罪的人"而为其提供隐藏处所、财物，帮助其逃匿的行为或者作假证明包庇的，成立窝藏、包庇罪。问题是，如何理解这里的"犯罪的人"？

关于"犯罪的人"[2]，日本刑法理论上存在不同观点：第一种观点认为，"犯罪的人"是指真正的犯罪人，即从审判结局来看，必须是被判决有罪的人。第二种观点认为，只要作为犯罪嫌疑人被列为立案侦查对象即为"犯罪的人"。第三种观点认为，客观上看犯罪的嫌疑浓厚的人就是"犯罪的人"。[3] 本书认为，第一种观点是从规范意义上解释"犯罪的人"这一规范用语的，但是其结论明显不当，不利于保护司法活动；第三种观点过于模糊，所以，日本学者一般认为第二种观点比较适中。

在我国，一般认为，《刑法》第 310 条中的"犯罪的人"包括犯罪嫌疑人、刑事被告人与罪犯。[4] 这虽然不是严格地在规范意义上所做的解释，但由于不敢

---

[1] ［法］基佐：《欧洲文明史——自罗马帝国败落起到法国革命》，程洪逵、沅芷译，商务印书馆1998 年版，第 7 页。

[2] 日本《刑法》第 103 条规定："藏匿已犯应当判处罚金以上刑罚之罪的人或者拘禁中的脱逃人，或者使其隐避的，处二年以下惩役或者二十万元以下罚金。"

[3] 参见［日］西田典之著、桥爪隆补订：《刑法各论》（第 7 版），弘文堂 2018 年版，第 482 页。

[4] 参见刘家琛主编：《新刑法条文释义》（下），人民法院出版社 1997 年版，第 1358 页；周道鸾、张军主编：《刑法罪名精释》（第四版）（下），人民法院出版社 2013 年版，第 773 页。

远离"犯罪的人"的规范意义,事实上导致解释结论存在缺陷。在本书看来,对"犯罪的人"应从一般意义上理解,而不能从"无罪推定"规范意义上作出解释。《刑事诉讼法》第 12 条规定:"未经人民法院依法判决,对任何人都不得确定有罪。"从规范意义上说,只有当某人被人民法院依法判决有罪,并且该判决发生法律效力时,他才是"犯罪的人"。但是,这种解释只是形式上与无罪推定原则"相符合",却有悖《刑法》第 310 条的法益保护目的,也与窝藏、包庇罪的本质相背离,进而不当地缩小了处罚范围。因为刑法规定本罪,是为了保护刑事侦查、起诉、审判活动的正常、顺利进行,如果将"犯罪的人"限定为真正的已决犯,那么,只有从监狱等脱逃的已决犯,才可能成为本罪中的"犯罪的人",所谓"作假证明包庇"也几乎不存在了。那些在判决前窝藏、包庇犯罪嫌疑人、被告人的行为,即使严重妨害了刑事司法活动,也不能受到制裁,刑事司法活动就得不到保障。所以,不可能在规范意义上解释"犯罪的人"。既然如此,便只能在普通意义上解释"犯罪的人"。在一般人看来,或者说在普通意义上,只要是实施了刑法所禁止的行为,可能或者已经被人民法院宣告有罪的人,都是"有罪的人"。例如,当甲故意杀害了乙时,即使没有被司法机关发现,知道真相的一般人都会认为甲是"犯罪的人"。所以,不仅真正的已决犯属于"犯罪的人",已被公安、司法机关依法作为犯罪嫌疑人、被告人而成为侦查、起诉对象的人,也属于"犯罪的人";同样,即使暂时没有被司法机关作为犯罪嫌疑人(因为只有在立案后才能称为刑事诉讼上的犯罪嫌疑人),但确已实施了犯罪行为,因而将被公安、司法机关作为犯罪嫌疑人、被告人而成为侦查、起诉对象的人,也属于"犯罪的人"。不过,事实上没有犯罪,被公安、司法机关错误地列为犯罪嫌疑人、被告人的,一般不属于"犯罪的人"。

经过上述解释,我们或许能够发现,《刑法》第 310 条中的"犯罪的人"原本就是普通用语,而不是规范用语,因此只能在普通意义上解释,而不能在规范意义上解释。解释者之所以将"犯罪的人"与《刑事诉讼法》第 12 条联系起来,首先考虑"犯罪的人"的规范意义,进而再做"补正解释"或"扩大解释",甚至攻击"犯罪的人"这一用语,乃因为解释者是懂得"犯罪的人"的规范意义的人,并且习惯于将"犯罪的人"理解为专业的规范用语,没有将日常用语世界与刑法专业语言世界相联系,未能穿梭于两种语言——普通人的语言与法律的语言——之间,从而形成了先曲解"犯罪的人"的含义,再进行"补正解释"或者"扩张解释"的不正常现象。其实,如果将《刑法》第 310 条中的"犯罪的人"交给非法学专业的一般人去解释,他们得出的解释结论可能比法学家更为准确、合理。

试图对"犯罪的人"进行规范意义的解释,而又发现解释不通的人,可能批评《刑法》第 310 条使用的"犯罪的人"一词不当，进而建议将"犯罪的人"修改为"罪犯、刑事被告人、犯罪嫌疑人"。这三个概念都仅具有单一的含义，其范围也相当明确，似乎非常合适。其实不然。法律的发现是一个不断地将规范与事实进行拉近的过程，即"一方面将生活中的事实与规范相拉近，另一方面则将规范与生活的事实相拉近。但是这不能够被理解为在其中是一种分裂式的行动，是一种归纳与演绎先后为之的事实。它事实上是一种同时且'连续发展'出来的由事实自我开放的向规范前进，而规范向事实前进"①。唯有如此，才能实现刑法的正义、安定性与合目的性的理念。成文刑法比立法者更聪明，从刑法条文中读出来的含义，并不一定是立法者事先投入进去的；根据成文刑法处理的案件，并不一定是立法者事先想到了的。如果考虑到案件的复杂性，考虑到刑法不仅在实现一般正义，而且要实现个别正义，我们就会发现，使用"犯罪的人"一词比使用"罪犯、刑事被告人、犯罪嫌疑人"更好。因为当行为人所窝藏、包庇的人虽然是被告人、犯罪嫌疑人，但事后证明被窝藏、包庇的人根本不成立犯罪时，法官具有实现个别正义的余地，即认为行为人并没有窝藏、包庇"犯罪的人"而不以窝藏、包庇罪论处。如果使用后一表述（"罪犯、刑事被告人、犯罪嫌疑人"），法官就没有实现个别正义的余地（参见后述内容）。② 因为"无罪的人"的概念并不与刑事被告人、犯罪嫌疑人相排斥。此外，"罪犯、刑事被告人、犯罪嫌疑人"的说法也无法涵盖犯罪后暂时没有被立案的人。所以，考夫曼说："单一概念（指仅具有单一含义的概念——引者注）是从未在一个真实的判决中出现的——它甚至不应该是这样的，否则它没有办法满足它的功能，也就是将在法律理念中的张力——平等、法律安定性、衡平加以调和。"③ 另一方面，如果采用后一表述，前述已经实施了犯罪行为，因而将被公安、司法机关作为犯

① ［德］亚图·考夫曼：《法律哲学》，刘幸义等译，五南图书出版公司 2000 年版，第 125 页。
② 当然，笔者并不认为窝藏、包庇事后证明无罪的犯罪嫌疑人与刑事被告人的，一概不成立犯罪。只是说，在有必要将上述行为宣告无罪时，"犯罪的人"一词可以成为法律依据，而犯罪嫌疑人、刑事被告人的用语则难以起到这样的作用。例如，双胞胎兄弟中的李某大对被害人陈某实施了伤害行为，此时，李某大的双胞胎弟弟李某小也在现场。接到报警电话后，警察迅速到达现场，此时被害人陈某与在场的一些人，因为没有分清李某大与李某小，而指认李某小对陈某实施伤害行为。在现场的王某能分清李某大与李某小，并且告诉警察是李某大实施了伤害行为。但警察相信被害人与其他人所说，将李某小作为嫌疑人带到公安局，并且对李某小采取刑事拘留的强制措施。李某小逃脱出看守所之后找到王某，希望王某证明其清白。王某让李某小住在自己家中，并继续向公安机关反映事实真相。面对这一案件的法官，不应当认定王某的行为构成窝藏罪。光明正大的理由是，王某并没有窝藏"有罪的人"。倘若将《刑法》第 310 条中的"犯罪的人"修改为"罪犯、刑事被告人与犯罪嫌疑人"，那么，李某小就是犯罪嫌疑人，王某也知道其是犯罪嫌疑人，于是，便缺乏否定王某构成窝藏罪的理由。
③ ［德］亚图·考夫曼：《法律哲学》，刘幸义等译，五南图书出版公司 2000 年版，第 124 页。

罪嫌疑人、被告人而成为侦查、起诉对象的人，便被不合理地排除在"犯罪的人"之外。由此看来，任何一个解释者，在面对所谓的立法缺陷时，都要反复地扪心自问：是立法者的立法缺陷还是解释者的解释缺陷？甚至一旦发现所谓的立法缺陷时，要首先并持续地怀疑自己的解释缺陷。因为所谓解释者"发现"了立法缺陷，实际上是解释者将立法解释得有缺陷，而其他人未必这样解释。

在此问题上，值得讨论的是相关司法解释。2021 年 8 月 9 日发布的《最高人民法院、最高人民检察院关于办理窝藏、包庇刑事案件适用法律若干问题的解释》第 6 条规定："认定窝藏、包庇罪，以被窝藏、包庇的人的行为构成犯罪为前提。""被窝藏、包庇的人实施的犯罪事实清楚，证据确实、充分，但尚未到案、尚未依法裁判或者因不具有刑事责任能力依法未予追究刑事责任的，不影响窝藏、包庇罪的认定。但是，被窝藏、包庇的人归案后被宣告无罪的，应当依照法定程序宣告窝藏、包庇行为人无罪。"这一解释大体上是可能被接受的，但问题出在两个方面：

其一，其中的"构成犯罪"是什么含义？例如，如果被窝藏、包庇的人乙实施了符合构成要件的不法行为（如实施了致人死亡的杀人行为），但没有责任（严重精神病患者），而公安机关立案后未能查明实施该杀人行为的人是谁，一直在动用警力进行侦查活动。之所以未能查明，就是因为甲一直窝藏或者包庇乙。甲的行为是否成立窝藏、包庇罪？本书持肯定回答。因为"犯罪"一词具有不同含义，既可能指完全符合犯罪构成所有条件的情形，也可能指符合构成要件且违法的情形。在后一个含义上说，乙就是"犯罪的人"。甲的行为明显妨碍了公安机关的侦查活动，没有理由不以窝藏、包庇罪论处。①

其二，被窝藏、包庇的人归案后被宣告无罪的，是否应当一概对实施窝藏、包庇的行为人宣告无罪？本书持否定回答。例如，在上例中，虽然被窝藏、包庇的乙由于缺乏责任而事后被宣告无罪，但不能认为甲也不构成窝藏、包庇罪。当然，也应承认，被窝藏、包庇的人归案后被宣告无罪的，也可能应当对实施窝藏、包庇的行为人宣告无罪。例如，被害人报警称，乙对自己实施重伤害，但公安机关误将丙当作嫌疑人予以抓捕，甲知道真相便窝藏了丙。事后查明，丙确实没有实施伤害行为。在这种情形下，当然不能对甲以窝藏罪论处。② 即使对甲已经追诉了刑事责任，也必须通过审判监督程序宣告无罪。

《刑法》第 399 条也存在类似问题。其中的"有罪的人"也不能绝对从规范

---

① 如果甲主观上确实以为乙不构成犯罪，也不过是涵摄的错误，属于可以避免的违法性的认识错误，而不是事实认识错误。

② 即使甲误以为丙是"犯罪的人"，也不过是窝藏的不能犯，而非未遂犯。

意义上理解，否则会令人啼笑皆非。某派出所所长徇私枉法，对有充分、确实证据证明犯有抢劫罪的三名嫌疑人故意包庇不使其受追诉。当检察院将派出所所长以徇私枉法罪起诉至法院时，某法院宣告该派出所所长无罪。理由是：《刑法》第399条要求"对明知是有罪的人而故意包庇不使他受追诉"，而根据《刑事诉讼法》第12条的规定，未经人民法院依法判决，对任何人都不得确定有罪；3名嫌疑人未经人民法院判决，所以不属于"有罪的人"；既然如此，派出所所长的行为便不符合《刑法》第399条所规定的构成要件。看上去天衣无缝的逻辑推理，其实大错特错。如果排除了法官徇私枉法的可能，我们或者可以说法官没有将规范用语普通化，或者说法官将普通用语进行严格规范意义的解释。与《刑法》第310条的"犯罪的人"一样，如果说《刑法》第399条"有罪的人"是规范用语，那么，就必须将其普通化，即按照该用语的普通含义进行解释；如果说"有罪的人"是普通用语，在此便不能进行严格规范意义的解释。同样，批评立法者使用"有罪的人"一词，或者建议修改成其他用语，都是没有必要甚至是不当的。

《刑法》第353条第1款前段规定，"引诱、教唆、欺骗他人吸食、注射毒品的，处三年以下有期徒刑、拘役或者管制，并处罚金"。法律专业出身并且熟悉刑法总则关于教唆犯规定的人，常常以为本条用语有误：因为"教唆"是指故意唆使他人犯罪，而吸食、注射毒品本身并非犯罪，故"教唆"一词使用不当。其实，这里的"教唆"与"引诱""欺骗"一样，都是普通用语，刑法条文将三者并列，只是为了涵盖强迫以外的引起他人吸食、注射毒品的一切行为。法律专业人士，应当拥有自己的法律规范世界，但不能忘记生活事实的日常世界；可以三句不离本行，但不能将一切普通用语专业化。换言之，法律专业人士遇到法律专业术语时，多少会有亲切感，甚至因为自己懂得该术语而产生自豪感，但是，不能见到与专业术语相同的文字，便以专业术语进行解释。

一些公安、司法人员习惯于问被告："你知道你的行为是什么性质吗？"当被告答："我的行为是偷"或者"我的行为是抢"时，公安、司法人员似乎仍不满意，因为他们期待被告人以法律用语做出"我的行为构成盗窃罪"或者"我的行为构成抢劫罪"之类的回答。这种不必要的问与答之所以频繁出现，是因为一些公安、司法人员缺乏日常生活用语与法律用语的沟通。

一般来说，由记述或者描述概念所表述的构成要件要素，就是记述的构成要件要素；案件事实是否符合这些要素的判断，只需要一般的认识活动与基本的对比判断就可以得出结论。由价值关系的概念或评价概念所表述的构成要件要素，就是规范的构成要件要素。在规范的构成要件要素的场合，立法者不能或者难以对侵害法益的事实作出具体的客观描述，必须借助价值关系的概念或评价概念，使构成要件成为违法行为类型。法官不仅需要判断案件事实是否符合构成要件，而且需要以特定的违法性为导向，以某种规范为前提理解构成要件要素和评价案件事实。

例如，《刑法》第 320 条所规定的提供伪造、变造的出入境证件罪的客观构成要件行为是"为他人提供伪造、变造的护照、签证等出入境证件"。对这里的"提供""伪造、变造""护照、签证等出入境证件"的理解，以及对客观事实是否符合这些要素，都只需要一般的认识活动与基本的对比判断就可以得出结论，因而属于记述的构成要件要素。再如，《刑法》第 347 条所规定的贩卖毒品罪的构成要件要素是"贩卖毒品"，对"贩卖""毒品"的理解，以及对客观事实是否符合这些要素的判断，都只需要一般的认识活动与基本的对比判断就可以得出结论，而且，只要得出肯定结论，就一定存在特定的法益侵害，故"贩卖""毒品"属于记述的构成要件要素。反之，《刑法》第 363 条规定的贩卖淫秽物品牟利罪中的"淫秽"物品，只有经过法官的规范评价才能认定。一方面，法官必须以特定的违法性为导向理解"淫秽"；另一方面，法官必须按照社会的一般观念判断某种物品是否属于淫秽物品。可以认为，在记述的构成要件要素的场合，立法者已经对其描述的事实作出了评价；在规范的构成要件要素的场合，立法者只是提供了评价的导向，或者说只是赋予了价值的形式，而具体的评价需要法官根据一定的标准完成。

应当承认的是，规范的构成要件要素与记述的构成要件要素的区分具有相对性，二者并不存在绝对明确的界限。例如，故意杀人罪中的杀"人"、盗窃罪中的"财物"，一直被认为是记述的构成要件要素。但随着脑死亡概念的产生，已经脑死亡但心脏还在跳动的 A 是不是"人"，需要规范地判断；随着财产关系的复杂化，何种价值、何种形式的物才是盗窃罪中的"财物"，也在一定程度上需要解释者与司法人员的评价的、规范的理解。① 正因为如此，沃尔夫（E. Wolf）认为，即使是纯粹的描述性概念，其边缘地带也是规范性的；构成要件是价值要素与存在要素的组合，完全是一种规范的形象。换言之，所有的构成要件要素都具有规范的性质，故所有的构成要件要素都是规范的要素。②

表述规范的构成要件要素的用语既可能是日常用语（普通用语），也可能是法律用语，如"危险"可谓日常用语，但其表述的是规范的构成要件要素。反之，法律用语也可能是对客观事实的记述。所以，日常用语与法律用语的区别，并非记述的要素与规范的要素的区别。

---

① 参见［日］町野朔：《刑法总论讲义案 I》（第 2 版），信山社 1995 年版，第 115 页。
② Vgl. E. Wolf, Die Typen der Tatbestandsmaessigkeit, Ferdinand Hirt In Breslau, 1931, S. 51ff.

规范的要素与一般条款（或概括条款）具有关联性。一般条款，是指像"违背良知""违背善良风俗"之类的，用以表达一般性内容，以便尽可能涵盖较多的构成事实的概念。一般条款具有高度的抽象性，因而被认为具有相当的不明确性，在适用上需要法官进行具体化。大体而言，一般条款都属于规范的要素①，但规范的要素并非均属一般条款。

对规范的构成要件要素的区分，应当有利于法官理解与判断规范的构成要件要素，有利于法官判断行为人对规范的构成要件要素的认识。关于规范的构成要件要素的分类，国外刑法理论存在不同观点。② 基于这种区分目的以及我国刑法分则的规定，本书倾向于将规范的构成要件要素分为以下三类：

一是法律的评价要素，即必须根据相关的法律、法规作出评价的要素，如《刑法》第277条中的"依法"，第306条中的"辩护人""诉讼代理人"，第435条中的"滥伐"，许多条文中的"国家工作人员"、"司法工作人员"、"公私"财产、"不符合……标准"等。法官在判断案件事实是否符合构成要件要素时，必须以相关的法律、法规作为评价依据。其中的法律、法规，主要是指其他法律、法规的关联性规定（也可能包括刑法中的解释性规定）。例如，判断行为主体是否国家工作人员时，需要以《刑法》第93条以及相关法律（如公务员法）的规定为依据；判断行为是否妨碍国家机关工作人员"依法"执行公务时，必须以国家机关工作人员执行职务所依据的相关法律、法规规定的职务要件为依据；判断行为是否属于"滥伐"林木，应当以森林法为根据作出判断。一般来说，法律的评价要素，是规范的构成要件要素中较为容易判断和认定的要素。

二是经验法则的评价要素，即需要根据经验法则作出评价的要素。《刑法》第114条中的"危险方法""危害"公共安全、第116条中的"危险"、第137条中的"降低"等属于这一类。这类规范的构成要件要素，需要以一定的事实为根据，同时以生活经验、因果法则为标准作出评价，而不是以一般人的感觉、观念为标准进行评价。例如，行为是否具有公共危险，不是根据一般人的感觉进行判断，而是根据经验法则作出评价。由于经验法则不是成文的，故对于经验法则的评价要素的判断与认定，难于法律的评价要素。

三是社会的评价要素，即需要根据社会的一般观念或社会意义作出评价的要

---

① 也有少数学者认为，一般条款未必属于规范的构成要件要素，如"造成他人生命危险"的规定属于一般条款，虽然需要判断"危险"的有无，但与价值判断无关，所以不是规范的构成要件要素（Vgl. Theodor Lenckner, Wertausfuellungsbeduerftige Begriffe im Strafrecht und der Satz "nullum crimen sine lege", JuS, 1968, S. 250）。但本书认为，"危险""危险性"等属于规范的构成要件要素。

② 参见张明楷：《犯罪构成体系与构成要件要素》，北京大学出版社2010年版，第195页。

素。《刑法》第 234 条中的"特别残忍"、第 237 条中的"猥亵"、第 263 条中的"淫秽物品",《刑法》第 245 条中的"住宅"、第 280 条中的"公文""证件",《刑法》第 166 条的"明显高于""明显低于"以及许多法条中的"较大""巨大""严重""特别严重""恶劣""特别恶劣"等,都属于这一类。显然,社会的评价要素,是规范的构成要件要素中最难以判断和认定的要素。

对于规范的构成要件要素,必须以特定的违法性为导向进行判断。此外,还必须根据规范的构成要件要素的不同类型,分别以相应的规范为逻辑前提进行判断。(1) 对于法律的评价要素,法官必须将相关的法律、法规的规定作为逻辑前提,从而判断案件事实与规范的构成要件要素的符合性。例如,甲以暴力妨碍警察逮捕他人的行为,是否成立袭警罪或者妨害公务罪? 这涉及警察的行为是否具有合法性的问题,必须以刑事诉讼法的相关规定为根据,判断警察的行为是否"依法"执行逮捕。(2) 对于经验法则的评价要素,法官必须按照经验法则进行评价。但经验法则是无法穷尽的,而且经验法则是具体的,不是抽象的,法官只能就案件具体事实,以相应的经验法则为标准作出判断。例如,行为是否"降低"了工程质量标准,需要根据工程建设的经验法则进行判断。再如,行为是否具有公共危险,需要根据生活经验法则进行判断。(3) 对于社会的评价要素,法官要根据社会的一般观念或社会意义进行判断。这是最难以判断的一类要素。首先必须肯定的是,"规范的构成要件要素的确定,虽然在终局上由裁判官判断,但不可忽视的是,裁判官应当将证人、鉴定人等的判断作为资料,代表一般市民对之进行'确认',决不是通过裁判官自己的恣意判断来'创设'它"①。易言之,在社会的评价要素的场合,"法官受法律的约束在于,立法者不允许法官作出完全个人主观的评价,而是以存在法官应当遵从的一般的社会—伦理的评价为前提"②。例如,何谓"淫秽"物品,法官不能根据自己的个人观念进行判断,而应根据社会的一般观念进行判断。再如,行为人是否侵入了"住宅",要根据被害人当地的居住情景和一般人对住宅的观念进行判断。

故意的成立,并不只是要求行为人认识到单纯的客观事实。换言之,在故意犯罪中,行为人对自己行为的认识,并不只是对外部行为的物理性质的认识,而是对行为的社会意义的认识。例如,行为人向他人头部开枪时,只有认识到该行为是"杀人"行为时,才能评价为"明知自己行为的内容与社会意义"。换言之,对行为内容与社会意义的认识,实际上是对刑法所欲禁止的实体的认识。只

---

① ［日］内田文昭:《刑法概要》(上卷),青林书院 1995 年版,第 162 页。
② Hans-Heinrich Jescheck/Thomas Weigend, Lehrbuch des Strafrechts: Allgemeiner Teil, 5. Aufl., Duncker & Humblot, 1996, S. 130.

有对行为的社会意义具有认识，才能说明行为人具有非难可能性。

就符合记述的构成要件要素的事实而言，行为人在认识到单纯事实的同时，就能认识行为的社会意义，进而认识行为的实质违法性乃至形式违法性。例如，行为人在认识到自己向他人胸部开枪时（单纯事实的认识），必然认识到这是杀人行为（社会意义的认识），进而认识到杀人行为是侵害他人生命的恶的行为（实质的违法性的认识），甚至认识到其行为是符合《刑法》第 232 条的行为（形式违法性的认识）。概言之，"一个谋杀犯，当他杀死被害人时，他也自然了解谋杀的（原型），虽然他对于法律上谋杀的定义，完全不认识"①。但是，就符合规范的构成要件要素的事实而言，行为人在认识到单纯事实的同时，却不一定能够认识到行为的社会意义，因而不一定认识到行为的实质违法性。例如，行为人认识到自己在贩卖某种书画（单纯事实的认识），却不一定认识到自己贩卖的是淫秽物品（社会意义的认识），因而不一定认识到行为的法益侵犯性。② 再如，行为人认识到自己毁灭了印有文字的纸张，却不一定认识到自己毁灭了国家机关公文。这是因为规范的构成要件要素是需要根据法律法规、经验法则或者一般人的价值观念作出判断的要素；但行为人可能没有认识到作为逻辑前提的法律法规，行为人的价值观可能不同于法律、法规的价值取向或者不同于一般人，行为人可能没有认识到作为判断基础的事实，因而得出了不同结论。

就规范的要素而言，一方面，由于对单纯事实的认识不等于对事实的社会意义的认识，所以，如果行为人仅认识到了单纯的事实，还不能肯定其认识到了规范的要素。另一方面，由于表述规范的构成要件要素的是规范性概念，所以，行为人完全可能没有认识到规范性概念的法律意义，但这并不必然妨碍认定故意。例如，行为人可能不认识刑法所规定的"淫秽"二字，也不理解刑法上的"淫秽"概念的规范意义。所以，倘若只有当行为人认识到了"淫秽"概念的规范意义时，才认定其认识到行为的社会意义，才以故意犯罪论处，就会不当缩小处罚范围。换言之，就故意犯罪而言，不能要求行为人像法学家或者法官那样理解规范的要素。③ 于是，外国学者提出了后述"外行人领域的平行评价"的理论。不过，这一理论针对的主要是社会的评价要素。

本书认为，就法律的评价要素而言，只要行为人认识到作为评价基础的事实，一般就能够认定行为人认识到了规范的要素。例如，只要行为人认识到自己的财产处于国家机关管理、使用、运输中，就应认定行为人认识到了该财产属于

---

① ［德］亚图·考夫曼：《法律哲学》，刘幸义等译，五南图书出版公司 2000 年版，第 117～118 页。

② 参见［日］前田雅英：《刑法总论讲义》（第 7 版），东京大学出版会 2019 年版，第 182 页。

③ 否则，只有具备良好的法律知识的人才能成立故意犯罪，这显然不合适。

公共财产（参见《刑法》第91条第2款）。又如，只要行为人认识到警察持逮捕证逮捕嫌疑人，就可以认定行为人认识到了警察在"依法"执行职务。再如，不真正不作为犯中的作为义务，属于规范的构成要件要素。行为人认识到了自己的作为义务，才成立不作为犯罪。但是，只要行为人对产生作为义务的事实（根据）具有认识，就应认定其对作为义务有认识。譬如，只要甲明知自己的幼女掉入河中，就可以认定其对作为义务具有认识，其能够救助却不救助的行为成立故意犯罪。如果甲误以为掉入河中的是与自己无关的乙的幼女，因而没有救助的，则因为缺乏规范的构成要件要素的认识，而不成立故意犯罪。另一方面，只要甲明知自己的幼女掉入河中，即使其误以为自己没有救助义务的，也应认为其对作为义务具有认识，应肯定故意的成立。

就经验法则的评价要素而言，只要行为人认识到了作为判断基础或者判断资料的事实，原则上就应当认定行为人认识到了符合规范的构成要件要素的事实。例如，只要行为人认识到了自己的行为会使大量的对象物燃烧，或者认识到火势会蔓延到其他对象物，原则上就能肯定行为人认识到自己的行为会"危害公共安全"。再如，只要行为人认识到自己所破坏的是正在使用中的公共汽车的关键部位（如刹车等），原则上就可以肯定其认识到了自己的行为"足以使汽车发生倾覆、毁坏危险"。同样，只要行为人认识到自己破坏的是正在使用中的轨道上的枕木，一般就可以认定其明知自己的行为"足以使火车发生倾覆、毁坏危险"，因而具有破坏交通设施罪的故意。只有在极少数情形下，行为人由于自然科学知识的匮乏，或者误解了自然规律，确实不知道自己取走轨道上零件的行为会因某些原理使火车倾覆，才不能认定其具有破坏交通设施罪的故意。

问题在于社会的评价要素。德国学者麦茨格（Mezger）在宾丁（Binding）之后发展和完善的"行为人所属的外行人领域的平行评价"理论，一直得到普遍承认和适用。该理论认为，在规范的构成要件要素的场合，不要求行为人了解规范概念的法律定义，只要行为人以自己的认识水平理解了具体化在规范概念中的立法者的评价即可。[①] 换言之，对行为的社会意义的认识，不要求以刑法上的规范概念进行认识，只要认识到规范概念所指示的与犯罪性相关的意义即可；还可以说，只要行为人的认识内容与规范概念的实质相当即可。[②] 据此，当一般人将刑法上的淫秽物品理解为不能公开的黄色物品时，只要行为人认识到自己所贩卖的是一般人所指的不能公开的黄色物品，那么，行为人就具有贩卖淫秽物品的

---

① Vgl. Hans - Heinrich Jescheck/Thomas Weigend, Lehrbuch des Strafrechts: Allgemeiner Teil, 5. Aufl., Duncker & Humblot, 1996, S. 295.

② 参见［日］町野朔：《刑法总论讲义案Ⅰ》（第2版），信山社1995年版，第225页。

故意。也有学者认为，在这种场合，法官对于行为人的语言必须"理念化"，对于法律的语言必须"一般化"，或者说，法官必须使行为人的日常语言世界与刑法的专业语言世界相联系，穿梭于民众的语言与法律的语言之间，从而进行判断。[①] 例如，当一般人使用"毛片"表述淫秽光盘时，只要行为人认识到自己所贩卖的是"毛片"，就可以肯定行为人认识到了自己所贩卖的是淫秽光盘，因而成立故意犯罪。[②]

在本书看来，在行为人不明知"淫秽"的法律概念，不确定其贩卖的是"淫秽"物品，但认为其贩卖的是黄色物品、下流物品、"毛片"，客观上贩卖的确实是淫秽物品时，可以适用"外行人领域的平行评价"理论，认定行为人认识到了自己贩卖的是淫秽物品。上述解释已经能够说明这一点。再如，当行为人不明知《刑法》第237条的"猥亵"的规范意义，却认识到自己实施的是"占妇女便宜"的行为时，也能认定行为人具有猥亵妇女的故意。但是，还存在另外的情形：行为人不认为其贩卖的是淫秽物品，也不认为其贩卖的是黄色物品、下流物品，甚至认为是具有科学价值的艺术作品，但认识到一般人可能将其贩卖的物品评价为淫秽物品，客观上贩卖的确实是淫秽物品时，难以用"外行人领域的平行评价"理论进行归责。本书认为，在这种情况下，由于规范的构成要件要素（社会的评价要素）需要根据一般人的价值观念或者社会意义进行精神的理解，所以，应根据行为人在实施其行为时所认识到的一般人的评价结论，判断行为人是否具有故意。换言之，即使行为人自认为其贩卖的不是淫秽物品，也不是黄色物品、下流物品，甚至认为是具有科学价值的艺术作品，但只要行为人认识到了一般人会认为其贩卖的为淫秽物品，且事实上也是淫秽物品，就可以认定行为人认识到了自己所贩卖的是淫秽物品，进而成立故意犯罪。

由此可见，在司法实践中，司法人员不能按照行为人使用的用语归纳、判断案件事实，需要对行为人使用的用语进行规范性判断。例如，何某意图强奸一名女生，便使用暴力扼住女生的脖子，将其按倒在地。女生强烈反抗，何某用小刀将女生杀死，事后奸尸。何某对此作了如下供述："……那女生流了很多血，我的双手和小刀上也有很多血，那女生再也不动了，没有气了。我怕她家人寻找，

---

① Vgl. Arthur Kaufmann, Rechtsphiosophie, C. H. Beck, 1997, S. 129ff.

② 笔者在检察机关兼职期间阅卷时曾看到警察与嫌疑人的如下问答：问："你身上有几张光盘？"答："有四张。"问："光盘叫什么名字？"答："日本版的《黑色天使》。"问："光盘是从哪里来的？"答："是我以前给某某送的货，那天他退给我，同时还有十几张质量差的光盘。"问："你知道是淫秽光盘吗？"答："不知道，只知道是三级片。"问："你还有什么要补充的？"答："没有了。"显然，在本案中，不管是律师还是法官，都不得以行为人没有认识到自己贩卖的是淫秽物品为由，而认为其没有贩卖淫秽物品的故意。

就将她拖入荔枝园，看见她的上衣已经卷起，双乳露出，我就想既然她已经死了，不做白不做，于是我就将她强奸。后来我将她的尸体拖到荆棘丛中，用干草盖住，逃离现场。"显而易见，何某对自己的奸尸行为是用"强奸"一词来归纳的。但是，司法人员不能据此也认为，何某的奸尸行为属于强奸罪的一部分。如果进行规范的判断，就会认为何某的行为触犯了三个罪名：强奸（未遂）罪、故意杀人罪与侮辱尸体罪。

主要参考书目

1. 高铭暄、马克昌主编：《刑法学》，中国法制出版社 1999 年版。

2. 林山田：《刑法各罪论》（增订 2 版），作者发行 1999 年版。

3. 何秉松主编：《刑法教科书》（2000 年修订），中国法制出版社 2003 年版。

4. 张明楷：《刑法的基本立场》（修订版），商务印书馆 2019 年版。

5. 马克昌主编：《刑法学》，高等教育出版社 2003 年版。

6. 张明楷：《法益初论》（增订本），商务印书馆 2021 年版。

7. 吴经熊：《法律哲学研究》，清华大学出版社 2005 年版。

8. 张明楷：《诈骗犯罪论》，法律出版社 2021 年版。

9. 黄茂荣：《法学方法与现代民法》（第五版），法律出版社 2007 年版。

10. 张明楷：《刑法学》（第六版），法律出版社 2021 年版。

11. 周道鸾、张军主编：《罪法罪名精释》（第四版），人民法院出版社 2013 年版。

12. 陈兴良：《规范刑法学》（第四版），中国人民大学出版社 2017 年版。

13. 阮齐林：《刑法学》，中国政法大学出版社 2008 年版。

14. 郑永流：《法律方法阶梯》，北京大学出版社 2008 年版。

15. 曲新久：《刑法学》（第二版），中国政法大学出版社 2009 年版。

16. 高铭暄、马克昌主编：《刑法学》（第十版），北京大学出版社、高等教育出版社 2022 年版。

17. 王作富主编：《刑法分则实务研究》（第五版），中国方正出版社 2013 年版。

18. 张明楷：《罪刑法定与刑法解释》，北京大学出版社 2009 年版。

19. 张明楷：《犯罪构成体系与构成要件要素》，北京大学出版社 2010 年版。

20. ［德］Karl Larenz：《法学方法论》，陈爱娥译，五南图书出版公司 1996 年版。

21. ［德］拉德布鲁赫：《法学导论》，米健译，中国大百科全书出版社 1997 年版。

22. ［德］亚图·考夫曼：《类推与"事物本质"——兼论类型理论》，吴从周译，颜厥安审校，学林文化事业有限公司 1999 年版。

23. ［德］亚图·考夫曼：《法律哲学》，刘幸义等译，五南图书出版公司 2000 年版。

24. ［德］阿图尔·考夫曼、温弗里德·哈斯默尔主编：《当代法哲学和法律理论导论》，郑永流译，法律出版社 2002 年版。

25. ［德］H. 科殷：《法哲学》，林荣远译，华夏出版社 2002 年版。

26. ［德］伯恩·魏德士：《法理学》，丁小春、吴越译，法律出版社 2003 年版。

27. ［德］卡尔·恩吉施：《法律思维导论》，郑永流译，法律出版社 2004 年版。

28. ［德］N. 霍恩：《法律科学与法哲学导论》，罗莉译，法律出版社 2005 年版。

29. ［德］伯阳：《德国公法导论》，北京大学出版社 2008 年版。

30. ［德］约翰内斯·韦塞尔斯：《德国刑法总论》，李昌珂译，法律出版社 2008 年版。

31. ［德］鲁道夫·冯·耶林：《法学的概念天国》，柯伟才、于庆生译，中国法制出版社 2009 年版。

32. ［德］鲁道夫·冯·耶林：《法学是一门科学吗?》，李君韬译，法律出版社 2010 年版。

33. ［德］齐佩利乌斯：《法学方法论》，金振豹译，法律出版社 2009 年版。

34. ［德］Ingeborg Puppe：《法学思维小学堂》，蔡圣伟译，元照出版公司 2010 年版。

35. ［日］渡边洋三：《法社会学与法解释学》，岩波书店 1959 年版。

36. ［日］山田晟：《法学》（新版），东京大学出版会 1964 年版。

37. ［日］平野龙一：《刑法概说》，东京大学出版会 1977 年版。

38. ［日］平野龙一：《犯罪论的诸问题（下）》（各论），有斐阁 1982 年版。

39. ［日］团藤重光：《刑法纲要（各论）》（第 3 版），创文社 1990 年版。

40. ［日］阿部纯二等编：《刑法基本讲座》（第 3 卷至第 6 卷），法学书院 1993、1994 年版。

41. ［日］团藤重光：《法学的基础》，有斐阁 1996 年版。

42. ［日］町野朔：《犯罪各论的现在》，有斐阁 1996 年版。

43. ［日］大塚仁：《刑法概说（各论）》（第 3 版增补版），有斐阁 2005 年版。

44. ［日］大谷实：《刑法讲义各论》（新版第 4 版），成文堂 2013 年版。

45. ［日］前田雅英：《刑法各论讲义》（第 6 版），东京大学出版会 2015 年版。

46. ［日］井田良：《讲义刑法学·总论》（第 2 版），有斐阁 2018 年版。

47. ［日］笹仓秀夫：《法解释讲义》，东京大学出版会 2009 年版。

48. ［日］山中敬一：《刑法各论》（第 3 版），成文堂 2015 年版。

49. ［日］西田典之：《刑法各论》（第 7 版），弘文堂 2018 年版。

50. ［日］山口厚：《刑法各论》（第 2 版），有斐阁 2010 年版。

51. ［法］保罗·利科尔：《解释学与人文科学》，陶远华等译，河北人民出版社 1987 年版。

52. ［法］亨利·莱维·布律尔：《法律社会学》，许钧译，郑永慧校，上海人民出版社 1987 年版。

53. ［法］基佐：《欧洲文明史——自罗马帝国败落起到法国革命》，程洪逵、沅芷译，商务印书馆 1998 年版。

54. ［法］卡斯东·斯特法尼等：《法国刑法总论精义》，罗结珍译，中国政法大学出版社 1998 年版。

55. ［意］杜里奥·帕多瓦尼：《意大利刑法学原理》，陈忠林译，法律出版社 1998 年版。

56. ［意］艾柯等：《诠释与过度诠释》，王宇根译，生活·读书·新知三联书店 1997 年版。

57. ［美］E. 博登海默：《法理学：法律哲学与法律方法》，邓正来译，中国政法大学出版社 1999 年版。

58. ［美］本杰明·N. 卡多佐：《法律的成长：法律科学的悖论》，董炯、彭冰译，中国法制出版社 2002 年版。

59. ［美］罗斯科·庞德：《法律史解释》，邓正来译，中国法制出版社 2002 年版。

60. ［美］劳伦斯·索伦：《法理词汇：法学院学生的工具箱》，王凌皞译，中国政法大学出版社 2010 年版。

61. ［美］罗伯特·萨默斯：《大师学述：富勒》，马驰译，法律出版社 2010 年版。

62. ［美］罗伯特·S. 萨默斯：《美国实用工具主义法学》，柯华庆译，中国法制出版社 2010 年版。

63. ［英］G. D. 詹姆斯：《法律原理》，关贵森等译，中国金融出版社 1990 年版。

64. ［英］韦恩·莫里森：《法理学》，李桂林等译，武汉大学出版社 2003 年版。

65. ［英］丹尼斯·罗伊德：《法律的理念》，张茂柏译，新星出版社 2005 年版。

66. ［英］蒂莫西·A. O. 恩迪科特：《法律中的模糊性》，程朝阳译，北京大学出版社 2010 年版。

67. ［奥］欧根·埃利希：《法社会学原理》，舒国滢译，中国大百科全书出版社 2009 年版。

68. ［比］R. C. 范·卡内冈：《法官、立法者与法学教授——欧洲法律史篇》，薛张敏敏译，北京大学出版社 2006 年版。

69. ［挪威］斯坦因·U. 拉尔森主编：《社会科学理论与方法》，任晓等译，上海人民出版社 2002 年版。

70. ［荷］伊芙琳·T. 菲特丽丝：《法律论证原理——司法裁决之证立理论概览》，张其山、焦宝乾、夏贞鹏译，商务印书馆 2005 年版。

71. Smith & Hogan, *Criminal Law*, 4th ed. , Butterworths, 1978.

72. Grünther Jakobs, Strafrecht Allgemeiner Teil, 2. Aufl. , Walter de Gruyter, 1993.

73. H. Jescheck/T. Weigend, Lehrbuch des Strafrechts: Allgemeiner Teil, 5. Aufl. , Duncker & Humblot, 1996.

74. Card, Cross and Jones, *Ciminal Law*, 14th ed, Butterworths, 1998.

75. Volker Krey, Strafrecht Besonderer Teil, 11. Aufl. , Kohlhammer, 1998.

76. Arzt/Weber, Strafrecht Besonderer Teil, Verlag Ernst und werner Gieseking, 2000.

77. Wessels/Hettinger, Strafrecht Besonderer Teil/1, 25. Aufl. , C. F. Mueller, 2001.

78. Claus Roxin, Strafrecht Allgemeiner Teil Ⅰ, 4. Aufl. , C. H. Beck, 2006.

刑法条文索引

相关法条摘编

后　记

刑法总论虽然是刑法各论的抽象与归纳，但事实上有不少共性问题在刑法总论中没有适当的地位，在刑法各论中也难以得到充分的讨论。正是基于这一现状，笔者撰写了本书。不可否认的是，本书其实讨论了原本应归属刑法总论的部分问题。例如，特别法条与普通法条属于法条竞合现象，应当是罪数论的内容。但在最初撰写本书时，法条竞合在刑法总论中并未得到全面论述。实际上，现有的一些教科书也只是在罪数论的想象竞合部分，顺便说明法条竞合与想象竞合的区别，而没有系统论述法条竞合。再如，主观的超过要素与客观的超过要素，原本也属于刑法总论的内容，但由于我国传统的犯罪论并不讨论这样的问题，故笔者也纳入本书展开说明。对规范的解释应当尽可能避免使规范之间出现冲突和产生矛盾，是法律解释的古典规则。刑法总论并不是为了抽象而抽象，而是通过抽象形成一般规则。越能抽象出刑法各论的问题，就越有利于实现刑法解释的协调与统一，越有助于刑法总论的发展与完善。这正是笔者撰写本书的初衷。

本书初版和第二版分别于 2004 年和 2011 年由中国人民大学出版社出版。本版对上版的内容进行了全面修订。之所以如此，一方面是基于刑事立法与司法解释的修改，另一方面是基于社会生活事实与本人观点的变化。除此之外，本版还增加了"预备的既遂化与共犯的正犯化"一章。本来还有问题应该写、能够写，但由于各种原因，只好留到下一版再写。虽然删除了第二版的部分内容，但总体增加了 25 万字左右。与第二版一样，各章之间不一定有缜密的逻辑联系，均具有相对的独立性，对某些问题也从不同角度展开了说明。

正如第一版后记所言，本书虽然是在"序说"所述的解释理念指导下撰写的，虽经反复修改，但仍然有愧于《刑法分则的解释原理》这一书名。非常感谢黎森予同学的耐心校对与宝贵意见；特别期待各位读者的补偏救弊与析疑匡谬。

张明楷

2022 年 9 月 10 日于清华园

读者意见反馈

为收集对教材的意见建议,进一步完善教材编写并做好服务工作,读者可将对本教材的意见建议通过如下渠道反馈至我社。

咨询电话　400-810-0598

反馈邮箱　gjdzfwb@pub.hep.cn

通信地址　北京市朝阳区惠新东街4号富盛大厦1座
　　　　　高等教育出版社总编辑办公室

邮政编码　100029